中华人民共和国地方志丛书

平邑县志

（1989—2013）

（上卷）

平邑县地方史志编纂委员会 编

方志出版社
Publishing House of Local Records

图书在版编目（CIP）数据

平邑县志. 1989—2013 / 平邑县地方史志编纂委员会编. -- 北京 : 方志出版社, 2019.1
ISBN 978-7-5144-3632-7

Ⅰ. ①平… Ⅱ. ①平… Ⅲ. ①平邑县－地方志－1989-2013 Ⅳ. ①K295.24

中国版本图书馆CIP数据核字（2019）第022935号

平邑县志（1989—2013）

编　　者：平邑县地方史志编纂委员会
责任编辑：章　瑾

出 版 人：冀祥德
出 版 者：方志出版社
　　　　　地址　北京市朝阳区潘家园东里9号（国家方志馆4层）
　　　　　邮编　100021
　　　　　网址　http://www.fzph.org
发　　行：方志出版社图书经销中心
　　　　　电话（010）67110500
经　　销：各地新华书店
印　　刷：山东黄氏印务有限公司

开　　本：889×1194　　1/16
印　　张：71.5
字　　数：1610千字
版　　次：2019年1月第1版　　2019年1月第1次印刷
印　　数：0001～2500册

ISBN 978-7-5144-3632-7　　定　价：890.00元（上下卷）

平邑县志编纂委员会

平邑县地方史志编纂委员会办公室

主　　任　巩祥军

副 主 任　韩苏蔚　闫志强

工作人员　（按姓氏笔画排序）

田苗苗　李　强　张洪建　席加铭

《平邑县志（1989—2013）》编审人员

主　　审　包　华

副 主 审　陈成才　黄新岩

主　　编　巩祥军

副 主 编　韩苏蔚　闫志强

编　　辑　（按姓氏笔画排序）

田苗苗　李　强　张洪建　席加铭

序

《平邑县志》第二轮编修工作，历时四年广泛征集，认真核实，精心编纂，现在正式出版了，这是平邑县政治、经济、文化生活中的一件大事，也是平邑社会科学文化史上的盛举。在此，我代表县委、县政府向全县广大地方志工作者，特别是编纂人员的辛勤劳动、无私奉献的精神表示诚挚问候和良好祝愿！向省、市史志办领导的有力指导，专家学者及社会各界人士的大力支持、帮助，表示衷心感谢！

平邑，位于山东省东南部，沂蒙山区西南部，山川秀丽，物产富饶，气候温和，有“沂蒙花海”美誉。总面积1825平方公里，辖12个镇、1个街道、1个省级经济开发区，515个行政村（社区），人口106万人，是中国金银花之乡、中国花岗石之乡、中国石材之乡，被国务院纳入国家重点生态功能区，全国公共安全视频监控建设联网应用试点县。先后获得国家级出口食品农产品质量安全示范区、国家宜居宜业典范县、全国绿化模范县、全国县域旅游品牌百强县、全国食品工业强县、国家级电子商务进农村综合示范县、全国平安农机示范县、国家园林县城等称号。

平邑历史悠久，文化灿烂，是千年古邑，自古就有“圣人化形之邦，贤人钟毓之地”。西周属颛臾国，附庸鲁国，主祭蒙山；春秋为鲁国大夫季平子的食邑，西汉置平邑侯国，距今已有3000余年的历史。这里也是曾子、左宝贵的故里。

平邑是一片红色的热土。革命战争年代，陈毅、罗荣桓、徐向前、粟裕等老一辈无产阶级革命家都曾在这里战斗生活过。抗战时期，这里诞生了“陈毅担架队”等闻名全国的英雄集体；和平建设年代，平邑人民传承红色基因，自力更生、艰苦创业，铸就了闻名全国的“九间棚精神”。

改革开放后，平邑人民勇于创新，拼搏奋进，续写新的辉煌，各项事业蓬勃发展，城市规模不断扩大，被临沂市定位为市域副中心城市。境内即将形成高速、高铁、航空于一体的立体交通网络。县城建成区面积达到31.5平方公里、人口30万人，城镇化率达到51%，城市绿化覆盖率达到4.12%。拥有AAAAA旅游景区1个、AAAA旅游景区1处、AAA旅游景区3处。2005年建成的天宇自然博物馆是全国古生物科学教育基地、全国科普教育基地，展品达39万余件，拥有6项吉尼斯世界纪录，收藏1106件完整的恐龙化石，被评为“世界上最大的恐龙博物馆”。2017年规划建设的罐头新旧动能转换产业园、石材新旧动能转换区、沂蒙山军民融合产业园、高端木业家居产业园、茶几家具城、棉纺手套城、金银花产业园七大工业园区，初具规模。2018年在县城北部投资186亿元，建设占地

16 平方公里以天宇自然博物馆（新馆）、沂蒙水镇、颛臾古国风貌展示区、滨水文化公园为主要内容的沂蒙国际旅游城进展顺利。大殿汪、蓝河古湾等五大田园综合体正在开工建设，“一馆、一镇、一国、一中心、一花海、一绿廊”的全域旅游大格局初步形成。

“郡邑之有志，犹国之有史。”一方历史沿革、山川地理、政治经济、文化生活，常以志记之，以求观兴废、知得失、通古今、察未来。盛世修志，以史为鉴，这是中华民族的优良传统，它对于记载历史、服务现实、垂鉴后世、教化育人、资政兴邦都具有十分重要意义。

平邑编修县志，始于二十世纪 80 年代，先后编纂两次，既为昔日创业者树立丰碑，又为当今建设者提供借鉴，也为后来者赋予教化。然而，自上次修志告竣至今三十载，变化翻天覆地，修志记之，势在必行。本部《平邑县志（1989—2013）》，记述 25 年历史。以马克思列宁主义、毛泽东思想、邓小平理论、“三个代表”重要思想、科学发展观、习近平新时代中国特色社会主义思想为指导，认真贯彻“四个全面”战略部署，以改革开放为主线，广征博采，取精存真，条分缕析，略古详今，文风朴实，平易晓畅，突显地方特色和改革开放新风貌，记述了本辖区内的山川河流、物产资源、风土人情、名人古迹，科学地反映了历史沿革、经济发展、文化繁荣、社会变革等进程，力求观点与史实统一、思想性与科学性统一，实为一部当代平邑的百科全书。鉴古才知今，继往为开来。我们要把这一“百科全书”记好、用好、传承好。

尽管我们做了如上努力，但由于年代久远，叙事面广，有些史实难以考证，许多资料欠缺、无从查考，有的事实众说不一、颇费推断，加上我们编纂水平和各方面条件有限，故遗漏、错误在所难免，垦请广大读者批评指正。

文化蕴长力，历史照未来。站在新时代的发展起点上，让我们在党的十九大精神、习近平新时代中国特色社会主义思想的指引下，遵循“四个全面”的伟大战略布局，以更加开放、包容的胸怀，弘扬“厚德担当，开放创新”的平邑精神，勠力同心、顽强拼搏、奋力开拓，携手并进，谱写平邑未来更加光辉灿烂幸福的美好明天！

在《平邑县志（1989—2013）》出版之际，略记数言，是为序。

中共平邑县委书记

平邑县人民政府县长

2018 年 12 月

凡　例

1.《平邑县志（1989—2013）》以马克思列宁主义、毛泽东思想、邓小平理论、“三个代表”重要思想、科学发展观、习近平新时代中国特色社会主义思想为指导，坚持辩证唯物主义和历史唯物主义的立场、观点和方法，坚持求真存实的原则，力争客观记载断限内平邑县诸方面发展。

2. 本志采用编章节结构，节下根据内容设目、子目。上限为 1989 年 1 月 1 日，下限为 2013 年 12 月 31 日。志中部分图片突破断限。

3. 本志采用述、志、记、传、图、表、录等题材，以志为主，概述总揽全书，大事记以编年体为主，兼用记事本末体。

4. 使用语体文、记述体。凡涉及人物，一律直书其名，不加称谓。记人述事，并统一使用第三人称。单位或机构名称用全称或规范简称。所用资料主要是档案资料、口碑资料和实物资料。

5. 本志物种名称，采用中文名后加拉丁文名的方式。按照《国际动物命名法规》和《国际植物命名法规》，使用规范的拉丁文名。物种的拉丁文名用斜体书写，不加括号。标题、图表和注释中的物种只书写中文名，不加拉丁文名。只在正文记述事物中首次出现该物种时加拉丁文名，在本书的其他地方出现只写中文名。

6. 纪年一律采用公元纪年。特殊情况使用历史纪年时，括注公元纪年。

7. 原则上使用法定计量单位，兼用习惯用法，如亩、两等。

8. 为在这一时期成就卓著的平邑人和在平邑建设中贡献突出的县外各界人士立传，人物传按卒年先后排列，卒年相同的传主，按姓氏笔画排序。

9. 对于个别有争议而又因资料匮乏难以定夺的事物，采取多说并存的方式处理。

10. 平邑人与县外人合作的专著、文章和科研成果、专利等，在作者（研究者）姓名中以黑体字予以突出显示。

11. 附录中辑录的原始文献或其他章节涉及到的原始资料，其中多出来的字、标点符号及其他字符加“〈 〉”，缺的在“{}”中补齐，错的在其后的“[　]”中更正。

县城远眺

县城新貌

中国金银花之乡

山东省平邑县

中国金银花之乡

有效期：2014年9月至2019年10月

中国经济林协会
二〇一四年九月

证书

兹命名

山東省平邑县 为

中国金銀花之乡。

中国特产之乡命名组织委员会
一九九六年·北京

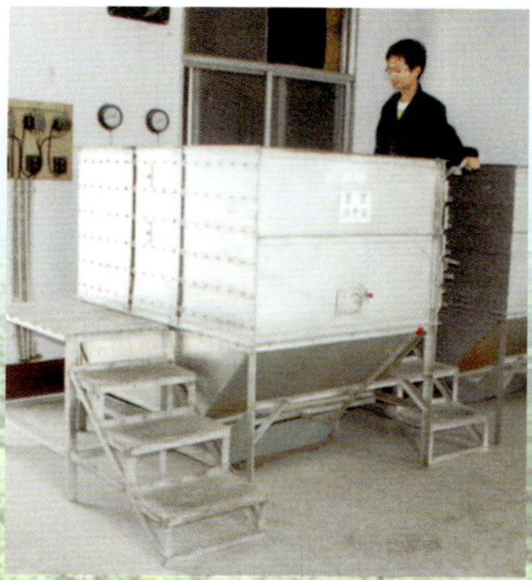

山东金银花农业科技园

九间棚科技园

金银花系列产品

山东澳东药业科技有限公司

阿曼达医药集团有限公司

大蒜

蒜黄

葡萄

黄桃

蘑菇

梨

山楂

花生

大樱桃

蓝莓

草鸡

黑山羊

蒙山全蝎

手套厂电脑织机

临工桥箱车间

山东雷沃桥箱有限公司

石板生产企业车间

罐头加工企业车间

平邑中联水泥有限公司

北方石材城

石材生产企业

亚洲富士电梯

平邑酒厂

制罐厂生产线

热电厂

沂蒙山军民融合产业园

平邑一中老校

平邑一中新校

平邑县职业中等专业学校外景

平邑县人民医院

平邑县中医院

平邑汽车站新貌

鲁南高铁平邑段大桥合龙

公交车

莲花山路

友谊广场

文体广场

银花大桥

乡村庙会

农贸市场

大润民生活广场

华百购物中心

银座购物广场

沂州国际饭店

沂蒙人家

九间棚景区

天宇自然博物馆

曾子山景区

苏家崮烈士陵园

观音山景区

广场舞比赛

文化下乡

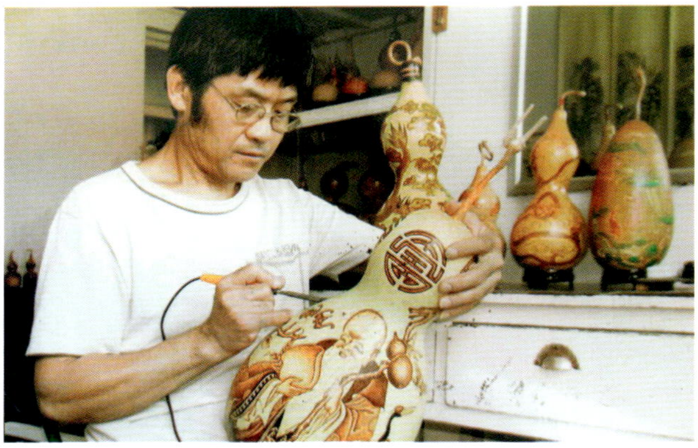

葫芦雕刻

旺狗制作

沂蒙草编

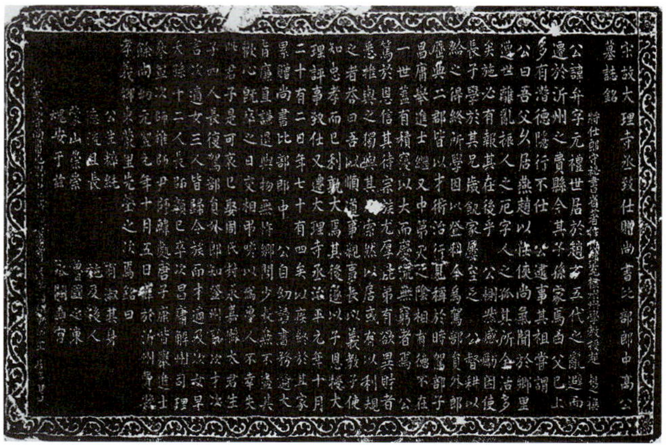

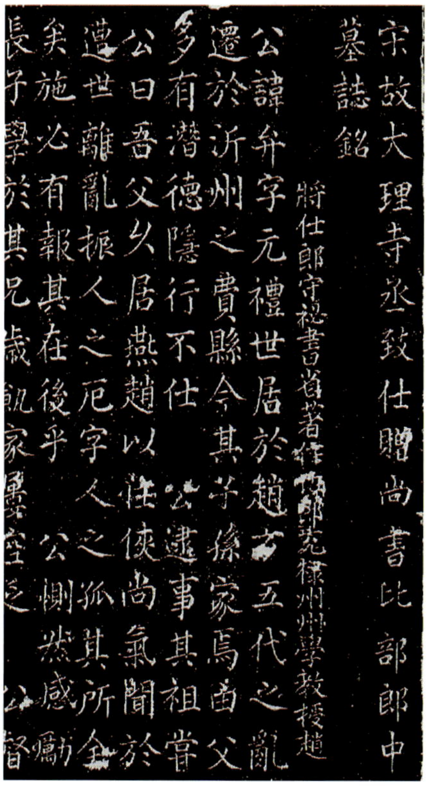

宋故大理寺丞致仕贈尚書比部郎中
墓誌銘
將仕郎守祕書省著作佐郎充棣州州學教授趙
公諱弁字元禮世居於趙者五代之亂
遷於沂州之費縣令其子孫家焉曾父
多有潛德隱行不仕 公逮事其祖嘗
公曰吾父以居燕趙以任俠尚氣聞於
遭世離亂振人之厄字人之孤其所全
矣施必有報其在後乎 公惻然感勵
長子學於其兄歲飢家屢空之公督

2009 年，富饶庄出土高弁墓志（赵挺之撰文，王居正书丹）

2014 年 12 月 26 日，平邑县续修平邑县志启动暨业务培训会议召开

2018 年 8 月 28 日，《平邑县志（1989—2013）》志稿评审会召开

2018 年 8 月 28 日，《平邑县志（1989-2013）》评审会在平邑县沂州国际饭店召开

前排左起：王光辉、郭能勇、王笃银、包华、刘志强、陈强、刘爱军、李刚、李天程、王君师、王芬、朱佩峰、李德辉

二排左起：闫志强、韩苏蔚、李胜军、杜帅、邱春力、王卫东、于芹、唐少清、陈成才、肖功江、张凤启、黄新岩、巩祥军、朱冉

三排左起：张军、陈宝安、侯宗良、崔平、郑福建、陈永亮、王友存、高仲平、王征、魏海荣、张秀娟、祁桂菊、王新玲

后排左起：李强、田苗苗、张洪建、王庆国、王振峰、王庆彬、席加铭、孙长生、张玉杰、吴耿彬、赵志祥

2018 年 8 月 28 日，县委书记王君师、县长包华与史志办全体人员合影

前排左起：闫志强、巩祥军、王君师、包　华、韩苏蔚

后排左起：张洪建、李　强、席加铭、田苗苗

总目录

上 卷

◎ 序

◎ 凡例

概 述…………………………………………… 1
大事记………………………………………… 11
第一编 政区建置…………………………… 43
第二编 自然环境…………………………… 51
第三编 人 口……………………………… 113
第四编 交通 邮政 通信………………… 135
第五编 城建 环保………………………… 159
第六编 农 业……………………………… 195
第七编 水 利……………………………… 255
第八编 工 业……………………………… 299
第九编 特色产业…………………………… 337
第十编 商 贸……………………………… 351
第十一编 开放型经济……………………… 383
第十二编 财 税…………………………… 399
第十三编 金 融…………………………… 419
第十四编 经济综合管理…………………… 455

下 卷

第十五编 中共地方组织…………………… 513
第十六编 地方国家权力机关……………… 589
第十七编 地方国家行政机关……………… 615
第十八编 政协地方组织…………………… 647
第十九编 人民团体………………………… 669
第二十编 人事 劳动 社保 民政 ……… 681
第二十一编 公安 司法…………………… 723
第二十二编 军 事………………………… 761
第二十三编 教 育………………………… 773
第二十四编 科 技………………………… 795
第二十五编 文化 体育…………………… 813
第二十六编 医疗 卫生…………………… 855
第二十七编 旅 游………………………… 905
第二十八编 社会生活……………………… 925
第二十九编 街道、镇概况………………… 969

人 物………………………………………… 1049
附 录………………………………………… 1067
索 引………………………………………… 1105

目　录

概　述…………………………………………3

大事记

1989 年 ………………………………… 13
1990 年 ………………………………… 13
1991 年 ………………………………… 14
1992 年 ………………………………… 15
1993 年 ………………………………… 16
1994 年 ………………………………… 17
1995 年 ………………………………… 18
1996 年 ………………………………… 19
1997 年 ………………………………… 19
1998 年 ………………………………… 20
1999 年 ………………………………… 21
2000 年 ………………………………… 23
2001 年 ………………………………… 23
2002 年 ………………………………… 24
2003 年 ………………………………… 25
2004 年 ………………………………… 26
2005 年 ………………………………… 27
2006 年 ………………………………… 28
2007 年 ………………………………… 29
2008 年 ………………………………… 32
2009 年 ………………………………… 34
2010 年 ………………………………… 36
2011 年 ………………………………… 38
2012 年 ………………………………… 39
2013 年 ………………………………… 40

第一编　政区建置

第一章　位置　沿革…………………… 45
　第一节　地理位置………………… 45
　第二节　历史沿革………………… 45
第二章　区　划………………………… 46
　第一节　勘　界…………………… 46
　第二节　区划调整………………… 47

第二编　自然环境

第一章　地　质………………………… 53
　第一节　地　层…………………… 53
　第二节　构　造…………………… 53
　第三节　岩浆岩…………………… 53
第二章　地　貌………………………… 54
　第一节　地貌特征………………… 54
　第二节　地貌类型………………… 54
第三章　气候　物候…………………… 59
　第一节　气候特征………………… 59
　第二节　气　温…………………… 60
　第三节　降　水…………………… 65
　第四节　气压　风………………… 68

第五节　蒸发量　湿度……………… 72
第六节　地　温……………………… 76
第七节　云　日照…………………… 81
第八节　特殊天气…………………… 84
第九节　物　候……………………… 86
第四章　土壤　植被………………… 86
第一节　土　壤……………………… 86
第二节　植　被……………………… 92
第五章　自然资源…………………… 96
第一节　土地资源…………………… 96
第二节　水资源……………………… 97
第三节　矿产资源…………………… 99
第四节　生物资源…………………… 100
第六章　自然灾害…………………… 106
第一节　旱　灾……………………… 106
第二节　洪　涝……………………… 107
第三节　风灾　雹灾………………… 109
第四节　霜　冻……………………… 111
第五节　地　震……………………… 111
第六节　病害　虫害　鼠害………… 111

第三编　人　口

第一章　人口规模…………………… 115
第一节　人口数量…………………… 115
第二节　人口分布…………………… 115
第二章　人口变动…………………… 116
第一节　自然变动…………………… 116
第二节　机械变动…………………… 117
第三节　人口流动…………………… 119
第三章　人口构成…………………… 119
第一节　城乡构成…………………… 119
第二节　民族构成…………………… 119
第三节　性别构成…………………… 120
第四节　年龄构成…………………… 121
第五节　文化构成…………………… 122
第六节　行业　职业构成…………… 123
第七节　姓　氏……………………… 123
第四章　婚姻家庭…………………… 124
第一节　婚　姻……………………… 124
第二节　家　庭……………………… 125
第五章　人口控制…………………… 125
第一节　机　构……………………… 125
第二节　管　理……………………… 126
第三节　政策法规…………………… 127
第四节　宣传教育…………………… 128
第五节　计生服务…………………… 129
第六节　优生优育…………………… 131
第七节　协　会……………………… 132

第四编　交通　邮政　通信

第一章　交　通……………………… 137
第一节　公　路……………………… 137
第二节　铁　路……………………… 148
第二章　邮　政……………………… 149
第一节　基础设施…………………… 149
第二节　邮　路……………………… 150
第三节　基础业务…………………… 150
第四节　特快专递…………………… 154
第三章　通　信……………………… 155
第一节　联通公司业务……………… 155
第二节　移动公司业务……………… 157
第三节　电信公司业务……………… 157

第五编　城建　环保

第一章　城乡建设规划……………… 161
第一节　县城建设规划……………… 161
第二节　镇驻地建设规划…………… 163

第三节　村庄建设规划…………………163
第二章　城乡建设……………………………163
第一节　县城建设……………………164
第二节　镇驻地建设……………………171
第三节　村庄建设……………………171
第三章　园林建设……………………………174
第一节　园林绿化……………………174
第二节　公园和广场……………………176
第四章　城市管理……………………………177
第一节　执法管理……………………178
第二节　环境卫生……………………179
第五章　房地产………………………………180
第一节　房产评估……………………180
第二节　产权交易……………………181
第三节　拆迁安置……………………182
第四节　住房制度改革…………………182
第六章　建筑业………………………………185
第一节　建筑队伍……………………185
第二节　勘察设计……………………186
第三节　招标投标……………………186
第四节　施工技术……………………186
第五节　质量监督……………………188
第六节　装修装饰……………………188
第七章　环境保护……………………………188
第一节　环境管理……………………189
第二节　生态保护……………………190
第三节　环境监察……………………191
第四节　环境监测……………………191
第五节　重点工程……………………192

第六编　农　业

第一章　农业经济结构………………………197
第一节　区域结构……………………197
第二节　产业结构……………………198
第二章　农村经济体制改革…………………198
第一节　家庭承包责任制………………198
第二节　专业合作经营…………………198
第三节　减轻农民负担…………………199
第三章　种植业………………………………201
第一节　粮食作物……………………201
第二节　经济作物……………………205
第三节　种植技术……………………207
第四章　农业开发……………………………214
第一节　扶贫开发……………………214
第二节　重点项目……………………216
第三节　农村扶贫资金互助社…………220
第四节　生态农业……………………222
第五章　林　业………………………………225
第一节　资　源………………………225
第二节　生　产………………………230
第三节　保　护………………………231
第四节　花　卉………………………232
第五节　集体林权制度改革……………234
第六节　国有场圃……………………235
第六章　畜牧业………………………………236
第一节　畜禽种类……………………237
第二节　良种繁育……………………240
第三节　饲料生产……………………241
第四节　疫病防治……………………242
第五节　兽药经营管理…………………244
第六节　标准化生产……………………244
第七章　淡水养殖……………………………245
第一节　养殖水面……………………245
第二节　水产品种类……………………245
第三节　良种引进……………………246
第四节　技术推广……………………246
第八章　农业机械……………………………247
第一节　机　具………………………247
第二节　管　理………………………249

第三节　技术培训…………………… 250
第四节　维　修…………………… 250
第五节　作业经营…………………… 250
第六节　技术开发与推广…………… 250
第九章　农村经营管理…………………… 251
第一节　财务管理…………………… 251
第二节　集体资产…………………… 252
第三节　农村合作基金会…………… 253
第四节　农业专业合作社…………… 253

第七编　水　利

第一章　蓄水工程…………………… 257
第一节　大型水库…………………… 257
第二节　中型水库…………………… 257
第三节　小型水库…………………… 260
第四节　塘　坝…………………… 265
第五节　机井、大口井…………… 266
第六节　除险加固…………………… 268
第二章　灌溉和饮水…………………… 271
第一节　灌　溉…………………… 271
第二节　节水灌溉…………………… 275
第三节　人畜饮水…………………… 280
第四节　河道治理…………………… 280
第三章　水土保持…………………… 282
第一节　监测管理…………………… 282
第二节　小流域治理………………… 282
第三节　民营水保…………………… 287
第四章　防汛　抗旱…………………… 287
第一节　防　汛…………………… 287
第二节　抗　旱…………………… 288
第五章　水资源管理…………………… 289
第一节　用水总量控制……………… 289
第二节　水资源费征收……………… 290
第三节　水政执法…………………… 290
第六章　水利改革…………………… 291
第一节　产权制度和民营水利……… 291
第二节　水管单位改革……………… 291
第七章　粮援项目…………………… 292
第一节　项目立项…………………… 292
第二节　项目实施…………………… 292
第三节　其他外援项目……………… 293
第八章　库区移民…………………… 294
第一节　移民扶持…………………… 294
第二节　移民水利设施建设………… 294

第八编　工　业

第一章　工业总况…………………… 301
第一节　国有集体企业改革改制…… 301
第二节　规模和效益………………… 303
第三节　产品和产能………………… 304
第四节　工业投入…………………… 304
第五节　骨干企业…………………… 305
第二章　乡镇企业　民营工业……… 306
第一节　乡镇企业改制……………… 307
第二节　乡镇民营工业发展………… 308
第三章　机　械…………………… 315
第一节　门类与效益………………… 315
第二节　重点企业…………………… 315
第四章　食　品…………………… 316
第一节　产业品种…………………… 316
第二节　重点企业…………………… 317
第五章　建　材…………………… 317
第一节　水　泥…………………… 317
第二节　木　业…………………… 318
第六章　纺　织…………………… 319
第一节　产业集群…………………… 319
第二节　重点企业…………………… 319
第七章　化　工…………………… 320

第一节　生产经营…………………… 320
第二节　重点企业…………………… 320
第八章　生物医药…………………… 321
第一节　生产规模…………………… 321
第二节　重点企业…………………… 322
第九章　造　纸…………………… 322
第一节　生　产…………………… 322
第二节　重点企业…………………… 322
第十章　电　业…………………… 323
第一节　电　网…………………… 323
第二节　供　电…………………… 328
第三节　水　电…………………… 336

第九编　特色产业

第一章　金银花…………………… 339
第一节　种植加工…………………… 339
第二节　产业服务项目…………………… 342
第三节　金银花产业链…………………… 342
第四节　重点企业…………………… 343
第二章　罐　头…………………… 343
第一节　产业规模…………………… 343
第二节　外贸经营…………………… 344
第三节　重点企业…………………… 344
第三章　纺织手套…………………… 345
第一节　产业规模…………………… 345
第二节　外贸经营…………………… 346
第三节　重点企业…………………… 346
第四章　石　材…………………… 347
第一节　产业发展…………………… 347
第二节　重点企业…………………… 347
第五章　石　膏…………………… 348
第一节　产业集群…………………… 348
第二节　重点企业…………………… 348
第六章　黄金产业…………………… 349
第一节　产量与产值…………………… 349
第二节　重点企业…………………… 349

第十编　商　贸

第一章　商　业…………………… 353
第一节　国有商业改革…………………… 353
第二节　大型商场和购物中心…………………… 357
第三节　专业市场和商业街…………………… 357
第四节　集市与庙会…………………… 358
第二章　供　销…………………… 361
第一节　企业改革…………………… 361
第二节　农　资…………………… 364
第三节　农产品收购…………………… 365
第四节　农家店…………………… 365
第三章　粮　油…………………… 368
第一节　改革改制…………………… 368
第二节　购　销…………………… 370
第三节　加　工…………………… 372
第四节　储　运…………………… 373
第五节　企　业…………………… 373
第四章　专　卖…………………… 374
第一节　烟　草…………………… 374
第二节　药　品…………………… 377
第三节　石　油…………………… 378
第五章　服务业…………………… 380
第一节　餐饮住宿业…………………… 380
第二节　居民服务业…………………… 380
第三节　社会服务业…………………… 381

第十一编　开放型经济

第一章　对外经贸…………………… 385
第一节　出　口…………………… 385
第二节　进　口…………………… 387

第三节　对外加工……388
第四节　利用外国和港澳台资金……388
第五节　对外和中国港台地区经济技术协作……389
第六节　外贸公司……390
第二章　招商引资……390
第一节　优惠政策……390
第二节　招商活动……390
第三节　招商服务……392
第四节　招商成果……392
第三章　平邑经济开发区……393
第一节　建置区划……393
第二节　基础设施建设……393
第三节　特色产业……394
第四节　招商政策……396
第五节　经济指标……396

第十二编　财　税

第一章　财　政……401
第一节　体制改革……401
第二节　收　支……403
第三节　管　理……404
第二章　国　税……410
第一节　税种税率……411
第二节　税　收……411
第三章　地　税……414
第一节　税种税率……414
第二节　地税收入……416

第十三编　金　融

第一章　人民银行……421
第一节　宏观调控……421
第二节　存　款……421
第三节　贷　款……423
第四节　债　券……426
第五节　外汇管理和国库……426
第六节　货　币……427
第七节　金融体制改革……428
第八节　金融服务……429
第二章　银行业监管……429
第一节　监　管……430
第二节　保障体系……431
第三章　工商银行……431
第一节　存　款……431
第二节　贷　款……433
第三节　债　券……434
第四节　国际结算……434
第五节　不良资产处置……434
第四章　建设银行……436
第一节　存　款……436
第二节　贷　款……437
第三节　债券　不良资产处置……439
第五章　中国银行……439
第一节　存　款……439
第二节　贷　款……440
第六章　农业银行……441
第一节　存　款……442
第二节　贷　款……443
第三节　债　券……443
第四节　不良资产处置……444
第七章　农业发展银行……444
第一节　存　款……444
第二节　贷　款……445
第八章　农村信用合作社……446
第一节　存　款……446
第二节　贷　款……447
第三节　资产质量……448
第九章　邮政储蓄……448

第一节 存 款…………………………448
第二节 贷 款…………………………449
第十章 莱商银行…………………………450
第一节 存 款…………………………450
第二节 贷 款…………………………450
第十一章 临商银行………………………450
第一节 存 款…………………………450
第二节 贷 款…………………………451
第十二章 人保财保公司…………………451
第一节 体 制…………………………451
第二节 业 务…………………………452
第十三章 人寿保险公司…………………453
第一节 机 构…………………………453
第二节 险 种…………………………453

第十四编 经济综合管理

第一章 县域经济…………………………457
第一节 经济结构………………………457
第二节 主要经济指标…………………459
第二章 计划与发展………………………464
第一节 计划编制与执行………………465
第二节 重点项目建设与稽查…………469
第三章 统计管理…………………………470
第一节 调 查…………………………470
第二节 普 查…………………………471
第四章 工商行政管理……………………472
第一节 市场监管………………………473
第二节 企业登记………………………475
第三节 经济合同管理…………………476
第四节 个体私营经济…………………477
第五节 商标管理………………………479
第六节 广告管理………………………480
第七节 外商投资企业登记……………481
第八节 消费者权益保护………………482
第九节 个体劳动者协会………………484
第五章 物价管理…………………………485
第一节 价格管理………………………485
第二节 收费管理………………………486
第三节 监督检查………………………487
第四节 咨询与服务……………………487
第六章 质量技术监督……………………488
第一节 计量管理………………………488
第二节 质量管理………………………488
第三节 标准化管理……………………489
第四节 特种设备安全监察……………490
第七章 审计监督…………………………490
第一节 国家审计………………………491
第二节 内部审计………………………496
第三节 社会审计………………………497
第八章 国土资源管理……………………497
第一节 土地资源管理…………………498
第二节 土地使用………………………501
第三节 矿产资源管理…………………502
第四节 执法监督………………………503
第九章 食药监管…………………………504
第一节 食品监管………………………504
第二节 医药监管………………………505
第三节 执法检查………………………506
第十章 安全生产监督管理………………507
第一节 组织机构………………………507
第二节 执法检查………………………508
第三节 宣传教育………………………509
第四节 专项整治………………………510
第十一章 盐务 丝绸……………………511
第一节 盐 务…………………………511
第二节 丝 绸…………………………511

概　述

一

平邑县位于山东省东南部，沂蒙山区西南部，地理坐标：北纬 35° 07′ ~ 35° 43′，东经 117° 25′ ~ 117° 56′。县境东邻费县，西接济宁市泗水县，北与蒙阴县、泰安市新泰市接壤，南与枣庄市山亭区、济宁市邹城市毗邻。南北最大纵距 66.75 千米，东西最大横距 47.35 千米，总面积 1824.97 平方千米。占山东省总面积的 1.16%。县域最东部至卞桥镇庵子村，最西部至丰阳镇林家寨村，最南部至郑城镇南反村，最北部至仲村镇泽国庄村，县政府驻地平邑街道。

平邑县境内有兖石铁路、327 国道、文泗公路、日东高速横贯东西，新枣公路、蒙滕公路纵穿南北。县城东距京沪高速公路 51 千米，东距日照港 180 千米，距连云港 160 千米，距临沂机场 96 千米；西距京沪高铁曲阜站 49 千米。1998 年 10 月境内日东高速公路平邑段开工建设，2000 年 11 月建成通车，结束了平邑没有高速公路的历史。

2013 年，平邑县辖 13 个镇、1 个街道，分别是平邑街道、仲村镇、武台镇、保太镇、柏林镇、温水镇、卞桥镇、地方镇、铜石镇、郑城镇、临涧镇、白彦镇、流峪镇、丰阳镇。全县有 466 个行政村，1258 个自然村。全县人口 103.2 万人，人口密度为每平方千米 565 人，有汉族、回族、拉祜族、满族、哈尼族、彝族、蒙古族、傈僳族、苗族、朝鲜族、白族、壮族、维吾尔族、水族、鄂伦春族等 39 个民族，其中汉族人口占 99% 以上，少数民族人口以回族最多，4427 人。

平邑县境地处鲁东南丘陵区南部，北部属蒙山山区，中部属河谷平原区，南部属四海山低山丘陵区。整个地势西北高，略向东南倾斜，呈扇形倾斜状态。海拔最高 1156 米，为蒙山主峰龟蒙顶，是沂蒙山区第一高峰、山东省内第二高峰，有“岱宗之亚”“天然氧吧”称誉，自然风光独特，景色宜人。最低海拔 100 米，为浚河出境处。山地面积占县域面积的 85%，平原面积占 15%。山地多分布于北部和南部，全县 1076 个山头坐落于此。山高均在海拔 400 米以下，山峰坡度多数大于 15 度。山区土地宜种植花生、地瓜、高粱、谷物等作物，同时宜于发展林业、果业。

县内有主干河流 2 条，均为沂河水系的二级支流，长度 10 千米以上的河流有 30 条，10 千米以下的数百条，构成县域内较密集的水网，但多属季节性河流。浚河，古称治水，于境内自东北向东南流，是县内最长河流，东流入沂河。温凉河，为祊河上游，境内段 12 千米，自西向东流，至费县境内与浚河汇流。浚河、温凉河沿岸和部分山间谷地为平原，面积 630 平方千米，土壤肥沃，适宜种植小麦、玉米、大豆、地瓜等农作物和蔬菜、西瓜、土豆、大蒜等经济作物，是平邑主要产粮区和种植业结构调整区。丘陵多分布于低山平原之间，占总面积的 3/4 以上，多为剥蚀缓丘，坡度在 4° ~ 15° 之间，多种植小麦、地瓜、花生、杂粮、黄烟、金银花等。全县土壤有棕壤土、褐土、潮土、砂浆黑土 4 个土类、9 个亚类，以棕壤土和潮土面积最大。

平邑县属于暖温带季风区域半湿润大陆性气候，光照充足，四季分明，年际差异不大。春季温暖，干旱多风；夏季湿热，雨量充沛；秋季凉爽，昼夜温差大；冬季寒冷，雨雪稀少。年平均气温 14℃，无霜期 212 天，日照 2271 小时，年平均降水量 783 毫米，60%左右降于夏季。

较好的土壤，湿润的气候，较为充沛的雨量，为平邑动植物生长繁衍和经济发展提供了良好的条件。

平邑县矿产资源丰富。矿产资源品种多，分布广，储量大，以花岗石、石灰石、石膏、黄金、铁石、重晶石、石英、页岩、砖瓦用黏土、矿泉水等矿产为主。其中，石灰石总储量30多亿吨，石膏20多亿吨，花岗石1.23多亿吨，黄金约38吨。地表、地下水可利用总量为7.23亿立方米，可利用水资源2.18亿立方米，丰水年水量有结余，枯水年水量不足。境内矿泉水资源较丰富，主要分布于县域东北部山区，属优质偏硅酸型矿泉水。20世纪90年代初进行商业开发，至2013年，近三分之一县城居民饮用矿泉水。

二

平邑县历史悠久，文化灿烂，是中华民族的重要发祥地之一，也是山东省千年古县之一。据境内大汶口文化、龙山文化遗址考证，早在五六千年前，就有先民在这块土地上繁衍生息。西周时期，平邑县北部为颛臾国，南部商代属倪国、西周属郏国地。春秋时期为鲁国大夫季平子的食邑。秦朝分属薛郡，琅琊郡。西汉境内置南武阳县、南城县，分属泰山郡、东海郡，并一度置平邑侯国、南城侯国，东汉称南武阳县。隋开皇十八年（598年），改武阳县为颛臾县。唐贞观元年（627年），撤颛臾县并入费县。1946年4月16日，费县改称平邑县，隶属鲁南行政区第一专区。1948年7月，改属鲁中南行政区第四专区。1949年7月，隶属滕县专区。1953年7月，改属临沂专区。

1946年1月，撤销费北县、费东县，合置蒙山县。县人民政府先驻上冶（今属费县），后驻西荆埠。1952年3月撤销，其西部地区划归平邑县。

1947年8月，析平邑县的山阴、苗庄、白彦3个区和邹县、滕县的部分区域建置白彦县。1953年8月，白彦县撤销，其原白彦、山阴、临涧、苗庄等区域复归平邑县，形成现在的版图。

这里山川秀美，物产富饶，自古以来哺育了大批文人名士、英雄豪杰。春秋时代，孔子著名弟子曾参、曾晰、澹台灭明、仲由、原宪，其故里均在境内。曾子所著四书之一的《大学》及《孝经》产生了深远的儒学影响，留下了丰厚的传统文化宝藏。古泰山郡南城（今南武城）羊氏家族，从西晋至南朝，名流辈出，有官至尚书左仆射、卫将军的大政治家、军事家羊祜，辅国大将军羊琇，尚书右仆射加侍中追赠车骑大将军羊玄之，丞相主簿羊曼，中散大夫、大书法家羊欣等。清朝著名爱国将领左宝贵诞生于境内地方镇。

这里众多的名胜古迹、优美的风光曾吸引了历代文人墨客、帝王将相流连于此。教育家、思想家孔子曾登临蒙山，留下了“登东山（蒙山）而小鲁”的记载。春秋楚国著名隐士老莱子（《词源》一说老子），曾避乱隐居于蒙山之阳的孝义村。战国时期杰出的军事家孙膑、庞涓、茅蒙等，曾师从鬼谷子王禅于蒙山。东汉著名经学家郑玄，曾先后客居于蒙山南麓的永安庄、南武城“康成石室”注述《孝经》，今留有郑玄衣冠冢、注经台等遗迹，郑城因之而得名。东汉末著名文学家、书法家蔡邕，一度留居于蒙山，死后葬于蒙山前杨谢村东岭。唐朝诗人李白、杜甫、散文家萧颖士，宋代文学家苏轼等，也都游历于此，留下了“醉眠秋共被，携手日同行”;“东蒙镇海沂，合沓百余里”;“不惊渤海桑田变，来看龟蒙漏泽春”；“闻道东蒙有居处，愿供薪水看烧丹”等脍炙人口的诗句。清代帝王康熙、乾隆南巡，数次驻荆埠行营、注经台行宫，并写诗 30 多首。

平邑是山东沂蒙革命老区之一，有着光荣的革命传统。20 世纪 40 年代初，中共中央山东省委、鲁南区党委、八路军一一五师等党政军领导机关，都曾驻于平邑。陈毅、罗荣桓、徐向前、陈光、肖华、朱瑞、张洪涛、黎玉、谷牧等都曾在这里指挥过沂蒙山区和山东革命斗争。著名的“桃峪高干会议”就在桃峪村举行。在党的领导下，平邑人民开展了轰轰烈烈的双减、土改、参军参战、拥军支前和大生产运动，取得巨大的成绩，成为山东地区的模范县。在抗日战争和解放战争期间，平邑先后有 3 万多名优秀儿女参军参战；有 5420 名民兵配合主力部队作战和独立作战 1120 次，歼灭、俘虏日伪、刘黑七（刘桂堂）匪军和国民党（还乡团）12850 人；人民拥军支前 26 万人次。著名的“陈毅担架队”（平邑一区担架队）就诞生于此。抗日战争和解放战争期间，平邑干部战士 2275 多人牺牲，涌现了唐绍典、米栻民、高锡贵、王保胜、袁长巨、邱如一、高启文、陈秀英等先模人物。

新中国成立后，平邑人民发扬“爱党、爱国、爱军”的光荣传统，有数万名青年应征入伍。2012 年 2 月，被省委、省政府、省军区授予“全省双拥模范县”称号。20 世纪 90 年代初，诞生了全国艰苦奋斗的先进典型九间棚村党支部书记刘嘉坤，他们自力更生、艰苦奋斗，铸就的“九间棚精神”成为“沂蒙精神”的重要内涵。

三

改革开放后，平邑人民以经济建设为中心，解放思想，改革开放，艰苦创业，开拓进取，扎实苦干，全县经济总量不断壮大，整体实力日益增强。2013 年，全县实现地区生产总值 236.4 亿元，比 1989 年增加 229.1 亿元，是 1989 年的 32.4 倍，年均增长 14.92%；完成地方财政收入 10.3 亿元，是 1989 年 0.26 亿元的 39 倍，年均增长 15.85%；金融机构年末各项存款余额 185.1 亿元，比 1989 年的 2.04 亿元增加 183.8 亿元，其中城乡居民储蓄存款余额 130.7 亿元，比 1989 年 0.89 亿元增加 129.81 亿元。产业结构不断优化升级，一、二、三产业比例由 1989 年的 58.2∶20.1∶21.7 调整为 2013 年的 14.3∶43.6∶42.1。城乡居民收入大幅提高。2013 年，全县农民人均纯收入 10278 元，是 1989 年农民人均纯收入 422 元的 24.4 倍，年均增长 13.62%；城镇职工年均 21600 元，是 1989 年职工年平均工资 1537 元的 14 倍，年均增长 11.15%。农业经济稳步发展。25 年间，全县各级始终把“三农”工作放在突出位置，积极推进农村改革，不断加大农业投入，大力调整农业结构，努力改善农业生产条件，经济作物和林、牧、渔业得到稳步快速发展。2013 年，全县实现农业总产值 58.6 亿元，是 1989 年 3.2 亿元的 18.3 倍。粮食作物播种面积 5.92 万公顷，油料播种面积 1.93 万公顷，蔬菜播种面积 1.1 万公顷，烤烟播种面积 1866.67 公顷，水产养殖面积 3400 公顷。全年农作物总播种面积 5.92 万公顷，与 1989 年 5.89 万公顷相近；粮食产量 38.4 万吨，是 1989 年的 4.04 倍，单产 367.3 千克，比 1989 年增加 146.3 千克；油料产量 8.7 万吨，比 1989 年 3.05 万吨增加 5.56 万吨。全年蔬菜总产量 35.8 万吨，果品总产量 21 万万吨，干果总产量 2.2 万吨，水产品产量 1.57 万吨，禽蛋产量 2.7 万吨，生猪存栏 36.7 万头，牛存栏量 1 万头，羊存栏量

36.2万只，家禽存栏量662万只，肉类总产量6.4万吨，其中猪肉产量3.4万吨；禽蛋产量2.7万吨，牛奶产量0.3万吨，淡水产品产量165万吨。实施科技兴农战略。大棚蔬菜、地膜覆盖、网箱养鱼、保护地栽培、配方施肥、间作套种等新技术得到推广应用，优良品种覆盖率不断提高。2013年，全县拖拉机发展到3.79万台，手扶拖拉机30398台，联合收获机378台，农业机械总动力747337千瓦，半数以上农户拥有拖拉机和农用运输车，农业生产、运输基本实现机械化。农村在稳定家庭联产承包经营制基础上，先后完成30年土地延包和农村税费改革，取消了“三提”“五统”和农业税，结束了千百年来农民种地纳粮的历史。

工业扎实推进，区域特色明显。历届县委、县政府高度重视工业经济发展，以扶持壮大骨干企业和优势特色产业为重点，大力推进新型工业化进程，全县工业经济经历由小到大，由量的积累到质的飞跃的发展过程。1989年，全县工业仅有县属全民企业44家，“三资”企业10家，乡镇办企业133家，职工1.8万余人，主要集中在石膏、石材、黄金、纺织、化工、机械、电器、五金、造纸、印刷、建材、酿造、食品、服装、工艺美术等行业，工业总产值仅11.35亿元（不含村及村以下工业产值）。2013年，全县有工业企业300家，其中规模以上企业267家，总产值达149.2亿元，增加值95.8亿元；工业企业从业人员4.6万人，其中规模以上企业从业人员3.2万人。已形成石材、石膏、罐头、化工、化肥、钢材、建材、纺织、蔬菜加工、五金机械等行业为主导的、门类较齐全的工业体系，建成全国知名的罐头、手套、金银花三大产业基地。实现工业总产值370.6亿元，是1989年3.7亿元的100倍；实现工业增加值125亿元。金银花种植面积4万公顷，有金银花加工企业20多家，成为全国最大的金银花市场和集散地，被中国经济林协会命名为“中国金银花之乡”。在工业发展中，政府和企业始终注重科技创新和技术改造，走出一条“科技兴企”的路子。2013年，全县有2家博士后流动工作站，15家省级企业技术研发中心，3家企业被评为国家级高新技术企业，8家企业被评为省级高新技术企业。注重品牌创建，全县注册商标1924件，中国地理标志证明商标4件，有1个中国名牌产品，3个中国驰名商标，5个省名牌产品，26个山东省著名商标，1个产品获国家“免检产品”称号。53家企业获得外贸自营进出口权。全县企业改革由最初的放权让利、承包租赁，向明晰产权、转变经营机制、建立现代企业制度转变，市场经济主体由国有、集体经济为主，逐步过渡到以民营经济为主。

随着经济的发展，商贸服务业空前繁荣。特别是二十世纪八九十年代国有商业、物资、供销、粮食四大流通行业先后完成改制，个体私营商贸服务业呈现出遍地开花的发展局面，给百姓带来极大方便。进入21世纪后，传统服务业得到较快发展，批零贸易、住宿餐饮行业星罗棋布，布局合理。传统市场得到改造提升，超市、专卖店、便利店等新型市场大量涌现，市场体系不断健全。2013年，全县个体工商户、私营企业分别达2.7万户、3200家，注册资金分别达7.2亿元、39.2亿元；从业人员分别为5.8万人和3.2万人；有综合集贸市场27处，专业批发市场10处；全年实现社会消费品零售总额125.4亿元。民营经济总产值632.4亿元，是1989年的187倍。

随着城乡居民收入的不断增加，群众消费水平明显提高，消费观念发生重大变化。农民消费实现由温饱型消费结构向小康型消费结构转变。食品支出占生活消费支出比重下降，衣着、文化娱乐、教育、医疗支出比重上升，特别是教育、医疗支出的上升幅度较大。生活质量不断提高，形成“吃讲养、穿讲美观、用讲高档、住讲舒适”的消费观念。食物结构更趋合理，蛋、奶的消费量快速增长。彩电、冰箱、洗衣机、录像机，以及电脑、汽车也已进入农家。居住条件明显改善。2013年，全县农民人均居住面积16.6平方米，城镇职工人均居住面积30.5平方米，住房质量基本实现砖木结构向钢筋混凝土结构的转变。收入较高的农民盖起楼房或到城里买房；整体较富裕的村庄，盖起连片楼房。全县农村居民每百户拥有彩色电视机1.3台，洗衣机93台，电冰箱89台，计算机35台，热水器59台，电动自行车96辆，摩托车48辆，汽车15辆。城镇职工多数住进舒适的楼房，县城基本实现集中供暖和集中供气。

四

1989年后，历届县委、县政府采取各项措施加大道路、交通、通信、供电、城市建设等基础设施投入，使人们出行方便、通信便利，城市和农村生活环境发生较大变化。

县城面貌和乡村面貌显著改观。1989年，县城占地面积5平方千米，人口5万人，有纵横干道2条，总长20千米。至2013年，先后对城区浚河路、板桥路、莲花山路、石都大道、朝阳路、蒙山大道、蒙阳路、文化路等40余条道路进行标准化整治，累计整修道路200余千米，硬化率达100%，安装路灯1.2万余盏，道路亮化率98%，并全部绿化美化，形成功能完善的城市道路体系。自来水供水管网覆盖整个城区，日供水量3万立方米，水质合格达100%。实现连片集中供暖，集中供暖率92%以上。开通城市管道燃气，新建住宅小区燃气普及率85%。实施“碧水蓝天”工程和城市绿化工程，投资9312万元建成了平邑东城污水处理厂和第二污水处理厂，城市污水处理率85%。采取拆墙透绿、见缝插绿、屋顶植绿、立体增绿等形式，加大道路绿化和城区绿化，城区绿化覆盖率达44.12%。县城建成区面积22.5平方千米，是1989年县城建成区面积的4.5倍，城市人口近25万人，是1989年城市人口的5倍。全县农村基本实现通电、通硬化道路、通自来水、通电话、通有线电视，农村居住环境和生产生活条件大为改善。农田水利设施不断改善，实施唐村水库和昌里水库灌溉配套工程和中小型水库除险加固等重点工程。农村新能源迅速发展，2013年，全县累计发展户用沼气池4.46万个，形成沼气专业村98个；推广太阳能热水器40多万平方米。

交通、通信、电力等基础设施日趋完善。1989年，全县有东西干道327国道和南北干道240省道、241省道，总长120千米，其中沥青路面80千米。县乡镇公路8条、80千米。经过乡乡通柏油路、村村通硬化路等几个阶段的发展，2013年底，全县共有等级公路2756千米（其中国省道181.9千米、县道324千米、乡道335.9千米），是1989年的22.9倍。特别是进入21世纪后，县委、县政府抓住国家、省启动农村公路建设的历史机遇，共投入资金近5亿元，改造硬化农村公路1868千米，实现村村通硬化路。通信事业蓬勃发展。1989年，全县电话机仅有1000多门，电话基本未进入百姓家庭，群众打电话要到邮电局。经过20多年的快速发展，不仅固定电话全面普及，移动通信手机数量已远远超过固定电话，手机已经成为人们日常生活中不可缺少的工具。2013

年，全县固定电话总数 8.8 万户，普及率达到 8.5 部 / 百人，完成电信业务总量 5 亿元；移动电话用户 66 万户，完成业务收入 5.2 亿元。受电量 2013 年 13.6 亿千瓦时；变压器容量为 823580 千伏安。

五

改革开放后，随着全县经济的快速发展，科技工作日新月异，创新能力不断增强；教育卫生事业发展；文化体育事业精彩纷呈；社会就业更加充分，社会保障日趋完善，百姓的民生问题得到较大改善；精神文明建设协调发展，全县社会稳定，人民群众安居乐业。

科技水平不断提高，科技队伍发展壮大。科研机构从 1989 年的 3 家发展到 2013 年的 10 家。2013 年，全县共有专业技术人员 1.56 万余人，其中享受国务院特殊津贴 1 人，国家农村科普带头人 5 人。建成县级技术推广机构 1 个，乡级 26 个，村级 75 个，派遣农村科技特派员 150 人，实现农村科技信息村村通。随着实施“面向中小型企业农化服务和配方施肥”“环保型肥料共性技术研发”等公共服务平台建设项目，与国内外 30 多所大专院校和科研院所建立各种形式的技术合作和战略合作关系，建成省级工程技术研究中心 4 家，省级企业技术中心 5 家，博士后科研工作站 3 家，高校中试基地 15 家。共实施国家、省、市、县各级各类科技计划项目 287 个；累计登记各级、各类科技成果 120 项，有 115 项科技成果获奖。其中国家科技进步二等奖 2 项、省级科技奖励 15 项、市级科技进步奖励 98 项。专利申报和授权由 1989 年前的 18 件和 12 件，增加至 2013 年的 1080 件和 768 件。全县省级以上重点高新技术企业发展到 8 家。科技进步对全县经济社会发展贡献率达 15%。1996 年 3 月，被科技部授予“全国科技工作先进县”；2005 年、2013 年两次通过科技部科技进步考核，被评为“全国科技进步先进县”等荣誉称号。

教育事业成就斐然。全县各级高度重视教育工作，贯彻落实九年义务教育政策、“两基”攻坚工程、“以县为主”管理体制等政策，保持全县教育均衡发展。1989 年，全县 26 个乡镇，共有小学 542 所，班级 1622 个，学生 82561 人；初中 31 所，在校生 28362 人。1995 年，通过省政府“基本普及九年义务教育、基本扫除青壮年文盲”工作达标验收。2001 年，进入实施九年义务教育阶段，由“五三”学制改为“六三”学制，学校 440 所，班级 1652 个，学生 74534 人。2003 年，初中招生 16146 人，招生数量达到本阶段最高峰。2005 年，加大了合班并校力度，全县小学 239 所，班级 1735 个，学生 70042 人；初中 40 所，班级 629 个，学生 35826 人；2013 年，共有班级 1415 个，学生 57269 人。全面实施义务教育经费保障机制改革，累计减免学生课本、学杂费及补助公用经费 7283.5 万元，实现由“人民教育人民办”到“义务教育政府办”的根本转变。职业教育得到快速发展，有职业中专 2 所，技校 1 所。2013 年，平邑县职业中等专业学校在校生 4000 余人。全县小学、初中、高中任课教师达 0.85 万人，比 1989 年 0.5 万人，增加 0.35 万人。1989 年，全县 12150 人参加高考；2013 年，参加普通高考人数 6982 人。通过“三改造”“六配套”中、小学布局调整，全县中、小学由 1989 年的 573 所，调整到 2013 年的 480 所。投资 3.6 亿元，实施新一中建设和二中、职业中专、实验中学等学校改造工程。投资近 2 亿元对 278 所农村中小学进行危房改造，改建校舍面积 176267 平方米。在乡镇中心小学以上学校建成教育城域网，实施教师“人手一机”和“绿色班班通”工程，在全市率先实现全县农村中小学所有班级电子白版“班班通”，基本实现网上办公、信息发布和资源共享。

文体事业长足进步。县委、县政府围绕人民群众精神文化生活需求，不断加大文化、体育设施投入，文化阵地不断巩固、群众性文化体育活动经常开展。先后投资兴建文体中心大楼，浚河广场、莲花山广场、天宇自然博物馆、文化历史博物馆等一批重点文化体育设施，改造莲花山公园、建设广场、浚河公园、西山公园等一批公共活动场所。在多个乡镇和村街社区建成文体健身活动广场和文化体育大院，配置健身设备设施。全县人均体育用地达 1.2 平方米。随着文化资源共享，乡村文化站点建设、农村电影放映、有线电视村村通等“文化惠民”工程。建成文化共享工程 36 处，依托党员干部现代远程教育系统建成乡镇和村服务站点，建设完成乡镇综合文化站 13 个，村级文化大院 655 个，农家书屋 503 个；配置数字电影放映设备 15 套，年均放映农村公益影片 4 万余场；有线电视用户发展到 8.8 万余户，入户率达 30%。连续举办“莲花山广场文化艺术节”五届，群众文化活动 280 场次，积极开展送文化下乡活动。先后举办第三届全县“邑博园杯”乒乓球比赛、“龙之媒杯”第九届少年围棋锦标赛、两届蒙山登山运动会等 20 项县级赛事活动，在省锦标赛中获金牌 3 枚、铜牌 5 枚。1992 年 9 月，成功举办苏鲁豫冀四省女篮邀请赛。1990 年，被国家体委命名为“全国体育先进县”。

医疗卫生事业焕发异彩。全县认真贯彻党的各个时期的卫生工作方针，以改革为先导，开拓创新，卫生事业健康发展。1989 年，全县有县医院 1 家，中医院 1 家，农村中心卫生院 3 家，县医院分院 4 家，乡镇医院 8 家，另有防疫站、妇幼保健医院、皮肤病防治站、结核病防治所、药品检验所、心理医院各 1 家，乡卫生所 4 家，医务工作者 2435 人，其中卫生技术人员 1126 人，副主任医师 9 人，中级技术人员 135 人，病床 677 张；县乡村三级医疗网基本完善，有乡村医生 1300 余人。2013 年，全县共有各级各类医疗机构 668 家，其中县级 10 家，乡镇 16 家，村级 539 家；有卫生技术人员 2168 人，其中，高级 32 人，副高级 195 人，中级 1005 人，初级 2604 人。县乡综合医疗机构设有病床 4830 张。全系统拥有万元以上设备 2370 台（套）。年门急诊 660 万人次，年收治病人 20 万人次，基本形成以县级医院为龙头，乡镇卫生院、村卫生室为基础，私营医疗机构为补充的医疗卫生服务体系。疾病防治成果显著。全县传染病总发病率逐年下降，重点传染病得到有效控制，丝虫病、地甲病、脊灰病、肺结核病、碘缺乏病基本消失。开展新型农村合作医疗试点工作，为解决农民“看病难、看病贵”和“因病致贫、因病返贫”问题，探索出一条有效途径。

精神文明创建突飞猛进。平邑县始终立足于促进精神文明建设协调发展，以营造文明、健康、和谐的社会环境为目标，创造性地开展精神文明创建活动。1991 年，率先在全县广大农村开展“星级文明户”创建评选活动；1998 年起连续七年实施以“美在农家”为主要内容的精神文明建设“六大工程”和开展“文化一条街”创建活动，改善农村环境卫生状况。2005 年，开展以“一池四改一利用”为核心的文明生态村创建活动，走出一条农村精神文明创建新路子，被评为山东省精神文明建设创新三等奖；2005 年起，又连续三年开展以创建“文明城市、文明乡镇、文明生态村”为主要内容的精神文明建设“三级联创”工程。2005年，平邑县城被评为首届“市级文明县城”；2011年，被评为“省级文明县城”。至2013年，全县共创建省级文明村镇（社区）11个，市级文明村镇（社区）24个，县级文明村镇（社区）44个，文明一条街200余条，评选星级文明信用户2058户。全县社会治安综合治理成效显著，逐步探索出人防、物防、技防相结合的治安防范体系，构建五大治安防范网络，保障社会长治久安。涌现出的先进典型、创造出的先进经验在全市、全省、全国得到推广。多次被省委、省政府授予社会治安综合治理“先进县”、“模范县”、平安山东建设“先进县”“模范县”“全省四五普法先进县”等称号。

潮平两岸阔，风正一帆悬。25年的发展实践证明：改革开放的政策带给平邑人民富裕文明；历届县委、县政府的科学决策引领平邑经济快速、健康发展；勤劳朴实善良的平邑人民促进了平邑经济社会的巨大进步。

我们坚信，在党的正确领导下，自强不息、厚德担当的平邑人民必将发扬革命优良传统和作风，继续传承红色基因，肩负起时代赋予的责任和使命，以更加昂扬的斗志，锐意进取，以饱满的热情致力创新、以务实的作风埋头苦干，解放思想，勠力同心，拼搏奋进，攻坚克难，在谋求再次腾飞中，为建设“山清水秀幸福和谐”市域副中心城市续写新的辉煌，创造新的业绩！平邑，这颗镶嵌在沂蒙山区的明珠更加璀璨！

大事记

1989 年

2 月 平邑县人民广播电台无线调频广播发射台建成并发射广播节目，实现有线、无线相结合的广播格局。

同月 平邑县联邦德国粮援项目办公室成立。

3 月 28—30 日 平邑县第十一届人民代表大会第三次会议召开。

同日 政协第三届平邑县委员会第三次会议召开。

3 月 全县 31 个基层党委、1545 个党支部普遍开展坚持党员标准教育活动。

4 月 县卫生局制定《平邑县 1989 年度霍乱防治工作意见》，要求定时开设腹泻病门诊，加强疫源检索和疫情管理，做好疫点、疫区处理。

5 月 撤平邑县农牧渔业局，设平邑县畜牧局。

同月 全县通过省政府组织的无鼠害鉴定验收团的考核验收。

7 月 平邑县邮电局电信楼竣工，建筑面积为 1542 平方米。

9 月 22 日 商业部部长胡平一行 26 人，到平邑县检查商业部扶贫工作情况。

9 月 司法部副部长郭德志到平邑县考察贫困山区普法工作。

10 月 23 日 县消费者协会成立。

10 月 29 日 国家体委主任伍绍祖亲临平邑县调研体育工作，并题词：发扬九间棚精神，振兴平邑县体育。

10 月 中共中央顾问委员会常务委员黄华一行 15 人，到平邑县考察。

同月 经省卫生厅、省地方病防治领导小组办公室考核组考核，平邑县被确定为基本消灭疟疾县。

同月 县中医医院被省卫生厅授予“山东省文明医院”称号。

11 月 6—8 日 全省扶贫和山区建设现场会议在平邑县召开。

12 月 17—18 日 中共中央政治局委员、国务委员、国家教委主任李铁映，国务院副秘书长李昌安，国家教委委员、国家教委秘书长朱育理在省长赵志浩、副省长宋法棠等陪同下到平邑县视察保太中心校（初中）、保太乡成人教育中心、县直教育中心、实验中学等单位的教育工作。

12 月 30 日 平邑县十一届人大常委会第二十次会议通过《平邑县矿产资源开发管理办法》，自 1990 年 1 月 1 日起生效实施。

12 月 平邑县第一家法制教育研究会在东阳乡成立。

同月 平邑县 1000 门纵横制室内自动电话割接开通，原来的磁石交换设备全部淘汰，告别“摇把子”时代，县城电话实现自动化。

是年 平邑县广播电视局投资 10 余万元购置电视节目编辑线 1 套和摄像机及话筒等设备，开始自办电视节目。

是年 平邑县被评为全国水利先进县。

1990 年

2 月 28—3 月 1 日 政协第四届平邑县委员会第一次全体会议召开，选举王继瑞为县政协主席。

3 月 28—31 日 平邑县第十二届人民代表大会第一次会议召开，会议选举李崇仁为县人大常委会主任，杨沛才为县人民政府县长，李富山、韩守菊（女）、陈连运、李德福、郑运明为副县长，张传仁为县人民法院院长，赵新苍为县人民检察院检察长。

3月 平邑县开展第四次人口普查工作。

4月3日 中共山东省委常委、山东省军区政委李春亭到平邑县考察。

4月4—5日 中共平邑县第八次代表大会召开，会议选举产生中共平邑县第八届委员会和中共平邑县纪律检查委员会。选举产生县委委员31名，候补委员3名。八届一次全委会议选举产生县委常委10名，选举綦敦祥为书记，杨培才、张之荣、李洪海为副书记。

4月10日 九间棚村支部书记刘加坤在沂蒙精神报告团首场报告会上作题为“两个肩膀一双手，龙顶山上写春秋”的发言。

4月11日 省政协主席李子超到平邑县考察工作。

4月 平邑县黄金工业公司成立。

5月1日 平邑县通过全国体育先进县验收。

5月 中国计划生育协会常务副会长王伟一行，在省计生协会副会长王义才、市计生委主任张钦学等领导的陪同下，到平邑县考察计生工作。

6月 中共中央政治局常委、组织部部长宋平看了《人民日报》11日发表的题为《九间棚啊，你真了不起》的通讯，写信给中共山东省委书记姜春云，赞扬九间棚村共产党员公而忘私的事迹。

8月11日 中组部副部长赵宗鼐到平邑县调研。

8月 县红十字会被中国红十字总会评为中国红十字会先进集体。

同月 平邑县残疾人联合会成立与县民政局合署办公。

9月8日 国务院副总理田纪云在山东省委副书记、省长赵志浩等领导陪同下，到九间棚村考察工作，对九间棚村的党员干部和村民艰苦创业的精神给予充分肯定。

9月18日 县委、县政府在体育场举行亚运圣火平邑县分火炬点火仪式。

10月22日 山东省副省长王乐泉陪同陕西省省长白清才率领的考察团赴九间棚村参观。

10月31日 安徽省委书记卢荣景、省长傅锡寿一行12人考察团到九间棚村参观。

10月 平邑县文学艺术界联合会成立。

12月 平邑县工商联恢复，并于同月25日召开第四届会员代表大会。

是年 全县开通电报传真电路，实现电报转报自动化，结束平邑县电话传电报的历史。

是年 东阳乡赵庄村农民高玉起、戴庆玉、赵京启投资12.5万元，创办了平邑县第一家民办科研机构“葡萄研究所”。

是年 平邑县被命名为全国体育先进县。

1991年

2月 国务院副秘书长李昌安率领交通部、农业部、扶贫开发办及各省、市分管农业的副省长、副市长60余人到平邑县考察。

同月 县法院在县人民医院设立法医门诊。

3月4日 山东省军区机关在司令员、政委带领下到平邑县九间棚村慰问演出。

3月 李玉妹（女）任中共临沂地委委员、平邑县委书记。

7月1日 《平邑县报》创刊。

7月24日 凌晨2点到25日6点，平邑县北部13个乡镇突降特大暴雨，平均降雨量达389毫米，是平邑县1957年以来出现的最大洪峰。造成129个村庄，10.3万人被洪水围困。倒塌冲走房屋19462间，被洪水浸泡的危房11974间，造成1万多户，4万多人无家可归。死亡14人，伤350人。冲走、淹死牲畜7600头（只），家禽15.7万只。1.31万公顷经济作物受灾。水电、交通、通信设施遭巨大破坏。部分企业被迫停产，直接经济损失1.4亿元，整个经济损失2.5亿多元。

8月11日 全国第二所、全省第一所希望小学——平邑县希望小学，在张里乡夏家村奠基。捐助人台湾艺人凌峰及中国青基会秘书长徐永光等领导参加奠基仪式。

8月18日 中华人民共和国公安部授予平邑县公安局“全国公安战线抗洪救灾先进集体”称号。

8月 台湾著名艺术家、节目主持人凌峰等人向平邑县希望小学捐赠20万元人民币作为希望小学建校款。

同月 铜石派出所所长毛洪合被公安部授予“全国公安战线抗洪抢险救灾先进个人”称号，并赴北京出席表彰大会。

10月16日 平邑县委书记李玉妹、安丘县委书记刘德仕分别代表平邑县在缔结“姊妹县”协议书上签字。

11月6—7日 省委书记姜春云一行到平邑县考察“7·24”洪灾中受灾较重的柏林乡宋河村和全国农业战线先进典型天宝山乡九间棚村。

11月8日 团中央中直机关团委书记杨金勇，共青团山东省委书记杨传堂率30余人，代表团中央直属机关和共青团山东省委机关到平邑县向灾区人民赠送书籍，并在行署副专员张守业、县委书记李玉妹等陪同下参观了九间棚村。

12月7—8日 省委常委、宣传部部长苗枫林到平邑县考察。

11月 平邑县推广天宝山乡计生协会组织整顿工作“三落实”（人员、制度、阵地）做法，全县开启基层协会规范化建设。

是年 平邑县再次被评为全国水利先进县，并被评为全国水保先进县。

1992年

1月24日 县政府发布《关于确定土地权属的暂行规定》。

1月29日 国务委员李贵鲜等领导到平邑县考察。

1月 平邑县被省爱卫会命名为“农村改水先进县”。

5月6—10日 国务院扶贫开发办公室在平邑县举办贫困地区领导干部培训班（贵州班）。

5月27—28日 省委副书记、副省长李春亭率省政府办公厅、省计委、省经委、省工商行、省财政厅、省经贸委、省交通厅等部门人员到平邑县现场办公。

5月 省人大常委会主任李振到平邑县视察工作。

6月15日 全国政协赴山东视察团一行39人到平邑县视察小流域治理和九间棚村。

6月27日 副省长宋法棠到平邑县考察工作。

7月2日 经贸大世界（平邑县经济开发区前身）破土动工。

7月28日 中共中央总书记江泽民在山东省委书记姜春云、省长赵志浩陪同下到临沂考察，并接见了平邑县天宝山乡九间棚村党支部书记刘加坤和魏刘庄乡北王庄村党支部书记王传武。

7月 平邑县通过卫生部和省卫生厅基本消灭麻风病考核验收。

9月 成功举办四省女篮邀请赛，每场比赛2000余名观众参与，受到全县人民的关注。

10月11—19日 九间棚村党支部书记刘加坤在北京出席中国共产党第十四次代表大会。

11月3日 发布《平邑县城镇国有土地使用权有偿出让、转让暂行办法》，自公布之日起施行。

11月 县中医院被评为国家二级甲等中医院。

12月 全省首家法律中专班在平邑县开班。

同月 平邑县被列为“世界银行贷款结核病控制项目”实施县。

是年 平邑县被确定为“全国农村劳动力开发就业试点县”。

1993年

2月18—20日 平邑县第十三届人民代表大会第一次会议召开，会议选举李崇仁为县人大常委会主任，张之荣为县人民政府县长，李德福、郑运明、邵长明（女）、陈金鹏、付伟、季成全为副县长，张振香为县人民法院院长，李景才为县人民检察院检察长；选举马锡据（女）、王传武、刘玉欣、李玉妹（女）、李崇仁、邵长明（女）、鞠茂勤为出席山东省第八届人民代表大会代表。

同日 政协第五届平邑县委员会第一次会议召开，选举黄启才为县政协主席。

2月23日 中共山东省委副书记马仲才到平邑县考察。

3月1日 平邑县新汽车站建设奠基仪式在开发区举行。

3月16日 中共山东省委书记、省委政法委书记陈建国到平邑县考察。

3月 县精神病院成立。

4月13日 淄博矿务局洪山煤矿与柏林乡后贯庄村合资开发石膏合同签字仪式在亚岱宾馆举行。

4月14日 人民日报社等6家报社到平邑县建筑公司采访。

4月28—29日 纪念北海银行鲁南分行印钞厂创建50年研究会在平邑县召开。

4月 平邑县邮电局安装美国摩托罗拉无线寻呼设备1套，开始办理公用无线寻呼业务。

5月15日 德国技术合作公司规划发展司副司长冯·豪格维茨博士等5位外宾在省、地领导陪同下，到平邑县考察粮援项目工作。

6月8日 九间棚牌金银花茶荣获中国保护消费者基金会推荐产品并在亚岱宾馆举行新闻发布会。

7月1日 中共中央政治局原常委宋平到平邑县考察。

7月 台湾救助总会张滨祐向临涧乡妇幼保健站无偿资助5万美金，用于解决妇幼保健条件差的问题。

8月4日17时—5日12时 平邑县普降中到大雨，平均降雨量达69毫米。魏庄、铜石、天宝、地方、郑城五乡镇遭受特大暴雨袭击，平均降雨量204.3毫米，最大降雨量达305毫米，造成7人受伤，1人死亡，直接经济损失达5000万元。

9月2日 平邑县车务段安全运行2000天庆祝大会在车务段会议室召开。

9月6日 德国驻华大使馆经济参赞米尔到平邑县考察粮援项目。

9月11日 成立县直机关婚姻登记处，每月20号为登记日。

10月18日 中美合资平邑县国玉水泥有限公司试车投产。

12月1日 平邑县启动县级党政机关机构改革工作。上级核定平邑县为一类乙级县，设党政工作部门（机构）38个，县委工作部门7个、县政府工作部门31个。全县设乡镇26个，其中一类乡镇15个（7镇8乡）、二类乡镇11个。按《党章》《宪法》和有关规定设置机构10个。成建制转为经济实体的单位有9个，成建制转为服务实体的单位有7个。

12月 平邑县邮电局长途电话并入全国自动网，电报实现电子电传并进入全省256自动转报网。

是年 县人大把金银花命名为“平邑县花”。

是年 平邑华丰制衣有限公司以加工贸易的方式实现自营出口，使平邑加工生产的产品第一次走出国门，当年创汇额不足100万美元，实现平邑县出口创汇“零”的突破。

是年 山东省林业厅批准万寿宫林场为蒙山国家森林公园。

1994年

1月10日 平邑县莲花山公园开园。

2月23日 国家教委主任朱开轩在地委书记王久祐陪同下到平邑县考察工作。

4月 开通平邑至临沂长途光端机，初步形成以县城为中心的长途通信网，长途传输实现了数字化。

5月12—13日 省委副书记、副省长李春亭到平邑县现场办公。

同月 平邑县第六届盆景、根艺、奇石展览会举行。

6月11日 平邑县酒厂加入兰陵企业(集团）总公司。

6月12—13日 中央电视台记者组到平邑县录制小流域治理专题片。

6月17日 电业局被电力工业部评为“三为农”服务达标单位。

6月27日 省军区原司令员易元秋到平邑县检查工作。

6月 平邑县第一条村级柏油路建成通车（柏林乡到杨谢村）。

7月17日 中国银行平邑县支行开业典礼在县招待所举行。

7月 柏林乡南孝义村白纪奎的三幅粉笔硬笔书法作品在首届全国书画艺术创作研讨会上获全国书画艺术创作研讨会荣誉艺术奖。

同月 中国银行股份有限公司平邑支行成立。

8月19—20日 县委书记李玉妹，县长张之荣到岐山乡武岩煤矿事故现场组织抢救被困四名矿工。四名矿工在井下45米处被塌方埋困50小时后安全脱险。

8月28日 万利水泥有限公司举行投产剪彩仪式。

同日 投资460万元在浚河路与蒙山大道交汇处建设自来水公司一水厂，日供水能力提高2万吨。

8月 平邑县税务局分为平邑县国家税务局和平邑县地方税务局。

9月2—4日 德国经济合作部局长曼巴到平邑县考察德国粮援项目。

9月10—11日 省委党校54个欠发达

县县、市委书记研讨班学员到平邑县考察。

9月14日 左宝贵殉国100周年纪念座谈会议在县委四楼会议室召开。

9月 平邑县电话并入临沂C3网，电话号码升7位。

同月 开展强制性婚检工作。

10月7日 国家民委组织少数民族参观团到平邑县考察。

10月21日 省政府副省长张瑞凤到平邑县考察工作。

10月 中国政法大学在仲村镇东乐里、西乐里和南乐里三个村之间投资建设希望小学。

是年 县委、县政府印发《关于促进个体私营经济发展的意见》，把个体私营经济的发展由部门行为变为政府行为。

1995年

1月11—12日 中共中央政治局候补委员、书记处书记温家宝在省委副书记、副省长陈建国等陪同下到平邑县考察。

1月16日 省政协副主席、省总工会主席刘洪仁到平邑县检查工作。

3月 平邑县流峪镇被农业部、中国农学会特产经济专业委员会评为中国中草药金银花优质产品。

4月15—16日 省委副书记李文全一行到平邑县考察金矿、九间棚村、商城、利蒙公司、万利水泥厂、石膏板厂等项目。

4月23日 省军区司令员沈兆吉到平邑县考察人民武装工作。

4月30日 副省长张瑞凤到平邑县考察。

4月 天宝镇在全县率先实现村村通电话。

5月7—8日 中共平邑县第九次代表大会召开，会议选举产生中共平邑县第九届委员会和中共平邑县纪律检查委员会。选举出县委委员31名，候补委员5名。九届一次全委会选举产生县委常委11名，选举李玉妹为县委书记，张之荣、李富山、陈相珍为县委副书记。

6月 平邑县计生服务站被国家计生委授予“全国计划生育科学技术先进集体”称号。

9月6日 辛平公司捐资兴建一中艺术楼举行奠基仪式。

9月11日 省人大常委会副主任郭长才带领视察组到平邑县考察环保执法工作。

9月12日 省长李春亭到平邑县考察地方镇万亩果园山庄、铜石镇秋种现场。

9月17—20日 全国民族地区扶贫工作经验交流座谈会在平邑县召开。

9月20日 上午11时14分，临沂苍山北部发生5.2级地震，平邑县震感强烈。

11月11日 县石膏矿与香港大亚工业发展有限公司合资建设年产2000万平方米纸面石膏板项目签字仪式在县府招待所多功能会议厅举行。

12月30—31日 中央党校考察团一行9人在平邑县考察。

是年 平邑县邮电实现了交换程控化、传输数字化和数字通信网的“两化一网”。

是年 县人民医院和中医院通过了“二级甲等”医院达标评审，并分别被省命名为“爱婴医院”和“县级示范中医医院”称号。

1996年

1月14日 财政部副部长项怀诚到平邑县考察工作。

1 月 28—30 日 平邑县第十三届人民代表大会第四次会议召开，会议接受李崇仁辞去县人大常委会主任职务的请求，补选陈相珍为县人大常委会主任，选举李富山为县人民政府县长。

2 月 26 日 县委、县政府命名平邑镇二村等 58 个村为全县首批小康村。

3 月 17 日 省委副书记宋法棠到平邑县考察工作。

3 月 平邑县被农业部、国家林业局、中国经济林协会命名为“中国金银花之乡”。

同月 平邑县被科技部命名为“全国科技工作先进县”。

4 月 17 日 省委书记、省人大常委会主任赵志浩到平邑县地方镇、天宝山镇检查指导工作。

4 月 22—26 日 联邦德国经济合作部专家组到平邑县考察评估粮援项目工作，专家组听取平邑县粮援项目工作情况汇报，并深入项目区进行考察评估，专家组对县粮援项目的实施、管理等工作表示满意。

5 月 7 日 省长李春亭带领省直有关部门的负责人到平邑县考察黄坡乡砂石山开发和部分工业企业，听取工作汇报，并就如何抓好农业生产、“管理效益年”活动和区域经济等问题发表讲话。

5 月 9—10 日 省人大常委会副主任郭长才带领视察组到平邑县视察《中华人民共和国农业法》的贯彻实施情况。

6 月 11 日 胡晶晶与张胜利、让英等火炬选手一起代表中国参加在美国举办的亚特兰大奥运会火炬传递接力活动（胡晶晶铜石镇南张里村人，1996 年被评为“全国首届希望之星”）。

6 月 13 日 23 时—14 日 7 时，平邑县遭受暴风雨冰雹袭击，受灾经济损失 8300 多万元。

6 月 20 日 撤销柏林乡，设立柏林镇；撤销武台乡，设立武台镇；撤销流峪乡，设立流峪镇。24 日、26 日、28 日，武台、柏林、流峪分别举行了撤乡设镇揭牌仪式。

7 月 25 日 县卫生局、县公安局联合下发《关于全县统一实行在新生儿户口登记时使用〈出生医学证明〉的通知》，统一使用卫生部制发的《出生医学证明》。

7 月 县人民医院与县交警大队设立“县交通事故急救中心”，与县公安局联合成立“县人为伤害救治中心”。

8 月 3 日 中央党校副校长杨春贵到平邑县考察工作。

10 月 9 日 副省长韩寓群带领省直有关部门的负责人到平邑县调查研究、考察工作。

12 月 11 日 平邑县 110 报警服务台开通。

12 月 13 日 平邑县银河商业大厦开业。

是年 全县财政总收入（四级）15607 万元，首次突破亿元。

1997 年

1 月 《平邑县志》出版发行。

2 月 28 日 副省长陈抗甫出席平邑县温水 220 千伏输变电工程竣工仪式，并为该工程竣工剪彩。

4 月 12 日 纪念北海银行鲁南印钞厂创建 55 周年座谈会在平邑县召开。

5 月 12—13 日 山西省参观团到平邑县考察山区开发和小流峪治理工作。

5 月 28 日 《平邑县志》首发式在招待所会议厅隆重举行。

5月 中共平邑县委党史资料征集委员会更名为中共平邑县委党史研究室。

6月20日 省人大常委会副主任苗枫林到平邑县视察蒙山人文自然遗产开发与保护工作。

7月25日 山东省副省长马连礼、广西壮族自治区政府原副主席里林到九间棚村考察工作。

10月25—26日 省人大常委会副主任苗枫林带领检查组对平邑县实施《中华人民共和国文物保护法》《山东省文物保护条例》和省人大常委会《关于1996年至2010年人文自然遗产保护与开发规划纲要的决议》情况进行检查。

10月28日 省长李春亭到平邑县参加全省农田水利基本建设现场会议平邑县现场。

10月30日 省委书记吴官正到平邑县考察工作，市委书记张守业陪同活动。

是年 司法部委托中国政法大学在平邑县举办法律“专业证书”教学培训班。

是年 美丽建材有限公司进口41万美元，打破平邑县进口“零”的局面。

1998年

2月12—19日 政协第六届平邑县委员会第一次全体委员会议召开，选举张家业为县政协主席。

2月13—16日 平邑县第十四届人民代表大会第一次会议召开，会议选举颜廷瑞为县人大常委会主任，祖卫东为县人民政府县长，陈金鹏、季成全、刘庆玺、李智明（女）、高维平为副县长，刘士平为县人民法院院长，王乐圃为县人民检察院检察长；选举出席临沂市第15届人民代表大会代表61名。

2月 平邑县鲁蒙饲料生物饲料在白马乡批量生产。

3月6—7日 中共平邑县第十次代表大会召开，会议选举产生中国共产党平邑县第十届委员会和中国共产党平邑县纪律检查委员会。选举出县委委员31名，候补委员5名。十届一次全委会选举出县委常委11名，选举颜廷瑞为县委书记，祖卫东、程新安、张传普为县委副书记。

3月 冠鲁集团获全国工程建设管理先进单位称号。

3月 平邑县新华书店图书发行大楼竣工。由山东冠鲁建筑设计研究院设计，山东冠鲁建设集团承建，为框架结构形式，总建筑面积4868平方米。

5月 白马乡舜帝庙村村民在筑路时发现金代舜王庙碑。此碑宽90厘米、高30厘米，青石质，刻于金大安元年二月（1209年2月）。碑刻正面记载了当地与舜有关的传说和重修舜王庙的情况，背面刻捐资修庙的人名。

5月 临沂市第一个县级信息港——平邑信息港开通。

6月12日 省人大常委会副主任苗枫林、李晔到平邑县蒙山风景区名胜区保护与开发工作。

7月2日 省政协主席陆懋曾，省科协主席陆巽生到平邑县考察工作。

7月22日 下午5时15分，县化工有限公司乳化炸药生产线试车时发生爆炸，造成3人死亡，13人受伤。

8月25—28日 仲村镇北仲三村1个小煤窑发生透水险情，11人被困井下，省长助理孙光远，市委书记乔延春，市委副书记、市长李玉妹到现场指挥调度抢险，在全体抢险人员奋力拼搏下，11人全被找到，其中7

人生还，4 人死亡。

8 月 平邑县博物馆投入使用，占地面积 4600 平方米，建筑面积 1200 平方米，主体建筑为 2 层，俯视图为“凹”字形。

9 月 邮政与电信分营，成立平邑县邮政局和平邑县电信局。

11 月 18 日 平邑县图书馆收到中顾委原常务副秘书长、全国体育总会原副主席李凯亭、山东省纪委原书记孙恕之、河南省委原秘书长郝友三等 30 名老同志捐赠的书籍 5150 册、书款 8400 余元。

12 月 从 1994 年开始，全县投资 5200 万元建成站前、财源、府前 3 个住宅小区，共 8 万平方米，解决全县 800 户机关干部、企业职工和学校教师住房困难问题。

是年 平邑县被省委、省政府授予“全省村镇建设先进县”称号。

是年 平邑县通过山东省和国家“全国体育先进县”检查验收，平邑一中被省体委、省教委命名为“山东省体育传统学校”。

1999 年

1 月 17 日 平邑县文学创作协会成立。

1 月 20 日 平邑县冠鲁集团和平邑县一中联合创办的“山东平邑县赛博中学”正式奠基。

1 月 24 日 平邑县美术协会成立。

1 月 29 日 临沂市第一家县级房地产交易大厅正式运营。

1 月 31 日 平邑县戏剧协会成立。

2 月 9 日 新泰市太平山林场发生山林火灾，火势蔓延到平邑县武台镇、岐山镇部分集体山场。至 10 日 10 时 30 分，平邑县境内明火全部扑灭。

2 月 平邑县实验中学教师刘彦强在“临沂市中小学教师基本功技能比赛”中夺得声乐、钢琴、舞蹈三项全能一等奖。

3 月 法院法警大队挂牌成立，将分散到各庭室的法警统一集中管理使用，人员达到 13 人。

4 月 12 日 平邑县被评为“全国石文化事业先进县”。

4 月 14 日 省委副书记、常委副省长宋法棠到平邑县考察工作。

4 月 28 日 平邑县石材行业协会成立。

4 月 平邑县全面实施“农民健康工程”，在规范农村一体化办医管理的同时，提倡试行农村合作医疗。

5 月 4—5 日 省人大常委会副主任马仲才到平邑县视察工作。

5 月 7 日 省政协副主席李殿魁到平邑县视察工作。

5 月 全县基本实现人人享有卫生保健的目标。

6 月 20 日 撤销劳动局，设立劳动和社会保障局。原劳动局职能、内设机构划归劳动和社会保障局。

6 月 保太镇安太石膏矿采空区地面塌陷，波及范围 200 米。

7 月 16 日 省政协副主席王裕晏到平邑县视察。

7 月 22—23 日 省人大常委会主任赵志浩到平邑县视察工作。

7 月 28 日 平邑县蒙山风景旅游区管委会成立。

7 月 平邑电信局分离，分别成立平邑县电信局、平邑移动通信公司。

8 月 平邑县新能源有限公司研制生产的蒙光牌太阳能大型热水器获得成功，这种能够代替锅炉直接生产开水的热水器属国内首创。

8月 成立平邑县法律援助中心，与“148”法律服务专线协调指挥中心合署办公。

9月19日 世界旅游组织山东旅游规划组代表雷德，到平邑县考察蒙山旅游开发工作。

9月25日 平邑县法律援助社会志愿者协会成立。

9月30日 蒙山东路修复全线竣工开通仪式在蒙山主峰龟蒙顶举行，蒙山东路修复工程自1999年7月1日动工，历时近3个月，修复道路10千米，其中新修4.3千米，总投资200万元，投工3万余个。

同日 平邑县电力设备有限公司生产的复合绝缘子、复合外套无间隙氧化物避雷器两大类8个型号的产品通过国家机械工业局、国家电力公司等部门的质量鉴定。

10月 仲村镇南屯中山完美希望小学教学楼奠基仪式，该教学楼是由中山完美日用品有限公司投资20万元兴建的。

同月 岐山镇泉山煤矿、北仲一村煤矿、北仲三村煤矿、岐山镇办二号煤矿、岐山镇岐山庄煤矿、峡玗煤矿关停。

同月 荷日铁路（兖石）复线建成通车，境内全长43.3千米，占地323.5公顷。

同月 平邑县济新水泥专用混合激发剂厂研制的激励牌水泥专用混合激发剂获得国家发明专利授权。

11月6日 唐村水库干渠配套二期工程完工本期工程总投资806万元，投工10万个，历时20天，完成石砌渠5018米，至此，唐村水库干渠石砌总长度达到11000多米。

11月10日 临涧乡累计建设两个程控交换机机房，开通596部程控电话，全乡实现村村通程控电话。

11月24—25日 省人大常委会副主任王克玉到平邑县视察蒙山旅游开发工作。

11月 通过参照国家管理公务员的办法选拔、管理农村党支部书记，实现农村支部书记公职化，已纳入公职化管理的支部书记有658人。

同月 平邑县印发《平邑县出生缺陷干预工程实施方案的通知》，成立平邑县出生缺陷干预工程领导小组，开展出生缺陷干预工程。

同月 唐村水库干渠配套工程全线竣工，投入使用后扩大灌溉面积2533.33公顷，水损耗降低30%，缩短灌溉周期5天。

同月 山东省平邑县新能源有限公司被省科委评定为高新技术企业。

12月12日 全省第一家县级森林警察大队成立。

12月16日 平邑县万寿宫水泥有限公司获得中华人民共和国进出口企业资格证书，核准其生产的水泥、大蒜制品、花岗石制品的自营进出口业务。

12月 县卫生局在平邑镇四村一、四村二、八埠庄、同太村4个村，整体推行合作医疗，8500余名农民参加合作医疗。

是年 资邱乡投资280万元，建成占地200公顷的全省最大的优质果科技示范园，园内栽培优质果树品种40多万株。

是年 平邑县被确立为由联合国儿童基金会无偿援助的“1996—2000年提高基层妇幼卫生综合能力”合作项目县。

是年 仲村镇北仲三村煤井发生透水事故，伤亡3人。

2000 年

1 月 9 日 中央政治局委员、山东省委书记吴官正到平邑县走访慰问部分困难企业及下岗职工、困难户。

1 月 10 日 平邑县实验中学通过“省级规范化学校”验收。

1 月 平邑县电信局累计投资 30 余万元在莲花山公园、银河商厦、辛平商厦等 12 处繁华地段安装 24 部 IC 卡式公用电话。

2 月 24 日 平邑县中医院被授予“山东省百佳医院”称号。

4 月 平邑县成为无规定动物疫病区项目建设县。

5 月 平邑县被国家中医药管理局评为“全国农村中医工作先进县”。

同月 自 4 月 26 日起，全县各级部门和广大干部群众积极响应县委、县政府号召，为蒙山旅游开发捐款，至 5 月 11 日共捐款 36.64 万元。

6 月 上海城市排水有限公司资助 20 万元在丰阳乡大峪沟村新建的平邑县—上海排水希望小学奠基。

同月 平邑县 110 青年志愿者协会被共青团中央、中国青年志愿者协会授予“中国百个优秀青年志愿服务集体”称号。

10 月 13 日 全国政协副主席钱正英在省政协副主席李殿魁等陪同下到平邑县视察工作。

10 月 14 日 肉用山羊非洲波尔山羊胚胎在平邑县羊城乡良种羊繁育场移植成功。

10 月 17 日 全国 21 世纪初扶贫开发研讨会在临沂召开。会议期间，与会人员分别参观考察了平邑县的高效农业开发、金银花生产、小流域治理等农业生产及花岗石生产项目。

11 月 平邑县创伟金银花有限公司培育的金银花新品种“蒙花一号”喜获成功。

同月 日东高速公路（G1511）建成通车。东起日照海滨西至菏泽东明，后延伸至河南省兰考县，经费县入平邑县境内，经铜石、温水、东阳、丰阳 4 个乡镇，向西入济宁市。

12 月 28 日 平邑县开展计划生育村民自治工作在全省计划生育协会第 5 届会员代表大会上作经验介绍。

12 月 资邱乡种植的西瓜和双孢菇被山东省农业厅鉴定为无公害农产品。

同月 县政协文史委与市政协文史资料委员会合作编辑出版《宗圣曾子》。

是年 平邑县 ADSL 宽带业务开放，告别窄频接入时代，步入宽带时代。

是年 莲花山居委会被评为全国民族团结和社会进步先进集体，受到国务院的表彰。

是年 资邱乡被中国计生协会命名为计生协会乡级先进单位。

2001 年

1 月 1 日 平邑县被省政府分别授予“全省农村就业工作先进县”和“全省土地执法模范县”称号。

2 月 22 日 中国科协党组副书记、全国政协常委徐善衍一行，到平邑县考察工作。

2 月 邮政开办电子汇兑业务，并实现全国联网。

3 月 7—9 日 平邑县第十四届人民代表大会第四次会议召开，会议接受颜廷瑞辞去县人大常委会主任职务，选举程新安为县人大常委会主任，补选徐化国、李献荣、李秀兰（女）、李中经为县人民政府副县长。

4月25日 省政府副省长蔡秋芳，在市政府副市长李志田的陪同下，到平邑县考察土地开发、地租征收、矿产管理等项工作。

5月2—3日 中组部原部长张全景到平邑县考察工作。

6月1日 省政协副主席刘洪仁到平邑县视察工作。

6月3—5日 全国工商联副主席谢伯阳一行到平邑县调研。

6月13—15日 全省计算机信息系统保密管理会议在平邑县召开。

6月15日 早上8点保太镇北部30个村遭受冰雹袭击，农作物受灾面积0.4万公顷。

6月21日 一部反映平邑县各级党组织领导人民浴血奋战、无私奉献光辉历程的党史电视专题片——《蒙阳丰碑》在平邑县首映。

7月1日 平邑县设立“见义勇为基金”。

7月24—28日 “蒙山杯”全省青少年自行车锦标赛在平邑县举行，平邑县代表队取得4金、4银、3铜，总分第二名的成绩。

8月27—31日 省人大常委会副主任王克玉到平邑县视察工作。

9月19日 省政府副省长林书香到平邑县考察工作。

10月5日 中国工程院院士、中国地质科学院院长、国土资源部总工程师陈毓川考察张里磨房沟金矿。

10月14—11月3日 华玉集团平邑石膏矿（卞桥）、富饶庄一、二石膏矿接连发生采空区地面塌陷，面积16万平方米，因保护措施得力，无人员伤亡及财产损失。

10月27日 国家粮食局局长聂振邦、省粮食局局长乔秀伦到平邑县考察工作。

同日 青岛嘉峪关学校校长郭青伟个人捐助20万元兴建的新峪希望小学奠基。

11月 平邑镇被中宣部、中央文明办、建设部、农业部、国家环保总局评为“全国文明小城镇示范点”。

2002年

1月 平邑县土地利用总体规划获省级一等奖。

2月 平邑县在魏庄乡东斗峪村、苍山村等胚胎移植的高产奶牛相继出生，标志着胚胎移植在平邑县获得成功。

3月2日 全国创建文明小城镇示范点（平邑镇）揭牌仪式在平邑镇举行。

4月26日 以“登蒙山主峰、铸团队精神”为主题的大型登山活动——山东省青年蒙山登山赛在蒙山举行，平邑县代表队获市内代表队冠军。

5月4日 省政府副省长蔡秋芳到平邑县考察蒙山旅游开发工作。

5月5日 省人大常委会副主任李文全到平邑县视察。

5月9日 平邑县精神文明建设委员会办公室评选出平邑县第一届文明市（村）民标兵10人、文明市（村）民100人。

5月16日 平邑县农村信用社召开成立八周年暨存款超10亿元庆祝大会。

5月 平邑县被全国双拥领导小组、民政部评为“全国爱心献功臣行动先进县”。

6月7日 陈永玲在山东省八次党代会上全票当选中共第十六次代表大会的党代表。

6月14日 平邑县启动县级党政机关机构改革。改革调整后县委设工作部门7个、部门管理机构2个，县政府设工作部门24个。县委机关核定行政编制116名，县政府机关核定行政编制 381 名。

7 月 12 日 郯城镇宁安庄村民林清湖发明的多功能播种器获得国家专利。

7 月 13 日 郯城镇供销社职工周焕臣采用本地金银花作母本与南方金银花杂交方式，成功培育出杂交金银花新品种，具有产量高（亩产 200 千克以上）、花蕾开放期长的优点。

8 月 22 日 广东省委原书记林若到平邑县考察小流域治理工作。

9 月 县检察院被高检院、省院指定为全国检察机关检察人员分类管理改革试点单位。

同月 县皮防站被临沂市卫生局指定为性病诊疗许可定点单位。

10 月 12315 消费者申诉举报指挥中心成立，开通“12315”消费者投诉举报电话。县城内的申诉举报 10 分钟内到达现场，乡镇驻地和农村，经过分流一般 30 分钟内就可以到达现场。

同月 平邑县人民政府官方网站建成运行。

11 月 14 日 劳动和社会保障部副部长李其炎在省政府副省长赵克志陪同下到平邑县考察工作。

11 月 21 日 平邑县金银花 GAP 基地通过国家科技部专家组认定。

12 月 6 日 反映沂蒙山区抗战事迹的电视专题片《血战苏家崮》在平邑县首映。

2002 年 全县全面推行村党支部换届“两推一选”和村委会换届公推直选。全县有 999 个农村党支部完成换届选举，共选出村党支部成员 2543 名；选出村民委员会 1012 个，共选出村委会主任 1012 名，村委会委员 3016 名、村民小组长 3947 名，村民代表 2.4 万名。

是年 平邑县被列为农业综合开发县。

是年 平邑县自行车运动员付上芬获山东省第二十届运动会自行车比赛个人追逐赛金牌。

2003 年

1 月 23—26 日 政协第七届平邑县委员会第一次会议召开，选举郑远明为县政协主席。

1 月 25—27 日 平邑县第十五届人民代表大会第一次会议召开，会议选举程新安为县人大常委会主任，王林山为县人民政府县长，张贤德、刘玉欣、李献荣、李中经、孙百迎、王丽云（女）为副县长，李培前为县人民法院院长，王乐圃为县人民检察院检察长；选举出席临沂市第 16 届人民代表大会代表 57 名。

2 月 17—18 日 中共平邑县第十次代表大会召开，选举产生中国共产党平邑县第十届委员会和中国共产党平邑县纪律检查委员会。选举出县委委员 31 名，候补委员 5 名。十届一次全委会选举出县委常委 11 名，选举颜廷瑞为县委书记，祖卫东、程新安、张传普为县委副书记。

3 月 卞桥镇刘家寨村民刘敬府开办“沂蒙人家民俗展览馆”。

4 月 16 日 全国政协副主席张思卿到平邑县考察。

4 月 26 日 国家 AAA 级旅游景区、平邑县蒙山标志性景点——寿星巨雕雕刻完成。寿星半身造像高 218 米，宽 198 米，被载入“吉尼斯世界纪录”。

4 月 受“非典”影响，平邑县出现食盐抢购风，持续 10 余天，销售食盐 380 吨。

5月20—22日 省军区副政委黄辉道到平邑县武装部考核党委班子建设。

5月24日 韩国口源大学博士、临沂师院博士及临沂师院党委书记朱纪祥到平邑县参观考察农业结构调整情况。

7月8—9日 省人大常委会副主任王道玉带领立法调研组到平邑县九间棚村科技示范园对省科学技术普及条例草案进行立法调研。

8月26日6时至9月5日6时 连续九天的降雨，县内16个乡镇均不同程度地发生洪涝灾害。据统计，连续降雨造成全县危房总数达1170间，其中431间倒塌；农作物受灾面积2100公顷；冲毁公路17.8千米，桥涵8座，拦河坝2处，造成河堤塌方3处，总长度达700余米，2座小（2）型水库和1座塘坝出现裂缝。直接经济损失2087万元。

9月2日 省政协原主席陆懋曾到平邑县考察工作。

9月18日 省人大常委会副主任、民族侨务外事委员会主任曹学成一行到平邑县调研旅游开发工作。

9月 平邑县消防大队开始征召合同制消防员组建平邑中队。

10月4日 省政协副主席、省委统战部部长齐乃贵到平邑县视察工作。

12月19日 中国银行业监督管理委员会临沂监管分局平邑办事处成立。

是年 平邑县通过卫生部、省卫生厅消灭丝虫病审评验收。

2004年

3月10日 省委常委、省总工会主席阎启俊到平邑县考察工作。

3月25—26日 省政协副主席王宗廉到平邑县调研工作。

4月2日 平邑县蒙山驻济南联络处挂牌暨济南电视台《平邑县蒙山天天旅游》栏目开播。

4月20日 省政府副省长蔡秋芳到平邑县调研经济强县帮扶欠发达县经济工作。

4月28日 省人大常委会原副主任王渭田到平邑县视察。

5月 平邑县人民防空办公室成立。

7月20日 国务院原副秘书长李昌安、省人大常委会副主任张瑞风到平邑县考察。

8月 平邑县被国家评为“全国封山育林先进县”。

同月 全国首座由个人投资兴建的水库——柏林镇龙门沟水库（原邢家庄站石沟水库，由邢家庄村民邢传一投资建设，1984年10月开工，1985年6月建成，总投资10万元，总库容11万立方米）二次扩建工程开工，2005年6月建成，总投资1500万元，主坝长306米，最大坝高22米，总库容46万立方米，流域面积2.46平方千米。

9月19日 国土资源部批准设立山东沂蒙山国家地质公园，龟蒙景区为主景区。

9月 天宇自然博物馆建成开放。展厅面积近3万平方米，馆藏标本39万件，总投资约4亿元，国家AAAA级旅游景区。先后被批准为“山东省科普教育基地”“山东省文化产业示范基地”和“全国古生物科普教育基地”等。

12月 日东高速公路通车，境内占地291.59公顷，设平邑东和平邑出口。

2004年 平邑县印发《关于进一步健全村务公开民主管理制度推进村级工作规范化建设的意见》，明确村务公开民主管理总体思路和指导原则，将村务公开、民主管理纳入法制管理的轨道。

是年 “冠鲁建材”商标被认定为“山东省著名商标”，实现平邑县著名商标零的突破。

2005年

3月23日 高唐县在平邑县宾馆举行向平邑县赠送100辆农用车赠送仪式。

4月4—6日 蒙山大火由蒙阴县蔓延到平邑县大洼林区，5日晚明火扑灭，6日火场全部清理完毕，无人员伤亡。

4月 县内发现首例艾滋病病毒（HIV）抗体初筛阳性感染者。

5月4日 省政协副主席、省委统战部部长齐乃贵到平邑县视察工作。

5月14日 国家地质公园和社会经济发展促进会秘书长兼联合国教科文组织地质公园顾问、专家组成员、世界地质公园评审委员会副主任委员、中国地质科学院原院长、研究员赵逊到平邑指导工作。

5月17日 省人大常委会副主任、民族侨务外事委员会主任曹学成一行到平邑县检查《山东省民族工作条例》贯彻实施情况。

5月27日 临工桥箱20万台汽车变速箱扩建工程奠基仪式。

5月 县政府制定《平邑县封山育林管理办法》，开始对部分中幼龄林实施封山育林管理，纳入规划林地3.05万公顷，主要地类是中幼龄林地、未成林造林地、灌木林地，逐年实行封山育林。

6月17—19日 上海应善良基金会李衔庚、何志祥，到平邑县保太镇参加捐建学校“三阳”联小竣工剪彩仪式，回访白彦镇后河联小。

6月18日 山东省原省长、国务院原副秘书长李昌安，中国人民解放军空军原司令员于振龙，外经贸部原部长石广生到平邑县温水镇参加“求贤希望小学”竣工剪彩仪式。

7月22日 全省工商信息管理现场会在平邑县召开。

7月26日 全国劳动模范、时风集团董事长刘义发带领时风集团班子成员一行8人到平邑县考察。

8月2日 省人民检察院检察长赵长风到平邑县检查工作。

8月11—12日 全国消费者协会加强消费维权能力建设研讨会在平邑县召开。

8月27日 副省长赵克志到平邑县参观考察工作。

9月2日 中国工程院副院长沈国舫一行院士专家组到平邑县考察农业产业结构调整、中草药种植、小流域治理、水土保持等工作。

9月3—4日 平邑县组织参加临沂市第三届书圣文化节经贸洽谈会和开幕式，共签约项目70个，合同利用外资29.6亿元，其中超过亿元项目6个。

9月7日 平邑县被中国石材协会授予“中国石材之乡”称号，中国石材协会会长邹传胜到会授牌。

9月11日 省政协副主席王久祜到平邑县视察工作。

9月15日 水利部、省水利厅专家组到平邑县评估验收唐村水库除险加固工程，唐村水库整体工程被评为优良工程。

9月16日 第三届蒙山长寿旅游节开幕式在平邑县蒙山广场举行。

9月19—21日 全县普降大雨，全县平均降雨量达202.5毫米，致使全县10个乡镇遭到不同程度的损失，受灾人口8.57万人，倒塌房屋1004间，因洪水造成企业临时停产5个，冲毁乡村路53.89千米，冲毁大小桥涵36座，塘坝、谷坊14座，冲毁土地100.7公顷，农作物受灾面积2733.3公顷，其中粮食作物2186.7公顷，大中型水库水毁工程10项，给全县造成直接经济损失8600多万元。

9月30日 县法院撤销法医门诊。

10月3—4日 省委常委、省军区政委张秉德到平邑县考察。

10月20日 “海内外知名企业家齐鲁行”活动组到平邑县考察。

11月2日 郑城镇举办苏家崮革命烈士遗骨暨烈士陵园扩建一期工程竣工仪式。

11月24日 省政府副省长张昭福一行到平邑县调研国有粮食购销企业改革和食品药品监管局基础设施建设情况。

12月26日 327国道费县至平邑县段改建工程竣工通车。

12月29日 省委副书记、省长韩寓群带领省委组织部、发改委、经贸委、农业厅等部门负责人到平邑县地方镇九间棚村走访慰问老党员和困难群众、并考察了康发食品、晨翔石膏、临工桥箱等企业。

12月 平邑县被省政府列为全省第三批新型农村合作医疗试点县。

2005年 平邑县开通村务公开监督电话4216855。

是年 “环球”制盖、“天泰”种业两家商标被认定为“山东省著名商标”。

2006年

4月7日 2006“中国乡村游”平邑县启动仪式暨九间棚全国农业旅游示范点在九间棚村揭牌。

4月10日 省人民检察院检察长国家森到平邑县检查工作。

同日 全县新农合正式启动参合农民医药费用报销程序。

4月14日 全国人大常委会原副委员长姜春云到平邑县考察工作。

4月16日 韩国驻青岛领事馆领事辛亨根，新华锦集团董事长张健华，参观外贸钻石厂，晨翔石膏板厂和天宇自然博物馆等企业。

4月 成立农村供水协会，对全县的村镇供水工程实行统一管理。

6月 平邑县人民政府下发《平邑县2007年县直部门预算编制实施方案》，自2007年起在县直部门全面实施部门预算。

7月31日—8月1日 山东省各民主党派、工商联负责人暑休研讨班在平邑县开班，省委副书记、省纪委书记赵春兰出席研讨班开班仪式并陪同相关活动。

7月 投资1900万元在板桥路与银花路交汇处建设的自来水公司二水厂竣工，设计日供水能力4万吨。

8月3—4日 省委书记，省人大常委会主任张高丽在平邑县经济开发区、临工桥箱有限公司、蒙山风景区、天宇自然博物馆等企业考察调研。

8月9—11日 国电集团公司总经理周大兵，山东分公司总经理池若德在平邑县考察。

8月25日 中国人民武装警察部队副司令员刘红军、中国人民武装警察部队原副政委隋绳武到平邑县考察工作。

9月4日 中共中央政治局委员、全国人大常委会副委员长、中华全国总工会主席王兆国到平邑县考察调研。

9月6日 县委副书记、县长陈一兵出席曲阜（平邑县）孔子奖学金设立暨首次颁奖仪式。

9月13日 国家开发银行副处长郭振南，市发改委副主任王瑞柱在平邑县调研国家开发银行与临沂市县区合作项目债务评审工作和社会主义新农村建设情况。

9月26日 中国公路学理事长李居昌到平邑县调研高速公路路面结构情况。

9月27日 律师希望小学暨平邑县铜石镇律师希望小学奠基。

9月 全县乡镇中小学教师实施县财政统一发放。

10月11日 省人大常委会副主任陈延明到平邑县视察。

10月28日 国家环保总局检查组在平邑县检查环保工作。

10月 省计生协会名誉会长、山东省委原书记赵志浩到平邑县考察计生工作协会组织建设和会员活动情况，给予高度评价。

11月25—26日 山东大学齐鲁医院支持社会主义新农村建设大型义诊活动在平邑县举行。

11月25日 省政府副省长才利民在平邑县检查环境保护和城乡建设工作。

11月30日 全省乡村旅游、生态旅游和旅游小城镇发展工作现场会议在平邑县召开。

12月29日 成立平邑县行政审批服务中心。

12月 平邑县设立平邑县外经贸局外派劳务报名大厅，开始规范全县的劳务输出工作。

是年 实现全县宽带村村通。

是年 平邑经济开发区确定为省级经济开发区。

是年 平邑县被列为国家测土配方施肥资金补贴项目实施县。

是年 平邑镇莲花山居委调委会被司法部命名为“模范调委会”；资邱乡时家村调委会被省司法厅命名为“模范调委会”。

是年 平邑奥德燃气有限公司成立，从事平邑县域内的居民燃气供给、商业工业燃气供给、汽车CNG和LNG加气站等项目建设和运营。

2007年

1月6日 中央政治局常委、政法委书记罗干一行到平邑县考察基层公安建设工作。

同日 萨哈（雅库特）共和国新任驻远东代表阿·尼·斯克雷贝京，图依玛达爱钻石公司经理格·波·雅科夫列夫在平邑县参观考察。

1月17日 济南军区副司令员李洪程一行到平邑县考察工作。

1月25—26日 中共平邑县第十二次代表大会召开，选举产生中国共产党平邑县第十二届委员会和中国共产党平邑县纪律检查委员会。选举出县委委员43名，候补委员8名。十二届一次全委会选举出县委常委11名，选举王林山为书记，陈一兵、解红日为副书记。

1月27日 由大众日报与山东旅游行业协会等单位联合主办的2006山东首届旅游年暨旅游总评榜颁奖典礼在济南举行，平邑县被评为“2006山东县城旅游品牌十强县”；天宇自然博物馆被评为“2006山东旅游最具成长力品牌”。

1月28—30日 中国红十字总会顾问汤声闻一行到平邑县开展送温暖活动。

1月 平邑县被山东省列为“世界卫生组织加拿大国际援助结核病控制项目（FIDELIS）”实施县。

2月5—6日 国家环保总局原副局长、中国工程院院士金鉴明一行到平邑县调研“发展循环农业，改善农村生态环境”课题，并考察资邱乡“面包草”项目生产、实用现场。

2月27日 中央粮食储备总公司副总经理刘新江到平邑县检查指导工作。刘新江一行到流峪镇下崮安村走访慰问，并考察粮油储备库。

3月10日 云南中烟工业公司处长马春琼一行到平邑县卞桥镇南安靖村和保太镇大夫宁村考察烟叶生产基地建设情况。

3月21日 国务院安委会办公室主任、国家安监总局副局长王显政到平邑县参观考察。

3月28日 平邑县天宝化工有限公司与长沙矿冶研究院、临沂古城有限责任公司在临沂桃源宾馆正式举行合并重组签约仪式。重组后的新企业山东天宝化工有限公司将落户平邑县，并将投资1.5亿元新上导爆索生产线及塑料导爆管生产线。

5月5日 国家环保总局副局长潘岳一行在副省长郭兆信、省政府副秘书长张传亭、省环保局局长刘富春陪同下到平邑县检查调研。

5月26日 省人大常委会副主任李明先到平邑县调研。

6月13日 蒙山万寿宫遗址恢复工程举行开工仪式。

6月16日 品牌中国产业联盟主席、经济日报原总编艾丰，全国工商联宣教部部长石泽，北京千禧鹤集团党委书记齐书凯，北京福泰集团董事长王振绪一行在平邑县参观考察。

同日 国家体育总局纪检书记王宝良到平邑县调研。

7月8—10日 全省地税系统理论读书会在平邑县举行，省地税局班子成员及17市地税局长出席会议，县委副书记、县长陈一兵，县委常委、常务副县长李中经出席会议并陪同有关活动。

7月13日 第四届世界养生大会平邑论坛暨第五届山东·平邑蒙山长寿文化旅游节新闻发布会在北京人民大会堂召开。

7月14日 爱心助学暨山东支教活动在平邑县希望小学举行。

7月18日 阿联酋建设部副部长阿卜杜拉一行在平邑县参观考察。

7月22日 最高人民检察院检察长贾春旺一行到平邑县考察工作。

7月31日 富翔污水处理厂举行运营仪式，奥德燃气管道举行通气仪式。

8月1—4日 山东省文化局长读书座谈会在平邑县召开。

8月9日 国土资源部原副部长、全国政协委员、中国观赏石协会会长寿嘉华，省国土资源厅厅长王文升一行在平邑县参观考察。

8月15—16日 发展改革委副主任朱之鑫一行在副省长张昭福，省发改委主任费云良陪同下在平邑县参观调研。

8月17日24时至18日5时 平邑县临涧镇连降特大暴雨，全镇平均降雨289毫米。

8月19日 中国驻法大使赵进军、驻瑞典大使吕奉鼎、外交部党委国外工作局副局长边燕花到平邑县参观考察。

8月 污水处理厂及配套管网基本建成正式运行，沿兴水河、府前渠、浚河河底及沿岸新建排污干管近28千米，把老城区河流管渠的污水截留到污水处理厂进行处理，老城区开始实行雨污合流制排水方式。

同月 平邑县东城污水处理厂建成投入运行。

9月3日 省委书记、省人大常委会主任李建国在平邑县考察工作。

9月6日 世界吉尼斯评审中心驻中国总认证官吴晓红女士在平邑县为天宇自然博物馆颁发世界最大硅化木化石“世界吉尼斯纪录”证书。

同日 “直升机高空悬挂腹部吸碗”世界吉尼斯挑战赛在平邑县成功举行。

同日 “平邑县金银花”自2007年9月6日起实施地理标志产品保护，成为临沂市第一个获此殊荣的农产品。

9月 平邑县金银花通过国家质检总局地理标志产品的评审成为临沂市第一个获得国家地理标志保护的农产品。

9月7日 全国石材企业管理高峰论坛会在平邑县召开，全国人大行管局局长张香连，中国建材联合会副会长陈国庆，中国石材协会会长邹传胜出席会议。

9月8日 中国保监会主席吴定福，省保监局局长王平生在平邑县参观调研。

9月10日 第四届世界养生大会平邑县论坛暨第五届山东平邑县蒙山长寿文化旅游节在蒙山广场隆重开幕。全国人大常委会原副委员长布赫，卫生部原副部长、中国医师协会副会长蔡忠军，武警部队后勤部原副政委兼政治部主任张玉堂，发展改革委县域经济研究中心主任李剑，中央保健委员会副主任李宁，山东省人大常委会副主任李明先，卫生部原副部长、中国医师协会副会长蔡忠军，将世界养生大会组委会颁发的“世界养生大会生态游与养生基地”牌匾和证书授予平邑县；布赫宣布“第四届世界养生大会平邑县论坛暨第五届山东平邑县蒙山长寿文化旅游节”开幕；CCTV激情广场进行了文艺演出。

9月11日 平邑县举行天宇自然博物馆国家AAAA级旅游景区揭牌仪式。

9月12日 国际旅游小姐冠军鲁南赛区总决赛颁奖晚会暨第五届山东平邑县蒙山长寿文化旅游节闭幕式在平邑县人民会堂举行。

同日 全民健身与奥运同行——2007年全国群众登山健身大会暨中国平邑县蒙山“长寿杯”登山活动在平邑县蒙山隆重举行。

9月14日 中国古生物学会第24届学术年会在平邑县召开。

9月24日 国家机关工委副书记杨衍银在市领导张务锋、王晓嫚等陪同下到平邑县考察。

9月26日 新华社新农村考察报到团在平邑县面包草生产现场考察。

9月26—27日 武警部队原政委徐永清上将在武警山东总队戴肃军、政委冯金安陪同下到平邑县参观考察。

9月29日 中共中央政治局原委员、中央军委原副主席迟浩田上将在省政府特邀咨询张昭福等陪同下到平邑县考察。

10月12日 平邑县隆重举行“高唐—平邑县友谊广场”捐助仪式暨奠基典礼。仪式上，高唐县委、县政府向平邑县捐赠了援建工程款100万元。

10月22—24日 世界银行林业持续发展项目检查组一行到平邑县检查第四期项目实施及财务管理情况。

11月7日 国家档案局副局长、中央档案馆副馆长李和平一行在省档案局局长张奎明陪同下到平邑县考察档案工作。

11 月 9—10 日 最高人民检察院副检察长胡克惠到平邑县参观考察。

11 月 平邑县政府纠风办与平邑人民广播电台联合开办的“行风热线”开播。

12 月 1 日 县委副书记、县长陈一兵代表平邑县在山东省县域经济调查新闻发布会上作典型发言。

12 月 9—12 日 政协第八届平邑县委员会第一次会议召开，选举孙印远为第八届县政协主席。

12 月 10—13 日 平邑县第十六届人民代表大会第一次会议召开，会议选举程新安为平邑县人大常委会主任，陈一兵为平邑县人民政府县长，李中经、王丽云（女）、刘玉山、吕国强、冯青松、王剑峰为平邑县人民政府副县长，陈怀峰为平邑县人民法院院长，王正海为平邑县人民检察院检察长；选举出席临沂市第 17 届人民代表大会代表 56 名。

12 月 30 日 实现全县范围城乡用电分类同价。

12 月 县人防办加挂“平邑县民防局”的牌子，增加防灾救灾职能。

同月 平邑县城被山东省省政府命名为山东省园林城市。

同月 山东平邑综合门户网站上线运行，网站以政府信息公开、在线办事服务和公众互动参与三大服务功能为重点，拥有党务、政务、市民、企业、投资、法制等六大频道，走进平邑、党政之窗、网上办事、参政议政、便民查询等五大专题版块。

是年 平邑县代表队荣获山东省山地自行车锦标赛团体总分第一名。

2008 年

1 月 16 日 中国母亲援助行动组委会副秘书长、中国妇女发展基金会项目部主任李巨涛一行 5 人到平邑县参加“中国母亲援助”行动启动暨捐赠仪式，并到仲村镇康埠庄村现场考察老粗布加工致富项目。

1 月 平邑县印发《平邑县劳模管理办法》，县级以上劳模开始享受相应的劳模荣誉津贴。

同月 全县对“皮内注射用卡介苗、重组乙型肝炎疫苗、脊髓灰质炎疫苗、吸附百白破联合疫苗、吸附白喉破伤风联合疫苗、麻疹减毒活疫苗、A 群脑膜炎球菌多糖疫苗、乙型脑炎灭活疫苗”8 种疫苗实行免费接种。

2 月 25 日 山东临工汽车桥箱有限公司 1000 台小型工程机械装载机下线。

2 月 26 日 中国国家建材协会纸面石膏板质量及能耗等级定额行业标准修订工作会议在平邑县召开。

2 月 28 日 平邑县农村信用合作社召开存款突破 30 亿元人民币新闻发布会。

4 月 4—5 日 农业发展银行国家总行副行长尉士武，山东省分行行长杨杰一行到平邑县调研。

4 月 17 日 中科院沈阳分院党组书记、院长王庆礼，山东省科学院党委书记李海舰，一行到平邑县考察科技工作。

4 月 18 日 全国人大常委会委员、九三学社中央委员会副主席丛斌一行到平邑县调研。

4 月 21 日 平邑县晶体管厂破产清算。

5 月 9 日 最高人民法院院长肖扬到平邑县调研。

5月22—23日 第三届中国（临沂）金银花产业发展论坛在沂山邑水假日庄园举行。

5月23日 中科院植物研究所所长韩兴国在卞桥镇出席“山东农业大学农业生态系统定位研究站”成立挂牌仪式。

5月24日 最高人民法院副院长江必新，省高级人民法院副院长刘爱卿一行到平邑县考察工作。

5月 《平邑县政协志》出版。共101万字，上限始于1981年5月平邑县政协成立，下限止于2008年1月。

同月 汶川“5·12”地震后，仲村镇仅用3个小时完成100万副手套的征调任务。

6月2日 广西党政考察团一行到平邑县参观考察。

6月19日 山东省蓝莓产业化研讨会暨授牌仪式在柏林镇举行，中国中医药原副局长于生龙，中医药科技开发交流中心主任莫用元，省人大常务委员会原副主任、原副省长邵桂芳、陈廷明出席仪式。

6月24日 中国矿业联合会地热专业委员会主任李树祥，省地环总站副站长姚春梅地热资源评审组一行到平邑县考察地热资源。

6月 山东省计划生育委员会确定平邑县为“山东省50～60岁妇女IUD滞留现况调查及干预研究项目”项目县，县内的资邱、地方、铜石、丰阳4个乡镇为项目乡镇。

7月3日 省国土资源厅厅长徐景颜一行到平邑县检查土地开发、基层站所建设等工作。

7月22日 国土农业综合开发资金检查组到平邑县调研农业综合开发资金运作情况。

8月6—7日 山东省金银花行业协会成立大会暨揭牌仪式在平邑县举行。

8月25—26日 中国齐鲁经济文化发展促进会副会长、中共中央组织部机关事务管理局党委书记、副局长杨近福一行到平邑县考察调研。

8月26—27日 国家民族事务委员会副主任吴仕民一行到平邑县考察调研。

8月28日 山东省副省长李兆前一行到平邑县考察工作。

8月 平邑县开展首批艾滋病病人免费抗病毒治疗工作。

9月3日 中德合作山东粮援项目工作座谈会在平邑县召开。

9月12日 山东省副省长郭兆信一行到平邑县考察调研。

9月13日 国家信访局副局长徐杰一行到平邑县考察调研。

9月17日 国家森林武警总队副政委魏天林，黑龙江森林武警总队副总队长郑文友一行到平邑县考察调研。

9月18—19日 山东省50～60岁女性IDU滞留现况调查总结及干预培训会议在平邑县召开。

10月23日 民政部副部长罗平飞一行到平邑县考察工作。

同日 全国政协原副主席张怀西，省政协副主席栗甲，民进党省委副主委罗宝臻一行到平邑县考察调研。

10月31日 山东天宇自然博物馆与中科院古脊椎动物与古人类研究所合作签字仪式暨中科院古脊椎动物与古人类研究所平邑县工作站揭牌仪式。

10月 平邑县协同办公系统正式推广应用，该系统全面支持网络通知、电子公文和电子期刊等公文的网上起草、审签、存档等功能，支持内外网络协同办公，实现全县各乡镇和各部门应用覆盖。

11月5—6日 中国石材工业协会副会长、山东石材行业协会副会长兼秘书长周克继一行到平邑县考察调研石材市场。

12月7日 中国对外友好协会副会长李建平一行到平邑县考察调研。

12月24日 平邑县劳保手套行业协会成立。

是年 全县民营企业第一家担保服务机构——山东亿盛担保投资有限公司平邑县事业部成立。

是年 创办中国中小企业山东平邑县网，成为对全县民营企业服务的公益性平台。平邑县拜尔建材有限公司，临沂市康发食品饮料有限公司开展电子商务，利用网络平台大力开展对外贸易，信息化建设逐步在全县民营企业推开。

2009年

2月20日 中央学习实践科学发展观驻山东督导组由内蒙古政协主席陈光林带队到平邑县考察调研。

3月18日 国家体育总局副局长王钧，国家体育总局办公厅主任倪会忠，省体育局局长张洪涛一行到平邑县考察调研。

3月23日 平邑县人民政府与农业银行临沂市分行战略合作暨平邑县银企合作签约仪式在平邑县沂州国际宾馆举行。

3月23—25日 全省第二代残疾人证换发工作现场会议暨启动仪式在平邑县举行。

3月31日 全省中小企业经济运行分析会议在平邑县举行。

3月 平邑县被卫生部公布为全国艾滋病综合防治示范区。

同月 县中医院与县残疾人联合会联合成立县残疾人康复中心。

4月10日 平邑县地方镇“中国罐头第一镇”“全国农产品加工示范基地”“山东省特色产业镇”揭牌仪式，中国罐头工业协会理事梁仲康，省中小企业办主任刘新风出席活动。

4月24日 中央文献出版社总编辑马云飞带领调研组到平邑县考察。

4月25日 中残联副主席吕世明、组联部主任张仪凤一行到平邑县考察调研。

5月8日 科技部基础研究司司长张先恩一行到平邑县考察调研。

5月20日 中国联合水泥集团与平邑县合作项目签约仪式在平邑县举行。

5月22日 山东农业大学服务“三农”院士博士沂蒙行活动启动仪式在平邑县举行。

6月13日 最高人民检察院监所检察厅厅长白泉民一行到平邑县考察调研看守所工作情况。

同日 全国政协常委、国家工商行政管理总局原局长、党组书记王众孚带领中央巡视组到平邑县参观考察。

6月17日 平邑县政府与山东黄金集团战略合作签约仪式在济南举行。

同日 山东高速路桥集团有限公司董事长、党委书记艾代忠一行省委党校十九期中青班到平邑县参观考察。

同日 高校设置委员会主任、中国教育发展基金会理事长、教育部原副部长张保庆在原副省长张瑞凤、省教育厅厅长齐涛的陪同下到平邑县考察。

6月28日 中纪委常委、监察部副部长、国务院纠风办副主任屈万祥，在省委常委、纪委书记杨传升等领导的陪同下到平邑县视察工作。

6月 县中医院被中国诚信万里行活动委员会评选为“2008年度全国诚信示范医院”。

7月2日 省委书记、省人大常委会主任姜异康到平邑县考察。

同日 福田雷沃重工董事长王金富到平邑县临工桥箱公司进行业务指导。

7月12日 国家外国专家局文交专家司司长赵立宪，韩中文化经济友好协会会长金英爱一行到平邑县参观考察。

7月16日 平邑县中联水泥有限公司4500吨/天水泥熟料生产线工程奠基。

7月20日 中国广播影视报刊协会会长张振东带领2009年优稿会评定会与会人员到平邑县参观考察。

同日 山东省科学院研究院毛兴文带领绿色食品原料（金银花）标准化生产基地验收专家组到平邑县检查指导工作。

7月25日 中央综治委副主任、中央政法委副秘书长、中央综治办主任陈翼平一行到平邑县考察。

8月10日 第二届鲁南经济带统计局局长论坛在平邑县举行。

8月12日 发展改革委副主任高世宪到平邑县考察。

8月18日 美国消费安全委员会代表到平邑县考察输美石膏板生产企业和矿区。

8月21日 中科院周继强博士、蒋高明博士一行到平邑县对卞桥镇有机食品进行认证。

8月22—24日 国土资源部副部长王民一行到平邑县检查地质灾害防治工作。

9月9日 第25个教师节庆祝大会暨曲阜孔子奖学金发放仪式在县人民会堂举行。

9月10日 中国人民解放军总参谋部管理保障部政治委员曾海生一行到平邑县考察。

9月13日 国家广电总局副局长田进一行到平邑县考察。

9月15日 庆祝人民政协成立60周年暨全县政协工作经验交流会在沂州国际饭店召开。

9月21日 天宇自然博物馆“国土资源科普基地”揭牌。

9月22日 第七届山东平邑蒙山长寿文化旅游节开幕式在临沂湖心岛举行。

9月23日 中国妇女发展基金会“母亲健康快车”项目办主任祝燕春带领中国妇女发展基金会“点滴关爱奥妙金纺十五周年关爱之旅”志愿者在省妇联领导陪同下到平邑县考察妇女致富项目。

9月 平邑县被列为省直接管理县。

10月16日 国家统计局原局长张赛到平邑县考察。

10月19日 国家体育总局局长刘鹏一行到平邑县参观考察。

10月23日 国家食品药品监督管理局GAP基地认证组到平邑县检查基地认证情况。

10月28日 山东省卫生产业企业管理暨医疗卫生单位后勤社会化改革高峰论坛会议在平邑县召开。

同日 淮海经济区环境科技论坛暨建网二十一周年联谊会在平邑县召开。

10月 县委办公室印发《关于开展免费婚前医学检查工作的实施方案》，全县正式启动免费婚检。

同月 平邑县在全国“难点村”治理工作会议上作典型发言。

11月10日 中国金银花物流港开工奠基。

11月 平邑县被确定为“全省建立农村

居民健康档案省级试点县（市）区”。

12月5日 青岛大洲运动用品有限公司总裁刘克成一行到平邑县资邱乡东庄完小举行资邱乡春友侨心小学奠基仪式。

12月6日 220千伏平邑县浚河变电站开工建设。

12月8日 驻临沂部分全国、省、市人大代表在市人大常委会副主任祖卫东的带领下到平邑县进行会前集中考察。

12月9日 中国残联党组成员、副理事长程凯一行到平邑县考察残疾人工作。

12月23日 山东省国家首批新型农村社会养老保险试点启动仪式在平邑县柏林镇社区举行。

12月24日 由平邑县劳保手套行业协会制定的山东省第一个地方行业联盟标准——《纱线手套联盟标准》通过审查。

12月30日 平邑县党建研究会在沂州国际饭店召开。

12月 平邑县成为全国首批新型农村社会养老保险试点县。

2010年

1月2日 山东黄金集团董事长王建华一行到平邑县走访慰问企业职工。

1月24日 仲村镇在全身纺织工作会议上被授予“山东省针织劳保手套名镇”荣誉称号。

2月1日 平邑县手套行制定的山东省第一个联盟标准——《纱线针织劳保手套》联盟标准正式实行。

2月8日 国家税务总局党组副书记、副局长钱冠林一行到平邑县调研。

2月 平邑县城被住房和城乡建设部命名为“国家园林县城”。

3月10日 全国开展“关爱女孩”行动综合治理出生人口性别比偏高调研督导汇报会议在平邑县召开。

3月11日 舟山警备区副政委徐维春带领中国人民解放军浙江省舟山部队（原山东军区第八师）部分英模单位代表一行到平邑县郑城镇开展“追寻老前辈足迹”活动。

3月24日 世界银行户用沼气考察团一行到平邑县调研。

3月26—28日 中国城镇给排水协会副会长、教授、高级工程师杨向平带领国家淮河流域水污染防治考核组污水处理厂组一行到平邑县污水处理厂进行检查。

3月 平邑县启动实施集体林权制度改革。

3月 全县各医疗机构启动全人群死因监测工作。

4月13日 中国残联副理事长程凯带领《中国残疾人扶贫开发计划（2001—2010）》中央检查评估组到平邑县检查残疾人工作。

4月16日 《光明日报》记者部主任宋百荣带领记者采访团一行到平邑县参观考察。

4月18日 全国人大常委会副委员长桑国卫在省人大常委会副主任鲍志强陪同下到平邑县考察金银花产业发展情况。

4月29日 中共中央政治局原委员、中央军委原副主席、国务委员、国防部部长曹刚川一行到平邑县考察，济南军区副政委杜恒岩，省军区副政委陆建华陪同。

5月29日 中国经济林协会金银花专业委员会成立六周年庆祝大会暨2010年年会在平邑县召开。

6月7日 《山东名家》杂志社社长刘纯华到平邑县考察建设“沂蒙红色文化研究基

地”等事宜。

6月11日 环境保护部副部长周建带领调研组到平邑县调研环保工作，副省长李兆前陪同。

6月13日 安徽省政协副主席郑牧民一行到平邑县参观考察。

6月20日 临沂巨皇新能源科技发展有限公司20兆瓦光伏跟踪电站项目奠基。

6月 天宝山林场与九间棚旅游开发有限公司签订旅游开发合作合同，全面打造天宝山林场红色旅游、林果旅游品牌。

7月8日 中国园艺协会小浆果分会理事长、农业部公益性行业科技“小浆果品种筛选及标准化生产技术研究”项目首席专家李亚东一行到平邑县考察蓝莓育苗及种植基地。

7月 平邑县社会救助管理站成立。

8月5日 国土资源部党组副书记、副部长兼国家土地总督察鹿心社一行到平邑县考察。

8月11日 武警部队副政委崔景龙一行到平邑县考察，省武警总队总队长南平陪同。

8月18日 中华全国总工会副主席张明启一行到平邑县考察工会工作。

8月26日 中国旅游报总编辑李志庄带领山东旅游采访报道组一行到平邑县采访报道。

9月13日 中国古脊椎动物协会第十二次学会、中国第四纪古人类—旧石器专业委员会第三次年会在平邑县召开。

9月25日 全国畜牧技术推广体系建设高级研讨班现场会在平邑县召开，农业部畜牧总站站长谷继承出席会议。

9月27日 举办第八届山东平邑县蒙山长寿文化旅游节——健康快乐登山比赛。

9月28日 第八届山东平邑县蒙山长寿文化旅游节开幕。

10月19—20日 山东天宝化工有限公司、威海武岭爆破器材有限公司与西班牙马克西姆公司合作签约仪式在济南举行。

10月30日 最高人民检察院纪检组组长莫文秀带领中央扩大内需检查组一行到平邑县检查。

11月20日 “水果罐头”联盟暨标准新闻发布会在平邑县召开。

11月21日 副省长郭兆信一行到平邑县考察。

11月25日 美国国家科学基金会海洋地学部主任比拉尔·哈克一行到平邑县参观考察。

11月 全国普法办授予县司法局全国法治县创建活动先进单位。

12月2日 中国农业大学教授李世平带领国家验收组固废组一行到平邑县检查验收国家环保模范城市。

12月16日 国家煤矿安监局副局长黄玉治带领国务院安委会督查组到平邑县检查安全生产工作。

12月26日 县人力资源和社会保障局成立，为县政府工作部门。原县人事局、原县劳动和社会保障局的职责整合，划入县人力资源和社会保障局。

12月 平邑县被山东省绿化委员会评为山东省绿化模范县。

同月 平邑县代表山东省作为唯一县级层面在陕西省西安市召开的全国深化村务公开民主管理“难点村”治理工作会议上做典型发言。

是年 平邑县被评为“全省村务公开民主管理示范县”。

是年 “天宝山山楂”获农业部农产品地理标志认证。

是年 平邑县金利种鸡场获得国家级标准化养殖场的荣誉称号。

2011年

1月12日 沂州国际饭店四星级旅游饭店揭牌。

1月14—16日 平邑县第十六届人民代表大会第四次会议召开，会议接受程新安辞去县人大常委会主任请求，补选王林山为县人大常委会主任，补选马祥营为平邑县人民政府县长，杨秀秀（女、回族）为平邑县人民政府副县长。

1月21日 平邑县浦发爱心小学揭牌。

2月15—16日 平邑县第十六届人民代表大会第四次会议召开，补选马祥营为县人民政府县长。

3月10日 全省农机深松整地作业现场会在平邑县召开。

3月26日 民政部副部长姜力一行到平邑县考察村务公开民主管理“难点村”治理和农村社区建设工作，副省长郭兆信陪同。

3月 山东天宝化工股份有限公司与西班牙马克西姆国际集团公司合作并组建山东省科技合作研究中心。

同月 受日本“核辐射”影响，平邑县出现食盐抢购风波，时间持续5天，销售食盐560吨，超过月销售量，发现问题后，县委、县政府高度重视，立即启动食盐应急预案，迅速平息食盐抢购风波。

4月6日 县公共资源交易管理委员会办公室设立，与县行政审批服务中心一个机构、两块牌子。

4月8日 全省实施县级残疾人综合服务设施“无障碍工程”座谈会在平邑县召开。

5月21日 首届“中国金银花节”暨金银花高峰论坛推介会举行。

5月24日 中共中央党校校委委员、组织部部长赵长茂一行到平邑县参观考察。

6月10日 全国政协委员、科教文卫委员会委员、卫生部原副部长佘靖到平邑县“中医药进基层医疗卫生机构问题”进行专题调研。

6月24日 平邑中联水泥有限公司建成正式点火投产。

6月27日 全省水系绿化暨雨季造林现场会在平邑县召开。

7月12日 全省农业科技宣传工作会议在平邑县召开。

同日 国家中医药管理总局副局长吴刚到平邑县调研中草药种植、加工、利用情况。

7月 成立县直机关事务管理局撤销县人民政府招待所。

8月16日 临沂大学与平邑县合作共建自然博物馆启动仪式在平邑县天宇自然博物馆举行。

10月5日 山东省十大森林生态景观授牌暨临沂市森林旅游示范区揭牌仪式在蒙山龟蒙景区管委会举行。

10月18—19日 财政部党组副书记、副部长廖晓军到平邑县调研县级基本财力保障机制建设情况。

11月4—6日 沂蒙山区国家水土保持重点工程经验交流会在平邑县召开。

12月23日 县见义勇为协会成立。

12月26日 国家人口计生委副主任崔丽到平邑县调研计生工作。

是年 “天宝山黄梨”被农业部认证为农

产品地理标志。

是年 平邑县被农业部评为全国生猪调出大县。

是年 山东省公路自行车锦标赛团体总分第一名。

2012年

1月10—11日 中共平邑县第十三次代表大会召开，选举产生中国共产党平邑县第十三届委员会和新一届中国共产党平邑县纪律检查委员会。选举出县委委员43名，候补委员8名。十三届一次全委会选举出县委常委11名，选举丰程秀为书记，马祥营、刘春波为副书记。

1月31—2月2日 县政协九届一次会议召开，选举徐守军为第九届县政协主席。

1月31—2月3日 平邑县第十七届人民代表大会第一次会议召开，会议选举丰程秀为县人大常委会主任，马祥营为县人民政府县长，刘仕江、宋学军、杨秀秀（女、回族）、王霞（女）、王琨、晏伟为副县长，陈怀峰为平邑县人民法院院长，曹卫军为平邑县人民检察院检察长；选举出席临沂市第18届人民代表大会代表60名。

3月6日 全省马铃薯机械化播种暨技术培训现场会在平邑县召开。

3月9日 莱钢集团有限公司团委书记景凯一行到平邑县举行“山东钢铁莱钢焦化厂‘情系沂蒙’爱心助学启动仪式”。

4月7日 山东莱钢永锋钢铁有限公司董事长、总经理刘峰带领山东省青年企业家县域经济考察团一行到平邑县参观考察。

4月8日 中央纪委委员、新疆维吾尔自治区原党委常委、纪委书记、政法委书记符强，在山东省委常委、纪委书记李法泉等领导的陪同下到平邑县考察。

4月10日 中青旅控股股份有限公司副总裁焦正军一行到平邑县参观考察。

4月11日 “九间棚之春”乡村文化休闲游开幕式在地方镇九间棚村的龙顶山举行。

4月14日 武台镇举办首届武台桃花节。

5月18—20日 第二届中国（临沂）金银花节·山东省道地药材文化节在平邑县召开。

5月27日 国务院参事王石奇一行到平邑县调研。

5月30日 中国建设银行山东分行在仲村镇开展建设银行爱心捐赠活动。

5月 蒙山黑山羊被农业部认定为农产品地理标志产品。蒙山黑山羊是肉、绒、毛、皮多用型品种，主要分布在卞桥、仲村、保太、武台、郑城、临涧等乡镇，过去就有“赶不尽的蒙山羊”之说。

同月 县内启动肿瘤监测工作。

6月2日 山东省委委员、中国人民银行济南分行党委书记、行长杨子强一行到平邑县帮扶村实地查看帮扶工作。

6月7日 国家工商总局党组书记、局长周伯华一行到平邑县调研。

6月16日 农业银行总行三农政策与规划部总经理孔德昌一行到平邑县开展“铭记使命、风险农行”主题日活动。

7月10日 温水园区成立，辖小井村、南马社区、西纯庄村、永庆村、丰山埠村、东升村等6个村。

7月13日 山东省医学伦理学会第八届学术年会在平邑县召开。

7月16日 全省党校系统思想库建设优秀成果交流会在平邑县举行。

8月27日 中央人民广播电台副台长包云到平邑县考察。

9月7日 省政府特邀咨询郭兆信一行到平邑县考察指导。

9月11日 周恩来侄女周秉德等老一辈革命家子女亲属到平邑县开展红色之旅活动。

9月15日 上海国际标准化组织中医药技术委员会秘书长沈远东到平邑县考察丹参、金银花种植基地。

10月6日 第十一届淮海经济区少儿乒乓球公开赛在平邑县体校闭幕。

10月10日 平邑县城市公交正式开通运行，先期共规划公交线路5条，线路总长45.7千米，投入52座无人售票豪华燃气公交车40辆。建设46处公交停靠港湾、91个候车亭及站点牌。

10月18日 山东瑞联地产董事长、温州商会常务副会长李晓东一行到平邑县出席山东瑞联希望小学奠基仪式。

10月27日 国家林业局湿地保护管理中心主任马光仁一行到平邑县参观考察。

10月 全县开展宫颈癌、乳腺癌（简称“两癌”）免费筛查工作。

11月3日 全国政协文史和学习委员会副主任卞晋平一行到平邑县参观考察。

11月7日 全市畜牧业强农惠农资金监督管理暨畜牧信息工作现场会议在平邑县召开。

11月21日 省武警总队政委王爱国到平邑县调研。

12月22日 世界企业家协会副主席索菲亚带领泰国清莱省考察团到平邑县考察。

12月30日 平邑县创业促进会成立大会暨YBC平邑县创业工作站揭牌仪式在平邑县沂州国际饭店举行。

2012年 平邑县有公维国、潘玉才等4人被临沂市人大常委会授予“临沂市见义勇为英雄”称号，2人获“一级英雄勋章”，2人获“二级英雄勋章”。

是年 明发种鸡场获得国家级标准化养殖场的称号。

2013年

1月14日 “沂蒙关爱行动”——万博泓捐资助学仪式在平邑县保太镇举行。

1月30日 中国林场协会会长姚昌恬一行到平邑县调研国有林场改革和森林经营情况。

1月 平邑县停止使用本县的协同办公系统，全面应用临沂市电子政务协同办公系统。

2月16日 平邑县农村产权制度改革工作会议召开。

2月 平邑县通过全省卫生应急示范县建设评审，被省卫生厅命名为“省级卫生应急示范县”。

3月6日 农业部巡视组徐百万一行到平邑县考察动物卫生监督标准化建设工作，省畜牧兽医局副局长刘建林，副市长尹长友陪同。

3月 全县所有乡镇驻地开通3G网络，开通基站120个。

同月 临沂至平邑天然气管道支线贯通，居民用天然气销售价格每立方米下调0.50元。

5月22—23日 第三节中国（临沂）金银花节暨金银花产业发展论坛在平邑县举行。

6月8日 省政府特邀咨询郭兆信、省交通运输厅厅长张传亭到平邑县调研。

7月21日 中央军委原委员、空军原司令员乔传晨一行到平邑县参观考察，济南军区政治部副主任王建超陪同。

7月 平邑县通过中国经济林协会复查，被重新命名为“中国金银花之乡”。

8月6—7日 山东省金银花行业协会成立大会暨揭牌仪式在平邑县举行。农业部种植业管理司副司长何才文，省农业厅副厅长王登启等出席活动。

8月 平邑县人民法院设立少年审判庭。

同月 平邑县卫生应急建设工作经验在青海省西宁市举行的中华预防医学会公共卫生管理分会全国县级疾病预防控制机构学组一届四次学术年会上作交流发言。

10月15日 西班牙马克西姆公司总经理胡安·何塞·蒙托罗到平邑县考察。

10月16日 山东省计划生育利益导向与家庭发展政策评估座谈会在平邑县召开。

10月19日 国家粮食行业协会会长白美清到平邑县考察。

11月8日 临商银行与平邑县人民政府战略合作签约仪式在沂州国际饭店举行。

11月15日 平邑县第六届“农信杯”职工书画、摄影比赛颁奖仪式暨展览会开幕式在县工人文化宫举办。

11月17日 山东大学公共卫生学院、山东省精神卫生中心在平邑县举行精神卫生联合研究基地（平邑县）签约暨揭牌仪式，山东大学公共卫生学院院长于学杰，山东省精神卫生中心副院长唐济生出席仪式。

11月30日 全省“践行党的群众路线·专家服务基层沂蒙行”活动在平邑县启动。

11月 平邑县成为全省第一批消除疟疾县区。

12月 2002年11月小灵通业务开通建设，2003年1月小灵通正式上市，至2013年12月，平邑所有小灵通用户使用一号通业务转网到2G、3G通信，小灵通完成转网。

是年 破获“6·25”中国农网特大网络诈骗案，该案涉案金额1.3亿余元，309名受害人。犯罪嫌疑人涉及全国20余个省市区。最终追回赃款1300余万元，抓获犯罪嫌疑人30人。

是年 平邑县获“全国绿化模范县”称号。

沂蒙摄影
yimengsheying

第一编

政区建置

第一章　位置　沿革

第一节　地理位置

平邑县地处山东省南部，临沂市西部。北纬35°07′35″～35°43′23″，东经117°25′12″～117°56′51″。东邻费县，西连泗水县，南与枣庄市接壤，北与蒙阴县、新泰市交界。东西最大横距47.35千米，南北最大纵距66.75千米。县城距京沪高铁曲阜东站49千米，距京沪高铁滕州东站56千米。

第二节　历史沿革

今平邑县北部西周时期为颛臾国，南部商代属倪国、西周属郳国地。春秋时期，北部仍为颛臾国，其他分属鲁国的武城、东阳、邱舆、卞等邑。战国时，先属费国、鲁国，后属齐国。秦朝分属薛郡、琅琊郡。西汉境内置南武阳县、南城县，分属泰山郡、东海郡，并一度置平邑侯国、南城侯国。新莽时，废南城侯国复置南城县，废平邑侯国和南武阳县改置桓宣县。东汉撤桓宣县复称南武阳县。至三国、两晋，今县境均分属南城县、南武阳县。南朝宋改南武阳县为武阳县。北齐时，撤南城县并入武阳县。隋开皇十八年（598年），改武阳县为颛臾县。唐贞观元年（627年），撤颛臾县并入费县。此后历经五代十国、宋、元、明、清，至民国28年（1939年），今平邑县境除西南、西部少数村庄原分属滕县（今滕州市）、泗水县外，均属费县所辖。

抗日战争时期，中国共产党领导创建沂蒙山区革命根据地，并相继在今平邑县境内设置一些县级机构，组建人民民主政权。1939年7月，在康皐庄成立费县联合办事处。1940年2月，在大夫宁村成立费县抗日民主政府。1940年6月，中共山东分局根据抗日斗争需要，以费县境内西部滋（阳）临（沂）公路线段为界，路北置费北县，路南置费南县。费北县政府机构始称费北行署，1942年5月，改为费北县抗日民主政府，1945年8月，改称费北县政府，驻地在下桥大、小公馆（村）一带，隶属鲁中行署。费南县抗日民主政府，驻地在郑城、常庄、流峪一带，隶属鲁南专署。

1942年7月，析费南县南境（今平邑县临涧、白彦、郑城一带）和滕县东境部分地区建置费滕边办事处，又称鲁南实验县。1943年10月撤销，其辖区分别划归费南县和费滕峄边办事处（1944年改建双山县，1946年4月更名麓水县，1950年撤销，其辖区一部划归白彦县）。

1942年11月，析费县天宝、由吾2个区建置费西办事处，又称天宝山办事处。1943年11月撤销，其天宝区复归费南县，由吾区划归温河县。

1943年12月，费南县改称费县，隶属鲁南专区。1944年8月隶属鲁南行政区第一专区。1946年4月16日，费县改称平邑县，隶属鲁南行政区第一专区。1948年7月，改属鲁中南行政区第四专区。1949年7月，隶属滕县专区。1953年7月，改属临沂专区。

1946年1月，撤销费北县、费东县，合置蒙山县。县人民政府先驻上冶（今属费县），后驻西荆埠。1952年3月撤销，其西部地区划归平邑县。

1947年8月，析平邑县的山阴、苗庄、白彦3个区与邹县、滕县的部分地区建置白彦县。1953年8月，白彦县撤销，其原白彦、山阴、临涧、苗庄等区复归平邑县。至2013年，没有再发生变化。

第二章　区　划

第一节　勘　界

1997年始，平邑县分别与临沂市费县、蒙阴县，枣庄市山亭区，济宁市邹城市、泗水县，泰安市新泰市联合进行行政区域界线勘察测定，并签订协议书。1999年12月，勘界工作完成。2001年12月11日，山东省人民政府批复费县和平邑县、平邑县和蒙阴县、泗水县和平邑县、邹城市和平邑县、枣庄市山亭区和平邑县行政区域界线协议书生效。2002年4月17日，山东省人民政府批复平邑县和新泰市行政区域界线协议书生效。

经勘察测定：

费县平邑线（代号13251326），呈南北走向，北起费县—平邑—蒙阴三县边界交会点（132513261328S），南至山亭—费县—平邑三县区边界交会点（040613251326S），涉及费县6个乡镇43个行政村、平邑县6个乡镇34个行政村，边界线总长度为130.062千米。全线共有界桩6颗，加点2个，其中4个单立双面界桩，1个三面界桩，1个为自然型石头界桩。

平邑蒙阴线，边界西起平邑—新泰—蒙阴三县市边界交会点（098213261328S），东止平邑—蒙阴—费县三县边界交会点（132513261328S），涉及平邑5个乡镇4个林场15个村、蒙阴县2个乡镇1个林场11个村，边界线总长度为29千米。全线埋设界桩4颗，其中2个单立双面界桩，2个三面界桩。

泗水平邑线，边界北起泗水—新泰—平邑三县市边界交会点（083109821326S），南至泗水—邹城—平邑三县市边界交会点（083108831326S），涉及泗水县3个乡镇22个村、平邑县3个乡镇22个村，边界线总长度为53.243千米。全线埋设界桩6颗，4个单立双面界桩，2个三面界桩。

邹城平邑线，边界北起泗水—邹城—平邑三县市边界交会点（0831088313266S），南止山亭—邹城—平邑三县市区边界交会点，涉及邹城2个乡镇21个村、平邑4个乡镇23个村，边界线总长度为49.837千米。全线埋设界桩5颗，3个单立双面界桩，2个三面界桩。

山亭平邑线，呈西北东南走向，边界北起山亭—邹城—平邑三县市边界交会点，南止山亭—平邑—费县三县市区边界交会点，涉及山亭区4个乡镇18个村、平邑县3个乡镇13个村。边界线总长度为58.62千米。全线埋设界桩6颗，4个单立双面界桩，2个三面界桩。

新泰平邑线，边界西起平邑—泗水—新泰三县市边界交会点，东止平邑—蒙阴—新泰三县市边界交会点，涉及新泰2个乡镇10个村1个林场，平邑3个乡镇12个村。边界总长度为 21 千米。边界线总长度为 39.68 千米。全线埋设界桩 4 颗，2 个单立双面界桩，2 个三面界桩。

第二节　区划调整

1989 年，全县 7 个镇、19 个乡，分别是：平邑镇、仲村镇、卞桥镇、铜石镇、地方镇、郑城镇、白彦镇、白马乡、岐山乡、武台乡、保太乡、魏刘庄乡、柏林乡、资邱乡、天宝山乡、张里乡、温水乡、东阳乡、流峪乡、唐村岭乡、魏庄乡、黄坡乡、山阴乡、临涧乡、庞庄乡、郑家峪乡。

1993 年郑家峪乡改称丰阳乡。

1994 年 9 月 7 日，撤销温水乡、天宝山乡，设立温水镇、天宝山镇。

1994 年 9 月 28 日，撤销岐山乡、保太乡，设立岐山镇、保太镇。

1996 年 5 月 24 日，撤销柏林乡、武台乡、流峪乡，设立柏林镇、武台镇、流峪镇。

1996 年 10 月 9 日，魏刘庄乡更名为羊城乡。

1998 年 7 月 28 日，撤销丰阳乡，设立丰阳镇。

1999 年 12 月 22 日，撤销临涧乡，设立临涧镇。

2000 年 12 月 29 日，平邑县由 16 个镇、10 个乡，调整为 14 个镇、2 个乡。撤销白马乡、东阳乡，将其行政区域并入平邑镇；撤销黄坡乡、山阴乡，将其行政区域并入白彦镇；撤销岐山镇，将其行政区域并入仲村镇；撤销天宝山镇，将其行政区域并入地方镇；撤销张里乡，将其行政区域并入铜石镇；撤销庞庄乡，将其行政区域并入临涧镇。撤销唐村岭乡，将原唐村岭乡的南阳村划归平邑镇管辖；将原唐村岭乡的邵家庄、龙王河、老泉崖、栗园、洼子地、义新庄、三岭、南申庄、许家岭、上神洼、外宋子峪、护城庄、里宋子峪、兴郭庄、圈子崖、桃园、土门、城子、下神洼、裴家沟、北申庄等 21 个村划归流峪镇管辖；将原唐村岭乡的金鹊庄、响水庄、上寨、西峨庄、东峨庄、义顺庄、青草坡等 7 个村划归丰阳镇管辖。撤销羊城乡，将原羊城乡的石头岭、温家庄、东峪、两河、苏城、大涝峪、塔峪、沙石桥、山庄、玉皇城、许家庄等 11 个村划归柏林镇管辖；将原羊城乡的柳家村、南羊子、大埠槐、乔家庄、皮卞庄、后孙庄、卓家庄、平和庄、三关庙、良子、北刘庄、东金官、西金官、北羊子、埠阳、魏刘庄、九女关、殷家村、北王庄、羊城、前孙庄等 21 个村划归保太镇管辖。

2010 年 2 月 20 日，撤平邑镇，设平邑街道；同年 5 月 17 日，撤资邱乡，设资邱镇。

2011 年 8 月 5 日，资邱镇并入卞桥镇；魏庄乡并入郑城镇。

2013 年，全县辖 1 个街道、13 个镇，577 个行政村、社区。街道、镇分别是：平邑街道、仲村镇、武台镇、保太镇、卞桥镇、地方镇、铜石镇、温水镇、流峪镇、郑城镇、白彦镇、临涧镇、丰阳镇、柏林镇。

2013 年平邑县行政村、社区情况表

表 1-1

镇街	行政村、社区个数	行政村、社区名称
平邑街道	82	板桥社区、北苑社区、城中社区、东苑社区、金城社区、莲花山社区、蒙阳社区、西城社区、西苑社区、兴水社区、八埠庄社区、白马庄、保定庄、东贺庄、东旺沟、东阳店子、浚东村、毛家洼、庞居庄、小井村、小三阳、大殿汪、白龙泉、大东阳、大井一村、大井二村、大井三村、大井四村、德胜庄、东张庄、窦家庄、凤凰庄、晗哺村、黄草村、讲理村、王府岭、刘家宅、西王家庄、才家庄、柴山后、常山村、奎山村、老邱峪、利国庄、龙山村、毛家庄、民居庄、南城子、茄山头、盛源村、舜帝庙、四平村、孙家村、同台庄、吴家庄、西贺庄、西旺沟、西张庄一村、西张庄二村、西张庄三村、新安村、杨顶庄、永唐村、颛臾一村、颛臾二村、颛臾三村、颛臾四村、红泉村、潘家井、小南泉社区、大南泉社区、河湾社区、新城社区、仁德庄社区、石崮庄社区、南阳村、胡同村、蔡庄、朝阳村、新建庄、白庄、赵庄
仲村镇	59	东合村、西合村、双合村、民合村、林合村、兴合村、鲍家坡、前进村、三合四村、德胜村、东流庄、魏平庄、东乐里、西乐里、南乐里、王家寨、康家寨、北仲三村、葛家庄、东坝子、西坝子、李家庄、于家庄、张兴庄、依山庄、马尾庄、小鲁家庄、北仲二村、北仲一村、北昌乐、北近台、陈家寨、大昌乐、段庄、富民村、荒里村、回龙庙、康阜庄、临城村、马家峪北村、马家峪东村、马家峪西村、梅家沟、南大支坡、北大支坡、南近台、牛家庄、岐山庄、武岩庄、西岭庄、西流庄、中流庄、峡玗村、新合庄、兴民庄、驿头村、原宪屯、泽国庄、周郭庄
武台镇	25	北武台、水沟、南武沟、承安村、白马关、大王庄、东近台、东武沟、董家庄、黑山前、黄台、蒋里、孟家庄、南武台、清河、孙家楼、孙家庄、万山庄、卧龙、武沟村、武台村、西近台、西武沟、咸家庄、新河村
保太镇	51	保太村、堤后、万庄、北王庄、埠南庄、蔡家庄、纯厚庄、大埠槐村、大夫宁、德埠庄、东埠阴、西埠阴、福禄庄、公家庄、管家庄、和平庄、华家村、华阳村、黄疃、冷蒋、金官庄、荆山庄、高家白壤、孔家白壤、李家白壤、杨家白壤、张家白壤、柳家庄、鲁埠村、南夫宁、皮卞庄、齐家庄、前南埠崖、后南埠崖、三阳一村、三阳二村、三阳三村、三阳四村、沈家武阳、孙家武阳、王家武阳、徐家武阳、谭家武阳、孟家武阳、孙庄、潭上寨、洼里村、万松山庄、杨家庙、卓家村、子宿村
卞桥镇	32	卞桥、资邱、北安靖、南安靖、八顶庄、东荆埠、高杨村、关庙村、后东庄、辉泉村、蒋家庄、孟家湖、歧古庄、前东庄、时家村、唐刘村、田家寨、佟家庄、西荆埠、新富村、新桥村、尹家村、岳家村、赵家村、镇前村、左庄、广良村、石井村、顺河村、邱上村、兴仁庄、东家庄
地方镇	56	爱华村、安乐村、八一村、宝山庄、博平村、埠西桥、大井头、大平安庄、大瑶草、大泉、岳府庄、东崮村、东朱尹、范家台、甘草峪、葛针庄、归来庄、河东沿、红石岭、红星村、后西固、金京村、金岭村、进展村、九间棚、康家庄、康太庄、利沟村、利民村、利渊村、两泉村、罗圈崖、千行庄、前西固、青羊庄、三合村、三山村、上炭沟、宋家庄、王崮山、王家庄、西金池、西瑶草、西朱尹、下坡村、下炭沟、小平安庄、辛庄、新华村、兴合居、义和村、义兴庄、玉河村、闸口村、赵家庄、黄城村

续表 1-1

镇街	行政村、社区个数	行政村、社区名称
铜石镇	46	铜石、昌里、金庄、北张里、北诸冯、昌盛村、丹阳村、董李村、富裕村、高庄、官路、北阜、广泉村、锅泉、和气庄、贺山庄、红旗村、华盛村、金昌村、金合村、金山村、金圣堂、金峪村、李家村、两城村、烈庄、龙泉村、南阜村、南张里、南诸冯、庞家村、彭泉村、青源村、仁泉村、沈阜村、盛丘村、十字庄、泰和村、唐浚村、王府庄、西皋村、夏家村、永新、玉带河、诸冯铺、庄上村
温水镇	28	北温水、堡前庄、东城村、东围沟、东武安、方兴村、丰源村、富饶庄、梭庄、公利村、花园庄、前南林、桥头庄、仁孝村、宋河、温泉、务本庄、西纯庄、西围沟、小河村、永庆村、永太村、永锡村、元郭一村、元郭二村、元郭三村、元郭四村、南马庄
流峪镇	39	流峪、龙王河、北申庄、常庄、车庄、城子村、赤梁院、地平庄、护城庄、林村、金山崮、老泉崖、乐平庄、栗园村、门园村、苗泉村、南申庄、三合村、三岭村、邵家庄、双玉村、水崖、四海村、同盛村、洼子地、五龙村、西沟村、下崮安、祥合村、新晟村、新峪村、鑫城、兴郭庄、兴和村、义新庄、永盛村、玉泉村、玉石岭、镇东村
郑城镇	37	郑城、四合、油篓、小魏庄、石家庄、东明、张庄、埠西村、苍山村、城东村、崇圣村、大魏庄、东大泉、杜家山、福安村、富民新村、巩家山村、故县村、后水湾、虎窝村、花峪庄、金盛村、苗庄、南峪村、宁安庄、柿子峪、双兴村、松林村、桃峪村、武城村、西湖村、祥和村、响水村、新富庄、鑫盛村、兴源村、印荷庄
白彦镇	43	黄坡社区、山阴社区、下河社区、白彦、西城村、高庄、姜庄、南径、青山、里蒋、银山沟、英光村、南哨、大北径、大朱庄、东城村、东岭村、公庄村、崮北村、官庄、后河村、黄金斗庄、界牌沟、老林后、联合村、龙湾村、民安村、却庄、三河湾、三联村、沙庄、石洞口、石门、天乙村、同心村、祥河庄、向阳村、小北径、小山后、徐庄、燕岭村、余家沟、枣梨村
临涧镇	21	临涧、涝泉、新河村、周庄、巩家村、东庄、富裕村、马槽村、南岭村、庞庄、坡里、齐发村、三河村、三里峪、圣泉新村、双岭村、余粮店、桃沟、瓦子埠、向阳湖村、义和新村
丰阳镇	28	郑家峪、丰山东、大峪沟、西峨庄、白石村、常岭村、城西村、大丰阳、德源村、东峨庄、东西皋、丰山前、丰阳村、红山村、花果峪、金水村、老池峪、娄山沟、南埠庄、青草坡、三寨村、午门村、西西皋、香山村、义顺庄、岳家庙、张家庄、长安村
柏林镇	30	金三峪、蒙山村、兴蒙村、仁和村、汪家坡、崔家峪、贾庄、黄崖、沂蒙山庄、三关庙、西山神庙、固城、孝义村、张里庄、杨谢村、富裕村、柘沟村、龙马、小楼村、石河村、蒙阳裕、桥仙庄、柏林、九女关、苏河城、金裕村、洪河村、大洼村、富泉庄、鑫合

第二编

自然环境

第一章 地 质

平邑县地质构造复杂，地貌类型多样，具有明显的山区特征。山区面积占 85%，平原占 15%。全境地势南北高，中间低，略向东南倾斜。有大小山峰 1076 个，多呈北西—东南走向。蒙山主峰龟蒙顶海拔 1155.8 米，为沂蒙山区第一高峰、山东省第二高峰，素称“岱宗之亚”。

第一节 地 层

平邑县全境地层除第四系覆盖广泛分布外，主要有结晶基底变质岩系和沉积盖层两部分，其次为零星出露的岩浆岩。结晶基底分布于东北和西南两侧，沉积盖层主要分布于呈西北—东南向的中部谷地。

境内古生界地层出露不全，仅有寒武系、奥陶系及个别盆地的石炭系。寒武系、奥陶系几乎遍布全境。中生界有侏罗系和白垩系。

第二节 构 造

根据山东省 1∶50 万大地构造略图，平邑县所在区域属中朝准地台(Ⅰ级),鲁西断隆(Ⅱ级)，鲁西拱断束断块隆起（ Ⅲ级 ）。其Ⅳ级构造单元以蒙山断裂为界，分属新蒙凹断束和尼山断束，自北向南分为 4 个Ⅴ级构造单元：蒙山单断隆起（ V22 ），平邑断陷（ V25 ），四海山单断凸起（ V24 ），尼山—白彦断阶（ V27 ）。

断裂构造

区内断裂构造较发育，按走向可分为北西南、北北西—近南北向、近东西向、北东向 4 组断裂，其中以北西向断裂最发育，且规模较大，是构成区内构造格架的主体。

韧性剪切构造

区内主要发育两条韧性剪切带，均呈北西向带状展布，自北向南依次为康阜庄—岐古庄韧性剪切带，丰阳—郑城韧性剪切带。

第三节 岩浆岩

县境内岩浆岩大面积出露于太古界基底和部分沉积盖层中。

太古界基底中的岩浆岩

主要岩性为黑云母斜长花岗岩、混合花岗岩、角闪岩、基性和中性脉岩。黑云母斜长花岗岩，主要分布于尼山复背斜的西南翼，境内仅见于大圣堂、新庄等地。混合花岗岩，主要分布于楼山、四海山、薄石板一带，处于四海山背斜核部。四海山、兰西村、楼山、狼窝顶等地的岩体，主要由钾长石、微斜长石、条纹长石，其次为石英和暗色矿物组成，片麻状构造，花纹分布均匀，成为平邑县花岗岩建筑石料的主要产地。

沉积盖层中的岩浆岩

主要出露于铜石、小官路、银洞沟、张里庄一带，其岩性为闪长玢岩、正长斑岩等。

喷出岩

境内分布零星，主要在东官庄—东武安一带，郑家峪北部香山—扁山一带也有出露。其岩性为安山岩、安山玄武岩、安山凝灰岩、凝灰角砾岩、粗面岩等。

第二章　地　貌

第一节　地貌特征

平邑县北部属蒙山山区，中部属河谷平原区，南部属四海山低山丘陵区。整个地势西北高，略向东南倾斜。海拔最高点 1156 米（龟蒙顶），最低点 100 米（浚河出境处）。境内山脉属沂山脉系，大小山头 1076 个，多呈西北—东南走向。蒙山山脉位于县境北部，走向西北—东南，山脊标高一般为 400 ~ 1000 米。蒙山山脉以南为平邑—临沂谷地，标高 130 米左右；谷地以南为低山丘陵区，延伸 6 个乡镇，标高 100 ~ 600 米之间，主峰四海山海拔 674 米；再向南又是西北—东南向展布的白彦—南新庄谷地，标高 150 米左右；该谷地南西侧又是低山丘陵区，标高 150 ~ 600 米。区东部由于受燕甘断裂的影响形成一标高在 110 ~ 600 米之间的走向近南北向的低山丘陵区，主峰天宝山，海拔 501 米。

在内外动力地质作用的综合塑造下，区内地表以遭受剥蚀为主，接受沉积为辅。现按其起主导作用的 1 ~ 2 种内外动力地质作用，将此区划分为侵蚀构造中低山区、岩溶侵蚀山间平原区、侵蚀溶蚀低山丘陵区、侵蚀剥蚀低山丘陵区 4 个地貌成因类型区。

第二节　地貌类型

山

境内有大小山峰 1076 个，多呈北西—南东走向。分属蒙山和尼山两大主体山脉。

北部的蒙山山脉，发脉于泰山，至莱芜称原山，至新泰称山，入境称太平顶（旧称聪山），自西北而东南延伸，至挂心崛子（玉柱峰）入费县境。多数山头峭拔挺立，姿奇势险，为中低山丘陵区，俗称北山套。

南部的尼山山脉，发脉于曲阜市，自西而东连绵起伏，直至苍山县境，构成“尼山穹窿”。境内包括中西部的四海山山区，西南部的太皇崮山区，东南部的天宝山山区。多数山头浑圆平展，起伏舒缓，俗称南山套。

蒙山山脉　龟蒙顶。蒙山跨平邑、费县、蒙阴、沂南等县境，呈西北—东南走向，总面积 1125 平方千米。境内段延伸仲村、武台、保太、柏林、卞桥等 5 个镇，面积 257 平方千米，占其总面积的 23.7%。该山属地层缓慢上升的侵蚀构造，山势陡险，切割强烈。海拔千米以上的山峰有龟蒙顶、挂心崛子（在平邑、蒙阴、费县交界处）、望海楼（在费县境内）、摩云崮。山体结构为泰山群变质岩系，核心部分为混合花岗岩，两翼的低山、丘陵由变质岩、沉积岩组成，表层土壤以片麻岩质上发育的薄层精骨性棕色森林土为主。植被为针叶阔叶混交、乔木灌木结合，森林覆盖率 80%。

龟蒙顶是蒙山的主峰，在县城东北 20 千米处，海拔 1155.8 米，为山东省第二高峰。峰顶形似卧龟，故名。龟蒙顶气势雄伟，风景幽奇。峰巅建有山东省蒙山电视转播台，南麓有万寿宫林场。

挂心崛子。在柏林镇，地处平邑、蒙阴、费县交界处，为蒙山的第二高峰，海拔 1026 米，面积 4 平方千米。清康熙年间称挂仙橛，光绪年间称玉柱峰，俗名化仙崛，又称云蒙、大葫芦嘴。山势笔立陡峭，峰后有瀑布飞泻，下为水帘洞。南麓水入浚河。盛长松柏、麻栎等，森林覆盖率90%，并产紫草、何首乌、桔梗等中草药和香蘑菇、金针花。

摩云崮。俗名大歪歪，在县城略偏东北18.5千米处。面积1.5平方千米，海拔1025米，为沂蒙山区72崮最高者。山势险峻而倾斜，故名。为太古代泰山群系变质岩构成。盛长松柏、刺槐等树木。

太平顶。在武台镇境内，为云台山主峰。海拔830米。北界新泰市，南麓为浚河之源。山体由黑云斜长片麻岩、混合花岗岩构成。盛长松柏、刺槐，有云台寺林场。

茅草崮。在保太镇境内，西临九女关，海拔777.5米。山体结构以黑云母斜长片麻岩为主，其次为夹黑母角闪长片麻岩。因盛长茅草，故名。

大顶子。在保太镇境内，地处大望山和九女关之间，北界蒙阴县。海拔652.5米。山体由泰山群变质岩构成。峰下有大埠槐连环水库。

黑山。在平邑县城北16千米处，位于武台镇境内，因山上布满黑色巨石，而得名。海拔368米，面积2平方千米。南北走向，北接白马关，南有武山，西与云头山、云台山相连，紧紧扼守着平邑通往蒙阴、泰安的要道，为古今兵家必争之地。1947年4月华东野战军九纵队一部曾在此阻击国民党军十一师，史称黑山阻击战。

尼山山脉　天宝山。在平邑县城东南26.5千米处，曾名苏家崮、天保山。海拔501米，面积11平方千米。山体为沉积岩结构，上部系厚层石灰岩。山峰突兀，峭拔陡险。山上布满松柏，山下遍植梨树，是山东省黄梨重点产区之一，素称“黄梨之乡”。每年春季举办梨花盛会，游客如织。抗日战争时期为鲁南根据地的腹地。1940年10月13日，国民革命军第八路军一一五师六八六团在这里一举歼灭伪军廉德三部，史称“天宝山战斗”。

观音山。原为母子山，在平邑县城东南25千米处，为郑城镇和地方镇的界山。面积3平方千米，海拔641米。山体为沉积岩结构，上部覆盖厚层石灰岩。因山上有两块形如母子的巨石，故名。山顶山腰遍植松柏、刺槐，山脚山谷梨树成行。

吴王崮。在铜石村南14千米处，面积2平方千米，海拔653.9米。山体为沉积岩结构，上层覆盖厚层石灰岩。东侧有灵泉和灵泉观。相传春秋时吴王伐鲁被困于此，故名。

大巡山。旧称大笋山，位于地方镇两泉村西南，面积5.5平方千米，海拔584米。山体为沉积岩结构，东西侧产泉华，吸水性能好，俗称上水石。山上布满青松、刺槐和梨树。

和尚崮。位于平邑县城东南24千米处，为地方镇和铜石镇的界山。面积2平方千米，海拔656米。山体为沉积岩结构。山上布满青松和梨树。为沂蒙山区著名山崮之一。其名称来历，一说山顶浑圆，犹如僧头，故名；一说曾有1个和尚为民除害，战死在崮顶，后人为纪念他而得名。

中谷山。位于地方镇徐家庄西侧，面积7.6平方千米，海拔582.1米。山体为沉积岩结构。因形似钟鼓得名“钟鼓山”，现写作中谷山。

九顶莲花山。位于郑城镇桃峪、油篓村东侧，东有小王崮、吴王崮，西北山脚下为昌里水库。面积4平方千米，海拔510米。山体为沉积岩结构。因山有18道弯、9个顶，故名。山坡遍植梨树、山楂树和金银花。

四海山。延伸于临涧、白彦、郑城、流峪、丰阳等镇，山体总面积55平方千米，呈西北—东南走向。层峦叠嶂，群峰连绵，较大的山峰有狼窝顶、四海山、四开山、镇子顶、山阴寺山等。主峰狼窝顶，又名朗豁顶，海拔 674 米。山体由太古界泰山群变质岩构成，有黑云斜长片麻岩、混合花岗岩、混合岩等。山上盛长松柏、刺槐等树木，山坡遍植金银花。

苏家崮。在平邑县城南 29 千米处，面积 2 平方千米，海拔 498 米。山体由寒武系、奥陶系的灰岩、砂岩、页岩构成。原名抓九山，后归苏姓管理，改称今名。崮顶浑圆，树木甚少。1941 年 12 月 8 日，八路军山东纵队一旅三团一部曾在此抗击过日本侵略军。

毓秀山。在平邑县城南 29 千米处，旧称曾子山，西北东南走向，面积 2 平方千米。东端称晒书台，海拔 480.4 米；西端称金家顶，海拔 468.4 米。山体为火山碎屑岩、沙砾岩、砂岩结构。山景秀美，遍植金银花。山坡有明鲁王墓。

大苍山、南城山、开明山。在平邑县城南 35 千米处，连绵于古武城之西、南两面。大苍山西连南城山，面积 1.5 平方千米，山顶平坦，盛长松柏。海拔 449 米。山北悬崖上有宋代摩崖石雕，现依稀可见。南城山，东连曾子山，北接开明山。山上有“康成石室”，传为东汉学者郑玄（字康成）注《孝经》的地方。山坡有玉华泉，长年不干。开明山，也叫石门山。此山为南北走向，石脊间断，切割强烈，形成 5 个崖壁峭立、顶端由厚层石灰岩构成的山头。由南到北依次为橛子崮、孝子山、富贵顶、透明崮、印盒山。透明崮下有石洞，传为上古颛顼帝的玄孙彭祖修道之处。富贵顶面积 2.5 平方千米，上面较平坦，海拔 455 米。山上南宋、金时摩崖造像石刻，现均清晰可辨。上述诸山地势险要，易守难攻，自古为兵家必争之地。明末清初，王肖武领导的反明抗清农民起义军，曾驻扎于大苍山和富贵顶，其遗迹尚存。

太皇崮。在平邑县城西南 33 千米处，原名大匡崮，面积 2.3 平方千米，海拔 505 米。顶部覆盖古生界寒武系、奥陶系的厚层石灰岩，四壁峭立，十分险峻。方水源于此。1943 年 3 月 24 日在这里发生过有名的抗击日军的“太皇崮战斗”。

马家崮。在平邑县城南 17 千米处，为流峪镇和铜石镇的界山，面积 2.5 平方千米，海拔 690.5 米。山体为沉积岩结构，顶端系厚层石灰岩。山形似马鞍，原名马鞍崮，后由马家管，故得今名。西北侧有洞，名为马家洞。

大白山。在平邑县城南 12 千米处，面积 5 平方千米，海拔 515.7 米。北麓有红泉庄水库。山体为石灰岩结构，含氧化钙 51.2%，是制造水泥的上好原料，总储量达 2.2 亿吨。因岩石大量裸露，呈灰白色，故名。

姑山。在临涧镇境内，平（邑）枣（庄）路东侧。有大姑山、二姑山、三姑山 3 座山头，面积 2.6 平方千米。海拔 297 米。山体为片麻岩、混合岩构成。因山上有唐代姑山奶奶庙，故名。

丰山。在丰阳镇境内，面积 4 平方千米，海拔 515 米，山体为泰山群变质岩构成，山上布满松柏、刺槐，山坡遍植金银花。

楼山。在丰阳镇境内，面积 3 平方千米，海拔 513 米。山体为混合岩构成，因山形如楼，故名。

长山。旧称常山，在平邑县城西 4 千米处。面积 10 平方千米，海拔 405 米。山体为沉积岩结构，以石灰岩为主。呈东西走向，东起胡同村以北，西至卢家庄以东，因山形狭长而得名。山上多植松柏、刺槐，出彩霞石、竹叶石、图案石等奇石。中部南麓有吴家庄水库。

河

平邑县的河流属淮河流域沂河水系。有主干河流 2 条，均为沂河水系的二级支流；有支干河流126条，其中10千米以上的沂河水系三、四级支流30条；有支沟183条，毛沟1133条。这些河流的发源位置及运行均在山谷丘陵间，大都是雨源型季节性山洪河道，具有源短流急、暴涨暴落的特点。

浚河　旧称治水，是境内最大河流。旧志均称源于北部聪山，但据浚河流域现状考察，应以南山水源为主。其南山支流最长为唐村河，原称小淮河。唐村河源于山阴乡山阴寺山西北麓，高程573米，流经临涧出山谷至北庞庄西北有尚河水入之（尚河：源于邹县大杜峪沟西）；又东北流至巩家村，复折东南入唐村水库；水库以下东北行，在东阳店子村西东阳河水注入；再东北行至县城东，有吴家庄河注入；又东北行至张庄段，跃鱼沟暨纳跃牛河、纯厚河水注入；再东行至元郭村西北与鲁埠河汇合，后始称浚河。唐村河主流共行53千米，流域面积449平方千米，占浚河总流域面积的27.92%，其长度、流域面积分别比《费县志》载源于聪山下的西河（浚河源）多出82.7%和2.2倍。

浚河自元郭东南行5千米许至围沟，柏林河自西北来入；又行至温水东南，有温泉水西来注入；又南行7.5千米至铜石镇东有西皋河水注入；又折而东南行南有彭泉河水入之；又东南行，在西固村、下坡村之间，南有西固河北有金线河注入；又东行至地方镇西北有资邱河注入；又东南行1.5千米许进入费县境内。县境内河段47千米，控制流域面积1606平方千米，为沂河水系二级支流。河床平均宽度250米，汛期最大行洪面宽692米，最大水深5米，平均水深2.87米，洪水流量4950立方米／秒。浚河支流有24条，其中：流域面积50平方千米以上的千米主要有西河（也称跃鱼沟河）、跃牛河、鲁埠河、公家庄河、尚河、丰阳河、唐村河、东阳河、湇河、固城河（原名孝义河）、常庄河、金线河、资邱河（原名银线河）、杨谢河（原名水河，流域面积19.2平方千米）、下关河（原名洪河，流域面积38.1平方千米）、吴家庄河（原名兴水河，流域面积45平方千米）、西皋河（原名蓝水）、西固河亦称岳庄河（原名大峪河）等，构成辐射状。

温凉河　为祊河上游，发源于白彦镇太皇崮（旧称大匡崮），河源高程320米。自西向东流经白彦镇、魏庄乡，从关阳司南河口高程156米处流入费县。由梁邱折而东北，经许家崖、费城，汇入浚河河，直至临沂城东注入沂河。境内段12千米，流域面积181平方千米，河床平均宽度250米。温凉河属山洪河道，落差大，源短流急，洪水集中，遇旱断明流。

泉

仲村镇、平邑街道、温水、铜石、地方镇等镇（街）石灰岩构造裂隙及构造岩溶裂隙发育，尤其在奥陶系灰岩中储藏有丰富的岩溶水，在构造发育较好和地势低洼部位，常以上升泉溢出地表形成山泉。

凉水泉　在太平顶（旧称聪山）东南麓，为浚河（旧称治水）之源。

大匡崮泉　在太皇崮（旧称大匡崮）南北两侧各有一泉，为温凉河（即祊河）之源。

温水泉　在温水镇驻地、北温水村西南100米处。有上泉、老虎泉、张家泉等20多处泉眼汇为温水泉河，全长5000米，东流1000米入浚河。夏不浊，冬不冰，水温15℃。由于泉群上游地下水过度开采，导致泉群水位下降，水量减少，成为季节性泉群。

锅泉　位于铜石镇北锅泉村南100米处。因其形如锅，故名。由于受大气降水及地下水超采，导致泉水干涸，已成为季节性泉。

广泉　位于铜石镇大广泉村东200米处。

源于广泉山，泉出不一，故名。曾经出水量12立方米/小时，现已干涸，只有每年丰水期泉水外流。

北寺泉　旧称胜水泉，位于铜石镇北寺村西南200米处。曾出水量25米立方米/小时，近几年泉水干涸，只有每年丰水期泉水外流。

天宝泉　在天宝山崖下，一为平泉，一为侧泉。平泉在两泉庄中心，曾经出水量30立方米/小时，保浇农田6.67公顷，并供该村人畜吃水；侧泉在两泉庄东山崖下，泉水直接流入大峪河。近一二十年，由于连年降水稀少，泉已干涸，每年只有到丰水期有少量泉水涌出。

梯门泉　在国营天宝山林场内。曾经出水量8立方米/小时。现大部分时间干涸，丰水期有少量泉水涌出。

大泉　位于地方镇大泉村北侧。自2000年以后，由于天气降水少，上游及周边开采较大，导致水位下降，只有在个别丰水年时泉水外流。

盛泉庄　原名周家庄泉。位于平邑街道盛泉庄西南500米处。每年丰水期有少量泉水涌出。

汪家坡温泉　位于柏林镇汪家坡村河北岸。1957年4月，人工开挖，出水量55立方米/小时，水温33℃。随着降水的减少，现汪家坡温泉水量逐年减少，丰水期水量超15～20立方米/小时，枯水期出水量较少。

彭泉　位于铜石镇彭泉流域，彭家村村内。在1998年以前，出水量20立方米/小时。且常年有水流。2000年以后，由于上游及周边取水量较大，导致彭泉出水量减少，且受季节影响严重。

洞

朝阳洞　位于地方镇大巡山之东，从两泉庄沿盘山公路西行约1.5千米即抵。洞分两层：下层有1块巨大石壁。上原有多种图案，若蛟龙出谷，若猛虎下山，若芙蓉浮水，惟妙惟肖，蔚为奇观。上层宽敞，底部面积322平方米。《费县志》（光绪二十五年续修本）记载：“咸丰之季，山人避寇于此，烬于火，石乳无存”。民国33年（1944）北海银行鲁南印钞厂曾设在这里，承印壹元以下的辅币。

赵家庄溶洞　位于地方镇赵家庄南500米的半山腰上。1979年春发现。洞口朝西，呈拱形。入洞10余米处屈曲狭窄，须伛偻而行；复前进，则豁然开朗。洞深200余米，底部面积约1000平方米。顶部的钟乳石，琳琅满目，美不胜收；底部的石笋石，千姿百态，秀丽无比。经文化部门初步考察，具有一定的观赏价值，有待开发利用。因洞在赵家庄附近，故名。

王山大洞　旧称三门洞。位于平邑街道王山西部，底部面积30平方米。相传鲁敬王曾在此洞住过。因洞在王山而得名。

鹁鸽洞　位于平邑街道柴山后东500米处，底部面积约15平方米。洞中套小洞。因常宿鹁鸽，故名。

常家洞　位于流峪镇赤梁院东南半山腰上，洞长20米，宽0.8米，高0.7米，可容50余人。原归常姓所管，故名。

老母猪洞　位于白彦镇张家岭村北面的小崮顶山腰上，洞深15米，宽7米，高2米。

马家洞　位于铜石镇和流峪镇的界山马家崮西北侧，洞长10米，宽7米，高5米。因在马家崮山上，故名。

鬼门洞　位于铜石镇、流峪镇搭界的少山崮北首，洞体前半部开阔，高10米，宽8米，长约50米，越往里越狭窄，阴暗、潮湿、曲折，最深处难以探及。

林家洞　位于铜石镇林家洞山东侧，洞长10米，宽4米，高5米。巨匪刘桂堂曾隐藏于此。因林姓所管，故名。

第三章　气候　物候

第一节　气候特征

平邑县地处鲁东南部，属暖温带大陆性季风气候。四季分明，雨热同季，季风明显，光照充足，无霜期长，在山东省临沂市气候，属最佳气候区之一。从季节变化上看，春季回暖快，少雨多风，气候干燥，常有干旱、寒潮、晚霜冻灾害性天气。夏季温高湿重，雨量充沛，盛东南风，洪涝、大风、冰雹灾害性天气较为频繁。秋季气温急降，雨量骤减，天气晴和，凉爽宜人；亦有秋旱或连阴雨灾害性天气出现。冬季寒冷干燥，雨雪稀少。

1989—2013 年平邑县候温与四季对应表

表 2-1

年 份	春	夏	秋	冬
	≥ 10℃	≥ 22℃	≤ 22℃	≤ 10℃
1989	3 月 11 日	5 月 27 日	9 月 3 日	11 月 7 日
1990	3 月 10 日	5 月 8 日	9 月 17 日	11 月 9 日
1991	4 月 4 日	6 月 1 日	9 月 10 日	11 月 7 日
1992	4 月 1 日	5 月 19 日	9 月 11 日	11 月 4 日
1993	3 月 25 日	5 月 22 日	9 月 10 日	11 月 17 日
1994	3 月 18 日	5 月 7 日	9 月 10 日	11 月 13 日
1995	3 月 20 日	5 月 23 日	9 月 5 日	11 月 7 日
1996	4 月 4 日	5 月 19 日	9 月 3 日	11 月 1 日
1997	3 月 5 日	5 月 2 日	9 月 2 日	11 月 1 日
1998	3 月 28 日	6 月 4 日	9 月 16 日	11 月 17 日
1999	3 月 1 日	5 月 9 日	9 月 14 日	11 月 15 日
2000	3 月 17 日	5 月 1 日	9 月 5 日	11 月 7 日
2001	3 月 18 日	5 月 12 日	9 月 19 日	11 月 6 日
2002	3 月 11 日	5 月 23 日	9 月 27 日	11 月 13 日
2003	3 月 24 日	5 月 26 日	9 月 6 日	11 月 7 日
2004	3 月 9 日	5 月 18 日	9 月 14 日	11 月 12 日
2005	3 月 26 日	5 月 20 日	9 月 15 日	11 月 14 日

续表 2-1

年　份	春	夏	秋	冬
	≥ 10℃	≥ 22℃	≤ 22℃	≤ 10℃
2006	3月16日	5月15日	9月4日	11月14日
2007	3月21日	5月4日	9月19日	11月10日
2008	3月10日	5月1日	9月23日	11月8日
2009	3月15日	5月4日	9月8日	11月10日
2010	3月19日	5月2日	9月22日	11月14日
2011	3月10日	5月15日	9月7日	11月19日
2012	3月23日	5月2日	9月3日	11月4日
2013	3月5日	5月11日	9月9日	11月11日

第二节　气　温

全县气温适中，热力资源丰富，冬季寒冷，夏季炎热。根据1983—2013年资料统计，历年平均气温14.0℃；年平均最高气温21.2℃，年平均最低气温11.1℃，最热月（7月）月平均气温26.6℃，最冷月（1月）月平均气温0.9℃，极端最高气温41.9℃（2002年7月15日），极端最低气温-15.0℃（1985年12月19日）。

1989—2013年平邑县年均气温情况表

表 2-2　　单位：℃

年份	平均	年份	平均	年份	平均	年份	平均	年份	平均
1989	13.8	1994	14.6	1999	14.6	2004	14.7	2009	14.5
1990	13.9	1995	13.7	2000	14.4	2005	14	2010	14.1
1991	13.4	1996	13.2	2001	14.4	2006	15.1	2011	13.9
1992	13.5	1997	14.1	2002	14.9	2007	15.1	2012	14.2
1993	13.4	1998	14.5	2003	13.7	2008	14.4	2013	14.5
多年平均值：14.2									

1989—2013 年平邑县各季平均气温情况表

表 2-3　　　　单位：℃

年份	春季（3–5 月）	夏季（6–8 月）	秋季（9–11 月）	冬季（12–2 月）	年份	春季（3–5 月）	夏季（6–8 月）	秋季（9–11 月）	冬季（12–2 月）
1989	14.4	24.7	14.4	1.7	2002	15.3	26.5	14.4	2.7
1990	13.7	25.9	15.6	0.6	2003	14.1	24.6	14.6	1.1
1991	12.7	25.0	14.7	1.0	2004	15.7	25.5	15.2	2.0
1992	14.0	25.4	13.3	1.0	2005	14.7	26.1	15.4	0.5
1993	13.9	24.4	14.5	1.1	2006	15.3	26.5	16.9	0.6
1994	14.9	26.6	15	1.0	2007	15.8	25.3	15.5	2.6
1995	13.8	25.4	14.3	1.6	2008	15.7	25.1	15.7	1.0
1996	13.3	25.2	13.7	0.1	2009	15.4	26.2	14.6	2.1
1997	14.7	26.4	14.2	0.7	2010	13.2	26.2	15.5	1.0
1998	13.9	25.6	16.8	1.3	2011	14.5	25.7	15.0	0.3
1999	14.9	25.5	15.2	2.8	2012	15.7	26.5	14.6	0.2
2000	15.4	26.4	14.5	0.6	2013	14.8	27.0	15.5	–0.1
2001	15.4	25.7	15.4	1.7					

1989—2013 年平邑县各月平均气温情况表

表 2-4　　　　单位：℃

年份	1 月	2 月	3 月	4 月	5 月	6 月	7 月	8 月	9 月	10 月	11 月	12 月
1989	1.1	1.8	7.0	15.7	20.6	23.5	25.2	25.4	21.2	15.5	6.4	2.2
1990	0.6	1.6	8.4	13.2	19.5	24.2	27.3	26.2	21.7	15.5	9.6	1.1
1991	1.0	2.1	5.6	13.9	18.6	23.2	26.3	25.3	21.5	14.9	7.6	1.2
1992	1.0	2.8	6.0	15.7	20.2	23.6	27.3	25.1	20.2	13.0	6.6	2.1
1993	1.1	3.1	7.8	14.3	19.5	24.7	24.3	24.3	21.7	14.9	6.8	0.6
1994	1.0	2.0	6.7	16.0	22.2	25.6	28.1	26.1	21.0	14.7	9.3	2.4
1995	1.6	2.6	7.5	13.6	20.2	24.1	26.0	26.1	20.4	14.9	7.4	0.7
1996	0.1	0.5	6.2	13.3	20.3	24.5	25.9	25.2	20.9	14.4	5.8	1.6
1997	0.7	2.3	9.1	14.2	20.8	25.5	27.9	25.9	19.3	15.6	7.7	1.9
1998	1.3	3.8	7.7	15.8	18.4	23.6	27.7	25.4	23.5	17.3	9.6	2.7
1999	2.8	4.5	8.0	15.8	20.9	24.4	26.4	25.7	22.8	15.0	7.9	2.1
2000	0.6	1.0	9.8	15.8	20.7	25.4	27.4	26.2	22.1	15.0	6.5	3.2
2001	1.7	2.3	8.5	14.8	22.9	25.2	26.5	25.5	21.8	16.2	8.2	0.3

续表 2-4

年份	1月	2月	3月	4月	5月	6月	7月	8月	9月	10月	11月	12月
2002	2.7	5.9	10.8	15.5	19.6	25.0	27.9	26.6	21.9	14.5	6.8	1.2
2003	1.1	3.1	7.4	14.8	20.2	24.2	24.9	24.7	21.5	14.9	7.4	1.5
2004	2.0	5.1	9.6	16.6	20.8	24.5	26.8	25.1	21.6	15.1	8.9	2.7
2005	0.5	−0.3	6.7	17.2	20.2	26.7	26.5	25.2	21.2	15.0	10.0	−0.5
2006	0.6	1.4	9.2	15.8	20.8	26.1	26.8	26.5	21.2	18.9	10.5	1.6
2007	2.6	6.0	9.1	15.7	22.6	24.1	25.8	26.0	22.6	15.6	8.4	3.2
2008	1.0	1.3	9.9	15.7	21.5	23.3	26.2	25.8	21.7	16.7	8.6	2.0
2009	2.1	5.1	8.4	15.9	21.8	27.0	26.3	25.4	21.3	17.5	4.9	0.9
2010	1.0	3.2	6.3	12.2	20.9	24.8	27.4	26.3	22.2	15.5	9.0	2.0
2011	0.3	2.4	7.9	15.2	20.5	25.5	26.8	24.9	20.0	15.1	9.9	0.8
2012	0.2	0.7	7.2	16.8	23.1	25.8	27.9	25.8	20.9	16.3	6.6	−0.8
2013	−0.1	2.1	8.8	14.2	21.3	24.6	27.8	28.4	22.3	16.1	8.0	1.3

1989—2013 年平邑县各旬平均气温情况表

表 2-5　　单位：℃

1月	上	−0.5	5月	上	19.3	9月	上	23.1
	中	−0.9		中	20.0		中	21.4
	下	−0.7		下	22.4		下	19.4
2月	上	0.7	6月	上	23.5	10月	上	17.6
	中	2.7		中	24.6		中	15.4
	下	3.5		下	25.3		下	12.9
3月	上	5.3	7月	上	26.1	11月	上	10.6
	中	7.9		中	26.2		中	7.3
	下	9.9		下	26.9		下	5.2
4月	上	12.9	8月	上	26.7	12月	上	2.7
	中	14.9		中	25.7		中	1.3
	下	17.1		下	24.5		下	0.1

1989—2013 年平邑县各月气温极值情况表

表 2-6 单位：℃

年份	1月		2月		3月		4月		5月		6月		7月		8月		9月		10月		11月		12月	
	最高	最低	最高	最低	最高	最低	最高	最低	最高	最低	最高	最低	最高	最低	最高	最低	最高	最低	最高	最低	最高	最低	最高	最低
1989	8.4	-8.8	12.4	-7.8	24.8	-5.4	29.7	4.5	32.1	9.4	35.3	14.4	35.1	18.1	34.5	16.5	31.4	11.3	26.6	1.6	18.4	-8.6	18.2	-8.9
1990	7.4	-12.5	10.7	-13.6	22.6	-0.9	27.2	-0.8	33.5	8.7	34.7	12.7	37.4	20.0	33.1	19.6	30.9	9.8	28.3	3.4	25.2	-4.5	16.6	-10.2
1991	10.5	-10.3	11.4	-10.0	23.2	-3.5	27.6	-2.9	31.6	5.2	33.2	15.0	34.4	19.3	33.9	18.9	31.9	12.2	27.1	0.8	24.2	-2.9	16.4	-11.4
1992	11.4	-7.7	20.6	-7.7	20.4	-2.7	28.2	4.2	33.1	8.2	34.3	10.9	37.1	19.4	34.0	15.8	31.1	8.7	26.4	1.6	20.4	-4.4	10.4	-7.7
1993	9.5	-11.4	19.8	-6.1	21.7	-4.1	30.7	1.1	31.3	8.8	35.9	13.2	32.9	17.0	31.5	16.3	31.0	8.8	27.5	0.1	22.4	-8.9	13.2	-9.8
1994	13.6	-11.1	12.3	-6.9	22.5	-5.0	31.5	4.2	34.9	8.2	36.2	16.6	36.1	21.3	35.2	17.0	31.4	9.6	28.6	2.4	22.6	0.2	13.5	-5.1
1995	11.2	-8.6	13.3	-8.6	23.6	-3.5	27.4	0.5	33.6	7.6	34.8	16.4	35.8	18.6	34.5	18.9	34.7	6.8	26.3	4.9	22.1	-3.2	11.0	-9.4
1996	10.3	-11.2	24.4	-9.8	18.4	-3.2	29.3	0.8	33.6	8.4	37.0	15.0	36.5	18.6	33.6	16.9	30.3	11.8	26.2	4.6	17.0	-3.2	14.0	-7.6
1997	10.1	-11.4	14.3	-6.9	22.5	-1.4	30.2	4.2	33.7	8.2	37.6	13.3	36.9	21.0	33.8	17.2	31.8	7.5	28.6	1.1	19.2	-6.8	14.5	-7.6
1998	12.3	-13.6	15.9	-6.8	26.1	-1.8	31.9	0.1	29.8	9.0	36.3	13.2	35.3	20.9	33.0	17.8	33.5	11.9	35.1	6.3	24.2	-2.5	17.3	-7.0
1999	14.8	-8.7	14.9	-6.7	20.2	-2.7	26.6	4.6	32.0	10.0	34.3	17.8	36.5	18.2	35.5	18.8	35.0	11.3	25.9	3.6	18.3	3.7	13.7	-11.0
2000	8.1	-10.9	13.9	-11.4	23.7	-2.3	28.7	3.0	35.5	9.5	35.6	17.5	35.9	21.1	34.7	19.8	34.0	12.6	26.4	3.0	19.8	-1.0	13.3	-4.5
2001	8.0	-11.7	17.3	-6.0	24.5	-3.5	28.5	2.5	34.2	12.3	35.1	16.6	36.8	19.7	34.4	17.8	30.9	13.1	27.3	5.5	19.6	-3.5	11.2	-9.1
2002	16.1	-6.0	15.6	-4.9	24.9	-0.4	30.2	3.5	34.8	7.6	36.0	15.6	41.9	19.4	36.1	18.4	37.0	10.1	28.2	0.3	22.8	-3.4	13.8	-11.5
2003	11.6	-11.5	14.2	-7.0	27.9	-5.0	31.0	4.1	33.1	9.0	35.9	15.0	35.5	16.6	36.2	11.9	31.3	14.0	24.6	2.3	25.7	-2.9	13.5	-6.5
2004	11.5	-11.0	18.0	-6.1	24.8	-3.4	33.7	2.8	32.0	7.1	37.0	15.2	35.6	21.0	35.0	17.6	31.6	11.9	26.2	3.7	23.4	-4.6	14.3	-9.8

续表 2-6

年份	1月		2月		3月		4月		5月		6月		7月		8月		9月		10月		11月		12月	
	最高	最低	最高	最低	最高	最低	最高	最低	最高	最低	最高	最低	最高	最低	最高	最低	最高	最低	最高	最低	最高	最低	最高	最低
2005	7.6	-10.5	11.2	-9.5	21.5	-6.0	34.1	5.2	30.4	9.4	37.9	16.4	33.9	20.2	36.2	16.4	31.4	12.5	25.3	4.3	23.5	-0.1	11.3	-9.6
2006	10.0	-8.8	14.7	-10.5	25.1	-5.1	30.8	3.5	32.9	10.8	37.8	18.5	34.7	19.7	34.6	17.7	30.7	11.0	29.1	7.7	24.8	-0.4	11.7	-8.0
2007	11.1	-6.2	16.8	-6.2	24.3	-7.1	27.8	2.2	35.6	9.9	36.9	15.9	34.9	18.0	34.5	18.1	31.0	14.0	28.4	2.7	19.8	-2.3	11.7	-4.1
2008	12.1	-7.8	15.4	-8.4	24.5	-1.2	29.7	5.3	32.7	9.0	33.1	14.7	34.4	20.6	33.3	18.9	31.6	10.3	28.8	5.3	22.0	-3.5	15.8	-13.0
2009	14.3	-12.4	20.1	-2.0	28.6	-3.6	29.0	1.2	33.2	12.5	39.7	16.8	36.2	20.3	35.9	13.6	31.2	12.1	28.4	7.9	24.0	-5.9	10.0	-8.7
2010	11.0	-11.6	18.7	-9.0	20.8	-6.5	24.2	0.9	33.0	10.4	37.2	15.6	37.0	20.1	34.7	17.8	30.9	10.4	26.1	2.3	20.9	-0.1	18.5	-9.7
2011	7.3	-12.7	19.0	-8.0	22.0	-5.6	31.9	0.5	31.3	9.9	36.1	16.7	35.4	18.9	34.0	18.5	31.6	9.9	27.2	4.4	20.2	-2.1	9.4	-8.7
2012	8.9	-9.6	10.4	-9.2	23.9	-3.2	30.5	1.3	33.4	13.0	36.5	16.9	35.9	20.8	34.0	15.3	31.3	10.0	26.5	5.1	17.9	-3.0	7.3	-11.2
2013	10.8	-13.8	12.5	-9.9	30.8	-3.1	31.5	1.6	34.8	11.4	36.9	13.8	35.1	20.6	36.1	16.2	32.7	9.9	29.7	4.8	20.3	-5.8	15.4	-8.5

第三节 降 水

1989—2013年，平均降水总量783毫米，日最大降水量为220.7毫米（1991年7月24日），年≥0.1毫米降水平均日数为131.6天，年≥50毫米降水最多日数为6天，最多年降水量1682.8毫米（1991年），最少年降水仅392.4毫米(2002年),降水主要集中在6—9月，月降水量最大值出现在7月，为191.3毫米。

1989—2013年平邑县各年降水量情况表

表2-7 单位：毫米

年份	降水量	年份	降水量	年份	降水量	年份	降水量	年份	降水量
1989	590.9	1994	812.3	1999	601.9	2004	853.8	2009	890.1
1990	938.1	1995	709.9	2000	724.6	2005	1157	2010	706.3
1991	1140	1996	673.1	2001	683.8	2006	582.7	2011	944.3
1992	582.9	1997	685.8	2002	392.4	2007	802.6	2012	681.9
1993	800.3	1998	962.1	2003	1236	2008	721.1	2013	705.9
多年平均值：783									

1989—2013年平邑县各月平均降水量、最大降水量、最小降水量情况表

表2-8 单位：毫米

月份	1月	2月	3月	4月	5月	6月	7月	8月	9月	10月	11月	12月
月均	7.1	12.5	20	31.4	61.2	95.5	209.4	178.5	77.0	28.3	22.3	10.3
最大	35.2	42.3	66.1	103.2	107.6	264.7	581.8	383.5	402.7	84.3	86.6	34.1
最小	0.0	0.0	0.0	5.6	4.8	12.0	68.3	31.4	2.2	0.0	0.0	0.0

1989—2013 年平邑县各月一日最大降水量统计表

表 2-9

年份	1月	2月	3月	4月	5月	6月	7月	8月	9月	10月	11月	12月
1989	16.5/6	2.1/25	27.3/2	3.4/20	23.3/24	70.8/12	18.2/10	82.7/25	9.4/25	1.4/27	2.7/3	2.5/12
1990	11.6/9	10.2/18	13.1/24	15.8/11	43.7/16	67.5/14	72.4/21	96.7/16	10.5/4	0.0/1~31	4.9/3	4.5/31
1991	5.8/21	2.5/13	20.6/26	13.2/12	17.7/25	111.3/11	200.7/24	14.0/9	43.2/2	1.3/3	14.1/7	5.7/23
1992	5.1/6	22.4/29	11.8/4	11.7/9	45.9/5	14.5/3	29.9/21	51.7/5	71.1/1	24.4/2	4.5/7	8.1/6
1993	5.5/13	10.0/15	1.4/24	29.4/30	22.2/13	83.9/28	62.9/16	47.0/5	14.1/1	40.8/13	27.5/6	0.4/2
1994	0.0/1~31	7.2/11	5.5/20	16.2/20	3.5/20	37.0/25	49.2/5	59.1/7	27.9/4	26.7/15	16.0/16	14.0/30
1995	0.0/1~31	0.9/13；14	8.4/9	10.9/21	8.5/19	33.7/2	34.6/1	104.8/16	8.1/7	22.9/3	1.2/19	0.0/1~31
1996	1.0/14	4.0/16	17.2/29	57.7/28	6.9/27	64.0/14	22.9/26	61.6/6	46.2/3	14.3/31	14.0/1	0.0/1~31
1997	1.7/4	12.9/28	18.1/14	18.3/17	44.0/12	7.7/13	39.0/22	101.3/20	26.2/1	2.6/4	11.0/13	5.0/5
1998	2.0/17	19.3/13	30.4/31	43.7/23	21.6/1	51.6/29	35.8/29	103.2/15	2.2/15	12.4/13	3.8/27	4.0/1
1999	0.0/1~31	0.0/28	6.4/18	10.1/11	26.1/18	57.8/15	46.4/6	46.1/1	135.3/9	24.1/31	4.9/24	0.0/1~31
2000	8.2/5	2.4/5	0.0/31	5.7/18	32.4/9	112.0/26	51.6/19	36.7/15	22.1/24	31.4/11	14.8/19	5.5/2
2001	9.1/7	8.7/23	2.5/27	6.0/10	11.6/15	53.1/29	89.0/30	25.0/29	17.3/5	3.2/9	4.7/13	11.2/3
2002	10.6/15	0.6/21	12.7/30	8.5/29	33.9/14	66.3/23	8.5/18	9.6/21	11.1/21	5.9/20	0.0/1~31	6.1/3
2003	1.7/22	15.3/21	8.9/5	28.9/29	87.1/7	82.5/22	79.1/12	72.5/26	31.9/6	29.4/11	48.2/7	13.9/4
2004	1.2/18	22.5/21	4.7/3	5.4/26	19.3/27	22.8/16	132.9/24	57.8/27	103.8/14	7.2/1	20.7/25	1.6/21
2005	0.0/31	14.8/15	10.7/21	16.3/9	26.3/5	82.1/26	84.8/1	39.4/29	220.1/20	13.2/6	4.6/13	7.3/31

续表 2-9

年份	1月	2月	3月	4月	5月	6月	7月	8月	9月	10月	11月	12月
2006	6.6/30	8.3/15	0.0/31	22.8/3	29.7/5	41.2/29	58.7/3	72.2/29	5.8/5	0.5/19	6.7/26	13.4/7
2007	0.0/1~31	6.8/13	13.6/3	18.5/15	26.9/21	60.0/20	28.3/19	74.1/18	17.8/27	7.4/28	2.5/16	6.0/2
2008	8.6/11	2.5/25	8.5/23	28.5/20	39.7/4	51.8/4	88.7/23	60.8/21	5.8/28	6.3/21	4.1/15	4.2/28
2009	0.0/31	7.8/24	10.4/12	15.0/19	13.9/15	12.2/8	107.0/21	165.6/18	14.5/14	13.8/31	22.9/12	8.0/8
2010	2.5/20	10.1/28	6.2/15	27.2/21	22.4/16	27.0/30	99.6/18	29.0/13	42.2/8	7.0/15	0.0/1~31	0.1/14
2011	0.0/1~31	13.6/27	4.2/1	2.5/21	140.4/10	63.8/23	82.1/25	30.9/19	54.9/15	15.5/23	20.3/29	9.9/7
2012	1.4/17	0.9/12	10.9/22	11.2/25	12.3/24	11.2/29	126.9/10	25.2/26	36.4/3	8.9/27	18.6/10	14.0/13
2013	3.1/21	8.7/5	6.1/12	7.4/20	46.2/26	14.7/11	91.0/4	46.8/10	6.7/9	4.0/15	17.1/24	0.0/1~31

注：“/”前为降水量，后为降水日

1989—2013年平邑县各月平均降水量情况表

表 2-10　　　　单位：毫米

年份	1月	2月	3月	4月	5月	6月	7月	8月	9月	10月	11月	12月	合计
1989	35.2	3.2	37.9	7.8	44.6	168.4	58.6	204.1	16.8	3.3	7.0	4.0	590.9
1990	21.1	29.6	35.1	34	106.1	153.5	213.3	289.0	31.5	0.0	19.1	5.8	938.1
1991	9.0	5.7	70.8	18	48.3	264.7	581.8	52.2	58.2	1.4	15.9	13.6	1139.6
1992	11.7	36.9	20.4	12.4	59.4	42.9	117.2	106.1	114.2	42.8	5.8	13.1	582.9
1993	11.1	16.8	2.1	57.6	52.4	166.3	216.8	104.3	25.9	51.6	95	0.4	800.3
1994	0.0	10.7	12.5	53	10.8	83.1	202.8	300.9	34.9	53.3	25.9	24.4	812.3
1995	0.0	1.8	22.0	21.9	19.9	95.2	117.6	359.3	22.6	48.4	1.2	0.0	709.9
1996	1.5	5.9	24.6	68	8.1	111.9	105.9	179.2	92.3	48.7	27.0	0.0	673.1
1997	1.7	17.9	26.1	33.6	107.6	21.5	132.7	254.5	39.2	2.6	37.6	10.8	685.8
1998	4.4	42.3	66.1	103.2	100	61.4	173.7	383.5	2.2	17.4	3.8	4.1	962.1
1999	0.0	0.0	14.4	30.1	51.9	81.6	107.0	74.1	181.2	53.2	8.4	0.0	601.9
2000	22.4	5.5	0.0	8.6	58.7	175.4	171.0	126.2	41.8	69.9	37.6	7.5	724.6
2001	26.6	18.9	2.5	15.6	33.4	126.5	364.5	45.3	22.5	5.7	4.7	17.6	683.8
2002	14.5	0.6	19.5	28.0	95.4	104.8	29.6	31.4	41.2	9.1	0.0	18.3	392.4
2003	2.6	18.5	29.1	68.1	93.8	121	298.4	320.7	121.2	71.8	74.8	16.4	1236.4
2004	1.8	22.5	5.9	12.3	53.4	79.3	372.2	129.8	135.8	8.6	29.0	3.2	853.8
2005	0.0	18.4	11.7	23.8	76.6	153.7	259.7	163.1	402.7	32.3	6.9	8.0	1156.9
2006	7.0	14.3	0.0	41.5	54.5	68.8	128.2	219.4	12.4	0.5	19.8	16.3	582.7
2007	0.0	12.0	33.5	28.9	71.4	141.9	77.0	364.7	38.4	18.7	3.3	12.8	802.6
2008	10.5	3.6	10.4	47.4	93.9	82.9	273.0	160.3	22.5	7.9	4.5	4.2	721.1
2009	0.0	21.0	22.8	22.7	41.2	33.0	407.4	251.4	28.7	24.5	24.8	12.6	890.1
2010	2.5	19.1	15.4	36.8	54.9	57.8	260.9	164.1	87.7	7.0	0.0	0.1	706.3
2011	0.0	21.2	6.8	6.0	163.1	65.5	156.3	209.0	189	18.6	86.6	22.2	944.3
2012	1.7	1.2	29.2	21.0	12.6	12.0	316.6	99.6	96.6	21.6	35.7	34.1	681.9
2013	4.9	14.4	7.1	8.5	114.6	16.2	363.1	114.8	18.5	5.1	38.7	0.0	705.9

第四节　气压　风

气压

1989—2013年，平邑县年平均气压997.7百帕。1月最高1007.8百帕，7月最低985.5百帕。气压四季变化比较明显，一年中1—7月递减，8—12月递增，其年变化恰好与气温的年变化相反。

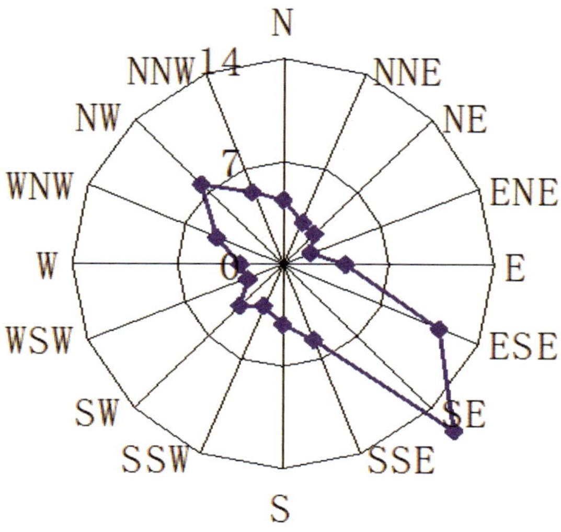

图 2-1 平邑县风向玫瑰图

风

平邑县处季风气候区，总体上看，冬半年多偏北风，夏半年多东南风。受地理环境和季风影响，全年盛行风向不一致，多为北和东南风，夏季盛行东南风，冬季盛行西北风。全年平均风速为 2.6 米 / 秒。4 月最大，平均 3.3 米 / 秒，最大定时风速 20.0 米 / 秒；9 月最小，平均 2.1 米 / 秒。

1989—2013 年平邑县年平均气压情况表

表 2-11　　单位：百帕

年份	气压	年份	气压	年份	气压	年份	气压	年份	气压
1989	998.6	1994	997.3	1999	997.1	2004	997.8	2009	997.4
1990	997.6	1995	997.5	2000	996.5	2005	997.6	2010	997.5
1991	997.8	1996	998	2001	996.8	2006	997.1	2011	998.6
1992	998.4	1997	998	2002	997.3	2007	997.3	2012	997.2
1993	998.7	1998	997.6	2003	998.2	2008	997.7	2013	997.1
多年平均值：997.7									

1989—2013 年平邑县各月平均气压情况表

表 2-12　　单位：百帕

年份	1 月	2 月	3 月	4 月	5 月	6 月	7 月	8 月	9 月	10 月	11 月	12 月
1989	1008.6	1006.7	1001.7	995.9	992.8	988.4	988.3	989.6	995.1	1001.9	1008.0	1006.6
1990	1009.0	1007.2	1002.0	995.1	991.3	986.4	984.1	987.5	995.4	1002.7	1004.0	1007.2
1991	1008.3	1005.4	1002.5	996.9	992.8	986.6	984.1	989.0	995.1	1000.1	1005.8	1007.7
1992	1008.1	1003.1	1003.8	993.9	992.9	989.1	987.1	990.1	995	1004.0	1006.5	1007.3
1993	1010.0	1004.9	1002.2	997.2	993.2	986.4	985.7	989.7	995.9	1003.9	1005.6	1009.7
1994	1005.0	1004.3	1003.7	994.6	988.8	987.4	985.2	989.0	994.9	1001.9	1004.9	1008.8
1995	1007.7	1005.4	999.3	995.8	991.0	986.5	985.5	988.6	995.6	1001.5	1003.7	1010.1
1996	1007.0	1008	1001.0	997.5	993.6	986.5	986.3	990.1	995.3	1000.9	1006.0	1004.5
1997	1006.9	1005.9	1002.5	997.8	988.9	988.0	987.0	988.4	997.6	1000.9	1004.5	1007.7

续表 2-12

年份	1月	2月	3月	4月	5月	6月	7月	8月	9月	10月	11月	12月
1998	1007.9	1004.3	1002.2	994.8	994.6	987.8	984.8	988.7	995.1	1000.6	1002.1	1008.3
1999	1005.4	1005.6	998.6	995.8	992.0	988.5	986.1	988.0	993.3	1001.0	1003.8	1007.5
2000	1008.3	1004.7	998.6	993.2	989.3	986.6	984.2	987.8	994.2	1000.7	1005.3	1005.0
2001	1004.2	1004.3	997.0	995.5	989.5	985.9	985.1	989.8	996	1000.3	1004.0	1010.0
2002	1003.5	1005.2	998.2	994.8	992.7	987.4	985.3	990.0	997.3	1000.3	1004.2	1009.0
2003	1007.5	1004.6	1003.0	996.0	993.0	986.9	986.5	989.6	995.4	1001.1	1006.0	1009.3
2004	1007.5	1002.3.	1000.9	994.5	990.0	989.5	986.0	989.4	996.4	1004.0	1004.8	1008.0
2005	1007.1	1006.9	1002.7	994.2	990.5	984.4	986.2	988.4	996.5	1003.2	1002.2	1009.5
2006	1007.4	1008.3	998.4	992.2	992.2	985.8	984.8	988.9	996.9	1000.2	1001.8	1009.3
2007	1009.9	1002.2	999.5	996.9	988.7	988.0	984.9	988.0	994.6	1002.5	1006.7	1006.1
2008	1010.6	1008.7	1000.2	995.3	989.5	987.9	985.4	988.4	995.4	1000.6	1005.1	1006.3
2009	1008.7	1001.6	1000.8	996.7	993.5	984.1	985.5	989.9	995.8	998.8	1007.0	1006.4
2010	1007.2	1002.7	1002.1	999.2	990.9	989.7	986.9	989.7	995.2	1002.1	1002.9	1001.3
2011	1011.9	1003.9	1004.3	996.1	991.8	986.4	985.2	989.0	996.3	1002.7	1004.7	1011.2
2012	1009.1	1006.6	1002.2	992.9	991.6	985.8	984.4	989.1	996.2	1000.1	1001.9	1007.1
2013	1007.5	1006.0	999.4	994.9	990.5	987.9	983.5	987.0	996.3	1002.5	1003.8	1006.2

1989—2013 年平邑县平均风速表

表 2-13　　单位：米 / 秒

年份	1月	2月	3月	4月	5月	6月	7月	8月	9月	10月	11月	12月
1989	1.7	2.0	2.5	2.0	2.2	2.2	2.4	1.6	1.4	1.6	1.5	1.0
1990	1.6	1.7	1.9	2.7	2.5	2.2	2.5	2.0	1.8	1.5	1.8	1.6
1991	1.6	1.9	2.2	2.5	2.3	1.8	2.2	1.3	1.2	1.2	1.6	1.7
1992	1.2	1.6	2.0	2.3	2.1	2.3	2.1	1.7	1.5	1.2	1.9	1.2
1993	1.4	2.0	1.9	2.4	1.9	2.2	2.1	1.6	1.2	1.5	2.2	1.9
1994	1.9	2.0	2.5	2.5	2.8	2.4	2.1	1.9	1.7	1.7	1.9	1.6
1995	1.4	1.6	2.2	2.4	2.4	2.3	2.1	1.8	1.6	1.6	1.6	1.4
1996	1.5	1.6	2.3	2.5	2.2	2.0	2.0	2.1	1.2	1.7	1.5	1.5
1997	1.5	1.7	2.1	2.0	1.9	2.0	1.7	1.7	1.5	1.4	1.4	1.3
1998	1.6	1.6	1.8	2.3	2.2	2.3	1.5	1.5	1.2	1.2	1.2	1.3
1999	1.1	1.8	2.3	2.0	2.1	1.9	1.5	1.4	1.6	1.2	1.3	1.4

续表 2-13

年份	1月	2月	3月	4月	5月	6月	7月	8月	9月	10月	11月	12月
2000	1.8	1.5	1.8	2.1	2.0	1.8	1.9	1.5	1.1	1.1	1.2	1.2
2001	1.7	1.6	1.9	1.8	2.0	1.8	1.6	1.2	1.3	1	1.1	1.0
2002	1.2	1.3	1.9	2.3	1.5	2.3	1.4	1.4	1.1	1.6	1.1	1.3
2003	1.3	1.3	1.5	1.7	1.7	1.6	1.4	1	1.1	1.5	1.6	1.2
2004	1.4	1.9	1.9	2.1	1.8	1.6	1.5	1.4	1.4	1.1	1.5	1.8
2005	1.6	1.9	2.2	2.5	2.6	2.1	2.0	2.0	1.6	1.5	1.5	2.0
2006	1.6	2	2.4	2.5	2.4	2.3	1.9	1.8	1.4	1.6	1.8	1.7
2007	1.6	2.1	2.3	2.3	2.3	2.0	1.9	1.7	1.4	1.6	1.5	1.6
2008	1.8	1.6	2.3	2.3	2.2	2.1	1.8	1.8	1.5	1.5	1.3	1.9
2009	1.6	1.9	2.2	2.3	1.8	2.1	2.0	1.6	1.5	1.5	1.9	1.6
2010	1.7	2.1	2.4	2.4	1.9	1.9	1.7	1.7	1.5	1.6	1.6	2.2
2011	1.3	1.8	2.0	2.2	2.0	2.0	1.6	1.4	1.5	1.4	1.6	1.3
2012	1.5	1.8	1.9	2.4	1.7	2.0	1.9	1.6	1.6	1.4	1.6	1.7
2013	1.5	1.8	2.3	2.3	2.1	2.1	1.6	1.9	1.5	1.5	1.4	1.3

1989—2013 年平邑县各月大风天数情况表

表 2-14　　单位：天

年份	1月	2月	3月	4月	5月	6月	7月	8月	9月	10月	11月	12月
1989	0	0	0	0	0	0	0	0	0	0	0	0
1990	0	0	0	0	1	0	0	0	0	0	1	0
1991	0	0	1	0	0	0	1	0	0	0	0	0
1992	0	0	0	0	0	0	0	0	0	0	0	0
1993	0	0	0	0	0	0	0	0	0	0	0	0
1994	0	1	0	0	0	0	1	0	0	1	0	0
1995	0	0	1	0	0	1	0	0	0	0	0	0
1996	0	0	0	0	0	0	0	0	0	0	0	0
1997	0	0	0	0	1	0	0	1	0	0	0	0
1998	0	0	0	0	0	0	0	0	0	0	0	0
1999	0	0	0	1	0	0	0	0	0	0	0	0
2000	0	0	0	0	0	0	0	0	0	0	0	0
2001	0	0	0	0	0	0	0	0	0	0	0	0

续表 2-14

年份	1月	2月	3月	4月	5月	6月	7月	8月	9月	10月	11月	12月
2002	0	0	0	0	1	0	0	0	0	0	0	0
2003	0	0	0	0	0	0	0	0	0	0	0	0
2004	0	0	0	0	0	0	0	0	0	0	0	0
2005	0	0	0	1	0	2	0	0	0	0	0	0
2006	0	0	0	0	0	0	0	0	0	0	0	0
2007	0	0	0	0	0	0	0	0	0	0	0	0
2008	0	0	1	0	0	0	0	0	0	0	0	0
2009	0	0	0	0	0	0	0	0	0	0	0	0
2010	0	0	0	1	0	0	0	0	0	0	0	0
2011	0	0	0	0	0	0	0	0	0	0	0	0
2012	0	0	0	0	0	0	0	0	0	0	0	0
2013	0	0	0	0	0	0	0	0	0	0	0	0

第五节　蒸发量　湿度

蒸发

1983—2013 年，累年蒸发（采用金属圆盆状的小型蒸发器测定）平均为 1657.7 毫米，大于年平均降水量 753.5 毫米。春季蒸发量最大，夏季次于春季，秋季至冬季逐渐减少。

湿度

1983—2013 年，累年平均相对湿度为 77%。因受季节影响，空气干燥的春季相对湿度较小，夏季空气中水汽含量最多，相对湿度最大，到了秋冬季节，大陆季风开始活跃，湿度逐渐降低。

1989—2013 年平邑县各月平均相对湿度情况表

表 2-15　　单位：%

年份	1月	2月	3月	4月	5月	6月	7月	8月	9月	10月	11月	12月
1989	33	35	26	22	36	45	63	54	42	45	28	52
1990	54	51	32	33	43	46	47	66	52	46	47	25
1991	42	19	49	39	23	57	68	64	55	32	35	40
1992	53	39	42	23	40	38	52	69	56	41	36	38
1993	35	31	24	20	46	43	74	69	41	45	43	26
1994	31	27	21	30	28	32	67	72	47	46	39	43
1995	37	36	32	29	27	43	62	72	44	36	37	33
1996	32	34	29	33	43	51	67	77	55	67	44	44

续表 2-15

年份	1月	2月	3月	4月	5月	6月	7月	8月	9月	10月	11月	12月
1997	40	34	40	40	43	35	53	67	56	31	57	45
1998	28	36	26	47	50	57	74	75	57	46	39	31
1999	27	21	38	35	42	49	62	65	55	43	54	39
2000	39	35	30	23	28	39	60	62	62	65	57	51
2001	49	48	25	29	36	41	70	64	61	58	43	36
2002	22	32	29	29	40	40	44	55	46	36	33	48
2003	37	36	36	30	42	49	72	72	58	39	38	33
2004	37	17	20	30	28	35	59	63	50	41	42	50
2005	29	18	21	27	25	35	70	57	53	45	36	22
2006	34	33	23	25	32	23	58	46	51	45	23	25
2007	22	23	29	23	26	34	64	57	56	43	29	26
2008	29	23	24	30	24	38	73	67	58	40	32	20
2009	13	36	29	28	32	33	44	60	59	26	42	30
2010	26	34	28	30	34	42	55	65	54	44	29	18
2011	24	25	21	17	27	32	50	67	56	49	48	36
2012	35	19	22	21	32	39	63	65	44	45	31	26
2013	42	47	23	16	26	46	63	50	38	38	27	30

1989—2013 年平邑县各月最小相对湿度情况表

表 2-16　　单位：%

年份	1月	2月	3月	4月	5月	6月	7月	8月	9月	10月	11月	12月
1989	19	17	7	9	15	19	29	31	24	14	12	24
1990	21	26	10	13	13	18	22	36	25	17	17	7
1991	20	6	23	15	10	33	40	37	25	16	11	22
1992	23	17	19	7	17	14	20	36	19	16	12	11
1993	14	15	8	10	15	20	49	35	13	18	25	8
1994	6	7	6	17	11	15	35	40	23	17	17	21
1995	18	12	9	12	15	20	31	39	22	15	19	21
1996	16	17	16	18	17	23	33	45	30	31	24	21
1997	16	11	12	17	17	18	27	37	25	15	25	18
1998	13	22	12	23	24	26	51	46	23	16	19	17

续表 2-16

年份	1月	2月	3月	4月	5月	6月	7月	8月	9月	10月	11月	12月
1999	12	7	21	17	25	20	39	41	22	18	23	22
2000	23	17	11	10	16	25	26	36	34	37	30	24
2001	27	21	10	15	17	22	43	40	33	29	20	20
2002	14	14	10	11	21	21	16	32	23	20	20	25
2003	15	10	19	16	19	15	45	48	31	15	20	14
2004	17	10	5	12	14	16	37	34	23	17	19	26
2005	14	11	11	11	8	13	31	32	27	16	12	10
2006	18	15	7	8	12	10	35	30	21	14	11	13
2007	8	11	11	11	10	13	39	31	25	16	11	14
2008	14	9	8	12	11	23	41	31	27	14	17	9
2009	10	15	11	11	10	13	19	24	22	14	18	15
2010	12	13	12	10	18	20	25	45	20	15	10	9
2011	10	10	8	8	13	13	20	36	12	19	15	15
2012	16	10	8	8	13	11	33	29	18	16	14	13
2013	24	24	10	10	12	16	36	26	14	14	10	12

1989—2013 年平邑县各月平均蒸发量情况表

表 2-17　　单位：毫米

年份	1月	2月	3月	4月	5月	6月	7月	8月	9月	10月	11月	12月	合计
1989	34.0	67.2	162.5	224.4	275.4	235.8	173.7	184.3	173.2	160.0	74.5	50.6	1815.6
1990	38.4	44.0	125.5	209.1	221.9	213.8	221.2	177.3	160.1	152.0	80.1	60.1	1703.5
1991	49.9	60.0	85.5	190.1	227.8	153.4	184.4	184.7	167.1	169.1	110.3	44.8	1627.1
1992	36.8	85.4	109.4	258.4	258.3	295	262	173	149.2	127.6	95.3	46.2	1896.6
1993	45.0	80.3	155.6	231.1	215.1	253.9	146.2	159.6	145	129.6	50.8	54.0	1666.2
1994	57.2	74.6	139.5	184.8	320.4	275	192.6	178.9	175.3	130.9	73.0	40.9	1843.1
1995	52.0	74.5	142.5	202.2	273.2	249.8	188.7	150.8	146.5	114.6	123.9	63.3	1782.0
1996	51.7	86.3	125.2	189	272.6	217.1	166.6	156	122.4	101.4	64.3	52.6	1605.2
1997	46.5	75.1	138.1	175.6	225.5	274.9	232.2	169.3	158.8	162.7	58.2	38.0	1754.9
1998	40.3	63.3	103.5	137.2	170.6	200.0	177.9	128.9	184.0	125.1	97.2	46.0	1474.0
1999	58.5	85.4	109.6	191.3	219.2	223.4	183.8	177.9	151.1	91.4	58.6	54.1	1604.3

续表 2-17

年份	1月	2月	3月	4月	5月	6月	7月	8月	9月	10月	11月	12月	合计
2000	31	53.5	175.6	224.8	240.0	236.0	200.9	172.2	160.8	77.8	53.8	38.3	1664.7
2001	31.7	39.8	151.1	190.8	277.2	212.6	190.7	176.0	164.3	110.1	82.7	40.2	1667.2
2002	51.9	85.7	153.2	207.1	176.4	254.0	245.2	221.7	178.1	135.3	86.3	32.2	1827.1
2003	40.7	53.8	100.2	172.4	195.6	213.3	133.1	120.9	115.3	98.7	59.8	36.0	1339.8
2004	46.1	95.4	140.0	214.7	229.6	199.5	175.8	153.6	154.7	111.0	69.4	42.2	1632.0
2005	47.9	45.4	121.5	226.0	235.2	276.1	153.6	156.1	112.5	105.3	76.6	50.7	1606.9
2006	35.2	53.5	150.0	186.4	227.3	252.7	172.7	165.2	140.3	124.6	88.8	34.0	1630.7
2007	43.3	69.6	113.2	183.0	260.2	177.2	165.1	132.3	138.8	101.2	72.7	35.9	1492.5
2008	36.1	59.4	145.3	170.7	210.7	172.0	126.9	163.9	135.3	108.1	69.2	53.9	1451.5
2009	45.7	51.7	121.8	186.2	227.2	276.9	181.1	150.4	117.8	115.9	54.2	35.4	1564.3
2010	41.2	49.7	99.5	154.5	204.9	218	176.0	137.7	113.9	123.0	91.2	69.7	1479.3
2011	44.5	60.1	140.3	212.6	202.7	228.4	166.6	127.0	106.1	97.2	48.2	30.7	1464.4
2012	32.3	56.5	110.3	191.3	242.6	245.4	195.0	155.2	136.1	123.1	65.1	31.1	1584.0
2013	24.1	39.5	145.4	193.5	210.1	198.8	159.4	214.5	137.7	138.5	63.0	44.5	1569.0

1989—2013 年平邑县各月最大蒸发量情况表

表 2-18　　　　单位：毫米

年份	1月	2月	3月	4月	5月	6月	7月	8月	9月	10月	11月	12月
1989	2.8	3.9	8.9	11.1	13.6	14.1	8.7	10.6	9.4	6.9	3.9	6.4
1990	3.0	3.7	9.5	11.3	11.8	13.0	15.3	8.8	8.4	8.0	4.6	5.0
1991	3.3	4.4	7.2	11.5	15.0	9.0	9.7	9.7	8.2	8.2	6.4	3.8
1992	2.5	6.4	7.1	12.0	12.3	14.7	14.6	8.7	8.7	7.4	5.6	3.2
1993	3.5	6.8	9.1	14.4	11.4	11.8	9.3	7.9	7.3	6.7	5.1	3.5
1994	3.3	6	7.8	10.6	15.3	15.6	10.0	9.8	7.5	7.2	5.9	3.1
1995	2.5	5.3	8.0	10.9	13.0	12.3	10.3	7.7	8.7	6.8	7.0	3.4
1996	3.6	7.4	7.0	13.3	11.4	13.5	11.5	7.4	8.0	5.0	4.0	3.9
1997	2.7	5.6	7.6	8.6	12.2	12.5	11.7	8.4	7.4	7.3	4.0	2.5
1998	2.7	4.4	7.3	8.8	10.6	11.8	7.8	6.4	8.9	7.8	6.3	3.7
1999	3.3	5.1	6.8	10.4	10.2	11.1	10.7	8.8	8.8	4.5	3.4	3.6
2000	2.2	3.8	10.6	11.3	13.8	13.5	9.9	9.4	8.5	5.2	4.6	2.6

续表 2-18

年份	1月	2月	3月	4月	5月	6月	7月	8月	9月	10月	11月	12月
2001	2.1	2.7	8.6	10.3	11.8	11.7	11.1	8.8	7.9	6.5	4.3	2.4
2002	2.9	4.9	9.4	14.9	12.1	14.5	13.4	10.5	10.8	7.7	5.0	2.6
2003	2.7	4.2	7.1	12.4	11.0	11.5	8.9	7.3	6.9	5.2	5.5	2.9
2004	2.3	5.8	8.4	11.7	11.8	13.2	11.0	7.8	8.5	5.0	3.9	2.7
2005	2.8	2.8	6.5	12.6	11.4	14.0	8.1	7.9	7.5	5.1	4.5	3.2
2006	2.0	4.1	8.5	10.2	11.3	13.2	10.2	10.3	7.4	5.7	6.2	2.1
2007	2.6	4.1	7.6	9.7	13.4	12.8	8.6	7.5	7.5	5.7	4.3	2.7
2008	2.6	5.4	6.9	9.5	12.6	9.5	8.5	8.4	7.0	5.3	4.0	3.1
2009	3.0	4.1	7.3	10.0	11.8	14.0	12.0	9.8	10.2	6.1	3.6	2.3
2010	2.5	5.1	6.1	8.3	10.4	11.0	10.1	8.4	6.7	6.3	5.2	4.4
2011	2.7	4.0	7.3	11.0	10.1	12.0	9.3	6.5	7.2	5.1	3.1	2.0
2012	2.3	3.3	7.5	9.8	10.8	11.5	10.1	8.2	6.9	5.7	4.4	3.1
2013	1.7	2.8	11.0	10.1	11.8	11.0	9.9	9.5	8.1	8.7	3.8	3.0

第六节　地　温

1989—2013年，平邑县年平均地温为13.9℃，全年月平均地面温度在0℃以上，其中，1月最低，为-2.4℃；4—10月，各月地温都在平均值以上。

1989—2013年平邑县地面和5厘米深各月平均温度情况表

表 2-19　　单位：℃

年份	1月	2月	3月	4月	5月	6月	7月	8月	9月	10月	11月	12月
1989	1.3	3.1	8.2	17.2	22.9	26.0	28.2	28.5	24.4	17.7	8.2	3.6
1990	0.0	2.7	8.9	14.7	21.1	26.1	29.2	29.2	24.5	17.6	10.1	1.1
1991	0.0	3.0	6.9	15.4	21.5	25.2	28.8	29.2	24.4	17.2	8.0	2.3
1992	-0.8	2.9	7.0	17.8	23.4	27.3	29.4	28.4	22.1	14.2	7.0.	—
1993	—	—	—	16.2	21.3	26.9	26.7	27.1	24.2	16.1	7.8	—
1994	—	—	—	16.8	24.3	28.5	29.9	28.5	23.1	15.2	9.6	—
1995	—	—	—	15.4	22.7	26.9	28.4	28.2	23.0	16.1	7.5	—
1996	—	—	—	15.4	23.1	26.6	28.2	28.2	22.8	15.8	6.8	—

续表 2-19

年份	1 月	2 月	3 月	4 月	5 月	6 月	7 月	8 月	9 月	10 月	11 月	12 月
1997	—	—	—	16.1	22.6	28.0	30.4	29.0	22.2	17.3	8.5	—
1998	—	—	—	16.9	20.9	26.5	29.3	27.3	26.1	19.2	10.1	—
1999	—	—	—	18.1	23.8	26.5	29.0	29.1	24.6	15.9	8.2	—
2000	—	—	—	17.7	22.8	27.4	29.8	29.5	24.3	15.7	6.9	—
2001	—	—	—	16.6	25.2	27.4	28.9	29.1	24.7	18.1	8.3	—
2002	—	—	—	17.4	20.9	26.6	30.4	29.5	23.8	15.7	7.3	—
2003	—	—	—	15.3	21.9	25.3	25.9	25.9	22.5	14.9	7.8	—
2004	—	—	—	18.6	23.3	26.0	28.1	26.7	22.9	15.5	9.3	—
2005	-0.7	1.3	8.0	19.2	23.3	29.1	27.9	25.5	21.9	15.8	9.9	-0.3
2006	1.5	3.1	10.5	18.1	23.3	29.0	29.2	29.1	23.5	20.4	11.2	2.0
2007	0.5	6.3	10.4	17.8	24.8	26.2	28.0	28.3	24.4	16.9	8.9	3.6
2008	0.1	2.0	11.1	17.3	23.0	26.3	27.6	28.6	24.1	17.1	8.2	1.1
2009	-1.1	6.3	10.2	18.6	24.8	30.6	29.1	28.2	23.4	18.2	6.3	1.9
2010	-0.4	3.9	7.8	14.8	22.8	28.9	30.3	28.7	24.8	18.6	9.9	2.5
2011	-2.4	3.6	9.2	18.3	22.5	28.2	28.3	26.3	21.4	16.3	10.5	1.9
2012	0.3	2.4	7.9	18.1	26.1	29.1	29.6	27.6	22.6	17.7	7.1	0.8
2013	-0.5	3.2	9.7	16.4	23.3	27.5	28.9	30.6	24.8	18.0	8.6	1.4

1989—2013 年平邑县各月地面极端最高温度情况表

表 2-20　　单位：℃

年份	1 月	2 月	3 月	4 月	5 月	6 月	7 月	8 月	9 月	10 月	11 月	12 月
1989	8.4/3	12.4/27	24.8/31	29.7/18	32.1/31	35.3/28	35.1/19	34.5/11	31.4/17	26.6/25	18.4/1	18.2/3
1990	7.4/4	10.7/11	22.6/19	27.2/28	33.5/9	34.7/5；6	37.4/9	33.1/8	30.9/3	28.3/5	25.2/1	16.6/8
1991	10.5/16	11.4/6	23.2/19	27.6/24	31.6/17	33.2/27	34.4/23	33.9/21	31.9/8	27.1/2	24.2/2	16.4/5
1992	11.4/27	20.6/27	20.4/30	28.2/20	33.1/28；29	34.3/4	37.1/2	34.0/3	31.1/4	26.4/1	20.4/14	10.4/1
1993	9.5/30	19.8/5	21.7/31	30.7/23	31.3/29	35.9/20	32.9/9	31.5/23	31.0/6	27.5/8	22.4/2	13.2/25
1994	13.6/9	12.3/20	22.5/31	31.5/30	34.9/28	36.2/24	36.1/5；25	35.2/3	31.4/2	28.6/1	22.6/5	13.5/1
1995	11.2/6；7	13.3/26	23.6/21	27.4/28；29	33.6/25	34.8/19	35.8/31	34.5/1	34.7/2	26.3/1；12	22.1/6	11.0/11
1996	10.3/1；2	24.4/13	18.4/13	29.3/26	33.6/20	37.0/13	36.5/24	33.6/4	30.3/2	26.2/29	17.0/11	14.0/25
1997	10.1/29	14.3/20	22.5/29	30.2/28	33.7/25	37.6/23	36.9/3	33.8/29	31.8/9	28.6/20	19.2/6	14.5/19
1998	12.3/2	15.9/11；12	26.1/29	31.9/19	29.8/27	36.3/28	35.3/11；19	33.0/9	33.5/8	35.1/1	24.2/14	17.3/18
1999	14.8/26	14.9/8	20.2/3	26.6/26	32.0/27	34.3/2	36.5/2	35.5/8	35.0/8	25.9/8	18.3/4；12	13.7/9
2000	8.1/3	13.9/27	23.7/30	28.7/30	35.5/24	35.6/18	35.9/8	34.7/1	34.0/18	26.4/5	19.8/4	13.3/8
2001	8.0/30	17.3/21	24.5/21	28.5/17	34.2/23	35.1/2	36.8/2	34.4/7	30.9/2	27.3/1	19.6/23	11.2/1
2002	16.1/11	15.6/17	24.9/29	30.2/14	34.8/31	36.0/4	41.9/15	36.1/4	37.0/1	28.2/16	22.8/6	13.8/1
2003	11.6/13	14.2/18	27.9/30	31.0/16	33.1/31	35.9/20	35.5/27	36.2/1	31.3/16	24.6/10	25.7/2	13.5/24
2004	11.5/6	18.0/13	24.8/16	33.7/21	32.0/24	37.0/12	35.6/22	35.0/8	31.6/1	26.2/9	23.4/8	14.3/9
2005	7.6/27	11.2/28	21.5/31	34.1/28	30.4/24	37.9/23	33.9/6	36.2/12	31.4/10	25.3/17	23.5/3；4	11.3/23
2006	10.0/27	14.7/14	25.1/31	30.8/30	32.9/20；30	37.8/20	34.7/31	34.6/13；14	30.7/3	29.1/8	24.8/4	11.7/23

续表 2-20

年份	1 月	2 月	3 月	4 月	5 月	6 月	7 月	8 月	9 月	10 月	11 月	12 月
2007	11.1/29	16.8/21	24.3/26	27.8/21	35.6/27	36.9/8	34.9/28	34.5/1	31.0/2	28.4/6	19.8/6	11.7/22
2008	12.1/6	15.4/21	24.5/12	29.7/29	32.7/22	33.1/8	34.4/3	33.3/7	31.6/13	28.8/14	22.0/5	15.8/2
2009	14.3/29	20.1/12	28.6/18	29.0/29	33.2/8	39.7/25	36.2/4	35.9/14	31.2/5；6	28.4/3	24.0/8	10.0/1
2010	11.0/31	18.7/23	20.8/19	24.2/5	33.0/3	37.2/29；30	37.0/6	34.7/21	30.9/18	26.1/6	20.9/5	18.5/1
2011	7.3/31	19.0/24	22.0/13	31.9/29	31.3/18	36.1/8	35.4/9	34.0/15	31.6/1	27.2/6	20.2/2	9.4/12
2012	8.9/27	10.4/29	23.9/27	30.5/23	33.4/6；28	36.5/21	35.9/27	34.0/8	31.3/1	26.5/13	17.9/1	7.3/4
2013	10.8/29	12.5/25	30.8/9	31.5/28	34.8/13	36.9/17	35.1/10	36.1/7	32.7/17	29.7/13	20.3/6	15.4/4

1989—2013 年平邑县各月地面极端最低温度情况表

表 2-21 单位：℃

年份	1 月	2 月	3 月	4 月	5 月	6 月	7 月	8 月	9 月	10 月	11 月	12 月
1989	−8.8/28	−7.8/4	−5.4/8	4.5/15	9.4/14	14.4/9	18.1/1	16.5/23	11.3/29	1.6/17	−8.6/19	−8.9/27
1990	−12.5/31	−13.6/1	−0.9/3	−0.8/4	8.7/4	12.7/1	20.0/1	19.6/16	9.8/18	3.4/25	−4.5/21	−10.2/27
1991	−10.3/9	−10.0/23	−3.5/1	−2.9/1	5.2/2	15.0/1	19.3/1	18.9/31	12.2/19	0.8/28	−2.9/25	−11.4/28
1992	−7.7/18	−7.7/1	−2.7/6	4.2/16	8.2/10	10.9/7	19.4/12	15.8/14	8.7/29	1.6/25	−4.4/21	−7.7/23
1993	−11.4/16	−6.1/1	−4.1/2	1.1/11	8.8/3	13.2/2	17.0/23	16.3/26	8.8/29	0.1/30	−8.9/24	−9.8/21
1994	−11.1/19	−6.9/2	−5.0/14	4.2/9	8.2/5	16.6/1	21.3/17	17.0/27	9.6/23	2.4/29	0.2/19	−5.1/16；21
1995	−8.6/14	−8.6/5	−3.5/4	0.5/3	7.6/10	16.4/18	18.6/1	18.9/23	6.8/27	4.9/25	−3.2/24	−9.4/29
1996	−11.2/9	−9.8/10	−3.2/1	0.8/2	8.4/4	15.0/5	18.6/11	16.9/24	11.8/21	4.6/26	−3.2/30	−7.6/18
1997	−11.4/6	−6.9/3	−1.4/3	4.2/9	8.2/8	13.3/1	21.0/10	17.2/21	7.5/21	1.1/31	−6.8/17	−7.6/10

续表 2-21

年份	1月	2月	3月	4月	5月	6月	7月	8月	9月	10月	11月	12月
1998	−13.6/19	−6.8/8	−1.8/20	0.1/1	9.0/10	13.2/2	20.9/4	17.8/31	11.9/21	6.3/27	−2.5/18	−7.0/8
1999	−8.7/10	−6.7/19	−2.7/22	4.6/2；13	10.0/19	17.8/2	18.2/7	18.8/20	11.3/24	3.6/17	−3.7/28	−11.0/22
2000	−10.9/25	−11.4/1	−2.3/7	3.0/10	9.5/13	17.5/10；12	21.1/31	19.8/21	12.6/8	3.0/30	−1.0/12	−4.5/21
2001	−11.7/15	−6.0/14	−3.5/28	2.5/1	12.3/1	16.6/5	19.7/12	17.8/27	13.1/27	5.5/29	−3.5/27	−9.1/25
2002	−6.0/24	−4.9/9	−0.4/8	3.5/9	7.6/1	15.6/23	19.4/7	18.4/8；10	10.1/22	0.3/26	−3.4/27	−11.5/26
2003	−11.5/5	−7.0/12	−5.0/6	4.1/5；9	9.0/8	15.0/13	16.6/12	11.9/30	14.0/22	2.3/23	−2.9/22	−6.5/7
2004	−11.0/22	−6.1/7	−3.4/6；7	2.8/3	7.1/4	15.2/2	21.0/5；7	17.6/17	11.9/21	3.7/27	−4.6/26	−9.8/31
2005	−10.5/1	−9.5/20	−6.0/5	5.2/10；15；21	9.4/2	16.4/10	20.2/12	16.4/20	12.5/24	4.3/29	−0.1/22	−9.6/22
2006	−8.8/7	−10.5/9	−5.1/13	3.5/13	10.8/12	18.5/4	19.7/26	17.7/19	11.0/10	7.7/23	−0.4/28	−8.0/17
2007	−6.2/7；8	−6.2/1	−7.1/6	2.2/3	9.9/10	15.9/1	18.0/21	18.1/30	14.0/28	2.7/30	−2.3/28	−4.1/30；31
2008	−7.8/24	−8.4/9；13	−1.2/7	5.3/3	9.0/12	14.7/5	20.6/18	18.9/31	10.3/28	5.3/27	−3.5/28	−13.0/22
2009	−12.4/24	−2.0/21	−3.6/3	1.2/1	12.5/16；18；23	16.8/7	20.3/24	13.6/30	12.1/22	7.9/20	−5.9/18	−8.7/19
2010	−11.6/5	−9.0/13	−6.5/10	0.9/15	10.4/1	15.6/2	20.1/11	17.8/25	10.4/23	2.3/28	−0.1/28	−9.7/31
2011	−12.7/16	−8.0/14	−5.6/1	0.5/3	9.9/23	16.7/1	18.9/7	18.5/20	9.9/21	4.4/25	−2.1/24	−8.7/17
2012	−9.6/23	−9.2/8	−3.2/12	1.3/3	13.0/17	16.9/11	20.8/5；6	15.3/24	10.0/30	5.1/18	−3.0/24	−11.2/30
2013	−13.8/4	−9.9/8	−3.1/2	1.6/20	11.4/5	13.8/12	20.6/24	16.2/31	9.9/26	4.8/26	−5.8/28	−8.5/29

1989—2013 年平邑县 4 月、5 月、9 月、10 月 5 厘米深候平均温度情况表

表 2-22 单位：℃

年份	1989	1990	1991	1992	1993	1994	1995	1996	1997	1998	1999	2000	2001
4 月	17.2	14.7	15.4	17.8	16.2	16.8	15.4	15.4	16.1	16.9	18.1	17.7	16.6
5 月	22.9	21.1	21.5	23.4	21.3	24.3	22.7	23.1	22.6	20.9	23.8	22.8	25.2
9 月	24.4	24.5	24.4	22.1	24.2	23.1	23	22.8	22.2	26.1	24.6	24.3	24.7
10 月	17.7	17.6	17.2	14.2	16.1	15.2	16.1	15.8	17.3	19.2	15.9	15.7	18.1
年份	2002	2003	2004	2005	2006	2007	2008	2009	2010	2011	2012	2013	
4 月	17.4	15.3	18.6	19.2	18.1	17.8	17.3	18.6	14.8	18.3	18.1	16.4	
5 月	20.9	21.9	23.3	23.3	23.3	24.8	23	24.8	22.8	22.5	26.1	23.3	
9 月	23.8	22.5	22.9	21.9	23.5	24.4	24.1	23.4	24.8	21.4	22.6	24.8	
10 月	15.7	14.9	15.5	15.8	20.4	16.9	17.1	18.2	18.6	16.3	17.7	18	

第七节 云 日照

1989—2013 年，平邑县云的分布特点是白天多于夜间，14 时云量最多，2 时云量最少。夏季平均总云量最多，6—8 月平均总云量在 7 成以上；低云量以夏季云量最多，冬季云量最少，12 月总云量仅 1 成。

年日照时数 2271.0 小时，以 8 月最多为 245.6 小时，2 月最少为 97.5 小时。年日照百分率 38%，最大 8 月为 51%，最小 2 月为 29%。

1989—2013 年平邑县各月平均总云量、低云量情况表

表 2-23 单位：成

年份	1 月	2 月	3 月	4 月	5 月	6 月	7 月	8 月	9 月	10 月	11 月	12 月
1989	6.0	5.2	4.6	5.7	4.9	5.5	8.1	4.8	4.7	3.2	4.1	5.6
1990	5.5	6.9	4.6	5.0	5.6	6.6	7.3	5.8	4.8	2.4	3.9	2.9
1991	4.3	5.2	5.9	4.3	5.2	6.9	6.5	4.9	4.4	2.8	2.0	4.5
1992	2.5	2.7	5.5	4.1	5.1	5.7	5.5	5.8	5.6	3.2	2.9	3.8
1993	3.4	3.6	4.1	5.3	6.3	6.2	7.9	7.2	5.0	4.1	6.4	3.1
1994	3.7	4.9	4.1	5.3	4.1	6.7	6.3	6.0	4.0	4.2	6.7	5.1
1995	3.0	3.6	4.2	5.8	4.6	4.6	5.9	6.3	4.8	4.5	0.7	2.2
1996	3.5	2.7	5.9	5.8	3.9	6.1	7.3	5.5	5.2	4.5	5.0	2.7
1997	2.9	2.9	3.6	3.7	4.4	4.6	5.1	4.5	3.6	2.4	5.2	4.2
1998	4.3	4.9	5.7	5.3	6.4	5.2	6.4	6.8	2.6	4.3	1.9	3.0
1999	4.7	4.0	6.7	4.6	5.0	6.7	5.7	5.7	5.9	6.2	3.3	1.4

续表 2-23

年份	1 月	2 月	3 月	4 月	5 月	6 月	7 月	8 月	9 月	10 月	11 月	12 月
2000	5.2	3.0	3.0	4.9	5.7	6.9	6.1	7.2	5.5	7.1	5.4	4.5
2001	6.1	5.5	3.8	3.6	4.5	6.7	5.6	5.4	5.1	5.2	2.6	5.2
2002	3.0	3.5	4.1	5.3	6.6	5.2	5.6	5.6	3.8	4.4	2.6	5.9
2003	2.9	5.0	6.3	6.0	5.3	5.3	7.6	8.1	6.0	4.8	5.6	3.5
2004	3.5	2.6	4.7	4.0	4.2	6.5	6.7	7.1	4.6	4.2	2.8	5.4
2005	3.9	6.2	4.2	3.6	5.5	4.8	7.7	7.1	6.7	4.4	3.5	2.7
2006	6.0	5.2	4.0	5.0	5.5	5.9	8.4	6.6	6.5	5.6	5.1	4.5
2007	3.9	4.2	5.7	5.7	5.0	8.4	8.3	7.7	6.5	6.1	2.6	4.6
2008	6.2	3.1	4.4	5.8	5.6	7.4	8.9	6.7	6.3	5.8	4.5	3.2
2009	2.7	7.3	5.0	4.7	6.1	6.2	7.3	6.8	6.7	5.0	5.4	4.6
2010	4.5	6.9	7.0	5.9	5.6	5.3	6.8	7.4	6.2	3.8	1.3	2.3
2011	3.7	6.0	3.1	3.5	6.4	6.4	7.2	7.0	6.5	4.8	6.6	4.3
2012	5.5	5.4	6.2	4.5	4.5	5.4	6.3	6.6	5.5	5.1	4.6	5.8
2013	4.5	6.4	4.1	3.6	6.5	6.0	7.6	4.6	6.2	3.2	3.5	3.0

1989—2013 年平邑县各月阴晴总天数情况表

表 2-24　　单位：天

年份	1 月	2 月	3 月	4 月	5 月	6 月	7 月	8 月	9 月	10 月	11 月	12 月
1989	24	25	27	25	27	22	21	22	25	27	24	28
1990	28	22	24	23	23	19	18	20	24	30	25	29
1991	29	24	22	26	23	20	18	23	23	28	28	24
1992	28	26	27	27	26	24	21	21	21	26	28	26
1993	26	24	28	24	22	20	20	21	24	24	19	30
1994	31	24	25	19	27	22	19	18	28	23	24	25
1995	31	26	26	27	26	19	21	17	24	25	29	31
1996	28	26	26	27	29	18	15	21	20	22	20	31
1997	30	24	29	24	22	24	22	23	25	29	19	27
1998	25	23	22	21	21	24	11	17	29	27	29	29
1999	31	28	25	25	22	25	23	26	23	19	27	31
2000	21	24	31	26	25	21	20	18	24	17	23	29
2001	26	20	30	26	27	22	16	24	28	26	29	25

续表 2-24

年份	1月	2月	3月	4月	5月	6月	7月	8月	9月	10月	11月	12月
2002	27	27	27	23	19	25	24	24	23	27	30	26
2003	27	23	20	21	27	18	17	15	17	24	21	27
2004	27	27	29	25	21	21	15	17	25	25	25	26
2005	31	22	29	27	26	20	18	17	19	23	28	29
2006	29	24	31	25	26	24	18	19	24	29	26	28
2007	31	24	26	26	24	21	20	18	19	24	28	27
2008	27	25	28	26	22	24	10	21	20	25	27	30
2009	31	21	25	25	25	22	20	18	21	27	25	27
2010	30	23	25	23	23	25	22	17	24	29	30	30
2011	31	23	28	26	24	25	21	11	16	25	18	28
2012	29	26	24	25	28	28	22	19	22	24	26	23
2013	29	25	29	26	23	25	13	21	23	27	23	31

1989—2013 年平邑县各月日照时数情况表

表 2-25　　单位：小时

年份	1月	2月	3月	4月	5月	6月	7月	8月	9月	10月	11月	12月
1989	106.7	148.8	234.3	234.7	269.2	212.1	175.2	227.4	199.8	241.3	162.9	105.1
1990	117.6	112.2	169.4	229.3	228.8	195.2	195.3	180.6	205.8	220.6	156.6	161.9
1991	147.1	118.3	147.8	235.6	220.7	177.2	222.1	214.6	209.8	244.3	212.0	131.7
1992	168.3	209.2	148.1	255.6	261.8	248.7	223.1	195.3	164.2	200.0	190.9	132.4
1993	164.7	171.4	221.2	220.3	236.1	222.1	152.6	163.5	183.8	207.9	113.2	178.1
1994	154.6	148.8	223.5	201.4	285.7	199.1	200.3	198.6	226.1	193.5	88.5	111.0
1995	178.1	173.7	184.9	216.0	238.2	241.3	176.8	175.6	178.1	198.2	232.7	167.8
1996	146.7	197.1	173.1	174.4	278.2	201.0	151.5	175.3	175.8	150.3	130.4	160.1
1997	164.6	202.9	230.2	239.4	256.9	264.4	205.6	259.0	228.3	253.3	141.3	163.8
1998	139.0	152.2	164.6	211.2	208.6	244.6	210.3	168.7	261.1	200.3	204.4	167.4
1999	166.6	174.1	170.2	242.8	254.6	203.8	202.1	215.2	178.8	155.3	162.3	191.0
2000	123.7	176.4	238.7	227.2	249.1	223.2	229.0	181.4	190.9	116.7	148.2	142.6
2001	111.3	120.2	227.4	219.8	266.1	208.6	197.7	220.2	185.4	140.2	188.1	125.0
2002	181.0	173.2	206.3	228.5	189.2	201.7	222.7	231.7	206.5	167.8	181.5	103.8
2003	186.1	141.6	167.7	196.1	230.6	192.9	147.3	126.0	153.8	164.1	127.4	157.0
2004	172.6	204.1	207.4	250.1	254.4	178.9	180.9	175.6	217.3	208.1	191.0	135.3

续表 2-25

年份	1月	2月	3月	4月	5月	6月	7月	8月	9月	10月	11月	12月
2005	199.8	144.2	230.2	265.2	266.2	272.6	166.2	183.3	131.4	204.3	183.4	190.8
2006	127.6	160.4	244.1	226.3	235.7	234.9	164.5	189.2	195.1	193.5	162.4	158.2
2007	172.3	163.8	188.3	232.4	259.0	173.5	148.2	131.1	171.7	151.7	204.4	153.3
2008	144.9	204.9	245.4	218.7	253.6	168.8	123.5	190.8	169.2	163.4	174.1	198.8
2009	204.3	102.0	206.8	239.5	237.4	271.9	200.3	166.9	162.7	195.4	154.5	159.8
2010	185.4	115.8	167.0	243.0	265.8	236.4	200.1	159.3	157.9	218.6	213.8	210.1
2011	188.6	115.8	248.9	258.8	221.7	206.8	142.7	128.7	134.8	183.1	104.9	149.7
2012	123.4	152.7	147.3	236.9	268.0	197.2	201.6	170.5	205.3	201.1	176.8	124.0
2013	146.4	108.3	220.4	250.2	224.9	195.7	124.2	245.0	164.3	229.7	196.3	176.8

第八节　特殊天气

平邑县的其他天气主要有大风、雾、冰雹、雷暴、霜冻等天气，这些特殊天气给农业生产、人民群众生活带来严重影响。经统计上述特殊天气现象年平均出现日数如下：大风 3.0 天；雾 57 天，10 月最多为 8 天；冰雹 0.3 天，5 月、6 月均为 0.1 天；雷暴 31 天，7 月最多为 9 天；无霜期为 255 天。

1989—2013 年平邑县其他天气累年平均天数情况表

表 2-26　　单位：天

年份	1989	1990	1991	1992	1993	1994	1995	1996	1997	1998	1999	2000	2001
雾	13	14	15	12	14	11	5	15	7	6	15	7	2
沙	0	0	1	0	2	1	1	0	0	0	0	1	0
浮尘	0	2	0	0	0	0	0	0	0	1	0	2	3
雷暴	15	33	26	24	32	32	31	25	21	28	24	14	29
雨凇	0	0	2	0	0	0	0	0	0	0	0	0	0
年份	2002	2003	2004	2005	2006	2007	2008	2009	2010	2011	2012	2013	
雾	7	7	4	8	12	8	10	15	6	6	4	6	
扬沙	0	0	0	0	2	0	0	0	1	0	0	1	
浮尘	1	0	2	0	0	1	0	2	0	0	0	0	
雷暴	15	26	29	26	26	21	22	26	20	23	16	18	
雨凇	0	0	0	0	0	0	0	0	0	0	0	0	

1989—2013 年平邑县初、终霜日情况表

表 2-27

年份	初霜	终霜	年份	初霜	终霜
1989	10 月 17 日	3 月 28 日	2002	10 月 26 日	3 月 11 日
1990	10 月 25 日	4 月 14 日	2003	10 月 23 日	3 月 22 日
1991	10 月 20 日	4 月 1 日	2004	10 月 27 日	3 月 7 日
1992	10 月 24 日	3 月 26 日	2005	10 月 29 日	3 月 5 日
1993	10 月 30 日	3 月 7 日	2006	11 月 15 日	3 月 2 日
1994	10 月 22 日	3 月 23 日	2007	10 月 30 日	2 月 25 日
1995	11 月 2 日	3 月 26 日	2008	11 月 10 日	2 月 14 日
1996	11 月 2 日	3 月 5 日	2009	11 月 3 日	4 月 1 日
1997	10 月 26 日	3 月 20 日	2010	10 月 26 日	3 月 26 日
1998	11 月 7 日	3 月 24 日	2011	10 月 25 日	4 月 11 日
1999	11 月 2 日	3 月 22 日	2012	11 月 1 日	3 月 24 日
2000	11 月 2 日	2 月 27 日	2013	10 月 16 日	3 月 31 日
2001	11 月 6 日	3 月 28 日			

1989—2013 年平邑县初、终结冰日情况表

表 2-28

年份	初结冰日	终结冰日	年份	初结冰日	终结冰日
1989	11 月 15 日	3 月 9 日	2002	11 月 18 日	3 月 8 日
1990	11 月 21 日	3 月 6 日	2003	11 月 17 日	3 月 10 日
1991	11 月 15 日	3 月 11 日	2004	11 月 26 日	3 月 7 日
1992	11 月 16 日	3 月 8 日	2005	11 月 24 日	3 月 15 日
1993	11 月 18 日	3 月 8 日	2006	11 月 28 日	3 月 14 日
1994	12 月 3 日	3 月 15 日	2007	11 月 19 日	3 月 12 日
1995	11 月 20 日	3 月 5 日	2008	11 月 18 日	3 月 7 日
1996	11 月 18 日	3 月 11 日	2009	11 月 15 日	3 月 14 日
1997	11 月 16 日	3 月 3 日	2010	11 月 2 日	3 月 11 日
1998	11 月 17 日	2 月 21 日	2011	11 月 20 日	3 月 10 日
1999	11 月 16 日	3 月 7 日	2012	11 月 15 日	3 月 13 日
2000	11 月 18 日	3 月 7 日	2013	11 月 18 日	3 月 14 日
2001	11 月 15 日	3 月 15 日			

第九节 物 候

小麦，秋分播种，立冬盘墩，立夏扬花，芒种收割。有“白露早，寒露迟，秋分种麦正适宜”“麦熟一晌，蚕老一时”之谚。

高粱，清明下种，立秋收获，有种高粱“清明前十天不算早，清明后十天不算晚”“立秋三天见秫秸攒”之说。

棉花，谷雨下种，夏至始花，立秋拾花，霜降拔柴，有“枣发芽，种棉花”“花见花，四十八（天）”之谚。

瓜类、豆类一般在谷雨前后下种，有“谷雨前后，种瓜点豆”的农谚。

头伏种萝卜（胡萝卜），二伏种菜，有“头伏萝卜二伏菜，三伏移栽大白菜”“夏至刨蒜，不刨就烂，立冬起葱，不起就空”之谚。

第四章 土壤 植被

第一节 土 壤

平邑县土壤共有4个土类、9个亚类、17个土属、43个土种和变种五级。

平邑县土壤分布规律，由于地形的起伏、母岩母质的多变，区域性水文地质条件的优劣，其土壤分布规律呈条带状。平邑县山川大势可概括为“三脊两谷”，呈“W”形，均以南北排列，西北至东南走向。

“北脊”系指北部蒙山山脉，属中山区。土壤的垂直分布其上为酸性岩类（花岗岩、片麻岩）的残坡积棕壤性土，其下为坡洪积棕壤及洪冲积棕壤。“中脊”是指中南部四海山、天宝山山系，属低山丘陵区。

“中脊”还可细分为北侧石灰岩低山丘陵，土壤垂直分布中上部为钙质岩类（石灰岩）的残坡积褐土性土，中下部为坡洪积淋溶褐土及零星褐土，下部为洪冲积物接浚河谷地，受潜水作用而形成潮褐土。南侧为酸性岩类（花岗片麻岩）低山丘陵，其上为残坡积棕壤性土，其下为坡洪积棕壤。

“南脊”是指与滕县连接的白彦丘陵，土壤的垂直分布其上为酸性岩残坡积棕壤性土，其下为坡洪积棕壤。

“北谷”是指中、北两脊之间的浚河流域，为第四纪洪冲积物覆盖，形成剥蚀平原。由于浚河起源于平邑，各支流汇集形如“鱼刺”状，其沿河两岸形成潮土及潮褐土和局部的砂姜黑土。由于它接山前倾斜平地，此条带较宽，是主要的粮菜生产基地。

“南谷”是指中南两脊所夹的狭长平地，为第四纪洪冲积物覆盖，是全县第二大河流——温凉河，它发源于白彦镇丘陵北侧和四海山山系的南侧，横穿白彦镇、郑城镇，沿河阶地形成潮土。土壤的水平分布自北向南依次为棕壤—潮土—褐土—棕壤—潮土—棕壤。

平邑县土壤分类情况表

表 2-29

土类	亚　类	土　属	土　种	面积（公顷）	占可利用面积（%）
棕壤	棕壤	坡积洪积棕壤	轻壤表土壤均质坡积洪积棕壤	795.89	0.53
			砂壤表土薄黏心坡积洪积棕壤	136.35	0.09
			轻壤表土厚黏心坡积洪积棕壤	2235.64	1.50
			中壤表土厚黏心坡积洪积棕壤	2717.67	1.82
			轻壤表土厚黏腰坡积洪积棕壤	4116.26	2.90
			轻壤表土厚沙心坡积洪积棕壤	98.09	0.07
			轻壤表土厚砂腰坡积洪积棕壤	194.45	0.13
		洪积冲积棕壤	轻壤表土厚黏腰洪积冲积棕壤	631.21	0.42
	棕壤性土	酸性岩类棕壤性土	粗沙表土、薄层酥石棚酸性岩类棕壤性土	52432.12	35.21
			粗沙表土、中层酥石棚酸性岩类棕壤性土	13903.95	9.34
		基性岩类棕壤性土	粗沙表土、中层酥石棚基性岩类棕壤性土	253.77	0.15
褐土	褐土性土	钙质岩类褐土性土	壤质表土薄层硬石底钙质岩类褐土性土	9556.28	6.41
			壤质表土中层硬石底钙质岩类褐土性土	13258.17	8.9
			壤质表土薄层酥石棚钙质岩类褐土性土	1016.3	0.68
			壤质表土中层酥石棚钙质岩类褐土性土	2159.15	1.45
		非石灰性砂页岩褐土性土	壤质表土薄层酥石棚非石灰性砂页岩褐土性土	1202.74	0.81
			壤质表土中层酥石棚非石灰性砂页岩褐土性土	2821.17	1.89
	淋溶褐土	钙质岩类坡积洪积淋溶褐土	轻壤表土薄黏心钙质岩坡积洪积淋溶褐土	174.10	0.12
			轻壤表土厚黏心钙质岩坡积洪积淋溶褐土	1330.91	0.89
			中壤表土厚黏腰钙质岩坡积洪积淋溶褐土	3579.76	2.4
			重壤表土黏均质钙质岩坡积洪积淋溶褐土	9875.89	6.63

续表 2-29

土类	亚 类	土 属	土 种	面积（公顷）	占可利用面积（%）
褐土		非石灰性砂页岩坡积洪积淋溶褐土	轻壤表土厚黏心非石灰性砂页岩坡积洪积淋溶褐土	149.26	0.55
			轻壤表土薄黏腰非石灰性砂页岩坡积洪积淋溶褐土	188.10	0.13
			重壤表土黏均质非石灰性砂页岩坡积洪积淋溶褐土	971.25	0.65
		洪积冲积淋溶褐土	中壤表土壤均质洪积冲积淋溶褐土	773.68	0.52
			重壤表土黏均质洪积冲积淋溶褐土	278.74	0.19
	褐土	坡积洪积褐土	中壤表土厚黏心坡积洪积褐土	458.68	0.31
	潮褐土	洪积冲积潮褐土	中壤表土厚黏心洪积冲积潮褐土	287.56	0.19
			轻壤表土厚黏腰洪积冲积潮褐土	1068.23	0.72
		冲积潮褐土	轻壤表土壤均质冲积潮褐土	1278.59	0.86
			中壤表土壤均质冲积潮褐土	1594.20	1.07
			中壤表土厚黏心冲积潮褐土	1154.66	0.78
			中壤表土厚黏腰冲积潮褐土	1214.33	0.81
			轻壤表土厚黏腰冲积潮褐土	386.15	0.26
潮土	潮土	砂质河潮土	砂壤表土厚壤心河潮土	877.99	0.58
			砂壤表土砂均质河潮土	3858.78	2.60
		壤质河潮土	轻壤表土薄砂心河潮土	437.91	0.29
			轻壤表土厚砂腰河潮土	456.19	0.31
			轻壤表土厚黏底河潮土	426.86	0.29
			轻壤表土壤均质河潮土	8771.13	5.89
	湿潮土	冲积湿潮土	轻壤表土厚黏心冲积湿潮土	79.49	0.05
砂姜黑土	砂姜黑土	薄层覆盖砂姜黑土	重壤表土黏均质薄层覆盖砂姜黑土	216.88	0.15
		非石灰性薄层覆盖砂姜黑土	重壤表土黏均质非石灰性薄层覆盖砂姜黑土	685.48	0.46

棕壤

又称为棕色森林土，它广泛分布在境内“北脊”蒙山山脉，“中脊”四海山山系和“南脊”白彦丘陵针阔叶混交林区，全县各乡镇均有分布，尤以武台、保太、柏林、卞桥、郑城、临涧、丰阳、流峪、白彦 9 个镇分布最广。据调查，棕壤包括 2 个亚类、4 个土属、11 个土种，面积 7.77 万公顷，占全县可利用面积的 52.15%，其中耕地 3.42 万公顷，占总耕地面积的 42.09%。棕壤区的气候条件，主要是夏季暖热而多雨，冬季寒冷而干旱，明显受东西季风气候影响，土壤季节性冻融明显，物质的淋溶淀积作用强烈，土壤具有明显的黏化作用，生物小循环的速度和强度都比较大。棕壤区内以酸性岩石为主，尤以花岗片麻岩分布最广，成土母质垂直分布为酸性岩类的残坡积物—坡洪积物—洪冲积物，土壤质地由粗到细，土壤厚度由薄到厚，土壤类型从性土到棕壤，这与全县棕壤所处的特定成土条件分不开的。

棕壤（亚类） 当地群众又叫棕黄土。具有棕壤土类的一切特性，剖面以棕色或棕黄色为主，有明显的淋溶和淀积作用，有黏重的心土层或底土层，土层一般较厚，大于 1 米，深着可达 2 米以上，但也随地形而异。在自然剖面上“剥离”结构为柱状或棱柱状，垂直裂隙明显，破碎结构为棱块状，结构面多覆被有铁锰胶膜，为红褐色或褐色，心土层下段有时有铁子。而心土层之上，除现代次生林下的棕壤尚有凋落物层与腐殖质层存在外，耕种之棕壤，因人类生产活动及侵蚀等原因，腐殖质层已不存在，表土与心土常呈不整合剖面构型。表土多为灰棕或淡灰棕色，与心土分界明显。棕壤淋溶作用较褐土强烈，可溶性盐类（特别是碳酸盐）被淋洗，通体无石灰反应，土壤呈中性至微酸性反应，pH 值在 5.8 ~ 7.2 之间。全县有 1.11 万公顷，占可利用面积的 7.46%，其中耕地 0.93 万公顷，占总耕地面积的 11.41%。它在棕壤区内分布在棕壤性土之下，据成土母质又分两个土属，一是酸性岩坡洪积棕壤，主要分布在山丘中下部的岭坡阶地上，由于表土质地和土体构型不同又分为 7 个土种，面积为 0.51 万公顷，占可利用面积的 3.41%，其中耕地 0.42 万公顷，占总耕地面积的 5.22%。二是酸性岩洪冲积棕壤，它主要分布在酸性岩坡洪积棕壤之下的缓平地带，仅有 1 个土种，面积为 0.063 万公顷，占可利用面积的 0.42%，其中耕地 53 公顷，占总耕地的 0.65%。

棕壤性土 俗称“粗砂土”“马牙砂土”，是县内面积最大的一种土壤，面积 6.66 万公顷，占全县可利用面积的 44.7%，其中耕地 2.50 万公顷，占总耕地面积的 30.69%。它主要分布在棕壤区山丘中上部，地形部位较高，坡度较大，特别是耕作土壤，经过人为的翻动，水土保持措施不完善，水土流失严重。剖面发育不完善，无心土层，表土以下即为半风化母岩。土层浅薄，一般在 20 ~ 40 厘米，并含有大量粗砂和砾石，表土质地粗糙而松散，土地贫瘠，现大部分栽植着马尾松和刺槐。在常年封山育林较好的蒙山中上部（海拔 800 米以上），由于森林覆盖，杂草丛生，在个别缓坡小凼洼里形成一种特定的土壤类型——酸性棕壤，水土流失较轻，其特征是地面覆盖一层厚薄不一的枯枝落叶，其下有 10 厘米左右的暗褐色腐殖质层，有机质含量高 79.4 克 / 千克，逐渐过渡到淀积黏化层，直到半风化的基底母岩，土体厚度一般在 1 米左右，pH 值在 5 ~ 6.5 之间。由于这种土壤类型所处的地形部位较高，分布零星，加之分类范围所限，没有单独划出，包括在棕壤性土当中，故在此说明。棕壤性土当中的耕作土壤，主要种植花生、地瓜，兼有小杂粮，肥力条件较差，亩产量在150千克以下，属五级地。

棕壤性土分两个土属，一是酸性岩棕壤性土，由残坡积物形成，面积1.39万公顷，占可利用面积的44.55%，其中耕地2.49万公顷，占总耕地的30.58%，据土壤厚度又分两个土种。二是基性岩棕壤性土，由闪长珍岩风化物形成，仅1个土种，面积253.77公顷，占可利用面积的0.15%，其中耕地82.93公顷，占总耕地的0.10%。

褐土

主要分布在境内北脊、中脊之间、浚河两侧的平邑、仲村、丰阳、保太、柏林、卞桥、铜石、地方8个镇（街道）的石灰岩低山丘陵地带，呈条带状东西向分布，常与棕壤呈复区存在。主要气候特点是，受东西季风影响，夏季气温高而多雨，冬季寒冷干燥而少雪，一年内干湿季节交替十分明显，高温与湿润同时发生，故风化与成土作用夏季占主要地位。褐土主要发育在各种富含碳酸盐的成土母质上，以石灰岩风化物分布最广，兼有钙质角砾岩、紫色砂页岩及非石灰性砂页岩，因而碳酸盐在土体中的淋溶淀积则成为褐土的主要形态特征，碳酸盐的移动和淀积随着降水量的多少、植被类型和土壤通透性能的不同，移动和淀积深度就不一样，因此，这就成为区分褐土各亚类的重要指标。据野外调查和室内理化分析结果，全县褐土土壤呈中性到微碱性，pH值6.8 ~ 7.6，境内共有5.54万公顷，占可利用面积的37.22%，其中耕地3.64万公顷，占耕地面积的44.7%。共分4个亚类，8个土属，23个土种。

褐土性土　俗称岭石土，石渣土，主要分布在褐土区内，石灰岩低山丘陵的中上部，成土母质为钙质岩类的残坡积物。其特征是：褐土性土所处的地形部位较高，植被稀疏，具有一定的坡度，水土流失较重，因此，土层浅薄，土体厚度在15 ~ 60厘米范围内，但多在20 ~ 40厘米之间，石碴多在5% ~ 20%，耕作困难，保肥水能力差，加之缺乏水浇条件，十年九旱，作物产量低而不稳。林业以侧柏为优势树种，以及其他林木和营造果树等。农业以种植地瓜为主，兼有黄烟、花生和小杂粮。全县共有褐土性土3.00万公顷，占可利用面积的20.14%，其中耕地1.54公顷，占耕地面积的18.87%。由于成土母质岩性不同，又分两个土属，一是钙质岩褐土性土，包括4个土种，主要以石灰岩（青石）风化物残积坡积而成，面积2.60公顷，占可利用面积的17.44%，其中耕地1.33公顷，占总耕地面积的16.33%。二是非石灰性砂页岩（麻骨石）褐土性土，有两个土种，面积0.40公顷，占可利用面积的2.7%，其中耕地0.21公顷，占耕地面积的2.5%，常与钙质岩褐土性土呈复区存在。

淋溶褐土　俗称又叫黄土，黄泥头等，素有黄泥头累死牛之称。垂直分布在褐土性土之下，褐土亚类之上，水平地理分布多在褐土与棕壤的过渡带内，并常与棕壤呈复区存在，pH值在7左右，淋溶褐土与褐土亚类的主要区别是，1米土层内无石灰反应，即无钙积层和假菌丝体，底土层有游离的石灰，有时出现砂姜，淋溶作用比褐土亚类强烈，剖面形态与棕壤很相似，有时剖面中下部亦有铁锰胶膜及铁子的淀积。该亚类土壤耕层较浅，一般在15 ~ 20厘米，质地偏黏，宜耕期短，黏化层出现的部位较浅，多在心土层或腰土层，甚至表土也是，重壤，通体黏均质，其主要原因是石灰岩风化成土母质颗粒细腻，因而大都导致土壤的通透性能较差，耕作困难。自然植被以侧柏为优势树种，农业种植以地瓜、高粱、谷子、小麦、玉米两年三作或一年两作，近年来，经济作物的增种，黄烟面积不断增加，可说是优质高产，经济效益较高。淋溶褐土共有 1.80 万公顷，占可利用面积的 12.08%，其中耕地 1.50 万公顷，占总耕地面积的 18.45%，共分 3 个土属 9 个土种。一是钙质岩坡洪积淋溶褐土，包括 4 个土种面积为 1.50 万公顷，占可利用面积的 10.04%，其中耕地 1.25 万公顷，占总耕地面积的 15.34%。二是非石灰性砂页岩坡洪积淋溶褐土，包括 3 个土种所处的地形部位均在低山丘陵的中下部。三是钙质岩洪冲积淋溶褐土，有 2 个土种主要分布在钙质岩区的沟壑缓平地带，母质较均一，适种性较好，面积为 0.11 万公顷，占可利用面积的 0.71%，其中耕地 0.09 万公顷，占总耕地面积的 1.08%。

褐土（亚类） 俗称黄土、红黄土，垂直分布在褐土性土之下，水平分布在仲村镇东坝子村、铜石镇两城村以南的石灰岩残丘的下部，自然断面与淋溶褐土相似，土层较深厚，所不同的是淋溶淀积作用比淋溶褐土弱，一米土体内有不同程度的石灰反应，碳酸钙聚集一般在 1 米左右，有明显或不太明显的假菌丝体，有时可见砂姜，土壤呈微碱性反应。在褐土亚类中，境内只有 1 个土属 1 个土种，即僵瓣心黄土，面积很小，仅有 500 公顷，占可利用面积的 0.31%，其中耕地 0.04 万公顷，占总耕地面积的 0.47%。该土种主要分布在仲村镇东坝子村和铜石镇两城村周围的岭坡陆地，综合 4 个典型剖面 0 ～ 60 厘米土体内养分含量加权平均是，有机质 8.1 克 / 千克，全氮 0.51 克 / 千克，全磷 0.91 克 / 千克，碱解氮 40 毫克 / 千克，速效磷 0.7 毫克 / 千克，速效钾 20 毫克 / 千克。土壤养分水平为，速效钾丰富，有机质不缺，全氮、碱解氮、全磷为稍缺，极缺速效磷，从而看出，该土种除含有丰富的速效钾以外，其他养分含量都偏低，特别是严重缺磷，比例失调。该土种的土体虽然较厚，大于 50 厘米，但存在耕层浅，黏土层出现的部位较高，严重影响通气透水和作物根系下扎。

潮褐土 俗称又叫黄淤土，面黄土等，主要分布在褐土带内较平缓地区，地面排水良好，但内排水不佳，地下水位相对较高，一般 2 ～ 4 米，土壤表现潮性，中下部有明显的铁锈斑纹，pH 值 7 ～ 7.5，质地剖面上轻下重，保持水肥较好。这种土地耕种历史久，耕层和全土层都相对较厚，熟化程度较高，土性暖，发小苗，而且水资源较丰，可利用地下水发展井灌，适种各种作物，一年两熟。全县共有 0.7 万公顷，占可利用面积的 4.69%，其中耕地 0.56 万公顷，占总耕地的 6.9%。据所处地形部位上的差异和成土母质的不同又分两个土属，一是洪冲积潮褐土，包括 2 个土种，主要分布在山前倾斜平地，面积为 0.14 万公顷，占可利用面积的 0.91%，其中耕地 0.11 万公顷，占总耕地面积的 1.40%；二是冲击潮褐土，包括 5 个土种，主要分布在近河阶地，尤其是俊河两岸分布较广，面积为 0.57 万公顷，占可利用面积的 3.78%，其中耕地 0.45 万公顷，占总耕地面积的 5.5%。

潮土

主要分布在境内浚河、温凉河两岸剥蚀冲积平原，是直接发育在河流沉积物上，受潜水作用形成的一类土壤。因此物质颗粒的粗细不仅在平面分布上有分选差异，是近河粗，远河细，同一剖面中也可能有不同的质地层次排列。在同一土壤类型中的各发生层的质的和色泽较均一，中下部土层有明显的修纹锈斑，或有细小的铁锰结核，或有石灰结核，土壤呈中性至微碱性反应，pH 值 6.5 ～ 7.5。多为粮菜轮作，一年两到三熟，顺河两岸有近年营造的速生丰产林，以优势树种杨树为主，具有固沙保堤作用。潮土共分2个亚类、3个土属、7个土种，面积为1.5万公顷，占可利用面积的10.01%，其中耕地1万公顷，占总耕地面积的12.28%。

潮土（亚类） 潮土亚类具备潮土的一些性质，按母质来源，潜水状况，分布的地理位置，县内又分两个土属，一是砂质河潮土，即表土为砂质的（松砂、紧砂、砂壤）的河潮土，面积为0.47万公顷，占可利用面积的3.18%，其中耕地0.32万公顷，占总耕地面积的3.92%。二是壤质河潮土，即表土为壤质的（黏壤、中壤）的河潮土，面积为1万公顷，占可利用面积的6.78%，其中耕地0.68万公顷，占总耕地面积的8.37%，这两个土属实质是河潮土土属的续分，以表土质地不同而区分。河潮土广泛分布在浚河和温凉河两岸，土壤质地是近河粗、远河细，土体深厚，水资源较丰富，是粮菜作物精种之产区。

湿潮土 分布在保太镇西埠阴以南，沿河北岸的交接洼地，是在较长期积水和较高潜水条件下，附加沼泽化成土作用的一种潮土。土壤剖面上部色泽较下面浅，下部深暗，土质较黏重，不宜耕作。在平邑县只有一个土属土种，为轻壤表厚黏心冲积湿潮土，群众又叫黏心湿潮土，面积较小，仅有79.49公顷，占可利用面积的0.05%，其中耕地53.39公顷，占总耕地面积的0.06%。该土种仅分布在保太西埠阴村南，面积甚小，其主要特点是潜水埋深不足1米，表土以下质地黏重，排水不畅，易出现内涝，宜耕期短，不利于田间作业，并有轻度泛盐现象，多种植小麦，玉米等农作物，还有相当部分柳编条和桐、杨树苗。

砂姜黑土

民众又叫黑土涝洼地。全县共有0.09万公顷，占可利用面积的0.61%，其中耕地752.8公顷，占总耕地面积的0.92%，主要分布在钟村镇南屯一带低洼地区，地形部位相对较低，潜水埋深1～5米。直接发育在浅湖沼相沉积物上，表层为后期覆盖黄土，黄土层一般小于30厘米。可以想象，成土早期是黄土裸露，渍水内涝，沼泽化程度严重，但在当时的农业耕作条件下，人们对此是无力改良，只能是广种薄收，或者是撂荒不种。随着地质变迁，后期覆盖黄土层，地下水位的下降。脱沼泽化过程的发展，加之人们的长期生产实践活动，人为的定向增肥地力，农业生产条件也不断改善。

砂姜黑土（亚类） 砂姜黑土在全县的面积小，分类简单，仅有一个砂姜黑土亚类，其剖面特征是：表层后期覆盖小于30厘米的黄黏土，其下为灰黑色黏重坚硬的“黑土”层和灰黄杂色并含有砂姜的土层组成，棱块状结构，土壤呈微碱性反应，pH值7.6左右。据有无石灰反应又分两个土属土种，即薄层覆盖砂姜黑土和非石灰性薄层覆盖砂姜黑土，所处地势低洼，土层深厚，地下水位较浅，一般2米左右。但由于近年连续干旱的影响，地下水位降到2米以下。质地黏重，盛产大蒜，素有蒜辣泥黏之称。由于该土通透性能差，矿质化速率慢，有机质含量相对较高，增产潜力大，有待于进一步改良利用。

第二节 植 被

平邑县植被属于暖温带落叶阔叶林区域鲁中南低山丘陵栽培植被区。由于人们的长期生产活动和经营，自然植被破坏严重，现多为次生植被。该区地形复杂，又处于暖温带南部，植物种类繁多，加之人工引种栽培，形成多样的植被类型。可分为落叶阔叶林、针叶落叶阔叶混交林、针叶林、灌丛、灌草丛、草甸及作物植被等类型。其中森林植被为此区植被的主要类型。

构成平邑县植被的植物区系，以华北成分为主，代表性种类为油松、侧柏、麻栎、栓皮栎等。受局部小气候的影响，一些地段零星分布有南方植物种类，如榔榆、盐肤木、黄檀、白棠子、山胡椒、黄连木、刺楸等。另外，局部地段人工引种的南方种类，如茶、水杉、柳杉、刺杉、杜仲、乌桕、檫木、马褂木、厚朴、枫香、毛竹、刚竹等生长良好；引种的华山松、白皮松、北五味子、黄波罗等北方树种，以及引种的日本落叶松、欧洲赤松、火炬松、日本花柏等国外树种也都生长良好。平邑县共有维管植物区系总数约为1100余种。其中稀有濒危植物也较多，如天目琼花、迎红杜鹃、北枳椇、徐长卿、坚桦、野柿、野核桃、野百合、狭叶瓶尔小草、桔梗、算盘子、紫草、卷丹、流苏、玉玲花、竹叶椒、刺楸等。海拔400米以下，多为人工栽培植被——农业植被。农业垦殖历史悠久，粮食作物种类繁多，主要有小麦、玉米、高粱、谷子、薯类、大豆、绿豆等；经济作物多为花生、烤烟、西瓜、麻类等。近几年经济作物、蔬菜面积逐渐扩大，主要有大蒜、马铃薯、大白菜、生姜、辣椒、葱、菠菜、芹菜、萝卜、茄子、黄瓜、西红柿、莓豆等。

据调查，平邑县共有木本植物445种（包括变种），分属于71科176个属。其中乔木树种43个科91属230个种；灌木树种40科85个属190种；藤本树种12科15个属25种。按经济价值分（部分为材、果、药兼用种），用材树种63科142属337种；经济树种57科102属185种；药用树种64科111个属190种；园林绿化及观赏树种55科115个属274种。平邑县的草本植物约140余科600余种。其中药用草本植物有400余种，分属于66个科。平邑县的野生药材植物达300余种，主要有丹参、葛根、地榆、柴胡、翻白草、天南星、半夏、延胡索、苍术、黄芪、穿龙薯蓣、黄精、玉竹、茜草、茵陈、益母草、车前子、薄荷、白头翁、萱草、虎杖、香附、防风、刘寄奴、卷柏、透骨草、老鹳草、石苇、漏芦、贯众、仙鹤草、黄芩、蒲公英、山菊花、草决明、鹅不食草等。根据自然条件的不同，植被资源分布状况各异。

海拔800米以上高山

多属于万寿宫林场范围，由于气温较低，湿度大，降水相对较多，人为活动少，土壤较深厚肥沃，水土流失轻，植被茂密，除部分裸岩外，覆盖率95%。原生树种多生长一些东北及华北北部树种。乔木主要有：油松、麻栎、栓皮栎、蒙古栎、锐齿槲栎、北京槲栎、辽东栎、大叶白蜡、核桃楸、山樱桃、华东椴、黑榆、水榆花楸、花楸树、坚桦、鹅耳枥属等。引种成功的树种有日本落叶松、华北落叶松、赤杨、辽东桤、黄波罗、厚朴等。灌木主要有绣线菊属、杜鹃属、胡枝子属、悬钩子属、锦带花、鼠李属等。草本植物主要有油芒、羊胡子草、苔草、唐松草、卷柏、萱草、黄背草、蕨类等。

植被类型 针、阔叶混交林。如龟蒙顶承天宫周围多为油松、锐齿槲栎、水榆花楸、华北绣线菊、黄背草、羊胡子草群落。人工油松纯林，生长有少量麻栎、栓皮栎、天目琼花、花楸树等。灌木为胡枝子、水蜡、鼠李属。草本多为羊胡子草、油芒、黄背草、卷柏、苔草等。白云岩等山顶部及坡度在35°以上地段，裸岩较多，土壤少，风大，在石缝中生有少量油松、栎类，多为树冠低矮、树干弯曲、水平状，主要为灌木加禾本科草本类型。鹅耳枥也都生长为灌木状，还有迎红杜鹃、照山白、胡枝子、羊胡子草、黄背草等。海拔1000米左右的山顶，及海拔850米的凌云宫等处为落叶松纯林。蒙山上引种栽植有日本落叶松、华北落叶松，长白落叶松等，其中多为日本落叶松，它也是这几种落叶松生长表现最好的一种。覆盖率80%～90%，林下灌木较少，主要有胡枝子属、华北绣线菊、花木兰等，草本多为黄背草、羊胡子草、白草等。部分背风向阳的山坡有亚热带树种分布。如大洼林场庵子，海拔850米左右，三面环山，背风向阳，土壤肥沃，生长有玉玲花、刺楸、秋子梨、花红、山楂、银杏、杜仲等乔木树种。这里生长的近380年生板栗树（高16米，胸径1.6米）年年结果30余千克。周围百年生以上古板栗树达20余株。灌木有五加、三桠乌药、香椒子、白棠子、皱皮木瓜、锦带花、阔叶箬竹等。草本主要有芒、禾本科草类、蕨类植物、唐松草、独活等，覆盖率95%。

海拔500～800米地带

山沟多为多树种混生的落叶阔叶林、刺槐人工纯林，山坡多为人工针叶林类型。如蒙山白云岩山沟、大峨峪等山沟，为多种落叶阔叶树种混生。乔木树种主要有：北京槲栎、栓皮栎、五角枫、刺槐、湖北海棠、山核桃、朴属、毛梾、刺楸、长裂葛萝槭、山樱桃、黑榆、榆、青杨、枫杨、华东椴、短柄椴、山白蜡、野柿、梓树、鹅耳枥等。灌木多为溲疏属、黄荆、胡枝子属、鼠李属、卫矛属、扁担木、牛奶子、白檀、三桠乌药、白棠子等及葡萄属、蛇葡萄属、爬山虎属、连翘、忍冬属、木防己、蝙蝠葛等藤本树木。草本植物主要有黄背草、羊胡子草、结缕草、鬼针草、葎草、马唐、唐松草、歪头菜、地榆、低矮苔草、肥皂草、玉竹、桔梗、地柏等，覆盖率达95%。万寿宫林场的麻店沟、小峨峪山沟、明光寺林场的四道沟、五道沟多为刺槐纯林，间有少量的栎类、松类。灌木多为黄荆、鼠李属、胡枝子属等。草本以黄背草、白草、鬼针草、地柏为主，覆盖率一般在80%～90%。

海拔500米以下地带

山坡多为黑松、侧柏纯林类型，山下部、缓坡、土壤肥厚处及山沟多为经济林及落叶阔叶林类型。

黑松、侧柏纯林型 主要是防护林。植被类型有：黑松或侧柏—黄荆加胡枝子—黄背草加结缕草加蚊子草群落；黑松或侧柏加刺槐—黄荆加胡枝子加酸枣—黄背草加野古草群落；黑松或侧柏加麻栎加栓皮栎—胡枝子加黄荆加酸枣—野古草加黄背草群落；黑松或侧柏加赤松加刺槐—黄荆加胡枝子—黄背草加结缕草群落。

落叶阔叶林类型 多分布于山沟、山麓。此类型可分为两种。第一种为乔木树种混生型，主要乔木树种为刺槐、毛白杨、欧杨派杨类、栓皮栎、麻栎、山槐、黄连木、枫杨、柳、榆、楸树等。灌木多为胡枝子属、黄荆、酸枣、扁担杆子、牛奶子等。草本主要有黄背草、结缕草、鸡眼草、马唐、米口袋、地柏等。第二种为杨类，刺槐、枰柳纯林型。此种类型一般按丰产林集约经营，把土壤整成梯田或带状、大块状，头3年林下间作农作物。

经济林类型 主要有板栗、苹果、山楂、桃、花椒、梨、葡萄、大枣、石榴、杏、李子、樱桃、金银花等经济树种。多整成梯田集约经营，林下除间种少量农作物外，其他灌草较少，仅在空隙坎堰上生长有黄荆、酸枣、胡枝子、黄背草、鬼针草、艾蒿等，覆盖率一般80%左右。

竹林 淡竹林主要分布在明光寺林场、大洼林场场址周围、雪风峪、大公馆、万寿宫林场养鱼池后等处，均小片生长。林下基本无灌木，草本植物稀疏，主要有龙牙草、蛇莓、鬼针草、鸭跖草、葎草等，覆盖率90%左右。

兖石铁路两侧为石灰岩山地

多为低山丘陵。主要为农垦区，林地面积较少。林地一般山上部侧柏林，山下部刺槐或果树、金银花等经济林。灌木多为黄荆、酸枣、胡枝子、杠柳等。草本有白草、黄背草、结缕草、鬼针草、狗尾草、鸡眼草、小飞蓬、茅草、地柏等，一般覆盖率为60% ~ 70%。天宝山流域、彭泉流域一带为经济林区，系山东省黄梨、山楂的主要产地，素有“黄梨之乡”之称。主要树种有白梨、山楂、苹果、桃、柿、花椒、核桃、板栗、李子、葡萄等，是该区的主要经济来源。多为集约经营，林下间种农作物。一般山顶侧柏、黑松林，山下部为经济林。覆盖率80%左右。天宝山林场老虎洞山沟，由于天然植被保护好，原生树种较为丰富，除上述经济树种外，乔木树种还有瓜木、五角枫、栾树、毛梾、苦木、黄连木、小叶朴、蒙桑等；灌木有红叶黄栌、本氏木兰、竹叶椒、四季丁香、卫矛属、胡枝子属、大叶铁线莲、毛果杨子铁线莲、杭子梢、苦皮藤、绣线菊属等；草本主要有黄背草、白草、结缕草、葎草、鬼针草、莎草、画眉草、阿尔泰紫菀等，覆盖率95%。

南部四开山等火成岩丘陵区

系低山浅山区，一般梯田到半山腰，甚至到山顶，由于人为活动频繁，原生植被稀少。山上部为人工栽植的黑松、赤松，下部及山沟为刺槐。乔木树种还有侧柏、毛白杨、麻栎、白榆、臭椿、苦楝等。灌木有胡枝子、黄荆、酸枣、金银花等。草本主要有白草、黄背草、鬼针草、蚊子草、结缕草、狗尾草、鸡眼草、马唐等。覆盖率50% ~ 70%。山下部土层较深厚处多为板栗、山楂、苹果、桃、杏、樱桃、花椒等经济林。近几年由于花岗石的开采，稀疏的植被受到不同程度的破坏，而恢复很慢，有些地段基本没有乔木，仅有少量的黄荆、酸枣、达乎里、胡枝子等灌木，多为白草、结缕草、鬼针草、狗尾草等草本，覆盖率30% ~ 50%，水土流失较重。

温凉河、祊河、浚河及上游

小河两岸和村庄周围系农垦区。就森林植被而言，乔木主要是人工栽植的杨柳科树种，以黑杨派树种为主，其次是刺槐、毛白杨、国槐、楸、榆、银杏、水杉、泡桐、苦楝、臭椿等用材树种；灌木主要有棉槐、白蜡、杞柳、金银花等；经济树种主要有苹果、山楂、白梨、桃、杏、板栗、大枣、石榴、香椿、柿、樱桃、葡萄、淡竹等。在村庄周围还栽植有法桐、雪松、柏属、合欢、紫薇、紫荆、蔷薇、黄杨属等绿化、美化树种。草本植物主要有葎草、狗尾草、马齿苋、茅草、小蓟、地肤子、苍耳子、灰菜、翻白草、委陵菜、祁州漏芦、苦菜、龙葵、荠菜、独行菜、牛繁缕、鸭跖草、白头翁、蒺藜、酸模叶蓼、蕼菜、野菊花、鹅不食草、扁蓄、酢浆草、蒲公英、锦灯笼、艾蒿、结骨草、猪毛菜、老鹳草、紫花地丁、地锦草、蟋蟀草、马唐、荆三棱、莎草等。作为河滩林植物群落类型，主要有杨类—紫穗槐—茅草加荩草加低矮苔草加鬼针草；杨类加刺槐—紫穗槐—白草加鬼针草等；杨类加柳树—紫穗槐—白草加鬼针草等。自20世纪70年代开始，在河滩及村庄周围、道路两旁大造丰产林。受杨树经济价值的影响，以杨类为主的丰产林建设发展很快。河滩杨树丰产林已成为当地群众的主要用材基地。总之，河滩已全部绿化，森林覆盖率95%以上，除流水线外。

水生植被

平邑县的水面面积较小，水生植物主要有芦苇、蒲、菱、慈菇、浮萍、水芹等。

第五章　自然资源

第一节　土地资源

耕地

全县耕地面积68447.55公顷，占土地总面积的37.52%。其中，水浇地16061.87公顷，占耕地面积23.47%；旱地51410.28公顷，占耕地总面积的75.10%；草地975.4公顷，占耕地总面积的1.43%。水浇地主要分布在地方、铜石北部、平邑、温水、仲村等镇（街道）。旱地面积大，主要分布在县城北、保太、岐山、武台北部山区丘陵、卞桥镇北部山区、南部临涧、流峪、郑城、铜石南部山区。

园地

全县园地面积22247.41公顷，占土地总面积的12.19%。其中，果园15683.39公顷，占园地面积的70.49%；桑园57.86公顷，占园地面积的0.26%；菜园19.7公顷，占园地面积的0.09%；其他园地6486.46公顷，占园地总面积的29.16%（金银花园地占园地面积的27.2%）。园地分布有明显的地区差异，南部、东部镇（街道）园地比例较高，其中地方镇天宝山区最高；北部平原镇（街道）园地少且零星分散。

林地

全县林地面积27203.73公顷，占土地总面积的14.91%。其中，森林地面积19689.1公顷，占林地面积的12.38%;灌木林142.46公顷，占林地面积的0.52%；疏林地占6799.35公顷，占林地面积的24.99%；未成林造林地499.78公顷，占林地面积的1.84%；苗圃73.04公顷，占林地面积的0.27%。林地分布不均，大部分集中在蒙山、天宝山、四开山、丰山地区，平原则较少分布。

牧草地

全县牧草地56.31公顷，占土地总面积的0.03%，全部分布在武台镇的牛氏庵羊场。其他镇（街道）则无专门的畜牧用地。

水面占地

全县水面5647.56公顷，占土地总面积的3.09%。其中，水库库面3063.43公顷，占水面面积的54.21%；河流水面2134.26公顷，占水面面积的37.79%；坑塘水面449.87公顷，占水面面积的7.97%。

居民点及工矿用地

全县居民点及工矿用地面积16199.58公顷，占土地总面积的8.88%。其中，建制镇用地面积1865.52公顷，占居民点及工矿用地面积的79.30%;独立工矿用地面积1130.65公顷，占居民点及工矿用地面积的6.98%；特殊用地357.62公顷，占居民点及工矿用地的2.20%。

交通用地

全县交通用地2550.53公顷，占土地总面积的1.0%。其中，铁路178.42公顷，是交通用地的7%；公路516.98公顷，占交通用地的20.27%；高速公路323.506公顷，占交通用地的12.8%；农村道路1682.60公顷，占交通用地的71.25%。

水利设施占地

全县水利设施占地2173.65公顷，占土地总面积的1.19%。其中，沟渠2028.94公顷，占水利设施面积的93.34%；水工建筑144.71

公顷，占水利设施面积的 6.66%。

第二节　水资源

全县多年平均地表水资源量为 4.47 亿立方米，地下水资源量 1.73 亿立方米，扣除二者之间的重复计算量 1.33 亿立方米，则全县多年平均水资源总量为 4.87 亿立方米，平均产水模数为 26.7 万立方米 / 平方千米。人均占有水资源量 494 立方米，不足全县人均占有量的 1/4，为严重缺水地区。

地表水

根据唐村水库多年径流资料还原计算，全县多年平均径流深为 245.1 毫米，相应年河川流量为 4.47 亿立方米，50% 保证率径流深 203.2 毫米，径流量为 3.71 亿立方米，75% 保证率径流深 113.2 毫米，径流量为 2.07 亿立方米，95% 保证率径流深 36.3 毫米，径流量为 0.66 亿立方米。

全县年径流量的地区分布情况直接受降水和下垫面条件的影响，径流的时空分布与降水基本一致。径流深的年内分配极不均匀，随季节变化明显，全年径流量的 83.5% 集中在汛期，甚至集中在一两次特大暴雨洪水之中，3—5 月灌溉期径流量只占全年径流量的 8.4%，其他月份仅占 8.1%，有些月份甚至形不成径流。

地下水

地下水资源量是指与大气降水、地下水体有直接补排关系的淡水资源量。根据水量均衡原理，建立多年平均水均衡方程，以补给量表示地下水资源量。经计算，全县多年平均地下水总补给量为 1.80 亿立方米，地下水资源量为 1.73 亿立方米，其中降水入渗补给量 1.69 亿立方米，占地下水总补给量的 93.8%，其他各项补给仅占 6.2%。

由于受多种因素综合影响，县内地下水资源地区分布差异较大，全县平均地下水资源模数为 9.5 万立方米 / 平方千米。根据区域水文地质条件，全县地下水共划分为四大类型，即第四系孔隙水、碎屑岩孔隙裂隙水、石灰岩裂隙岩溶水及变质岩风化裂隙水。

第四系孔隙水　主要分布于浚河、温凉河及其支流沿岸、山前坡麓地带，地下水主要赋存于各类砂层、沙砾石层的孔隙之中，属浅层地下水。孔隙水富水性在不同的地段差异较大，在浚河以北河谷平原区、温凉河下游及靠近河道或古河道一带，单井涌水量一般大于 1000 立方米 / 日，为富水区；在南部山间谷地及远离河道地段，地下水贫乏，单井涌水量一般小于 200 立方米 / 日，为贫水区。

碎屑岩孔隙裂隙水　主要分布于浚河以北、蒙山断裂以南的大部地区，地下水主要赋存于砂岩、砾岩、泥灰岩的孔隙裂隙之中。由于碎屑岩裂隙发育差，透水性弱，地下水赋水性差，单井涌水量一般小于 100 立方米 / 日，但在第三系泥灰岩及钙质胶结的石灰砾岩中，岩溶裂隙较发育，水量丰富，单井涌水量可达 1000 立方米以上。

石灰岩裂隙岩溶水　主要分布于浚河谷地南侧的低山丘陵及平邑镇和仲村镇的西部，地下水主要赋存于各类灰岩的岩溶裂隙及构造裂隙中。根据地层岩性，奥陶系灰岩岩溶裂隙发育，地下水丰富，单井涌水量一般大于 1000 立方米 / 日，局部可达 3000 立方米以上，主要分布在平邑、温水一带，为富水区；寒武系灰岩由于处于地下水的补给区，地理位置高，岩溶裂隙不发育，水力连通性差，富水性弱，单井涌水量小于 10 立方米 / 小时，为贫水区。

变质岩风化裂隙水　广泛分布于蒙山断裂以北、平邑南部的山丘区，分布广、范围大，占全县总面积的50%，地下水主要赋存于风化裂隙中，因裂隙发育密集细小，富水性较差，含水微弱，在低洼处富水性相对较强，单井涌水量小于100立方米/日，多采用大口井取水供生活之用，为贫水区。

平邑县分区不同保证率径流量情况表

表2-30

保证率	浚河流域		温凉河流域		泗河流域		城河流域		全县	
	径流深（毫米）	径流量（万立方米）	径流深（毫米）	径流量（万立方米）	径流深（毫米）	径流量（万立方米）	径流深（毫米）	径流量（万立方米）	径流深（毫米）	径流量（万立方米）
多均	245.2	38083	245.4	4368	235.7	660	245.5	1620	245.1	44731
50%	202.0	31521	208.0	3702	193.3	541	201.0	1327	203.2	37091
75%	112.7	17509	120.0	2136	106.0	297	110.0	726	113.2	20668
95%	36.0	5606	40.0	712	32.0	90	34.0	224	36.3	6632

平邑县分区多年平均地下水资源计算成果情况表

表2-31

分区名称	面积（平方千米）	总补给量（万立方米）	地下水资源量（万立方米）	地下水可开采量（万立方米）	模数（万立方米/平方千米）		
					总补给	地下水资源	地下水可开采
浚河区	1553	16224	15572	9682	10.5	10.0	6.2
温凉河区	178	1037	1024	481	5.8	5．7	2.7
泗河区	28	369	358	207	13.1	12.8	7.4
城河区	66	374	370	112	5.7	5.6	1.7
全县合计	1825	18002	17324	10482	9.9	9.5	5.7

平邑县分区不同保证率水资源量计算成果情况表

表2-32

分区		水资源总量（万立方米）				产水模数（多年平均值）
名称	面积（平方千米）	多年平均值	50%	75%	95%	
浚河区	1553	41303	35238	21868	10583	26.6
温凉河区	178	4928	4266	2656	1175	27.7
泗河区	28	811	698	448	237	29.0
城河	66	1705	1433	859	376	25.8
全县合计	1825	48747	41635	25831	12372	26.7

第三节 矿产资源

金属矿

境内已发现及潜在的金属矿产有金、银、铁、铅、铝 5 种。

境内的金矿以位于县城东南约 25 千米的铜石镇与地方镇交界处的归来庄金矿为主。其次是原张里乡金矿和铜石镇金矿。

非金属矿

平邑县的非金属矿产共计 21 种，按性质及工业用途划分为：建筑材料矿产、冶金辅助原料矿产、化工原料矿产、其他非金属矿产 4 大类。建筑材料矿产主要包括花岗石饰面石材、水泥石灰岩、水泥配料矿产、石膏。冶金辅助原料矿产有石灰岩、白云岩、耐火黏土。化工原料矿产有硫铁矿、重晶石。工艺美术材料矿产有燕子石、木鱼石等。

石膏　主要分布在县北部的卞桥、保太、柏林等镇。

花岗石　主要分布在临涧、白彦、郑城、流峪、地方、卞桥、武台 7 个镇。全县有大型矿床 8 个，中型矿床 10 个，小型矿床数十个，储量为 1.23 亿立方米，总潜在经济价值数百亿元。

黏土　已发现的黏土矿床计有：小井大型黏土矿床、乐平庄页岩型黏土矿、油篓崮黏土矿点、南径庄黏土矿点、岐山耐火黏土矿点等。

石英　脉石英主要分布于柏林镇会宝泉、塔峪、麻峪及黑碗口村等地，在其他前寒武纪基底岩区也有零星分布，但一般规模较小。

重晶石　主要分布在郑城镇，南起郑城、北至范家洼。地方镇归来庄—康太庄一带，也发现有重晶石矿点。

长石　钾长石矿分布于四海山地区，以脉状产出，规模小，多为矿点。在丰阳镇北有钾长石脉，脉宽约 2 ～ 3 米、长约 100 米，钾长石含量约 33% ～ 34%，斜长石含量 > 30%，K_2O 含量约为 5.5% ～ 6.5%。钾长石矿由于规模较小，因此至今未开发利用。

钠长石矿主要分布于保太镇海螺寺、武台镇东近台村北等地，以宽大的脉状产出、规模较大。东近台钠长石矿脉长 2 ～ 3 千米，宽约 200 ～ 100 米，北西—南东向延伸。矿脉内有较多斜长角闪岩、英云闪长岩夹石，分布无规律，是钠长石伟晶岩脉的捕虏体及围岩的残留体。矿脉被辉绿岩脉侵入。矿石为伟晶结构，条带状、块状构造，矿石矿物为钠长石，单个晶体长、宽可达 15 ～ 20 厘米，脉石矿物为石英、黑云母、角闪石等。钾长石和钠长石属岩浆岩型。

蛭石　主要发育于蒙山及四海山凸起地区。矿点分布于丰阳镇大丰阳、柏林镇蒙阳、邢家庄、田家庄等地。

石灰岩　石灰岩分布于白龙泉—老邱峪、牛山、黑泉庄、昌里北、吴王崮、公利庄—温水、归来庄—康太庄等地，面积 470 平方千米。属海相沉积碳酸盐型，发育于低山丘陵区。现已查明的石灰岩矿床共有 9 个，其中水泥石灰岩矿床 4 个，熔剂石灰岩矿床 4 个。

砂　天然砂主要沿浚河、温凉河及其支流分布，以河心岛、边滩的形式产出，为河漫滩沉积。境内河流众多，大小河流溪边均形成了大小不等的沙滩，所以黄沙分布最广最普遍。尤其浚河两岸、温凉河上游两岸的地方、铜石、温水、平邑、保太、东阳、白彦、魏庄等地的河沙最为集中。

方解石　是石灰岩的伴生矿种，主要分

布在仲村镇峡玕村、铜石镇小广泉，在地方镇等地也有零星分布。1998年，山东地勘五院对仲村镇峡玕方解石矿进行勘探。开采方解石的矿山只有1处，即平邑县峡玕方解石矿。

观赏石　现已发现的奇石有30余种，多产于沉积岩和变质岩的结合部上。主要品种有：彩云石、冰雪石、红花石、蓝天石、金钱石、银钱石、太湖石、千层石、尼山石、木鱼石、燕子石、钟乳石、萤石、蛇纹石、豹皮灰岩、竹叶状灰岩，另外还有雪花石、蒙山卵石、三叶虫化石、木化石、黄河石、云雾石、灵璧石、菊花石、鸡骨石、五彩石、南阳玉、灵芝玉（石膏晶体）等，具有较高的使（利）用价值和观赏价值。

能源矿

平邑县能源矿产以煤为主，主要分布在仲村一带。现以全部闭坑停产。

第四节　生物资源

动物

兽纲　5目9科12种，主要有草兔、黄鼬、刺猬、獾、狼、豹猫、田鼠等。

鸟纲　15目28科118种，主要有啄木鸟、猫头鹰、喜鹊、灰喜鹊、山鸡、鹌鹑、斑鸠、杜鹃、乌鸦、麻雀、黄雀、鹞鹰、苍鹰等。

爬行纲　2目3科9种，主要有蛇、蜥蜴、壁虎等。

两栖纲　1目2科4种，主要有青蛙、蟾蜍等。

昆虫类　主要有螳螂、瓢虫、赤眼蜂、蜜蜂、蝴蝶、蟋蟀、蜻蜓等。

鱼虾类　主要有鲤鱼、鲫鱼、草鱼、鲢鱼、鲇鱼、乌龟、团鱼、鳝鱼、泥鳅、虾等。

其他　有蝎子、土元、蚰蜒、螃蟹、水蛭、蚯蚓、马陆、蜗牛、河蚌等。

植物

木本植物　分属71科176个属445种(包括变种)。其中乔木树种43个科91属230个种；灌木树种40科85个属190种；藤本树种12科15个属25种。按经济价值分（部分为材、果、药兼用种），用材树种63科142属337种；经济树种57科102属185种；药用树种64科111个属190种；园林绿化及观赏树种55科115个属274种。分布广泛的树种有侧柏、松类（赤松、油松、黑松）、刺槐、国槐、麻栎、黑杨、核桃、板栗、桃、山楂、樱桃、柿子、苹果、花椒等。

草本植物　约140余科600余种。其中药用草本植物有400余种，分属于66个科，野生药材植物达300余种，主要有金银花、丹参、葛根、柴胡、翻白草、半夏、苍术、黄芪、穿龙薯蓣、黄精、玉竹、茜草、茵陈、益母草、车前子、薄荷、白头翁、萱草、虎杖、香附、卷柏、石苇、黄芩、蒲公英、山菊花等。

水生植物　主要有藕、芦苇、蒲、菱、浮萍、水芹、荇等。

平邑县保护野生动物名录

表 2-33

纲	目	科	中文名	拉丁文名
兽纲 MAMMALIA	食虫目 INSECTIVORA	鼹科 Talpidae	麝鼹	Scaptochirus moschatus
		猬科 Erinaceidae	刺猬	Erinaceus europaeus
	食肉目 CARNIVORA	犬科 Canidae	狼	Canis lupus
			狐	Vulpes vulpes
		鼬科 Mustelidae	黄鼬	Mustela sibirica
			艾虎	Mustela putorius
			獾	Meles meles
		灵猫科 Viverridae	果子狸	Paguma larvata
		猫科 Felidae	豹猫	Felis bengalensis
	偶蹄目 ARTIODACTYLA	猪科 Suidae	野猪	Sus scrofa
	兔形目 LAGOMORPHA	兔科 Leporidae	草兔	Lepus capensis
	啮齿目 RODENTIA	仓鼠科 Cricetidae	东方田鼠	Microtus fortis
鸟纲 AVES	鹈形目 PELECANIFORMES	鸬鹚科 Phalacrocoracidae	普通鸬鹚	Phalacrocorax carpo
	鹳形目 CICONIIFORMES	鹭科 Ardeidae	苍鹭	Ardea cinerea
			草鹭	Ardea purpurea
			池鹭	Ardeola bacchus
			白鹭	Egretta garzetta
			大白鹭	Egretta alba
			中白鹭	Egretta intermedia
			牛背鹭	Bubulcus ibis
			夜鹭	Nycticorax nycticorax
			小苇鳽	Ixobrychus minutus
			黄斑苇鳽	Ixobrychus sinensis
			紫背苇鳽	Ixobrychus eurhythmus
			栗苇鳽	Ixobrychus cinnamomeus
			大麻鳽	Botaurus stellaris
		鹳科 Ciconiidae	白鹳	Ciconia ciconia

续表 2-33

纲	目	科	中文名	拉丁文名
鸟纲 AVES	雁形目 ANSERFORMES	鸭科 Anatidae	鸿雁	Anser cygnoides
			豆雁	Anser fabalis
			白额雁	Anser albifrons
			灰雁	Anse anser
			斑头雁	Anse indicus
			大天鹅	Cygnus cygnus
			小天鹅	Cygnus columbianus
			赤麻鸭	Tadorna ferrugines
			翘鼻麻鸭	Tadorna tadorna
			针尾鸭	Anas acuta
			绿翅鸭	Anas crecca
			花脸鸭	Anas formosa
			罗纹鸭	Anas falcata
			绿头鸭	Anas platyrhynchos
			斑嘴鸭	Anas poecilorhyncha
			赤膀鸭	Anas strepera
			赤颈鸭	Anas penelope
			普通秋沙鸭	Mergus serrator
			白眉鸭	Anas querquedula
			琵嘴鸭	Anas clypeata
			赤嘴潜鸭	Netta rufina
			红头潜鸭	Aythya ferina
			青头潜鸭	Aythya baeri
			凤头潜鸭	Aythya fuligula
	鸡形目 GALLIFORMES	雉科 Phasianidae	石鸡	Alectoris graeca
			环颈雉	Phasianus colchicus
			鹧鸪	Francolinus pintadeanus
			鹌鹑	Coturnix coturnix
			雉鸡	Phasianus colchicus

续表 2-33

纲	目	科	中文名	拉丁文名
鸟纲 AVES	鹤形目 GRUIFORMES	三趾鹑科 Turnicidae	黄脚三趾鹑	Turnix tanki
		鹤科 Gruidae	灰鹤	Grus grus
			白枕鹤	Grus vipio
		秧鸡科 Rallidae	普通秧鸡	Rallus aquaticus
			斑胸田鸡	Porzana phykullii
			小田鸡	Porzana pusilla
			红胸田鸡	Porzana fusca
			黑水鸡	Gallinula chloropus
	鸻形目 CHARADRIIFORMES	鸻科 Charadriidae	凤头麦鸡	Vanellus vanellus
			金眶鸻	Charadrius dubius
			环颈鸻	Charadrius alexandrinus
		鹬科 Scolopacidae	小杓鹬	Numenius borealis
			中杓鹬	Numenius phaeopus
			白腰杓鹬	Numenius arquata
			鹤鹬	Tringa erythropus
			青脚鹬	Tringa nebularia
			白腰草鹬	Tringa ochropus
			林鹬	Tringa glareola
			小青脚鹬	Tringa guttifer
			矶鹬	Tringa hypoleucos
			针尾沙锥	Capella stenura
			扇尾沙锥	Capella gallinago
			丘鹬	Scolopax rusticola
	鸥形目 LARIFORMES	鸥科 Laridae	黑尾鸥	Larus crassirostris
			银鸥	Larus argentatus
			红嘴鸥	Larus ridibundus
			白翅浮鸥	Chlidonias leucoptera
			白额燕鸥	Sterna albifrons

续表 2-33

纲	目	科	中文名	拉丁文名
鸟纲 AVES	鸽形目 COLUMBIFORMES	鸠鸽科 Columbidae	山斑鸠	Streptopelia orientalis
			灰斑鸠	Streptopelia decaocto
			珠颈斑鸠	Streptopelia chinensis
			火斑鸠	Oenopopelia tranquebarica
	鹃形目 CUCULIFORMES	杜鹃科 Cuculidae	四声杜鹃	Cuculus micropterus
			大杜鹃	Cuculus canorus
			小杜鹃	Cuculus poliocephalis
	鸮形目 STRIGIFORMES	鸱鸮科 Strigidae	红角鸮	Otus scops
			雕鸮	Bubo bubo
			斑头鸺鹠	Glaucidium cuculoides
			纵纹腹小鸮	Athene noctua
			长耳鸮	Asio otus
			短耳鸮	Asio flammeus
	夜鹰目 CAPRIMULGIFORMES	夜鹰科 Caprimulgidae	普通夜鹰	Caprimulgus indicus
	雨燕目 APODIFORMES	雨燕科 Apodidae	白腰雨燕	Apus pacificus paeifuus
	佛法僧目 CORACIIFORMES	翠鸟科 Alcedinidae	普通翠鸟	Alcedo atthis
		佛法僧科 Coraciidae	三宝鸟	Eurystomus orientalis
		戴胜科 Upupidae	戴胜	Upupa epops
	列形目 PICIFORMES	啄木鸟科 Picidae	蚁鴷	Jynx torquilla
			棕腹啄木鸟	Dendrocopos hyperythrus
			星头啄木鸟	Dendrocopos canicapillus
			黑枕绿啄木鸟	Picus canus
	雀形目 PASSERIFORMES	百灵科 Alaudidae	凤头百灵	Galerida cristata
			云雀	Alauda arvensis
		燕科 Hirundinidae	家燕	Hirundo rustica
			金腰燕	Hirundo daurica

续表 2-33

纲	目	科	中文名	拉丁文名
鸟纲 AVES	雀形目 PASSERIFORMES	鹡鸰科 Motacillidae	黄鹡鸰	Motacilla flava
			灰鹡鸰	Motacilla cinerea
			白鹡鸰	Motacilla alba
			田鹨	Anthus novaeseelandiae
			树鹨	Anthus hodgsoni
			红喉鹨	Anthus cervinus
			水鹨	Anthus spinoletta
			山鹨	Anthus sylvanus
		黄鹂科 Oriolidae	金黄鹂	Oriolus oriolus
			黑枕黄鹂	Oriolus chinensis
		鸦科 Corvidae	灰喜鹊	Cyanopica cyana
			喜鹊	Pica pica
			秃鼻乌鸦	Corvus frugilegus
			寒鸦	Corvus monedula
			大嘴乌鸦	Corvus macrorhynchus
		山雀科 Paridae	大山雀	Parus major
		文鸟科 Ploceidea	山麻雀	Passer rutilans
			树麻雀	Passer montanus
		雀科 Fringillidae	黄喉鹀	Emberiza elegans
			黄雀	Carduelis spinus
爬行纲 REPTILIA	蜥蜴目 LACERTIFORMES	蜥蜴科 Lacertidae	北草蜥	Takydromus septentrionalis
			山地麻蜥	Eremias brenchleyi
			丽斑麻晰	Eremias argus
		壁虎科 Gekkonidae	无蹼壁虎	Gekko swinhonis
	蛇目 SERPENTIFORMES	游蛇科 Colubridae	火赤链蛇	Dinodon rufozonatum
			白条锦蛇	Elaphedione dione
			玉斑锦蛇	Elaphe mandarina
			虎斑游蛇	Natrit tigrina Lateraris
			蝮蛇	Agkistrodon halys

续表 2-33

纲	目	科	中文名	拉丁文名
两栖纲 AMPHIBIA	无尾目 ANURA	令蟾科 Bombinidae	东方铃蟾	Bombina orientalis
		蛙科 Ranidae	金线蛙	Rana plancyi
			中国林蛙	Rana chensinensis
			黑斑蛙	Rana nigromaculata

第六章　自然灾害

第一节　旱　灾

1997 年 9—12 月，遭遇百年不遇干旱，由于山高地薄，耐旱性差，致使旱情发展快，持续时间长，受旱面积广。全县农作物受旱面积 6.13 万公顷，其中重旱 4.33 万公顷，轻旱 0.8 万公顷，干枯 1 万公顷，给 253 个村庄的 14.5 万人和 3.8 万头牲畜饮水造成困难。

1998 年，遭遇春旱，有 2.67 万公顷因旱不能播种，需造墒进行播种。

1999 年 1—4 月，平邑县平均降雨 38.7 毫米，其中 1—2 月基本无雨；7—8 月平均降雨 184.7 毫米，较常年同期偏少 57%。到 4 月底全县农作物受旱面积 5.47 万公顷。其中，重旱 1 万公顷，轻旱 4.47 万公顷。8 月旱情再度发展，到 8 月中旬全县农作物受旱面积 4 万公顷，其中，重旱 2.67 万公顷，轻旱 1.33 万公顷。据统计，全县农作物受旱总面积 4 万公顷。其中成灾 0.4 万公顷，绝产 0.03 万公顷，因旱减收粮食 1.05 万吨，经济作物损失 870 万元。

2000 年，由于高温少雨在气持续时间较长，平邑县降雨一度偏少，至 9 月 30 日，全县累计平均降雨 507 毫米，较常年同期减少 30%，致使全县发生较为严重的旱情。4 月底，全县作物受旱面积 4.4 万公顷，土地缺墒 0.67 万公顷，受旱果树 0.33 万公顷。6 月中旬旱情再度发展，全县作物受旱面积为 4.93 万公顷，其中重旱 2 万公顷，轻旱 2.93 万公顷；果树受旱 0.4 万公顷。

2001 年 1—5 月，平邑县平均降雨仅有 75 毫米，比正常年份减少 44%，全县有 120 个村庄的 4.5 万人因旱饮水困难。据统计，全县粮田受旱面积 4.8 万公顷，其中重旱 3 万公顷，部分地块小麦未熟先干，全县有近 1.33 万公顷小麦受旱，其中有 1 万公顷平原地小麦减产 10% 以上，有 0.33 万余公顷山区丘陵小麦减产 20% 以上。有 0.13 万公顷春地瓜缺苗，有近 0.07 万公顷春地瓜因旱缺墒，有 0.33 万公顷春花生缺苗，近 0.07 万公顷山岭地花生叶片干枯。

2002 年 1 月 1 日至 3 月 20 日，全县累计平均降雨 17.1 毫米，较常年同期减少 59.8%，1 月 17 日至 3 月 4 日连续 45 天无降水。全县受旱面积 3 万公顷，其中重旱 1.67 万公顷，主要受旱作物为小麦、果树，并造成部分村庄饮水困难。

2004 年 1 月至 4 月 26 日，全县平均降雨量38毫米，较常年减少59.7%，全县小麦播种受旱1.01万公顷，其中重旱0.33万公顷，轻旱0.68万公顷；果树受旱1.86万公顷，其中重旱0.53万公顷，轻旱有1.33万公顷；大蒜受旱0.53万公顷，重旱0.2万公顷，轻旱0.33万公顷；花生总播种面积1.13万公顷，大部分是造墒点种。由于干旱全县目前有0.47万余公顷耕地缺墒。

2005年3—4月，全县平均降雨33.5毫米，较常年同期减少115.5%，全县作物受旱面积0.41万公顷，其中，重旱0.13万公顷，轻旱0.28万公顷。

2006年，全县遭受3至6月的春旱和9至10月的秋旱，给夏粮生产和秋播工作带来一定影响。特别是9月下旬至10月降雨一度偏少，加之气温持续偏高，农田土壤失墒严重，由于处在小麦播种出苗阶段，缺墒导致播期推迟，已播的不同程度存在缺苗断垄现象。据统计，因旱损失粮食3.5万吨，经济作物损失800万元。

2007年，全县遭受3—6月的春旱，给夏粮生产带来一定影响。全县作物受旱面积2.87万公顷，受灾面积0.43万公顷，其中绝收0.04万公顷。因旱损失粮食0.13万吨，经济作物损失550万元。

2008年，全县遭受2月下旬至3月中旬的春旱。全县农作物受旱面积2.27万公顷，主要受旱作物为小麦、大蒜，受旱程度为轻旱。因旱损失粮食6800吨，经济作物损失210万元。

2008年10月至2009年2月下旬，全县降雨持续偏少，其中2009年1月降雨量为零，2月降雨14毫米。连续的干旱给全县农业生产、农村经济、农民生活等造成了严重影响。全县农作物受旱面积5.78万公顷，其中轻旱2.5万公顷，重旱2.97万公顷，给农业生产造成较为严重的损失。因旱损失粮食0.055万吨，经济作物损失350万元。

2010年9月11日至2011年2月26日，全县累计平均降雨量仅为3.2毫米，比常年同期偏少97.7%，县内出现历史罕见的秋连旱叠加冬春连旱，严重的旱情给全县人畜饮水、冬季农作物生长、春耕春播造成严重影响。旱情最严重时，全县农作物受旱面积6.44万公顷，其中冬小麦播种面积2.45万公顷全部受旱。全县有12个乡镇74个村1.49万人、1.4万头大牲畜出现饮水困难。夏粮因旱损失总量0.64万吨，金额0.13亿元；夏收经济作物因旱损失0.53亿元；其他行业因旱直接经济损失0.29亿元；因旱直接经济总损失0.95亿元。

2011年12月8日至2012年3月16日，全县平均降雨量为10.7毫米，较常年同期偏少83%。出现较为严重的旱情，干旱给全县农业生产、农村经济、农民生活等造成严重影响和的损失。全县农作物受旱面积2.9万公顷，其中轻旱1.85万公顷。因旱损失粮食3.48万吨，经济作物损失约0.7亿元。

第二节 洪 涝

1990年汛期降雨偏多，特别是7月21日、27日两次大的降雨过程，降雨强度较大且伴有大风，致使全县15个乡镇受灾。受灾面积0.35万公顷，成灾面积0.18万公顷。其中，绝产0.12万公顷，死亡6人，击伤8人，死亡牲畜310头，倒塌房屋1956间，刮倒树木12.04万棵，损失水果0.57万吨，损失粮食0.79万吨，粮食减产0.79万吨，冲垮塘坝8座，冲毁渠道490米，刮断通信线路15.7千米，刮坏供电线路33.6千米，直接经济损失974.55万元。

1991年7月24日凌晨2时至25日6时遭受特大暴雨，全县平均降雨量240毫米，局部406毫米，使全县水库爆满，河流急涨，洪水泛滥。蒙山主峰前13个乡镇的所有水库、塘坝全部溢洪。浚河洪峰流量达2100立方米/秒，两岸一片汪洋，沿岸129个村庄、10.3万人被洪水围困，倒塌房屋1.95万间，造成1.20万间房屋变成危房，4万多人无家可归，14人死亡，350人受伤，冲走淹死牲畜7600头（只），家禽15.7万只，冲走和霉变粮食1730万千克。此次暴雨使3万公顷粮食、经济作物受灾，其中绝产0.77万公顷，粮食减产0.58亿千克，冲倒刮断树木54万棵，冲毁果园0.15万公顷，损失各类水果1600万千克，冲毁冲垮塘坝251座，谷坊763座，桥涵286座，渠道8.4万米，机井、大口井456眼，扬水站93座，通讯电力线路217杆千米，乡村路470千米，327国道冲毁2千米，10多千米漫过洪水达15小时。县内的平蒙、平滕、董泗、平九几条主要公路干线因桥梁冲断而中断交通。同时有15家县营工业企业，14家商业、供销企业，441家乡镇企业遭到洪水侵袭，车间、仓库进水，产品、设备严重受损，多家企业处于停产、半停产状态。有42座中小学校、2家乡镇医院、3个乡镇畜牧兽医站、2个银行营业所遭到洪水包围，给全县人民造成直接经济损失1.4亿元，其中水利工程设施损失1850万元，整个经济损失达2.5亿元以上。

1995年8月16日凌晨，县内部分乡镇先后遭受特大暴雨袭击，此次暴雨面积广、雨量大，造成水库爆满、河水泛滥，山洪暴发，全县10个乡镇受灾，受灾面积0.12万公顷。其中，绝产0.04万公顷，倒塌房屋1700间，损失粮食0.1万吨，死亡1人，冲毁桥涵20座，冲毁乡村道路30千米，顺河坝2万米，直接经济损失2259万元。

1996年6月14日23至次日7时，全县普降大到暴雨，平均降水量76.2毫米，有5个乡镇降水量在100毫米以上。其中，2个乡镇降水量在140毫米，有10多个乡镇受到大风影响，近20个乡镇受到暴雨冰雹袭击，此次受灾乡镇主要集中在县城的北部和东部，12个乡镇灾情严重，经济损失达8300多万元。

1998年8月15日凌晨2时至10时，全县普降大到暴雨，全县平均降雨量82毫米，临涧镇涝泉小（1）型水库降雨132毫米。到8月15日8时，全县8座大中型水库（除吴家庄水库、大夫宁水库外）均超汛限水位，并开始调洪。昌里水库上午10时溢洪流量达到150立方米/秒，安靖水库调洪流量40立方米/秒，岳庄水库调洪97立方米/秒；全县所有小型水库全部超汛限水位开始调（溢）洪；浚河部分延安村庄进水告急。此次降雨量大、历时长，致使安靖水库大坝1+150～1+950段出现裂缝，长度400余米，缝宽1～10厘米；昌里水库由于溢大洪，防汛公路被冲断，中断交通；公家庄水库1+350主坝与副坝交界处坝顶出现长2米、宽60厘米、深2厘米的沉陷坑；杨庄水库0+450处，外坡戗台以上出现漏水，并冒水泡且浑浊，伴有响声。山阴乡李家沟小（2）型水库出现险情。据不完全统计，此次降雨导致全县26个乡镇不同程度受灾，受灾面积较大。冲毁道路271千米，倒塌房屋560间，受灾粮田0.16万公顷，冲毁堤坝8100余米，刮倒树木1.73余万棵，淹死牲畜5380余头，河道决口4处、200米，冲毁桥涵84座，冲毁土地3335平方米，渠道倒塌1800米，淹没黄烟146.7公顷，刮倒电线杆323棵，冲垮生产路1.8万米，刮毁塑料大棚32个，冲垮地堰5千米，造成经济损失达1.2亿元。

1999年9月9日5时至9时，全县普降大到暴雨，平均降雨量92.8毫米，最大降雨量点154.9毫米。由于此次降雨相对校对集中，造成岐山镇受灾，冲毁农作物156.7公顷，绝产53.36公顷；冲毁道路6千米、桥涵8座、干渠380米，树木760棵，直接经济损失106万元。

2003年，县内降雨过程集中，降雨偏多，特别是8月26日6时至9月5日6时连续9天的降雨，全县16个乡镇均不同程度地发生洪涝灾害。连续降雨造成全县危房总数达1170间，其中431间倒塌；农作物受灾面积0.21万公顷，主要作物为玉米、花生、地瓜；冲毁公路17.8千米，桥涵8座，拦河坝2处，造成河堤塌方3处，总长度达700余米，两座小（2）型水库和1座塘坝出现裂缝。直接经济总损失达2087万元。

2005年9月19—21日，县内连降暴雨，全县平均降雨量202.5毫米，致使全县10个乡镇遭到不同程度的损失，受灾人口8.57万人，倒塌房屋1004间，因洪水造成企业临时停产5个，冲毁乡村路53.89千米，冲毁大小桥涵36座，塘坝、谷坊14座，冲毁土地100.7公顷，农作物受灾面积2733.3公顷，其中粮食作物2186.7公顷，大中型水库水毁工程10项，给全县造成直接经济损失8600多万元。

2007年8月17日晚12时至8月18日3时，全县大部分乡镇遭受暴雨袭击，受灾人口8.92万人，农作物受灾面积2316公顷，绝产面积419公顷；倒塌房屋176间；损坏房屋180余间；因灾死亡大牲畜156头；大水冲倒成材树木1.67万棵，冲毁河坝2.5千米，水漫桥140座，损坏小（2）型水库2座，冲毁塘坝39座。此次灾害造成经济损失达4898万元，其中农业经经济损失3000多万元。

2009年7月20日夜间至7月21日凌晨，县境内突降大到暴雨，全县平均降雨量126.3毫米，最大降雨量点昌里水库206.9毫米，致使全县151座水库有70%超汛限水位，并开始溢洪。其中，昌里水库调洪流量58立方米/秒，安靖水库调洪流量40立方米/秒，杨庄水库最大溢洪流量160.2立方米/秒。中小型河道处于高水位运行状态。此次降雨造成全年县大部分乡镇受灾严重。造成经济损失7881万元，其中农业经济损失7000余万元。8月17日夜间至8月18日凌晨，平邑县再次遭受暴雨袭击，全县平均降雨量153.5毫米，最大降雨量点岳庄水库225毫米。此次降雨造成大部分乡镇受灾，经济损失巨大，其中白彦、铜石、丰阳、流峪、地方等乡镇受灾最为严重。造成经济损失1.52亿元，其中农业经济损失5600万元。

2010年7月17日夜间至7月18日凌晨，县内遭受暴雨袭击，全县平均降雨量132.4毫米，最大降雨量点武台大王庄水库195.0毫米，致使全县151座水库有70%超汛限水位，并开始溢洪。中小型河道处于高水位运行状态。此次降雨造成大部分乡镇受灾严重。造成经济损失7000余万元，其中农业经济损失5000余万元。

2013年7月4—5日，县境内遭遇一次强降雨过程，全县平均降雨量54.4毫米，降雨量最大点武台镇大王庄为113.4毫米，此次降雨造成丰阳镇、郑城镇、武台镇等部分镇受灾，造成经济损失300余万元，其中水利设施损失180余万元。

第三节 风灾 雹灾

1994年汛期，几次大的降雨过程伴有大风、冰雹，致使6个乡镇遭受风灾和雹灾，受灾面积0.59万公顷，受灾村庄84个，人口5.2万人，粮食减产0.58万吨，损坏房屋3169间，总经济损失1940万元。

1995年6月29日、7月1日，出现全县性冰雹天气过程，影响全县20个乡镇。受灾面积0.49万公顷，经济损失8000多万元。

1996年6月13日23时至14日7时，全县普降中到大雨，并伴有冰雹大风，有20个乡镇遭受冰雹和大风袭击，其中有12各乡镇受灾严重。受灾面积2.89万公顷，其中绝产0.11万公顷，倒塌房屋200余间，损失小麦6吨；各种树木4.2万棵；刮断电力线14条，电杆300多棵；冲毁塘坝20座；冲毁顺河坝3000米，直接经济损失8300多万元。

1997年8月19—20日，平邑县受11号台风影响，降水量116.7毫米，最大风力7级，部分农田、果树、房屋受损，玉米、高粱、谷子受灾面积1.68万公顷，黄烟受灾面积0.09万公顷，树木倒伏1.62万棵，果园受灾0.56万公顷，房屋倒塌407间，县内受灾严重，直接经济损失3000余万元。

2001年6月15日上午7时45分至8时10分，武台、仲村、保太、柏林、卞桥、资邱等乡镇遭冰雹袭击，冰雹最大直径3厘米，农作物受灾面积0.4万余公顷，经济损失达600余万元。7月2日18时30分到19时资邱乡遭龙卷风袭击，房屋、砖厂、刮板厂、农作物等不同程度地受到损失，并造成7人受伤，其中重伤4人，轻伤3人，总的经济损失600余万元。

2003年6月12—13日，县内7个乡镇遭受大风冰雹袭击。阵风7～8级，冰雹最大直径约4厘米，最大积雹厚度15厘米，降雹持续时间最长达20分钟；受灾人口4.7万人，成灾面积0.62万公顷，其中绝产0.36万公顷。直接经济损失1亿元。

2005年6月14日、6月18日、7月1日，全县先后遭受大风、冰雹和暴雨袭击，致使水利工程设施、农作物、工业、交通运输等不同程度地受到损失。据不完全统计，大风、冰雹、暴雨共造成8594间房屋受损，倒塌55间；损坏护岸24处，损坏桥涵53座，冲毁机电（大口井）24眼；农作物受灾面积3676公顷，其中粮食作物1404公顷，成灾面积2945公顷，其中粮食作物825公顷，农作物绝收面积991公顷，其中粮食作物234公顷，毁坏耕地234公顷，并造成粮食减产612吨，死亡牲畜40余头。暴雨还造成2家乡镇企业停产，中断公路6条次，损坏桥涵53处，毁坏公路路面630余千米。直接经济损失达1.00亿元。

2006年4月28日17时30分，全县遭强风暴袭击并夹带冰雹和雷雨，最大风力11级，部分地区出现冰雹，冰雹最大直径约2～3厘米。因灾造成通信中断和县区、部分乡镇大面积停电，全县因灾受伤20余人，损坏房屋1723间，倒塌房屋51间，损坏大棚298个，折断线杆、路灯320株，折断成材树木14782株，农作物受灾面积4083公顷，直接经济损失3000万元，其中农业经济损失2400万元。

2007年7月11日18时，保太镇、武台镇、地方镇等7个镇遭受大风袭击。受灾人口6.05万人，农作物受灾面积6245.3公顷；损坏房屋1990间，倒塌房屋24间。因灾造成直接经济损失2998.6万元，其中农业经济损失2301万元。

2009年6月30日，县内部分乡镇受大风冰雹袭击，全县经济损失926万元，其中农业经济损失906万元。

2010年7月17日夜间到18日凌晨，县内部分乡镇遭受暴雨、大风袭击受灾严重。全造成经济损失7000余万元，其中农业经济损失5000余万元。

第四节　霜　冻

2006年，由于受寒潮天气影响，全县3月12—14日气温明显下降，降温幅度达8℃～11℃，最低气温在-3℃～-5℃之间，地面最低气温在-8℃～-10℃之间，出现霜冻。小麦正处于返青起身期，温度的急剧下降，使正旺盛生长的小麦遭受了霜冻危害。

2010年出现低温冻害，4月14日全县出现雨雪天气，最低气温2℃左右，大部分地区出现低温霜冻灾害，其中武台镇灾情较为严重，15日该镇气温降至-1℃，伴有雨雪，此时正值果树开花、挂果的关键时期，低温严重影响了果树生长，造成经济损失2000万元。

第五节　地　震

1989—2013年，境内共发生天然地震10次，均为2级左右的小震和微震。根据历史资料分析，平邑县有感地震的发生，与活动断裂带有一定的对应关系，震中多位于北西向断裂构造与北东、北东东向构造的交叉复合部。北、北西部发震较集中，南、西南部较分散，中部和东部极少发震。微震、小震是区域地震活动的主体，均属浅源地震。

第六节　病害　虫害　鼠害

病害

小麦白粉病常年发生面积在0.53万公顷左右，小麦纹枯病常年发生面积在0.33万公顷左右。玉米小斑病常年发生面积在0.4万公顷左右，玉米褐斑病常年发生面积在0.2万公顷左右。花生叶斑病常年发生面积在1.33万公顷左右，花生青枯病常年发生面积0.07万公顷。马铃薯晚疫病常年发生面积0.33万公顷左右，马铃薯环腐病常年发生面积0.4万公顷左右。甘薯根腐病常年发生面积0.33万公顷左右。苹果炭疽病常年发生面积0.07万公顷，苹果腐烂病常年发生面积0.1万公顷，苹果轮纹病常年发生面积0.1万公顷，苹果斑点落叶病常年发生面积0.1万公顷。番茄晚疫病常年发生面积0.07万公顷，瓜类白粉病常年发生面积0.13万公顷，瓜类霜霉病常年发生面积0.07万公顷，白菜霜霉病常年发生面积0.07万公顷，白菜软腐病常年发生面积0.07万公顷，

虫害

小麦蚜虫常年发生面积在1.33万公顷左右，麦蜘蛛常年发生面积在1万公顷左右。玉米螟常年发生面积1.33万公顷左右，玉米蓟马常年发生面积0.33万公顷左右。花生根结线虫病常年发生面积在0.33万公顷左右，花生蚜虫常年发生面积1万公顷左右，花生叶螨常年发生面积0.47万公顷左右，花生蛴螬常年发生面积1.33万公顷左右。甘薯茎线虫病常年发生面积0.33万公顷左右。马铃薯地下害虫常年发生面积0.4万公顷左右。苹果叶螨常年发生面积20.13万公顷，桃小食心虫常年发生面积0.07万公顷，苹果黄蚜常年发生面积0.1万公顷。菜蚜常年发生面积0.27万公顷，菜青虫常年发生面积0.4万公顷，小菜蛾常年发生面积0.27万公顷，甜菜夜蛾常年发生面积0.33万公顷。

鼠害

常年发生面积1.53万公顷，主要危害花生、马铃薯、甘薯等。

第三编

人　口

第一章　人口规模

第一节　人口数量

20世纪80年代末至90年代初，平邑县年度人口增长率超过20‰，个别年份达28.53‰。1992年后，年人口增长率降至10‰以下，年人口净增长在8000人以下，特别是1993年人口增长率为0.06‰，人口净增长57人，1994年人口增长率为-0.29‰，人口净减少277人。2011年，人口增长率为10.31‰，全年人口净增长为10526人。

2013年人口增长率为7.41‰，全年人口净增长为7655人。全县土地面积1824.97平方千米。1989年人口密度每平方千米485人，2013年每平方千米566人。

第二节　人口分布

1989年，平邑县共有人口885009人，平均人口密度为485人/平方千米。

2013年，平邑县共有人口1032056人，平均人口密度为566人/平方千米。平邑街道和温水镇人口密度较高，分别达到1037人/平方千米和1141人/平方千米，卞桥镇人口密度最低，为298人/平方千米，其他镇的人口密度在420～724人/平方千米。

1989—2013年平邑县户数、人口数、人口密度及年度人口增长率情况表

表3-1

年份	户数（户）	人口数（人）	人口密度（人/平方千米）	年度人口增长率（‰）
1989	233045	885009	485	26.83
1990	241129	911000	499	28.53
1991	255949	932663	511	23.22
1992	261804	938586	514	6.31
1993	259746	938643	514	0.06
1994	263400	938366	514	-0.29
1995	268500	944579	518	6.57
1996	277399	953153	522	8.99
1997	276064	962713	528	9.93
1998	283666	971256	532	8.79
1999	284094	976322	535	5.18
2000	286960	978757	536	2.48
2001	286537	980422	537	1.69

续表 3-1

年份	户数（户）	人口数（人）	人口密度（人/平方千米）	年度人口增长率（‰）
2002	290347	981817	538	1.42
2003	291349	982796	539	0.99
2004	292045	987475	541	4.73
2005	293177	991112	543	3.66
2006	292663	993291	544	2.19
2007	293867	995669	546	2.38
2008	297683	999211	548	3.54
2009	301856	1003818	550	4.58
2010	309429	1010249	554	6.36
2011	314103	1020775	559	10.31
2012	321280	1024401	561	3.53
2013	341813	1032056	566	7.41

第二章　人口变动

第一节　自然变动

1989 年后，平邑县增长速度以波浪式起伏增加，但波峰不大。1989 年，全县总人口 88.5 万人，其中男性 46.35 万人，女性 42.15 万人。

1989—1993 年，人口增加 7.74 万人，年平均增加 1.55 万人；1993—1998 年，人口增加 3.26 万人，年平均增加 0.65 万人。1998—2003 年，人口增加 1.15 万人，年平均增加 0.23 万人。2003—2008 年，人口增加 1.64 万人，年平均增加0.33万人。2008—2013年，增加3.28 万人，年平均增加 0.66 万人。

2013 年，平邑县总人口 103 万人，其中男性 53.76 万人，女性 49.44 万人。

1989—2013 年平邑县人口自然变动情况表

表 3-2

年份	出生人数（人）	出生率（‰）	死亡人数（人）	死亡率（‰）	自然增长率（‰）
1989	12332	14.16	4450	5.11	9.05
1990	15218	17.04	5091	5.70	11.34

续表 3-2

年份	出生人数（人）	出生率（‰）	死亡人数（人）	死亡率（‰）	自然增长率（‰）
1991	14260	15.55	5021	5.48	10.07
1992	7724	8.30	4886	5.27	3.05
1993	4887	5.20	5136	5.49	−0.27
1994	7102	7.58	5204	5.55	2.03
1995	9842	10.47	5060	5.38	5.09
1996	11094	11.77	5295	5.62	6.15
1997	12294	12.97	4907	5.18	7.80
1998	11218	11.70	4684	4.88	6.82
1999	10361	10.67	5360	5.52	5.15
2000	9359	9.58	5690	5.82	3.75
2001	8747	8.92	5231	5.33	3.58
2002	8515	8.67	5180	5.27	3.39
2003	8798	18.89	5165	4.50	14.24
2004	12402	13.18	5073	5.39	7.79
2005	10065	11.23	5370	5.69	5.54
2006	8739	9.30	5139	5.47	3.83
2007	10067	10.68	5150	5.46	5.22
2008	10579	11.17	5395	5.00	5.47
2009	11525	12.10	5409	5.68	6.42
2010	13063	13.60	5139	5.35	8.25
2011	13188	13.63	4912	5.08	8.55
2012	14293	14.68	4937	5.07	9.61
2013	12540	12.80	4646	4.74	8.05

第二节　机械变动

平邑县的人口迁入原因主要是婚姻迁入、大学毕业、转业退伍、招工招聘、回原籍、投靠亲友、购房迁入等，省内迁入大于省外迁入。人口迁出原因主要是婚姻迁出、大学入学、参军入伍、招工招聘、投靠亲友等，迁出省内的大于迁出省外。

1989 年，全县人口迁入 12801 人，迁出 10851 人，为人口迁入、迁出比最大的年份。1996 年，全县人口迁入 16132 人，迁出 16252 人，为人口迁入、迁出最多的年份。2004 年，全县人口迁入 7511 人，迁出 9717 人，为人口迁入、迁出比最小的年份。2013 年，全县人口迁入 9250 人，迁出 10243 人。从整体上看平邑县人口迁出略大于迁入，部分年份迁入和迁出基本持平。

1989—2013年平邑县人口迁入、迁出情况表

表3-3 单位：人

年份	迁入			迁出			迁入迁出比 迁出＝100
	合计	省内	省外	合计	省内	省外	
1989	12801	11858	943	10851	10762	89	117.97
1990	8359	7058	1301	9199	7473	1726	90.87
1991	8190	7081	1109	8701	7127	1574	94.13
1992	12813	11107	1706	12607	10589	2018	101.63
1993	6661	5571	1090	7910	6480	1430	84.21
1994	9472	8216	1256	13033	11362	1671	72.68
1995	13417	12473	944	12792	11685	1107	104.89
1996	16132	15062	1070	16252	15072	1180	99.26
1997	10714	9923	791	10516	9482	1034	101.88
1998	14508	13581	927	15921	14929	992	91.12
1999	13034	12157	877	13873	12694	1179	93.95
2000	8160	7333	827	10045	8729	1316	81.23
2001	6800	5868	932	9208	7865	1343	73.85
2002	7112	6300	812	9764	8311	1453	72.84
2003	6884	5890	994	9511	7925	1586	72.38
2004	7511	6551	960	9717	7918	1799	77.30
2005	7250	6459	791	9561	7688	1873	75.83
2006	7556	6588	968	8289	6511	1778	91.16
2007	7489	6535	954	8420	6187	2233	88.94
2008	7901	6645	1256	7809	5631	2178	101.18
2009	8067	6695	1372	7384	5504	1880	109.25
2010	8575	7072	1503	8610	6550	2060	99.59
2011	9518	7681	1837	8932	7429	1503	106.56
2012	9574	8069	1505	9911	8327	1584	96.60
2013	9250	7818	1432	10243	8658	1585	90.31

第三节 流动人口

平邑县为农业县，工业相对较弱，所以暂住人口数量不大，务工人员和经商人员为平邑县暂住人口的主体，部分为因公出差、服务人员、保姆等。随着改革开放的推进，平邑县暂住人口呈上升趋势，至2005年进入平稳期，每年约0.4万人左右。2012年10月1日，《山东省流动人口服务管理办法》实施，当年平邑县流动人口为0.27万人，2013年，统计为0.28万人。

第三章 人口构成

第一节 城乡构成

平邑县人口主要居住在海拔250米以下的河谷平原和丘陵地带。2013年全县总人口103.2万人，分布在1个街道、13个镇。

城乡分布

1988年，全县总人口86.13万人，其中城镇6.74万人，占总人口的7.8%；乡村79.39万人，占总人口的92.2%。2008年，全县总人口99.92万人，其中城镇10.06万人，占总人口的10%；乡村89.86万人，占总人口的90%。2010年，全县总人口101.03万人，其中城镇13.73万人，占总人口的13.6%；乡村87.3万人，占总人口的86.4%。2013年，全县总人口103.20万人，其中城镇29.96万人，占总人口的29%；乡村73.25万人，占总人口的71%。

户口性质分布

1989年，全县总人口88.5万人，其中非农业人口4.04万人，占总人口的4.56%；农业人口84.46万人，占总人口的95.44%。1993年，全县总人口93.86万人，其中非农业人口4.77万人，占总人口的5.08%；农业人口89.09万人，占总人口的94.92%。1998年，全县总人口97.13万人，其中非农业人口15.59万人，占总人口的16.05%；农业人口81.54万人，占总人口的83.95%。

2003年，平邑县实行“一元化”户口管理，取消农业和非农业户口的区别，人口统计中的非农业户口的统计口径改为“常住户口在城镇（含城市和建制镇）的人员”，这于传统意义上的“非农业户口”有较大的区别。2003年，全县总人口98.28万人，其中非农业人口14.01万人，占总人口的14.26%；农业人口84.27万人，占总人口的85.74%。2008年，全县总人口99.92万人，其中非农业人口10.06万人，占总人口的10.07%；农业人口89.86万人，占总人口的89.93%。2013年，全县总人口103.20万人，其中非农业人口29.96万人，占总人口的29.03%；农业人口73.25万人，占总人口的70.97%。

第二节 民族构成

2013年，全县有少数民族人口5767人，38个少数民族成分，其中回族人口最多，有4427人，主要在分布在平邑街道办和地方、临涧、保太等镇，呈现出大杂居、小聚居的特点。

各少数民族人口数量：回族4427人、拉

祜族 380 人、佤族 255 人、傈僳族 119 人、彝族 91 人、哈尼族 88 人、满族 65 人、傣族 64 人、蒙古族 49 人、苗族 38 人、壮族 23 人、布依族 12 人、黎族 12 人、景颇族 12 人、德昂族 9 人、朝鲜族 8 人、土家族 8 人、藏族 7 人、纳西族 7 人、水族 6 人、土族 6 人、门巴族 4 人、哈萨克族 4 人、维吾尔族 4 人、达斡尔族 4 人、阿昌族 4 人、鄂温克族 3 人、怒族 2 人、锡伯族 3 人、白族 2 人、瑶族 2 人、普米族 1 人、门巴族 1 人、畲族 1 人、高山族 1 人、塔吉克族 1 人、羌族 1 人、乌孜别克族 1 人。

全县有 5 个少数民族村（社区）——平邑街道莲花山社区（回族人口 1327 人）、西城社区（回族人口 510 人），地方镇利民村（回族人口 610 人），保太镇保太村（回族人口 360 人），临涧镇三里峪村（回族人口 246 人）。3 个少数民族散居的社区——金城社区（回族人口 159 人）、西苑社区（回族人口 598 人）、城中社区（回族人口 359 人）。

第三节　性别构成

平邑县男女性别在总人口中的比例基本保持在同一水平上，男性多于女性，性别比最高是 110，最低是 107。1989 年，总人口 88.5 万人，女性是 41.19 万人，占总人口的 47.82%，总人口的男女性别比为 110。1993 年，总人口 93.86 万人，女性是 48.69 万人，占总人口的 48.13%，总人口的男女性别比为 108。2000 年，总人口 97.88 万人，女性是 46.80 万人，占总人口的 47.82%，总人口的男女性别比为 109。2005 年，总人口 99.11 万人，女性是 47.90 万人，占总人口的 48.33%，总人口的男女性别比为 107。2013 年，总人口 103.20 万人，女性是 49.44 万人，占总人口的 47.91%，总人口的男女性别比为 109。

1989—2013 年平邑县男女人口及性别比情况表

表 3-4

年份	总人口数（人）			占总人口数的比例		性别比 女= 100
	合计	男	女	男	女	
1989	885009	463476	421533	52.37%	47.63%	110
1990	911000	476987	434013	52.36%	47.64%	110
1991	932663	487105	445558	52.23%	47.77%	109
1992	938586	489649	448937	52.17%	47.83%	109
1993	938643	486891	451752	51.87%	48.13%	108
1994	938366	488681	449685	52.08%	47.92%	109
1995	944579	492262	452317	52.11%	47.89%	109
1996	953153	498178	454975	52.27%	47.73%	109
1997	962713	502714	459999	52.22%	47.78%	109
1998	971256	507513	463743	52.25%	47.75%	109
1999	976322	510000	466322	52.24%	47.76%	109

续表 3-4

年份	总人口数（人）			占总人口数的比例		性别比 女=100
	合计	男	女	男	女	
2000	978757	510735	468022	52.18%	47.82%	109
2001	980422	510957	469465	52.12%	47.88%	109
2002	981817	511367	470450	52.08%	47.92%	109
2003	982796	511297	471499	52.02%	47.98%	108
2004	987475	513232	474243	51.97%	48.03%	108
2005	991112	512112	479000	51.67%	48.33%	107
2006	993291	515215	478076	51.87%	48.13%	108
2007	995669	516413	479256	51.87%	48.13%	108
2008	999221	517879	481342	51.83%	48.17%	108
2009	1003818	520046	483772	51.81%	48.19%	107
2010	1010249	524235	486014	51.89%	48.11%	108
2011	1020775	534971	485804	52.41%	47.59%	110
2012	1024401	532497	491904	51.98%	48.02%	108
2013	1032056	537628	494428	52.09%	47.91%	109

第四节　年龄构成

平邑县人口年龄的构成，根据往年的统计数字，人口年龄构成属“年轻型”，人口再生产属“增加型”。随着时间的推移，平邑县 0 ~ 18 岁人口在总人口中所占比例有所减少，19 ~ 35 岁、36 ~ 60 岁人口在总人口中所占比例变化不大，60 岁以上人员在总人口中所占比例呈上升趋势。

2000 年，平邑县总人口 97.88 万人，其中 0 ~ 18 岁 27.03 万人，占总人口的 27.62%；19 ~ 35 岁 30.43 万人，占总人口的 31.09%；36 ~ 60 岁 30.67 万人，占总人口的 31.34%；60 岁以上 9.75 万人，占总人口的 9.96%。

2005 年，总人口人 99.11 万人，其中 0 ~ 18 岁 23.96 万人，占总人口的 24.18%；其中 19 ~ 35 岁 25.34 万人，占总人口的 25.57%；36 ~ 60 岁 37.32 万人，占总人口的 37.65%，60 岁以上 12.49 万人，占总人口的 12.60%。

2013 年，总人口人 103.20 万人，其中 0 ~ 18 岁 20.54 万人，占总人口的 19.90%；19 ~ 35 岁 26.85 万人，占总人口的 26.01%；36 ~ 60 岁 38.64 万人，占总人口的 37.44%；60 岁以上 17.18 万人，占总人口的 16.65%。

2000—2013 年部分年份平邑县人口年龄情况表

表 3-5

年份	总人口	0 ~ 18 岁		19 ~ 35 岁		36 ~ 60 岁		60 岁以上	
			占总人口百分比		占总人口百分比		占总人口百分比		占总人口百分比
2000	978757	270315	27.62%	304281	31.09%	306706	31.34%	97455	9.96%
2003	982796	255680	26.02%	254139	25.86%	361172	36.75%	111805	11.38%
2004	987475	251801	25.50%	249485	25.26%	367763	37.24%	118426	11.99%
2005	991112	239625	24.18%	253392	25.57%	373195	37.65%	124900	12.60%
2006	993291	230908	23.25%	253001	25.47%	388374	39.10%	121008	12.18%
2007	995669	213049	21.40%	262578	26.37%	392716	39.44%	127326	12.79%
2008	999221	196636	19.68%	269349	26.96%	395405	39.57%	137831	13.79%
2009	1003818	195110	19.44%	272449	27.14%	393589	39.21%	142670	14.21%
2010	1010249	194707	19.27%	270445	26.77%	398381	39.43%	146716	14.52%
2011	1020775	196086	19.21%	266701	26.13%	408985	40.07%	149003	14.60%
2012	1024401	201535	19.67%	268174	26.18%	398483	38.90%	156209	15.25%
2013	1032056	205398	19.90%	268439	26.01%	386372	37.44%	171847	16.65%

第五节　文化构成

1990 年，第四次人口普查显示，平邑县大专以上学历 0.23 万人，占总人口的 0.26%；高中、中专学历 3.81 万人，占总人口的 4.21%；初中学历 18.54 万人，占总人口的 20.49%；小学文化的 40.89 万人，占总人口的 45.18%；不识字或识字很少的 15.14 万人，占总人口的 16.72%。

2000 年，第五次人口普查显示，全县大专以上学历 1.30 万人，占总人口的 1.34%；高中、中专学历 6.32 万人，占总人口的 6.49%；初中学历 29.18 万人，占总人口的 29.95%；小学文化的 41.59 万人，占总人口的 42.70%；扫盲班和未上过学的 12.06 万人（其中上过扫盲班的 0.96 万人），占总人口的 12.38%。

2010 年，第六次人口普查显示，全县大专以上学历 3.23 万人，占总人口的 3.21%；高中学历 8.58 万人，占总人口的 8.53%；初中学历 34.51 万人，占总人口的 34.3%；小学文化的 30.70 万人，占总人口的 30.52%；扫盲班和未上过学的 6.54 万人，占总人口的 6.50%。

1990 年、2000 年及 2010 年平邑县人口普查文化程度情况表

表 3-6

文化程度	人口数（人）		
	1990 年	2000 年	2010 年
研究生	—	43	255
大学本科	413	2232	10031
大学专科	1895	10762	22046
中专	5987	17691	85800
高中	32073	45516	85765
初中	185426	291761	345096
小学	408922	415942	306990
小学以下	151352	120592	65382

第六节　行业　职业构成

1990 年，第四次人口普查结果：平邑县总人口 90.50 万人，从业人口 56.70 万人，占 15 岁及以上人口数的 85.51%。其中，男性 30.70 万人，占 15 岁及以上人口数的 46.30%；女性 26.00 万人，占 15 岁及以上人口数的 39.22%；国民经济各部门中，男性多于女性。各行业中从事农林牧渔水利业人口最多，共 52.67 万人，其他行业 4.03 万人。各行业的职业分布状况是：各类专业技术人员占 2.52%，国家机关、企事业单位负责人占 0.69%，办事人员和有关人员占 0.60%，商业工作人员占 0.95%，服务性工作人员占 0.53%，农林牧渔水利业劳动者占 92.13%，生产工人、运输工人和有关人员占 2.58%。

2000 年，第五次人口普查结果：全县总人口 97.42 万人，其中，男性 50.75 万人，占总人口数的 52.1%；女性 46.67 万人，占总人口数的 47.9%。按 10% 的抽样比例，在每个调查小区的家庭户和集体户中抽取普查表长表调查户得：国民经济各部门中，从业人员 5.90 万人，其中，男性 3.21 万人，女性 2.69 万人。各行业中从事农林牧渔业人口最多，共 4.95 万人，占在业人口的 83.90%；其他行业 0.95 万人，占在业人口的 16.1%。其他各行业的职业分布状况是：各类专业技术人员占 3.6%，国家机关、企事业单位负责人占 0.8%，商业服务性工作人员占 3.49%，生产工人、运输工人和有关人员占 6.67%。

第七节　姓　氏

2013 年，平邑县有注册姓氏 391 个，按照笔画顺序排序分别是：

二画：丁　卜　刁　乜　刀

三画：于　马　干　万　上　山　卫

四画：牛　公　文　方　毛　孔　尹　邓　丰　王　亓　井　韦　支　尤　车　见　仁　仇　卞　计　化

五画：左　厉　石　龙　平　东　卢　田

叶　玉　申　史　付　代　白　包　冯　司　未　甘　布　冉　仪　印　兰　宁　边　从　古　艾

六画：邢　吉　巩　成　毕　曲　吕　朱　乔　任　华　伊　庄　刘　齐　孙　纪　吏　价　自　向　全　危　闫　关　米　江　池　汤　安　许　那　阮　牟　师　后　扬　祁　会　汲　仲

七画：远　芷　严　芦　苏　杜　李　杨　豆　肖　时　吴　利　邱　何　佟　余　邸　狄　邹　冷　辛　应　汪　沈　怀　宋　张　陈　邵　来　连　谷　况　闵　沙　陆　纳　武　邴　库　佘　冶　初　花

八画：武　苗　苑　范　林　郁　卓　尚　国　明　季　侍　岳　金　周　庞　郑　宗　郎　房　孟　岩　罗　和　郇　单　宗　屈　宓　欧　赵　英　法

九画：郝　胡　南　相　柳　咸　战　段　信　皇　侯　郗　姜　祝　费　姚　贺　骆　赵　荆　荣　查　柏　娄　洪　宫　神　胥　娜　禹　封　律　拾　施　柯　独　祖　种　类　荀　逄　项　将　闻　冠

十画：秦　班　袁　都　耿　聂　桂　贾　夏　顾　柴　党　钱　候　倪　徐　高　郭　席　唐　能　凌　栗　涂　诸　陶　姬　桑　莫　荷　桂　晋　晁　晏　栾　敖　索　顿　殷　翁　原　奚　展　桓　谈　硕

十一画：营　曹　崔　康　梁　寇　密　扈　续　黄　盛　常　商　逯　续　绪　绳　梅　戚　龚　堂　符　麻　鹿　率　渠　屠　隋　宿　盖　矫　谵　阎　随

十二画：彭　葛　董　蒋　韩　程　景　焦　鲁　温　谢　葵　惠　覃　粟　智　强　傅　舒　童　曾　湛　鄢　游　禄　紫　黑

十三画：靳　甄　路　鲍　廉　窦　腾　雷　楚　詹　解　慈　满　褚　粱　訾　蜂　蒙　嵩　靖

十四画：赫　裴　管　翟　阚　谭　臧　蔡　蔺　廖　糕　缪　熊　赛

十五画：颜　潘　樊　黎　滕

十六画：薛　燕　穆　霍　冀　薄

十七画：魏　戴　藏　蹇　鞠

十八画：藤　瞿

二十画：籍

复姓：欧阳　东野　赫连　上官　诸葛

上列391个姓氏中人口较多的姓氏有：张、王、刘、李、孙、陈、赵、林、孟、周等。

第四章　婚姻家庭

第一节　婚　姻

1990年，第四次人口普查，平邑县15周岁及以上人口663077人。未婚者165996人，占15周岁以上人口的25.03%，其中男性99793人、女性66203人。有配偶的455798人，其中男性227040人、女性228758人。丧偶的39017人，其中男性12817人、女性26200人，分别占丧偶人数的32.85%、67.15%。离婚2266人，占全县15周岁以上人口数的0.34%，其中，男性1924人，占离婚人口的84.91%；女性342人，占离婚人口的15.09%。

2000年第五次人口普查，全县15周岁及以上人口71293人。未婚者13187人，占15周岁以上人口的18.50%,其中男性8099人、女性5088人。初婚有配偶的52385人，其中男性26033人、女性26352人。再婚有配偶的1126人，其中男性444人、女性682人。丧偶的4255人，其中男性1440人、女性2815人，分别占丧偶人数的33.84%、66.16%。离婚340人,占全县15周岁以上人口数的0.48%,其中，男性272人，占离婚人口的80%；女性68人，占离婚人口的20%。

第二节　家　庭

20世纪80年代,计划生育工作持续开展,家庭规模发生变化，一孩家庭增多，户均人口明显减少，家庭小型化趋势更加明显。1990年，第四次全国人口普查，平邑县共有家庭户242830户、905042人，户均3.68人。按户类别分:单身户11492户，一对夫妇户14798户，二代户181536户，三代户25554户，四代户487户，五代户2户。按家庭户规模分：一人户12598户，二人户25876户，三人户71367户，四人户74972户，五人户39753户，六人户13319户，七人户3597户，八人户977户，九人户240户，十人及以上户131户。

2000年，第五次全国人口普查，全县共有家庭户286468户，家庭户人口922147人，户均3.22人。按户类别分：一代户63092户，两代户193132户，三代户29650户，四代户593户，五代户及五代以上户1户。按家庭户规模分：一人户22910户，二人户51605户，三人户97853户，四人户77608户，五人户28608户，六人户6518户，七人户1136户，八人户162户，九人户48户，十人及以上户20户。

2010年，第六次全国人口普查，全县共有家庭户295345户，家庭户人口885384人，户均3人。按户类别分：一代户95977户，两代户155961户，三代户42316户，四代户1090户，五代户及五代以上户1户。按家庭户规模分：一人户32592户，二人户77739户，三人户92368户，四人户56267户，五人户25889户，六人户8425户，七人户1572户，八人户365户，九人户84户，十人及以上户44户。

第五章　人口控制

第一节　机　构

1989年，县计生委内设办公室、计财室、宣传室、信访接待室。1991年，县计生委干部职工17人，县计生服务站职工30人。2002年，县计生委更名为平邑县计划生育局。2004年，县计划生育局更名为平邑县人口和计划生育局，增加人口管理职能。2013年，县计生局发展到16个科室，职工120人，其中1个科级单位（县计生协会）,3个副科级单位（县计划生育宣传技术服务站、流动人口计划生育管理办公室和计划生育执法大队）。

1989年，全县各乡镇、村居普遍建立计划生育协会，1990年各乡镇建立协会办公室，有条件的村居建立“会员之家”。至1991年，全县基层计划生育专职工作人员379人。1993年开始，从卫生类院校毕业生中招聘技术人员充实到各乡镇计生服务站，至2013年，全县乡镇计划生育专职人员达到476人。

20世纪80年代末，随着全县“两站一室”（县乡计生服务站、村查访室）建设工作全面完成，村级设立计划生育服务室，配备村计划生育主任、统计员，各村选聘育龄妇女小组组长、村民自治小组组长。1989年，村级查访室发展到950个，配备查访员990人，至1992年，全县各行政村有查访员1086人。1994年3月，县计生委组织对全县1056个村计划生育主任进行“年轻化、知识化、女性化”三化考聘。2007年开始，村级计生主任工资由县财政统筹发放；2008年，村级计生主任实行星级化管理。

第二节 管 理

日常管理

1989年，中共临沂地委、地区行署首次与平邑县委、县政府签订《计划生育目标管理责任书》。同年3月，县委、县政府与各乡镇签订《计划生育目标责任书》，各乡镇与各村也签订《计划生育目标责任书》，计划生育目标责任制管理正式在全县展开，计划生育目标任务细化为科学的目标体系，层层分解，层层签订责任书。

1990年11月，全县计划生育合同公正现场会议在郑家峪乡召开，在平邑县开启计划生育合同化管理先河，其经验在1991年全省计划生育“双先”会暨基层计划生育工作经验交流会上推广介绍。

1992年，在全县范围内开展大规模计划生育集中清理清查活动，对已婚育龄妇女逐个建档立卡。

1992年8月至1993年8月，开展为期一年大规模的计划生育培训，对乡村领导干部、计划生育人员等计生队伍思想素质、工作作风、业务能力等方面进行教育和培训。

1993年，已婚育龄妇女统管率为95%以上，基本解决已婚育龄妇女的漏管问题。1996年，村级实行坐班查访制度，要求查访员负责对全村已婚育龄妇女的查访服务，每天查访时间一般不少于3～5小时。

1997年，计划生育由单纯抓计划生育向与经济社会发展紧密结合、采取综合措施解决人口问题转变；由以社会制约为主向逐步建立利益导向和社会制约相结合，宣传教育、综合服务、科学管理相统一的机制转变，开始探索改革计划生育管理模式。是年，全县已婚育龄妇女信息全部实现计算机管理。1999年8月，改革坐班查访制度，全县已婚育龄妇女查访由查访员“日坐班查访”改为“月询问查访”。

2001年4月，制定《平邑县计划生育工作责任追究处理办法》。2002年，计划生育管理严格执行国家《人口与计划生育法》《社会抚养费征收管理办法》《计划生育技术服务管理条例》《流动人口计划生育管理办法》和省《人口与计划生育条例》，全县计划生育工作纳入法制化管理轨道。

至2013年，计划生育经费投入6399.3万元，人均达到65.1元。同时加强乡村计划生育阵地建设、队伍建设和制度建设，各项管理工作逐步纳入规范。

流动人口管理

从1990年开始，逐渐加大流动人口计划生育管理工作。同年12月，成立平邑县流动人口清理整顿领导小组，为流入人口建档立卡，纳入全县计划生育管理服务。

1993 年 8 月，成立流动人口计划生育管理办公室，会同公安、工商、城建等部门，联合开展对流动人口的定期查证、验证工作，使流动人口的计划生育纳入规范化管理。

1996 年 6 月，平邑县加大对流出人口计划生育管理服务，采取申请、登记、签订合同、办证、双向管理、定期联系的办法，纳入全县计划生育目标管考核体系。随后几年不断开展托底清理工作，至 1998 年底，全县共管理流动人口 1.14 万人，其中流入人口 0.16 万人（已婚 0.13 万人，未婚 0.03 万人），流出人口 0.97 万人（已婚 0.48 万人，未婚 0.49 万人）。

2000 年，将流动人口的育龄妇女办证年龄由原来的 15 ~ 45 周岁改为 18 ~ 49 周岁。对外出 30 日以上者，在常住户口所在乡镇办理“流动人口婚育证明”，签订流动人口计划生育合同，缴纳保证金，合同期一般为 3 年。如合同期内当事人不违约，将保证金本息归还本人。至 2000 年底，全县流动人口数量增至 1.76 万人（其中流入 0.31 万人、流出 1.45 万人），流动人口办证率、验证率达到 100%。

责任追究与行政执法

计划外生育处理处罚初始，由乡镇征收超生费，标准不一，随意性较大。1991 年，平邑县执行《实行计划生育工作目标责任制及工作责任追究制》。

1993 年 3 月，平邑县计划生育开始依法对违反计划生育户的违法行为统一立案、取证、审定、送达、告知诉权、复议、诉讼、执行等 8 个程序依法行政。

1998 年 8 月，县委通过《平邑县关于加强计划生育工作的若干规定》，对于违反计划生育的党员干部按党的管理条例实行“双开”的规定，对企业职工解除劳动合同；对落后的单位给予黄牌警告和重点管理，实行一票否决。

2002 年 9 月 28 日，县计划生育局委托乡镇按照《山东省人口与计划生育条例》规定征收超生费，统一上缴县财政专户。2013 年，为加强社会抚养费的征收力度，抽调县法院人员，组成专项工作组，依法强制征收。

第三节 政策法规

晚婚晚育政策

20 世纪 80 年代初期，国家提倡和鼓励晚婚晚育，少生优生。2000 年 3 月，平邑县全面开展计划生育村民自治工作，根据《计划生育村民自治章程》规定，晚婚、晚育给予不少于 200 元物质奖励，免除全年义务工。优先评为好媳妇、好婆婆，子女优先入学、入托。2002 年 10 月，增加男方护理假 7 天。

利益导向政策

自 20 世纪 80 年代以来，逐步建立奖励、优先、优惠、扶持、救助、保障“六位一体”的计划生育利益导向机制，但主要集中在独生子女奖励和优先优惠政策方面，利益导向还很不完善。1989 年 4 月，开始试点《独生子女父母养老金保险》，保费由乡镇、村、个人三方承担。陆续为全县独生子女“两全”保险，截至 2000 年，全县两全保险、母婴安康保险和双女户父母养老保险办理 4.6 万户，承保份数 6.74 万份，承保金额 600.90 万元。

1997 年 8 月，印发《关于开展计划生育“三结合”工作的通知》，为计划生育家庭落实帮扶项目 560 多个，落实帮扶资金 120 万元，帮扶 6000 户独生子女家庭和计划生育贫困户脱贫致富，涌现出大批种植、养殖大户和致富典型。

2005年，开始在全县落实农村部分计划生育家庭奖励扶助政策，对农村60周岁以上独生子女户和双女户每人每月发放60元奖励扶助金，2011年涨至120元。同年，对农村符合二胎生育条件终生只要一个女孩的独生子女户，由县镇财政一次性给予5000元的现金奖励。

2007年，平邑县对农村落实绝育措施的双女户奖励3000元。2011年，对男青年自愿到农村有女无儿家庭结婚落户的，一次性给予不少于2000元的幸福家庭建设扶助金。

1989—2013年平邑县家庭一孩、二孩、多孩出生情况表

表3-7　　单位：人

年份	一孩	二孩	多孩	年份	一孩	二孩	多孩
1989	10525	9893	1986	2002	4918	3504	93
1990	10758	9961	2316	2003	5470	3232	96
1991	8209	4686	1211	2004	8348	3818	236
1992	4177	1985	478	2005	7054	3340	210
1993	3427	1924	369	2006	5864	2775	100
1994	4975	2426	345	2007	6858	2926	147
1995	7682	2391	326	2008	7279	3143	157
1996	8475	3043	278	2009	7934	3377	214
1997	8121	3741	348	2010	9359	3463	241
1998	6829	4090	271	2011	9515	3441	232
1999	5440	4451	154	2012	9524	4530	239
2000	5160	3857	64	2013	7425	4792	323
2001	4879	3937	179				

第四节　宣传教育

1991年，县、乡（镇）均成立人口理论培训中心（后改称“人口学校”）。村村建立人口学校，受过专门培训的180多名人口与计划生育基础知识宣传员进村入户进行面对面的宣传教育。1994年，全县有百余对一孩夫妇退回生育指标，2000余名未婚青年及新婚夫妇主动推迟婚期或生育期。

1999—2001年，在全县范围内开展大型计划生育宣传教育活动——“宣传教育进村，婚育新风进家”活动。2000年，全县晚婚率达到94.97%，晚育率、计划生育率均达到98%以上，共有5.05万户家庭自愿报名终生只要一个孩子，有27对农村育龄夫妇自愿放弃二胎生育指标终身只要一个女孩，有0.49万对男女青年主动推迟婚期，有0.12万对夫妻推迟生育时间。

1999年9月，为提高全民生殖健康水平，县计生服务站配备生殖保健宣传车一辆，印制宣传挂图及有关方面的宣传书籍等宣传品，发放到村、到户。县乡两级计生服务站建立各种咨询服务室，人口学校开办各种培训班，对生殖健康进行宣传。年底，育龄夫妇人口与计划生育及生殖保健知识参学率和接收率达到85%以上，已婚育龄妇女常见病普查率达90%以上，常见遗传病咨询率达80%以上，出生缺陷发生率降低到全国平均水平以下。

2006年，开展“关爱女孩行动”宣传活动，分别在县电台、电视台的有关栏目中，播出“关爱女孩行动”专题节目。印制“关爱女孩行动”宣传品10万份发到每个育龄妇女家中，为乡村人口学校增添关爱女孩书籍。全县粉刷“关爱女孩行动”标语5000余幅，设立大型“关爱女孩行动”喷绘宣传画10余幅。

2008年9月，以“纪念改革开放30周年”为主题，深入开展丰富多彩的宣传活动，各乡镇结合当地实际，组织庄户剧团，到村居、集市进行巡回演出。举办美术、书法、摄影展览和宣传品发放服务等活动，活跃群众文化生活，促进人口文化健康发展。

2010年是中共中央“9·25”《公开信》发表30周年。县计生局印制《公开信》20万份、省会议精神宣传提纲2万份、《答记者问》2万余份，录制《公开信》《人口文化三字经》磁带1800盒，同时利用电视专栏、图片展、算账对比、征文比赛、国策知识演讲、文艺演出、培训等形式，宣传《公开信》发表30年来实行计划生育取得的成就、贡献和经验，对全社会开展计划生育国策再教育。

2011年，为落实利益导向机制，研究制定《关于进一步完善人口和计划生育利益导向政策的决定》和《平邑县农村计划生育家庭医疗补助办法》，积极整合“百村帮扶”“少生快富工程”“春蕾计划”“希望工程”等政策资源，深入开展计划生育“三到户送温暖”活动和“生育关怀行动”，全面落实优先优惠政策。

2012年，深入开展婚育文化宣传“六进”活动。通过发放宣传品、组织宣传车、设立宣传咨询站、设置流动展板、开展文艺演出等形式，开展计划生育宣传教育进村、进机关、进工厂、进学校、进商场、进集市“六进”活动，使计划生育婚育宣传逐步渗透到基层单位和村居，扩大宣传教育效果。全县开展集中宣传4次，开展集中宣传咨询4次，组织宣传车80辆，开展文艺演出30余场次，制作发放各种宣传品80余万份。

2013年，开通“计生通”无线宣教平台。充分利用手机短信查阅方便、覆盖面广的特点，通过人口计生短信宣传平台，以短信的形式把人口计生政策法规、办事程序、优生优育知识等免费发送给育龄妇女，增强宣传的针对性、时效性、可读性和趣味性。至年底，累计编发短信30.3万条，编发彩信10.2万条，受众40余万人次。

第五节 计生服务

节育管理

1989年，县计划生育宣传技术指导站增加设备和技术人员，乡镇建立计生服务站，村级建立计生服务室，各项计划生育服务全面展开。

1993年，全县开始推广使用T型环。1994年，开始使用带铜宫型节育器，具有脱落率低、副作用轻等优点。

1998年，全县分期开展避孕节育措施知情选择服务试点工作。

2002年5月，全县范围内实施避孕节育

措施知情选择，坚持以长效节育措施为主。

2005 年起，县计划生育服务站对各类计划生育手术实行严格的质量控制，严格实行手术知情，严格术前查体，严格掌握手术适应证、禁忌证，严格无菌操作，严格术后随访。

避孕药具管理

1989 年进一步深化避孕药具管理体制改革，国家免费划拨避孕药具，县计划生育宣传技术指导站管理发放。县配备专职药具管理员 4 名，乡、村均设避孕药具专（兼）职管理人员 1 ~ 2 名，并建立相应的管理制度，由管理人员逐级领取，定期发放，对使用避孕药具者，实行免费发放。

1998 年，实行免费发放与市场零售相结合的办法，经省、市药具站批准，在城区、乡镇设置避孕药具零售点，方便满足育龄人群的需要。

1999 年 3 月，成立平邑县计划药具市场清理整顿工作组，清理整顿全县避孕药具市场，实行达标开业。

2001 年，设立平邑县计划生育避孕药具性保健品监督管理服务中心，强化管理措施，坚决杜绝国家免费避孕药具流入市场。

2008 年 6 月，山东省计划生育委员会启动“山东省 50 ~ 60 岁妇女 IUD 滞留现况调查及干预研究项目”工作，确定平邑县为项目县，县内的资邱、地方、铜石、丰阳 4 个乡镇为项目乡镇。项目工作的主要内容是对 50 ~ 60 岁妇女 IUD 滞留开展现况调查，提供健康教育、健康查体、滞留 IUD 取出等免费服务。

2011 年 8 月，对全县避孕药具和保健品市场进行清理和整顿，检查药具和保健品零售店 280 多家，规范药具零售市场，杜绝药具非卖品和流引产药物的非法出售。

2001—2013 年，全县举办各镇、村级避孕药具培训班 13 期，培训药管员 1.5 万余人次。

2001—2013 年平邑县避孕药具发放情况表

表 3-8

年份	口服避孕药（板）	外用药膜（本）	避孕套（盒）	节育环（只）
1989	52000	11800	40000	28000
1990	50000	11000	41000	28800
1991	54000	11400	42000	29500
1992	11960	1000	40000	20900
1993	14600	5000	40000	15000
1994	11000	4000	36000	4400
1995	5500	5000	32000	14800
1996	8400	4000	34000	13500
1997	4600	3000	35000	7000
1998	9200	3000	40000	18600
1999	8900	2000	56000	15200
2000	9200	4000	52000	11400

续表 3-8

年份	口服避孕药（板）	外用药膜（本）	避孕套（盒）	节育环（只）
2001	5940	210	52000	8200
2002	6040	220	54000	8000
2003	7010	204	58800	7905
2004	4790	1836	51600	10555
2005	3640	560	622000	14070
2006	4465	460	492000	9580
2007	3568	430	462000	12615
2008	1780	70	566000	12805
2009	1798	240	452000	11440
2010	1938	260	408000	13800
2011	540	450	402000	10200
2012	340	110	396000	7970
2013	320	—	548120	1455
合计	28519	70250	5052520	335695

第六节　优生优育

1989年，县计生委、卫生局、民政局、县妇联、县团委5个单位向县政府提交《关于加强婚姻保健、促进优生优育工作的报告》。县内各单位、各乡镇计生委、各医院开展以婚姻保健为主要内容的优生优育系列服务。对适龄青年进行婚姻保健教育，加强对已婚育龄妇女孕期和产褥期保健措施，并实行婚姻保健与围产期保健系列化服务和程序化管理。同时，在县内各医院妇产科全部实行科学接生法。

1991年3月，全县计划生育技术服务项目从单一型向综合型服务转化。县计生服务站购买天津产B超机一台，增设婚姻家庭咨询、母婴保健、优生优育咨询、不孕症治疗咨询等服务项目。

1998年，县计生服务站向各乡（镇）发1000张B超免费查体卡，为0.47万名怀孕妇女免费B超检查，查出死胎27例，胎儿畸形39例（包括无脑儿、脑积水、内脏外翻、肢体短小、肾积水等），葡萄胎5例，并终止妊娠。

1999年11月，印发《平邑县出生缺陷干预工程实施方案的通知》，开展出生缺陷干预工程。妇女孕前及孕初3月内进行巨细胞病毒、风疹病毒、弓形体、单纯疱疹病毒优生四项监测，详细指导孕妇进行各种防护措施。对持证待孕妇女，病残儿生二胎的妇女，进行优生四项监测、服用“斯利安”或“福施福”胶囊。加强孕妇中、晚期胎儿发育情况的观察和监测。

2000年初，县计生服务站抽调16名技术人员组成技术服务队，深入乡村开展大量的调查研究和统计托底工作。对持证待孕和早孕者0.57万人进行优生4项监测，检出阳性患者167人，4项阳性率为2.94%，并对阳性者全部建档，落实综合性咨询服务和治疗。对病残儿二胎实行优生监护服务，对病残儿的母亲准生怀孕的实行建立一人一档，全程跟踪服务制度。为全县0.84万人有生育计划的育龄妇女进行优生4项检测，查出巨细胞阳性者49人，风疹病毒阳性者17人，单纯疱疹病毒阳性者18人，弓形体阳性者4人。有146人服用“福施福”，5094人服用“斯利安”。为446个高危家庭建立监护档案，进行全程跟踪监护治疗，早期发现胎儿死亡、畸形、病残终止妊娠的145人。

2005年10月，印制计划生育、生殖健康、优生优育等宣传图版120余块，小册子，宣传折页等200余种，并在全县范围内悬挂、张贴和发放。2006年，县服务站投资120万元购置意大利产彩色多普勒超声诊断仪1台。

2012年9月，平邑县国家免费孕前优生健康检查项目工作启动。享受免费服务的农村户籍育龄夫妇（含流入平邑县农村户籍流动人口）免费接受健康教育、病史询问、体格检查、临床实验室检查、风险评估、咨询指导、早孕及妊娠结局随访等优生健康服务，共计19项，包括实验室检查（9项），病毒筛查（4项），影像学检查（1项）等，每年参加孕前优生健康检查的育龄夫妇保持在0.08万～1.1万对。11月底，为保证国家孕前优生健康检查项目顺利开展，由县财政投资148万元，经县财政局招标办招标购进检验设备1宗。2013年6月，城镇居民也实行免费孕前优生健康检查服务。

第七节 协 会

自1989年起，县乡镇建立计生协会。1990年5月，中国计生协会常务原副会长王伟一行到平邑县考察计生工作，对平邑县建立乡级计生协会组织、发挥协会会员作用及建立个体工商计生协会组织给予肯定。

1991年11月，全县推广天宝山乡计生协会组织整顿工作“三落实”（人员、制度、阵地）做法，全县开启基层协会规范化建设。

1993年5月，制定《平邑县计划生育协会工作管理规范（试行）》；是年底，全县建立各级协会1048个，发展会员9.46万人。

1996年9月，印发《关于加强计划生育协会组织建设，搞好基层协会组织整顿的决定》，各乡镇计生协会会长由分管计生工作的党委副书记或副乡镇长兼任，各行政村配备1名专职计生协会会长，实现县、乡、村组织规范、队伍到位、阵地健全、活动经常的群众组织。

1997年开始，以计划生育协会为载体，发挥协会“带头、宣传、服务、监督、交流”的职能，开展计划生育“三结合”（计划生育与发展农村经济相结合，与帮助农民勤劳致富相结合，与建设文明幸福家庭相结合）工作，搞好“三生”（生育、生产、生活）服务。全年落实帮扶项目560多个，投入资金120多万元，共帮扶计生贫困户6000多家。

20世纪90年代后期，在开展计划生育工作“三为主”合格乡村、争创模范乡村的基础上，全县开始推行计划生育村民自治。

2000年3月，在资邱乡、天宝镇开展计划生育村民自治试点工作；8月，全县推广计划生育村民自治工作。同年，全县95%的村居建成合格协会，其中 30% 的村居建成“和庄式协会”。

2010 年 6 月，全县深化村民自治试点工作启动。至年底，全县 35% 的村居都重新修订村规民约，村居和育龄群众签订《计划生育管理服务合同》。至 2012 年底，全县各行政村都完成《村民自治公约》的修订和《村民自治管理服务合同》的签订工作。

2013 年 3 月，县计生协会被山东省人口和计划生育领导小组授予全省计划生育优质服务先进单位。

第四编

交通 邮政 通信

第一章 交 通

第一节 公 路

道路建设

国道和省道 1989—2013年，经平邑县境内的国省道干线公路有6条，高速公路1条。

连菏公路（G327国道） 东起江苏连云港，西至山东菏泽，由费县入平邑境内，经地方、铜石、温水、平邑街道4个乡镇，向西至临沂济宁界。1991年，由原砂土路改为沥青碎石路面，按2级标准改建，全线绿化。1996年，浚河桥改建；1997年，铜石大桥加宽改建；1999年，利沟大桥加宽改建；2005—2006年，加宽改线。公路平邑境内路段全长43.378千米，路面宽24米，一级公路标准。

新枣公路（S240省道） 北起新泰市，南至枣庄市，自北由新泰、临沂入平邑境内，向南经仲村、平邑街道、流峪、郑城、白彦5个乡镇，入枣庄。1993—1994年，进行加宽改建57.37千米，路面加宽至10米，由碎石路面改为沥青碎石路面。1998—1999年，对平邑县城至仲村段加宽改建，路面加宽至15米。2007—2008年，对仲村至新泰段进行加宽改建，路面加宽至15米。2013年，对平邑县城以南路段进行加宽改建，路面加宽至12米。新枣公路平邑境内路段全长62.31千米，路面宽12～23米，二级公路标准。

平滕公路（S241省道） 北起平邑县城，南至滕州，经平邑街道、丰阳、临涧3个乡镇。原为县乡道，1987年改名为平滕公路，沙土路面，4级公路标准，全长32.89千米。1989年，县城段改线。1994—1995年，进行路基改造和加宽，铺筑沥青碎石路面，部分路段改线；2013年，全段进行大修改建。平滕公路平邑境内全长32.042千米，路面宽9～32米，二级公路标准。

岚济公路（S342省道） 东起日照岚山，西至济宁，经郑城、白彦2个乡镇。1995—1998年，进行路基、小桥梁加宽改造；1999年铺筑沥青混凝土路面，2007年、2012年，分别进行路面中修。岚济公路平邑境内全长22.834千米，路面宽12～18米，二级公路标准。

枣徐公路（S244省道） 北起泰安枣园，南至徐州，为20世纪60年代修建的战备公路，位于济宁、临沂、枣庄三市交界，由济宁市入平邑境，经白彦1个乡镇。20世纪80年代至90年代初，为3级公路标准，路基宽9米，路面宽6米，沙土路面，全线绿化。1997年，进行路面改建。至2013年，枣徐公路平邑境内长9.49千米，路面宽7～9米，二级公路标准。

日东高速公路（G1511） 东起日照海滨西至菏泽东明，后延伸至河南省兰考县，经费县入平邑县境内，经铜石、温水、东阳、丰阳4个乡镇，向西入济宁市，1998年10月开工建设，于2000年11月建成通车。境内设平邑、平邑东两个收费站，于2000年12月8日开始运营收费。

县乡道路 1989年以来，平邑县加大县乡公路建设。至2013年，全县农村公路通车里程2758千米（不含蒙山），干线公路通车里程181.9千米。

县乡公路通车里程2357千米，占全县公

路总里程的85.5%。其中县道16条289千米；乡道36条322千米。通过实施村村通工程，通达、通畅工程，公路扶贫、危桥改造和村级公路网化工程建设，形成县、乡、村三级农村公路交通网。县乡公路的养护、管理也走上正轨，实现农村公路建、管、养、运一体化目标。

2013年平邑县县道情况表

表4-1

序号	路线编号	路线名称	起点	止点	里程（千米）	备注
	合计				288.84	
1	X004	文疃—泗水	资邱	仲村镇	27.04	蒙山除外
2	X015	汶南—平邑城	九女关口	平邑	17.30	蒙山除外
3	X086	地方—庞庄	327国道	临涧庞庄	49.59	
4	X087	铜石—枣梨	327国道	白彦枣梨	42.20	
5	X088	资邱—红石岭	资邱乡	红石岭村	9.45	
6	X089	大洼—温水	葛针尧子	温水	11.36	蒙山除外
7	X090	南阳—临涧	平邑南阳	临涧	21.15	
8	X091	铜石—红山	铜枣路	丰阳红山	30.63	
9	X092	铜石—彭泉	铜石	吴家沟村	9.22	
10	X093	海螺寺—大三阳	海螺寺	保太镇	14.77	
11	X094	千行庄—王家庄	地庞路	牛角	10.66	
12	X095	蒙山—西埠阴	蒙山	西埠阴	5.20	蒙山除外
13	X096	白彦—龙山	岚济路	白彦龙山	9.58	
14	X097	王崮山—彭泉	千王路	铜石彭泉	10.61	
15	X098	温水—白庄	温水	白庄	15.02	
16	X208	平邑连接线	浚河桥东头	八埠庄	5.07	城区内道路

2013年平邑县乡道情况表

表4-2

序号	路线编号	路线名称	起点	止点	里程（千米）	备注
	合计				321.75	
1	Y115	白马—泉子峪	白马	泉子峪	12.72	
2	Y116	康家寨—白马	仲村	白马	6.31	
3	Y117	马家峪—岐山	马家峪北村	岐山	8.33	
4	Y118	泽国—岐山	泽国庄东	梅家沟东	8.11	
5	Y119	武台—苏城	武台	苏城	8.69	
6	Y120	明光寺—温水	明光寺	温水	6.00	蒙山除外

续表 4-2

序号	路线编号	路线名称	起点	止点	里程（千米）	备注
7	Y121	武台—平邑	武台	平邑	7.25	
8	Y122	广崮尧—铜石	广崮尧	铜石	13.20	蒙山除外
9	Y124	城子—石箱	城子村	S240	5.55	
10	Y125	卞桥—小平安庄	卞桥	小平安	9.62	
11	Y126	万寿宫—资邱	万寿宫	资邱	5.50	蒙山除外
12	Y127	蒙山—温水	温水	温水	3.40	蒙山除外
13	Y128	小平安—地方	小平安	地方	15.07	
14	Y129	付家庄—城后	付家庄	铜红路	5.01	
15	Y130	临涧—黄坡	临涧	岚济路	6.85	
16	Y131	燕庄—分水岭	燕庄	分水岭	7.54	
17	Y132	关西庄—上黄家湾	关西庄	南岭	9.82	
18	Y133	西埠阴—南近台	西埠阴	南近台	12.28	
19	Y134	铜石—东阳	西皋村	博徐路	12.18	
20	Y135	平邑—王府岭	平邑	王付岭村	9.86	
21	Y136	东点—松林	松林村	东点	8.33	
22	Y137	临涧—前桃沟	临涧	老岚济路	6.63	
23	Y229	魏庄—虎沃	关黄路	S240	11.43	
24	Y279	郑家峪—林家寨	郑家峪	林家寨村	7.41	
25	Y281	铜石—广阜	铜石	广阜村	5.36	
26	Y311	山北头—黑山前	山北头	黑山前家	7.40	
27	Y312	资邱—兴仁	资邱	资红路	5.73	
28	Y331	武台—白马关	武台	白马关	9.86	
29	Y336	界牌沟—黄坡	岚济路	黄坡	3.93	
30	Y337	岐山—武台	岐山	武台	4.61	
31	Y339	北仲二—仲村	S240	仲村民合村	4.68	
32	Y444	堡前庄—平邑	堡前庄	平邑	12.29	
33	Y449	下土桥—老泉	下土桥	老泉	12.75	
34	Y450	北申庄—S240	北申庄	S240	8.67	
35	Y461	西子宿—颛臾	西子宿	颛臾	7.50	
36	Y602	地方—平邑	地方	平邑	31.90	

乡村道路　平邑县从2003年开始发展农村公路建设。至2013年，共有农村道路2272.603千米，其中县道16条324.587千米、乡道33条335.907千米、专用公路2条2.988千米、村道1151条1609.121千米。行政村与行政村全部通油路，通达率100%。农村公路由2003年的不足百千米发展为2200多千米。

全县农村公路中等以上路面比例达85%。其中县道中等以上路面比例为95%，乡道中等以上路面比例为80%，村道中等以上路面比例为75%。

2013年，全县农村公路整体绿化率超过87%，其中县道绿化率为95%、乡道绿化率为89%、村道绿化率为82%。

1989—2013年平邑县乡村道路绿化情况表

表4-3

项目	可绿化里程（千米）	已绿化里程（千米）	绿化率（%）	当年绿化投入资金（万元）
合计	2110.784	1670.979		
县道	319.193	306.376	95.985	392.5
乡道	289.369	259.791	89.778	
专用公路	2.988	2.690	90.027	
村道	1509.318	1114.678	73.843	

1990—2013年平邑县农村公路修建情况表

表4-4

年份	县道（千米）		乡道（千米）		村道（千米）		年度合计（千米）			桥梁（座）
	新建	改建	新建	改建	新建	改建	新建	改建	小计	
1990			0.5		58.2	1.3	58.7	1.3	60.0	15
1991	14.3		1.1		13.0	1.7	28.4	1.7	30.1	5
1992			2.5		27.3		29.8	0.0	29.8	12
1993					5.8		5.8	0.0	5.8	13
1994	2.9				28.7	1.8	31.6	1.8	33.4	10
1995	51.2		5.8		38.8	3.6	95.8	3.6	99.4	43
1996	42.4		25.9		15.8		84.1	0.0	84.1	22
1997	30.7	4.2	20.0		11.5	0.6	62.2	4.8	67.0	19
1998	0.8		28.5	4.8	10.3		39.6	4.8	44.4	14
1999	24.3	5.1	3.1		11.0	4.2	38.4	9.3	47.7	23
2000			25.9		13.1	0.4	39.0	0.4	39.4	5
2001				0.5			0.0	0.5	0.5	4

续表 4-4

年份	县道（千米）		乡道（千米）		村道（千米）		年度合计（千米）			桥梁（座）
	新建	改建	新建	改建	新建	改建	新建	改建	小计	
2002	31.8	1.3	12.4	13.8	12.6		56.8	15.1	71.9	31
2003	17.0	16.0	48.6	30.0	147.5	105.0	213.1	151.0	364.1	12
2004	3.1	17.6	51.7	44.1	298.0	212.0	352.8	273.7	626.5	19
2005		8.7	25.4	4.0	104.0	67.0	129.4	79.7	209.1	13
2006		0.6		15.4	1.5	83.4	1.5	99.4	100.9	8
2007		20.8		1.6	23.1	15.8	23.1	38.2	61.3	7
2008		2.9		3.1	29.8	35.5	29.8	41.5	71.3	3
2009		0.3		11.7	21.9	36.1	21.9	48.1	70.0	7
2010	2.4	4.4		3.2	28.1	5.8	30.5	13.4	43.9	8
2011		54.7			35.7	4.5	35.7	59.2	94.9	1
2012		62.3		17.9	16.4	2.1	16.4	82.3	98.7	
2013		28.6		33.9	275.0	45.3	275.0	107.8	382.8	14
合计	220.9	227.5	251.4	184.0	1227.1	626.1	1699.4	1037.6	2737.0	308

桥梁

利沟大桥 位于连菏公路（国道 327）平邑县地方镇利沟村段，跨利沟河，2005 年新建，桥全长 165.6 米，全宽 25 米。

庞家村大桥 位于连菏公路（国道 327）平邑县铜石镇庞家村段，跨庞家村河，始建于 1970 年，2005 年加宽改建。桥全长 131.3 米，宽 25 米。

铜石大桥 位于连菏公路（国道 327）铜石镇段，跨铜石河，2005 年新建，桥梁全长 299 米，宽 25 米。

浚河大桥 位于连菏公路（国道 327）平邑县城段，跨浚河，2005 年新建，桥梁全长 244 米，宽 25 米。

新枣线公铁立交桥 位于新枣公路（省道 240）平邑县城北，跨兖石铁路，建于 2003 年，桥梁全长 666.6 米，宽 18 米。

东阳大桥（大桥） 位于新枣公路（省道 240）平邑县城南东阳乡，跨东阳河，建于 1987 年 4 月，2005 年进行右幅加宽改建，桥梁全长 213 米，宽 24.1 米。

常庄大桥 位于新枣公路（省道 240）常庄段，跨平邑常庄河，2009 年新建，桥梁全长 146 米，宽 13 米。

范家洼大桥 位于新枣公路（省道 240）平邑县郑城镇范家洼段，跨范家洼河，始建于 1975 年，2008 年在原桥西侧重建，桥梁全长 115.54 米，宽 15 米。

巩家村大桥 位于平滕公路（省道 241）平邑县临涧镇巩家村段，跨巩家村河，建于 2002 年，桥梁全长 226 米，宽 16.1 米。

水沟大桥 位于石兖公路（省道 335）平邑县武台镇水沟段，跨水沟河，始建于 1978 年，2007 年进行右幅加宽改建，2010 年大修，桥梁全长134米，宽16米。

西崮桥　位于国道327平邑县地方镇西崮村段，跨西崮村西崮河，建于2005年，桥全长86米，宽25米。

沙河桥　位于国道327平邑县温水镇温水村段，2005年新建，桥全长65.5米，宽25米。

仲村西桥　位于新枣公路（省道240）平邑县仲村段，跨平邑县仲村西河，建于2008年，桥全长70米，宽16米。

跃鱼沟桥　位于新枣公路（省道240）平邑县仲村镇牛家庄段，跨越鱼沟河，始建于1973年，桥全长50米，宽22.5米。

车庄桥　位于新枣公路（省道240）平邑县流峪镇车庄村段，跨车庄河，始建于1968年，2009年改建，桥全长56.3米，宽16米。

郑城桥　位于新枣公路（省道240）平邑县郑城镇驻地南段，跨郑城河，建于2012年，桥全长73米，宽18米。

平邑西桥　位于平滕公路（省道241）平邑县城内，跨平邑县祊河，始建于1989年，桥全长94.37米，宽42米。

丰阳北桥　位于平滕公路（省道241）平邑县丰阳镇驻地北段，跨南埠庄河，始建于1998年，桥全长60.4米，宽25米。

丰阳南桥　位于平滕公路（省道241）平邑县丰阳镇驻地南段，跨南埠庄河，始建于1998年，桥全长36.04米，宽24米。

常岭桥　位于平滕公路（省道241）平邑县丰阳镇常岭村，跨常岭河，始建于1965年，2009年重建，桥全长66米，宽13米。

庞庄桥　位于平滕公路（省道241）平邑县临涧镇庞庄乡段，跨庞庄河，始建于1983年，2008年重建，桥全长86.29米，宽16米。

武台中桥　位于石兖公路（省道335）平邑县武台镇路段，跨孙家庄河，建于2007年，桥全长40.5米，宽25米。

仲村中桥　位于石兖公路（省道335）平邑县仲村段，跨仲村西河，建于1998年，桥全长108.8米，宽15.4米。

至2013年，平邑境内国省干线公路有大中小桥75座，其中大桥10座、中桥13座、小桥52座。

1989—2013年平邑县公路主要桥涵情况表

表4-5

项目	总计		大桥		中桥		小桥	
	座	延米	座	延米	座	延米	座	延米
合计	425	19128.33	25	4214.30	107	6729.98	293	8184.05
县道	116	5296.80	11	2027.86	27	1669.30	78	1599.64
乡道	87	3840.14	12	1851.44	14	756.60	61	1232.10
村道	222	9991.39	2	335.00	66	4304.08	154	5352.31

公路养护

干线公路　1989年，平邑县公路管理站共辖15个养路分站，有干部、职工106人，群众养路员236人。

20世纪90年代初期，随着油路里程的增加，公路养护逐步过渡到以养护油路为主，养路方式由原始的手工操作逐步向半机械化、机械化过渡。增设养护机械和专用设备，成立专业维修工程队伍，建设沥青油场，满足油路养护的需要。公路绿化做到修建一条、配套一条、绿化一条。公路绿化行道树由过去的单一树种，发展为乔灌结合。

1994 年，县公路站改称县公路局，道班房改称公路站。1997 年，平邑县公路局设置养护科。

2004 年，投入养护资金 200 多万元，全年实现综合好路率 95.2%。2005 年，干线公路养护完成安保工程浆砌护栏 1800 余个，整修路肩边坡 140 千米，新补植行道树 4000 余棵，桥涵维修 80 余处，抢修水毁 5 个 400 余砌体，全年实现综合好路率 88%。2006 年，干线公路养护综合好路率 90%。

2007 年，平邑公路局有养护职工 83 人，季节性临时工 100 人，设有 5 个公路站，负责平邑县境内 1 条省道、5 条国道共计 189.13 千米的干线公路养护管理任务。

2008 年，平邑公路局共管养国省干线公路 179.1 千米，1 条国道，5 条省道。其中，国道连菏线（国道 327）43.3 千米，省道石兖线（省道 335）21.116 千米，省道新枣线（省道 240）54.584 千米，省道平滕线（省道 241）27.742 千米，省道岚济线（省道 342）22.846 千米，省道枣徐线（省道 244）9.491 千米。2008 年，县公路局进行公路养护体制改革，干线公路养护推向市场，交由保洁公司负责养护保洁，公路站负责管理考核。全年投入养护资金 800 万元，落实预防性养护和精细化养护措施，打造文明样板示范工程，全年国省干线公路综合好路率达 91.3%。

至 2013 年，平邑县公路局养护科有专职工作人员 4 人，下辖 5 个公路站，负责平邑县境内 178.087 千米国省干线公路养护管理任务。全年整修路肩 290 千米，清理路肩五堆 1256 处，清理绿篱内杂草垃圾 240 千米，清理路宅分家排水沟 1200 米，清理路肩边坡农作物 66 千米，修剪遮挡标志行道树 40 余千米。对石兖线、新枣线、岚济线进行路面冷热灌疑缝和路面坑槽挖补等预防性养护，灌缝 5 万余米，挖补 18113 平方米。国道 327 中修摊铺罩面 104 万平方米，应急垫补坑槽 500 余平方米。投资 170 余万元，对新枣线公铁立交和岚济线白彦桥、魏庄桥等桥涵进行维修加固。投资 800 余万元，对新枣线、平滕线进行绿化提升，栽植绿化苗木 286.7 万余株。

支线公路 2011 年，平邑县印发《平邑县农村公路管理养护办法》，建立健全县乡村 3 级管理养护机构。各镇政府均设立农村公路管理机构，设立农村公路管理养护站，负责对乡村公路进行管理养护。

2011 年，县财政拨付 180 万元；2012 年，拨付 280 万元；2013 年，拨付 300 万元。同时各镇、街道办也积极筹措养护资金，确保养护管理工作顺利开展。

2011 年，县政府筹措 110 万余元为农村公路养护机构采购道路清扫车、洒水车、大功率鼓风机、综合养护车等设备，提高养护效率，延长公路使用寿命。

2012 年，投资 40 余万元，对文泗路、蒙山大道部分出现裂缝路面进行灌缝处理，完成约 3 万米的灌缝工作。2012 年、2013 年，共投资 400 余万元，对县道地庞路、平保路、铜枣路、南临路、白龙路等路段的路面进行挖补作业，共挖补路面 3.6 万余平方米。2013 年，交通安全隐患集中整治工作共完成：铜枣路设置防撞墩 258 个，安装警示标志 36 个，警示桩 426 个，道路指示牌 2 个；文泗路安装警示桩 360 个、设置减速带 12 处，安装警示标志 44 个；地庞路安装警示桩 870 个，警示标志

70个；老327国道安装警示标志10个，蒙山大道安装警示桩27个、警示标志6个；资红路安装警示桩321个、安装警示标志4个；平保路安装警示标志12个，铜红路警示桩460个。完成文泗路、铜红路、地庞路5处交叉路口交通信号灯安装，6处危险桥梁栏杆扶手安装，乡村道限宽设施喷涂反光漆66处、拆除6处，投资206万元。

公路运输

工具 进入20世纪80年代，胶轮手推车和双轮排车的作用逐步下降。特别是改革开放以后，社会经济快速发展，各种新型动力强、载重量大、乘用舒适性好的机动车逐渐占据主导地位。

1989年，全县拥有各类型运输汽车480辆。至2013年，全县拥有客车372辆、各类型货车9313辆。

客运 平邑县客运任务由平邑汽车站执行，客运计划原由临沂地区汽车运输公司负责编制。自2000年6月起，各类手续齐备的个体客车进入车站经营，实行定线路、定站点、定班次和统一调度、统一售票、统一发车、统一结算的"三定四统一"管理，增加始发班次。

1989—2013年间，平邑县的客运发展呈逐年递增趋势。

1989—2013年平邑汽车站客运量情况表

表4-6

年份	客运量（万人）	年份	客运量（万人）
1989	9.6	2002	39.1
1990	10.2	2003	42.2
1991	11.9	2004	48.69
1992	13.4	2005	49.77
1993	14.9	2006	56.51
1994	16.8	2007	61.86
1995	18.7	2008	63.45
1996	21.6	2009	64.32
1997	24.8	2010	67.13
1998	26.3	2011	68.25
1999	30.5	2012	70.14
2000	33.3	2013	70.47
2001	36.6		

货运 1986年，全县个体户、联运户共有货运汽车不足200辆，全年货物运输量不足20万吨，周转量不到千万吨/千米。进入20世纪90年代，县政府提出运输生产经营市场化，鼓励合法竞争，维护运输经营者合法权益，再办理营运手续、牌证、线路审批等予以规范，促进运输业的快速发展。

截至2013年，社会运输能力保持较快增

长，运输车辆逐年增多，全县货运汽车9300多辆。全年完成货物运输量3101.94万吨，货物周转量达2446.488万吨千米。

公交 2012年10月10日，平邑县城市公交车开通运行；投资200余万元，建设46处公交停靠港湾、候车亭及91个站点牌。2013年，公交配套设施建设100余万元，增设港湾停车亭25个，站点牌60个。先期共规划公交线路5条，线路总长45.7千米，投入52座无人售票公交车40辆。至2013年，线路总长101.1千米，所有公交车均实行定点定时发车。3—10月，每天早上6点30分至晚上7点止，11月至次年2月，每天早上6点30分起至晚上6点30分止，每6～10分钟发1趟次，乘坐公交出行的市民平均每天约为1万人次左右，A1证驾驶员工资大约在3600元左右（不包括五险），A2证驾驶员工资大约在3000元左右（不包括五险）。根据《平邑县城市公交车辆运营补充协议书》规定拨付公交公司全年公交车补贴700万元（10万元/辆标准）。

主要运输企业 平邑汽车站，原坐落在县城浚河路中段73号，始建于1949年。2013年7月，在平邑县城蒙阳路与永康路交汇处东南角，规划建设平邑县公共交通枢纽（新汽车站），枢纽工程严格按照交通运输部一级站标准建设，是集长途客运、城乡客运、城市公交和出租运营于一体的零换乘交通枢纽中心，是平邑县2012年“十件为民实事之一”，占地面积5.33公顷。

平邑县公共交通枢纽（新汽车站）主站房楼局部4层、主楼9层，包括主站房、行包托运快货、换乘中心、驾乘公寓、城乡售票发车区、维修厂6个单体，设售票厅、候车厅、迎门服务厅和重点旅客候车室，另设有洗车、检修车间、加油（气）站等附属配套设施。

站内设有售票大厅、检票大厅和候车区，有8个微机售票窗口、22个微机检票口，另设母婴候车室、驾乘人员休息室，并配备先进的安检系统；站内停车场，可停放客车500余台；站外广场设立公交、出租客运专用通道，乘客可通过多种交通工具出站或到达。实行定线路、定站点、定班次和统一调度、统一售票、统一发车、统一结算的“三定四统一”管理，平均日发送班次达500个以上，平均日旅客发送量在1万人次以上。

2013年，平邑汽车站有干部职工124人，设有8个职能科室，16个服务岗位，2个三等站，6个稽查补票站。经营线路55条，其中城乡线路13条，进站经营客车360辆，日发班次610个，过路班次4个，班车通达4个省、直辖市、自治区，14个县、市级城市，日客运收入8万余元。

平邑县运输公司，1955年1月，平邑县运输公司成立。地处平邑县浚河路中段浚河路81号，公司机构健全，设有党支部、经理室、工会、办公室、财务科、安全科、货运科、客运科、货运站、汽车修理厂、加油站、宾馆等职能部门，公司有在册人员120人，其中管理人员20人、汽车维修人员20人、技术人员10人，公司占地面积2.67公顷，其中停车场地面积0.93公顷，拥有客运车辆45部、货运车辆78部，其他固定资产520万元，公司管理规范，各类档案建立齐全，生产经营稳步发展。公司近80部营运货车跑遍全国各地，45部营运客车，开通全县多条城乡客运班线。立足平邑实际引进物流业户10余家，货物流通全国各地。

公司始终贯彻落实“安全第一、预防为主、综合治理”的安全生产方针。为确保公司生产安全稳定，成立安全生产领导小组，设立安全科，实行“一岗双责”管理机制，主要领导亲自抓，分管领导靠上抓，科室负责人具体抓，同时配备专职安全工作人员，将安全生产责任目标层层分解，落到实处。

公司建立客、货营运车辆监控平台，设置GPS监控办公室，制订了规范严格的GPS监控管理制度，配备专职监控人员，24小时实施严密监控，对超员超速车辆及时提醒，确保营运车辆安全运营。公司汽车二级维护中心，配备各种检测设备。维护人员经临沂市汽车技术培训中心培训合格，持证上岗。

公路物流

山东盛安物流有限公司 1997年12月27日，成立平邑县盛安货物运输服务处，主要从事货物配载业务。2003年11月15日，成立山东盛安国际集装箱运输有限公司。2004年11月18日，在平邑县盛安货物运输服务处的基础上成立山东盛安物流有限公司，有车辆200辆，从业人员420人，运输吨位80万个，有蒙阴、临沂、平邑3个子公司。2008年，有车辆382辆，从业人员1080人，运输吨位10276个，8个子公司。2012年，有从业人员5000人，车辆2000辆，运输吨位5万个，9个分公司（厂），被列为山东省农村物流试点单位。2013年，公司有从业人员4600名，其中高级管理人员20名（国家二级物流师），中级管理人员16名；运输车辆2600余部（平邑公司523部），其中集装箱专用运输车辆180部、天然气发动机大型牵引车46部，总吨位61500个。营运收入1.47亿元，上缴税金486.2万元，被列为山东省新兴产业重点行业发展扶持企业、山东省第二批甩挂运输试点项目单位。

山东赵霞物流有限公司 前身是赵霞配货站，2003年，成立山东赵霞物流有限公司，占地1.87万平方米，自有车辆8辆，职工20人，年运输8万吨，业务收入408万元，上缴税金18万元。2004年，成立临沂分公司，开展重货、泡货运载业务。2013年，公司自有及代管车辆210台，从业人员346人。在全国32个城市设立办事处，与国内98家运输公司建立联运业务，运输吨位189万吨，营业收入2340万元，上缴税金122万元。

山东路宽物流有限公司 2004年8月10日，成立平邑县路宽汽车运输有限公司，有运输车辆50台，从业人员100人，运输吨位4.5万吨，有临沂专线、河南专线2条运输线路。2006年，在平邑县路宽汽车运输有限公司基础上，成立山东路宽物流有限公司，开展运输、物流两项业务，承包承揽第三方物流，有运输车辆150台，从业人员300人，运输吨位13.5万吨。2007年，成立临沂市路宽汽车销售有限公司。2008年，成立路宽汽车服务有限公司。2012年，公司与临沂奥德燃气有限公司合作成立加气站1个。至2013年，公司有3个子公司，从业人员1100人，运输车辆500辆，业务收入5000万元，上缴税金400万元。

平邑县天宝化工物流有限公司 2005年6月，成立公司名为平邑县天宝化工危险货物运输有限公司。2012年12月12日更名为平邑县天宝化工物流有限公司。2013年，公司有运输车辆82辆，驾驶员92人，押运员142人，装卸管理员26人，从业人员260人，运输吨位2.9万个，营业收入900万元，是一家从事危险货物运输（一类、三类、五类1项）资质的物流公司，隶属于集团总公司山东天宝化工股份有限公司管理。公司占地面积25568.7平方米，总建筑面积13612平方米。

公路管理

管理体制 1999年2月，交通局改为交通委。2002年10月，又改为交通局。至2010年，改为平邑县交通运输局，列县政府所属行政序列，统一领导、部署全县交通行政管理。2013年，设有运管处、工程处、监察大队3个二级单位，9个科室，7个交管所，共有干部职工396人。

车辆管理 按照国家有关规定，对全县营运客车、货车、危险品运输车辆、教练车等车辆进行定期维护和检测，监督检查营运车辆运营行为。对运输企业、站场、车辆进行质量信誉考核制度。每年有计划地对道路运输从业人员进行培训考核，纳入道路运输从业人员诚信考核档案，经常组织执法人员进行路检或定点检查，查处超限运输，保障道路交通安全。

营运管理 按照属地管理原则，每年对依法许可的客运企业（站场）及客运车辆进行监管，包括4家公司、1个汽车站、356辆客车（199辆城乡客车、157辆二类以上班线客车）、其他途径的二类以上班线客车及旅游包车等。对依法取得许可的货运企业（站场）是否守法规范经营或者未经许可擅自从事货运经营活动进行监管，包括29家普货公司（3家含货运站）、1家危货公司、沿街私自开设的10余家物流配载站点等。对依法取得许可的机动车维修企业或业户是否守法规范经营或者未经许可擅自从事机动车经营活动进行监管，包括16家一、二类维修企业，100余家有证，数百家无证（仅县城就有300余家）且又占道经营的。对依法取得许可的机动车驾驶培训企业及道路运输从业培训机构的经营行为、教练车培训行为进行监管，包括5家驾校、1家从业培训机构（附一驾校内）、469辆各种车型教练车。

2013年，全县完成客运量1250万人，旅客周转量12亿人千米；货运量3291万吨，货物周转量3291万吨千米。

路政管理 2011年11月，平邑县人民政府颁布实施《平邑县农村公路养护管理办法》，县交通运输局成立农村公路养护中心和路政科。管辖县道285千米，受理县道平交道口120余处，许可非公路标志70余处，配合公路养护中心设置各种安全标志牌。

养路费征收 1992年9月，省政府规定客、货汽车每月每核定吨位征收养路费160元，挂车按客、货汽车的70%征收，大拖拉机按50%征收，小拖拉机按40%征收，三轮车每月每吨位45元，二轮摩托每月征收8元，畜力车每套每月7元。至1994年，省政府又将省内养路费标准调整为汽车、农用车每月每吨位190元，大拖拉机每月每吨位96元，小拖拉机每月每吨位77元，正三轮车每月每吨位54元，侧三轮摩托车每月12元，二轮摩托车每月10元。

1999年，平邑县公路管理局征收养路费920万元。2001—2005年，完成养路费征收8859万元。其中，2004年征收养路费2060万元，2005年征收养路费3093万元。

2006年，平邑公路局专门建设路政征收服务大厅，提供养路费征稽和公路路政服务。全年完成养路费征稽4217万元。

2008年，征收养路费7193万元。是年12月，财政部、发展改革委、交通运输部、监察部、审计署等5个部门联合下发通知，明确取消公路养路费等6项收费相关政策。

自2009年1月1日起，在全国范围内统一取消公路养路费，平邑县公路管理局养路费征稽办公室同时撤销。

交通监管 1990年以后，路政管理进一步加强。1993年，县公路站设置专门路政科，落实专职路政管理员，同时，又在站内及社会上聘请兼职义务管理员，干线公路的路政管理走上正轨化。

2001—2005年，处理路政事案2222起，回收路赔费177.7万元，拆除违章建筑1054平方米，破案率、回收率均100%。其中2004年，公路路政巡查里程2.6万余千米，处理路政案件219起。

2005年，实施路政巡查3万千米，对327沿线东阳、南阳、铜石、地方等集市贸易进行治理，全年处理路政事案80起。

2006年，查处路政事案265起，破案率、路赔费回收率100%。2008年，实施路政巡查8万余千米，全年处理路政事案139起，收取路赔费26.2万元。

2010年，处理路政事案88起，收取路赔费91.5万元，破案率、路赔费回收率100%。

第二节 铁 路

平邑境内有兖石铁路经过，该铁路为普速客货混用，始建于1981年，1985年建成，1986年1月正式营运，为单线自动闭塞行车。1999—2002年进行复线及区间自动闭塞改造，2008—2010年进行电气化改造。兖石铁路平邑站位于站前路43号，中心里程位于兖石铁路87公里314米。车站等级为三等客货运站，分别与地方站、泉林站、放城站接壤。

线路

平邑站1986年1月营运时为单线，到发线4条，有效长850米，联锁方式为电气集中，闭塞方式为继电半自动，日均接发货运列车11对，客运列车2对。站内1至4道办理接发列车，5至7道办理货物装卸作业，主要办理列车接发、客运乘降、货物装卸、军运、小运转列车甩挂作业等业务。

1986年1月，运营时平邑段西起76千米000米处，东至120千米500米处，全长44.5千米，设平邑站、温水站、和气庄站、地方站等4个车站，隶属于济南铁路局济南分局兖石临管处平邑车务段管辖，2000年11月划归临沂车务段管辖，平邑站为三等站，其他为四等站。

1999—2002年，兖石铁路进行复线及区间自动闭塞改造施工，站内到发线有效长改为1050米。2002年12月改造开通后，使用6502电气集中设备，区间使用18信息自动闭塞，撤销了温水站和和气庄站。

2008—2010年，对兖日线（2012年复线开通后石臼所站改为日照站，兖石线改称为兖日线）进行电气化改造，2009年10月开通启用平邑站25HZ轨道电路设备及ZPW-2000A站内电码化设备，2010年1月开通区间ZPW-2000A站内电码化设备，2010年8月开通使用TDCS2.0调度指挥系统。复线电气化设备改造后，列车最高时速可达120千米/小时，年输送能力4亿吨。

平邑站向西与东平线接轨至莱芜市，向东在沭埠岭站与胶新铁路接轨。

平邑境内共建有铁路桥梁60座，其中长大桥1座，中心里程位于兖日线下行线81公里897米，桥长1227.22米。

运输

兖日铁路设计为客货混用，货物运输以矿产、石化、建材和粮食等大宗货物为主，1986年1月1日平邑站开办货运业务，1月10日开办客运业务，1986年平邑站办理客运业务客车1对，年发送旅客1万余人，装卸货物3000车。

1986年1月10日开行兖州到石臼所的普通旅客列车，车次为593/4次，结束了沂蒙老区无铁路客运的历史。1987年4月1日，开行济南到石臼所的管内旅客快速列车，车次为305/6次，客车593/4次改为585/6次。1997年4月1日，开行日照到北京特快旅客列车，车次为51/2次，结束沂蒙老区无进京列车的历史。

2013年，平邑站每日接发列车81对，其中旅客列车9对，在平邑站办理客运业务的15列，年发送旅客37.3万人，运输收入1997万元。

第二章　邮　政

1989年前，全县邮政事业规模较小，仅有信件投递、包裹投递、汇兑、报刊发行等业务。1989年，平邑县开通邮政业务网点26个，完成业务收入312万元。后增加集邮专柜、邮政储蓄、特快专递邮件和邮政物流、广告营销业务等新兴业务。1998年9月，邮政与电信分营，成立平邑县邮政局和平邑县电信局。此后，邮政工作以市场为导向，注重业务结构的调整，发展邮务类、速递物流类、金融类等项业务，企业竞争力增强。1999年，全县邮政业务收入876.8万元；2013年，完成邮政业务收入2325万元。

1989年，平邑县邮电局负责全县邮电通信网络和服务网点建设，管理全县邮电通信工作。在城区、乡镇设立26处邮电局（所）。

1998年9月，县邮电局分为邮政局、电信局。邮政局内设办公室、经营服务部、储汇科3个职能科室，速递公司、发行投递公司、集邮公司、封发室等生产部门，26处乡镇邮政支局，5处城区储蓄所。

2007年，白马、庞庄邮政支局分别撤并到县城、临涧邮政支局。

2013年，全县共有邮政网点24处，其中2处纯邮政网点。县邮政局内设综合办公室、市场部、代理金融部、保险理财部、商函广告公司、物流公司、集邮公司、电子商务、报刊发行，报刊零售、安保部及12处邮政支局；共有邮政干部职工172人，其中合同制职工68人。

第一节　基础设施

1989年，支线邮路由自办或委办汽车运邮，时有汽车2辆，自行车56辆。1990年，全县有邮政摩托车2辆，汽车5辆。除县城、乡镇驻地近区由自行车运送邮件外，其他邮路均为机动车辆运送。1993年，开始使用计算机处理业务，邮政储蓄实现前台营业处理电算化，有电脑1台。1994年，全县营业网点进行改造有电脑14台。1990—1995年，更新和新增邮运汽车2辆。

1998年9月，邮电分营时原县邮电局的房屋及土地全部分给电信局，邮政局分到商城营业部及土地和邮电三产院落1处，26个营业网点只有地方、铜石、岐山、白彦、东郊、临涧、温水、资邱、仲村等支局部分土地和房产，其他11处网点均为分营后购置网点。26处农村邮电支局，共有国有土地27宗，县邮政局分到9宗，其中城区3宗，占地面积12600平方米，建筑面积2800平方米；分营后由15处邮政支局租用房屋开展业务。同时分到 3 辆邮政生产用汽车、1 辆投递用摩托车和 2 辆行政用车。1999 年后，邮政用车和电脑等办公用品进行添置和报废除理。2005 年，拥有邮政汽车 6 辆，其中邮运汽车 2 辆。

2013 年，拥有邮政生产车 5 辆，非生产车 3 辆，投递用摩托车、电动车 60 辆，电脑 70 台，打印机 70 台，复印机 14 台，传真机 4 台，电子秤 25 台，空调 46 台。

第二节　邮　路

1996 年，开通自办邮路，减少邮件封发环节，进出口邮件全部实现由临沂邮区中心局集中分拣封发。

干线邮路

1989 年，境内开通临沂经地方、铜石、温水至平邑自办汽车邮路，由临沂市局派押承运，每日往返一次。

支线邮路

1989—1994 年，县内支线邮路总长度 220 千米。1995 年，邮件传递时限由原来的周 3 班改为周 6 班。至 2000 年，全县支线邮路全部实现自办邮车运输。2013 年，各支线邮路单程长度均为 110 千米。

农村邮路

1989 年，乡村投递路线为 48 个投递段，全长 1976 千米；村庄及乡镇驻地仍分别实行周六班和逐日班。1990—1994 年，为自行车投递路线。2000 年后，逐步改为电动车，按固定班期投递邮件的乡镇 18 个，投递路线总长度为 1976 千米。2001—2009 年，农村投递路线总长度为 2361 千米。2010 年，农村投递路线 56 条，按固定班期投递邮件的镇街 18 个，每周平均投递次数 6 次。

第三节　基础业务

函件

分类　1989 年，函件业务按性质主要分为信函、明信片、印刷品和盲人读物 4 种。1989 年办理在城关范围内的邮政快件业务。

1991 年 12 月，邮电部首次发行邮政贺年（有奖）明信片，共两组图案（每组 6 张）。次年，正式将销售中国邮政贺年（有奖）明信片，作为邮政正常业务开办。其中信函按处理手续分为平常信函、挂号信函和保价信函等。平常信函又分为国内平常信函、国际及港澳台水陆路和航空信函等。函件计费业务量 108.13 万件，邮政局办理挂号、特挂、保价、国际寄递及航空、回执、邮资总付和存局侯领等业务。

同月起，粮票、食油票、户口迁移证（包括准迁证和户口簿）、粮食转移关系、中国共青团团证和团组织关系等 5 种票证文件必须作特挂寄递。

1999 年，全县函件计费业务量 106 万件，收入 47.85 万元。

2002 年，全年处理函件 407.94 万件。2005 年降至 9.9 万件。2007 年增至 282.95 万件。2012 年降至 82.57 万件。

2013 年，函件计费业务量 6.9 万件，收入 353.5 万元。

函件计费标准　1989 年，平信每重 20 克或其零数，本埠资费 0.04 元，外埠资费 0.08 元，挂号费 0.12 元；明信片本埠 0.02 元，外埠 0.04 元；印刷品每重 100 克或其零数，本埠 0.015 元，外埠 0.03 元；国际信函 20 克及以下 1.5 元，20 克以上至 50 克 2.9 元，港澳台地区信函 20 克及以下 0.4 元，20 克以上至 50 克 0.8 元。

1990年，国内函件资费调整，平信每重20克或其零数，本埠资费0.1元，外埠资费0.2元，挂号费0.3元。1994年9月，国际及港澳台地区邮件资费调整，国际信函20克及以下2.2元，20克以上至50克4.3元；港澳台地区信函20克及以下0.6元，20克以上至50克1.2元。1996年12月1日起，函件资费不分本埠、外埠，信函为每件0.5元，明信片为每件0.4元，印刷品每重100克及其零数每件0.3元，上述邮件如按挂号邮寄，每件加收挂号费1元；快件资费调整为每20克每件2元。

1999年3月1日，邮政资费进行调整，信函调整为本埠每件0.6元，外埠0.8元；明信片不分本、外埠，一律为0.6元；印刷品每重100克或其零数，本埠每件0.3元，外埠每件0.6元；上述邮件如按挂号邮递，每件加收挂号费2元。2000年1月起，邮政快递不分本、外埠、不分种类、不分运递方式，一律按件按重量计收资费，重量在100克以内的起重20克及其零数4元，续重20克及其零数1元，100克以上每续重100克及其零数1.2元。

包裹

1989年，境内开办包裹业务分为民用包裹和商品包裹两类，有普通包裹、保价包裹、快递小包、保险快递小包、航空包裹、航空快递小包、国际包件、国际航空包件、乙类保价包裹、商品包裹共10种。普通包裹最大限重15千克；脆弱、流质、易碎、易溶物包裹最大限重10千克；国际包件按不同寄递国，也分别有所限制。普通包裹资费按照寄递里程分区计费，以每500克为1个计费单位；保价包裹按照所保价的金额另加收保价费用。商品包裹和大件包裹资费均在普通包裹资费的基础上加收50%的资费，同时，大件商品包裹每件再加收1元。从8月起，除纸质品包裹按省第一计费区的资费标准计收外，商品包裹另加50%。大件商品包裹不分本、外埠，每件一律收取大件费1元。

1990年7月31日始，国内包裹资费调整为按寄递里程分区核定，起算单位由100克恢复到500克，民包按现价《包裹咨费表》费率加150%，商品包裹在民包基础上加50%；纸质品包裹按调整后的《包裹咨费表》第一计费区率计算；包裹除理费每件0.5元，保价费按保价值1%收取。

1996年12月，为简化收寄手续，商包、纸包和大件商包取消，原作纸包交寄的物品可作包裹或印刷品交寄。包裹重量尺寸限度放宽至同原大件商包。1998年，开展邮政直递包裹业务。1999年3月1日起，每件包裹的挂号费由0.5元调整为每件2元。2004年1月1日起，每件包裹的挂号费由2元调整为每件3元。同时，实行城区大宗包裹直投到户，拨打热线电话，包裹将投送到家中。1988年底，包裹业务量出口1.9万件，进口业务量2.3万件，收入为3.84万元。2013年，包件计费业务量达到0.38万件，收入9.7万元。

国际及港澳台邮件

1989年，国际邮件主要是平邑籍侨胞寄发的平信，分水路、陆路和航空国际邮件。1989年，国际函件进出口业务626件。1992年7月，开办大陆至台湾的包裹快递业务，起重每千克资费155元，续重每千克资费38元。2013年，与160个国家和地区通邮，共受理国际和中国港澳台地区的函件1622件，包裹1728件。

汇兑

国内汇兑　1989年，境内开办的汇兑业务有电报、普通汇票两种，每票最高限额5000元。汇票资费标准按1%收取，电汇另加收电报费用，每件1元，附言每字加0.07元。1988年，汇票出口29126张，收入3.03万元。

1990年7月31日，汇票资费调整，汇费最低收取0.3元。1992年7月1日，开办国际邮政汇兑业务。1993年，汇兑业务采用微机管理。1996年4月，执行新的汇款兑付规定，对中国人民邮政汇款通知和中国人民电报汇款通知进行修改。2001年2月，开办电子汇兑业务，并实现全国联网。2013年，汇兑业务量达到6.02万笔，收入21.7万元。

国际汇兑　2003年3月5日，平邑县邮政局具备办理国际汇兑业务资质，但客源较少。2006年，新增西联汇款和银邮汇款业务等国际汇兑业务。至2013年底，共受理国际汇兑业务700件，开发收入0.8万元。

报刊发行

1989年，报刊发行为邮电专营；订阅方式有窗口收订和上门收订两种，发行分报纸期发和杂志期发两种。全年报刊发行种类593种，报纸期发份数9.2万份，杂志期发份数5.06万份。

1992年，报刊开始收订责任制，将报刊收订份数、款额和质量指标分解到各营业网点。1995年1月，成立报刊零售公司，在县邮政局设立报刊零售门市部1处、县城设立5处报刊零售点，在农村24处邮电支局增设报刊零售专柜。

1999年，推出报刊邮件亲投到户、电话预约上门服务等举措，并免费为用户安装报箱5800个。城区内《大众日报》《齐鲁晚报》《临沂日报》当日见报率达98%以上。

2005年，报刊流转额达到220万元。

1989—2013年平邑县报刊发行情况表

表4-7

年份	报纸（万份）		杂志（万册）		报刊流转额（万元）	报刊发行收入（万元）
	期发份数	累计份数	期发册数	累计册数		
1989	0.23	56.96	0.11	1.98	108.00	23.80
1990	0.25	59.49	0.12	2.16	113.00	25.00
1991	0.26	62.40	0.14	2.52	118.00	26.00
1992	0.27	64.80	0.15	2.70	123.00	27.06
1993	0.28	70.54	0.16	2.88	128.00	28.16
1994	0.29	73.56	0.17	3.06	133.00	29.30
1995	0.31	78.12	0.18	3.24	138.00	30.40
1996	0.32	80.64	0.19	3.42	143.00	31.40
1997	0.45	115.75	0.21	3.78	148.00	33.00
1998	0.54	208.24	0.33	5.94	153.00	35.20
1999	0.69	276.89	0.38	6.84	158.00	36.34
2000	0.74	353.25	0.46	8.28	168.00	39.50

续表 4-7

年份	报纸（万份）		杂志（万册）		报刊流转额（万元）	报刊发行收入（万元）
	期发份数	累计份数	期发册数	累计册数		
2001	0.85	421.48	0.51	9.18	178.00	43.00
2002	0.98	492.36	0.58	10.44	188.00	46.50
2003	1.09	557.25	0.62	11.16	198.00	49.50
2004	1.20	582.16	0.68	12.24	209.00	52.20
2005	1.35	613.27	0.71	12.78	220.00	55.00
2006	1.42	664.36	0.74	13.32	233.00	61.00
2007	1.51	643.25	0.81	14.58	245	73.00
2008	1.64	665.50	0.87	15.66	258.00	85.00
2009	1.72	686.47	0.98	17.64	282.00	102.00
2010	1.81	703.54	1.02	18.36	327.67	119.00
2011	1.94	709.66	1.11	18.87	408.00	134.06
2012	1.83	712.88	1.78	26.37	450.00	143.09
2013	1.96	842.15	2.19	32.08	486.99	255.4

投递

1989 年，全县城乡投递段 54 条 1877 千米。其中乡邮投递员 34 人。投递频次为城区及乡镇驻地每日 1 班，农村每周 6 班；实行投递排单制度。1996 年，全县共有农村投递路线 53 条，全程长 1929 千米，乡邮投递员 52 人。设立信（报）箱群 26 处；至 2013 年底，投递工具均为电动车、摩托车，投递全程 1650 余千米。

分拣运输

分拣封发　1989 年，全县邮件由县局统一分拣封发。1992 年 7 月 1 日起，平邑邮件由临沂邮件中心分拣封发。县内邮件继续由县局发往各乡镇支局。

邮件运输　1989 年，境内邮件运输有两条自办邮路，即平邑—南部 7 个乡镇支局，平邑—北部 11 个乡镇支局。境外由兖州—平邑、临沂—平邑两条汽车邮路。2013 年，县内有 2 条汽车邮路，县外临沂至平邑往返邮路 4 条。

机要通信

1989 年，接办县级单位以下的机要通信进出口文件 4163 件，分发直封机要文件到达地市有济南、临沂等地。1996 年，机要通信进出口文件下降至 622 件。至 2013 年，经常保持业务往来联系的符合寄递条件的签约单位 19 个。机要投递线路 1 条，全程 50 千米，系机动车邮路。

集邮票品销售

1988 年，集邮票品收入 0.04 万元。1989 年，设集邮专柜，开办集邮票品销售业务。1990 年 10 月 28 日，召开平邑县集邮协会第一次代表大会有 43 人会员代表出席会议。是年，平邑县集邮协会成立，全县发售集邮证 750 个，发展集邮协会会员 1500 余人。1993 年 3 月成立集邮公司。出售纪念邮票、特种邮票、小型张、小全张、小本票、首日封、纪念币、纪念封、邮币封、邮折、明信片、集邮册及其他集邮用品。2001年，集邮票品业务重点转到适销对路的邮品开发上。2005年，集邮票品业务量12.57万枚，集邮品1200册，收入50.04万元。2010年，共发行集邮邮票38.2万枚，集邮品册数2200册，集邮票品收入135.6万元。2013年，集邮票品业务收入148.2万元。

邮政广告

1999年1月，平邑县邮政广告营销有限责任公司成立。2001年，建设大型户外广告牌1处。2005年，邮送广告6.62件，国内大宗函件9.9万件，邮资广告明信封片卡制作量29万件。2012年，邮送广告36万件，邮资广告封片制作量18万件。2013年，邮送广告1.77万件，收入135.6万元。

邮政物流

1999年1月，县邮政局开办邮政物流业务。2003年1月，开展农资和农业生活用品配送业务。2005年，配送的产品涉及酒水、日化产品、农药、化肥、乳制品等10余个品种，建成邮政三农服务站864处，物流配送遍及全县各乡镇行政村。2013年，共配送肥料2500吨，农药销售额64.1万元，邮政物流收入287.7万元。

第四节　特快专递

1993年7月，正式开办特快专递邮件业务，收寄特快函件7357件，国际特快函件7件。1994年初，成立速递站。1995年5月，成立平邑县邮政快递公司，统一使用11185客服电话。1996年，特快专递开始投递高考录取通知书，并开办礼仪专递、票单证专递等业务，完成业务量16376件，实现收入33.09万元。1998年12月，特快专递跟踪查询业务与全国联网。2002年，开办省内限时专递业务和特快送款业务。2008年5月，成立中国邮政速递物流股份有限公司平邑县营业部，主营快递快包业务，参与市场竞争，与邮政公司行政管理及业务正式剥离。2013年，共收寄特快专递邮件3.54万件，收寄特快专递国外邮件318件，特快专递收入33.5万元。

2002—2013年平邑县邮政业务量情况表

表4-8

年份	函件（万件）	包件（件）	特快（件）	报刊（万份）	储蓄（万元）	邮送广告（万份）	集邮票品销售（枚）
2002	407.94	12617	31098	577.45	36376.85	273.70	147735
2003	357.70	19691	26579	465.53	43143.18	212.60	80699
2004	13.90	13764	56846	315.73	46952.05	272.80	137469
2005	9.90	9971	91334	510.52	52216.89	166.00	128539
2006	19.90	10190	80224	550.31	61122.68	203.00	177573
2007	282.95	197112	866563	516.52	67254.29	214.00	404692
2008	236.48	17142	66845	535.00	77483.00	216.30	442016
2009	288.36	13896	77703	636.63	82934.00	275.50	404141

续表 4-8

年份	函件(万件)	包件(件)	特快(件)	报刊(万份)	储蓄(万元)	邮送广告(万份)	集邮票品销售(枚)
2010	218.27	14728	41811	710.44	64854.00	211.05	381987
2011	211.92	7364	52165	939.40	83607.00	208.60	359028
2012	82.57	4234	45268	837.77	79892.00	186.28	311410
2013	79.26	3791	38950	842.15	86980.00	175.84	285071

第三章　通　信

20 世纪 90 年代，通信事业进入现代化、数字化时代，固定电话成为主要的通信方式。1994 年 4 月，纵横制自动交换机全部改为程控电话。2000 年后，固定电话业务量不断减少，移动电话、宽带逐步成为通信的主要方式。

第一节　联通公司业务

1989 年 7 月，平邑县邮电局电信楼竣工投产，建筑面积为 1542 平方米。1993 年 6 月，平邑县邮电局商城通信楼破土动工。

1997 年 10 月，平邑县电信枢纽楼开工建设，设计为地上 16 层，78 米高，建筑面积 8700 平方米。1998 年 6 月，成立邮电分营领导小组，下设邮政、电信、基建、供应、车辆、房产、多种经营、债权债务等 9 个工作组。

1998 年 9 月，邮电分营，根据国务院“三定”方案和关于加快邮电体制改革的意见，撤销平邑县邮电局，分别设立成立平邑县邮政局、平邑县电信局，邮政、电信独立运营。

1999 年 7 月，平邑电信局分离，分别成立平邑县电信局、平邑移动通信公司。2002 年 11 月，山东省电信公司更名为山东省通信公司后，平邑电信局更名为山东省通信公司平邑分公司，原乡镇支局更名为营业部。

2004 年 9 月，根据电信体制改革方案，山东省通信公司平邑分公司变更为中国网通（集团）有限公司平邑分公司，简称平邑网通。

2008 年 9 月，根据国家关于电信业重组的相关政策，中国联通和中国网通合并；随即，平邑网通、平邑联通正式合并成立中国联合网络通信有限公司平邑县分公司（简称平邑联通）。

网络

1989 年初，全县每个乡镇仅有 1 台磁石交换机。12 月，平邑县 1000 门纵横制室内自动电话割接开通，原来的磁石交换设备全部淘汰，告别“摇把子”时代，县城电话实现自动化。

1991 年，市话增容 1000 门，总容量为 2000 门。1993 年，总容量为 3000 门，同年 12 月，平邑县邮电局长途电话并入全国自动网，电报实现电子电传并进入全省 256 自动转报网。

1994年，开通3000门程控电话，原市话3000门纵横制交换机停止运行，实现市内电话程控化。同年11月，市话扩容3000门，市话S1240程控电话顺利开通，市内电话交换实现程控化。

1995年4月，天宝镇在全县率先实现村村通电话。10月，县城到各乡镇通信光缆全覆盖传输实现传输数字化，开通程控电话，实现交换程控化。同年，全县电话并入临沂C3网，实现电话号码升7位，全县26个乡镇全部开通程控电话。1996年12月，市话总容量达到1.4万门。1997年底，全县通电话村庄1019个。

1998年4月，与北京BISC公司签订EWSD交换机合同3万门。

2009年，电话交换机总容量超过26万门，光缆总长度6000余千米，无线市话（小灵通）容量6万线；全县ADSL总量23000线，小灵通基站636个，信道数2530个。

2011年，完成全县交换机升级退网，由模拟传输改制到数字传输交换，实现电子工单，临沂全市集中监控维护。

2013年，对宽带设备进行升级提升宽带建设能力，具备为家庭光纤宽带用户提供最高达100Mbps接入速率的能力。同年，完成主营业务收入10684.6万元，完成年度计划的99.88%；2G用户累计达96928户；3G全量用户出账达58967户；4G用户新增5064户；宽带累计到达60091户；固话累计达到59083户。

业务

1990年，全县开通电报传真电路，实现电报转报自动化，结束电话传电报的历史。1993年4月，安装美国摩托罗拉无线寻呼设备1套，开始办理公用无线寻呼业务。

1994年4月，开通平邑—临沂长途光端机，长途传输实现数字化。同年，平邑县模拟移动通信网正式开通，开放移动电话50部，“大哥大”手机走进平邑人的生活，移动通信实现零的突破。

1995年，平邑公众寻呼网并入临沂寻呼网。1996年6月，开通新一代GSM数字式移动电话，“全球通”业务开始放号。1997年，移动基站覆盖全县。

2000年，全县各乡镇传输建成SDH传输网络，网络传输进一步升级。

2003年1月，小灵通正式上市，全年发展6006部。2004年，全县所有乡镇开通小灵通业务。

2005年，全县实现程控交换，发展电话用户14.88万户。2006年，全县实现宽带村村通。2007年，电话用户达到最高峰15.39万户，随着信息技术的演进及升级，电话用户开始逐年减少。

2008年，全县所有县到乡中继全部建成SDH环路传输，网络传输更加稳定。新建县到乡3个粗波分环路，升级改造公安、工商4级网，由2兆提高到百兆。同年，电话交换机总容量超过26万门，光缆传输网已覆盖全县城乡，光缆总长度超过6000余千米，无线市话（小灵通）容量6万线；全县ADSL总量23000线，小灵通基站636个，信道数2530个。

2009年，开通建设3G基站，基站从融合前的46个增加到113个，2G网络覆盖全县所有乡镇村庄，3G网络已经初具规模，平邑联通移动用户达到10万户，首次超过固话用户。

2012年3月，进行宽带提速改造，县城新建楼宇实现光纤入户。

2013 年 3 月，全县所有乡镇驻地开通 3G 网络，部分乡镇村庄实现光纤入户。12 月，平邑所有小灵通用户使用一号通业务转网到 2G、3G 通信，小灵通完成转网。

第二节　移动公司业务

1999 年 7 月 6 日，根据国务院批准的《中国电信重组方案》移动通信与平邑电信局分营，成立山东省移动通信公司临沂分公司平邑经营部。同年 11 月 22 日，改为山东移动通信公司平邑分公司，简称平邑移动通信分公司。

2008 年 9 月 26 日，企业名称变更为中国移动通信集团山东有限公司平邑分公司，简称中国移动平邑分公司。

1993 年 12 月，县邮电局在院内建立第一个模拟移动基站，信道 18 个。开通 900 兆摩托罗拉蜂窝移动电话，移动电话实现全省漫游，1994 年，全县有移动电话用户 300 户。

1995 年底，开通第一处数字基站，容量 3 个载频，用户开始使用全球通移动电话。

1996 年 2 月，县邮电局建设蒙山基站、山阴寺基站，开通 3 个数字移动基站。1998 年，建设 19 个移动电话基站，增加覆盖面，减少盲点，提高全县移动电话质量，移动电话用户发展到 1900 户。

1999 年 7 月，平邑移动通信分公司组建成立后，进行网络扩容，总装机容量为 2 万户，用户达到 6300 户。2001 年，模拟通信全部改为数字移动通信。

至 2013 年底，经过连续 15 期基站建设，全县 CSM 数字移动通信基站达到 300 余个，移动电话用户增加到 50 万余户。

第三节　电信公司业务

2003 年，成立中国电信平邑分公司，隶属于中国电信集团公司山东省临沂市电信分公司，是一家综合性的国有运营商，公司经营移动号卡、宽带、固话、高清电视、信息化服务等业务。公司有员工 52 人，9 个部门，7 个支局，2 家自有营业厅，40 多家代理门店。

2003 年，在建成第一个平邑电信中心机房。2004 年，建成第一个平邑电信中心营业厅并对外营业，受理固话和宽带业务。是年 4 月，在市公司的协助下全实现本地网自愈功能；完成县区 SM2 工程，交换网络安全性大大提升。是年 6 月，顺利建成双核心路由器出口、双核心节点、GE 连接的千兆 IP 城域网，宽带接入能力和宽带速率大幅提高。

2008 年 9 月，根据国家关于电信重组要求，成功收购原联通的 CDMA 网络和业务，成为集固定电话、宽带、移动业务、卫星通信于一身的全业务电信服务运营商。

2009 年 4 月，平邑电信成为全县第一家 3G 商用通信运营商，自此揭开临沂 3G 时代的大幕，同时开启电信移动业务和宽带业务进行融合发展。

2010 年 5 月，3G 网络率先覆盖到所有乡镇农村，实现“能打电话的地方就能高速上网”，为推动平邑信息化进程做出贡献。

2013 年，平邑继续加大网络投资力度，进行 4G 基站的配套建设，城区已经基本建成基于 IP 网的大带宽传送网，IP 传送网的建设为 4G 高速移动宽带的业务实现奠定传输基础，50 兆宽带开始进入普通家庭。

第五编

城建　环保

第一章　城乡建设规划

1989—1993 年，城市规划职责在平邑县建委城建办（副科级），编制 8 人；1993—1997 年，城市规划职责在平邑县建委城建科，编制 6 人；1997—2013 年，城市规划职责在平邑县建设局城建科，编制 5 人。2013 年 3 月 16 日，成立平邑县城乡规划局，为县政府直属正科级事业单位。内设综合科、规划编制管理科、建设工程规划管理科、市政工程规划管理科 4 个职能科室。2013 年，共核发“一书二证”119 份。其中《建设项目选址意见书》9 份；建设用地规划许可证 27 份，面积 143.63 公顷；《建设工程规划许可证》61 份，面积 66.98 万平方米。是年共召开技委会 13 次，规委会 5 次，审查审批规划项目 24 个，组织评审、论证会 8 次，评审、论证方案 9 个，通过率 95%。

第一节　县城建设规划

总规调整

2006 年 3 月，《平邑县城市总体规划（2004—2020 年）》经临沂市人民政府批复实施。2011 年 5 月，平邑县向临沂市人民政府提出申请对《平邑县城市总体规划（2004—2020 年）》进行局部调整。10 月，《平邑县城市总体规划调整方案（2011—2020 年）》经市政府批复。2011 年《鲁南地区城镇发展规划（2011—2020）》批复，2013 年《山东省主体功能区规划》批复。

规划编制

2004 年，平邑县城乡建设完成县城新一轮总体规划编制工作。2009 年，完成县域体系规划、平邑县供热专项规划。2010 年，贵城市规划总规调整，完成浚河以东新区控制性详细规划；编制浚河路北片区控制性规划，金银花博览园、兴水河两岸绿化详细规划；完成银河商厦、百货大楼等修建性详细规划。2011 年，积极推进各类专项规划编制，完成燃气、人防等专项规划编制。2012 年，编制完成河泉片区修建性详细规划，朝阳路以南片区控制性详细规划，核心行政办公区修建性详细规划，博物馆片区城市设计及修建性详细规划，武装部片区修建性详细规划。

2013 年，组织完成《平邑县城南部片区控制性详细规划》《平邑县城北部片区控制性详细规划》《温水工业园控制性详细规划》等控制性详细规划编制。组织完成《城东片区市民文化广场城市设计》《文体中心城市设计》《兴水河片区城市设计》《兴水河景观带规划设计》等专业专项规划。启动《平邑县新型城镇化发展规划》《平邑县教育设施布局专项规划》《平邑县卫生专项规划》的编制及浚河路、蒙阳路、蒙山大道、327 国道等城市主干道交汇处的节点设计。完成河泉片区、东阳片区、胡家庄三大片区旧城改造的修建性详细规划。组织完成《平邑街道办事处老邱峪社区规划》社区规划编制工作。编制完成国道 327（县城区段）南侧 10 条道路及朝阳路东延等道路设计，完善老城区与城东片区、中小项目聚集区和温水园区的路网。

根据临沂现代城镇体系规划，编制完成《平邑县新型城镇化发展规划》。依据平邑县城市总体规划的实施情况，编制完成《平邑县总体规划（2011—2020）实施评估报告》。根据平邑县城市总体规划，组织完成《平邑县县城北片区控制性详细规划》《平邑县县城南片区控制性详细规划》《平邑县国际石材城控制性详细规划》等控制性详细规划编制工作。组织完成《平邑县兴水河片区城市设计》《平邑县城城南片区城市设计》《平邑县文体中心城市设计》《平邑县教育专项规划》等专业专项规划。

规划管理

县委、县政府下发《关于进一步加强城乡规划管理工作的意见》《平邑县城乡规划资质管理办法》《城乡规划行政许可听证制度》《平邑县城市规划公示制度》《平邑县城市规划管理相关控制标准》等规章制度。建立规划技术委员会与规划委员会两级评审制度。建立并认真落实规划的批前和批后公示制度，通过规划局网站和设立现场公示牌等对规划设计成果和建设项目设计方案进行全过程公示、全方位公开。简化优化办理流程，对所有项目的申报、审查、批文发放实行限时办结。认真落实城乡规划督察员制度，县委、县政府所有涉及城乡规划和重大建设项目的研讨、评审、论证会议均邀请督察员参加，积极为督察员创造良好的工作环境，协助督察员到县直相关部门、各镇、项目建设现场了解情况，督察工作。

完善批后管理流程，健全管理档案。对已核发工程规划许可证的项目必须填写《平邑县建设工程规划批后管理跟踪表》，对实施进度和所有监督重点环节均详细记录，环环相扣，对不符合要求的限期整改，整改合格后，方可进行下一环节的施工。与县城管执法局建立违法查处协作机制，将所有审批项目的详细数据即时函告执法局，并与执法局定期进行协同督察，加强批后监管，维护规划的严肃性，遏制违法建设行为。对市、县重点项目开辟绿色通道，实行上门服务，确保以最短的时间，最优的服务推进重点项目建设。

规划审批

县城建领导小组下发《关于进一步明确县城规划区范围内规划建设管理相关控制标准及责任主体的意见》文件。更新规划技术委员会与规划委员会的人员组成名单，聘请山东建筑大学崔东旭教授作为平邑县城乡规划顾问。认真落实规划的批前和批后公示制度，对规划设计成果和建设项目设计方案进行全过程公示、全方位公开。规范报建、审批程序，对所有项目的申报、审查、批文发放实行限时办结；对重点项目、招商引资项目、群众关注的热点项目，实行上门服务。

批后管理

建立信息沟通机制。通过规划意见的形式与环保、发改、国土部门沟通信息，确保审批环节信息准确；相关部门办理前期环评、立项、征地等手续时充分听取和采用规划局的意见，避免违反规划用地及超出规划区建设等现象的发生，提前降低规划批后管理的难度。建立部门联动机制。与住建、行政执法、房产部门建立联动机制，共同制定《平邑县建设工程规划批后管理跟踪表》。把建设工程施工许可、规划验线、房产预售、违法查处、规划竣工核实等整合起来。对实施进度和所有监督重点环节均详细记录，环环相扣，对不符合要求的限期整改，整改合格后，方可进行下一环节的工作。建立信息公开机制。所有建设项目均在施工场地周边显著位置设置规划公示牌。规划公示牌包含建设工程规划许可证证号、建设单位、建设工程名称、建设地点；批准的建筑物使用性质、建设规模、建筑层数、绿地率、容积率、建筑密度等主要技术指标；批准的建设工程设计方案总平面图；批准部门、规划批后管理责任人及监督举报电话。

第二节 镇驻地建设规划

2010年，完成县域村镇体系规划。2011年，开展新一轮小城镇总体规划修编工作。2013年，组织完成地方、白彦、郑城、仲村、卞桥、丰阳、铜石、临涧、流峪、温水10个镇的总体规划修编，其中地方镇在省住建厅组织的“百镇建设示范行动”总体规划评优中获得示范镇总体规划一等奖。启动保太、武台2个镇的总体规划编制工作和部分镇的控规编制工作。组织完成《平邑县丰阳镇总体规划》《平邑县武台镇总体规划》《平邑县仲村镇总体规划》3个镇域的总体规划修编工作。完成《平邑县临涧镇控制性详细规划》《平邑县地方镇控制性详细规划》2个镇重点地段的控制性详细规划。

第三节 村庄建设规划

2009年，完成城中村改造规划、农村危房改造规划、中心村规划等专项规划编制。2010年，完成农村住房建设与危房改造规划编制、论证评审。全县91个中心村完成村庄建设规划。2013年，组织完成《郑城镇石家庄社区规划》社区规划编制工作。

第二章 城乡建设

1995年10月，平邑县城乡建设环境保护委员会更名为平邑县城乡建设委员会，下设1个副科级事业单位（城乡规划设计院），13个股级事业单位（城市建设管理监察大队、园林绿化管理所、市政工程公司、环境卫生管理所、建设工程质量监督站、城镇房产管理所、城市建设综合开发公司、抗震设防办公室、城市建设服务中心、村镇建设服务中心、路灯管理所、建筑工程管理站、拆迁开发办公室）。

1996年6月，园林绿化管理所与莲花山公园管理处合并成立园林管理处。

1997年3月，环境卫生管理所更名为环境卫生管理处。9月，城镇房产管理所与房改办合并成立房产管理局，为正科级事业单位。

2000年5月，城乡规划建筑设计院由事业单位改为企业单位。

2002年6月，平邑县城乡建设委员会更名为平邑县建设局。2005年4月，内设人秘科、法制科、内部审计科、城建科、工程科、乡建科，下设2个副科级事业单位（环境卫生管理处、园林管理处），18个股级事业单位（建设工程质量监督站加挂建筑材料检测站牌子、建设工程招标投标办公室、建筑工程管理站、建筑工程安全监督管理站、拆迁管理办公室、城市建设管理监察大队、村镇建设监察大队、路灯管理所、城市建设服务中心、村镇建设服务中心、抗震设防办公室、户外广告管理所、装饰装修管理所、建设工程交易中心、市政工程公司、建筑行业劳保费用管理办公室、公用事业管理所、村镇房产管理所）。

2006年4月，城市建设管理监察大队、乡建监察大队、户外广告管理所划转至城市管理行政执法局。5月，成立新型墙体材料革新与建筑节能管理办公室、城市和村镇规划执法督查大队。

2010年12月，平邑县建设局更名为平邑县住房和城乡建设局。2011年4月，环境卫生管理处、城市和村镇规划执法督查大队整体划转至城市管理行政执法局。2012年4月，园林管理处整体划转至城市管理行政执法局。

2013年2月，村镇建设服务中心升格为正科级事业单位。5月，城市建设服务中心升格为副科级事业单位。

第一节　县城建设

基础设施

街道

蒙阳路　1986年兴建，7米宽土路基；1993年铺筑沥青。2006年，对道路进行加宽并设置人行道、绿化带，北起石都大道南至日兰高速公路出入口，道路全长6420米，石都大道至浚河路段路面宽15米，浚河路至朝阳路段路面宽18米，朝阳路至日兰高速公路出入口段路面宽23米，总面积13.66万平方米。人行道全长6259米，总面积2.06万平方米，路沿石全长6259米。为240省道，后240省道于2008年改为滨河西路。

板桥路　曾用名板桥街，1975年建设，1977年板桥街南段拓宽。1984—2004年，经多次改造建设。北起石都大道南至康成路（东阳路至康成路段未建设），已建成段全长5035米，面积151050平方米。

蒙山大道　2012年建成，北起高架桥南至东阳路，道路全长8186米，高架桥至朝阳路段路面宽34米，朝阳路至东阳路段路面宽32米，总面积18.39万平方米，人行道全长7986米，路沿石全长7986米。

福源路　曾用名西环一路，1999年建设，北起将军红路南至天宝路（银花路至天宝路段未建设），已建成段全长5890米，面积13.55万平方米。

仲子路　曾用名东一路，2013年建设，北起浚河路南至康成路（泰和路至朝阳路、东阳路至康成路段未建设），已建成段全长3834米，面积12.27万平方米。

长山路　曾用名327国道，2005年建设，北起泗水界南至康成路（天宝路至康成路段未建设），已建成段全长8249米，面积19.80万平方米。

贺庄路　曾用名邑石路，北起凤凰路南至莲花山北路（石都大道至莲花山北路段未建设），已建成段全长1028米，面积1.85万平方米。

丰山东路　曾用名丰山路，北起浚河路南至东阳路（浚河路至银花路道、天宝路至东阳路段未建设），已建成段全长533米，面积1.12万平方米。

东阳路　曾用名永康路，西起长山路东至仲子路（曾子大道至工业大道段未建设），已建成段全长1838米，面积5.88万平方米。

石都大道　1998年建设，西起舜泽路东至浚河大桥，道路全长7244米，道路舜泽路至福源路段路面宽24米，福源路至浚河大桥段路面宽28米，总面积19.45万平方米，人行道全长7717米，总面积3.17万平方米，路沿石全长7177米。

朝阳路　西起长山路东至仲子路，道路全长6778米，长山路至蒙山大道段路面宽23米，蒙山大道至滨河大道段路面宽22米，滨河东路至仲子路段路面宽24米，总面积15.37万平方米，人行道全长6616米，总面积1万平方米，路沿石全长6616米。

浚河路　曾用名浚河街，1974年浚河街拓宽为30米，1983年铺设两侧人行道，西起舜泽路东至工业大道，道路全长14493米，道路舜泽路至福源路段路面宽23米，福源路至曾子大道段路面宽28米，曾子大道至工业大道段路面宽18米，总面积30.43万平方米，人行道全长14365米，总面积4.18万平方米，路沿石全长14365米。

银花路 2012年建设，西起长山路东至发展路，道路全长10504米，道路长山路至滨河东路段路面宽23米，滨河东路至发展路段路面宽34米，总面积30.51万平方米，人行道全长10300米，总面积2.06万平方米，路沿石全长10300米。

天宝路 曾用名327国道，2005年建设，西起长山路东至工业大道，路面宽24米，道路全长11694米，总面积28.07万平方米，路沿石全长11500米。

财源路 2012年建设，北起跃牛沟街南至金花西路（跃牛沟街至方兴街、银花路至金花南路段未建设），已建成段全长4895米，面积9.79万平方米。

滨河西路 2012年建设，北起蒙阳路南至天宝路，道路全长5672米，路面宽12米，总面积6.81万平方米，路沿石全长5500米。

滨河东路 2008年建设，为240省道，北起浚河路南至康城路，道路全长5678米，道路浚河路至天宝路段路面宽24米，天宝路至康城路段路面宽18米，建成段全长3686米，面积7.83万平方米。

文化路 曾用名文化街，1977年建设，北起莲花山路南至康城路（东阳路至康城路段未建设），道路全长6025米，已建成段全长4685米，面积7.50万平方米。

原宪路 曾用名明生路，北起滨河东路山路南至康城路（东阳路至康城路段未建设），道路全长5525米，已建成段全长1808米，面积3.25万平方米。

莲花山路 曾用名莲花山街，1982年建设，西起长山路东至蒙阳路路，道路全长4578米，总面积1.17万平方米。人行道全长4430米。

益寿路 2013年建设，西起福源路东至滨河西路（蒙山大道至蒙阳路段未建设），道路全长4239米，已建成段全长1903米，面积2.66万平方米。

金花西路 曾用名金花路，2012年建设，西起长山路东至滨河西路，道路全长4432米，总面积7.08万平方米，人行道全长4340米，总面积1.30万平方米，路沿石全长4340米。

金花东路 曾用名天宝路，2013年建设，西起滨河东路东至曾子大道，道路全长1377米，路面宽10米，总面积1.38万平方米，人行道全长1352米，总面积0.21万平方米，路沿石全长1352米。

兴水路 曾用名兴水街，1983年修建东段，1985年修建西段，西起长山路东至蒙阳路，道路全长3936米，总面积6.91万平方米，人行道全长3900米，总面积0.89万平方米，路沿石全长3900米。

明光路 曾用名光明路，西起福源路东至滨河西路，道路全长3870米，路面宽10米，福源路至滨河西路段未建设，总面积3.87万平方米，人行道未建设。

丰山西路 2013年建设，北起朝阳路南至东阳路（朝阳路至东阳路段未建设），道路全长2503米，已建成867米，面积1.21万平方米。

丰山北路 曾用名金花东路，2013年建设，西起宝贵路东至工业大道，道路全长4224米，已建成段全长1880米，面积2.63万平方米。

泰和路 西起仲子路东至丰山东路，道路全长3247米，已建成段全长1189米，面积2.02万平方米。

武城东路 曾用名南外环北路，西起滨河东路东至曾子大道，道路全长3448米，已建成段全长467米，面积1.03万平方米。

颛臾路 西起仲子路东至宝贵路，道路全长2315米，路面宽10米，已建成段全长637米，面积0.64万平方米。

东蒙路 曾用名金花南路，西起滨河东路东至工业大道（曾子大道至工业大道段未建设），道路全长7109米，路面宽18米，已建成段全长1499米，面积2.70万平方米。

方兴街 曾用名石材五路，2013年建设，西起福源路东至蒙山大道，道路全长1059米，路面宽18米，已建成段全长603米，面积1.09万平方米。

会馆街 2012年建设，西起福源路东至建设路，道路全长3082米，已建成段全长582米，面积0.35万平方米。

兴水河北路 西起福源路东至蒙阳路，道路全长2693米，已建成段全长1420米，面积1.42万平方米。

兴水河南路 西起福源路东至蒙阳路，未建设，道路全长3613米，路面宽10米，建设完成1539米，面积1.54万平方米。

五莲路 曾用名石材一街，2013年建设，北起白马路南至凤凰路（将军红路至凤凰路段未建设），道路全长980米，已建成段全长491米，面积0.50万平方米。

浚东路 曾用名朝阳北路，西起滨河东路东至仲子路（原宪路至仲子路段未建设），道路全长1750米，已建成段全长715米，面积0.86万平方米。

将军红路 曾用名石材二路，2013年建设，西起长山路东至福源路，道路全长1045米，路面宽18米，总面积1.88万平方米，人行道未建设，路沿石全长1000米。

石崮路 曾用名龟蒙西路，2013年建设，西起长山路东至滨河西路（长山路至滨河西路段未建设），道路全长2596米，已建成517米，面积0.78万平方米。

祥云路 曾用名北五路，西起滨河东路东至曾子大道，道路全长1173米，路面宽10米，总面积1.17万平方米，人行道未建设，路沿石未建设。

文博路 曾用名体育场北路，西起原宪路东至曾子大道，道路全长1058米，路面宽12米，总面积1.27万平方米，人行道未建设，路沿石未铺设。

武阳路 曾用名白马路，西起长山路东至蒙山大道（长山路至蒙山大道段未建设），道路全长3496米，路面宽24米，已建成段全长1031米，面积2.47万平方米。

水头路 曾用名石材二街，北起白马路南至莲花山路（将军红路至莲花山路段未建设），道路全长2849米，路面宽10米，已建成段全长467米，面积0.47万平方米。

云浮路 曾用名西环二路，2012年建设，北起白马路南至兴水路（石都大道至莲花山路段未建设），道路全长3442米，路面宽17米，已建成段全长1265米，面积2.15万平方米。

利民街 1996年建设，北起浚河路南至朝阳路（兴水河南路至朝阳路段未建设），道路全长1390米，已建成段全长741米，面积0.67万平方米。

新安路 曾用名石材六路，西起舜泽路东至蒙山大道，长山路至福源路段未建设，道路全长3399米，路面宽18米，已建成段全长

491米，面积0.88万平方米。

河泉大街　曾用名蒙阳东路，北起五龙湖路南至银花路，道路全长2015米，路面宽15米，总面积3.02万平方米，人行道全长1986米，总面积0.30万平方米，路沿石全长1986米。

永唐街　曾用名支六路，北起滨河东路南至康城路，道路全长1075米，路面宽15米，已建成段全长351米，面积0.53万平方米。

孝义路　曾用名支三路，2013年建设，北起丁家庄街南至鲁山路，朝阳路至鲁山路，道路全长1770米，路面宽12米，已建成段全长824米，面积0.99万平方米。

体育场西路　曾用名东三路，2013年建设，北起祥云路南至东阳路（东蒙路至东阳路段未建设），道路全长1223米，路面宽10米，已建成段全长495米，面积0.50万平方米。

体育场东路　曾用名东二路，2013年建设，北起祥云路南至东阳路（东蒙路至东阳路段未建设），道路全长1223米，路面宽10米，已建成段全长495米，面积0.50万平方米。

莲花山北路　2001年建设，西起滨河东路东至曾子大道，道路全长4894米，路面宽10米，已建成段全长1475米，面积1.48万平方米。

红土岭街　曾用名莲花山中路，2002年建设，西起水头路东至莲花山西路，道路全长2168米，路面宽10米，已建成段全长424米，面积0.42万平方米。

通圣路　1996年建设，北起财源路南至浚河路，道路全长1447米，路面宽18米，总面积2.60万平方米，人行道全长1400米，总面积0.42万平方米，路沿石长1400米。

莲花山西路　2001年建设，北起石都大道南至莲花山路，道路全长1420米，路面宽10米，总面积1.42万平方米，人行道全长1390米，总面积0.42万平方米，路沿石全长1390米。

公园路　1997年建设，北起莲花山路南至兴水河北路（孝禹街至兴水河北路段未建设），道路全长1304米，路面宽10米，已建成段全长470米，面积0.47万平方米。

紫金山路　曾用名文化西路，北起益寿路南至天宝路（益寿路至银花路段未建设），道路全长3377米，路面宽12米，已建成段全长419米，面积0.50万平方米。

汉阙路　曾用名汉碑街，1976年建设，北起石都大道南至天宝路（银花路至金花西路段未建设），道路全长4193米，路面宽15米，已建成段全长3273米，面积4.91万平方米。

建设路　曾用名建设街，1976年建设，北起石都大道南至滨河西路（金花西路至滨河西路段未建设），道路全长4647米，路面宽10米，已建成段全长2083米，面积2.08万平方米。

龙石路　1998年建设，北起莲花山路南至浚河路，道路全长585米，路面宽9米，总面积0.53万平方米，人行道全长570米，总面积0.17万平方米，路沿石全长570米。

盛源路　曾用名丰山东路，建设时间2013年，北起浚河路南至东阳路（浚河路至银花路、天宝路至东阳路段未建设），道路全长3996米，路面宽12米，已建成段全长832米，面积1万平方米。

发展路　2013年建设，北起福源路东至蒙阳路，道路全长3966米，路面宽21米，已建成段全长867米，面积1.82万平方米。

桥梁

板桥　俗称南板桥，是跨越兴水河的一座重要桥梁，历史上屡毁屡建，均用条石搭接而成，新桥于2004年建成，为四孔拼宽桥梁。

中幅为 11.5 米宽石拱桥，净跨径 7.9 米，两侧为 10.5 米宽简支板桥，单孔单幅 10 块简支板，下部结构采用重力式砌石墩台。

汉阙大桥　位于汉阙路南段兴水河东首，汉阙大桥为斜交石砌拱桥，斜交角度 34°，拱圈厚 0.5 米，下部结构采用重力式砌石墩台。

建设大桥　1995 年开工建设，位于建设路南段兴水河下段，建设大桥为钢筋混凝土现浇简支板桥，上部为现浇板板厚 0.42 米，下部结构采用重力式砌石墩台。

浚河南桥　位于浚河路东首，跨越浚河，原为一座水漫桥（民国时期称东洋桥，已废）。1972 年，在老桥南侧约 180 米处建成公路桥，为斜交石拱桥结构，上部结构为砌石板拱，矢高 1.6 米，拱圈厚度 0.5 米；下部采用重力式砌石墩台。2002 年，对桥进行扩建加固。

浚河北桥　位于石都大道东首，跨越浚河，为减轻浚河南桥的交通压力，在 1992 年建成。上部为钢筋混凝土预制板，每孔 30 块板，板宽 1.0 米，板厚 0.8 米；下部结构采用重力式砌石墩台。

蒙阳桥　1986 年开工建设，位于平邑街道六村菜市场兴水河东首，桥经过多次改造拓宽建成，蒙阳路桥为斜交石砌拱桥，斜交角 36°，拱圈厚 0.7 米；下部采用重力式砌石墩台。

文化路大桥　1995 年完成竣工，位于文化路南段，跨越兴水河，为四孔石砌拱桥，文化路大桥为四孔 9.8 米石砌拱桥；下部采用重力式砌石墩台。

照明

1994 年 12 月，县城区共计安装 250 瓦高压钠灯路灯 1565 盏。1995 年，县政府成立道路建设指挥部，开始“四通”工程，兴水路、文化路、建设路和汉阙路相继竣工通车，道路亮化配套建设依托电力杆安装 3.5 米的挑臂灯共计 156 盏。

1998 年，蒙山大道、板桥路、浚河路东出口安装双侧对称 10 米双臂金属杆 250 瓦的高压钠路灯 300 余盏。

2000 年 7 月，石都大道改造安装 150 套 10 米高金属杆、9 火金色庄重的中华灯，在浚河路和莲花山路各十字路口分别安装 26 套中华灯，在板桥路与浚河路交汇处十字路口安装 4 套色彩靓丽的特色景观柱灯。银花路、金花路、板桥路南延、文化路南延配套安装 12 米高、250 瓦的金属杆路灯共计 2560 盏。

2008 年，在蒙山大道安装 178 套双侧对称新型节能环保 LED 路灯，在石都大道、朝阳路、财源路以及浚河路安装造型美观的 12 米金属杆路灯 2380 盏。同时，在石都大道西延、金花路西延、银花路西延、西环一路南延以及城东片区银花路、丰山东路建设安装 1680 套太阳能路灯；城东片区、国际石材城、浚河景观带以及公园、广场、绿地也分别安装节能环保的太阳能路灯和 LED 路灯约 3050 套。

至 2010 年，县城道路已配套建设安装路灯和景观灯约计 10600 盏路灯。2013 年，在城东片区东一路、明生路、银花路、市民广场及祥云湖安装优美和谐环保节能的 LED 路灯 980 套和景观灯 360 套，约计 3200 盏。

至 2013 年，县城规划建成区内共配套建设安装路灯和景观灯约计 1.36 万余盏，楼宇亮化灯饰工程 40 余处，路灯电缆线路长约 120 千米，城市照明总功率 2029.54 千瓦，形成以蒙阳路、板桥路、浚河路、朝阳路、蒙山大道等 23 条主要道路，及莲花山公园、浚河景观带、市民广场、祥云湖、明德公园等 12 处公共景点为主体的城市亮化工程。

排水

2004 年前，县城内无专门排水设施，雨季到来，雨水污水四溢。为解决城区排水难的问题，县政府着手建设污水处理厂和配套管网。

2005年3月，污水处理厂及配套管网基本建成，2007年8月开始运行，沿兴水河、府前渠、浚河河底及沿岸新建排污干管D600—D1200近28千米，把老城区河流管渠的污水截留到污水处理厂进行处理，老城区开始实行雨污合流制排水方式。

2010年，成立排水管理处，对县城的排水进行规划、建设、运行监督和设施维护管理，排水管理逐步正规化。

2011年，编制《2011—2020年平邑县城市排水专项规划》，2011年7月通过评审；2012年8月，批准实施。按照《重点流域水污染防治规划（2011—2015）》要求，“十二五”期间新铺设污水管网71.82千米，污水收集率达95%以上，服务面积31平方千米，服务人口21万人。

供水

1992年8月，投资460万元在浚河路与蒙山大道交汇处建设自来水公司一水厂，1994年8月竣工，日供水能力提高2万立方米。

随着县城的逐渐扩展，原有供水能力不能满足日常需求。2005年7月投资1900万元，在板桥路与银花路交会处建设开发区水厂（自来水公司二水厂），设计日供水能力4万立方米；2006年7月竣工，县城供水能力进一步提高。

至2013年，自来水公司有生产深水井14眼，深井泵12台，1000立方米容量高位水池2座，直径100毫米以上供水管道130余千米，日供水能力6.8万立方米。

供暖

1995年之前，县城没有集中供暖。1995年，平邑金城热电厂建成投产，后更名为平邑发展热电有限公司，2009年破产。

2009年8月，由日照盛宇经贸有限公司收购，成立山东易达热电科技有限公司。公司占地面积16.7万平方米，有职工240人，其中工程技术人员160人，有4台35蒸吨抛煤机链条炉，1台75蒸吨和1台150蒸吨循环流化床锅炉，2台12兆瓦抽凝汽轮机发电机组，年发电量6000万千瓦时，供热首站2座，二级站88座。

2011年，全部实现高温水供热、混水换热、汽轮机拖动、水泵变频控制、计算机远程监控和无人值守。

至2013年，县城供热能力200万平方米，供热管网120千米，实际供热面积186万平方米，供热覆盖能力300万平方米。

供气

1992年3月，在城区建设平邑县辛平农机液化气站，征用土地4002平方米，建筑面积800平方米，隶属县农机局。6月，竣工验收并运行营业，当年销售液化气50吨。1995年5月，平邑县辛平农机液化气站更名为山东辛平石化销售有限公司辛平液化气站；同月，公司又在县城财源路南首新建规模较大的辛平液化气站1处，占地1万平方米。随着平邑县城镇经济的快速发展，建设蒙阳液化气站、西苑液化气站、鑫源液化气站等3家液化气站。至2013年，县城液化石油气储气能立700立方米，年销售能力1000立方米。

2006年，成立平邑奥德燃气有限公司，主要从事平邑县域内的居民燃气供给、商业工业燃气供给、汽车CNG和LNG加气站等项目建设和运营。至2013年，平邑奥德燃气有限公司燃气工程覆盖整个城区并向全县各乡镇迅速辐射。建成CNG加气站4座，LNG加气站1座；铺设中、低压管网200千米，开发居民用户6万余户，通气用户4万余户；工业用户

68户，公服用户86户。工业、商服用户年用气量达680万立方米，居民年用气量540余万立方米，CNG加气站日加气能力8万立方米，LNG加气站日加注能力20余吨。

污水处理

结合污水管网建设，平邑县于2005年3月开工建设平邑县东城污水处理厂，是国家淮河流域水污染防治重点工程和县政府为民工程，工程总设计规模日处理污水6万吨/日，分两期建设。一期工程占地4.13公顷，建设规模3万吨/日，总投资2300万元，2007年8月建成并投入运行。采用德国百乐克工艺，该工艺采用低负荷活性污泥通过曝气链制造出的混合氧化效果，通过微生物的降解有效去除和降解COD和BOD。2009年，实施污水处理再提高工程，一期服务面积12平方千米，服务人口15万人。东城污水处理厂二期工程占地2.33公顷，建设规模3万吨/日，设计工艺为改良A2O。

2012年11月，委托中国市政工程东北设计研究总院对山东省平邑县污水处理厂污泥处置工程项目进行可行性研究编制，并于2013年9月开工建设。污水处理厂污泥处置工程占地1.53公顷，总投资约2981万元，设计日处置污泥30吨，主要建设污泥干化间、储泥池、控制室等6520平方米，购置电子鼹鼠、排风系统、移动式通风系统等。工程采用德国技术，利用绿色环保的太阳能干化工艺，使污泥中的含水率由80%降至40%以下，污泥性质稳定，无异味，处置后的污泥外运焚烧处理，达到污泥处置的减量化、无害化、资源化的目的。

公共建筑

莲花阁　位于莲花山路莲花山广场中心，结构为4层砖混结构高36米为平邑县城的最高点，始建于1995年，1996年投入使用，由莲花山建筑公司施工建设。

信合大楼　位于通盛路与浚河路交会，主楼11层，采用框架结构形式，总建筑面积4600平方米，始建于1997年，于1998年投入使用。由冠鲁建筑公司承建。

平邑县新华书店图书发行大楼　位于浚河路与板桥路交会处西南，为框架结构形式，主楼9层，裙楼2层，总建筑高度37.5米，总建筑面积4868平方米。建筑采用均衡对称的设计手法，设计创意为“智慧之窗”，立面条形窗、幕墙与实体墙面通过虚实对比的设计手法，体现“书籍是人类知识的宝库”。1998年3月，由山东冠鲁建筑设计研究院设计，山东冠鲁建设集团承建。

天宇自然博物馆　位于莲花山路与财源路交会处西北，为框架结构形式，主楼7层，建筑高度28米，总建筑面积1.24万平方米，2004年建成开放。陈列面积2.8万平方米。馆内设科研馆1处、3D影院1处、展厅28个，馆藏展品39万余件，总投资4亿元。是世界上最大的恐龙博物馆。天宇自然博物馆先后被命名为“国家AAAA级旅游景区”“全国科普教育基地”“全国国土资源科普教育基地”“中国古生物科普教育基地”“山东省文化产业示范基地”“山东省服务名牌企业”“中国县域旅游品牌百强景区”。

县医院齐鲁医院病房综合楼　位于经济开发区金花路，建筑面积5.5万平方米，为框架结构，主楼地上12层、地下1层，始建于2005年，2009年投入使用，由冠鲁建设股份有限公司承建。

烟草公司行政楼　位于莲花山路西段，为框架结构，主楼9层，总建筑面积0.69万平方米，工程造价833万元，始建于2009年，2010年投入使用，由冠鲁建设股份有限公司承建。

华百购物中心 位于平邑浚河路与汉阙路交叉口东北角，总建筑面积4.79万平方米，为框架结构，主楼地上17层、地下1层，其中1～4层为购物中心，5～17层为商务宾馆、酒店、写字楼，造价4950万元。始建于2011年，于2014年投入使用，由冠鲁建设股份有限公司承建。

移动公司 位于浚河路北段，为框架结构，主楼6层，总建筑面积3450平方米，工程造价508万元，始建于2011年，2012年投入使用，由山东冠鲁置业公司承建。

平邑一中图书行政综合楼 位于西环一路西朝阳路南，为框架结构，主楼9层，建筑高度37.75米，总建筑面积1.61万平方米，总投资1928万，建筑采用一大一小、一高一矮两个相扣的内弧面迎合，亲切自然，简约大方。寓意"拥抱、欢迎、接纳、包容"，是集图书行政于一体的综合性行政办公楼。始建于2013年，由冠鲁置业承建。

防震抗震

1990年底，平邑县城乡建设环境保护委员会成立抗震设防办公室，负责全县抗震设防管理工作。1991年，抗震办编纂《平邑县抗震减灾规划》并获县科技进步二等奖。1992年，编纂《地震与抗震》简明手册。抗震办对全县新、改、扩建的建筑工程，供电、供水、公路、桥梁、水利、市政工程，油库、水库、燃气、冷库、氨库等次生灾害源进行有效的监督与检查。全县的建筑工程抗震设防率100%、要求进行图纸审查工程的图率100%。

第二节 镇驻地建设

平邑县积极响应国家政策，乡镇建设尤其是农村住房和危房改造力度不断加强，农村人居环境显著改善。"十二五"期间，全县新建农村住房3.2万户，完成"十二五"规划的112%；改造农村危房3437户；全县村镇住宅建筑面积2470万平方米，比"十一五"末增长32.9%，人均建筑面积30.2平方米，村镇环境面貌得到显著改善。

农村新型社区建设取得新进展。平邑县已建和在建的农村社区有43个，入住社区39个。以"五项工程"为重点，加快完善农村新型社区配套，"气上楼"用户达到1.5万户，"水治污社区"37个，暖入户面积31万平方米。

镇村污水处理工作取得新成效。乡镇驻地中建成和在建污水处理厂（设施）共3处，其中1000吨以上的污水处理厂3个。配套建设小型污水处理设施及接入污水处理管网进行污水处理的农村社区37个。镇村面貌焕然一新。

"十二五"期间，平邑县深入挖掘历史文化特色镇村和传统村落，积极打造特色镇村，传统村落和历史文化名村名镇得到有效保护和发展。其中，地方镇九间棚村被评为国家级传统村落，长山办西张庄村、铜石镇营子洼村被评为省级传统村落。

第三节 村庄建设

2013年，全县集镇建设用地为1820.93公顷，公共建筑249.03万平方米，生产建筑459.64万平方米。

平邑街道为县城驻地。2013年，村镇建设用地为1375.8公顷，其中集镇建设用地122公顷，村庄建设用地1253.8公顷。住宅建筑面积为132.2万平方米，其中楼房121.1万平方米，砖瓦房、平房11.1万平方米，公共建筑16.5万平方米，全部为混合结构，生产建筑5.2万平方米，自来水受益村庄35个，受益人口5万人，乡村道路126千米，村庄全部通电。先后启动6个社区的拆迁改造，共拆迁宅基6000余位，拆迁面积100万平方米，建设安置楼226栋，建筑面积121.1万平方米。其中，浚东社区、保定社区、东阳店子社区、板桥社区、莲花山社区，先后完成居民回迁5500多户。通过农村房屋建设，村民安居乐业，村容、村貌焕然一新。

仲村镇位于县境西北部。2013年，全镇村庄现状用地856.93公顷。建成区住宅建筑面积114.86万平方米，其中混合结构以上75万平方米；建成区公共建筑面积15.65万平方米，并建有日处理能力3000吨的平邑县第三污水处理厂1处；建成区生产建筑22.62万平方米。自来水受益村庄22个，受益人口45600人，乡村公路386千米，通电村庄59个。

武台镇位于县境北部。2013年，村镇建设用地面积为392.2公顷，其中集镇建设用地80.1公顷，村庄建设用地312.1公顷。住宅建筑面积203万平方米。公共建筑1.6万平方米，生产建筑0.9万平方米。自来水受益村庄25个，受益人口35800人。乡村公路103.6千米。通电村庄25个。全镇25个行政村基本完成旧村改造。大批新房建设始于20世纪90年代末，建筑以砖混结构为主，经济条件稍好的建起二层小楼。

保太镇位于县境东北部。至2013年，村镇建设用地面积为6293公顷，其中集镇建设用地357公顷，村庄建设用地为5936公顷。住宅建筑面积710.96万平方米，其中砖瓦房568.96万平方米，土草房142万平方米。自来水受益村庄35个，受益人口47890人。乡村道路320千米。通电村庄48个行政村，57个自然村。

卞桥镇位于县境东部。2011年8月与资邱乡合并，驻地东卞桥。2009—2013年，建成社区楼152栋3305户，小康楼146栋1113户。至2013年，危房改造280户，解决部分贫困户无经济能力盖屋住的问题。

地方镇位于平邑县东南部。2013年，村镇建设用地面积1356.26公顷，其中集镇建设用地459.9公顷。村庄建设用地896.36公顷，住宅建设面积288万平方米，公共建筑面积76万平方米，生产性建筑面积136万平方米，自来水受益村72个，受益人口8.2万人，乡村公路152千米，通电村庄72个。地方镇实施的农村新型社区建设、新建农民上楼工程，先后有岳庄、范家台、邱上、石井等村建起16万平方米的楼房。

铜石镇位于县境东南部19千米处。2013年，村镇建设用地为1198公顷，其中集镇建设用地230公顷，村庄建设用地968公顷。住宅建筑面积为392.6万平方米。其中楼房96万平方米，砖瓦房、平房296.6万平方米，公共建筑19.49万平方米，全部为混合结构，生产建筑22.89万平方米，自来水受益村庄22个，受益人口4万人，乡村道路148千米，通电村庄58个行政村，99个自然村。2009—2013年，局部开始建设农村新型社区，完成十字庄村、金庄居委、铜石居委、昌里居委、贺山庄村、北张里村等60余栋4F+2住宅楼及小康楼。

温水镇位于平邑县城东部。2013年，村镇建设用地为853.28公顷，其中集镇建设用地464.55公顷，村庄建设用地388.73公顷。住宅建筑面积115.03万平方米。公共建筑14.84万平方米，其中混合结构面积6.45万平方米。生产建筑面积21.19万平方米，自来水受益村庄24个行政村，受益人口4万人。乡村道路123千米。

流峪镇位于县境中南部。2013年，村镇建设用地为190公顷，住宅建筑面积540万平方米，其中砖瓦房351万平方米，土草房50万平方米，公共建筑3.2万平方米，生产建筑136万平方米。自来水受益村庄37个，受益人口2.9人。乡村公路130千米。通电村庄73个。

郑城镇位于县境南部。2011年7月与魏庄乡合并。2013年，村庄用地面积882公顷，住宅建筑面积251.5万平方米，其中混合结构以上147.3万平方米。公共建筑面积7.5万平方米，硬化道路160千米，生产建筑4.3万平方米。郑城镇石家庄村利用土地增减挂政策，制订以“旧村改造、新区建设、精细管理、提升环境”为目标的旧村改造方案，2011年10月，旧村改造工作达成拆迁协议。2012年2月开工建设，2013年7月顺利通过省国土资源厅的验收。工程分两期完成，总投资2460万元，个人筹资金360万元，村民自筹600万元，上级配套1500万元。建设上下两层小康楼125套，建筑面积18000平方米。配套建设62户老年房，15套安置房，10间卫生室，以及幼儿园、文体广场、社区服务中心等，安置居民125户，占地面积20010平方米，节省土地93380平方米，共投资1600万元。同时，投资860万元，利用旧村拆掉的废石料，修建长3500米的环村三边沿河堤坝，硬化4500米的村内、外道路，栽植3.5万棵绿化苗木，安装120盏路灯，配套水、电、有线电视、网络、燃气等生活设施。至2013年，该村建有滨河西岸健身广场、篮球场、文化广场、福山公园等便民服务设施。该村先后被评为山东省美丽乡村、临沂市美丽乡村。

白彦镇位于平邑县南部。镇驻地距县城35千米。2013年，村镇建设用地为800公顷，其中集镇建设用地300公顷；村庄建设用地800公顷。住宅建筑面积为276万平方米。其中楼房60万平方米，砖瓦房、平房216万平方米，公共建筑2.88万平方米，全部为混合结构，生产建筑面积80万平方米，自来水受益村庄30个，受益人口3.6万人，乡村道路360千米，通电村庄40个行政村，144个自然村。2009—2013年，建设山阴社区、白彦社区、黄坡社区、下河社区、南径管区住房楼等30余栋农村新型社区四层住宅楼及小康楼。

临涧镇位于平邑县南部低山丘陵区。2013年，全镇镇域面积12326公顷，建成区面积202公顷，住宅建筑面积约278万平方米，村庄全部通电，村庄道路长度269.6千米，实现村村通网化工程全覆盖。

丰阳镇位于县境西南部16千米处。2013年底，村镇建设用地为888.34公顷，其中集镇建设用地176.67公顷，村庄建设用地711.99公顷。住宅建筑面积为252.8万平方米。其中楼房32.2万平方米，砖瓦房、平房198.3万平方米，公共建筑14.2万平方米，全部为混合结构，生产建筑8.1万平方米，自来水受益村庄23个，受益人口3.6万人，乡村道路136千米，通电村庄28个行政村，54个自然村。2009—2013年，建成峨庄社区、张家庄社区、郑家峪社区、丰阳村鑫丰社区、大峪沟社区等40余栋住宅楼及小康楼。

经济开发区始建于2003年。2008年3月，实施区划调整，2012年6月实施扩区增容，规划面积39平方千米，已建成面积13平方千米。2008年，实施小南泉旧村改造，作为开发区第一个旧村改造项目，历时3年完成整村改造。先后实施新建庄、大南泉、河湾、新城旧村改造，总建筑面积70万平方米，受益人口9000人。

第三章　园林建设

1994年12月，成立平邑县莲花山公园管理处，负责莲花山公园的建设和管理。

1996年10月，撤平邑县莲花山公园管理处，设园林管理处，负责县城绿化建设、规划和养护管理。

2006年，成立城管执法局，为加强园林绿化成果保护，设立园林执法中队，办公地点在县建设局园林处。

2013年3月，县浚河景区管理办公室更名为县园林绿化局，隶属于县城市管理行政执法局管理。县园林管理处整建制划归县园林绿化局。

第一节　园林绿化

1989年，县城浚河街、建设街、汉碑街、板桥街南段（板桥至酒厂）种植行道树法桐，莲花山街种植合欢树（芙蓉）。

1991年，筹集资金建设莲花山公园，绿化树种以乡土树种为主。

1995年，购买2台草坪修剪机，使用机械修剪草坪。

1996年10月，县园林管理处购买1辆洒水车用于绿地浇水。

1997年，园林处办理绿地征用手续，对工作人员实施竞争上岗和承包管理，进行分流改革。7月，园林管理处接手管理浚河公园，结合平邑县实际，制定完善绿化管理规定和措施，在七村绿地修建蘑菇亭、铺设小步道，在环卫绿地、五金绿地铺设草皮，安装小石凳。

1998年，由于合欢病虫害蔓延，将莲花山街的合欢树更换为法桐。同年，全县开展“美化绿化先进单位”和“花园式单位”评比活动，评选出符合“花园式单位”条件的单位10个，符合“美化绿化先进单位”条件的单位23个。是年，完成绿化补植道路13条，新栽植道路1条，完善绿地和两个公园的绿化任务；投资3.4万元，建设建材绿地；投资22.9万元，硬化莲花山社区绿地人行道、建设喷泉及绿化护坡；投资25万元，建设八埠庄绿地。

1999年，全县绿化总投资165.9万元，新建板桥南路、城东道路、银杏园绿化工程，完成县城华龙石材有限公司北及弯道、肉联厂宿舍楼北等17处5.78公顷空地绿化。

2000年，行道树以法桐、国槐为主，灌木主要是百日红、樱花、紫叶李，绿化带内主要栽植冬青、小龙柏、黄杨，常绿植物较少，主要是蜀桧、冬青、雪松。

2004年，投资86万元，完成占地2.25公顷的站前广场建设，投资440万元开工建设城西公园。同时在西环一路栽植栾树。

2005年，平邑县提出争创省级园林城市。2006年，购买新型割灌机用于除草，聘请东南大学专家按照“西延、南扩、东进”和建设“蒙山浚水绿荫环绕，山青水碧石奇林幽的风景文化旅游地、现代化生态园林城市”的总体思路，对县城远景概念性规划进行编制。委托山东农业大学规划勘探设计院的专家，依托《平邑县城市总体规划》，编制《平邑县城市绿地系统规划（2006—2020）》。2007年1月，通过临沂市建设局组织的专家组的评审论证。2月，县政府批复实施，并纳入城市总体规划。绿化建设以《绿地系统规划》为指导，高标准规划建立一个生态系统健全、环境优美、城市结合近郊风景区的绿色生态系统。城市园林绿地与文物保护和风景旅游相结合，逐步将平邑建成“蒙山浚水绿荫环绕，山青水碧石奇林幽的风景文化旅游地、现代化生态园林城市”。突出“水系、文化”两大特色，形成了科学合理的绿地系统。

同年，平邑县印发《平邑县城市绿化补偿费收费标准》《平邑县城绿化管理办法》《关于实施城市绿化绿线管制和“绿色图章”制度的通知》，使城市绿化管理有章可循，有法可依，并通过媒体向社会发布公告。2007年，县建设局、城管执法局联合印发《关于建立完善城市建设管理与行政执法工作协调配合机制的若干规定》，进一步规范建设工程、绿化规划、城市绿地占用、迁移砍伐城市树木、古树名木迁移买卖等审批手续，建立联席会议和法律文书送达制度，加大巡查力度，加强执法力度，对非法侵占绿地、破坏绿化成果的严管重罚。

2007年，全县规划建成区绿化覆盖率38.00%，绿地率33.99%，人均占有公共绿地7.63平方米，有效改善城市环境。10月，平邑县创建省级园林城市工作顺利通过省专家组验收。12月，平邑县被省政府命名为“山东省园林城市”。

2009年，对《平邑县绿地系统规划》进行重新修编，增加防灾避险和节约型园林建设的内容。县城行道树以法桐、白蜡、栾树为主，花灌木以紫叶李、樱花、百日红为主，球类主要是小叶女贞球、黄杨球、龙柏球、金叶女贞球，增加宿根花卉的种植种类，主要是鸢尾、萱草、玉簪、松果菊、金鸡菊。县城建成区面积19.02平方千米，人口15.6万人，绿化覆盖面积781.3公顷，绿地面积687.54公顷，公共绿地面积198.28公顷，绿化覆盖率、绿地率分别为41.08%、36.15%，人均公共绿地面积12.71平方米。城区道路绿化总长度72千米，道路绿化乔木栽植主要以乡土树种为主，城区道路绿地率、达标率和绿化普及率分别为25.2%、82%和100%，其中城市主干道绿化覆盖率为41%。

2010年，园林养护主要是划分区域由职工进行养护，负责划分区域的修剪、除草、浇水、病虫害防治等。同年，平邑县城被国家住房和城乡建设部授予“国家园林县城”。

2011年，全面实施城区绿荫行动“五大工程”，即城市林荫路系统建设、林荫公园建设、林荫庭院小区建设、林荫停车场建设和立体绿化建设。

2012年，在蒙阳路首次栽植红叶石楠球及红叶石楠苗木。

2013年，投资2.69亿元，开展6项园林绿化工程。建设浚河生态公园，总面积52万平方米，总投资5300万元。完成银花大桥、朝阳大桥建设，银花桥全长446米，总投资约计5200万元；朝阳大桥全长286米，总投资约计3000万元。市民广场、祥云湖景观工程，投资6000余万元，面积16.4万平方米。明德公园总面积18.48万平方米，投资4000余万元。投资3400余万元，建设城东的银花路、东一路、明生路3条道路，总面积33万平方米。

是年，制定《关于加强城市园林绿化工作的意见》，提出实施绿色图章、县外企业进县备案制度，同时加大执法力度。

第二节　公园和广场

公园

莲花山公园　坐落在县城中心，北靠石都大道，南临莲花山路，总面积26公顷，因位于九顶莲花山而得名。

1991年12月，莲花山公园开始建设。累计建设景点20余处，包括大门、门前广场、仙女龙泉、长寿亭老年活动中心、儿童娱乐设施、飞机、大炮及公园主景工程莲花阁等，硬化园内各环道2800余米，驻城各单位在每年植树节积极到公园义务植树，共植树7万株，使公园建设初具规模。

2006年，铺设游园小路和老年人门球场路面，改造公园大门口斜坡，维修仙女池喷泉、公园大门、万寿长廊、莲花阁，实施莲花阁灯光照明、莲花山公园牌坊亮化工程。2007年11月，莲花山公园免费对市民开放。

浚河公园　位于县城东部浚河两岸，面积26公顷，1993年11月动工建设，完成排水护岸、拦水、绿化及其配套工程。完成土石挖填总工程量24万立方米，建绿地、竹园、杨树林等2.67多公顷，完成水中假山、凉亭、长廊花架、游船设施、游泳池、雕塑工艺品奔马、旱冰场等休息娱乐设施，总工程投资540万元。

文体公园　位于浚河西岸，北起兴水河与浚河交汇处，南至327国道，占地面积17.33公顷，建设总投资1800余万元，南京林业大学规划设计，2006年开工建设。由场地运动、滨水娱乐和康体休闲3个功能片区组成，建有篮球、网球、羽毛球、乒乓球等专业运动场地和旱冰场、健身器械场地、室外小舞台、缓坡草地、滨水广场、亲水平台等相关设施，同时还利用当地产花岗石资源设置五环标志、运动主题景墙等石景小品，公园绿化覆盖率达到70%以上，照明用灯包括景观灯、庭院灯、草坪灯、高杆灯、水池灯、投光灯和地灯400余盏。

明德公园　位于327国道以东，朝阳路以北，西环一路以西，是兴水河综合治理上游段的一个重要节点。2013年开工建设，规划面积18.47公顷，其中水面5.4公顷，公园以水为魂，依河而建。园内建有清华门、大学岛、状元桥、宗圣亭等主要景点，间有旱溪、木栈道和部分体育设施等。

浚河生态公园　位于浚河东岸，东邻滨河东路，北起浚河路，南至327国道，全长3800米，总面积约52万平方米，总投资约6000万元，2013年开工建设。以绿色景观营造为主，充分利用原有地形地貌，在保留原有树种的前提下，以当地金银花为特色建设金银花广场，并设置开阔草坪、湖面等纯净而美丽的公园景观，结合当地文化建造红色文化广场、历史名人园区。公园绿化覆盖率80%。

祥云湖公园　祥云湖公园是平邑县城东片区重点景观工程之一，长521米，宽343米，占地10.79公顷，水体面积为5.25公顷，人工湖上部以祥云状呈现，通过祥云的走向将行政中心与浚河对接，寓意“邑脉祥呈”。湖区南北以金银花造型为主，西北侧布置金银花雕塑。工程以“邑城名片、河畔明珠”作为形象定位，注重实现经济发展与传统文化的有机融合、生态环境与社会和谐的完美对接，打造集休闲、健身、娱乐为一体，体现齐鲁文化、平邑地域文化的综合公园。

广场

莲花山广场　位于县城中心地段，背靠莲花山公园，总投资600万元，2005年开工建设，工程铺装花岗石地面1万余平方米，安装地灯6盏，音乐华灯8组96盏，在广场内摆放大型红木花钵15个，设置花池，栽植龙柏、女贞等苗木，绿化面积1.66万平方米。

建设广场 位于县城蒙山大道与莲花山路交界处，绿化面积1.98万平方米，绿地率81%，2005年建设，总投资76万元。建设中充分利用原有地形，结合周边环境，实施人工造景，完成垃圾清理2600立方米。回填土3000余立方米，建花坛，铺设游园小路，安装花架、游园石座椅，铺设大理石路面300平方米，建植三叶草，以冬青球、蜀块、紫藤等花灌木作点缀，共栽植紫叶李、金叶女贞等苗木12万株，安装便民健身器材6套。

文化广场 县烈士陵园搬迁后在原址建设，面积3800平方米，改造前由于被长期闲置，园内树木枯死严重，杂草丛生。结合莲花山路改造，建设中实施拆墙透绿，变封闭式为开放式活动空间，完成垃圾清理1000吨，回填土500余立方米，铺设供水管道200米，硬化面积900平方米，安装石凳40个，蘑菇石180米，建墙体文体造型240平方米，安装景观灯，建植草坪1000平方米，栽植红叶小檗，女贞等苗木近万株。2007年，对广场西部实施扩建，回填土900余立方米，栽植苗木3万株，总建设投资达40万元。

银杏园 位于石都大道东段，以栽植银杏居多，故命名为银杏园，占地面积5万平方米，1999年建成，绿化面积4.2万平方米，园路用水泥铺设，建有老年活动中心、喷泉、石凳、蘑菇亭服务设施。大面积草坪以波浪形构图增强其观赏性，北面沿铁路栽植国槐、垂柳，绿篱是红叶小檗和冬青，乔木以银杏为主，点缀连翘、月季等。

站前广场 位于火车站前，绿化面积2.25万平方米，绿地率66%。2001年，投资100余万元，以自然式草坪为主，用红叶小檗、黄杨等栽植成各种图案，以雪松、紫叶李、樱花等乔灌木作点缀，形成“三季有花、四季常青”。

浚河广场 位于县城东部，浚河东岸，绿化面积7.5万平方米，硬化道路2.5万平方米，总投资600多万元。

市民广场 位于祥云湖北侧，长220米，宽144米，占地3.21公顷。广场中心有1个巨大的“邑”字，寓“邑”之魂，展现平邑自身的文化特色。

第四章 城市管理

1990年，成立城建监察队，隶属于城市建设与环境保护委员会。

1993年，成立城建监察大队，有市容、园林、环卫等中队。1994年，成立综合管理办公室，从建委、城关镇、工商局、公安局、交警大队等单位抽调人员，组成临时机构，开展城市综合管理工作。

1995年，在综合管理办公室基础上成立综合治理办公室，公安局刑警大队教导员兼任主任，内设6个中队，负责全县城区的交通、摊点、市容市貌、占道经营等。

1996年，综合治理办公室解散，抽调人员回到城建监察大队，重点查处市容市貌和违法建设。1999年，市政、环卫监察队伍并入城建监察大队。

2006年3月28日，成立平邑县城市管理行政执法局，行使市容环境卫生、城市规划、绿化管理、市政管理、环境保护管理、工商行政管理、公安交通管理和城市河道管理等部分或全部城市管理行政执法职能。

2008年10月9日，成立平邑县市容管理所。

2011年4月，环境卫生管理处整建制划归城管执法局，将环卫工作管理职能向乡镇延伸。将城乡规划执法职责划入城管执法局，原住建局所属县城市和村镇规划执法督察大队整建制划归，强化城市管理执法监督职能并向乡镇延伸，行驶环境卫生管理和城乡规划管理职权，增加城镇道路两侧和公共场地临时堆放物、搭建临时建筑物管理职权，增加城市规划区内机动车停车场监督管理职权。

2012年3月31日，县住建局所属平邑县园林管理处整建制划归城管执法局。

第一节　执法管理

2006年，以整治市容市貌、侵占道路行为为突破口，强化户外广告管理、规范车辆停放、整治乱搭乱建、治理占道经营，全年共开展各类专项整治活动30余次，完成中央、省、市领导到平邑视察调研和各种重大活动的秩序维护10余次。

2007年，全县城管执法工作开展城市管理相对集中行政处罚权重心下延，探索科学有效的基层执法管理模式及内外联动的快速反应机制，加强执法队伍建设，全面提升依法行政能力。同时实施拆墙透绿和夜景亮化工程，做好县城重点工程的秩序维护工作，建立城市管理常规执法与集中整治相结合的工作机制。全年共办理各类执法案件1489起，其中，简易程序案件1268起，一般程序案件390起、结案221起，当场处罚1268起，申请法院强制执行200起，维护了城管执法的严肃性。

2008年，加大省级文明城市、省级卫生县城创建宣传力度，建立城管执法高峰岗制度，实施“静音工程”“进店退路”工程等一系列民生工程。至年底，共办理各项执法案件2203件，其中简易程序案件2094件，违章停车案件1100件，一般程序案件109件，结案98件。

2009年，以创建国家级园林县城和全市城乡环境综合整治工作为契机，强化绿化执法，实施“拆旧拆大”工程，提档升级户外广告工作，组织开展交通秩序、经营秩序、石板材占道等各种项专项集中整治10余次。

2010年，开展城乡环境集中整治工作，城乡环境面貌发生显著变化，县城带动作用明显，城镇化水平不断提高，城乡执法工作一体化发展格局逐步形成。

2011年，成立平邑县城市管理委员会，把城市管理工作纳入科学发展观年度考核，明确全县各部门、单位、街道、社区（村居）行政“一把手”是本单位落实城市管理工作目标责任制的第一责任人，突出抓“门前五包”责任制落实，形成上下互动、左右联动、全方位齐抓共管的城市管理格局。进一步理顺城市管理体制，同年6月，完成环境卫生行政管理职责和城乡规划执法权限划入的交接，形成服务、管理、执法“三位一体”的城市管理格局。推行动态巡查与错时执法结合，成立4个市容执法中队和女子执法中队，购置8辆执法电瓶车，对城区主要道路和各管理辖区的店外经营、占道经营、乱贴乱画、乱停乱放等违法、违规行为进行巡查。

2012年，实施城区网格化管理工作，将

县城建成区划分为五大网格，通过县级领导包网格、县直部门包段、沿街单位和商户包门前的形式，将城市管理任务层层分解到单位和个人，建立责任细化、管理规范、全面覆盖的城区网格化管理体系。开展城区市容市貌集中整治，与交警、交通部门联合对机动车乱停乱放、电动三轮车非法营运等行为进行查处；与宣传、通信部门联合，采取发送手机短信、宣传车上街宣传等措施，积极营造县城管理氛围；与文管执法部门联合实施“静音工程”，对娱乐场所噪音污染进行整治；全面规范清理各类早餐夜市、占道经营、店外经营等违法违章行为；多次开展“洗脸工程”，清理城区道路两侧橱窗乱贴乱画，打造精品示范街。与食药监局、教育局联合整治校园周边环境卫生及经营秩序，创新设置“城管助学岗”。合理设置、规范管理临时便民摊点群，加大环卫投入和保洁质量，高标准推进城区园林美化、绿化；严格查处违法建设，规划执法工作管控到位，圆满完成年初的6项重点工作。

2013年，持续推进城区网格化管理工作，坚持每周两次指挥部会议调度部署、每天网格化办公室会议安排落实，管理模式进一步优化。结合城区实际，采取分级、分类管理和堵疏结合的方式，规范经营秩序、交通秩序和户外广告管理秩序，全面推进城区市容管理工作。加大环卫保洁力度，完善环卫设施，倾力改善城区环境卫生，县城道路卫生质量和基础设施管理水平显著提高，全市排名跃升到前三名。保持高压态势，打击违法建设，遏制违法建设的蔓延势头，城市管理精细化水平不断提高，城市环境面貌明显改观，城市形象得到全面改善。

第二节　环境卫生

1990年，平邑县环境卫生管理所成立，负责城区环境卫生管理工作。

2011年7月，县环境卫生管理处划归县城市管理行政执法局管理。内设办公室、清扫队、清运科、公厕科、垃圾处理厂、财务科及建筑垃圾清运科7个股级单位。

垃圾运输

1990年前，垃圾清运仅靠14辆排车人工清运。是年，购置4吨解放牌翻斗式垃圾车1台，叉车1台，县城部分道路垃圾实行机械化清运。

1993年，新增12马力拖拉机5台，其中2台改装为密封式粪便收集车，其余3台收集单位内生活垃圾，原14辆清运排车正式退出环卫舞台，实现生活垃圾、粪便运输的机械化。

2007—2011年，新增清扫车2台，洒水车1台，8吨垃圾压缩车3台，3吨压缩车1台，新建垃圾压缩站1座。

2012—2013年，新购置洗扫车1台，14吨洒水车1台，吸粪车1台，压缩车2台；垃圾处理厂并配套挖掘机、装载机、压实机、小型洒水车及翻斗车作业机械车辆各1台，环卫作业车辆增加至19台。部分道路作业实现机械化。

设施

1991年，城区道路两侧设置方形铁质垃圾箱60个，随着城区面积的不断扩大，垃圾设施的设置逐年增加。2007年，购置塑料垃圾桶300个放置到城区主要道路，果皮箱110个，地埋式垃圾箱8处。2009年，购置塑料垃圾桶400个，城区的铁制放箱全部替换成塑料桶。

1997 年，在城区投资建设水冲式公厕 14 座；截至 2013 年，城区共有水冲式公厕 23 座。

2005 年，在武台镇筹建垃圾处理厂，征地 6.67 公顷，于 2007 年建成平邑县第一座无害化垃圾卫生填埋厂；二期征地 10 公顷，于 2011 年建成。

2013 年，环卫处拥有清扫车、垃圾压缩车、洒水车、摆臂车、装载机、压实机、挖掘机等环卫作业车辆 19 台。固定资产达 1200 万元，主要负责城区 160 万平方米的 22 条道路的清扫保洁、垃圾清运、环卫设施日常维护、公厕及驻城各单位的旱厕的日常保洁。

环卫保洁

1990 年，成立平邑县环境卫生管理所，对县城浚河路、莲花山路、朝阳路、板桥路、蒙阳路等部分路段实行保洁，后来扩展到全段保洁。保洁工作由路面保洁逐渐发展到路沿石以上，并扩展到驻城村街，实施全天候、无缝隙保洁。

1997 年，开始对道路保洁、垃圾清运、旱厕清理实施城市生活垃圾处理费征收，实行有偿服务工作机制。

2013 年，环卫处道路清扫保洁覆盖城区 22 条主次干道 22 条道路的清扫保洁，共 160 万平方米。根据路段等级标准，制定路面清扫“五无六净”标准，即无砖瓦砂石、无污泥及水、无果皮纸屑、无泼洒呕吐物、无人畜粪便；路面净、人行道净、路沿石根部净、垃圾容器周围净、树穴净沟沿净的标准。

公厕管理

1997 年以前，县城没有公厕，只有各单位、村居自建的旱厕；1997 年，县政府在城区投资建设水冲式公厕 14 座；2009 年，县政府投资 200 万元，建设水冲式公厕 10 座。至 2013 年，城区共有水冲式公厕 23 座。

城市生活垃圾处理厂

垃圾场位于武台镇山北头村西，规划占地 16.67 公顷，工程设计日处理规模 280 吨，工艺为卫生填埋；垃圾填埋场分为主体设施和辅助设施，主体设施由填埋场、渗滤液处理站组成；辅助设施由道路、生活服务和办公设施、公用辅助设施等组成。一期 2007 年 12 月竣工使用，总投资 739 万元，2013 年封场；二期 2010 年 10 月开工建设，2011 年 11 月竣工验收，总投资 3652.32 万元，设计使用年限 13 年；2013 年 3 月投入使用。

第五章　房地产

1997 年 10 月，平邑县房产管理局成立，下设办公室（挂档案室牌子）、财审科、仲裁办、产权科、交易科、抵押科、收件科、开发管理科、市场管理科、住房保障科（挂房改科牌子）、物业管理科、信息查核办公室等 12 个科室。2013 年，共有事业编制人员 102 人，其中高级工程师 2 人，工程师、经济师 21 人。

第一节　房产评估

为满足涉及房地产的经济活动或者行政、民事行为的需求，以房地产作价出资。开展房产评估工作，随着房地产交易市场日趋活跃，房产评估成为房管工作的重点。至2013年，共对县内房地产转让、租赁、典当、保险、课税、城市拆迁补偿、农民集体土地征用补偿、损害赔偿、分割、合并、纠纷调处、司法鉴定、企业合资等评估19397余起。

1998—2013年平邑县房屋评估情况表

表5-1

年份	数量（件）	面积（万平方米）	金额（亿元）
1998	738	8.30	0.78
1999	932	10.20	0.91
2000	1032	12.06	1.48
2001	1152	13.24	1.56
2002	1211	16.98	2.20
2003	1405	18.07	2.90
2004	1444	18.65	3.01
2005	1568	20.77	3.54
2006	1622	21.75	4.48
2007	1752	23.89	5.01
2008	1779	24.32	5.56
2009	1826	27.66	6.25
2010	2034	29.38	7.22
2011	2235	32.07	7.87
2012	2336	33.25	8.90
2013	2156	31.33	9.21

第二节 产权交易

产权产籍与交易管理包括房产初始登记、房产交易和抵押管理。1997年，成立房产局以前，全县的房改房由房改办统一发红塑料皮房权证，其他房屋由房产所发绿塑料皮房权证，房产确权不统一。房产局成立后，改发全国统一印制的房产证。当年，完成新建商品房交易520套，面积4.9万平方米，完成二手房交易80套，面积0.75万平方米。2000年，在全县范围内把1997年以前的绿皮证和红皮证统一换发为全国统一印制的房权证。同年，完成新建商品房交易605套，面积6.41万平方米，完成二手房交易78套，面积0.77万平方米。2013年，完成新建商品房交易4259套，面积60.05万平方米，完成二手房交易1016套，面积11.3万平方米。

1997—2013 年平邑县房产交易情况表

表 5-2

年份	新建商品房交易				二手房交易			
	套数（套）	面积（万平方米）	交易额（亿元）	均价（元/平方米）	套数（套）	面积（万平方米）	交易额（亿元）	均价（元/平方米）
1997	520	4.9	0.29	600	80	0.75	0.036	480
1998	565	5.54	0.39	650	92	0.88	0.045	510
1999	540	5.5	0.44	800	86	0.84	0.048	580
2000	605	6.41	0.54	840	78	0.77	0.0477	620
2001	716	7.85	0.75	950	105	1.11	0.082	740
2002	860	9.63	1.01	1050	95	1.07	0.092	860
2003	1400	16.1	2.35	1460	116	1.27	0.19	1100
2004	1680	19.48	3.03	1560	162	1.78	0.19	1090
2005	1900	23.75	3.75	1580	259	2.9	0.33	1120
2006	2150	27.09	4.33	1600	360	4.25	0.49	1150
2007	2800	33.6	5.88	1750	450	5.35	0.68	1280
2008	2560	33.48	6.04	1920	400	5.15	0.7	1350
2009	1900	23.98	5.25	2190	490	6.1	0.97	1600
2010	2150	27.8	6.33	2278	545	5.61	1.01	1800
2011	4618	54.5	16.4	3000	705	7.42	1.69	2277
2012	7816	93.8	30.1	3200	912	9.85	2.16	2190
2013	4259	60.05	18.62	3100	1016	11.3	2.45	2168

第三节　拆迁安置

1990 年，由城市建设综合开发公司建设站前小区。至 2013 年，相继建成财源小区、陶瓷厂小区、黄金花园小区、仁德家园、厚德家园、金穗小区明德花园、怡心园、怡馨园、康乐小区、莲花山小区、莲花山东区、莲花山北区、文苑小区、怡嘉园小区、金盾家园、东城社区、小南泉社区、河泉社区、保定社区、东阳社区、滨水雅园、新建庄社区等居住小区。

按照旧城改造规划先后以城中村、沿浚河两岸区域为重点改造范围，统一规划，先后对水泥厂、临工机械厂、酿造厂、陶瓷厂、百货公司、粮食局、土产公司等单位和城中社区、北苑社区村居实施旧村改造。相继建设县医院家属院小区、土产生资小区、文化馆住宅小区天泽小区等住宅小区和银座购物广场、华百购物广场、土产商贸城、新夜市一条街、城中商贸城等商业区。

第四节　住房制度改革

1993 年 7 月，平邑县对城镇的公有住房进行改革，改革的基本内容是：把住房建设投资由国家、单位统包的体制改为国家、单位、个人三者合理负担的体制，把由单位建设、分配、维修、管理住房的体制改为社会化、市场化运行体制；把住房实物福利分配方式改为货币工资分配方式;建立以中低收入家庭为对象，具有社会保障性质的经济适用住房供应体系和高收入家庭为对象商品房供应体系；建立住房公积金制度；发展住房金融和住房保险，建立政策性和商品性并存的住房信贷体系；建立规范化的房地产交易市场和社会化房屋维修、管理市场，逐步实现住房资金投入产出的良性循环，促进房地产业和相关产业的发展。改革的形势有出租公有住房、出售公有住房和实施住房公积金、住房补贴制度。

出租公有住房

住公房按《平邑县公有住房租金管理暂行规定》交纳租赁保证金。1994—1999 年，对县直各单位的部分住房进行租金核定，租金按占上年当地双职工家庭平均工资收入比例确定，1994 年为 6%，1996 年为 8%，1998 年为 11%，2000 年为 15%，特别困难的企业报县房改办公室批准可适当降低租金标准。

对住房标准以建筑面积计：一般干部 65 平方米，科级干部 75 平方米，处级干部 90 平方米，厅级干部 120 平方米，企业干部、专业技术人员的住房标准参照上述标准执行，超出部分一律实行加价。超过标准 20% 以内（含 20%）的部分，每平方米使用面积加收 1 倍，超过标准 20% 以上的部分，加收 2 倍。租住 2 处及以上公房的，原则上保留 1 处，退出多占公房。对不退房者，面积合并计算。超出标准的部分每平方米使用面积租金加收 2 倍。

对离退休职工，民政部门确定的社会救济对象和非在职的优抚对象实行减、免、补政策。新增租金老红军全免；抗日战争、解放战争时期参加革命工作的职工分别减收 65%、50%，社会救济户和非在职的优抚户凭民政部门证明，租金超过 10 元以上的部分由产权单位免收，其他退休职工新增租金减免 20%，超标部分不实行减免。

租金收入归产权单位所有，纳入县住房资金管理中心统一管理，计入单位住房基金账户，用于住房维修、管理、建设和住房制度改革。

随着住房制度改革的进一步深化，出租公有住房逐渐减少，2000 年后公有住房出租停止。

出售公有住房（房改房）

城镇公有住房，除政府认为不宜出售的外，均可向城镇职工出售。房产单位出售和职工购买公有住房坚持自愿原则，房屋产权单位职工有优先购买权，并优先出售给住房困难户。

1993 年 7 月至 1994 年 12 月，实行住房制度改革的住房执行标准价，标准价有负担价和抵交价两部分组成。

1994 年，砖混一等结构新房的标准为每平方米建筑面积 359 元，其中负担价（职工个人负担的部分）是 220 元、抵交价（职工用单位资助的住房公积金抵交的部分）是 139 元。房产购买人（产权人）拥有 80% 的产权。以房改标准购买的公有住房上市交易，其出售收入依法缴纳税费后，其净利润部分由产权单位和产权人按比例分成。

1995 年 1 月后，出售的公有住房都是成本价，由于成本价接近市场价，产权人拥有全部产权。以房改成本价购买的公有住房，其上市收入依法缴纳各项税费后的增值部分全部归购房职工所有。

职工按成本价或标准价购买公有住房，每个家庭只能享受一次，购房的面积要按标准控制。住房面积在标准以内的住房按成本价或标准价并享受优惠。超过标准要加价，超过标准20%以内（含20%）的部分执行成本价，超过标准20%以上的部分执行市场价；购买1995年7月1日以后开工建设的新房，超过标准部分一律执行市场价。

职工以市场价购买的住房归个人所有，可依法进入市场。职工以成本价购买的住房，产权归个人所有；可依法进入市场，在补交土地使用权出让金或所含土地收益和按规定交纳有关税费后，收入归个人所有。职工以标准价购买的住房，住满5年的，或未住满5年但已过渡为成本价的，产权归个人所有；在补交土地使用权出让金或所含土地收益和按规定缴纳税费后，收入归个人所有。以标准价购买的住房，一般住满5年方可依法进入市场。

职工购买公有住房，由县房产管理部门办理住房过户和产权转移登记手续，同时由土地部门办理相应的土地使用权变更登记手续。楼房公共占地的使用权归原房产单位，独用楼房、平房、院落占地，购房户按规定交纳有关税费后使用权归购房人。

对房改房交易领取统一制定的产权证书，产权证书注明产权属性，按标准价购买的住房应注明产权比例。出租和出售、赠予、继承以及其他形式转让所购住房，按国家规定缴纳有关税费。

1998年12月31日停止实物分房，实行住房货币分配。2002年，平邑县对符合要求参加房改的，仍参照1999年职工住房货币化分配实施办法的政策，砖混一等结构新房的标准为每平方米720元，超标准面积部分不享受任何优惠。

1994—2005年，共房改住房10800套，房改面积87万平方米。2005年，平邑县停止实物分房。

住房公积金

1995年，县直行政企事业单位及其职工开始全面交纳住房公积金。以职工本人上年度月平均工资总额为基数，1995年度缴交率由单位和职工各交5%，外商投资企业和中方职工的公积金缴交率各为6%。职工离退休或病故时，本息余额一次结清，退还职工本人或法定继承人。

住房补贴

1999年1月1日，平邑县对党政机关及事业单位在职职工按月工资基数（不包括各种地方性补贴）的一定比例发放住房补贴。是年，住房补贴的比例为10%，后发放比例逐步增加到25%。住房补贴列入工资，每月随工资发放。

住房保障

认真贯彻落实中央和省、市关于住房保障工作各项政策，通过争取上级专项奖补资金、县财政预算安排、银政企合作融资等多种方式筹集建设资金，不断加大建设力度，廉租住房、经济适用住房、公共租赁住房、棚户区改造安置房、廉租房货币补贴“五位一体”的住房保障体系作用初步显现。

2013年，全县共建设各类保障性住房9817套，其中，经适房240套，公租房1055套（含政府廉租房228套、公租房827套），棚户区改造8522套。

严格保障房分配和管理程序，实行“保障房源、分配过程、分配结果”三公开。开通保障性住房信息管理系统，对符合申购经济适用房条件的240户进行摇号，对228户廉租房进行选房分配。至2013年，共完成880户，发放补贴款131.85万元。

房地产开发

1997年以前，平邑县房地产业发展以县直单位、部门和企业解决职工住房为主，是单位贴钱改善职工居住条件及福利房建设。

1997年，县委、县政府把房地产业作为全县经济发展新的增长点，加大扶持力度，实行招、拍、挂形式，扩大商品房开发用地供应，依法行政，规范开发。至2013年，全县具有房地产开发资质的企业29家，完成房地产开发投资27亿元，开发建设明德北区、汇源城、裕隆家园、万家福小区、东方佳园、阳光花园、滨河家园、邑东府邸、安家花雨馨等9处成规模住宅小区，全年累计完成房地产开发投资34.43亿元，新开工面积97.63万平方米，分别同比增长17.5%、20.46%；全县房地产市场累计供应6853套，面积87.2万平方米，分别同比增长-1.09%、15.17%；商品房销售4352套，面积50.79万平方米，分别同比增长5.17%、11.03%；存量房销售899套，面积12.79万平方米，分别同比增长-3.13%、7.24%；商品住宅均价每平方3448元，同比增长-1.85%。

物业管理

2003年，平邑县共有物业管理公司5家，都依附于相应的房地产开发公司。同年9月，实行建设与管理分离。

2008年，印发《平邑县住宅公用部位、共用设施设备维修资金管理实施细则》，对于新建商品房，由购房户暂按购房价的1.5%缴存公共部位维修基金。

至2013年，全县共有物业服务企业17家，其中二级资质10家，三级资质15家，暂定资质2家；从业人员660余人，服务58个商住小区，面积360万平方米。同年6月，通过对邑东福邸、明德北区等6个先进小区观摩，指导8个小区成立业主委员会。至年底，全县业主委员会总数达到10个。

第六章 建筑业

第一节 建筑队伍

1989年前，全县各类建筑施工队伍（建筑公司）近20家，其中平邑建筑公司（冠鲁前身）为集体企业、二级资质，其余基本为不分等级的建筑企业。20世纪90年代，全县建筑企业发展到30多家，为便于管理，对企业资质等级进行规范，取消没有等级的建筑企业，资质等级最低设置为4级。

2001年，取消四级资质企业，对企业资质等级进行重新认定、合并重组，平邑县拥有房屋建筑总承包三级资质11家，发展劳务企业7家。

2006年，平邑县有6家企业进行升级，其中2家企业升为一级资质总承包企业，4家企业升为二级资质总承包企业。

2010年，全县有建筑企业58家，其中总承包企业24家，专业承包13家，劳务分包企业21家；总承包企业中，一级企业2家（冠鲁股份、冠鲁置业），二级企业9家，三级企业11家，占建筑企业总数的36%，初步形成“以总承包企业为塔尖、专业承包为基身、劳务分包企业为基础”的建筑产业结构体系，建筑业从业人员近5万余人。

第二节　勘察设计

平邑县城乡规划建筑设计院

1992年8月，平邑县城乡建设委员会成立建筑设计室更名为平邑县城乡规划建筑设计院，同时升为建筑工程设计丙级资质。2013年，设计院有员工22人，其中高级工程师4人，工程师6人，助理工程师8人，技术员4人；国家1级设备师1人，国家2级结构师2人，国家2级建筑师2人。

1989—2013年，平邑县城乡规划建筑设计院共完成工业与民用建筑设计项目4000多个，设计面积700万平方米。省市级优秀工程设计、优秀方案设计二等奖8项，省市级优秀工程设计、优秀方案设计三等奖50项。标志性建筑设计主要有民用建筑、住宅小区和工业建筑3类。民用建筑有莲花阁、平邑各乡镇校舍改造中的平房、教学楼、实验楼、办公楼餐厅公寓楼、综合楼围墙操场等、华百购物中心、银座商场、大润民超市、万家福超市等各大超市此外还有祠堂、万寿宫主殿等项目；住宅小区有保定社区、浚东社区、大南泉社区、小南泉社区、东阳店子社区、河湾社区、建设小区、南马社区、站前小区、滨水雅园、桃花源小区、府前小区；工业建筑有汇源果汁厂房加工车间、金宇商混车间、晟源药业仓库、六和冷库、供销恒温库、平邑天宝化工车间等。

平邑县安居测绘有限公司

2004年4月成立，注册资金100万元，拥有多台高精度GPS、全站仪、水准仪。2012年起，先后参与浚东社区、保定庄社区、河湾社区、板桥社区、东阳社区等县城重点棚户区改造工程的现状测量测绘、放线等任务。

平邑县建设工程勘察有限公司

2006年5月成立，注册资金150万元。公司有岩土专业高级工程师6人，有专门的土工实验室（乙级资质）。主要实验设备有：WG型单杠杆固结仪、KCK–1型三轴试验测量控制仪、TSZ–1型应变控制式三轴仪、数量式土壤液塑限联合测定仪、电热鼓风干燥箱、电子天平等。2012年起，先后参与浚东社区、保定庄社区、河湾社区、板桥社区、东阳社区等县城重点棚户区改造工程的工程勘察工作。

第三节　招标投标

1991年4月，成立建设工程招标投标办公室，与工程股一个机构两个牌子，合署办公。1995年，建设工程招标投标办公室从工程股分离，独立办公。2005年4月，设建设工程招标投标办公室，负责建设工程招投标管理工作，为自收自支事业单位。

1991年，平邑县建设工程招投标采用直接标底法、标底二次产生法、现场产生标底法（平均法、二次平均法、修正系数法）、综合评估法和两阶段评标法等评标办法。2005年，采用在专家库随机抽取评委的方式对投标函进行封闭评审。2007年，全面采用工程量清单计价方式，启用合理低价中标法。

平邑县建设工程招标投标管理办公室于2002年、2004年、2012年，三次被山东省建设工程招标投标管理办公室评为先进集体。

第四节　施工技术

20世纪80年代，平邑县建筑工人施工

所用工具大部分是砌体一般用弯把小瓦刀，抹灰也用小瓦刀或木把抹子，建筑物上料大部分全靠人力，只有实力较强的县建筑公司开始应用塔吊；建筑木工全为锛、凿、斧、锯等较为简单的工具。

1995年后，平邑县建筑公司广泛使用塔式起重机，其他建筑公司开始应用塔机，大多还是使用吊车、卷扬机、龙门架垂直提升物料；木料加工开始使用轮锯、电刨、打眼机、开榫机等机械，机械化率进一步提高，既加快施工进度，又保证建筑质量。

20世纪90年代后，平邑县建筑公司改制为股份企业，成立山东冠鲁股份有限公司，并逐步到上海、青岛、济南等地开展施工，借鉴一些先进地区的施工技术，并带动平邑县施工技术不断进步，机械化施工设备得到广泛应用，减轻工人劳动强度，施工进度加快，工艺水平也得到提高。

地基处理技术

1995年前多为5层以下建筑，地基主要为灰土地基，少数地基较弱的采用砂石垫层；2005年以后随着经济社会的发展，高层建筑出现，开始采用混凝土桩。2008年，CFG桩在高层住宅工程使用。2011年，钢筋混凝土灌注桩开始实施，桩基的施工与检测陆续开始。

模板技术

1995年前，由于钢材紧张，主要使用木脚手架、木模板和杉木支撑，只有县建筑公司使用钢模板。1995年后，工程体量进一步增大，开始采用钢制大模板。2005年后，由于机械化水平的提高，施工速度进一步加快，开始使用竹模板。2010年，快拆模板体系得到应用，模板早拆支架构造简单、操作方便、灵活、施工工艺容易掌握，支拆快捷，缩短施工工期同时保证混凝土质量。

脚手架技术

1995年前，主要采用木脚手架；1995年后，开始使用钢管脚手架。2005年后，随着高层建筑的出现，悬挑式脚手架逐渐普及，同时附着升降脚手架技术也陆续出现。

预制混凝土装配整体式结构施工技术

2000年前，平邑县建筑基本是装配整体式结构，由于装配整体式结构工程容易出现裂缝和渗漏，且抗震性差。2000年后，开始采用现浇混凝土结构，一直应用至今。

预拌混凝土的推广与应用

2005年前，平邑县建筑工地基本应用现场拌制混凝土。2009年，推广使用砂石配料机，较大工程现场开始建立混凝土搅拌站，混凝土质量得到提高。2010年，平邑县成立第一家预拌混凝土搅拌站。2011年，县城规划区内推广使用商品混凝土，2012年，全县成立4个预拌混凝土搅拌站，开始在全县范围内推广应用，混凝土质量得到大幅提高。

钢筋和预应力技术

20世纪90年代前，平邑县工程中使用的钢筋基本为圆钢，后出现螺纹钢；至1990年才生产Ⅲ～Ⅴ级钢；2000年大面积推广应用于Ⅲ级钢。大量的预应力构件采用高强度钢筋（绞）编成的钢绞线或钢绞束。钢筋加工技术多年来没有太大的变化。突出的是20世纪90年代后期粗钢筋连接技术（接头），由20世纪80年代前的电弧焊焊接接头经过创新发展为压力电渣焊。1990年，出现锥螺纹接头和套筒冷挤压接头等机械接头，很快在一些重要工程中应用；并研制推广直螺纹接头（有挤压和剥肋两种），其中剥肋直螺纹接头沿用至今。

第五节　质量监督

1989年5月，检测站通过山东省质量技术监督局的计量认证评审。1993年，国家推行工程监理制度，平邑县成立建设工程监理公司，同质监站合署办公。随着政企分开，2001年10月，成立平邑县工程质量监理有限公司。

1994年，购买WE-100型10万吨和20万吨万能试验机各1台、YE-2000型200吨压力试验机、水泥物理性能、骨料分析、混凝土、砂浆配合比设计和简易土工等试验仪器设备。检测站通过山东省质量技术监督局的计量认证评审并颁发计量认证证书，在检测试验报告上使用“CMA”标志，全县建设工程质量检测工作走上法治化、规范化的管理轨道。

2003年，质监站购买钢筋混凝土保护层测定仪、楼板厚度测定仪、回弹仪、激光测距仪等先进仪器，质量监督手段得到提高。

2011年5月，成立平邑县建设工程质量检测有限公司，为股份制企业，原质监站见证检测业务转入平邑县建设工程质量检测有限公司，质监站与检测公司分开。

第六节　装修装饰

20世纪80年代，平邑县内外墙装饰逐渐增多，一般多层混合结构采用勾缝或水泥抹灰打底，层面为水刷石、干黏石或少量剁斧石。玻璃幕墙的应用始于20世纪90年代，随着生产、设计、安装一体化玻璃幕墙企业增多，加之玻璃幕墙具有自重轻、施工方便、美观的优点，得到广泛应用。

2000年前后，开始采用石材饰面，施工工艺由“湿贴”到“干挂”的变化，用不锈钢挂件固定石材。同时，铝合金、石材幕墙也得到广泛应用，不少建筑将石材幕墙、玻璃幕墙、金属幕墙等几种装饰在同一建筑外立面上应用。

1995年，县内常用的水泥地面逐步被木地板、石材和地板砖所替代，石膏装饰板也得到广泛应用。2005年，出现墙面贴墙纸的高潮，2007年被各种耐擦洗涂料替代。石材墙面多应用于较豪华的公用建筑（如酒店、宾馆、银行等）。各种吊顶装饰（吸音板为主）多用于办公楼等公用建筑。

1995年后，平邑县先后成立平邑县莲花山建筑装饰有限公司（装饰装修三级）、山东华丞装饰工程有限公司（设计施工一体化、建筑幕墙二级）、山东冠鲁装饰工程有限公司（装饰装修二级、增项门窗二级、幕墙三级）、平邑创业装饰有限公司（装饰装修三级）等4家公装企业，家装企业约260家。其中，山东冠鲁装饰工程有限公司先后获得6项“沂蒙杯”装饰奖项。

第七章　环境保护

1990年，撤销平邑县环境保护办公室，设平邑县环境保护局。1994年，平邑县环境保护局改为平邑县环境保护办公室，建制级别为局级事业单位，归城乡建设环境保护委员会管理，下设县环境监测站。

1990年，建成平邑县环境监测大楼，1995年首次通过省级计量认证，获“山东省先进环境监测站”。

1995年，复称县环境保护局，增设环境监理收费站（为股级事业单位）。县环境保护局内设办公室、财务科、管理科、法制信访宣传科、环境监测站4个事业科室。

2008年，平邑县环保局增设总量控制办公室和在线监控中心2个股级事业单位。

2012年，成立平邑县石材管理办公室，为正科级财政拨款事业单位，隶属环保局。

2013年，平邑县石材管理办公室成立综合科、业务科2个股级内设机构。

第一节 环境管理

1989年，县环境保护办公室对全县排污企业征收排污费。1993年，依据《山东省征收排污费实施办法》，逐年扩大征收面和收费项目。2010年征收排污费448万元，2011年征收365万元，2012年征收409万元，2013年征收379.9万元。

水污染环境管理

1997年，拆除县酒厂蒸馏塔；1999年，关闭县造纸厂。2004年，成立小淀粉清理整顿领导小组，共出动1500余人次，清理取缔白彦、流峪、保太等乡镇年产1万吨以下小淀粉加工企业小淀粉加工户200余家。2005年，全县年污水处理能力1660万吨，年消减COD（化学需氧量）4380吨、BOD（生化需氧量）2080吨、氨氮330吨、总磷50吨。

2007年，县环保局对辖区内所有达不到省环保局《关于贯彻实施〈山东省南水北调沿线水污染物综合排放标准〉的通知》要求的废水排放单位限期治理，特别对涉水省控重点企业康发食品饮料、奇伟罐头、丰源、六和集团、汇源集团平邑公司等5家企业进行限期治理和废水治理工程的再提高。2013年前均达到《山东省南水北调沿线水污染物综合排放标准》。

空气污染管理

1990年始，全县1吨以上锅炉要求安装消烟除尘装置，至1992年安装率达90%。2006年，印发《平邑县城区烟尘管理办法》，将城区烟尘控制区扩大为33平方千米。

2006年，投资1.3亿元建设奥德燃气工程，燃煤大灶和城镇居民生活采用清洁能源；严禁露天焚烧秸秆，推行秸秆综合利用，发展沼气工程，改善农村生态环境；严把建设项目审批关和建设项目“三同时”验收关，拒批污染大气环境的建设项目，对不符合环保要求的，进行限期治理从源头上控制污染。是年，关停县第一水泥厂、县第二水泥厂、地方水泥厂、保太水泥厂、枣庄市乔山特种水泥、临沂天成铁合金有限公司年产11.5万吨炼铁项目、平邑发展热电有限公司一号机组及配套4台35吨锅炉、平邑县荣康水泥有限公司3条水泥生产线、平邑县万利水泥有限公司3条水泥生产线等高污染高能耗的涉气企业，消除大气污染源。

2007年，划定烟尘控制区，实行城区集中供热，强制拆除取暖锅炉20余台（套），取缔1吨以下小锅炉45座。对宾馆、浴池锅炉采取治理措施，对于不能达标排放的予以关停。

2009年，平邑县印发《平邑县大气污染防治实施方案》《关于深度治理大气污染改善空气质量的实施意见》，成立平邑县大气污染防治领导小组，对全县的大气污染防治工作做出统筹安排。

2013年，中联水泥有限公司配套建设脱硝工程。是年，城区空气质量优良天数达358天，二级以上天数达365天。

噪声管理

2000年，县政府发布《平邑县环境噪声达标区管理暂行办法》。自2001年始，高、中考期间，县环保局配合公安和报纸、电视、广播等媒体，依靠群众加强对噪声超标和扰民活动的监督管理。

2005年，县环保局与公安、城管、工商部门联合对县城夜间噪声进行检查，对城区街头卡拉OK音响点设置、营业时间和饭店KTV噪声防治作出明确规定，综合治理点源30余处，城市区域环境噪声平均值和交通噪声平均值符合国家标准。

农业环境管理

对禁养区内的进行拆除，确保“零存在”；对禁养区外的进行改造提升，确保“零污染”。累计投入资金3000余万元，将禁养区内1181家畜禽养殖场全部拆除；提升改造禁养区外的畜禽养殖场30余万平方米，畜禽养殖废水、粪便全部实现无害化处理，水污染治理水平得到根本性提升。

固体及危险废物管理

医疗废物 2013年，县直医疗机构、乡镇卫生院及全县所有卫生所21家与山东天蓝环保科技发展有限公司签订医疗废物处置合同，有效控制医疗废物对环境的污染。

危险废物 2007年，开展全县持久性有机污染物（POPS）现状调查，加强对危险废物的管理。危险废物产生单位与有资质的危险废物收处单位签订委托处理协议书。

辐射安全

全县共有放射源和射线装置单位23家。放射源使用单位3家，放射源8枚，类别为Ⅳ类源1枚，Ⅴ类源7枚。射线装置使用单位20家，使用射线装置61台，其中二类射线装置4台，其他均为三类射线装置。

总量控制与污染物减排

2007年，印发《平邑县“十一五”期间主要污染物排放总量控制计划》。至2010年，全县主要污染物排放总量控制指标为化学需氧量1829.2吨，净削减量1860.4吨；二氧化硫3040.6吨，净削减量3809.9吨；均超额完成减排任务。实施建设项目主要污染物总量指标管理制度，建设单位在环境影响评价审批手续前，需填写总量确认书及备案表申请，取得污染物总量控制指标。同时通过污水处理再提高和脱硫工程等措施，积极推进污染物减排工作。

第二节　生态保护

在浚河、兴水河流经县城段实施清淤蓄水工程，营造自然景观；建设鲁埠河湿地0.8平方千米，兴水河湿地0.33平方千米，利用废弃坑塘建成祥云湖公园；全县9个镇建有人工湿地，湿地面积0.4平方千米；按照环境保护属地管理、分级负责的原则，县、镇、村（企业）三级层层签订环境安全责任书，构建涉水企业和沟渠全覆盖的风险防控体系；在浚河上下游投资1.3亿元建设三级橡胶坝，蓄水量1500万立方米，平水期水停留时间可达到30天，实现浚河流域环境风险可防可控。投资600万元，建设“智慧环保”管理平台，构建全县数字化环保监控网络。

对72家排污企业和重点河流断面安装自动监控设备，实时掌握重点污染源废水达标排放和重点河流断面水环境质量状况，提高自动化监测监管水平。

完善县、工业园区和企业三级应急预案，加强应急物资储备，定期组织应急演练，提高应对突发环境事件风险防范意识和应急反应能力，确保环境安全。

划定北部蒙山森林及水源地涵养林、北部及东部平原生态农业、南部低山丘陵、城市生态4个功能区，建立全县大生态体系。发展无公害产品，绿色食品和有机食品基地，降低化肥使用强度。

推进农村环境连片整治，落实周边环境整治任务，改善主要饮用水水源地的水质；为仲村、保太、柏林3个乡镇购买垃圾收集设备；督促卞桥镇蒋家庄环境治理项目工程进度，使其按环评要求进行施工。

2013年，建成省级自然保护区1个，受保护面积165平方千米。全县森林覆盖面积6.91万公顷，覆盖率38%。治理水土流失面积累计达到664平方千米；创建3个国家级生态乡镇，4个省级生态乡镇，13所省、市级绿色学校，7个绿色社区。上报15个省重点贫困村即“第一书记村”生活垃圾一体化建设项目，解决贫困村生活垃圾收集处理问题。

第三节 环境监察

1989年，县环境保护办公室对全县排污企业征收排污费。1993后依据《山东省征收排污费实施办法》，逐年扩大征收面和收费项目。

2001年，环保局成立信访科，负责群众来信、来电、来访及上级转办案件的接待、登记、转批、监督及上报工作。加强对“12369”环保热线的管理，提高环境信访管理工作水平，不断加强与群众的沟通，解决群众反映的实际问题。

2010年，征收排污费448万元。2011年，收费365万元。

2012年，县环保局收费409万元，共受理环境信访案件242件，结案242件，结案率100%，群众满意率96%。

2013年，收费379.9万元，接案294起，处理结案294起，结案率、群众满意率均达100%。

第四节 环境监测

水质监测

1991年首次开展水质监测，设置河流监测断面9个，监测水库2个。2013年设置河流监测断面24个，监测水库1个。境内地表水水质监测以东张庄桥、温水桥、地方桥和槽车桥为主。监测项目有pH值、溶解氧、高锰酸盐指数、化学需氧量、氨氮，监测值均符合《地表水水环境质量》GB 3838–2002中Ⅳ类水标准，即pH值6～9，溶解氧≥3mg/L，高锰酸盐指数≤10mg/L，化学需氧量≤30mg/L，氨氮≤1.5mg/L。

空气监测

1993年，首次开展环境空气监测，在县城设3个点位，全年监测4次，取得数据110个。1993年监测数据表明，除大气总悬浮颗粒物超标外，二氧化硫、氮氧化物均未超标。

1994年，二氧化硫年日平均浓度为0.059毫克/立方米，符合国家标准值；氮氧化物年日平均浓度为0.051毫克/立方米，符合国家标准值；总悬浮颗粒物年日平均浓度为0.261毫克/立方米，超出国家标准值，按功能区进行评价属安全三级。

2002年，二氧化硫、二氧化氮、总悬浮颗粒物总悬浮颗粒物浓度值符合《环境空气质量标准》二级标准，硫酸盐化速率和降尘均未超标，全年空气质量较好。

2013年，设有2个自动监测点位，全年连续监测。平邑县城区二氧化硫日均值范围在0.005～0.025毫克/立方米之间，年日均值为0.011毫克/立方米；二氧化氮日均值范围在0.007～0.024毫克/立方米之间，年日均值为0.013毫克/立方米；可吸入颗粒物日均值范围在0.036～0.097毫克/立方米之间，年日均值为0.059毫克/立方米，监测值均符合《环境空气质量标准》二级标准；全年空气污染指数（API）在41～70之间，最小值和最大值分别出现在2月和11月；空气质量级别为Ⅰ级（优）的次数占17.7%，为Ⅱ级（良好）空气质量级别的次数占82.5%。空气质量周报优良率为100%，首要污染物为可吸入颗粒物。

噪声监测

平邑县城区噪声主要来自交通车辆、建筑施工及娱乐场所。1993年，设区域环境噪声监测点位131个，道路交通噪声监测点位10个。2008年，建成区噪声平均值58.4分贝，交通干线噪声平均值68.6分贝。

2013年，设区域环境噪声监测点位126个，噪声平均值54.8分贝；道路交通噪声监测点位24个，交通干线噪声平均值65.9分贝。

第五节　重点工程

城镇污水处理

平邑县东城污水处理厂　2005年动工，一期设计日处理量3万吨，总投资3100万元，设计进水COD（化学需氧量）≤420毫克/升，氨氮≤35毫克/升，采用百乐克工艺，2007年正式运行，出水达到国家一级A的标准；二期扩建规模3万吨/日，总投资4600万元，工程工艺为改良A2O+絮凝沉淀+纤维转盘污水处理工艺，出水达到国家一级A的标准；污水处理工程日处理废水能力达6万吨。

2010年投资172万元，占地面积3575平方米，建筑面积91.35平方米，完成1万吨/天中水回用工程，将其用于橡胶坝景观用水、城市道路洒水、园林绿化及电厂用水。

平邑县第二污水处理厂　2009年，投资5240万元建设平邑县第二污水处理厂，污水处理工艺采用倒置AAO工艺，设计规模3万吨，进水COD≤500毫克/升，氨氮≤40毫克/升，出水执行《城镇污水处理厂污染物排放标准（GB 18918—2002）》一级A标准，工程配套污水管网15千米。2012年，西延管网7千米，污水收集率达到90%以上，日处理污水2.5万吨左右，满负荷运转率全年平均达到95%以上，解决地方罐头废水污染问题。

卞桥镇、仲村镇污水处理厂　投资1200万元，建设卞桥镇、仲村镇日处理4000吨生活污水处理厂，排放标准全部执行一级A标准。

人工湿地

尾水净化。投资2000余万元，在污水处理厂东北侧浚河南岸，采用“潜流+表流+氧化塘”工艺，处理规模为5万立方米/天，总占地面积约0.9平方千米尾水人工湿地水质净化工程，采用高效生物棒和水生植物的吸附吸收及氧化塘的自然降解作用进一步降低水中污染物，出水水质优于《地表水环境质量标准》Ⅳ标准，提高污水处理厂外排水和小淮河河水水质，改善域内的生态系统和景观效果。

热电废气治理

1996年，平邑县金城热电厂采用麻石塔水膜除尘器对4×35吨/时抛煤机燃煤链条锅炉进行治理。1999年，平邑县发展热电有限公司为1台75吨/时循环流化床锅炉项目安装静电除尘器。2007年，关停4台锅炉和1台机组（1号机组）。

2009年，平邑县发展热点有限公司的75吨/时循环流化床锅炉采用炉内脱硫技术；2011年，投资790万元为75吨/时锅炉安装钠钙双碱法脱硫设备；2012年，为新上150吨/时锅炉同步建设钠钙双碱法脱硫设备和电袋复合除尘器，使二氧化硫排放＜200毫克/立方米，烟尘排放＜30毫克/立方米；2013年投资300万元将75吨/时锅炉的静电除尘器改造为电袋复合除尘器，使烟尘排放＜30毫克/立方米。

固体废物处置

生活垃圾 2006年，投资800万元在武台镇建设城市生活垃圾卫生填埋场，2011年建成使用。2011年，投资3700万元进行扩建，日处理能力达280吨。城区内生活垃圾全部由县环卫处清运到生活垃圾卫生填埋场进行填埋，基本上日产日清。

污水处理厂污泥处理 2013年，引进德国60吨/日阳能自动控制污泥干化设备和技术，使污泥中的含水率由80%降至40%以下，达到污泥干化、稳定、无异味的目的，处置后的污泥外运或焚烧处理或用于园林绿化、苗木种植，实现污泥的减量化、无害化、资源化。

泺源物业

第六编

农　业

第一章 农业经济结构

第一节 区域结构

1984年，全县划分为北部林牧区、中部平原粮菜区和南部油林区3个区域。

北部中山林牧区

位于县境北部，包括仲村、武台、保太、柏林、卞桥镇，以及万寿宫、大洼、明光寺、海螺寺国有林场，总面积360.24公顷，占全县总面积的19.74%；耕地8455.96公顷，占该区总面积的23.46%，占全县耕地面积的10.32%，人均耕地合0.08公顷，高于全县平均数的2.4%。

该区自然资源丰富，主要是山高坡陡，土壤以岭砂土、石渣土为主。薄层土占45%，厚层土仅占21%。20°以上的陡坡面占70%，地域气候和植被垂直变化明显，是野生植物和中草药的天然生长地带。区内草本植物100科共600种，可入药的动、植物500余种，已被利用200余种。林业用地占总面积的41.82%，林木成片集中，覆盖率31.43%，木材蓄积量为31.78万立方米，有乔木树种42个科87个属共223种，灌木树种36个科52个属共104种，藤本植物9科16属35种。发展林业潜力很大。区内民众有饲养牛、羊等食草牲畜的习惯，是蒙山牛和蒙山羊的饲养集中地区，是大家畜繁殖的重要基地。

中部平原粮菜区

处于蒙山前、沿浚河两岸的低丘地带，包括平邑街道和仲村、武台、保太、东阳、柏林、卞桥、地方、铜石镇及国营平邑农场、浚河林场，总面积54810公顷，占全县总面积的30.04%。有耕地3104.75公顷，占该区总面积的56.66%，人均耕地1.3亩，高于全县平均数7.43%。

区内农业生产机械动力占全县同类机械动力的80%以上。农业生产条件优越，土壤多属褐土、潮土、潮褐土，少量砂土地。土壤肥沃，保水保肥能力强，是小麦、玉米和蔬菜的集中产区。粮食总产量占全县总产量的62.6%，蔬菜产量占全县总产量的85%。水利灌溉方便，是浚河上游12个大、中、小型水库的集中灌区。有浚河支流17条，引河灌溉和井灌能得到充分利用，水灌面积85%以上，是平邑县粮食作物的主要产区，农作物种植大都采用一年两熟制，复种指数在150%以上。县内沿浚河干支流两岸林木茂盛，林业基础较好。

南部低山油林区

位于县境南部，包括白彦、郑城、临涧、丰阳、流峪5个镇的全部和平邑、铜石、地方3个镇（街道）的一部分和国营锅泉林场、四开山林场、天宝山林场，总面积91663公顷，占全县总面积50.22%；区内有耕地23618.8公顷，占该区总面积的25.75%，人均耕地1.05亩，低于全县平均数13.33%。

该区属低山丘陵，表层岩石以石灰岩、片麻岩为主。土层薄，多为石渣土和砂渣土，宜林面积大。宜林面积26118.19公顷，现有林木占地14276.6公顷，占宜林面积的54.66%。该区东部的天宝山区是黄梨、山楂、苹果、核桃和柿子的集中产区。金银花遍布全区，尤以郑城、流峪镇生产的金银花最负盛名，产量占全县总产量的70%以上，是金银花生产基地。花生种植面积占全县种植面积的60%以上，产量占全县总产量的75%。

第二节　产业结构

1989年，农业总产值3.23亿元，种植业总产值1.90亿元。1993年、1995年、2000年产业增加值分别是6.92亿元、10.85亿元、11.09亿元。

2003年进行一次种植业结构调整，减少粮食作物面积，增加经济作物面积。小麦面积由2.2万公顷减到1.34万公顷，大蒜由年均0.47万公顷上升到0.8万公顷，土豆由0.53万公顷增加到0.67万公顷，经济林由2万公顷增加到2.4万公顷，其他像中药材、食用菌等种植面积也有较大的提高。

2013年，发挥区位优势，农业产业新格局初步形成，向基地化、无公害化、多级化发展，农业产业结构不断合理。

是年，农林牧渔业总产值为58.6亿元，林木覆盖率21.1%，畜牧业产值占农业总产值比重达到40%。

第二章　农村经济体制改革

第一节　家庭承包责任制

1998年开始，开展农村土地延长30年承包期工作，至2000年底基本结束。整个土地承包工作分3个阶段进行。第一阶段为试点阶段。在保太镇德埠庄、沈武阳进行试点。第二阶段为推进阶段。在总结试点经验的基础上，选取基层工作基础好，干群关系比较融洽的村，先行开展土地延包工作，取得经验，锻炼队伍。第三阶段全面开展阶段。集中领导，强化措施，全面完成延包任务。

至2000年，全县共抽调1216名县乡机关干部驻村包点，对土地延包工作进行分类把关指导。举办政策业务培训班、督导培训班、验收人员培训班62期次，培训9325人次。全县有延包任务的1046个村（县城规划区内经市政府批准不延包的10个村），全部完成延包；延包面积5.78万公顷，其中大调整的292个行政村，顺延的427个行政村，小调整的327个行政村。签订土地承包合同和颁发土地承包经营权证书26万份；留取机动地的村771个，占延包村数的77%，留取机动地2327.9公顷，占延包村耕地总面积的3.7%；设立延包档案室27个，建立管理档案3192卷。

2013年，开展农村土地承包经营权确权登记颁证工作，上半年试点，下半年全面展开。全县有农用地应确权的638个行政村已全部完成确权登记颁证工作。涉及农户26.27万户，颁发证书26.27万本，确权面积6.16万公顷。

第二节　专业合作经营

1989—1997年，平邑县以家庭承包为主。1998年，平邑县以家庭承包为基础，实行统分结合的双层经营体制。随着农村市场经济的发展和农产品购销体制的改革，市场机制逐步引入农业和农村的改革，一批专业户、专业村随之涌现出来。广大农民面向市场，根据市场需求安排生产经营。面对这种新形势和新需求，以农村专业户为骨干力量，由农民自己兴办的新型专业合作组织便应运而生。

平邑县农村专业合作组织按服务功能划分，可分为专业合作社、专业协会两种类型。经过几年的实践与努力，县内农民专业合作社得到较快的发展。

至2013年，县农业局备案的农民专业合作社1520家，其中在工商登记注册的合作社1306家，入社农户13.43万户，带动农户7.13万户，联系基地2.17万公顷，生产经营涉及粮食、畜牧、蔬菜、苗木、水果、水利、农机等产业。合作社注册资金达217929万元。

第三节　减轻农民负担

1989年，全县农民负担总额3976万元，人均负担49.7元，占上年人均纯收入的13.5%，大大超出国务院规定的5%要求。

1993年、1996年，两次清理涉及农民负担文件。1998年，再次清理出涉及农民负担文件5份，其中废止1份，修改2份，上报待批2份。同年4月、7月和10月，县纪委、监察局、农业局、财政局、审计局等单位，对全县减轻农民负担工作进行3次专题检查。共检查人员96人，涉及26个乡镇、123个乡镇直部门，275个行政村、1125户，走访座谈干部群众3566人次，涉及资金3.56亿元。查处违纪金额389万元，其中返还给村或农户的资金额179万元。

1999年，全县征收“三提五统”总额7218.25万元，人均93.33万元，占1997年农民人均纯收入的4.1%。农水工程、公路以资代劳103.79万元，人均1.37元。

2000年，县里印发《关于做好2000年减轻农民负担工作的意见》，全县实际征收“三提五统”资金7138.39万元，人均92.4元，占1997年农民人均纯收入的4.48%。社会负担总额538.96万元，人均6.52元，其中校舍危房改造集资114.2万元，公路集资64.47万元，以资代劳资金279.41万元，人口普查费63.621万元，其他费用17.26万元。

2001年，全县取消“三提五统”、教育集资和屠宰税的征收，只向农民征收农业税及附加。县纪委、农业局、监察局、审计局、物价局等部门联合对全县农民建房缴费、中小学收费及有关部门向村集体、农民，收费、罚款、摊派等问题进行专项治理。是年，全县农业负责分配人口82.56万人，因困难减免人口6.66万人，负担各种税费的人口75.9万人，农民负担总额9829.05万元，人均92元，占农民人均纯收入的3.8%；农业税834.9万元，人均11元，屠宰税265.65万元，人均3.5元。审批农村义务工439.35万个，劳均9.5个，劳动积累工828.05万个，劳均17.9个。发放农民负担监督管理卡23.4万份。

2002年，进行农村税费改革计税面积和计税常产两大要素的测算工作。全县共核实计税土地面积7.69万公顷，其中农业税计税面积7.04万公顷，农业特产税计税面积2.67万公顷，测算的计税常产为每亩744千克。全县承担税费的农业人口为74.52万人，负担总额8526.66万元，人均114.4元。其中农业税及附加410万元，人均5.5元，农民负担总额比2001年人均减少15.1元，减负率为12%。

2003年3月31日，县里印发《关于切实做好当前减轻农民负担工作的通知》，要求严格按照农村税费改革后规定的负担范围征收农民应承担的合理税费，严禁违反规定增加税费收取项目；严禁农业税和农业特产税重复交叉征收；严禁征收办法简单，将农业特产税重复交叉征收；严禁征收办法简单，将农业特产税按人头或地亩平摊；严禁村干部代征农业税费；严禁收税不开税票或“打白条”；严禁随意扩大农业税征收范围。同年7月23日，县里印发《关于做好当前几项减轻农民负担工作的通知》，要求：严格执行“两工”（义务工和包工）政策，规范“一事一议”筹资严禁在村村通硬化道路建设中违背政策向农民筹资、酬劳，全年每个劳动力承担的“两工”不得超过20个；严禁按人头或地亩平摊“两工”，经批准收取的“两工”以资代劳款，必须专款专用。严格“一事一议”资金筹集的审批程序，“一事一议”筹资方案，经村民会议或村民代表会议通过，由乡镇经管站审核，乡镇人民政府批准，报县农民负担监督管理办公室审核备案后实施，全县“一事一议”筹资每个村民不得超过15元。同年10月24日，县政府印发《平邑县减轻农民负担工作“一票否决制”年度量化考核办法》，决定对年度综合考核70分以下的乡镇，实行“一票否决”，并列为重点管理单位，被否决的单位一律取消当年的评先树优资格，其单位党政主要领导、分管领导和直接责任人当年取消评先、晋职、晋级提拔重用的资格。全县农民负担总额7538万元，人均101.2元，其中农业税5384万元，人均28.9元，农民人均负担额比2002年减少13.2元，减负率为11.5%。全年接待处理涉农负担上访案件29起，其中省、市转办的7起，处结率100%。

2004年，重新修订《平邑县减轻农民负担工作“一票否决”年度化考核办法》。起草涉及农民负担的规范性文件5份，发放农民负担监督卡24万份，对18个乡镇和16个县直涉农负担部门的减轻农民负担工作进行两次检查，并将考核成绩计入县委、县政府对乡镇及县直部门的年度综合考核内容。加强对“一事一议”等乡村集体资金的管理，严格审批程序，防止农民负担反弹。同时，在乡镇设立农民负担监测点，及时掌握农民负担的实际情况和农民对减负工作的意见和建议，为监管工作提供依据。是年，在取消农业特产税和暂停征收乡村公益事业金政策的基础上，又降低农业税率3个百分点。全县农民承担农业税及附加金额3213万元，人均43.1元，其中农业税2295万元，人均30.8元，农业税附加918万元，人均12.3元。农民负担总额比2003年减少4325万元，人均减少58.1元，减负率为57.1%。

2005年，平邑县农业税率再降低1个百分点，全县农业税及附加征收总额1276.26万元，人均16.5元，比2004年总额减少1936.74万元，人均减少26.6元。

2006年1月1日，全县全面停止农业税的征收。5月，县委、县政府与各镇（街道）签订《2006年减轻农民负担工作目标责任书》，明确责任范围、责任事项和责任追究等内容。8月中上旬，组成6个督导检查组，对18个镇（街道）及14个县直涉农负担部门上半年减负工作进行量化考核。8月底，县减负办组成3个暗访检查组，对乡镇减负及维护农民合法权益工作进行暗访，暗访检查组直接深入到农户，了解农民负担监督卡、农民出工、出资、建房、中小学生交费、土地承包费、粮食补贴发放等情况。

2008年，开展农民负担专项整治工作。对违规文件和项目，按照政策规定的涉农收费和治理，对符合减负政策规定的涉农收费和服务项目的收费标准重新公示，接受群众监督。在治理整顿中，全县共清退不合理收费92万元，查处涉农信访案件67起，其中省、市转办467起，县接待21起，全面取消“两工”，切实规范村内“一事一议”筹资筹劳管理，严格执行标准，认真履行审批程序。

2009年，拓宽农民负担日常监督卡范围，加强涉农收费和村集体收费的管理，对农民反映突出的子女上学、建房及农业生产资料价格等实行重点监管，做好农民补贴和转移资金的监管，并将征地补偿等涉及农民权益的事项纳入监管范围。开展农民负担专项治理，查处违规收费125万元，农村“三乱”现象得到遏制。

2010年，加大涉农信访工作查处力度。建立涉农信访联席会议制度、工作制度、领导干部定期接访制度、领导干部包案处理信访工作制度、行风热线及阳光政务热线制度、信访案件三级终结制度等制度。

2011—2013年，县委、县政府继续实施减轻农民负担“一票否决”，每年下发文件，与镇和县直有关部门签订减轻农民负担目标责任状，继续抓好专项治理，严格监督检查，防止农民负担反弹，促进全县农村的稳定和发展。

第三章 种植业

平邑县自然条件较好，可种植的作物种类繁多。按照作物产品的主要用途和价值，分为粮食作物和经济作物。粮食作物包括禾谷类、豆类和薯类，经济作物主要有油料作物、纤维作物、烟草、瓜菜等。

20世纪80年代末，一年两作取代二年三作为主的传统地位，推广粮粮、粮棉、粮油菜等套种技术，复种指数比20世纪60年代增加20%以上。粮食作物占用耕地的比率压缩，粮食作物在总播种面积中所占的比率下降，经济作物和瓜菜面积大大增加。粮食作物的种类构成也有极大变化，小麦、玉米、水稻种植面积扩大，地瓜、高粱、谷子、大豆面积压缩。农民膳食结构由粗粮、瓜干变成细粮为主食。

第一节 粮食作物

境内农民以种植粮食作物为主。粮食作物的种类主要有小麦、玉米、地瓜、大豆、高粱、谷子以及小杂粮。粮食作物主要产区分布在白彦、平邑、铜石、仲村、卞桥、保太等街镇，种植粮食作物共有81个品种。

小麦

是平邑县主要粮食作物之一，20世纪80年代,小麦种植在农技农艺方面进行重大改革。1989年，全县种植小麦面积2.87万公顷，每亩产量221千克，总产量9.5万吨，占粮食总产量25.66%。

20世纪90年代起，随着种植技术的进步、小麦良种的普及，各种惠农政策的落地，产量逐年递增。每亩产量由1989年的211千克增加到1992年的284千克,1994年达到311千克。小麦种植面积由1989年的2.87万公顷到1999年的2.40万公顷，一直稳定在2万公顷以上。2000年后，随着农业结构的调整，全县小麦种植面积略有减少为2.23万公顷。2004年，实施小麦良种补贴项目，良种量法配套，由广种薄收到实施小麦精播半精播技术。2010年，小麦面积2.31万公顷，每亩产量375.4千克，总产量12.98万吨。

2013年，小麦面积2.51万公顷，每亩产量367.3千克，总产量13.84万吨。

玉米

县内四大粮食作物之一。1989年，玉米面积1.3万公顷，亩产265千克，总产量5.16万吨，占粮食总产量16.4%。1990—1995年，全县玉米面积稳定在1.27万公顷左右，1996年突破到1.33万公顷，每亩产量400千克左右，此后有增有减。

1995年，玉米面积1.38万公顷，亩产达402千克，总产量8.30万吨，占粮食产量的21.7%。2005年，玉米种植面积1.96万公顷，亩产389千克，比1989年增加124千克，增长17.8%。2009年，平邑县实施玉米良种补贴项目，对种植玉米的农户，以每亩10元的标准进行补贴。至2013年，玉米种植面积2.39万公顷，亩产454.9千克，总产量16.31万吨，占粮食总产量的42.6%。

地瓜

20世纪90年代初，全县地瓜种植面积稳定在1.90万公顷左右。1989年，地瓜种植面积1.98万公顷，亩产427.5千克，总产量12.69万吨，占全县粮食总量的43.5%。2000年，全县地瓜栽种面积1.76万公顷，总产量12.8万吨，占粮食播种面积的28.9%，占粮食总产量的38.9%。随着农业产业结构调整，地瓜种植面积逐渐减少。2005年，全县地瓜种植面积1.36万公顷，占粮食播种面积的25.9%，总产量10.46万吨，占粮食总产的33.9%。2010年，地瓜面积8585.5公顷，亩产574.1千克，总产量7.39万吨；至2013年，全县地瓜栽种面积为8246.4公顷，亩产608.4千克，总产量7.53万吨。

大豆

20世纪90年代，平邑县大豆种植面积较小，一直维持在1600公顷左右。1989年，全县大豆种植面积1666.7公顷，亩产143千克，总产量357吨。1995年，种植面积1746.7公顷，亩产199千克，总产量5212.8吨，亩产比1989年增加56千克，增长39.1%。2005年，种植面积1849公顷，亩产193.8千克，总产量5375吨。2010年，种植面积1234.7公顷，亩产228.5千克，总产量4231.8吨。2013年，种植面积1253.9公顷，亩产229千克，总产量4307.3吨。

谷子

主要分布在平邑街道、仲村镇、铜石镇等街镇，零星种植情况多。1989年，谷子种植面积2693.3公顷，亩产205千克，总产量8282吨。1995年，种植面积1373.3公顷，亩产260千克，总产量5356吨。2000年，种植面积690公顷，亩产206千克，总产量2132.1吨。2005年，种植面积361公顷，亩产206.4千克，总产量1115.5吨。2013年，种植面积340.9公顷，亩产288.6千克，总产量1475.6吨。

高粱

1989年，高粱种植面积3226.7公顷，亩产216千克，总产量1.05万吨，是仅次于小麦、玉米和地瓜的第四大粮食来源。1995年，种植面积1853公顷，亩产248.5千克，总产量6908吨。由于高粱为低产作物，品质差，吸肥力强，种植面积逐渐减少。2005年，种植面积868公顷，2007年下降到587公顷。2013年，种植面积198.2公顷，亩产291.9千克，总产量867.8吨。

其他粮食作物

县内其他粮食作物有绿豆、红小豆、杂豆等，面积较小。1989年，其他粮食种植面积433.3公顷，亩产148.5千克，总产量968.2吨。2005年，其他粮食种植面积15公顷。2013年，其他粮食种植面积125.3公顷，大部分为绿豆。

1989—2013 年平邑县粮食种植总面积总产量情况表

表 6-1

年份	粮食			小麦			玉米			谷子			高粱			地瓜			大豆			其他		
	面积（公顷）	单产（千克/亩）	总产（吨）	面积（公顷）	单产（千克/亩）	总产（吨）	面积（公顷）	单产（千克/亩）	总产（吨）	面积（公顷）	单产（千克/亩）	总产（吨）	面积（公顷）	单产（千克/亩）	总产（吨）	面积（公顷）	单产（千克/亩）	总产（吨）	面积（公顷）	单产（千克/亩）	总产（吨）	面积（公顷）	单产（千克/亩）	总产（吨）
1989	69386.7	301.5	313801.2	28680.0	221.0	95074.2	12980.0	265.0	51595.5	2693.3	205.0	8282.0	3226.7	216.0	10454.4	19786.7	427.5	126882.0	1666.7	143.0	357.0	433.3	148.5	965.2
1990	68986.7	299.0	309405.2	29046.7	251.0	109360.7	12980.0	265.0	51595.5	2513.3	180.5	6804.9	3120.0	167.0	7815.6	19213.3	445.0	128249.0	1693.3	142.0	362.0	406.7	186.0	1134.6
1991	69186.7	318.0	330020.4	30006.7	288.0	129628.8	12886.7	219.0	42332.7	2200.0	212.0	6996.0	3180.0	203.5	9707.0	18546.7	429.0	119347.8	1713.3	152.5	391.9	413.3	188.5	1168.7
1992	66833.3	357.0	357892.5	28040.0	284.0	119450.4	12766.7	399.5	76504.3	2040.0	222.5	6808.5	2653.3	214.0	8517.2	19160.0	486.5	139820.1	1766.7	193.0	511.5	213.3	214.5	686.4
1993	64700.0	375.5	364422.8	26373.3	290.0	114724.0	12766.7	409.0	78323.5	1786.7	263.0	7048.4	2306.7	238.0	8234.8	19293.3	515.0	149041.0	1906.7	199.5	556.5	260.0	250.0	975.0
1994	63980.0	381.0	365645.7	25780.0	311.0	120263.7	12900.0	405.0	78367.5	1626.7	261.5	6380.6	2180.0	254.5	8322.2	19513.3	507.0	148398.9	1740.0	210.5	1100.0	240.0	261.0	939.6
1995	63453.3	401.0	381671.8	24933.3	217.5	81345.0	13766.7	402.0	83013.0	1373.3	260.0	5356.0	1853.3	248.5	6908.3	19400.0	521.0	151611.0	1746.7	199.0	5213.8	320.0	233.5	1120.8
1996	62045.1	378.2	351981.9	24620.0	280.1	103440.9	14210.0	401.0	85473.2	1206.0	260.0	4703.4	1760.0	234.0	6177.6	18860.0	510.0	144279.0	1830.0	180.0	4941.0	310.0	220.0	1023.0
1997	62288.7	365.0	341030.5	24371.3	333.5	121917.6	14417.7	327.0	70719.0	1162.3	220.0	3835.7	1531.4	204.0	4686.1	18541.9	481.5	133919.1	1893.7	174.5	4956.8	203.3	165.5	504.8
1998	60924.7	368.5	336761.5	22078.1	329.5	109120.8	15655.4	328.0	77024.6	980.0	220.0	3234.0	1500.0	202.0	4545.0	18853.4	485.5	137299.9	1900.8	175.5	5003.9	12.5	246.0	46.0
1999	62791.3	370.0	348491.5	24019.0	326.2	117525.0	16410.9	324.0	79756.8	794.9	210.5	2510.0	1074.7	195.6	3153.3	18492.5	507.0	140635.7	1793.3	159.0	4276.9	95.5	189.5	271.6
2000	60798.8	360.0	328313.5	22939.8	276.0	94970.8	16822.0	377.5	95254.6	690.0	206.0	2132.1	868.0	213.0	2773.3	17591.0	485.0	127974.5	1749.0	175.0	4591.1	15.0	160.0	36.0
2001	57291.0	265.0	227731.7	29202.0	272.5	119363.2	17057.0	397.5	101702.4	669.0	214.0	2147.5	850.0	206.0	2626.5	17372.0	472.0	122993.8	1670.0	166.5	4170.8	360.0	180.5	974.7
2002	56064.0	291.0	244719.4	26308.0	276.0	108915.1	19077.0	265.1	75859.7	419.0	212.5	1335.6	587.0	201.5	1774.2	16587.0	332.0	82603.3	1473.0	168.0	3712.0	19.0	201.5	57.4
2003	49756.0	343.1	256069.3	25630.0	306.4	117795.5	17744.0	331.4	88205.4	381.0	220.0	1257.3	470.0	204.9	1444.5	16078.0	419.5	101170.8	1578.0	205.0	4852.4	29.0	225.2	98.0
2004	46898.0	392.0	275760.2	24350.0	330.0	120532.5	17417.0	379.0	99015.6	311.0	206.5	963.3	449.0	215.0	1448.0	14518.0	487.0	106054.0	1529.0	226.7	5199.4	37.0	162.7	90.3
2005	52396.0	392.0	308088.5	23156.8	337.0	117057.6	19617.0	389.0	114465.2	361.0	206.0	1115.5	526.0	229.0	1806.8	13602.0	512.6	104585.8	1849.0	193.8	5375.0	22.0	169.7	56.0
2006	52350.0	390.0	306247.5	22180.0	350.0	116445.0	19870.0	390.0	116239.5	352.5	210.0	1110.4	456.0	230.0	1573.2	10560.0	510.0	80784.0	1708.0	197.0	5047.1	20.0	170.0	51.0

续表 6-1

年份	粮食			小麦			玉米			谷子			高粱			地瓜			大豆			其他		
	面积（公顷）	单产（千克/亩）	总产（吨）	面积（公顷）	单产（千克/亩）	总产（吨）	面积（公顷）	单产（千克/亩）	总产（吨）	面积（公顷）	单产（千克/亩）	总产（吨）	面积（公顷）	单产（千克/亩）	总产（吨）	面积（公顷）	单产（千克/亩）	总产（吨）	面积（公顷）	单产（千克/亩）	总产（吨）	面积（公顷）	单产（千克/亩）	总产（吨）
2007	52700.0	392.2	310034.1	21075.0	335.8	106154.8	20614.0	403.4	124735.3	304.0	211.3	963.5	373.0	246.8	1380.8	10638.0	510.1	81396.7	1550.0	213.6	4966.2	6.0	177.8	16.0
2008	51895.0	419.6	326627.1	20071.0	371.1	111725.2	19844.0	420.4	125136.3	310.0	253.7	1179.7	385.0	256.1	1479.0	9605.0	560.1	80696.4	1560.0	231.8	5424.1	3.0	288.7	13.0
2009	54881.9	423.0	348225.9	21943.3	370.6	121983.0	21609.3	429.2	139120.5	294.0	254.9	1124.1	256.4	283.3	1089.6	9072.0	575.5	78314.0	1321.1	233.7	4631.2	16.1	206.1	49.8
2010	57739.9	427.1	369910.5	23054.5	375.4	129819.7	24049.7	443.5	159990.4	267.6	254.4	1021.2	227.5	271.1	925.3	8585.5	574.1	73934.3	1234.7	228.5	4231.8	3.3	425.0	21.0
2011	58760.1	419.3	369571.4	24441.0	351.6	128901.8	24116.0	450.2	162855.3	384.1	268.5	1546.8	237.4	277.5	988.2	8052.0	577.9	69798.8	1387.7	234.3	4877.2	4.1	427.0	26.3
2012	59157.3	422.7	375086.6	25275.4	361.4	137017.9	23612.9	444.7	157510.1	426.5	268.4	1717.2	234.0	280.0	982.8	8134.2	595.8	72695.3	1469.7	235.1	5182.8	3.5	427.0	22.4
2013	59191.2	432.3	383825.3	25128.5	367.3	138445.7	23897.9	454.9	163067.1	340.9	288.6	1475.6	198.2	291.9	867.8	8246.4	608.4	75256.6	1253.9	229.0	4307.3	3.0	425.0	19.1

第二节 经济作物

县内主要的经济作物有花生、瓜菜、黄烟、棉花等30个品种。1989年，经济作物种植面积为1.84万公顷，占总耕地面积的28.9%。1989年经济作物的种植面积一直保持在此水平上。2000年后，经济作物有较大的发展。至2013年，播种面积增加到3.4万公顷，占总耕地面积的43.2%。

花生

1989年，平邑县花生种植面积1.85万公顷，平均亩产单产皮果161千克，总产量5.7吨。之后随着引进优良品种、地膜覆盖及病虫害综合防治等技术的推广，单产逐步提高，效益和面积逐步增加。至2013年，全县种植面积1.93万公顷，平均亩产单产皮果291.6千克，总产量8.45万吨。面积、单产分别比1989年增加63.1%和81.1%。

棉花

2013年，棉花种植面积0.06万公顷，亩产75.7千克，总产量0.63万吨。棉花重点产区分布在平邑、仲村、保太、铜石等街镇。

黄烟

1989年，全县黄烟实际种植面积0.19万公顷，亩产153千克，总产量4400万千克。2013年，种植面积0.18万公顷，亩产210.9千克，总产量5813吨。黄烟栽种主要分布在仲村、保太、柏林、丰阳、平邑、地方等街镇，其总产量占全县黄烟总产量的85%。

蔬菜

县内种植的蔬菜主要品种有萝卜、白菜、菠菜、芹菜、马铃薯（俗称地豆子、土豆）、西红柿、辣椒、葱、蒜、茄子等14科50余种。

1989年，蔬菜种植面积0.25万公顷。之后的十几年平邑县蔬菜种植快速发展，特别是设施蔬菜发展迅猛。至2013年，全县蔬菜面积发展到1.1万公顷，蔬菜种植面积占全县耕地面积的13.8%，总产量35.8万吨，其中设施蔬菜面积0.11万公顷，总产量6万吨。2013年，全县蔬菜面积比1989年增加343.8%，总产量增加893.4%。

瓜类

县内种植的瓜类主要有南瓜、西瓜、北瓜、冬瓜、黄瓜、甜瓜、脆瓜等。南瓜种植多分布在山区丘陵地带。20世纪80年代，引进种植西瓜新品种，主要有郑州3号、丰收1号、金钟冠龙、新红宝、特大新红宝等，经济效益明显增加。种植最多的是新红宝西瓜，其产量高，成熟早，甘甜多汁、清爽宜人，是消夏解暑的佳品。

水果

全县果树有100多种，水果主要有桃、山楂、苹果、梨、葡萄、樱桃、石榴、李、杏、柿、枣、草莓、蓝莓等。

桃　主要品种有早美光、早红珠、早红宝石、五月火、曙光、中油5号、中油4号、126、早四号、中油9号、中油12号、雪桃、小冬桃、大冬桃、春雪、沂蒙霜红、寒露蜜、安丘蜜、青州蜜、上海蜜、大久宝、天宝蜜、仓方早生、锦绣（俗称“甜黄金”）、NJC83、NJC19、罐5、金童5号、金皇后、黄金冠、春美、红丽、金秋红蜜等。

20世纪90年代，平邑成为山东省重要的产桃大县，1991年、1994年产量均列全省第5位，地方镇西瑶草村在全县最早使用春暖大棚技术，发展设施桃。平邑县主要引进早美光、早红珠、早红宝石、五月火、曙光等油桃品种，仓方早生红桃、天宝蜜等品种。2000—2014年，引进中油5号、中油4号、126、春雪、大冬桃、中油9号、中油12号、红丽、春美、黄金冠、金皇后（2009年引进）、秋彤、秋雪、金秋红蜜、金秋等品种。2010年，培育极晚熟桃“沂蒙霜红”新品种，经省品种审定委员会审定通过并推广。

山楂　主要品种有平邑歪把红（歪把红子）、沂蒙大金星、沂蒙大绵球、大五棱（五棱红子）、超金星、短枝金星、甜红子、小黄红子、大黄红子、大红子、橘红子、伏红子、毛红子、血红子、面红子、甜香玉、称星子、子母红子、二红子、毛黄红子、清香红子、长把红子、草红子、紫红子、冬红子、霜红子、明叶红子、苦红子、早红子、磨盘珠、沂山山楂、莱西山楂等40余个，其中平邑原生品种和变异品种有30多个。平邑山楂在全县均有分布，其中“天宝山山楂”于2010年获农业部农产品地理标志认证。

平邑是北方山楂一些优良品种的发源地，国家果树种质山楂圃保存有临沂大金星及平邑歪把红、五棱红、甜红子、超金星等本区优异品种。

1991—2013年，平邑山楂产量一直居全省首位。平邑山楂营养丰富，据中国科学院植物研究所1987年对平邑县17个山楂品种的测定分析，每100克鲜山楂肉中含可溶性糖7.27～11.69克、总酸1.53～3.66克、蛋白质0.23～1.01克、维生素C37.40～129.43毫克、总黄酮256.0～126.0毫克，无机营养元素含量也较高，其中钙386.7～902.5毫克/升、铁24.75～68.25毫克/升、磷152.2～324.5毫克/升、镁136.65～280.毫克/升、锌1.50～3.14毫克/升，此外山楂还含有较丰富的三萜类（如齐墩果酸）以及儿茶精、槲皮素、廿九烷醇和金丝桃苷、果胶等物质。

苹果　主要品种有烟富3号、烟富6号、长富2号、美国8号、藤牧1号、新红星、乔纳金、嘎拉、粉红佳人、小国光、大国光、金帅、红香蕉、青香蕉、红玉、红将军、秦阳、聊熟、柱状苹果等30余个。

主要分布在丰阳、地方、保太、武台、温水、卞桥、仲村、郑城、临涧、白彦等街镇。

20世纪80年代发展的新品种基地开始大量结果，优质果品的高效益进一步刺激生产发展，到1996年的苹果面积和产量均达到历史最高水平，分别为1.06万公顷、6.20万吨。1997—2007年，因苹果供大于求的矛盾突出、第二轮土地承包、部分果树老化衰弱、经济效益下等原因，加之桃、葡萄、杏等水果迅速发展，导致苹果大面积砍伐，面积、产量连年下降，到2007年的苹果面积、产量分别下降至0.13万公顷、2.41万吨。2008—2013年，因老果园更新换代等原因，苹果面积、产量总体呈下降趋势；同时，不断引进推广新砧木、新品种、新技术、新模式，促进苹果更新换代。2013年，引进M9T337（美国）矮化自根砧和M26中间砧等砧木以及烟富3号、烟富6号等品种，在丰阳镇香山现代农业科技园示范推广宽行密植立杆辅助栽培模式（纺锤形），面积66.7公顷。

梨　主要品种有黄金梨、大果水晶、小果水晶、绿宝石、丰水梨、平邑子母梨、绵梨、油绵梨、天宝香梨、宝山酥梨、天宝斤梨、短把绵梨、槎子梨、黄皮池梨、青皮池梨、白皮鸭梨、鹅头鸭梨、香梨王、雪花梨、雪花甜梨、粗皮甜子母、子母斤梨、秋里白梨、柿梨、坠子梨、金花梨、新高、爱宕等40余个。

1990年和1999年，全县梨果产量分别占临沂市梨果总产量的69.5%和51.2%。1998年后，引入韩国育成的黄金梨、大果水晶等品种。2011年前，平邑一直是临沂市梨树第一大县。2013年，当地梨树主栽品种主要有黄金梨、大果水晶、小果水晶、绿宝石、子母梨、绵梨等，主要分布在地方镇大峪沟流峪、铜石镇彭泉流峪、临涧镇巩家村和郑城镇桃峪村等。

葡萄 主要品种有巨峰、藤稔、京亚、夏黑、红提、荣明5号、金手指、美人指、阳光玫瑰、甬优1号、玫瑰香、红巴拉多、黑巴拉多、黑色甜菜、维多利亚等20余个。

20世纪80年代引进种植。1989—2001年，平邑葡萄产量一直居临沂首位，其中1991年、1995年分别占临沂市葡萄总产的48.6%和42.51%，1991年平邑葡萄产量仅次于平度列全省第二位，1994年列全省第三位。葡萄主要分布在武台、地方、仲村、保太、卞桥、临涧等镇。

樱桃 主要品种有平邑黄樱桃、大窝娄叶、滕县大红樱桃、短把红灯、长把红灯、大紫、早大果、美早、早红宝石、萨米脱等10余个。

20世纪90年代，引进早红宝石、早大果等大樱桃品种，白彦镇青山后，临涧镇余粮店等成为远近闻名的大樱桃生产基地，平邑成为沂蒙大樱桃之乡。2003年，临沂市樱桃面积、产量分别为2443.2公顷、5105吨，其中平邑樱桃面积、产量分别为1000.5公顷、2920吨，分别占临沂市的40.95%、57.20%。

茶叶

1980—1981年，面积200公顷，达历史最高峰；总产量2004年最高，为29吨。由于人们消费习惯的逐渐改变、土地承包政策等因素影响，到20世纪90年代初期黄大茶生产基本停止。1990年，唐村岭乡引种绿茶13.34公顷，2013年种植面积不足0.07公顷。

2011年，在仲村镇依山庄云头山建生态观光茶叶基地，引种有性系品种浙江鸠坑和福鼎大白等，研究推广茶叶越冬栽培技术。当年，成立平邑县鲁蒙茶叶专业合作社，种植茶园4公顷，采秋茶50余千克。2012年，注册“鲁蒙”商标，种植茶园2公顷。2013年，获全国工业品生产许可证，茶园6.67公顷，产茶250～300千克；有仲村、仲村云头山、云蒙岩、云蒙飞雪、云蒙飞凤5个商标。茶叶、金银花代用茶核心区生态基地面积33.35公顷。

2012年，在保太镇殷家村建生态观光茶叶基地，成立平邑县高山女儿茶有限公司，注册“宝太女儿”商标。茶叶核心区生态基地面积13.74公顷。

第三节 种植技术

密植 间作

密植 1989—2013年，小麦生产相继推广精播半精播、宽幅精播、配方施肥、秸秆还田、深松深耕、氮肥后移、一喷三防等技术，特别是小麦宽幅精播栽培技术，该技术是在精量、半精量播种技术的基础上，以扩播幅、增行距、促匀播为核心，改密集条播为宽幅精播的农机和农艺相结合的高产栽培技术。该技术是扩大播幅，将播幅由传统的3～5厘米扩大到7～8厘米，改传统密集条播籽粒拥挤一条线为宽播幅种子分散式粒播，有利于种子分布均匀，提高出苗整齐度，无缺苗断垄、无疙瘩苗现象出现；增加行距，将行距由传统的15～20厘米增加到26～28厘米，较宽的行距有利于机械追肥，可以改变农民撒施的落后习惯，实行条施深施，节省肥料，提高肥料利用率，同时较大的空间也促进光能利用率提高；播种机有镇压功能，能起到一次性镇压土壤，耙平压实；播后形成波浪形沟垄，增加雨水积累的优点；播量相对准确，一般每亩播量控制在6～9千克之内，有利于培育健壮个体，构建合理群体，具有明显的增产效果；农机与农艺配套，主要是通过使用小麦宽幅精播机配合该项技术的实施。

20世纪90年代后，小麦密植的群体动态是：每亩基本苗8万～15万，冬前总茎数60万～90万，拔节期80万左右；每亩穗数30万～50万个，穗粒数26～40粒，千粒重35～50克。

20世纪90年代，玉米普遍使用杂交品种，多实行大小行种植，部分等行种植，开沟点播，每亩用种2～3千克，每亩3000～4000株。

2000年后，玉米播种量3千克左右，每亩密度平展型品种3000～3500株，紧凑型品种4500～5000株。并相继推广单粒精播技术、防双减技术等。由于粗缩病的发生，夏玉米从20世纪90年代将播期推迟至6月10—15日。

20世纪90年代后，花生种植按品种确定点种密度，早熟品种每亩9000～12000墩，中熟品种7000～9000墩，晚熟品种6000～8000墩。

间作 种越冬菜间作花生，再套种西瓜。小麦套种西瓜、套种花生。1989年大豆、玉米同穴播种0.67万公顷，经调查平均亩收大豆29.4千克，最高收大豆65千克。1990年开展“六种六收”种植模式示范研究，小麦、菠菜、甘蓝、春玉米、夏玉米、越夏西红柿间作套种面积4002平方米，每亩收小麦328.5千克、菠菜566.85千克、甘蓝1875千克、玉米695.8千克，产值达到1523.68元，比常规种植亩增收入823元。

1990年，从试点乡镇的50多种种植模式中筛选出近20种“三作三收”的最佳种植模式，在全县推广。主要类型有：粮粮型。以小麦、玉米为主体作物，在保证粮食作物稳定增产的前提下，间作瓜、菜等经济作物。如小麦间作玉米套种大豆；小麦套种越冬菜间作玉米，再间作大白菜等。粮油型。在小麦套种花生一年两熟额基础上，利用套种花生的套作行再间套瓜菜。如小麦套再间套玉米等。粮棉型。在保证粮食、棉花双扩双增产的前提下，还可以间套瓜菜。如小麦间作棉花再间套绿豆、小豆等。粮烟型。在小麦、黄烟一年两熟额基础上，再间套矮秆作物或瓜菜。如小麦间套越冬菜、套种黄烟再间套秋菜；小麦间套越冬菜、套种黄烟、间套地瓜等。此外还有粮菜、粮肥、粮果等间套复种类型。

20世纪90年代中后期，平邑县重点推广立体高效种植模式，1995年，全县推广立体高效种植面积0.6万公顷。1996年，面积增加到0.73万公顷。2005年，全县立体种植面积0.68万公顷。2010年，立体种植面积为0.97万公顷。

2010年，全县两年三熟制面积，由1950年占耕地面积的88.4%，下降到26.7%；一年两熟制面积，由1950年占耕地面积的1.1%上升到56%；一年三作三收以上的种植面积到11.53万公顷，农田复种指数由1950年的120.6%提高到2010年的173.4%。经济作物播种面积由1989年的1.84万公顷，到2013年扩大到3.37万公顷，比1989年增加1.52万公顷。

施肥

20世纪80年代后，根外追肥技术由小麦推广到地瓜、玉米和花生、蔬菜等作物，由单元素肥料，发展到多元素肥料，由一次追施，发展到多次追施。1989年，全县农作物进行根外追肥的面积2.53万公顷次。

1987—1990年，在县内棕壤土类上开展花生、小麦土壤养分丰缺指标试验和花生氮、磷最佳施用比例试验，使配方施肥由定性配方向定量配方发展。

1989—1991年，平邑县被省农业厅确定为全省优化配方施肥实施县，两年中实施小麦测土配方施肥面积0.76万公顷，花生面积0.4万公顷。

2005年，平邑县配方肥推广应用面积达到较大规模，年应用面积在3.33万公顷以上。2006年，平邑县被列为国家测土配方施肥资金补贴项目实施县。围绕“测土、配方、配肥、供肥、施肥指导”五个关键环节，开展项目实施工作取得显著成效。

2010年，累计采集化验分析土壤、植株样品9900多个，安排测土配方小区试验及肥效对比试验120次，开展示范样板方达到230多个，累计实施测土配方施肥技术应用面积20万公顷次，配方肥施用面积4万公顷次，发放农作物施肥建议卡30万份，形成完整的测土配方施肥技术指标体系和施肥专家指导体系，使肥料利用率提高3.5个百分点，农作物平均增产率达到5%～12%，每亩节本增效50.2元，累计节肥7200吨。

地膜覆盖

1990年，全县地膜覆盖面积发展到0.89万公顷，其中花生0.45万公顷、西瓜0.22万公顷、蔬菜0.18万公顷、地瓜54.96公顷、棉花10.98公顷、黄烟6.34公顷。年内，农业局派技术员常住相关乡镇村，协助乡镇农技站，重点抓以花生地膜覆盖为突破口的实用技术的推广应用。

1995年，全县覆膜保护地栽培面积发展到1.55万公顷，其中花生覆膜1.07万公顷、瓜菜0.33万公顷、其他0.15万公顷。1999年，保护地栽培面积发展到1.87万公顷，比1983年增加250.4倍，比1990年增加4倍。2003年，全县地膜覆盖面积发展到2.65万公顷。

温室大棚

平邑县应用塑料大棚进行蔬菜生产1990年达到200公顷，是1980年的35倍。2000年发展到400公顷，2013年发展到500公顷，其中冬暖式大棚100公顷，中小棚400公顷。

平邑县塑料大棚的建构形式主要有单坡面和夹圆形两种。用低压高密度聚乙烯薄膜覆盖花生，每亩用膜降至4.5～5千克，降低成本15元左右。

20世纪90年代初，开始发展冬暖式大棚。1993年全县大棚蔬菜种植面积0.3万公顷，总产量141.4万吨。2013年为1.16万公顷，总产量357.6万吨，种植面积为历史最多。其中日光温室总面积100公顷，总产量2.52万吨；大中小拱棚900公顷，总产量3.44万吨。设施蔬菜主要集中在白彦镇的龙门、经济开发区的长山、卞桥镇的前东庄、仲村镇的仲原新科、平邑街道的东阳、温水镇的花园等几大园区。

品种引进 改良

20世纪90年代，引进小麦良种济南16、济南17、烟农19、鲁麦23、临麦2号、山农664、烟475、泰山21号；玉米良种掖单4号、掖单13、掖单19、鲁单50、鲁玉10号、西玉3号；地瓜良种鲁薯3号、遗306、鲁薯7号、鲁薯8号、济薯10号；谷子良种鲁谷5号、鲁谷10号；大豆良种鲁豆4号、鲁豆11、齐黄26；花生良种鲁花9号、鲁花10号、鲁花11号、鲁花14号；棉花良种中棉19、中棉29、苏棉5号、苏棉8号。2000年引进小麦良种临麦4号、鲁麦22、鲁麦23、山农17、山农516、烟农19、烟农21、郯麦98、济麦22、青麦6号、潍麦8号、淄麦12号、良星99；玉米良种掖单22、农大108、登海1号、郑单958、泰玉2号、登海9号、鲁单981、天泰16、天泰33；地瓜良种在推广高抗茎线虫病、高干高淀粉品种的同时，引进示范868、红心玉、日本川山紫、橙色之梦、富贵

1号等。大豆良种菏84-5、临502；花生良种花育16号、花育17号、花育22号、丰花1号、潍花6号；棉花良种美棉33B、美棉99B、冀棉668、鲁棉研15、双价抗虫棉SGK321、中棉41、中棉45、金锋1号、鲁棉16、鲁棉21、鲁棉28。

20世纪90年代，按照农作物品种不同的区域适应性，合理安排品种布局，由县种子公司组织统一繁育、加工、保管、供应全县作物良种。1990年，引进小麦良种30万千克，玉米杂交制种100.7万千克，引进并繁育高淀粉、高出干率地瓜良种“遗306”2750千克，当年产地瓜种20万千克；全年推广各类作物良种总计173.5万千克，其中小麦85.2万千克，玉米52.3万千克，大豆2.3万千克，花生5.5万千克，棉花0.3万千克，蔬菜10.4万千克，其他8.7万千克。

1995年，全县建立以玉米、小麦、地瓜为主导品种的良种繁育基地2780公顷，发展种子专业村147个，专业户2.1万户，年产作物良种514万千克，其中玉米良种250.6万千克，小麦良种264.9万千克。把种子脱毒工作作为平邑县农业生产新的生长点加以培植，投资24万元，建成8.5米×82米的简易日光室2个、666平方米繁育棚1个，4000平方米的防蚜网棚1个。开展地瓜脱毒苗种植试验，当年全县推广栽培脱毒地瓜0.02万公顷，据调查，平均每亩产鲜地瓜2551千克，每亩增产幅度达31.6%。

1996年，全县落实小麦原种田4.002公顷，县种子公司负责建立小麦一级种子繁育田200公顷，指导乡镇建二级种子繁育田2000公顷；脱毒地瓜在县内建立原种田的同时，各乡镇建立种子田200公顷；全年共建立小麦、玉米、地瓜等良种繁育基地2.35万公顷，生产良种1020万千克，其中玉米60.9万千克，小麦良种96.6万千克，大葱种5000千克，红萝卜种5000千克；全年推广良种311.1万千克。

1997年，平邑县成为全国玉米制种基地、省玉米制种样板县。全年推广各类作物良种258.8万千克。其中小麦138.7万千克，玉米53.1万千克，大豆3.3万千克，花生3.8万千克，棉花0.4万千克，蔬菜26.2万千克，其他11.8万千克。

2001年，建立玉米繁育基地0.04万公顷，产良种152.7万千克，引进西瓜新品种20余个；全年累计推广良种312.2万千克。2002年，建立天泰系列、烟麦475、淄麦12、花生5506、丰花1号等良种繁育基地0.08万公顷，繁育良种314.9万千克，其中玉米种128.3万千克，小麦83.7万千克；当年推广良种288.6万千克。

2003年，全县共引进粮、油、瓜菜名优新品种63个，县种子公司培育的天泰系列玉米良种，顺利通过省农作物审定委员会审定，成为临沂唯一一家拥有玉米种自主知识产权的县级公司；当年繁育天泰系列玉米种220.2万千克。

2004年，实现小麦、玉米种全县统供，共统供小麦种286万千克，玉米杂交种57.7万千克。2005年，首次实施国家优质专用小麦区域化种植项目0.53万公顷，统供优质小麦良种60万千克。2006—2008年，全县连续3年实施2万公顷优质专用小麦良种补贴项目，每年统供小麦良种225万千克。

2008年，平邑县首次实施国家玉米良种补贴项目，玉米实施补贴面积1.33万公顷，供应良种50万千克。2009年，国家优质专用小麦良种补贴和玉米良种补贴项目实现全覆盖，全县小麦补贴面积3.84万公顷，统供良种432万千克；玉米补贴面积2.18万公顷，统供良种 81.75 万千克；棉花良种补贴项目亦首次在平邑县组织实施，补贴面积 0.03 万公顷。

2010 年，继续实施国家对小麦、玉米、棉花等 4 种作物良种补贴项目，花生良种补贴项目首次在平邑县实施。

植物保护

病虫害监测　全县设有 10 个病虫害监测点，监测病虫害发生情况。根据县内农作物布局和病虫害发生规律，结合天气预报，县农业局植保站组织人员不定期深入田间地头，监测病虫害发生情况，及时发布病虫情报，每年发布病虫情报 15 期左右，对病虫害发生情况、防治适期、药剂使用等进行说明，及时指导农户对病虫害进行科学防治，将病虫害发生危害程度降至最低。

病虫害防治　全县农作物病虫害发生面积每年在 15.33 万公顷次左右，防治面积在 13.33 万公顷次左右。对农作物病虫害进行农业防治、物理防治、生物防治和化学防治等措施有机结合的综合治理，加大病虫害综合防治和植保新技术的宣传、普及和推广力度。

农业防治。选用产量水平高、综合抗性好的优良品种，并定期轮换，推广健身栽培技术、平衡施肥、科学灌溉、清除田埂及田间杂草、净化作物生长环境，减少病虫草害繁殖、越冬、寄生场所。

生物防治。充分保护和利用病虫害的天敌和生物农药防治病虫害，例如选择使用对麦田天敌杀伤力小的中、低毒化学农药，避开瓢虫、食蚜蝇、寄生蜂等天敌对农药的敏感时期，发挥天敌对蚜虫、麦黏虫等害虫的控制作用，推广应用井冈霉素防治小麦纹枯病、阿维菌素防治麦蜘蛛、麦黏虫。大力推广应用烟碱、除虫菊、苏云金杆菌、灭幼脲、抗生素类生物杀虫杀菌剂。

物理防治。加大推广防虫网、诱虫板、杀虫灯等物理措施防治病虫害的力度。运用物理防治，既降低农药用量，又提高了农产品品质。

化学农药防治。化学农药防治的优点是见效快，省时、省力，效果好，缺点是污染环境，农药残留高，降低产品品质等。县植保站根据病虫害监测结果，通过发布病虫情报，大力推广高效、低毒、低残留农药，及时指导全县农作物病虫害防治，既达到防病治虫的目的，又把对环境的污染降至最低。

平邑县农作物常见病虫害一览表

表 6-2　　　　单位：万平方米

农作物	病虫害	发生面积	防治面积
小麦	白粉病	58696.0	4669.0
	纹枯病	3335.0	2668.0
	蚜虫	13340.0	12006.0
	麦蜘蛛	10005.0	8004.0
玉米	叶斑病	4002.0	2668.0
	褐斑病	2001.0	1667.5
	玉米螟	13340.0	11339.0

续表 6-2

农作物	病虫害	发生面积	防治面积
玉米	玉米蓟马	3335.0	2668.0
花生	叶斑病	13340.0	12006.0
	根结线虫	3335.0	3335.0
	蚜虫	10005.0	8004.0
	蛴螬	13340.0	12006.0
马铃薯	叶斑病	3335.0	2668.0
	根结线虫	3335.0	3335.0
	蚜虫	4002.0	3335.0
甘薯	蛴螬	3335.0	2668.0
	叶斑病	3335.0	2668.0

植物检疫 1989年，平邑县农业局植保站共有专职检疫员5人，实施产地检疫面积0.01万公顷左右，签发植物检疫证书100份左右，设立监测点4个，每年9月开展一次“植物检疫宣传月”活动，利用一个月的时间，通过宣传车、悬挂条幅、张贴标语、召开座谈会等形式，深入宣传植物检疫法律法规，为植物检疫工作的开展营造良好的社会氛围。

旱作农业

1989年，农业局组织6名农技人员进驻白彦、临涧、下桥等乡镇重点抓好低产田增产开发试验，通过深翻改土、加厚活土层、挖沟排水降低地下水位、增施有机磷等综合措施的实施收到明显的增产效果。县土肥站、农技站在白彦搞的53.36公顷小麦低产田增产开发，平均每亩产225千克，比1984年增80千克，增产60%。农技中心与当地乡镇政府，运用低产田增产的关键技术措施，进行增产技术开发试验，经技术考察和抽样调查，这些地方的低产田小麦，平均每亩产226.3千克，比上年增产55.8千克。

1990年，平邑县重点抓小麦、玉米、地瓜、谷子等四大主要农作物的中低产田开发，全年累计开发面积2.03万公顷。

1991年，在抓好粮食作物旱地增产技术开发的同时，探索西红柿旱作栽培技术经验，县经济作物指导站安排的1.67公顷“西红柿旱作栽培技术”试验，在遭遇持续严重干旱，在一水未浇的情况下亩产2663.5千克，最高产3792千克，平均每亩收入1378元，相当于大田地瓜收入的6倍，取得良好的经济效益。

1992年，全县旱地农业增产技术推广面积实现新突破，全县安排以小麦、玉米、花生等作物为主的增产开发面积2.65万公顷。白彦镇0.07万公顷小麦中产突破技术开发，每亩产304.6千克，比开发前三年每亩增54.9千克；资邱乡的万亩小麦低产变中产技术开发，每亩产240.5千克，比开发前三年每亩增63.3千克；临涧镇的0.07万公顷花生中产变高产开发，每亩产315.6千克，比开发前三年每亩增87.9千克。

通过多年的开发实践，总结出适合平邑县

旱地农业增产技术开发的农艺经验。建立有效的蓄墒保墒的抗旱耕作制度以土蓄水；有机肥与无机肥配合迅速提高土壤肥力的施肥技术以肥济水；培育壮苗高产低耗群体结构的播种技术用水；采用抗旱作物、品种以种节水；镇压划锄覆盖、深耕的管理技术以管保水。

科技培训与推广

1989年上半年，抽调19名专业技术人员巡回各乡镇，举办“全能人才培训班”“贫困村脱贫致富培训班”“立体农业培训班”，培训技术骨干500多人。同年，秋种前抽调5名中、高级农艺师组成秋种技术报告团，到全县23个乡镇进行秋种技术培训，培训干部群众7000多人，发放秋种技术要点明白纸5500份。全年举办培训班350余场次，培训各类专业技术人员5万余人次，印发各类技术资料3万余份。

1990年，开展县、乡、村三级农村实用技术培训450余场次，培训农技、果树技术骨干和农村会计6万余人；进行科技咨询650多场次，接受咨询人数达14万人次；以乡镇为单位开展各类专题技术讲座450多场次，直接受训群众达8万余人次;通过发行《农业知识》，发放科技资料9177份；印发各类技术意见、明白纸3万余份，出科技专栏、黑板报600余期；聘请山东农业大学教授刘殿英、张高英，莱阳农学院教授沈琉骏等9位专家到平邑县授课20余场次；邀请北京农业大学研究生科技报告团到平邑县讲课和咨询18场次；聘请临沂市农科所余慰先，市农技站张亮瑞、张敏进行指导和培训30余场次。

1991年，在农业科技开发项目实施过程中聘请省、地十几位专家讲课30余场次。参加开发的科研人员把科技培训开展到村、到户、到田间地头，达到一家一张明白纸，一户一个明白人。同时围绕项目开发，开展物资配套服务工作，配套供应地膜、配方肥料和农药等大宗物资。

1992年，利用集贸市场、村民大会、办黑板报、培训班等形式，向农民传授农业技术，县、乡两级共举办培训班1200余场次，受训人数达60余万人次，印发技术明白纸18万份。同时，开展以苹果为重点的果树栽培技术培训，举办培训班8期，受训人数2200余人次，乡镇举办培训班培训果农5600余人。

1995年，开展良种良法配套、间作套种、立体栽培、保护地栽培等技术培训480余场次，受训人员24万人次。

1996年，围绕立体栽培、果园管理、脱毒地瓜苗繁育、农村财务管理、农村基金会业务等农村工作重点，开展专项培训5期（农技、蔬菜大棚高效栽培2期，农村会计账改3期），受训人数1500人次；季节性培训450余场次，受训人数20余万人。

1997年，全年技术培训360场次，召开各种现场会45次，印发明白纸8万余份。同时与县委组织部、县妇联开展以农村妇女和“三户”为重点的绿色证书培训，完成1480人的专项培训任务，发放绿色证书1060人。以“丰收计划”“星火计划”等科技开发项目为重心，重点培训农作物良种良法配套，优化配方施肥及病虫害防治等农业实用技术。组织村两委成员、科技带头户，分期分批到县内外参观学习；请有关专家、教授对县、乡农技人员和行政干部进行专题培训。全年共组织9批1万余名村干部、技术人员到沂南、苍山、寿光及县内示范乡镇参观学习;聘请山农大教授授课8场次。

1999年，全年举办技术培训80余场次，开展集市专家咨询50余场次，培训农民20余万人。

2002 年，举办各类技术培训和咨询服务 400 余场次，发放技术明白纸 5 万余份，受训人员达 10 万人次。

2003 年，以农广校、农技中心为培训龙头，积极开展科技下乡、实用技术培训活动。县农业局成立 20 人的科技下乡服务队，向农民传授线虫病防治、配方施肥、无公害栽培、大棚瓜菜管理等农业实用技术。共举办培训班 60 余场次，赶科技大集 150 场次，发放明白纸 2 万多份，技术咨询 5 万人次。

2004 年，赶科技大集 20 场次，技术培训 30 场次；利用电视、光盘、报纸、农业信息等形式进行科普宣传 50 多期，印发技术资料 6 万余份；组织骨干技术人员编写《无公害瓜菜生产技术规程》《中药材标准化生产技术规程》《花生标准化生产技术操作规程》。

2005 年，组织技术服务队深入乡镇赶科技大集 30 场次，开展技术培训 50 场次，印发技术明白纸 10 万多份。

2008 年，组织骨干技术人员，赶科技大集 100 场次，开展技术培训 200 余场次，印发技术明白纸 5 万多份。

2009 年，聘请省、市农业专家，对全县 230 名农业技术人员分二批进行为期 4 天的业务素质培训；县农技专家技术服务队，围绕麦田管理、配方施肥、病虫害防治、瓜菜高产栽培技术进行培训指导，全年赶科技大集 86 场次，开展技术培训近 200 场次，印发技术明白纸 30 万份。

2010—2013 年，通过实施新型农民科技培训工程、农村劳动力转移阳光工程、农民创业培训、农村公益性岗位人才培训工程、全市农民素质七大提升专项培训和新型农民十大示范培训等各类农民科技培训项目，积极开展农业技术培训。举办专题培训班 20 个，开展各种形式的科技培训 90 场次，培训农民 2 万余人，累计发放科技明白纸、光盘及科技书籍 10 万余份，专家在线视频服务 80 余天。

第四章　农业开发

1985 年，设立正科级组织机构平邑县山区开发建设指挥部。1987 年，成立平邑县山区建设扶贫办公室，组织实施以治水改土、改善生产条件、提高农业综合生产能力为重点的扶贫开发。2000 年，增加扶贫龙头企业贴息扶持项目、产业化金融支持项目和产业化扶贫项目的规划、上报、实施、验收及贫困村村民互助金试点等项工作。2002 年，平邑县被列为农业综合开发县，具体业务由扶贫办负责实施。2011 年 4 月，单位机构名称调整为平邑县农业综合开发办公室，加挂平邑县扶贫开发办公室牌子。

2002—2013 年，平邑县实施农业综合开发，累计完成农业综合开发项目 36 个，其中土地治理项目 16 个，产业化经营项目 20 个；累计完成总投资 15854.65 万元，其中中央财政资金 5338 万元，省财政资金 4006.5 万元，市财政资金 474.1 万元，县配套资金 136.4 万元，项目单位及农民自筹 5899.65 万元。

第一节　扶贫开发

2000—2013 年，实施产业开发、千村帮扶、“雨露计划”、互助资金试点和科技扶贫，共投入扶贫资金1.01亿元，完成扶贫开发工作重点镇7个、村108个。

产业扶贫开发

2002年开始，山东省提出“村为基础、整乡推进、统一规划、产业开发”的新的扶贫开发方式，把扶贫开发工作推向一个新的阶段。改变过去单一到村、到户的扶持办法，实现区域式、产业开发，对项目乡镇进行连续三年扶持。

第一期（2002—2004年） 重点扶持郯城、白彦、流峪3个乡镇，82个行政村，5.2万人（贫困人口4.2万人），共开发治理小流域9条，项目总投资6492.05万元，其中省市财政资金1496.5万元，县乡配套资金234.8万元，村自筹资金3710.55万元，贴息1500万元。砂石山开发1867公顷，治山改土33.33公顷；栽植金银花300万墩，发展金银花密植园800公顷，发展优质果品1067公顷，栽植经济林4533公顷，改造中低产田200公顷，栽植葡萄13.33公顷，发展白莲藕66.67公顷，旱藕池0.33公顷；新修道路78.66千米；修建扬水站44处，顺河坝13千米，石砌渠21千米，拱坝139处，桥涵326座，蓄水池86个，拦河坝5座，谷坊3座，大口井10眼，蓄水池64个，铺设管道32.6千米，防渗渠1000米，新增灌溉面积333公顷，挡土墙350米，高压线路2.1千米，机电泵13套，风力扬水设备4套，清理河道1200米；扶持养牛场1处，新发展畜禽养殖总量3.5万头（只）；发展养鱼网箱504个，扶持金银花加工企业1处，建金银花专用肥厂1处。

第二期（2005—2007年） 重点扶持临涧、丰阳两个乡镇，17个行政村，1.6万人（贫困人口0.8万人）。累计投资1553.86万元，其中中央配套200万元，省配套258万元，市配套130万元，县配套130万元，乡镇以下投资835.86万元。开发治理小流域4条；整地119公顷，土地复垦83公顷；栽植金银花20万墩，发展经济林1067公顷，建立大樱桃基地1处；新修生产路34.3千米，建桥涵7座，塘坝10座，扬水站4座，架设输电线路15.4千米，打大口井32眼，建蓄水池25个，铺设输水管道1.52万米，修防渗渠12.1千米；畜牧养殖基地3处，建猪圈2690间，肉牛牛棚5个，挤奶厅1处。

第三期（2008—2010年） 重点扶持魏庄、武台2个乡镇，25个行政村，3.5万人（贫困人口1.2万人）。累计投入资金954万元，其中中央配套250万元，省配套250万元，市配套146万元，县以下投资308万元。新修生产路36.1千米，建桥涵128座，水漫桥2座，塘坝2座，拦河坝3处，扬水站4座，风力提水3处，架设输电线路1千米，打大口井14眼，深井3眼，新建修复蓄水池14个，铺设输水管道5.46千米；土地整理40公顷，发展黄桃1027公顷、葡萄107公顷、金银花133公顷、山楂46.47公顷、桑园6.67公顷。建蔬菜大棚30个、养殖大棚25个、桑蚕养殖大棚10个。

特困村扶贫搬迁

2000年，对立地条件较差（多数村居住在海拔400米以上的山顶上，缺水、无电、无路，群众生活十分困难）的地方镇黄山顶、郑城镇满山顶、王家安子、魏庄乡石门南岭、孔庄、卞桥镇小东庄、流峪镇桃花峪、平邑镇草场等8个村（421户，1510人）实施整体搬迁工程。2001年对郑城镇满山顶、魏庄乡石门南岭、卞桥镇小东庄、流峪镇桃花峪4个村（243户，908人）实施整体搬迁。2005年地方镇黄山顶、郑城镇王家安子、魏庄孔庄、平邑镇草场等4个村（178户，602人），实施整体搬迁。投资1875万元，其中市财政局无偿投入421万元，县、乡、村、群众自筹1454万元，新建房屋1684间，配房610间，修生产生活道路40千米，实现“五通”——通水、通电、通路、通电视、通电话。旧址复垦26.67公顷，开发经济林1333公顷，农民人均纯收入年增450元。

第二节　重点项目

土地治理项目

保太镇0.5万亩中低产田改造项目　2002年建设，投资186万元，面积333.50公顷。新打深井8眼，机房13处，配套机泵13台套，铺设PE管道3500米，修建给水栓100个，维修石渠2100米，石砌排水沟4232米，建桥涵35座，标志牌6处，购置农业机械4台套，建设道路11条，道路两侧栽植杨树1800株，科技培训2000人，印发技术资料4800份，建设农业科技实验室3间，配套试验仪器22件。蔬菜良种推广面积266.8公顷，苗木良种推广面积66.7公顷。

保太镇1万亩中低产田改造项目　2003年建设，投资272万元。打机电井36眼，建机房36间，配套机泵34台套，铺设PP管道8300米，开挖疏浚渠道48千米，石砌渠4100米，建桥涵115座，标志牌4处，安装变压器1台，架电线11千米，修路18条，安装路沿石5500米，改良土壤333.5公顷，购置农业机械10台套，道路两侧栽植绿化树2万株，培训科技人员3000人次，印发科技资料2万份，购置仪器20台件，覆膜技术推广466.9公顷。推广种植土豆新品种466.9公顷，大葱66.7公顷，圆葱66.7公顷，大蒜66.7公顷。

保太镇1万亩中低产田改造项目　2004年建设，投资313万元。项目开发总面积66.7公顷，建设成标准型粮食、蔬菜生产基地。项目建成后，新增灌溉面积533.6公顷，改善灌溉面积133.4公顷，可增加粮食产量92万千克，产值16万元；蔬菜产量493万千克，产值296万元；林业产值108万元，可增加总产值568万元，项目区农民人均纯收入增加364元，农民人均纯收入达到3227元。

平邑街道1万亩中低产田改造项目　2005年建设。项目总投资540万元，其中中央财政资金200万元，省财政资金180万元，市财政配套20万元，县级以下自筹资金140万元。项目建成后，粮食和蔬菜两项折合增加总产值752万元，林业增加40万元，共增加种植业总产值792万元。项目区农民收入增加554万元，较开发前人均纯收入增加357元。

平邑街道1.3万亩中低产田改造项目　2007年建设，投资653万元。

柏林镇0.8万亩中低产田改造项目　2007年建设，投资402万元。

临涧镇1万亩中低产田改造项目　2008年建设，投资650万元。新打大口井7眼，建机房、配电室13处。购置机泵7台套（含开关柜、闸阀、水表）；变压器6台，架设高、低压输电线路1920米；铺设管道15686米，给水栓200套；新建塘坝1座、复修2座，建蓄水池10个，新修渠道1100米，开挖疏浚排水沟渠37千米，建桥涵211座，标志牌6处。建设标准生产路16.79千米；建立黄桃生产基地66.7公顷。栽植“九丰一号”金银花3万墩，绿化树3万棵；示范推广“九丰一号”金银花66.7公顷，开展技术培训2000人次，印刷科技资料4000份。

卞桥镇1万亩中低产田改造项目　2009年建设，投资875万元。新打深井3眼、大口井5眼、修复大口井2眼，修复塘坝3座。建泵房、配电室9处。购置水泵11台套，变压器4台，架设输电线路2915米。铺设PE管道30千米。新建复修石砌渠3121米。开挖疏浚排水沟63.2千米，新建桥涵532座，蓄水池2座，标志牌9处。建设标准机耕道路66.8千米，道路压实、压沙56.29千米，改良土壤200.1公顷，其中平整66.7公顷、深翻133.40公顷。新栽植绿化树4万棵。开展技术培训2000人次，印刷科技资料4000份。示范推广藤稔大粒葡萄66.7公顷，大棚铁葱66.7公顷，小棚大蒜66.7公顷。

武台镇0.9万亩中低产田改造项目 2010年建设，投资799万元。新打深井4眼、大口井3眼，建蓄水池8座，拦河坝7座，铺设管道28600米，架设高压输电线路1530米，建桥涵291座，修生产路20千米，改良土壤1333公顷，栽植绿化树4000棵，栽植金银花20000墩。开展技术培训2000人次，印刷科技资料2000份。

郑城镇0.7万亩小流域治理项目 2011年建设，投资816万元。项目建设提灌站7处，架设输电线路3.08千米，共修建桥涵172座，开挖沟渠19.25千米，安装PE管道21.48千米，建蓄水池19座，加固塘坝2座，新建蓄水谷坊3座；管道节水灌溉面积466.9公顷，新建机耕路14.05千米，采用砂石路12.32千米，硬化路面1.73千米，整修路面5.9千米，栽植金银花3.27万墩。示范推广金银花精品示范园33.35公顷，开展技术培训1000人次。

平邑县联农蓝莓专业合作社0.1万亩中低产田改造项目 2011年建设，投资96万元。项目建设开挖、清淤塘坝1座，新建拦河坝1座，建桥涵12座，配电室1处，架设输变电线路2000米，埋设管道4000米。修生产路2.6千米。路边栽植蓝莓2000棵，培训技术骨干100人次，印刷发放科技资料1000份。

温水镇0.9万亩中低产田改造项目 2012年建设，投资1040万元。新打深井4眼、大口井8眼、修复大口井1眼，建蓄水池2座，新建塘坝1座，清淤修复2座。建泵房14座。架设高压输电线路3560米。铺设DNф160PE主管道15170米，DNф110PE主管道15810米，DN1000素砼管道960米，给水栓316套，开挖疏浚排水沟46.47千米；新建生产桥80座、进地涵141座，硬化道路10956平方米，建设标准机耕道路35654米。新栽植女贞11330棵。开展技术培训1000人次，印刷科技资料2000份。

郑城镇自然灾害损毁工程修复项目 2012年建设，投资35万元。项目总投资35万元，其中中央财政资金22万元，省财政资金9万元，市财政资金2万元，自筹资金2万元。

保太镇0.5万亩中低产田改造项目 2013年建设，投资705万元。新建排灌站9座，新打机电井3眼（其中大口井1眼、深井2眼），开挖疏浚沟渠4.6千米，埋设管道1.39千米，新建蓄水池8座，新建桥涵闸143座；混凝土硬化道路1千米、生产路9.06千米、输变电线路1.2千米；营造农田防护林折实面积36.02公顷。道路两侧及排水沟边栽植绿化苗木1.13万株，形成农田防护林网36.02公顷。印刷科技资料2000份，使项目区农户掌握先进粮食、蔬菜、果树等种植实用技术。

保太镇、温水镇、经济开发区0.2万亩中低产田改造项目 2013年建设。涉及保太镇、温水镇、经济开发区的孟家武阳、纯厚庄、福禄庄、高白壤村、温泉村、丰山埠村、南马村、西纯庄村8个贫困村。项目总投资252万元，其中省投资168万元，市投资33.6万元，县投资50.4万元。共建大口井4眼（含配套），深井6眼（含配套），扬水站1座，蓄水池1座，浆砌石渠道330米。

平邑县茂源板栗种植专业合作社0.2万亩中低产田改造项目 2013年建设，投资150万元。新建电灌站2座，新建机电井2座，埋设管道1800米，开挖疏浚渠道4000米，新建渠系建筑物31座，小型蓄排水工程2座。改良土壤5.33公顷，铺筑4米宽生产路2200米，硬化道路1000米。造林6.67公顷，栽植核桃苗2000棵。培训技术骨干200人次，印刷发放科技资料200份。

产业化补助项目 产业化经营财政补助项目11个，共完成投资7113.65万元。其中中央财政资金880万元；省财政资金1444.5万元;市财政资金74.5万元;县财政资10万元，企业自筹4704.65万元。

临沂奇伟罐头食品有限公司改扩建工程 2002年建设，投资601万元。建设高标准无菌生产车间66.7万平方米，辅助设施1980平方米，购置设备14台，建设年生产5000吨出口水果罐头生产流水线1条，发展173.4公顷黄桃、白桃基地。

平邑县九间棚科技园有限公司金银花精品茶加工 2006年建设，投资400万元。建设年产20吨金银花精品茶生产线1条，新购置设备和仪器17台套，改建、新建生产车间、质监化验中心、配电室热风炉房、办公设施、员工宿舍等990平方米,场地硬化200平方米。

临沂市康发食品饮料有限公司1万吨果蔬罐头加工扩建工程 2007年建设，投资1750万元。其中中央财政资金400万元，省财政资金360万元，市配套资金40万元，企业自筹950万元。工程完成后，企业生产能力由4万吨扩大到5万吨，增加产值6500万元，出口增长1000万美元，增加职工500人。同时，充分利用全省产业化扶贫示范试点工作的契机，并引导企业走“公司+农户+基地（合作经济组织）+农户”的路子，公司与果农的联结模式通过合作社来实现,实行“六个统一”（统一购苗、统一培训、统一农药、统一施肥、统一浇水、统一收购）与龙头企业的联合，使武台镇主导产业得到发展，建设、提升1300公顷黄桃标准化生产基地，其中，在白马关流域新发展677公顷的黄桃基地，辐射带动改造黄桃面积677公顷，形成“生产有基地，加工有企业，营销有组织，流通有市场，出口有渠道”的产业化经营格局。

山东玉泉食品有限公司1万吨果蔬罐头加工扩建项目 2009年建设，项目总投资540万元，其中中央财政资金200万元，省财政资金180万元，市财政配套20万元，县级以下自筹资金140万元。项目完成后，粮食和蔬菜两项折合增加总产值752万元，林业增加40万元，共增加种植业总产值792万元。项目区农民收入增加554万元，较开发前人均纯收入增加357元。

山东万利来食品有限公司1万吨果蔬罐头加工扩建项目 2011年建设。项目建设高标准生产车间4890平方米、成品库2100平方米，购置安装生产设备10台套。项目总投资873万元，其中，中央财政资金50万元，省财政配套资金22.5万元，市财政配套资金2.5万元。

平邑县千亩九丰1号金银花种植扩建项目 2012年建设，投资90万元，其中财政资金45万元，中央财政资金30万元，省财政资金15万元，自筹资金45万元。金银花生产是典型的劳动密集型产业，适合“公司+合作社+农户”经营模式运营，平均每户种植金银花1.19公顷。

山东中海食品有限公司的2000吨恒温库

扩建项目 2013年建设，总投资220万元，其中中央财政资金50万元，省财政资金19万元，市财政配套3万元，企业自筹148万元。项目建设2000吨恒温库1座，总建筑面积1306.5平方米，购置制冷机组、配电设备及加工生产配套设备及化验设备，共计28台套。项目建成达产后，年可实现销售总收入980万元，年平均实现利润总额68.25万元，净利润68.25万元。

平邑街道常山生态农业园 即临沂市康发食品饮料有限公司实施的1.3万平方米食用菌工业化种植及66.67公顷高效果蔬基地建设项目。2013年建设，项目总投资2009.75万元，其中，省财政资金800万元。建设食用菌工业化栽培菇房32座，缓冲房927.5平方米，搅拌房200平方米，配电、泵房100平方米，工作间、更衣室300平方米，围墙760米，硬化路面7100平方米，几型钢单立柱冬暖式温室75座，机井2眼。购进空调机组32台，空调管道及配套32组，镀锌栽培床架1.34万平方米，蒸汽锅炉1台，变压器及配套1台套。项目建成后，年产食用菌2280吨，有机蔬菜350吨，新增销售收入2114万元，年均利润364.23万元，税收126.77万元；项目实施带动果蔬基地66.7万平方米，带动农户340户，农民人均增收4800元。

中央彩票公益金扶贫开发创新试点项目 2012年，平邑县中央彩票公益金支持沂蒙革命老区扶贫开发创新试点项目。该项目总投资922.59万元，其中，财政总投资900万元（中央财政资金550万元，省财政资金50万元，市财政资金150万元，县财政资金150万元），自筹资金22.59万元。项目涉及保太镇北王庄、卓家村、魏刘庄、孟家武阳及武台镇黑山前、承安庄、大家庄、东武沟8个行政村、2865户、9454人。该项目完成硬化生产路39.5千米，农桥12座，管涵桥204座，标志牌13个。

2013年，平邑县中央彩票公益金支持沂蒙革命老区扶贫开发创新试点项目。该项目总投资937.49万元，其中，财政总投资900万元（中央财政资金550万元，省财政资金50万元，市级财政资金150万元，县级财政资金150万元），自筹资金37.49万元。项目涉及武台镇西近台、万山村、武台村、南武台、孙家庄、南武沟、黄台村、武沟村、西武沟、水沟村10个行政村，总户数4142户，14516人。至同年底，该项目硬化生产路39千米，农桥6座，管涵桥128座。

产业化贴息项目 产业化贴息项目12个，完成财政资金贴息870万元。

2009—2013年平邑县产业化贴息项目统计表

表6-3

年 份	名 称	金额（万元）
2009	临沂市康发食品饮料有限公司5万吨罐头加工贴息项目	88
	临沂市奇伟罐头食品有限公司2万吨罐头加工贴息项目	82
2010	临沂市康发食品饮料有限公司5万吨罐头加工贴息项目	67
	临沂市奇伟罐头食品有限公司2万吨罐头加工贴息项目	66
2011	临沂市康发食品饮料有限公司6万吨罐头加工贴息项目	47
	山东玉泉食品有限公司3.6万吨罐头加工贴息项目	39

续表 6-3

年　份	名　　称	金额（万元）
2012	临沂市康发食品饮料有限公司 6 万吨罐头加工贴息项目	130
	山东玉泉食品有限公司 3.6 万吨罐头加工贴息项目	59
2013	临沂市康发食品饮料有限公司 5 万吨罐头加工贴息项目	118
	山东玉泉食品有限公司 3.6 万吨罐头加工贴息项目	70
	临沂市奇伟罐头食品有限公司 5 万吨罐头加工贴息项目	34

第三节　农村扶贫资金互助社

从 2007 年开始，平邑县根据省、市扶贫、财政部门的统一部署和安排，探索新时期扶贫开发工作的新机制、新模式，切实解决贫困村、贫困户发展生产、自主创业资金短缺的问题，提高贫困村、贫困户自我发展和持续发展能力，开展贫困村村民发展互助资金试点工作。至 2013 年，平邑县共成立国家、省级试点互助资金村 38 个，市级试点村 23 个，共计 61 个扶贫互助组织。各级财政投入资金 1444 万元，吸纳农户入社资金 558 万元，互助资金总量达到 2002 万元。在帮助群众发展生产的同时，基金会自身也通过引入市场经济和民主管理新机制，在良好运行中得到发展，还款率达到 100%。

平邑县扶贫开发项目建设一览表

表 6-4　　　　　　　　　　　　　　　　　　　　　　　　单位：万元

项目名称	乡镇	地点	建设内容	投资	财政扶贫	自筹
	保太镇	卓家村	植葡萄 20 公顷，建扬水站 1 处，架电线 0.1 千米，新建塘坝 1 处，铺输水管道 1 千米	72.37	54.39	17.98
		齐家庄	植核桃 40 公顷，修生产路 3 千米，新建蓄水池 1 座、桥涵 8 座。	54.28	44.83	9.45
		大埠槐	植核桃 23.33 公顷、山楂 10 公顷，修生产道路 3 千米、桥涵 7 座	38.37	30.88	7.49
		蒋沟村	植金银花 20 公顷，建扬水站 1 处，架电线 0.1 千米，建塘坝 1 处，铺设输水管道 1 千米	40.89	40.89	0.00
		羊城村	植山楂 20 公顷，修生产路 3 千米、桥涵 6 座	19.74	15.33	4.41
		南夫宁	植金银花 13.33 公顷，修生产路 1.5 千米、桥涵 4 座、塘坝 1 处	45.89	32.59	13.30
		华家村	植葡萄 20 公顷，修生产路 2.5 千米	52.46	51.09	1.37
	郑城镇	杜家山	建提灌站 1 处、深井 1 眼、输水管道 2.2 千米、机电井配套 2 台（套），架电线 0.18 米	30.11	30.00	0.11

续表 6-4

项目名称	乡镇	地点	建设内容	投资	财政扶贫	自筹
	白彦镇	小北径	建提灌站1处、深井1眼、输水管道1.5千米、机电井配套1台（套），架电线1.2米	37.25	30.00	7.25
	地方镇	大泉村	铺输水管道1.25千米，建机电井配套1台（套）	10.05	10.00	0.05
	卞桥镇	佟家庄	加固塘坝1处，建输水渠道0.2千米	10.25	10.00	0.25
	临涧镇	付家沟	建塘坝1处，铺设输水管道0.2千米	26.78	10.00	16.78
平邑县2012年重点乡镇转移支付资金项目	温水镇	花园村	建日光温室大棚15个	100.00	100.00	0.00
	保太镇	堤后村	新建温室大棚4个	51.32	51.32	0.00
		前孙庄	新建大口井1眼，铺设管道1500米	15.00	15.00	0.00
		华家村	硬化生产路3180平方米	15.90	15.90	0.00
		杨家庙	硬化生产路381米，铺管道2800米，路面维修12.18平方米	17.78	17.78	0.00
2012年彩票项目	武台镇 保太镇		硬化生产路39.5千米，新建农桥12座、管涵桥204座	922.59	900.00	22.59
	武台镇		硬化生产路38.33千米，建农桥7座、管涵桥181座	937.49	900.00	37.49
平邑县2013年省重点贫困村扶贫开发项目	武台镇	南武沟村	硬化生产道路1.364千米	61.50	30.00	31.50
	温水镇	花园村	依托平邑县源益果蔬专业合作社建设蔬菜大棚10个，半大口井2座，潜水泵2台套，架输变电线路0.48千米，修生产道路0.26千米	140.00	30.00	110.00
平邑县2013年省重点贫困村扶贫开发项目		宋河村	土地整理13.33公顷，发展优质黄桃13.33公顷（需苗木11200株），建蓄水池1个，埋设输水管道1千米，安装给水栓20套，修宽4米生产路2千米、桥涵20座	33.36	30.00	3.36
	保太镇	三阳二村	土地整理20公顷，发展优质黄桃20公顷（需苗木16800株），建水漫桥1座，修宽5米生产路2千米、桥涵15座	39.50	30.00	9.50
		三阳四村	土地整理20公顷，发展优质黄桃20公顷（需苗木16800株），打大口井1眼，修宽5米生产路2.5千米、桥涵25座	39.50	30.00	9.50
	丰阳镇	郑家峪	栽植桃27.33公顷、苹果14公顷	49.48	40.00	9.48
		山泉	栽植苹果10.67公顷	33.82	25.00	8.82
		北城	栽植苹果12.53公顷	34.20	25.00	9.20
	地方镇	红星村	硬化生产道路0.5千米	10.00	10.00	0.00

第四节　生态农业

生态农业的创建与开发

平邑县是山东省出口农产品质量安全示范区和山东省地理标志商标运用示范单位。平邑县按照“高产、优质、高效、生态、安全”目标，不断调整优化农业结构，大力培植主导产业，积极发展高效生态特色农业，金银花、果品、蔬菜、畜禽等特色农产品生产基地初具规模，年产金银花干花1500万千克、各类果品108万吨、蔬菜110万吨。全县优质农产品基地达到2.24万公顷，市级标准化生产基地14处，GAP认证基地4个，平邑县有122个产品通过“三品一标”认证，其中无公害农产品24个、绿色食品43个、有机食品51个、农产品地理标志4个。2010年，全国绿色食品原料6666.67公顷金银花标准化生产基地通过认证。

2013年，以沼气建设为纽带的生态循环农业得到发展，全县共建成大中型沼气工程5个，厌氧容积4000多立方米；创建生态循环农业点1个；生态乡村旅游示范点1个。

以沼气工程为纽带的生态农业发展模式初步形成，基本形成“畜、沼、果（蔬）”循环农业发展格局。依托原有大中型沼气、养殖小区、联户沼气和基地周边原有户用沼气工程产生的沼渣、沼液副产品，通过基地建设的储存池、稀释池、田间输送管道、运输设备、生物杀虫灯，基本实现沼渣沼液—机械运输—田间贮存稀释—管线输送—果（蔬）地面浇灌循环利用的生态模式。

无公害农产品　绿色食品　有机食品

2008年，平邑县开始开展“三品一标”认证工作。山东沂蒙人家食品有限公司的金银花茶通过绿色食品认证，成为平邑县第一个绿色食品。随着生活水平的提高，人民群众对农产品质量的要求越来越高，无公害农产品、绿色食品、有机农产品和农产品地理标志产品越来越受到消费者的青睐，各企业掀起“三品一标”认证的热潮。

平邑县无公害农产品认证基本情况表

表6-5

认证种类	获证单位	认证产品	认证机构	认证时间
无公害农产品	保太镇农业技术推广站	保丰马铃薯	农业部农产品质量安全中心	2010.5
无公害农产品	铜石镇农业技术推广站	蓝浚大蒜	农业部农产品质量安全中心	2010.5
无公害农产品	平邑镇农业技术推广站	莲花山马铃薯	农业部农产品质量安全中心	2010.5
无公害农产品	武台镇农业技术推广站	武台桃	农业部农产品质量安全中心	2010.5
无公害农产品	武台镇农业技术推广站	武台葡萄	农业部农产品质量安全中心	2010.5
无公害农产品	平邑县天宝致富水果专业合作社	桃、山楂	农业部农产品质量安全中心	2011.11
无公害农产品	平邑县明发种鸡场	鲜鸡蛋	农业部农产品质量安全中心	2011.12
无公害农产品	平邑县东方养殖场	肉鸡	农业部农产品质量安全中心	2011.12

续表 6-5

认证种类	获证单位	认证产品	认证机构	认证时间
无公害农产品	平邑县瑞丰养殖场	生猪	农业部农产品质量安全中心	2013.4
无公害农产品	平邑县琪宇养殖场	生猪	农业部农产品质量安全中心	2013.4
无公害农产品	平邑县宏盛养殖场	生猪	农业部农产品质量安全中心	2013.4
无公害农产品	平邑县金利养殖场	鲜鸡蛋	农业部农产品质量安全中心	2013.6

平邑县绿色食品、有机食品认证基本情况表

表 6-6

认证种类	获证单位	认证产品	认证机构	认证时间
绿色食品	山东沂蒙人家食品有限公司	板栗、桔梗酱菜	中国绿色食品发展中心	2008.12
绿色食品	山东玉泉食品有限公司	糖水桃罐头、糖水山楂罐头、糖水梨罐头、糖水桃罐头	中国绿色食品发展中心	2009.9
绿色食品	临沂市龙隆食品有限公司	糖水苹果罐头、糖水黄桃罐头、糖水梨罐头	中国绿色食品发展中心	2009.12
绿色食品	临沂市蒙山鹰窝峰食品有限公司	山楂、黄桃、李子	中国绿色食品发展中心	2010.1
绿色食品	平邑县宝庆大蒜种植专业合作社	大蒜、蒜黄	中国绿色食品发展中心	2010.8
绿色食品	临沂市蒙山鹰窝峰食品有限公司	核桃、板栗、金银花茶、山鸡蛋	中国绿色食品发展中心	2010.11
绿色食品	平邑县康太果品种植专业合作社	苹果（嘎拉）、桃（黄桃）、山楂、葡萄（巨峰）	中国绿色食品发展中心	2011.8
绿色食品	山东沂蒙人家食品有限公司	核桃、金银花茶	中国绿色食品发展中心	2011.12
绿色食品	平邑县利民葡萄种植专业合作社	葡萄	中国绿色食品发展中心	2011.12
绿色食品	平邑县绿丰果蔬种植专业合作社	马铃薯	中国绿色食品发展中心	2011.12
绿色食品	山东万利来食品有限公司	糖水黄桃罐头、糖水山楂罐头、糖水梨罐头、糖水苹果罐头	中国绿色食品发展中心	2012.9
绿色食品	平邑县白彦镇南哨村樱桃种植专业合作社	大樱桃	中国绿色食品发展中心	2012.9
绿色食品	平邑县源益果蔬专业合作社	西瓜	中国绿色食品发展中心	2012.9
绿色食品	平邑县鹏源蔬菜种植专业合作社	马铃薯	中国绿色食品发展中心	2012.9

续表 6-6

认证种类	获证单位	认证产品	认证机构	认证时间
绿色食品	临沂市康发食品饮料有限公司	桃罐头、山楂罐头、梨罐头	中国绿色食品发展中心	2012.12
绿色食品	平邑县群发果蔬专业合作社	葡萄、桃	中国绿色食品发展中心	2012.12
绿色食品	平邑县庆联沂蒙霜红桃专业合作社	桃	中国绿色食品发展中心	2012.12

平邑县农产品地理标志认证基本情况表

表 6-7

认证种类	获证单位	认证产品	认证机构	认证时间
农产品地理标志	平邑县金银花标准化种植协会	郑城金银花	农业部	2010.12
农产品地理标志	平邑县天宝致富水果专业合作社	天宝山山楂	农业部	2010.12
农产品地理标志	平邑县天宝圣堂种植专业合作社	天宝山黄梨	农业部	2011.12
农产品地理标志	平邑县鹰窝峰畜禽养殖专业合作社	蒙山黑山羊	农业部	2012.5
全国绿色食品原料10万亩金银花标准化生产基地	平邑县人民政府	金银花	中国绿色食品发展中心	2010.1

示范园区项目

平邑县康太果品种植专业合作社 2009年成立，涉及康太、埠西桥、大井头、大瑶草、博平、宋家庄、安乐、利渊、胡家洼等20多个村，入社户1024户，种植规模1200公顷，每年生产各种果品3.6万吨，合作社为入社成员年销售各种果品2.5万吨。

平邑浚龙农业观光园 是一处现代农业标准园，园区总面积233.33公顷，完成投资5000万元。园区建设完成2000平方米的集办公、检测、培训于一体的综合大楼1栋；2400平方米的高档生态餐厅1个，竹林雅室12间；日光温室采摘棚8个，生态果园120公顷；栽植106.67公顷世纪之星、黄金冠桃等，6.67公顷矮化砧苹果烟富10号，6.67公顷柱状梨、甜山楂等；设有3个采摘区，安装太阳能杀虫灯80盏，水肥一体化覆盖面积66.67公顷，具有良好示范带动作用。园区注册“百家情缘”商标，产品通过绿色食品认证，与联荷、凡盟等电商平台建立合作关系，实现年产值3600万元，带动117人就业，帮扶35人脱贫。

合作社

平邑县农民专业合作社发展迅速，2008年成立93家。2013年，合作社的发展进入快车道，年内成立237家。至年底，累计注册成立合作社1077家。合作社的快速发展带动数万农民发家致富奔小康，合作社一头连着市场，一头连着农户，有效破解小农户和大市场的矛盾，在农业的市场经济发展过程中发挥桥梁和纽带作用。

家庭农场

2013年6月4日，平邑县第一家家庭农场成立。至年底，成立家庭农场22家，其中公司家庭农场20家，个体家庭农场2家。家庭农场对农业农村经济的发展起到较好带动和示范作用，充分发挥家庭农场的资金、技术和人才优势，推动农业农村现代化，带动周边农民共同发展。

第五章 林 业

1989年，全县有林地面积3万公顷，其中用材林3222.7公顷，经济林1.48万公顷，防护林1.45万公顷，薪炭林445.5公顷，人均林地358.2平方米。农田林网面积1500公顷。"四旁"（即路旁、宅旁、村旁、沟渠旁连片面积不足1亩的树林）植树338.43万株，人均3.8株，地堰绿化控制面积6613.1公顷，育苗200公顷，林木覆盖率21.1%，活立木蓄积887164万立方米。

1990年，国家、省、市、县相继颁布加快林业发展的决定，同年省政府提出五年绿化山东的目标（八五绿化达标工程），林业生产步入健康、快速发展轨道。

至2013年，全县有林地面积5.84万公顷，其中用材林13074.7公顷，防护林2.55万公顷，经济林1.98万公顷，林木覆盖率38.7%，活立木总蓄积238.51万立方米。

第一节 资 源

林地构成分布

林地包括郁闭度0.2以上的乔木林地以及竹林地、灌木林地、疏林地、采伐迹地、火烧迹地、未成林造林地、苗圃地和宜林地。至2013年底，全县林业用地面积6.39万公顷，全县森林覆盖率38.7%。

林地按地类划分

2013年，有林地面积5.84万公顷，疏林地面积561.32公顷，灌木林地面积934.56公顷，未成林造林地面积1233.15公顷，苗圃地面积403.72公顷，宜林地面积2400.2公顷，生态公益林地3.02万公顷。

林地区域布局

形成北部生态防护林区、中部城市林业发展区、南部水土保持林区。北部生态防护林区位于县北部，包括仲村、武台、保太、柏林、蒙山管委、卞桥及海螺寺、明光寺、万寿宫、大洼等乡镇林场，该区土地总面积6.16万公顷，占全县土地总面积的33.8%；中部城市林业发展区位于县中部，包括平邑、温水、铜石、地方、浚河、天宝、锅泉、开发区等乡镇林场，土地总面积5.34万公顷，占全县土地总面积的29.3%；南部水土保持林区范围包括流峪镇、郑城镇、白彦镇、临涧镇、丰阳镇及四开山林场，土地总面积6.73万公顷，占全县土地总面积的36.9%。

树种 分布

分布广泛的树种有侧柏、松类（赤松、油松、黑松）、刺槐、国槐、麻栎、黑杨、核桃、板栗、桃、山楂、樱桃、柿子、苹果、花椒等。

侧柏　该树种耐干旱瘠薄，为石灰岩山地造林的首选树种。以平邑、地方、铜石、流峪、郑城、白彦、临涧、丰阳等街镇以及锅泉、天宝、四开山等国有林场为较多。

松类（赤松、油松、黑松）　松类耐干旱瘠薄，为砂石山区造林首选树种。分布县境北部乡镇、林场为最多。

刺槐　是山地阔叶树种造林和生物防火隔离带的首选树种，“四旁”有零星分布，片林主要在平邑、保太、柏林、地方、铜石镇、郑城、白彦镇、临涧、丰阳等街镇以及四开山、天宝、大洼、明光寺、万寿宫等国有林场。

国槐　为乡土树种，早在千余年前，已在县内广泛栽植。耐干旱瘠薄，生长缓慢，木质坚硬。多分布在村庄、庭院、行道。

杨类　毛白杨、黑杨为平邑县乡土树种，广泛分布于河滩、“四旁”。由于欧美杨生长迅速，基本取代了小叶杨、毛白杨等乡土树种。

楸树　为乡土树种，系珍贵用材树，早在两三千年前已在庭院村旁广泛栽植。有金楸、银楸之分。木材呈金黄色者为金楸，呈银灰色者为银楸。现代县内楸树稀少，在个别乡镇有零星种植。

柳树　系乡土树种，自清乾隆以后，有“沿堤官柳”之令。在河流两岸、“四旁”广泛分布。

柿子树　由当地软枣嫁接而成，以郑城镇、地方镇天宝为较多。

香椿树　为乡土树种，栽植悠久。因香椿芽系上等调味品，木材为优质用材，深受群众喜爱，全县农村庭院广泛栽植。

山楂、桃、梨、葡萄、花椒、核桃、板栗等树，全县广泛栽植。杏、苹果、大樱桃在一些乡镇也有分布。武台镇的桃、地方镇的山楂、白彦镇、临涧镇的樱桃有大面积分布。

林木积蓄

至2013年，平邑县活立木总蓄积238.51万立方米，其中，有林地蓄积173.93万立方米，占活立木总蓄积的72.9%。“四旁”树蓄积64.19万立方米，占总蓄积量的26.9%；散生木蓄积3865立方米，占总蓄积量的0.2%。

森林覆盖率

至2013年，全县有林地面积5.84万公顷，其中用材林1.31万公顷，防护林2.55万公顷，经济林1.98万公顷。活立木总蓄积238.51万立方米，森林覆盖率38.7%。

2013年平邑县古树名木情况表

表6-8

编号	树种	生长地点	树龄（年）	树木规格		备　注
				胸径（厘米）	高度（米）	
A01	国槐	平邑街道凤凰村	700	150	8	平邑街道2棵国槐
A02	国槐	平邑街道西旺沟	200	120	10	
B01	流苏	仲村镇武岩村	270	57	8.2	仲村镇流苏1棵、银杏1棵
B02	银杏树	仲村镇北大支坡村	320	110	14.2	

续表 6-8

编号	树种	生长地点	树龄（年）	树木规格		备 注
				胸径（厘米）	高度（米）	
C01	银杏树	武台镇中心校	360	100	15	武台镇银杏 1 棵、国槐 3 棵、乌柏 1 棵
C02	国槐	武台镇万山庄	460	86	9	
C03	国槐	武台镇孙家楼村	450	71	5.8	
C04	国槐	武台镇东近台村	480	92	9	
C05	乌柏	武台镇咸家庄村	160	50	12	
D01	国槐	保太镇卓家村村西北路南	400	110	8	保太镇国槐 6 棵、龙爪槐 1 棵、臭椿 1 棵
D02	国槐	保太镇卓家村西北路北	300	50	12	
D03	国槐	保太镇纯厚村	420	70	5.5	
D04	国槐	保太镇柳家村	320	60	13	
D05	国槐	保太镇柳家村	300	50	11	
D06	国槐	保太镇大夫宁村	260	70	9	
D07	龙爪槐	保太镇华家村	150	60	4.6	
D08	臭椿	保太镇纯厚村	100	46	12.4	
E01–02	侧柏 –2 棵	柏林镇邢家庄村东	600	10	11	柏林镇侧柏 3 棵
E03	侧柏	柏林镇巩固庄村	870	83	10	
F01	国槐	卞桥镇梁家崖村	500	163	7	卞桥镇国槐 3 棵、银杏 3 棵
F02	国槐	卞桥镇西卞桥	400	90	6	
F03	国槐	卞桥镇杨庄村	100	79	8	
F04	银杏	卞桥镇北安靖完小	100	36	11	
F05	银杏	卞桥镇资邱村	110	56	15	
F06	银杏	卞桥镇东家庄村	200	40	26	
G01	流苏	地方镇前西固村	400	120	11.5	地方镇流苏 1 棵、银杏 1 棵
G02	银杏	地方镇两泉村	530	108	23	
H01	银杏	铜石镇北张里村	100	85	10	铜石镇银杏 2 棵、刺槐 1 棵、国槐 2 棵、紫薇 1 棵
H02	银杏	铜石镇仁和村	120	65	12	
H03	刺槐	铜石镇小官路村南	110	85	10	
H04	国槐	铜石镇大峪村	300	70	16	
H05	国槐	铜石镇十字庄村	300	80	10	
H06	紫薇	铜石镇石泉村	100	34	10	

续表 6-8

编号	树种	生长地点	树龄（年）	树木规格		备注
				胸径（厘米）	高度（米）	
I01	国槐	温水镇北温水村	260	86	8	温水镇国槐 4 棵
I02	国槐	温水镇兴孝村	230	195	10	
I03	国槐	温水镇永西村	450	50	5	
I04	国槐	温水镇宋合村	600	120	4	
J01	银杏	流峪镇南蒲芦村南端	290	73	8	流峪镇国槐 5 棵、银杏 1 棵
J02	国槐	流峪镇南蒲芦学校门口	300	83	10	
J03	国槐	流峪镇东古路沟村中心位置	220	80	15	
J04	国槐	流峪三合二村中主路中心	190	40	5	
J05	国槐	流峪镇苗泉村	210	55	5.2	
J06	国槐	流峪镇苗泉村中南侧	160	70	5	
K01	国槐	郑城镇金山村	400	100	11	郑城镇国槐 4 棵、毛白杨 1 棵、山楂 1 棵、桧柏 1 棵
K02	国槐	郑城镇上崇圣村	600	80	9	
K03	国槐	郑城镇黑风口村	600	75	9	
K04	国槐	郑城镇东石龙村	300	80	12	
K05	毛白杨	郑城镇木头崖村	400	120	14	
K06	山楂	郑城镇桃峪村	280	70	11	
K07	桧柏	郑城镇南峪村	500	320	15.8	
L01	黑松	白彦镇王家沟	100	70	13	白彦镇国五角枫 5 棵、黑松 1 棵、黄连木 1 棵、皂荚 1 棵、侧柏 1 棵、板栗 1 棵、柳树 1 棵、银杏 1 棵、朴树 1 棵
L02	国槐	白彦镇里山蒋	100	86	20	
L03	黄连木	白彦镇寇家	150	70	16	
L04	皂荚	白彦镇凌春村	100	80	8	
L05	国槐	白彦镇燕庄	200	64	8	
L06	五角枫	白彦镇欢山沟	100	40	8	
L07	五角枫	白彦镇南泉子	110	85	14	
L08	五角枫	白彦镇南泉子	110	70	12.5	
L09	五角枫	白彦镇南泉子	110	65	12	
L10	五角枫	白彦镇南泉子	110	85	12	
L11	侧柏	白彦镇余庄	100	40	12	
L12	国槐	白彦镇南径村	1500	125	6	

续表 6-8

编号	树种	生长地点	树龄（年）	树木规格		备 注
				胸径（厘米）	高度（米）	
L13	国槐	白彦镇龙湾	200	110	6.5	白彦镇国五角枫 5 棵、黑松 1 棵、黄连木 1 棵、皂荚 1 棵、侧柏 1 棵、板栗 1 棵、柳树 1 棵、银杏 1 棵、朴树 1 棵
L14	国槐	白彦镇柴山湾村中心	400	70	7	
L15	国槐	白彦镇小井子村旧河道内	150	140	11	
L16	国槐	白彦镇双槐树村南部	350	70	8	
L17	板栗	白彦镇南径	100	100	20	
L18	柳树	白彦镇南径	150	90	15	
L19	银杏	白彦镇山阴寺	200	100	20	
L20	朴树	白彦镇大营村北 1 千米处	220	40	4	
M01	五角枫	临涧镇安自寺	100	40	7	临涧镇五角枫 1 棵、国槐 1 棵
M02	国槐	临涧镇五块石村	220	140	10	
N01	国槐	丰阳镇丰山东村	300	100	10	丰阳镇国槐 2 棵、皂荚 1 棵、五角枫 1 棵
N02	国槐	丰阳镇花果峪村	400	60	6	
N03	皂荚	丰阳镇丰山东村	120	100	1	
N04	五角枫	丰阳镇香山	200	60	6	
O01	国槐	经济开发区胡家庄村	200	130	7	经济开发区国槐 1 棵
P01	板栗	大洼林场	150	106	7	国有林场银杏 2 棵、五角枫 1 棵、油松 5 棵、皂荚 2 棵、栓皮栎 1 棵、玉兰 1 棵、枫杨树 3 棵、藤萝 1 棵、侧柏 2 棵、朴树 1 棵、榅桲 1 棵、楸树 1 棵、板栗 1 棵、桧柏 1 棵
P02	桧柏	大洼林场	130	52	8	
P03	五角枫	万寿宫林场	220	120	16.5	
P04	卧龙松	万寿宫林场	1700	40	5.8	
P05	油松	万寿宫林场	240	40	8	
P06	情侣松	万寿宫林场	230	57	12	
P07	迎客松	万寿宫林场	230	34	5	
P08	姐妹松	万寿宫林场	220	32	9	
P09	皂荚	万寿宫林场	520	64	5.2	
P10	栓皮栎	万寿宫林场	100	50	17	
P11	玉兰	明光寺林场	100	45	15	
P12	皂荚	明光寺林场	110	40	18	
P13	枫杨树	明光寺林场	100	90	20	
P14	枫杨树	明光寺林场	100	80	20	

续表 6-8

编号	树种	生长地点	树龄（年）	树木规格		备 注
				胸径（厘米）	高度（米）	
P15	枫杨树	明光寺林场	100	90	20	国有林场银杏2棵、五角枫1棵、油松5棵、皂荚2棵、栓皮栎1棵、玉兰1棵、枫杨树3棵、藤萝1棵、侧柏2棵、朴树1棵、楹椁1棵、楸树1棵、板栗1棵、桧柏1棵
P16	银杏	海螺寺林场	300	180	30	
P17	楸树	四开山林场	100	42	18	
P18	银杏	四开山林场	110	51	11	
P19	朴树	锅泉林场	220	31	19	
P20	楹椁	锅泉林场	470	63	18	
P21	藤萝	天宝山林场	320	40	16	
P22–23	侧柏 -2棵	天宝山林场	100	80	21	

第二节 生 产

苗木繁育

全县育苗总面积800公顷。主要苗木品种为桃、金银花、樱桃、山楂、苹果等经济林苗木，樱花、国槐、垂柳、法桐、紫薇、小叶黄杨、五角枫等绿化苗木以及侧柏、黑松等上山造林苗木。林木种苗产业已成为育苗区群众发展经济，增加收入的重要支柱产业，发展种苗产业已成为调整农村种植结构，有效解决三农问题的重要产业。

铜石镇育苗基地主要在张里、昌里周围，育苗面积200.1公顷，主要品种有樱桃、樱花、桃，以及少量的山楂、柿子等苗木。流峪镇育苗基地主要在流峪镇驻地周围，面积100.05公顷，主要品种有侧柏、金银花、四季花，以及少量绿化苗木如国槐、盆栽四季花等。保太镇育苗基地以杨白壤苗木市场为中心向周围辐射带动，面积266.8公顷，主要品种有苹果、梨、桃、樱桃、葡萄、柿子、山楂等经济林苗木，约占80%；银杏、杜仲、樱花、国槐、垂柳、法桐、紫薇、大叶黄杨等约占20%。仲村镇育苗面积80.04公顷，主要品种有侧柏、法桐、杨苗、白蜡、柳、蜀桧、五角枫、紫叶李等。温水镇育苗面积66.7公顷，主要品种有北美海棠、杨苗等。白彦镇育苗面积53.36公顷，主要为杨苗等。其他乡镇也有零星育苗，面积46.69公顷，涉及品种繁多，受近年来县内杨树丰产林发展影响带动，杨苗繁育较多。

封山育林

2005年5月，县政府制定《平邑县封山育林管理办法》，开始对部分中幼龄林实施封山育林管理，纳入规划林地3.05万公顷，主要地类是中幼龄林地、未成林造林地、灌木林地，逐年实行封山育林。县林业部门在封山育林区主要路口竖立标示牌，注明界限和护林公约，停止其他森林经营活动，建立封山育林档案，全年实行封山育林。通过封山育林，使林分质量大幅度提高，林木径级增大，郁闭度明显提高。

绿色通道建设

1998年，实施绿色通道建设，按照高速公路、国道、省道每侧平均宽度100米、50米、30米的标准进行绿化，主要绿化树种为杨树、桃树、花椒、黑松等树种。

2010年，全县境内公路通车里程1523.7千米，可绿化里程1369.3千米，已绿化里程1218.7千米，未绿化里程150.6千米，绿化完成率89%。完成绿化资金投入826万元。未绿化里程中包括高速公路5.9千米、327国道2.3千米、省道11.3千米、县乡路131.1千米。

2013年3月，开展日兰高速、327国道、文泗路、县乡公路沿线林带建设工程，构建路域森林"点""带""片"绿色结构，打造景观连续、特色鲜明的生态长廊、绿色通道。

第三节　保　护

森林防火

1995年，成立平邑县公安局林业公安科，平邑县公安局万寿宫林场派出所，平邑县公安局大洼林场派出所。1999年，成立平邑县公安局森林警察大队，负责全县森林防火、林木案件工作。2010年，成立平邑县人民政府森林防火指挥部办公室，负责组织指导监督全县森林防火工作。

病虫害监测　防治

监测　2003年，实行森林病虫害防治信息系统上报监测数据，每年的4月至10月根据病虫害监测的种类，把发生、防治情况及时上报。2010年，发生美国白蛾疫情后，在成虫发生期实行日报告制度，同时进行周报告和半月报告。

2003—2009年，病虫害监测种类包括：杨树溃疡病、赤松毛虫、日本松干蚧、松阿扁叶蜂、侧柏毒蛾、大袋蛾、杨扇舟蛾和光肩星天牛。2010—2011年，病虫害监测种类包括杨树溃疡病、赤松毛虫、日本松干蚧、松阿扁叶蜂、美国白蛾、杨扇舟蛾和光肩星天牛。2012年，病虫害监测种类增加松材线虫病。2013年，病虫害监测种类增加松墨天牛、舞毒蛾。

防治　2010年，美国白蛾疫情传入平邑县并在全县范围内发生。2011年，由于采用常规传统的防治措施不能满足防控工作的需要，平邑县林业有害生物防控指挥部开始对第一代美国白蛾实行飞机喷药防治。是年，第一代美国白蛾等食叶害虫发生和分布总面积1.46万公顷，主要集中在2010年第三代发生区域，重点分布在327国道、省道、片林及主要道路河流两侧的寄主林木。投入美国白蛾防控资金120多万元，购置喷药机械46台，高枝剪260把，安置杀虫灯208盏。是年6月9日开始，对第一代美国白蛾实行飞机喷药防治。至同月25日，由于受天气等因素的影响，实施飞防119架次，飞防面积0.67万公顷。

2012年，县内美国白蛾等发生面积约1.3万公顷，全年美国白蛾防治面积1.08万公顷，防治作业4.23万公顷次。其中，无公害药剂防治3.33万公顷次（其中，飞机防治2万公顷次），人工物理防治0.57万公顷次，生物防治0.33万公顷次。投入防治资金220万元，购置高压喷药机38台，高枝剪450把，杀虫灯320盏，无公害药剂19.5吨。

2013年，美国白蛾在全县范围内发生面积约0.92万公顷，6月3—12日，对第一代美国白蛾等食叶害虫进行全面的飞机喷药防治，飞行262架次，飞防作业面积3.85万公顷。全年防治作业面积4.33万公顷，无公害防治4.19万公顷，生物防治200公顷，释放白蛾天敌周氏啮小蜂0.8亿头。

飞防结束后每年都采取自查和分组调查相结合的方法，及时对飞防效果进行监测。每年共进行4次调查，每次抽查村居20个、抽取片林15处，调查标准地块40块、林木7000株。在做好第一代美国白蛾等食叶害虫飞防的同时，紧紧抓住美国白蛾等食叶害虫第一、二、三代幼虫危害期“三个有利时机”，成虫羽化期、卵期、幼虫网幕期和下树化蛹期“四个关键环节”，采取剪除网幕、灯光诱杀、喷洒无公害药剂、释放周氏啮小蜂、绑草把、人工捕捉成虫、人工摘除卵块等综合防控措施，积极、扎实开展地面综合防控。全县共人工剪网幕1.8万余个、灯光诱杀羽化成虫4.2余万只、释放周氏啮小蜂2.8亿余头。全部采用符合要求的无公害制剂进行药物防治，防治率和无公害防治率均达到100%，各代的叶片保存率均在99%以上，有虫株率严格控制在0.1%以下，控制和压缩发生面积均达到责任书规定的指标，实现有虫不成灾的防控目标。

野生动物保护

为做好全县的野生动物保护工作，积极开展野生动物保护宣传活动，每年4月、11月进行“爱鸟周”和“野生动物保护宣传月”活动，通过组织宣传车，巡回到镇、村、农村集市场及人群集中地区宣传，印发《中华人民共和国野生动物保护法》等法律、法规，送到群众手中。同时规范野生动物及其产品流通，林业、公安、工商等部门联合行动，对集贸市场、宾馆、餐厅等场所进行执法检查，打击违法犯罪活动。

2000年，林业执法人员将缴获的非法捕捉的省重点保护野生动物黑斑蛙（青蛙）100多只放归大自然。2010年，保太镇埠南庄1位村民捕捉到1只受伤的国家二级保护动物雕鸮，送到县森保站，县森保站进行救治后带到蒙山风景区放归大自然。

林业执法

县林业局设立林政站、森林公安局、木材检查站。每年利用广播、电视、宣传车等宣传《中华人民共和国森林法》等林业法律法规以及林木采伐许可制度，增强人们保护森林资源的自觉性，一经发现乱砍、乱伐、无证采伐、无证运输木材等违法行为，执法人员依法立案查办。通过多年的努力，破坏森林资源的违法行为得到有效遏制。

第四节 花 卉

2013年，平邑县有野生、常规栽培花木共计17科150余种。全县13个乡镇（其中包括1个街道、1个开发区）都有分布。主要花木有：菊科的菊花、雏菊等，唇形科的薄荷、百里香、薰衣草等，玄参科的金鱼草、爆仗花等，十字花科的紫罗兰、香雪球等，百合科的吊兰、玉簪、萱草、芦荟、郁金香、百合、万年青等，石竹科的石竹、香石竹等，锦葵科的木槿、悬铃花等，天南星科的天南星、花烛等，鸢尾科的唐菖蒲、鸢尾等，兰科的石斛兰、蝴蝶兰、兜兰等，仙人掌科的仙人掌等，景天科的红景天等，毛茛科的花毛茛、铁线莲等，睡莲科的睡莲、芡实等。

种类

按生长习性和形态特征分 一般可分为草本花卉、木本花卉、多肉花卉和水生花卉。

草本花卉。茎干质地柔软的谓之草本花卉，主要栽培种类有两类。一年生草本花卉有一串红、半支莲、一串红、鸡冠花、波斯菊、万寿菊、刺茄、向日葵、古代稀、花菱草、毛地黄等，多年生草本花卉有锦葵、菊花、矢车菊、雏菊、石竹、诸葛菜、紫罗兰、虞美人、三色堇、矮牵牛、美人蕉、大丽花、鸢尾、金娃娃萱草、玉簪、晚香玉等。主要栽培地集中在保太镇李家白壤村等。

木本花卉。茎干木质坚硬的谓之木本花卉。主要栽培种类有金银花、木槿花、紫荆花、紫薇、紫藤花、榆叶梅、丁香花、月季花、蔷薇花、珍珠梅、黄刺梅、樱花、白玉兰、紫藤、凌霄、迎春花、连翘花等。主要栽培地保太镇李家白壤、杨白壤、高白壤、张白壤、孟武阳、东西子宿,铜石镇南张里村,郑城镇,流峪镇等。

多肉花卉。具有肉质肥厚的茎叶，体内贮存丰富的水分，有的叶片退化成针刺状，形态奇特，因此在园艺栽培中自成一类。主要栽培种类有仙人掌、仙人球、令箭荷花、蟹爪兰、芦荟等，特别是蟹爪兰的育苗及栽种在保太镇东西子宿保护地栽培 4000 万株规模，销往全国各地，成为特色及经济支柱产业。

水生花卉。终年生长在水中或沼泽地带，大多数属于多年生植物。全县主要栽培种类有荷花、睡莲、黄花鸢尾、千屈菜、菖蒲、香蒲、慈姑、梭鱼草、再力花等。水生花卉多处于野生半野生状态，2003 年后，浚河湿地、兴水河湿地引进栽种观赏红荷、睡莲、黄花鸢尾、千屈菜、菖蒲、香蒲等。

按观赏部位分　观花类以观赏花色、花形为主，有菊花、月季等；观叶类以观赏叶色、叶形为主，有变叶木、花叶芋等；观果类以观赏果实为主，有石榴、乳茄等；观茎类以观赏枝茎为主，有光棍树、山影拳等；观芽类以观赏芽为主，有银柳等。

按用途分　可将花卉分为切花花卉（如香石竹、马蹄莲等）、室内花卉（如君子兰、龟背竹等）、庭院花卉（如月季、菊花等）、药用花卉（如金银花、牡丹等）、香料花卉（如玫瑰等）、食用花卉（如百合、金针菜、石榴等），以及环境保护用花卉（如夹竹桃、唐菖蒲等）。

按栽培方式分　可将花卉分为露地栽培花卉和温室栽培花卉。

露地栽培花卉。此类花卉在自然条件下全为露地栽培，多半是一些气候适应范围较广的花卉，如金盏菊、一串红、蜀葵、芍药等。

温室栽培花卉。均为不耐寒的喜温花卉植物，原产于热带、亚热带及暖温带南部地区，因而在温带寒冷地区不能露地越冬，必须有温室设备才能栽培。温室花卉种类繁多，对温度的要求各有不同，根据温度的高低，又可分为低温温室花卉、中温温室花卉和高温温室花卉。

按主要的观赏性状分　主要有 6 类，观叶树木、观形树木、观花树木、观果树木、观枝干树木及其他树木。

栽植

随着民众的文化修养和生活水平的不断提高，花木栽培成为一种美化生活、人际交往、提高生活质量和庆典活动中不可缺少的必需品而进入千家万户，人们养花的兴趣越来越浓。在良种选育及引进、花木繁殖、栽培养护、整形修剪、盆景制作、切花应用、病虫害防治等技术方面都有极大的提高。

野生资源及栽植区域分布

野生资源主要分布在蒙山山系及南部孝子山、五龙山及浚河水系。栽培主要分布在北部乡镇保太镇李家白壤、杨白壤、高白壤、孟武阳、东西子宿，铜石镇南张里村，郑城镇，流峪镇等 200 余个村庄。其中草本花卉、多肉花卉主要栽培地集中在保太镇李家白壤村等。木本花卉主要栽培地在保太镇李家白壤、杨白壤、高白壤、张白壤、孟武阳、东西子宿，铜石镇南张里村，郑城镇，流峪镇等。水生花卉在平邑县多处于野生半野生状态，2003 年后浚河湿地、兴水河湿地多有栽植。花卉盆景的培植主要在保太镇、郑城镇，流峪镇等，种类有金银花、寿桃、石榴、葡萄、观赏松盆景等。

良种选育及引进　县内有事业研究单位1家，民营花木研究所、合作社620余家。引进的优良温室花卉有瓜叶菊、蒲包花、蟹爪兰、大花蕙兰、蝴蝶兰、凤梨等，木本花卉有沂州海棠、碧桃、寿桃、北美海棠等，观果品种有沂州木瓜、芭蕾苹果等，特别是北美系列海棠的引进，品种多达30余个。平邑县生物育种中心选育的瓜叶菊新品种紧凑、花色艳丽、花期长。从野生金银花中选育的蒙山红金银花，广泛应用于盆景制作、亭廊藤架、园林绿化。

栽植创新技术　工厂化组培育苗技术。对一些名贵稀有、鲜切花品种，依托平邑县生物育种中心组培平台，结合研究生产，开展大花蕙兰、文心兰、蝴蝶兰、非洲菊、红掌等的工厂化组培育苗，为平邑县花木业的发展提供技术支撑和大批量优质苗木。

花卉无土栽培技术。花卉无土栽培技术。20世纪90年代，平邑开展试验探索无土栽培技术，并逐步成熟。具有花卉生长健壮、叶色浓绿、花多且大、色泽鲜艳、花期长；节约养分、水分和劳力；清洁、无杂草、病虫害少，可以避免土壤连作障碍；不受土地条件的限制等优点，便于工厂化生产。

水培花卉技术。随着人们生活水平的提高，室内养花及花卉环境装饰需求量逐年递增。水培花卉打破传统养花带来的种种限制，可以选择各种材质、各种造型的工艺器皿作为花盆。不仅清洁卫生、管理简单，而且大大提高盆花的观赏效果和艺术价值，实现植物、容器、环境的完美结合。

常规栽培技术创新。广泛采用容器袋、育苗盘育苗，土壤杀菌消毒，草炭土、蛭石基质，盆栽温室培育，精致整形，广泛运用人工控制催花技术等。

经营

县城在文化路、板桥路西段、327国道温水段、西张庄、同台庄、庞居庄有20余处固定销售网点。

保太镇发展花卉苗木666.67公顷，建设花卉大棚400余座，涉及牡丹、一品红、梅花、茶花、杜鹃、仙客来、兰花、文竹、蟹爪兰等30多个名优花卉品种及银杏、黄杨、女贞、葡萄、板栗等20多个绿化苗木和经济林苗木，形成以保太、李白壤、羊城为中心的3处花卉苗木批发集散基地，从业人员2万多人，产品主要销往北京、上海、广州、西安、新疆等全国20多个大中城市。其中保太镇李白壤是全国性花木市场，占地13.34公顷，农历逢三、四、八、九为交易时间，春季旺季每日来自河南、安徽、江苏、山东各地交易人员可达2万余人，花卉苗木交易量达1000万株，日交易额800余万元。

第五节　集体林权制度改革

1989—2009年，平邑县集体地均采取承包经营方式，承包时限不统一、承包费用不一、个别林地承包合同不规范等问题。同时，林地界限不明。

2008年8月，平邑县对全县的土地与人口劳力、国民经济状况、新中国成立以来林业建设概况、林地经营情况等做出详细调研。

2010年1月，平邑县制定《平邑县集体林权制度改革实施方案》，各乡镇均制定了详细的林改方案。3月起，开始启动实施集体林权制度改革工作，确定分组织准备、林地承包、确权发证、检查验收、配套改革等五个阶段完成。是年底，完成以明晰产权、以经营主体、确权发证为主要内容的主体改革。至2012年底，完成配套改革。

林改试点丰阳镇，对原荒山、林地承包合同进行完善，通过大户承包方式，签订林地流转合同，明晰产权，取得的收益均利到农户。林地公开竞标拍卖，价格从流转前的每亩200元，增长到流转后的每亩240～320元，率先以购买力折算承包费，实行一年一缴；以山下经济林带动山上生态林，要求林农在做好经济林经营的同时，必须尽到荒山绿化的责任，明确70年的承包经营权，吸纳800余万元的社会资金投入荒山绿化，真正做到"林定权、树定根，人定心，绿定责"，建立起生态林场"栽植、管理、养护"的长效机制。全县集体林权改革工作，共明确产权4126宗，面积48.4万亩，全面完成改革。

第六节　国有场圃

平邑县原有8个国有林场，均建于20世纪50—60年代，1998年总经营面积5400公顷。2006年，总经营面积5600公顷，有林地面积5500公顷，防护林面积5400公顷，经济林面积100公顷，列入国家和省级公益林面积5400公顷，森林覆盖率95%以上，林木蓄积量12.84万立方米。

2012年2月，万寿宫、大洼、明光寺林场划归临沂市蒙山旅游区管委会。平邑县现管辖5个国有林场，总经营面积1700公顷，有林地面积1700公顷，生态公益林1700公顷，森林覆盖率95%以上。

海螺寺林场

位于保太镇和武台镇驻地，林区主要分布于蒙山山系西部，包括海螺寺林区、云台寺林区沙石山区，林地土壤为片麻岩发育而成的疏松沙壤质林地棕壤。总经营面积190.6公顷，林地面积188.4公顷，有林地面积185.7公顷，防护林面积111.7公顷，用材林面积19.8公顷，经济林面积54.2公顷，森林覆盖率97.4%。林木总蓄积5363立方米，国家级重点生态公益林面积为165.2公顷。

2011—2013年，森林抚育500公顷，投入资金78万元，实施生态疏伐、卫生伐、修枝、割灌等抚育措施。2012年，批复珍稀树种示范基地建设项目，总规模66.7公顷，总投资125万元。

天宝山林场

位于平邑县东部山区、地方镇驻地，林区主要包括天宝山分区、大巡山分区、吴王崮分区、付家湾分区，总经营面积335.3公顷，林地面积333.5公顷，有林地面积332.5公顷，防护林面积306.3公顷，经济林面积14.4公顷，国家级重点生态公益林面积为298.2公顷，林木总蓄积1.01万立方米，森林覆盖率99.1%。主栽树种有黑松、侧柏、赤松、刺槐和杨树等，林分类型为水源涵养林。

2010年6月，天宝山林场与九间棚旅游开发有限公司签订旅游开发合作合同，由公司按合同约定投入基础设施和旅游开发建设资金，全面打造天宝山林场红色旅游、林果旅游品牌。

2011年，林场吸引社会投资对水利设施进行改善和建设，其中九间棚旅游开发公司投入50多万元，将林场水库和二水库进行除险加固。

2012年9月，林场和奇峰服饰有限公司签订森林旅游开发合作合同，以保护和培育森林资源为前提，按照有利于林场建设和发展，有利于改善职工生产生活条件的原则，适应市场经济的需求，引进建设资金，扩大原有的基础设施，提升旅游景点档次，增加林场收入。2012年林场筹集资金进行防火物资储备库项目建设，总面积为900平方米，投入资金98万元。

2011—2013年，森林抚育700公顷，投入资金100万元，实施生态疏伐、卫生伐、修枝、割灌等抚育措施。

锅泉林场

位于平邑县东部山区，总经营面积436.8公顷，林地面积433.2公顷，有林地面积431.3公顷，防护林面积390.3公顷，用材林面积11.7公顷，经济林面积29.3公顷，森林覆盖率98.7%。林木总蓄积12838.3立方米，国家级重点生态公益林面积为428.5公顷。

2011—2013年，森林抚育700万公顷，投入资金100万元，实施生态疏伐、卫生伐、修枝、割灌等抚育措施。锅泉林场资源比较单一，原有柿子园品种树龄均已老化，市场需求量小，逐步改建为核桃园、金银花育苗基地等。

浚河林场

位于平邑县城东，总经营面积209.9公顷，林业用地面积209.9公顷，有林地面积209.9公顷，全部为杨树纯林。省级公益林面积209.9公顷，森林覆盖率达到98%以上，活立木总蓄积100.18万立方米，林分平均产量3.18立方米/亩。

浚河林场以培育采伐杨树丰产林为主要经济收入来源，职工以承包苗圃地为主要收入来源。2012年，职工工资纳入全额财政拨款，原苗圃地承包也到期，苗圃地由林场全部收回后重新规划设计，建立绿化苗木种植基地1个，面积共计12公顷，培育法桐、白蜡、柳树、国槐、黑松、华山松等近40万株。至2013年，苗圃地投资80多万元。

2011—2013年，森林抚育面积666.67公顷，投入资金85万元，实施卫生伐、修枝、割灌等抚育措施。

四开山林场

位于平邑县南部山区，总经营面积599.4公顷，林地面积597.1公顷，有林地面积539.6公顷，防护林面积434.5公顷，用材林面积68.2公顷，经济林面积36.9公顷，森林覆盖率90%。林木总蓄积14772.7立方米，国家级重点生态公益林面积为559.4公顷。

2011—2013年，森林抚育1200公顷，投入资金180万元，实施生态疏伐、卫生伐、透光伐、修枝、割灌等抚育措施。

第六章　畜牧业

平邑县大部属山区丘陵，草山、草场等面积5.73万公顷，饲草饲料资源丰富，发展畜牧业地理环境优越，是山东省的畜牧养殖大县。

1989年5月，撤销平邑县农牧渔业局，单设平邑县畜牧局。1993年，成立平邑县牧工商联合公司归口畜牧局。1994年，平邑县畜牧局更名平邑县畜牧开发服务中心，与平邑县牧工商联合公司合署办公。1995年3月，平邑县畜牧开发服务中心恢复为平邑县畜牧局。1997年，县牧工商联合公司被山东六和集团有限责任公司收购。2002年6月，平邑县畜牧局更名为平邑县畜牧开发服务办公室。2007年8月，平邑县畜牧开发服务办公室复称为平邑县畜牧局。2011年1月，平邑县畜牧局更名为平邑县畜牧兽医局，内设办公室、人事科、财务审计科、业务科、畜牧科技科、畜产品质量安全监管科6个科室。下设平邑县动物卫生监督所（加挂平邑县畜牧执法大队的牌子）、平邑县动物疫病预防控制中心（加挂平邑县畜牧兽医检测中心牌子）。

2013年，全县畜禽存栏：牛2.60万头，猪61.6万头，羊51.1万只，禽1608万只，兔172万只。出栏：牛2.61万头，猪123万头，羊51.6万只，禽6000万只，兔195万只。肉蛋奶总产量达到26万吨，畜牧业产值超过22亿元，畜牧业产值占农业总产值的比重达到40%。全县共有2个国家级标准化养殖场、8个省级标准化养殖场、108个市级标准化养殖场，3个省级畜牧示范合作社、9个市级畜牧示范合作社，无公害畜产品生产企业达到9家，有机认证畜产品1家，绿色认证畜产品1家，畜牧龙头企业7家。

第一节 畜禽种类

大牲畜

平邑县大牲畜以牛为主，驴、骡饲养很少。1989年，全县大牲畜存栏量3.8万头，其中牛3.683万头，出栏肉牛3500头，牛肉产量530吨。随着畜牧业的不断发展。2013年，全县存栏大牲畜2.6万头，当年出栏2.6万头，肉产量3824吨。

牛 肉牛。1989年，全县养殖肉牛35231头，其中蒙山牛917头、鲁西牛326头、鲁本杂交牛33988头，基本以当地黄牛为主，主要用于农田耕作。随着市场变化和人民生活水平的提高，牛肉越来越受欢迎，散户养殖不能满足市场需求，逐渐出现一些养牛专业户，如卞桥镇蒋家庄平邑弘毅生态农场有限公司规模化养牛场，年出栏肉牛可以达到500余头。2013年，全县牛期末存栏2.6万头，其中能繁母牛8255头，当年生仔牛7043头；当年出栏数2.5万头，肉产量3807吨。黄牛占全县养牛量的95%，由于品种结构调整，以专用型肉牛为主，主要有西门塔尔、利木赞、夏洛莱等品种。

奶牛。1989年前县畜牧站育种站存养奶牛12头，为全县第一家奶牛养殖基地。1989年，全县存养奶牛180头，岐山乡梅家沟村建有奶牛基地1个，存养奶牛127头。2002年2月，平邑县在魏庄乡东斗峪村、苍山村等胚胎移植的高产奶牛相继出生，标志着胚胎移植在平邑县获得成功，大大加快平邑县奶牛业的发展步伐。2004年，平邑县保太镇和丰阳镇建成奶牛饲养小区，分两次从澳大利亚引进70多头高产奶牛。2008年，三鹿奶粉重大食品安全事件发生后，对县内奶业发展带来很大的冲击和严重影响，奶农养殖陷入困境。从2009年起，奶业逐渐得到恢复，县内奶牛养殖量也逐年增加。至2013底，全县奶牛存栏量1760头，达到养殖高峰。

驴 驴的品种以沂蒙山毛驴为主，主要用作役用，二十世纪八九十年代，农民多以驴车作为运载重物的工具，因此驴在农村养殖较多。1989年，全县饲养驴1721头，以杂交驴为主。2000年，后驴的饲养量逐年减少。至2013年底，全县驴存栏155头，其中能繁母驴65头。

骡 马和驴的杂交种，四肢长而强壮，抗病力、耐力以及适应环境的性能都很强，常用来拉车和驮载。1989年前后，全县共存养1600头，随着农业机械化和交通工具的发展，骡的饲养量逐年减少。2013年，全县存栏57头。

中小家畜

猪 生猪生产是平邑县畜牧业的传统支

柱产业。平邑县历史上有菊花顶、大折皮、油葫芦、小金瓜、沂蒙黑猪等多种地方品种猪。1989年，全县存栏生猪33万头。1991年，全县存栏生猪33.5万头，其中优良种公猪285头；出栏33万头，出栏率达到98.5%，其中瘦肉型猪约占80%，数量为25万头，生猪基地建设初步形成规模。1999年，全县共存栏生猪61万头，出栏肥猪84万头，存栏和出栏数量均居全市各县区之首。

2007年，平邑县首次实施能繁母猪补贴，补贴标准为每头50元。是年，全县有1个生猪良种扩繁场和12个生猪标准化养殖场获生猪标准化规模养殖场建设项目扶持。2011年，平邑县被评为“国家生猪调出大县”，获扶持资金2100余万元，促进全县生猪产业发展。2013年，平邑县生猪存栏61万头，当年出栏130万头。

羊　养羊在全县较普遍，特别是山区的村庄，成群的羊到处可见。1989年，全县羊存栏19万只，其中山羊13.9万只，奶山羊3万只。1999年，全县存栏羊49万只，出栏羊43万只，存栏和出栏数量均列全市第一位。是年，开始从国外引进肉用波尔山羊，进行人工授精，至年底，生产1000多只波尔山羊的杂交一代。至2013年，全县羊存栏51.1万只，其中山羊38.1万只，绵羊13万只。

兔　平邑县养兔较普遍，1989年存栏50万只，其中毛兔存栏18万只、肉兔存栏32万只。1999年，獭兔存栏达到1000只。毛兔饲养量逐渐减少，主要以饲养肉兔和獭兔为主，肉兔品种以依拉兔和新西兰兔为主，獭兔以美系和法系为主。2013年，全县兔存栏172万只，当年出栏195万只，肉产量3700吨。

家禽

鸡　1989年，全县鸡存栏260万只，以蛋鸡为主，特别是仲村镇和岐山乡共养鸡120万只。岐山乡马家峪村全村有105户、115个塑料大棚养鸡，年出栏肉鸡80万只。仲村镇中流村建立村级养鸡服务组织，建起良种场两处，存养“823”种鸡5000套，伊莎种鸡1000套，孵化雏鸡8万只。

1993年，全县肉鸡基地由原来的2个镇1个乡18家专业户，发展到16个乡镇、30个专业村、500多家养鸡专业户。2010年，县畜牧局与六和集团联合下发《关于商品肉禽养殖基地建设奖励办法的通知》，鼓励农户发展肉禽养殖。2010—2012年，平邑县获得市财政扶持资金100余万元，专款用于扶持养鸡业的发展。2012年，全县养鸡业发展达到史上高峰，鸡存栏1239万羽，其中专用型蛋鸡存栏326万羽，专用型肉鸡存栏798万羽；当年出栏4095万羽，肉产量5.7万吨。

鸭　1989年，全县养鸭10万羽。国内外的消费者对畜禽产品的要求已由数量满足转变为质量满意，向低脂肪、低胆固醇、高蛋白、营养均衡、安全保健的方向发展，而鸭产品恰恰符合消费者的这种需求。2013年，全县鸭期末存栏432万羽，出栏数2970万羽，肉产量4.7万吨。

鹅　1989年，平邑县引进五龙鹅、狮头鹅、太湖鹅等3个优良品种，养鹅量得到较大发展，全县养鹅14万羽。2000年前后，县内有毛家洼的活鹅鸭贩运队伍常年外销。2012年，鹅存栏11万只，当年出栏36万羽。

特种经济动物

平邑县特种经济动物有乌鸡、山鸡、狐狸、海狸鼠、鸽子、鹌鹑、野猪、梅花鹿、貉等。1996年，白马乡百万只乌鸡养殖场年出栏乌鸡20万只，存养种鸡3000多套。临涧、武台海狸鼠存养2000多只，丰阳的狐狸存养

1000多只，平邑、保太的落地王鸽存养3000多只，黄坡的鹌鹑存养1万只。1999年，平邑县的獭兔、海狸鼠、乌鸡等特种动物养殖效益较好。如武台的海狸鼠养殖，1个家庭养10对，相当于喂1头猪。2008年，流峪镇南蒲芦村的平邑县沂蒙山特种野猪养殖场，作为县内第一个被评为"市级规模化养殖场"的特种经济动物养殖场。2009年，武台镇白马头村的平邑县广源生态特种野猪养殖基地，被评为"市级规模化养殖场"。

1989—2013年平邑县畜禽养殖情况表

表6-9

年份	大牲畜（万头）	猪（万头）	羊（万只）	家禽（万羽）	兔（万只）
1989	3.80	33.0	19.0	280	50
1990	3.85	33.5	21.0	320	60
1991	4.00	33.0	23.0	400	55
1992	4.23	33.5	25.0	390	92
1993	4.30	33.0	29.0	430	130
1994	4.24	36.2	22.5	530	125
1995	4.80	45.0	40.0	600	120
1996	5.25	48.0	47.5	730	155
1997	3.97	37.4	48.0	590	120
1998	3.40	61.0	48.0	600	118
1999	2.40	61.0	49.0	600	120
2000	2.40	62.0	50.0	600	150
2001	2.50	65.0	53.0	600	180
2002	2.55	60.0	50.0	660	160
2003	2.60	60.0	50.0	660	190
2004	2.90	45.0	42.0	450	100
2005	2.20	41.0	44.7	650	65
2006	2.40	40.0	45.0	750	110
2007	1.60	40.0	41.0	1000	85
2008	1.80	43.0	41.0	950	90
2009	2.00	49.0	43.0	1200	100
2010	2.10	50.0	44.0	1300	110
2011	2.40	52.0	47.0	1600	130
2012	2.45	53.2	48.0	1700	140
2013	2.60	61.6	51.1	1608	172

第二节　良种繁育

牛

1989年，山东省畜牧局给平邑县调拨2头法国利木赞肉牛，公母各1头，进行冻精肉牛繁育，每年为平邑县改良肉牛1000多头，自制肉牛冻精颗粒销往临沂市畜牧站、郯城、东平等县市。1991年，健全完善以县育种站为中心，以柏林、资邱、岐山等乡镇冷配站为主体的黄牛冷配改良体系，扩大冷配改良面，年冷配改良黄牛2500头，增加养殖效益75万元。1993年，新建武台、魏庄两个黄牛冷配改良站，冷配改良黄牛达3500头。1999年，在羊城乡建立牛冷配点，利用世界著名的利木赞牛冻精细管改良当地牛，后在全县推广。2002年2月，平邑县胚胎移植的高产奶牛相继出生，标志着胚胎移植在平邑县获得成功。2003—2004年，从澳大利亚引进荷斯坦奶牛70余头。自2007年开始通过国家良种补贴项目，每年改良奶牛750余头。2008年，从临朐、兖州、曲阜、枣庄引进200多头黑白花奶牛，平邑县的奶牛品种和牛奶产量得到提升。

猪

1990年，从济宁引进2头长白种公猪，1头大白种公猪，2头长白种母猪，1头大白种母猪，每年改良本地猪2000余头。1991年，县畜牧局设立1个良种繁育场和12个乡镇配种场，配齐显微镜等各类仪器设备。是年，从济宁种猪场引进长白约克种公猪130头、母猪70头，调剂到各配种站及配种专业户使用，全县瘦肉型良种公猪存养290头。2001年，根据三元杂交猪在上海等大中城市价格好，销路畅的市场行情，在饲养母猪较多的丰阳镇搞示范。同年3月，从国家级种猪场天津宁河种猪场一次性购进良种大约克、长白、杜洛克种公猪40头，优质长大二元母猪400头，建立1个良种猪繁育场和40余个三元商品猪生产示范点，年底全县猪的三元杂交率达到30%以上。2001年，开展鲜精配种工作，获县科技进步一等奖。

2002年，在武台镇建立股份制良种繁育场，从山东益生原种种猪场引进双肌臀长白猪和大约克猪。2008年，通过国家生猪良种补贴项目，平邑县成立县级人工授精供精站2个，有长白、大约克、杜洛克等3个优质品种，存栏种公猪146头。2009年下半年，从法国引进优质大白、皮特兰种公猪30头。2011年4月，从安徽长风华多种猪养殖有限公司引进优良种猪10头。2012年10月，从山东益生原种种猪场引进大白20头、杜洛克9头、长白10头等优质种公猪，每年改良能繁母猪5万多头，生产优质商品猪50多万头。2013年，平邑正邦养殖有限公司一级扩繁场从江苏华实六马种猪基因科技有限公司引进祖代长白、大白、杜洛克种猪1239头，其中公猪39头、母猪1200头，年生产种猪2.1万头。

羊

1992年3月，山东省畜牧局给平邑县调拨4只夏洛莱肉羊，每年改良肉羊1200只。1999年，从省畜禽良种推广中心购买3只纯种波尔山羊，在羊城乡进行喂养示范，另外仲村、铜石、保太等乡镇积极引进国内著名的小尾寒羊，使绵羊的改良工作得到开展。2000年，全市波尔山羊胚胎移植工作在平邑县羊城乡顺利进行，县牛山羊人工授精的准胎率由原来的50%提高到90%，全年杂交波尔山羊杂交一代全县有1800多只。2002年3月，从南非引进一公二母共3只波尔山羊进行品种改良，其中胚胎移植57只，人工授精1000多只。2004

年，临沂市畜牧局把柏林镇列为肉羊改良示范乡镇，引进种羊 20 只，建立肉羊改良点 10 处。

家禽

1996 年，明发种鸡场从北京裕口、烟台益生鸡场、宁夏晓鸣等地引进海兰褐蛋鸡。2013 年，海兰褐父母代种鸡存栏 6 万套，年向社会提供优质鸡苗 300 多万羽，60 日龄育成鸡 100 多万羽，种蛋 1200 多万枚。

2005 年，金利种鸡场从烟台益生鸡场引进海兰褐蛋鸡进行繁育，年均存栏海兰褐父母代种鸡 6 万套，年向市场提供优质鸡苗 300 万只，合格种蛋 500 万枚。同年，平邑六和种鸭场从新希望六和乳山祖代场引进樱桃谷父母代种鸭养殖。至 2013 年，全县存栏种鸭 8 万羽，全年孵化鸭苗 800 万羽。

兔

2000 年 8 月，成立平邑县兔业协会种兔场，绿洲兔业有限公司引进新西兰肉兔，其中母兔 200 只、公兔 22 只，法系獭兔母 200 只、公 22 只，年产量 1.2 万只。

第三节 饲料生产

1989 年，平邑县畜牧部门相继引进沙打旺、紫花苜蓿、串叶松香草等优良牧草品种，对部分山场、荒地进行改良，人工种植牧草近 6.67 万平方米，由于气候或其他条件所限未能大面积推广。1990 年，引进山东农业大学最新科研成果，购进多功能粉碎机，采用地瓜秧不加水打碎青贮的方法，在平邑镇庞居庄、同台庄、魏庄乡开始 3 个类型的试点，全部获得成功。1992 年，全县青贮氨化饲料 2.84 亿元，取得临沂地区青贮第一，氨化第二的好成绩。1993 年，县畜牧局被评为全国氨化和青贮饲料工作先进单位。1999 年，全县引进墨西哥玉米、聚合草、串叶松香草等高产牧草 7 个品种，在羊城、铜石、保太等乡镇种植和喂养都取得显著效果。2000 年，平邑镇在科技园辟出 3.34 万平方米良田种植冬牧 -70、紫花苜蓿，有效解决冬季畜禽缺乏青绿饲料的问题。2000 年，在平邑兽医站、柏林兽医站、羊城兽医站大面积试种成功的基础上，2001 年柏林兽医站、平邑兽医站、丰阳兽医站又进行连片示范，地方、临涧、武台、卞桥、流峪、郑城等兽医站也积极引导养殖大户进行大面积种植，实行种养结合。2001 年，全县共种植紫花苜蓿、串叶松香草、鲁梅克斯、冬牧 70 黑麦等优质牧草达到 1000 公顷。2010 年前后，牧草种植量逐年减少。2012 年，全县种植牧草不到 6.67 万平方米。

1989 年 5 月，建立山东省平邑县饲料添加剂厂，属省定点厂家，专项生产畜禽用微量元素、多维素、氨基酸类等添加剂。1990 年，县畜牧站设立饲料加工厂。1991 年，全县设饲料加工厂点 5 处，全年，共生产配合饲料两万吨，部分兽医站设立饲料销售网点，年推广配合饲料 800 吨，正大饲料 150 吨，添加剂 200 吨，全县有 10% 的猪、60% 的鸡喂上配合饲料。1992 年，全年共推广配合饲料 4500 吨，正大饲料 4000 吨，配合饲料喂猪覆盖面 15%，喂鸡覆盖面 75%。1992 年，县畜牧局投资 2 万元建立兔颗粒饲料加工厂，年加工颗粒饲料 200 吨，创纯利 2 万元。1993 年 10 月，利用世界银行贷款建设的平邑县牧工商联合公司所属的饲料加工厂投产。1996 年 7 月，六合集团在平邑县建立平邑六合饲料有限公司，是年全县配合饲料使用量 2 万余吨。1998 年，六和饲料年产量 15 万吨。2000 年后，临沂中惠、龙盛和康源等饲料有限公司相继在平邑县建厂。至 2013 年，全县共有饲料生产企业11家，其中浓缩、配合饲料（单一饲料）5家、动物油脂厂3家、饲料添加剂厂1家、花生粕厂1家、水解羽毛粉厂1家。饲料总产量达60万吨左右，总产值达18亿元左右，利税千万元以上。

第四节　疫病防治

1989年，成立畜禽疫病普查领导小组，在全县开展畜禽疫病普查工作。经普查，全县有各种畜禽常见病、多发病、突发病68种，基本摸清全县畜禽疫病发生流行规律。是年，平邑县开始试行畜禽防疫技术集团承包，提高防疫密度，减少畜禽死亡率。1992年，全县共承包防疫生猪42万头、鸡400万只、兔82万只，防疫密度分别达到100%、88%、80%，生猪死亡率降低为0.5%，与1985年相比减少经济损失500万元。1992年，平邑县畜禽防疫技术在全国畜禽口服补液盐技术研讨会上推广，受到地区的表彰。同年，全县推广畜禽口服补液盐24.3万剂，应用于畜禽120万头（只），降低猪、鸡、牛的死亡率。1993年后，大部分乡镇实行防疫双轨制，健全县、乡、村三级兽医防疫服务网络，发挥村级防疫员在防疫包村中的作用。1999年，山东省在平邑县铜石镇召开防疫现场会，铜石镇作典型发言。

2000年，按照《临沂市无规定动物疫病区建设项目实施方案》要求，卞桥、柏林、羊城、仲村、平邑、铜石、丰阳、唐村岭、武台等乡镇基本上达到无规定动物疫病区建设的标准。同年4月，临沂市畜牧局将平邑县列为无规定动物疫病区项目建设县。

2004年春季，国际、国内高致病性禽流感疫情蔓延形势十分严峻，县政府印发《平邑县高致病性禽流感防治应急预案》，成立县防治高致病性禽流感指挥部，召开全县高致病性禽流感防治工作紧急会议，开展禽流感防控，对禽类开展强制免疫，主要用H5N2和H5N1型疫苗，同时在平邑高速公路出口和平邑东高速公路出口设立2个临时检查站，防止疫情传入。2005年秋冬季，国际、国内高致病性禽流感疫情又大面积暴发，平邑县成立禽流感疫情防控指挥部，加大防控措施，全县免疫密度达到100%，避免疫情在平邑县发生。同年11月，成立县防控重大动物疫病指挥部，指挥部办公室设在县畜牧局。从2005年起，县畜牧局投资80万元，配备各种化验仪器50多套，改建化验室300平方米。2006年，县政府印发《关于选聘农村应急性动物防疫员的实施意见》，在每个行政村配备应急性动物防疫员1名，提高村级防疫员的服务水平。2010年，县政府印发《关于开展村级动物卫生室建设工作的实施意见》，在全市率先开展村级动物卫生室建设试点工作。是年，全县共建设完成并运行141个村级动物卫生室。2013年，全县共注射禽流感疫苗1440万毫升、O型口蹄疫疫苗70万头份、猪蓝耳病疫苗70万头份、猪瘟疫苗70万头份、亚1型口蹄疫疫苗84万毫升、狂犬病疫苗6.7万头份。

猪病

平邑县内常见的猪病有猪瘟、猪丹毒、气喘病、猪肺疫、仔猪水肿病、蓝耳病、圆环病毒病、附红细胞体病等。猪瘟、口蹄疫的防控措施主要是每年春秋两季普防及落实生物安全措施，全县免疫密度一直保持在95%以上。1996年，开始推广猪瘟—丹毒—肺疫三联疫苗。猪气喘病、水肿病、蓝耳病、圆环病毒病、附红细胞体病等疫病的防控，采取疫苗注射结合药物治疗。2005年，成立平邑县口蹄疫重大动物疫病防控指挥部，防止口蹄疫疫情发生。

牛病

牛病以牛流行热病为主，1995—1997 年，发病率高，经药物治疗很快康复，死亡率低。县畜牧局对牲畜口蹄疫实行强制免疫，每年春秋组织开展两次免疫接种，高温季节开展一次查源灭源，强化检疫监督，确保防疫质量。2003 年，夏季平邑金牛山养殖场自澳大利亚引进的 145 头高产奶牛暴发附红细胞体病，经药物治疗及加强饲养管理后疫情平息。2006 年 3 月，平邑镇大东阳村两个奶牛场进行结核和布氏杆菌病检测，经化验确定 10 头结核阳性，11 头布氏杆菌阳性，对检出的阳性牛进行了扑杀。2013 年，平邑县动物疫病预防控制中心对规模养殖场奶牛进行布氏杆菌病及结核病检测，确保无疫情发生。

羊病

羊病以梭菌病、传染性羊口疮为主，春秋季多发。平邑县动物疫病预防控制中心定期指导养羊户主每年 1 次预防接种羊梭菌病多联干粉灭活疫苗、山羊痘活疫苗，春秋两季开展牛羊 O 型口蹄疫灭活疫苗强制免疫，加强饲养管理并应用中草药物防控传染性羊口疮。2013 年 12 月，针对国内小反刍兽疫疫情多点暴发压力，县畜牧兽医局加强引种检疫，紧急购进小反刍兽疫疫苗 30 万头份，免费发放给养殖场防疫，杜绝了疫情传入和发生。

兔病

常见病有兔瘟、球虫病、大肠杆菌病、疥癣病等。1995—2013 年，全县对兔瘟实施疫苗免疫接种，疫情得到有效控制。球虫病、大肠杆菌病、兔疥癣病通过药物防治，效果良好。

犬病

主要预防狂犬病。幼犬、生长犬易发细小病毒病及犬瘟热。县畜牧兽医局每年春秋两季由基层畜牧兽医站防疫员开展狂犬病活疫苗（Flury 株）强制免疫，推广普及免疫犬瘟热病毒和细小病毒病二联苗。

禽病

主要疫病有鸡新城疫、巴氏杆菌病、球虫病、传染性法氏囊炎、传染性支气管炎、禽流感、鸭病毒性肝炎等。1990 年，仲村站在疫情调查中首次发现鸡法氏囊炎病。1991 年，开始接种传染性法氏囊炎疫苗。自 1995 年对社会散养鸡每年春秋两季新城疫、巴氏杆菌病疫苗接种，免疫密度一直保持在 95% 以上，疫情得到有效控制。规模鸡场的疫病防治工作一直很规范，严格执行免疫程序，新城疫、传染性法氏囊炎、传染性支气管炎、禽流感、产蛋减少综合征、马立克氏病等均采取疫苗接种预防。2003 年，开始接种禽流感疫苗。鸭病毒性肝炎自平邑一家肉禽公司引进种鸭后疫情发生。2005 年，柏林镇贾庄村、平邑镇东贺庄村、仲村镇康家寨村、武台镇发生不明原因高死亡疫情，共扑杀番鸭 1334 羽，种蛋鸡苗 8000 羽，蛋鸡 4000 羽，肉鸡 7.87 万羽，补杀后对病死畜禽进行无害化处理。2011—2013 年，肉鸭养殖场疫情较多，发病时立即注射鸭肝高免血清或高免卵黄抗体，治疗效果明显。

动物检疫监督

1989 年 1 月起，平邑县动物检疫监督由县畜牧局负责。2013 年 1 月，县畜牧兽医局为全县 13 个检疫申报点全部配备笔记本电脑和便携式打印机，实现现场检疫，现场出证。同时在铜石、保太开展动物检疫申报大厅试点，并在全县进行推广。同年，规模化养殖场检疫率达到 100%，散养户检疫率达到 85% 以上，屠宰检疫率达到 100%。

第五节　兽药经营管理

1989年，平邑县加强兽药统管工作，成立兽药统管领导小组，对兽药经营市场进行整顿，取缔非法经营，理顺流通机制，建立起统管、统购、统供、统营，县、乡、村建立三级兽药流通服务网络。县兽医站具体负责全县兽药采购、内销、外销，统一制定全县兽药批发、零售价格。1991年，成立兽药统管领导小组，继续对全县兽药经营工作进行统管。是年，开展集中活动10余次，取缔兽药非法经营摊点20余处，全年县兽医站兽药销售经营额达到130万元。

同年11月，平邑县饲料添加剂厂更名为山东中南兽药厂，为全民所有制县属企业，为全省生产兽药的定点厂。1992年，在畜牧局院内建立兽药制剂室，总投资25万元，年生产片剂300万片。1997年，平邑县饲料添加剂厂更名为平邑动物药厂。

1999年，实行兽药三级主渠道供应体系，即农村防疫员从乡镇兽医站购药，乡镇兽医站从县兽医站购药。是年，对全县40多个兽药经营点进行样品抽查，查处3起经营假劣兽药和无证经营兽药的单位和个人。2004年，对非GMP企业产品、标签和说明书不符合规定的兽药及国家重点监控的品种进行监管，对全县的兽药经营户、诊疗人员、兽药使用单位进行检查，共查处假劣兽药2340余千克，针剂35余万支，品种100多个，价值67.5余万元，取缔非法经营户60家。

2009年，全县开展兽药GSP认证和兽用生物制品规范化管理工作，成立领导小组。同年12月，县兽医站通过省级兽药GSP认证。2010年，在全县开展兽药GSP和兽用生物制品规范化管理活动年活动，全面启动加盟连锁经营。至年底，全县有102家兽药经营户加入到县兽医站的兽药加盟连锁经营中来。

2013年，县畜牧兽医局动物卫生监督所组织开展春季兽药质量安全集中整治暨3.15假劣兽药销毁专项行动，共集中销毁假劣兽药约1500千克，其中三无兽药430千克，粉剂670千克，水针剂400千克，总价值近10万余元。

第六节　标准化生产

1989年，平邑县开始大力推广暖圈养猪技术，促进全县规模化养猪的发展。是年，在平邑县东部乡镇陆续建成连片的商品猪生产基地，九间棚村、资邱乡兴仁庄、仲村镇、卞桥镇董庄、岐山乡梅家沟等地建起10处商品猪育肥示范场，辐射和推动全县规模养猪生产，年饲养良种猪达2000头。

1993年，全县畜禽规模饲养量仅为全县总饲养量10%以上。1996年，全县实施“千百万畜牧致富项目”。全县存养千只以上的蛋鸡场121个，存养百只以上的羊场311个，年出栏万只以上的肉鸡场24个，年饲养千只以上的兔场20个。柏林的养猪大户李学坤，庞庄的养鸡、养猪大户张兆法，大岭的养猪大户靳勇，张里的养猪大户韩孝良成为规模养殖的典型。

2000年后，平邑县畜牧标准化生产发展迅速，全县共有规模饲养场2200多个，其中存栏50头猪以上的户有400家，50只羊以上的户630家，存栏蛋鸡1000只以上的户450家，1000只以上的肉鸡户270多家，200只以上的养兔户500余家。涌现出平邑王月玲、保太毛克兴、地方苗庆海等年收入10万元以上的养殖大户。

2004年，全县规模养殖场6000余个，规模饲养占饲养总量的30%以上，有万头猪场1个，万只禽场2个，标准化示范场60个，在保太镇洼里、丰阳镇东峨庄建立饲养与挤奶于一体的奶牛饲养小区，在平邑镇大东阳、丰阳镇花果峪、地方镇后东固建立万头、千头三元猪示范场，在卞桥镇建立千头肉牛示范场，在柏林镇杨谢建立改良示范场，在铜石、卞桥、仲村、临涧等乡镇建有多处示草鸡示范场。

2005年，全县各类畜禽养殖场6800个，养殖小区300多个，出现规模大，标准高的标准化示范场。平邑六和肉鸡养殖场，投资1000万元，年出栏肉鸡300万只；山东祥海商品猪繁育场，投资2000万元，年出栏商品猪1.5万头；市县畜牧办合资兴建的良种猪、良种羊示范场，投资1000万元；卞桥千头肉牛养殖场，投资300万元，存栏良种肉牛500头。

2006年，平邑县山东蒙山农业发展有限公司万头猪场、平邑县金利种鸡场、平邑县京鲁禽业有限公司种鸡场被市政府评为第一批全市标准化畜禽养殖场（区）。2007年，全县有12个畜禽养殖场通过临沂市标准化畜禽养殖场验收，在全市各县区中居第二位。2008年，东方养殖场等11个养殖场通过市政府标准化验收。是年，平邑县开始推广生态环保养猪，是年全县共发展环保养猪场62个，发酵床面积5.1万平方米，存栏生猪4.1万头，出栏8.6万头。

2009年，全县有40个规模场达到“全市标准化畜禽养殖示范小区场”标准。2010年，开始推广生态环保养禽，全县发展环保养禽场112个，发酵床面积14.1万平方米，存栏家禽200余万羽，出栏1000余万羽。

至2013年，全县有标准化养殖场（小区）665个，其中市级以上标准化养殖小区（场）105个，省级标准化养殖场5个，国家级标准化养殖场2个。在市级以上标准化养殖小区（场）中，全县生猪标准化养猪场62个，蛋鸡规模养殖场10个，肉鸡规模养殖场13个，肉鸭规模养殖场5个，肉牛规模养殖场1个、肉羊规模养殖场12个、奶羊规模养殖场1个、奶牛规模养殖场1个。全县生猪、肉禽、蛋禽、奶牛标准化养殖比重分别上升到57%、95%、80%和95%。

第七章　淡水养殖

第一节　养殖水面

平邑县养殖水面主要有大中型水库养殖水面，小型水库养殖水面，池塘、塘坝养殖水面，河沟季节性养殖水面，网箱养鱼等。2008年，全县宜渔水面3.47万公顷，其中大中型水库0.20万公顷，占57.8%；小型水库0.09万公顷，占25%；塘坝、池塘0.05万公顷，占13.6%；河沟0.01万公顷，占2.6%；网箱15.5万平方米。

第二节　水产品种类

平邑县主要养殖鱼类为白鲢、花鲢、草鱼、鲤鱼、鲫鱼、团头鲂、银鱼、甲鱼等。

2013年，白鲢、花鲢、草鱼养殖产量占60%以上，建鲤养殖产量占20%。鳌条、白鱼、麦穗、马口、青虾等野生鱼类，产量较低。鳡鱼、马口、鲶鱼、乌鳢肉质好，市场行情好，但危害鱼种，在养殖水域受到限制。

平邑县水生植物有藕和芦苇，种植面积300公顷左右，其中种植藕200公顷，每亩产3吨。

第三节　良种引进

1989年1月，平邑县引进的优良品种有罗非鱼、建鲤、大银鱼、草胡子鲶、鳜鱼、彭泽鲫、鲟鱼、转基因草鱼、池沼公鱼、河蟹、罗氏沼虾、锦鲤等。

罗非鱼

1993年引进试养，在仲村发电厂利用发电余热水养殖越冬成功，年保种50多吨。1994—1996年，发展罗非鱼网箱养殖200多箱，年产量250多吨。

建鲤

1992年，平邑县引进3万尾乌仔，当年养成规格250～500克。是县内网箱养殖主要品种，累计养殖产量1万多吨，产值8000多万元。

大银鱼

1995年12月，平邑县从江苏引进大银鱼受精卵100万粒，投放到唐村、吴家庄和公家庄3座水库，1997年捕捞60吨，产值300余万元。1997—2000年，每年采卵5000万粒。全县20多座大中小型水库现有大银鱼生存。

中华绒螯蟹

1985年，引进在武台白马和铜石北张里试养成功。2001年，唐村水库坝下鱼池养殖河蟹0.4公顷，每亩产75千克，每亩产值近万元。由于蟹苗靠外购，影响发展规模。

匙吻鲟

2006年，引进300尾在唐村水库渔场试养成功，2007年放入安靖水库。

第四节　技术推广

苗种繁育技术

1993年，建鲤人工催产孵化成功，而后每年培育建鲤大规格鱼种15多万千克，基本满足网箱养殖需要。1994年，罗非鱼孵化及越冬保种成功，除保障平邑县所需外，还向其他县区供种。1997年，大银鱼人工授精采卵成功，至2007年，累计采卵3亿多粒。

网箱养殖技术

1990年，开始在全县各水库推广。至2005年，鲤鱼、罗非鱼、团头鲂、鲫鱼、草鱼等吃食性网箱1200只，每箱产商品鱼2000～2500千克；花鲢、白鲢等滤食性网箱3000多只，每箱产商品鱼200～300千克。县内每年网箱养鱼产量在2000吨以上。

新品种引进技术

平邑县先后引进推广建鲤、罗非鱼、大银鱼、河蟹、革胡子鲶、彭泽鲫、鳜鱼等名特优品种，改善养殖结构，提高养殖效益。

鱼病防治技术

县内常见鱼病有出血病、肠炎病、烂鳃病、赤皮病、打印病、锚头鳋病、中华鳋病、鱼虱病等。2000年，细菌性败血症暴发，致水库养殖白鲢大量死亡。2005年6月大夫宁水库死亡白鲢12.5吨，2006年8月齐家村水库死亡白鲢7.5吨，2006年9月吴家庄水库死亡白鲢15吨，2008年唐村水库死亡白鲢30吨，涝泉、大王庄、石门、昌里、杨庄等水库都先后因细菌性败血病而造成白鲢大批死亡。

县内常用防治鱼病的鱼药有：漂白粉、生

石灰、硫酸铜、思诺星煞等。使用鱼药坚持有效性、安全性和方便性、经济性等原则，做到早预防，早治疗，鱼病防治效果显著。

大银鱼移植增殖技术

2009年，成立“五龙湖”渔业互助专业合作社，注册“五龙湖”牌商标。年存储大银鱼250余吨，加工银鱼干50余吨，多次参加优质渔农产品交易会，产品销往上海、广州等地。

水库渔业综合开发技术

1990年，通过推广以花白鲢为主、投放大规格鱼种、多品种混养、轮捕轮放的无公害养殖技术，以网箱和施肥为主要措施的集约化精养模式，以大银鱼移植为主的名特优渔业开发模式，逐步实现科技含量较高的高效渔业，综合开发利用水面资源的生态渔业以及与观光旅游相结合的休闲渔业。

观光渔业技术开发

以库区山水环境和当地旅游资源优势为依托，发展以观光渔业、休闲度假、水上餐饮、网箱垂钓、渔文化等为主要形式的水库休闲渔业。在吴家庄水库发展休闲渔业基地建设，重点打造围绕吴家庄水库、垂钓园、采摘园、白龙寺及古村落的30千米旅游专线。前来休闲垂钓的人数每天100多人次，来自泰安、济宁、淄博、枣庄、济南等地。

第八章 农业机械

20世纪80年代中期至90年代初，农民都是小规模家庭经营农业生产，经济收入低，购买力不足，加上农业机械使用的季节性，农村使用新型农机具的不多，而旧农业机械技术状况差、效率低、作业质量难以保证，农业机械化进程缓慢。

1995年后，平邑传统农业逐渐向现代农业转型，大中型农业机械有较大发展，机耕、机播、机收率连年增长。2013年，全县农机总动力74.7万千瓦，有拖拉机37916台，各类配套农机具6万台套。全县农机化总收入达7.9亿元，其中农机化作业收入7.1亿元。完成机耕面积7.7万公顷，机播7.2万公顷，机收8.5万公顷。小麦生产机械化水平达到86%以上。全县农机户达5.4万户，农机专业合作社46家496人，全县80%以上的农业劳动量由机械承担，主要作物的生产环节基本实现机械化。

第一节 机 具

动力机械

主要有农用拖拉机、农用运输车、柴油机、汽油机、电动机等。

1989年，平邑县有农用拖拉机3232台，其中大中型拖拉机587台、小型拖拉机2645台，有柴油机3561台、汽油机100台、电动机3247台。

1990年，各乡镇投资购买东方红履带式拖拉机，用于冬季深耕，全县共增加11台链轨式拖拉机。

1993年，全县有大中小型拖拉机3496台。1995年，国家取消平价柴油供应，拖拉机保有量为4236台。是年，《山东省农业机械管理条例》颁布，县内变形多功能拖拉机保有量逐年上升。

1997年，全县有大中小型拖拉机5759台，2000年有12402台，2004年有23722台。2004年，农机购机补贴项目在县内实施，当年争取省级补贴资金20万元，共补贴10台大型拖拉机。

2008年，全县拖拉机5.3万台。2013年，发展到6.83万台，其中大中型拖拉机4172台，小型拖拉机3.37万台，手扶拖拉机3.04万台。有柴油机动力65万千瓦，汽油机动力1.7万千瓦，电动机动力7.7万千瓦。农业生产运输基本实现机械化。

配套农机具

1989年，全县农用拖拉机配套耕作机具主要是悬挂式铧犁，共1893台，主要有1L-220型悬挂二铧犁、LXT25-3-20型悬挂铧犁、1L-435型悬挂式三铧犁、四铧犁。2000年，耕作具有犁9498台，耙3847台，主要有LXZ-4-5悬挂四铧犁、LQD75-7-27悬挂七铧犁、1LF-330B型气动翻转犁。2013年，全县主要耕作机具有犁3.04万台，耙1.82万台，深松机307台。

耕种机具

1989年，全县有播种机55台。2004年，有播种机99台，铺膜机2台。2013年，有播种机1760台，化肥深施机260台，地膜覆盖机210台。主要机型有2BMFS系列免耕施肥播种机、2BL-11A型谷物播种施肥机。

1990年，郑城镇拥有全县第一台旋耕机。2000年，全县拥有旋耕机75台，主要机型有1CQN-180-250型动齿轮传动旋耕、1BZBX-2.5型圆盘耙。2013年，全县有旋耕机具6303台，主要与50马力以上大型机具配套。

收脱机具

20世纪90年代，全县小麦脱粒机主要有QKT-700、TGL-570等，配套动力是柴油机或者电动机。2000年，全县保有量2581台，后随着小麦联合收割机的推广而逐渐淘汰。

1989年，全县有小麦收割机（割晒机）45台。2000年有271台。之后，随着联合收割机的跨区作业，此收割机没再增加，主要在山区小麦田使用。

1993年，仲村镇首次使用进口牵引式小麦联合收割机，至2000年，全县有17台。2008年有112台，2013年有250台。主要机型有自走式的福田4LZ-2金旋风、4LZ-2麦客、巨明4LZ-2.5等，与上海-50型拖拉机配套的上海向明NII、上海IIIA型联合收割机，与泰山-30型、上海-50型拖拉机配套的兖州大丰30型联合收割机。全县机收小麦面积6288公顷，基本实现机械化收割。

2000年，县内拥有第一台玉米收获机。2008年，互换割台自走式玉米联合收获机在全县推广应用，主要有福田4YZ-3A、巨明4YZ-3等，是年全县玉米联合收获机有16台。2013年，全县玉米联合收获机有128台，其中自走式玉米联合收获机123台，机收面积1.65万公顷。

2004年，县内农户开始购置使用花生收获机械，主要有与12-20马力拖拉机配套的4HBL-2A型花生联合收获机。至2013年，全县有花生收获机610台。

2004年，全县拥有薯类收获机40台。经过近几年的示范推广。至2013年，全县有薯类收获机1290台，主要有与四轮拖拉机配套的4SL-650、4U-83型马铃薯收获机；与手扶拖拉机配套的4UF-70、4US-700型马铃薯收获机。

植保机具

1989年，全县有大型机引喷雾机25台，手动喷雾（粉）机5985台。20世纪90年代，机动喷雾（粉）机广泛使用于小麦、玉米、水稻等粮食作物及西瓜、花生、蔬菜、林果等经济作物的病虫害防治和田间化学除草。2004年，全县共有机动喷雾（粉）机403台，主要机型有1PHQ3型、1PH4型、1PHQ6型，分别与泰山-30型和上海-50型拖拉机配套。机械植保面积5300公顷。2013年，全县有机动喷雾（粉）机1149台。其中，有些承包户购买高压气泵常温烟雾机或冷烟雾机，用于果园植保。是年，机械植保面积3600公顷。

1989—2013年平邑县部分年份农业机械统计表

表6-10

年份	农业机械总动力（千瓦）	柴油机动力（千瓦）	汽油机动力（千瓦）	电动机动力（千瓦）	大中型拖拉机（台）	小型拖拉机（台）	手扶拖拉机（台）	联合收获机械（台）
1989	113550	32947	432	34178	587	2645	89	0
1993	124671	32750	317	35488	573	2923	142	1
1995	152855	37066	1349	39002	680	3556	229	1
1997	194290	37040	1427	45804	781	4978	570	9
2000	327083	261794	8569	56520	1068	11334	4334	18
2004	526226	448800	13319	64107	2259	21463	16130	26
2008	613870	530628	11286	71956	3211	26382	23405	128
2013	747337	652336	17650	77351	4172	33744	30398	378

粮食饲料加工机具

1989年，县内农副产品加工机械，主要有磨面机1825台，碾米机154台，榨油机1854台，脱粒机1523台，粉碎机1299台等。2013年，全县粮食加工机械发展到5441台、油料加工机械2301台、棉花加工机械53台、果蔬加工机械233台、饲料加工机械3605台，粮油饲料加工基本上实现机械化。

第二节 管 理

县级农机管理

1989年，平邑县农机管理继续实行以油管机，即农用柴油计划分配、统配定量、管理节约、规范供应。1995年，国家取消农用平价柴油供应，把用油管机转变成依法管机。是年，《山东省农业机械管理条例》颁布实施，县农机服务中心将条例印发5000份分发到各乡镇，并组织农机系统干部职工深入学习贯彻，推进农机管理规范化、法治化。1998年，全县农机系统开始办理执法证件，其中农机管理系统办理执法证件20个。至2002年，共办理执法证件87个，农机执法人员持证上岗。2013年，县农用运输车、拖拉机挂牌率、供应网点年检率、农机人员持证率和年审率均达到80%以上。

乡镇农机管理

1989年，国家继续实行农用柴油供应，按照机械马力、土地分配农用柴油指标，部分乡镇农机站建立加油站，与乡镇供销社加油站共同负责本辖区内的农用柴油供应工作。是年，乡镇农机站人、财、物等划归乡镇政府所有。

1995 年，国家对农用柴油取消平价、议价双轨制，管油专职人员全部解散。2001 年，乡镇农业机械管理服务站减少为 12 个。2013 年，全县乡镇在编农机管理员 15 人。

农机安全监理

1988—2002 年，从事农业生产和运输的拖拉机由县交警部门委托县农机监理部门管理，核发“山东 28”字头的黄色号牌，每年检验两次。2002 年，核发“山东 Q”字头的农用号牌。2005 年，国家《道路交通安全法》实施，核发“鲁 NJ16”头的绿色号牌。2007 年，换发“鲁 13”头的绿色号牌。为做好拖拉机、收割机的审验，每年县农机局都成立农机审验小组，分赴各乡镇进行年检年审。1989—2013 年，平邑县境内农机事故率一直控制在 0.3% 以内。其中，2004—2013 年共处理农机事故 2 起。

第三节　技术培训

1989 年，县农机化学校通过农业部“四有”农机校验收。1991 年，该校纳入成人教育管理。2009 年，被确定为“阳光工程”培训机构。

1989—2013 年，共举办拖拉机及联合收割机驾驶技术培训班 285 期，农机维修人员技术培训班 20 期，农机管理人员培训 12 期。累计培训拖拉机及各类农具操作手 2.2 万余人，农机维修人员 1000 余人次，农机管理人员 400 人次，“阳光工程”培训 2500 余人次，为农户提供技术咨询 2400 余人次，维修机具服务 500 余台次，指导农田作业 1700 余公顷。

第四节　维　修

1989 年，全县有农机修理网点 11 个，其中县修理厂 2 个，乡镇农机站 9 个；个体修理点 149 个；从业人员 458 人。全县农业机械实现“小修不出乡，大修不出县”。

1990 年起，县农机局加强农机维修网点建设，鼓励各网点开展机车包修，定点修理服务。至 1993 年，全县个体修理网点增至 191 个。

1994—2004 年，县农机部门相应加强机手培训，农机手技术水平得到提高，农机自修率大幅提高。

20 世纪 90 年代后期，全县农业机械实现“小修不出村，大修不出乡”。1997 年，县级国有农机修配厂由于业务量不足，严重亏损，全部关停改制。至 2013 年，全县有较大规模的农机修理网点 300 个，从业人员 743 人，全为个体经营。

第五节　作业经营

随着农业科技化水平的提高，农民购买农机不仅仅自己使用，同时为周围农户服务。有的还利用小麦成熟的时间差、地域差，开展跨区作业。1999 年夏，县农机部门组织 5 台小麦联合收割机率先在全省开展“西进东征”跨地区作业活动。2008 年，参加“三夏”跨区作业的小麦联合收割机 100 多台，完成跨区机收面积 5000 多公顷，平均单机收入 2 万多元，作业领域也由省内开始向省外转移。之后每年“三夏”期间都组织 50 台以上的小麦联合收割机参加跨区作业。

第六节　技术开发与推广

技术研发

2003 年，县农业机械办公室组织科技推广人员研制的 4SL-650A 型薯类收获机械获临沂市2003年科学技术进步三等奖，2004年获山东省农机化科技创新二等奖。

技术推广

1990年，推广195柴油机（旧机）应用95J活塞技术，平均节约柴油18.4%，节约机油15%，功率提高19%。1992年起，推广小麦机械“精少量”播种技术。1993年起，大面积推广小麦精播深施肥技术。1995年，全县小麦机械化收获面积98%以上，通过小麦机械化收割技术，提高生产效率40～50倍，每亩减少籽粒损失2.1千克。2006年，推广玉米机收秸秆还田和小麦免耕播种技术。2012年，推广花生联合收获机械化技术，利用4HB-2A花生联合收获机，一次完成挖掘、输送、抖土、摘果、清选、装袋多相作业，全县共辐射带动花生联合机械收获作业200.1公顷。

2012—2013年，承担农业部马铃薯生产全程机械化生产技术的创新示范项目，取得显著成效。马铃薯播种机选用2MB-1/2打垄双行覆膜施肥马铃薯播种机，作业生产率为1334～2001平方米/小时；与四轮拖拉机配套的4SL-650、4U-83型马铃薯收获机，作业生产率为1334～2001平方米/小时；与手扶拖拉机配套的4UF-70、4US-700型马铃薯收获机，作业生产率为667～1000平方米/小时。

1989—2013年平邑县部分年份农机作业情况表

表6-11 单位：千公顷

年份	机耕作业面积	机播面积			机收面积	
		小麦	玉米	花生	小麦	玉米
1989	47.35	0.70	—	—	0.20	—
1993	60.87	5.92	1.40	—	3.79	—
1995	60.47	6.84	0.20	—	2.61	—
1997	64.88	13.23	—	—	7.26	—
2000	68.71	20.55	1.65	—	19.50	—
2008	76.89	18.73	14.4	4.43	18.71	7.42
2013	76.52	23.50	22.15	15.51	24.90	16.53

第九章 农村经营管理

第一节 财务管理

财务收支计划

1998—2013年，全县实行村集体财务收支计划制度。财务收支计划包括年度财务收支计划、季度财务收支计划和小段现金收支计划。年度财务收支计划是反映全年生产收入、支出和分配情况的计划。收入方面，是根据当年的生产计划，全面反映农、林、牧、副、渔及其他的全年收入；支出方面，根据上年的支出情况和当年的生产技术要求，紧打窄用，确定全年各项费用支出数额。有条件的根据增产节约的原则，合理确定财务消耗定额，以财务定额来控制各项生产费用和管理费用支出。季度财务收支计划，主要是现金来源和运用计划，根据年度收入、支出计划和本季度的收支计划情况，具体安排的收支计划。小段现金收支计划，是半月或1月左右的现金收支计划，结合民主理财会议制订的收支计划。财务收支计划经群众讨论通过后，追加预算和决算要由群众大会或群众代表大会决定。

财务开支审批制

1994年，推行财务开支审批制。为合理使用资金，一切开支须按性质、用途和金额大小，明确规定开支标准和开支权限，一切开支必须按规定的程序进行审批，对不符合制度要求和审批手续的开支，会计有权拒绝结算，出纳有权拒绝付款。

民主理财

2000年，开始在全县农村实行村级民主理财制度。定期召开民主理财会，做到“五个当众”，即当众公布收支情况，当众结算账目，当众清点现金，当众提出问题和解答问题，当众在单据上盖民主理财章。在民主理财会上，对财务问题，群众有权责问、有权提出批评和建议、有权否定不合理的开支。全各村均实行民主理财。

现金管理制度

1989年，实行现金管理制度。一切现金收入除保证日常的需要外，都须存入信用社或银行，各经营单位的经济来往，尽可能实现非现金结算，以减少现金流通。外出销售产品的现金收入和采购物资的预支款，要及时结算，不能拖延挪用，严格控制干部和群众的借款，严格控制非生产性开支，禁止铺张浪费，不准大吃大喝，请客送礼。

会计制度

1994年，实行新的会计制度，采用借贷记账法替代传统的收付记账法，建立健全会计账簿，实行钱、物、账分别管理。一切收支都要有合法单据，保管员凭单据付款和收发物资，会计凭单据记账，切实做到账据、账款、账物、账帐、账表五相符。建立财务档案，分类编号，逐项登记，装订成册，存档保管。

第二节　集体资产

2012年，通过清理，基本摸清全县农村的资产、资金、资源现状。

资金

清理前货币资金账面数额10702万元，清理后实际数额9303万元，共清理出白条顶库和支出未入账金额1399万元。清理前账面债券数额10166万元,清理后数额10669万元,共核销坏账和死账503万元。清理前账面债务数额42555万元，清理后实际数额42199万元，共核销死账金额356万元。

资产

清理前账面资产价值112167万元，清理后实际价值111456万元，共清理出未入账固定资产和农业资产29925万元。

资源

清理前资源年收益2768万元，清理后年收益2921万元。共清理出未交承包费或租赁费153万元。清理前土地台账面积7.53万公顷，清理后实际面积9.06万公顷，共清理出未入账资源面积1.52万公顷。

第三节 农村合作基金会

资金投放

1990年5月，全县各乡镇成立农村基金会筹委会，全年累计融资560万元，直接经济效益23万元。1995年，全县26个乡镇全部建立农村合作基金会，融资4200万元。融资100万元以上的乡镇15个，融资200万元以上的乡镇11个，武台、保太乡和平邑、铜石镇融资分别突破500万元。

1988—1995年，基金会累计向农村投放资金6952万元。其中种植业投放2500万元，占投放总额的36%；工副业投放4290万元，占投放额的61.7%，解决人畜吃水工程投放162万元，占投放额的2.3%；其他投放0.28万元户。

1996年，融资1.6亿元，比1995年增长6100万元，累计投放资金2.56亿元，其中种养业和农村二、三产业投放1.2亿元，占总投放额的47%。

1997年，全县农村合作基金会共建立风险储备金2080万元，占融资总额的12%，提取坏账准备金195万元，有18个乡镇基金会的逾期借款和呆滞账款比率控制在5% ~ 10%。同时强化审计监督职能，堵塞管理中的漏洞，通过审计稽核处理短款账12笔2421元；私人借支挪用款6笔5500元。是年，全县融资1.68亿元，其中集体股金和代管资金0.31亿元，占融资总额的18.5%;农户股金1.32亿元，占78.5%；其他资金0.05亿元，占3%。年内，累计投放款2.35亿元，其中投放种养业2.22亿元，占94.5%。

1998年1月，县基金会联合会停止投放业务，全年回收逾期贷款325万元，占应收款的90.2%。是年，全县基金会融资2.2亿元，自有资金2108万元，投放资金余额1.73亿元，占融资额的78.6%。

清盘关闭

根据中央、省、市各级政府对农村合作基金会进行清理整顿的指示精神，1999年6月18日，全县26个乡镇合作基金会实行停止存款、贷款、支付债务，进行清理整顿。经过3个月的清产核资，全县乡镇基金会共有资产总额1.68亿元，其中投放款1.12亿元，固定资产0.082亿元，货币资金0.36亿元，应收利息0.12亿元；负债总额1.61亿元，其中农户股金1.34亿元，共涉及农户65617户，占全县总户数的27.4%，代管资金0.11亿元，应付利息0.07亿元，其他负债0.09亿元。清理整顿期间，回收贷款0.46亿元，占全部投放贷款的29.8%；筹集备付金0.55亿元，占负债总额的25.2%，占个人股金的26.4%。全县清产核资结束后，6个乡镇能够通过资产认定划转农村信用社;按清理整顿基金会的有关政策规定，20个乡镇基金会全部走清盘关闭、自行消化的路子。

1999年9月20日，各乡镇逐渐开门进行首期兑付个人股金。规定首期兑付金额不能低于全部个人股金的20%；完成兑付的时间根据自身的情况而定，但最长不能超过5年。

第四节 农业专业合作社

20世纪90年代中后期，县内农业和农村经济进入新的发展阶段，农产品从过去长期短缺到总量基本平衡乃至丰收有余，部分农产品结构性过剩，出现农产品卖难、农民收入增长缓慢的问题。为解决这一问题，全县各级党委、政府和农业部门积极引导农民自愿建立农民专业合作社，农民专业合作组织建设进入稳步发展阶段。专业合作组织涉及的领域从果蔬、畜牧业、水产业、林业，发展到农机服务、粮油作物、水利建设、资源开发、手工业品生产等诸多方面。

2007年，重点帮助农民专业合作社健全民主管理制度。重点完善会费收取、股金设置、盈余分配、监督办法、违约责任等制度。健全成员大会、理事会、监事会等民主管理制度。制定严格的财务管理办法和财务公开、民主监督制度，开展财务审计，接受会员和社会监督。建立风险调节机制，要求合作经济组织在产、购、运、加、销经营中，提取一定比例的风险金，作为弥补在生产、加工和经营中的亏损，以保护专业合作经济组织为农户服务的连续性和稳定性。完善利益分配机制，合作经济组织利益分配，不管采取按股分红、按交易量分配还是按交易额返还哪种分配形式，都注重成员利益和协调处理好合作组织和成员、成员与成员之间的利益分配关系。

2009年，重点做好农民专业合作社发展的组织引导工作，县委、县政府印发《关于加快发展农民专业合作组织的意见》和《关于开展农民专业合作社示范社创建活动的通知》。

2010年，引导农民专业合作社到工商部门登记。为鼓励注册登记，工商部门放宽农民专业合作社名称核准和成员资格条件，不收登记费，不年检。税务部门在税务登记业务办理方面给予费用减免优惠。

第七编

水　利

1993年3月，县水利水产局改名为县水利局，下设渔业技术推广站、农田水利站、库区移民站、水利工程管理站、水资源管理委员会办公室、河道管理委员会办公室、内保股等科室。

2010年12月根据《平邑县人民政府关于印发〈平邑县水利局主要职责内设机构和人员编制规定〉》，县水利局设6个职能科室，分别为办公室、人事科、发展规划科、水政法规科、建设科、财务科。

第一章 蓄水工程

平邑县山多、丘陵多、河沟多，便于兴建地表水拦蓄工程。1953年，保太区柳家村兴建拦河蓄水坝，为县内第一座蓄水工程。1955年，扩建为小（2）型水库。至2013年，先后建成唐村大型水库，公家庄、吴家庄、安靖、杨庄、昌里、大夫宁中型水库和岳庄、蒋里、大王庄、八亩石、马家峪、峡圩、大殿汪、红泉、涝泉、大埠槐、大娄沟、外柿子峪、通天沟、徐家庄、石门、大孟常等小（1）型水库。

2012年，成立临沂市蒙山旅游区管理委员会后，将乔家村、陈家庄2座小（1）型水库及三关庙、龙门沟等11座小（2）型水库移交临沂市蒙山旅游区管理委员会管理。至2013年，县内已建成大型水库1座，中型水库6座，小（1）型水库16座，小（2）型水库116座，塘坝828座。总控制流域面积1929.15平方千米，总库容37321.37万立方米。

第一节 大型水库

唐村水库

1958年11月开工，1959年10月竣工。位于淮河流域沂河水系浚河支流唐村河上游，是一座以防洪、灌溉为主，结合旅游、发电、养鱼等综合利用的大（2）型水库。控制流域面积263平方千米，水库总库容1.44亿立方米，兴利库容0.944亿立方米，死库库容79万立方米。枢纽工程包括大坝、溢洪道、放水洞、电站及灌溉渠系等。坝型为黏土心墙砂壳坝，大坝全长1038米，坝顶高程192米，最大坝高24.4米，坝顶宽8米。水库投入运用后，相继完成大坝上游护坡局部翻修、坝顶加高、建防浪墙、修补外坡、溢洪道局部开深加宽、修建导流堤、建北输水洞和发电站等工程。至1985年，水库工程共完成土方152万立方米，石方47万立方米，混凝土1.8万立方米，国家累计投资916万元。

第二节 中型水库

平邑县有中型水库6座，总库容13189.1万立方米，兴利库容78.6万立方米。

昌里水库

1971年9月建成，位于铜石镇昌里村南1千米处，坝址坐落在沂河水系浚河支流西皋河上。控制流域面积160.7平方千米，总库容为7183万立方米，兴利3277万立方米时相应水面面积4.71平方千米，是一座具有防洪、灌溉、水产等多功能的中型水库。

杨庄水库

位于淮河流域沂河水系浚河支流资邱河

上，坝址坐落于资邱乡杨庄村东北，集蒙山龟蒙顶东麓资邱河上游水源。流域面积36平方千米。兴利库容592万立方米时相应水面面积为0.8平方千米，是一座以防洪为主，兼顾灌溉、养殖、供水等综合利用的中型水库。

安靖水库

位于卞桥镇安靖村西1千米处，属沂河水系，浚河支流金线河上游，集蒙山龟蒙顶东麓水源，域面流积35.1平方千米，兴利库容935万立方米时相应水面面积为1.61平方千米。

公家庄水库

1960年8月建成，位于保太镇鲁埠村北300米处，公家庄河中游。为中型水库，分东西两库，中间有连通沟相连。控制流域面积33平方千米，总库容1130万立方米，兴利库容936万立方米。

大夫宁水库

1960年8月建成，位于城东北20千米处保太镇大夫宁村东，属沂河水系浚河支流下关河。控制流域面积16.8平方千米，兴利库容780万立方米时相应水面面积为0.67平方千米。

吴家庄水库

1960年5月建成，位于县城西南约6千米处，是沂河水系祊河上游浚河支流——兴水河上的一座中型水库，控制流域面积21平方千米，坝址区基本地震烈度为7°。加固后水库总库容1660.8万立方米，兴利库容1370万立方米，死库容30万立方米，大坝长480米，坝顶宽10.60米，最大坝高25.20米。

2013 年平邑县中型水库情况情况表

表 7-1

水库名称	所在乡镇	所在河流	控制流域面积（平方千米）	总库容（亿立方米）	兴利库容（亿立方米）	坝型	坝顶长度（米）	最大坝高（米）	防洪标准		溢洪道（闸）		泄洪能力立方米/秒	放水洞启闭设备	观测设施点（个）/观测方式
									校核	设计	底高程（米）	堰顶净宽（米）			
昌里水库	铜石镇	沂河水系浚河支流西皋河	160.7	0.7183	0.3277	黏土心墙坝	1332	29.60	两千年	百年	187.00	30	1843.80	1 套	25/ 人工
吴家庄水库	平邑县城	沂河水系浚河支流兴水河	21	0.1660	0.1370	均质坝	2530	25.20	千年	百年	181.98	1.8	61.90	1 套	1/ 人工
公家庄水库	保太镇	沂河水系浚河支流公家庄河	33	0.1130	0.0909	均质坝	2450	13.50	千年	50 年	166.20	16	637.00	1 套	74/ 人工
大夫宁水库	保太镇	沂河水系浚河支流下关河	16.8	0.1024	0.0777	心墙坝	720	24	千年	百年	197.60	57.1	275.90	1 套	1/ 人工
安靖水库	卞桥镇	沂河水系浚河支流金线河	35.12	0.1191	0.0882	均质坝	2205	17.80	千年	50 年	151.00	30	406.50	1 套	2/ 人工
杨庄水库	卞桥镇	沂河水系浚河支流资邱河	36	0.1003	0.0574	心墙坝	1260	25.3	千年	百年	165.00	44.4	724.00	1 套	15/ 人工

第三节　小型水库

平邑县共有小型水库131座，其中小（1）型水库16座、控制流域面积151.4平方千米，总库容4313.5万立方米，兴利库容2903.1万立方米，灌溉面积51.47平方千米；小（2）型水库115座，控制流域面积193.37平方千米，总库容2156.96万立方米，兴利库容1210.35万立方米，灌溉面积32.53平方千米。

2011年平邑县小型水库情况表

表7-2

水库名称	所在乡（镇）	工程规模	所在河流	控制流域面积（平方千米）	总库容（万立方米）	调节库容（万立方米）	死库容（万立方米）	设计灌溉面积（万亩）	有效灌溉面积（万亩）
岳庄水库	地方镇	小（1）型	祊河	36	736	670	51	2.5	1.2
蒋里水库	武台镇	小（1）型	鲁埠河	12.8	528	297	3	1.2	0.9
石门水库	郑城镇	小（1）型	温凉河	14	503	284	19.4	0.6	0.2
涝泉水库	临涧镇	小（1）型	祊河	11	502	368	22	0.4	0.36
峡玕水库	仲村镇	小（1）型	泗河	6.4	396	309.5	39	0.5	0.16
大王庄水库	武台镇	小（1）型	鲁埠河	10.9	290.5	150.4	21.6	0.25	0.1
红泉水库	平邑街道	小（1）型	祊河	11.7	244	155	1	0.15	0.13
大殿汪水库	长山生态保护区	小（1）型	跃牛河	16.8	195	87.3	4.5	0.2	0.1
大埠槐水库	保太镇	小（1）型	鲁埠河	2.5	145	89.3	8.5	0.12	0.06
马家峪水库	仲村镇	小（1）型	跃鱼沟河	8	136	82	10	0.6	0.4
八亩石水库	武台镇	小（1）型	鲁埠河	2.5	118	89.3	3	0.3	0.15
娄山沟水库	丰阳镇	小（1）型	丰阳河	2	116	70	7	0.3	
大孟常水库	丰阳镇	小（1）型	丰阳河	3.2	103	67	7	0.15	0.12
外柿子峪水库	流峪镇	小（1）型	祊河	7.8	101	49	10	0.45	0.15
徐家庄水库	白彦镇	小（1）型	温凉河	3	100	65	0.8	0.1	0.05
通天沟水库	武台镇	小（1）型	鲁埠河	2.54	100	70.3	10	0.2	
晗哺水库	平邑街道	小（2）型	祊河	2.38	25	16.9	1.37	0.04	0.02
西旺沟水库	平邑街道	小（2）型	祊河	17	23	11.05	3.25	0.07	0.05
黄草水库	平邑街道	小（2）型	祊河	0.88	14.86	7.9	0.3	0.04	0.003
白龙泉水库	长山生态保护区	小（2）型	祊河	1.6	26.3	13.2	2.1	0.1	0.08
讲理水库	长山生态保护区	小（2）型	祊河	1.5	12.5	10.1	0.14	0.04	0.03

续表 7-2

水库名称	所在乡（镇）	工程规模	所在河流	控制流域面积（平方千米）	总库容（万立方米）	调节库容（万立方米）	死库容（万立方米）	设计灌溉面积（万亩）	有效灌溉面积（万亩）
德化水库	长山生态保护区	小（2）型	祊河	3.3	11	6	0.9	0.03	0.02
泽国庄水库	仲村镇	小（2）型	跃鱼沟	2.68	68	48	7.5	0.12	0.1
云头山水库	仲村镇	小（2）型	跃鱼沟	1.15	37	20	2.5	0.015	0.01
沙石桥水库	仲村镇	小（2）型	跃鱼沟	0.72	33.6	20.2	4.1	0.08	0.06
李家庄水库	仲村镇	小（2）型	跃鱼沟	1.01	22	15	1	0.02	0.015
马尾庄水库	仲村镇	小（2）型	跃鱼沟	1.7	20	10	5	0.03	0.02
周郭庄水库	仲村镇	小（2）型	跃鱼沟	1.8	18.7	10.3	2	0.02	0.01
东乐里水库	仲村镇	小（2）型	跃鱼沟	0.86	15	9.1	1.2	0.05	0.035
泉子崖水库	仲村镇	小（2）型	跃鱼沟	0.59	13.5	9.4	1.6	0.03	0.02
西乐里水库	仲村镇	小（2）型	跃鱼沟	1.08	13	5.6	3.9	0.04	0.03
仙姑山后水库	仲村镇	小（2）型	跃鱼沟	0.62	13	8.7	1.2	0.02	0.01
仙姑山前水库	仲村镇	小（2）型	跃鱼沟	0.51	11	5.1	1.74	0.04	0.02
岐山水库	仲村镇	小（2）型	跃鱼沟	0.5	10.9	8.5		0.02	0.01
武岩庄水库	仲村镇	小（2）型	泗河	0.4	10.78	7.96		0.01	0.008
三叉口水库	仲村镇	小（2）型	跃鱼沟	0.5	10.7	3.2	1.4	0.03	0.02
白马水库	武台镇	小（2）型	鲁埠河	3.2	36.8	20.7	1.09	0.25	0.2
西近台水库	武台镇	小（2）型	鲁埠河	0.63	25.63	15.3	0.65	0.07	0.06
承安庄水库	武台镇	小（2）型	鲁埠河	1.2	25	13	1	0.3	0.2
东近台水库	武台镇	小（2）型	鲁埠河	1.12	17	6.7	0.6	0.03	0.02
黄台水库	武台镇	小（2）型	鲁埠河	0.59	13.8	7.9	0.3	0.3	0.2
万山水库	武台镇	小（2）型	鲁埠河	5.2	12.2	4.8	2.4	0.06	0.04
孙家庄水库	武台镇	小（2）型	鲁埠河	0.83	11.7	6.7	1.04	0.05	0.03
大家庄水库	武台镇	小（2）型	鲁埠河	1.25	10	6.2	1.5	0.02	0.01
齐家庄西水库	保太镇	小（2）型	鲁埠河	3.2	29	15.8	1.5	0.04	0.02
柳家村西水库	保太镇	小（2）型	鲁埠河	2.6	18.2	9.6	1	0.05	0.02
南羊子水库	保太镇	小（2）型	鲁埠河	3.64	18	12.6	1	0.04	0.015
魏刘庄水库	保太镇	小（2）型	鲁埠河	1.5	17.38	9.45	2	0.03	0.02
北王庄水库	保太镇	小（2）型	鲁埠河	0.75	15.2	5.29	1.8	0.02	0.015

续表 7-2

水库名称	所在乡（镇）	工程规模	所在河流	控制流域面积（平方千米）	总库容（万立方米）	调节库容（万立方米）	死库容（万立方米）	设计灌溉面积（万亩）	有效灌溉面积（万亩）
皮下庄水库	保太镇	小（2）型	鲁埠河	0.4	14.44	6.73	2.37	0.05	0.035
齐家庄北水库	保太镇	小（2）型	鲁埠河	0.8	11	7.8	1.5	0.05	0.035
柳家村北水库	保太镇	小（2）型	鲁埠河	1.2	10.2	3.72	1.15	0.05	0.02
前东庄水库	卞桥镇	小（2）型	上冶河	0.76	15.2	5.96	1	0.03	0.02
后东庄水库	卞桥镇	小（2）型	上冶河	2.08	15	4.1	0.39	0.04	0.03
唐刘水库	卞桥镇	小（2）型	资邱河	0.43	11.5	7.8	0.3	0.03	0.02
岐古水库	卞桥镇	小（2）型	上冶河	0.61	11	7	0.3	0.05	0.04
闫家庄水库	卞桥镇	小（2）型	金线河	1	10	6.8		0.03	0.02
洪河水库	卞桥镇	小（2）型	金线河	1.96	32.55	15.25	0.8	0.09	
栏马水库	卞桥镇	小（2）型	资邱河	6.73	28	16.6	0.65	0.03	
龙虎寨水库	卞桥镇	小（2）型	资邱河	0.79	18	7.44	0.9	0.05	
石河水库	卞桥镇	小（2）型	金线河	0.72	29	6.8	0.7	0.03	
大井头水库	地方镇	小（2）型	朱田河	12.4	85.72	41.36	3.05	0.03	0.02
王崮山水库	地方镇	小（2）型	祊河	10.4	42	22.5	0.6	0.03	0.02
前东崮水库	地方镇	小（2）型	祊河	0.4	15	5.6	4.5	0.05	0.04
西朱尹水库	地方镇	小（2）型	祊河	0.5	12.3	8.2	0.75	0.05	0.04
两泉水库	地方镇	小（2）型	祊河	2.8	10.8	6.4	0.9	0.03	0.02
北锅泉水库	铜石镇	小（2）型	西皋河	7.85	51	32.8	2.6	0.02	0.015
骆驼岭水库	铜石镇	小（2）型	祊河	6.5	48.83	27	7.31	0.02	0.015
上大峪水库	铜石镇	小（2）型	西皋河	3.8	13.8	6	1.7	0.07	0.06
和气庄水库	铜石镇	小（2）型	祊河	1.2	13.24	6.4	0.83	0.015	0.01
青年水库	铜石镇	小（2）型	祊河	0.6	10	4.7	0.12	0.014	0.01
南蒲芦水库	流峪镇	小（2）型	祊河	1	21.09	10.32	0.43	0.03	0.02
乐平庄水库	流峪镇	小（2）型	祊河	12.53	20.85	6.55	2.3	0.09	0.06
下崮安水库	流峪镇	小（2）型	西皋河	0.94	20.6	14.13	4.2	0.05	0.04
外宋子峪水库	流峪镇	小（2）型	祊河	2.4	16	8.74	2	0.04	0.03
南申庄水库	流峪镇	小（2）型	祊河	0.98	13.94	11.37	0.9	0.05	0.04
五龙水库	流峪镇	小（2）型	祊河	0.5	12.8	3.51	1.01	0.04	0.03

续表 7-2

水库名称	所在乡（镇）	工程规模	所在河流	控制流域面积（平方千米）	总库容（万立方米）	调节库容（万立方米）	死库容（万立方米）	设计灌溉面积（万亩）	有效灌溉面积（万亩）
义新庄西水库	流峪镇	小（2）型	祊河	1.5	11.9	7.2		0.03	0.02
土门水库	流峪镇	小（2）型	祊河	0.75	11	6.5	0.71	0.04	0.03
青山岭水库	流峪镇	小（2）型	祊河	0.67	11	5.4	1	0.04	0.03
义新庄水库	流峪镇	小（2）型	祊河	0.5	10	6.28	0.4	0.02	0.01
七一水库	郑城镇	小（2）型	西皋河	1.8	66	38.4	21	0.15	0.01
安子水库	郑城镇	小（2）型	温凉河	1	34.3	15.8	0.9	0.3	0.02
水泉沟水库	郑城镇	小（2）型	温凉河	1.2	28.5	18.5	2.1	0.03	0.02
南武城水库	郑城镇	小（2）型	温凉河	0.46	23.8	13.5	2.2	0.05	0.04
上兴隆湾水库	郑城镇	小（2）型	温凉河	0.87	20.86	11.5	2.2	0.04	0.03
黄泥沟水库	郑城镇	小（2）型	西皋河	1.17	18	12	2.2	0.025	0.02
大后沟水库	郑城镇	小（2）型	浚河	0.33	15	8	0.4	0.035	0.027
汪家沟水库	郑城镇	小（2）型	西皋河	0.89	12	9.2	0.9	0.035	0.03
郑城水库	郑城镇	小（2）型	西皋河	1.6	12	7	0.48	0.015	0.01
宁安庄水库	郑城镇	小（2）型	西皋河	0.24	11.4	3.8	5.4	0.03	0.02
大南庄水库	郑城镇	小（2）型	西皋河	1.17	11.33	5.56	0.7	0.04	0.03
陈家庄水库	郑城镇	小（2）型	西皋河	0.28	11.2	6.04	3.72	0.03	0.02
张庄水库	郑城镇	小（2）型	温凉河	0.33	10.9	9.7	1.2	0.04	0.03
庄木头水库	郑城镇	小（2）型	温凉河	1.01	10.5	5	1	0.02	0.015
石龙口水库	郑城镇	小（2）型	西皋河	1.8	10.3	6	0.9	0.025	0.02
下小峪水库	郑城镇	小（2）型	西皋河	0.4	10.3	7.2	1.7	0.02	0.015
柿子峪水库	郑城镇	小（2）型	西皋河	0.85	10	7	0.7	0.04	0.03
后水湾水库	郑城镇	小（2）型	西皋河	0.33	10	5.75	0.5	0.04	0.03
铁里营水库	郑城镇	小（2）型	西皋河	0.41	10	6	0.5	0.04	0.03
大北径水库	白彦镇	小（2）型	城郭河	1.9	47	35.5	0.7	0.04	0.03
李家沟水库	白彦镇	小（2）型	西皋河	1.7	24	13.5	0.6	0.04	0.03
姜庄水库	白彦镇	小（2）型	温凉河	0.6	15	11.42	0.7	0.029	0.026
大营水库	白彦镇	小（2）型	温凉河	0.63	12.12	5.93	0.28	0.019	0.016
白彦东水库	白彦镇	小（2）型	温凉河	3.43	11.5	9.1	1.04	0.03	0.02
翔河水库	白彦镇	小（2）型	西皋河	0.44	11.45	5.9	1.2	0.05	0.04

续表 7-2

水库名称	所在乡（镇）	工程规模	所在河流	控制流域面积（平方千米）	总库容（万立方米）	调节库容（万立方米）	死库容（万立方米）	设计灌溉面积（万亩）	有效灌溉面积（万亩）
白彦西水库	白彦镇	小（2）型	温凉河	0.7	11	6.4	0.7	0.03	0.02
西河水库	丰阳镇	小（2）型	丰阳河	0.63	28.75	21.4	1	0.03	0.02
红山水库	丰阳镇	小（2）型	丰阳河	0.57	27	13.6	7.4	0.04	0.02
井泉水库	丰阳镇	小（2）型	丰阳河	1.43	24.31	13.1	1.71	0.06	0.04
郑家峪北水库	丰阳镇	小（2）型	丰阳河	0.69	22.5	10.38	2.78	0.05	0.035
张家庄水库	丰阳镇	小（2）型	丰阳河	0.88	17.12	6.05	0.8	0.07	0.04
金鹊庄水库	丰阳镇	小（2）型	丰阳河	2	17	7.5	0.9	0.04	0.03
河南水库	丰阳镇	小（2）型	丰阳河	0.44	15	11.2	0.5	0.04	0.02
香山峪水库	丰阳镇	小（2）型	丰阳河	1.7	14.3	9.3	0.6	0.02	0.01
上寨水库	丰阳镇	小（2）型	丰阳河	0.29	13.5	10.6	2.5	0.03	0.01
长岭水库	丰阳镇	小（2）型	丰阳河	1.02	13	8.8	1.8	0.03	0.02
三寨水库	丰阳镇	小（2）型	丰阳河	0.3	12	7.9	0.46	0.07	0.06
泗山根水库	丰阳镇	小（2）型	丰阳河	0.36	12	9.7	0.5	0.04	0.03
郑家峪东水库	丰阳镇	小（2）型	丰阳河	0.44	12	7.5	0.5	0.03	0.02
林家寨水库	丰阳镇	小（2）型	丰阳河	0.65	11.4	7.4	0.5	0.03	0.02
邵家庄水库	丰阳镇	小（2）型	丰阳河	0.5	11.32	6.2	0.9	0.02	0.01
白石水库	丰阳镇	小（2）型	丰阳河	0.6	10.8	3.7	1.2	0.07	0.05
郑家峪水库	丰阳镇	小（2）型	丰阳河	0.4	10.6	6.2	0.8	0.01	0.01
老池峪水库	丰阳镇	小（2）型	丰阳河	0.3	10.3	6.13	0.06	0.04	0.02
大峪沟水库	丰阳镇	小（2）型	丰阳河	0.29	10	6.6	0.3	0.03	0.02
余粮店水库	临涧镇	小（2）型	祊河	0.5	49.2	18	5.2	0.3	0.2
石门水库	临涧镇	小（2）型	祊河	2.4	39	17	3	0.08	0.06
踅庄水库	临涧镇	小（2）型	祊河	0.4	14.11	9.2	3.32	0.3	0.2
小卓庄水库	临涧镇	小（2）型	祊河	0.6	14	8.5	3.89	0.022	0.018
夫子山水库	临涧镇	小（2）型	祊河	0.7	13.6	4.9	0.84	0.06	0.05
上峪水库	临涧镇	小（2）型	祊河	0.5	12.3	8.2	0.75	0.021	0.015
下洼水库	临涧镇	小（2）型	祊河	0.9	11	6.3	0.7	0.065	0.05
后马槽水库	临涧镇	小（2）型	祊河	0.7	10.4	6	1.3	0.04	0.03
新围子水库	临涧镇	小（2）型	祊河	0.5	10.18	6.12		0.04	0.03

续表 7-2

水库名称	所在乡（镇）	工程规模	所在河流	控制流域面积（平方千米）	总库容（万立方米）	调节库容（万立方米）	死库容（万立方米）	设计灌溉面积（万亩）	有效灌溉面积（万亩）
乔家村水库	柏林镇	小 (1) 型	祊河	15.4	960	321	36	1.2	
陈家庄水库	柏林镇	小 (1) 型	柏林河	6.8	161	64.5	2.5		
三关庙水库	柏林镇	小 (2) 型	鲁埠河	1	11	3.77	1.23	0.05	
大石头水库	柏林镇	小 (2) 型	祊河	2.46	19	11.2	1.8	0.03	
龙门沟水库	柏林镇	小 (2) 型	祊河	2.46	46	7.99	6.81	0.9	
桥仙庄水库	柏林镇	小 (2) 型	柏林河	1.13	16	1.06	0.74	0.08	
苏城水库	柏林镇	小 (2) 型	柏林河	1	14	5.49	0.41	0.03	
田家庄水库	柏林镇	小 (2) 型	祊河	0.7	14	2.4	1.5	0.04	
邢家庄水库	柏林镇	小 (2) 型	祊河	0.52	13.4	4.12	0.08	0.01	

第四节 塘 坝

新中国成立后，特别是二十世纪六七十年代，全县兴建了一大批塘坝，大大提高了全县农业抗御自然灾害的能力。至 2013 年，全县结合农业综合开发、土地整理、水土保持、烟草基础设施建设等项目的开展，共建有塘坝 828 座，控制流域面积 1019.02 平方千米，总库容 3262.81 万立方米，兴利库容 1954.05 万立方米。

2011 平邑县各镇（街道）塘坝情况表

表 7-3

镇（街道）	座数	总库容（万立方米）	流域面积（平方千米）
平邑街道	42	107.4	25.92
仲村镇	44	204.4	112.4
武台镇	42	232.7	105.73
保太镇	43	136.0	39.2
柏林镇	39	164.9	87.05
蒙山管委会	8	51.52	90.3
卞桥镇	68	283.68	152.2
地方镇	19	92.0	53.37
铜石镇	24	84.5	38.4
温水镇	10	71.4	4.58

续表 7-3

镇（街道）	座数	总库容（万立方米）	流域面积（平方千米）
流峪镇	57	255.73	54
郑城镇	104	510	60.62
白彦镇	115	372.79	68.55
临涧镇	127	461.6	108.06
丰阳镇	86	200.75	21.39

第五节　机井、大口井

2013 年，全县共有机电井 2700 眼，其中深井 435 眼，大口井 2265 眼。配套机电井 2000 眼，装机 2037 台，装机容量 3.4 万千瓦。井灌面积 100 平方千米，其中节水灌溉面积 46 平方千米。

2013 年平邑县部分井深参数表

表 7-4

区域	位置	开钻成井时间	设计井深（米）	成井深（米）	预计水量（立方米 / 小时）	实际出水量（立方米 / 小时）
白彦	龙湾	2013.04.15—2013.05.06	160	125	5 ~ 10	20
白彦	同心	2013.03.26—213.04.02	160	160	5 ~ 10	10
保太	纯厚	2012.12.09—2012.12.17	210	210	5 ~ 10	7
保太	高白壤	2012.12.19—2013.02.01	220	215	5 ~ 10	15
保太	冷蒋	2012.12.14—2012.12.21	160	160	5 ~ 10	10
保太	三阳二	2013.01.11—2013.03.18	220	220	5 ~ 10	20
保太	三阳四	2013.01.11—2013.02.20	200	200	5 ~ 10	10
保太	万庄	2012.12.27—2013.01.17	250	250	5 ~ 10	20
保太	杨白壤	2013.01.12—2013.02.20	220	220	5 ~ 10	10
卞桥	东石井	2013.03.06—2013.04.02	260	256	5 ~ 10	12
卞桥	后东庄	2013.02.28—2013.04.18	210	170	7	12
卞桥	能家庄	2012.11.26—2013.02.03	260	260	5 ~ 10	15
卞桥	田家寨	2012.11.30—2012.12.17	160	160	20	20
地方	西东固	2013.02.28—2013.03.25	130	131	5 ~ 10	10
丰阳	北城	2013.03.17—2013.03.26	160	166	5 ~ 10	20
临涧	北庞庄	2013.01.13—2013.01.17	160	160	5 ~ 10	7
临涧	夫家沟	2013.01.18—2013.01.22	150	150	5 ~ 10	8

续表 7-4

区域	位置	开钻成井时间	设计井深（米）	成井深（米）	预计水量（立方米 / 小时）	实际出水量（立方米 / 小时）
流峪	加力箭	2013.04.17—2013.04.21	150	159	5 ~ 10	10
流峪	南申庄	2013.04.28—2013.05.01	220	220	5 ~ 10	15
平邑	才家庄	2012.11.30—2013.01.05	250	250	10	10
平邑	老邱峪	2012.11.30—2012.12.21	240	240	10 ~ 20	20
平邑	民居	2012.12.10—2013.01.05	250	250	10	20
铜石	金合	2012.12.06—2012.12.17	150	150	5 ~ 10	10
铜石	铜石	2013.03.28—2013.05.05	200	200	10 ~ 20	4
武台	孙家楼	2012.12.10—2012.12.21	160	160	5 ~ 10	10
郑城	石家庄	2012.11.30—2012.12.17	160	160	10 ~ 15	15
郑城	汪家沟	2012.12.15—2012.12.28	150	150	5	10
仲村	段庄	2013.02.28—2013.03.18	100	128	5	20
仲村	周郭庄	2012.12.13—2012.12.21	160	160	5 ~ 10	10

2012 年平邑县山丘区找水打井工程统计表

表 7-5

成井位置	开钻成井时间	开孔		终孔		成井深度（米）	出水量（立方米）
		直径（毫米）	深度（米）	直径（毫米）	深度（米）		
白彦镇白彦南	2012.07.30—2012.08.02	273	0-33	219	33-160	160	30
白彦镇青山新村	2012.08.02—2012.08.16	273	0-6	219	6-160	160	7
卞桥镇西卞桥村	2012.06.24—2012.07.25	325	0-32	219	60-260	260	20
卞桥镇邱上村	2012.08.03—2012.08.08	273	0-10	219	10-260	260	15
卞桥镇石河村	2012.06.19—2012.09.10	325	0-10	219	60-260	260	15
卞桥镇时家村	2012.05.08—2012.06.17	325	0-4	219	90-260	260	2
卞桥镇佟家庄	2012.08.03—2012.09.14	325	0-10	219	60-260	260	4
地方镇宝山庄村	2012.07.15—2012.08.11	273	0-4	219	4-144	144	7
地方镇大井头村	2012.07.20—2012.07.26	273	0-10	219	10-110	110	20
地方镇大平安庄	2012.02.25—2012.03.28	325	0-6	219	60-150	150	30
地方镇东金池村	2012.08.06—2012.09.14	325	0-10	219	60-260	260	20
地方镇河东联村	2012.08.07—2012.09.14	325	0-10	219	60-260	260	15
地方镇红石岭村	2012.02.26—2012.04.01	325	0-6	219	60-180	180	15

续表 7-5

成井位置	开钻成井时间	开孔		终孔		成井深度（米）	出水量（立方米）
		直径（米）	深度（米）	直径（米）	深度（米）		
地方镇王家庄	2012.05.15—2012.05.19	273	0-9	219	9-80	80	6
地方镇义合庄村	2012.02.15—2012.03.20	325	0-6	219	60-160	160	20
临涧镇和尚山村	2012.07.25—2012.07.27	273	0-16	219	16-160	160	6
临涧镇兴旺村	2012.07.23—2012.07.27	273	0-8	219	8-150	150	8
流峪镇水崖村	2012.07.18—2012.07.23	273	0-16	219	16-110	110	11
平邑镇常山村	2012.05.29—2012.07.15	325	0-8	219	60-260	260	30
平邑镇红泉村	2012.05.08—2012.06.06	325	0-10	219	60-250	250	30
平邑镇黄草坡	2012.07.19—2012.08.29	325	0-22	219	60-250	250	10
平邑镇南阳村	2012.08.09—2012.09.14	325	0-12	219	60-250	250	10
平邑镇茄山头	2012.05.09—2012.05.28	325	0-10	219	60-250	250	30
平邑镇小三阳	2012.06.08—2012.07.14	325	0-12	219	60-250	250	30
铜石镇郭泉林场	2012.05.07—2012.06.03	325	0-6	219	60-255	255	7
铜石镇南张里村	2012.06.02—2012.07.21	325	0-8	219	60-210	210	30
铜石镇庞家村	2012.02.22—2012.03.20	325	0-10	219	60-140	140	5
铜石镇仁泉村	2012.08.09—2012.09.14	325	0-8	219	60-252	252	15
铜石镇铜石村	2012.08.09—2012.09.07	325	0-12	219	60-130	130	35
铜石镇王府村	2012.07.27—2012.09.04	325	0-9	219	60-252	252	20
铜石镇小官路	2012.08.03—2012.09.14	325	0-8	219	60-250	250	10
铜石镇诸冯铺村	2012.02.28—2012.03.26	325	0-12	219	60-180	180	15
温水镇桥头村	2012.08.07—2012.09.14	325	0-10	219	60-250	250	10
温水镇梭庄村	2012.07.18—2012.09.04	325	0-10	219	120-250	250	10
温水镇西围沟村	2012.07.23—2012.09.10	325	0-10	219	60-250	250	30

第六节　除险加固

大型水库除险加固

唐村水库　2002年10月17日除险工程开工，2005年5月21日竣工。工程完成投资4871.60万元，主体工程完成土方量41.09万立方米。2010年12月加固工程通过全面竣工验收。工程建设主要内容有：新建溢洪闸、大坝加固、南放水洞改建、北放水洞维修等。

中型水库除险加固

昌里水库　2008年11月23日开工，2010年12月18日通过验收。工程实际完成投资6153.03万元。实际完成工程量：土方开挖

17.84 万立方米，石方开挖 24.84 万立方米，土石方回填 32.31 万立方米，砌石 5.4 万立方米，砼及钢筋砼 2.56 万立方米，金属结构制作安装 234.53 吨。

全坝段坝顶心墙接高，坝顶设浆砌料石防护墙，高 0.6 米，顶高程 201.2 米，并在其上设0.15米厚的花岗岩帽石。建坝顶混凝土路面、高杆照明路灯设施。原坝上游干砌石护坡，全坝段拆除重建，新干砌石护坡，上游坡砂壳翻压。新筑堆石压重平台。下游坝坡铲除表土层，全坝段下游坡补土翻坡，植草皮护坡。新建排水工程。大坝 0+050 ~ 0+440 处岩基帷幕灌浆，0+460 ~ 0+830 处进行砼防渗墙工程。设置坝体沉陷、位移，库水位及测压管等观测设施。兴建东点村副坝，总长 452 米，坝型为壤土均质坝。金银坡副坝，总长 256 米，坝型为壤土均质坝。放水洞维修加固:建设启闭机房，更换闸门、拦污栅等机电设备；洞身内壁内喷钢纤维砼。溢洪道进水渠开挖衬砌，建设三孔 10×8 米溢洪闸及桥头堡，泄槽工程，兴建挑流鼻坎工程、东干渠倒虹吸工程以及尾水渠工程等。对大坝北端上坝防汛路、大坝西端至下崮安段防汛路维修。建设防汛调度楼、仓库、辅助用房，供水、供电工程等。完善降水量观测、水位观测、流量测验、水文自动测报系统、水文管理站等。

公家庄水库 2005 年 5 月 3 日开工，2010 年 12 月 19 日通过验收。工程实际完成投资 3508 万元。

工程内容。坝基覆盖层防渗处理：0+300 ~ 0+734、0+980 ~ 1+750 段实施塑性砼防渗板墙；0+075 ~ 0+300、1+750 ~ 2+446 采用高喷板墙。坝基裂隙带防渗加固：0+550 ~ 0+650、1+010 ~ 1+070、1+480 ~ 1+630 采用水泥帷幕灌浆。坝体防渗加固；东、西坝加固：西坝接长及大坝加固、坝基砾质粗砂抗震加固、坝前压重、反滤层、坝前砌石护坡、坝后草皮护坡、坝后排水沟及坝脚排水体、坝顶防浪墙及泥接碎石道路。新建溢洪闸：土石方开挖、闸墩、闸底板、裹头、桥头堡、交通桥、检修桥、启闭机房、闸门启闭机购置安装、机电设备购置安装。溢洪道加固：闸上游引渠重建；土石方开挖；泄槽边墙砌石接高、陡坡加固；泄槽砼底板及翼墙、挑流鼻坎、翼墙、刺墙、灌注桩、出水渠开挖及两岸培堤；新建溢洪道防汛交通桥等。放水洞拆除重建：砌体拆除、土方开挖回填、砼底板、钢筋砼竖井、钢筋砼涵管、启闭机房、闸门启闭机购置安装、机电设备安装。新建连通沟及连通沟桥、整修库内道路。防汛交通道路建设:水库防汛道路硬化。工程观测:水平位移、垂直位移和测压管等设施。工程管理设施：办公楼维修、仓库、配电室及室外工程、吃水工程等。水文设施:降水量观测设施、水位观测设施改造等。

大夫宁水库 2009 年 9 月 28 日开工，2010 年 11 月 6 日竣工。累计完成投资 2444.7 万元。

工程内容。大坝工程上游坝坡拆除重建干砌方块石护坡；下游坝坡补土并种植草皮。新建坡面排水及贴坡排水。坝体采取多头小直径深层搅拌桩防渗墙防渗，坝基基岩帷幕灌浆。新建坝顶公路、防浪墙及照明设施。新建坝体观测设施。溢洪道工程；进口设开敞式宽顶堰及防汛交通桥；溢洪道泄槽开挖、护砌；溢洪道下游采用综合式消力池加一级跌水消能。放水洞工程：拆除原放水洞洞身，新建钢筋砼箱涵；新建放水洞进口竖井、机房工作桥及进出口连接段。其他工程：管理单位建设，含办公楼、仓库、配电室及院内附属设施;水文设施:降水量观测设施、水位观测设施等。坝脚下游 20 米处新建渡槽 1 座。

安靖水库　2009年9月22日开工，2010年12月19日通过验收。工程总投资3032.28万元。

工程内容。主坝：坝顶分段处理，桩号0+000～1+300段上游坝坡进行修坡，桩号1+300～2+200段上游局部加培补坡，下游整平，坝顶新建混凝土道路；桩号1+000～1+080段坝体拆除重建，桩号0+725～1+000及1+080～1+300段坝体采用黏土充填灌浆加固；桩号0+450～1+250段坝基高喷灌浆防渗；大坝上游干砌石护坡，死水位以下采用抛石护坡；下游坝坡采用草皮护坡，坝坡排水系统重建，改建坝脚排水体等工程。副坝：桩号0+035～0+114段拆除重建，桩号0+114～0+194接长。主坝0+000～1+300段新增坝顶照明及防护墙。大坝观测：新建坝体沉陷、位移及测压管等观测设施。放水洞拆除重建，采用单孔钢筋混凝土箱涵结构，由进水段、竖井段、洞身段、消能段等组成。拆除重建闸室段，拆除重建溢洪道上游翼墙、铺盖；更换启闭机；增加检修桥；拆除重建泄槽、消能工及边墙，更换交通桥面板，改造尾水渠。溢洪闸为5孔6.0米，闸底板顶高程为151.0米。防汛交通道路建设：防汛交通桥拆除重建；砼路面。工程管理设施：新建办公楼，新建、维修仓库，配电室等。水文设施：降水量观测设施、水位观测设施、流量测验设施、水文自动测报系统、水文管理站房改造等。

杨庄水库　2009年9月25日开工，2010年12月18日通过验收。总投资3096.72万元。

工程主要内容有：上游坝坡，大坝桩号0+000～1+260重建护坡，大坝桩号0+100～0+700范围内在高程165.0米以下翻压；大坝桩号0+700～1+136范围内放缓坝坡，并翻压。下游坝坡，坝后坡修整、重植草皮护坡、重建坝坡排水系统、拆除重建下游坝脚排水体工程。坝基抗震加固：大坝桩号0+250～0+440范围内坝前抛石压重。大坝防渗加固。0+000～0+485坝段采用悬挂式水泥搅拌桩防渗墙，0+485～1+136坝段采用封闭式塑性混凝土防渗板墙截渗。坝顶工程：坝顶新建沥青砼路面、防护墙。大坝观测：新建坝体沉陷、位移及测压管等观测设施；溢洪道工程新建溢洪道由进水渠、控制段、泄槽、消能防冲设施及出水渠组成。进水渠由直立式导墙和钢筋砼铺盖组成；控制段由溢流堰、交通桥组成；泄槽包括底板、边墙；溢洪道底流消能工程；出水渠工程；在溢洪道两侧新筑连接坝段，分别与原坝体、水库岸坡连接，左岸连接段长44米，右岸连接段长21米。

吴家庄水库　2009年9月25日开工，2010年12月4日竣工，总投资2580万元，总工程量19.6851万立方米。

工程内容。大坝加固工程，上游坝坡：大坝桩号0+020～0+500上游坝坡重建护坡，大坝桩号0+210～0+460坝前抛石压重。下游坝坡：坝后局部补坡、草皮护坡及坝坡排水系统重建，改建下游坝脚排水体等工程。砼防渗墙截渗：0+020～0+500坝段利用塑性砼防渗墙截渗。坝基帷幕灌浆，灌浆桩号0+240～0+500。坝顶工程：大坝坝顶降到高程200米，新建沥青砼路面、防护墙、坝顶照明、道路两侧绿化等。大坝观测：新建坝体沉陷、位移及测压管等观测设施。泄洪放水洞工程。拆除原放水洞，新建泄洪放水洞。泄洪放水洞工程由进水段、检修竖井段、洞身段、出口控制段、泄槽段、消能段、出水渠七部分组成。金属结构与电气工程泄洪放水洞闸门；泄洪放水洞、管理所、大坝照明及通信工程。其他工程大坝观测设施；放水（泄洪）洞观测设施；水文观测设施；防汛路；管理单位建设等。

小型水库除险加固

2008年完成57座，其中小（1）型水库6座，小（2）型水库51座。2009年完成43座，其中小（1）型水库10座，小（2）型水库33座。2010年完成19座，其中小（1）型水库2座，小（2）型水库17座。2012年完成小（2）型水库4座。

至2013年，全县有小型水库131座，完成123座小型病险水库除险加固工作。其中，小（1）型水库18座、小（2）型水库105座。完成总工程量185.36万立方米，其中土方131.57万立方米，石方45.57万立方米，混凝土8.22万立方米。总投资2.1亿元，其中中央投资0.18亿元，省投资0.61亿元，市投资0.33亿元，县乡村配套投资0.97亿元。

第二章 灌溉和饮水

第一节 灌 溉

引河

浚河是平邑县境内最大的一条河流，为祊河一级支流，全长112千米，流域面积2626.32平方千米。其中平邑县境内47千米，流域面积1553平方千米，流域内有大中小型水库127座，塘坝569座，20年一遇最大行洪流量3068立方米/秒。

平邑引河灌溉泵站大都建于20世纪50—60年代，至1982年，全部报废。

建设与规划

重点中型灌区建设 大中型水库建成后，相继进行大规模的灌区配套工程建设，为全县水利灌溉事业的发展奠定良好基础。2010年，全县有0.67万公顷以上重点中型灌区2处，0.07万～0.33万公顷以上重点小型灌区11处，农田灌溉面积发展到4.81万公顷，有效灌溉面积到2.71万公顷，粮食产量达到2.5692万吨。

唐村灌区配套工程 沿浚河两岸，南到龙王河，北到蒙山前仲村镇回龙庙，西至泗水县马家庄，东至柏林镇固城村，东西长23千米，南北宽21千米。分布在平邑街道、流峪镇、仲村镇、保太镇、柏林镇、温水镇、泗水县泉林镇等7个街镇120个自然村。浚河、兴水河、鲁埠河、柏林河流经灌区。设计灌溉面积1.12万公顷，有效灌溉面积0.67万公顷。

1959年6月，唐村水库灌区始建，设计灌溉面积1.12万公顷，1968年地县共同编制《唐村水库灌区扩大初步设计》，并经批复实施。1974年，编制《唐村水库灌区扩大配套设计》，对原有总干渠、二干渠、二干渠一分干渠进行开挖和配套，使灌溉面积逐步扩大。1982年，山东省临沂行署水利指挥部规划设计室编制《唐村水库灌区初步设计》，设计灌溉面积1.12万公顷。1983年，水利厅批复，同意设计灌溉面积1.12万公顷。

唐村水库灌区是县内主要粮食产区，耕地面积占全县的20%，在全县农业经济发展中具有重要地位。该灌区自建成后已运行近50年，由于当时条件所限，工程设计标准低，遗留问题多，加之年久失修，灌区工程老化退化严重，水量损失较大。总干渠及二干渠部分渠段未达到设计断面，全部为土渠，渠内杂草丛生，输水能力严重不足，严重制约灌区的发展。

1998年，唐村水库灌区完成唐村水库总干渠改造4千米，石砌渠4千米，断面尺寸10×2.8米。完成土石方开挖3.13万立方米，土石方回填4.67万立方米，浆砌料石0.52万立方米，浆砌块石3.46万立方米，干砌块石0.3752万立方米，混凝土及钢筋混凝土0.0366万立方米，工程总投资501.54万元。

工程由受益的唐村岭乡、东阳乡、平邑镇、仲村镇、白马乡5个乡镇采取投工、出料石、出块石，县里补助水泥的形式完成。

唐村水库总干渠各段干渠断面标准

表7-6

桩号	设计流量（立方米/秒）	渠墙形式
0+000 ~ 3+786	17.7	断面10m×2.71m，渠墙内直、外坡1∶0.3，M7.5浆砌料石镶面，M5.0填腹，M5.0铺底，0.2m厚，C15混凝土封顶混凝土，宽0.4m，厚0.06m
3+786 ~ 5+146	11.0	断面10m×2.56m，渠墙内直、外坡1∶0.3，M7.5浆砌料石镶面，M5.0填腹，M5.0铺底，0.2m厚，C15混凝土封顶混凝土，宽0.4m，厚0.06m

唐村水库二干渠各段干渠断面标准

表7-7

桩　号	位　置	渠墙形式
0+000 ~ 1+163	娥庄桥—娥庄扬水站	断面8m×2.3m，渠墙内直、外坡1∶0.3，M7.5浆砌料石镶面，M5.0填腹，M5.0铺底，0.2m厚，C15混凝土封顶混凝土，宽0.4m，厚0.06m
1+163 ~ 1+889.2	娥庄扬水站—娥庄东北小桥	断面半梯形，渠左侧1∶1，贴坡厚0.4m，右侧直墙，渠底宽7.5m，原渠坡凹进处用干砌石衬到1∶1，其他同0+000 ~ 1+163
1+889.2 ~ 2+793	娥庄东北小桥—辅助干渠进水闸	断面8m×2.3m，渠墙内直、外坡1∶0.3，M7.5浆砌料石镶面，M5.0填腹，M5.0铺底，0.2m厚，C15混凝土封顶混凝土，宽0.4m，厚0.06m
2+793 ~ 3+100	辅助干渠分水闸—暗渠入口	断面8m×2.3m，渠墙内直、外坡1∶0.3，M7.5浆砌料石镶面，M5.0填腹，M5.0铺底，0.2m厚，C15混凝土封顶混凝土，宽0.4m，厚0.06m
3+616 ~ 3+800	白石桥—暗渠出口	断面8m×2.3m，渠墙内直、外坡1∶0.3，M7.5浆砌料石镶面，M5.0填腹，M5.0铺底，0.2m厚，C15混凝土封顶混凝土，宽0.4m，厚0.06m
3+800 ~ 4+443.5	辅助干渠出口—石崮庄	断面8m×2.3m，渠墙内直、外坡1∶0.3，M7.5浆砌料石镶面，M5.0填腹，M5.0铺底，0.2m厚，C15混凝土封顶混凝土，宽0.4m，厚0.06m
4+443.5 ~ 4+558.5	旧渠南头—大队桥	M5.0块石铺底，厚0.2m

续表 7-7

桩 号	位 置	渠墙形式
4+558.5 ~ 4+727.5	大队桥—石崮庄公路渠桥	M5.0 砂浆铺底，厚 0.15m，铺底上用 C15 混凝土封顶，厚 0.06m，伸缩缝 17m1 条，沥青砂浆灌缝
4+200 ~ 4+558.5	石崮庄村中	左侧渠墙加高 0.4m，两面料石，封顶 0.46m × 0.12m

1999 年，完成唐村水库二干渠（北申庄至石崮庄段）改造 4.7275 千米，石砌渠 4.7275 千米，完成土方清基 3.5690 万立方米，石方清基 0.3925 万立方米，回填土方 1.8286 万立方米，浆砌料石 0.3927 万立方米，浆砌块石 1.7484 万立方米，混凝土及钢筋混凝土 0.0599 立方米，完成工程投资 330.27 万元。

为确保工程按时保质保量地完成，成立唐村灌区干渠配套工程施工指挥部，统一组织、调度、指挥工程施工。工程由受益的唐村岭乡、白马乡、仲村镇、平邑镇 4 个乡镇采取投工、出料石、出块石，县里补助水泥的形式完成。唐村岭乡完成 0+000 ~ 0+922 段，白马乡完成 0+922 ~ 1+663 段，仲村镇完成 1+663 ~ 2+543 段，平邑镇完成 2+543 ~ 4+727.5 段。

经过两年的配套改造，唐村水库的渠系输水能力达到 17.7 立方米 / 秒，恢复改善灌溉面积 0.1 万公顷。灌水周期由原来的 18 天，缩短至 13 天，每亩用水量由原来的 520 立方米降低至 320 立方米。

昌里干渠配套工程情况 1994—1995 年，完成昌里水库东干西分干渠改造 32.9 千米，完成土石方清基 15.52 万立方米，回填土方 7.2 万立方米，浆砌石 6.27 万立方米，混凝土及钢筋混凝土 0.24 万立方米，完成工程投资 1120 万元，完成工日 20.4 万个。工程由受益的张里乡、铜石镇、温水乡、平邑镇 4 个乡镇采取投工、出料石、出块石，县里补助水泥的形式完成的。

重点中型灌区灌溉工程规划 县域内面积 0.33 万 ~ 2 万公顷的重点中型灌区，涉及唐村水库灌区、昌里水库灌区 2 处，开挖衬砌总长度为 63.95 千米，（其中唐村水库灌区开挖衬砌总长度 26.85 千米，昌里水库灌区开挖衬砌总长度 37.1 千米），灌区大小建筑物 647 座（其中唐村水库灌区建筑物 529 座，昌里水库灌区建筑物 118 座），总投资 9850.75 万元（其中唐村水库灌区投资 5073.35 万元，昌里水库灌区投资 4777.4 万元）。

根据全县重点中型灌区对粮食安全、防洪安全等方面的重要性和续建配套节水改造工程的轻重缓急，县里提出全县重点中型灌区续建配套节水改造规划分期：2011—2013 年唐村灌区，2013—2015 年昌里灌区。

中小型灌区灌溉工程 平邑县中小型水库灌区工程大都建于 20 世纪 50—60 年代，1989 年工程老化退化严重，至 2013 年，基本报废，已不能发挥工程效益。

平邑县规划 0.33 万公顷以下中小型灌区 251 处，规划有效灌溉面积 1.64 万公顷，衬砌渠道 686.81 千米，排水沟整治 424.1 千米，改造渠系建筑物 6022 座。其中 0.07 万 ~ 0.33 万公顷中小型灌区共计 11 处，规划有效灌溉面积 0.75 万公顷，衬砌渠道 271.5 千米，排水沟整治 167.65 千米，改造渠系建筑物 971 座；0.07 万公顷以下中小型灌区共计 240 处，规划有效灌溉面积 0.89 万公顷，衬砌渠道

415.31千米，排水沟整治256.45千米，改造渠系建筑物5051座。

2011—2015年，规划中小型灌区共计162处，规划有效灌溉面积1.38万公顷，衬砌渠道566.62千米，排水沟整治349.89千米，改造渠系建筑物4291座。

灌区末级渠系改造工程规划　2009—2020年，计划对平邑县重点中型灌区唐村水库灌区、昌里水库灌区计2.08万公顷农田的斗、农渠共计2834条、866800米进行改造，主要包括改造混凝土衬砌渠道117600米、70U型渠179200米、50U型渠273700米、40U型渠320100米、30U型渠351600米，闸刭4334处，田间农涵2560处，跌水896处等。

田间排水工程规划　规划范围为县域内控制面积0.2万公顷以下的排水沟道、排水泵站、排水闸及其配套建筑物。2009—2010年，田间排水工程规划5处，涉及32个村庄，开挖排水沟道长度22.4千米，清淤疏浚长度10.3千米，护砌长度18千米，沟系建筑物建设43座，工程投资估算1693万元，新增、改善排涝面积0.49万公顷。2011—2015年，田间排水工程规划7处，涉及43个村庄，开挖排水沟道长度67.6千米，清淤疏浚长度25.7千米，护砌长度64.9千米，新建沟系建筑物建设20座，改建22座，工程投资估算2605万元，新增、改善排涝面积0.65万公顷。

塘坝水窖灌溉工程规划　2009—2020年，平邑县共规划15个乡镇、631座塘坝、799处雨水集蓄利用灌溉工程，蓄水3189.73万立方米，补灌面积9.18万公顷。规划工程总投资36384.39万元。

2009—2010年，规划建设铜石镇彭泉流域40处工程，蓄水50.6万立方米，灌溉面积0.15万公顷。规划工程投资763.34万元。2011—2015年，共规划建设14个乡镇1109处工程，蓄水2527.48万立方米，灌溉面积7.28万公顷。规划工程投资28855.84万元。

灌区工程管理

平邑县的灌溉工程主要是大中小型水库灌区和机电井、扬水站等，管理工作的主要任务是工程的管理、养护、维修、运用等。从20世纪70年代末开始，灌溉工程管理机构、管理队伍逐步加强，并实行多种形式的管理责任制，使管理水平、工程效益有新的提高。

中型灌区管理　全县有中型灌区2处：唐村水库灌区、昌里水库灌区。其管理实行库灌合一管理体制，由水库管理所负责本水库灌区内骨干工程的运行、管理和维护，适时供水配水，灌区实行有偿供水。

为充分发挥水库及灌区防汛、抗洪、调蓄、抗旱、灌溉作用，更有利于水库、灌区的管理，实现水资源的统一调度、合理利用，从体制上作重大改革。1990年5月，完成水库、灌区的合并工作，原水库、灌区实行统一管理，两套班子及成员合二为一，完成实质上的合并，给灌区的发展和建设带来新的机遇。制定“工程管理现代化、供水管理市场化、水库经营多元化”目标。

唐村水库灌区　设计灌溉面积1.12万公顷，有效灌溉面积0.67万公顷，属于中型灌区。1990年后，实行库灌合一管理体制，由水库管理灌区管理站负责本水库灌区内骨干工程的运行、管理和维护，适时供水配水，灌区实行有偿供水。水库灌区管理站下设申庄站、石崮站、仁德站、白马站、驿头站、东阳站、保定站7个管理站。2007年，将仁德站合并到石崮站。2010年成立唐村水库管理处。加强用水管理，实行按面积配水，按体积收费，先下游后上游，预先缴款再进行灌溉的办法。

昌里水库灌区 昌里水库灌区设计灌溉面积0.96万公顷，有效灌溉面积0.33万公顷，属于中型灌区，实行库灌合一管理体制，由水库管理所负责本水库灌区内骨干工程的运行、管理和维护，适时供水配水，灌区实行有偿供水。水库下设广泉、大井、温水、西皋、张里、昌里6处管理站，各站在所辖范围内分片成立养护队，负责渠堤、涵闸的日常管护和灌溉期间的管理运用，搞好配水送水，维护好用水秩序，适时灌溉，按时收取水费。

小型灌区管理 平邑县中小型灌区共计261处，分布在全县各个街镇，主要类型有水库灌区、塘坝灌区、扬水站灌区、井灌区、引河灌区四种形式。至2010年底，全县共有261处中小型灌区处，总土地面积4.96万公顷，设计灌溉面积2.73万公顷，有效灌溉面积1.66万公顷。其中0.07万～0.33万公顷以上灌区共计11处，设计灌溉面积1.29万公顷，有效灌溉面积0.76万公顷；0.07万公顷以下的灌区共计264处，设计灌溉面积1.44万公顷，有效灌溉面积0.9万公顷。

小型灌区管理。吴家庄、公家庄、杨庄、安靖、大夫宁5座中型水库及等岳庄、蒋里2座重点小（1）型水库灌溉工程实行库灌合一管理体制，由水库管理所统一管理，负责本水库灌区内骨干工程的运行、管理和维护，适时供水配水，灌区实行有偿供水。

小（1）型水库灌区由所在乡镇统一管理，小（2）型灌区、塘坝灌区、扬水站灌区、机电井灌区由所在村驻地或受益村管理，按面积收费。为充分发挥乡村经营扬水站的效益，有些乡镇或村庄投资对扬水站、机电井等小型水利设施进行更新改造，工程管理由村派专人管理。

小型灌区管理难度较大，设备利用率低，个别灌区配套设施不齐全，工程效益未能充分发挥。

第二节 节水灌溉

随着国民经济的发展，全县水资源供需矛盾日益突出，而农业生产又是用水大户，其用水量占整个国民经济总用水量的84%以上。推广应用节水灌溉技术，提高灌溉水的利用率，是解决全县水资源供需矛盾的关键。

1989—1995年，全县共修建各级防渗石渠743千米，支、斗、农渠防渗节水灌溉面积2.1万公顷。其间，小型移动式喷灌机得到较快发展，喷灌、滴灌、管道灌溉等节水灌溉面积0.43万公顷。

1996—2006年，平邑县节水灌溉工程建设发展迅速。1996年，平邑县被国家列为“九五”全国节水灌溉重点建设县；1999年，被列为国家节水灌溉示范项目建设县。

2001年，平邑县又被分别列为全省节水灌溉示范项目建设县及省财政扶持节水灌溉示范项目建设县。

全国节水灌溉示范项目

“九五”全国节水增产重点县建设及全国节水灌溉示范项目建设。1996年，平邑县被列为全国300个节水灌溉增产重点县之一。节水灌溉增产重点建设项目包括唐村水库灌区支斗渠防渗石渠续建配套、半固定式喷灌、果园微灌、管灌及大棚草莓膜下滴灌等节水灌溉。项目开展后县政府成立由常务副县长为组长的节水农业技术开发领导小组，采取项目部门分工负责制，做到统一组织领导、统一规划设计、统一设备材料、统一施工质量、统一验收标准的“五统一”管理体制。

全县“九五”全国节水增产重点县建设期间，新增节水灌溉面积0.67万公顷，其中防渗渠输水灌溉0.36万公顷，低压管道输水灌溉0.08万公顷，半固定式、移动式喷灌0.2万公顷，果茶经济作物微灌0.04万公顷，累计完成工程量74.44万立方米，工日108万个，完成投资3115万元。同时小型移动式喷灌机具得到较快应用，到2000年，全县节水灌溉面积已达到2.6万公顷。

通过对比试验，粮食作物增产率在20%～30%左右，果品类经济作物增产率在40%～50%左右，节水灌溉增产效益显著。2000年8月，通过国家及省、市有关部门的验收。

“九五”期间，全县共发展各种节水灌溉面积0.67万公顷，完成投资3419.52万元。2001年和2005年，两年共发展节水灌溉面积10.83平方千米，完成投资870.37万元。

全省节水灌溉项目

2001年，平邑县被列为全省节水灌溉示范项目建设县。在资邱、地方等5个乡镇选择示范项目，发展节水灌溉面积483.58万平方米，其中果树微灌及大棚滴灌160.08万平方米，果园管灌223.45万平方米，管道防渗灌100.05万平方米。至2002年11月，共完成投资408万元，其中省财政专项资金70万元，地方配套70万元，受益单位自筹268万元。该项目于2003年5月通过省有关专家验收。

2005年，平邑县被列为省财政扶持节水灌溉示范项目建设县。项目建设地点设在资邱镇，发展微喷灌600.3万平方米，其中建扬水站14处，蓄水池14个，铺设直径225毫米聚氯乙烯管6.45千米，直径160毫米聚氯乙烯管15.03千米，直径110毫米聚乙烯管6.84千米，安装直径76毫米给水栓1200个。工程概算总投资462.37万元，其中省财政50万元，自筹资金362.37万元，其他50万元。

“九五”重大科技攻关项目

山东省“九五”重大科技攻关项目——“低山丘陵区农业节水模式研究与示范”工作。1997年，县政府承担山东省“九五”重大科技攻关项目——“低山丘陵区农业节水模式研究与示范”。承担的主要任务是充分利用库、塘、渠、河、井等多种水源，研究适合低山丘陵区的灌溉输水工程，解决低山丘陵区复杂地形条件下粮田及经济茶果的节水灌溉模式。主要技术指标是灌溉水利用系数0.7以上，粮田节水15%～20%，茶、果节水30%以上，粮食增产15%～20%，水果增产20%～30%，水分生产率1.5～1.8千克/立方米。

为保证项目的顺利实施，县政府成立由分管农业副县长任组长，水利、科技、财政部门负责人任副组长，有关部门负责人及有关乡镇乡镇长任成员的农业节水模式研究与示范领导小组。实行领导小组成员单位分工负责制，其中水利部门负责示范工程规划设计、试验示范研究，财政金融部门负责建设资金的筹措，有关乡镇政府负责项目的施工管理，确保研究示范工程高标准、高质量完成。

经过3年的工作，主要完成的试验研究项目有：西关居66.7万平方米冬小麦半固定式喷灌试验研究；大高庄26.68万平方米果园穴灌与微喷对比试验研究；唐村水库灌区防渗渠系水利用率测定；兴隆店子高位水囤节水灌溉模式调查与研究；农艺综合节水技术的调查与研究。

经过3年多的试验示范研究，完成喷微灌示范面积3775220平方米，渠道防渗控制面积2401200平方米，提交典型工程设计、节水灌溉试验研究报告、调查研究报告及低山丘陵区农业节水模式研究与示范技术报告等。提出低山丘陵区利用沟河梯级拦蓄地表水，开辟地表水资源；充分利用库、塘、渠、河、井等多种水源，建高位水囤，因地制宜采用管灌、滴灌、喷灌，一水多用，形成复杂地形条件下的多种作物节水工程模式。自流灌区渠系衬砌防渗，山间平原管道输水，粮田半固定式、移动式喷灌机组喷灌，茶果发展微灌、滴灌，形成不同地形、不同作物、不同水源的因地制宜的多种形式的节水灌溉模式，提高了水资源的利用率。试验示范结果证明：平邑县承担的“农业节水模式研究与示范”任务，均达到节水、增产等技术经济指标。

1997年9月5日项目实施，到2000年12月17日验收鉴定结束。经过3年的试验、示范推广，节水灌溉面积0.67万公顷，灌溉水利用系数达到0.7以上，水分生产率1.5～1.8千克/立方米，节水28%～30%，粮食增产15%～20%。评审委员会专家认为，研究成果具有国内领先水平，在省内外同类地区具有超前的示范作用，并有广阔的推广应用前景，属国内创新，具有国内领先水平。

高效节水灌溉工程规划

2010—2013年，规划节水灌溉工程1.36万公顷，改造工程1.06万公顷，新增工程0.30万公顷。小型灌区涉及8个乡镇35处，其中管道输水灌溉工程0.36万公顷，其中新增0.02万公顷，改造0.34万公顷；喷灌工程0.25万公顷，其中新增0.02万公顷；改造0.23万公顷；微灌工程0.13万公顷，其中新增0.05万公顷，改造0.1万公顷；纯井灌区涉及9个乡镇84处，其中管道输水灌溉工程0.39万公顷，其中新增0.13万公顷，改造0.26万公顷；喷灌工程0.11万公顷，其中改造0.11万公顷；微灌工程0.12万公顷，其中新增0.08万公顷，改造0.04万公顷。

表 7-8

1996—2000 年全国节水重点县（平邑县）新建节水灌溉项目情况表

项目名称	建设地点	工程类型	工程建设主要内容	效益面积（亩）	灌溉作物类型	灌溉作物品种	建设时间（年份）	灌溉用水量（立方米）		工程节水率（%）	作物增产率（%）
								建成前	建成后		
总计				101200							
防渗渠	平邑、仲村	防渗	防渗石渠 202 千米	34200	粮	小麦	1998	460	380	17.4	25
防渗渠	铜石、温水	防渗	防渗石渠 88.6 千米	15000	粮	小麦	1999	460	380	17.4	25
防渗渠	流峪、平邑	防渗	防渗石渠 29.4 千米	5000	粮	小麦	2000	460	380	17.4	25
保太半固定喷灌	武阳湖	喷灌	固定管 2100 米、泵站	1000	粮	小麦	1996	260	145	44	33
平邑居半固定喷灌	庞居湖	喷灌	固定管 1200 米、泵站	1500	粮	小麦	1997	300	185	38	30
柏林镇半固定喷灌	武安湖	喷灌	固定管 1800 米、泵站	1200	粮	小麦	2000	290	160	44	30
移动机组喷灌		喷灌	喷灌机组 650 套	26300	粮	小麦	1996—2000	280	160	43	25
微灌	资邱东岭时家村	微灌	固定管 15300 米、泵站	880	果	红富士	1997	120	60	50	40
微灌	资邱东岭时家村	微灌	固定管 16000 米、泵站	400	果	乔纳金	1997	120	50	58	40
微灌	资邱东岭时家村	微灌	固定管 3580 米、泵站	420	果	果茶	1997	285	184	35	50
微灌	资邱东岭时家村	微灌	固定管 3200 米、泵站	600	果	红富士	1999	220	140	36	30
微灌	资邱东岭时家村	微灌	固定管 16000 米、泵站	1000	果	杂果	2000	285	184	35	50
微灌	资邱东岭时家村	微灌	固定管 16200 米、泵站	1100	果	果茶	1998	285	184	35	50
微灌	资邱西岭李家村	微灌	井、泵站、管、水囤	1000	果	杂果	2000	220	140	36	45
喷灌	资邱西岭李家村	管灌	铺混凝土管 27000 米	4500	粮	小麦	1996	240	180	21	20
微灌	资邱西岭李家村	管灌	铺混凝土管 27600 米	4600	粮	小麦	1997	240	180	21	20
微灌	资邱西岭李家村	管灌	铺混凝土管 6000 米	1000	粮	小麦	1999	240	180	21	20
微灌	资邱西岭李家村	管灌	铺混凝土管 9000 米	1500	经	果烟	2000	240	180	21	20

2013年平邑县水库工程基本指标情况表

表 7-9

工程名称	控制流域面积（平方千米）	总库容（亿立方米）	兴利库容（亿立方米）	坝顶长度（米）	最大坝高（米）	防洪标准		溢洪闸孔/尺寸	泄洪能力（立方米/秒）	通信设备	大坝照明	放水洞启闭设备	电气设备	观测设施点（个）/方式
						校核	现状							
唐村水库	263	1.4399	0.944	1038	24.4	千年	千年	5/10×5	1700	电台电话	1	2套	16	38/人工
昌里水库	160.7	0.7183	0.3277	1332	30.2	两千年	百年	3/8×10	1843.8	电话	1	1套		75/人工
吴家庄	21	0.1660	0.1370	480	26	千年	百年		61.9	电台电话	1	1套		1/人工
公家庄	33	0.1276	0.0909	2530	13	千年	50年	2/8×8	637	电台电话	1	1套	20	74/人工
大夫宁	16.8	0.1024	0.0777	720	24	千年	百年		275.9	电台电话	1	1套		1/人工
安靖水库	35.12	0.1191	0.0882	2205	14.4	千年	50年	5/3.5×6	406.50	电台电话	1	1套	22	2/人工
杨庄水库	36	0.1003	0.0574	1260	25.3	千年	百年		724	电台电话	1	1套	2	15/人工
岳庄水库	36	0.0736	0.0559	1120	20.5	500年	50年	3/10×6	747	电台电话	1	1套	22	1/人工
蒋里水库	12.8	0.0528	0.0297	974	16.5	千年	50年		188.48	电话	无	1套		1/人工

第三节　人畜饮水

随着平邑县村镇供水工程建设步伐的不断加快和工程数量的快速增加，为适应村镇供水工程管理工作的需要，县农协办于2006年4月成立农村供水协会，对全县的村镇供水工程实行统一管理。

县农村供水协会在总结工程管理经验的基础上，研究开发并推广应用“平邑县村镇供水实时监控调度技术”“平邑县村镇供水管理信息技术”，走出一条供水协会信息化管理村镇供水工程的新路子。县农村供水协会设立水费收缴管理中心，主要监督乡镇水费收支管理，财务审核和申请批复工作。各乡镇工作委员会设立水费收缴服务中心，配置了电脑与县中心联网，主要负责本辖区内各工程泵房总水表表码的抄报，核算各工程村和用水户水费、打印水费票据、水费收支管理和账务处理等具体事务。工程村管水员主要负责户内水表表码的抄报，按打印票据收取水费并到乡镇工作委员会报账。

2004—2005年，全县完成67个村的人畜饮水解困工程，解决6.3万人的饮水困难问题，完成投资1496万元，其中国家投资788万元，建成高标准的水源工程、供水管网工程及入户自来水工程。

2006年，全县建设95个自来水工程，涉及103个村，受益人口115239人。完成投资1616万元，其中国家投资441万元。2007年，全县共建设44个村村通自来水工程，受益村庄49个，受益人口64430人。2008年，全县共建设农村饮水安全工程13个，受益村庄51个，受益人口65434人。

2009年，全县建设农村饮水安全工程11个，受益村庄31个，受益人口32725人。至2013年，全县农村饮水工程基本完成。

2011—2013年农村饮水安全工程

2011年，采用新建联村集中供水形式，新建农村饮水工程2处，解决平邑镇、地方镇2个乡镇22个村庄4万人饮水安全问题，工程总投资3966万元，其中中央预算内投资1322万元，省级投资793万元，市级投资793万元，县级投资1058万元。

2012年，结合《十二五农村饮水安全工程规划》、山丘区村庄打井计划、山东省千村饮水扶贫工程实施方案，采用新建集中供水形式，解决白彦镇、保太镇、卞桥镇、平邑镇等12个乡镇30个村庄饮水困难，共新建工程30处，解决3.5万人的饮水安全问题。工程总投资1658万元，其中中央预算内投资995万元，省财政投资332万元，市级投资153万元，县级配套178万元。

2013年通过新建联村集中供水形式，新建农村饮水工程2处，解决我县保太镇、卞桥镇2个乡镇17个村庄3万人的饮水安全问题，工程总投资1479万元，其中中央预算内投资887万元，地方投资592万元。

第四节　河道治理

平邑县河流长期以来缺少有效治理，削弱了河道的行洪能力。沿河乡镇修建的堤防段堤身单薄，残缺不全，缺口较多，弯道冲刷河岸，险工不断。跨河建筑物老化退化，水土流失严重。每到汛期，山洪暴发，河水泛滥，洪水常常冲毁堤岸，淹没大量耕地，危及人民群众的生命财产安全，严重制约当地经济社会发展。1989—2013年，平邑县先后进行西皋河、浚河等部分河段治理。

温凉河治理

1997—1998 年，按照 20 年一遇的防洪标准，对温凉河 4.6 千米的河段进行治理，主要进行部分河道的取直裁弯、疏通，石砌河堤。完成工程量 294515 立方米，共投资 386.78 万元。经过治理，河宽 80 米，深 2.6 米，年防洪效益可达 91.2 万元。

张里河治理

张里河为西皋河中段，该河发源于郑城镇石龙口苏家崮，其上游为昌里水库。1999—2004 年，按照 20 年一遇的防洪标准，对 16 千米的河段进行治理，主要进行部分河道的取直裁弯、疏通，贴坡式石砌河堤。完成工程量 509152 立方米，共投资 911.52 万元。治理后，河宽 60 ~ 70 米，年防洪效益达 235.6 万元。

鲁埠河治理

鲁埠河为浚河支流，河道弯曲，河面宽窄不一。1986—2005 年，武台镇及保太镇不断对其进行维修，累计治理河道 25.55 千米，完成土石方 359958 立方米，投资 425.74 万元。

资邱河治理

资邱河系浚河支流。2004 年，为保证行洪安全和更好的发挥河道效益，资邱镇对 2.1 千米的较窄河道进行治理，完成土石方 64124 立方米，投资 182.82 万元。

西河治理

西河系浚河支流。2002 年 10 月，仲村镇对其进行治理，累计治理河道 1.8 千米，共完成土石方 52771 立方米，投资 112.96 万元。经过治理该河段达到 20 年一遇防洪标准。

西皋河综合治理

2011 年 5 月 1 日开工，2011 年 12 月 25 日完工。西皋河综合治理工程从入浚河口到大广泉桥段共长 11.2 千米，总投资 3073 万元。其中河道疏浚 6.31 千米，新筑堤防 8.13 千米，加固堤防 3.20 千米，新建穿堤涵洞 13 座、生产桥 3 座，改建生产桥 1 座，护砌工程 4.27 千米。

浚河县城段治理

浚河县城段治理自浚河兖石铁路桥桥下 300 米至东阳大桥以上，两岸培堤总长 12.38 千米，其中左岸培堤长 6.05 千米，右岸培堤长 6.23 千米。河道治理工程的重要内容：河道治理长度 6.3 千米，河道清淤、疏浚 8.15 千米，两岸培堤总长 12.38 千米，新建橡胶坝 2 座。工程竣工后，提高浚河平邑县城区段的防洪标准，在县城区形成 1.75 平方千米的水面，一次可拦蓄水量 612.5 万立方米，增加县城城区绿化面积，改善生态环境及城区交通条件，促进旅游资源的开发。

浚河（左岸堤防）治理

2013 年施工，工程治理范围从县城北环路至费县交界处，长度为 33.2 千米。工程总投资 16469 万元。总工程量 313.26 万立方米。新建交通桥 5 座，排水建筑物 41 座，新增护险长度 980 米。工程以堤带路、路堤结合，并兼顾河道防洪要求，按照 20 年一遇的防洪标准建设。

唐村河治理

2013 年 4 月 6 日开工。此次治理工程范围为洪涝灾害较严重的县城浚河大桥下游 1 千米至蔡庄漫水桥（河道中泓桩号 104+000 ~ 111+950），河道治理长度 7.95 千米。总投资 2516.36 万元。

2013 年平邑县橡胶坝建设情况表

表 7-10

项目	河湾橡胶坝	西张庄橡胶坝	颛臾橡胶坝	明德花园橡胶坝
位置	河湾村	西张庄村南	颛臾三村北	白龙村明德花园
建设时间	2007.4-2007.12	2007.4-2008.4	2009.9-2010.1	2013.1.6-2014.5.25
投资（万元）	1687.69	1364.53	915	707
设计坝高（米）	4.5	4.5	4.5	5
橡胶坝净长（米）	126	105	98	52
坝地板高程（米）	144.5	141.5	135.3	157
正常挡水位（米）	149	146	139.8	162
坝前蓄水库容（万立方米）	250	170	105	53.52
回水长度（千米）	3.55	2.75	3.5	2.6
回水面积（平方千米）	0.75	0.42	0.42	0.042
20 年一遇设计洪峰流量（立方米 / 秒）				303.6
50 年一遇校核洪峰流量（立方米 / 秒）				346.8

说明：各坝工程规模为中型，工程等级为Ⅲ级，主要建筑物级别为 3 级，次要建筑物级别为 4 级。永久性水工建筑物设计洪水标准为 20 年一遇，校核洪水标准为 50 年一遇

第三章　水土保持

第一节　监测管理

20 世纪 80 年代，平邑县组建县域水土保持监测站网体系，对监测区域进行长期定位观测，编制监测报告。对开发建设项目的水土流失状况，安排专人进行监测。

1991 年起，在“3·22”世界水日、中国水周及“6·29”《中华人民共和国水土保持法》颁布纪念日等时间，利用新闻媒体、张贴标语、召开会议、印发宣传材料等形式，开展水土保持宣传活动。定期召开县水土保持委员会会议，研究制定县域内水土保持预防方案，先后印发《平邑县水土保持暂行办法》《平邑县水土保持设施补偿费水土流失防治费征收使用和管理办法》《平邑县水土保持方案管理办法》等地方配套规范性文件。至 2013 年，全县累计审批水土保持方案 88 个。

第二节　小流域治理

平邑县地处沂蒙山区腹地，属淮河流域，沂河水系，浚河支流。总面积 1824.97 平方千米，其中山地丘陵占 85%，平原只占 15%。

有主要山头1076个，岭头224个，河流126条，116条小流域，耕地面积580平方千米，是典型的山区农业大县。1984年第一次全县水土流失调查显示，全县水土流失面积1532平方千米，年流失土壤800万吨，水土流失极为严重，成为影响制约全县生态环境改善和经济社会发展的重要因素。截至2013年，全县重点综合治理85条小流域，累计综合治理水土流失面积1000余平方千米，总投资3.9亿元。

2012年，组织实施沂蒙山水土保持科技示范园工作。为充分展示小流域综合治理成果，打造水土保持科技示范精品工程，发挥水土保持工程典型带动和示范辐射作用，平邑县水土保持局联合山东省水科院、山东农业大学、临沂大学等科研单位、高校对示范园区开展技术指导和课题攻关。示范园创建与旅游开发相结合、与当地群众生产生活相结合、与天宝山独特的自然资源相结合，规划建设科学试验与观测区、小流域综合治理技术示范与推广区、生态休闲与观光区、科普宣传与教育区四大功能区。园区总面积145公顷。

1990—2013年平邑县小流域综合治理工程情况表

表 7-11

小流域名称	所在乡镇	施工年份	治理面积（平方千米）	总投资（万元）	新建梯田面积（公顷）	水保林面积（公顷）	经果林面积（公顷）	生产道路（千米）	其他小型水利水保工程
崇圣、姜庄、石门、跑马岭小流域	郑城镇、白彦镇、庞庄乡	1990—1992	55.78	1178.79	1020	1363	920		谷坊440座，拱坝212座
大峪沟小流域	天宝乡	1991	8.4	248.49	33	206	453		谷坊229座，水池120座，塘坝6座，顺沟坝1.6万米
昌里小流域	铜石镇	1991	33.12	598.29	1385	1402	513		谷坊582座，塘坝7座
吴家庄小流域	平邑镇	1992		483.6	670.1	761.4	431.8	52	谷坊700座，水池58座，塘坝30座
陈家庄小流域	柏林镇	1992		77.91	1715.36	863.7	778.62		塘坝150座，蓄水池50座
张里小流域	铜石镇	1998	20.06	1930	885	597	495	12	谷坊118座，水池24座，塘坝6座，桥涵45座，渠道5000米
石河小流域	卞桥镇	1998	21.95	1883.4	597	450	698	11.5	谷坊42座，水池42座，塘坝4座
白马关小流域	武台镇	1999		275.9		32	40	2	谷坊17座，水池2座，塘坝2座，桥涵6座
三关小流域	羊城乡	1999			25	75	87	7	谷坊23座，水池3座，塘坝3座，桥涵14座
姜庄小流域	魏庄乡	2001	8.0	142.75	200	253	254	33	谷坊3座，水池5座，桥涵72座
母子山小流域	郑城镇	2001	13.3	259.28	325	370	245	12	谷坊37座，水池6座，塘坝3座，桥涵25座
银山小流域	白彦镇	2002	4.852	242.6	212	113	160	6	谷坊54座，水池2座，塘坝8座，桥涵24座
生态修复工程	铜石镇、地方镇、郑城镇	2002—2004	27.5	369.72	120	495	1287	43	封禁1181公顷，蓄水池20座，谷坊126座，堰坝10座
玉溪小流域	郑城镇	2006	5.2	156	176		7	12	封禁543公顷，蓄水池8座，谷坊12座，堰坝12座，沟道护岸4km
大埠槐小流域	保太镇	2006	3.1	130.95	85		102	1.6	封禁123公顷，蓄水池8座，谷坊4座
乔家村小流域	柏林镇	2007	8.92	269	430		88		封禁374公顷，蓄水池4座，谷坊20座，堰坝3座，涵洞6座

续表 7-11

小流域名称	所在乡镇	施工年份	治理面积（平方千米）	总投资（万元）	新建梯田面积（公顷）	水保林面积（公顷）	经果林面积（公顷）	生产道路（千米）	其他小型水利水保工程
老邱峪小流域	平邑镇	2007	8.59	185.65	86	642	131	12	蓄水池 8 座，谷坊 16 座
彭泉清洁型小流域	铜石镇	2008	2.02	205			48	1	蓄水池 3 座，谷坊 9 座，水窖 10 座，垃圾池 20 座，沼气池 80 座
讲理小流域	平邑镇	2008	5.87	174.18	177.5		131		封禁 278 公顷，蓄水池 4 座，谷坊 23 座，涵洞 16 座
八顶庄小流域	资邱乡	2008	2.34	149.07	113		121		谷坊 6 座，蓄水池 4 座，河道修复 11 千米
乔仙庄小流域	柏林镇	2009	8.6	295.13	130	28	102		封禁 600 公顷，蓄水池 3 座，堰坝 2 座
黄崖小流域	柏林镇	2009	8.9	300.18	265		125	500	封禁 500 公顷，蓄水池 4 座，堰坝 2 座
跑马岭小流域	临涧镇	2009	5.03	155	242	33	101		封禁 127 公顷，蓄水池 6 座，谷坊 8 座，堰坝 2 座
贾庄小流域	柏林镇	2009	5.2	156	127	308	85		蓄水池 3 座，谷坊 6 座，堰坝 4 座
石河小流域	卞桥镇	2010	9.88	222.63	137	98	63	6	封禁 690 公顷，蓄水池 3 座，谷坊 6 座，堰坝 2 座
菠萝崮小流域	卞桥镇	2010	5.2	241.53	93	40	57	4	封禁 330 公顷，蓄水池 4 座，谷坊 4 座，堰坝 2 座
娄山小流域	丰阳镇	2010	1.72	112.23	72		41		封禁 59 公顷，蓄水池 3 座，堰坝 1 座
闫家庄小流域	卞桥镇	2011	8.35	306.48	137	40	71	3.4	封禁 587 公顷，蓄水池 2 座，谷坊 5 座，堰坝 3 座
东庄小流域	卞桥镇	2011	9.61	349.85	170	37	89	5	封禁 665 公顷，蓄水池 2 座，谷坊 6 座，堰坝 2 座
孙庄小流域	保太镇	2012	12.53	458.68	225	41	92	4	封禁 746 公顷，蓄水池 5 座，谷坊 5 座，堰坝 4 座，道护岸 3 千米
杨家庙小流域	保太镇	2012	20.21	260.15	115	39	98	4	封禁 682 公顷，蓄水池 3 座，谷坊 10 座，堰坝 2 座
黑山前小流域	武台镇	2012	8.34	705.6	138	133	163	4	封禁 400 公顷，蓄水池 5 座，谷坊 1 座，堰坝 3 座

续表 7-11

小流域名称	所在乡镇	施工年份	治理面积（平方千米）	总投资（万元）	新建梯田面积（公顷）	水保林面积（公顷）	经果林面积（公顷）	生产道路（千米）	其他小型水利水保工程
大王庄小流域	武台镇	2012	9.69	347.61	40	200	72	6.46	封禁596公顷，蓄水池3座，谷坊5座，堰坝4座，道护岸0.63千米
白马关小流域	武台镇	2012	8.53	228.42	20	200	33	6	封禁367公顷，蓄水池1座，谷坊2座，堰坝1座
明光寺小流域	柏林镇	2012	19.25	422.53	66	234	175	2	封禁1400公顷，蓄水池5座，谷坊5座，堰坝4座
三关庙小流域	保太镇	2012	6.58	279.98	28	115	118	4	封禁600公顷，蓄水池5座，谷坊5座，堰坝2座
太平岭小流域	柏林镇	2012	2.47	279.55	66		154	3	蓄水池3座，谷坊3座，堰坝2座
大洼小流域	柏林镇	2012	15.32	194.5		100			封禁1432公顷，蓄水池2座，谷坊5座，堰坝3座，沟道护岸0.5千米
香山小流域	丰阳镇	2013	13.15	481.77	712	76.01	69.39	6.08	封禁457.22公顷，蓄水池1座，谷坊3座，堰坝3座，沟道护岸13.33千米
花果峪小流域	丰阳镇	2013	7.25	231.77	232.64	107.49	71.45	3.61	封禁313.82公顷，蓄水池1座，谷坊2座，堰坝2座
跃鱼沟小流域	仲村镇	2013	1.9	75	135		45	2.1	封禁14公顷，蓄水池3座，谷坊3座，桥涵3座

第三节 民营水保

在重点做好国家水土保持重点工程、中央预算内工程建设的同时，通过政策扶持、技术指导等措施，利用农业合作社、专业合作组织等新型组织形式，鼓励民营大户、企业参与四荒治理、民营水保和生态修复等。

平邑县民营水土保持的发展大致经历四个阶段。一是20世纪90年代以前，主要是以承包到户为主，以村为单位，只承包给本合作经济组织成员，是一家一户的小规模开发治理。二是90年代初，实行规模开发，分户承包经营。三是2000—2008年，主要是以荒山使用权的拍卖为主，治理开发主力军依然是该区域的广大干部群众。四是2008年以来，将荒山开发治理推向市场，积极推行土地流转政策，民营水土保持进入新的高潮期。民营水土保持工作的开展，拉动了全县林果、金银花等特色产业发展链条，带动出“春华农场”“沂蒙霜红桃基地”等多个民营水保典型。实现了水保生态效益、经济效益和社会效益最大化，达到治理一方水土，致富一方百姓的目的。

第四章 防汛 抗旱

第一节 防 汛

1989—2013年，每年主汛期到来之前，都及时召开全县防汛工作会议，进行全面部署，制定预案，落实责任，确保防汛工作万无一失。平邑县汛期为6月1日至9月30日。自1998年《中华人民共和国防洪法》颁布实施以来，平邑县防汛工作纳入法治化、规范化轨道。防汛抗洪工作实行各级人民政府行政首长负责制，统一指挥，分级分部门负责。县委、县政府一直把防汛作为头等大事来抓，要求水利局、防汛抗旱指挥部办公室等部门提前谋划，争取主动，及早准备，认真做好防汛工作。县人民政府设立防汛抗旱指挥部，办事机构设在水行政主管部门。包防领导多次深入所包水库召开现场办公会，解决实际问题。修订完善各类防洪预案，对在建工程制定除险加固度汛方案、超标准洪水应急预案、应急险情抢险措施，提高应对各种复杂情况的能力。搞好工程隐患检查，每年对全县大中小型水利工程及各乡镇防汛工作进行全面检查，各乡镇也组织人员对辖区内的塘坝及各类民营水利工程进行检查。同时，做好防汛料物储备。

1991年7月24日凌晨2时至25日6时，平邑县降特大暴雨，全县水库爆满，河流急涨，洪水泛滥。蒙山主峰前13个乡镇的所有水库、塘坝全部溢洪。浚河洪峰流量达2100立方米/秒，两岸一片汪洋，沿岸129个村庄，10.3万人被洪水围困，倒塌房屋19462间，其中主房13510间，造成危房11974间，致使10000多户居民、40000多人无家可归，14人死亡，350人受伤，冲走淹死牲畜7600头（只），家禽15.7万只，冲走和霉变粮食1730万千克。灾情发生后，县委、县政府立即行动，迅速部署，明确提出保生命、保工程的“双保”任务；健全抗洪救灾专门机构，明确工作指导思想和主要任务，实行各级领导干部分工包片责任制；调动各方面的积极性，充分发挥各类水利工程在防汛中的作用；搞好水毁工程修复。各级党委政府带领全县人民群众积极开展生产自救，把灾害损失降到了最低限度。

2005年9月19—21日，平邑县连降暴雨，全县平均降雨量达202.5毫米，致使全县10个乡镇遭到不同程度的损失，受灾人口8.57万人，倒塌房屋1004间，因洪水造成企业临时停产5个，冲毁乡村路53.89千米，冲毁大小桥涵36座，塘坝、谷坊14座，冲毁土地100.7公顷，农作物受灾面积2733.3公顷，其中粮食作物2186.7公顷，大中型水库水毁工程10项，给全县造成直接经济损失8600多万元。灾情发生后，县委、县政府主要领导多次调度全县的防汛工作，并坐镇县防汛指挥部，现场指挥。9月20日21时，针对严峻的防汛形势，县委书记杜甲普、县长王林山主持召开县六大班子领导、县防汛指挥部全体成员和水利系统技术人员参加的全县防汛工作紧急会议，会后全县各级迅速行动，由县六大班子领导带队分赴全县各乡镇各大中小型水库现场指挥调度，落实各项防汛措施，组织人员进行农田排涝，修复水毁工程，把灾害损失降到最低限度。

2007年8月17日24时至18日5时，平邑县临涧镇连降暴雨，全镇平均降雨289毫米，由于短时间内降雨量剧增，导致河水暴涨，水库、塘坝蓄水迅速增加。在暴雨来临前，按照县防汛指挥部的通知精神，临涧镇党政办公室立即向全镇各工作区、各村发布了强降雨预报，要求班子成员、各工作区、各村按照防汛预案要求，及时到岗到位，搞好防汛值班，严阵以待，做好抗大洪、防大汛、抢大险的各项准备。新围子村在这次降雨过程中处于全镇降雨中心，该村塘坝建库时间较早，库容10万立方米。新围子村按照防汛值班的要求，坚守在工程现场。18日4时许，村干部在水库察看汛情时，发现坝体即将出现险情，并立即报告镇党委、政府和水利站防汛办公室，同时紧急召集村内青壮劳力200余人到抗洪一线进行排险、抢险，及时转移群众70余户、210余人。群众刚刚转移完毕，大坝外坡即发生滑坡，滑坡长度达60余米。镇防汛指挥部成员全力以赴，调度救灾物资，组织附近村庄支援进行抢险、排险，确保了人民生命财产安全。

第二节 抗 旱

1997年9月至12月，平邑县遭遇百年不遇干旱，全县农作物受旱面积6.13万公顷，其中重旱4.33万公顷，轻旱0.8万公顷，干枯1万公顷，连续给253个村庄、14.5万人、3.8万头牲畜饮水造成困难。县委、县政府从县直机关抽调125名干部组成抗旱工作组，分赴26个乡镇帮助开展抗旱工作。投入抗旱劳动力19.7万人，利用机井1400眼，抽水泵站270处，提水设备0.45万台（套），调动运水车1360辆。抗旱灌溉面积4.67万公顷次，浇果树97万棵，临时解决人畜饮水8.5万人，牲畜1.8万头。临沂市防指拨付平邑县抗旱资金23万元，全县群众自筹110万元，投入汽油180吨，柴油260吨，化肥1200吨，用于抗旱双保。县里成立平邑县抗旱服务队，由编委正式下文列编，专门从事抗旱情况普查和抗旱指导工作。

2001年1—5月，平邑县平均降雨仅有75毫米，比正常年份减少44%，全县有120

个村庄、4.5万人因旱饮水困难。全县粮田受旱面积4.8万公顷，其中重旱3万公顷，部分地块小麦未熟先干；全县有近1.33万公顷小麦受旱，其中有1万公顷平原地小麦减产10%以上，亩减产25千克，有3333.33公顷山区丘陵小麦减产20%以上，亩减产30多千克。有1333.33公顷春地瓜缺苗，有666.67公顷春地瓜因旱缺墒，有3333.33公顷春花生缺苗，666.67公顷山岭地花生叶片干枯。县委、县政府及时召开会议，部署抗旱及“三夏”生产工作,并成立抗旱及“三夏”生产领导小组，召开调度会，研究抗旱及“三夏”生产工作措施。各有关部门主要领导带队深入到各乡镇、田间地头，帮助农民群众找水源，指导夏收夏种。全县有40万人投入到抗旱及“三夏”生产一线工作，日上阵抗旱劳力达12万人，县乡财政投入抗旱资金达350万元，其中县财政投入35万元，乡财政投入315万元，动用抗旱喷灌机械1万多台套，新打机电井、大口井1200多眼，动用拖拉机8300台，联合收割机103台，其中农机部门牵头引来外地收割机70台，动用脱粒机2600台。抗旱浇地3.33万公顷，其中浇土豆3333.33公顷、西瓜1333.33公顷、蔬菜666.67公顷、补栽地瓜4000公顷、花生及其他作物补种2000公顷，浇果树、黄烟等作物2.2万公顷。

2010年9月至次年2月下旬，平邑县出现了历史罕见的秋连旱叠加冬春连旱，严重的旱情给全县人畜饮水、冬季农作物生长、春耕春播造成严重影响。农作物受旱面积6.44万公顷，其中，小麦受旱面积2.48万公顷，重旱1.14万公顷，826.67公顷绝产；蔬菜受旱面积6396.67公顷，重旱913.33公顷；果树受旱面积1.08万公顷，重旱4353.33公顷；金银花受旱面积1.42万公顷，重旱4353.33公顷；有10个乡镇1.418万人、1.39万头大牲畜出现临时性饮水困难，26眼机电井因水位下降出水不足。县委、县政府先后5次召开抗旱专题会议部署抗旱救灾工作，明确中心工作。坚持抗旱工作主要领导负总责，层层落实抗旱工作包扶责任制，全力以赴投入抗大旱夺丰收的大会战。投入抗旱劳力14.3万人次，投入抗旱机械1100台套，机动运水车52辆，泵站26处，投入抗旱资金2207万元，解决农作物浇灌面积3.79万公顷，其中灌溉小麦1.65万公顷，解决1.493万人、0.139万头大牲畜因旱临时性饮水困难。挽回夏粮总量1.28万吨，金额2688万元，挽回夏收经济作物金额2900万元，挽回总损失金额5588万元，抗旱工作取得显著成效。

第五章 水资源管理

第一节 用水总量控制

2011年3月，平邑县印发《平邑县人民政府关于贯彻落实〈山东省用水总量控制管理办法〉的实施意见》，全面贯彻落实《山东省用水总量控制管理办法》，开启县内水资源管理的新模式。

2011—2013 年平邑县用水总量控制指标

表 7-12　　　　单位：万 / 立方米

年份	控制指标	用水量
2011	16978	15670
2012	16978	15354
2013	16978	13897

严格落实用水控制指标，加强区域用水总量管理。用水总量控制实行规划期用水控制指标与年度用水控制指标管理相结合制度。根据上级部门下达的用水总量，全县取用水量达到或者超过年度用水控制指标的，县水行政主管部门暂停审批区域内新建、改建、扩建建设项目取水许可；取用水总量达到或超过规划期用水总量控制指标的，县水行政主管部门停止审批该区域内新建、改建、扩建建设项目取水许可。利用无水处理再生水的，不受规划期和年度用水控制指标限制。

严格取水许可审批，加强用水增量管理。新建、改建、扩建建设项目需要取水的，应当进行水资源论证，编制建设项目水资源论证报告书（表）。对未进行水资源论证或者论证未通过的，水行政主管部门不得批准取水许可，发改、经信部门不得批准立项，环保部门不得批准其环境影响评价报告。

严格用水考核管理，实行计划用水。根据上级水管部门的分配指标，制定各乡镇、街道、取水单位的用水计划，用水计划实行取水单位申报，水管单位审批的办法，严格控制用水量；单位实行计划用水，全年不得超过审批水量；超出计划用水量，实行累进加价的原则，加倍征收水资源费。

第二节　水资源费征收

自 1987 年起，水资源办公室开始对全县行政事业、工矿企业、个体企业等取用水户征收水资源费。

2002 年 2 月，省政府发布《山东省水资源费征收使用管理办法》，自 2002 年 4 月 1 日起施行。根据省物价局、财政厅、水利厅《关于发布全省 17 个市水资源费收费标准的通知》规定，确定平邑县的水资源费征收标准。从河流、水库取水的自备水源 0.25 元 / 立方米、公共供水 0.20 元 / 立方米。从地下取水的自备水源 0.50 元 / 立方米、公共供水 0.45 元 / 立方米；矿坑疏于及建设工程施工抽排地下水 0.10 元 / 立方米。

平邑县水资源费征收实行“收支两条线”管理，按照“票款分离系统”执收执缴水资源费，并按照分成比例及时纳入各级财政专户管理。纳入同级财政专户管理的水资源费，全部用于水利事业的建设、保护、管理，做到专款专用。

第三节　水政执法

1990 年 2 月 18 日，县政府印发《平邑县水利执法体系试点实施方案》，提出建立执法队伍，设专职水政监察员 4 人，兼职监察员 59 人。水政监察员为三级，一级为副科级以上干部 5 人，二级为股级干部 16 人，三级为一般职工 42 人。在水利水产局设立水利公安科，配专职水利公安人员 3 人，在唐村、昌里两处水管单位成立水库派出所，具体工作受县公安局和水利水产局双重领导。

2009 年 5 月 14 日，县政府办公室下发

《关于河道采砂联合执法实施意见》的通知，决定成立河道采砂联合执法办公室，抽调水利、公安、国土、地税、安监等有关部门9人，具体负责全县采砂审批、监督及规费征收。当年征收采砂管理费1080万元。

2010年12月，县政府办公室批复《平邑县水利局主要职责内设机构和人员编制》，县水利局内设水政法规科（挂水资源科牌子），负责拟定有关水政工作的政策措施，水政监察队伍建设、水行政执法和水利行政事业性收费征收管理工作，查处涉水违法事件，调处水事纠纷，水利行政许可和普法宣传工作，承担相关行政应诉、行政复议和行政赔偿工作。

2012年5月，县水利局以开展“水利执法年”活动为契机，精心筹划，统筹安排，全力加快建立权责明确、行为规范、监督有效、保障有力的水行政执法体系，大幅提高水利执法水平。共查处违法采砂点3个、扣押非法采砂机具及运砂车15辆、刑拘破坏水利建筑违法分子1名、清理抽砂船5条扣押1条、拆除非法建筑房7间。查处无证开采100余处，清理非法采砂船26条，扣押非法运砂车52辆。共查处无证取水6户，取水许可过期3户，并及时下达停止取水通知书，并给予相应的处罚。

第六章　水利改革

1998年，实施水利工程建设项目法人制、招标投标制、工程监理制“三制”管理，规范水利工程建设市场秩序，提高投资效益和工程建设水平。

2000年，全县开始实施小型水利工程产权制度改革，盘活水利资产。

2003年，平邑县政府印发《关于加快民营水利发展的意见》文件。

2007年，平邑县水利局印发《平邑县水利工程管理体制改革实施方案》文件。

第一节　产权制度和民营水利

2003年，县政府印发《关于加快民营水利发展的意见》文件，改革坚持“放开建设权，明确所有权，搞活使用权”的原则，对10万立方米以下的蓄水工程、蓄水池、汪塘、机电井、中小型扬水站、管道引水等小型农田水利设施，以明确产权、搞活管理使用权为重点，采取拍卖、承包、租赁等形式，将工程的管理使用权落实到户。工程的所有权归集体，管理使用权归承包、租赁者。对新建工程，以明确产权、放开建设权、落实管理使用权为重点，鼓励单位和个人采取户办、联户办、股份合作的形式投资建设，谁投资，谁受益，土地所有权归集体，工程设施的所有权、受益权、管理使用权归建设者。

制定优惠政策，设立民营水利发展基金，采取政府挤一点，企业资助一点，群众自筹一点的办法，多方筹措民营水利建设资金，扶持发展民营水利项目。

第二节　水管单位改革

1994年，根据县编委、财政局平编发〔1994〕42号《关于公布全县事业单位类型的通知》精神，县编委平编发〔1994〕80号《关于公布平邑县水利局所属事业单位机构编制的通知》批准县属水利工程副局级单位1个，股级单位9个，核定事业编制278人。

2007年，平邑县成立以副县长刘玉山为组长、县政府办公室、人事局、水利局、财政局、发展和改革局主要负责人为副组长的县水利工程管理体制改革领导小组，设立管理体制改革领导小组办公室。县水利局成立水利管理体制改革领导小组和水利工程管理体制改革实施方案编写小组，具体负责水管体制改革的前期准备和实施方案的编写工作。

2012年，县编办以《关于明确水利工程管理单位人员编制的通知》（平编办〔2012〕25号）明确唐村水库管理处等9个水管单位为公益性一类事业单位，经费形式为县财政全额拨款，共核定全额事业编制237名，实有195人。同时水管单位内部管理制度、工程维修养护、人员管理、管养分离等也完成相应的改革任务。

第七章　粮援项目

第一节　项目立项

1989年2月，成立平邑县联邦德国粮援项目办公室。1989年11月，粮援项目立项。1990年，粮援项目工程在平邑县正式实施，至2001年12月结束。共建成饮水工程149个，解决186个行政村18.5万人，3.7万户，18万头牲畜的饮水困难；灌溉工程48个，发展山区节水灌溉面积0.19万公顷；治理小流域13条，58平方千米。其中建梯田1934公顷、种植水保林2032公顷、经济林1772公顷。修建环山路380千米，架设输电线路111千米；总工程量1420.47万立方米，总投工459.68万个；工程总投资8830万元，其中外援资金4300万元，中方配套资金4530万元。

第二节　项目实施

在整个粮援项目实施过程中，平邑县学习借鉴德国供水工程的先进管理经验，积极探索适合本地实际的粮援项目管理模式。1995年，在铜石镇成立乡镇供水协会，制定一系列的规章制度和管理办法，随后在全县各乡镇推广。为更好地管好用好工程，在乡镇供水协会的基础上，1996年12月在“自我管理，自我服务，自我完善，共同发展”原则指导下，成立平邑县粮援项目工程管理联合会。联合会实行会员代表大会制度，下设常务委员会，监事会和理事会，并制定县联合会章程和各项工程管理规章制度，包括《粮援项目饮水灌溉工程检查评估标准》《水保工程检查评估标准》《饮水工程水费收缴办法》《灌溉工程水费收缴办法》《水费管理使用办法》《县管理发展基金的筹集使用办法》《工程维护职责范围的规定》《工程承包管理的实施意见》等，通过这些管理规章制度的落实，规范项目工程的管理，促进项目工程管理水平的提高。联合会对全县饮水工程实行“三统一定”管理——统一核定水价，统一水费收支，统一设备维修更新，定期组织检查、评比。所收水费专款专用。

1997 年 10 月，对外经贸部、农业部和山东省政府共同在曲阜市召开“扶贫和营养保障 作为中德合作典范的山东粮援项目国际研讨会”。平邑县代表全省粮援项目区接受来自世界 9 个国家、国内各省来宾共 120 多人的代表团考察。代表团对平邑县中德粮援项目的建设情况、标准质量以及发挥的社会、经济和生态效益给予充分肯定和高度赞誉，称中德粮援项目在平邑县获得巨大成功。

为搞好项目区内经济林管理，于 1998 年 8 月建立王崮山小流域苹果示范园，1998 年 12 月成立果树技术咨询服务中心。

为保证项目顺利实施，县、乡镇及项目工程村都成立相应机构，分级负责，并制定严谨科学的管理措施与技术措施，对整个项目的建设实行规范化、制度化管理。在整个粮援项目工程施工过程中，县、乡（镇）、村实行逐级施工负责制，定点包工程，层层抓好技术监督，施工技术人员对饮水、灌溉工程从打井、管道开挖、蓄水池布置、机房建筑、机电设备安装等，逐项进行技术指导与质量监督；省项目办不定期派专职人员到现场检查指导，并委托北京工业大学、北京农业大学，对项目的水利、水保工程进行长期的检查评估和技术咨询，每半年进行一次全面评估。每一道工序都实行阶段验收，验收合格后，再进行下一道工序。饮水工程的建成改善了贫困山区人畜饮水状况，不仅供水有保障，而且水质符合卫生标准，提高人们的健康水平；节水灌溉工程的兴建改善了山区农业的基本生产条件，调整种植结构，提高作物产量；水保工程改善了贫困山区的生态环境，增加农民收入；改善公共设施，促进农村精神文明建设；提高农民的食物营养、医疗保健水平和居住条件；提高村民的文化素质和农业技术水平，加快贫困山区脱贫致富步伐。

随着平邑县村镇供水工程建设步伐的不断加快和工程数量的快速增加，为适应对村镇供水工程管理工作的需要，2006 年 4 月，成立平邑县农村供水协会，对全县的村镇供水工程实行统一管理。

第三节 其他外援项目

1997 年 10 月，德国粮援组织援建的张里乡麻窝小学建成。工程投资 18.3 万元。

1998 年 9 月，德国粮援组织无偿援助地方镇敬老院建成。共投资 10.57 万元，其中外援资金 6.27 万元，配套资金 4.3 万元。德国大使馆援助医疗设备、生活用品、炊具、太阳能等设施。

2000 年 6 月，德国粮援组织投资建成丰阳镇特殊教育学校。学校位于平邑县城西南 20 千米处的娄山沟村。占地 1 公顷，校舍建筑面积 996 平方米。有教职工 25 人，在校学生 640 人，其中有残疾儿童 2 个教学班。工程总投资 34.10 万元，其中德国无偿援助 6.10 万元，丰阳镇政府配套资金 2.8 万元。

第八章　库区移民

第一节　移民扶持

1958—1976 年，全县因水库工程共搬迁移民村 55 个，移民 27739 人，其中由地势低处迁高处就地安置村 45 个、24285 人，迁出库外建新村 10 个、3454 人。移民搬迁安置工作于 1976 年完成。水库蓄水后，共淹没土地 0.34 万公顷，耕地 0.19 万公顷。

2006 年 8 月，成立县水利水电工程移民工作领导小组，具体业务工作由移民管理站负责。主要扶持措施包括资金扶持、技术扶持、信息扶持。一是资金扶持。县政府把扶贫开发列入国民经济发展计划和财政预算，建立农业发展基金、库区扶贫开发建设基金，努力争取和用足用活各项扶贫贷款和小额贷款，做好扶贫贷款的回收再贷工作。对尚未解决温饱的贫困人口，优先予以重点扶持，帮助做好脱贫项目的建设工作，促其尽快脱贫致富。对于已经解决温饱的乡村和农户，继续给予适当支持照顾，在原有基础上进一步巩固提高。二是技术扶持。在基础设施工程的勘察设计施工建设方面，如水利配套、人畜吃水、道路、桥涵工程等，水利、公路、交通等有关部门给予指导。对以农村使用科学技术为主的生产技能和专业知识培训方面，由县乡抽调技术专家或业务技术骨干进行指导，并开展技术咨询和新科技成果推广应用。三是信息扶持。各级政府根据当地库区贫困群众的实际状况，在市场、技术、项目、政策以及劳务输出等各个信息方面提供有效服务。

平邑县水库移民后期扶持范围涉及 16 个乡镇、264 个村，总人口 34119 人。其中，整体搬迁村 48 个、21591 人，分散安置村 179 个、12528 人。

对纳入扶持范围的移民，每人每年补助 600 元。对 2006 年 6 月 30 日前搬迁的纳入扶持范围的移民，自 2006 年 7 月 1 日起再扶持 20 年；对 2006 年 7 月 1 日以后搬迁的纳入扶持范围的移民，从其完成搬迁之日起扶持 20 年。

第二节　移民水利设施建设

2011—2013 年，为库区移民村新建水利配套设施 22 处，道路硬化工程 77 处，饮水工程 6 处，新农村建设工程 4 处。新打深井 14 眼，购置安装潜水泵 15 台套，安装管道 67610.2 米，新建管理房 13 处，硬化路面 308530 平方米，安装路灯 87 盏，新修渠道 2300 米，新修排水沟 938 米，交通桥 5 座，拦河坝 2 处，文化广场 1 处。总投资 4374.7 万元。

1990—1995 年，先后为库区移民村新建扬水站 8 处，配套扬水站 31 处，续建扬水站 5 处，新打大口井 39 眼，建机电营房 50 间，开挖渠道 64170 米，埋设管道 3.52 万米，砌防渗渠道 36950 米，建蓄水池 52 个，架电线 31.37 千米，购买变压器电盘 7 台套，电机水泵 32 台套，修路 5.3 万米，砌石渠 3100 米，修水池 1 处，埋设压力管 200 米，建厂房 1 处，变电站配套 1 处，建生产桥 3 座。共搬运土方 199.36 万立方米，投工 372.5 万个，扩大灌溉面积 142.95 公顷，果园 135.33 公顷。新建果园 302 公顷，改建果园 10.67 公顷，植树 9000 株，造林 18.67 公顷，建工副业项目 95 项，整地 246.33 公顷。总投资 611.68 万元。

1996—2000 年，先后为库区移民村新建电灌站 1 处，新建扬水站 11 处，配套扬水站 21 处，新打库边井 1 眼，新建吃水工程 15 处，交通桥 4 座，水池 2 座，蓄水池 1 座，埋设管道 400 米，机泵配套 3 处，砌石渠 1500 米，防渗渠 13 万米。扩大灌溉面积 420 公顷，新建果园 13.33 公顷，茶园 53.33 公顷，整地 13.33 公顷。新建各类工副业项目 320 个。总投资 98 万元。

2001—2010 年，为库区移民村新建水利设施 9 处，交通工程 36 处，饮水工程 6 处，新建渠道 1928 米，生产桥 11 座，交通桥 4 座，拆除重建渠道 2384 米。改建渡槽 3 座，拆除重建溢洪道涵洞 1 座，中低产田改造 1 处，C25 钢筋混凝土盖板 170 米。总投资 1808.55 万元。

2011—2013 年，全县利用上级移民后期扶持专项资金 3800 万元，规划建设项目 85 个，涉及 82 个移民村。工程建设内容主要为灌溉、吃水、道路硬化、绿化、亮化等工程。

2013 年平邑县大中型水库移民后期扶持人口情况表

表 7-13

安置方式	村庄名称及扶持人口
整体搬迁	东金官、西金官、公家庄、平和、杜家村、河东、河南、库家村、刘家洼、响水庄、周家小安、朱家村、大丰阳、邵家小安、大河崖、东营山、东庄、南唐村、史家小安、东北岭、东南岭、迎春坡、红峪村、胜利村、向阳村、新安村、永红村、永唐村、奎山村、吴家庄、西王庄、北点村、东点村、红旗村、红寨村、西点村、东升村、陈家场、道沟、后水湾、南点、前水湾、松山子、谢家沟、中水湾、仁庄、永胜村、高家寨。（48 个村，6224 户，21591 口人）
分散安置	管庄、贺朗铺、枣梨、东武安、山庄、三关庙、堤后、高白壤、荆山庄、孔白壤、李白壤、柳家村、南羊子、皮下庄、齐家村、洼里、杨白壤、张白壤、池家寨、挑沟、大瑶草、千行庄、吴家庄、长岭、郑小安、上寨、西丰阳、西河、薛家洼、大于沟、大安、娄山沟、大城西、东午门、东西皋、丰山东、红山村、花果峪、金鹊庄、老池峪、南卜庄、青草坡、三寨、泗山根、孙家岭、西峨庄、西午门、西西皋、香山前、义顺庄、张家庄、郑家峪、生胜庄、西营山、西庄、巩家村、孔双沟、艾曲、北庞庄、段双沟、夫子山、姑山后、贾庄、李双沟、临涧村、碌碌泉、茂分岭、南庄、瓦子埠、吴家店、小卓庄、新围子、踅庄、姚蒋、张家庄、少山后、流峪村、西南岭、北申庄、城子、地平庄、东古路沟、贵山子、护城庄、黄土、老泉崖、乐平庄、梨园、龙王河、马家岭、苗泉村、南申庄、三岭、邵家岭、双玉、桃园、同盛村、土门、洼子地、外柿子峪、外宋子峪、梧桐沟、五龙、西北岭、西古路沟、下崮安、兴郭庄、许家岭、义和庄、义新庄、永盛村、玉泉村、玉石岭、东阳店子、凤凰庄、东贺庄、蔡家庄、讲理、卢家庄、大殿汪、白马、八埠庄、白龙泉、白庄、板桥居、蔡庄、柴山后、大南泉、东贺庄、东王庄、窦家庄、胡家庄、槐子庵、金城居、老邱峪、刘家宅、龙石、芦家庄、马家庄、毛家庄、蒙阳居、庞居、仁德庄、盛泉、石崮庄、舜帝庙、孙家村、王付岭、西贺庄、西旺沟、西张庄三、小南泉、新建庄、阳顶庄、赵庄、东洼子、花峪庄、东围沟一、小河村、承安庄、郑先坟、桃峪、兴源、宁安庄、兰东、大后沟、周家场、大崖子、毛家庄、下小峪、中流村、南昌乐、西岭庄、田家寨、岐古庄、唐刘村、杨庄、岳家村。（179 个村，4669 户，12528 口人）

2013 年平邑县大中型水库移民情况表

表 7-14

水库名称	乡镇	整体搬迁			分散安置			合计		
		村数（个）	户数（户）	人数（人）	村数（个）	户数（户）	人数（人）	村数（个）	户数（户）	人数（人）
唐村水库	流峪镇				34	988	2753	34	988	2753
	仲村镇	2	123	401	1	1	1	3	124	402
	温水镇	1	132	407	1	1	1	2	133	408
	丰阳镇	10	1417	5184	28	693	1505	38	2110	6689
	平邑镇	5	619	1931	17	322	716	22	941	2647
	临涧镇	5	839	2882	23	811	2084	28	1650	4966
昌里水库	流峪镇	3	243	939	4	303	885	7	546	1824
	仲村镇				1	1	1	1	1	1
	铜石镇	5	666	2157	1	11	19	6	677	2176
	温水镇				1	1	4	1	1	4
	平邑镇	1	94	312	5	6	6	6	100	318
	郑城镇	8	968	3294	10	380	1138	18	1348	4432
吴家庄水库	仲村镇				2	8	13	2	8	13
	丰阳镇				13	48	86	13	48	86
	平邑镇	3	349	1267	23	423	1033	26	772	2300
公家庄水库	仲村镇				2	6	25	2	6	25
	保太镇	2	393	1479	14	370	1435	16	726	2760
	平邑镇				1	3	3	1	3	3
	柏林镇				1	3	3	1	3	3
	武台镇				1	12	26	1	12	26
大夫宁水库	保太镇	2	232	882	1	21	28	3	253	910
	柏林镇				1	11	37	1	11	37
	平邑镇				1	1	1	1	1	1
安靖水库	卞桥镇				1	158	429	1	158	429

续表 7-14

水库名称	乡镇	整体搬迁			分散安置			合计		
		村数（个）	户数（户）	人数（人）	村数（个）	户数（户）	人数（人）	村数（个）	户数（户）	人数（人）
杨庄水库	资邱乡	1	149	456	5	40	123	6	189	579
	卞桥镇				1	5	18	1	5	18
外地水库	流峪镇				1	1	5	1	1	5
	保太镇				2	2	6	2	2	6
	地方镇				2	2	12	2	2	12
	郑城镇				1	1	1	1	1	1
	柏林镇				1	4	16	1	4	16
	丰阳镇				1	2	4	1	2	4
	白彦镇				3	27	105	3	27	105
	魏庄乡				1	1	1	1	1	1
	临涧镇				1	2	5	1	2	5
总计		48	6224	21591	179	4669	12528	227	10893	34119

第八编

工　业

第一章 工业总况

第一节 国有集体企业改革改制

1989年，全县拥有陶瓷厂、服装厂、食品厂、工艺绣品厂、衡器厂、花岗石厂、植物油厂、面粉厂、钢铁联合厂、化肥厂、晶体管厂、水泥厂、栲胶厂、建材厂、家具厂等国有工业企业14家。以后逐步对国有企业进行各种形式的改革改制。

1992年，改革改制力度加大，通过兼并、联合、租赁、拍卖等方式，国有企业进入整体推进、重点突破的阶段。是年，企业改革改制的力度空前加大，按照“先试点、后推开、不拘形式”的原则，结合平邑县实际，县工基交办公室制定并实施《关于企业进一步深化改革，转换经营机制试点方案》，县属44家工业企业中，14家全面启动干部人事、劳动用工、工资分配“三项制度”改革，30家改革人事制度，19家改革财务制度，24家改革分配制度。县针织厂通过精减科室人员，完善内部承包，优化劳动组合，划小核算单位，扭转了长期亏损的局面。县建筑公司、造纸厂改革成效明显。同年，国务院印发《全民所有制工业企业转换经营机制条例》（简称《条例》），推动全民所有制工业企业进入市场，成为依法自主经营、自负盈亏、自我发展、自我约束的商品生产和经营单位及独立享有民事权利和承担民事义务的企业法人。是年，关闭县棉纺厂，将刺绣厂和棉纺厂合并转产工艺绣品。第二花岗石厂兼并了建材厂，花岗石厂与花岗石矿山合并。重点打破“一大三铁”，搞好“三项制度”改革，3家企业实现扭亏增盈，亏损额减少670.2万元；造纸厂、水泥厂、花岗石厂等一批骨干企业生产出现大幅增长。

1993年，继续大胆探索改革企业内部经营机制，先后对县棉织厂、食品厂实行租赁承包经营，收到较好效果，企业发展活力增强。

1994年起，推行股份制改革，对资产净值较小的县属国营、集体企业及乡镇企业，分期分批实行“先出售、后改制”的股份制改革，即把企业的全部资产按照国家规定进行评估，评估后的净资产全部折股一次或数次卖给本企业职工，国家、集体不再持有该企业股份，将国营、集体企业彻底改制为内部职工持股的股份合作制企业，变国营国有为民营民有。1994年下半年，先后对11家企业进行产权制度改革，接近县属工业企业总数的三分之一。其中基本完成冠鲁公司省级股份制试点改革，定向募股2000万元，“先出售、后改制”企业2家（造纸厂铜版纸车间、工艺美术厂），股本总额595万元。实施产权租赁经营企业4个（食品厂、工艺绣品厂、针织厂、陶瓷厂）；县水泥一、二厂，县家具厂、酒厂分别实行合并、兼并、转让等优化资产存量的形式。其中，将工艺绣品厂、食品厂、针织厂、陶瓷厂分别租赁给临沂立新纺织有限公司、平邑镇、地区针织厂、地区陶瓷厂经营，将县家具厂以资产出售方式并入冠鲁集团公司；将第一、第二水泥厂合并组建万寿宫水泥有限公司，使“万寿宫”牌水泥达到年产32万吨能力；将县酒厂无偿转让给兰陵企业（集团）公司，利税突破1000万元。造纸厂铜版纸车间股份制改造后，月平均利税突破35万元。食品厂与外商合资新上铜版纸项目，利税突破150万元。

1998年起，按照“有进有退”的要求，坚持因企制宜、分类指导、一企一策原则，对国有企业进行改制，国有工业资本逐步从一般性竞争中退出。2013年，国有企业仅存酒厂、精工齿轮厂，其余均为民营企业。

附：重点企业简介

山东曾子酒业有限公司 前身是山东平邑酒厂，是解放初期组建的县属国有酿酒企业。1994年，临沂市政府将平邑酒厂的人员、资产无偿划归兰陵集团，以其资产注册成立山东兰陵企业（集团）平邑分公司。1997年更名为山东兰陵陈香酒业股份有限公司平邑分公司。2006年8月，经临沂市政府批准，陈香股份被山东鲁锦集团进出口有限公司收购。临沂市国资委与山东鲁锦集团签署了《国家股股份转让协议》，对陈香股份中的国有股份作了处置。同年11月，鲁锦集团根据与陈香股份签署的《重大资产重组协议》，与山东曾子酒业有限公司签署协议，将陈香股份平邑分公司的“全部资产、负债及相关业务”有偿转让给山东曾子酒业有限公司。

山东精工通用齿轮厂 山东精工通用齿轮厂始建于1956年，原名平邑县通用机械厂，1998年临工集团注资1600万元，成立临工汽车桥箱有限公司，当时两块牌子一套班子，平邑县通用机械厂保留但经营活动中止。2003年临工汽车桥箱有限公司与平邑县通用机械厂分离，平邑县通用机械厂恢复经营，2006年6月更名为山东精工通用齿轮厂。2006年后，每年上缴税金均超300万元。2012年，实现税收408万元，提供就业岗位700余个。

平邑县第二花岗石厂 前身为平邑县炼铁厂，1991年更名为平邑县第二花岗石厂，是国有小型企业，时有职工700人，主营花岗石板材加工销售。1996年停产，2004年破产程序基本完成，2005年办理工商注销手续。

平邑县牧工商公司 公司利用世界银行贷款兴建的畜牧系列开发项目，主营肉制品加工。项目于1987年立项，1990年4月实施，1994年投产，当年实现利税286万元。后出现亏损，1997年破产。

平邑县肉联厂、县食品公司 是一个企业两块牌子，成立于1972年，有职工600余人，主要经营畜禽及肉制品加工。经县体改办批准，职代会讨论通过，于2005年合并改制为内部职工持股的有限责任公司。

华龙集团 前身为平邑县汽车大修厂，始建于1988年，国有大（二）型企业，时有职工700余人。1997年12月改制，于2000年7月10日被县人民法院宣告破产。

鑫磊集团总公司 前身系平邑县花岗石实业总公司，始建于1992年，总投资额1.2亿元，下属14家企业（包括3家合资企业），共有职工1224人。1996年9月实施改制，主要经历三个阶段。第一阶段：1996年9月至1997年初，按照县委、县政府决定，鑫磊集团由冠鲁集团整体兼并，冠鲁集团派驻人员接管鑫磊集团及所属企业的全部资产及员工。第二阶段：1997年，冠鲁集团托管鑫磊企业阶段。第三阶段：1998年8月，鑫磊集团总公司下属8个子公司（包括红岩、鲁南、器械、石制品、矿产、服务中心、车队、石材），依据平邑县国有资产管理局《关于鑫磊集团总公司产权转让价格确认意见》，8家企业总资产评估值为3462.05万元，最后成交价1116.41万元，由冠鲁集团以承债的方式购买。冠鲁接收鑫磊集团员工621人，滞留鑫磊集团的554

人下岗待业。

平邑县银蒙石膏建材总厂 前身为县栲胶厂，厂址位于温水镇，始建于1971年，系县属国有小（一）型企业，时有在职职工208人，离退休人员15人。1971—1991年，企业先后多次调整产品，主要生产栲胶产品。由于市场供求关系的变化，企业生产经营形势一度恶化，栲胶产品出现积压滞销，价格倒挂，生产出现停产，企业濒临倒闭。1991年，为扭转被动局面，企业投资80万元，上花岗石项目，因经营不善下马。1994年，利用原来的栲胶设备进行技术改造，转产石膏粉，年生产能力1.5万吨。1996年下半年，自筹资金150万元上一条年产80万平方米石膏板生产线，形成石膏粉、石膏板一条龙生产。1997年下半年，投资180万元，建一条石膏粉生产线和一条石膏板生产线，项目于1998年6月竣工。后因管理混乱，加之市场出现滑坡，负债过高，1998年8月14日停产，1999年9月3日宣布破产。

平邑县印刷厂 建于1954年，系县属集体企业，占地面积13540.1平方米，有职工200人，拥有账面总资产196万元，账面总负债283万元。1996年10月，企业因资不抵债破产。

第二节 规模和效益

1992年，工业生产有较大发展，呈现出速度快、效益好、后劲足的特点。全县全年实现工业总产值11.35亿元，比1991年增长69.9%，增长幅度位列全市各区县第一位。实现销售收入3.05亿元，比1991年增长44%；实现利税3057万元，增长144%；实现利润1317万元，增加绝对值1390万元。合同利用外资222万美元。六大重点行业全面发展。其中，建材工业、乡镇办工业、供销工业增长幅度超过30%。44家县属企业中增长的有33家，其中增幅50%以上的有11个。

1993年，全县完成工业总产值25.13亿元，比1992年增长117.9%。县属工业实现利税6769万元，利润4567万元，同比增长246.8%，翻了两番。乡及乡以上工业完成9.36亿元，增长72.4%。实现销售收入4.56亿元，同比增长50.3%。利税1.02亿元，其中利润7252万元，分别增长126.5%、203.8%。增幅均居全市各区县第一位，高出全市12.6个和34.1个百分点，经济总量由全市各区县第八跃居第四。工业资金利税率达到15.6%，成本利润率达到15.3%。

1994年，全县完成工业总产值45亿元，增长79%，其中乡及乡以上工业完成15.64亿元，增长62.7%，县属工业完成10亿元，增长65.7%，总量居全市第三位，增幅第一位。销售产值，乡及乡以上工业完成13.3亿元，县属工业完成8.1亿元，分别增长99.5%、89.2%，高于同口径工业产值增幅，产销基本平衡。累计实现利税7229万元，利润3364万元，均居全市第4位。

至2001年，全县规模以上工业企业全年共完成工业总产值21.5亿元，首次突破20亿元。具体到各企业看，实现同比增长的共有56家企业，其中增长幅度超过全县平均水平的有：归来庄金矿、临工汽车桥箱有限公司、天宝化工有限公司、美丽雅丝有限公司、宏达冷藏厂、甜蜜食品有限公司等43家；完成全年产值计划的有：冠鲁集团工业公司、归来庄金矿、丰源有限公司、金城热电有限公司、临工汽车桥箱有限公司、衡器厂、华丰制衣有限公司、沂蒙石材公司、方正彩印包装有限公司、环球印铁制罐有限公司等47家。2001年，全县规模以上工业企业实现利税1.71亿元，实现利润8881万元。流动资产周转次数为2.7次，比上年加快0.2次，资本保值增值率为103.3%，总资产贡献率达10.1%，经济效益综合指数达102.1%。

2010年，规模以上工业企业完成工业总产值232.4亿元，是2005年的2.5倍；完成工业增加值54.3亿元，是2005年的2.03倍；实现主营业务收入231.2亿元，是2005年的2.63倍；实现利税20.4亿元，是2005年的2.4倍；利润11.6亿元，是2005年的2.3倍。全县230家规模以上工业企业总资产88.1亿元，总负债45.1亿元，有从业人员4.7万人。

第三节　产品和产能

1992年，着力实施“15873”工程和保压政策，共开发新产品6项，分别是：金银花茶、高效金属清洗剂、小簧席梦思床垫、绝缘电工皮鞋、人造金刚石锯片、磨石。推广应用新技术3项，分别是：水泥生料配料、激光照排、锅炉微机控制。

1993年，坚持以资源优势和骨干企业为龙头，狠抓工业结构调整，特别是培植发展优势产业，创建“明星企业”“效益最佳企业”，全县以“三石一金一花”为代表的特色工业迅猛发展。其中花岗石板材精加工能力发展到100万平方米，水泥年生产能力发展到50万吨，石膏已经形成50万吨生产能力，黄金生产突破万两。机制纸、金银花茶也取得较大发展。坚持开发性调整和适应性调整相结合，全年开发新产品8项（BC131C/D汽车变速箱、花岗石磨料、人造金刚石锯片、IQ65-160/IQ50-180轻小型离心泵、纸浆泵、劳保用鞋），推广应用新技术3项（锅炉危急控制、激光照排、预加水成球）。

1994年，县属工业新增花岗石精加工能力10万平方米，水泥增加规模30万吨，石膏开发生产年产400万平方米纸面石膏板，金银花系列饮料、黄金开发也取得新突破。新增工业投入中五大资源（花岗石、水泥、石膏、金银花、黄金）开发投入占80%。县属工业存量资产中五大资源工业占52%。初步形成一批拳头产品，花岗石精加工能力突破40万平方米，石膏年产能力突破200万吨，并开发生产石膏粉和石膏板，水泥达到90万吨，金银花系列饮料加速开发。

“十一五”末，全县省级以上高新技术企业发展到12家、省级技术中心2家、市级技术中心4家；累计争创中国驰名商标1个、山东省著名商标11个、山东省名牌6个。2010年，由平邑县起草的《纱线针织劳保手套标准》成为山东省第一个联盟标准，填补国内纱线针织劳保手套标准的空白；制定《果蔬罐头联盟标准》，有效促进罐头产业的规范提升。

第四节　工业投入

1992年，由于内引外联和“起飞计划”的实施，工业投入加快。全年新上技改项目36个，总投资9420.86万元；结转续建技改项目17个，投资5007.7万元；完成技改财务支出6906万元，增长164.4%；竣工技改工业项目29个。全县完成技术开发项目12项，投产率达到89%；开发新产品8种，新产品产值率达到5.7%；优质产品产值率21.9%，比1991年提高0.62个百分点；万元产值能耗下降到3.6吨，同比下降10%。1993年，全县完成工业投入3.1亿元，其中技改投入1.31亿元，同比增长 90%；县属工业完成技改投入 1.15 亿元，乡镇办工业完成技改投入 1625 万元。全县新上工业项目 44 个，开发新产品 8 项，推广应用新技术、新工艺 3 项。

1994年,县属工业企业完成生产性投入1.1亿元，其中技改投入 9400 万元，增长 66.4%。工业投入中，黄金、石膏、花岗石、水泥等 11 个重点项目投入 7650 万元，占总投入的 83%，相对集中。建成投产年产 30 万吨水泥、400 万平方米石膏板、10 万平方米花岗石精加工等一批骨干项目，开发新产品 13 项。

“十二五”期间，全县新上技术改造项目 291 个，完成技改投入 108 亿元。共建设投资过千万元的工业项目209个,总投资达81亿元，其中过亿元的项目 30 个。其中 2011 年，全县共建设工业项目 63 个，过亿元的 15 个。2013 年，共实施技术改造项目 90 个，完成投资 60 亿元，同比增长 45.6%，增幅位居全市各区县第三位。投资过 10 亿元项目 2 个（雷沃非公路桥箱基地项目、马克西姆工业雷管和水胶炸药项目），5 亿 ~ 10 亿元项目 6 个（泽鑫工业矿用管道生产线、鲁翔包装绿色环保发泡成型材料等），1 亿 ~ 5 亿元项目 22 个（归来庄矿业深部开拓工程、万和精工工程机械桥箱配件生产线等），5000 万 ~ 1 亿元的 15 个（蒙沃变速器总成、丰源化工合成氨项目等）。

第五节　骨干企业

1993 年县属工业骨干优势明显，全年建材工业完成总产值 17992.4 万元，实现利税 3799 万元，利润 3031.55 万元，分别占县属工业实现数额的 56.1% 和 66.4%，黄金实业公司、石膏实业公司、花岗石实业总公司、冠鲁公司 4 家企业成为全县第一批产值过亿元、利税超千万元的明星企业。全县工业基本形成了以建材工业为主导、骨干企业为龙头、大中小、县乡村协同发展的新格局。

1994 年冠鲁公司兼并县家具厂后，形成集建筑、安装、工业加工于一体的集团化企业，利税突破 1300 万元。鑫磊集团公司新引进两条板材生产线和一条年产 4 万套异型板材生产线，年产能力达到 80 万平方米，成为全省最大的石材加工企业。归来庄金矿日采选能力达到 470 万吨。石膏矿形成开采、加工一条龙生产体系。全新利税超千万的企业 3 家，超百万的 13 家。12 个重点项目中，石膏矿年产 400 万平方米石膏板、万利水泥厂 30 万吨水泥生产线、鑫磊集团总公司新上年产 10 万平方米板材精加工和年产 4 万套异型板材项目等已建成投产。

2011 年，主营业务收入亿元以上企业达 38 户，比 2005 年增加 28 户，合计实现主营业务收入 104 亿元，占全县规模以上工业总产值的 45.1%。规模以上工业企业中利税过千万的企业 30 家，比 2005 年增加 19 家，合计实现利税 8.1 亿元，占全县规模以上工业企业利税总额的 39.5%。其中归来庄金矿实现利税 3 亿元、天宝化工实现利税 8500 万元。

2013 年，平邑县 30 家骨干企业实现主营业务收入 88.2 亿元，利税 9 亿元。其中，主营业务收入过 2 亿元的有归来庄金矿、康发食品等 18 家企业，利税过 5000 万元的有蒙沃变速器、天宝化工等 4 家企业，主营业务增幅超过 50% 的有中联水泥、雷沃桥箱等 5 家企业。10 亿级骨干企业培植取得突破，10 家市级骨干企业累计实现主营业务收入 55 亿元；利税 6 亿元，其中利润 4.4 亿元；上缴税金 2 亿元；用电量 3 亿千瓦时，同比增长 6.9%；工业技改投资 18 亿元，度电纳税 0.65 元。

完成雷沃桥箱、六和饲料、六和冷藏 3 个 10 亿级企业培植任务，完成率 100%，是全市 5 个完成任务的县区之一，位居全市各区县第三位。

在市级骨干企业中，雷沃桥箱继续引领骨干企业持续提升，主营业务收入突破 10 亿元，同比增长 195.5%，利税、利润分别为 8337 万元、5276 万元；康发食品、奇伟罐头延续平稳增长态势，主要经济指标稳中有进，主营业务收入均突破 5 亿元；拜尔建材保持高位增长，实现主营业务收入突破 5 亿元。中联水泥跃居骨干企业纳税第一的位置，总量突破 5000 万元大关。天宝化工兼并重组效应显现，总体规模迅速扩张，爆破服务大幅提升，实现主营业务收入 6.5 亿元。

第二章　乡镇企业　民营工业

1989 年以来，平邑县狠抓乡镇企业（民营企业）发展，加强领导，政策鼓励，优化环境，搞好服务，促进了全县乡镇企业（民营经济）规模不断扩大，水平不断提高，生存竞争能力不断增强。

1993—2003 年，乡镇办、村办集体企业改制。通过出售、拍卖、破产、股份制改造等，全县乡镇办、村办集体企业改制为私有和股份制企业，乡镇企业均成为民营企业。

2013 年，全县中小企业发展到 3200 家，注册资金 39.2 亿元。个体工商户 2.7 万户、注册资金 7.2 亿元。全县规模以上工业企业实现工业增加值 95.85 亿元、营业收入 399 亿元；利税 36.7 亿元，其中利润 22.9 亿元。2013 年，全县民营经济完成产值 632.4 亿元，是 1989 年的 187 倍；民营经济上缴税金 12.2 亿元，是 1989 年的 154 倍，占全县财政收入的 83%。临沂市康发食品饮料有限公司（地方镇）年产值达到 5.2 亿元，生产规模比 1989 年增大 100 倍。全县民营经济全员劳动生产率为 24.1 万元 / 人，按现价算比 1989 年增加 62 倍。

民营工业企业技术装备水平有很大提升。临沂市康发食品饮料有限公司、平邑美丽石材有限公司、山东环球印铁制罐有限公司等骨干民营企业均安装使用了世界一流的生产设备，临沂市康发食品饮料有限公司、山东拜尔建材有限公司、临沂市奇伟罐头食品有限公司等企业均设立研发中心。山东拜尔建材有限公司、山东澳联玻璃制品有限公司等 4 家企业被山东省科技厅、知识产权局认定为中国专利山东明星企业。

结构布局日趋合理。“九五”以来，特别是 2000 年以后，全县民营经济发展逐步改变“村村点火，户户冒烟”遍地发展的格局，企业发展向园区集中。至 2013 年，地方镇的罐头加工，平邑街道的石材加工，仲村镇的手套加工等均形成较大的群体规模。地方镇、仲村镇被评为“山东省特色产业镇”，平邑街道（石材加工）、保太镇（石膏深加工）、郑城镇（金银花中药材）被评为“临沂市特色产业镇”，地方镇被中国食品工业协会授予“中国罐头加工第一镇”，成为全国最大的果品罐头加工基地，被评为全国农产品加工业示范基地，仲村镇被中国针织工业协会命名为中国劳保手套名镇。平邑县果蔬罐头产业集群被评为山东省省级产业集群，平邑县保太石膏产业集群、平邑县郯城金银花产业集群被评为临沂市市级产业集群。

生产管理产品竞争能力提高。2013年，全县民营食品加工企业有120家获得进入超市销售的食品生产QS认证，中药材加工企业有14家通过GSP（药品经营质量规范）认证，10家企业通过GMP(药品生产质量规范)认证。临沂市奇伟罐头食品有限公司被评为山东省农产品加工示范企业，山东玉泉食品有限公司(地方镇）等26家民营企业的注册商标被评为山东省著名商标，山东玉泉食品有限公司、山东旺多多食品有限公司（地方镇）、山东冠鲁置业有限公司3家企业的注册商标被评为“中国驰名商标”。临沂市康发食品饮料有限公司等53家民营企业获得外贸自营进出口权，民营企业出口创汇13892万美元，占全县外贸出口的96%。

第一节 乡镇企业改制

1993年以来，平邑县积极推进乡镇企业产权制度改革，在乡镇、村集体企业中推广股份制、股份合作制，并对规模小，效益低下的企业实行兼并、租赁、承包、拍卖等多种方式，明晰产权，减少行政干预，克服乡镇企业机制弱化的问题，推动乡镇企业投资主体多元化和生产要素的优化配置。

乡镇企业的改制总体上进行了两轮，第一轮以股份合作制、租赁、兼并等方式为主，乡（镇）政府、村集体保持一定比例的股份。第二轮改制，以出售、拍卖、兼并、破产等方式为主，实施彻底的产权制度改革，乡（镇）政府、村集体退出持有的股份，乡（镇）办、村办集体企业完全改制为民有民营。

1993年，全县乡镇办企业325家，村办企业1737家。是年3月，在平邑县喷灌机厂（仲村镇）进行股份合作制改革试点，改制后企业更名为平邑县华通机械有限公司。1995年，地方镇国玉水泥厂改组为美商、冠鲁集团公司、地方镇三方组成的股份制企业；白彦镇水泥厂实行了租赁经营；柏林乡先后对石膏粉厂、面粉厂、农机厂等6家乡办企业实行租赁经营；卞桥镇石膏矿兼并镇办二矿，镇建筑公司兼并长期亏损的镇农机厂；岐山乡峡玕煤矿拍卖给个人经营，梅家沟村办企业全部公开拍卖给个人经营。长期亏损，资不抵债的流峪羊毛衫厂、仲村镇建筑公司等6家镇办企业依法实行破产。1995—1996年，全县乡镇、村集体企业股份制改造211家，拍卖、租赁、兼并196家，破产6家。改制后乡镇企业的生产要素得到了合理配置，企业的内在活力明显增强。至1997年经过第一轮改制，乡镇办企业218家，村办企业1123家。

1997年后，以股份制、出售、拍卖、兼并、破产等为主要方式的第二轮改制全面铺开，以盘活闲置资产作为推动经济、培植新的增长点的重要举措，集中攻坚破难，加快乡镇办、村办集体企业产权制度的改革。1997年8月，在地方镇召开全县乡镇企业产权制度改革现场会议，推广地方镇对镇办企业实行一次性出售拍卖的做法，在全县乡镇企业加快进行产权制度改革。当年地方镇全部完成对镇办集体企业的改制。平邑镇对建材机械厂（农机厂），汇源纸业公司等4家停产企业进行破产重组，盘活闲置资产2600万元；保太镇对镇办石膏矿、镇石膏粉厂和镇建筑公司等3家企业依法破产，引进资金300万元，新上年产3万吨的高强度石膏粉生产线。各乡镇均成立乡镇企业改革机构，县乡镇企业局等单位深入乡镇、村指导，集中开展对乡镇办、村办集体企业的改制。

1998年乡镇办、村办集体企业改制193家，1999年乡镇办、村办集体企业改制416家，2000年乡镇办、村办集体企业改制481家，2001年乡镇办、村办集体企业改制222家，2002年乡镇办、村办集体企业改制123家。

至2003年，乡镇办、村办集体企业改制基本完成，乡镇办、村办集体企业通过改制成为股份制和私有民营企业。乡镇企业均成为民有民营企业。

针对原公社铁木业社（后改为乡镇农机厂）退休人员长期发不出工资问题，县政府组织县乡镇企业局、劳动局、信访办等部门反复调查摸底，分析研究解决方案。1996年1月22日，县政府将139名原公社铁木业社退休人员退休金纳入社会统筹，解决了历史遗留问题，为企业改制解除了后顾之忧。

第二节　乡镇民营工业发展

1989年后，平邑县先后制定《关于进一步发展乡镇企业的若干规定》《关于加快发展乡镇企业的补充规定》《关于加快发展乡镇企业的若干规定》等引进资金技术人才，加快乡镇企业发展的激励政策，并严格落实兑现，重奖发展乡镇企业的有功人员，调动广大干部职工发展乡镇企业的积极性。

1990年3月，在全县经济工作会议上，县委县政府隆重表彰部分企业的厂长经理和有关人员，各奖励平邑建材机械厂厂长魏绵秋、仲村镇纸箱厂厂长葛现法“夏利”轿车一辆，在全市引起轰动。根据政策规定，先后聘任平邑建材机械厂厂长魏绵秋、仲村镇纸箱厂厂长葛现法、卞桥镇石膏矿矿长孙荆珂、卞桥镇建筑公司经理彭廷阳等人为乡镇政府副镇长并转为合同制干部。

1994年初，县委、县政府提出实施“书记工程”，每年乡镇党委书记都要负责一个投入重点项目，促进乡镇企业的投资发展。

1995年，全县乡镇企业完成产值55.2亿元，比1988年增长1806.5%，年均递增52.4%；实现利税5.3亿元，比1988年增长1450.6%，年均递增47.9%。上缴税金4900万元，占全县财政收入的40%。

至1995年，全县乡镇企业办起花岗石矿220处，板材加工厂180处，年开采荒料8万立方米，年加工板材400万平方米；建起石膏矿25处，石膏粉加工厂8处，年产石膏160万吨，年产石膏粉4万吨；水泥厂4处，年产水泥22万吨；建筑企业发展到35处。地方镇义兴庄办起果品罐头加工厂150余处，年产值过亿元。1993年7月，中央电视台《质量万里行》栏目组到地方镇采访报道，对部分罐头厂存在的产品质量问题提出批评，地方镇大力整改整顿，罐头企业全部达标获得认证。

“九五”期间，全县乡镇企业深化改革，强化管理，加大投入，加快资源的开发利用，狠抓龙头带动，大力培植主导产业、龙头企业和拳头产品。

1998年3月21日，县委、县政府制定《乡镇企业发展三年规划》，明确1998—2000年的奋斗目标，提出按照“重区域、抓规模、创名牌、搞特色、因地制宜、重点突破”的工作方针，立足资源龙头，着眼科技含量，突出个体私营，培植大户强镇，膨胀畜牧肉类加工、果品加工、花岗石加工、石膏加工、机械加工等五大产业群体，建成平邑石材加工、地方食品城、董泗路石膏加工长廊，流峪郑城金银花中药材市场，临涧、山阴、郑城石材一条街等10个工业园区，形成10个利税过500万元的龙头企业，发展100个年纳税20万元的经济强村，培植100

个年纳税10万元的个体私营大户。规划提出“加快改制，完善政策、创造良好环境，加大投入，重点培植，乡镇党委书记亲自抓乡镇企业”等6项政策措施。1998年4月8日，中共平邑县委下发《关于加快全县工业企业发展的暂行规定》，进一步完善对乡镇企业（民营经济）发展工作的奖惩办法。1999年1月10日，中共平邑县委、县政府下发《关于进一步加快个体私营经济发展的若干规定》，进一步完善对个体私营企业发展的政策规定。

1998年，平邑美丽石材公司投资70万美元在意大利购买花岗石矿山，形成买全球卖全球的生产经营格局。

1999年，地方食品城建设初具规模，园区内经营业户达到280家，山东沂蒙石材市场经营业户达到106家，被命名为“省级乡镇企业示范区”。“九五”期间，平邑美丽石材有限公司、平邑石都石材公司新上异型石材加工生产线，地方环球印铁制罐公司与港商合资500万元新上具有国际先进水平的印铁制罐生产线。至2000年底，平邑美丽石材有限公司、地方康发食品厂、流峪镇展望有限公司3家乡镇企业获得自营出口权。

2000年，全县乡镇企业完成产值114.7亿元，比1995年增长107.8%，年均递增15.7%；实现利税12.1亿元，比1995年增长108.3%，年均递增15.8%。

2001年，全县乡镇规模以上（年销售收入500万元以上）工业企业26家，2002年发展到51家，2003年达到62家，2004年，达到85家，2005年发展到147家。2005年，全县乡镇民营企业完成产值247.8亿元，比2000年增长116%，年均递增16.7%；实现利税22.7亿元，比2000年增长87.6%，年均递增13.4%。2005年，乡镇纳税100万元以上民营企业有6家：临沂市康发食品饮料有限公司（地方镇）280.9万元，临沂市奇伟罐头食品有限公司（地方镇）254.6万元，平邑县银城药业有限公司（铜石镇）161.4万元，平邑县鲁港纸业有限公司（平邑镇）119.7万元，平邑县万庄膏业有限公司（保太镇）117.6万元，平邑县展望实业有限公司（流峪镇）102.9万元。

为实施平邑县“十五”计划，加快“工业强县”步伐，2001年4月7日中共平邑县委印发《关于加快工业发展的若干规定》，明确对乡镇企业（民营经济）发展的奖惩政策规定。

2003年5月17日，中共平邑县委、平邑县人民政府成立平邑县经济园区建设工作领导机构，平邑经济开发区建设正式启动。2003年7月9日，中共平邑县委、县政府印发《关于进一步加快发展民营经济的决定》《关于印发〈平邑县工贸企业考核奖励办法〉的通知》，进一步完善明确加快全县民营经济发展的政策规定。

2004年2月18日，中共平邑县委、县政府印发《关于2004年培植规模以上工业企业、财政增收、招商引资、固定资产投资及县级领导包重点项目的有关规定》，制定完善乡镇规模企业发展、招商引资、固定资产投资等工作目标的考核奖惩规定。

“十五”期间，全县乡镇办、村办集体企业改制全部完成，乡镇企业真正成为自主经营、自负盈亏、自我约束、自我发展的市场经济主体。全县大力开展招商引资，加快投资重点项目建设，着力培植龙头规模企业，优化发展环境，推动了民营经济快速发展。平邑美华新型建材公司投资1.2亿元，新建年产5万吨石膏板护面纸生产线；保太万庄膏业公司投资2000万元，新上年产2000万平方米石膏板生产线；地方康发食品公司投资1800万元，新上年产3万吨罐头生产线；地方奇伟食品公司投资1600万元，新上年产3万吨罐头生产线；地方欢乐家食品公司投资1500万元，新上年产3吨罐头加工生产线。平邑镇的石材加工，保太镇、柏林镇、卞桥镇、资邱乡、温水镇的石膏加工，地方镇的罐头加工、仲村镇的纺织手套加工等重点行业，也都快速发展。

进入“十一五”以来，全县狠抓园区和重点项目建设，大力发展规模企业和优势产业，推进民营企业健康快速发展。

2008年，国际金融危机对平邑县民营企业的纺织加工、花岗石开采加工、石膏开采加工、造纸加工、食品加工等行业造成较大冲击，企业产品订单减少，出口销量大幅降低，部分企业开工不足甚至停产，部分项目不能按时投产达产。随着国家4万亿元投资，十大产业振兴等政策措施的制定，2009年下半年企业发展的外部环境逐渐好转。

为进一步促进平邑县优势产业的健康快速发展，县委、县政府在组织有关单位认真调查研究的基础上，于2009年4月28日印发《关于加快推进金银花中药材产业发展的意见》《关于加快罐头产业发展的意见》《关于加快石材产业发展的意见》《关于加快棉纺手套产业集群发展的意见》《关于加快石膏产业发展的意见》，并分别成立领导小组和办事机构，促进了五大产业的健康快速发展。

县乡镇企业办公室等部门积极为民营企业争取国家和省市政府的扶持资金。2009—2010年，为平邑天宝化工有限公司争取国家中小企业发展专项资金160万元，为临沂市康发食品饮料有限公司争取市级专项资金20万元。

2010年，全县民营企业实现收入420亿元，完成产值443亿元，比2005年增长112%，年均递增16.2%，实现利税45.4亿元，比2005年增长100%，年均递增14.9%，299家规模以上（年销售收入500万元以上）工业企业实现收入160亿元，利税14.8亿元，分别比上年增长15.3%和12.6%，全县民营企业上缴税金5.2亿元，占全县财政收入74%。全县纳税100万元以上的民营企业达到70家。

至2010年，五大产业发展情况为：一是地方罐头城罐头加工企业98家，年生产罐头45万吨，占全国果品罐头的24%，罐头加工及相关产业年收入50亿元，实现利税5.1亿元，出口创汇6900万美元，占全县外贸出口总额的70%以上，罐头城内加工企业全部获得QS认证，6家企业通过了国际标准体系认证，6家企业获得了自营进出口权，临沂市康发食品饮料有限公司产品被评为山东省省级名牌产品和著名商标，山东环球印铁制罐有限公司、临沂市玉泉食品有限公司、临沂市旺多多食品有限公司产品被评为山东省著名商标。二是石材经营加工企业350家，经营业户2800户，年加工销售板材3000万平方米，其中进口板材300万平方米，花岗石加工及相关产业年收入45亿元，利税4.5亿元，规模以上石材企业44家，其中山东冠鲁建材有限公司产品被评为山东省著名商标和中国名牌产品。三是石膏开采加工企业达到76家，年开采石膏350万吨，年产石膏粉400万吨、石膏板3亿平方米，石膏板产量占全国的20%以上，石膏加工及相关产业年收入35亿元，利税3.8亿元。平邑拜尔建材有限公司组织承办全国石膏板产品标准修订会议，参与石膏板产品标准修订，平邑拜尔建材有限公司“拜尔”牌纸面石膏板被评为山东省著名商标和省级名牌产品，平邑县中兴建材有限公司“圣美”牌、“格瑞”牌纸面石膏板被评为山东省名牌产品，平邑中庸装饰材料公司、平邑县千吉业建材公司等企业生产的覆膜石膏板出口国外。四是仲村镇手套加工企业510家，年加工手套26亿副，产品销往全国各地及新加坡、韩国等多个国家和地区，年收入20亿元，利税2亿元。五是金银花中药材加工企业及个体加工户1060家，其中规模以上金银花中药材加工企业24家，产业年收入30亿元，利税3亿元，6家企业获得GMP（药品生产质量规范）认证，11家企业获得GSP（药品经营质量规范）认证。

2008年，平邑县地方镇（罐头加工）被认定为山东省特色产业镇。2009年，平邑县郑城镇（金银花中药材）被认定为临沂市特色产业镇。2010年，平邑县仲村镇（手套加工）被认定为山东省特色产业镇。

2011—2013年，进一步推动民营工业发展，壮大产业集群。2011年以来，民营企业果蔬罐头、金银花、石膏、石材、纺织手套等重点产业集群不断发展，档次水平不断提高。地方镇投资5200万元建成日处理污水3万吨的污水处理厂，投资完成道路、水电、集中供汽、煤气管道等基础设施配套，为产业集群发展搭建了良好的载体。临沂市康发食品饮料有限公司投资5000万元引进国际一流设备实施技术改造，年产果蔬罐头8万吨，成为省内最大的果蔬罐头生产企业。山东拜尔建材公司开发的定位石膏板产品填补省内空白，生产规模居全国前五位。2011年，平邑县地方镇（罐头加工）、平邑县仲村镇（手套加工）、平邑县保太镇（石膏深加工）被认定为临沂市特色产业镇。2012年，平邑县果蔬罐头产业集群、平邑县保太石膏产业集群被认定为临沂市市级产业集群。2013年，平邑县果蔬罐头产业集群被认定为山东省省级产业集群，平邑县金银花产业集群被认定为临沂市市级产业集群。平邑县平邑街道（石材加工）被认定为临沂市特色产业镇。

推进技术创新。2011—2013年，平邑县6家民营企业获市级“一企一技术”认定，3家企业获省级“一企一技术”认定。2家企业获市级“专精特新”企业认定。其中，2012年山东拜尔建材有限公司获省级“一企一技术”研发中心认定。2013年，临沂市康发食品饮料有限公司获省级“一企一技术”研发中心认定，临沂奇伟罐头食品有限公司获省级“一企一技术”创新企业认定。

构建创业平台。2011—2013年，平邑县2家民营企业获市级创业辅导基地认定，2家企业获省级创业辅导基地认定（2012年仲村镇小企业创业辅导基地、2013年郑城镇小企业创业辅导基地）。2011—2013年，平邑县乡镇企业职工教育办公室获省级服务机构认定。2011—2013年，1家企业获市级公共服务平台认定。

争取资金扶持。2011—2013年，中小企业争取国家、省、市扶持资金600多万元。山东拜尔建材有限公司（卞桥镇）两家企业的“一企一技术”项目获省级研发费用税前扣除政策支持资金314万元；仲村镇（手套加工）创业辅导基地项目获得国家级专项扶持资金70万元；临沂市奇伟罐头食品有限公司（地方镇）6万吨/年果蔬罐头洁净生产项目获省中小企业发展专项资金30万元；山东蒙水食品饮料有限公司（地方镇）鲜榨果汁超高温瞬时灭菌冷缸技术进步项目获市级中小企业补助资金20万元；山东环球印铁制罐有限公司（地方镇）的马口铁空罐罐体强度加强技术研究与应用获得市级中小企业扶助资金15万元。平邑县中小企业服务中心获省级中小企业专项资金15万元。

强化融资服务。2011年，经多方努力，

莱商银行、临商银行在平邑县设立分支机构，临沂市康发食品饮料有限公司、临沂市奇伟罐头食品有限公司等县内7家民营企业融资1亿元成立了平邑县融信小额贷款公司，促进了全县民营企业的融资发展。

强化培训提升。2011—2013年，共为中小企业培训管理人员1500余人。为加快提升全县民营企业素质，县中小企业管理局大力组织开展民营企业管理人员培训。2012年组织各类培训班6期，培训企业管理人员797人；2013年组织各类培训班7期，培训企业管理人员714人。

1989—2013年平邑县乡镇企业民营经济主要指标完成情况表

表8-1　　单位：元

年份	产值	收入	利税	增加值
1989	36162	30417	4010	
1990	45166	37596	4698	
1991	56414	46608	5501	
1992	102359	84391	9956	
1993	241793	194106	24361	
1994	319166	265925	32499	
1995	552491	466179	53354	
1996	660392	554228	57834	
1997	754266	701468	77165	123315
1998	882205	838094	83951	157293
1999	1031802	968213	101664	200653
2000	1146600	1084377	121542	254482
2001	1434547	1372825	141394	251978
2002	1645228	1504897	159023	301509
2003	1885439	1640338	178106	360605
2004	2160705	1787968	199478	432008
2005	2477925	1982340	226677	515585
2006	2616788	2365676	270000	575693
2007	3216032	2893669	324800	684498
2008	3572165	3274615	362255	771825
2009	3975768	3709403	405574	872453
2010	4431683	4201567	453599	996145
2011	4622151	4582419	463135	1132453

续表 8-1

年份	产值	收入	利税	增加值
2012	4859682	4835157	484915	1283681
2013	5668174	5645749	562478	1805675

2008—2013 年平邑县中小企业获省市各类荣誉情况表

表 8-2

类别	级别	企业名称	发布时间	认定文号	批次
产业集群	省级	平邑县果蔬罐头产业集群	2013.12.06	鲁中小企局〔2013〕63 号文	第五批
	市级	平邑县果蔬罐头产业集群	2012.03.06	临中小企函〔2012〕13 号文	
		平邑县保太石膏产业集群	2012.03.06	临中小企函〔2012〕13 号文	
		平邑县金银花产业集群	2013.05.29	临中小企〔2013〕58 号文	
特色产业镇	省级	平邑县地方镇（罐头加工）	2008.12.31	鲁中小企办字〔2008〕51 号文	第二批
		平邑县仲村镇（手套加工）	2010.11.08	鲁中小企办字〔2010〕67 号文	第三批
	市级	平邑县地方镇（罐头加工）	2011.12.07	临中小企〔2011〕55 号文	第二批
		平邑县仲村镇（手套加工）			
		平邑县保太镇（石膏深加工）			
		平邑县郑城镇（金银花中药材）	2009.08.12	临中小办〔2009〕55 号文	第一批
		平邑县平邑街道（石材加工）	2013.11.13	临中小企〔2013〕101 号文	第三批
一企一技术	省级	山东拜尔建材有限公司（研发中心）	2012.06.13	鲁中小企办字〔2012〕30 号文	第三批
		临沂市康发食品饮料有限公司（研发中心）	2013.12.06	鲁中小企局字〔2013〕62 号文	第六批
		临沂奇伟罐头食品有限公司（创新企业）	2013.01.04	鲁中小企局字〔2012〕77 号文	第二批
	市级	临沂市康发食品饮料有限公司（研发中心）	2013.04.03	临中小企〔2013〕39 号文	第二批
		山东岐黄中药饮片有限公司（研发中心）		临中小企〔2013〕39 号文	第二批
		山东天宝化工股份有限公司（研发中心）		临中小企〔2013〕39 号文	第二批
一企一技术	市级	山东拜尔建材有限公司（研发中心）	2011.07.13	临中小企〔2011〕20 号文	第一批
		临沂奇伟罐头食品有限公司（创新企业）	2013.04.03	临中小企〔2013〕39 号文	第一批
		山东环球印铁制罐有限公司（创新企业）		临中小企〔2013〕39 号文	第一批

续表 8-2

类别	级别	企业名称	发布时间	认定文号	批次
创业辅导基地	省级	仲村镇小企业创业辅导基地	2012.12.31	鲁中小企局字〔2012〕81 号文	第七批
		郑城镇小企业创业辅导基地	2013.11.29	鲁中小企局字〔2013〕61 号文	第八批
	市级	平邑县仲村镇小企业创业服务中心	2012.06.08	临中小企〔2012〕45 号文	第二批
		平邑县郑城镇小企业孵化基地	2013.06.09	临中小企〔2013〕61 号文	第三批
创业辅导师	省级	牛传宇（法律援助中心律师）	2013.11.29	鲁中小企局函〔2013〕61 号文	第二批
示范服务机构	省级	平邑县乡镇企业职工教育办公室	2012.09.03	鲁中小企办字〔2012〕52 号文	第一批
	市级	平邑县中小企业服务中心	2012.11.01	临中小企〔2012〕82 号文	
农产品加工示范创业基地	国家	平邑县地方镇农产品加工业示范基地	2008.11.27	鲁中小企办函〔2008〕62 号文	第三批
		中国（地方）国际罐头城创业基地	2009.08.17	鲁中小企办函〔2009〕42 号文	第二批
	市级	平邑县郑城镇农产品加工业示范基地	2010.03.15	临中小办〔2010〕14 号文	第一批
农产品加工示范企业	省级	临沂奇伟罐头食品有限公司	2008.12.01	鲁中小企办字〔2008〕46 号文	第二批
	市级	临沂市康发食品饮料有限公司	2010.03.15	临中小办〔2010〕14 号文	第一批
专精特新	省级	全省“专精特新”中小企业发展规划企业名单（平邑 21 家）	2013.11.20	鲁中小企局函〔2013〕59 号文	
	市级	临沂康发食品饮料有限公司 山东玉泉食品有限公司	2013.12.04	临中小企〔2013〕103 号文	首批
关于实施省中小微创新服务三项行动	省级 2013 年度	服务业特色企业培育行动 21 家	2013.03.07	鲁中小企局字〔2013〕21 号文	
		管理模式创新行动 3 家： 拜尔　奇伟　玉泉			
		商业模式创新行动 1 家 康发食品			
公共服务示范平台	市级	临沂市康发农产品检测有限公司	2012.03.06	临中小企函〔2012〕14 号文	

第三章 机 械

第一节 门类与效益

机械装备制造产业是平邑县的传统主导产业，主要以汽车零部件生产为主。经过20多年的发展，机械制造业经济总量实现突破性增长，已经成为县内重要的支柱产业。

2013年，全县共有机械制造企业96家，其中规模以上企业30家，产值过亿元的企业8家，获得市级以上企业技术中心3家，省级工业设计中心1家，山东省高新技术企业1家，山东名牌产品1个、著名商标4个，形成以汽车变速器、工程机械桥箱为主，机械零部件、农机配件、铸造、五金工具和日用衡器为辅的产业格局。是年，实现产值25亿元，主营业务收入24亿元，利税1.5亿元，税收7000万元。

平邑县生产的汽车零部件产品包括轻、微型汽车变速器等10多个门类近100多个品种。产品分别为一汽、二汽、北汽福田等国内大型汽车制造企业和汽车关键部件总成生产企业配套，同时出口俄罗斯、东南亚等国家和地区。

2013年，机械制造业共实施项目10个，总投资30亿元，累计完成投资16亿元，占全县技改投资完成总额的34.7%。规模较大的项目有投资15亿元的非公路桥箱基地项目、投资3亿元年产10万套健身器材生产线项目、投资1亿元年产10万台MW70系列经济节能型微型汽车变速器总成项目。其中，山东雷沃桥箱有限公司非公路桥箱基地项目列入国家产业振兴计划，申请国家扶持资金2380万元，该项目和山东临工汽车桥箱有限公司年产10万台MW70系列经济节能型微型汽车变速器总成项目、山东精工通用齿轮厂年产2万台HST1681水稻收割机驱动桥总成技术改造项目等3个机械类项目列入市百项重点工业技术改造项目。

蒙沃桥箱、雷沃桥箱作为平邑县的机械产业骨干企业，不断优化配套体系，拉动县内外配套企业300多家，其中县内配套中小企业30多家，雷沃配套企业19家，蒙沃配套企业16家。主要配套生产铸件成品、齿轮轴类、精坯、法兰盘等，拉动劳动力就业近1850人。这些中小企业在骨干企业的拉动和市场需求的引导下，不断升级技术，优化结构，增加产品种类，扩大生产规模，优势互补，协作发展，逐步形成了发展集群。

第二节 重点企业

山东蒙沃变速器有限公司

1998年成立，前身为山东临沂临工汽车桥箱有限公司，占地15万平方米，有职工955人，总资产5.39亿元。主要从事微型、轻型汽车变速器的研发、制造、销售和服务。主导产品为M、T系列轻、微型汽车变速器，年产能约60万台，是国家火炬计划重点高新技术企业、三星级中国专利山东明星企业、临沂市“双50”企业和创新型企业。2012年，获临沂市市长质量奖。公司生产的蒙沃（MENWO）牌轻型汽车变速器是山东名牌，产销量居国内同行业第一位。产品主要销往福田、一汽、二汽、南汽、奇瑞、江淮、金杯、长安、五征、凯马、黑豹等企业。

2013年，实现汽车变速箱产量60万台，产值7亿元，实现销售收入6亿元，利税1275万元。

山东雷沃桥箱有限公司

2012年10月，由国家级重点高新技术企业福田雷沃国际重工股份有限公司投资兴建，2013年10月建成投产，有职工700人。属2013年省重点项目。占地0.4平方千米，建筑面积23万平方米，其中一期投资8亿元，占地0.2平方千米，到位资金6.3亿元；二期项目投资7亿元，占地0.2平方千米。主要产品为工程机械桥箱、农业机械桥箱和100马力以上拖拉机前驱动桥，年产量26万台。

主导产品为农业机械桥箱、大马力拖拉机前驱动桥、工程机械桥箱。产品主要销往雷沃重工、金亿、中收等企业。项目全面投产后将成为全国最大的桥箱生产基地，其中大型自走式联合收割机桥箱市场占有率达75%，大马力拖拉机前驱动桥市场占有率达41%，大型工程装载机湿式桥、动力换挡箱市场占有率15%。

山东省临沂科威机械有限公司

2004年3月成立，是集设计、开发、生产于一体的专业厂家。主导产品有斗式提升机、螺旋输送机、板式给料机、带式输送机、造粒机、冷却机、回转筛、振动筛、破碎机等四大系列60余个品种。公司注册的“科诺威”牌产品广泛应用于化工、建材、冶金、矿山、发电、食品等行业，被国内200多家大中型肥料、建材、食品等企业所选用。

2013年，实现产值5000万元，实现销售收入4500万元，利税300万元。由该公司投资3亿元建设的年产10万套健身器材生产线项目，新增销售收入6.6亿元，利税1.9亿元。

第四章　食　品

第一节　产业品种

平邑县罐头产业起步于20世纪80年代中期，2000年进入快速发展阶段，形成以地方镇镇驻地为中心，辐射周边36个行政村，覆盖面积8平方千米的产业聚集区。地方镇因势利导，将其规划成为罐头工业区，主要吸收当地劳动力进行生产经营，成为地方镇民营罐头企业发展的摇篮，吸引许多罐头生产商及配套商纷纷慕名而来，到地方镇投资设厂。同时地方镇培训的大批骨干工人也纷纷建立自己的企业，罐头企业不断涌现在地方镇并形成聚集效应。平邑县罐头产业通过近30年的自我积累和发展，已经形成以果蔬罐头加工为主，果品生产、印铁制罐、玻璃制品、彩印包装、信息中介、物流配载、建筑安装、餐饮服务等相关产业为辅的罐头产业集群，进入省级产业集群行列。

2013年，全县拥有罐头加工及相关配套企业127家，其中罐头加工企业105家，相关配套企业22家。是年，35家规模以上企业中销售收入过亿元的7家，过5000万元的11家，过2000万元的17家，从业人员4万余人，年加工各类果蔬罐头70万吨，产品形成10大系列、300多个品种，销往全国各地以及欧盟、美国、俄罗斯等40多个国家和地区。

在全县罐头加工企业中，有4家是获农业

部认证的中型企业，6家省级农业产业化龙头企业，7家获得自营进出口权，6家通过国际质量体系认证。共有注册商标122个，其中中国驰名商标1个、山东省著名商标8个、山东省名牌产品2个。奇伟食品、康发食品、玉泉食品等12家企业联合建成10个优质水果生产基地，果园面积3066.67公顷，年产黄桃、黄梨、山楂、草莓等果品2亿千克，保证了水果质量和原材料供应。

2013年，罐头产业实现主营业务收入38亿元，利税2.4亿元，税收6500万元，其中税收过千万元的企业有2家，过500万元的企业3家，过百万元的企业8家。

第二节 重点企业

山东万利来食品有限公司

是一家生产高档水果罐头及出口创汇的外向型企业。公司地处风景秀丽的沂蒙山区平邑县地方镇驻地，紧靠327国道，南临兖石铁路，西临日东高速公路，交通便利。周围有方圆百里的水果生产基地，盛产苹果、葡萄、黄桃、草莓等优质水果，是生产高档水果罐头的绿色场所。公司始建于2003年，注册资本1000万元。占地面积4.8万平方米，建筑面积2.2万平方米，固定资产1900多万元，年销售收入8000万元。公司拥有现代化的厂房，高标准的生产车间及化验室，国内先进的专业化罐头食品加工设备流水作业线4条，其他配套设施齐全。2013年，拥有职工360人，大专文凭的专业技术人员及管理人员30多名，年生产能力1万吨以上。

山东名竹酒业有限公司

清光绪二十五年（1899年），出身山西杏花村酿酒世家的侯晋魁到仲村、平邑办起了酒坊。采用杏花村酿酒技艺，清蒸清茬，大、二茬分离，地缸发酵，工艺突出“清”字，口味突出“正”字，清香纯正，绵甜爽净。由初时“天盛永”“恒茂正”“永发源”发展到“汾太成”“德源永”“晋德隆”6家家族字号。1994年，其四世孙侯学忠生产“名竹清”酒，注册“侯掌柜”商标，成立山东名竹酒业有限公司。2013年，公司固定资产600余万元，年产优质酒300吨。

山东东澳包装有限公司

2012年7月，由山东环球印铁制罐有限公司与大连理想食品有限公司合作投资建设，总投资4.6亿元，占地0.07平方千米，位于地方镇罐头城，主要建设厂房5万平方米，设计建设12条进口易开盖生产线。项目产品科技含量高，生产设备全部由国外进口，整个生产工艺流程无污染，是环保型生产制造业，符合国家产业政策。

第五章 建 材

第一节 水 泥

平邑县有中联水泥、万寿宫水泥和万利水泥3家水泥企业。万利水泥主要产品是水泥，无熟料，年产30万～40万吨水泥。中联水泥主要产品是PC32.5袋装水泥、PC32.5散装水泥、PO42.5袋装水泥、PO42.5散装水泥和熟料，建有国际先进水平的240万吨水泥生产线，采用双系列五级旋风预热器带在线喷腾式分解炉的新型干法水泥生产工艺，同步配套建设双回路、双增压9兆瓦纯低温余热发电工程。2013年，中联水泥实现销售收入3.39亿元，利润8318万元。由于市场竞争加剧，原材料成本采购价格上升，导致利润同比下降26.7%，税收3532万元。2013年，全县水泥产业实现工业总产值6.8亿元，利税9600万元，实现工业用电量8596万千瓦时，其中中联水泥工业用电量为6846万千瓦时，万利水泥为1750万千瓦时。中联水泥度电税收为0.5元，万利水泥为0.49元。随着国家一系列稳增长经济政策的颁布，以及雾霾天气治理力度不断加大和淘汰落后产能的稳步推进，水泥行业总体运行向好，产销量、利润等都同比有大幅提升。

平邑中联水泥有限公司

2011年6月24日，建成投产。是由中国联合水泥集团有限公司和平邑县投资发展有限公司以8∶2的股权共同投资合作建设的国有企业，项目设计日产熟料5000吨、水泥8000吨、年产熟料155万吨、水泥240万吨。公司在册员工320人，大专以上学历占65%。2012年实现税收2800余万元，2013年实现税收3423万元。公司积极开展技术改造和科技创新活动，水泥生产能源管控系统改造项目获2013年度“北方水泥杯”中国建筑材料集团有限公司技术革新一等奖；“熟料计量秤技改”“水泥生产能源管控系统”“水泥生产质量管理与控制系统”分别获2013年度“晶牛微晶杯”全国建材行业技术革新三等奖；此外公司在中国建材研究院总院有关专家的指导下研发荧光仪熔样新技术，用荧光仪熔片法成功地测定原料、生料、熟料的化学成分，申请国家专利，在国内第一次应用于企业实践中，缩短测样时间，减少人为误差，提高化验结果的准确率，为生产提供有力支持。

万寿宫水泥有限公司

前身是建于1970年的平邑县水泥厂，1994年县水泥厂和县第二水泥厂合并组建为万寿宫水泥有限公司，属国有中（二）型企业，有职工1044人。生产的“万寿宫”牌水泥曾获省优、部优和山东省免检产品，先后获山东省建材产品准用证、自营进出口许可证。由于企业人员负担重、资金困难，加之市场竞争激烈，价格下滑，使企业长期亏损，困难重重，于1999年底关闭停产，并于2000年11月将原二水泥厂整体出售。

山东万利水泥有限公司

2006年4月成立，位于平邑县温水镇，注册资本为1000万元。2013年，有员工518人，主要经营水泥及其制品生产。

第二节　木　业

平邑县依托速生杨资源优势，木材产业迅速发展。2013年，全县有规模以上木业企业19家，其中卞桥镇8家，丰阳镇2家，铜石镇2家，临涧镇2家，地方镇、流峪镇、温水镇、白彦镇、保太镇各1家。资产总额3亿元，总占地面积0.32平方千米，从业人员1900余人（加上规模以下企业从业人员估计2万余人）。木业产业实现销售收入11.4亿元，实现利税9600万元。其中，销售收入过亿元的有3家，销售收入过5000万元的有12家。主要产品有人造板、胶合板、家具等。15家重点企业全年用电量为1597万千瓦时，平均每度电税收1.34元，用电量最大的是福田板材535万千瓦时，度电税收最高的是天顺木业，合4.51元。是年，木业产业共新上项目2个，总投资1837万元，这些项目完工后可新增销售收入5670万元，利润416万元，税收116万元。

2013 年，2 个项目都已经建成投产。

临沂赛尔特木业有限公司

2009 年成立，主要经营胶合板。公司参照 ISO 国际质量标准、美国 CARB 标准，日本 JAS 标准和欧盟 CE 认证标准对质量的要求，从原材料采购、各加工工序（半成品）一直到最终成品检验入库，都建立一套完整的质量控制体系。

山东康贝德木业有限公司

2011 年 7 月成立，位于丰阳镇，总投资 9000 万元。有胶合板生产线 23 条，职工 300 多人，管理人员 20 人，年产胶合板 7 万立方米，年产值 2 亿多元。2010 年，公司注册“康贝德”商标。主要出口中高档 3×6 尺、4×8 尺、4×10 尺、5×10 尺、5×12 尺全系列规格高档家具板胶和异型胶合板、阻燃胶合板，同时采用最先进的胶合板生产工艺。先后通过美国 CARB 认证、日本 JAS 认证、欧洲 FSC 认证，产品远销欧洲、美国、日本、韩国、非洲、越南等国家。

平邑县锦程木业有限公司

2007 年 10 月成立，位于平邑县铜石镇，是一家生产建筑建材的大型企业。公司主要经营（E1、E2 胶）胶合板，采用环保型脲酸醛胶，甲醛释放量低，达到欧洲 E1 级标准。拥有固定资产 1000 万元，6 条胶合板生产线，年生产各种优质胶合板 30000 立方米。2013 年，实现销售收入 2016 万元，利税 210 万元，直接或间接带动周边务工人员近千人。

第六章 纺 织

第一节 产业集群

平邑县纺织手套产业经过 20 多年的发展，设备水平明显提高，产品档次和国内市场占有率均有大幅度提升，成为全国 175 个纺织产业集群试点地区之一。

2013 年，全县共有合线加工企业 33 家，手套加工企业 800 余家；各种手套机 5 万余台，其中 300 台以上的企业 2 家，100 台以上的企业 40 余家，年生产各类劳保手套 50 亿副，年可实现销售收入 40 亿元，利税 3.2 亿元，国内市场占有率达 60% 以上，带动就业人数 3 万余人。金丰手套、亿丰手套等 7 家企业获得自营进出口权，产品销往全国各地及韩国、日本、俄罗斯等十几个国家和地区。以手套加工业为主，化纤、合线加工、物流配送、中介服务等配套产业为辅的特色产业集群已初具规模。

第二节 重点企业

平邑金利合线有限公司

2002 年 6 月成立，位于平邑县仲村镇，厂区占地面积 44022 平方米，注册资金 50 万元。有职工 236 人，其中技术人员 15 人。至 2007 年，共投资 3000 万元，拥有高档棉纱生产线 8 条，电脑手套编织机 200 台。公司主要生产纯棉十支、十六支棉纱和手套纱，产品达 16 个品种，年生产棉纱 3000 吨，手套 2000 万副。产品远销韩国、俄罗斯、意大利等十几个国家，年实现销售收入 3500 多万元，利税 300 万元，是仲村镇龙头企业。

临沂弘泰化纤有限公司

2012年11月成立，位于平邑县仲村镇，由临沂恒兴泰劳保有限公司投资兴建，有员工200余人。利用废旧聚酯瓶片生产涤纶短纤维。公司占地约36685平方米，总投资2.2亿元，建设2条日产50吨的涤纶短纤维生产线和2条气流纺纱生产线，年产化纤6万吨，高档棉纱1000吨，产值6亿元。

第七章　化　工

第一节　生产经营

2013年,平邑县有2家规模以上化工企业，分别是山东天宝化工有限公司、平邑县丰源有限责任公司，都是市、县骨干企业，主要涉及化学肥料和民爆化工生产经营。主导产品碳酸氢铵，年生产能力16万吨；系列炸药，年生产能力3万吨。

2013年，化工产业实现主营业务收入6亿元；实现利税1.6亿元，上缴税金4860万元。累计工业用电量1.22亿千瓦时，度电税收0.4元。

第二节　重点企业

山东天宝化工股份有限公司

前身为始建于1958年10月建成的平邑县炸药厂，1996年底，由国有企业改为股份制企业。公司下设天宝福利包装制品有限公司、天宝化工危险货物运输有限公司、天宝化工（沂水）有限公司、天宝化工（沂水）爆破有限公司4家子公司。1998年10月，与南京理工大学及其他几家企业发起设立南京东诺工业炸药高科技有限公司。2010年10月，与西班牙马克西姆公司在平邑县境内共同成立马克西姆化工（山东）有限责任公司，建设国际先进的连续化、自动化生产线。2013年，实现主营业务收入5.85亿元，利税1.89亿元。

2013年8月27日，人力资源和社会保障部全国博士后管理委员会批准在天宝化工设立博士后科研工作站，天宝化工成为省内同行业唯一一家拥有博士后科研工作站的企业。是年10月，公司被科技部火炬高新技术产业开发中心评选为国家火炬计划重点高新技术企业。

山东省平邑县丰源有限责任公司

前身为建于20世纪70年代初的平邑县化肥厂，位于平邑县温水镇。占地22万平方米。2001年，工业总产值1.6亿元，销售收入1.2亿元，利税500万元。主要产品有液氨、甲醇、碳酸氢铵和碳酸丙烯酯4个产品。年生产能力为合成氨12万吨，甲醇3万吨，碳酸氢铵50万吨，碳酸丙烯酯1万吨。合成氨生产主要以山西块煤为原料，采用常压固定床间歇气化。变压吸附和碳酸丙烯脂脱碳，全低温变换，铜洗联醇工艺，配有Ø1.4米合成标塔和Ø1.0米矮胖型塔系统各1套。压缩机8台。

2013年，公司有员工420人，固定资产1.5亿元，年销售收入3.5亿元，利税1600万元，上缴税金1000万元。其中，主营业务收入3亿元，利税800万元，上缴税金321万元。

第八章　生物医药

第一节　生产规模

平邑县中药材资源丰富，仅道地中药材就有金银花、丹参、黄芩、徐长青、紫草、灵芝、何首乌、全蝎等736种，总蕴藏量2400多万千克。其中金银花年产干花1500万千克，产量占全国的60%以上，“平邑金银花”注册为地理标志认证商标。全县中药材种植、加工制药、购销流通企业及个体工商大户1000余家。

2013年，全县规模以上金银花（医药）企业31家，其中省级行业龙头企业1家（山东澳东药业科技有限公司），市级行业龙头企业8家，资产总额4亿元，从业人员3000余人。实现主营业务收入13.8亿元，利润0.9亿元、利税1.56亿元。在规模以上工业企业中，金银花（医药）企业的税收贡献率达到6.5%（全县税收10.2亿元，规模以上工业企业税收共4.6亿元，其中金银花企业0.3亿元），金银花种植主产区（郑城、流峪）税收贡献率达到70%。规模以上金银花医药企业共用电297.5万千瓦时，度电纳税额领先其他产业。

企业认证

山东鲁安中药饮片有限公司、平邑多尔药业有限公司、临沂岐黄中药饮片有限公司等9家企业获GMP（药品生产质量规范）认证，金泰药业、三源药业、永胜药业、美东药业等15家企业获GSP（药品经营质量管理规范）认证。山东三精制药有限公司、美东制药等4家获GAP（标准化药源基地）认证。山东晟银药业有限公司等7家获“三品一标”（有机食品、绿色食品、有机转换，地理标志）认证。

关联项目

生产、加工、销售基地　全国市场范围内80%的金银花在平邑县交易，县内拥有国内最大的金银花生产、加工、销售基地——金银花物流港，位于郑城镇驻地南侧的工业园内，总占地0.18平方千米。临沂翔泰药业等一批公司距该基地不足10千米，依托基地经营，企业缩短销售运输流程，降低成本，促进企业良性运作。

种植基地　金泰药业建成中药材规范化种植示范园基地0.2平方千米，其中金银花种植面积0.19平方千米。三源药业拥有面积0.8平方千米的中药材种植基地，年生产中药饮片680吨。2013年，完成工业总产值4200余万元，主营业务收入4000余万元，实现利税598万元。晟银药业拥有9个基地，共6.67平方千米，2013年纳税425万元。

标准化企业建设

平邑县瑞康中药饮片有限公司是国家中药饮片GMP认证企业，年产中药材400吨，公司严格按GMP认证要求建成中药净制、切制、炒制、炙制、蒸制、粉碎、烘干的生产线，配备高效液相色谱仪、气相色谱仪等先进设备。同时严格按照GAP标准建立万亩金银花、丹参种植基地。2013年，全年完成工业总产值2800万元，主营业务收入2540万元，实现利税242.1万元。

第二节　重点企业

山东美东生物科技有限公司

2011年11月成立，总投资8亿元，注册资本5000万元，占地0.2平方千米，主要生产以金银花及当地中药材深加工为主的生物制药、保健品、功能饮料、日化用品等系列产品。一期投资3.5亿元，建设1200吨金银花绿原酸浸膏生产线，1.5亿支金银花牙膏生产线，3000万瓶金银花妇科洗液生产线、3000万瓶金银花沐浴露生产线、1.5亿瓶金银花凉茶生产线，同时建设金银花GAP药源基地13.33平方千米。二期投资4.5亿元，主要建设1.2亿盒金银花胶囊生产线和1亿盒金银花含片及中药保健品生产线。

山东阿蔓达药业有限公司

2003年3月建成，总投资8000万元，占地0.07平方千米，总建筑面积5万平方米，是集研发、生产、经营、外贸于一体的省级高新技术企业，公司人才荟萃，技术力量雄厚。至2013年，有员工300余人，其中高级技术人员7名，老药工8名。公司下设经过国家GMP认证的阿蔓达中药饮片有限公司和国家GSP认证的君安堂医药连锁有限公司，2007年1月，与山东中医药大学合作设立平邑中鲁医院。

第九章　造　纸

第一节　生　产

1989年，平邑县造纸厂有职工800余人，机制纸产量1万余吨，产值1500余万元，利润450余万元。20世纪90年代初期，由于经营不善，破产改制。1995年后，民营造纸业发展迅速。

2013年，全县有9家规模以上造纸企业，从业人员500余人，产能12万余吨，资产总额2.7亿余元，固定资产净值2.4亿余元。8家企业累计实现主营业务收入1.1亿元，税收192万元，用电量978万千瓦时。其中平邑汇丰纸业有限公司、平邑县森宇纸业有限公司已破产，平邑县东方纸业有限公司将场地租给平邑金晟纸业有限公司，平邑金晟纸业有限公司、平邑万通纸业有限公司、平邑金利源纸业有限公司生产时断时续，平邑友好纸业有限责任公司以切割、包装复写纸为主，仅平邑金太阳纸业有限公司和山东威凯瑞纸业有限公司能基本正常生产。

第二节　重点企业

平邑金太阳纸业有限公司

2003年5月成立，位于平邑县资邱乡。主要经营无碳复写纸、铜版纸生产、销售；办公用品、电脑耗材、自动化设备、五金交电、木浆、新闻纸、生活用纸、包装纸及造纸化工原料销售。日用品、针纺织品、服装、鞋帽、玩具、珠宝首饰、文化用品、管理类软件及辅助设备销售；经济贸易信息咨询；货物进出口；代理进出口及技术进出口。

2013年，实现销售收入7289万元；税收

61万元。共有8条生产线。是年，仅4条正常生产，主要产品为铜版纸和无碳复写纸，产量为1.6万吨。

山东威凯瑞纸业有限公司

2011年2月成立，位于平邑县温水镇。占地面积12万平方米。有职工580人，工程技术人员110人。拥有纸加工生产线4台套，一台套1760造纸机生产线、7台套进口研磨机化工生产线。主要生产品种为铜版纸，年产7万吨。2013年，销售收入1357万元。

第十章 电 业

国网山东平邑县供电公司隶属国网山东省电力公司，是国家中（二）型企业。下设8个职能部室，2个业务支撑和实施机构，16个乡镇供电所，另有3家集体企业。2013年供电区域1825平方千米，服务客户35.75万户。2013年，公司固定资产原值8.81亿元，是1989年的68.6倍；供电量14.98亿千瓦时，是1989年的13.7倍；售电量14.02亿千瓦时，是1989年的13.5倍；上缴税金3548.96万元，是1989年的56.6倍。

平邑境内拥有企业自备电厂1座，中联水泥装机容量9000千瓦；公用电厂1座，易达热电装机容量12000千瓦；光伏发电站1座，装机容量1000千瓦；水电机组2台，装机容量1600千瓦；生物质电厂1座，装机容量30000千瓦；220千伏变电站2座，主变3台容量510兆伏安；110千伏变电站9座，主变14台容量605兆伏安;35千伏变电站10座，主变19台容量218.7兆伏安。110千伏线路14条，线路长度207.52千米；35千伏线路21条,线路长度152.76千米;10千伏线路106条，线路长度1701.90千米。配电变压器2097台，容量53.66万千伏安。最高日供负荷260.98兆瓦，最高日供电量549.68万千瓦时。

第一节 电 网

35千伏变电站

1971年，35千伏大三阳变电站建成投运，1971年至1979年8年间，大三阳变电站先后4次扩建和改建。后运行主变2台，总容量为11150千伏安。该站于2005年退出运行。35千伏地方变电站于1987年5月1日投入运行，2013年3月20日,110千伏地方变电站投运后，10千伏线路相继改接至新站，原35千伏变电站基本退出运行。

1988年10月1日，35千伏白彦变电站投入运行，至2013年底，主变容量26300千伏安。1992年10月5日，35千伏柏林变电站投入运行。至2013年底，主变容量24000千伏安。1992年12月26日，35千伏唐村变电站投入运行，解决了平邑县南部山区超半径供电的问题。1993年6月26日，35千伏南温水变电站投入运行，截至2013年底，主变容量40000千伏安。1996年5月1日，35千伏临涧变电站投入运行。1996年4月6日，35千伏仲村变电站投入运行，2012年1月14日，110千伏仲村变电站投运后，10千伏线路相继改接至新站，原35千伏变电站基本退出运行。至2013年底，主变容量31500千伏安。1999年12月24日，35千伏卞桥变电站投入运行，

2013年11月19日，110千伏卞桥变电站投运后，10千伏线路相继改接至新站，原35千伏变电站基本退出运行，至2013年底，主变容量26000千伏安。

35千伏流峪变电站是原车庄变电站迁建至流峪镇驻地的新站，原车庄变电站1979年7月13日投入运行，使南部山区白彦、郑城、流峪3个公社用上电。该站至2000年已运行23年，设备均已老化、陈旧、损耗较大，供电可靠性差，加之负荷区域的改变，于2000年开始流峪变电站的新建工程。2000年9月20日，35千伏流峪变电站投入运行，截至2013年底，主变容量12600千伏安。2003年8月9日，35千伏郑城变电站投入运行，至2013年底，主变容量12600千伏安。

110千伏变电站

110千伏平邑变电站是平邑县首条110千伏输变电工程，1983年12月5日投入运行，该站经三期扩建工程，至2013年底，主变容量90000千伏安。随着平邑县经济迅速发展，电力负荷的供需矛盾突出，于1993年申请新建城西110千伏送变电工程，1993年7月6日投入运行，至2013年，主变容量94500千伏安。为加强平邑县南部电网结构，优化电网布局，缩短35千伏线路供电半径，满足白彦、黄坡、魏庄、郑城、山阴的供电负荷，形成临涧、流峪、唐村变电站环网供电，提出了新建山阴110千伏输变电工程。该工程于2001年5月12日竣工，至2013年底，主变容量31500千伏安。

2003年8月，建成投运110千伏保太变电站，至2013年底，主变容量63000千伏安。

2007年5月，建成投运110千伏朝阳变电站。至2013年，主变容量94500千伏安。35千伏铜石变电站1979年5月20日正式投入运行。2008年底，主变容量18800千伏安，其中35千伏地方站负荷由35千伏铜石变电站经35千伏铜地线供电。

2009年8月，铜石站在原址扩建升压为110千伏变电站，升压后，110千伏铜石站电源保留35千伏和110千伏两个电压等级，至2013年底，主变容量44000千伏安。

110千伏仲村站、地方站、卞桥站为省公司投资建设的农网升级改造变电站。3个变电站均为35千伏升压变电站，至2013年底，仲村站主变容量10万千伏安，地方站主变容量5万千伏安，卞桥站主变容量5万千伏安，3个站建成投运后，10千伏线路相继改接至新站，原35千伏变电站基本退出运行。

1989—2013年平邑县变电站情况表

表8-3

站名	电压等级（千伏）	每台主变容量		型　号	电压比	主变投运日期	站址
		编号	千伏安		千伏		
城东变	110	1号	40000	SSZ9-40000/110	115/38.5/11	1993.9	城区东
		2号	50000	SSZ11-50000/110	110/37/10.5	2011.8	城区东
城西变	110	1号	31500	SZ9-31500/110	110/10.5	2003.7	城区西
		2号	63000	SZ11-63000/110	110/10.5	2011.8	城区西

续表 8-3

站名	电压等级（千伏）	每台主变容量		型 号	电压比	主变投运日期	站址
		编号	千伏安		千伏		
山阴变	110	1 号	31500	SSZ9-31500/110	110/38.5/10.5	2001.5	白彦镇
保太变	110	1 号	31500	SSZ10-31500/110	110/38.5/10.5	2003.8	保太镇
		2 号	31500	SFSZ8-31500/110	110/10.5	2011.8	保太镇
朝阳变	110	1 号	31500	SZ10-31500/110	110/10.5	2007.5	城区南
		2 号	63000	SZ11-63000/110	110/10.5	2010.9	城区南
铜石变	110	1 号	31500	SFSZ-31500/110	110/38.5/10.5	2009.8	铜石镇
	35	2 号	12500	SZ10-12500/35	35/10.5	2006.4	铜石镇
仲村变	110	1 号	50000	SSZ11-50000/35	110/38.5/10.5	2012.1	仲村镇
		2 号	50000	SSZ11-50000/35	110/38.5/10.5	2012.1	仲村镇
地方变	110	1 号	50000	SZ11-50000/110	110/10.5	2013.3	地方镇
卞桥变	110	1 号	50000	SZ11-50000/110	110/10.5	2013.11	卞桥镇
南温水变	35	1 号	20000	SZ11-20000/35	35/10.5	2011.10	温水镇
地方变	35	1 号	8000	SZ10-8000/35	35/10.5	2003.9	地方镇
柏林变	35	1 号	8000	SZ10-8000/35	35/10.5	2010.4	柏林镇
流峪变	35	1 号	6300	SZ10-6300/35	35/10.5	2003.8	流峪镇
		2 号	6300	SZ7-6300/35	35/10.5	2011.10	流峪镇
东庄变	35	1 号	16000	SZ10-16000/35	35/10.5	2010.7	卞桥镇
		2 号	10000	SZ9-10000/35	35/10.5	2005.9	卞桥镇
白彦变	35	1 号	20000	SZ11-20000/35	35/10.5	2011.10	白彦镇
		2 号	6300	SZ9-6300/35	35/10.5	1999.1	白彦镇
唐村变	35	1 号	6300	SZ9-6300/35	35/10.5	2009.9	唐村镇
		2 号	6300	SZ9-6300/35	35/10.5	2003.3	唐村镇
临涧变	35	1 号	6300	SZ9-6300/35	35/10.5	2010.7	临涧镇
仲村变	35	1 号	31500	SZ11-31500/35	35/10.5	2010.6	仲村镇
郑城变	35	2 号	6300	SZ7-6300/35	35/10.5	2011.9	郑城镇

线路

至 2013 年 3 月，全县 35 千伏及以上公用输电线路共有 355.6 千米，其中，110 千伏线路 14 条 206.3 千米，35 千伏线路 18 条 149.3 千米。

110 千伏线路。1993 年，建成投运 110 千伏城西线。1997 年,建成投运 110 千伏温平线。2001 年，建成投运 110 千伏温山线。2003 年，建成投运110千伏温太线。2007年，建成110千伏温朝Ⅰ、Ⅱ线。2009年，温山线更名为温山铜线，建成温山铜线T接线为110千伏铜石变电站供电。随着220千伏浚河变电站的投运，平邑县范围内的110千伏变电站的供电结构发生了质的变化。2010年，110千伏浚泉线投入运行。2012年，110千伏浚仲、浚西、浚朝、浚备线投运解决110千伏仲村站、城西站、朝阳站的双电源供电问题。2013年，110千伏员地线、温卞线投入运行，分别为110千伏地方站、卞桥站供电。

35千伏线路。1990年，平柏线建成投运为35千伏柏林变电站供电；1992年，平仲线建成投运为35千伏仲村变电站供电；1993年，唐临线建成投运为35千伏临涧变电站供电；1997年，温柏线建成投运解决柏林变电站双电源供电问题；1998年，南温水线建成投运为35千伏南温水变电站供电；2000年，35千伏平流线建成投运为35千伏流峪变电站供电；2001年，35千伏温铜线建成投运为35千伏铜石变电站供电；2002年，35千伏山临线、山流线建成投运分别解决临涧、流峪变电站双电源供电问题，35千伏山郑线、铜地线、水电线建成投运为35千伏郑城、地方、水电变电站供电；2006年，35千伏温南I/II线建成投运解决南温水变电站双电源供电问题。

1989—2013年平邑县输电线路情况表

表8-4

线路名称	电压等级（千伏）	导线型号	杆塔级数	供电变电站	投运日期
温太线	110	LGJ-185	56	保太站	2003.06.01
温平线	110	LGJ-240	55	平邑站	1997.02.01
温朝Ⅰ线（温朝线）	110	LGJ-240	74	朝阳站	2007.04.01
温朝Ⅱ线	110	LGJ-240	74	朝阳站	2007.04.01
温山铜线	110	LGJ-185	166	山阴站	2001.05.08
南平线	110	LGJ-150	193	保太站	1983.12.08
城西线	110	LGJ-150	41	城西站	1993.03.08
浚泉线	110	LGJ-185	53	红泉站	2010.01.08
浚仲线	110	LGJ-300	91	仲村站	2012.01.14
浚西线	110	LGJ-300	67	城西站	2012.01.20
浚朝线	110	LGJ-300	25	朝阳站	2012.01.19
浚备线	110	LGJ-300	24	备用	2012.01.19
温山铜线T接线	110	LGJ-185	2	铜石站	2009.07.01
南平线仲村线T接线	110	LGJ-185	23	仲村站	2012.06.01
员地线	110	LGJ-300	44	地方站	2013.03.20
温卞线	110	LGJ-300	55	卞桥站	2013.10.30

续表 8-4

线路名称	电压等级（千伏）	导线型号	杆塔级数	供电变电站	投运日期
温南 I 线	35	LGJ-240	20	南温水站	2006.11.01
温南 II 线	35	LGJ-240	20	南温水站	2006.11.01
温铜线	35	LGJ-120	50	铜石站	2001.01.04
温东线	35	LGJ-70	75	卞桥站	1987.12.16
温柏线	35	LGJ-95	45	柏林站	1997.11.01
浚唐线	35	LGJ-240	41	唐村站	2011.10.20
山临线	35	LGJ-95	56	临涧站	2002.12.01
山郑线	35	LGJ-95	44	郑城站	2002.12.01
山白线	35	LGJ-70	28	白彦站	2001.01.28
山流线	35	LGJ-70	86	流峪站	2002.04.01
平流线	35	LGJ-70	120	流峪站	2000.10.01
南温水线	35	LGJ-70	54	南温水站	1998.05.01
平柏线	35	LGJ-70	71	柏林站	1990.11.01
平仲线	35	LGJ-70	86	仲村站	1992.07.01
保仲线	35	LGJ-150	44	仲村站	2002.10.01
唐临线	35	LGJ-70	94	临涧站	1993.08.01
铜地线	35	LGJ-120	79	地方站	2002.12.01
水电线	35	LGJ-70	9	水电站	2002.12.01

配电网

至 2013 年底，全县共有 10 千伏配电线路 102 条，总长度 1718.64 千米；其中电缆线路 32.42 千米，架空线路总长度 1254 千米，架空绝缘线路总长度 432.22 千米，绝缘化率为 34.5%；联络线路 37 条，线路联络率为 36.3%；共有配电变压器 2012 台，总容量为 497280 千伏安；其中非晶合金节能变压器 361 台，总容量为 110860 千伏安。

1992 年，35 千伏柏林变电站建成投运共有 10 千伏出线 4 条；1993 年，35 千伏柏林变电站建成投运共有 10 千伏出线 4 条；1993 年，35 千伏南温水变电站建成投运共有 10 千伏出线 3 条；1994 年，110 千伏仲村变电站、110 千伏铜石变电站、110 千伏城西变电站建成投运共有 10 千伏出线 7 条；1996 年，35 千伏临涧变电站建成投运共有 10 千伏出线 4 条；1997 年，35 千伏唐村变电站建成投运共有 10 千伏出线 4 条；1999 年，35 千伏地方变电站建成投运共有 10 千伏出线 4 条；2000 年，35 千伏流峪变电站、35 千伏东庄变电站建成投运共有 10 千伏出线 10 条；2001 年，110 千伏山阴变电站建成投运共有 10 千伏出线 2 条；2003 年，110 千伏保太变电站、35 千伏郑城变电站建成投运共有 10 千伏出线 7 条；2007 年，110 千伏朝阳变电站建成投运共有10千伏出线7条；2012年，110千伏仲村变电站建成投运共有10千伏出线3条；2013年，110千伏地方变电站建成投运共有10千伏出线7条。

第二节 供 电

调度

1978年，平邑电网调度指挥中心成立，有职工24人，下设调度、通信、自动化等班组，主要负责平邑电网的安全管理、负荷调度、经济运行、自动化系统运行、通信系统应用维护等工作。所辖电网主要有9座110千伏变电站、11座35千伏变电站，电源分别来自临沂电网、泰安电网。所有变电站全部具备2个或3个电源点互为备用，向县城供电的110千伏城东、城西变电站及朝阳变电站的10千伏配电线路实现“手拉手”环网供电，共安装“手拉手”开关34台。平邑电网最高负荷26万千瓦，日最高供电量550万千瓦时，2013年完成供电量14亿千瓦时。

1999年，平邑供电公司调度所增上DF8002系统，实现网络在线拓扑，潮流计算功能，能够及时分析和预测电网状态，VQC系统能够实现全网无功自动补偿，分层、分区保持力率平衡，保持电网稳定运行。2007年，在全省县级供电企业率先开发使用调度防误操作模拟系统，实现调度操作在线模拟，保证了电网操作的安全性。

用电

总的趋势是用电量逐年递增，只在1997年、1998年和2000年是负增长。

1989—2013年平邑县供用电情况表

表8-5

年份	供电量（万千瓦时）	用电量（万千瓦时）	人均用电量（千瓦时）	年份	供电量（万千瓦时）	用电量（万千瓦时）	人均用电量（千瓦时）
1989	8533	8642	0.02	2002	37315	37515	0.04
1990	10038	10167	0.02	2003	42405	43911	0.04
1991	11849	12008	0.02	2004	51955	53817	0.05
1992	13660	13849	0.02	2005	54872	57037	0.06
1993	17017	17017	0.02	2006	64074	64875	0.07
1994	20701	20904	0.02	2007	68775	75998	0.08
1995	26191	26393	0.03	2008	77556	82080	0.08
1996	28049	28590	0.03	2009	94376	94684	0.09
1997	26637	27469	0.03	2010	111361	111447	0.11
1998	26045	26767	0.03	2011	130140	130372	0.13
1999	29430	30312	0.03	2012	139744	142800	0.14
2000	28991	29893	0.03	2013	144234	145314	0.14
2001	33411	32020	0.03				

1989—2013 年平邑县用电量增长情况表

表 8-6

年份	全社会用电量（万千瓦时）	比上年增长（%）	年份	全社会用电量（万千瓦时）	比上年增长（%）
1989	8642	16.50	2002	37515	17.16
1990	10167	17.65	2003	43911	17.05
1991	12008	18.11	2004	53817	22.56
1992	13849	15.33	2005	57037	5.98
1993	17017	22.88	2006	64875	13.74
1994	20904	22.84	2007	75998	17.15
1995	26393	26.26	2008	82080	8.00
1996	28590	8.32	2009	94684	15.36
1997	27469	−3.92	2010	111447	17.70
1998	26767	−2.56	2011	130372	16.98
1999	30312	13.24	2012	142800	9.53
2000	29893	−1.38	2013	145314	1.76
2001	32020	7.12			

1989—2013 年平邑县行业用电量分类表

表 8-7　　单位：万千瓦时

年份	农林牧渔业	工业	建筑业	交通运输仓储邮政	信息传输计算机服务	商业住宿餐饮业	金融地产商务服务业	公共事业及管理组织	城乡居民生活用电
1989	191	4512	980	69	52	204	52	304	2169
1990	225	5308	1152	82	61	240	61	357	2552
1991	264	6352	1222	96	72	322	72	420	3029
1992	305	7298	1289	111	83	364	83	485	3642
1993	374	8589	2190	136	102	681	102	596	4247
1994	460	12142	1246	167	125	634	125	732	5070
1995	581	15546	807	211	158	854	158	924	6952
1996	629	14814	1916	229	172	602	172	1001	8515
1997	604	15239	1740	220	165	599	165	961	6944
1998	589	14006	1277	214	161	710	161	937	7991
1999	667	16448	884	242	182	512	182	1061	9252
2000	658	12458	3469	239	179	1196	179	1246	9367

续表 8-7

年份	农林牧渔业	工业	建筑业	交通运输仓储邮政	信息传输计算机服务	商业住宿餐饮业	金融地产商务服务业	公共事业及管理组织	城乡居民生活用电
2001	704	18892	1133	256	192	1281	192	1021	9740
2002	825	22134	3664	300	225	1501	225	1313	7128
2003	966	25907	2896	351	263	1879	263	1537	8343
2004	1184	31752	3543	431	323	2291	323	1884	10225
2005	1255	33651	5052	456	342	2281	342	1996	9496
2006	1427	38276	5882	519	389	2595	389	2271	12326
2007	1672	44839	2908	608	456	1502	456	1895	14439
2008	1806	48427	4458	657	492	2756	492	2873	15595
2009	2083	55864	9445	757	568	3787	568	3314	17990
2010	2452	68001	7783	859	669	2455	711	1905	26526
2011	2868	91499	2101	1005	840	2258	832	2566	26171
2012	3142	95621	3184	1877	1337	2015	748	4998	26822
2013	3197	94430	4989	1721	1063	4072	960	4025	29777

1989—2013 年平邑县工业用电量情况表

表 8-8

年份	工业户数（户）	用电量（万千瓦时）	占总用量比例（%）	用户用电装接容量（万千瓦）
1989	5100	4512	52.01	164490
1990	5550	5308	52.00	172490
1991	5850	6352	52.90	177990
1992	5888	7298	52.70	183990
1993	5915	8589	50.47	188990
1994	5750	12142	58.08	197490
1995	5750	15546	58.90	206490
1996	6270	14814	51.82	214490
1997	6523	15239	55.48	220490
1998	6775	14006	52.33	225990
1999	7001	16448	54.26	231490
2000	7248	12458	41.68	236490

续表 8-8

年份	工业户数（户）	用电量（万千瓦时）	占总用量比例（%）	用户用电装接容量（万千瓦）
2001	7980	18892	59.00	242990
2002	8400	22134	59.00	248590
2003	8652	25907	59.00	257590
2004	8755	31752	59.00	265090
2005	8850	33651	59.00	269590
2006	8900	38276	59.00	274090
2007	9204	44839	59.00	280090
2008	9322	48427	59.00	285090
2009	9425	55864	59.00	290905
2010	9503	68001	61.02	296845
2011	9705	91499	70.18	302905
2012	9869	95621	66.96	475615
2013	9869	94430	64.98	546820

1989—2013 年平邑县农业用电量情况表

表 8-9

年份	农业户数（户）	用电量（万千瓦时）	占总用量比例(%)	用户用电装接容量（万千瓦）
1989	1998	174	2.00	29850
1990	2100	204	2.00	30890
1991	2340	246	2.05	32760
1992	2355	285	2.06	32970
1993	2366	352	2.07	33124
1994	2300	437	2.09	32200
1995	2300	549	2.08	32200
1996	2456	606	2.12	35112
1997	2485	577	2.10	36526
1998	2477	570	2.13	37930
1999	2488	649	2.14	39220
2000	2495	643	2.15	45585
2001	2401	692	2.16	16880

续表 8-9

年份	农业户数（户）	用电量（万千瓦时）	占总用量比例（%）	用户用电装接容量（万千瓦）
2002	2501	814	2.17	17115
2003	2563	957	2.18	17250
2004	2588	1179	2.19	17350
2005	2650	1192	2.09	17440
2006	2680	1336	2.06	17550
2007	2670	1573	2.07	18400
2008	2679	1691	2.06	18550
2009	2955	1922	2.03	19350
2010	2999	2519	2.26	19450
2011	3022	2946	2.26	22175
2012	3054	3284	2.30	16615
2013	3205	3807	2.62	11075

1989—2013 年平邑县居民生活用电量情况表

表 8-10

年份	居民户数（户）	用电量（万千瓦时）	占总用量比例（%）	用户用电装接容量（万千瓦）
1989	77895	2169	25.00	42850
1990	83536	2552	25.00	44750
1991	89536	3029	25.22	46550
1992	97525	3642	26.30	48150
1993	102525	4247	24.96	49350
1994	112547	5070	24.25	50650
1995	123698	6952	26.34	52150
1996	132589	8515	29.78	53745
1997	145896	6944	25.28	55180
1998	156897	7991	29.85	56545
1999	162575	9252	30.52	57645
2000	172500	9367	31.34	58845
2001	182589	9740	30.42	60145

续表 8-10

年份	居民户数（户）	用电量（万千瓦时）	占总用量比例(%)	用户用电装接容量（万千瓦）
2002	191089	7128	19.00	62140
2003	201025	8343	19.00	63410
2004	201147	10225	19.00	76305
2005	201257	9496	16.65	92305
2006	217750	12326	19.00	100985
2007	242439	14439	19.00	116215
2008	294382	15595	19.00	116215
2009	306668	17990	19.00	125247
2010	334196	7337	6.58	137290
2011	317448	26171	20.07	115290
2012	317448	26822	18.78	125270
2013	316157	29777	20.49	145600

电费电价

电费 2000 年之前，每月 27 日是平邑县电业局固定的抄表日期，由供电站人员到用电村配电室及其所辖其他用户抄表，用电科负责所辖化肥厂等大用电户及变电所抄表工作，村电工负责该村用电户的抄表工作。2000 年 1 月开始，全县农电体制改革，电工实行统管，农村用电实行“四到户”管理，各供电所全体人员（含农电工）负责所辖用电户的抄表工作，客户服务中心负责对直属大用户及变电所抄表工作。1994 年前抄表完毕后，各供电站营业员负责辖区内电费的核算，实行手工制单。营业厅人员负责直属大用户电费的核算及各供电站电费的审核工作。是年 6 月后，县电业局电费核算实行信息化管理，电费核算工作由各供电站营业员将抄表码输入抄录器后，到营业厅利用电脑集中核算，农村到户电费的核算由农电工将抄表码输入抄录器后到供电所核算。

电费的回收由各供电所负责辖区内电费的收缴工作，客户服务中心负责直属大用户的电费的收缴，并通过银行托收等方式将各供电所收取的电费上解至局电费专户及直属大用户的电费专户，集中汇总。1989—2013 年，电费回收率一直完成 100%。

电价 电价实行统一政策，统一定价原则，分级管理。对同一电网内的同一电压等级、同一用电类别的用户，执行相同的电价标准。1994 年，为充分发挥电价的调节作用，鼓励用户调整用电负荷，削峰填谷，合理用电，提高社会经济效益，国家计委、电力部批准山东电网峰谷分时电价试行办法，对山东电网试行峰谷分时电价。2002 年，经山东省发改委、物价局批准，实行城乡居民生活用电同价的政策，居民到户电价为每千瓦时 0.52 元（不满 1 千伏），自 2002 年 4 月 1 日执行。2005年，山东省发改委、物价局联合下发《关于山东省实施煤电价格联动有关问题的通知》，对上网电价、销售电价进行同步调整。2007年，临沂市实行城乡用电同价，非普工业每千瓦时0.6787元（不满1千伏），居民生活每千瓦时0.5469元（不满1千伏），非居民生活每千瓦时0.7308元（不满1千伏），农业每千瓦时0.5132元（不满1千伏）。2008年，对峰谷分时电价政策进行调整。

2011年，山东省物价局印发《关于调整我省电价的通知》，销售电价平均提价标准为每千瓦时0.0284元，一般工商业用电每千瓦时0.8438元（不满1千伏），居民生活每千瓦时0.5469元（不满1千伏），农业每千瓦时0.6184元（不满1千伏）。2012年，山东省物价局印发《关于居民生活用电实行阶梯电价的通知》，对山东电力集团公司直接抄表、收费到户的城乡居民用户试行阶梯电价。居民每月用电量分为三档。第一档电量每户每月210千瓦时及以下，第二档电量每户每月210～400千瓦时之间，第三档电量每户每月400千瓦时以上。对全省城乡“低保户”和农村“五保户”设置每户每月15千瓦时免费用电基数，电费先收后返。

安全管理

2000年，平邑县电业局成立安全监察质量部，配置3人。2000年7月，平邑县电业局成立电力公安办公室，主要任务是负责平邑县电力设施和电能保护、维持正常的供用电秩序和打击妨碍电力工作人员正常工作的违法行为。是年7月底，查处窃电案件12起，挽回经济损失15万元。2010年，安全监察质量部与保卫部合并为安全监察质量部。

2003年12月9日，平邑县供电公司联合县公安局召开全县打击涉电犯罪专项行动会议。下发《关于电力设施保护的通告》，发动群众与窃电犯罪作斗争。2003—2004年，破获盗窃、破坏电力设施案件5起，挽回经济损失9万元，5人被判刑。2009年11月15日，平邑县供电公司、平邑县公安局联合行动，成功抓获一个由犯罪嫌疑人9人组成的盗窃、抢劫变压器犯罪团伙，破获1起盗抢变压器、变压器铜线圈19台，涉案价值60余万元的重大盗窃、破坏电力设施案件。

供电所

1991年4月，县供电公司进行机构改革，实行供电站、变电站两站合一，成立供电所。之前供（农）电站为公司班组，两站合一后，城东、城西、东阳、仲村、白彦、保太、铜石、卞桥、地方供电所为公司所属正股级单位，资邱、黄坡、流峪、郑城、丰阳、武台、魏庄供电所为公司所属副股级单位。至1999年，乡镇供电所全部为公司所属正股级单位。2000年4月，县供电公司完成农村用电管理体制改革，统管全县农电工。2002年，县政府实行乡镇区划撤并，县供电公司也对供电所进行调整合并。8月，撤销黄坡供电所并入白彦供电所，撤销资邱供电所并入卞桥供电所。全县供电所合并为16个，农电工从调整前738人精减到556人。2003年，公司下设的16个供电所全部被集团公司命名为“规范化管理供电所”。

1996年，成立白彦供电所，有职工5人，农电工31人，承担着白彦镇182个自然村、2.63万用户以及83家企业的供用电管理和服务工作。2013年，实现供电量3023.86万千瓦时，售电量2706.13万千瓦时。

柏林供电所地处柏林镇驻地，担负着柏林镇66个行政村、108个用电台区，14596户居民用户及55个企事业单位的供电管理及服务工作。2013 年，实现供电量 1592.5 万千瓦时，售电量 1389 万千瓦时。

1982 年，成立保太供电所，有职工 4 人，农电工 23 人，承担着保太镇 69 个用电村、129 个用电台区，30907 个居民户和 254 个企事业用电台区的供用电管理及服务工作。2013 年，实现供电量 8689.87 万千瓦时，售电量 8352.76 万千瓦时。

1981 年，成立卞桥供电所，有职工 5 人，农电工 27 人，承担着卞桥镇 84 个自然村、29873 用户以及 205 家企业的供用电管理和服务工作。2013 年，实现供电量 9110.68 万千瓦时，售电量 8382.52 万千瓦时。

1985 年，成立城南供电所，有职工 17 人，农电工 27 人，承担着城南镇 44 个自然村，35716 个低压用户以及 358 家企业的供用电管理和服务工作。2013 年，实现供电量 17320.49 万千瓦时,售电量 15736.28 万千瓦时。

1999 年，成立地方供电所，有职工 4 人，农电工 25 人，承担着地方镇 106 个自然村、27431 个低压用户以及 179 家企业的供用电管理和服务工作。2013 年，实现供电量 10111.80 万千瓦时,售电量 9499.05 万千瓦时。

1986 年，成立丰阳供电所，有职工 4 人，农电工 21 人，承担着丰阳镇 64 个自然村、17191 家用户以及 100 家企业的供用电管理和服务工作。2013 年，实现供电量 2351.02 万千瓦时，售电量 2123.85 万千瓦时。

1978 年，成立临涧供电所，有职工 4 人，农电工 20 人，承担着临涧镇 81 个自然村、15647 家用户以及 78 家企业的供用电管理和服务工作。2013 年，实现供电量 2197.85 万千瓦时，售电量 2002.01 万千瓦时。

1982 年，成立流峪供电所，有职工 5 人，农电工 14 人，承担着流峪镇 64 个自然村 110 用电台区、14591 用户以及 41 家企业的供用电管理和服务工作。2013 年，实现供电量 1417.08 万千瓦时，售电量 1258.49 万千瓦时。

1982 年，成立铜石供电所，有职工 4 人，农电工 24 人，承担着铜石镇 95 个自然村、25953 用户以及 133 家企业的供用电管理和服务工作。2013 年，实现供电量 3787.17 万千瓦时，售电量 3451.97 万千瓦时。

1990 年，成立魏庄供电所，有职工 3 人，农电工 12 人，承担着郑城镇魏庄乡 43 个自然村、10176 用户以及 46 家企业的供用电管理和服务工作。2013 年，实现供电量 1699.78 万千瓦时，售电量 1512.96 万千瓦时。

1993 年，成立温水供电所，有职工 4 人，农电工 13 人，承担着柏林镇 31 个自然村、16622 用户以及 221 家企业的供用电管理和服务工作。2013 年，实现供电量 4798.24 万千瓦时，售电量 4477.31 万千瓦时。

1986 年，成立武台供电所，有职工 3 人，农电工 10 人，承担着武台镇 36 个自然村、14738 户以及 57 家企业的供用电管理和服务工作。2013 年,实现供电量 2189.95 万千瓦时，售电量 2001.14 万千瓦时。

1979 年，成立郑城供电所，有职工 3 人，农电工 12 人，承担着郑城镇 38 个行政村、13209 用户以及 58 家企业的供用电管理和服务工作。2013 年，实现供电量 1093.79 万千瓦时，售电量 986.44 万千瓦时。

1976 年，成立仲村供电所，有职工 6 人，农电工 25 人，承担着仲村镇 128 个自然村、30743 用户以及 300 家企业的供用电管理和服务工作。2013 年，实现供电量 17295.25 万千瓦时，售电量 16501.08 万千瓦时。

1994 年，成立城区供电所，有职工 20 人，农电工 39 人，承担着平邑镇 46 个行政村、

35169用户以及3991家企业的供用电管理和服务工作。2013年，实现供电量27301.47万千瓦时，售电量25567.70万千瓦时。

第三节　水　电

平邑县小型水力发电始于1960年，共建成小型水电机组19处，装机总容量1785千瓦。1989年，唐村水库、西山神庙水库、洼店子、义兴庄、崔家庄、张里庄、苏家庄等7处水电站尚能发电，年总发电量223.48万千瓦时，其中唐村水电站216万千瓦时，其他6处发电7.48万千瓦时。2013年，全县仅有唐村水库水电站继续发电。

唐村水库水电站位于北放水洞出口，坝后式水电站。该水电站于1981年7月建成并投入运行。设计装机容量1655千瓦，年发电量300万千瓦时。至1985年，安装3台机组，达到设计总装机容量，年发电215万千瓦时，累计发电量0.45亿千瓦时。

第九编

特色产业

第一章　金银花

1996年3月，平邑县被农业部、国家林业局、中国经济林协会命名为“中国金银花之乡”。2013年7月，被中国经济林协会复查通过，重新命名为“中国金银花之乡”。

2007年9月，平邑金银花通过国家质检总局地理标志产品的评审，成为临沂市第一个获得国家地理标志保护的农产品。

2013年，全县已发展金银花种植面积4.33万公顷，年产干花1750万千克，约占全国总产量的60%。全县金银花实现产值16亿元，利税1.7亿元，主产地农民经营金银花收入占农民总收入的70%以上。

平邑县60%以上的村庄都有金银花种植，全县从事金银花育苗推广、加工、购销流通的企业和个体工商户上千家，金银花种植合作社198家，通过国家GAP金银花基地认证3处。平邑金银花不仅种植规模大、产量高，而且以花蕾肥大、色泽纯正、绿原酸及木樨草苷含量高而享誉国内外，被《中国药典》列为道地中药材。

第一节　种植加工

据宋代《苏沈内翰良方》载，平邑县金银花栽培有千年历史。平邑金银花史上曾称“东银花”“济银花”，由于“花有黄白”而普称“金银花”。保太、铜石、郑城、流峪、临涧等多乡镇广泛种植金银花。20世纪50年代，平邑金银花产量不足10万千克，之后产量逐增。1983年总产量100万千克，1985年达150万千克，2013年发展到1750万千克。

平邑县金银花种植品种多样，主栽品种以大毛花、鸡爪花为主，小毛花、小鸡爪花、红裤腿等10多个品种为辅。所产金银花花蕾大、色泽正，绿原酸、木樨草苷含量高。

良种选育

金银花自古被誉为清热解毒的良药。它性甘寒气芳香，甘寒清热而不伤胃，芳香透达又可祛邪。平邑金银花品种有20余个，其中长枝型品种有蒙花一号、小毛花、线花子、大针花、秧花等；短枝型鸡爪系列品种有蒙花二号、小鸡爪花、叶里藏、叶里齐等；山银花系列品种有野银花、米花子、紫茎子等。1989年后，主栽品种主要是平邑大毛花、鸡爪花及新品种“平邑四季花”。2013年，选育“九丰一号”“蒙花一号”“蒙花二号”“树状金银花”“蒙山红金银花”等新的优良品种。特别是多倍体金银花品种“九丰一号”的选育，把平邑县金银花品种研究推向一个新的高度。

“九丰一号”金银花，以平邑县主栽的传统品种二倍体金银花“大毛花”为亲本，采用多倍体育种技术而培育出的同源四倍体，具有明显的多倍体植物器官巨型性特征，茎枝粗壮，叶片厚大，叶色浓绿，绒毛多，节间短，徒长枝少，结花枝多。2004年12月5日，成果通过山东省科技厅组织的省级科学技术成果鉴定，认为“达到了金银花育种研究的国际领先水平”。2006年，被科技部列为“国家级星火计划项目”。

平邑县注重金银花种质资源的收集与保存、研究与利用，在锅泉林场建立平邑县金银花种质资源库。收集、保存金银花品种29

个，优良单株2110多株，种质资源达到200份。

种植技术

生态环境与种植基地选择。金银花最佳适应区域：北纬32°～35°，东经105°～110°，最佳海拔600～1200米。金银花对光、热、湿要求不高，年均光照时数在1300～1800小时，年均降雨量在600～1000毫米均可良好生长。对土壤要求不严，特别适于土质疏松、土壤肥沃、排水良好的泥沙土。

选地与整地。平原、低洼地可采取起垄或畦田方式种植；山区丘陵可根据地势沿等高线起垄或鱼鳞坑穴植。一般每亩施优质有机肥4000～5000千克。

定植。栽植时，行距1.5～2米，挖长、宽、深各30厘米左右的穴坑，保持直立放苗，覆土踏实，浇足水分，无明水后，培土封墩，成垄形或穴盘。苗栽深15厘米左右。

中耕除草。是生长季节金银花管理的一项经常性工作，一年内要进行3～4次，既能清除杂草，又能抗旱保墒。在杂草疯长的金银花大田中可喷洒杀灭性除草剂如“百草枯”“一把火”除草，但一定要注意不能把药剂喷洒到金银花的枝叶上面。

施肥。施肥的种类以氮肥、氮磷钾复合肥、复混肥、圈肥为主。春天在萌芽前追施氮素肥料，夏季在每茬花采收后即追施氮磷钾复合肥，秋后在落叶前施用基础肥料，以圈肥为主。施肥量：一般成龄花墩1次施用化肥50～100克，或用圈肥5～10千克。要用穴施或挖沟施肥法，一般挖穴和开沟的深度要达到20～40厘米，开沟的长度要在50厘米以上。穴状施肥要多穴少施，即挖的穴要多，每个穴的施肥量要少。沟施又分为放射状沟施、月牙状沟施和环状沟施3种。注意施肥的点穴要距主蔓20厘米以外，不能太近，否则将伤害主根蔓。施肥后要将穴或沟内的肥料与土壤充分拌匀，封土后浇水。

整形修剪。金银花是一种多年生植物，喜光性强，一年内多次生长，从栽植起就要加强管理，才能达到高产稳产的目的。如果放任不管，特别是常年不修剪，枝蔓依附缠绕，墩内郁闭，病虫害发生，不但产量低，而且质量差。整形修剪就是常说的剪枝。就是通过修剪枝条，或应用一些辅助设施，使金银花植株具有一个理想的形状，形成合理的枝蔓结构。达到通风透光，充分利用地力、空间，便于劳作，连年优质高产的目的。金银花整形修剪后的植株形态有簇墩形、主干树形、立杆辅助形、篱架吊蔓形。

簇墩形。金银花枝蔓簇状成墩呈半圆头形着生于地面。由生长期修剪和冬季修剪相结合来完成。生长期修剪对当年栽植的金银花，待其新蔓生长到50厘米左右时，在枝蔓的30厘米处（留3～4个节间）剪截，促发分枝，快速成型。对多年生金银花，进行生长期修剪，目的是促进形成多茬花，提高产量。时间在每茬花期后进行。头茬花后第一次剪春梢，在原产地山东省平邑县，于6月上旬进行；第二次7月中旬二茬花后剪夏梢；第三次8月下旬三茬花后剪秋梢。生长期修剪，要求以轻剪为主，壮枝、长枝留3～4节短截，短枝不剪。每茬花后，对超过60厘米的长枝，留2～3个节间短截，其余枝条轻剪或不剪。疏除过密枝。注意抹除主蔓基部20厘米以下萌蘖和分枝。冬季修剪，定植后生长一年以上的金银花即需冬季修剪。冬剪从12月至次年2月下旬即金银花萌芽前均可进行。对花墩上直立和斜生枝条留30～40厘米短截，疏除过密枝，剪去地面上的匍匐枝以及细弱枝、枯老枝。冬季修剪每年都要进行。

通过多年生长和整形修剪，最终每株保留一级骨干枝 3 ~ 4 条，二级骨干枝 7 ~ 10 条，3 级骨干枝 18 ~ 25 条，结花母枝 80 ~ 120 条，形成自然圆头状簇墩形结构。

主干树形。单株定植。在植株近旁，插立一竹竿，竹竿高出地面 125 厘米。选留一主蔓，绑在竹竿上攀附生长，其余枝蔓全部减除。插竿帮扶。单株定植时，在植株旁插一竹竿或木棍，竿长 130 ~ 150 厘米，选取主蔓或一条比较粗壮的枝蔓作为主干，绑缚在竹竿上。强行定干。栽植缓苗后对主干以外的萌芽、枝蔓全部抹除，力促主干发育。待主蔓长到 50 ~ 60 厘米时再摘心，促使侧芽萌生。分层留枝。在栽植后第 1 ~ 2 年，在距地面 30 ~ 40 厘米的主干上，环绕主干从不同方向分别选留 3 ~ 4 条分枝，培养第一层主枝，其余萌芽和分枝随时抹除；在栽植后第 2 ~ 3 年，在主干的第一层主枝上方 10 ~ 30 厘米处，环绕主干再从不同方向选留 3 ~ 4 条分枝，培养第二层主枝，其余的萌芽和分枝随时抹除；以后每年如此培养，直至形成主干及其延长枝高度达到 130 ~ 150 厘米，其上着生 12 ~ 15 个主枝，上下共分 3 ~ 4 层的上小下大塔松状树形。隔株移植。栽植后的第 3 ~ 4 年，根据金银花长势情况分别隔株去株、隔行去行，移除植株另行选地栽植。逐年完善。对每层主枝修剪时要求主枝形成向上倾斜生长的态势，对主枝基部的侧枝可留 1 ~ 2 个节间、主枝外侧的侧枝保留 3 ~ 4 个节间修剪，并剪去病弱枝、下垂枝、徒长枝、枯老枝。按照主干树形目标对墩形树势适当调控、逐年完善，最终培养出主干粗壮，各层分枝间隔分布，主干、各层分枝及侧分枝错落有致的主干树形冠体结构。

立杆辅助形。一般用 3 根竹竿插埋土中，形成 1.3 米左右稳定的三角支架。将 3 株金银花的主蔓各攀附一竿，每株再适当选留部分分枝，通过逐年冬季修剪和生长期修剪，最终形成 3 株鼎立环绕、株条分布均匀、株内通风透光的丰产墩形。

篱架吊蔓形。生长期修剪。每茬花后，对超过 60 厘米的长枝，留 3 ~ 4 个节间短截，同时疏除过密枝、徒长枝，其余枝条轻剪或不剪。冬季修剪。在主蔓高 1.5 米处剪截，对主蔓上的侧生枝条留 3 ~ 5 个节间短截，使主蔓上着生 12 ~ 15 个主枝。疏除过密枝、枯死枝，使株密度不密，使之具有良好的通风透光性。

加工方法

金银花的花期很长，一般从 5 月中旬至 10 月中旬，分四茬花出现。头茬花的集中采摘期在 5 月中下旬，花量最大，占全年花量的 70%。二茬、三茬、四茬花的采摘期分别在 7 月上中旬、8 月中旬和 10 月上中旬。将含苞未放的“大白期”“二白期”或“三青期”的花针采摘后，要及时加工处理，充分干燥后妥善保存。

晒干法。夏初采摘花蕾，晒干即可。温度不宜超过 40℃，晒时应尽量少翻动，否则金银花将变褐发黑。阴干法。将金银花摊成薄层，置阴凉通风处自然干燥。烘干法。分三个阶段。一是花蕾塌架阶段。由室温快升温度至 37℃ ~ 40℃，使干湿球温度差保持在 6℃ ~ 8℃，经 4 ~ 5 小时花体塌架后，打开排气窗和进风口，使室内湿气迅速排出。二是花蕾缩身阶段。温度升高到 45℃ ~ 48℃，使室内干湿球温度差保持在 8℃ ~ 10℃，经过 10 小时。三是花蕾干燥阶段。温度上升至 50℃ ~ 55℃，经过 8 ~ 9 小时，花蕾即可完全干燥。杀青烘干法。用金银花杀青烘干机进行杀青烘干。这样加工干燥不受天气的影响，而且干燥后的金银花呈青绿色，质量优。金银花及时、正确的加工晾晒，是保证丰产丰收的最后一关。无论采用哪种凉晒方法，都必须严格掌握——晾晒期间，花蕾未达八成干，绝对不能翻动。否则，花针变黑，质量明显下降。无论是晒干还是烘干的金银花，因花心未完全干透，过几天会自然回潮，故应再复晒一次。然后经过风选，去花叶杂质，按等级标准分级，用塑料袋打包装，存放在室内，防浸潮变质，防止虫蛀。

第二节　产业服务项目

金银花种质资源库

为提高金银花良种使用率，更好的收集、引进和培育良种资源，平邑县启动平邑县金银花种质资源库建设项目，项目位于平邑县铜石镇锅泉林场，建设规模为9.8万平方米，分为种质资源收集区、测定林区、育苗区和生活区4个功能区。总投资469万元，其中中央预算内投资188万元，市县投资281万元。建立一定规模的种质资源库，对于提高平邑县金银花品牌质量，具有重要的现实意义和深远的历史意义。

中药材博物馆暨物流城

2012年7月兴建，位于平邑县流峪镇。总建筑面积25408平方米，总投资2亿元，年交易额100亿元，为集“贸易、会展、检验检测、信息发布、金融服务、物流配送、办公、配套商务于一体”的中药行业集散中心。主要从事地产中药材科研、科普、展示、推广以及提供市场交易、电子商务、物流配送等方面业务。是省内第一个大型地产中药材（金银花）博物馆，省内最大的地产中药材现货交易配送中心。

至2013年底，金银花博物馆主体建筑部分已经完工，中药材物流城通过招商引资共吸引外地客商100余户，注册企业176家，注册实收资本共计15600万元。

第三节　金银花产业链

发挥金银花资源优势，全县陆续发展苗木推广、技术服务、烘干、中药饮片加工、饮料生产、中药材提取、保健品生产等一批加工营销龙头企业，形成“市场＋企业＋基地＋科研＋农户”为一体的产业链。山东澳东药业有限公司实行“企业＋农户＋基地”的金银花种植模式，使产品质量得到保证，又解决种植户的后顾之忧，被评为省级龙头企业。临沂金泰药业有限公司，通过“公司＋合作社＋基地＋农户”的模式，同时成立金银花合作社，与种植金银花农户签订收购协议书达到2万余户，带动农户种植金银花面积33.33平方千米，年销售中药5000余吨，年产中药材1100余吨。该企业连续多年保持快速发展的势头，2013年，实现主营业务收入6800余万元，实现利税801余万元，在同行业中名列前茅。

随着其他地区金银花产业的发展，平邑县企业认识到品牌战略的重要性，美东药业在取得GSP、GAP认证之后，着力创立“健君堂”品牌，集中精力开发深加工产品，金银花原汁饮品已初步成型，年生产能力1.5亿罐。

第四节　重点企业

山东九间棚集团大陆药业公司

位于平邑经济开发区，是山东九间棚集团公司投资控股的一家中、西药结合的现代化、综合性制药企业。公司生产的中成药有：片剂、丸剂，颗粒剂、酊剂、煎膏剂、糖浆剂、口服液、膏药等8个剂型，67个品种。其中新产品“正心泰片”获全国第八届发明展览银奖，中国公认名牌产品，国家中医药管理局科技进步三等奖，山东省星火科技进步二等奖，省质量协会“向全社会推荐产品”；“正心泰片”和“银杏叶口服液”同为“国家中药保护品种”，分属国家三、四类新药，填补了国内空白；“木香顺气丸”“感冒清热颗粒”“复方川贝精片”获“省优质产品”称号；“益母草颗粒”“小活络丸”获“全国患者满意奖”称号，畅销全国，深受广大患者欢迎。安排就业岗位近400个，实现销售收入2.3亿元，年利润总额7600万元，创税2000万元。

山东晟银药业有限公司

2008年9月成立，位于平邑县铜石镇。注册资金1200万元，主营地产药材，公司主要客户为广东加多宝集团；公司有职工16人。公司有金银花GAP标准生产基地688公顷，其中，有机金银花生产基地85.33公顷；2010年建有优质高产金银花育苗基地40公顷。2010年，实现销售收入1.2亿元，实现利税960万元。2010年5月，获发展改革委、国家中医药管理局组织实施的“国家现代中药产业发展专项工程”资金项目“优质金银花野生变家种标准化（GAP）生产专项”资金500万元。2011年3月，取得山东省食品药品监督管理局颁发的“药品经营许可证”，通过GSP认证。

第二章　罐　头

平邑县罐头产业集中于地方镇，地方镇位于平邑县东部，先后被评为“全国重点镇”“中国罐头第一镇”“全国农产品加工示范基地”“全国农产品加工创业基地”“山东省特色产业镇”“山东省‘百镇建设示范行动’示范镇”“临沂市优先发展重点镇”。2013年，全县果品种植面积45.33平方千米，主要分布在南部山区及中部丘陵地带，主要生产黄桃、山楂、苹果、梨、葡萄等果品，年产各类优质水果1.93亿千克，果品收入超过4亿元。

第一节　产业规模

地方镇的罐头加工业起步于20世纪80年代中期，经过30多年的发展，逐步成为镇里的支柱产业。2013年，全镇拥有罐头加工企业117家，规模以上企业30家，中国罐头十强企业3家、省级农业产业化重点龙头企业6家、市级龙头企业13家，拥有“康发”“蒙水”中国驰名商标2个、山东省著名商标13个，年加工各类罐头90万吨，产量占到全国的近1/3，产值120亿元，成为全国最大的果蔬罐头生产特色镇。形成以罐头加工为主导，印铁制罐、玻璃制品、信息中介、物流运输、餐饮服务等相关行业竞相发展的产业集群。地方镇罐头产业集群获省级产业集群认定。

第二节 外贸经营

地方镇拥有自营出口企业 7 家，生产的果蔬罐头通过严格的国际检验检疫，漂洋过海驶向国际大市场，摆进国外大超市、大卖场，与美国的沃尔沃、德国的 mikado、俄罗斯的 bvk 等国外商界精英建立合作关系，远销美国、意大利、德国、日本、韩国、比利时、俄罗斯、南非、中东等 40 多个国家和地区。2013 年，全镇出口各类果蔬罐头突破 10 万吨，创外汇达 1.4 亿美元，成为全国重要的果蔬罐头加工出口创汇基地，“有罐头的地方就有地方的罐头”在全球叫响。

第三节 重点企业

临沂市康发食品饮料有限公司

位于地方镇。1988 年，刘新才在资邱乡兴仁庄村办起家庭作坊式的平邑县永兴食品厂，注册资金 1000 元，雇用 20 人，主产山楂罐头。1991 年，成立临沂市康发保健食品厂，占地面积 2001 平方米，注册“康发”商标，主产山楂、黄桃、橘子、梨罐头，主销东北三省。1995 年，成立平邑县沂蒙酿酒厂，生产“蒙康”系列酒，同时生产“粒粒橙”饮料。1998 年，成立临沂市康发食品饮料有限公司，注册资金 1000 万元，占地面积 44022 平方米，主要生产罐头、饮料两大系列产品，有职工 300 人，其中技术员 20 人。1999 年 12 月 31 日，公司获得自营出口权，当年出口罐头货值 20 万美元。2004 年，增加蔬菜罐头生产。2005 年，投资 3000 万元，建 3 万吨生产车间 1 个，占地面积 60030 平方米；次年，获农业部全国农产品出口示范企业。2010 年，投资 5000 万元，引进意大利罐头生产设备，年生产能力 6 万吨。

2013 年，公司总产值 3.2 亿元，销售收入 3.1 亿元，上缴税金 1500 万元，有职工 1000 人。公司先后获得国家高新技术企业、中国罐头十强企业、山东省农业产业化龙头企业等称号。

临沂奇伟罐头食品有限公司

位于地方镇。前身为平邑甜蜜罐头厂，1989 年成立，为家庭小作坊式小厂。1993 年 5 月，投资 40 万元，扩建新厂面积达 2668 平方米。1996 年，投资 1000 多万元，成立临沂甜蜜食品有限公司，占地 13340 平方米，职工 200 人，主产桃、山楂、梨等水果罐头。2000 年 8 月，与美国 W.W 集团合资组建临沂奇伟罐头食品有限公司，开始走上规范、高速发展快车道，次年出口货值 100 万美元。2004 年 2 月扩建新厂，占地 20000 平方米，有高标准生产车间，专业化罐头食品加工设备流水作业线三条。2005 年，平邑县罐头协会成立，高伟任会长。2009 年，领办平邑爱农果品专业合作社，社员 2200 户，户均增收 4600 元以上；同年，公司被评为省级扶贫龙头企业。2010 年，公司成为山东省农业产业化龙头企业。2012 年，被评为山东省“一企一技术”创新企业，奇伟罐头获山东省著名商标。

2013 年，公司占地面积 66700 平方米，固定资产达亿元。有 16 条罐头加工生产线及先进的检测化验设备，年生产能力 50000 吨。产值 3 亿元，其中出口 3000 万美元，上缴税金 1200 万元。有职工 1000 人，年发放工资

3000万元。

山东玉泉食品有限公司

位于地方镇。前身是临沂市玉泉食品罐头厂，1997年成立，注册资金31万元，占地1133.9平方米，有职工13人，主产水果罐头。2001年，成立临沂市玉泉食品有限公司，占地31349平方米，主产水果罐头、玻璃包装制品。2006年，成立山东蒙水食品饮料有限公司。2008年7月，成立山东玉泉食品有限公司，注册资金3888万元，占地66700平方米，实现产值6000万元，有职工300人；同年，"蒙水"被评为山东省著名商标。2010年，公司被评为山东省农业产业化重点龙头企业。2012年4月，"蒙水"被评为中国驰名商标；7月，成立山东玉泉果蔬专业合作社。

2013年，有山东玉泉食品有限公司、山东玉泉玻璃包装有限公司、山东华蒙房地产开发有限公司、临沂市玉泉彩印包装有限公司、平邑县泓源民间资本管理有限公司等5家公司。固定资产1.2亿元，占地113390平方米，实现产值1.5亿元，上缴税金610万元，有职工700人。

第三章　纺织手套

平邑县纺织手套产业主要集中于仲村镇，起源于20世纪70年代末、80年代初期，是平邑县当代六大产业之一。

20世纪70年代末，仲村镇成立临沂地区第一个社办手套厂，共有7台手套机、2台手腰机，后来发展到100台手套机、20台手腰机。

20世纪80年代初，仲村镇由谢光伟开办第一家个体手套厂，规模较小，只有8台手套织机。随后，在尹彦祥等人带动下，仲村镇又开办7家个体手套厂，织机60台。至1990年，全镇手套厂发展到50多家，手套产量不断增加。2000年初，倪善峰开办首家合线厂，生产棉纱用于手套纺织，手套厂家300多家，织机1万多台，其中织机多升级为电脑控制的链条式织机。2008年，仲村镇有手套厂500多家，织机3万多台。为推动行业发展，是年，仲村镇成立平邑县劳保手套行业协会，由康德云任会长。截至2013年，仲村镇手套产业迎来黄金期，全镇大小手套厂家700多家，织机5万多台。

经过多年发展，仲村镇纺织手套生产设备水平明显提高，产品档次和国内市场占有率均有大幅度提升，形成以手套加工业为主，化纤、合线加工、物流配送、中介服务等配套产业为辅的特色产业集群，在带动当地人口就业和促进人民增收方面起到重要作用。仲村镇先后获山东省特色产业镇、中国劳保手套名镇、省级创业辅导基地等称号，成为中国最大的劳保手套加工集散基地之一。

第一节　产业规模

1989年，仲村镇手套厂有50多家，年产手套2700万副。2000年初，仲村镇手套厂有300多家，织机1万多台，年产手套7亿副，年销售额约为4亿元。2008年，仲村镇手套厂有500余家，织机3万余台，年产手套22亿副，年销售额约为12亿元。到2013年，仲村镇手套厂家700多家，合线加工企业20多家，共有各种手套织机4万多台，其中1000台以上的企业1家，300台以上的企业2家，100台以上的企业40余家，年产各类劳保手套40亿副，产量占全国的60%，工业总产值40亿元，主营业务收入35亿元，利税2.3亿元，从业人员达到3万人。

第二节　外贸经营

2005年，仲村镇手套主要通过临沂外贸站销往韩国，年出口量较少，占总产量的10%左右。至2010年，平邑县天顺手套制品有限公司、平邑县金丰手套制品有限公司获得自营进出口权，出口俄罗斯、韩国等国家，全镇手套年出口量增加到总产量的30%左右。2013年，平邑县亿丰手套制品有限公司等9家企业获得自营进出口权，平邑县金丰手套制品有限公司等3家企业获得欧盟CE认证，年出口量12亿副，创汇1亿多美元。仲村镇纺织手套外销市场以中东、日本、韩国、俄罗斯、欧盟等国家和地区为主，日韩占出口数量的60%左右，欧盟和中东地区各占20%左右。内销市场以批发为主，主要销往临沂、义乌、成都、哈尔滨、长春、天津、北京、唐山、石家庄、乌鲁木齐、西宁、银川等地。

第三节　重点企业

平邑金丰手套制品有限公司

成立于2005年10月，注册资金50万元，主要经营劳保用品、化纤纺纱、手套加工销售，棉纱购销、进出口贸易，主要产品有：电脑十针、电脑十三针、电脑七针机手套等，主营劳保手套、工作手套、线手套、浸胶、丁晴、PU、点塑手套、混纱手套的加工销售。2008年7月份投产运营，共有手套织机120台。2009年12月，扩大生产规模，总投资460万元，占地面积2760平方米，手套织机240台，年产量1800万副，安置就业128人。2010年，取得自营进出口权，每年可实现出口额200万美金，产品远销韩国、日本、美国、新加坡、加拿大、马来西亚等各个国家和地区。2013年，手套织机数量增加到1000台，手套年产量3500万副，年产值6000余万元，获得欧盟CE认证，年出口500多万美元。新上纺纱机设备4台、梳棉机18台，清花设备4台，并条机8台，多仓2台，滤尘设备2台，扩建面积1740平方米（包括手套和棉纺车间、仓库、办公楼等），总投资1000万元，机器更新换代，新设备自动化程度高，缩减人工到65人。

平邑县天顺手套制品有限公司

前身为仲村镇手套厂，始建于1987年12月，为家庭作坊式生产模式，是仲村镇最早从事手套加工制造的企业之一。2004年6月，率先进行公司制改革，引入现代管理理念和生产方式，企业实现跨越式发展。2008年，公司获得自营进出口权，生产的手套90%出口国外。截至2013年，该公司总占地6000平方米，年产手套3300万副，主营产品“顺和”牌劳保手套，畅销俄罗斯、澳大利亚、韩国等20多个国家和地区，实现年产值2600万元。

第四章 石 材

第一节 产业发展

平邑县石材资源丰富，境内已探明各类花岗石储量约23亿立方米，现储量已不足15亿立方米，主要品种有“将军红”“孔雀绿”“平邑黑”“蒙山花”（海浪花）“瀑布石”等6大系列20多个品种，其中以“将军红”储量最高，约10亿立方米。

平邑县石材加工业起步于20世纪90年代，至2013年，全县拥有较大规模的花岗石矿山26处，年开采及引进荒料30万立方米。有石材加工企业812家，其中有限公司62家，个体工商户750家。共有大锯871台、切机962台、磨机646台，年加工销售各类板材5000万平方米，其中进口板材1000万平方米，产品远销美、日、韩、德、阿联酋等100多个国家和中国香港、台湾等地区。

2013年，全县石材企业主营业务收入过亿元的3家（北方石材、美丽石材和冠鲁石材），过5000万元的2家（蓝盾石材、鑫达板材），过2000万元的5家（顺强石材、华泰石材、成龙石材、源汇鑫石材和振平石材），石材加工从业人员达5万多人。

经过近30多年的发展，平邑县已经发展成为全国知名的石材加工基地，是国家命名的“中国花岗石之乡”“中国石材之乡”、山东省三大石材集散地之一和中国江北最大的进口石材加工基地。

2013年，全县年加工销售各类石板材约5000万平方米，实现主营业务收入约26亿元，销售收入21.3亿元，利税2.02亿元，利润1.52亿元，度电纳税均值为0.84元/度。其中全县加工生产各类石板材1200万平方米，约占全省石板材总量的17.2%，约占全国石板材总量的4%。

第二节 重点企业

山东冠鲁集团石材总公司

1996年建成，有4条世界先进水平的进口板材生产线、9个品种13座矿山的采矿权。年生产各类花岗岩、大理石板材60万平方米，荒料3万立方米，形成了矿山开采、板材加工、石材装饰一条龙的生产经营体系。所产板材出口到美国、日本、希腊、德国、澳大利亚、中东等30多个国家和地区，出口量占生产总量的70%以上。2002年、2003年、2004年连续三年被全国石材产品质量检测荣获第一名，被中国石材检测中心评为先进企业。

平邑县北方石材管理发展有限公司

2011年建成，占地0.2平方千米，资产总额5.1亿元，固定资产3.6亿元，主要产品是建筑装饰板材，全年可生产300万平方米板材，2013年全年实现销售收入1.6亿元，利税3000万元，利润2387万元。总投资1.5亿元建设的北方石材城二期工程，占地0.07平方千米，总建筑面积约5万平方米，主要建设中小石材企业加工区、营销区，荒料区和物流区，项目全部建成投产后，可引进石材城外200多家中小石材企业入驻，进行集中管理，集中实施污水、锯泥和废料的无害化处理。

山东美丽石材有限公司

1998年建成，占地0.13平方千米，职工160人，资产总额1.5亿元，固定资产8000万元，主要产品是各种建筑装饰板材，全年可生产26万平方米板材。2013年全年实现销售收入1.16亿元，利税598万元，利润465万元。

山东华泰石材有限公司

2004年建成，占地0.07平方千米，职工80人，资产总额8000万，固定资产5000万，主要产品是各种建筑装饰板材，全年可生产6万平方米板材。2013年全年实现销售收入3200万元，利税166万元，利润90万元。

第五章　石　膏

第一节　产业集群

平邑县有丰富的石膏资源，已探明储量约为27亿吨，占全国（576亿吨）总储量的4.7%，已开采约8000万吨。石膏工业企业主要集中在保太、柏林、卞桥等乡镇，初步形成沿汶泗路的带状石膏产业走廊。

从20世纪70年代末开始开发利用石膏资源，经过30多年的发展，平邑县已经初步形成集石膏开采、加工、销售于一体的现代石膏产业集群，主要产品为石膏石、石膏粉和石膏板。2013年，有规模以上石膏开采、加工企业42家，骨干企业4家：万庄膏业、拜尔建材、美银膏业、中兴盛建材。其中石膏开采企业4家，共有9个井口，年开采石膏约280万吨；石膏加工企业38家，年生产石膏粉200万吨，石膏板1.8亿平方米，产量占全国的20%以上，成为全国著名的石膏开采加工基地，

石膏产业拥有省级技术中心1家（拜尔建材），高新技术企业1家（拜尔建材），市级企业技术中心2家（金信、拜尔建材），市级工程技术研究中心1家（中兴盛建材），山东省著名商标2件（拜尔建材的“拜尔”、中兴盛建材的“胜美欧”），山东名牌产品3个（拜尔建材的“拜尔”、中兴盛建材的“圣美牌”“格瑞”）。

2008年，拜尔建材公司组织承办全国石膏产品标准修订会议，参与制定石膏板产品标准。石膏广泛用于水泥、装饰装修、陶瓷、工艺美术、精密铸造、医药卫生、食品、造纸等工业，销售市场非常广阔。其中石膏石除供应本地加工外，主要销往东北地区、江苏、四川、山东淄博和临沂等省市地区；石膏粉和石膏板主要销往全国各地，并出口到韩国、日本、俄罗斯、非洲等国家和地区。

2013年，全县石膏实现工业总产值24亿元，实现主营业务收入23亿元，实现利税1.9亿元，其中上缴税金4680万元。

第二节　重点企业

万庄膏业有限公司

公司拥有年产40万吨石膏矿2处，年产高档纸面石膏板3000万平方米的生产能力。销售网络遍及全国各地，并出口到美洲、亚洲、欧洲等40多个国家，国内市场占有率

2%，在全国同行业中排第4位。公司总投资1.5亿元建设年产4000万平方米绿色生态环保石膏板生产线项目，项目建成投产可实现销售收入3.8亿元，实现利税3800万元，带动140人就业。2013年，实现主营业务收入收入3.7亿元，利税3490万元，其中上缴税金976万元，用电量912万千瓦时，度电税收1.1元。

拜尔建材有限公司

公司是省级高新技术企业、省级企业技术中心和省级资源综合利用企业，拥有自营进出口权，拥有山东名牌和山东省著名商标，有年产高档纸面石膏板5000万平方米的生产能力。2013年，实现主营业务收入1.2亿元，利税870万元，上缴税金76万元，用电量691万千瓦时，度电税收0.11元。该企业是资源综合利用企业，享受减免增值税优惠政策。主营石膏板业务同比增长39%，其中高端市场增长20%，自有品牌销量单月突破200万平方米大关，实现历史性的突破，居全国同行业第7位。

美银矿业有限公司

2013年，公司拥有4个大型石膏开采矿井，年生产量近100万吨。2013年实现主营业务1.2亿元，利税4300万元，税金1958万元，用电量634万千瓦时，度电税收3.1元/千瓦时。

中兴盛建材有限公司

公司拥有石膏板生产设备3条、天花板生产设备3台，设备先进程度达国内水平，产能分别为3000万平方米、2000万平方米。产品主要出口中东、东南亚、非洲及印度等国家，出口量占产量的70%以上，年出口石膏板、天花板1200万平方米。2013年，实现主营业务收入1.1亿元，利税750万元，税金112万元，用电量28万千瓦时，度电税收1.4元/千瓦时。

第六章 黄金产业

第一节 产量与产值

平邑县是全省矿产资源大县，黄金矿主要分布在地方镇、铜石镇，从1992年开采。2007年黄金产值3.05亿元，占全县矿业总产值的59.58%。2007年底，黄金保有储量2.63万千克，黄金产量950千克，其产量和储量在全省排名第4位。

2010年，黄金产量1884千克，发现有较大的找矿潜力。保有储量与矿山规划开采和后备需求之差为8830.82千克。2009年6月，山东黄金并购平邑县归来庄矿业有限公司。

第二节 重点企业

山东省平邑归来庄金矿

位于平邑县地方镇，始建于1992年，是“八五”期间建设和发展起来的集采、选、冶于一体的现代化黄金矿山，属国有大（二）型企业。有员工1462人，固定资产近7亿元。拥有露天和井下2个采矿区，3条选矿生产线，日处理矿石能力为1000吨，是全国氰化选矿能力最大的矿山之一，达产伊始即跨入全国重点产金大户行列。

该矿始终坚持以科技兴企为先导，先后完成技改项目100余项，其中3项通过省部级鉴定，并获国家级、省部级奖项；有6项获省黄金局技术进步奖。其中独创的“全泥氰化尾矿处理新工艺”获国家科技进步三等奖，“低品位黄金资源的开发利用”获冶金部科技进步二等奖，“全泥氰化提金新工艺”获省黄金科技进步特等奖并取得国家专利权。

按照“以金为主、多业并举”的发展战略，2003年8月，该矿动工兴建“天宇自然博物馆”，2004年9月建成开放。展厅面积近3万平方米，馆藏古生物化石、矿物标本39万件，总投资约4亿元，系世界上最大的自然地质博物馆、国家AAAA级旅游景区。先后被批准为“山东省科普教育基地”“山东省文化产业示范基地”和“全国古生物科普教育基地”等。

2006年3月，动工兴建黄金地质公园，一期工程已基本完成，累计投资1.5亿元。先后通过省级和国家级“工业旅游示范点”的验收，系全国黄金矿山中唯一的国家级“工业旅游示范点”。

2013年，山东黄金归来庄矿业有限公司生产黄金2742千克，实现销售收入7233万元，同比下降24%，税收7981万元，用电量6890万千瓦时。

第十编

商　贸

计划经济时期，平邑县城市商业贸易分为商业、物资、供销、粮食四大流通行业，商品完全靠计划调配，许多商品凭票供应。1986 年，平邑县商业以国有、集体和个体工商户经营并存，其中国有和集体企业为社会商品零售主渠道，占主导地位。当年社会商业零售总额 2.3 亿元。

1993 年，平邑县对商业实行抽本经营。1994 年开始，百货大楼、烟酒公司相继实行“抽本经营”。至 1997 年，第四转租赁经营，百货大楼改制成股份制私营企业。1997 年 12 月，烟酒公司停业。

1994 年 12 月，东方商业中心从百货公司分离成立。

1996 年 5 月，拆除饮食服务公司蒙山宾馆建银河商业大厦，并于当年 12 月开业，面积 7000 平方米，属当时全县最大商业零售企业。

1986—1996 年，平邑县商业企业经历由计划经济体制向市场经济体制转变的转型过渡期，管理体制、经营模式、产权制度等发生了巨大变化。政府通过一系列的改革，最终由市场竞争决定企业的生存，给商业经营带来活力。至 2013 年，商业设施不断完善，网点布局日趋合理，县城商贸日益繁荣，社会消费品零售总额 125.4 亿元。

第一章 商 业

1989 年，平邑县商业局属县政府管理商业贸易的职能部门，下设百货公司、五金交电化工公司、食品公司、糖业烟酒公司、饮食服务公司、肉联厂、副食品加工厂 7 家独立核算企业。

第一节 国有商业改革

平邑县饮食服务公司

1989 年，平邑县饮食服务公司设 22 个营业网点；在开展主营业务的同时、开拓经营渠道，建设库存量 200 吨恒温库 1 座，购置彩色扩印机 1 台，两项年创利润 40 万元。1989—1993 年，对下属各营业网点实行利润大承包，公司实行承包经营，年承交利润 110 万元，公司无贷款和外债，职工工资、奖金正常发放，效益显著。1994 年 1 月，蒙山宾馆彩扩社从公司分离，公司网点只有蒙山宾馆。1996 年，商业集团总公司拆除蒙山宾馆，成立银河商业大厦。

平邑县糖业烟酒公司

1989 年，平邑县烟酒公司设 3 个零售店，主要经营烟酒副食糖茶批发零售业务。1990 年，拆除一店搬进改建营业楼（泰沂）。因扩路，二店三店被拆除、撤销。1991 年元旦，泰沂商业大厦开业，是当时在县城规模比较大的综合营业楼，主要经营，烟酒副食、日用百货、五金交电、服装鞋帽、文具日化、交通家电等。1993 年，泰沂大厦各楼层及批发部进行承包经营，各楼层自主经营个人范围内的零售业务，批发部主要经营烟酒副食糖茶业务。1998 年 10 月泰沂大厦停业，职工下岗，泰沂被县工商银行以 243.65 万元抵贷后处置给银河商业大厦。2004 年，公司以原价收回泰沂房产，经办公会、全体职工会、职工代表会议通过，报主管部门批准后，年底对外整体租赁。2005 年 3 月，租赁给泰沂大厦并签订承包合同；同年 12 月，泰沂大厦开业后更名为泰沂购物中心。

平邑县五金公司

1989年，平邑县五金公司设人秘股、财会股、五金化工批发部、交电批发部，有营业大楼。主要经营五金、化工、交电、家电、无线电维修，兼营百货、副食、烟酒、针织制品，是批零兼营企业。1991年，公司将营业楼二楼东首改成百乐舞厅。是年，与临沂交电家电站合资建成花岗石厂，名称为临平花岗石厂，位于鑫磊集团后，占地0.51公顷，经营40天后停产。1992年，县商业集团将临平花岗石厂划为其属下，更名为平邑县长城花岗石有限公司。1993年，公司各批发部、零售大楼各柜组，进行承包经营；当年职工集资建成宿舍楼1栋，总面积1237平方米。1995年3月，县商业集团公司将长城花岗石有限公司重新划归五金公司。1996年，商业集团开始沿街开发，在营业楼后接建营业楼1000平方米。1995年4月至1997年4月，对批发部采取“包死基数、确保上缴、歉收自补、整收自留”的抽本经营方式。

平邑县肉类联合加工厂

1972年，平邑县肉类联合加工厂成立，1989年1月至1993年3月，平邑县肉类联合加工厂和平邑县食品公司为两个牌子一套班子。1993年4月至1995年12月，肉联厂和食品公司分家。1995年12月至1999年10月，肉联厂和食品公司为两个牌子一套班子。1999年10月至2005年8月，肉联厂和食品公司分家。

平邑县东方商业中心

前身为平邑县百货公司，随着商业体制改革，1994年9月10日，由平邑县百货公司母体裂变进行债权债务剥离成立，1994年9月至1995年底进行大类承包，抽本经营。主要经营百货、针纺织品、五交化、家具、建材销售、农副产品、中小药材购销。2012年，收回经营场所及部分土地，将营业场所对外租赁，2013年底共有在职职工87人（其中后勤人员7人），离休5人，退休80人，单位承担供养遗属及退职人员6人。

山东蒙山食品有限公司

2005年8月，平邑县肉类联合加工厂和平邑县食品公司改制成立山东蒙山食品有限公司。在职员工530人，其中各类专业技术人员36人；下设12个科室、车间，24个基层食品站，自属万头养猪场1个，56个猪肉出口备案养猪场；肉联厂厂区占地面积30920平方米，总建筑面积1.5万平方米，拥有符合出口肉类卫生安全生产标准的生猪屠宰加工、分割、化验楼1幢，生猪屠宰加工流水线1条，分割自动传送线3条。年屠宰生猪30万头，班产白条肉80吨，分割肉20吨。冷库结冻能力100吨，储藏能力1600吨。主要产品有白条肉、红条肉、冷却肉、大包装、小包装分割肉、火腿原料肉及熟食制品等。公司为出口食品卫生注册企业、ISO 9000质量管理体系认证企业、自营进出口企业、污水治理达标排放单位、无公害农产品标志使用单位、省食品卫生A级单位，产品销往俄罗斯、菲律宾、阿尔巴尼亚等多个国家和中国香港地区。

物资公司

1992年12月，撤销平邑县物资局，成立平邑县物资总公司，归口平邑县财政贸易委员会，属于有行政管理职能企业。下设人秘、财会、业务、保卫等科室，干部职工20余人。管辖燃料、建材、机电、回收、三元物资、金属、化轻等八大公司。后化轻公司并入天宝化工公司。

1995年，平邑县学习外地经验，实行八

大分公司债务由总公司承担。1998 年，由于经营不善，八大公司相继倒闭。

2013 年，平邑县物资总公司有管理人员 3 人，其中副科 2 人。负责维稳、计划生育、职工调出、困难职工救助等工作。

1989—2013 年平邑县社会消费品零售总额情况表

表 10-1　　　　单位：万元

年份	总额	年份	总额	年份	总额	年份	总额
1989	23041	1996	70859	2003	195528	2010	807000
1990	29172	1997	80259	2004	224369	2011	959883
1991	31486	1998	90221	2005	342914	2012	1111449
1992	37170	1999	103169	2006	398799	2013	1254000
1993	43624	2000	112358	2007	478000		
1994	52749	2001	126964	2008	598000		
1995	56699	2002	145266	2009	716007		

1989—1998 年平邑县烟酒公司经营情况表

表 10-2

年份	销售收入（万元）	利税（万元）	利润（万元）
1989	1120	17	12
1990	1200	20	5
1991	1900	40	10
1992	2380	56	5
1993	2260	45	103
1994	2820	142	10
1995	2630	110	7
1996	1920	102	6
1997	1056	164	12
1998	971	107	5

1989—1997 年平邑县五金公司经营情况表

表 10-3

年份	销售收入（万元）	利税（万元）	利润（万元）
1989	743	9.8	4.8
1990	620	7.6	3.2
1991	560	6.8	2.6
1992	506	5.4	1.3
1993	500	5.0	1.0
1994	490	4.0	0.9
1995	463	4.0	0.6
1996	572	6.3	1.3
1997	330	1.3	0.3

1991—2004 年平邑县肉类联合加工厂经营情况表

表 10-4

年份	销售生猪（头）	销售收入（万元）	利税（万元）	利润（万元）
1991	33207	471	6.5	–249
1992	31565	250	6.0	–145
1993	43120	408	4.5	23
1994	22937	614	53.0	121
1995	57917	1075	64.0	130
1996	98632	891	205.0	0
1997	85054	867	86.0	26
1998	145873	2333	150.0	80
1999	188156	1789	265.0	446
2000	182523	1791	201.0	0
2001	157191	1793	188.0	3
2002	182648	1880	57.0	10
2003	184784	1955	18.0	4
2004	114700	1738	9.65	–1313

第二节 大型商场和购物中心

大润民超市

2003年成立，位于平邑县浚河路西段，经营面积约15000平方米，有员工178人，年税收总额达98万元，经营范围包括：副食、烟酒糖茶、日用百货、服装鞋帽、旅游用品、洗浴用品、民用五金、交电、化妆品、珠宝饰品、手机销售，商品种类达1万种。2013年，固定资产122万元，销售收入2976万元，上缴税金136万元，有职工288人。

万家福超市

2005年成立，位于县城浚河路东段，建筑面积20000多平方米，有职工156人，经营品项包括:服装、超市、精品鞋帽、珠宝数码等，是县城东部最大的一家综合性购物超市，年税收总额达79万元。2013年，固定资产839万元，销售收入1935万元，上缴税金118万元，有职工163人。

华百购物中心

2013年成立，位于平邑县浚河路与汉阙路交会处东北，建筑面积5万平方米，有员工283人，经营项目包括：服装、名表、家电、家纺、家居用品、学生用品、健身器材、办公用品销售、超市、餐饮、儿童娱乐、影院等，是一家集购物、休闲、娱乐为一体的一站式购物中心。至年底，上缴税金117万元。

平邑银座购物广场

1999年成立，位于平邑县莲花山路中段，经营面积7000余平方米，经营4万多种国内外名优精品。商城共分5个商场，主要经营生鲜、日配、副食品、食品、烟酒茶、饮料、洗涤化妆、日用百货、办公文具、针织内衣、通信器材、珠宝首饰、化妆品、音像制品、休闲服装等。2013年，固定资产98.72万元，销售收入4270.8万元，上缴税金69.28万元，有职工114人。

平邑县银河商业大厦有限公司

1996年成立，位于平邑县浚河路中段，是民营流通企业，1～4层营业，5层、6层为办公区，每层营业面积3080平方米，总建筑面积13360平方米。经营服装、鞋帽、副食、日用百货等约1万多种商品。2013年，固定资产1亿余元，销售收入3000余万元，有职工180余人。

第三节 专业市场和商业街

1989年，全县共有各类商场、市场54处。其中，平邑人民商场（具体指东西大棚及大棚南北两侧经营性平房）总面积为4910平方米，南北两侧共有经营性门面房147间，场内东西水泥台两排，长约800米，共计约500平方米，集批发、零售为一体，是全县最大的综合性商场；平邑大众商场由平邑镇八村投资建设，商场总面积3000平方米。

1992年，县工商行政管理局投资380余万元兴建平邑县金银花商城。1993年1月，平邑县金银花商城正式启用，是当时全县最大的综合性商场。是年，平邑县蒙阳建材商场启用，是当时全县最大的建材商场。

1999年，县工商行政管理局与县政府办理平邑人民商场交接手续，受县政府委托，人民商场仍由县工商行政管理局代管。是年，县供销联社、生资公司、农机公司、北苑居委会等4家单位投资兴建新夜市步行街（人民商场中门以南至浚河路）。其中步行街中间的摊位（水泥台）是在有关部门的统一规划设计的基础上，由以上4家单位共同投资兴建，南北长约500米。其中县社约180米，生资公司约150米，农机公司约100米，北苑居委约100米，建成后由各单位自行对外租赁经营。

2000年，为确保平邑人民商场线路的安全使用，县工商行政管理局协调电业局对商场内的用电线路进行改造和更换。

2013年，对平邑人民商场大棚进行规范化改造。至2013年底，先后扩建平邑、仲村、地方、白彦、保太、铜石、卞桥、柏林、魏庄、临涧、丰阳11处集贸市场，扩建面积216780平方米，建水泥售货台9683米，制作市场市口牌316个，市口分布示意牌38处，设售肉架270多副。市场宣传栏230块，工商法规咨询处17处，服务监督台17处。改造旧炉灶近160个，为饮食、食品业者制发卫生帽1130套等，对各个集市的经营场地进行规范、平整。此外全县共有16处商贸流通专业市场，分别是平邑金桥商贸服务有限公司、平邑新城菜市有限公司、平邑莲花商城菜市场，平邑邑鼎晟菜市场、平邑人民商场、平邑大众商场、平邑建材商场、平邑北方石材市场、流峪镇金银花专业市场，郑城镇金银花物流港、保太镇李家白壤苗木市场、地方镇利沟桃市场、地方镇富生源果品市场、平邑商贸城、温水镇富民蔬菜市场、保太镇公家庄忠鑫蔬菜批发市场。同时在一些重要集市，当地商业、服务业还增设或扩建了宾馆、饭店、货栈等，便于远路客商的住宿、存货。

第四节　集市与庙会

农村集市

平邑县各镇集市交易76处，多为5天一逢集，白天交易，交易以蔬菜、瓜果、服装鞋帽、生活日用品为主。

平邑县的传统集市全部设在露天或在街道或在河边，除个别集市有简陋的水泥台供经营者摆放商品，大多数都几乎没有什么设备。随着改革的推进和经济发展，至1989年11月，全县市场建筑面积到19602平方米，水泥货台2476米，平整场地20600平方米，全县集贸市场成交额达到8045.4万元，为活跃流通、改善经营管理条件，促进全县商品经济的发展发挥了重要作用。

至1990年11月，全县集贸市场发展到52处，全县建成“省级文明市场”2处，“地级规范化”市场13处，“五好集市”32处。

1992年，平邑集贸市场由板桥搬迁后分别设立蒙阳建材集贸市场和商城集贸市场。

1994年，全县城乡各类市场发展到70处，成交额4亿元，占全县社会商品零售额的48%。其中年成交额超1000万元的市场10处，超5000万元的市场2处，超亿元的市场1处。

1996年，全县各类市场建设共投资1.5亿元，市场年成交额5亿元。

2005年，全县集贸市场发展到70处。农贸市场发展到5处，市场成交额8.3亿元。其中省级文明市场2处，市级文明市场19处。

2008年1月10日，商城集贸市场搬迁至铁路以北、平邑镇同台庄村后位置，蒙阳建材集贸市场搬迁至平邑镇西张庄村以西、平保路以东位置。自2008年开始推行市场公司化登记，集贸市场设置、统计等工作更加规范，有些集贸市场发展为天天经营的专业市场。

至2013年，全县共有各类集贸市场76处、专业市场16处，各集贸市场年上市人数290多万人，市场年成交额180余亿元，各专业市场年接待全国各地客商30余万人，交易金额300余亿元。其中规模在万人以上集贸市场的有平邑集、仲村集、武台集、保太集、卞桥集、地方集、铜石集、流峪集、郑城集、白彦集、临涧集、丰阳集、柏林集等 13 个，5000 人以上的 15 个，5000 人以下的小集 48 个。

2013 年平邑县农村集市及营业时间情况表

表 10-5

序号	市场名称	营业时间（农历）	序号	市场名称	营业时间（农历）
平邑街道			24	羊城集贸市场	五、十
1	张庄集贸市场	三、八	25	华家村集贸市场	一、六
2	同台集贸市场	三、八	26	东埠阴集贸市场	二、七
3	杨顶庄集贸市场	一、六	卞桥镇		
4	大井集贸市场	二、七	27	卞桥集贸市场	二、七
5	晗哺集贸市场	五、十	28	安靖集贸市场	四、九
6	汪沟集贸市场	四、九	29	资邱集贸市场	三、八
7	白马集贸市场	一、六	30	尹家村集贸市场	四、九
经济开发区			31	东庄集贸市场	五、十
8	南阳集贸市场	五、十	32	岳家村集贸市场	一、六
仲村镇			地方镇		
9	仲村集贸市场	二、七	33	地方集贸市场	四、九
10	岐山集贸市场	五、十	34	邱上集贸市场	二、七
11	马家峪集贸市场	一、六	35	范家台集贸市场	二、七
12	驿头集贸市场	五、十	36	东朱尹集贸市场	一、六
13	流庄集贸市场	四、九	37	千行庄集贸市场	一、六
14	武台集贸市场	一、六	38	义兴庄集贸市场	二、七
15	水沟集贸市场	三、八	39	大平安庄集贸市场	三、八
16	万山集贸市场	三、八	40	王崮山集贸市场	三、八
17	朱家庄集贸市场	四、九	41	新庄集贸市场	五、十
18	武沟集贸市场	二、七	铜石镇		
保太			42	铜石集贸市场	五、十
19	保太集贸市场	四、九	43	昌里集贸市场	一、六
20	大三阳集贸市场	一、六	44	西皋集贸市场	三、八
21	高家白壤集贸市场	三、八	45	张里集贸市场	四、九
22	沈家武阳集贸市场	五、十	46	王家村集贸市场	二、七
23	后孙庄集贸市场	三、八	温水镇		

续表 10-5

序号	市场名称	营业时间（农历）	序号	市场名称	营业时间（农历）
47	围沟集贸市场	一、六	白彦镇		
48	元郭集贸市场	二、七	63	白彦集贸市场	三、八
49	东武安集贸市场	三、八	64	山阴集贸市场	一、六
50	南温水集贸市场	四、九	65	黄坡集贸市场	一、六
流峪镇			66	姜家庄集贸市场	一、六
51	流峪集贸市场	五、十	67	后河集贸市场	二、七
52	大岭集贸市场	一、六	68	南径集贸市场	五、十
53	蚕厂集贸市场	一、六	临涧镇		
54	车庄集贸市场	三、八	69	临涧集贸市场	二、七
55	南蒲芦集贸市场	三、八	70	周家庄集贸市场	三、八
56	城子集贸市场	四、九	71	东庄集贸市场	三、八
郑城镇			72	庞庄集贸市场	五、十
57	马家洼集贸市场	二、七	73	巩家村集贸市场	三、八
58	郑城集贸市场	四、九	丰阳镇		
59	魏庄集贸市场	五、十	74	丰阳集贸市场	二、七
60	苍山集贸市场	四、九	75	长岭集贸市场	一、六
61	范家洼集贸市场	一、六	76	大城西集贸市场	三、八
62	巩家山集贸市场	三、八			

庙会

平邑县的庙会原为祭神祈祷而起，行会期间，有唱戏、歌舞等娱乐活动，有广泛的群众性。后来部分庙会商贩伺机介入，除销售封建迷信用品外，其他日用百货、农具、家具、木材、牲畜等生产资料以及农民的农副产品也随之上市，而逐渐演变成物资交流会。特别是春季的庙会规模大，上市货物全，参与交易者多达万人至数万人，除本地人外，还有来自费县、枣庄、滕县、邹县、济宁、泰安等地的客商，会期也由一天延长到三天至七天。1949 年前，全县仅有庙会 5 处，为白彦镇青山庙会、保太镇海螺寺庙会、柏林镇万寿宫庙会、平邑镇白龙泉庙会、流峪镇上水寨山神庙会。新中国成立后，许多寺庙被拆除或改他用，庙会也随之废止。改革开放以后，随着经济快速发展，部分寺庙被翻新或重建。

至 2013 年，平邑县共有庙会 8 处，白彦镇青山庙会、保太镇海螺寺庙会、柏林镇万寿宫庙会、平邑镇白龙泉庙会、流峪镇上水寨山神庙会、仲村镇周郭庄仙姑山庙会、丰阳镇香山庙会、平邑镇汪沟玉皇庙庙会，这些庙会会期一般为 3 ~ 8 天，多数以祈福为主。较有影响的庙会有白彦镇青山庙会、保太镇海螺寺庙会、柏林镇万寿宫庙会、平邑镇白龙泉庙会、流峪镇上水寨山神庙会。

白彦镇青山庙会，会期自农历三月初二至初四，为期3天，周边乡镇100多个村庄和滕县、邹县、枣庄、费县、蒙阴等地的客商参加，上会人数6万多人，交易品主要是牲畜、木料、竹编、芦编、草编织品、农副土特产品、铁木农具、陶瓷器皿、食品、百货、布匹、小型家具等，成交额1200多万元。

保太镇海螺寺庙会，会期自农历三月初三至初五，为期3天，周边30多个村庄和费县、蒙阴等地民众参加，上会近万人。主要以祈福为主，只有少量交易商品，主要是一些香火和食品，交易金额1万余元。

柏林镇万寿宫庙会，会期自农历正月初一至初七，为期7天，周边70多个村庄和临沂、费县、蒙阴、新泰、济宁等地民众参加，上会近4万多人。主要以祈福为主，只有少量交易商品，主要是一些香火和食品，交易金额18万余元。

平邑镇白龙泉庙会，会期自农历二月初八至十五，为期8天，周边50多个村庄和济宁、泗水、新泰、蒙阴等地民众参加，上会近2万多人。主要以祈福为主，只有少量交易商品，主要是一些香火和食品、木料、农副土特产品为多，各种食品销量较多，交易金额2万余元。

流峪镇上水寨山神庙会，会期自农历正月初三至初五，为期3天，周边40多个村庄和临沂、费县等地民众参加，上会近万人。主要以祈福为主，只有少量交易商品，主要是一些香火和食品，交易金额1万余元。

行会期间除商品买卖、大宗的物资交流外，还有各种文化娱乐活动和科普、交通、卫生、计划生育等专题宣传活动。会上除前来贸易购物工商业者及小商小贩外，驻地和附近村庄人们相携成队，到会上买点零用物品、儿童玩具、糕点食品，听听书，看看戏，或者到饭铺里吃顿饭。3 ~ 8天会期，到会一般在1 ~ 6万人次。

第二章 供 销

自1989年开始，供销体制改革进入实质性阶段。其间，全县供销社进行理顺组织体系、强化服务功能、完善经营机制、加强监督管理和发展社员股金、领办专业合作社、行业协会等改革。

至2013年底，全系统拥有基层供销社15个，其中破产重组基层社4个；直属企业10个，其中，股份制公司4个；全县发展乡镇级直营店21家，村级农家店717个，其中578个农家店通过商务部“万村千乡”市场工程验收；共有在册干部职工3216人，离退休人员705人。有固定资产超亿元，流动资产2.5亿元，年实现销售额23.7亿元。

第一节 企业改革

直属企业

1989年5月，根据经营形势发展需要，县联社党组、理事会召开会议，专题研究联购分销事宜，并开始着手筹划店组承包责任制。

1989年底，县联社所辖企业23个，其中15个基层供销社，8个直属企业。直属企业包括：农资公司、土产杂品公司、果品公司、棉麻公司、综合贸易公司、车队、恒温库。1991

年5月成立平邑县供销装饰公司，后倒闭。1992年4月成立平邑县供销社农产品购销公司，后破产。1992年6月成立平邑县花岗石板材加工厂，后解散。

1990年4月，县联社借鉴外地经验，开始推行“四放开”和“抽本、租赁经营”，社有企业实行目标责任制和扩张经营，促进了体制转变，增强了发展势力。

为扩大业务经营，县联社根据上级社有关党政机关大力兴办经济实体的会议精神，1991年5月成立平邑县供销装饰公司。1992年4月，成立平邑县供销社农产品购销公司、平邑县花岗石板材加工厂等3个实体。1992年5月，平邑县供销果品公司下属的盐业股从公司分离出来，成立平邑县供销盐业食杂公司；同时县里成立平邑县果业局，原平邑县果品公司除盐业股分离外，其他人员及设施全部划归果业局，同时成立盐业食杂公司。至1993年，全系统拥有独立核算企业27个，其中基层社15个，社有企业12个，企业数量比1989年增加3个。

1995年，是供销合作社改革发展史上十分重要的一年。县供销社机关在完成机构改革以后，企业完善了抽本、租赁经营合同，实施“重流通、强工业、扩外向、贸工并举、综合开发”战略，提出“以工养商、以工促商，工商并举”的口号，大力发展吸收社员股金，先后建起供销贸易中心、亚岱宾馆、制鬃厂、卞桥家具厂等一批工商业生产经营项目，形成贸工并举的格局。是年3月，平邑县供销食品厂与山东兰陵集团公司合并联营，因经营不善，企业亏损严重，1997年7月停产，共计260名职工下岗。

1997年3月，经县联社党委研究，供销车队合并到再生资源公司。1997年开始，县联社积极进行社有资产开发，先后对县联社家属院、土产公司、再生资源公司、城关供销社氨水库进行开发，分别建成人民商场1家、供销公寓2个。其中人民商场开发面积到3.1万平方米。同年7月，成立平邑县供销商贸城有限公司；9月，盐业公司独立经营，成立盐务局。

自1999年开始，全系统着力应对社员股金，每年兑付资金的10%，同时受市场经济的冲击，企业效益开始下滑，接近一半的企业开始出现亏损。

2000年后，全县供销系统进一步完善企业租赁经营责任制，开发盘活社有资产。并通过招商引资、联合开发等措施，新建改造营业设施、职工住房3.3万平方米。为解决历史遗留包袱，遏制亏损局面，自2000年开始，县联社通过县人民法院，对扭亏无望、经营困难、资不抵债的部分企业，进行清产核资，依法破产。至2004年，先后有原平邑县土产杂品公司、供销贸易公司、农贸公司、城关供销社、柏林供销社、卞桥供销社、铜石供销社、保太供销社8家企业依法宣布破产，通过破产，甩掉历史包袱8000余万元。企业破产后，县联社积极争取，通过回购、股份制等方式，重新组建新的企业。先后建成平邑县供销新源有限公司、平邑县亚岱饮食服务有限公司、平邑县城区综合服务合作社、平邑县保太农村服务合作社、平邑县柏林农村服务合作社、平邑县卞桥农村综合服务合作社、平邑县铜石农村服务合作社，其中对农贸公司、供销装饰公司进行资产处置，未组建新的公司。

2000年5月，部分企业破产后，进行剥离重组，原土产杂品公司“土杂股”分离出来，成立平邑县烟花爆竹有限公司，供销贸易公司剥离重组平邑县亚岱饮食服务有限公司、平邑县供销九州有限公司。

2006年以来，响应上级社“关于积极领办兴办各种农业专业合作社”号召，大力开展

“一网两平台”（农村现代流通网络、农民合作经济组织、农村社区服务中心）建设，主动融入新农村建设，与农民结成利益共同体。

截至2009年，发展各类专业合作社、行业协会26家，发展农产品标准化生产基地5个，发展农村社区服务中心6个。

基层社

基层供销合作社（简称基层社），1975年随行政区划分达到每个公社1个基层社，时为15个基层社。至2013年底，按经济区域建社的原则一直未变，基层社仍为15个，即城关、仲村、武台、保太、柏林、卞桥、地方、铜石、东阳、流峪、郑城、魏庄、白彦、临涧、丰阳供销合作社。

1990年上半年，借鉴外地经验，在铜石供销社进行经营、价格、用工、分配“四放开”改革试点。下半年在全县基层社推开。解决了积压几十年的库存商品，真正把职工推向市场，后被称为“抽本租赁经营”。当年全县共清理商品416万元。至1994年底，实际收回本金1550万元，占应收本金的86%。1994年后，基层社改革实行抓大放小、包租卖结合。自1998年开始，基层社经营门店全部实行租赁承包，租期一定一年或数年，租金一次交清，职工自主经营，自负盈亏，并逐步转向清欠变现、资产开发、化解社员股金和设施改造、发展现代流通网络、建立新型农村合作组织，使体制、机制、经营网点和经营方式更加适应市场形势，基层社改革发展不断迈出新步伐。

2000—2004年，先后对资不抵债的城关、保太、柏林、卞桥、铜石5个基层社进行清产核资，由县人民法院依法破产。破产后由职工对资产进行回购重组，分别成立平邑县城区综合服务合作社、保太农村服务合作社、柏林农村服务合作社、卞桥农村综合服务合作社、铜石农村服务合作社。2010年，新建铜石镇昌里社区服务中心和柏林镇苏城社区服务中心。

2013年，白彦镇供销社投资5000万元建成1.5万平方米五层营业楼，郑城镇投资1000万元建成5000平方米综合营业楼，魏庄供销社投资500万元建成2600平方米大型超市。

营业网点

1989年，全系统拥有各类经营生产网点416个，另有代购代销店130个。随着体制改革的不断深化，现代流通服务体系的不断完善，企业数量和供销社网点也不断增加。1994年达到495个，代购代销店160个。2013年，发展到738个，代购代销店全部纳入供销社管理，通过提升改造农家店，全县行政村（居委）实现了村村有农家店的目标，有的大村庄建有两个或两个以上的农家店。基本形成以县城网点为龙头，乡镇网点为支撑，村级网点为基础的县、乡、村三级经营网络。

1990年，直属企业经营网点61个，主要以综合商店、批发部、专业店和加工生产网点为主。

1997年，县联社响应县委、县政府关于城市规划的号召，将原来居住有92户300多人口的县联社家属院，拆除后建成人民商场，有300多个摊位，解决近千人就业，日客流量达到1万余人，平均日交易额100余万元，是全县最为繁华、最为便利的自由交易市场。

1998—2000年，县土产公司、再生资源公司将原来的旧营业设施及家属院进行开发建设，共建成职工公寓6栋，建成土产杂品“一条街”。

2013年，各类网点达到93个，主要包括日用消费品经营网点、生产资料经营网点和家电、家具、服装、餐饮、烟花爆竹等。其中综合商场、专业超市、零售门店20个，生产加工、冷藏储运5个。

平邑百佳乐土产杂品超市　前身是平邑县供销社土产杂品门头，1998年成立，经营面积60平方米，员工3人，年营业额10万元左右。2003年，更名为平邑县再生资源综合商场，营业面积280平方米，商品品类几十种，员工4人，全部是下岗职工。2005年，超市商品种类就达到3000余种，供货商60余家，员工10人，年营业额100万元。2008年11月，成立平邑百佳乐土产杂品超市，经营模式也从杂货店开始向超市转型，到2010年，百佳乐超市经营模式已基本成型。2013年，公司营业额1000万元，经营种类13000余种，经营种类达十几类，员工20余人，供货商300多家，服务对象覆盖全县及周边县、市、乡镇200余个单位。

第二节　农　资

农业生产资料是供销社的主营业务之一，是全县农业生产资料供应的主渠道。为促进农业生产、农民增收和农村发展做出重要贡献。

经营政策

1988年9月，国家委托中国农业生产资料总公司和各级供销社农资经营部门对化肥、农药、农膜实行专营，其他部门、单位和个人一律不准经营。

1994年8月，国务院下发《关于化肥等农业生产资料流通体制改革的通知》，经营渠道实行“一主两辅”，即各级农资公司和基层供销社为主渠道，农业三站（土肥站、农技站、植保站）和生产厂家为辅渠道，专营政策结束。

1998年11月，国务院下发《关于深化化肥流通体制改革的通知》，放开化肥零售价。至此，农资价格由国家定价的历史结束，农资经营市场逐步放开。

2002年后，形成多家经营、市场完全放开的局面。

经营范围

主要包括化肥、农药、农膜、中小农机具及配件等。

化肥主要品种有：尿素、碳酸氢铵、磷酸二铵、复合肥、过磷酸钙、钙镁磷肥、氯化钾肥、各种专用肥和氮磷钾复合肥等。

1989年，农药品种主要有：1605乳剂、氧化乐果、硫酸铜、六六六粉、敌百虫、DDT乳剂、西力生、敌敌畏、4049乳剂、退菌特、呋喃丹、福美砷、多菌灵、辛硫磷、三氯杀螨醇、水胺硫磷、久效磷、速灭杀丁、敌杀死、甲胺磷、硫黄粉、杀虫脒等。2000年后，主要有：甲拌磷、辛拌磷、氧化乐果、敌敌畏、速克、辛硫磷、新203、新204、一遍净、地虫全杀、地虫绝杀、1065、甲基异柳磷、硫酸铜、石硫合剂、硫黄粉、多菌灵、代森锰锌、敌杀死及各种除草剂、重茬剂等。

农膜品种主要有地膜、大棚膜等。

中、小农机具及配件主要包括各类小型农机具及日常维修配件，每年经营几十万件。

经营方式

1994年开始，县联社与工商、公安、质检等部门联合，成立农资稽查队和农资保质监销机构，对农资市场进行监督和管理，推行保质监销，维护了市场秩序，保证农资质量。

1996年，县联社推行农资一体化经营模式，由县农资公司牵头，与基层社联合，对农资实行总代理、总经销、联购分销、利益分成。具体办法是在基层社设立农资分公司，县农资公司负责统一进货、统一下放、统一价格、统一管理。总公司与分公司实行利润承包，超利分成，发挥系统优势，扩大经营规模，农资销售总额每年达到5000多万元。随着市场的进一步放开，加之农资总公司势力所限和销售货款回笼不及时，该经营方式到1999年基本结束。

2000年后，市场竞争更加激烈，农资总公司和基层社基本上各自为战，自主经营，销售量有所减少。

2012年，临沂市供销社推行“联采直供”模式，县联社成立平邑县农资连锁配送有限公司，同时在乡镇、村庄设立农资超市。

2013年，建成农资龙头公司2家，乡镇级农资直营店15家，村级农资店230家。经营更加规范有序，经营量日趋增加，呈现出良好的经营势头。

第三节　农产品收购

农产品购销是供销社的传统经营项目。1990年前，供销社为全县农产品的发展提供技术指导、物资供应、产品购销等综合性服务，经营的主要品种有苹果、板栗、粮油、棉花、黄烟、中药材等，经营方式主要是分购联销，即由基层社负责收购，县公司负责销售，年收购额一般在3000万元左右。

1991年后，主要经营苹果、板栗、粮油等农产品，经营方式重点转向产品购销和加工增值。在果品购销方式上主要是分购联销，即由16个基层社采购站和果品公司下设的果品站进行收购，由果品公司统一销售。

1996年，收购苹果20109吨、干鲜果品2481吨、棉麻593吨、食油1092吨、棉花403吨、粮食4275吨、中药材13吨，花生米1347吨。随着市场的逐步放开和产业结构的调整，黄烟业务移交，棉花产量逐年下降。

2000年后，农产品购销主要以职工自主经营为主要形式，职工自筹资金、自行购销、自负盈亏。果品加工生产由果汁厂、板栗厂、果品加工厂承担，年加工苹果汁、板栗肉等产品3000吨左右。由于市场形势变化，果品产量减少，加工生产处于时开时停状态，农产品经营量有所减少。

2002年，农副产品公司解散，收购业务由平邑县恒温库及各乡镇供销社职工自行收购。2013年，农副产品收购额1.2亿元。

第四节　农家店

2002年，铜石供销社庞家村门市部负责人自费将门市部改建成超市，成为超市进军农村第一店，起到引领示范作用。

2005年5月，商务部在全国范围内推出“万村千乡市场工程”，国家通过安排财政资金，以补助或贴息的方式，引导城市连锁店和超市等流通企业向农村延伸发展“农家店”，以改善农村消费环境，满足农民生产生活需求。平邑县成为首批试点县，随后开展以县城龙头企业为依托、以基层供销社为骨干、以村级店为终端的农村现代流通网络建设。经过验收，县供销贸易中心、供销新源有限公司被列为试点依托企业。至2007年，先后改造、新建农家店578个，并通过验收合格，得到上级扶持资金180余万元，全部用于农家店建设。

2012年，县联社为投资主体组建平邑县供销社直营店服务公司，公司为现代化配送企业，位于县城西工业园区。经营范围：日用百货、家电、棉纺织品、服饰、洗化等，配送、仓储、批发。公司拥有仓储18000平方米，配送车7台，拥有直营店17个，其中县城3个超5000平方米的直营店，在乡镇有14个超2000平方米的直营店，其中超1万平方米的直营店3个。

该公司对供销系统21个镇级店直接配送商品，对717个村级店有选择的配送商品。

至2013年底，在全县15个基层社改造、新建日用品店738个（包括兼营农资的），其中1500平方米以上的镇级店21个，村级店717个，形成较完善的农村现代流通网络。

2013年平邑县供销社标准化生产基地情况表

表10-6

基地名称	基地位置（乡镇、村）	承建单位	面积（公顷）	产品品种或名称	供应时间	年供应量（万千克）	销售渠道（销售市场）
平邑县海发蔬菜专业合作社土豆基地	平邑县平邑镇西张庄村	平邑县城区综合服务合作社	40.00	早大白土豆	8月	12.0	上海、杭州、苏州等
庞家村大蒜专业合作社	平邑县铜石镇庞家村	平邑县铜石农村服务合作社	46.67	普通大蒜	5月	10.5	临沂、上海
白马村小麦基地	平邑县平邑镇白马村	平邑县城区综合服务合作社	33.33	普通小麦	5月	20.0	本地面粉厂
杨谢村蓝莓基地	平邑县柏林镇杨谢村	平邑县联农蓝莓专业合作社	6.67	优质蓝莓	7月	3.0	北京、上海
蒙山大洼农产品基地	平邑县卞桥镇大洼	平邑县蒙山鹰窝峰食品有限公司	333.33	板栗、香椿、核桃、花椒	春秋	5.0	北京、上海、杭州、南京、济南等

2013年平邑县供销社农民合作经济组织情况表

表10-7

专业合作社名称	地址（乡镇、村）	入社社员（人）	法定代表人	注册资金（万元）
平邑县利民葡萄种植专业合作社	平邑县武台镇南武沟村	50	孙宗乾	10
平邑县田丰果品专业合作社	平邑县地方镇小瑶草村	50	李树杰	120
平邑县鑫源果品专业合作社	平邑县武台镇武台村	60	孙宝贵	100
平邑县联农蓝莓专业合作社	平邑县柏林镇杨谢村	30	郭增学	100
平邑县盛源果品专业合作社	平邑县临涧镇巩家村	35	牛少友	50
平邑县海发蔬菜专业合作社	平邑县平邑镇西张庄村	80	邵小平	300
平邑县惠农土豆专业合作社	平邑县平邑镇东张庄村	100	吴家国	10
平邑县保太镇万寿蔬菜专业合作社	平邑县保太镇东埠阴村	7	陈成德	150
平邑县利农果蔬专业合作社	平邑县保太镇管家庄	15	管庆国	100
平邑县铜石庞家村大蒜合作社	平邑县铜石镇庞家村	120	庞耕清	未注册
平邑县盛源生猪养殖专业合作社	平邑县白彦镇白彦村	7	邱庆芳	40
平邑县生猪专业合作社	平邑县丰阳镇	260	郭增东	未换证

续表 10-7

专业合作社名称	地址（乡镇、村）	入社社员（人）	法定代表人	注册资金（万元）
平邑县美景花卉苗木专业合作社	平邑县平邑镇保定村	85	尹续华	400
平邑县流峪金银花专业合作社	平邑县流峪镇	87	阮风磊	
平邑县石材专业合作社	平邑县东阳	15	尹续华	未注册
平邑县家具合作社	平邑县平邑镇	25	武玉德	
平邑县农村合作经济组织联合会	平邑县城浚河路 67 号	39	郭有坤	3
平邑县农业生产资料协会	平邑县城浚河路 67 号	120	路钢	3
平邑县烟花爆竹协会	平邑县城浚河路 67 号	1050	郭有坤	3
平邑县棉花协会	平邑县保太镇驻地	60	杨自民	3
平邑县地方供销社果品流通协会	平邑县地方镇驻地	65	赵现才	3
平邑县武台供销社果品流通协会	平邑县武台镇驻地	65	孙宝贵	3
平邑县再生资源协会	平邑县康复路中段	90	姚友春	3
平邑县弘毅肉牛养殖协会	平邑县卞桥镇蒋家村	60	蒋高亮	3
平邑县养鸭协会	平邑县流峪北申庄	60	路钢	3
平邑县魏庄供销社板栗协会	平邑县魏庄乡	50	公东升	3

2013 年平邑县供销社农村社区服务中心情况表

表 10-8

名 称	营业面积（平方米）	服务项目	服务（辐射）人口（人）
铜石董里社区服务中心	360	日用品、农资、浴池、理发店	7000
临涧巩家村社区服务中心	600	日用品、农资、饭庄、浴池	11000
柏林元郭一村社区服务中心	700	日用品、农资、饭庄、卫生室	16000
保太万庄社区服务中心	400	日用品、农资、浴池、理发店	13000
白彦南径社区服务中心	500	日用品、农资、幼儿园、理发店	9000
武台水沟社区服务中心	600	日用品、农资、浴池、理发店	10000

第三章 粮 油

1989年，平邑县粮食局下设城关、仲村、武台、保太、柏林、卞桥、地方、铜石、东阳、流峪、郑城、魏庄、白彦、临涧、丰阳15个乡镇粮管所和县粮油购销储运公司、县粮油议价公司，县城第一、第二、第三、第四粮店，县面粉加工厂、县植物油厂、县饲料加工厂等粮油经营加工单位。全县从事粮食工作的干部职工1200余人。

1992年，平邑县粮食局撤销，改制为平邑县粮油总公司。

1996年5月，恢复平邑县粮食局，为科级行政单位，列县政府机构序列。同时保留平邑县粮油总公司，实行一套班子两块牌子。

1998年1月，撤销平邑县粮油总公司，保留平邑县粮食局。

1999年3月，成立县粮食收储中心，为副科级事业单位，实行企业化管理，独立核算，自主经营，自负盈亏。同时成立县粮食附营企业管理办公室，为副科级全额预算管理事业单位。撤销乡镇粮管所，以原乡镇粮管所为依托，成立隶属县粮食收储中心的粮食收储管理站；成立从事附营业务的粮油工贸中心。

2002年6月，平邑县粮食局更名为平邑县粮油服务办公室。

2006年6月，平邑县粮油服务办公室再度复称平邑县粮食局，原机构规格、人员编制不变。设立平邑县粮食监督检查执法大队，为股级全额拨款事业单位，隶属县粮食局，人员编制10名。完成职能转换后的平邑县粮食局下设平邑县粮食收储中心、平邑县粮食附营企业管理办公室2个副科级事业单位。

2007年5月，平邑县粮食监督检查执法大队正式成立。2007年，共办理粮食收购许可证10份，其中粮食购销企业6家，粮食加工企业4家。

平邑县粮油购销从计划经济体制下的统购统销，到市场经济体制下的放开粮食购销市场，政府实施宏观调控，经历近20年的时间。随着粮食流通体制改革的完成，平邑已建成粮食执法体系、粮食储备体系和流通体系，确保平邑粮食的需求与安全。

第一节 改革改制

1989年，国家由委托代购改为议转平收购，调整平价粮油供应，抑制市场粮油价格上涨。压缩平价粮销售，建立健全粮食储备制度，改合同定购为国家收购。按照国家、企业、个人共同负担原则，实行粮价补贴等一系列政策。

1992年4月，县内实现粮油购销同价。全县粮食企业开始推行“经营、价格、分配、用工”四放开改革。经营放开。企业在做好平价经营的同时，坚持“本业为主、多种经营”方针，立足本行业优势，围绕市场需要，因地制宜，突出重点，打破行业界限，开拓经营。价格放开。对粮油价格，除平价粮油外，其余放开。议价粮油、粮油食品、粮油加工自营产品、副产品等价格全部放开，由企业根据市场供求状况，随行就市，自主定价。分配放开。按照国家、企业、职工三者兼顾和按劳分配原则，企业自行选择分配形式。用工放开。在企业推行内部全员劳动合同化管理或实行全员劳动合同制，优化组合，竞争上岗。粮油市场彻底放开，粮油收购进入一个全新阶段。

1993—1994 年，按照“保量放价”原则，放开粮食收购价格，取消平价粮油和计划调拨，实行供需双方直接见面。1996 年，深化县粮食购销体制改革，实行政策性业务和商业性经营分开、财务单独核算“两条线”运行机制。平价和议价分别核算。

1998 年 6 月至 1999 年 10 月，贯彻落实省政府《关于进一步深化粮食企业改革的意见》和县政府《关于深化粮食流通体制改革的实施方案》，全县粮食系统部署以“四分开”（政企分开、储备与经营分开、中央与地方责任分开、新老财务账目分开）为重点的粮食企业改制工作，完善粮食价格机制并实施计划价和市场价并轨。1999 年 3 月，粮食行政管理职能与粮食企业经营分离，粮食收储企业与附营业务分离，业务、财务、人员、债权、债务彻底分开，实行独立核算，自主经营。此经营机制转换，减少分流人员 237 人，每年节约收储费用 320 万元。

2001 年起，除军粮供应外，城镇人口定量供应彻底取消，平邑县“农转非”供粮审批凭证、农村粮食关系转移证明和市镇居民粮食供应转移证明同时废止。

2004 年 5 月，国务院下发《关于进一步深化粮食流通改革的意见》，再次提出“加强粮食市场管理，维护粮食正常流通秩序”，同时确立粮食改革基本思路：放开粮食购销市场，直接补贴粮农，转换企业机制，维护市场秩序，加强宏观调控。继续发挥国有粮食购销企业主渠道作用，增强政府对粮食市场调控能力。严格市场准入制度，凡从事粮食收购企业，须经县级或县级以上粮食行政管理部门审核入市资格，并在工商部门注册登记后，从事粮食收购和经营活动。切实加强对粮食市场指导和监督，对粮食市场实行经营台账制度，企业定期如实向粮食行政管理部门报告粮食收购、销售和库存数量。所有粮食经营者都必须服从政府对市场调控，对囤积居奇，牟取暴利，哄抬物价，扰乱粮食市场，依法取缔违法经营。全面实行粮食购销市场化改革，国家实行主要粮食品种收购价格最低保护价收购政策，粮食价格随行就市，优质优价，依质论价和“购得进，销得出”原则定价，确保粮食安全。

2005 年，平邑县全面实施以政企分开、减员分流、企业重组改制、职工身份转换（指全县 26 个国有粮食购销企业职工按规定全员进行身份置换，实行经济补偿、解除劳动关系、终止国有企业职工身份，然后由新的产权主体与职工进行双向选择）、发展粮食产业化和转换企业经营机制为重点的国有粮食购销企业改革。

2006 年，经县政府同意，对城关等原乡镇粮所 33 宗 20.11 公顷国有土地使用权协议出让给职工；对岐山等原乡镇粮所 16 宗 9.67 公顷国有土地使用权实行土地收储，挂牌出让。此次国有粮食购销企业改革改制涉及全县 26 个国有粮食购销企业（含各粮油工贸中心、粮食收储站），全体人员有 939 人，其中在职职工 577 人、离休人员 44 人、退休人员 196 人、退职人员 20 人、遗属人员 102 人。改革中置换身份 555 人，办理退休 22 人；支付经济补偿金 377.57 万元，支付养老金 164.13 万元，支付失业金 110 万元；剥离政策性财务挂账 5731 万元。至 2007 年底，企业“三老”问题基本解决，全县国有粮食购销企业改革改制全面完成，国有粮食购销企业退出经营，粮油市场实行多渠道经营。

截至 2013 年底，粮食系统有 6 家县直国有企业，即县城第一、第二、第三、第四粮店，县粮油服务中心，县饲料厂，山东康事达实业有限公司属改制企业。在册干部职工 282 名，其中在岗 44 名，在家待业或自谋职业 238 名，国有固定资产净值约 171.6 万元，土地 1.26 公顷，房屋 153 间，债务 330 万元。

县直国有粮店。1992 年 9 月，粮食购销市场全面放开，国家放宽粮油市场准入，多元市场主体参与粮油市场竞争，加之财政“断奶”和长期受计划经济的影响，第一、第二、第三、第四粮店等 4 个国有法人企业粮油购销量、经营收入等大幅度减少，企业经营陷于困境，经济效益开始滑坡，出现经营亏损。多数职工出于企业效益差、待遇低等综合因素，自行离开工作岗位，自谋职业，剩余部分企业管理人员仅靠租赁房屋场地收入维持管理着国有资产，少部分职工也是仅靠租赁单位门头搞经营，个人缴纳养老金，个别企业经营严重亏损导致资不抵债。

平邑县饲料厂。由于设备老化、经营管理不善等原因，该厂长期处于停产状态，资不抵债，无力偿还县工商银行到期抵押贷款，被县工商银行起诉查封。2000 年 3 月，经县政府同意，临沂市中级人民法院将该公司抵押的厂房、设备、土地，转嫁给山东康事达实业有限公司抵押贷款偿还原饲料厂债务。至此这个厂已属无资产、无场地、无财务资料的“三无”企业，61 名在册职工全部下岗，职工个人档案空挂在此厂。

第二节 购 销

收购

政策。1990 年，粮食合同定购改为国家征购。继续执行国家粮食定购和“三挂钩”政策。1991 年，原定市地、县两级在省核定粮食定购任务基础上增加 7% 的机动数，改由省增加 2%，市地和县共增加 5%，随定购任务一起下达。

2003 年，粮食收购价格按照市场形成价格原则，由县粮食局和县物价局确定收购指导价。

2004 年，全面实行粮食购销市场化改革，本着掌握粮源、确保粮食安全的精神，下达粮食收购建议数量。

价格。1988 年，由于物价上涨农业生产资料价格随之提高，为保护农民利益，增加农民收入，小麦、瓜干定购价格提高，小麦由每 50 千克 22.60 提高到 24.10 元；瓜干定购价由每 50 千克 10.15 元提高到 13.70 元。

1989 年，小麦定购价比 1988 年每 50 千克提高 1.70 元，玉米、谷子、瓜干每 50 千克均提高 1 元。同时增加合同定购挂钩化肥数量，每 50 千克贸易粮，小麦挂钩标准化肥 11 千克、玉米 10 千克、大米大豆 15 千克。

1993 年，贯彻执行国家价格规定，定购小麦中等质量标准最低保护价为每 50 千克 32.50 元；价外加价（即奖售物资平议差价），原定每 50 千克小麦 4.20 元，按中央调整政策，将应该由中央兑付奖售化肥差价每 50 千克小麦 1.35 元，改为按原定标准兑换实物，每 50 千克小麦给平价标准化肥 5 千克；中央负担奖售柴油差价款每 50 千克小麦 1.50 元，省负担益农柴油差价款每 50 千克小麦 1.35 元，以及预购定金贴息每 50 千克 0.30 元。本年度起，按照省政府规定，农业税一律征收粮食实物。对农业税征实粮，按定购粮收购价格与农民结算，每 50 千克小麦为 35.70 元。

1997 年，执行省政府新规定，按保护价（三等冬花麦每千克 1.38 元）以质论价，敞开收购农民余粮。玉米定购价每千克1.08元。1998年贯彻国务院《粮食收购条例》和《粮食购销违法行为处罚办法》，粮食收购执行省政府新的价格规定，小麦定购价格（三等冬花麦）每千克1.46元。继续实行保护价收购农民余粮，小麦保护价每千克1.28元。玉米定购价（中等质量标准）每50千克61元，保护价为每50千克54元。1999年按省政府规定，粮食定购价格调低到保护价格水平。

2000年，执行省政府下调小麦收购价格政策，以三等（按容重定等）白麦为中等质量标准（不分软硬质），其收购保护价为每50千克57元，混合麦55元，红麦52元；定购价与保护价同一价格。2001年玉米退出保护价收购范围，中等质量标准玉米收购价每50千克49元，定购内瓜干，中等质量标准价格为每50千克30元。2002年小麦（以三等白麦为标准）收购价和保护价为每50千克55元，玉米中等质量标准每50千克43元。2004年小麦收购保护价为每50千克70元(三等白麦)。2005年随着各类收购主体参与收购积极性提高，小麦价格呈现全面上扬趋势，小麦收购价为每50千克72元。

2006年，国家在山东等6省实行小麦托市收购政策，国标三等小麦为标准品，最低收购价格为每50千克白小麦72元，红麦、混合麦每50千克69元。

2007年，小麦最低收购价以当年生产国标三等小麦为标准品，白麦每50千克75元，红麦、混合麦每500克0.73元。

2008年，小麦最低收购价格水平，白小麦（标准品，下同）每500克0.77元，红小麦、混合麦每500克0.72元。执行区域为河北、江苏、安徽、山东、河南、湖北等6个小麦主产省。

2009年，当年生产的小麦最低收购价水平为每50千克白小麦（三等，下同）、红小麦、混合麦最低收购价格分别提高到87元、83元、83元，比2008年分别提高10元、11元、11元。

2010年，当年生产的白小麦(三等，下同)、红小麦、混合麦最低收购价分别提高到每50千克90元、86元、86元，均比2009年提高3元。2011年小麦最低收购价格水平为白小麦（国标三等，下同）每500克0.95元，红小麦和混合小麦每500克0.93元。

2012年，当年生产的小麦最低收购价水平为每50千克白小麦（三等，下同）、红小麦、混合麦最低收购价格均提高到102元，比2011年分别提高7元、9元、9元。

2013年，当年生产的小麦（三等）最低收购价提高到每50千克112元，比2012年提高10元。

供应

1989年，取消行业用平价粮油销售，非农业人口仍实行粮、油定量供应。定量人口粮食供应比例为面粉70%，粗粮（玉米、大豆、大米等）30%。

1992年，粮油价格全面放开，全国取消对城镇非农业人口计划供应，粮票、油票就此停止使用，非农业人口所需粮油实行自由购买。

1994年下半年，市场粮价不稳，全县粮食系统采取挂牌销售、限价供应的办法，按照确定价格对城乡居民恢复粮食定量供应，供应标准为每人每月标准粉10千克，价格为每千克1.20元。居民可自由选择标准粉或特二粉，特二粉供应价格为每千克1.50元，凭统一购粮证，按月供应。

1995年1月1日起，对全县城镇居民（含地方户口居民）凭购粮证每人每月供应特二粉10千克，供应价格为每千克1.94元，当月有效。

2001年5月1日，城镇居民户口在全国

范围内迁移、农业户口转为非农业户口不再办理城镇居民粮食供应转移证明，粮油供应市场彻底放开。

第三节　加　工

平邑县面粉厂

建于1963年，时称平邑县粮食局粮食加工厂（股级企业），位于县城浚河路167号。1987年搬迁至县城龙石路9号，并更名为平邑县面粉厂，占地2.44公顷，建筑面积5914平方米，有固定资产总值496万元，流动资产492万元，干部职工110人；有日处理120吨小麦的生产线1条，设计规模为年产面粉12000吨。1988年，生产面粉8123吨，完成总产值769万元,实现利润16.3万元。1989年，生产面粉7869吨，完成总产值718万元，实现利润20.3万元。1992年，完成总产值698万元。1997年，完成总产值438万元。后因经营管理不善等原因于1999年9月改制。剥离平邑县面粉厂部分资产，组建内部职工募股买断产权的股份合作制企业，成立平邑康事达食品有限公司。由新公司租赁原面粉厂剩余有效资产，最终实现企业的整体发展。2001年6月被平邑县人民法院依法宣布破产，其资产整体拍卖给山东康事达实业有限公司（创建于1999年10月，几经更名），新公司注册资金300万元，为股份制民营企业，主要生产经营面粉、挂面、农牧业养殖及粮油应急配送等，有干部职工120名。2013年，企业有年加工5万吨面粉机组1条，年产1500吨石磨面粉生产线、1.5万吨面条生产线各1条，自营农场2处，养殖小尾寒羊1000余只，占地1.33公顷的魏庄粮库1个。

平邑县植物油厂

建于1987年，位于县城浚河路东大桥南，占地3公顷，建筑面积4814平方米，有固定资产总值609万元，干部职工120人；有日处理100吨花生或大豆的生产线1条，设计规模为年产植物油3000吨。1988年，加工花生油1860吨，完成总产值1440万元，实现利润32.3万元。1989年，加工花生油2060吨，完成总产值1560万元，实现利润37.6万元。1992年，完成总产值1189万元。1994年，完成总产值627万元。后因经营管理不善等原因，至1997年6月企业总负债1700万元，其中欠县农行贷款本息达980万元，欠内贸部建厂借款171万元，欠系统内各粮所货款500万元。为盘活资产，使植物油厂摆脱困境，1997年6月10日经县政府同意，将植物油厂一次性总体（含土地使用权）抵还县农业银行贷款980万元，由县农行一次性购买植物油厂。后因县城规划调整，整体拆迁。

平邑县饲料公司

建于1982年，前身为平邑县饲料厂，主要从事饲料加工及批发零售。位于县城蒙山大道北段路东，占地1.73公顷，建筑面积3714平方米，有固定资产总值539万元，干部职工79人。1987年，更名为平邑县饲料公司。后因经营管理不善，产量下降，销量减少，企业处于停产状态，严重资不抵债，扭亏无望。加之无力偿还县工商银行贷款，被县工商银行依法起诉。2000年3月，经县政府同意，将县饲料公司所有抵押债务，转给山东康事达面粉有限公司负责化解债务、偿还抵押贷款。

第四节 储 运

仓储

1989年，全县共有粮食储备企业15个。1989年后，粮食仓库建设数量较少。2004年，全县粮食系统共有仓库238个。2005年，全县国有粮食购销企业（26个乡镇粮管所）改革改制后仅保留保太老库区、东阳东站、临涧、庞庄4个仓库。2013年，投资150万元对上述4个危旧仓库进行维修改造，增加有效仓容5000吨。

调运

1992年，全国粮食价格相继全面放开。1993年夏季，粮食价格降到最低点，每千克小麦仅为0.72元左右，下半年开始缓慢上升，到1994年下半年价格开始飞涨，1995年上半年小麦每千克市场价涨到1.90元以上。为抑制粮价继续上升国家开始宏观调控，抛售储粮，并重新恢复平价粮油调拨，城镇居民又恢复使用购粮本购买平价口粮。

1995年7月，开始恢复粮油调拨和平价粮供应，不到半年时间，全县外调小麦700万千克。

由于国家调控，1996年下半年市场价格开始回落，出现调拨价高于市场价。1997年初，粮油调拨停止。2013年，全面实行市场化运作。

第五节 企 业

平邑华良粮油购销有限公司

2010年4月6日成立，是一家专项经营政策性粮油购销、粮油储运、粮油配送于一体的法人独资有限责任公司，公司占地1公顷，注册资本200万元。2013年，总资产350万元，职工人数15人，存储县级储备小麦1万吨，县级储备花生油300吨。

山东康事达实业有限公司

1999年10月成立，是沂蒙山区重要的集小麦代存服务、面粉挂面生产加工和产品配送中心于一体的农业产业化重点龙头企业。公司占地3.73公顷，注册资金300万元。2013年末，总资产3000万元，年产值5000万元，销售收入3400万元，利税160万元，职工人数86人。作为一家以“打造面粉产业链，发展生态种养业”为主营业务的企业，公司始终坚持把原料基地作为企业的“第一车间”，强化天然基地建设，确保企业产品绿色有机和品质安全。企业以传统工艺与现代工艺相结合，工业项目生产的面粉、挂面、面叶、银花干茶等产品原汁原味，清新自然；加上企业完善的配送服务，为企业产品“拓展沂蒙根据地，进入城市消费层”打下坚实的基础。

1996—2000年平邑县粮食收购情况表

表10-9

年份	国家定购（吨）		保护价收购（吨）	
	小麦	花生米	小麦	花生米
1996	8489	1177	6227	1366
1997	9766	1300	7407	1667

续表 10-9

年份	国家定购（吨）		保护价收购（吨）	
	小麦	花生米	小麦	花生米
1998	6831	58.39	1069	1526
1999	2166	3029	1531	1625
2000	8937	3473	8437	1428

1989—1994 年平邑县粮食供应情况表

表 10-10

年份	粮食类（吨）					油脂类（吨）	
	小麦	精制面粉	标准粉	玉米	大米	花生油	花生米
1989	1289	42	884	3806	577	318	1
1990	1289	804	22	112	526	311	1
1991	601	2884	1364	4542	234	317	18
1992	10625	3769	2996	2155	424	420	23
1993	1318	3654	1539	1180	653	230	2
1994	532	3574	2478	1724	622	216	17

第四章　专　卖

第一节　烟　草

1983—1998 年，山东省烟草公司平邑支公司和山东省平邑县烟草专卖局一套班子两个牌子，合署办公。山东省烟草公司平邑支公司分别在 1986 年、1990 年、1996 年先后更名为中国烟草总公司山东省公司平邑县公司、山东省烟草公司平邑县公司、山东将军烟草（临沂）有限公司平邑分公司。山东省平邑县烟草专卖局名称一直未变。

1998 年 8 月，由原来政企合一的企业改制为 3 家相对独立的一局二公司。分别是平邑县烟草专卖局、东方烟草集团有限公司（鲁南）平邑分公司、山东烟草购销集团（临沂）有限公司平邑分公司。

2000 年 8 月，由一局二公司合为一局一公司——山东省平邑县烟草专卖局和山东临沂烟草有限公司平邑分公司，保持一套班子两个牌子的模式。2005 年，实行“三统一”改革（统一核算、统一经营、统一管理），取消县级烟草公司的法人资格，县级烟草专卖局职能不变。2009 年，实行“四定”改革（定人、定编、定岗、定薪）管理。

烟叶生产与收购

育苗　1989 年，全部采用母床育苗方式，育苗设施为小拱棚。1999—2001年，全面推广商品化育苗，并采取假植育苗方式，育苗设施改为育苗大棚。2012—2013年，逐步推广漂浮育苗。

种植 1995年，在保太镇德埠庄村开始示范覆盖地膜。

1997年，推行揭膜培土，推广化学抑芽。推广示范槽型垄，实施测土配方施肥。

2003年，试验示范种植绿肥。2004年，全面推行标准化生产。

2005—2008年，逐步推广范膜下烟移栽；至2011年，推广膜下烟移栽10.78平方千米，占当年种植面积68.66%。是年，开始逐步推广井窖式移栽。

2011年，开始推广不适用烟叶处理，与浙江中烟对接基地单元，实施基地化生产，全面推行GAP管理。烟叶烘烤方面，2003—2005年，逐步推广密集烤房；2006年，引进自控仪；2008年，推广使用自控仪。2011年，试验8点式烘烤工艺，并逐步推广。

收购 收购等级上，1992年，烟叶收购由15级烤烟标准改为40级烤烟国家标准收购。1998年，烟叶收购采用42级烤烟国家标准。收购方式上。1993年，烟叶收购由原来手工开票过磅改为终端电子秤收购。2008年，更换为自动化线收购，并进行专业化分级散叶收购试点。2011年在城关烟站试点使用国家局软件基地单元系统收购，2013年全县推行专业化分级散叶收购。

1991—2013平邑县烟叶生产与收购情况表

表10-11

年份	实际面积（平方千米）	实际收购量（万担）	亩产量（千克）	收购额（万元）
1991	13.33	3.85	192.50	
1992	11.33	3.50	205.88	
1993	4.00	1.60	266.67	
1994	10.00	3.31	220.67	
1995	15.80	3.40	143.46	
1996	18.00	5.41	200.33	1053.53
1997	24.53	9.21	250.26	2972.70
1998	15.33	4.39	190.97	1193.78
1999	15.33	4.07	177.10	1225.76
2000	8.67	3.07	236.45	1054.00
2001	10.40	2.34	149.81	1128.00
2002	13.33	3.90	195.00	1633.70
2003	14.33	4.15	193.08	1846.80
2004	15.73	4.09	173.15	1869.79

续表 10-11

年份	实际面积（平方千米）	实际收购量（万担）	亩产量（千克）	收购额（万元）
2005	9.20	3.33	240.90	1737.54
2006	12.13	4.89	268.81	2397.43
2007	15.33	5.05	219.81	2446.34
2008	18.33	5.92	215.33	3946.77
2009	16.67	7.15	286.05	5092.56
2010	10.00	4.57	304.67	3182.19
2011	10.47	4.31	274.52	3432.17
2012	14.47	5.60	257.95	6199.56
2013	15.67	5.93	251.84	6709.48

卷烟销售

2000年，平邑县卷烟销售21225.79箱，收入8327.93万元。2003年，开展“访送分离”“一库式配送”工作，明确各环节业务流程统一、规范，确保卷烟落地、入户、销售。卷烟销售20014.53箱，收入9796.13万元。2004年，建立营销人员《工作日志》上报制度，进一步提高各项基础工作的水平，明确责任，层层把关，不断完善网络运行质量。2005年，通过突出“电话订货、电子结算、统一配送”来开展硬件建设，努力提高烟草系统对市场的控制力，保持零售户的相对稳定，维护广大零售户的合理利益。2006年，推行“按客户订单组织货源”，充分发挥市场机制的作用和效果，进一步提高市场化水平，强化客户服务，提升队伍素质，提高工作效率。2007年，全面提升网络建设工作，从科学管理、客户服务、品牌培育、团队建设4个方面，对网络建设工作作出具体要求。2008年，进一步规范明码标价、终端陈列标准，确保展示柜整洁、明亮，卷烟陈列生动、突出。2009年，实行零售户培训工程，不断提高客户满意度，密切客我关系，全民提升客户服务水平。2010年，开展手机网上订货推广，随时把握零售户服务需求，提高零售户订货便捷性。2011年2月，全面推广PC网上订货，努力提升电子商务能力，促进网上订货工作提高。2012年5月，开展零售户致富工程“百、千、万”活动，通过软硬件的投入，努力改善零售户整体经营水平。2013年，推行“富e通”智能终端系统，不断提升零售终端信息化水平，加快现代零售终端建设进度。卷烟销售33085.29箱，收入666111.06万元。

2000—2013 年平邑县卷烟销售情况表

表 10-12

年份	销量（箱）	收入（万元）	结构（元）	年份	销量（箱）	收入（万元）	结构（元）
2000	21225.79	8327.93	3923.50	2007	27157.34	22540.35	8299.91
2001	20521.41	8431.94	4108.85	2008	29453.06	29154.41	9898.60
2002	21254.23	8976.08	4223.19	2009	29615.64	32853.74	11093.38
2003	20014.53	9796.13	4894.51	2010	30130.42	39515.74	13114.90
2004	20954.04	11959.58	5707.53	2011	31729.60	51413.93	16203.78
2005	22994.65	14364.77	6247.01	2012	32854.07	62216.80	18937.32
2006	25388.60	17548.13	6911.82	2013	33085.29	66611.06	20133.13

专卖管理

1989 年，对卷烟零售实施明码标价。1997 年 7 月 3 日，国务院颁布《中华人民共和国专卖法实施条例》，规定卷烟、雪茄烟、烟丝、复烤烟叶、烟叶、卷烟纸、滤嘴棒、烟用丝束、烟草专用机械均属烟草专卖品。县烟草专卖局依法对烟草专卖品的生产、销售、进出口贸易实行专卖管理。1998 年，成立稽查大队。2000 年，全面加强专卖执法队伍建设，成立 7 个专卖稽查中队。2002 年，继续完善专卖执法队伍建设，各专卖稽查中队实行分片管理。2004 年，各专卖稽查中队与各乡镇卷烟批发部合并成立管销所，分片管理。2006 年，成立 6 个专卖管理所。2007 年，实行“查、处、管、核”分离改革，在专卖管理所基础上，成立 7 个专卖稽查分队，合署办公，名称为专卖管理所（稽查分队）。

2005—2013 年平邑县烟叶基础设施建设情况表

表 10-13

年份	项目数量（个）	投资金额（万元）	年份	项目数量（个）	投资金额（万元）
2005	26	53.23	2010	198	391.33
2006	469	734.00	2011	319	1728.40
2007	421	1336.56	2012	294	1119.84
2008	219	760.25	2013	266	1308.82
2009	826	2815.50			

第二节 药 品

2000 年前，平邑县医药公司隶属于临沂医药管理局，后根据国家有关政策进行政企分开，成立食品药品管理局，隶属于临沂市医药集团总公司。

1989 年至 2004 年 7 月，为国有医药商业企业。2004 年 7 月至 2005 年 9 月，由临沂翔宇实业集团有限公司控股经营。2009 年 3 月，国有股权退出转让给翔宇实业集团有限公司，至今隶属于翔宇实业集团下的临沂医药集团有限公司。

2000年前，年均销售1200万元，利税40万元。2000—2003年，年均销售4000万元，利税100万元。2003—2004年，年均销售2800万元，利税60万元。2005—2010年，年均销售2800万元，利税50万元。

2010—2013年，部分业务上划临沂医药集团有限公司，年均销售2000万元，利税30万元。

山东澳东药业科技有限公司

位于平邑县铜石镇，2009年成立，是国家GMP认证企业，主要经营金银花、黄芩、丹参、山楂等中药材。该公司注册资金1亿元，占地4.73万平方米，固定资产8400万元，员工108名。公司已形成集中药材种植、加工、销售于一体的综合性药业科技公司，旗下拥有山东澳林中药饮片有限公司、平邑县澳东苗木花卉专业合作社、平邑县澳东中药材专业合作社、临沂市三源药业有限公司4个子公司和山东仁和制药有限公司1个合作公司。2013年，澳东药业实现销售收入1.5亿元，上缴税金450多万元。

第三节　石　油

1998年6月29日，山东省石油集团平邑分公司按照国务院组建石油天然气、石油化工两大集团的决定划归为中国石油化工集团公司。2000年2月22日，按照国务院决定，组建股份公司，山东省石油集团平邑公司更名为中国石油化工股份山东临沂平邑石油分公司。

油库

库位于平邑县城西北方向，平均海拔151.3米，占地面积3.91公顷，其中库外铁路线占0.35公顷，总建筑面积3822.4平方米，初次容量3500立方米（后扩建为5000立方米），卸油栈桥1座，接卸鹤位9个。

1990年12月24日，第一批成品油从胜利炼油厂通过铁路进入平邑油库，揭开平邑铁路接卸油品的历史。库实际决算投资410.7万元，吞吐量6万吨，为原来的5倍。是年，销售汽油3452吨，柴油5381吨。至2000年，汽油、柴油销售总量达到20982吨。2013年销售总量52420吨，逐年呈上升趋势。

加油站

随着社会车辆的增加和社会的快速发展，原来磅秤和手摇加油机已远远不能满足要求。1983年3月，岚济公路县城西首（原县水泥厂东邻），占地0.33公顷的平邑县第一座加油站动工，同年10月竣工。境内仅有此1座加油站，故未命名，一直按其功能称其为“加油站”，到县电业局兴建加油站后，演变为“石油公司加油站”，1992年定名为“石油公司第一加油站”。

1992年10月16日，油库加油站（第四加油站）开业，1993年5月31日南郊加油站（第二加油站）开业，1993年8月1日东郊加油站（第三加油站）开业。

1994年3月28日，关西庄加油站（第六加油站，由石油公司与魏庄乡政府联营）开业。1998年，魏庄乡政府自愿退股，全部产权归石油公司独有。

1995年10月，利用老油库场所及设备改造建设老库加油站（第五加油站）。至1998年底，平邑石油公司共拥有独资加油站6座。

2000年3月13日，收购新安庄加油站（第八加油站，2005年1月份关停）。2000年4月12日，收购白马加油站（第九加油站）。2000

年4月20日，收购金城加油中心（第十加油站）。2000年9月28日，收购蒙阳加油站（第十一加油站）。2000年11月14日，收购卞桥加油站（第十二加油站）。2001年6月23日，收购公元加油中心（第十四加油站）。2004年6月，收购温水加油站（第七加油站）。2007年5月19日，收购东阳加油站（第十七加油站）。2011年6月20日、2001年9月18日，分别与陆续与温水镇政府和白彦镇政府联营新建第十五加油站和第十三加油站。至此平邑石油公司加油站网络布局得到优化和完善。

2008年初，中国石化加油站增设非油品业务，"汽车的生活驿站"——易捷品牌影响力逐年扩大，为汽车消费者带来更多的便利。

1989—2013年平邑县汽油柴油销售情况表

表 10-14 单位：吨

年份	进货			销售		
	总量	汽油	柴油	总量	汽油	柴油
1990	8685	3380	5305	8833	3452	5381
1991	16768	6303	10465	15069	5167	9902
1992	14016	5728	8288	13241	5906	7335
1993	14255	4764	9491	14959	4744	10215
1994	17649	5733	11916	15841	5128	10713
1995	15218	4809	10409	16012	5167	10845
1996	16767	5824	10943	16620	5805	10815
1997	17773	6173	11600	17617	6153	11464
1998	18839	6544	12296	18674	6522	12152
1999	19970	6936	13033	19795	6914	12881
2000	21168	7353	13815	20982	7329	13654
2001	22438	7794	14644	22241	7768	14473
2002	23784	8261	15523	23576	8235	15341
2003	25211	8757	16454	24990	8729	16262
2004	26724	9283	17441	26490	9252	17237
2005	28327	9840	18488	28079	9807	18272
2006	30027	10430	19597	29764	10396	19368
2007	31829	11056	20773	31550	11020	20530
2008	33738	11719	22019	33443	11681	21762
2009	35763	12422	23341	35449	12382	23068
2010	37909	13168	24741	37576	13125	24452

续表 10-14

年份	进货			销售		
	总量	汽油	柴油	总量	汽油	柴油
2011	48000	13500	34500	47553	13222	34331
2012	48940	14920	34020	48687	14827	33860
2013	52580	16980	35600	52426	16969	35457

第五章 服务业

随着商品经济的发展，全县出现兴办第三产业的良好势头。1989 年底，全县约有 1.5 万户、3.4 万人从事第三产业，拥有资金 2013 万元；年营业额 16452 万元，年上缴税费 800 多万元，占全县税收的 33%，是全县整个财政收入的 22%；其中商贸业 7843 户、20714 人，餐饮业 1374 户、4630 人，运输业 1179 户、1907 人，科技信息文化等其他行业 2812 户、4800 人。

至 2013 年，全县私营和个体商业企业的经营范围十分广泛，共有 1.68 万家，涉及除国际组织和电子商务外的 13 个行业门类，第三产业取得长足的发展，在经济中的作用开始逐渐凸现。

第一节 餐饮住宿业

1989 年，全县从事餐饮服务的企业 1374 家、4630 人。

2013 年，全县餐饮企业共有 838 家。其中，私营企业 35 家，占 4.2%；个体工商户 803 家，占 95.8%。餐饮企业注册资本共有 7379.2 万元。其中，私营企业有 4906.4 万元，占 66.5%；个体工商户有 2472.8 万元，占 33.5%。全县从事住宿服务的企业共有 76 家。其中，私营企业 5 家，占 8.1%；个体工商户 71 家，占 91.9%。住宿企业注册资本共有 3979.1 万元。其中，私营企业有 3616 万元，占 90.9%；个体工商户有 363.1 万元，占 9.1%。2013 年前后，出现顺应本地风俗特色，提供进家办席服务的餐饮企业。

2013 年，全县餐饮住宿企业共 104 家，主要分布在县城。提供住宿餐饮的企业 39 家，其中县城有 30 家，其余 9 家分布在乡镇。只提供住宿的个体工商户 65 家。

第二节 居民服务业

影楼照相

1989 年，全县有照相馆 10 余家，青年照照相馆、丰阳照相馆，蒙阳照相馆影响较大。至 2013 年，全县共有摄影服务企业 53 家。其中以婚纱摄影为主要经营业务的居首，其次是儿童摄影。绝大部分摄影服务企业不再提供彩扩服务，还有包含婚庆服务的摄影企业。

美发洗浴

1989 年，美发业只有理发铺，集市上有流动的立法匠人。2012 年后，开始出现以婴儿洗浴游泳为经营业务的企业。至2013年，全县从事洗浴服务的企业共有37家，注册资本共计648万元。从事美发服务的企业共有52家，注册资本共计135.05万元。其中个体工商户为49家，占企业总数的94.2%。

休闲娱乐

1989—1995年，休闲娱乐业较少，主要是KTV、录像厅点，1995年后发展迅猛。2010年后，开始出现提供运动健身服务的企业。至2013年，全县共发展到7家。是年，全县从事互联网上网服务的网吧共有38家。其中，连锁经营网吧共有15户，在县城经营的共有24家。全县从事KTV包厢服务的娱乐企业共有7家，全部在县城经营。

维修维护

1989年，车辆维修业务主要是摩托车，汽车维修店较少。1995年后业务面扩大。至2013年，全县从事修理、维修服务的企业共有288家，经营内容涉及汽车修理维护、摩托车修理、家电维修、农机维修等。其中汽车修理企业最多共有107家，其次是家电维修共有42家，再次是摩托车修理共有29家。

装修装饰

1989年，县内从事装修装饰业务的企业有10余家，至2013年，全县从事建筑装修、装修装饰材料销售的企业共有206家，注册资本共有31684.7万元。其中私营企业53家，注册资本有31066万元，分别占总数的25.7%、98%；个体工商户153户，注册资本618.7万元，分别占总数的74.3%、2%。

第三节 社会服务业

中介服务

1989—2000年，中介组织较少，此后有较快发展。至2013年，全县共有中介服务企业67家。其中，私营企业26家，占38.8%；个体工商户41家，占61.2%。注册资本共有960万元。其中，私营企业有826万元，占86%；个体工商户有134万元，占14%。中介服务企业中居首位的是房产中介企业，其次是劳务中介企业，再次是团购中介企业，另外还有一些企业代理中介、车辆代理中介、电子商务中介等。

教育培训

1989年，县内教育培训机构较少，至1995年有较大发展。至2013年，全县的教育培训类企业主要以驾驶培训、电脑技术培训、教育信息咨询等为主要服务内容。其中，驾驶培训企业共有3家，电脑技术培训企业共有2家，教育信息咨询企业共有1家。

运输仓储

1989年，全县运输仓储企业较少，另有零星的配货站几处。1995年后有较快发展，全县达上百家。至2013年，全县从事运输、物流、配货、仓储服务的企业共有385家。其中私营企业52家，占13.5%；个体工商户333家，占86.5%。注册资本共有15212万元。其中，私营企业有13728万元，占90.2%；个体工商户有1484万元，占9.8%。

物业保洁

1989年，县内物业保洁业务单一，人员较少。至2013年，全县从事物业服务的企业共有23家，注册资本共有2105万元；从事保洁服务的企业共有33家，注册资本有3028.5万元。这些企业都是从2013年开始大量出现。其中，从事物业服务的企业有7家，在2013年成立的占30.4%；从事保洁服务的企业有12家，在2013年成立的占36.4%。

房产中介

房产中介业务是新兴行业，2000年后逐渐兴起。至2013年，全县房产中介企业共有37家，注册资本共有42200万元。其中有11家企业为2013年注册登记的，注册资本有16300万元，分别占总数的29.7%、38.6%。

社会保障

1989年，县内养老业主要是乡镇敬老院，共有16家。至2013年，全县从事老年公寓服务的企业共有3家，分布在平邑街道、经济开发区等地。

金融理财

1989年，民间金融理财主要集中在城镇，从事民间借贷业务，实际注册的很少。至2013年，全县从事贷款融资、理财咨询服务的企业共有12家。其中从事民间融资的企业共有4家，从事小额贷款的企业共有1家，从事理财咨询的企业共有7家。

第十一编

开放型经济

第一章 对外经贸

平邑县对外贸易和管理工作，最早由1976年11月23日成立的县对外贸易局负责，为政企合一体制。

1988年，县对外经济贸易委员会成立，列县政府组成部门，管理外经外贸工作。

1993年，平邑县出口商品交易首次实现突破，创汇额不足100万美元。

1995年8月，内设科室调整为办公室、外资科、贸易科和外联科，负责全县外经外贸的管理工作。

2004年4月，更名为平邑县对外贸易经济合作局（正科级行政机构），主要负责外贸、外资、外经等工作，内设办公室、贸易科、外资科、外经科4个科室。

2005年10月31日，在平邑县对外贸易经济合作局设立中国国际贸易促进委员会平邑县委员会（正科级全额预算事业单位）。

2011年，平邑县对外贸易经济合作局更名为平邑县商务局。

2013年，平邑县商务局下设办公室、外贸科、外资科、外经科4个职能科室，辖正科级事业单位中国国际贸易促进委员会平邑县委员会。

同年，实现自营进出口16093万美元，其中出口总额实际完成15435万美元，加工贸易出口额实际完成6527万美元；外贸进口额实际完成658万美元；新批外商投资企业2家，合同利用外资5457万美元，实际利用外资（FDI）145万美元；境外劳务输出800人，累计境外投资项目6个，总投资1100万美元。

第一节 出 口

1993年，平邑华丰制衣有限公司以加工贸易的方式实现自营出口，使平邑加工生产的产品第一次走出国门，当年创汇额不足100万美元，实现平邑县出口创汇“零”的突破。1994—1995年，全县仅有企业自营出口1家，年创汇额几十万美元不等。其间虽出口花岗石制品、针织品、水果罐头、钻石、石膏粉、农产品等，但都由专业外贸公司代理（企业没有进出口经营权或没有国外客商），或由总公司统一出口，如外贸公司钻石厂的钻石加工品、美丽雅丝的针织品、六和平邑分公司的冻鸡产品。

1995年，全县实现自营出口创汇100万美元。出口产品品种和出口方式发生很大的变化，全县出口产品品种由往年的8大类110个品种发展到12大类170个品种，出口方式由以前的外贸收购向代理出口和自营出口发展。1996年，全县实现出口创汇426万美元，外贸集团公司、万寿宫水泥、利蒙石材、牧工商公司等4家企业获得外经贸部授予的自营进出口权，为平邑县工贸企业获得自营进出口权。

1997年，全县实现外贸出口创汇700万美元，创历史最高水平，其中以“三资”企业出口为主。

1998年，全县11家进出口企业完成自营出口创汇910万美元，出口绝对值在全市名列第六。在原有万蒙农牧食品、康发利粮油食品、鲁康食品3家自营出口创汇企业的基础上，新增红曲红、花生系列制品、大蒜、黄白桃、芦笋罐头等 8 个自营出口创汇产品。

1999 年，全县有 6 家内资企业获得自营进出口权，其中临沂市康发食品饮料有限公司是平邑县第 1 家获权的私营企业，填补平邑县内资私营企业获进出口权的空白。

2000 年，全县 9 家出口企业实现自营出口创汇 1500 万美元。由于平邑县外贸专业人才的缺乏，货源外流比较严重，近千万美元出口额未纳入平邑县自营出口创汇统计指标。例如六和集团平邑分公司，年出口创汇 500 万美元以上，因自营出口权在总公司青岛，未能纳入平邑县统计；平邑针织厂创汇 200 多万美元，统计指标在临沂真情集团；外贸钻石厂年加工钻石 200 多万美元，但由于没有直接开展对外加工贸易，出口指标被统计到青岛工艺品公司。以上 3 家企业年出口创汇额达 900 多万美元，货源外流导致平邑县自营出口创汇增长缓慢。

2001—2005 年，全县内资获权企业 37 家，有 20 家企业开展进出口业务，累计实现自营进出口总额 13546 万美元，其中自营出口 10143 万美元，进口 3403 万美元，多成分、多渠道、多样化的对外贸易格局初步形成。2006—2010 年，全县累计内资获权企业 79 家，40 家企业开展进出口业务，累计实现自营进出口总额 49389 万美元，其中自营出口 44650 万美元，进口 4739 万美元。2011—2013 年，全县累计内资获权企业 56 家，55 家企业开展进出口业务，累计实现进出口总额 48700 万美元，其中实际出口 46595 万美元，进口到货 2105 万美元。

自 1995 年后，平邑出口贸易额保持快速增长，出口贸易结构也发生相应的变化，但依然以劳动密集型为主。其中 1995—1998 年出口产品主要是资源类的农副产品，出口额占 85%；1999 年以来，随着罐头食品、石材加工业的开展，出口产品中工业制成品的比重逐年增大；2010 年底，罐头食品加工业出口占 62%，建材类加工业出口占 22.5%，纺织类加工业出口占 8%。

至 2013 年，全县获自营进出口权企业累计达到 184 家，有进出口实绩的企业 43 家，出口额 15435 万美元。

第二节　进　口

1997 年，美丽建材有限公司进口 41 万美元,实现平邑县进口额“零”的突破。1997 年后，平邑县进口产品增长缓慢，在进出口总额中所占比例较小，主要原因是平邑县进口贸易结构单一，主要以进口原材料为主。其中，以罐头食品加工企业进口白糖、建材加工企业进口 PVC、纺织出口产品企业进口缝纫线最为明显，这些产品价格低廉，且进口数量偏少，缺少高附加值产品的进口。2003 年，全县进口额高达 2299 万美元。2013 年，全县进口额 658 万美元。

1995—2013 年平邑县进出口贸易情况表

表 11-1　　单位：万美元

年份	进出口总额	出口额	加工贸易出口额	进口额
1995	100	100	—	—
1996	426	426	—	—
1997	741	700	—	41
1998	1127	910	—	217
1999	1200	1200	—	—
2000	1500	1500	—	—
2001	1871	1592	—	279
2002	1373	1177	—	196
2003	4572	2273	—	2299
2004	2890	2514	—	376
2005	3900	3647	—	253
2006	5924	5679	—	245
2007	7810	7441	2422	369
2008	11272	10731	3359	541
2009	11583	9899	3381	1684
2010	14063	12981	2537	1082
2011	17242	16398	4270	844
2012	15365	14762	4653	603
2013	16093	15435	6527	658

第三节　对外加工

自1997年以来，加工贸易逐步成为平邑县的主要贸易方式之一，其中进料加工成为最重要的加工贸易形式。县内企业积极抓住日、韩等国家和地区向中国转移加工制造业的机遇，加快发展针织、服装、玩具、锈品等劳动密集型加工贸易项目，引进机械制造、电子元件加工等技术密集型加工贸易项目，以加工贸易的大发展带动外贸出口的大突破，提高加工贸易在出口中的比例，促进两种贸易方式的平衡、快速、健康发展。

1997年，美丽建材有限公司进口41万美元，填补平邑县石材行业开展加工贸易的空白，为全省石材行业开展加工贸易创出新路子。

1998年，全县审批加工贸易合同14份，进口金额217万美元，分别同比增长47%；全县加工进口料件保税品种同比增加2种，加工贸易报税额6000万元，培育了以华丰制衣、美丽石材为代表的加工贸易企业。

至2013年，全县加工贸易企业16家，加工贸易出口额保持稳步增长，在出口中所占比重也越来越大。其中以罐头食品加工为主，每年的加工贸易出口额占整个出口额的50%以上。

第四节　利用外国和港澳台资金

1992年，平邑首次实现利用外国和港澳台资金突破，当年新设利用外国和港澳台资金企业10家，合同利用外国和港澳台资金130万美元。

1995—2013年，全县累计兴办港澳台地区和外商投资企业55家，合同利用资金15625.4万美元（其中1997年无参考数据），实际利用资金6332万美元（其中1996年无参考数据）。

资金来源地

1995—2000年，投资者主要来自韩国、澳大利亚、美国、加拿大等国家和地区。

2001—2005年，投资者主要来自香港、台湾地区和日本、韩国、新加坡、俄罗斯、西班牙、加拿大、美国、法国等国家和地区。

2006—2013年，投资者主要来自香港、台湾地区和日本、美国、阿联酋、新加坡、西班牙、英国等国家地区，其中，美方投资者4个，西班牙投资者2个，香港投资者6个，台湾投资者2个，其他投资方各1个。

合作方式

1995—2005年，平邑县累计兴办外资企业37家，利用外资主要有中外合资、中外合作和外商独资等方式。

2006—2013年，兴办外资企业18家，其中外商独资企业7家，中外合资企业10家，中外合作企业1家。除传统招商方式外，逐步尝试股权并购（1家）、利润转投资（1家）等利用外资衍生方式，多次组织企业积极与私募股权投资基金对接，鼓励企业上市融资，实现利用外资方式的突破。

外商和港商、台商投资行业

1995—2000年，港澳台地区和外商企业涉及食品罐头、果汁饮料、药材加工、石膏开采加工、工艺绣品、铜版纸、热电、化肥、锻压铸造、建筑装饰等行业。

2001—2005年，港澳台地区和外商企业涉及花岗石开采与加工、石膏深加工、罐头食品制造、造纸、服装加工、五金件制造、建筑装饰等行业。

2006—2013年，港澳台地区和外商企业涉及农作物种植加工、食品罐头、果汁饮料、花岗石开采与加工、石膏深加工、针织服装、五金件制造、饲料加工、餐饮娱乐、购物中心开发与经营、民爆器材、新能源（包括秸秆发电、太阳能产品制造、天然气开发利用）等行业。

1992—2013 年平邑县利用外资情况表

表 11-2　　单位：万美元

年份	合同外资	实际外资	年份	合同外资	实际外资
1992	130.0		2004	853	120
1995	259.0	230	2005	865	298
1996	103.6		2006	1616	300
1997		191	2007	1926	718
1998	93.2	85	2008	1410	1498
1999	113.0	208	2009	1033	559
2000	164.6	131	2010	956	1116
2001	204.0	33	2011	0	15
2002	378.0	212	2012	0	240
2003	194.0	233	2013	5457	145

说明：数据来源于单位历年总结资料、五年规划提报资料或市局统计反馈资料

第五节　对外和中国港台地区经济技术协作

外经和中国港台地区合作

2005 年，对境外投资实现零的突破，全县有 5 家企业在境外设立办事机构，兴办境外企业 2 家，即山东靓丽建材有限公司在阿拉伯联合酋长国设立的美丽石材中东公司和美丽建材有限公司，共对外投资 90 万美元。

2007 年，商务部批复通过冠鲁股份有限公司对外承包工程业务。

2008 年，平邑展望实业有限公司在阿拉伯联合酋长国设立的海湾皇剑石材有限公司，对外投资 150 万美元。

2009 年，山东皇剑展望建材有限公司在卡塔尔设立的阿贝德石材有限公司，对外投资 300 万美元。

2011 年，临沂市康发食品饮料有限公司在中国香港地区设立康发（香港）国际有限公司；山东汇东建材有限公司在阿拉伯联合酋长国设立山东汇东建材有限公司迪拜公司，共投资 560 万美元。还和美国、欧盟、日本、韩国、沙特、阿联酋、新加坡等 20 多个国家建立经贸合作关系。

外派劳务

2006 年 12 月，设立平邑县外经贸局外派劳务报名大厅，开始规范全县的劳务输出工作。2007 年，全县实现外派劳务 209 人。2006—2013 年，全县累计外派劳务 3665 人。

第六节　外贸公司

前身为1976年成立的平邑县对外贸易局，为政企合一体制。1984年改称平邑县对外贸易总公司，为企业体制。1995年3月1日经重新整合组建平邑县外贸集团总公司，下辖八大成员公司，主要经营粮油（不含玉米、稻谷、小麦）食品、轻工工艺、机械、化工、电子、电器、纺织品、服装、五金、建材、土畜、承办中外合资、三来一补等业务。

1997年12月，被平邑县人民政府认定为中型（二）企业，2004年设立国际业务部。2006年，平邑县外贸集团总公司共拥有职工近2000人，出口创汇600万美元。2007年后成员公司相继停产、歇业或破产，总公司也几近破产，艰难维持。

2013年4月，平邑县人民政府办公室召集县法制局、县商务局、县国资办、原县事业单位登记管理局、县人社局等部门负责人专题研究平邑县外贸集团总公司遗留问题处置的有关事宜，形成决议并确定3名留守人员负责公司的档案及善后问题处置等工作。

第二章　招商引资

第一节　优惠政策

2001年，县委、县政府制定《关于改善投资环境扩大招商引资的若干规定》，鼓励平邑县外投资者以各种方式到平邑县投资兴办符合国家产业政策的项目，对外来投资者在土地、财政、收费等方面给予优惠，并分类做详细说明。

2003年，为进一步扩大对外开放，吸引更多的外商到县内投资兴业，县委、县政府制定《关于招商引资的政策规定》，在土地、收费上进行优惠，在财政上进行扶持，规定优惠政策由受益的财政主体兑现，实施引资中介人奖励政策。

2008年，县委、县政府印发《关于进一步优化投资环境扩大招商引资的意见》，进一步完善优惠政策，优化投资环境，营造快速发展的投资硬环境、务实高效的服务环境、安定和谐的社会环境、积极向上的舆论环境和方便舒适的生活环境，并加强组织领导，加大对招商引资奖惩力度。

2013年，县委、县政府印发《平邑县招商引资优惠政策》，规定这个攻策适用范围需达到一定的投资强度、投资额度、建筑容积率、亩产税收等；用地价格按照土地招拍挂出让价格执行；财税上，由受益财政参照该企业实际上缴税金地方留成部分的一定比例给予扶持；收费上按最低标准收取。对新上固定资产投资5亿元以上（含5亿元）的项目，实行一事一议。

第二节　招商活动

2003年10月19日，举办首届山东（平邑）蒙山长寿旅游节招商引资项目（签约）会，来自美国和中国香港、中国台湾、海南、上海、浙江、云南、南京、山东等地的客商参会。

2004年6月、9月、10月，分别举办上海、温州、北京和蒙山养生长寿旅游节招商项目推介会，广泛宣传平邑县的资源优势、优惠政策，推介县内的重点招商项目。组织参加临沂市第二届书圣节招商项目推介会、鲁台经贸洽谈会、山东临沂（北京）招商项目推介会等。在各类招商活动中，签约项目110个，其中过亿元项目6个、过5000万元项目19个、过千万元项目63个，签约额54.3亿元。

2005年9月6日，成功举办第三届蒙山长寿旅游节招商项目推介会，会上共签约项目52个，签约额16.8亿元；积极组织参加临沂（杭州）招商项目推介会、第三届临沂书圣文化节经贸洽谈会等，共发放平邑县的招商引资宣传资料、项目汇编等400多份，两个推介会有77个项目签约，总签约额33.2亿元。

2006年，平邑（东莞）招商推介会签约项目14个，签约额5.4亿元；临沂（绍兴）招商项目推介会签约项目6个，签约额2.94亿元；第4届临沂经贸洽谈会签约过亿元项目3个，签约额6.2亿元；第四届蒙山招商项目推介会签订合同项目32个，合同利用外资10.77亿元，还有17个项目达成协议意向。

2007年，县主要领导带队，先后多次组织人员到北京、上海、呼和浩特、郑州、济南、青岛等地举办或参加大型宣传推介活动，特别是重点组织举办第五届蒙山长寿旅游节招商推介会、胶东半岛项目对接活动和积极参加临沂书圣文化节经贸洽谈会，对平邑县的花岗石、石膏、石灰石、金银花、旅游等优势资源及机械、化工、建材、纺织、食品加工、中药材加工等优势产业、招商政策、投资环境进行重点宣传推介，并联系客商，洽谈招商项目，让更多的客商了解平邑的投资环境、认识平邑的投资优势，增强来平邑投资兴业的信心。

2008年，平邑县组团参加中国临沂（北京）招商引资洽谈会，并在会上签约投资过亿元的项目2个。

2009年4月22日，组织招商局、平邑镇、武台镇等一行参加临沂（苏州）招商推介会，签约过亿元项目2个；9月20日，由县委、县政府主办，县招商局承办，第七届蒙山文化旅游节招商项目推介（签约）会在风景秀丽的蒙山隆重举行，会上签约项目34个，其中有过亿元项目5个，总投资额22亿元。

2010年，先后参加和举办临沂（宁波）招商推介会、临沂（上海）招商推介会、首届金银花节招商推介会、中国（临沂）市场贸易博览会招商洽谈会、第八届山东平邑蒙山长寿文化旅游节招商项目推介会，5次招商会共签约项目106个。

2011年，举办首届中国·平邑金银花节招商推介会，积极参加临沂（佛山）招商引资推介会和第二届中国（临沂）市场贸易博览会招商引资推介会，3次推介会共签约项目22个，签约额35亿元；有针对性地组织小分队奔赴大连、上海、宁波、温州等地开展招商活动，洽谈意向项目66个、签约合同项目43个。

2012年，参加市政府组织的临沂（杭州、北京）招商引资洽谈会及第三届临博会；举办广东招商引资推介会、第二届中国（临沂）金银花节·山东省道地药材文化节招商引资推介会及“情系家乡 共谋发展”经济发展恳谈会，共签约项目15个，签约额64.2亿元，举行总投资136亿元的重点项目奠基仪式15个；接待来自美国、意大利、中国台湾、广东、北京、上海等地客商及招商考察团360多人次。

2013年，举办平邑（宁波）招商引资恳谈会和山东平邑在沪高层人士经济发展恳谈会，与中国科学院宁波材料技术与工程研究所签订合作协议，聘请在沪高层人士为平邑县经济发展顾问 12 人；组织平邑街道、郑城镇等单位参加临沂（广州）招商引资洽谈会和中国（临沂）国际商贸物流博览会，签订阿托斯液压制造、华能风力发电、西安佳中电子、仙屹药业等项目。

第三节　招商服务

2001 年，县政府印发《关于成立平邑县招商引资服务中心的通知》，主要负责对外来投资项目和投资者有关行政审批手续的办理。

2003 年，县委、县府制定《关于对投资项目实行“一站式审批服务的办法”》，对投资项目实行“一门受理、联合审批、一口收费、限时办结”，为投资者提供优质、快捷、高效服务。2006 年，在全县招商引资工作重点中，要求加强调度，强化服务，把招商引资和项目建设落实到实处。继续实行县级领导包扶重点项目责任制，做到“一个重点项目，一位包扶领导，一个责任部门，一套工作班子”。搞好协调服务，进一步完善投资项目“一站式”审批制度，实行项目领办代办制、交办负责制、首办代理制、部门联络员制等。

第四节　招商成果

平邑县招商局自 2001 年成立始，每年统计到位县外、市外资金数额。2001 年，到位县外资金 3.15 亿元，到位市外资金 2.4 亿元；2013 年，到位县外资金 39.3 亿元，到位市外资金 20.1 亿元。

2001—2013 年平邑县招商引资情况表

表 11-3

年份	项目（个）	到位县外资金（万元）	增幅（%）	项目（个）	到位市外资金（万元）	增幅（%）
2001	63	31500		141	23973	
2002	102	55080	74.9	122	30960	29.1
2003	141	73340	33.2	176	72307	133.2
2004	160	83240	13.5	187	80000	38.1
2005	177	95580	12.3	168	164916	65.1
2006	186	107880	12.9	134	171562	16.6
2007	205	123700	14.7	66	91281	14.5
2008	229	160300	22.8	54	104104	14.1
2009	220	172227	7.4	45	118025	13.8
2010	290	245202	42.4	57	145859	23.6
2011	188	293569	19.7	40	137522	22.4
2012	137	370000	14.9	35	168017	22.2
2013	106	393000	17.3	31	200569	19.4

第三章 平邑经济开发区

第一节 建置区划

2003年7月开始建设，规划面积22平方公里，辖13个行政村，总人口4.6万人。2006年，平邑经济开发区经省政府批准为省级经济开发区。

2008年3月，平邑经济开发区实施区划调整，辖新建庄村、大南泉社区、小南泉社区、石崮社区、新城社区、仁德社区、胡同村、东贺庄村、新安村、八埠社区、毛家庄、板桥社区、金城社区13个村。

2012年7月10日，成立温水园区，划入小井村、南马社区、西纯庄村、永庆村、丰山埠村、东升村6个村。

2012年9月9日，划出板桥社区、金城社区、胡同村、东贺庄村、新安村、八埠社区、毛家庄村7个村居，同时石材产业聚集区划入长山生态保护区，另划入朝阳村、高泉村、牛山后村、南阳村、赵庄村、蔡庄村、白庄村、河湾社区8个村。

2013年3月，实施行政村合并，牛山后村并入南阳村，高泉村并入朝阳村，丰山埠村与东升村合并组成东城村。

至2013年底，平邑经济开发区辖新建庄村、大南泉社区、小南泉社区、河湾社区、石崮社区、新城社区、仁德社区、朝阳村（含高泉村）、南阳村（含牛山后村）、赵庄村、蔡庄村、白庄村、小井村、南马社区、西纯庄村、永庆村、东城村（由丰山埠村和东升村合并组成）17个行政村居，总人口5.4万人。

第二节 基础设施建设

开发区按照“基础设施适度超前，配套工程随项目推进”的思路，加大基础设施建设投入，不断提升开发区的档次，为投资者提供良好的创业平台。

市政工程

2007年，开发区实施银花路东延西扩和汉阙路南延工程，共硬化路面5.4万平方米。加强板桥路、银花路、创业路原绿化带的管理养护工作，实施银花路西段，创业路西段、文化路及4个交叉路口的绿化工程，组织开展企业门前庭院绿化，累计新增绿化面积12万平方米。同年，区内奥德燃气有限公司、新区水厂、110千伏城南变电站、齐鲁医疗康复中心、万家福和丰华苑小区相继投产运营。

2008年，经济开发区完成总投资1329.45万元的银花路东延配套工程，完成全长1570米的创业路东延工程、全长1300米的朝阳路提升改造工程，完成石都大道、浚河路西延工程。

2009年，经济开发区投资1170万元对银花路西段进行全面提升改造；投资600万元，建设国际石材城石都大道西延道路工程；投资400余万元对创业路、朝阳路等路段进行提升改造；投资130万元，全面做好莲花山路西延地上附着物补偿和清理。

2010年，道路建设方面先后投资1500万元，建设开通文化路南延、汇源南路及胡同路工程。扎实推进农村住房建设和危房改造，共完成集中建设1564户，分散建设完成46户，改造危房45户。

2011年，投资3000余万元，组织实施金花路东段道路工程、金花路西段配套工程、文化路南段配套工程、国际石材城一期道路工程、银花路中段路面改造工程、文化路南延（327国道至大洼路）路基工程等，硬化平交道口15处，修复人行道1200余平方米，道路标线施工12800平方米，安装道路指示牌60个，维修路灯98盏，拆除非公路标志5处、违章违法建筑17余处。加快推进农村住房建设和危房改造工作，完成农房集中建设646户，改造危房82户，完成目标任务的130%，位居全县第一位。

2012年，投资100万元聘请山东省规划设计院、山东农业大学勘探设计院完成开发区分区规划、温水园区控制性详细规划、温水园区道路规划、南马社区控制性详细规划、开发区内污水管网设计。道路建设方面，投资3000万元，完成板桥路南延、文化路南延的道路工程及大洼路的路基工程；完成文化路南段（银花路至327国道）、金花路东段（板桥路至蒙阳路）、板桥路文化路（327至大洼路）排水沟及人行道工程。

2013年，投资3000余万元，完成朝阳路东段、益寿路东段、明光路主路面硬化工程和汉阙路配套工程，益寿路西段和财源路南延工程正在积极推进。完成平滕路改造两侧建筑物清理补偿，共拆除宅基350套、沿街楼81栋。蒙阳路改造涉及开发区地段的16家花岗石厂，签订搬迁协议8家，腾空1家。

温水园区

平邑经济开发区温水园区于2012年成立，隶属于平邑经济开发区管理委员会管理。温水园区建制级别为正科级财政拨款事业单位，负责片区的规划、基础设施建设、招商引资、项目落地和社会事务管理等相关工作。园区位于浚河以东，西部和温水镇相邻，南靠327国道，北邻兖石铁路，总规划面积26平方千米，下辖南马社区、小井村、永庆村、西纯庄村和东城村（由丰山埠村和东升村两个自然村合并组成）等5个行政村居及其所属土地，辖区总人口9010人。

基础设施：温水园区规划路网结构为“九纵九横”格局。通过两年建设，园区已经开工建设东西向和南北向共8条道路，分别是南北向的丰山西路、丰山路、丰山东路、发展路、万利西路和工业路，东西向的银花路和金花路，道路总长度接近10千米。此外，园区还投资900万元架设10千伏供电专线，投资300万元铺设供水管网和燃气管道及弱电设施。

招商引资：园区成立后，有入园项目12个，其中一期入园的7个项目中有6个建成投产，分别是投资3亿元的恒源铝业、2亿元的科威机械、2亿元的华泰机械、1.6亿元的泽鑫科技、1.5亿元的汇丰型材、1.5亿元的拜尔新型建材等6个项目。

第三节　特色产业

平邑经济开发区紧紧围绕转方式、调结构这条主线，实施“工业强区”战略，不断优化工业布局，实施项目集聚，产业集群扩张，坚持在产业集聚集约发展中转方式、调结构，对新上项目实行统一规划管理，切实解决项目定点随意、布局分散问题，促进项目集聚化，产业集群化发展。对已规划建设的新医药、新材料、机械装备制造和温水园区等产业园区，通过加强基础设施建设，完善功能配套，政策倾斜，资金扶持，科学引导等举措，产业园区聚集和辐射效应日益凸显。

新医药

平邑经济开发区生物制药产业园规划占地2平方千米，充分利用平邑道地金银花等中药材资源，以美东生物、九间棚药业、多尔药业、仙屹药业、医爽药业、芙蓉堂制药等企业为龙头，重点向口服液、金银花提取物加工药品等新医药产业延伸。该产业内部企业主要有9家等，其中规模以上企业4家，产业内部纳税50万元以上的3家。

（相关企业见第八编工业第八章生物医药）

新材料

平邑经济开发区新材料产业园 规划占地面积6平方千米，形成以上市公司北新建材集团、高科技企业拜尔集团、巨皇新能源集团为龙头的新材料产业集群，主要生产新能源光伏产品、新型环保石膏建筑材料、零甲醛大豆蛋白胶木板等系列产品，打造国内新材料产业示范基地。

平邑北新建材有限公司 由北新集团建材股份有限公司投资兴建，项目总投资1.2亿元，对原晨翔石膏板生产线进行技术改造，提高生产线技术水平和生产能力，利用脱硫石膏建设年产3000万平方米纸面石膏板生产线。项目建成投产后，年产3000万平方米纸面石膏板，实现销售收入13431万元，利税3333万元，解决就业人员200余人。

拜尔新材料公司 位于平邑经济开发区温水园区，总占地6.67多公顷，固定资产总投资2.6亿元，共有年产300万平方米CL建筑体系网架板、年产10万立方米豆胶人造板、年产10万吨大豆蛋白胶3大生产车间。其中，投资2000万元的CL建筑体系网架板生产车间已建成投产，投资2000万元的大豆蛋白胶生产线也完成试生产，投资1亿元的豆胶人造板车间建设期限12个月。

机械装备制造

平邑经济开发区机械装备制造园区 规划占地1.33平方千米，形成以福田雷沃桥箱、恒源铝业、科威机械、华泰机械为龙头的机械装备制造产业集群，主要生产有轻型汽车变速器、农业装备及装载机桥箱、工程机械液力变矩器、变速箱、电梯、电力金具等产品，总投资80亿元，可实现年销售收入80亿元、产值75亿元、利税8.1亿元。

雷沃桥箱项目 为2013年省重点项目，总投资15亿元，占地40公顷，总建筑面积23万平方米，一期投资8亿元，占地20公顷，主要建设工程机械车间、农业装备车间、办公附属用房、综合站房、油化库以及职工餐厅等，现已全部投入运营正常生产；二期项目投资7亿元，主要产品为年产26万台工程机械桥箱、农业装备机械桥箱和100马力以上拖拉机前驱动桥，实现年销售收入66亿元，利税3.2亿元。

临沂科威机械项目 总投资2亿元，占地9.67公顷，总建筑面积5.9万平方米。主要从事室内外健身器材、体育器材、工业输送机等设备的设计和生产，产品广泛用于公共健身场所、健身房和家庭。项目自2013年4月开工建设，年产各类健身器材10万件，矿山提升设备2000台（套），实现年销售收入2亿元，利税3000万元，安置就业200人。

临沂华泰机械有限公司 位于温水工业园区，总投资1.8亿元，总用面积76800平方米，主要原材料为各种不同型号碳锰钢、合金钢、不锈钢、生铁和废铁。主导产品有电力配件、煤矿机械管路配件、矿山机械配件、农机配件、精密锻造等六大系列，共计3000多个品种。产品远销美国、加拿大、德国、韩国、俄罗斯、英国、印度、澳大利亚等海外市场。

该项目投产后新增生产品种2800种，年产值2亿元，实现利税2000万元，提供就业岗位500个。

第四节　招商政策

开发区按照《中共平邑县委办公室平邑县人民政府办公室关于印发〈平邑县招商引资优惠政策〉的通知》的文件精神，针对外来投资工业项目固定资产投资在1亿元以上，投资强度不低于150万元/亩，建筑容积率不低于0.8，年实现税收不低于15万元/亩的项目在土地政策、财税政策和收费政策上均有优惠。

用地价格按照土地招拍挂出让价格执行。土地使用年限工业用地一般为30年。外来投资工业项目通过出让方式取得项目建设所需土地使用权，土地出让金县财政收益部分按比例给予扶持。固定资产投资1亿元以上（含1亿元）不足3亿元的，按50%给予扶持；固定资产投资3亿元（含3亿元）不足5亿元的，按100%给予扶持。项目必须按合同规定的动工建设期限进行建设。自批准之日起一年内未动工建设的，项目投资方要依法缴纳土地闲置费；两年以上未按合同约定开工建设的，县政府依法收回土地使用权。分期建设的项目用地，须结合投资和工程建设进度，实施统一规划、分期供地、规划预留；首期供应土地到期未通过竣工验收或未达到投资强度的，暂停办理下一期用地审批。项目投资方不得擅自改变土地用途。确需变更的，需经县政府批准，按有关规定和程序办理新用途的土地出让手续并依法缴纳相关税费和政府收益。

外来投资者新办项目，根据项目性质、投资规模和地方政府收益情况，由受益财政参照该企业实际上缴税金地方留成部分的一定比例给予扶持。外来投资工业项目，固定资产投资1亿元以上的，自投产之日起，年亩均税收达到15万元后，三年内可按实际上缴税金（增值税、企业所得税）地方留成部分的50%给予扶持。外来投资服务业项目（不含房地产项目），自建成运营之日起，当年实际上缴税金达到100万元后，3年内可按实际上缴税金（增值税、营业税、企业所得税）地方留成部分的30%给予扶持。

外来投资者新办项目，在办理相关手续时，涉及的行政事业性收费，按最低标准只收取上缴国家、省、市部分；勘探、设计、规划、测绘、防雷设施验收等所有服务性收费按最低标准收取。

第五节　经济指标

经济开发区在成立初期各项经济指标没有独立统计，相关数据与平邑街道办事处合并统计。2011年后，独立统计经济指标。

2011年，经济开发区实现规模以上工业主营业务收入14亿元，增长59.27%；利税1.02亿元，增长181.4%；固定资产投资15.86亿元，增长94.65%；5000万元以上新开工项目16个，完成投资额11.24亿元；国地税收入7793万元，增长158.2%；地方财政收入4178万元，增长233.4%。

2012年，经济开发区实现规模以上工业产值19.6亿元，增长35.75%；主营业务收入19.5亿元，增长39.3%；利税1.34亿元，增长31.37%；利润8815万元，增长23.44%；固定资产投资17.2亿元，增长8.45%；5000万元以上新开工项目19个，完成投资额11.22亿元；地方财政收入1.0014亿元，增长139.68%。

2013年，经济开发区实现规模以上工业

总产值33.03亿元，增长68.5%；主营业务收入32.4亿元，增长66.15%；利税2.45亿元，增长82.3%；利润1.62亿元，增长83.78%；固定资产投资23.34亿元，增长35.7%；亿元以上新开工项目15个，完成投资额24.428亿元；地方财政收入1.54亿元，增长53.8%。

2006—2013年经济开发区签约入园企业情况表

表 11-4

企业名称	总投资	占地（公顷）	产值	利税	安置就业（人）	产品	投产时间	签约时间
山东奥联玻璃包装有限公司	1.3亿元	11.07				日用玻璃包装用品研发、生产和销售	2008.3	2006.8
平邑县丰源责任有限公司	1.1亿元	8.95				复混肥及油脂生产	2008.8	2006.8
临沂巨皇能源有限公司	380万美元	2.67				太阳能综合利用	2008.11	2007.11
山东汇源果汁有限公司	2亿元	60.00				果浆、水果罐头加工	2009.4	2008.3
平邑腾峰纺织有限公司	1.5亿元	8.97	3亿元	5000万元	1000	棉纺	2011	2009.10
山东北方石材市场管理发展有限公司	2.4亿元	17.12				石材市场、石材精加工和销售	2011.8	2010.10
山东晟银药业有限公司	1.1亿元	4.00	1.6亿元			中药材提取	2012.10	2010.10
汇源城市综合体	2.6亿元	6.67				城市综合体	2011.8	2010.7
山东长春石材有限公司	6000万元	3.53				石材加工	2011.9	2011.1
平邑县蓝盾石材有限公司	5000万元	3.25				石材加工	2011.9	2011.1
山东顺强石材有限公司	5000万元	2.85				石材加工	2011.9	2011.1
山东九间棚药业有限公司	6亿元	10.00	10亿元	1.2亿元		金银花制药		2011.10
山东雷沃桥箱有限公司	15亿元	40.00	26亿元	5.6亿元	2000	农业机械工程机械各类桥箱	2013.10	2012
山东省临沂科威机械有限公司	2亿元	4.67	2亿元	3000万元	200	建设器材	2013.12	2012
山东广药中药材开发有限公司	1.1亿元	2.00	3.8亿元	3200万元	100	中药材提取	2013.12	2012.7
山东远通汽车贸易集团有限公司	1亿元	3.33	6亿元		100	汽车销售服务	2013.9	2012.3

说明：以上资料均来自于历年所签订的投资协议书

第十二编

财　税

第一章 财 政

1989年1月，平邑县财政局内设人秘股，企财股、行财股、预算股、农财股、预算外资金管理股。1991年8月，成立平邑县国有资产管理局。1994年1月，财政局内设机构调整为办公室、国资科、大检办、企财科、农税科、农财科、行财科、预算科。同年，山东省临沂会计师事务所平邑分所升为副局级单位，隶属平邑县财政局。1996年5月，成立平邑县预算外资金管理局，为副科级单位，下设财务科、征管科、稽查队3个股级科室，同时撤销预算外资金管理股。1999年3月，设立平邑县财政监督局，为副局级行政事业单位，隶属平邑县财政局领导。同时撤销局内设的税收财务物价大检查办公室，其职能、人员编制划归县财政监督局。11月，临沂会计师事务所平邑分所更名为平邑县会计管理局，增设管理科、培训咨询科、监督科3个股级科室。

2004年12月，平邑县国有资产管理局更名为平邑县国有资产管理办公室。2005年12月，县财政局内设机构调整为办公室、法规税政科、预算科、行政政法科、教科文科、经济建设科、农业科、社会保障科8个行政科室。设财政监督检查办公室、农业税收管理局、预算外资金管理办公室、会计管理办公室、国有资产管理办公室5个副科级事业单位；设国库科（挂集中支付中心牌子）、企业科、债务金融科、政府采购办公室、住房资金管理科、统计评价科、信息中心、安全监察科8个股级事业单位。同时恢复平邑县经济开发投资公司，为副科级事业单位，隶属平邑县财政局管理。2007年4月，成立平邑县投资发展有限公司，为副科级事业单位。同时将平邑县经济开发投资公司调整为股级单位。2008年5月，成立平邑县财政投资评审中心，为副科级全额拨款事业单位，隶属县财政局管理。2010年6月，平邑县投资发展有限公司设立综合服务部、财务风险管理部2个股级科室。7月，平邑县农业税收管理局更名为平邑县基层财政管理局，隶属关系、机构规格、经费形式、人员编制不变。12月，财政局设办公室、法规税政科、预算科、行政政法科、科教文科、经济建设科、农业科、社会保障科8个职能科室。

2012年7月，仲村镇、地方镇、白彦镇设立3个财政监督办事处，为县财政局财政监督检查办公室内设股级事业机构。2013年6月，平邑县预算外资金管理办公室更名为平邑县非税收入征收管理办公室。设综合科、财务科、征收管理科、稽查队4个股级机构。7月，平邑县投资发展有限公司机构规格调整为正科级。同时撤销平邑县经济开发投资公司。8月，成立平邑县财政局综合科，为股级行政科室。

第一节 体制改革

县级财政

1989—1993年，烟草税收上划中央，财政体制由原来的“收入总额分成、不足支出部分定额补助”改成“收入全留、定额补助”。

1994年3月，根据《临沂市人民政府关于实行分税制财政体制的意见》，临沂市对税收返还，执行山东省统一规定，即按1993年实际收入以及税制改革和各级收入划分情况计算出净上划中央的数额，以此作为市对县税收返还基数。1994年后，税收返还额在1993年基数上逐年递增，递增率按各地上划“两税”增长率的1∶0.3系数确定，若1994年以后上划中央收入达不到1993年的基数，市财政将扣减相应的税收返还基数。

自2002年起，企业所得税实行中央、省、县三级分成。其中：中央分享60%，省分享8%，县分享32%。企业所得税入库时按以上规定比例实行中央、省、县三级分享，基数内上划中央和省部分全额返还，超基数上划部分实行比例递增返还。个人所得税实行中央、省、县三级分享。其中：中央分享60%，省分享15%，县分享25%；个人所得税入库时按以上规定比例实行中央、省、县三级分享，基数内上划中央部分全额返还，超基数上划部实行比例递增返还。营业税实行省、县二级分成。2002—2015年，省分享20%，县分享80%。营业税入库时按以上规定比例实行省、县二级分享，基数内上划省部分全额返还，超基数上划部分实行比例递增返还。2002年，核定的企业所得税返还基数为1270万元，个人所得税返还基数为617万元，营业税返还基数为1895万元。

2009年9月，根据《山东省人民政府关于实行省直接管理县（市）财政体制改革试点通知》，平邑县被列为省直接管理县之一。按照收入属地划分原则，现行体制规定的中央和省级收入分享范围和比例不变，设区市不再参与分享直管县（市）的税收收入和各项非税收入，包括设区市在直管县（市）境内保留企业的收入。对跨地区生产经营企业缴纳税收，暂维持现行体制不变。对设区市因承担部分工作职能而应分享的非税收入，年终经设区市和直管县（市）财政局共同确认后，报省财政厅统一办理结算。省级要将财力性转移支付和专款补助单独核定下达到直管县（市），进一步加大帮扶力度，提高直管县（市）基本公共服务保障能力。设区市要继续支持直管县（市）发展。本着“权责统一、共同协商、公平公正、科学规范”的原则，主要依据改革基期年决算数据和相关政策等，合理确定省、市、县三级财政间的改革基数。省批复平邑县省直管县财政体制改革省级财力补助基数17936万元，市级财力补助基数93万元，市级专款补助基数2665万元。

2013年7月，根据《山东省人民政府关于进一步深化省以下财政体制改革的意见》，自2013年起，将省级分享的一般企业营业税、企业所得税、个人所得税及石化企业增值税等，全部下划市县，作为市县收入。对省级下划收入，以2012年决算数为基数，每年由市县定额上解省财政。对增值税、营业税、企业所得税、个人所得税、资源税、房产税、城镇土地使用税、土地增值税、耕地占用税和契税收入比核定的2012年收入基数增长部分，由省与市县按照15%和85%的比例分成，省厅核定平邑县改革基数 -1902万元。

乡镇财政

1989—2002年，乡镇财政实行"定收定支、收入上解、支出下拨、超收分成、减收扣支、超支不补、结余留用、一年一定"的财政管理体制。

2002年3月，平邑县人民政府下发《关于印发平邑县乡镇财政体制调整方案的通知》，对乡镇财政体制进行适当调整，进一步划分乡镇财政收支范围，并将中小学教师人员经费和民政优抚款上划县财政。

2006年，因所得税分享改革和农村税费改革的实施，县对乡财政体制相应调整，在国家“分税制”财政体制的框架内，实行县乡“划分收支、分灶吃饭、收入全留、定额补助”的财政体制。按分税制政策要求计算出收入基数，乡镇级财政收入构成：增值税25%部分、营业税80%部分、企业所得税32%部分、个人所得税25%部分、其他工商税收、农业税收及非税收入。以乡镇党政人员、公办教师及民师转正人数（2006年9月以后列入县级预算）三项之和，三项之和人数的20%作为其他事业人数，四项人数之和作为财政供养人数。经测算，乡镇人员中央制定的必保工资加上晋级进档后的工资额、养老保险金，再加上民政抚恤费作为该乡镇的支出基数。支出基数减收入基数后的缺口即为核定各乡镇财政体制补助的依据。考虑到乡镇具体财力情况，以及乡镇工商税收的不稳定性，对税收任务增幅较大、体制补助减少过多的乡镇，实行专项补助。2006年9月起，乡镇中小学教师实施县财政统一发放。

2009年，对乡镇实施新一轮财政体制，期限为五年，主要内容：“划分收支范围、核定收支基数、定额补助，超收全留，短收扣减支出基数”。对经济开发区自2011年1月1日开始实施一级财政体制，采取“按照事权，划分收支、核定基数、增量分成、自求平衡”的办法，期限为三年。

第二节 收 支

1989年，财政收入总计2630万元，财政支出总计为4344万元。1996年，财政收入总计10432万元，财政支出总计为16288万元。2010年，财政收入总计90184万元，财政支出总计为205349万元。2013年，财政收入总计293478万元，财政支出总计为488486万元。

1989—2013年平邑县财政收支情况表

表12-1　　单位：万元

年份	本级财政收入				本级财政支出				转移支付收入			
	总计	一般预算收入	基金预算收入	预算外收入	总计	一般预算支出	基金预算支出	预算外支出	总计	一般预算	基金预算	预算外
1989	2630	2630	—	—	4344	4344	—	—	1720	1720	—	—
1990	2851	2851	—	—	4743	4743	—	—	1960	1960	—	—
1991	3180	3180	—	—	5493	5493	—	—	2469	2469	—	—
1992	3552	3552	—	—	5581	5581	—	—	2018	2018	—	—
1993	6737	6737	—	—	8426	8426	—	—	2075	2075	—	—
1994	4156	4156	—	—	9316	9316	—	—	5271	5271	—	—
1995	7486	7486	—	—	12338	12338	—	—	5270	5270	—	—
1996	10432	10432	—	—	16288	16288	—	—	6202	6202	—	—
1997	14830	12715	2115	—	21221	19082	2139	—	6188	6164	24	—
1998	16206	15300	906	—	22350	21494	856	—	6355	6355	—	—
1999	18837	16832	2005	—	25537	23539	1998	—	7332	7329	3	—

续表 12-1

年份	本级财政收入				本级财政支出				转移支付收入			
	总计	一般预算收入	基金预算收入	预算外收入	总计	一般预算支出	基金预算支出	预算外支出	总计	一般预算	基金预算	预算外
2000	18423	17170	1253	—	25573	24209	1364	—	7551	7506	45	—
2001	20276	19372	904	—	27928	27015	913	—	8601	8591	10	—
2002	18116	16378	1738	—	31212	29314	1898	—	14398	14243	155	—
2003	19903	18363	1540	—	35056	33127	1929	—	16869	16480	389	—
2004	28212	19626	2904	5682	48572	39854	3147	5571	22138	21895	243	—
2005	30871	25450	4796	625	56786	51101	5084	601	26772	26468	304	—
2006	34571	28860	4983	728	70818	64692	5426	700	37249	37225	24	—
2007	47918	32326	14715	877	103658	83356	19144	1158	57185	52443	4461	281
2008	53442	35560	17056	826	125565	103450	21249	866	74613	70338	4235	40
2009	57816	37119	19825	872	150121	123986	25263	872	92839	87352	5487	—
2010	90184	45058	44247	879	205349	153315	51146	888	116328	109343	6985	—
2011	118955	53267	65249	439	273344	197105	76014	225	156358	145335	11023	—
2012	135677	72580	62641	456	313560	240326	72778	456	181630	170303	11327	—
2013	293478	103361	189651	466	488486	285789	202231	466	207824	194499	13325	—

第三节 管 理

预算管理

1989—1993 年，国家预算实行统一领导、分级管理、权责结合的原则；在编制县级财政预算时，由上级在年初下达一个指导性收入计划，县级在国家总预算的盘子内自行确定安排。

1994 年通过的《中华人民共和国预算法》要求各级政府预算按照复式预算编制。1995 年，《预算法实施条例》进一步将复式预算分为政府公共预算、国有资产经营预算、社会保障预算和其他预算，每年上级只向下级提出编制预算的要求，下级编制预算后，报上级汇总。在编制方法上实行“零基”预算法，即编制年度预算时，一切从零开始，以单位在职职工人数、设备状况、车辆数量为依据，结合单位自身发展需要，根据财力情况，制定合理的经费定额，编制年度预算。编报程序上，预、决算要按规定上报上级财政审核，还须报经同级人民代表大会审查批准。

从 1996 年起，将养路费、车辆购置附加费、铁路建设基金、电力建设基金、三峡工程建设基金、新菜地开发基金、公路建设基金、民航基础设施建设基金、农村教育事业附加费、邮电附加、港口建设费、市话初装基金和民航机场管理建设费 13 项数额较大的政府性基金（收费）纳入财政预算管理。1996 年，财政部印发《政府性基金预算管理办法》，规范政府性基金管理。地方财政部门按国家规定收取的各项税费附加，从1996年起，统一纳入地方财政预算，作为地方财政的固定收入，不再作为预算外资金管理。

2002年，在农业、劳动和社会保障、教育系统开展部门预算改革试点，部门及其下属单位组织的收入和所有支出项目全部纳入预算管理，细化各项收支项目。部门预算改革包含预算编制方法、细化、程序等一系列改革内容。部门预算改革突出零基预算理念，各部门支出区分为基本支出和项目支出。前者包括人员经费和公用经费，实行定员定额管理。后者采用项目库管理方式，区分项目的轻重缓急，实行滚动管理。所有经费开支都落实到具体预算单位。预算编程序实行“两上两下”编制规程，

2006年6月，平邑县人民政府下发《平邑县2007年县直部门预算编制实施方案》，自2007年起在县直部门全面实施部门预算，按照“两上两下”的编制程序，采取零基预算原则、综合预算编制原则，坚持定员定额管理的原则，坚持调结构、保重点的原则，逐步提高保运转水平，向公共管理部门倾斜，向领导机关倾斜，兼顾需求与财力可能的关系，兼顾保运转和节约行政成本的关系，合理确定定员定额标准，科学合理编制各部门、单位2007年度部门预算。该办法施行至2013年。

预算外资金管理

1991年3月，成立“平邑县预算外资金管理领导小组”。是年4月对县级预算外资金实行“收支两条线”管理，并对乡级预算外资金实行“全额代管，专户储存”。规定县直各单位在银行只能保留一个支出账户和一个收入账户，单位的一切预算外资金收入和往来款项都要存入收入户，并按规定，随收随转，及时足额的转存财政专户。支出账户的资金来源，只能是财政预算拨款和预算外专户拨款。

1993年10月，印发《关于进一步加强预算外资金管理的通知》。1994年4月，印发《关于实行预算外资金“财政专户储存”制定的补充规定》的通知，进一步规定和明确预算外资金“财政专户储存”的范围。1996年5月，印发《平邑县预算外资金实行预算管理的暂行规定》，实行平邑县财政第二预算制度。同月成立平邑县预算外资金管理局。负责对全县预算外资金实行预算化管理，编制财政第二预算收支计划并组织实施，征管全县行政事业性收费和有关预算外资金收入，负责全县预算外资金的统一调度、下拨、结算、监督，检查各部门、各单位的行政事业性收费和预算外执收、执罚情况，查处执收、执罚中各种违纪行为等工作。1997年3月，印发《平邑县预算外资金管理补偿规定》，对预算外资金实行“核定收支全额上缴，比例调控，两保两定”的结算管理办法。“两保”是将各单位的预算外收入，扣除政府统一调控的10%之后的部分，保人头经费和基本的公务费、业务费、车辆费用支出和按规定上缴上级部分支出。“两定”是扣除统一调控的10%和核定的“两保”支出后的结余，定政府管理的事业发展资金，定单位管理的事业发展资金。1997年5月，印发《平邑县乡镇预算外资金实行第二预算管理实施办法》。将乡镇预算外资金纳入第二预算管理的范围，制定了乡镇第二预算收支结算管理办法、财政票据管理办法、乡镇预算外资金财务会计制度、预决算制度、奖励和处罚办法。1998年9月取消预算外资金收入过度户，实行国库集中收付制度。

2004年，启用“非税收入征管系统”，借助财政内网平台，全面实行“部门开票、银行收款、财政统管”的票款分离模式，进一步发挥收费部门职能作用，方便缴费义务人缴费，

提高收费工作透明度和效率。2006年因平邑县部门预算和国库集中支付改革需要，各单位的非税收入支出全部纳入部门预算管理，所有的财政支出归口国库科通过国库集中支付系统支付，账务由国库管理核算。

自2011年1月1日起，将全部预算外收支纳入预算管理。相应修订《政府收支分类科目》，取消全部预算外收支科目。

2013年6月，平邑县预算外资金管理办公室更名为平邑县非税收入征收管理办公室，下设综合科、财务科、征收管理科、稽查队4个股级机构。主要负责全县的非税收入预算编制及调整、征收管理及稽查监督；负责全县土地征收征地补偿和地面附着物评估的审核及资金拨付工作；负责财政票据的申领、保管、发放、核销检查等管理工作。

国有资产管理

企业国有资产管理 1992年，平邑县开展全民企业国有资产产权登记工作，登记全民企业79户，登记总额47572万元；企业实有资本金18106万元，国有资金12715万元，其中固定基金10141万元，流动资金1334万元，专项资金1240万元。

在做好企业国有资产管理工作的同时，平邑县财政局国资办办严格按照《企业国有资产管理暂行条例》（国务院378号令）《国有资产评估管理若干问题规定》（财政部14号令）等文件规定，推进全县国有企业产权制度改革，建立现代企业制度。1997年开始，先后完成平邑县种子公司、平邑县肉联厂、平邑县食品公司等15个公司的企业改制。

至2013年，不断规范完善国有资产监管体制，深化国有企业改革，加快推动企业“转、调、改、创”步伐，提高生产管理水平，促进经营方式转变，实现企业国有资产保值增值，推动国资监管工作上水平、国有企业发展上台阶。

行政事业单位国有资产管理 1993年，全县行政事业单位进行首次财产清查，涉及全县26个乡镇和52个县直行政事业单位。清查核实资产总额为31566.2万元，其中固定资产核实总额为20993.4万元，占资产总额的66.5%，流动资产清查核实数为8610万元，占资产总额的27%，专项资产为1520.1万元，占资产总额的4.8%，其他资产517.3万元，占资产总额的2%。总计盘盈资产6557.7万元，占资产总额的20.77%。固定资产盘盈6499.7万元，占固定资产清查核实总额的30.96%，流动资产盘盈58.1万元，占流动资产清查总额0.7%。同时按照上级要求，做好全县每年的行政事业单位登记年检和资产管理信息统计工作，至2013年，全县共计123个行政事业单位参与国有资产统计上报工作。

农业税征管与改革

1989—2005年，县内农业税收主要包括农业税、耕地占用税、农业特产税、契税，简称农业四税。

1985年，农业税由征收粮食为主改为折征代金为主，即把应征粮食数量，折算成货币金额征收。1987年，耕地占用税和农林特产税开征。1991年，契税恢复征收。1993年，农业税改为征收粮食为主，实行“实物征收、货币结算”的办法。1994年，分税制改革后，农业四税全部作为地方财政固定收入，农林特产税改称农业特产税。

中共十一届三中全会以后至2001年，平邑县实行农业税基础在村、任务到户，分夏季预征、秋季统一结算的办法。自2002年农村税费改革后，改为由财政部门“定时间、定地点、定税额”组织征收。

1989—1997年，全县共征收农业税四税15042万元，占国民总收入的13.48%，1998—2005年，全县共征收农业税四税34733万元，其中农业税18539万元，农业特产税9393万元，耕地占用税2676万元，契税4125万元。从2006年农业税、农业特产税取消。

农业税　1989年，全县21个乡镇农业税收入3580万元，占财政总收入的12.55%。随着经济的不断发展，产业结构的调整，农业税负逐年减轻，农业税收收入占财政总收入的比重越来越低。至2005年，全县农业税收完成4107万元，占财政总收入的16.13%。2002年，按照中央的部署和《山东省人民政府关于进行农村税费改革试点的通知》要求，全面理顺农村分配关系，规范农村税费制度，减轻农民负担，2005年取消农业税及农业特产税。自2006年开始，全县开始征收耕地占用税、契税及烟叶税。

农林特产税　全县农林特产税均按〔1994〕国务院令第143号文件规定征收，征收标准为：园艺收入，税率为15%；其他水果收入，税率为10%；果品瓜类收入，税率为10%；花卉、苗木等收入，税率为5%；水产、淡水养殖收入，税率为10%；芦苇、藕等收入，税率为5%；林木、原木收入，税率为8%；其他应税产品收入，税率不得低于5%。自1994年起，农林特产税改为农业特产税。

财务管理

行政事业单位财务管理。为适应社会主义市场经济发展要求，推进财政管理改革，全面提升财政、财务管理水平，进一步提高资金使用效益和会计信息质量，平邑县财政部门借助财政业务综合管理平台，建立融集中支付和会计核算为一体的数据共享、安全高效、统一规范的财政财务网络核算系统，在保证预算单位“三权不变”（即资金使用权、财务管理权和会计核算权不变）的前提下，利用现代网络技术，实现“四个统一”（即统一会计核算规程、统一会计核算科目、统一会计核算范围、统一会计核算软件）。将县直各预算单位全部纳入财务核算系统进行管理，各预算单位使用财政部门提供的网络版核算软件独立进行会计核算。

将县直各预算单位全部纳入财务核算系统进行管理，实现“三个全覆盖、三个一体化”。

单位账务全覆盖，实现预算、核算、决算一体化。将所有预算单位的财务核算全部纳入到财政综合业务平台账务处理系统中管理，实现从部门预算、预算执行、会计核算、绩效评价到最后出具决算报告的整体应用。

支付监管全覆盖，实现垂直财务监控一体化。在对直接支付进行监管的基础上，将授权支付纳入核算范围，实现对财政资金支付监管的全覆盖。将不同部门单位的财务资料集中存放在统一数据库中，实现财政部门对预算单位、主管部门对下级预算单位纵向会计信息收集及过程的全程监控。

核算科目全覆盖，实现财政财务管理一体化。将财政资金支付核算进一步明细到经济分类科目，实现对会计核算科目的全覆盖。将核算系统同财政部门的预算指标、预算执行、国库集中支付、政府采购、国有资产管理、工资统一发放等系统进行对接，实现预算单位财务数据同财政数据的有效链接和高度共享。

企业财务管理

1990年，平邑县印发《关于加强企业财务管理完善内部管理制度的意见》。健全农副产品业务手续。一是农副产品收购业务总的原则是坚持“以销定购”；二是农副产品调拨销售时要根据签订的购销合同组织发货，严防上当受骗；三是农副产品收购一批，调出一批，要及时计算溢余，损耗，不能按批次结清库存的，应按月或按季进行清查盘点。完善煤炭、化肥、柴油等经营手续，石化组对调入的商品要及时验收报账。对煤炭、柴油库存要及时清查盘点。在清查盘点中发生的长于和短少应查明原因，按有关规定及时处理。

1999 年 4 月，成立粮食购销企业。平邑县转发市财政局《关于印发〈临沂市国有粮食购销企业财务管理办法〉的通知》，加强粮食流通行业的企业财务管理：资产管理中心对购销企业应严格加强库存管理；购销企业加强存款管理，定期与开户银行核对存款余额；加强应收及预付款的管理；严格控制固定资产的管理；企业建立固定资产账卡，加强固定资产管理；企业履行财产损失的鉴定和报批手续作具体要求。利润和利润分配管理：企业应全面、及时、准确、真实、客观反映企业盈亏，企业当年的利润在缴税后安以下顺序分配：被没收的财产损失、支付违法税法的滞纳金和罚款，弥补超过所得税前的利润抵补期限按规定用税后利润弥补的亏损，提取 60% 用于弥补新增粮食财务挂账，提取 10% 的盈余公积和 10% 公积金，弥补不合理资金占用。

2002 年，商贸流通企业体制改革进展缓慢，粮食、地方金融企业按现行体制运营，物资、商业按县里的机构改革精神，撤销县物资局、县商业局，成立经贸办，下属单位体制不变。供销系统维持现状，半经营半停业状态。

2002—2013 年，国有企业数量持续减少，一直沿用之前的财务管理办法。至 2013 年，县属国有企业仅有自来水公司、平邑县酒厂，其他均为民营企业采用企业内部制定的现代财务管理办法。

会计管理

会计从业资格证书管理 平邑县从 1997 年开始按照《山东省会计人员档案管理办法》的规定，全面加强对会计人员的管理，对辖区内在岗会计人员，按属地原则，建立专业档案，采用计算机管理。对建档会计人员，符合规定的可以直接申领会计证，可以参加会计专业技术资格考试，参加会计专业职务的聘任。对不符合规定的会计人员通过专业培训，参加会计证资格考试，合格后发放会计证。

2005 年，印发《山东省会计从业资格管理实施办法》，对会计从业资格证书的管理作出详细规定，从会计从业资格证书的考取、核发等各方面作出明确规定。2006 年初，全县开展会计人员信息采集，统一为会计人员换发新会计从业资格证书。

2011 年，县会计管理办对全县会计人员进行新一轮信息采集工作。通过多方宣传、技术沟通，保证实现每一位会计人员都能顺利换发新的会计从业资格证书。随着新的管理系统的使用，全省会计管理系统联网运行，极大地方便了会计人员的流动，减少会计人员办理调转、换发等业务时的来回奔波的麻烦。

会计委派制度管理与改革 2000 年 6 月，平邑县政府印发《平邑县人民政府关于实行会计委派制的通知》及《平邑县会计委派制实施办法》，县里成立由分管副县长任组长，组织、监察、财政、人事等部门负责人任副组长的领导小组，负责会计委派制的实施工作。组织、人事等部门具体实施委派会计的考试、考核等工作。经过调查摸底、组织考核、报名考试、体检录用等阶段，共录取委派制会计 28 人。财政局对委派制会计 28 人进行为期一周的岗前培训，系统学习预算、预算外、社保、政府采购、国有资产管理、财政监督等相关知识。10 月，首批委派制会计正式就位，交接完毕。委派会计人员的人事、工资、组织关系等全部转至县财政局，由会计管理局归口管理。委派会计实行轮换制度和回避制度，轮换期限原则上每届三年。会计委派制的实行加强全县会计工作的监督和管理，对纠正部门和行业不正之风，促进党风廉政建设都起到积极作用。

2012年，随着财政改革的全面深化，收支两条线改革和国库集中支付的实施，发现会计委派制在助推会计改革和经济发展过程中存在一定局限性，经县委、县府研究决定取消委派会计制度，原委派会计人员除部分留在派驻单位外，其余人员安置到乡镇设立的财政监督办事处，负责辖区内各种乡镇镇财政性资金的监督检查。

财政监督

1989年，根据需要，平邑县编制委员会印发《关于成立平邑县税收财务物价大检查办公室的通知》，标志着平邑县在财政局监察股基础上正式组建的平邑县税收财务物价大检查办公室正式成立。当年9—12月，成立领导小组并组织开展全县的大检查活动，检查范围包括国有企业、集体企业以及行政事业单位在1989年发生的违反财经纪律问题和1988年发生而未检查纠正的违反财经法规问题。

1990年和1991年，对全县的财政收支进行自查和重点检查：自查共查出各类违纪资金52.68万元和35万元；重点检查每年都选择4个乡镇作为检查对象，分别查出各类违纪金额12.58万元和12万元。1991年10月，配合临沂地区检查组对一批县直行政事业单位进行检查，查出违纪金额26.93万元，有效维护财政法规的严肃性。1992年，对以前年度农业四税征收及小农水资金管理使用情况进行检查，查出违纪金额1.94万元，通过重点检查查出违纪金额1.4万元。

1996年，共组织17个检查组，抽调财政、地税、审计、国税部门71名人员，对117个重点检查单位（企业71个，行政事业单位46个）进行检查，查出违纪金额1759万元。1997年4月开始，参与乡镇第二预算的推行工作；对预算外专项资金进行清理检查，查出违纪金额826.4万元，收缴预算外专户资金543万元，巩固第二预算的推行成果；11月，对全县52个单位进行调账检查，查出违纪金额513.7万元。1998年，对县直单位的罚没收入及行政事业性收费进行专项清理。共清理票据1356本，查出丢失票据65本，通过清理，共收缴拖欠截留罚没收入及行政性收费205万元。1999年，平邑县机构编制委员会印发《关于设立平邑县财政监督局的通知》，平邑县税收财务物价大检查办公室更名为平邑县财政监督局。

2000年，在各个乡镇财政所设立兼职财政监督员，并将财政监督检查工作纳入县财政局对乡镇财政所千分制考核内容。9月，组成联合检查组，对70多个行政事业单位开展“收支两条线”专项检查，共查补收缴预算外资金1137万元，补缴预算资金223万元，查出各类违规违纪资金578万元。10—12月，联合国、地税组成检查组对31户纳税单位进行集中行动，共查出偷逃税额458万元。监督局牵头，对各乡镇农村信用社自1999年税收财务情况进行检查，查出违纪金额178万元。2001年，对10个“乡镇规模调整”中撤并乡镇的财务资产清理审计交接情况进行全面归类汇总，形成汇报材料，并向县委、县政府进行专题汇报。为规范指导乡镇财政所正确履行财经法规，编印《平邑县乡镇财政所岗位职责及业务规范选编》，并对全县166名乡镇财政人员进行培训。2002年，抓住乡镇财政监督管理的工作主线，印发《关于乡镇财政所财务管理会计核算考核暂行办法》，并对各个乡镇开展财政系统内部多年来第一次全面的综合性业务检查。此项工作走在了全市财政监督工作的前列，成为全市的样本，在全市推广。2003年，对全县国有土地有偿使用收入征管使用进行专项检查，发现应缴未交国库预算资金182.78万元，应缴未交财政专户款269.79万元，过渡户滞留国库收入182万元，多计出让金业务费29.08万元。11月，对蒙山管委会“收支两条线”进行检查，查出漏记、少记收入16.43万元，少记支出63.59万元，未记资产账38万元，同时，存在票据管理使用、会计核算不规范。2004年，对全县16个乡镇库存现金进行突击专项检查，发现16个乡镇库存现金总额2640万元，其中最多的500多万元，并提出整改意见，限期进行整改。

2005年，由监督办积极参与，对全县党政事业单位虚报冒领工作补贴情况进行清理，共检查清理县直和乡镇单位174个，涉及人员1096人，虚报冒领工资补贴201.7万元。清理效果明显，达到正党风、正社风、规范财经纪律和人事制度的目的。2006年，对会计法执行情况进行检查，重点检查7个单位，专项抽查13个单位，发现各种问题所涉及资金391万元。预算外资金“收支两条线”检查，共查出应缴财政专户资金152万元，应缴预算收入75.9万元。2008年，为更好地贯彻财经法规，规范财政监督检查行为，促进财政资金使用的规范性、安全性和有效性，印发《关于加强和改善财政监督检查工作的若干意见》，形成“局党组统一领导，监督机构组织协调，各内设机构分工负责，全员共同参与”的财政工作监督机制。2009年，积极配合市财政局对全县家电下乡补贴、科技和农林水事务中央财政专项支出资金管理使用情况进行检查。对农业科技入户资金、生猪标准化养殖场扩建项目资金、现代农业生产发展基金等方面存在问题进行查处。

2010年，在全县开展强农惠农资金专项清理和检查。发现资金使用上存在违法违规行为，涉及金额67.82万元，依法进行处理。2012年7月，平邑县在仲村镇、地方镇、白彦镇设立财政局驻乡镇财政监督办事处。2013年4月，挂牌成立。机构规格为股级事业单位，主任可以高配副科级，办公地点设在镇地税分局办公楼。办事处人员共13人，其中高级职称4名、中级职称5名。人员来源主要从现有委派制会计中选配，委派会计自愿留在委派单位的，办理人事调动手续，富余人员由县财政局统一调配。

2013年，平邑县财政局监督办完善了乡镇财政监督办事处检查制度，制定《平邑县财政监督管理制度》。监督办全体人员进行3次业务培训，全部考取执法证。

第二章　国　税

1994年，国家实施分税制改革，平邑县税务局分为平邑县国家税务局和平邑县地方税务局。1994年8月，平邑县国家税务局成立，负责平邑县辖区内中央税、中央地方共享税等税种的征收管理和稽查工作。是年，平邑县国税局局机关设置办公室、人事科、监察室、机关党委、税检室、税收个体科、税政涉外分局、计会科、票具票证科等9个股级内设机构，基层征收单位按照行政区划设置，设置稽查分局、直属征收分局、城区分局等3个副科级单位，设置商城、白马、东阳、仲村、岐山、武台、保太、魏刘、卞桥、柏林、资邱、铜石、张里、地方、天宝、温水、白彦、魏庄、黄坡、山阴、庞庄、临涧、郑城、流峪、丰阳、唐村岭等26个乡镇股级税务所。

1996年9月，机构改革局机关增设征管科，撤所合并为分局，设置稽查分局、征收一分局、征收二分局、仲村分局、保太分局、卞桥分局、地方分局、铜石分局、郑城分局、白彦分局、丰阳分局11个副科级单位。

2001年5月、2003年6月，分别进行机构设置调整。2005年8月，设置办公室、税政管理科、征收管理科、人事教育科、监察室、计划统计科、办税服务厅、税源管理科等8个内设机构；设置稽查局1个直属机构；设置信息中心1个事业单位；设置城区分局、仲村分局、卞桥分局、地方分局、郑城分局、白彦分局、丰阳分局等7个派驻机构。

第一节 税种税率

1994年，实行分税制设立中央税、中央地方共享税和地方税，国税部门主要负责中央税和部分中央地方共享税的征收。平邑县国家税务局负责征收的中央税为消费税、车辆购置税、银行营业税。

2000年，由交通部门征收的“车辆购置附加费”改为“车辆购置税”，由国税部门征收，车辆购置税税率为10%。从2001年开始，金融行业营业税国税部门征收3%部分每年减征1个百分点。至2004年，金融行业营业税率恢复到5%，不再由国税部门征收。负责征收的中央地方共享税为增值税、企业所得税、外商投资企业和外国企业所得税和存款利息个人所得税。

2013年8月1日，平邑县营业税改征增值税实施，交通运输业、部分现代服务业和广播影视服务业纳入国税管理。

第二节 税 收

1994年8月至1996年10月，县国税局税收征管仍实行专管员制度，划片管理征收，除个别较大企业纳税人自行申报缴纳税款外，其余纳税人均由专管员上门收缴。

1996年11月，撤销税务所，同时取消专管员管户制度，实行征收、管理、稽查三分离，建立“以纳税申报为基础，以计算机网络为依托，集中征收，重点稽查”的征管新模式。同年设立办税服务厅，实行纳税人自主申报，税务机关集中征收的办法，降低税收成本、提高税源管理质量。

2001年1月，启动实施“金税工程”，对纳税申报实行防伪税控管理。7月，使用中国税收征管信息系统（CTAIS）征税，取消基层分局税收系统核算职能，实现税款县级集中核算。基层工作重点转变为加强税源管理，提高征管质量，提升纳税服务。2005年，推行网上申报和银行联网扣税，90%以上的企业纳税人实行网上申报和银行联网扣税。

2006年，CTAIS 2.0上线启用。

2013年，金税三期税收管理系统上线使用，通过信息网络为纳税人提供优质、便捷、全方位的税收服务，逐步实现纳税人足不出户轻松办税。

1994—2013 年平邑县国税征收统计表

表 12-2

年份	国税总收入		增值税		消费税		企业所得税		个人利息所得税		车辆购置税		其他收入		海关代征增值税	
	税额（万元）	同比(%)	税额（万元）	同比(%)	税额（万元）	同比(%)	税额（万元）	同比(%)	税额（万元）	同比(%)	税额（万元）	同比(%)	税额（万元）	同比(%)	税额（万元）	同比(%)
1994	6765.2	—	1814.3	—	—	—	3863.90	—	—	—	—	—	—	—	—	—
1995	5164.7	—	1126.8	—	—	—	4.00	—	—	—	—	—	—	—	—	—
1996	6323.6	—	5298.7	—	986.00	—	20.00	—	—	—	—	—	—	—	—	—
1997	7789.3	—	—	—	—	—	8.70	—	—	—	—	—	—	—	—	—
1998	8468.0	—	—	—	—	—	3.18	—	—	—	—	—	—	—	—	—
1999	8972.9	—	7907.5	—	1000.10	—	12.90	—	2.10	—	—	—	—	—	—	—
2000	9169.8	—	—	—	—	—	—	—	—	—	—	—	—	—	—	—
2001	7383.7	-4.49	6359.8	-3.52	880.20	-12.03	0.40	-92.98	528.2	55.4	—	—	3.3		—	—
2002	8152.5	3.00	6700.2	5.35	425.60	-51.65	219.80	54850.00	545.4	3.26	—	—	193.0	484.85	—	—
2003	9091.8	16.00	7391.4	15.75	887.80	108.65	200.70	-8.69	559.0	2.51	—	—	39.1		—	—
2004	9421.8	3.79	7521.9	1.77	859.10	-3.23	393.6	96.11	609.3	9.00	—	—	37.6	-3.84	—	—
2005	11200	15.64	9018	15.28	538.00	-37.37	780.00	97.97	679.00	11.49	34.00	—	39.00	2.63	—	—
2006	13865	23.79	11296	25.26	302.00	-43.87	1085.00	39.10	952.00	40.21	53.00	55.88	46.00	17.95	—	—
2007	18236	31.53	14746	30.54	177.00	-41.39	1612.00	48.57	1105.00	16.07	419.00	690.57	36.00	-21.74	—	—
2008	22274.60	21.91	15487.70	5.030	226.30	27.93	2939.50	64.32	755.90	-31.59	2811.60	570.87	53.60	47.66	—	—
2009	28110.70	26.20	19950.30	28.81	151.00	-33.28	3686.10	25.40	340.00	-55.02	3931.00	39.81	52.20	-2.53	—	—
2010	36693.85	30.53	25021.64	25.42	125.60	-16.81	5461.30	48.16	74.85	-77.99	5686.17	44.65	49.29	-5.66	275.00	-68.00

续表 12-2

年份	国税总收入		增值税		消费税		企业所得税		个人利息所得税		车辆购置税		其他收入		海关代征增值税	
	税额（万元）	同比(%)	税额（万元）	同比(%)	税额（万元）	同比(%)	税额（万元）	同比(%)	税额（万元）	同比(%)	税额（万元）	同比(%)	税额（万元）	同比(%)	税额（万元）	同比(%)
2011	40784.83	11.15	26631.38	6.43	60.86	–51.54	8011.79	46.70	35.03	–53.20	5913.79	4.00	49.29	–10.79	88.00	-68.00
2012	50056.53	22.73	32464.2	21.90	54.43	–10.57	11332.81	41.45	14.95	–57.32	6134.28	3.73	10.82	–75.39	45.00	—
2013	60658.25	21.18	26.02	–52.20	40648.42	25.21	12323.70	8.74	6.01	–59.77	7605.50	23.98	2.53	–76.61	46.06	—

第三章　地　税

1994 年 8 月，国地税机构分设，平邑县地方税务局成立，内设 7 个职能科室，下设 1 个副科级单位直属征收分局，并在全县 26 个乡镇设置税务所。1995 年 1 月，加设平邑征收分局，为副科级单位；2 月增设稽查分局，为副科级单位。1997 年 12 月，实行上级地方税务部门和同级政府双重领导的管理体制，1998 年 9 月，山东省人民政府决定，对全省地方税务机关实行“上级地方税务部门与地方政府双重管理、以上级地税部门垂直管理为主”的管理体制。1999 年 4 月，增设监察室。2002 年 9 月，根据上级机构改革方案的通知，县局内设 6 个职能科室和监察室，股级建制；下设稽查局和直属征收分局 2 个直属机构，副科级建制；设立 9 个基层征收分局，副科级建制。2004 年 7 月，设立平邑县地税信息中心（平邑县地税纳税服务中心），为县局事业单位编制。2011 年，根据上级“三定方案”，县局内设 6 个职能科室：办公室、法规税政科、征管和科技发展科、税源管理科、收入核算和财务科、人事科；另设 2 个科室：监察室、机关党委；1 个事业单位：信息中心（纳税服务中心），为股级建制。下设 2 个直属机构：稽查局、直属征收局，为副科级建制。在乡镇基层设置 7 个中心税务所：平邑、仲村、卞桥、地方、流峪、丰阳、白彦，为副科级建制。1994—2013 年，全县地税系统累计组织各项收入 41.99 亿元，年平均增长 22.72%。

县地税局 2002 年被临沂市文明委评为公民道德建设示范单位，2003 年被山东省文明委评为省级文明机关，2004 年被市委评为基层满意的县区部门，2005 年被评为全市服务民营经济先进单位，2006 年被评为平安临沂建设先进单位，2007 年被山东省地税局评为六好基层单位，并被县委、县政府授予集体三等功，2008 年被共青团临沂市委授予“青年文明号”称号，2010 年被临沂市总工会和宣传部授予“临沂市职业道德建设十佳单位”，被临沂市纪委和市委宣传部评为“全市廉政文化六创建工作先进单位”，2011 年被临沂市委和市政府评为“全市行风建设先进单位”，2012 年被临沂市总工会评为“全市工会财务工作先进集体”，2013 年被临沂市委和市政府评为“全市行风建设先进单位”。

第一节　税种税率

县地税局负责征管的主要税种有营业税、资源税、企业所得税、个人所得税、城市维护建设税、土地增值税、房产税、城镇土地使用税、车船税、印花税、资源税、烟叶税、契税、耕地占用税。并负责教育费附加、地方教育附加、文化事业建设费、残疾人就业保障金、工会经费等规费的代征工作。

流转税类

营业税　实行行业差别比例税率。交通运输业、建筑业、邮电通信业、文化体育业税率为 3%，金融保险业、服务业、转让无形资产、销售不动产为 5%，娱乐业为 5% ~ 20%。

烟叶税　2006 年 4 月 28 日，按照国家农村税费改革要求，为替代黄烟种植特产税而开征的税种，税率为 20%。

所得税类

企业所得税 1994年税制改革后，地税机关负责内资地方企业所得税的征管。2001年，所得税分享体制改革后，中央对企业所得税征管范围进行调整，2001年1月1日起新注册企业的所得税由国税部门负责征管，原企业仍由地税部门征管。2002年以后新办的货物运输业代开票纳税人应纳的企业所得税，由地税局统一入库。企业所得税法定税率为33%。2008年1月1日起实现内、外资企业所得税统一，企业所得税的法定税率为25%。

个人所得税 个人所得税的税率，有超额累进税率和比例税率两种。工资、薪金所得，适用九级超额累进税率，税率为5%～45%；1994年至2005年12月31日，工资薪金所得税法规定允许扣除额为800元，2006年1月1日至2008年3月1日，允许扣除额为1600元，2008年3月1日至2011年9月1日允许扣除额为2000元，2011年9月1日起允许扣除额为3500元。个体工商户生产经营所得，适用五级超额累进税率，税率为5%～35%。稿酬所得、劳务报酬所得、特许权使用费所得、利息、股息、红利所得、财产租赁所得、财产转让所得、偶然所得和其他所得，税率为20%。

财产行为税类

房产税 依照房产余值计算缴纳房产税，税率为1.2%；依照房产租金收入计算缴纳的房产税，税率为12%。

城镇土地使用税 土地使用税每平方米土地年税额为县城、建制镇、工矿区0.6～12元。2007年1月1日，对全县城镇土地使用税征税范围及税额标准作调整，县城年应纳税额每平方米5元，建制镇年应纳税额每平方米3元。2014年7月1日起，县城年应纳税额每平方米8元，建制镇年应纳税额每平方米5元。

车船使用税 大、中、小、微型载客汽车年税额分别为600元/辆、480元/辆、420元/辆、240元/辆；载货汽车按自重96元/吨；三轮汽车、低速货车按自重60元/吨；摩托车60元/辆；专项作业车、轮式专用机械车按自重96元/吨。

印花税 购销合同按购销金额万分之三贴花；加工承揽合同按加工或承揽收入万分之五贴花；建筑工程勘察设计合同按收取费用万分之五贴花；建筑安装工程承包合同按承包金额万分之三贴花；财产租赁合同按租赁金额千分之一贴花，税额不足1元的按1元贴花；货物运输合同按运输费用万分之五贴花；仓储保管合同按仓储保管费用千分之一贴花；借款合同按借款金额万分之零点五贴花；财产保险合同按投保金额千分之一贴花；技术合同按所载金额万分之五贴花；记载资金的营业账簿，按实收资本与资本公积资金总额万分之五贴花，其他账簿按件贴花5元；权利、许可证照按件贴花5元。

土地增值税 实行30%～60%四级超率累进税率。

城市维护建设税 以纳税人实际缴纳的增值税、消费税、营业税税额为依据所征收的一种具有特定用途的附加税。纳税人所在地在市区的，税率为7%;纳税所在地在县城、镇的，税率为5%；纳税人所在地不在市区、县城或镇的，税率为1%。

资源税 实行从量定额税率，原油8元/吨～30元/吨；天然气2元/千立方米～15元/千立方米；煤炭0.3元/吨～5元/吨；其他非金属矿原矿0.5元/吨～20元/吨；黑色金属矿原矿2元/吨～30元/吨；有色金属矿原矿0.4元/吨～30元/吨；固体盐10元/吨～60元/吨，液体盐2元/吨～10元/吨。

根据山东省人民政府规定，天然矿泉水等矿产品的单位税额如下：天然矿泉水 3 元 / 吨；建筑用砂 1 元 / 立方米；其他黏土 1 元 / 立方米；其他建筑石料 1 元 / 立方米。

契税　在中华人民共和国境内转移土地、房屋权属，承受的单位和个人为契税的纳税人，应当依照条例的规定缴纳契税，契税税率为 3% ~ 5%。山东省契税税率暂定为 3%。自 2013 年 6 月 1 日起，对国有土地使用权出让环节的契税税率调整为 4%。

耕地占用税　占用耕地建房或者从事非农业建设的单位或者个人，为耕地占用税的纳税人。耕地占用税实行地区差别定额税率，平邑县耕地占用税税率为每平方米 22.5 元，农村居民经批准在户口所在地按照规定的标准占用耕地建设自用住宅，按照适用税额减半征收耕地占用税。

规费类

教育费附加　教育费附加以纳税人缴纳的增值税、消费税、营业税税额为计征依据，附加率为 3%。

地方教育附加　山东省行政区域内，凡缴纳增值税、消费税、营业税的单位和个人，按实际缴纳以上三税税额的 1% 缴纳地方教育附加。

文化事业建设费　按缴费人应当缴纳娱乐业、广告业营业额的 3% 征收。

第二节　地税收入

1994 年，平邑县地税收入 1846.93 万元，其中，营业税 711.75 万元、企业所得税 597.13 万元、个人所得税 16.75 万元、城市维护建设税 188.49 万元、房产税 66.14 万元。1997 年，地税收入 5743 万元。2005 年，地税收入 1.37 亿元。2007 年，地税收入 2.12 亿元，2013 年，地税收入 11.5 亿元，其中，营业税 5.65 亿元、企业所得税 1.96 亿元、个人所得税 0.45 亿元、城市维护建设税 0.31 亿元、房产税 0.10 亿元、印花税 0.10 亿元、土地增值税 0.33 亿元。1994—2013 年，累计完成地税收 41.99 亿元。

1994—2013 年平邑县地税收入情况表

表 12-3　　　　单位：万元

项目	1994	1995	1996	1997	1998	1999	2000	2001	2002	2003	2004	2005	2006	2007	2008	2009	2010	2011	2012	2013
收入合计	1854.14	2813.11	4500.50	5900.72	6591.23	7110.00	7849.78	9784.18	8516.56	9002.62	10001.79	14100.21	16000.10	20820.70	23321.34	26986.33	33731.07	48244.73	72054.77	90720.11
税收收入合计	1846.93	2812.63	4260.72	5743.02	6361.46	6808.00	7608.70	9581.33	8264.92	8623.35	9640.03	13732.58	15496.50	20119.80	22328.92	25827.41	32146.51	42673.48	68706.31	86749.51
营业税	711.75	699.74	1166.60	1537.62	1996.91	2202.00	2779.67	2309.82	2583.26	3809.67	3305.97	3671.50	4879.90	6309.30	7950.22	9650.55	12993.40	15819.1	22427.67	28227.84
企业所得税	597.13	1466.78	2074.93	2746.77	2183.20	2310.00	2415.73	4667.33	2463.04	1517.22	3270.90	6439.23	4358.70	6711.20	5525.72	4704.35	4827.99	6886.68	15375.73	19642.38
个人所得税	16.75	134.34	242.60	340.68	687.42	726.00	678.21	1222.47	1235.40	1284.02	1409.02	1358.80	1635.10	1634.00	2101.75	2711.18	1974.68	3352.05	3864.55	4516.13
资源税	52.37	97.83	140.44	238.79	113.80	111.00	174.17	140.25	65.20	69.72	328.78	426.68	643.10	1135.60	1367.31	1815.54	2403.82	4462.71	6383.31	9813.32
固调税	155.18	72.33	126.36	134.94	324.85	235.00	74.26	1.47	248.20	300.00	86.00									
城市维护建设税	188.49	112.81	125.68	317.28	429.01	462.00	412.01	367.75	455.67	653.75	554.77	595.75	648.30	1014.40	1060.27	1375.74	1656.07	2099.46	2590.66	3078.64
房产税	66.14	111.26	122.81	127.84	302.49	267.00	340.86	273.68	446.49	414.57	269.47	458.96	970.40	757.00	865.98	952.98	1059.91	1000.22	1446.7	1017.46
印花税	9.70	11.80	7.42	10.55	13.10	15.00	16.33	11.48	21.56	66.51	54.67	122.23	181.20	253.00	349.23	594.09	610.83	730.92	1057.84	1026.92
城镇土地使用税	17.44	22.77	22.98	33.20	76.59	182.00	199.48	166.08	394.51	430.98	263.47	302.20	1079.80	1149.00	1577.31	1958.33	4000.49	4748.03	3505.79	–432.55
土地增值税													321.30	502.90	249.58	380.59	1207.97	1889.82	3176.94	3335.76
车船税	7.47	7.65	27.54	57.59	37.69	58.00	83.38	113.61	146.07	76.90	96.98	214.22	251.30	115.20	414.15	563.70	711.21	929.43	1164.35	1405.87
屠宰税	22.10	73.90	174.03	187.33	196.41	240.00	434.61	307.38	205.52	0.00										
烟叶税													527.40	538.20	867.41	1120.36	700.15	755.08	1363.39	1476.09

续表 12-3

项目	1994	1995	1996	1997	1998	1999	2000	2001	2002	2003	2004	2005	2006	2007	2008	2009	2010	2011	2012	2013
耕地占用税																		871	2962.97	5778.33
契税																		2255.76	3385.89	7863.32
税款滞纳金	2.40	1.41	29.36	10.44																
其他收入合计	7.21	0.49	239.78	157.70	229.77	302.00	241.08	202.85	251.65	379.26	361.76	367.63	503.60	700.80	992.42	1158.92	1584.56	2304.63	3347.72	3970.6
教育费附加	7.21	0.49	239.78	157.59	229.66	302.00	239.69	201.95	250.37	377.69	361.11	272.39	380.80	535.10	608.81	715.94	993.95	1257.23	1547.51	1853.27
地方教育附加												78.94	121.40	160.80	208.42	244.86	337.50	810.31	1029.11	1227.8
文化事业建设费收入				0.11	0.11			0.46	1.17	0.25	0.65		1.00	3.10	6.85	5.51	8.38	13.82	22.37	19.05
税务部门其他罚没收入							1.39	0.44	0.11	1.33		16.30	0.40	1.80	8.33	0.23	1.70			
残疾人就业保障金															160.01	192.38	243.04	220.1	243.91	241.13
地方水利建设基金																		139.86	504.82	629.35

第十三编

金　融

第一章　人民银行

平邑县人民银行专门行使中央银行职能。1991 年 10 月，成立中国人民银行平邑县支行工会；1995 年 8 月 18 日，国家外汇管理局平邑支局成立，县人民银行正、副行长兼任国家外汇管理局平邑县支局正、副局长，在金融稽核科设立外汇业务专管员岗位。2013 年 12 月，内设机构有综合业务部、调查信息部、办公室、纪检监察室 4 个部（室）。是年，全行干部职工 27 人，其中中级技术职称 11 人，大专以上学历 24 人。

第一节　宏观调控

2011 年 4 月，制定实施《平邑县创建农村信用体系建设实验区实施方案》，对全县农村信用体系建设起到积极作用；5 月，创新推出农户、个体工商户、中小企业“信用联盟”贷款、“第三方监管质押”、“助保金池”等多个特色贷款品种，拓宽融资渠道。

2012 年 5 月，根据《中国人民银行济南分行关于加强和改进金融服务支持山东省实体经济平稳较快发展的意见》精神，起草制定《人行平邑县支行关于金融支持全县工业发展的指导意见》，提出稳健货币政策下金融支持县域工业发展的具体措施。2012 年 7 月，组织召开临沂市加快县域经济发展政银企合作（平邑）推进会，全县金融机构与企业达成贷款意向，推动全县经济持续快速发展；6 月，制定下发《平邑县财政资金定点存放银行业金融机构暂行办法》，充分发挥财政资金的导向作用和定点存放的激励作用，增强全县金融机构服务县域经济的积极性和主动性；2012 年 8 月，组织县金融机构、经信局、财政局及部分企业召开银企合作推介项目对接会。是年，根据国务院办公厅《关于山东沂蒙革命老区参照执行中部地区有关政策的通知》精神，制定《金融支持沂蒙革命老区加快发展的意见》下发到县内各金融机构执行，进一步加大金融对县域经济发展的信贷支持力度。开展征信宣传工作，农村信用体系建设工作逐步推进。

2013 年 12 月，制定并印发《关于加快推进文明信用乡村建设的实施意见》，以“十星级文明信用户”创建为抓手，推动“农村信用体系省级试验区”建设，建立起“信用宣传、信息采集、信用评级、信贷支持”四位一体的工作机制，有效解决农户信用信息采集难题，提高金融机构识别农户信用风险的能力，将农村信用体系建设向纵深推进。推进金融支持现代农业加快发展，组织涉农金融机构开展新型农业经营主体调查，按照分类施策的做法，逐户制定金融扶持措施，金融惠农工作取得新成效。

第二节　存　款

全县各项存款总额主要包括企业存款、财政存款、农业存款、储蓄存款等。

企业存款

主要是工商企业结算户存款和专项存款。1989 年，全县企业存款余额 2498 万元，占全部存款余额的 16%。2000 年，全县企业存款余额 28858 万元，占全部存款余额的 14.69%。

2013年，全县企业存款余额达到496740万元，占全部存款余额的26.8%。

财政存款

主要包括财政存款和机关团体存款。1989年，全县财政存款余额127万元，占全部存款余额的0.81%。2000年，全县财政存款余额490万元，占全部存款余额的2.49%。2008年，全县财政存款余额14113万元，占全部存款余额的2.04%。

农业存款

主要包括农村集体存款、乡镇企业存款及个体私营业户存款。农业存款受农业生产的季节性影响较大。1989年，全县农业存款余额1816万元，占全部存款余额的11.62%。2000年，全县农业存款余额8463万元，占全部存款余额的4.31%。2013年，全县农业存款余额596979万元，占全部存款余额的32.25%。

储蓄存款

储蓄存款分为活期存款和定期存款2种。1989年，全县储蓄存款余额8876万元，占全部存款余额的56.8%。2000年，全县储蓄存款余额163545万元，占全部存款余额的83.23%。至2013年底，全县储蓄存款余额1306945万元，占全部存款余额的70.6%。

1989—2013年平邑县主要存款情况表

表13-1　　　　单位：万元

年份	存款总额	企业存款	财政存款	农村存款	城镇存款
1989	15627	2498	127	1816	7060
1990	15217	3480	117	1884	8065
1991	21825	4791	698	1764	12934
1992	30905	6025	-185	1686	17356
1993	66855	3469	32566	4304	24870
1994	58416	11540	2116	3425	30077
1995	95083	9045	1096	26228	55661
1996	133405	11165	203	2047	69322
1997	142214	16307	1282	2514	123804
1998	157956	19814	273	2074	135449
1999	175158	26174	1356	5182	141132
2000	196496	28858	490	8463	155082
2001	221689	36413	691	8504	171094
2002	255077	43734	870	7101	194382
2003	310551	55397	2316	6838	225919
2004	348614	42578	2953	5061	261065
2005	409568	40607	2948	6768	306842

续表 13-1

年份	存款总额	企业存款	财政存款	农村存款	城镇存款
2006	461224	50891	154	9475	356355
2007	580229	54342	889	13245	445865
2008	693109	59951	14113	20843	533101
2009	894362	90854	16331	26639	628674
2010	1049078	124541	26795	156779	617823
2011	128698	342523	36236	325421	595824
2012	1550904	382541	35780	508746	631309
2013	1851066	496740	39819	596979	746544

第三节 贷 款

全县贷款主要包括农业贷款、工业贷款、商业贷款、基本建设住房贷款和个人贷款等项目。

1989 年，各项贷款余额 20309 万元。1991 年，贷款结构发生较大变化，基本建设增幅较大，农业贷款、工业贷款、商业贷款稳步增长，年底余额为 3.15 亿元，较 1989 年增长 55.2%。

1993—1997 年，各项贷款增长较快，增幅在 21% 左右。

1996 年，各项贷款超 10 亿元，年底余额 105196 万元。

1998—2003 年，各项贷款进入高速增长期间，2003 年底各项贷款余额达到 24.34 亿元，较 1998 年底增长近 1 倍。

2005 年，贷款投放结构进一步优化，资金重点投向工业、个体民营企业及“三农”，贷款增幅由 2004 年的下降 1.28%，提高到 2005 年的增长 11.5%。

2006 年、2007 年，贷款投放进入快速增长期，分别较 2005 年、2006 年增长 17.39% 和 22.59%。2007 年底，全县金融机构各项贷款余额为 38.56 亿元。

2008 年，受到全球次贷经济危机影响，贷款规模增速放缓。随着国家相关刺激经济发展政策的制定，2009—2013 年，贷款投放出现大幅度增长。2013 年底，全县各项贷款余额达到 104.54 亿元，较 2009 年初增幅达到 156.5%，是 1989 年的 51.5 倍，年均递增 20.6%。

农业贷款

1989 年，全县农业贷款余额 3536 万元。1995 年，全县农业贷款首次突破 1 亿元，年底余额为 1.04 亿元。

自 1999 年起，人民银行通过支农再贷款，引导农村信用社等机构加大支农力度，信用社积极调整信贷结构，优化信贷投向，当年农业贷款余额增至 3.58 亿元。

2000—2003 年，先后突破 4 亿元、5 亿元、7 亿元。2005—2009 年，农业贷款进入快速发展时期，至 2009 年底，余额为 27.66 亿元。

2010 年初，随着城镇化进程的加快以及农村经济结构转型发展，农业贷款呈现下降趋势，至2013年底，农业贷款余额为4.92亿元，是1989年的13.9倍。支农贷款重点支持种植、养殖、农副产品加工和个体工商业等，促进农村经济的发展，增加农民收入。

工业贷款

1989年，全县工业贷款余额4698万元。1993年，全县工业贷款突破1亿元，当年增幅为34.8%，余额为12256万元。1996年，工业贷款突破2亿元，余额增至20919万元。2000年，受东南亚金融危机影响，工业企业对银行信贷资金需求下降。2000年年底全县工业贷款余额降至20633万元。2002年，全县工业贷款出现快速增长，突破3亿元，年底余额为31839万元。2002—2008年，平邑县工业贷款规模基本保持平稳。2009年初，金融机构不断加大对石材加工、手套加工、罐头食品加工、金银花种植与销售等行业的信贷支持力度，推动平邑工业化进程。2012年底，工业贷款总体规模突破14亿元。2013年底，全县工业贷款余额突破20亿元，达到20.15亿元，是1989年的42.88倍。

商业贷款

1989年，全县商业贷款余额9938万元。1990年，商业贷款突破1亿元，年底余额为1.15亿元，较1989年增长15.49%。1994年，突破2亿元，年底余额为2.58亿元，较1993年增长62.37%。1994—2002年，商业贷款余额在2亿元至3亿元之间波动，2002年底，余额为2.25亿元。2003—2009年，商业贷款余额降至2亿元以下，2009年底余额为1.16亿元。2010年以来，随着国家惠农政策的实施，金融对粮棉油收购、商贸流通等资金投入进一步加大。至2013年底，全县商业贷款余额达到16.33亿元，较2009年底增加15.17亿元，是1989年的16.43倍。

基本建设（住房）贷款

1989年，全县基本建设贷款余额557万元。1991—1993年，基本建设贷款逐年增长，1993年底全县基本建设贷款余额5739万元。1994—2001年，基本建设贷款处于波动发展时期，在1800万元至4300万元之间徘徊。2001年底，全县基本建设贷款余额2347万元。2002年初以来基建投入快速增加，年底余额9996万元，较2001年增长4.26倍。2003—2008年，基本建设贷款规模基本稳定。2009—2013年，基本建设贷款进入快速增长期。2013年底，基本建设贷款余额突破11亿元，达到11.2亿元，是1989年的201倍。

个人贷款

为满足城乡居民个人消费需要，全县金融机构陆续开办个人消费信贷业务，支持城乡居民购车、购房和助学等需要。1999年，全县个人消费贷款余额突破1000万元，达到1023万元。2002—2004年，平邑县个人消费贷款规模保持稳定；2005年，全县中短期个人消费贷款余额3.04亿元，较2004年出现大幅度增长。2005—2008年，再次进入平稳发展时期；2009年以后，个人消费贷款规模进入快速发展时期。至2013年底，全县个人消费贷款余额为39.23亿元，主要分布于住房、汽车等方面，支持城乡居民消费及旧城改造。

1989—2013 年平邑县主要贷款情况表

表 13-2 单位：万元

年份	总额	农业贷款	工业贷款	商业贷款	基本建设（住房）贷款	个人贷款
1989	20309	3536	4698	9938	557	30
1990	26871	4427	5756	11477	223	28
1991	31511	5356	7920	12605	1575	24
1992	35398	6519	9094	13843	2615	18
1993	66855	4523	12256	15885	5739	71
1994	63143	3145	17810	25792	4334	101
1995	91604	10385	16948	23930	3593	141
1996	105196	13896	20919	27630	4391	357
1997	123137	24471	27365	26095	4182	785
1998	135913	31630	26295	33612	2414	889
1999	141331	35732	33952	29854	2022	1023
2000	149772	42685	20633	26317	1806	1124
2001	164148	51025	23955	23874	2347	2258
2002	190678	58552	31839	22529	9996	3741
2003	243411	73998	40876	19428	16798	3328
2004	240299	92503	31758	14491	14161	3114
2005	267942	10727	24659	12994	14022	30375
2006	314528	145363	31372	16974	14869	22913
2007	385592	194752	29123	15987	13256	31256
2008	407507	236638	32369	15015	15460	34026
2009	498930	276634	56892	11588	25570	60598
2010	619077	130058	67896	89716	35698	79328
2011	776044	23002	96325	155727	48145	335129
2012	942736	60731	140210	150274	65897	365287
2013	1045353	49211	201465	163257	112065	392265

第四节 债 券

国债

1989年，国库券不再对单位发行。是年，增加特种国债，只对单位发行。1990年，国库券发行时间全国统一定为6月10日至11月30日。1994年，是恢复发行国债后发行国债规模最大的一年，同时国债兑付也进入高峰期。1995年，国债发行以凭证式国债为主，人民银行不再负责资金上划，工作重点转为对商业银行的发行进度和政策执行情况进行监督检查。

企业债券

1992年，企业债券融资快速膨胀，带来许多潜在的金融风险。1993年，国务院发布《企业债券管理条例》，严格限制企业债券的发行。此后企业债券市场进入规范发展阶段。

第五节 外汇管理和国库

外汇管理

为更好地支持全县外向型经济的发展，加大外汇支持企业发展力度，引导金融机构满足企业贸易融资需求。1995年8月18日，国家外汇管理局平邑支局在平邑县人民银行成立。1998年9月1日，国家外汇管理局平邑支局转发《境内居民个人外汇管理暂行办法》。根据文件规定，境内居民个人因私兑换外汇业务授权中国银行负责办理，同一城市（地区）原则上只指定一家中国银行分支机构办理个人因私兑换业务。

1999年5月18日，中国人民银行、国家外汇管理局发布《关于国家外汇管理局分支局金融机构外汇业务监管职能划入人民银行分支行的通知》，决定从1999年6月1日起，国家外汇管理局各分支局承担的对金融机构外汇业务市场准入审批、外币资产质量和风险监管职责，按金融机构类别分别移交到中国人民银行分支行相应监管部门。

1999年，国家外汇管理局平邑支局外汇管理职能发生变化，对外汇指定银行的工作重点由外汇业务风险监管转向外汇法规监管。对此，支局将加强外汇法规的宣传和培训，强化外汇指定银行外汇法规意识，维护正常的外汇市场秩序。

2001年3月16日，中国人民银行平邑县支行转发中国人民银行、国家外汇管理局发布的《关于加强和完善国家外汇管理局系统管理工作的通知》，决定建立与外汇管理工作需要相适应的领导体制，加强对干部的管理，进一步规范机构职能部门设置。

2002年7月11日，国家外汇管理局平邑支局转发国家外汇管理局发布的《境内居民个人购汇管理实施细则》，自2002年8月1日起施行，文件规范银行经营居民个人售汇业务的准入和退出、居民个人购汇行为等内容。

2004年2月16日，国家外汇管理局平邑支局转发国家外汇管理局发布《关于规范非居民个人外汇管理有关问题的通知》，对非居民个人在境内办理外汇收支、外汇划转、结汇、购汇、开立外汇账户作了具体规定。

2006年12月25日，中国人民银行平邑县支行转发中国人民银行发布的《个人外汇管理办法》，对个人外汇管理政策进行调整和改进。同时，《个人外汇管理办法》对现行个人外汇管理相关规定进行了梳理，废止原来有关个人外汇的16个管理规定。

2013年，国家外汇管理局平邑支局坚持稳中求进、改革创新、突出重点，扎实落实各项改革措施，积极推进外汇主体监管，努力防范跨境资金流动风险。

国库

2008年，国库系统率先实现从国库直接向水库移民支付补助资金，使得人为干预补贴款发放的可能性大大降低，确保移民及时方便地领到国家生产生活补助资金，全年为3.4万户库区移民拨付库区移民资金2042万元。

2009年10月16日，临沂市平邑县支库通过积极沟通协调，充分利用人民银行的支付系统资源优势，成功将3.75万元“城市贫困学生寄宿生活费补贴”，由国库直接支付到250名学生账户中，完成平邑县2009年下学期城市贫困生学生补贴的拨付工作，切实落实党的政策，发挥人民银行金融服务职能。

2010年，继续加强柜面监督，提高核算质量，拓展国库直接支付服务功能，加强对国库经收处的监督管理，开展国债下乡惠农宣传活动。

2010年7月12日，对国库收支统计新旧系统2003—2010年数据进行比对，完成新系统历史数据核对和确认工作；TMIS系统开始试运行。8月4日，在地税局二楼会议室组织召开财税库银联席会议，安排部署地税部门加入财税库银横向联网系统事宜；9月2日，国库信息处理系统TIPS正式上线运行，标志着县财、税、库、银横向联网系统全面开通。

2011年，全力打造“惠民国库”，进一步改善民生。扩大国库集中支付涉农、救灾补贴等财政补助资金范围，打造国库与百姓之间的资金“直通车”。2011年，把烟农补贴纳入国库直接支付系统，对全县3万多户库区移民支付库区移民补助资金498万元。大力推广集中收付系统“跨行通”业务，建立社会资金支付清算的“高速公路”，各金融机构代理发放新农保养老金及工资等5万多笔近3000万元，“跨行通”业务量位居各县首位。

2012年，顺利完成国库集中核算系统TCBS上线工作。各项业务顺利进行，实现安全无差错。

2013年，进一步提高国库服务工作水平。实施惠农补贴“折换卡”工程，完成惠农补贴“折换卡”11.4万户，办理各类补贴资金42万笔、金额4.58亿元，同比增加91%、138%。相关做法被济南分行《信息选编》第8期报道。创新非税收入直缴入库管理模式，把33家非税收入单位列入直缴入库试点。该做法被中心支行以《专报信息》第239期上报分行。办理残疾人大学生补助款4笔，金额1.1万元。

第六节 货 币

人民银行平邑县支行负责全县货币发行、调拨和流通管理。根据央行人民币发行库设置改革的需要，2000年4月，费县、蒙阴县支库撤销，由平邑县支库代理费县、蒙阴县支库相关职能。2005年，平邑县发行库撤销，县各商业银行现金业务由中国人民银行临沂市中心支行发行库负责。

人民币发行

自1991年3月10日开始，人民银行对第三套人民币中的1960年版2元券、1972年版5角券只收不付，第三套人民币部分面值渐渐退出市场。

1992年6月1日，县支行开始投放第四套1991年版1角、5角和1元3种（硬币）人民币。

1992年8月20日，县内开始发行1990年版100元和50元带金属防伪安全线的纸币，同年还发行1990年版1元、2元纸币。

1999年10月1日，开始发行第五套人民币，面额有100元、50元、20元、10元、5元、1元、5角和1角8个券别，同时取消2元和2角券别，增加20元券别。第五套人民币与第三套、第四套人民币等值流通。

2000年7月1日，第三套人民币停止流通。2002年11月18日发行纸币5元、硬币5角，同时完成第五套人民币100元、50元、20元、10元、5元纸币和1元、5角、1角硬币共8个券别、8个版别的发行。

2005年8月31日，发行第五套人民币2005年版100元、50元、20元、10元、5元纸币和1角硬币。

货币流通

1988—1990年，经济通胀，需求不足、市场疲软。

1991—1994年，随着经济发展，货币需求有所增加，货币投放正常，处于现金投放期。

1995—2001年，处于现金回笼时期。2002年后，回笼投放基本相当。

货币管理

随着货币流通量的变化发展，为构建良好的人民币流通环境，平邑县支行不断加强现金管理工作。1988年起，平邑县支行每年对商业银行现金管理、残损人民币兑换情况进行检查。1990年起，平邑县支行每年均开展“反假人民币宣传月”活动。

1995年起，平邑县支行及各商业银行、公安局、工商行政管理局组成反假人民币联席会，各银行及基层营业网点配备专兼职反假人民币工作人员，形成严密的反假人民币网络。

第七节　金融体制改革

1989—2013年，金融体制改革经历一个逐步转变的过程，其间，人民银行牢牢把握监管重点，保证了辖区内金融业的健康稳定发展。

对金融机构管理逐步由市场准入向市场退出转变。各金融机构采取扩张战略，竞相增设储蓄网点，人民银行主要是对申请设立的机构进行考察和审批，把好金融机构的市场准入。1994年农村信用社合作社从农业银行分出独立，1996年，中国农业发展银行平邑县支行成立，1996年、1997年，机构基本处于饱和稳定状态；1997年、1998年，一些不便管理、不符合效益原则的机构逐步退出市场。1999年，开始撤并部分基层机构，人民银行基层行主要是把市场退出关，防止出现金融服务真空地带和出现紊乱现象。

对金融业务的管理逐步由合格性监管向风险性监管转变。1991—1995年，人民银行县级行主要着力于维护正常的金融秩序，查处违规行为，规范金融业务运作，1997年开始，人民银行加强对金融机构的风险监督，借鉴国际通行的《巴塞尔协议》及《有效银行监管的核心原则》，实行以风险管理为核心的资产负债比例管理。在贷款的管理上，推行五级分类法，1999年这一办法全面推开，将通过五级分类法认真对部分不良资产进行剥离。

对金融市场的监管由培养发展转向风险防范。金融监管方式由现场分工监管向本币、外币、现场、非现场的系统性监管转变。对负责政策性粮棉油收购金融业务的农业发展银行实行收购资金的封闭式管理，对4家国有商业银行实行风险监督，对农村信用社不再接受农业银行代管，由人民银行承担金融监管职责；对人民币与外汇经营业务许可证两证合一后，实行了本、外币的并表监管。

金融监管的重点由重视业务管理转向重视对人的管理。对金融机构高级管理人员任职资格进行审查和管理。随着人民银行职能的转换，县级人民银行的工作重点转移到对城乡信用社的监管上。1997年9月，人民银行成立农村合作金融管理科，专事农村信用社的监管工作。中国人民银行对信用社的监管，主要是审批机构设立和撤并，审查其高级管理人员任职资格，检查其资产负债比例管理，督促其正确执行利率政策，防范和化解金融风险，同时检查督促农村信用社坚持合作办社方向和为农村、农业、农民服务宗旨的落实。1998年，人民银行县支行针对两社经营管理存在问题，开展一系列卓有成效的监管活动，建立金融风险的预警预报、防范化解机制。1999年，人民银行县支行制定印发《关于城乡信用社加强经营管理，依法稳健运行的指导意见》，对城乡信用社存贷款管理、财务管理、制度建设、机构人员管理等进行全面规范，使城乡信用社步入健康发展轨道。2003年12月，银行监管职能分离，中国银行业监督管理委员会临沂分局平邑办事处成立，金融体制改革进入实质性阶段。2004年2月1日，开始实施新的《中华人民共和国中国人民银行法》，将中国人民银行的职责调整为制定和执行货币政策、维护金融稳定和提供金融服务3个方面，平邑县金融部门在地方政府和上级行领导下，进一步深化改革，全县经济金融和谐健康发展。2000—2013年，临沂市商业银行平邑县支行、邮储银行平邑县支行、莱商银行平邑县支行先后在平邑县设立分支机构，金融生态环境进一步优化，较好满足各类经济体对信贷资金的需求。

第八节　金融服务

扩大金融服务点建设。全县731个行政村共设立助农取款服务点1384个，布放电话POS机6834台，农民自助服务终端193台，为普惠金融综合示范县建设奠定良好基础。

提升金融服务企业水平。制定《平邑县“金融服务企业百日行”活动方案》，推动各机构积极组织走访企业对接活动，完成对35户企业的走访。其中有融资需求的21家，共计4亿元，签订合同1.955亿元。

开展金融知识宣传。先后组织金融系统深入乡镇开展以“权利·责任·风险”为主题的金融宣传活动、金融知识普及宣传月活动等，重点宣传新消法规定的消费者拥有的各项法定权利，共悬挂条幅10幅，制作板牌27块，发放宣传资料2000余份，宣传折页2万多页，接受群众提供咨询服务9800余人次，宣传活动取得明显成效。开展金融知识宣传与消费者权益保护。定期与农户面对面的传授金融知识，同时解决农村金融消费者权益纠纷；全年累计受理金融消费者投诉680起，投诉126件，结案率100%。

第二章　银行业监管

2003年12月19日，中国银行业监督管理委员会临沂监管分局平邑办事处成立，系中国银行业监督管理委员会临沂监管分局内设部门。办公地址位于平邑县浚河路西段原平邑县农村信用合作联社城关信用社3楼。至2013年底，银监办无下设机构。

第一节 监 管

银行业改革发展

2003年以来，银监办强化市场准入监管，在网点、安保等方面严格审核，实现辖内银行业金融机构网点布局不断规范，政策性金融、合作金融、商业金融功能互补、分工协作的金融组织体系逐步建立。

2010年，莱商银行临沂平邑支行开业。

2011年，临商银行平邑支行挂牌开业。

2013年，银监办发起由县政府牵头赴江苏邳州农村商业银行考察推介活动，从资料整理、股东选择、人员配备、营业场所选址等方面做好监管服务，由邳州农村商业银行发起设立平邑汉源村镇银行。

金融风险防控

2003年以来，银监办持续深入开展案件专项治理，强化对重要岗位和重点部位的监管力度，有效防范各类案件和事故的发生。

是年，银监办会同县公安局组织对辖内银行业金融机构从营业场所、自助设备、消防安全等八个方面开展安全评估，推进辖内银行业机构安全保卫工作机制建设，实施银行网点和自助设备安全设施达标工程，及时堵塞银行安全保卫工作中的漏洞。

银行业法人监管

强化非现场监管基础。认真审核平邑县农村信用合作联社非现场监管报表，提高非现场监管分析报告质量，通过数据分析及时发现风险、提示风险，发挥非现场监管的风险预警作用。引领支持实体经济。

发挥监管导向，统筹信贷资源。组织平邑县农村信用合作联社扎实推进以“金融服务进村入社区、阳光信贷、富农惠农金融创新、管理提升工程”为内容的“四大工程”，加大支农惠农力度。

引导高管人员树立良好的企业文化与信贷文化，通过推介金融产品、实行利率优惠、组建商户联盟、打造产业链条等措施，为石材、罐头、金银花等特色产业提供金融支撑力。管控信用风险。组织平邑县农村信用合作联社贯彻落实“三个办法一个指引”，提高信贷管理精细化水平。

严控案件风险。指导平邑县农村信用合作联社开展协理风险排查，做好协理员管、转、退、建工作。

抓好对重点风险领域的排查，对案件风险隐患突出的柜台操作、银企对账、票据业务、现金尾箱、现金管理，具有涉黄、赌、毒，参与或者变相参与民间借贷现象的人员重点排查，及时堵塞风险漏洞。

金融消费者权益保护

银监办成立以来持续关注民生，践行为民监管理念，认真做好金融消费者权益保护工作。

2012年9月，银监办组织辖内银行业金融机构开展整治银行业金融机构不规范经营专项治理活动，把贷款“七不准”、收费“四公开”，以及社会反映较大的违规销售保险、理财产品等问题作为治理重点，累计退费18万元。

2013年9月，银监办组织辖内银行业金融机构开展为期一个月的“金融知识进万家”宣传服务月活动，各银行机构以营业网点、银行网站为宣传阵地，悬挂横幅或通过电子滚屏展示活动宣传标语，在网点内播放宣传片，摆放金融知识宣传品，宣传活动取得良好成效。

第二节　保障体系

认真学习商业银行监督管理法、商业银行法、贷款通则等法律法规，领会法理精神，增强运用法律手段解决监管过程中各种疑难问题的能力。深入学习各项监管制度，熟练掌握行政许可、现场检查、非现场操作规程、保密管理、考核办法等工作制度，不断提高工作效率和规范化程度。参加各种监管培训活动及监管视频讲座，学习新资本管理办法，接受监管新理念，提高监管技能。积极学习实践科学发展观，通过参加培训、自学、专题调研方式，掌握科学发展观的精神实质和基本要求，促进银行业监管工作的提质增效。

第三章　工商银行

中国工商银行平邑县支行为正科级金融单位，位于平邑县城浚河路61号，主要办理信贷、结算、储蓄、牡丹卡等业务。股份制改革后，中国工商银行平邑县支行于2005年12月16日变更为中国工商银行股份有限公司平邑支行。内设办公室、风险管理部、市场部一部、市场部二部3个职能部门，下辖营业部、第一储蓄所、地方支行3个营业网点。

至2013年，支行各项存款118582万元，各项贷款81550万元，实现经营利润3587万元。

第一节　存　款

1989—1994年，支行开展劳动竞赛、“大抓两个存款”活动，全行增存1023万元。

至2013年，各项存款余额118582万元，较年初增加3916万元，增幅为3.42%。

单位存款

工商银行平邑支行采取积极的营销策略和措施，对劳保处、人事保险处、县电业局、电信局等几户存款大户实行上门服务，寻找新的存款增长点，对公存款不断增长。

2001年6月底，支行新开企业户数31户，对公存款余额为6190万元，较年初增加933万元，完成市行下达支行上半年任务的103.7%，四行占比名列第一。

2005年，对公存款增长较快，较年初增加2603万元，完成市行下达的计划的129%。其中公司存款余额4910万元，较年初增加1099万元，完成全年增存任务的109%；机构存款余额7123万元，较年初增加1504万元，完成市行计划的146%。

至2013年，本外币存款余额为118582万元。其中支行对公存款余额50732万元，较年初减少4340万元。

储蓄存款

支行设立后，建立健全各项规章制度，设立2个营业网点，大力发展储蓄存款业务。先后开办活期存款、定期存款、整存整取、零存整取、存本取息、定活两便、通知存款、教育储蓄等。随着居民的收入不断增加，在合理增设储蓄网点的基础上，大胆探索与企业联合办所的路子，积极发展联办所、代办所，到1988年底，储蓄所达到5个，代办所达到115个。与此同时，分别与县肉联厂、燃料公司、酒厂开办3个联办所。

积极构建“大个金”格局。尽量减少各网点日常临柜柜员，增加外出营销揽存人数，有针对性地进行营销，实现以柜员为主的经营模式向以市场为主的营销模式的转变，不断向新市场、新客户和竞争对手要存款、争效益，全面营销支行的金融产品，特别是电子银行产品，全力提高同业市场占比。在1994年的“大抓两个存款”为内容的劳动竞赛活动中，35天便完成全年储蓄存款任务，成为临沂地区第一个提前完成任务的县行。至1994年3月，储蓄存款净增870万元，完成全年任务的132%。

2002年，存款增加2185万元，增幅全市排名第一名，完成市行下达确保计划的137%。

2001年下半年至2002年上半年，创建精品网点，按照总行的统一标示装修第一储蓄所、城东办事处、十字路储蓄所、县行营业室，不但使网点环境大为改观，而且购置空调、滚动字幕利率屏、座椅、对讲机等服务设施，与此同时，支行改变各营业网点的劳动组合，实行柜员单人对外直接营业。第一储蓄所成为全县第一流的储蓄所，日均业务量由装修前的300笔左右猛增到1200多笔，存款也有大幅上升，突破1.2亿元。

2005年底，储蓄存款较年初增加1053万元。代发工资户数达到12799户，月代发额792万元，新增代发工资单位13家，新增代发户数1960户，年累计代发额10863万元。

2005年后，机构合并，支行迎来新一轮发展机遇。随着个人电话银行、个人网上银行、缴费通、银证通、银保通、理财金账户、汇款直通车等多种业务的快速增长，储蓄存款业务实现较快发展。

至2013年，储蓄存款余额6.79亿元，较年初增加8238万元。

1989—2013年工行平邑县支行存款情况表

表13-3　　单位：万元

年份	各项存款余额	对公存款余额	储蓄存款余额	年份	各项存款余额	对公存款余额	储蓄存款余额
1989	3463	803	2660	2002	24862	5925	18937
1990	3965	1178	2787	2003	32792	11670	21122
1991	5291	1899	3392	2004	34378	11400	22978
1992	6698	2525	4173	2005	37734	13363	24371
1993	8314	1545	6769	2006	37871	12470	25401
1994	11294	1518	9776	2007	44549	24049	20500
1995	11825	849	10976	2008	56925	27215	29710
1996	15109	2330	12779	2009	63309	29100	34209
1997	14405	2798	11607	2010	73832	34061	39771
1998	16759	3883	12876	2011	96233	43900	52333
1999	19916	5221	14695	2012	114666	55072	59594
2000	20296	5256	15040	2013	118582	50732	67850
2001	22297	5545	16752				

第二节 贷 款

1989年底，贷款余额为7022万元，较年初增加735万元。1990—2003年，贷款业务实现快速发展。至2003年底，各项贷款余额30904万元，增加22886万元。重点投放到冠鲁集团、兰陵集团平邑分公司等单位，有力地支持了地方经济发展。

自1999年起，开办个人贷款业务。发放住房贷款是近年来重点促销与发展的一项工作。2000—2003年，个人贷款业务发展缓慢。进入2004年，个人贷款业务实现了重大突破，余额达到5371万元。2006年，个人贷款业务发展遇阻，年底余额为3955万元。之后，该项业务实现长足发展。至2013年底，个人贷款余额50580万元。

由于受经济环境的影响，支行信贷资产质量明显下降，出现大量不良贷款，贷款总量明显下降，2004年较上一年下降4419万元，到2005年底各项贷款余额为16322万元，较上年同期减少10163万元。2006—2013年，贷款业务实现较快发展，

至2013年，各项贷款余额81550万元。

1989—2013年工行平邑县支行贷款情况表

表13-4　　　　　　　　　　　　　　　　　　　　单位：万元

年份	各项贷款余额			年份	各项贷款余额		
		公司贷款	个人贷款			公司贷款	个人贷款
1989	7022	7022		2002	25990	25796	194
1990	8018	8018		2003	30904	30753	151
1991	9555	9555		2004	26485	21114	5371
1992	11729	11729		2005	16322	11017	5305
1993	13461	13461		2006	22416	18461	3955
1994	17391	17391		2007	27285	21253	6032
1995	19395	19395		2008	32998	20763	12235
1996	21768	21768		2009	37724	16530	21194
1997	23034	23034		2010	57419	29236	28183
1998	22883	22883		2011	86441	50079	36362
1999	25392	25392	108	2012	86767	43890	42877
2000	23546	23546	108	2013	81550	30970	50580
2001	24689	24689	97				

第三节 债 券

2002 年 11 月 1 日，经中国人民银行批准，工商银行可以作为债券结算的代理人，接受委托企业为其全国银行间债券市场的现券买卖等业务。工商银行对企业开办债券结算代理业务以后，银行间债券市场巨大的债券资源将为企业提供更多的投资机会。

国债

支行代理县人民银行办理。县财政部门每年向全民所有制、集体所有制企业和城乡居民分配指标，由工商银行负责发行。财政部根据《中华人民共和国国库券条例》规定，采用抽签的方法确定还本付息的国库券数字号码，自 7 月 1 日起开始对付。

1989—1993 年，国债年发行规模有所扩大，而且增加了国际建设债券、财政债券、特种国债、保值公债等新品种。1994 年，财政部首次发行半年和一年的短期国债；1990 年，国内形成场内交易市场，国债开始在交易所进行交易。1995 年，二级市场交易活跃，支行在第一储蓄所设国库券交易点，抽调专人负责债券交易业务工作。

1989—1992 年，代理发行国债规模在 100 万元以下；1993 年，代理发行国债规模为 179 万元；1994 年达到 273 万元。1996 年，发行的国债以记账式国库券为主，而且实现了无纸化发行。1998—2005 年，每年代理发行国债约 100 万元左右。

开展国债兑付工作。从总体情况看，每年的兑付额稍大于代理发行额，其中 2003 年兑付国债 250.8 万元。

1999 年，代理发行额有明显增加，至 2013 年，代理发行国债已近 1000 万元。

第四节 国际结算

2002 年 3 月 13 日，根据中国工商银行山东省分行工银转发总行《关于同意山东省分行 95 家机构开办外汇业务的批复》的通知精神，支行向县人民银行申请开办外币储蓄、外币汇款、外币兑换业务，以适应新形势下业务发展的需求。

2003 年 9 月 3 日，支行又向县人民银行递交《关于中国工商银行平邑县支行申请开办外汇贷款业务的报告》，着手开办外汇贷款业务。是年，支行营业网点 4 个均在县城繁华路段，网点在岗正式员工 35 人，业务素质过硬，已经具备办理结售汇业务的基本条件。2004 年 5 月 25 日，支行向临沂市外汇管理局申请开办结售汇业务，6 月得到批复。

至 2013 年，支行国际业务结算量 13151 万美元，国际业务结售汇 4018 万美元，国际贸易融资 699 万美元，跨境人民币业务完成 4888 万元，中间业务 149.56 万元。

第五节 不良资产处置

不良资产主要是指不良贷款，包括逾期贷款、呆滞贷款和呆账贷款。

1998 年以后，国家将商业银行的资产分为“正常”“关注”“次级”“可疑”“损失”，此即当时所说的五级分类。

1999 年 7 月，中国人民银行（简称人民银行）下发《中国人民银行关于全面推行贷款五级分类工作的通知》和《贷款风险分类指导原则（试行）》，按照人民银行的规定，商业银行各类贷款专项准备金所提取的比例为：正常 0，专注 2%，次级 25%，可疑 50%，损失

100%。习惯上将后三类称为不良贷款，亦即不良资产。贷款不良资产比率居高不下中国商业银行改革和发展过程中出现的重大难题。

2001 年，贷款余额 24869 万元，收息贷款为 8988 万元，占贷款余额的 36.4%，“一逾两呆”占比为 63.6%。

2005 年，支行资产质量明显好转，五级分类不良贷款余额 6295 万元，较年初减少 6335 万元，占比下降 15 个百分点；核销呆账贷款本息 6869 万元，贷款退出 2212 万元，退出方式采取以物抵贷处置 190 万元，完成贷款退出计划的 102%；1999—2013 年，新增不良率为零，不良资产占比降至 23.77%。2006 年，工商银行上市前，不良资产占比压缩到 2% 以内。

至 2013 年，支行不良资产余额为 21.56 万元，占比为 0.01%，达到国有资产保值优化目标。

1989—2013 年工行平邑县支行主要经营情况表

表 13-5　　　　　　　　　　　　　　　　　　　　　　　　　　单位：万元

年份	各项存款余额	储蓄存款余额	各项贷款余额	中间业务收入	利润
1989	3463		7022		12
1990	3965		8018		36
1991	5291		9555		159
1992	6698		11729		232
1993	8314		13461		4
1994	11294		17391	4	30
1995	11825		19395	7	–296
1996	15109		21768	12	–619
1997	14405		23034		–750
1998	16759		22883	6	–420
1999	19916		25392		–539
2000	20296		23546	9	–853
2001	22297		24689	43	–557
2002	24862		25990	13	–571
2003	32792		30904	47	–130
2004	34378		26485	120	30
2005	37734		16322	81	388
2006	37871		22416	153	820
2007	44549		27285	212	1031
2008	56925		32998	324	1721
2009	63309		37724	438	1741

续表 13-5

年份	各项存款余额	储蓄存款余额	各项贷款余额	中间业务收入	利润
2010	73832		57419	1058	2699
2011	96233		86441	1586	4131
2012	114666		86767	1373	3342
2013	118582	67849.5	81550	1794	3587

第四章　建设银行

中国建设银行股份有限公司平邑支行，为正科级金融国有企业，位于平邑县城莲花山路61号，主要办理存、贷款、结算、信用卡等业务，机构设置为办公室、公司业务部、个人金融部，两个营业网点：营业室和西城分理处。7处离行式自助银行。

第一节　存　款

平邑支行设立后，把大抓存款作为各项工作的重中之重。先后采取开展“增存增收竞赛突击月”“大抓两个存款”“首季开门红”“旺季活动”“时点冲刺”“抓旺季、争份额、促发展、创佳绩”等劳动竞赛活动，促进了业务开展。至2013年底，各项存款（不含同业）余额120731万元，较年初新增20515万元。

单位存款

开展大抓对公存款工作。2001年，建行得知日东高速公路平邑段总投资约7亿元，及早介入营销，8个工程项目部均在建行开立账户，年底存款余额达到5800余万元。

做好联动攻关工作。2004年，组成8个专职客户经理营销小组，与网点携手营销客户。与县计委、财政和建委等部门配合，促使自筹建设单位认真落实建设资金，督促施工单位到建行开立单位结算账户，将自筹基建资金存到建行，交存率达到80%。同时利用审查全县工程预决算职能，把审查施工企业财务预决算和代编代审工程预决算有机结合起来，使吸收存款渠道得到进一步延伸。至1990年底，各项存款余额2424万元，完成上级行下过任务的141%。

积极拓展各类机构客户结算账户和中央、省、市专项资金账户。2013年，对公存款新增额居当地4行第一。是年，对公存款余额79164万元，较年初新增11570万元，新增4行占比1559.73%。

储蓄

1989年，坚持横向开拓、纵向延伸、立足城镇、发展农村，采取自办、联办、代办等多种形式设网点，多种渠道吸储存款。是年，个人储蓄存款余额690万元，较年初增长360万元，增幅109%，占全县金融系统新增储蓄存款的19.83%。

2000年，建行在全市建行系统率先推出夜市储蓄业务，将营业时间延长到晚上9点。大力开办代发工资业务。

至2010年，代发工资户数达到22765户，月代发额1392万元，当年新增代发工资单位14家，新增代发户数2766户，年累计代发额16877万元。

2013年，建行物理网点由最多时的14个营业机构撤并为2个物理网点，分别在县城和部分乡镇布放7处离行式自助银行，陆续推出电话银行、网上银行、手机银行、缴费通、银证通、银保通、理财金账户、POS机等多种业务。

2013年底，储蓄存款余额41567万元，比年初增加8945万元。

1989—2013年建行平邑支行存款情况表

表13-6 单位：万元

年份	各项存款余额	对公存款余额	储蓄存款余额	年份	各项存款余额	对公存款余额	储蓄存款余额
1989	1205	515	690	2002	22959	13802	9157
1990	1834	634	1200	2003	24030	14950	9080
1991	3707	1607	2100	2004	25420	16730	8690
1992	4526	1514	3012	2005	24788	15008	9780
1993	5962	898	5064	2006	25265	13548	11717
1994	6836	1189	5647	2007	24408	15147	10261
1995	15958	9242	6716	2008	33396	21372	12024
1996	11610	3225	8385	2009	66212	48408	17804
1997	10334	2549	7785	2010	57338	36093	21245
1998	10748	3609	7139	2011	61480	36714	24766
1999	13264	5034	8230	2012	100216	67594	32622
2000	16383	7669	8714	2013	120731	79164	41567
2001	14035	3972	10063				

第二节 贷 款

1989年底，建行贷款余额为3893万元，重点支持平邑县石膏矿、花岗石矿、水泥厂等建设项目和重点企业。向平邑县石膏矿筹建处发放特种拨改贷贷款600万元和中央预算基建贷款596万元用于该矿建设。累计为平邑县皮鞋厂发放贷款300多万元，支持该厂生产经营，使此厂拥有近20处乡镇加工点，直接和间接从业人员500多名，生产能力扩大到年产50万双皮鞋，40万元双工艺鞋。其中工艺鞋、拖鞋和童鞋远销海外，被省外贸评为优良产品，并定为指定生产厂家。

1990年，累计发放223万元支持国民经济3大支柱之一的建筑安装企业发展。平邑县共有县以上集体施工企业1个，乡镇施工企业21个，施工队伍近万人，建行本着择优扶持保证重点的原则，优先对平邑县第一建筑安装公司和城区公司信贷支持，全年为平邑县第一建筑安装公司发放贷款58万元，促进这个公司生产经营水平不断提高。增加农业投入，大力支持农副产品生产。积极支持农副产品加工、外贸加工和劳动密集型产品的开发利用。1990年来，共发放贷款130万元，支持冷恒温库、山楂系列产品开发、淀粉制品深加工、副食品加工和牧工商公司建设。

1994年，建行积极向上级行争取信贷政策，向平邑县黄金工业公司（即今天的山东黄金归来庄矿业有限公司）发放贷款500万元，用于此企业生产建设，建行是全县唯一一家信贷支持这个企业的银行，并建立稳固的银企关系。至1997年，累计发放贷款2500万元，为此企业发展壮大奠定扎实基础。

1999年，结合平邑县个体工商民营企业发展实际，根据个体工商民营企业业务发展需要，办理银行承兑汇票。全年累计办理金额21351万元，为历年办理银行承兑汇票最多的一年。

2001年起，开展个人住房贷款业务，全力打造“要住房找建行”品牌，较好地满足平邑县居民购买住房信贷需求。2012—2013年，连续两年当年个人住房贷款新增全市建行系统县域支行第一。

1989—2013年建行平邑支行贷款数据情况表

表13-7　　　　单位：万元

年份	各项贷款余额	公司贷款	个人贷款	年份	各项贷款余额	公司贷款	个人贷款
1989	2697	2697		2002	13834	12789	1045
1990	3855	3855		2003	14916	13890	1026
1991	4576	4576		2004	17870	14785	3085
1992	6485	6485		2005	21280	15190	6090
1993	8174	8174		2006	25469	15865	9604
1994	8149	8149		2007	19720	13128	6592
1995	10542	10542		2008	18986	12097	6889
1996	12647	12647		2009	19786	8235	11551
1997	12165	12165		2010	18165	9499	8666
1998	11531	11531		2011	37163	14605	22558
1999	7345	7345		2012	63799	16934	46865
2000	7514	7514		2013	10015	35050	65109
2001	6227	5221	1006				

说明：2001年开始发放个人贷款

第三节 债券 不良资产处置

国债

1989年，建行开展代理发行国库券。至2013年，累计代理发行560多万元。

企业债券

根据《企业债券管理暂行条例》规定，中国人民银行是企业债券的主管机关，其会同国家计委、财政部制定全国企业债券的年度控制额度，下达各省、自治区、直辖市和计划单列市执行。建设银行作为代理企业债券业务的机构之一，认真履行职责，积极做好代理企业债券业务。1989年，建行代理临沂电力建设债券80万元。

不良资产处置

2007—2009年，平邑发展热电有限公司、山东省平邑县第一中学、临沂市美丽雅丝有限公司等因自身原因，无法按时归还在建行申请的贷款，相继出现不良贷款。至2009年，建行不良资产总额达到4524.75万元，不良率55%，不良资产占比较大，严重影响建行业务发展。

2009年12月，通过减免表外欠息方式全额收回现金本金2459.63万元；2010年6月，成功处置平邑发展热电有限公司不良贷款1465.12万元。

2010年，建行将清收转化不良贷款列为全行重点工作，专门成立任务型催收团队，针对3家客户的不同情况，分别采取不同的催收手段，每户一策，采取诉讼、协调县政府及法院等多种手段，积极压缩不良贷款。

2013年6月，成功处置临沂市美丽雅丝有限公司不良贷款600万元。至此，建行公司类不良资产为零。

第五章 中国银行

中国银行股份有限公司平邑支行成立于1994年7月，位于平邑县浚河路中段，系租赁平邑县电业局楼房，上下4层，面积800平方米。原名为中国银行平邑支行，同时设立党组，设有储蓄专柜、汇丰、汉阙、聚丰储蓄所和兴行代办所4所1柜，内设会计科、存汇科、业务科、信用卡科、保卫科、办公室6个科室。

1999年7月，撤销党组设立党支部，机构改革，内设营业部、零售业务部、公司业务部、办公室（含保卫科）4个部室。

2000年，支行降格更名为临沂分行平邑分理处（股级），裁减人员，年底员工人数为29人，储蓄所先后撤销。

2001年5月，设综合管理部、营业部、业务发展部3个部门。2003年，办公室营业楼搬迁至平邑县招待所综合服务楼，面积831平方米。

2004年6月，更名为中国银行股份有限公司临沂分行平邑分理处。

2007年7月，更名为中国银行股份有限公司平邑支行。主要办理公司信贷、个人信贷、国际结算、国内结算、储蓄、信用卡、理财、保险、基金、贵金属等业务。

第一节 存 款

1994年，支行成立后，当年各项存款余额2244万元。至2013年，各项存款余额

71421万元。

对公存款

中行采取积极的营销策略和措施，大力加强客户群建设，加强银企合作，密切银政关系，实行高层营销和联动营销相结合，进行名单式管理。扩大核心存款规模，降低负债成本。加强企业关系与产品条线的协作联动，为企业提供更具吸引力的综合金融服务方案，带动收入持续提升。对公存部门加大与存款大户的联系，对劳保处、人民医院，中联水泥等几户存款大户实行上门服务。

1994年，对公存款1874万元，2000年为6757万元，2013年为40333万元。

储蓄

支行设立后，建立健全各项规章制度，大力发展储蓄存款业务。储蓄存款具体分为活期存款、定期存款、整存整取、零存整取、存本取息、定活两便、通知存款、教育储蓄等。

1994年成立初，储蓄余额仅有371万元，2000年为4928万元，2013年为31092万元。

1994—2013年中行平邑支行存款情况表

表13-8　　　　单位：万元

年份	各项存款余额	对公存款余额	储蓄存款余额	年份	各项存款余额	对公存款余额	储蓄存款余额
1994	2244	1873	371	2004	14690	7764	6926
1995	4550	3102	1448	2005	15732	9405	6327
1996	6708	4237	2471	2006	20010	11113	8897
1997	10867	5244	5623	2007	22630	12223	10407
1998	11446	6103	5343	2008	23489	11292	12197
1999	12174	5987	6187	2009	33827	18848	14979
2000	11685	6757	4928	2010	53252	33685	19657
2001	11556	6543	5013	2011	63229	38710	24519
2002	13028	6957	6071	2012	72361	45243	27118
2003	13836	7853	5983	2013	71421	40333	31092

第二节　贷　款

根据全县经济发展现状，因地制宜地制定办法，资产业务以个人授信和进出口项下的贸易融资为主，加大对优质项目和优质客户的支持力度。

1994年，各项贷款余额800万元，2000年为3838万元，2013年为5934万元。

在抓好贷款投放的同时，加强主动风险管理，严格审批程序，从源头上控制风险，同时加大对不良贷款的清收力度，积极化解、处置存量不良资产，实现不良资产的“双降”，提高风险管控水平。

1994—2013 年中行平邑支行贷款情况表

表 13-9 单位：万元

年份	各项贷款余额			年份	各项贷款余额		
		公司贷款	个人贷款			公司贷款	个人贷款
1994	800	582	218	2004	8736	4552	4184
1995	1375	973	402	2005	7356	3664	3692
1996	1970	1104	866	2006	12907	7383	5524
1997	3635	2765	870	2007	17404	10091	7313
1998	3835	2551	1284	2008	11481	4396	7085
1999	4005	2893	1112	2009	14292	0	14292
2000	3838	2143	1695	2010	41406	26401	15005
2001	4394	2387	2007	2011	51483	37200	14283
2002	6402	3174	3228	2012	51087	36690	14397
2003	6408	3201	3207	2013	59347	40000	19347

第六章 农业银行

1989 年，农行下设办公室、人事科、保卫科、会计科、出纳科、计划科、农业信贷科、资金组织科、审计稽查科，下辖营业部、城关、仲村、地方、铜石、白彦办事处、岐山、武台、东阳、临涧、郑城、柏林、保太、丰阳、魏庄、卞桥营业所，在全县乡镇设 26 处信用社，在县城设 14 处储蓄所，平邑县信用合作社隶属县农行管理，设有平邑县农业银行干部学校。

1990 年，平邑县支行撤销庞庄储蓄所、铜石街储蓄所、东阳中心储蓄所。

1991 年，平邑县支行在县行保卫科基础上建立经济民警分队。1991 年底，共设有 16 个科室、26 个办事处（营业所）、信用社、干部职工总人数达到 487 人，农行人数 209 人。

1993 年，为进一步深化金融体制改革，强化专业职能，县行撤销教育科、人事科，设立人事教育科。

1994 年，深化体制改革，成立山东省平邑县农村信用合作社联合社，农村信用社由农行移交县联社管理，农行和县联社仍为一个党组。为拓展新的业务领域，县行设立电脑管理部，成立金穗信用卡业务部。

1995 年，下设 18 个办事处，20 个储蓄所，全行干部职工 212 人。

1996 年，开办政策性住房信贷业务。设立五部室：资金组织部、信贷部、计划财务部、保卫部、办公室，保留电脑部、卡部、稽核部、纪检组。

2000 年，农行设立综合办公室、保卫部、计划财务部、零售业务部、信贷一部、二部、专项贷款管理部、市场开发部、国际业务部、计算机网络管理部、支行营业部，召开第五届工会会议代表大会。

2002年，按照上级行行政改革布置，支行保留平邑办事处、仲村办事处、地方办事处、铜石办事处，撤并商场储蓄所；保留财源、中心、东环、银顺、蒙阳、西郊、板桥、石都8个储蓄所。

2003年，撤并保太营业所合并到石都分理处。2005年，在莲花山公园附近设立莲花商城分理处。

2006年，平邑县支行内设计划财务部、个人业务部、公司业务部、信贷部、综合办公室、营业部。营业网点综合机构保留：平邑办事处、莲花商城分理处、石都分理处；储蓄所：蒙阳、板桥、财源、中心、西郊，撤并东环储蓄所。

至2013年，平邑支行有职工141人，设综合管理部、风险管理部、公司业务部、个人金融部、运营财会部5个职能部门，清收中心、个贷经营中心2个二级单位，下辖营业部、城关分理处、莲花商城分理处、石都分理处、西郊支行、板桥中路支行、蒙阳支行7个营业网点。

第一节 存 款

1989年，各项存款余额12412万元，2000年为20482万元。

2008年，与全外资企业山东汇源金银花饮料有限公司合作，在行营业部开立美元资本金账户及人民币基本存款账户。

2011年，力推电子银行业务“套餐式”营销模式，全力抓好电子银行产品的营销。至9月底，新增个人电子银行客户55710个，完成年度计划的120.4%，增量和计划完成率均全市排名第一位。

2013年底，储蓄存款业务实现较快发展，储蓄存款余额82454万元。

1989—2013年农行平邑支行存款情况表

表13-10 单位：万元

年份	各项存款余额	对公存款余额	储蓄存款余额	年份	各项存款余额	对公存款余额	储蓄存款余额
1989	12412	12382	30	2002	24922	21309	3613
1990	14543	14457	86	2003	33157	24761	8396
1991	17051	11695	5356	2004	54950	33716	21234
1992	19206	19016	190	2005	78482	37075	40407
1993	27573	26941	632	2006	78406	25226	53180
1994	21667	21667		2007	64830	24115	40715
1995	16574	11839	4735	2008	65553	32997	32556
1996	17542	12622	4920	2009	72602	38048	34554
1997	22014	15161	6853	2010	75256	27527	47729
1998	24136	16212	7924	2011	99788	36203	63585
1999	26327	19081	7246	2012	103317	36217	67100
2000	20482	19625	857	2013	121398	38944	82454
2001	26777	23924	2853				

第二节　贷　款

1989 年，各项贷款余额 6859 万元，2000 年为 47422 万元。

2009 年，农行临沂市分行与平邑县人民政府战略合作暨平邑县银企合作签约。县政府与农行临沂市分行签署 6 亿元人民币的意向性信贷支持额度。农行平邑县支行与 6 家企业签署共计 3 亿元人民币融资额度。

2010 年 8 月，为临沂市康发食品饮料有限公司开立国内信用证，金额 209.6 万元，这也是全市农行首笔国内信用证业务。

2013 年，各项贷款余额达到 316113 万元。

1989—2013 年农行平邑支行贷款情况表

表 13-11　　　　单位：万元

年份	各项贷款余额			年份	各项贷款余额		
		公司贷款	个人贷款			公司贷款	个人贷款
1989	6859	1433	5426	2002	44815	7695	37120
1990	7352	1524	5828	2003	57344	11173	46171
1991	9666	2651	7015	2004	90104	20731	69373
1992	12602	4238	8364	2005	97392	19118	78274
1993	27573	25545	2028	2006	99098	29840	69258
1994	22956	6414	16542	2007	114563	38697	75866
1995	22742	4338	18404	2008	190628	53462	137166
1996	26432	6872	19560	2009	206473	93455	113018
1997	35210	7214	27996	2010	197282	67768	129514
1998	38264	9875	28389	2011	233315	64954	168361
1999	36278	4909	31369	2012	285858	94139	191719
2000	47422	10615	36807	2013	316113	102081	214032
2001	38232	8657	29575				

说明：1993 年债券 11311 万元，1994 年信托 1335 万元

第三节　债　券

2002 年 11 月 1 日，经中国人民银行批准，农业银行可以作为债券结算的代理人，接受委托企业为其全国银行间债券市场的现券买卖等业务。

国债

1989—1993 年，国债年发行规模有所扩大，而且增加国际建设债券、财政债券、特种国债、保值公债等新品种。

1994 年，财政部首次发行半年和一年的短期国债；1990 年，国内形成场内交易市场，

国债开始在交易所进行交易。

1995年，二级市场交易活跃，在行内各营业网点设国库券交易点，抽调专人负责债券交易业务工作。在做好国债发行工作的同时积极做好国债兑付工作，从总体情况看，每年的兑付额稍大于代理发行额。

企业债券

发行企业债券是企业通过资本市场扩大直接融资规模的一条重要途径。1992年，代理发行债券166万元。1993年，发行债券11311万元。1995年，信托资金1335万元。

第四节　不良资产处置

1998年后，将商业银行的资产分为“正常”“关注”“次级”“可疑”“损失”五类。

1989—2013年，平邑县支行共处置不良资产60596万元。

第七章　农业发展银行

1996年11月，农发行平邑县支行从中国农业银行平邑县支行分出，为正科级金融单位。主要任务是以国家信用为基础，筹集农业政策性信贷资金，承担国家规定的农业政策性和经批准开办的涉农业性金融业务，代理财政性支农资金的拨付，为农业和农村经济发展服务。支行成立以来，全面贯彻落实国家粮棉购销政策和有关经济、金融政策，为政策实施宏观调控、确保粮食安全、保护农民利益、促进全县农业和农村经济发展发挥了重要作用。内设信贷业务部、会计结算部、办公室3个部室。

至2013年，共有干部职工17人。

第一节　存　款

支行支农领域不断拓宽，形成以粮棉油收购贷款业务为主体，以农副产品生产和加工贷款业务为一翼，以支持农业和农村发展的中长期贷款业务为另一翼，以中间业务为补充的多方位支农格局。贷款范围涵盖农林牧副渔及相关产品的生产、加工、储备、流通，涉及农业小企业、农业产业化、农村基础设施建设、农业科技等新农村建设的各个领域。

1996年，各项存款余额仅为68万元，2000年为151万元，2013年达到7650万元。

1996—2013 年农发行平邑支行存款情况表

表 13-12 单位：万元

年份	各项存款余额	对公存款余额	年份	各项存款余额	对公存款余额
1996	68	68	2005	362	362
1997	65	65	2006	514	514
1998	59	59	2007	2851	2851
1999	116	116	2008	5348	5348
2000	151	151	2009	4386	4386
2001	132	132	2010	2847	2847
2002	126	126	2011	6764	6764
2003	145	145	2012	7273	7273
2004	261	261	2013	7650	7650

第二节 贷 款

农发行平邑县支行成立后，全面贯彻落实国家粮棉购销政策和有关经济、金融政策，为政策实施宏观调控、确保粮食安全、保护农民利益、促进全县农业和农村经济发展发挥了重要作用。

1996 年，各项贷款余额 10236 万元，2009 年为 12520 万元，2013 年达到 20930 万元。

1996—2013 年农发行平邑支行贷款情况表

表 13-13 单位：万元

年份	各项贷款余额			年份	各项贷款余额		
		公司贷款	个人贷款			公司贷款	个人贷款
1996	10236	10236		2005	11586	11586	
1997	11251	11251		2006	11595	11595	
1998	11632	11632		2007	15995	15995	
1999	12153	12153		2008	19195	19195	
2000	12520	12520		2009	21618	21618	
2001	11986	11986		2010	21018	21018	
2002	11856	11856		2011	19685	19685	
2003	10526	10526		2012	20670	20670	
2004	11253	11253		2013	20930	20930	

第八章　农村信用合作社

2005年，平邑县农村信用合作联社成立，辖1个营业部、22个信用社、13个信用分社。该社创新服务方式，拓展支农渠道，各项业务实现健康快速发展。全县营业网点和从业人员最多、服务范围最广、资金规模最大的金融机构。至2013年，县农村信用合作联社资产总额92.43亿元，负债总额86.37亿元，所有者权益6.06亿元。

第一节　存　款

总额

1989年，各项存款余额9648万元，2000年80453万元，至2013年，平邑联社各项存款余额83.72亿元，市场占有率46.22%。存款余额和市场占比连年位居全县金融机构首位。

储蓄

该社市场定位一直在三农。至2013年，全社共有营业网点36处，并在全县700多个自然村布放农金通、POS机具等电子设备，有效满足了城乡居民金融需求。

1989年1月，开展迎新春存款竞赛活动，并举办短期保息定额实物有奖储蓄，面额20元，三个月定期，特等奖青岛牌21寸彩电1台，总金额200万元。是年，各项存款余额9648万元。

1995年底，各项存款余额达到28100万元，较行社分门时翻了一番。

2000年，各项存款余额超过8亿元。

2001年8月10日，全县农村信用社储蓄存款“通存通兑”业务正式开通。

2013年底，平邑联社储蓄存款余额达到75.88亿元，余额和市场占比居全县金融机构首位。

1989—2013平邑县农村信用社存款情况表

表13-14　　单位：万元

年份	各项存款余额	对公存款余额	储蓄存款余额	年份	各项存款余额	对公存款余额	储蓄存款余额
1989	9648			1996	32422		
1990	10170			1997	41710		
1991	10709			1998	48065		
1992	11088			1999	56506		
1993	18812			2000	80453		
1994	26862			2001	91563		
1995	32407			2002	101589		

续表 13-14

年份	各项存款余额	对公存款余额	储蓄存款余额	年份	各项存款余额	对公存款余额	储蓄存款余额
2003	118473	26687	91786	2009	410464	41035	368893
2004	124957	13632	111326	2010	505084	51356	453282
2005	170049	17755	138121	2011	592509	61589	530517
2006	216138	24588	180519	2012	708160	56426	650775
2007	269226	31346	233299	2013	837232	77125	758769
2008	338223	30343	306759				

第二节 贷 款

总额

1989 年，贷款余额仅有 5906 万元。

1991 年 1 月 13 日，县农行在东阳信用社白庄、窦家庄、刘家村 3 个村开展农业计划贷款的试点工作。

1994 年 12 月 8 日，开办存单质押贷款业务。

2000 年，各项贷款余额 66752 万元。

2003 年 6 月 1 日，县联社在全县信用社推行信用约定服务，广泛开展与客户签订《信用约定服务协议》，建立服务档案，发放贷款证和信用约定贷款。7 月 22 日，县联社下达《全面实施贷款上柜台的操作指导意见》，要求各信用社在营业厅内设置信贷专柜，办理贷款业务。

至 2013 年，平邑联社各项贷款 54.7 亿元。

1989—2013 年平邑县农村信用社贷款情况表

表 13-15　　单位：万元

年份	各项贷款余额			年份	各项贷款余额		
		公司贷款	个人贷款			公司贷款	个人贷款
1989	5906			1999	42867		
1990	6792			2000	66752		
1991	7811			2001	79710		
1992	9206			2002	83384		
1993	13726			2003	103526		
1994	18551			2004	121438		
1995	23562			2005	146294		
1996	23424			2006	186306		
1997	32392			2007	231101		
1998	38925			2008	278792		

续表 13-15

年份	各项贷款余额			年份	各项贷款余额		
		公司贷款	个人贷款			公司贷款	个人贷款
2009	328984			2012	504563	84652	372121
2010	379883	44578	326345	2013	546989	123177	375127
2011	79710	51796	369584				

第三节　资产质量

1999 年 11 月 18 日，县联社向县政府县人行和市办汇报《清理整顿农村合作基金会情况》，全县 27 处基金会（含县联合会），按分类处置原则，采用剥离不良贷款和注入资金方式能够达到并入信用社的有 17 个，另外 10 个基金会实行清盘关闭，由政府制定兑付方案。

2002 年 3 月 11 日，省办公布（市县区）联社 2001 年度十项经营指标排名，平邑联社不良贷款排名 28 位，双呆贷款排名 12 位，亏损挂账排名 21 位。2003 年 3 月 7 日，县联社成立“清非大队”抽调 10 人组成旧资产保全部管理，开展对不良贷款的集中清收。

2005 年 12 月 30 日，县政府印发《平邑县人民政府关于集中处置县农村信用社不良资产实施方案的通知》，由县政府“经济开发投资公司”作为处置信用社不良资产的运作平台，经济开发投资公司向信用社借款 14750 万元，用于收购信用社不良资产 14750 万元，借款期限 6 年，利率执行一年期基准利率下浮 10%，签订收购协议后，双方作账务处理，但不办理债权转移，偿还借款利息的来源，用信用社上缴地方税收年递增超过 20% 的阅分返还信用社。

至 2013 年底，不良贷款占比为 3.57%。

第九章　邮政储蓄

2008 年 5 月，中国邮政储蓄银行平邑县支行成立，位于平邑县城浚河路西段，主要办理个人存款、贷款、公司等业务，机构设置为综合管理部、综合业务部 2 个职能部门，下辖 3 处网点，分别为县行营业部、商城支行、白彦支行。股份制改革后，县支行于 2012 年变更为中国邮政储蓄银行股份有限公司平邑县支行。截至 2013 年底，中国邮政储蓄银行平邑县支行在职职工 68 人，其中合同用工 35 人，劳务用工 33 人。

第一节　存　款

2009 年，县邮政储蓄银行成立第一年，个人存款 19496 万元；2010 年，存款余额 27346.43 万元；2011 年，存款余额 31672 万元；2012 年，存款余额 38482 万元，2013 年，存款余额 47177.51 万元。

公司存款

重点做大机构业务，重点抓好财政、社保、电业局、烟草公司、人社局等客户。

2012 年，邮行开始办理公司业务，至 2013 年底对公存款余额达到 30967 万元。

储蓄

大力发展储蓄存款业务。构建“大个金”格局。尽量减少各网点日常临柜柜员，增加外出营销揽存人数，有针对性地进行营销，实现以柜员为主的经营模式向以市场为主的营销模式的转变，不断向新市场、新客户和竞争对手要存款、争效益，全面营销金融产品，特别是电子银行产品，全力提高同业市场占比。2013 年底，储蓄存款余额 31672 万元。

第二节 贷 款

2009 年底，邮行共计发放贷款 3200 笔，金额共计 16000 万元，其中小额贷款 13537 万元，个人商务贷款 1015 万元，消费贷款 1632 万元。

2010 年，共计发放贷款 4630 笔，金额共计 27900 万元，其中小额贷款 22380 万元，个人商务贷款 1728 万元，消费贷款 2811 万元。截至 2011 年底，共计发放贷款 4519 笔，金额共计 28568 万元，其中小额贷款 25126 万元，个人商务贷款 2414 万元，消费贷款 1027 万元。

2012 年底，共计发放贷款 3332 笔，金额共计 23286 万元，其中小额贷款 18669 万元，个人商务贷款 386 万元，消费贷款 844 万元。

2013 年底，共计发放贷款 2479 笔，金额共计 20928 万元，其中小额贷款 14197 万元，个人商务贷款 4706 万元，消费贷款 2025 万元。

2009—2013 年邮储银行平邑县支行存贷业务情况表

表 13-16　　单位：万元

项　目		2009 年	2010 年	2011 年	2012 年	2013 年
存款	个人存款	27346.43	31672.00	38482.00	47177.51	31672.00
	公司存款	—	—	—	30967.00	—
	合　计	27346.43	31672.00	38482.00	78144.51	31672.00
贷款	小额贷款结余	22380.00	25126.00	18669.00	14197.00	25126.00
	商务贷款结余	1728.00	2414.00	2546.00	4706.00	2414.00
	消费贷款结余	2811.00	1027.00	2044.00	2025.00	1027.00
	结余合计	26919.00	28568.00	23259.00	20928.00	28568.00

第十章　莱商银行

2010年11月10日，莱商银行临沂平邑支行成立，这是入驻平邑县第一家城市商业银行。设有业务部、营业部和综合部，人员一直稳定在15人左右，仅在县城设立1个营业网点。2012年，在保太镇万庄村安装两台离行自助存取款柜员机，增加业务服务范围。2013年，推出自行发展的理财产品。

第一节　存　款

2010年底，存款总额2437万元；2011年底，存款突破2亿元；2012年10月，存款首次超过3亿元，年底余额达到4.67亿元。至2013年，存款总额虽有波动，但存款稳定在4亿元以上。

第二节　贷　款

2010年底，贷款总额2320万元，存贷比达到95%。随着存款的增加，贷款规模逐年增加。2011年，贷款总额1.28亿元，是2010年的5.5倍。2012年，受总行票据转入4.51亿元影响，各项贷款余额6.9亿元。2013年，贷款余额34710万元。为更加有力支持当地小微民营企业发展，解决中小企业融资难的问题，通过多次申请，经总行审批，是年相继从总行拆入9660万元小微债，用于发放小微企业贷款，重点支持临沂鲁蒙万寿泉、平邑润民商城、平邑万家福超市等一大批当地企业。

第十一章　临商银行

临商银行股份有限公司平邑支行（简称“临商银行平邑支行”）前身是临商银行金城支行，位于临沂市北城区，2011年迁址平邑县浚河路西段（联通大楼北临三层楼房自东向西为24米，总面积1513平方米），更名临商银行平邑支行。2011年12月25日正式对外营业，是临商银行股份有限公司在平邑县境内的直属管辖支行。2011年12月，临商银行平邑支行设综合业务部、市场营销部、营业部等3个部门。2013年9月，经过“四定”（定岗、定责、定标、定编）综合业务部更名综合管理部，市场营销部分为公司业务部与个人业务部。

第一节　存　款

临商银行平邑支行开业后，实施客户发展战略，存款稳步增长。通过办理按揭房贷、推进高端客户占比等具体工作，使个人存款、对公存款结构更趋于合理。截至2012年底，各项存款余额增至2.8亿元，完成计划的104%。其中储蓄存款0.79亿元，对公存款合计1.93亿元，临时存款324万元，保证金存款484万元。至2013年底，人民币存款余额达到8.85亿元。其中，储蓄存款1.32亿元，对公存款7.52亿元。

第二节　贷　款

该行加强新增贷款管理，以优化信贷投放作为效益的增长点。至2012年，共计为企业法人客户授信20户，授信总金额2.3亿元，其中存量贷款1.96亿元，银行承兑4700万元，利息收入779万元，当年到期贷款现金收回率为100%，无不良贷款。

2013年，贷款结构不断优化，规模增势迅猛，投向上既有支持当地特色经济的罐头、金银花、石材等行业龙头的流资贷款，也有服务民生、刺激消费按揭房贷、薪加薪贷款；营销一批优质、高回报的当地龙头企业，如金联、天宝化工、临工桥箱等。是年底，本外币贷款账面余额5.58亿元，另外通过绿色通道贷款1亿元，贷款余额达到6.58亿元，其中小企业贷款3.77亿元，银行承兑汇票余额2.5亿元，共计受理按揭房贷业务240笔，金额0.61亿元。同年11月，临商银行总行与平邑县人民政府开展银政企合作，签订《银政战略合作协议》。推进优质信贷客户公开授信计划，顺利完成天宝化工、中联水泥等当地龙头企业的公开授信工作。至年底，共为合作框架企业完成授信8.45亿元，完成用信1.25亿元。

第十二章　人保财保公司

第一节　体　制

平邑县人民保险公司位于平邑县蒙阳路11号，是中国人民保险公司在平邑县的分支机构。1989年，中国人民保险公司平邑支公司共有干部职工33人，下设经理室、人秘科、财产保险科、车船保险科、人身险科、计财科、车船保险科。开办险种27个。

1991年，车船保险科改为运输工具保险科。1994年增设卞桥营业部。1996年，产寿实行分业经营，人险科划归中保人寿保险公司平邑支公司。1997年，人秘科改为办公室，同时增设理赔科。

2000年，公司增设代理业务科。2002年，公司增设核保核赔科、业务处理中心、客户服务中心。

2005年，原部门取消，新设综合部、营业室、客户服务部、业务一部、业务二部、营销一部、营销二部、营销三部、营销四部、营销五部、营销六部、营销七部12个科室。

2007年，客户服务部实行专业化理赔，划分为车险理赔部、非车险理赔部，增设地方营销服务部，其他部门不变。

2011年，车险理赔部、非车险理赔部进行合并，重新组建为理赔分部，业务一部、业务二部、营销一部、营销二部、营销三部、营销四部、营销五部、营销六部、营销七部取消，根据上级公司要求的专业化经营原则，新设责任意健险部、财产险部、货运险部、业务一部、业务二部、业务三部、业务四部，其余部门不变。

2012年，增设电子商务部、农险/三农保险部、车商业务一部、车商业务二部。

2013年底，中国人民财产保险股份有限公司平邑支公司共有在册干部职工39人，原设立部门撤销合并，重新设立经理室、综合部、出单分中心、理赔分部、电子商务业务部，车商一部、车商二部、车商三部、重要客户部、三农保险/互动部、营销业务一部，营销业务二部、营销业务三部，卞桥业部、地方营销服务部，至此，公司下设12个部室，2个乡镇（区）营销服务部。

1996年4月，公司进行体制改革，实行产、寿分业经营，分设中保财险保险公司平邑县支公司、中保人寿保险公司平邑县支公司。

1999年3月，中保集团撤销，中保财产保险公司平邑县支公司恢复中国人民保险公司平邑县支公司。

2003年9月，进行股份制改造，中国人民保险公司平邑县支公司变更为中国人民财产保险股份有限公司平邑支公司。

第二节　业　务

1989—2013年，公司业务外部发展，保费收入从1989年的135万元发展到2013年的4894万元。

1989—2013年中财保平邑公司保费收入及赔款情况表

表13-17　　单位：万元

年份	保费收入	赔款金额	年份	保费收入	赔款金额
1989	135	59	2002	1288	683
1990	155	62	2003	1352	678
1991	190	83	2004	1437	899
1992	220	95	2005	1581	1100
1993	315	112	2006	1920	1229
1994	558	266	2007	2222	1054
1995	718	405	2008	2579	1293
1996	730	453	2009	3125	1355
1997	850	577	2010	3700	1409
1998	1001	455	2011	4141	1706
1999	1090	575	2012	4489	2327
2000	1299	659	2013	4894	2250
2001	1511	893			

第十三章 人寿保险公司

第一节 机 构

1989年，平邑县财产保险与人寿保险合署办公，时称中国人民保险公司平邑县支公司，公司内设办公室、人秘科、计财科、车船保险科、人身险科、财产险科共6个科室，共有职工33人。

1996年4月，财产保险与人寿保险业务分营，中保人寿保险公司平邑县营业部成立，下设经理室、计划财务科、业务科、营业室等4个职能科室，共有干部职工10人，寿险从业人员达150余人。1996年5月，建立党支部，其中党员8人。同年10月，个险营销制度全面引入推行，公司设立个险营销科。

1998年初，新办公大楼（金融大厦）启用，业务科分设为业务一、二、三科，并新增设办公室和业务处理中心。先后开办人寿保险、健康保险和意外伤害保险等三大类人身保险业务，共计100余个险种，兼职代理机构遍布全县各乡镇，从业人员达300余人。

1999年，新增设团体业务科（主要负责学生平安、独生子女两全保险、各企业为员工投保的团体业务，是公司短期意外伤害类保险费的主要来源），业务科和客户服务科，办公室与财务科合署办公，并在个人业务科之下设立营销一、二、三分部。

2000年，计划财务科并入营业室，合并为客户服务部。

2003年，中介代理业务全面开展，公司设立中介代理部。

2004年，设立仲村镇、卞桥镇和白彦镇等3个营销服务部。2006年，设立平邑镇、平邑镇第二、温水镇、仲村镇第二、郑城镇、卞桥镇资邱、临涧镇、武台镇、地方镇、地方镇第二、丰阳镇、铜石镇、柏林镇等13个营销服务部。

2009年，规范管理，设专管员、理财经理两支销售队伍，改称银行保险部，负责代理渠道业务，业务规模逐步发展壮大，是公司大量短期期交保费收入的主要来源。公司调整为经理室、办公室、个险销售部、团体销售部、中介代理部、收展部、客户服务部等7个职能科室。

2010年，设立郑城镇魏庄、保太等2个营销服务部，共设立乡镇营销服务部18个，保险从业人员2000余人。

2011年，全省县域排行中位列第三位，跻身全省县域排行前30强。

2012年，全市县域综合指标排名第一，夺得象征全市最高荣誉的“龙马”杯。

2013年，保费收入1.9亿元，承担各类风险保障超百亿元，支出各类给付金9911余万元，为社会提供2000多个就业岗位，销售网络遍及全县各个乡镇。保费收入由1996年分业之初的270万元发展到2012年的1.67亿元。

第二节 险 种

1996年分业经营后，中保人寿平邑支公司先后开办人寿保险、健康保险和意外伤害保险等三大类人身保险业务，共计100余个险种。

人寿保险有99鸿富、88鸿利、66鸿运、鸿寿养老、个人养老金、养老金返本、独子两全保险等；健康保险有意外伤害医疗保险费特约保险、幼儿、中小学生注意医疗保险、住院医疗津贴特约保险、重大疾病保险等；意外伤害保险有团体人身保险、人身意外伤害保险、个体工商户人身意外伤害保险、驾驶员、乘员人身意外伤害保险、团体学生平安保险等。发展到今天，险种门类更为明细，有理财保险、养老保险、健康保险、定期寿险、少儿保险、意外保险、保险激活卡、分红保险、两全保险、女性保险、学生平安保险、计划生育保险、新农村合作医疗保险、银龄安康保险、农村小额保险等政策类保险。

1996—2013年中保人寿平邑支公司业务情况表

表13-18　　单位：万元

年份	保费收入	赔款金额	年份	保费收入	赔款金额
1996	550.00	74.66	2005	9496.10	333.70
1997	1457.00	133.00	2006	8405.90	433.00
1998	2200.00	149.08	2007	9517.00	445.50
1999	2511.10	142.10	2008	13053.20	533.80
2000	2854.50	148.60	2009	11956.90	751.70
2001	3825.50	193.50	2010	16316.60	977.70
2002	5402.30	192.30	2011	16358.20	976.40
2003	6608.01	254.10	2012	17363.50	1157.80
2004	8475.80	323.90	2013	18960.20	1215.20

第十四编

经济综合管理

第一章 县域经济

1989—2013 年，平邑县抓住经济发展主线，推进改革开放，经济规模逐年扩大，经济结构日趋合理，人民生活水平大幅提高。2013 年，全县地区生产总值 236.43 亿元，是 1989 年的 32.4 倍；人均地区生产总值 25997 元，是 1989 年的 35.1 倍；实现地方财政收入 10.34 亿元，是 1989 年的 39.3 倍；全社会完成固定资产投资 132.8 亿元，是 1989 年的 117.7 倍；实现社会消费品零售额 125.4 亿元，是 1989 年的 54.4 倍。全县职工年平均工资由 1989 年的 1476 元增加到 2013 年的 41038 元；农民年人均纯收入由 1989 年的 422 元增加到 2013 年的 10277.7 元。

随着改革开放的不断深化，全县经济体制发生了深刻变革，完成由计划经济为主体向市场经济为主体的转变，全县经济结构产业比例日趋合理，三次产业增加值在经济总量中的比例由 1989 年的 61.2∶21.3∶17.5 发展到 2013 年的 13.8∶43.6∶42.6。

第一节 经济结构

所有制结构

1987 年，开始进行组建集团企业、公司股份制等尝试。

1993 年，平邑县对商业实行抽本经营，1994 年开始，百货大楼、烟酒公司相继实行“抽本经营”。至 1997 年，第四转租赁经营，百货大楼改制成股份制私营企业。

1996 年 5 月，拆除饮食服务公司蒙山宾馆建银河商业大厦，于当年 12 月开业，面积 7000 平方米，属当时全县最大商业零售企业。1986—1996 年，平邑县商业企业经历由计划经济体制向市场经济体制转变的转型过渡期。

1997 年，根据中共十五大要求，积极推进县内大中型国有、集体企业用 3 年时间完成现代企业制度的构建。

2002 年，根据中共十六大提出完善社会主义市场经济体制的目标，平邑县规划确立走科技含量高、资源消耗低、环境污染少的新型工业化强县道路。

2006 年，根据国家颁布实施的中长期科学技术发展纲要，制定平邑中长期科学技术发展纲要，为营造自主创新环境提供政策支持，推动企业成为技术创新的主体。

2010 年，根据国家确定的七大战略性新兴产业，确定平邑县工业主导产业。

产业结构

1993 年，第一产业、第二产业、第三产业增加值分别为 6.92 亿元、5.4 亿元和 3.24 亿元，第二和第三产业增加值合计首次超过第一产业增加值，三次产业比例为 44.5∶34.7∶20.8。1995 年，第一产业、第二产业、第三产业增加值分别为 10.85 亿元、11.86 亿元和 5.84 亿元，第二产业增加值首次超过第一产业增加值，三次产业比例为 38.0∶41.5∶20.5。

2000 年，第一产业、第二产业、第三产业增加值分别为 11.09 亿元、21.54 亿元和 14.67 亿元，三次产业比例为 23.45∶45.54∶31.01。2010 年，第一产业、第二产业、第三产业增加值分别为 28.07 亿元、74.65 亿元和 62.3 亿元，三次产业比例为17.0∶45.2∶37.8。平邑县经济结构得到优化，呈现出第二产业为主体、第三产业加快提升、第一产业稳步发展的态势。

2013年，第一产业、第二产业、第三产业增加值分别为33.8亿元、103.1亿元和99.5亿元，三次产业比例为14.3∶43.6∶42.1。经济结构得到进一步优化，呈现出第三产业加快提升的态势。被评为中国金银花之乡、中国花岗石之乡、中国石材之乡。建设了中联水泥、雷沃桥箱、亚洲富士电梯等大项目。

投资结构

1989年，完善巩固投资体制改革措施。1991年，投资体制改革启动。

1992年，县政府印发《关于建设项目实行业主责任制的规定》。1993年，把投资项目分为公益性、基础性和竞争性3类，公益性项目由县政府投资建设，基础性项目以县政府投资为主广泛吸引企业和外资参与投资。竞争性项目由企业投资建设。

1995年，县委、县政府转发落实国家计委、财政部、国家经贸委《关于将部分企业“拨改贷”资金本息余额转为国家资本金的意见》，结束国有建设项目全部采用贷款建设的办法。1996年对各种经营性投资项目资金进行规范，对投资项目过程全过程管理作了明确规定。1997年县财政对招标过程进行监督和检查。

1999年，县政府加强资金源头管理，确保建设资金及时、足额到位，对使用国债资金或其他财政性资金建设的项目认真进行工程概算审查。

2000年，县委、县政府发布《工程建设项目招标范围和规模标准规定》和《招标公告发布暂行办法》。全社会完成固定资产投资9.47亿元。全县完成建筑业总产值7.8亿元，竣工房屋面积2.9万平方米。

2001年，对部分城市基础设施建设、不需要国家投资的农林水利项目、地方和企业自筹资金建设的社会事业项目、房地产开发建设项目等，按照“谁投资、谁决策”的原则，县政府出资的由县计划部门审批。

2002年，县政府对重大建设项目招投标监督做出具体规定，针对存在的问题提出规范措施。2003年进一步确立企业投资主体地位，实行谁投资、谁决策、谁受益、谁承担风险。

2010年，全县完成固定资产投资82.7亿元，其中，计划投资5000万元以上的项目个数64个，完成投资额28.9亿元；计划投资亿元以上项目个数13个，完成投资额11.1亿元。分产业看，第一产业、第二产业、第三产业分别完成投资1.1亿元、39.1亿元和42.4亿元，三产产业投资结构分别为1.33∶47.28∶51.27。

2013年，全县完成固定资产投资132.8亿元，其中计划投资亿元以上项目个数90个，完成投资额114.2亿元。分产业看，第一产业、第二产业、第三产业分别完成投资0.2亿元、64.4亿元和68.2亿元，三产产业投资结构分别为0.15∶48.5∶51.35。

消费结构

社会消费品零售总额。1993年，全县社会消费品零售总额4.36亿元。其中，批发零售贸易业2.66亿元、餐饮业0.32亿元、制造业0.89亿元、其他行业0.36亿元、农民对非农业居民的零售额0.13亿元。2000年，全县社会消费品零售总额11.24亿元。其中，批发零售贸易业实现7.27亿元、餐饮业1.74亿元、制造业1.4亿元、其他行业0.21亿元、农民对非农业居民的零售额0.62亿元。

2010年，全县社会消费品零售总额80.66

亿元。其中，批发业20.51亿元、零售业55.16亿元、住宿业0.57亿元、餐饮业4.42亿元。2010年全县社会消费品零售总额是1986年的46.4倍。

2013年，全县社会消费品零售总额125.4亿元。其中批发和零售业实现零售额107.6亿元，住宿和餐饮业实现零售额6.9亿元。2013年，全县社会消费品零售总额是1986年的88.3倍。

社会最终消费。1994年，全县最终消费8.82亿元。其中，居民消费7.74亿元，政府消费1.07亿元。居民消费包括农业居民消费6.48亿元，非农业居民消费1.26亿元。农业居民消费有：自给性消费1.44亿元，商品性消费4.04亿元，文化生活服务业性消费0.42亿元，住房及水电消费0.58亿元。非农业居民消费有：商品性消费1.13亿元，文化生活服务业性消费0.065亿元，住房及水电消费0.069亿元。居民消费水平：农业居民732元/人，非农业居民2366元/人。

2000年，全县最终消费23.44亿元。其中，居民消费20.38亿元，政府消费3.06亿元。居民消费包括农村居民消费14.69亿元，城镇居民消费5.69亿元。农村居民消费有：自给性消费2.42亿元，商品性消费8.05亿元，文化生活服务业性消费2.34亿元，住房及水电消费1.88亿元。城镇居民消费有：商品性消费4.36亿元，文化生活服务业性消费1亿元，住房及水电消费0.33亿元。居民消费水平：农村居民1789元/人，城镇居民3643元/人。2010年，全县最终消费77.8亿元。其中，居民消费支出68.78亿元，政府消费支出9.01亿元。居民消费支出包括农村居民消费支出27.47亿元，城镇居民消费支出41.31亿元。农村居民消费支出有：食品类支出8.93亿元，衣着类支出1.29亿元，居住类支出5.31亿元，家庭设备、用品及服务类支出1.77亿元，医疗保健支出1.52亿元，交通和通信类支出0.2亿元，文化教育娱乐机服务类支出3.24亿元等。城镇居民消费支出有：食品类支出14.97亿元，衣着类支出5.12亿元，居住类支出1.74亿元，家庭设备、用品及服务类支出3.71亿元，医疗保健支出3亿元，交通和通信类支出0.055亿元，文化教育娱乐机服务类支出6.02亿元等。当年价格居民消费水平，农村居民4985元/人，城镇居民11700元/人。居民年人均人口：农村居民55.11万人，城镇居民35.31万人。

2013年，全县最终消费111.86亿元。其中居民消费支出96.9亿元，政府消费支出14.96亿元。居民消费支出包括农村居民消费支出38.82亿元，城镇居民消费支出58.08亿元。农村居民消费支出有：食品类支出14亿元，衣着类支出2.81亿元，居住类支出8.07亿元，家庭设备、用品及服务类支出2.71亿元，医疗保健支出1.63亿元，交通和通信类支出2.78亿元，文化教育娱乐机服务类支出1.42亿元等。城镇居民消费支出有：食品类支出24.86亿元，衣着类支出9.99亿元，居住类支出2.93亿元，家庭设备、用品及服务类支出4.52亿元，医疗保健支出2.8亿元，交通和通信类支出0.85亿元，文化教育娱乐机服务类支出4.59亿元等。当年价格居民消费水平，农村居民7172元/人，城镇居民15775元/人。居民年人均人口：农村居民54.13万人，城镇居民36.82万人。

第二节 主要经济指标

农业经济指标

1993年，农业总产值11.03亿元，1995年农业总产值20.93亿元，2004年农业总产值28.38亿元，2007年实现农业总产值33.6亿元。

2010年，农业总产值48.7亿元，比1986年增加11.1倍。其中，“七五”期间年均递增11%，“八五”期间年均递增8.2%，“九五”期间年均递增7.3%，“十五”期间，年均递增9.5%，“十一五”期间，年均递增10.2%。2010年农业总产值中，种植业、林业、牧业、渔业、农林牧渔服务业分别完成总产值32.5亿元、0.3亿元、13.6亿元、1.1亿元和1.2亿元。与1986年相比，种植业增加11.9倍、林业增加0.1倍、牧业增加13倍、渔业增加57.8倍。2010年，全县农作物播种面积9.95万公顷，比1986年增加9466.67公顷。粮食作物总产量37.2万吨，比1986年增加11.5万吨，年均增长1.56%。2010年，全县棉花种植面积5.94平方千米，总产量747.6吨；花生播种面积1.85万公顷，比1986年增加0.64万公顷，总产量8.12万吨，比1986年增加5.35万吨；蔬菜、瓜类总面积到1.14万公顷，总产量25.42万吨。

2013年，全县棉花种植面积422.6公顷，总产468.6吨；花生播种面积1.93万公顷，比1986年增加1.73万公顷，总产量8.45万吨，比1986年增加5.68万吨；蔬菜、瓜类总面积到1.17万公顷，总产量38.62万吨。

工业经济指标

1992年，工业总产值10.48亿元，1995年工业总产值48.09亿元，2004年工业总产值46.5亿元，2007年工业总产值145.8亿元，2009年工业总产值183.6亿元。

2010年，工业总产值223.4亿元，比1986年增加135.22倍，年均增长22.7%。全县规模以上工业企业发展到318家，总产值223.4亿元，增加值63.62亿元，营业收入223.2亿元，利税19.36亿元，利润11.55亿元。

2013年，全县规模以上工业企业267家，总产值370.6亿元，增加值95.8亿元，营业收入399.1亿元，利税36.7亿元，利润22.9亿元。

商业贸易指标

1990年，全县社会消费品零售总额2.92亿元，比1986年增长105.7%，年均增长19.8%。1991年后深化商业体制改革，全县逐步形成国有、集体、私营、个体等多种经营成分共同发展的市场新格局。

1995年，实现社会消费品零售总额5.67亿元，其中，国有经济占18.2%，集体经济占5.8%，私营、个体及其他经济占76.1%。“九五”期间非国有制经济增长加快。

2000年，全县实现社会消费品零售总额11.24亿元，其中，个体私营工商业占88%，比1995年提升11.9个百分点；国有及国有控股单位占12%，比1995年回落6.2个百分点。2005年，全县实现社会消费品零售总额34.29亿元。其中，国有及国有控股单位占13.8%，集体经济占2.4%，个体、私营、外商投资及其他经济占83.8%。

2010年，全县实现社会消费品零售总额80.7亿元，比1986年增加56.83倍，年均增长17.6%。其中，公有经济（国有和集体经济）实现零售额18.5亿元；非公有经济（私有、港澳台及外商经济）实现零售额62.16亿元，占全县社会消费品零售总额的77%，比“十五”末下降6.8个百分点，零售额比“十五”末增加1.16倍，年均增长16.7%。

2013年，全县实现社会消费品零售总额125.4亿元，比1986年增加87.3倍，年均增长18.1%。其中，城镇消费品零售额109.3亿元，乡村消费品零售额16.1亿元。批发和零售业实现零售额107.6亿元，住宿和餐饮业实现零售额6.9亿元。

1989—2013 年平邑县经济和社会发展主要指标情况表

表 14-1

年份	地区生产总值（亿元）				农林牧渔总产值（亿元）	粮食产量（万吨）	规模以上工业总产值(亿元)	社会消费品零售总额(亿元)
		第一产业	第二产业	第三产业				
1989	6.47	3.96	1.38	1.13	6.06	27.87	5.38	2.3
1990	7.38	4.55	1.53	1.30	6.78	31.40	5.18	2.92
1991	8.54	5.30	1.91	1.33	7.82	30.92	6.10	3.15
1992	10.46	5.74	2.82	1.90	8.78	33.03	10.48	3.72
1993	15.56	6.92	5.40	3.24	11.03	35.78	19.00	4.36
1994	21.38	9.23	8.01	4.14	16.47	36.33	40.53	5.27
1995	28.55	10.85	11.86	5.84	20.93	35.57	48.09	5.67
1996	32.04	9.78	14.61	7.65	22.44	37.19	55.83	7.09
1997	36.22	10.22	16.50	9.50	16.76	34.11	65.00	8.03
1998	40.01	10.54	18.32	11.15	17.83	34.81	16.30	9.02
1999	44.01	10.89	20.18	12.94	18.10	34.84	17.03	10.32
2000	47.30	11.09	21.54	14.67	18.68	32.83	19.10	11.24
2001	54.20	11.47	25.5	17.23	19.59	31.88	21.47	12.7
2002	58.00	11.47	29.04	17.49	19.62	23.97	24.70	14.53
2003	67.90	11.96	34.92	21.02	21.86	25.61	29.90	19.55
2004	84.70	16.37	42.18	26.15	28.38	27.59	46.50	22.44
2005	108.50	17.71	55.5	35.29	30.79	30.85	90.06	34.29
2006	114.60	17.46	57.55	39.59	29.99	21.97	113.30	39.88
2007	136.70	19.25	67.55	49.90	33.60	31.00	145.80	47.8
2008	148.60	23.19	70.43	54.98	40.90	32.20	161.00	59.8
2009	160.20	25.09	74.39	60.72	47.90	34.80	183.60	71.6
2010	165.02	28.07	74.65	62.30	48.70	37.89	223.40	80.7
2011	187.96	30.00	83.90	74.06	52.50	36.96	232.50	95.99
2012	209.66	31.35	92.96	85.35	54.80	38.60	285.86	111.14
2013	236.43	32.63	103.16	100.64	60.18	31.80	370.60	125.4

续表 14-1

年份	全社会固定资产投资（亿元）	财政收入（亿元）	金融机构年底存款余额（亿元）	居民储蓄存款（亿元）	金融机构年底贷款余额（亿元）	职工平均工资（元）	农民人均纯收入（元）
1989	1.13	0.26	2.04	1.47	2.69	1476	422
1990	1.25	0.29	2.45	1.72	3.31	1664	479
1991	1.34	0.36	3.03	2.06	3.94	1904	531
1992	2.52	0.36	3.41	2.38	4.84	2057	590
1993	4.33	0.67	4.77	3.61	5.9	2504	797
1994	5.92	0.77	7.91	6.42	7.91	3286	1165
1995	6.47	0.75	9.51	8.19	9.11	3869	1482
1996	6.21	1.04	11.78	9.98	10.52	4279	1853
1997	6.25	1.31	14.37	12.38	12.27	5010	2002
1998	7.07	1.53	15.8	13.54	13.59	5360	2153
1999	8.07	1.68	17.52	14.11	14.13	6705	2235
2000	9.47	1.72	19.65	15.51	14.98	7118	2326
2001	10.98	1.94	22.17	17.11	16.41	7744	2396
2002	13.25	1.64	25.51	19.44	19.07	8358	2503
2003	19.66	1.84	31.06	22.59	24.34	8967	2678
2004	32.03	1.96	34.86	26.21	24.03	10285	3096
2005	57.31	2.55	40.96	30.68	26.79	12314	3562
2006	46.7	2.89	46.12	35.64	31.45	13779	4017
2007	47.9	3.23	58.02	44.59	38.56	18196	4669.7
2008	54.6	3.56	69.31	53.31	40.75	20706	5324
2009	67.23	3.71	87.44	62.86	49.89	23276	5824
2010	82.63	4.51	104.91	76.39	61.91	26723	6695.7
2011	87.41	5.33	128.7	90.77	77.6	30733	7946.6
2012	107.66	7.26	155.01	111.97	94.27	37418	9047.24
2013	132.82	10.34	185.11	130.69	104.54	41038	10277.7

1994—2013 年平邑县社会消费品零售总额情况表

表 14-2 单位：亿元

年份	零售总额	批发零售贸易业	餐饮业	制造业	其他
1994	5.27	2.76	0.18	0.59	1.74
1995	5.67	4.03	0.60	0.54	0.50
1996	7.09	3.93	1.54	0.62	1.00
1997	8.03	5.18	1.22	1.10	0.53
1998	9.02	5.73	1.53	1.17	0.59
1999	10.03	6.45	1.58	1.28	0.72
2000	11.24	7.27	1.74	1.40	0.83
2001	12.70	8.23	1.97	1.55	0.95
2002	14.53	9.43	2.26	0.80	2.04
2003	19.55	16.62	1.41	—	1.52
2004	22.44	19.76	1.52	—	1.16
2005	34.29	29.13	3.58	—	1.58
2006	39.79	33.79	4.37	—	1.63
2007	47.82	43.66	2.54	—	1.62
2008	59.82	54.48	3.09	—	2.25
2009	71.60	65.28	3.83	—	2.49
2010	80.66	75.67	4.42	—	0.57
2011	95.99	90.26	5.01	—	0.72
2012	111.14	104.83	5.45	—	0.86
2013	125.40	107.60	15.37	—	2.43

1994—2013 年平邑县最终消费和全体居民消费水平表

表 14-3 单位：亿元

年份	最终消费	居民消费	政府消费	全体居民消费水平（元/人）
1994	8.82	7.74	1.07	825
1995	11.14	9.87	1.27	1183
1996	16.08	14.27	1.81	1504
1997	19.50	17.33	2.17	1809
1998	21.59	19.22	2.37	1988
1999	22.35	19.63	2.72	1971

续表 14-3

年份	最终消费	居民消费	政府消费	全体居民消费水平（元/人）
2000	23.44	20.38	3.06	2085
2001	26.54	22.93	3.61	2341
2002	28.03	24.05	3.97	2452
2003	31.53	26.83	4.70	2731
2004	38.01	31.95	6.06	3244
2005	45.94	37.99	7.95	3838
2006	47.89	40.00	7.89	4032
2007	58.05	49.72	8.33	5007
2008	63.64	55.81	7.82	6081
2009	66.32	58.02	8.30	6307
2010	77.80	68.78	9.01	7608
2011	89.08	78.37	10.71	8624
2012	99.53	86.89	12.64	9586
2013	111.86	96.90	14.96	10655

第二章　计划与发展

1989 年，平邑县计划管理机构为平邑县计划委员会。是年，全县国民经济和社会发展仍实施“七五”计划。其间贯彻执行国家及省政府有关改革计划的规定，全县国民经济与社会发展计划管理工作重点，从年度计划转向中、长期计划，逐步建立以五年计划为主，中、长、短计划相结合，全面规划和专项规划相结合的计划体系。

1991 年 12 月，经编委会决定县计划委员会将基建股更名为投资股；撤销人秘股、计划股；增设办公室、综合计划股、工业计划股、农业计划股、国土股。

1994 年，《关于公布平邑县计划委员会机构编制的通知》文件公布县计划委员会内设机构为办公室、综合科、工农业计划科投资科、重点项目科、农业区划科。《县级机构改革补充方案》文件确定原协作办所属物资协作公司仍为独立的企业，归口县计划委员会管理。《关于公布平邑县经济信息中心机构编制的通知》文件确定级别为股级事业单位经济信息中心，隶属县计划委员会领导。确定县计划委员会职能为贯彻上级有关方针、政策，制定平邑县国民经济和社会发展的战略目标，编制长期规划、中期规划和年度计划，并监督落实。统筹平衡全县人力、物力、财力，研究经济、科技和社会发展中的重点及相应的政策措施，做好企业隶属关系的变更、新建企业、公司、实体的审批。制定国土开发计划、工农业发展计划和城市建设规划。加强基本建设管理，严格控制固定资产投资规模，检查计划的落实，协调解决执行中的问题。组织有关部门做好招工、转户和大中专毕业生分配工作。搞好农业区划工作。

之后，根据市委、市政府批准的《平邑县人民政府机构改革方案》和《中共平邑县委平邑县人民政府〈关于平邑县政府机构改革的实施意见〉》将平邑县发展和改革局的主要职责确定为 17 项。

1996 年，《关于对〈计划委职能分级及职位设置意见〉的批复》确定县计划委员会内部设置办公室、综合科、工业科、农业科、投资科、科教社会事业科 6 个科室。

2002 年，县委、县政府《关于县级党政机关机构改革的实施意见》将平邑县计划委员会更名为平邑县发展计划局。2005 年 4 月，将发展计划局改组为发展和改革局。至 2006 年，县发展和改革局机构设置为办公室、国民经济综合科、固定资产投资科、农业经济发展科、社会事业发展科 6 个股级行政科室和经济信息中心 1 个股级事业单位。2007 年，成立平邑县重点项目管理办公室和服务业办公室，隶属平邑县发展和改革局。

2010 年 8 月 30 日，县机构编制委员会办公室将县服务业办公室调整为正科级全额拨款事业单位。

2011 年 6 月 28 日，县机构编制委员会办公室将县服务业办公室机构设置为设规划科、项目科，均为股级事业机构。

2012 年，将县铁路建设办公室隶属关系由县交通运输局管理调整为隶属县发展和改革局管理。

第一节 计划编制与执行

中长期计划

“八五”计划（1991—1995 年）和十年规划（1990—2000 年） 经济发展目标，在 2000 年前把平邑建成产业结构合理，生态环境好，科学技术先进，以轻纺、建材为主导产业，农工商协调发展的经济模式。“八五”末，三次产业结构比例调整为 37∶39∶24。至 1995 年底，社会总产值 14.72 亿元，年递增 10.58%；国民生产总值 8.1 亿元，年递增 12.94%；国民收入 7.28 万元，年递增 12.84%；工农业总产值 11.84 亿元，年递增 12.59%；社会商品零售额 9.939 亿元，年递增 14.5%；财政收入 0.46 亿元，递增 10.5%；农民人均收入 780 元，年递增 10.5%。

“九五”计划（1996—2000 年） 经济总量指标，至 2000 年，国民生产总值达到 58 亿元，年均递增 15%，2010 年，达到 165 亿元，年均递增 11%；赶上全省当时的平均水平。“九五”末，一、二、三次产业增加值分别达到 15 亿元、27 亿元和 16 亿元，年均分别增长 6.4%、17.6% 和 21.7%；至 2010 年，达到 24 亿元、85 亿元和 56 亿元，后十年年均增长分别为 5%、12%、13%。至 2000 年，三次产业结构比例调整为 26∶56∶28，至 2010 年调整为 15∶51∶34。2000 年，城镇化水平达到 35%。

“十五”计划（2001—2005 年） 至 2005 年，国内生产总值达到 82 亿元，年均递增 11%，一、二、三次产业增加值分别达到 15 亿元、36 亿元和 31 亿元，年均分别增长 5%、10% 和 16%。三次产业比例调整为 18∶44∶38，地方财政收入达到 2.75 亿元，年均递增 10%，固定资产投资累计达到71亿元，年均递增15%，社会消费品零售额达到20.6亿元，年均递增13%。城镇化水平达到37%左右。

“十一五”规划（2006—2010年） 至2010年，地区生产总值达到270亿元，年均增20%。人均过3000美元。其中第一产业25亿元，递增7%；第二产业142亿元，递增21%；第三产业103亿元，递增24%。产业比例由“十五”末的17∶51∶32调整到9∶53∶38。固定资产投资达到175亿元，年递增25%。地区财政收入达到7亿元，递增23%。社会消费品零售总额68亿元，递增15%。农民人均纯收入达到6000元，年递增11%。城镇化水平达到40%。

“十二五”规划（2010—2015年） 经济总量明显增加。到2015年地区生产总值比“十一五”末翻一番，达到330亿元，年递增15%；人均地区生产总值达到3.6万元。地方财政收入达到12亿元，年递增21%。发展方式明显转变。至2015年，三次产业由2010年的17∶45.2∶37.8调整到9.8∶42.4∶47.8，服务业增加值占GDP比重每年至少提高2个百分点。国地税收入占GDP比重年均提高1个百分点，税收收入占地方财政收入比重达到80%以上。消费投资明显增长。至2015年，社会消费品零售额达到220亿元，年递增22%；固定资产投资额达到260亿元，年递增25%。生活水平明显提高。到2015年农民人均纯收入过万元大关，年递增15%；城镇居民人均可支配收入2.8万元，年递增14%。生态环境明显改善。至2015年，全县年底总人口控制在107万人，人口自然增长率控制在8.7‰以内。万元GDP能耗、化学需氧量、二氧化硫、二氧化碳排放量等约束性指标完成省、市下达的任务，人居环境明显改善，生态环境进入良性循环，展现生态平邑、绿色平邑新形象。

年度计划实施

2006年，深入贯彻中央宏观调控政策，国民经济保持较快增长。临工LG变速箱、供电公司110千伏城南变电站、天宝化工乳化炸药生产线等18个投资过1000万元的重点项目相继建成。坚持“依托龙头建基地，围绕优质促调整”的路子，重点发展特色农产品和优良畜禽品种的规模化生产。集中绿化、亮化和美化一批公共设施，提高城市品位。全县36处中小学达到市级以上规范化学校标准，教学质量明显提高。取得市级以上科技成果26项，科技在经济增长中的贡献率达到60%。建立计划生育利益导向机制，人口自然增长率控制在6‰以内。加大环境污染防治工作力度，重点抓果品罐头、石膏粉、小淀粉生产企业的污染治理。新农合试点工作全面展开，农民参保率达81.8%。实现村村通有线电视，社会主义精神文明和民主法制建设取得突出成绩，新涌现出3个省级文明单位，6个市级文明单位。

2007年，在保持经济快速增长的同时，注重速度、结构、质量、效益相统一，大力推进经济结构调整，第一产业比重下降，第二产业和第三产业比重上升。农业产业内部结构不断提升，畜牧业总产值占农业总产值的比重达到35%。实施村村通自来水工程，解决60个村，7.16万人的饮水问题。“一池三改”工程和“畜—沼—果”生态农业工程进展顺利，新建沼气池5000个。工业初步形成“一区两城一带”（经济开发区、国际石材城、国际罐头城、石膏工业带）和以黄金、建材、机械制造、果品罐头为主的产业格局，工业集中度、土地集约度和产业集聚度逐步提高。天宝化工整体搬迁、无缝针织内衣项目、澳联玻璃包装项目等快速推进。商贸流通、交通运输、住宿餐饮等传统服务业在整合和创新中得到发展提升，金融、保险、房地产等新兴服务业迅速发展，成为服务业新的增长点。连续5年成功举办蒙山长寿旅游节，取得较好的经济效益和社会效益。全县738个村全部实现村村通公路、客车、电话和有线电视，村村都有便民超市。文明生态村建设扎实推进，大力实施道路硬化、村庄绿化及改水改厕，农村面貌明显改观。

2008年，产业结构进一步优化，服务业占GDP的比重提高1.5个百分点。工业经济实力明显增强，“一区两城一带”的承载能力进一步提升。澳联玻璃一期工程、天宝化工乳化炸药等项目建成投产，税收拉动作用和社会效益初步呈现。全县营业面积万平方米以上的超市8家，便民连锁店600余家，连锁供应的农资占全县市场份额的90%。节能减排稳步推进，全县万元GDP能耗比年初下降5.86%，化学需氧量、二氧化硫排放量同比分别削减24%和24.2%，圆满完成节能减排任务指标。加大城乡统筹建设力度，城中村改造工作稳步推进，完成小南泉社区旧村拆迁，启动还建房建设。人居环境明显改善，被评为“省级卫生县城”“创建省级文明城市工作先进县”“山东省最具竞争力旅游强县”“山东省投资环境十佳县”。实施“农村低保、公平教育”等10件为民实事，深入开展“奥运安保”和非煤矿山、食品药品、道路交通、危化物品等安全隐患排查治理，安全生产继续保持平稳态势。

2009年，三次产业比调整为14.6∶47.3∶38.1，服务业占GDP的比重提高1.1个百分点。临工变速器及驱动桥生产线、太阳能综合利用等10个项目建成投产，税收拉动作用和社会效益明显。完成43座小型水库和5座中型水库除险加固主体工程，农业基础设施建设进一步加强。服务业日趋繁荣，旅游带动作用进一步增强，被评为“山东旅游强县”。大力实施“增绿造绿”工程，初步通过国家园林县城创建评审委员会的验收。以“千村整治、百村示范”活动为载体，以主次干道沿线为重点，深入开展城乡环境综合整治，城乡环境面貌发生明显变化。卫生事业全面进步，新农合参合率达到99.18%，甲型H1N1流感防控工作总体形势平稳。狠抓村务公开和民主管理，被评为“全省农村社区建设示范县”。深入开展“五五”普法、“平安平邑”和安全生产“责任落实年”活动，全县刑事案件、信访总量明显下降，人民群众的安全感进一步增强。

2010年，农业结构不断调整，高效农业发展迅速，瓜菜、果品、中药材等高效经济作物种植规模不断壮大，成为全国知名的蓝莓种植基地。大力发展林业生产，成功创建“山东省绿化模范县”。旅游基础设施进一步完善，蒙山旅游专线、文泗路改造、地庞路地方段提升改造等工程完成。成立冠鲁小额贷款公司，吸引莱商银行在平邑县设立支行，金融体系进一步健全。着力推进县城建设，形成“西山东水中间城”的框架格局。完成第二污水处理厂建设，代表临沂市顺利通过国家淮河流域水污染防治、国家环保模范城创建验收。积极开展城乡环境综合整治，对县城、交通干线、乡镇驻地和示范村进行重点整治。充分发挥地方、仲村、白彦、郑城等省级中心镇的带动作用，加快推进城镇化进程，发展主导特色经济，壮大镇域经济实力，税收过千万的乡镇达到11个。强化城乡居民医疗卫生保障，扩大企业养老、失业、医疗、工伤、生育等方面的保险覆盖面。高度重视安全生产，加大对道路交通、公共聚集场所、建筑施工、烟花爆竹、危化品等重点行业领域隐患排查和监管力度。

2011年，继续实施“工业强县”战略，建材、纺织、食品、医药四大支柱产业带动作用明显，规模以上工业企业有39家产值过亿元。福田雷沃在平邑设立汽车变速箱研发中心，汇源集团在平邑设立果品研发中心，省级以上高新技术企业发展到12家。围绕增收增效，积极发展高效农业，形成“企业＋市场＋基地＋农户”的产业化发展模式，成功举办首届中国金银花节暨金银花高峰论坛。文化旅游业形成以蒙山养生长寿游为龙头，融天宇自然博物馆科普文化游、九间棚生态乡村游、黄金地质公园工业环保游为一体的旅游体系；商贸流通业开工建设北方石材市场、平邑商贸城、华百购物中心等1批服务业项目，形成县乡村三级贯通，工业品、农产品市场协调发展的流通体系，成为首批在全省推广的典型；金融保险业引进临商银行设立平邑支行。充分发挥食品罐头、石材产品、石膏制品、针织服装等传统产业的出口优势，积极培育劳保手套制品、无碳复写纸、木制品等新的出口增长点，对外贸易发展态势良好。按照“旧城提升改造，新城跨越发展，建设魅力城市”的思路，推进道路配套、社区改造等工程建设。抓住地方镇被列为全市优先发展重点镇的机遇，发挥仲村、郑城、白彦等中心城镇的集聚效应，加大农村道路、供水、垃圾处理等基础设施的投入力度，加快推进城镇化进程。深化医药卫生体制改革，在乡镇卫生院、村卫生室全面实施基本药物制度，药品价格平均下降40%。

2012年，扎实开展“工业突破年”活动，工业经济对县域经济发展的支撑拉动作用不断增强。高新技术产业产值占规模以上工业总产值的比重提高到21%。临工桥箱被命名为省级工程实验室，巨皇科技被命名为市级工程实验室，九间棚药业被命名为市级工程研究中心，“蒙水”牌果蔬罐头被评为中国驰名商标。全面落实各项惠农强农政策，粮食生产连续九年稳定增长。投资2.2亿元的平邑商贸城和投资1.6亿元的华百购物中心正式投入使用；成立平邑融信小额贷款公司，金融服务设施村村通基本实现全覆盖。县城实施改造提升，启动实施重点片区提升改造工程和网格化管理，开通城市公交，城市功能更加完善。实施镇街立面改造、环境综合整治等工程，小城镇建设实现突破。深入开展“乡村文明行动”，全县35%的村达到生态文明村标准，圆满完成城市文明程度指数测评迎查。

2013年，按照经济发展产业化、产业发展集群化、集群发展品牌化的思路，全力打造“8+3”现代产业集群。奥联玻璃等2家公司在齐鲁股权托管交易中心挂牌交易，临工桥箱、天宝化工承担国家火炬计划项目，九间棚药业获批国家星火计划项目。仲村镇（棉纺手套）小企业创业基地、郑城镇小企业创业辅导基地被认定为省级小企业创业辅导基地，果蔬罐头产业集群获省级产业集群认定。沂蒙山水土保持科技示范园成功创建国家级示范园。着力打造天宝山、曾子山、浚河湿地公园、兴水河湿地公园、天宇自然博物馆、浚河生态休闲农业观光带“两山两园一馆一带”，兴水河省级湿地公园、浚河国家湿地公园规划顺利通过省级评审验收。由邳州农商行作为主发起行，引进山东平邑汉源村镇银行；新成立4家民间融资公司。深入开展“大项目好项目突破年”活动，福田雷沃桥箱基地、马克西姆工业雷管及水胶炸药项目部分投产。启动实施片区改造提升工程，城东片区开工建设市民广场、中医院等重点工程，跨河发展框架全面拉开。实施城镇驻地改貌、新型社区建设、村庄环境改造、示范基地培育，小城镇综合服务功能不断完善。实施燃气“镇镇通”工程，燃气管线覆盖到全县各镇街驻地。启动城东教育片区建设工程，县一中顺利完成整体搬迁。完成城乡急救体系建设；全面提高居民最低生活保障、医疗救助和五保供养标准。

第二节 重点项目建设与稽查

2007年，重点项目管理办公室成立，负责管理稽查全县固定资产投资2000万元以上项目，确保全县重点建设项目顺利推进。

是年，全县共有重点项目33个。县城8条道路建设、临工LG525G汽车变速箱生产线项目、石兖线平邑段、新枣路平邑段（含石都大道、浚河东路）建设、莲花山路西延工程、归来庄地质公园、东泰建材年产2200万平方米纸面石膏板生产线、多尔药业金银花深加工、山东虎娃乳业年产2万吨发酵乳酸奶饮料项目、中慧年产12万吨饲料生产线等项目当年投产运营。

2008年确定为“大项目建设年”，全县32个县级重点项目，其中4个市级重点项目。新枣线新泰平邑界至仲村段、澳联玻璃、临工农业装载机生产线、汇丰纸业高档铜版纸生产线、泰达覆膜石膏板生产线、金盾高强石膏粉项目、丰源公司包装车间项目、招待所改造提升、石材城、大商国际石材、华泰石材项目当年竣工或投产。

2009年，县政府办公室印发《平邑县重点项目建设管理办法》，进一步明确项目的申报程序、项目管理、优惠政策、项目监督、项目考核的方式方法。确定为“大项目推进年”，全县34个县级重点项目，5个市级重点项目。当年竣工或投产的项目有：县城道路改造、万寿宫及蒙山广场建设、罐头城项目及基础设施、管道燃气工程、农村公路大中桥建设项目、玉泉玻璃生产线一期工程、天宝化工乳化炸药生产线搬迁、巨皇太阳能综合利用、临工变速器及驱动桥生产线、丰源公司技改工程项目。

2010年确定为“重点项目攻坚年”，全县上下形成大抓项目、抓大项目的局面。全县61个重点项目，其中8个市级重点项目。引进投资6.8亿元的中联水泥项目，该项目于2012年投产，为全县纳税大户。

2011年确定为“大项目突破年”，积极开展“百日竞赛”活动，对全县重点项目实行倒排工期、挂图作战的方式，积极推进项目建设进度。全年共有75个县级重点项目，其中13个市级重点项目。

2012年，县委、县府下发《关于对重点项目实行评审制度的通知》《关于进一步加强重点项目审批服务的意见》，从产业政策、投资强度、科技含量、税收等方面对新上项目进行评审打分，按照得分确定是否给予供地、立项以及督促项目责任单位、职能服务部门做好手续办理等工作。相继开展“重点项目跨越发展年”“工业突破年”主题活动。全县69个县级重点项目，其中14个市级重点项目。

2013年，开展“重点工作项目化管理”“重点项目招商引资”“百日会战”活动，年底获市级重点项目建设先进奖。85个县级重点项目，其中13个市级重点项目；福田雷沃桥箱基地项目被列为省级重点项目，该项目2013年10月试生产。惠丰建筑用木塑模板、众合新型建材、泽鑫科技管材管件、九州CL建筑保温材料、恒源铝业节能型材、英健特健身器材生产线等项目落户温水工业园区开工建设。

第三章 统计管理

平邑县统计局为县政府正科级行政单位，是县政府主管全县统计和国民经济核算工作的职能部门。辖2个副科级全额事业单位，内设5个行政科室（办公室、综合科、法规科、工业科、农业科）及2个股级事业单位（计算站、社情民意调查中心）。

第一节 调 查

国家统计局平邑调查队成立于1984年7月（时称平邑县农村抽样调查队），正科级，和平邑县统计局合署办公。

1988年9月，更名为平邑县农村社会经济调查队。

2007年6月，更名为国家统计局平邑调查队，正科级事业单位参照公务员法管理，直属国家统计局。主要业务职能为粮食产量调查、一体化住户调查、农作物播种面积调查、服务业抽样调查、外出农民工调查、主要畜禽监测调查、农村固定资产投资调查、中间消耗调查、农产品价格调查、贸易业调查以及约稿调查、专项调查、统计普法、执法等工作任务。

产量面积调查

在面积调查中先确定地块，然后要求村调查员登记农户台账，在以后的调查中，不断更新台账，确保数据真实有效。在粮食产量抽样调查工作中，首先对调查员进行培训，要求调查员一定要深入到每个调查户、粮食种植地块，了解小麦、玉米的种植情况，认真填写调查表；在实产阶段，调查队员和乡镇统计站的工作人员、辅助调查员一起到抽中地块收割样本，在收取样本后，放在单独的地方单打单晒，样本干后，称重、称千粒重、测水分、除水杂、录入系统，得到样本667平方米（亩）产。

居民收支调查

城镇居民收入。1989年，全县在岗职工年人均工资1476元，其中全民所有制单位和集体所有制单位职工分别为1537元和1256元。

1990年，全县在岗职工年人均工资1664元，其中全民所有制单位和集体所有制单位分别为1748元和1397元。除工资性收入外，城镇居民开始出现其他劳动收入和资产经营性收入，因所有制性质、行业不同，城镇居民收入出现差别。1990年后，机关事业单位开始实行以职务工资为主的结构工资制，企业职工工资逐步实行工资总额与经济效益挂钩的制度，工资额由企业依据国家有关政策自主确定。

1992年，全县在岗职工年人均工资2057元，首次突破2000元，其中全民所有制单位和集体所有制单位职工分别为2092元和1922元。

1994年，全县机关企事业单位实行工资制度改革，职工工资收入出现较大增长，年人均工资3286元。1999年，全县在岗职工年人均工资6705元。

2000年后，全县机关企事业单位职工工资持续增长，离退休人员、下岗职工和城镇低收入家庭收入得到基本保障。2000年、2002年、2013年，全县在岗职工年人均工资分别为7118元、8385元、41038元。

农民工监测调查

自2008年起，进行农民工监测调查，主

要通过定期收集农民工相关统计信息，准确反映农民工数量、流向、结构、就业、收支、生活、社会保障及创业等情况，为制定科学的农民工政策、加强和改善农民工工作提供科学依据。

畜禽监测调查

自2008年起，开展主要畜禽监测调查，主要通过定期报表的形式收集主要畜禽品种生猪、牛、羊以及家禽养殖情况，从而准确了解和把握畜禽的存出栏情况和价格变动趋势，为养殖户及时提供市场信息。

农产品生产者价格调查

农产品生产者价格调查，主要反映农产品价格水平，准确把握全国主要农产品生产者价格，用农产品价格信息引导农村产业结构调整和农民增收，研究农业市场竞争力与农产品供求状况，满足农业与国民经济核算需要，为各级政府制定农业保护政策与农产品流通政策提供决策依据，向社会各界提供优质的农产品价格信息服务。

农业中间消耗调查

农业中间消耗调查，主要是为掌握农林牧渔业中间消耗水平及变动情况，满足农业增加值核算和国民经济核算的需要。调查任务是，系统地调查、搜集和整理主要农产品中间消耗项目资料，计算主要农产品单位消耗定额或技术比率，据此测定农林牧渔业中间消耗水平和变动情况。

住户调查

住户调查，主要反映农村居民家庭收入和支出状况，同时还提供家庭就业、消费、住房、社区发展等有关信息，是十分重要的民生统计。

限额以下批发零售住宿餐饮行业抽样调查

自2012年起，进行限额以下批发零售住宿餐饮行业抽样调查，通过调查获取批发和零售业、住宿和餐饮业比较可靠的基层样本单位数据，为推估、评价全国分行业和网上零售统计数据提供参考依据。

第二节 普　查

人口普查

第四次全国人口普查　1990年实施，时间以1990年7月1日0时（北京时间）为标准时间。此次普查，全县共普查出总户数90537户，其中家庭户90215户，集体户322户，全县总人口899669人，其中男性471063人，女性428606人，男性多于女性42457人。

第五次全国人口普查　以2000年11月1日0时为标准时间，普查登记对象为具有中华人民共和国国籍并在中华人民共和国境内常住的人，每个人都在常住地进行登记。此次普查，全县共有户数290491户，其中家庭户286468户，集体户4023户，全县共有人口974213人，其中男性507510人，女性466703人，男性多于女性40807人。比1990年人口普查数，全县增加74544人。

第六次全国人口普查　以2010年11月1日零时为标准时点，普查登记对象为具有中华人民共和国国籍并在中华人民共和国境内常住的人。此次普查，全县共普查登记户籍人口100.58万人，普查登记常住人口90.01万人，家庭人口中共有家庭户29.53万户，家庭户人口为88.5万人。常住人口中男性为45.68万人，占总人口的50.7%；女性为44.34万人，占总人口的49.3%，总人口性别比（以女性为100，男性对女性的比例）由2000年的108.7下降为103。

农业普查

第一次全国农业普查　主要内容包括：农业生产经营单位的数量、规模和结构；农业用地在各生产经营单位的分布和使用情况；农业生产性固定资产的数量、结构和性能；农村劳动力的数量、素质、从事的行业和流动情况；乡镇企业和建制镇的基本概况。标准时间为1996年12月31日，时期资料为1996年度。此次普查，全县共有农业生产经营单位231460个，从业人员576425人，农业从业人员503736人，非农业从业人员72689人。农业生产经营单位耕地面积72793公顷，农作物播种面积77086公顷，粮食面积59115公顷。全县通电村有1051个，239497户。

第二次全国农业普查　普查范围和对象是在中华人民共和国境内从事农业生产经营和服务的单位、农村住户、从事农业生产经营活动的非农村住户、行政村和乡镇。标准时点2006年12月31日，时期资料为2006年度。此次普查常住户平均住房面积25.3平方米，农村劳动力资源总量55.35万人，农村从业人员总量52.55万人，农业从业人员29.50万人。

基本单位普查

第一次全国基本单位普查　普查的标准时点为1996年12月31日，普查对象和范围为国内除农户和个体户以外所有从事社会经济活动的法人单位和产业活动单位

第二次全国基本单位普查　2001年12月31日实施，此次普查，全县共有法人单位2461个，从业人数87901人；产业活动单位4532个，从业人数25630人。

经济普查

第一次全国经济普查　标准时点为2004年12月31日，时期资料为2004年度，普查对象是在全县境内从事第二产业、第三产业的全部法人单位、产业活动单位和个体经营户。全县从事第二、三产业法人单位2917个，产业活动单位4956个，个体经营户36096个。全县第二产业和第三产业法人单位从业人员19.6万人。

第二次全国经济普查　标准时点为2004年12月31日，时期资料为2004年度，普查对象是在全县境内从事第二产业、第三产业的全部法人单位、产业活动单位和个体经营户。全县从事第二、三产业法人单位3119个，产业活动单位5242个。全县第二产业和第三产业法人单位从业人员15.33万人。

第三次全国经济普查　标准时点为2013年12月31日，时期资料为2013年度，普查对象是在全县境内从事第二产业、第三产业的全部法人单位、产业活动单位和个体经营户。全县从事第二、三产业法人单位3927个，产业活动单位5808个，个体经营户34420个，其中有证照个体经营户14534个。全县第二产业和第三产业法人单位从业人员19.51万人；个体经营户从业人员10.37万人，其中有证照个体经营户从业人员4.47万人。

第四章　工商行政管理

1989年，平邑县工商局行使县工商业行政管理职能。4月20日，成立县消费者协会办公室。10月23日，县消费者协会成立。

1991年1月9日，县工商行政管理局经济合同仲裁委员会更名为县经济合同仲裁委员会。3月20日，成立县消费纠纷仲裁委员会。

1993年9月，设立县工商行政管理局商城管理所。11月，成立县经纪人协会。12月，

原县物价局改为物价信息办公室，归口县工商行政管理局管理。

1994 年 1 月，县编委核定内设机构 7 个、30 个工商所。3 月在全县建立消费者协会分会，12 月成立县经纪人协会办公室。

1995 年 6 月，物价信息办公室析出，单独设立物价局。11 月，设立县市场服务中心。

1997 年 9 月，成立县工商行政管理局事务所。

1998 年 12 月 4 日，工商行政管理机关实行垂直管理，人员编制的管理权限上交到省一级。从 1999 年 1 月 1 日起，工商行政管理机关预算内、外经费上划省管理。

2001 年 9 月，根据省、市工商行政管理局基层工商所试点改革意见，县工商行政管理局作为试点单位对工商所进行重新调整，设立直属、平邑等 17 个工商所，撤销原有的商城、人民商场等 14 个工商所。

2002 年 3 月，核定县工商行政管理局内设机构 7 个；2 个直属机构（企业注册局、公平交易局，均为副科级建制。公平交易局挂“省工商行政管理经济检查总队平邑大队和打击传销办公室的牌子”）；17 个工商所。

2005 年 12 月，成立平邑县工商信息中心。

2013 年 3 月，成立“平邑县个体私营企业党建办公室”。10 月，按照省政府《关于改革完善市县食品药品工商质监管理体制的意见》县工商行政管理局划转县人民政府管理，部分职能划转食药监局。同月将柏林工商所整体划转临沂市蒙山旅游区管理委员会。

至 2013 年底，县工商行政管理局机关内设 13 个科室、2 个直属单位、11 个工商所，所属 3 个事业单位，在职干部职工 225 人，离退休人员 70 人。

第一节　市场监管

1989 年，认真组织开展“五好集市”创建活动。

1990 年，全县集贸市场发展到 52 处，全县建成“省级文明市场”2 处，“地级规范化”市场 13 处，“五好集市”32 处。

1994 年，全县城乡各类市场发展到 70 处，成交额达到 40000 万元，占全县社会商品零售额的 48%。其中年成交额超千万元的市场 10 处，超 5000 万元的市场 2 处，超亿元的市场 1 处。

1996 年，全县各类市场建设共投资 1.5 亿元，市场年成交额达到 5 亿元。

1997 年，开展“公平交易执法年”活动。

1999 年，鲁南农用车市场投资兴建。是年成立县粮食市场稽查队，在全县 28 个工商所成立粮食稽查分队，聘请粮食市场管理密报员 920 名，为全县 57 家粮食加工企业建立粮食购销台账，并和粮食主管部门建立粮食加工企业“双人管理制度”。共查扣玉米 70 吨、小麦 3.5 吨、面粉 13.5 吨。

2000 年，全面推行市场规范化管理。组织开展一系列专项执法活动，查处案件 1900 余起，取缔窝点 17 处，案值 1100 余万元。其中利用 1 个月的时间，集中开展县城环境综合整治活动，地解决市场“脏乱差”的问题；开展成品油、文化市场专项治理，86 家成品油经营户办理经营许可证和安全许可证，8 家不符合条件的被取缔，检查娱乐游戏厅 32 家，除 12 家达标的予以保留外，其余 20 家被依法取缔；加强对机动车辆市场的管理，对 14 家经营户进行规范，审验各类机动车辆 2480 辆。

2002 年，设立公平交易局。以集贸市场为重点，深入开展整顿市场秩序工作。共规范摊位5800多个，取缔制假售假黑窝点12个，查处案件360多起。其中万元以上大案11起。

2003年，认真开展“非典”市场专项整治工作，督促指导市场主办单位认真做好市场的消毒、疫情监控、市场供应等工作。其中，查获劣质中药材1000余千克、84消毒液800千克。完善推行“市场巡查制”“执法过错”责任追究制和市场预警制等一系列制度，提高市场管理力度和市场规范化水平。

2004年7月11日，地方镇劣质罐头被央视《每周质量报告》曝光后，工商管理人员第一时间到达事发现场、摸清被曝光4家企业底子、掌握产品的流向，并于当晚12点前，将详细情况电传到省、市工商行政管理局，随后联合有关部门对地方果品加工企业进行彻底整治和规范，查封劣质罐头1万余箱，查处违法企业68家;9月，开展“消费储值”清理活动。对前来咨询的消费者及时给予警示和规劝，印发《告诫书》1万余份，将4家消费储值商家1网打尽，查扣微机6台、办公设备6件，有6人被刑事拘留。

2003—2005年，以查处掺杂使假、商标侵权、非法传销为重点，开展整顿和规范市场经济秩序工作。共查处案件2100起，案值1200多万元，取缔制假窝点50处。2004—2005年，大力发展代理经销、连锁经营、超市经营等新型经营模式。至2005年，全县各类超市发展到20多家，代理经销、连锁经营100多家。全县集贸市场发展到75处，市场成交额达到8.3亿元。其中省级文明市场2处，市级文明市场19处。

2006年，认真开展打假治劣活动，先后对电瓶车、钢材、成品油、液化气、化肥、面粉、手机等13类商品进行质量抽检。共查处案件1400余起（一般程序案件330起）。其中商品质量案件31起，商标案件26起，商业贿赂案件5起，查获不合格成品油32吨、食品1200千克、劣质复混肥28吨、饮料4000余瓶、白酒1000余千克、假农药1200余箱，收缴商标标识10万余套。

2007年，围绕食品安全、农资质量、公平竞争、市场准入“四个重点”，不断加大执法监管力度。尤其是产品质量和食品安全专项整治工作，得到省、市政府联合督导组的一致好评。共查处案件1990起。其中一般程序案件976起（网上办案752起），万元以上大案44起，查获劣质食品1030多千克、牛奶610余箱、饮料500多件，掺杂金银花904千克，侵权罐头6000余箱、白酒1200余箱，不合格化肥63吨、农药2000余瓶、种子10吨，取缔传销窝点4处。

2008年，查办案件2678起。其中一般程序案件698起，查办无照经营以外的案件490起，同比增长17.5%，查获劣质食品800余千克、饮料700余瓶（盒），问题白酒740余箱、罐头1400余箱，掺杂金银花504千克，假冒水泥100余吨，不合格钢筋10.3吨、成品油51吨、化肥204吨、农膜6吨、农药500余瓶（袋），取缔传销窝点1处。1月10日，完成商城集贸市场和蒙阳建材集贸市场的搬迁，并免收1—3月的集贸市场管理费。

2009年，查办案件2909起，其中一般程序案件810起，分别同比增长8.63%、16.05%。查获劣质食品600余千克、问题白酒200余箱，假冒石膏板5万余张、手机304部，不合格铝材500余米、木地板370余平方米、电线电缆24420米、成品油125吨、不合格化肥39吨、农膜260余捆、农药400余瓶（袋），取缔传销窝点1处，验收“无传销社区”738处，占全县行政村的100%，下达《集贸市场搬迁建议书》6份，对7处集贸市场实施公司化登记。

2010年，共查办案件1881起（一般程序案件682起）。严格落实食品经营自律“三条线”标准，共查处食品案件84起，食品安全监管追溯系统数据录入率达到100%，“食品安全放心社区”已覆盖全县行政村的61%。

2012年，共查办案件2242起（一般程序案件1284起）。开展地沟油、鲜肉及肉制品、假劣燕窝、阿胶等专项行动，提高食品安全监管追溯系统应用能力，推进实施精准监管。在果脯、明胶等食品事件中，快速反应，提前介入，全县食品市场没有出现问题。“食品安全放心社区（乡镇）”覆盖率100%。

2013年，共查办案件2108起（一般程序案件1733起）。查处食品违法案件205件。共查处无照经营案件1071件。查处违反企业登记案件34起、商标广告案件47起、商品质量案件147起、网络案件5起。

第二节　企业登记

1989年，全县共有工商企业2100户，其中国有企业351户，集体企业1749户；工业企业280户，商业企业1049户；从业人员34760人，注册资金18494万元。

1990年，开展“清理改正假集体企业”工作，摘掉70家集体企业“红帽子”。对企业法定代表人和企业负责人进行工商法规培训，举办培训班17期，培训人员1400多人。

1992年，平邑县制定《关于支持党政事业单位兴办实体的两条意见和十条措施》，大力支持机关事业单位兴办经济服务实体。至11月，全县各类国营、集体企业2257家，注册资金46202万元，从业人员43156人。其中全县党政机关兴办各类实体554家，减免登记费20多万元。

1995年，改革企业登记前置审批制度，按照公司法的规定开展企业股份制改革试点工作。至1996年，全县登记注册企业3320户，其中法人企业1056家、有限公司33家。

1997年，协助种子公司、牧工商联合公司、仲村纸箱厂等12家国有、集体企业进行现代企业改制，成为新的有限公司。1998年，支持企业深化改革，为17家粮食经营企业办理变更登记，对27家粮食经营企业进行重新登记。根据《企业年检办法》，对1758家名存实亡的企业依法吊销营业执照。认真开展企业档案整理工作，陆续将企业档案输入微机。1999年，采取改前引导、改中扶持、改后回访的办法，积极引导、帮助集体企业进行规范的公司制改革。企业回访率达到100%。

从2000年，起对新登记企业采取“办前勘察、办后回访”等制度，严格规范企业登记材料，并加大对特殊行业前置审批条件的审核力度，杜绝假集体、“三无企业”进入市场。

2001年，重点对从事生产经营易燃易爆物品、食品、药品的企业，以及娱乐场所、宾馆饭店、桑拿按摩场所等企业的档案材料进行全面审查，确保企业档案材料的完整性和规范性。

至2005年底，内资企业发展到1527家，注册资金总额90372万元，私营企业发展到976家，注册资金总额42900万元。2006年，认真执行法律法规规定的登记条件和登记程序，并认真开展年检工作。为193家企业办理变更登记，年检内资企业1142家、私营企业683家，换发新颁公司营业执照568份，新发展私营企业162家，从业人员1754人，注册资金13310万元。

2007年，印发《关于进一步服务地方经济优化发展环境的若干规定》，广泛开展“加强行风建设优化发展环境”“红盾帮扶”等活动。新登记私营企业182家，同比增长12.35%；内资企业77家，同比增长133.3%。

2008年，认真落实上级扶持政策，简化登记程序降低准入门槛，全面落实“一审一核”等制度，畅通准入渠道。新登记私营企业159家、内资企业74家。2009年，着力打造“高效服务示范窗口”，严格落实AB角、服务承诺等制度。县政务大厅“工商注册登记窗口”，被县政府授予“红旗窗口”。新登记私营企业242家、内资企业88家。

2010年，严格执行上级扶持政策，推动各类市场主体稳步发展。新登记私营企业296家、内资企业112家。

2012年，将上级机关服务发展的新政策、新规定与平邑实际搞好对接，相继印发产业转移登记等3个文件，为加快经济发展提供有力支持。新登记私营企业349家、内资企业57家。

至2013年12月8日，全县私营企业发展到2220家，注册资金492801.14万元，内资企业发展到1535家，注册资金279725.38万元。

第三节　经济合同管理

1989年，依照《中华人民共和国经济合同法》等法律法规，对工商、商商之间各种合同的订立和履行，进行统一监督管理。1990年，办理合同纠纷案件2962起，为国营、集体企业追回欠款74.9万元。

1992年，重点抓好企业经济合同的基础建设，帮助36家企业主管部门健全合同管理组织、196家企业充实合同管理小组成员，完善合同管理制度73条，培训企业厂长、经理、合同管理人员821人，为考试合格的409人颁发“合同管理岗位培训证书”，全县合同管理“三落实”的企业达到139家。发挥合同的仲裁职能，为企业深化改革保驾护航，当年处理合同纠纷276起，争议金额61.5万元。

1993年，推广使用合同文本，开展合同鉴证。1991—1994年，共鉴证经济合同2801起，鉴证金额达29180万元；处理合同纠纷978起，争议金额560万元。

1995年，全县90%的企业规范合同文本使用制度，组织举办培训班39期，培训合同管理人员460人，申报市级“重合同守信用”企业71家。

1996—1998年，重点开展合同鉴证、抵押登记、“重合同守信用”评选工作，共鉴证合同5532份，合同标的额22881万元；办理抵押登记351份，抵押合同金额30223万元；评选“重合同守信用”183家。1999年，《中华人民共和国合同法》颁布实施，深入开展《中华人民共和国合同法》进企业、进厂矿、进千家万户活动。举办培训班8期，培训工商所长、合同管理员、企业法定代表人1260人次，印发《合同法》单行本3500册。

2000—2001年，在抓好合同鉴证、抵押登记工作的基础上，围绕合同法的宣传、贯彻、落实，继续抓好合同法的培训工作，先后组织培训班11期，参训人员590多人次，鉴证合同2230份，鉴证金额35600万元，办理抵押登记207份，抵押金额36800万元。2002年以来，重点加大对“重合同守信用”企业的审查力度，确保评选工作的质量，共评选“重合同守信用”企业55家，其中省级6家、市级49家。

2004年3月，国务院《关于取消第一批行政审批项目的决定》中废止《合同鉴证办法》，工商系统的经济合同鉴证职能取消。2005年，“重合同守信用”企业评选改为“守合同重信用”评选。以此为契机大力加强企业的诚信教育，不断完善企业信用管理。

至2005年，共办理抵押登记760份，抵押物价值100586万元，抵押主债权金额82108万元;省级“守合同重信用”企业23家、市级42家。

2006年，积极推行个体工商户分层分类监管，对个体工商户档案进行扫描，录入电脑，详细记录个体工商户信用信息，划分信用等级。继续开展“守合同重信用”评选活动。全县市级以上“守合同重信用”企业发展到48家。其中，国家级“守合同重信用”企业2家。是年，办理抵押登记39件、抵押物金额9000多万元。

2007年，大力开展个体工商户分层分类监管，积极推进企业信用建设，深化合同帮扶，开展抵押登记，为企业办理抵押登记48件，帮扶美丽石材、中兴纸业等41家企业融通资金达1.3亿元。

2008年，深化分层分类监管，推进企业信用建设，并强化合同帮扶力度。召开10家银行参加的全县信用建设座谈会，深化动产抵押登记工作，帮助27家企业融资4585万元。

2009年，开展大走访活动，制定《助企解困实施意见》，严格落实动产抵押登记服务规定，建立“守合同重信用”企业重点培育制度，切实帮助企业应对金融危机。共走访各类企业910家，收集意见和建议31条，帮助解决实际问题44件，办理动产抵押登记帮助融通资金2.5亿元，对74家企业实施重点培育。

2010年，扎实开展“守合同重信用”企业创建活动。共办理动产抵押53件，帮助企业融资10.04亿元，成功申报省级“守合同重信用”企业7家、市级12家。

2011年，共办理动产抵押50件，帮助企业融通资金11.22亿元。用订单农业模式来推动农村产业化发展。至2011年8月，全县“订单农业”面积已发展到2万余公顷，帮助农民实现增收近4.5亿元。9月，全市工商系统订单农业暨动产抵押登记工作现场会在平邑召开。加大“守合同重信用”企业创建活动，成功争创市级以上“守合同重信用”企业9家。严厉查处和纠正“霸王条款”等合同违法行为，共办结案件142起。

2012年，扎实开展“三押一推”工作，共办理动产抵押41件，帮助企业融通资金10.5亿元。引导企业开展履行社会责任评价试点工作，成功争创市级以上“守合同重信用企业”7家。帮助农户签订订单1万余份，帮扶涉农企业20家，建立惠农服务站、订单农业指导站各5个，调解合同纠纷13件，促进农民与市场的安全对接。严厉查处和纠正“霸王条款”等合同违法行为，共办结案件140起，数量位居全市系统第一。

2013年，继续查处和纠正“霸王条款”等合同违法行为，共办结案件139起。大力拓宽融资渠道，共办理动产抵押50件，帮助企业融通资金13.65亿元。大力强化企业信用建设，共申报市级“消费者满意单位”21家、市级“守合同重信用企业”5家。帮助农户签订订单2698份，帮扶涉农企业31家，建立惠农服务站、订单农业指导站各4个，调解合同纠纷3件。至2013年，全县共有国家级“守合同重信用企业”1家、省级22家、市级23家。

第四节　个体私营经济

1989—1992年，随着经济改革的不断深入，个体私营商业得到长足发展。至1992年

11月，全县私营企业发展到41家，注册资金481万元，从业人员901人；个体工商户17038户，从业人员42146人。

1993年，平邑县制定实施《关于服务民营经济的意见》，对民营经济实行“四放宽、两鼓励、一简化、一保护”的服务政策，个体工商户营业执照的办理权限下放到工商所，申办执照的时间由原来的7～10天缩短到1～2天。

1994年，县委、县政府印发《关于促进个体私营经济发展的意见》，把个体私营经济的发展由部门行为变为政府行为。县工商行政管理局不断放宽政策，简化程序，采取办照上门、送照上门等措施，促进个体私营经济的发展。

至1996年，全县个体工商户达到24600户，注册资金14501万元，从业人员4.9万人；私营企业351家，注册资金5840万元，雇工人数7010人。

1999年，县委、县政府制定《关于进一步加快个体私营经济发展的若干规定》《关于个体私营经济考核奖励办法》，将个体私营经济发展指标作为乡镇工作年终考核的重点。县工商行政管理局进一步放宽从业条件，放宽经营范围，放宽收费标准，简化办照程序，提高服务质量和办事效率，并引导个体工商户逐步向私营企业发展。

2002年，撤销企业科和个体科，设立企业注册局，将企业、个体私营企业登记注册工作合并办理。在促进个体私营经济发展方面，向县政府上报《关于加快全县个体私营经济发展的建议》，实施“骨干带动战略”，发挥个体私营大户和骨干企业的带动作用。在全县排查出86家科技含量高、前景好的企业和123家困难企业进行重点扶持；积极引导个体私营企业参与国企改革，并通过举办培训班、上门走访指导等方式帮助26家企业改变“家族式”的管理模式，建立现代企业管理制度。

2003年，重点抓好“160”工程的实施，实行联系挂包，先后与120家个体私营企业签订帮扶协议，积极帮助企业解决难题，引导企业实施“商标战略”，扶持企业做大做强。6月，组织民营企业参加省工商行政管理局举办的“民营企业发展高层论坛”。11月，组织全县规模以上企业召开“实施商标带动战略，支持企业做大做强”会议，在企业中引起强烈的反响。

至2005年，全县个体工商户发展到10075户，注册资金10607万元，从业人员28210人；私营企业发展到976户，注册资金42900万元，从业人员10686人。

2006年，新发展个体工商户1151户，从业人员3012人，注册资金1072万元；私营企业162家，从业人员1754人，注册资金13310万元；为101家下岗再就业人员办理费用减免手续，累计为企业减免各项行政性收费21万元。

2007年，平邑县印发《关于进一步服务地方经济优化发展环境的若干规定》，制定服务经济发展的34条规定，广泛开展“加强行风建设优化发展环境”活动，受到社会各界的一致好评。新登记个体工商户2410户，同比增长109.38%；私营企业182家，同比增长12.35%。2008年，严格落实扶持政策，畅通市场准入渠道。新登记个体工商户3150户，同比增长70%，登记私营企业159家、农民专业合作社96家。

2009年，平邑县制定《关于提高行政效能优化发展环境的实施意见》，明确优化经济发展环境23条规定，打造“高效服务示范窗口”。新登记个体工商户 4804 户、私营企业 242 家、农民专业合作社 147 家，分别同比增长 52.63%、52.2%、47%。其中，共为 169 名“五类人员”办理营业执照，减免各类规费 1.2 万元。

2010 年，严格执行上级扶持政策，全面落实一审一核、首办责任等制度。共新登记个体工商户 3293 户、私营企业 296 家、农民专业合作社 178 家，为 147 名“五类人员”减免各类规费 1.18 万元。2011 年，简化程序，降低门槛，提供优质、高效服务。新登记个体工商户 2273 户、私营企业 319 家、农民专业合作社 216 家，帮助 38 家个体工商户完成“个升企”，为 419 名“七类人员”减免各类规费 3.36 万元。

2012 年，制定印发个体工商户升级为企业、企业兼并重组、产业转移登记等 3 个文件，加大“零首付”“零收费”、年检延期等措施落实力度，为经营业户提供最大便利。新登记个体工商户 3022 户、私营企业 313 家、农民专业合作社 286 家，完成“个升企”22 家。其中，办理“零首付”注册 2 件（全市仅 10 件)、“零收费”登记 362 件，减免费用 5.4 万元，走在全市工商系统前列。

2013 年，认真执行“零首付”注册、“零收费”登记等扶持政策，并实施降低门槛、简化手续、年检延期等措施，受到社会各界一致好评。新登记个体工商户 3703 户、私营企业 399 家、农民专业合作社 266 家、家庭农场 29 家，完成“个升企”登记 529 家，“零收费”登记达到 100%，减免费用 35.4 万元，提前并超额完成市政府下达的培育发展个体工商户 3600 户、创业型企业 350 家和“个转企”登记 445 家的计划。

至 2013 年 12 月 8 日，全县共有个体工商户 28292 户，注册资金 99619.48 万元，从业人员 85834 人；私营企业 2220 家，注册资金 492801.14 万元，雇工人数 23174 人；农民专业合作社 1141 家，农民成员 13208 人，成员出资总额 386355.14 万元；家庭农场 14 家，农民成员 14 人，成员出资总额 9603 万元。

第五节　商标管理

1989 年，成立商标广告股，重点对商标印制企业进行检查整顿，帮助企业建立商标承印、保管、存档制度，对私自印制他人商标的 3 家企业进行查处，收缴假商标 20 万套，包装箱 4000 个。共核转注册商标 21 件。1992 年，会同县公安局、工业局联合制定加强印刷业的管理规定，召开印刷业厂长会议，为印刷业进一步健全各项规章制度。

1994 年以来，重点加大对各类假冒和商标侵权行为的查处力度。至 1996 年，收缴假冒侵权商标 70 多万套，冒牌石英钟 338 块，冒牌面粉 2050 袋，冒牌山楂饼 1004 箱，假冒进口彩色电视机 4 台。1997 年，全县商标总数达到 175 件，对 360 人进行商标知识培训，22 家印刷户取得商标印刷许可证。1998 年，开展商标印制企业专项检查，查处案件 8 起，收缴假冒商标标识 100 多万张，对 22 家商标印制单位和 160 家商标使用单位进行专题培训。4 月，市工商行政管理局在平邑县召开商标广告管理工作现场会。至 1998 年底，全县注册商标达到 193 件。1999 年，对地方、天宝等 120 多家食品罐头企业进行法规培训，引导食品企业实施商标战略；加大对地方知名商标的保护力度，“冠鲁”“蒙光”申报参加驰名商标评选。

2001 年 12 月 1 日，新修订的《中华人民共和国商标法》正式实施，商标管理工作进一步规范，全县企业的商标意识也得到稳步提高。组织开展打击侵权商标专项执法行动，查处商标案件20件，收缴商标标识30余万套。与县化肥厂、兰陵酒厂平邑分公司等企业建立打假维权网络，维护地方名优产品的声誉。自2002年起在做好商标违法案件查处的基础上，重点在服务上做文章。大力实施“商标战略”，帮助企业注册、使用、管理好商标，建立“以品牌促发展”的经营模式，并积极帮助企业争创驰、著名商标。

2003年，组织召开全县“实施商标战略，扶持企业做大做强”座谈会，县政府副县长吕国强、各乡镇的分管副镇长以及60多家企业的负责人参加会议。

2004年，“冠鲁建材”商标被认定为“山东省著名商标”，实现平邑县著名商标零的突破。

2005年，“环球”制盖、“天泰”种业两家商标被认定为“山东省著名商标”。至2005年底，全县注册商标达到680件，著名商标总数达到3件。

2006年，鼓励广大企业实施商标战略，实现企业可持续发展。新注册商标51件，有11家企业主动申报著名商标。为保护金银花产业的健康发展，帮助农民增收，向县政府上报《关于注册“平邑金银花”地理标志证明商标的建议》。

2007年，大力实施商标兴企战略，支持企业争创驰、著名商标。帮助冠鲁集团公司完成“冠鲁”牌石材著名商标续展和临沂市玉泉食品有限公司“蒙水”牌水果罐头著名商标的上报工作。认真开展保护注册商标专用权专项行动，查处商标案件53起。

2008年，开展品牌建设年活动，帮助企业争创驰、著名商标和“平邑金银花”地理标志证明商标。新增著名商标1件，全县著名商标数量达到4件，帮助平邑县金银花标准化种植协会向国家工商总局商标局递交“平邑金银花”地理标志证明商标注册申请。

2009年，建立驰、著名商标重点培育制度，积极引导企业参与争创活动。“平邑金银花”地理标志证明商标于当年9月拿到注册证，实现平邑县地理标志证明商标零的突破，有3家商标被评为著名商标，全县著名商标数量达到7件。至2010年底，全县拥有有效注册商标1256件，著名商标11件。

2011年，开展商标战略示范乡镇、示范企业创建工作，全年共新增注册商标213件，成功争创著名商标6件（涉农2件）、地理标志证明商标3件（“武台黄桃”2件、“天宝山山楂”1件）。全县注册商标总数达到1469件，著名商标达到16件，地理标志证明商标达到4件，其中地理标志证明商标拥有量占全市总数的1/4，位居全市第一。是年，查处商标案件28件。

2012年，实施商标战略，成功争创驰名商标1件（“蒙水及图”商标）、著名商标4件，实现平邑县驰名商标零的突破。

至2013年底，全县注册商标总数达到1924件、驰名商标达到1件、地理标志证明商标达到4件、著名商标达到22件。

第六节　广告管理

1989年，向全县发布《关于加强户外广告管理的通知》，对户外广告的张贴和设置作明确规定，并在县城设立11块钢支架广告牌，制止乱张贴广告的现象。

1990年，在全县设立广告宣传栏12处，协助企业录制产品广告12个，在各乡镇设立广告张贴栏，广告管理工作日趋规范。在临沂地区商标广告大检查中，县工商行政管理局取得了全区第二名的好成绩。

1991年，加强宣传教育和咨询服务工作，广大企业的广告意识进一步增强，懂得广告宣传在开拓市场、指导消费、提高经济效益方面的作用。1992年，继续加大对《广告条例》的宣传力度，不断提高企业的广告意识。依法查处广告案件97起。1993年，重点对《广告条例》进行宣传，营造良好社会氛围。

1994年，为县电台、电视台、报社办理广告经营许可证，使其承担广告宣传业务广告管理工作逐步走向正常化、制度化。

1995年2月，广告法颁布实施，一些行业广告管理法规、规章相继制定，广告管理工作走向正规。共有4家企业被核准从事广告经营业务。

自1996年起，重点加大对广告经营单位、违法户外广告的检查力度。至1998年，共查处违法广告60起，没收违法户外广告40多万份，对9家广告经营单位进行规范。

2001年，组织开展“反误导、打虚假”广告专项治理活动，加大对医疗药品、保健品、医疗服务等广告的整治和媒体广告的监管力度，共查处违法广告11起，没收违法广告6万余份。

至2005年底，广告经营单位已发展到3家，从业人员60人，广告经营额450万元，查处制止各类违法广告210多起，清理收缴虚假违法广告宣传材料180万张。

2006年，开展“打虚假树诚信”广告专项整治活动，把涉及人民群众生命安全和身体健康的药品、医疗和保健品、食品、化妆品、美容服务广告等作为重点。共查处违法广告5起。

2007年，先后帮助平邑六和饲料和临沭县雷华房地产开发公司等72家企业办理户外广告登记。认真开展虚假广告专项行动，依法查处广告案件29起。

2009年，健全媒体广告监测制度，强化对广告发布环节的监管。以药品、医疗和保健品、食品、化妆品等为重点，严厉打击各类虚假违法广告。

2011年，以医疗、药品、保健食品、化妆品、美容服务等“五类广告”为重点，发挥部门联席会议制度作用，推进建立广告监管长效机制。共查处广告案件31起。

2012年，加强对广告发布环节的监管，严厉查处虚假违法广告。查处广告案件28起。

2013年，完善广告监测制度，改进广告审查工作，发挥广告监管联席会议制度的作用。共查处广告案件22起。至是年12月，全县广告经营单位已发展到139家，从业人员654人。

第七节 外商投资企业登记

1989—2013年，共登记注册外资企业125家，2013年底实有外资企业48家。涉及行业有保险、通信、医药等。注册资金8556.83万美元。对外商投资企业的管理，主要是为企业提供政策咨询和业务指导。积极支持外商投资设立具有先进技术水平、高增值含量的项目。认真做好日常巡查工作，重点查看企业相关经营的前置审批。对将要到期的许可证进行重点提示，做到警钟长鸣。对巡查中发现的企业轻微的违法违章行为进行警示教育。

1989—2013 年平邑县外商投资情况表

表 14-4

年份	登记数量（户）	注册资金（万美元）	累计数量（户）
1989	0	0.00	0
1990	0	0.00	0
1991	0	0.00	0
1992	9	911.60	9
1993	10	1340.74	19
1994	4	577.20	23
1995	2	964.18	24
1996	3	292.00	24
1997	3	146.00	18
1998	4	916.45	24
1999	2	190.00	18
2000	2	100.00	20
2001	4	295.63	21
2002	4	132.00	23
2003	4	880.00	23
2004	25	1233.07	39
2005	0	0.00	32
2006	3	959.99	35
2007	6	446.53	39
2008	29	2110.00	65
2009	2	2082.00	48
2010	3	0.00	49
2011	0	0.00	47
2012	2	0.00	48
2013	4	3501.99	48

第八节　消费者权益保护

1989 年 4 月 20 日起，平邑县消费者协会具体负责处理消费纠纷，保护消费者的合法权益，在县电视台开办“消费之友”电视栏目。至 1992 年底，共接受咨询 2100 多人次，受理消费者投诉案件 167 起，为消费者挽回经济损失 30 多万元。

1994 年 3 月，在全县建立消费者协会分会。

1998年，全县范围内设立农村消费者指导站987个、消费者联络站37个、消费者投诉站30个，发展会员4000多人。在全县19个基层分会开通了尾数为“315”的消费者投诉举报电话，建立健全“315”投诉网络。

1999年，各工商所、基层分会也都利用农村集日，通过发放宣传材料、设立消费咨询服务台等形式，组织开展“315”宣传咨询活动。2月，县工商行政管理局经检所成功调解魏庄乡西岭村邱传振劣质柴油烧伤案，被投诉方，一次性赔偿邱传振医疗费、残疾人赔偿金等共计16万元。

2000年，县消费者协会与县中医院联合开展持消费者协会会员卡“就医优惠”活动，使广大消费者切实得到实惠。

2001年2月，平邑县消费者协会成功调解柏林镇汪家坡村汪会涛啤酒瓶炸伤眼睛投诉案，消费者一次性获得厂家赔偿2.3万元。

2002年5月，县工商行政管理局成立消费者权益保护科，负责全县消费者权益保护工作。10月，成立“12315”消费者申诉举报指挥中心，开通“12315”消费者投诉举报电话。县城内的申诉举报10分钟内到达现场，乡镇驻地和农村的，经过分流一般30分钟内就可以到达现场。

2003年起，全面加强消协基层组织建设，依托村居、社区、商场、超市设立消费者投诉站23处，消费者指导站36处，消费者服务站20处。

2004年，以确保食品安全为重点，重点加大对城乡接合部、农村市场的监管，并对食品、成品油、化肥等8类商品进行抽检。查获不合格成品油21吨、劣质复混肥19吨、假农药800多箱。

2005年，对成品油、复混肥、面粉、食品等11类商品进行质量抽检，共组织抽检各类商品50多批次，查处商品质量案件41起，案值600多万元。

2006年，重点对电瓶车、成品油、化肥、面粉、手机等13类商品进行质量抽检，查获不合格农资、食品、建材等总价值500多万元。

2008年，在全县738个行政村中，全部建立投诉站、联络站，建站率100%，另外依托企业建立投诉站、联络站32处。

2009年，进一步强化市场巡查、专项整治、质量抽检等措施，不断完善市场长效监管机制。继续开展12315“五进”活动，完成合并后的12处工商所及柘沟村等7家单位的视频对接、调解室设立工作。

2010年，查获以“家电下乡”名义销售的问题彩电7台、手机46部、洗衣机15台、摩托车9辆。认真做好申诉、投诉受理、调解工作。县消费者协会受理咨询800余人次、投诉103件，为消费者挽回经济损失80余万元，工商机关受理申诉259件，为消费者挽回经济损失120余万元，办结率、反馈率、群众满意率均达到100%。

2011年，扎实推进12315“五进”工程，努力探索构建消费纠纷多元化解决机制。共受理咨询1500余人次、申诉303起、举报121起、投诉71起、建议4起，为消费者挽回经济损失230余万元，办结率、反馈率、群众满意率均达到100%。

2013年，对12315案件处理标准进行规范，并加大督办力度。共受理咨询1200余人次、申（投）诉543起、举报124起、建议4起，为消费者挽回损失110余万元，处结率、回访率、群众满意率均达到100%。

第九节　个体劳动者协会

1989年，县个体劳动者协会圆满完成亚运会工程集资款任务，并组织个体私营名优产品参加了全省名优产品展览。

1991年，平邑县遭遇“百年不遇”特大暴雨，县个体劳动者协会组织开展“募捐自救”活动，帮助117家受重灾的个体工商户及时恢复生产。至1991年11月，全县个体私营经济总数发展到14064户，从业人员3万人，个体私营经济纳税512万元，占全县财政收入的18.5%。

1993年以来，重点在个体工商户中开展普法教育、技术培训、困难救助、参观学习以及先进个体工商户评选等活动，提高个体工商户的素质，促进了个体工商户的发展壮大。

1995年，加强个协分会党组织建设，从个体工商户中发展预备党员33名，在主要商场实行了党员个体户挂牌经营活动，通过个协互助基金筹集资金100多万元，缓解部分经营户资金紧张的局面。

1997年，举办培训班21期，22个基层分会中16个分会达到规范化标准，成立行业小组268个，分会干部和行业组长均都持证上岗，为全县会员订1100多份《市场经济电讯》，指导兴办全县第一家私营合资公司。7月，“平邑县个体劳动者协会”更名为“平邑县个体私营企业协会”。

1998年，在22个基层分会成立党组织，8家个体私营企业中建立工会组织，设立妇女工作委员会，为199名会员办理农转非手续，并在全县开展“五星级文明户”“光彩之星”评选活动，为4000户“五星级文明经营户”挂上光荣牌，评选县级“光彩之星”100名、市级“光彩之星”10人、省级“光彩之星”1人。5月18日，县个体私营企业协会第三次代表大会召开。

1999年，县个体私营企业协会对全县22个分会进行换届选举，选举产生630名行业组长。深入开展“户户讲道德、店店无假货”活动，教育广大会员守法经营、文明经营意识，对20家个体私营企业实行挂牌保护。

2001年，在38家私营企业中建立党支部，在协会会员中开展“党员经营户”挂牌经营活动，全县个私协党建工作受到县委和市委组织部领导的好评并在全市推广。同时，广泛开展“双思”教育和反对邪教组织教育，引导广大个体私营企业树立正确的世界观、人生观、价值观。

2002年，继续抓好私营企业党组织建设的同时，组织开展“个体私营经济”调研，深入到60多家企业和300多家个体工商户中，从个体私营经济发展的现状、发展前景、面临的困难、政策落实等方面进行全面调查了解，并提出加快个体私营经济发展的建议。

2003年6月，组织全县民营企业参加“全市民营企业做大做强”会议。9月，组织民营企业参加省工商行政管理局组织的“全省民营企业发展”高层论坛。

至2005年底，县个体私营企业协会机构设置有办公室、组织联络部、经营指导部、宣传教育部和个体私营企业投诉服务中心，在全县16个乡镇设立基层分会17个，即城区、平邑、仲村、武台、保太、柏林、卞桥、资邱、地方、铜石、温水、流峪、郑城、魏庄、白彦、临涧、丰阳。全县共有省级“光彩之星”8家，市、县级“光彩之星”386家；评选出省级“文明诚信企业”10家，市、县级298家；评选出市级“青年文明号”“青年文明工作者”29家

（名）。

2006年，开展规范建设年活动，突出完善各项制度，使各项工作做到“四到位”（认识到位、措施到位、支持到位、投入到位），协会工作整体水平上一个新台阶。开展“诚实守信、户户讲道德、店店无假货”及“光彩服务周”活动。

2007年，开展重点帮扶活动，从全县近3000家业户中选出117家规模以上、有发展前途的企业，作为县工商行政管理局党组人员、机关各科室和各工商所、分会的帮扶联系点，进行重点帮扶，受到县委、县政府的高度评价。

2008年，开展“文明诚信经营业户”“光彩之星”等评比活动，支持企业做大做强。2009年，主要以“基层建设年”活动为契机，着力构建“五抓五送”服务体系，充分发挥“自我教育、自我管理、自我服务、自我发展”职能作用。

2010年，率先发起“心连心——情系玉树”爱心捐款活动，动员个私协会员捐款捐物近17.6万元。

2011年，结合私营企业年检和个体工商户验照工作，对2010年12月31日之前的所有会员档案进行整理归档。认真开展第4届山东省文明诚信民营企业、文明诚信个体工商户和文明诚信民营企业标兵评选等活动，成功争创市级以上“文明诚信民营企业（个体工商户）”12家、“道德模范”2人。

1994—2013年，连续被省工商行政管理局、省个私协会评为“先进单位”。

第五章 物价管理

1993年12月，平邑县物价局改为平邑县物价信息办公室。1995年6月，平邑县物价信息办公室改为平邑县物价局。

2002年8月，机构改革时撤销平邑县物价局，成立平邑县物价办公室，与平邑县物价检查所合署。

2007年12月，平邑县物价办公室更名为平邑县物价局。

2011年7月15日，平邑县物价局由县政府正科级事业单位调整为正科级行政单位，在平邑县发展和改革局加挂牌子，县物价检查所与县物价局合署，县农产品调查室为县物价局下设行政机构，价格认证中心和价格举报中心为县物价局所属股级全额事业单位。

第一节 价格管理

自1991年，开始建立健全以市场形成价格为主，政府实行宏观调控的价格形成新机制。

1998年，《中华人民共和国价格法》颁布，国家定价、国家指导价、市场调节价转换为政府定价、政府指导价和市场调节价。政府定价的权限逐步下放，放开商品价格的比重逐年上升。政府只对与国民经济发展和人民生活关系重大的极少数商品价格以及重要的公用事业性服务价格实行政府定价和政府指导价，大部分商品价格实行市场调节。

2002年，根据省、市统一部署，对城乡居民生活用电实行同价，降低农村用电价格，减轻了农民负担。

2003年，先后调整小麦、玉米、花生保

护价，提高农民的收入。通过召开价格听证会，并报经县政府批准，调整自来水价格，居民生活用水调整为1.20元/立方米；生产、办公用水调整为1.50元/立方米；商业、餐饮业、建筑业等特殊行业用水调整为1.80元/立方米，规范供水价格管理。

2004年，适当提高非普工业用电、非居民照明用电电价水平，对电解铝、铁合金、电石、烧碱、水泥、钢铁等6个高耗能行业试行差别电价，下发供电企业有关停收供配电贴费的通知。

2007年底抄见电量起，实现在全县范围内城乡用电分类同价。同价后，大幅降低农村电价，小幅提高城市电价。具体体现工业反哺农业，城市支持农村，工业与农业、城市与农村协调发展的大好局面。

2008年，提高唐村水库的小水电上网电价，由每千瓦时0.32元调整为每千瓦时0.37元，缓解唐村水库的经营困难状况。

2011年，制定奥德燃气有限公司天然气价格，平邑县境内首次使用上环保安全的天然气。

2012年，居民生活用电试行阶梯电价，充分发挥价格杠杆的作用，引导用户特别是用电量多的居民用户调整用电行为，促进合理、节约用电，从而有利于建设资源节约型和环境友好型社会。分别于2004年、2005年、2007年、2009年根据煤炭价格及供热成本变化情况4次对供暖价格适时进行调整，保证城区供暖事业的稳定发展。

2013年3月，临沂至平邑天然气管道支线贯通，降低天然气运输成本。居民用天然气销售价格每立方米下调0.50元，销售价格由原来的3.00元/立方米调整为2.50元/立方米。2011年6月30日，在起全县范围内公立医院实行基本药物制度，《基本药物目录》内的药物品种实行零差率销售，解决老百姓看病贵，因病致贫，因病返贫的问题。2011年、2012年、2013年连续3年对金银花种植成本进行调研，对金银花价格实施监测，为金银花产业协会提供科学数据。

第二节　收费管理

1990年，《山东省行政性事业性收费管理条例》颁布实施。1992年，开展“亮证收费，明码标价”和“乱收费举报月”活动，率先实行收费管理员和收费申报制度，举办四期收费管理员培训班，系统学习国家收费管理方面的有关政策、法规，对全县行政性事业性收费单位实行收费许可证管理，证书有效期5年。

1994年，清理涉及收费的文件县政府批准行文废止6个，取消收费条款3项。

1997年，山东省物价局、财政厅《关于印发〈山东省行政事业性收费年度审验办法（试行）〉的通知》，收费年审制度由1993年的试点转为实施。

1998年，国家计委、经贸委、财政部、监察部、审计署、国务院纠风办联合发布《收费许可证管理办法》，收费许可证的有效期由5年改为3年。1999年，清理业务部门自行制定的不合法的收费文件，向社会公布国家、省、市废止的收费项目，增加收费的透明度。

2000年，在全县范围内发放《企业交费登记卡》，各收费单位向企业实施收费时，需逐项填写企业交费登记卡中的有关内容；在全县党政机关、国有企业、私营企业中聘任收费监督员33名，对全县各行政事业性收费单位的执收行为进行社会监督。

2002—2004年，根据省物价局山东省财政厅、监察厅及市、县有关文件精神，废止收费文件23个，收费批复13个；开展涉农价格和收费公示制度，将平邑镇、流峪镇作为试点乡镇，要求收费单位将收费项目、收费标准、收费依据、收费范围、计价或计费单位、投诉举报电话等在显著位置进行公示，便于群众监督。

2008年，为加强收费管理，规范收费管理，根据《关于统一换发〈收费许可证的通知〉》的要求，对全县各收费单位统一换发新证。

2009—2010年，清费治乱，着力清理整顿国家、省公布取消和停止征收的192项行政事业性收费项目，及时变更收费许可证。

2013年，制定平邑县物业服务收费标准，普通住宅物业前期服务费按等级分类实行分等级定价。

第三节 监督检查

1989年以来，价格监督检查依据国家有关法律法规执行。

1992年，国家确定社会主义市场经济体制，大部分商品价格放开。

1993—2002年，价格监督检查内容除国家定价、国家指导价商品价格外，增加行政性收费、价格欺诈、低价倾销、价格公示等项内容，清理整顿乱收费成为该时期监督检查的主要内容。

1997年，国家对药品价格开始整顿，对药品价格的监督检查成为日常检查工作的重要内容。

1999年，设立平邑县价格举报中心。2001年，全国物价系统配备“12358”价格举报电话。

至2013年，共受理群众投诉举报260件，退还多收消费者价款9万元。

第四节 咨询与服务

20世纪80年代后期，价格评估业起步，1997年以后平邑县物价局加强对价格鉴证、价格评估、价格服务的领导。涉及的范围主要有涉案财产价格鉴定，企业破产、合并、转让中的资产，留置、事故损坏及房地产价格认证。

2000年，国务院清理整顿经济鉴证类中介机构领导小组下达《关于规范价格鉴证机构管理意见》，价格鉴证机构统一命名为价格认证中心。

2010年，接受公检法司、交警等部门委托的价值认定案件140件，认定价值1350余万元。为公安、司法、交警等部门依法行政，提供了强有力的法律依据，取得了较好的社会效益和经济效益。对全县重点项目建设、汇源二期、石都大道西延、金矿路拓宽、东平铁路、化轻公司炸药库搬迁等项目地上附着物进行翔实公正的评估，为全县的经济发展做出应有的贡献；接受其他单位及当事人委托，完成评估事项51件，评估标的总价值3560余万元。

2012年，接受公检法司、交警等部门委托的价值认定案件100余件，认定总价值180余万元。对平邑县经济开发区各招商引资项目、平邑县城、各乡镇旧村改造等项目地上附着物进行翔实公正的评估，评估标的总价值6036.36万元，为全县的经济发展做出应有的贡献，受到县领导的好评。

2013年，在平邑县交警大队肇事处理科设置物价局价格援助中心和车辆定损办公室，实行价格援助政策，对确有困难的当事人实行鉴证费减免政策，累计减免鉴证费9万余元。

第六章　质量技术监督

平邑县质量技术监督局前身为平邑县标准计量所，为股级事业单位。1984 年 5 月，升格为副科级事业单位，隶属县经济委员会。1990 年 4 月，平邑县标准计量所撤销，成立平邑县技术监督局，为正科级事业单位。

2000 年 1 月 3 日，省以下质量技术监督系统垂直管理，平邑县技术监督局改为平邑县质量技术监督局，为临沂市质量技术监督局的直属机构，负责管理本行政辖区内质量技术监督和行政执法工作。根据临沂市质量技术监督局要求，从 2001 年 1 月 15 日，启用“平邑县质量技术监督局”印章。2000 年 10 月，将由平邑县劳动和社会保障局承担的锅炉压力容器等特种设备安全监察职能划归平邑县质量技术监督局。

第一节　计量管理

社会公用标准建立

1995 年，建立衡器、血压计、压力表、天平、加油机等社会公用标准。2007 年，平邑县共建立衡器、天平、加油机等 11 项社会公用标准。2013 年底，建立 21 项社会公用标准，1 项实验室认证。

计量器具检定

1997 年，共完成计量器具检定 3183 台件，维修 300 多台次，加油机检定 140 多台，安全防护和医疗卫生方面的计量器具检修 360 多台（件）。

2000 年，根据国家强制检定目录，对全县企业和个人在用的计量器具 2912 台（件）实施强制检定，其中，加油机 152 台次，日衡（市场上常用的小台秤、小电子秤）、电子衡、机械衡 856 台次，B 超、心脑电图、血压计 128 台次，压力表、天平 1173 台次。

2002 年，对全县企业和个人在用计量器具检定 2200 余台次，在全市范围内率先开展定量包装监督检验工作，抽查检验定量包装商品 405 个批次。

2013 年，依法对全县企业和个人在用的计量器具进行检定和维修。全年共检定修理加油机 1527 台次，各类衡器 5300 台次，心脑电图 20 台次，血压计 170 台次，B 超 20 台次，天平 60 台次，小容量 1400 件，定量包装商品检验 650 个批次。

计量服务节能减排

对群众关心的集贸市场、加油站、烟草站、眼镜店等开展计量监督检查，2008 年至 2013 年，每年检查上述单位 120 余家各类计量器具 1800 余台套；开展计量惠民行动，每年检测检定加油机、医疗器械、民用四表等各类计量器具 1600 余台件。

加强定量包装计量监管，定量包装商品净含量检验基本覆盖了全县生产和流通企业。山东省康发食品饮料有限公司 2013 年通过“C”标志审查验收，30 多个产品获准使用“C”标志，成为全省罐头行业唯一一个。

第二节　质量管理

质量监督检验

1993 年，县技术监督局建设实验室。至

1995年,检验能力覆盖食品、建材20多个品种,完成1360多个批次的产品检验。

至2012年,在全县具备142个产品及1630个参数的检验资质的基础上继续进行扩项认证。接受济宁地区汶上县、泗水县的石材检验业务委托平邑县质监局检验100余批次。

假冒伪劣商品查处

1989年,国务院办公厅发布《关于严厉惩处经销伪劣商品责任者意见的通知》,明确技术监督局牵头打假。

1995年,平邑县对食品、农资、建材、医疗器械、计量器具等进行检查。

1996年,共查处制售假冒伪劣违法案件134起,查获假冒伪劣产品标值30多万元。

2000年,共查办各类案件236起,查获假冒伪劣产品标值160余万元,同时开展针对罐头行业的重点检查。

区域监管

2004年,平邑县开展区域监管工作。是年落实区域监管责任制,划分区域监管责任区,建立企业质量档案。对全县企业调查摸底,掌握企业有关情况,防止出现不合格产品,做到不合格的产品不流入下道工序、不出厂。针对风险性较高的罐头产品安全为重点,拉网式排查安全隐患,对于安全隐患采取措施坚决予以消除,问题严重的及时上报县食安办。通过约谈法人、召开履职报告会等措施,实行企业自查与现场核查相结合,不断强化工作力度,推进企业质量安全主体责任的深入落实。开展了生产加工环节食品添加剂使用整治、食品营养标签、塑化剂专项整治工作。

2013年,通过举办五期"阳光案审"会,进一步增强了质监系统行政处罚案件集体审理的公开性和透明度,提高案件审理工作的公正性与准确性,做到案审过程公开、透明,邀请人大、政协、法院、纪委、法制局等部门以及当事人参加,让当事人明白违法情节与处罚依据,提高了部门的社会公信力。

品牌争创

平邑县以品牌创建为抓手,大力推行质量强县工作。山东名牌实行动态管理,有效期为三年,获评山东名牌产品需列入每年年初的名牌目录,只有列入目录的产品才有资格争创,而产品目录每年都有变化并不固定,数量相对较少,比如目前食品列入目录的已经非常少,含金量非常高。至2013年,在有效期内平邑县山东名牌企业4家,即临工桥箱、拜尔、冠鲁建材、天宇博物馆(服务名牌)。

第三节 标准化管理

1989年,标准化法颁布实施,县内依法对企业标准进行清理。

1993年,经过多年查找,全县企业生产的产品已涵盖产品标准目录的90%。同年开始办理组织机构代码证书。

1996年,推行ISO 9000系列标准,配合全国基本单位普查,为全县企事业单位、行政村委办理代码1600余个。

2003年,全县有18家企业通过ISO 9000质量体系认证,15家企业采用国际标准,8家企业获得使用采标标志。

2005年,县内行政村合并,及时对代码数据库清理调整。

2010年,针对全县手套行业数量多、规模小、质量意识淡薄、品牌意识差等情况,着手制定山东省第一个联盟标准《纱线针织劳保手套》联盟标准于2010年2月1日正式发布实施,使手套产业变"无标生产"为"有标可循",增强了区域品牌效应,促进了整个产业的提档升级。

2011年，以联盟标准2013年即将到期复审的契机，以标准化建设推动手套产业技术升级作为重要抓手，提前准备，启动了把联盟标准上升为地方标准的项目。该标准经过多次修改后，最终形成《纱线针织劳保手套》地方标准征求意见稿，并向全省范围内的生产、销售、科研、检验、管理等80余家单位广泛征求意见，对标准再次进行修改后，2013年8月，《纱线针织劳保手套》最终获得省专家组的评审通过。11月20日正式发布实施。

第四节　特种设备安全监察

自1989年起，每年冬春季节，会同有关部门，在全县开展安全生产大检查，查找不安全因素，消除各种事故隐患，确保生产安全。平时，利用各种形式，开展安全生产宣传教育，对重点岗位的人员，实施技术培训，严格落实岗位责任制。

2000年，特种设备安全监察工作由县劳动局划归县质量技术监督局。2001年，在全县进行4次拉网式大检查，对有问题的锅炉下发安全监察意见书，对需报废的锅炉责令拆除，对不合格锅炉强制拆除。端掉非法制造锅炉窝点1处，没收非法制造的锅炉5台。对有问题的电梯进行整改处理。

2003年，国务院《特种设备安全监察条例》颁布实施，据此对全县特种设备进行普查。

至2013年，全县特种设备1585台，在用设备1450台，其中锅炉338台，压力容器622台，电梯252台，起重机械206台，厂内专用机动车辆26辆，大型游乐设施6台。

是年，共监督检查特种设备使用单位75家，特种设备235台，接受锅炉压力容器告知数量36份68台，压力管道安装告知4份共10685米，注册登记特种设备403台次，注册压力管道37191米，下达安全监察指令书76份，整改和消除安全隐患98处。累计检验设备579台，检验率94.89%，全县特种设备报检率21.73%，高出全市15个百分点。

第七章　审计监督

1994年，审计局局机关内设科室改革为办公室、工交审计科、基建审计科、行财审计科4个行政科室。

1996年，开始对县级上年度预算执行情况进行审计。1999年，根据中共中央办公厅、国务院办公厅《关于县级以下党政领导干部任期经济责任审计暂行办法》，开始对全县机关事业单位、国有企业法人代表及乡镇等进行经济责任审计。

1997年12月，审计局设立档案管理室，为正股级事业单位。

1999年，平邑县审计局事务所脱钩改制，更名为沂蒙会计师事务所，事务所实行社会化自主经营，不再隶属于审计局。是年8月，审计局设立平邑县领导干部经济责任审计办公室，为正股级事业单位。11月，审计局设立平邑县基建咨询服务中心，为正股级事业单位。

2005年10月，经责办升格为副科级事业单位。6月，审计局设立审计管理办公室，为正股级事业单位。

2009年12月，平邑县基建咨询服务中心更名为平邑县基建审计中心，隶属关系不变。

2010年12月，审计局局机关内设科室改革为办公室、行财事业审计科、财政金融审计科、经贸审计科、固定资产投资审计科、法制科6个行政科室。

2013年8月，经责办升格为正科级事业单位；5月，审计局设立平邑县政府投资重点建设项目审计办公室，为副科级事业单位。

第一节 国家审计

财政审计

1994年，对4个乡镇财政所及乡镇直部门进行全面审计，共查处违纪金额286万元，其中应增加财政收入4万元，上缴财政2万元。

1995年，对全县19个行政事业单位和2个企业预算执行情况进行审计，并延伸审计26个事业单位和5个企业。审计单位占预算单位的35.6%，审计资金总额57747.82万元，占审计资金总额的4.1%，其中应增加财政收入428.85万元，增加预算外专户储存金额343.73万元，追回被侵占挪用资金270.65万元，对违纪单位罚款金额达55.32万元，共提出合理化建议42条，促进增收节支623.4万元。

1996年，开展乡镇财政审计6个，延伸审计54个乡（镇）直单位，共查出违纪金额达1994万元，其中应上缴县财政25万元，已上缴财政5万元，增加乡财政收入177万元，提出合理化建议24条，促进增收节支165万元。1997年，开展乡镇决算审计8个，审计资金总金额6396万元，延伸审计57个单位，共查出违纪金额1204万元，占审计资金总额的18%。

1999年，对本级预算、县财政局、地税局、农业局等11个一级预算执行部门、16个延伸单位进行审计，查处各类违纪违规金额3412万元，提出合理化建议38条，促进增收节支151万元。2000年，对本级预算、县财政局等5个一级预算执行部门、15个延伸单位进行审计，查处各类违纪违规金额1297万元，提出合理化建议18条，促进增收节支166万元。

2001年，对本级预算、县财政局、地税局等8个一级预算执行部门、83个延伸单位进行了审计，查处各类违纪违规金额5785万元，提出合理化建议30条，促进增收节支180万元。

2002年，对本级预算、县财政局、地税局等11个一级预算单位进行审计，并开展6个专项资金审计，查处各类违纪违规金额2802万元，提出合理化建议49条，促进增收节支162万元。2003年，对县财政局、地税局等8个一级预算单位进行审计。

2004年，对本级预算、预算征收部门、县级金库及县水利局、畜牧局、农业局等10个一级预算执行部门、10个股份制企业、民营企业进行审计，共查处各类违纪违规金额2638.7万元，提出合理化建议28条，促进增收节支380万元。

2005年，对本级预算、预算征收部门、县级金库及县教育局等12个一级预算执行部门、15个股份制企业、民营企业进行审计，共查处各类违纪违规金额3311万元，提出合理化建议48条，促进增收节支600万元。2006年，对财政局、地税局、国家金库平邑县支库等11个部门单位预算执行和其他财政财务收支情况进行审计。同时对困难县扶持政策落实情况、地税系统、农业综合开发资金等专题进行专项审计或调查，延伸审计5个纳税单位，共查处各类违纪违规金额6027

万元，提出合理化建议32条，促进增收节支294万元。

2007年，同级审和乡镇财政决算审计中，先后审计一级预算单位9个，专题审计3个，乡镇决算审计6个，查处各类违纪违规资金8721万元，提出合理化建议36条，促进增收节支356万元。

2008年，在同级审和乡镇财政决算审计中，先后审计一级预算单位11个，专题审计1个，查处各类违纪违规资金9958万元，提出合理化建议30条，促进增收节支256万元。

2009年，在同级审和乡镇财政决算审计中，先后审计一级预算单位9个，审计资金总额109575万元，查处违纪违规资金3675.6万元，提出合理化建议35条，促进增收节支484.30万元。

2010年，先后完成预算执行审计项目6个（其中财政部门1个，预算执行单位5个），查处违规金额889万元，管理不规范资金6700余万元。2011年，对财政局、地税局等8个部门单位进行审计，查处管理不规范资金10090万元，提出合理化建议30多条。

2013年，完成预算执行审计项目8个，查处主要问题金额13680万元，管理不规范金额40550万元，提出合理化建议26条。

经济责任审计

1999年，中共中央办公厅、国务院办公厅印发《关于县级以下党政领导干部任期责任审计暂行办法》，平邑县开始对党政群机关、事业单位主要负责人、乡镇党政主要负责人、国有及国有控股企业法定代表人进行任期经济责任审查。是年，平邑县成立领导干部经济责任审计办公室，开展经济责任审计项目9个，查出违纪违规资金金额4316万元。

2000年，开展蒙山管委会、金城热电有限公司等经济责任审计项目9个，查出违纪违规资金金额646万元。

2001年，对10个乡镇主要负责人任期经济责任情况进行审计，查出违纪资金金额1599万元。2002年，开展经济责任审计项目18项，查出违纪资金金额1320万元。

2003年，开展经济责任审计项目19项。2004年，对21个单位开展经济责任审计，并全部实行审计公示制度。

2005年，对14个单位开展经济责任审计，并全部实行审计公示制度。2006年，组织对部门、乡镇49位“一把手”离任经济责任情况进行全面审计，查处各类违纪行为资金432万元。

2007年，全年开展经济责任审计19项，查处违纪违规资金2289万元。2008年，共开展经济责任审计3项，查处违纪违规资金66万元。对重点部门、重点项目审计采取与组织、人事、纪检、监察等部门联合进点、联合反馈、联合公示审计结果等方式。

2009年，共开展经济责任审计5项，查处违纪违规资金14134万元，管理不规范资金14904万元，损失浪费资金1113万元，提出合理化建议28条，归还原资金渠道109万元。

2010年，先后完成20名经济责任人的审计，共查出违规金额807万元。2011年，先后完成经济责任审计项目26个，查出违规金额5811万元，管理不规范金额4554万元，并完成14个乡镇领导经济责任审计。

2012年，先后完成经济责任审计项目27个，查出违规金额3290万元，管理不规范金额16480万元。

2013年，先后完成69名经济责任人的审计工作，共查出违规金额19780万元，管理不规范金额42770万元。

行政事业审计

1989年，共审计行政事业单位32个，其中一级行政单位13个，一级事业单位7个，同时进行环保资金、教育费附加和外债资金等项目的审计调查。审计总金额2654万元，共查处违纪金额445万元，其中应上缴财政26万元，全部上缴追回挪用专项资金30万元。

1990年，审计8个单位和项目，农业资金占5个，共审计支农、扶贫资金619万元，查处违纪金额129万元。1991至1992年实施审计16项，查出违纪违规金额171万元，提出合理化建议92条，被采纳落实后促进增收节支100万元。

1993—1994年，共对黄坡、魏刘等8个乡镇财政及所属乡（镇）直部门1993年度的财务收支进行情况进行审计，延伸审计单位51个，审计资金总额4594万元，查出各类违纪违规资金1000万元，应上缴财政39万元，追还侵占挪用资金104万元，提出合理化建议27条，促进增收节支58万元。

1995年，对7个行政事业单位进行定期审计，查出各类违纪金额142万元。

1996年，共完成行政事业单位审计24项，延伸审计单位51个，共查出各类违纪金额2070.71万元。

1999年，对全县23所中小学进行审计，查出违纪违规金额2739万元。对社会保障资金进行审计，托清了家底，规范了社保资金的管理使用。

2000年，开展行政事业审计26项，在卫生系统财务收支审计中，查出各类违规金额1148万元。

2001年，开展行政事业审计11项，并会同监察局、财政局等对全县128个单位的233个银行账户进行了检查清理。

2002年，开展行政事业审计12项。

2003年，开展行政事业审计42项。

2004年，开展对赛博中学的审计工作及全县收支两条线检查工作。2005年，开展教育、卫生等12个单位审计，查处乱收费1149万元，小金库263万元。

2006年，对农业开发资金、农村合作医疗、人畜饮水解困等重点涉农资金的管理、使用和效益情况进行审计，共提出合理化建议8条，促进增收节支120多万元，提高资金使用效益，维护了农村和农民的合法权益。

2007年，开展教育收费审计、农村养老保险审计、农村新型合作医疗审计和部分医院收费审计等14项，查处违纪违规资金4348万元，其中乱收费、乱加价323万元。

2008年，先后对县中医院、计生局、卫生局等进行审计，查处违纪违规资金726万元，提出合理化建议12条，促进增收节支89万元，进一步维护广大群众的合法权益。

2009年，开展县中医院、计生局、卫生局等财务收支审计，查处违纪违规资金600万元，提出合理化建议17条，促进增收节支98万元。

2010年，先后对卫生局、科技局等21个行政事业单位进行审计，查处违规资金933万元，促进增收节支106万元。

2011年，为进一步推进全县医药卫生体制改革步伐，抽调18名业务骨干，组成8个审计组，组织对全县17家乡镇卫生院2008—2010年度资产负债及财务收支情况进行全面审计。

2012年，共审计61个项目和单位，查处问题资金5930万元，管理不规范资金31901万元，增加财政收入276万元。

2013年，共完成各类审计项目243项，查处问题金额38518万元，管理不规范金额90443万元，处理处罚567万元。

企业审计

1989年，共审计企业单位15个，审计总金额5068万元，查出违纪金额783.3万元，其中百万元以上的违纪单位2个。

1990年，对15个县营骨干企业进行审计，有6个单位盈亏严重不实，金额达295万元。审计中，共查处违纪金额987万元，其中已作出处理决定12个单位，违纪金额343万元。

1994年，共审计企业6家，审计资金总额23854万元，查处各类违纪金额143万元，损失浪费金额1154万元。1995年，共对5个企业进行审计，查出违纪金额68万元，提出合理化建议16条，促进增收节支106万元。

1996年，对全县国有商业三家批发、零售企业进行审计调查，发现存在潜亏因素225万元。

1999年，对县电业局、兰陵集团平邑分公司等9家企业进行审计。查出盈亏不实、截留隐瞒利润等问题。

2000年，对县农机公司等3家企业进行审计，对造纸厂等3家企业进行清产核资审计，查出各类违纪违规金额374万元，提出合理化建议12条。

2001年，对县归来庄金矿、农机公司等6家企业进行审计，查出各类违纪违规金额476万元，提出合理化建议26条，清理欠款30万元。

2002年，对县归来庄金矿等4家企业进行审计，查出各类违纪违规金额203万元，提出合理化建议13条，清理欠款70万元。2003年，对县归来庄金矿等4家企业进行审计。

2004年，开展粮食购销企业财务挂账清理审计工作。

2005年，对县归来庄金矿等4个企业进行审计，查出各类违纪违规金额600万元。2006年，开展县归来庄金矿等企业审计。

2007年，先后开展改制企业的调查，以及金矿、电业部门和粮食储备库的资产负债损益审计等6项，提出加强企业内部管理的建议6条，促进增收节支86万元。2008年，对金矿资产负债损益进行审计，提出加强企业内部管理的建议13条，促进增收节支116万元。

2009年，对县归来庄金矿和天宇自然博物馆资产负债损益情况进行审计，共查处违纪违规资金660万元，提出加强企业内部管理的建议12条，促进增收节支220万元，为维护经济秩序，深化国有企业改革，实现国有资产的保值增值发挥了积极作用。

2010年，先后对县盐业公司资产负债和供电公司城市用电附加进行审计，共查处问题资金213万元，罚没收入共计33.75万元。

2011—2013年，对县衡器厂、易达热电公司等2家企业进行损益审计，为实现国有资产的保值增值，维护经济秩序发挥了积极作用。

投资审计

1989年，共审计基本建设项目6个，总面积31767平方米，审计总金额368万元，查出违纪金额170万元，应上缴财政6万元，促进增收节支17万元。

1990年，审计县棉纺厂5000纱锭建设项目，查出计划外投资25万元，超计划投资120万元，损失浪费9.76万元，漏缴建筑税9.4396万元，审查15项单项土建工程决算，核增工程量及取费3.2501万元，核减7.4775万元，净核减4.2273万元。

1991—1992 年，开展基建预决算审计 14 项，审验资金 745 万元，净核减资金 48 万元，占 6.4%。

1995 年，审计项目投资 159 万元，查出超规模、高估冒算等违纪金额 32 万元。

1996 年，共对蒙山大道、石都大道、平滕路、平枣路、龙石北路等道路的工程预算进行了审计，共核减工程款 243 万元。1999 年，实施开工前审计 59 个，压缩投资 300 万元；实施基建审计 5 个，审减资金 52 万元。

2000 年，实施开工前审计 37 个，开展固定资产投资审计 8 项，审减投资 380 万元。2001 年，开展固定资产投资审计 5 项，审减投资 520 万元。

2002 年，开展蒙山管委会、农村电网改造资金审计等。2003 年，开展固定资产投资审计 8 项。

2004 年，对一些涉及国计民生的 11 项重点投资项目进行审计。对县归来庄金矿自然博物馆的工程进行决算审计，工程原报审决算价 2099 万元，审减工程造价 262 万元；对全县“村村通”工程进行全面审计。查处各类违纪违规金额 720 多万元，提出审计建议 6 条。

2005 年，对自然博物馆、唐村水库除险加固、村村通工程等进行审计，共审减工程投资 1100 万元。

2006 年，对唐村水水库加固工程、公家庄水水库除险加固工程、资邱节水灌溉项目、污水处理、中医院病房楼等 5 个重点建设重点项目进行全过程跟踪审计，共审减建设投资 1200 多万元。

2007 年，按照重点建设项目监督办法，先后对城市道路建设和浚河治理工程、“村村通”自来水工程、金矿地质公园工程及污水处理厂等 6 项工程进行全过程监督，先后审减工程投资 680 多万元。

2008 年，对县城道路建设和浚河治理工程及污水处理厂等工程进行全过程监督。

2009 年，对县经济适用房及廉租房工程、蒙山管委会商业步行街工程等 10 多项政府投资建设项目进行了决算审计，报审造价近亿元，审减金额 600 余万元，核减率达 15% 以上。

2010 年，先后开展效益审计项目 18 个，促进增收节支金额 627 万元，提出审计建议 59 条。

2013 年，对 131 个政府投资建设项目进行跟踪审计，工程造价 10 亿余元。对 20 个项目进行竣工决算审计，审计金额 13266.35 万元，核减工程造价 2785.93 万元，核减率 21% 以上。

政策兑现审计

1999 年，对全县 181 个企业和单位进行审计，确定受奖单位 103 个。

2000 年，对全县 218 个企业和单位进行审计。

2001 年，对全县 89 个单位和个人进行审计认定，确定 26 个单位和 22 个个人受奖。

2002 年，对全县 151 个单位和个人进行审计认定，确定 87 个单位和个人受奖，审减上报金额 6800 万元。

2003 年，对全县 68 个单位和个人进行审计认定，确定 45 个单位和个人受奖，审减上报金额 1700 万元。

2004 年，对 64 个单位进行审计，对 66 个部门单位及乡镇提报 9.8 亿元引资项目审核，共审减虚假引资额 1.16 亿元，审减率 13%。

2005 年，对 172 个单位和项目进行审计，确定 106 个单位及项目符合受奖条件，共审减虚假引资额 1870 万元，节约财政奖励资金 188 万元。

2006 年，对 243 个提报受奖的单位和个人进行审计。通过共审减虚假税收、固定资产投资、招商引资等指标2.56亿元，有93个申报受奖单位被审计认定为不符合条件，节约财政奖励资金320万元。

2007年，对261个提报受奖的单位和个人进行审计。共查出不实招商引资等2.6亿元，有86个单位被审计认定为不符合条件不符合受奖条件，占申报单位的33%，为政府节约资金280万元。

2008年，对261个提报受奖的单位和个人进行审计，审减虚假税收、招商引资等1.68亿元，有86个单位被审计认定为不符合受奖条件。

2009年，对251个提报受奖的单位和个人进行审计，共审减虚假税收、招商引资等2.08亿元，有105个单位被审计认定为不符合受奖条件，节约财政奖励资金210多万元。

2010年，审计局会同财政、税务、工商等部门共70多人，组成8个审计组，集中时间、集中精力，以客观公正，实事求是的精神，依据审计结果对2009年度做出突出贡献的117个单位及个人分别授予“功勋企业”“出口创汇功勋企业”“招商引资先进个人”等荣誉称号，并予以重奖。有65个单位经审计政绩不实被取消受奖资格，占申报受奖单位的38.8%，节约大量的财政奖励资金。

2011年，县审计局会同财政部门共35人，组成9个审计组，集中198个单位进行政策兑现审计，有65个单位因政绩不实被取消受奖资格，节约财政奖励资金160余万元。

2012年，审计局会同财政部门共35人，组成9个审计组，以客观公正，实事求是的精神，集中时间审计完成133个应报项目，县政府依据审计结果取消了相关单位和个人的受奖资格，为政府节约奖励资金156万元。

第二节 内部审计

1989年，山东省审计厅下发《关于建立内部审计机构加强审计监督的通知》，至1996年，18个行政事业单位及26个乡镇建立内部审计机构，成为全县经济监督体系中一支重要监督力量。1989年，全年共审计72个单位，查处纠正违纪金额281万元，促进增收节支139万元，经审计查证受到党纪政纪处分的1人，移交司法机关处理的2人。

1990年6月，经县编委批准设立内审指导股，配备专职人员，加强对内审工作的指导。

1991—1992年，内审部门共实施各项审计529项，纠正各类违纪违规资金280万元，提出合理化建议300条，帮助健全完善内控制度600多项，促进增收节支350万元。

1993—1994年，共开展各项审计231项，纠正各类违纪金额94万元，促进增收节支160万元。

1996年，共开展审计项目368项，查出各类违纪金额1042万元，其中移交司法部门处理1人，提出合理化建议146条，促进增收节支96万元。

1997年，共完成审计项目279项，查出损失浪费金额892万元，促进增收节支633万元，纠正违纪金额1087万元，查出18万元特大贪污案件一起。

1999—2006年，实施审计项目672个，查出损失浪费金额2681万元，纠正违规违纪资金18891万元，提出合理化建议2116条。

2007年4月，成立平邑县内部审计协会，协会作为内审人员之家，全面履行“管理、服务、宣传、交流”的职能，有力地推动全县内部审计事业的发展。

2007—2013年，全县内审机构共完成审计项目643个，纠正不规范资金4520万元，挽回经济损失1080万元，促进增收节支1232万元。

第三节　社会审计

1988年8月，平邑沂蒙会计师事务所成立，前身为平邑县审计师事务所，隶属于平邑县审计局，为副科级事业单位，是一个集审计、验资、资产评估、工程造价、会计管理咨询等各项业务于一体的综合性事务所。1999年12月完成脱钩改制，经山东省财政厅、平邑县人民政府批准成立为平邑沂蒙会计师事务所，归属审计局管理，为具有法人资格的社会中介机构，是省注册会计师协会理事单位，临沂市注册会计师联合会会长单位。

1989年，审计事务所共办理委托财务收支和经济责任查证业务14项；复查注册资金验证479项，总金额26443万元；基建预决算查证6项；培训会计人员26人；接受委托办理贪污、倒卖案1件；提供咨询建议被单位采纳74条，使委托单位增收节支22万余元。

1990年，共接受委托办理查证业务266项，查证总金额26322万元，提供咨询服务10项，提出建议被采纳10条，促进增收节支15万元。

1991—1992年，办理审计查证37项，审验资金18545万元；办理验资年鉴226项，审验资金11869万元，其中为党政事业兴办实体验资60多项。

1993—1994年，共完成各项查证业务76项，促进提高经济效益116万元，实现收入40万元。

1995年，共办理各种查证业务181项，查证资金总额1.2亿元，实现业务收入15.1万元，促进增收节支258.4万元。

1999—2013年，事务所积极开展各项业务。开展报表审计业务460项，审计金额240余亿元，审计查出违规、虚报资金2000余万元。开展验资业务1120项，验证新设企业注册资金6.7亿元，变更注册资金3.5亿元。接受公检法系统委托进行经济案件审计业务32项，其中检察系统委托案件审计2项，涉及资金4.2亿元，查出违规违纪资金3500万元，涉嫌违法犯罪案件7人。受各级政府委托对农村上访案件进行财务审计54项。开展企业改制和破产清算项目54项，厘清了企业债权债务。开展基建工程造价审计420项，工程报审总额83亿元，审减5600余万元。开展企业高新技术、专项工程等专项审计310项，涉及资金16亿元。连续6年受财政局委托对全县会计从业人员进行继续教育培训，总数超过1万人次。受县债务清理领导小组指派，在全县进行了农村义务教育债务清理和农村基层债务清理两次大行动。积极开展企事业单位、民办社团年检审计。

第八章　国土资源管理

1988年初，平邑县矿产资源管理局成立。1993年12月，平邑县土地管理局与县矿产资源管理局合并为县土地矿产管理局，为正科级行政单位。

1993年12月，地方、白彦、铜石等乡镇土地管理所与乡建办公室（县建委下属）、环保办公室合并为土环建办公室，为副乡级行政单位。1994年8月，矿产资源管理办公室，下设有铜石、柏林、临涧、山阴、仲村5个矿管所。县编委批准县土地矿产管理局设地价评估事务所，为股级事业单位。1995年10月，县土地矿产管理局增设城区直属土地管理所，为副科级事业单位，主要负责县城区范围内的地政管理工作1997年3月16日土地监察执法大队成立，为股级单位。2005年5月，改称国土执法监察大队，12月升格为副科级单位。

1997年6月，撤销县土地矿产管理局和矿产管理办公室，成立土地管理局和地质矿产局各自办公。2002年7月，土地管理局和地质矿产局同时撤销，合并成立国土资源局。

2003年6月，土地收储中心成立，为副科级事业单位。2004年10月19日，经平邑县编委批准，设立平邑县测绘管理办公室，行使行政管理职能。2004年，原地矿局下设9个矿管所撤销。2005年3月，土地整理中心成立。2006年12月，升格为副科级单位。

2006年3月，完成国土资源所体制改革工作，全县共设16个基层所（2008年增设开发区国土资源所），核定编制总额113名，其中15名国家公务员和98名事业编制人员。12月，平邑县收储中心升格为正科级单位。

2010年10月23日，成立平邑县测绘与地理信息局。

第一节　土地资源管理

土地规划

县土地利用总体规划制定初始于1991年，1993年完成（包括乡镇规划）。依据境内所有土地在土地利用、土地开发、土地整治等方面的实际状况，从全县土地利用和开发的长远利益出发，统筹制定全县土地利用总体规划。

1998年，经科学论证，从实际出发，又作全面、系统地调整，制定《1996—2010年土地利用总体规划》。

2000年，针对全县基本农田的调整划定工作，再次修编土地利用规划。2001年，完成土地开发整理规划编制工作。

地籍管理

1990年，进行全县首批发证，后又建立地籍档案。1999年，先后进行国有土地和农村宅基地的年检换证工作。2001年，以后建立地籍信息系统。

土地现状调查　2004年5月至2005年12月，全县开展土地利用现状更新调查，完成与周边6个县市的土地接边勘界。通过调查建立全县范围E级GPS控制网，绘制397幅正射影像图，调绘图斑61591个，现状地物51372条，绘订界线协议书24546份，查清全县各村级单位的土地界线以及每一块地的分布、权属、地点和面积，建立土地和信息系统。

村庄地籍调查　1990年10月开始，1993年4月完成。查清全县1056个行政村25.6万宗地的权属性质，确定每1宗地的界址位置和权属面积，调查面积为6308.8万平方米，对审查合格的19.5万宗地经县政府批准颁发集体土地使用证，确权面积为4095万平方米。建立村庄地籍档案，按宗地填写土地登记申请书、地籍调查表、土地登记审批表、土地登记卡、土地归户卡。首次取得全县各村庄平面地籍图，测绘1∶500比例尺的村庄地籍铅笔原图、着墨二底图、宗地草图、宗地相互关系位置图。取得村庄地籍平面控制测量资料，包括原始记录表、一、二级控制点位置、成果计算表。绘制地籍图分幅结合表。全面汇总村、乡、县宗地面积统计表和土地分类面积统计表。

城区地籍调查　1995年6月开始，1996年6月结束。调查范围是以县城区中心起，北至县石膏矿加工厂、同台庄、供销食品厂；东至浚河林场、棉织厂；南至针织厂、南环路南侧；西至商城（经贸大世界）、西环一路西侧内所有用地单位和个人使用的国有土地和集体土地，调查区面积为13.12平方千米。查清县城区每宗地的数量、权属、界址、分类和利用现状，编写《平邑县城区地籍调查技术设计书》《平邑县城区地籍调查工作实施方案》《平邑县城区地籍调查技术报告》等文字资料。建立县城区地籍测量控制网，采用GPS定位系统，建立4等地籍测量首级控制网，施测四等控制点11个，覆盖面积约20平方千米。完成调查区内6669宗地的权属调查任务，查清了每宗地的权属、界址、位置和用途等，其中使用国有土地445宗，集体土地348宗，个人用地5876宗。绘制街坊岛图38幅，宗地草图6669份，共形成地籍调查表、权属来源证明等调查表格7.4万张，实地设置界址点标志21996个，并按街坊对各类用地进行汇总。实测1∶500地籍图225幅，形成数字地籍图225幅，实测面积13.12平方千米，绘制宗地图6669幅。缩绘1∶5000地籍原图1套。形成完整的地籍测量观测记录、计算成果、控制点网图、地籍图结合表等资料1套。

耕地保护

平邑县按照《山东省基本农田保护条例》，落实土地用途管制制度，根据全县耕地利用现状，参照省、市对基本农田保护要求，结合各乡镇耕地分布情况以及农业生产自然条件和发展水平，规划年期粮油、菜需求等综合因素，确定全县基本农田布局。

1989年，全县26个乡镇（19个乡、7个镇）。2001年，全县16个乡镇（2个乡、14个镇）。2011年，全县14个镇街（1个街道、13个镇）。并对岐山镇、白马乡、东阳乡、魏刘庄、天宝山镇、张里乡、唐村岭乡、黄坡乡、山阴乡、庞庄乡、魏庄乡、资邱镇基本农田保护面积重新调整。

1997年，《山东省基本农田保护办法（修正）》颁布实施，平邑县层层落实基本农田保护目标责任制，做到保护位置、面积、标志、档案、责任、资金“六落实”。2010年，全县基本农田保护区面积60288.88公顷，占全县耕地总量的88%，一般农田面积为8213.72公顷。根据现有人口、土地状况，积极开展土地需求预测工作。至2013年，先后完成制定《平邑县土地利用总体规划》《平邑县城区土地定级评估》《平邑县城区地籍调查、土地定级评估》《1996—2010年土地利用总体规划》等专题研究，为土地管理与保护提供科学依据。同时，大力开发整理土地，确保耕地总量动态平衡。

2003—2012年，平邑县共实施国家、省、市级土地整理项目34个和县级土地开发整理项目123个，开发整理土地13433公顷，净增耕地3354公顷，其中市级以上土地整理项目开发整理土地9194公顷，净增耕地1488公顷，连续多年保持耕地总量动态平衡。

2003-2012 平邑县市级以上土地整理项目情况表

表 14-5

年度	项目名称	级别	建设规模（公顷）	总投资（万元）	新增耕地面积（公顷）
2003	地方镇下坡北岭土地整理工程	省级	123.52	231	34.69
	郯城镇高家峪土地整理项目	市级	14.1	31.73	9.73
	柏林镇黄崖村土地整理工程		235.55	533.4	78.97
	资邱乡西石井村西岭土地整理工程		237.28	358.5	51.16
	卞桥镇王家洼村土地开发工程		43.99	64.31	25.06
	魏庄乡大山披土地整理工程		182.21	370.82	69.56
	丰阳镇长岭村南岭土地整理工程		141.63	223	41.53
2004	保太镇堤后村旧址土地整理项目	市级	14.88	26.77	14.72
	卞桥镇刘家寨土地开发项目		25.4	30.59	21.24
	白彦镇大朱庄土地开发项目		123.18	228.21	73.6
	魏庄乡石家庄土地整理项目		196.63	319.68	75.7
	临涧镇后桃土地整理项目		191.99	326.68	55.68
	柏林镇杨谢村土地复垦项目		33.84	40.63	12.32
	白彦镇下王庄村西北岭土地整理项目		29.37	20.64	6.94
	丰阳镇小城西土地整理项目		196.29	259.53	84.65
	白彦镇燕岭丘陵区域土地整理项目	省级	585.41	1317	134.17
	临涧镇西部丘陵土地整理项目	国家级	861.46	2045	157.92
2005	资邱乡官庄土地整理项目	市级	195.81	273.47	21.94
	柏林镇摩天岭土地整理项目		195.48	256.47	25.12
	保太镇德埠庄丘陵土地整理项目	省级	595.73	1340	61.48
2006	卞桥镇富源村土地整理项目	市级	133.13	163.02	15.43
	武台镇牛氏庵土地整理项目		74.14	104.17	28.48
	丰阳、白彦等两个乡镇土地整理项目		133.11	152.68	16.08
	魏庄乡南峪流域土地整理项目		132.39	148.57	16.45
	温水浚河流域土地整理项目		131.85	149.39	21.05
	铜石镇基本农田保护区土地整理项目	国家级	875.56	1662	40.7
2008	丰阳镇花果峪土地整理项目	市级	377.26	640.09	46.34
2009	临涧镇大河崖土地整理项目		337.67	529.56	43.18
	卞桥镇大小广良土地整理项目		217.04	369.33	27.17

续表 14-5

年度	项目名称	级别	建设规模（公顷）	总投资（万元）	新增耕地面积（公顷）
2010	魏庄、丰阳两乡镇土地整理项目		572.66	1195.09	86.21
	丰阳镇基本烟田土地整理项目		127.45	275.32	6.46
2011	铜石镇基本农田保护区土地整理项目	省级	1333	3423.27	47.4
2012	地方、流峪、温水等三镇土地整治项目	市级	397.31	923.31	31.82
	卞桥镇基本烟田土地整理项目		127.69	325.70	4.98
合计			9194.01	18358.93	1487.93

第二节　土地使用

集体土地使用

农村宅基地有偿使用。农村宅基地有偿使用 1988 年 12 月开始，1994 年停止。1989 年 3 月底，全县 26 个乡镇 90% 的村庄实行宅基地有偿使用。

1991 年，全县所有乡镇村全部实行宅基地有偿使用。其间乡镇基层政权借收费搭车向农民收取各种不合理的费用，乱收费乱摊派引起农民的强烈不满。

1993 年 7 月 22 日，国务院办公厅下发《关于涉及农民负担项目审核处理意见的通知》，把农村宅基地有偿使用作为一种不合理的收费项目取消。平邑县农村宅基地有偿使用制度被停止。

国有土地储备

2003 年，储备国有土地 6 宗 28139 平方米；2009 年，储备国有土地 338169 平方米；2010 年，储备国有土地 14 宗 148124 平方米；2011 年，储备国有土地 33 宗 700350 平方米；2013 年，储备国有土地 1334000 平方米。

2003—2013 平邑县国有土地收储及出让情况表

表 14-6　　单位：平方米、万元

年度	宗地数	出让面积	交易价格	出让方式
2003	6	28139	658.76	挂牌 6 宗
2004	7	17579	698.33	挂牌 7 宗
2005	5	107785	2549.30	挂牌 5 宗
2006	4	19130	3637.00	挂牌 4 宗
2007	84	579976	13438.00	招拍挂 27 宗，协议 57 宗
2008	35	479633	13809.00	招拍挂 18 宗，协议 17 宗
2009	61	1726331	29617.00	招拍挂 57 宗，协议 4 宗
2010	29	471295	23934.00	挂牌 29 宗

续表 14-6

年度	宗地数	出让面积	交易价格	出让方式
2011	71	1158739	51712.00	招拍挂 70 宗，协议 1 宗
2012	47	864374	50021.00	挂牌 47 宗
2013	113	2385369	178735.00	挂牌 83 宗，协议 30 宗
合计	462	7838350	368809.39	

国有土地使用

土地市场的开发与规范。1990 年 5 月 19 日，土地市场开发的序幕也逐渐拉开。1992 年 11 月 4—30 日，为保证土地使用制度改革的顺利进行，妥善处理历史遗留问题，规范国有土地的用地行为，在全县范围内对土地市场进行集中整顿。县政府要求对全县土地一级市场进行高度垄断，充分运用经济规律来调控配置土地资源。

国有土地使用权的出让、转让和租赁。平邑县国有土地使用权出让运作分四个过程，双方达成协议，以划分地类地价评估，确定宗地底价，批准使用。1995 年 7 月 31 日，县人民政府把县城规划区范围内外的土地分为四个等级，使国有土地使用权出让、转让、出租、抵押价格的确定，清产核资及土地资产的测算、登记、土地出让金征收标准以及土地增值税、土地使用费的测算等有了依据。

招标拍卖和挂牌出让国有土地使用权。平邑县从 1992 年制定的第 7 号令《平邑县城镇国有土地使用权转让和出让暂行条例》到 2002 年实施土地使用制度改革出台的 7 个县长令、3 个规范性文件，致使县内的国有土地使用制度改革由最初的国有土地使用权无偿、无期限、无流动使用，发展为有偿、有期限、有流动的使用，再次发展为以协议方式出让国有土地使用权。2001 年 11 月 29 日，县政府对流峪供销社部分国有土地 1915.5 平方米实行拍卖。2002 年 3 月，在全县范围内进行土地市场清理整顿。2007 年，审批土地 88 宗 58.53 公顷，价款收入 1.36 亿元。2008 年，审批土地 39 宗 52.2 公顷，价款收入 1.4 亿元。2009 年，审批土地 65 宗 181.4 公顷，价款收入 2.7 亿元。2010 年，审批土地 32 宗 50.1 公顷，价款收入 2.4 亿元。2011 年，审批土地 75 宗 121.1 公顷，价款收入 5.2 亿元。2012 年，审批土地 67 宗 146.6 公顷，价款收入 5.2 亿元。2013 年，审批土地 198 宗 380.4 公顷，价款收入 17.9 亿元。

第三节　矿产资源管理

1993 年 12 月，县土地管理局与县矿产资源管理局合并为县土地矿产管理局，为正科级行政单位。1997 年 6 月，撤销县土地矿产管理局和矿产管理办公室，成立土地管理局和地质矿产局各自办公。2002 年 7 月随着国家机构改革的调整，土地管理局和地质矿产局同时撤销，合并成立平邑县国土资源局。

1989 年，县十一届人大常委会第十二次会议上通过实施《平邑县矿产资源开发管理办法》，印发《矿产资源补偿费征收实施意见》《关于矿产品使用统一发票的通知》。1997 年，平邑县被省政府列为全省换发采矿许可证工作十个试点县之一，全县共有需换发采矿许可证的各类矿山企业 249 处。新发证 129 处，延续变更登记44处。1998年，邀请潍坊地质调查研究院对矿山企业占有储量情况进行检测，计有3处金矿、7处煤矿、17处石膏矿、56处花岗石矿、125处砖瓦黏土矿等零星矿点，已具备取得国土资源部颁发采矿许可证的资料。

2001年，平邑县对采矿权停止无偿授予，认真探索研究采矿权有偿出让的办法和操作规程。2002年，平邑县制定《采矿权有偿出让管理实施方案》，不再无偿授予采矿权，县政府成立以县长为组长的领导机构，召开全县采矿权招标拍卖大会。2006年，对全县矿产资源开采情况进行清理排查，开展小矿整合工作，全县69处饰面花岗石矿山整合为29处。2007年，对矿山实际生产能力进行核实。2008年，开展相邻矿山签订依法办矿协议建立互相监督制度工作，开展矿产资源开发利用情况统计年报工作。2009年，对全县矿业权进行实地核查，开展矿业权招拍挂出让制度执行情况专项清理工作。

2010年，在全县范围建立采矿权标识制度，开展探矿权出让方案审批制度执行情况专项清理工作。2011年，开展矿产开发远程监控工作。2013年，开展矿产资源开发利用年度检查暨网上报备工作，开展矿山实测和储量年报编制工作。

第四节 执法监督

1988—1989年，接待人民群众来信来访380余起，查处案件200起，处理干部8人。

2005年，开展巡查169次，发现国土违法行为72起，现场制止22起，立案查处50起，查结45起，当年查结率90%，共收取罚没款、复垦保证金等300余万元。

2006年，开展巡查200余次，及时制止了违法事件。全年立案89件，查处81件，移交公安机关10起，刑事拘留6人。

2007年，巡查302起，当场制止27起，立案142起，查结133起。

2008年，查处违法案件246宗，查处违法面积176755平方米。扎实开展春季和秋季动态巡查检查活动，共发现违法用地71宗，涉及土地面积69368平方米，全部立案查处。

2009年，立案392宗，结案277宗，结案率达71%，拆除违法建筑25宗，拆除建筑面积28414.2平方米。

2010年，动态巡查196次，立案宗数为268宗，收缴罚款金额为358万余元，拆除违法建设30宗71369平方米。

2011年，对土地卫片涉及的35宗违法用地，本着既处理事，又处理人的原则，全部按照《土地矿产卫片执法检查工作规范》进行整改，共拆除违法建筑物面积2934.8平方米，没收土地面积85376平方米，立案率、查处率达到100%，结案率达到98%以上。推进违法违规用地整改查处工作，对卫片调取的违法用地，全部对事对人处理到位，共拆除4宗6403.2平方米，收取罚款275万元，对7人责任人落实党纪处分。2012年，制定实施《平邑县国土资源执法监察动态巡查管理报告制度》，现场制止违法行为180余起，形成违法事实的案件全部立案。

2013年，共查处各类国土资源违法案件213宗，收缴罚没款383.4万元。是年，卫片提取新增建设用地134宗，占用土地面积5.20平方千米，耕地面积2.39平方千米，基本农田0.21公顷。其中违法用地62宗，占用土地面积23.02公顷，耕地面积14.26公顷，基本农田面积0.21公顷，违法占用耕地比例5.96%，顺利通过升级卫片执法检查验收。

第九章　食药监管

2002年6月，平邑县药品监督管理局成立。2003年10月，上划为省以下垂直管理的行政执法部门。2004年11月，组建为平邑县食品药品监督管理局，增加对食品、保健食品、化妆品安全管理的综合监督、组织协调和依法组织对重大事故的查处职能。2009年9月，完成机构人员、编制下划工作，由省以下垂直管理部门划转为县政府组成部门。2011年4月，承担的对食品、保健食品、化妆品安全管理的综合监督、组织协调和依法组织对重大事故的查处职能划归县卫生局，县卫生局承担的餐饮环节食品、保健食品、化妆品监管职能划入县食药监局。

第一节　食品监管

2005年，全面履行食品综合监督、组织协调职能，联合质监、工商、卫生、农业等部门，深入开展地方食品罐头、粉皮、金银花、学校周边食堂等食品专项整治。

2006年，调整并充实食品安全协调委员会，印发《平邑县食品放心工程三年规划》《平邑县食品安全重大事故报告处理制度》《平邑县食品安全重大事故处理应急预案》等。牵头组织开展重大节日期间的食品安全、果蔬罐头、乳制品、建筑工地食堂专项、劣质奶粉以及学校周边食品安全集中整治等活动。

2007年，强化食品安全协调制度建设，在全市率先制定《食品安全联合执法实施办法》，督促16个乡镇和738个行政村签订食品安全责任书，并就果蔬罐头安全问题与相关乡镇、部门签订果蔬罐头安全监管责任书。制定《平邑县重大食品安全事故应急预案》《平邑县重大食品安全事故应急预案操作手册》。

2008年，全力组织开展省级食品安全示范县创建活动。果断处置三聚氰胺婴幼儿奶粉重大食品安全事故应急工作，开展奥运会期间食品安全隐患排查治理工作。

2009年，创建省级食品安全示范县活动圆满成功。在全县开展食品安全示范乡镇、示范企业创建活动，全县建立2个示范乡镇、16个示范村、24家示范企业、96个示范点。

2010年，对滥用食品添加剂、使用农产品质量安全、食品生产、食品流通、餐饮消费、畜禽屠宰和声称具有特定保健功能的食品进行集中整顿。开展学校及其周边食品安全专项整治工作。开展问题乳粉专项清查工作。

2011年，扎实开展对全县餐饮服务单位的调查摸底工作。申请“餐饮服务许可证”198家，发证168家（其中临时104家）。深入开展餐饮服务环节食品添加剂专项整治工作。积极开展“地沟油”专项整治行动。

2012年，受理餐饮服务许可253家，发证236家，下达责令改正通知书102份，不予许可2家，申请备案学生小饭桌11家。对申请开办大、中型饭店，特别是列入县重点项目建设的餐饮大店、名店，变事后被动审查为事前服务。对曾子学校、赛博高中、一中、亚欧学校等10余家学校食堂进行规范提升。餐饮环节共完成食用油、畜禽肉类、餐饮具等5个品种、15个批次、48个检品的抽验送检工作。

2013年，办理食品从业人员健康证3219

个，食品管理人员合格证770个，发放“餐饮服务许可证”449家，发放餐饮服务备案证12家。开展学校食堂安全专项整治、校外托管机构和小饭桌专项整治、一次性餐饮具专项整治、肉及肉制品专项整治、餐饮服务食品安全隐患大排查活动、烧烤摊专项整治、打击保健食品“四非”专项行动，元旦、春节、五一等重大节日，以及“两会”、高中会考、高中考等重大活动期间餐饮安全保障工作等。食品监督抽验共计53批，抽检品种主要包括生食水产品、熟肉制品等16个品种，共有2个品种批次的食品不合格。

第二节　医药监管

2002年，摸清涉药单位监管底数，做好日常监督检查工作。

2003年，开展“防非典用药检查”“一次性使用无菌医疗器械专项检查”等10多项专项整治。接到群众举报30多次，对举报案件进行了从严从快的处理。

2004年，全县共发展药品零售企业206家，其中行政村单体零售药店127家。鼓励支持药品连锁企业向农村配送。开办仁和堂农村连锁店41家，支持开办君安堂医药连锁有限公司。加强药品监督网络，借用县计划生育管理网络，全县16个乡镇计生委主任担任各乡镇药品监督协管员、各村专职计生主任为药品监管信息员。

2005年，全县有医药连锁企业2家，医疗器械生产企业2家、药品批发企业2家、药品零售企业263家、药品使用单位577家，全县164家药店通过GSP认证。大力扶持兴办中药材深加工企业，岐黄、阿蔓达等中药饮片加工企业相继投产，环球、双冠、天冉中药饮片有限公司正在筹建，阿蔓达中药饮片有限公司成为项目入园第一家，并且顺利通过国家GMP认证。

2006年，开展“平安医药”创建活动，深入开展农村药品质量、中药饮片、药械广告、一次性使用无菌医疗器械、疫苗流通秩序和特殊药品的监管等专项整治。永胜药业有限公司顺利通过GSP认证，成为全省第一家通过认证的中药材批发企业。整理上报药品不良反应监测报告275份，在全市食品药品监管系统居第一位。

2007年，开办药品零售企业14家，完成仁和堂医药连锁有限公司及连锁门店51家，单体药店14家变更工作，完成1家药品批发企业、10家药品零售企业认证工作。上报药品检品246批，其中中（西）成药170批，中药饮片76批，收到不合格药品检验报告117批，不合格率为54%。乡镇医院、县医院、中医院、医药公司等19个单位实现药品不良反应网上直报，县、乡、村三位一体的监测网络规范运行，共上报药品不良反应监测报告1485例，上报数量位居全市第一。

2008年，被省局表彰为全省食品药品监管系统兴奋剂专项治理工作先进单位。开办单体药店10家，完成56家药店变更工作。通过药品经营质量管理规范现场检查批发企业1家，药品零售企业5家。组织药品从业人员健康查体和健康登记卡审验工作，共查体1092人。顺利完成19家药品生产经营企业和5家医疗器械经营企业200余名业务人员登记备案的材料审查和转报工作。共上报抽验药品182批，抽验不合格率达50%以上。共上报药品不良反应病例报告998例，新的、严重的药品不良反应病例报告124例，占总数的12.42%。

2009年，开办单体药店27家，完成43

家药店变更工作，补发“药品经营许可证”2家。单体药店GSP认证26家，换发“药品经营许可证”18家,注销“药品经营许可证”1家。上报抽验药品65批，抽验不合格率达到70%以上。上报药品不良反应521例，其中新的严重病例报告数29例。同时，深入推进兴奋剂专项治理。

2010年，开办单体药店14家，完成23家药店变更工作，单体药店GSP认证22家，换发“药品经营许可证”16家。

2011年，扎实推进药品放心工程。今年新开办单体药店10家，中药材、中药饮片批发企业2家，中药饮片生产企业1家；完成29家药店变更材料审查和5家药店变更地址现场检查工作。共抽验药品222批，经快检后上报市所72批，接到不合格药品报告10批，不合格率为13.9%。药品不良反应报告上报总数576例，新严病例报告数133例，新严病例报告比例为23%。医疗器械不良事件共报告314例。开展疫苗专项监督检查、抗菌药物专项整治、含麻黄碱复方制剂专项整治、高风险医疗器械专项检查、盐酸克伦特罗专项检查、终止妊娠药品安全整治等药品安全专项整治工作。

2012年，开办单体药店2家，变更经营事项19家，换发许可证6家，GSP认证6家，跟踪检查24家,注销26家。抽验药品530批，经快检筛查上报市所80批，不合格18批，不合格率为18%，所有抽检合格药品退回监管单位。收集上报药品不良反应监测报告2459份，医疗器械不良事件817份，上报数量位居全市第一，并成功处置乡镇医疗机构盐酸克林霉素不良反应事件。

2013年,办理药品从业人员健康证501个，发放“药品经营许可证”59家，受理药店材料78份。开展非药品冒充药品专项整治、终止妊娠药物管理、B型超声诊断仪专项整治行动、定制式义齿生产及使用监督检查专项活动、金银花掺杂使假专项检查、使用环节高风险医疗器械专项稽查工作、中药质量安全专项检查、药品广告专项检查、药品“两打两建”专项行动等。食品药品检验所被省局确定为县级快检机构重点建设单位，11月17日，食品药品检验所顺利通过省实验室资质认证现场评审。药品监督抽验快检共计530批，经快检后送检药品88批，其中中药材、中药饮片送检15批次，共有7批不合格药品，已立案调查。收集药品不良反应报告总数807份，其中新严报告183份，新严比为23%；医疗器械不良事件共收集报告298份。

第三节　执法检查

2002年，出动执法人数755人次，检查药品生产、经营、使用单位520家。

2003年，出动执法人数2755人次，检查药品生产、经营、使用单位1460家，共查处案件117起，罚没款总计115955.10元，其中立案47起，其中取缔无证经营药品、医疗器械17户，使用无产品注册证书医疗器械5起，药店经营假药案2起,使用、经营劣药案40起，其他11起。

2004年，检查生产、经营、使用单位662家，共查处违法案件176起，取缔无证经营药品、医疗器械业户19家，查处邮寄假药案件1起，移送司法机关强制执行2起，没收违法所得5.5万元,罚款7.5万元。2004年6月，县药监局被省局列为全省10个行政执法规范化建设试点单位之一。

2005年,查处各类药械违法案件486余起，其中立案67起，罚没款20余万元。

2006年，出动监督执法人员1098人次，检查涉药单位560家，查处各类违法案件506起，其中立案55起，罚没款25万余元。

2007年，食品方面，共出动执法人员896人次，检查食品生产经营单位1097家（户），取缔无照经营户20家，处理举报投诉16起，查获未检疫猪肉704千克、“注水肉”473千克，查处病死禽3600千克，立案查处食品案件33起，涉案货值20余万元。药品方面，共出动执法人员1068人次，检查涉药单位648家，查处各类案件448起，其中立案38起，罚没款31万余元。

2008年，食品方面，共监督检查食品企业5578户次，排查和消除各种安全隐患260余起，取缔违法食品企业38家，其中经营企业15家、餐饮企业21家、取缔非法屠宰点2家，查处违法行为180起，涉及总货值金额42.38万元。药品方面，共出动执法人员796人次，共检查涉药单位748家，查处各类案件400起，罚没款39万余元。

2009年，推行人性化执法，按照先教育、后警示、再处罚的监管思路，共出动执法人员886人次，全县共依法查处食品违法行为240起，涉案货值110余万元。检查涉药单位768家，查处各类案件410起，罚没款40余万元。

2010年，出动执法人员1394人次，共检查涉药单位811家，对药品经营、使用单位给予口头警示、书面整改通知200余次，处罚各类违法案件200余起，罚没款38万余元

2011年，共检查涉药单位609家。给予口头警示、书面整改通知70余次，处罚各类违法案件457起，罚没款38.84万元。检查餐饮服务单位1878家次，查办食品举报案件8起。

2012年，围绕餐饮监管，共查处各类违法案件543起，申请法院强制执行2起，责令整改486家，罚没款40余万元。开展药品流通领域、装饰性彩色平光隐形眼镜、利用互联网非法收售药品、定制式义齿、高风险医疗器械、兴奋剂专项治理、基本药物配送企业、药品广告、抗菌药物等10余项专项检查，共出动执法人数2000余人次，查处各类药品违法案件474起，监测移交违法广告4起，申请法院强制执行1起，移交公安机关1起，罚没款40余万元。

2013年，推行综合执法、标准化执法和错时执法等执法形式。出动执法人员832人次，检查被监管单位1584家次，共查处各类违法违规案件96件，罚没款42万元，下达责令整改意见书83份。

第十章 安全生产监督管理

第一节 组织机构

2002年7月，平邑县安全生产监督管理局成立，为县政府工作部门，正科级机构，平邑县安全生产委员会办公室与其一个机构、两块牌子。2004年10月，经县编办批复成立平邑县安全生产监察执法大队，为副科级全额事业单位，编制8名；2005年增设1个事业单位：安全生产监察执法大队（副科级，参公事业单位）；2006年10月，县编办为县安全生产监察执法大队增加8名编制，执法大队编制

总数达到16名；2007年，县编办行文在各乡镇和县直设有安监科室的单位设立执法监察中队，并为每个乡镇安监站增加1名事业工作人员。截至2007年底，全县16个乡镇的安全生产执法监察中队已全部成立，安全生产执法监察人员94人。同年，县政府投资30多万元，为所有执法人员配置安全防护服；2008年12月，执法大队改为参照公务员法管理的事业单位；2013年增设1个事业单位：安全生产应急救援指挥中心（副科级），有职工37人，其中，正科级干部2人，副科级干部6人，一般干部29人。

2010年，县政府投资100多万元，为安监局改善办公场所，搬到财源路2号，占地面积4000余平方米，建筑面积1000余平方米，办公用车7辆，其中安全生产监察执法大队执法车3辆，各种办案、办公设备满足需要。全县15个镇街安监站和执法监察中队，配备执法专用车辆和计算机等办公设施；12月，在省局扶持部分资金的前提下，完成信息平台硬件集成系统建设。全县15家地下矿山企业、2家危险化学品企业、2家烟花爆竹企业与平台进行对接，实现远程视频监控。

2013年，全县有安全生产执法监察人员148人。在县政府27个重点监管部门设立安监科，其他部门根据工作需要，均配备兼职安监人员，各行政村成立安全生产理事会。投资700多万元，新建消防站。在全县所有高危企业和130多家规模以上企业设立安全科，在其他企业相继配备专兼职安全员，安全生产管理人员全部持证上岗，全县专、兼职安监人员3700多人，形成“纵到底，横到边，时时有人管、事事有人问”的安全监管局面。

第二节　执法检查

2003年，先后5次组织安全生产大检查，发现问题及时处理。

2004年，共开展安全生产大检查24次，其中季度检查4次，综合性检查8次，有针对性的专项检查12次，共查出事故隐患2300多条，下发216份限期整改通知书；配合省、市安全生产检查组对14家地下石膏矿山和9家危险化学品生产企业进行检查。共查出隐患79条，下达事故隐患检查表14份。

2005年，抽调12名执法监察人员组成三个《安全生产法》执行情况检查组，对全县的326家生产经营单位进行全面的执法大检查，下达整改指令1956条。

2006年，突出重大事故隐患和安全生产违法行为的查处，加大违法违规案件的经济处罚力度，先后对全县矿山、加油站、农药、油漆等生产经营单位以及112家工商贸企业进行全面执法检查，对43家生产经营单位进行经济处罚，累计罚款20多万元，有效遏制了生产事故的源头。

2007年，全年共检查危险化学品生产、经营、储存、使用单位325家次，查出安全隐患1058条，下达整改指令书125份；检查石膏矿、重晶石矿、角闪岩矿、露天矿等非煤矿山企业245家次，查处安全隐患1028条，下达整改指令书245份；检查县重点监控的工商贸企业229家次，查出事故隐患530余条，下达整改指令书159份。安监会同公安等部门组成烟花爆竹联合检查组，对全县范围内临时经营许可网点800余家，常年销售网点28家，专用储存仓库2处等烟花爆竹储存、批发、经营单位进行拉网式集中检查，共查获各种非法鞭炮 189 万余响，各类神鞭 1628 根，各类礼花炮 1782 个，导火索 30 米，治安拘留 16 人。

2009 年，共检查各类生产经营单位 1200 余家次，其中：对全县 32 家砖厂、145 家露天开采矿山企业、9 家地下开采非煤矿山企业、96 家加油站及 21 家工商贸企业进行安全生产专项检查，强制停止违法生产 32 次，查处安全隐患 1196 条，对现场不能完成整改的企业下达整改指令书 293 份。

2012 年，县安监局将标准化建设与执法队伍日常管理有机结合，从组织建设、管理机制、行政执法、执法保障等方面对安全生产监察大队进行规范，制定完善监察大队工作制度、执法人员岗位责任制、执法监察工作机制等制度，进一步加强了执法装备建设，促进安全生产执法工作的规范化，并通过市安监部门的验收。

第三节　宣传教育

2003 年，深入学习宣传“一法一规章”，提高全民的安全生产意识。以开展“安全生产月”、“创三无”活动和“平邑县维护稳定工作集中宣传活动”为契机，集中开展大规模宣传咨询活动，集中设立安全生产咨询站 16 处，出动宣传车 60 余辆，发放宣传材料 3 万多份。

2004 年，一是认真组织开展主题为“以人为本,安全第一”的全国“安全生产月”活动，共设立宣传站点 20 多处,悬挂过路横幅 500 条，发放宣传材料 10 万余份，设立展板 40 多块，出动宣传车 50 多台。二是进一步加强安全生产培训工作，组织开展 26 期生产经营单位主要负责人和特种作业人员培训班，有 5000 人次参加省、市、县组织的培训和从业教育。其中：生产经营单位负责人和特种作业人员 2000 余人，企业从业人员 3000 多人。

2005 年，在《安全生产法》颁布实施纪念日、“安全生产月”、法制宣传周和五一、十一及各级两会期间，通过出动宣传车、悬挂宣传标语、印发宣传材料等形式，针对不同群体、不同对象，开展宣传教育工作。举办安监管理人员培训班 4 期 380 多人次，举办企业负责人、安全生产管理人员和特种岗位从业人员培训班 30 多期，6400 余人参加学习培训。

2006 年,在莲花山广场举行“安全生产月”暨《山东省安全生产条例》法制宣传日启动仪式，1000 余人参加启动仪式。共设立宣传站 52 处，发放安全生产宣传材料 20 余万份，出动宣传车 39 台，悬挂横幅、宣传标语 500 余条（幅）；共举办各类培训班 10 期，培训人员 1550 多名。

2007 年，共举办电工作业人员、电气焊特种作业人员、加油站安全员等各类培训班 11 期，培训人员 1090 名。

2008 年，开通平邑县安监局网站并有效运行,组织参加安全生产“行风热线”栏目 6 期，编发安全生产快讯 21 期,百日督查快报 11 期，学习实践科学发展观简报 12 期,警示专讯 5 期，被中国安全生产报、安全周刊、中国安全生产网、《临沂日报》、省市安监局简报等媒体采用安全生产稿件 160 余篇。

2011 年，在莲花山广场举行安全生产月暨咨询日启动仪式。县安委会主要成员单位、部分人员密集场所和重点生产经营单位组成 29 支方队，以及社会各界人士 4000 余人参加启动仪式。17 个单位出动宣传车，到各镇、街道、管委会进行宣传。共设展板 240 块，咨询台56个，发放宣传材料4万余份。同年，积极参加全国安全社区创建活动，平邑街道、仲村镇成功创建国家安全社区。

2012年“安全生产月”活动期间，通过拍摄电视专题片《安全生产看平邑》，手机短信、户外电子显示屏、明白纸等多种形式广泛宣传安全生产方针政策，提升人们的安全生产意识。

同年，流峪镇通过省级安全社区验收；开展安全文化示范企业建设活动，培育安全文化示范企业；山东黄金归来庄矿业有限公司被评为国家级安全文化示范企业。

第四节　专项整治

2003年，开展矿山、交通、消防、民用爆炸物品、危险化学品、锅炉压力容器、用电、林区防火、建筑、旅游、学校、食品卫生等十二项安全生产专项整治活动。印发《安全生产专项整治实施方案》，制定《安全生产专项整治实施方案》，狠抓事故隐患的整改和重大危险源的监控，进行拉网式检查。

2004年，突出重点，深入开展以矿山、危险化学品为主的安全生产专项整治。同时依法监督指导道路和水上交通、消防、民用爆炸物品及烟花爆竹、锅炉压力容器、林区防火、用电、学校、旅游及游乐场所、建筑施工、食品卫生等十个安全专项整治工作。

2005年，狠抓12个重点行业和领域的安全生产专项整治工作。共检查270余家矿山企业，查出事故隐患556处，下达整改指令71份，对24家矿山企业下达停产、停业整顿通知，取缔非法开采矿山40多家；共查出危化品企业各类事故隐患252处，当场整改130处，下达整改指令书45份，对15家加油站（车）下达停产、停业整顿通知，依法取缔非法经营、储存点11处，关停1家液化气站；摸清全县原有烟花报至临时经营许可网点961家，长年销售网点24家，专用储存仓库2处，配合公安机关取缔非法生产经营点13家，收缴鞭炮30000余响。

2006年，由公安、工商、经贸、质监、林业、环保、建设、国土等8个重要政府部门牵头，17个安委会成员单位的相关专业技术人员参与的8个安全生产大检查工作组和1个督导组深入基层和一线先后开展四次规模较大的安全生产大检查活动。共检查各类生产、经营单位400家，查出隐患1206条，现场整改996条，下达整改指令书48份。

2007年，公安、安监、交通、质监、建设、教育、林业、经贸、旅游、卫生、药监等部门结合各自安全生产工作存在的突出问题，认真开展道路交通、公众聚集场所、非煤矿山、烟花爆竹、危险化学品、学校、建筑施工、锅容管特、供用电、旅游、食品卫生等重点领域的专项整治活动，不断改善重点领域和行业安全生产状况。

2008年，集中开展以烟花爆竹，砖厂，砂厂，加油站，机械厂，水泥厂，尾矿库，商厦等企业为重点9次大型专项执法检查活动，检查企业2395家次。

2011年，排查矿山、危险化学品等工矿企业2500余家次，排查一般隐患10790项，已全部整改；排查道路交通、建筑施工、学校、供用电、特种设备及商贸场所等行业一般隐患11429项，整改11162项，整改率98%。

2012年，全县排查矿山、危险化学品等工矿企业894家次，排查一般隐患4067项，已全部整改；排查道路交通、建筑施工、学校、供用电、民爆器材、水库、特种设备及商贸场所等行业一般隐患 9781 项，整改 9741 项。药监部门开展假劣药品专项检查 18 次，检查全县涉药单位 100 余家，覆盖率 100%，共查办各类违法案件 5 起。

第十一章 盐务 丝绸

第一节 盐 务

1992 年，平邑县盐业公司成立，隶属平邑县供销社联合社。2002 年 1 月 18 日，平邑县盐务局（公司）成立，理顺平邑县的盐业市场管理、经营体制。

加碘

平邑县是全国受碘缺乏危害较为严重县之一，自 1981 年开始销售加碘食盐。1993 年，食盐销售全部用小塑料袋包装。每年利用“315”保护消费者权益日和“515”碘缺乏病防治日与工商、卫生、电视台等部门联合宣传食盐专营政策及食盐、碘盐的作用，提高广大群众对假、劣、食盐和非碘盐的识别能力，提高自我保护意识，进一步规范食盐市场，全县实现专营。2013 年，抽查碘盐检测，全县居民食用碘盐覆盖率 99%，达到国家规定的消除碘缺乏病危害的标准。

销售

1986 年，每吨 250 元（0.25 元 / 千克）；1993 年，销售单膜装食盐价格为每吨 554.4 元；2001 年，省盐务局统一印制复合膜包装袋，价格为每吨 1510 元。2004 年，省盐务局规范食盐经营，更换纸塑包装，由临沂市盐务局统一分装，价格为每吨 2600 元。2002 年，推广销售加碘营养盐、钙盐、锌盐、硒盐、低钠盐等 10 余个品种，销售价为每吨 3200 ~ 3840 元。

1993 年 6—12 月，销售各类盐产品 4856 吨，其中食盐 380 吨。2003 年 4 月，受“非典”影响，出现食盐抢购风，持续 10 余天，销售食盐 380 吨，超过月销售量。2011 年 3 月，受日本“核辐射”影响，出现食盐抢购风，持续 5 天，销售食盐 560 吨，超过月销售量。发现情况后，立即启动食盐应急预案，迅速平息抢购风。2013 年，销售各类盐产品 7768 吨，其中食盐 3187 吨。各类用盐和食盐未因价格变化引起波动。

专营

1993 年，县盐政管理办公室成立，1993—2014 年，多次与公安、工商、卫生、质检等部门协作，在全县范围内开展盐业法规宣传和盐政执法大检查，加强盐业市场管理。与县公安局联合成立打击非法经营食盐违法犯罪工作联合办公室，对全县盐业市场进行有效治理。2013 年，共查处盐业违法案件 266 起，没收劣质盐、无碘盐 2.93 吨，有效打击涉盐违法行为。食盐市场得到了净化、市场基本保持稳定有序，确保食盐专营任务的顺利完成。

第二节 丝 绸

平邑县山区农村植桑养蚕缫丝历史久远，大都是分散经营，规模较小。主要集中在北部山区和南部山区。

1994 年 6 月，平邑县丝绸公司成立。为正科级事业单位，主要负责全县桑蚕生产技术指导及蚕茧收购、加工、经营等工作。当年，发展桑园面积133.33公顷，收获干茧15万公斤，创产值1200万元。

2000年，设立平邑镇、仲村镇、魏庄乡3个蚕茧站，专业技术人员35名，其中大学学历15名。发展桑园面积346.67公顷，收获干茧60万公斤，创产值5400万元。2005年，随着市场经济的发展，平邑县桑园面积开始大幅减少，2013年，全县公司业务停止发展。

植桑

桑树品种 1991年，桑树品种主要为“湖桑32号”，当年发展面积66.67公顷。后引进“选792”，发展面积80公顷。2000年，引进“农桑8号”“农桑14号”系列品种，发展面积200公顷。至2008年底，桑树以“农桑8号”“农桑14号”为主要品种，桑园面积达到346.67公顷。

培植技术 1993年，推广桑园密植技术，亩栽1500～2000株。2001年，推广3+1模式，即每户种植3～5亩优质高产农桑，建200平方米养蚕大棚1个，每户年养蚕收入超万元。

桑病虫害防治 1995年，部分老蚕区桑园发生病虫害，致使桑园毁坏严重。采用地上用甲基“1605”和地下用甲基异硫磷的方法防治桑瘿蚊，使桑瘿蚊的危害得到了控制。2001年以后采用桑萎灵防治桑树萎缩病成效显著。

养蚕

蚕品种 1995年前，主要饲养青松×皓月、春蕾×镇珠两对品种。2000年起，鲁七×9202、9405×9406两对多丝量春、晚秋兼用高产品种代替青松×皓月、春蕾×镇珠。2008年开始，因青松×皓月抗逆力强、缫丝成色好，主要放养青松×皓月品种。

蚕种催青 丝绸公司设有专用催青室，室内配有空调，催青工作由经验丰富的农艺师专门负责，每季蚕种孵化率达到98%以上。

养蚕模式 1995年前，蚕农在室内用竹竿或木棒就地取材扎制蚕架，把蚕匾放在蚕架上养蚕，抬蚕除沙用蚕网。1996年丝绸公司大力推广“3+1”养蚕模式，变室内蚕架养蚕为大棚地面养蚕，不抬蚕，不除沙，熟蚕自动上蔟，省工、省力。至2008年底，大棚养蚕桑园面积占全县桑园面积的80%以上。

蚕病 20世纪90年代起，发生的蚕病主要有病毒病和真菌病，其次是细菌病、蝇蛆病及中毒症，但未成灾，多在夏、秋发生。公司组织技术人员重点做好养蚕前、养蚕中和养蚕后的环境消毒，公司多年每张蚕种平均产茧量保持在37.5公斤以上。

收购加工

1995年开始，全面推行“五位一体”收购办法，内容包括：预约售茧、售前初验、平台抽样、密码验级、仪测定价。干燥设备使用73-1风扇车子灶。实行“五定烘茧法”（定温度、定加煤量、定铺箅量、定干燥程度、定烘茧时间），收烘水平大幅度提高，干茧质量处于全省前列。同年，全县收购蚕茧36万公斤，加工干蚕茧16万公斤。2000年，全县收购蚕茧136万公斤，加工干蚕茧60万公斤。2013年，平邑县停止蚕茧收购工作，个别养蚕户将蚕茧调到其他地方出售。

中华人民共和国地方志丛书

平邑县志

（1989—2013）

（下卷）

平邑县地方史志编纂委员会　编

方志出版社
Publishing House of Local Records

总目录

上卷

◎ 序
◎ 凡例

概　述……………………………………… 1
大事记…………………………………… 11
第一编　政区建置……………………… 43
第二编　自然环境……………………… 51
第三编　人　口………………………… 113
第四编　交通　邮政　通信…………… 135
第五编　城建　环保…………………… 159
第六编　农　业………………………… 195
第七编　水　利………………………… 255
第八编　工　业………………………… 299
第九编　特色产业……………………… 337
第十编　商　贸………………………… 351
第十一编　开放型经济………………… 383
第十二编　财　税……………………… 399
第十三编　金　融……………………… 419
第十四编　经济综合管理……………… 455

下卷

第十五编　中共地方组织……………… 513
第十六编　地方国家权力机关………… 589
第十七编　地方国家行政机关………… 615
第十八编　政协地方组织……………… 647
第十九编　人民团体…………………… 669
第二十编　人事 劳动 社保 民政 ……… 681
第二十一编　公安　司法……………… 723
第二十二编　军　事…………………… 761
第二十三编　教　育…………………… 773
第二十四编　科　技…………………… 795
第二十五编　文化　体育……………… 813
第二十六编　医疗　卫生……………… 855
第二十七编　旅　游…………………… 905
第二十八编　社会生活………………… 925
第二十九编　街道、镇概况…………… 969

人　物…………………………………… 1049
附　录…………………………………… 1067
索　引…………………………………… 1105

目 录

第十五编 中共地方组织

第一章 代表大会…………………………515
第一节 代表选举……………………515
第二节 代表大会……………………515
第二章 县 委…………………………516
第一节 领导机构……………………516
第二节 工作机构……………………523
第三节 基层组织……………………524
第三章 会议与决策…………………524
第一节 重要会议……………………525
第二节 决策辑要……………………525
第四章 组织工作……………………541
第一节 干部队伍建设………………541
第二节 基层组织建设………………545
第三节 党员发展……………………549
第四节 党员干部教育………………550
第五节 电化和远程教育……………551
第六节 人才工作……………………552
第七节 老干部工作…………………553
第五章 政 法…………………………555
第一节 社会治安防范………………555
第二节 打击犯罪……………………556
第三节 社会治安综合治理…………556
第四节 见义勇为……………………558
第六章 宣 传…………………………558
第一节 理论教育……………………558
第二节 解放思想大讨论……………559
第三节 社会宣传……………………560
第四节 新闻宣传……………………562
第七章 精神文明建设………………563
第一节 创建活动……………………563
第二节 思想道德建设………………565
第三节 文明风尚……………………566
第八章 统战与对台事务……………568
第一节 统战宣传……………………568
第二节 服务经济建设………………568
第三节 党外干部工作………………568
第四节 党外知识分子工作…………569
第五节 对台事务……………………569
第九章 机关党建……………………569
第一节 组织建设……………………569
第二节 思想建设……………………570
第三节 重要活动……………………571
第十章 党校教育……………………572
第一节 理论研究……………………572
第二节 培训和学历教育……………572
第三节 师资队伍……………………573
第十一章 党史工作…………………574
第一节 征集与编纂…………………574
第二节 宣传与服务…………………575
第十二章 信 访………………………575
第一节 制 度…………………………576

第二节　程　序……………………… 576
第三节　办　理……………………… 577
第十三章　纪检　监察………………… 579
第一节　党风廉政建设……………… 579
第二节　案件查办…………………… 582
第三节　纠风工作…………………… 583
第四节　行政监察…………………… 584

第十六编　地方国家权力机关

第一章　人大代表……………………… 591
第一节　代表产生…………………… 591
第二节　代表构成…………………… 593
第三节　人民代表大会……………… 595
第二章　县人大常委会机构…………… 604
第一节　领导机构…………………… 604
第二节　工作机构…………………… 606
第三章　县人大常委会工作…………… 607
第一节　重大事项审议决定………… 607
第二节　人事任免…………………… 607
第三节　监　督……………………… 607
第四节　议案办理…………………… 609
第五节　代表活动…………………… 609
第四章　乡镇人民代表大会…………… 610
第一节　换　届……………………… 610
第二节　机　构……………………… 611

第十七编　地方国家行政机关

第一章　县政府机构…………………… 617
第一节　组成人员…………………… 617
第二节　机构设置…………………… 620
第二章　县政府施政…………………… 622
第一节　施政方式…………………… 622
第二节　施政辑要…………………… 623
第三章　政府法治　外事　侨务……… 641
第一节　政府法治…………………… 641
第二节　外事　侨务………………… 642
第四章　行政审批……………………… 643
第一节　机　构……………………… 643
第二节　内部管理…………………… 643
第三节　行政许可窗口建设………… 644
第四节　行政审批事项办理………… 645
第六章　乡镇政府……………………… 645
第一节　撤销与合并………………… 645
第二节　工作机构…………………… 645

第十八编　政协地方组织

第一章　政协委员……………………… 649
第一节　委员产生…………………… 649
第二节　委员界别…………………… 649
第二章　政协会议……………………… 650
第一节　全体委员会议……………… 650
第二节　常务委员会会议…………… 655
第三章　政协平邑县委员会机构……… 661
第一节　领导机构…………………… 661
第二节　乡镇政协…………………… 663
第四章　县政协主要工作……………… 664
第一节　政治协商…………………… 664
第二节　民主监督…………………… 664
第三节　参政议政…………………… 665
第四节　文史资料…………………… 666
第五节　团结联谊…………………… 666

第十九编　人民团体

第一章　工　会………………………… 671
第一节　职工代表大会……………… 671
第二节　组织建设…………………… 671

第三节 评先创优…………………… 671
第四节 困难职工扶持……………… 672
第五节 维 权…………………… 672
第六节 文体活动…………………… 673
第二章 共青团……………………… 673
第一节 组织机构…………………… 673
第二节 代表大会…………………… 673
第三节 组织建设…………………… 674
第四节 希望工程…………………… 674
第三章 妇 联……………………… 675
第一节 代表大会…………………… 675
第二节 评先创优…………………… 675
第三节 维 权…………………… 675
第四章 科学技术协会……………… 676
第一节 科普基础设施……………… 676
第二节 科普宣传…………………… 676
第三节 协会、学会工作…………… 677
第五章 工商业联合会……………… 677
第一节 历史沿革…………………… 678
第二节 组织机构…………………… 678
第三节 代表大会…………………… 678
第四节 基层组织…………………… 678
第五节 行业商会…………………… 679
第六节 参政议政…………………… 679
第七节 光彩事业…………………… 679
第八节 经济服务…………………… 679

第二十编 人事 劳动 社保 民政

第一章 人事与编制………………… 683
第一节 机构改革…………………… 683
第二节 人员编制…………………… 684
第三节 人事管理…………………… 685
第四节 工资福利…………………… 689
第二章 劳动和社保………………… 689
第一节 劳动管理…………………… 690
第二节 社会保障…………………… 692
第三章 民 政……………………… 702
第一节 基层政权选举和村（居）务管理…………………………… 703
第二节 优抚政策 烈士褒扬退伍安置…………………………… 708
第三节 社会救助…………………… 710
第四节 殡仪馆、福寿园建设……… 713
第五节 地名管理…………………… 714
第六节 民间组织…………………… 714
第七节 婚姻登记…………………… 720

第二十一编 公安 司法

第一章 公 安……………………… 725
第一节 治安管理…………………… 725
第二节 打击刑事犯罪……………… 728
第三节 经济侦察…………………… 728
第四节 交通管理…………………… 731
第五节 消防管理…………………… 734
第六节 出入境管理………………… 735
第七节 看守所管理………………… 735
第八节 拘留所管理………………… 735
第二章 检 察……………………… 736
第一节 公 诉…………………… 736
第二节 侦查监督…………………… 737
第三节 反贪污贿赂………………… 739
第四节 反渎职侵权………………… 740
第五节 监所检察…………………… 740
第六节 民事行政检察……………… 741
第七节 控告申诉检察……………… 741
第八节 检察技术…………………… 741
第九节 职务犯罪预防……………… 742
第十节 人民监督员履职…………… 742

第十一节　司法警察……………………742
第十二节　案件管理指挥中心………742
第十三节　网络信息管理中心………743
第三章　法　院………………………………743
第一节　刑事审判……………………743
第二节　民事经济审判………………745
第三节　行政审判……………………747
第四节　执行工作……………………748
第五节　司法监督……………………749
第六节　申告工作……………………750
第七节　司法鉴定……………………751
第八节　审判方式改革………………751
第九节　法警工作……………………752
第十节　人民法庭……………………753
第四章　司法行政……………………………754
第一节　普法教育……………………754
第二节　公证办理……………………756
第三节　律师及其事务所……………757
第四节　基层司法行政………………758
第五节　法律援助……………………759

第二十二编　军　事

第一章　组织机构……………………………763
第一节　县武装部……………………763
第二节　基层武装部…………………763
第二章　国防后备力量建设…………………763
第一节　民兵组织……………………763
第二节　政治教育……………………764
第三节　军事训练……………………766
第四节　征　兵………………………767
第五节　全民国防教育………………767
第三章　党管武装……………………………769
第四章　人民防空……………………………770
第一节　宣传教育……………………770
第二节　警报设备与管理……………770

第二十三编　教　育

第一章　基础教育……………………………775
第一节　学前教育……………………775
第二节　小学教育……………………775
第三节　初中教育……………………776
第四节　高中教育……………………776
第五节　特殊教育……………………777
第二章　职业教育　成人教育………………777
第一节　职业教育……………………777
第二节　技工教育……………………778
第三节　广播电视教育………………779
第四节　函授教育　自学考试………779
第三章　教　师………………………………782
第一节　队　伍………………………782
第二节　培训　进修…………………785
第三节　工资待遇……………………785
第四章　行　政………………………………786
第一节　学制　课程…………………786
第二节　招生　考试…………………787
第三节　教　研………………………788
第四节　素质教育……………………788
第五节　经　费………………………788
第六节　基础设施建设………………789
第七节　督　导………………………791
第八节　社会力量办学………………791
第九节　学校选介……………………792
第十节　管理机构……………………793

第二十四编　科　技

第一章　科技项目产业与管理………………797
第一节　项目实施……………………797

第二节　科技管理…………………… 800
第三节　科技示范单位高新技术产业…………………… 801
第二章　气　象…………………… 807
第一节　测　报…………………… 807
第二节　服　务…………………… 807
第三节　农业气象…………………… 808
第四节　现代化建设…………………… 808
第五节　台站建设…………………… 808
第六节　法规建设…………………… 809
第三章　地　震…………………… 809
第一节　监测预报…………………… 810
第二节　地震防御…………………… 810
第三节　应急　救援…………………… 811
第四节　科普宣传…………………… 811

第二十五编　文化　体育

第一章　文　化…………………… 815
第一节　机　构…………………… 815
第二节　电影发行放映…………………… 818
第三节　图书馆藏和阅览…………………… 818
第四节　文艺活动…………………… 818
第五节　文艺创作…………………… 819
第六节　文物　古迹　名胜…………………… 824
第七节　申　遗…………………… 829
第八节　文化市场…………………… 832
第二章　广播电视…………………… 832
第一节　广电机构…………………… 832
第二节　广　播…………………… 834
第三节　电　视…………………… 836
第四节　有线电视…………………… 839
第五节　平邑县报社…………………… 840
第三章　档　案…………………… 841
第一节　馆藏与整理…………………… 841
第二节　档案服务…………………… 841
第四章　地方史志…………………… 842
第一节　编　纂…………………… 843
第二节　网馆建设…………………… 843
第五章　图　书…………………… 845
第一节　机　构…………………… 845
第二节　发　行…………………… 845
第六章　体　育…………………… 847
第一节　学校体育…………………… 847
第二节　群众体育…………………… 847
第三节　竞技体育…………………… 847
第四节　体育产业…………………… 848
第五节　体育设施…………………… 848

第二十六编　医疗　卫生

第一章　机构　队伍…………………… 857
第一节　行政机构…………………… 857
第二节　预防保健机构…………………… 858
第三节　医疗机构…………………… 860
第四节　医药学会　红十字会…………………… 866
第二章　疾病防治与管理…………………… 869
第一节　传染病…………………… 869
第二节　地方病…………………… 872
第三节　专科病…………………… 875
第四节　精神病…………………… 876
第五节　艾滋病…………………… 877
第六节　计划免疫管理…………………… 878
第七节　公共卫生管理…………………… 879
第八节　爱国卫生管理…………………… 884
第三章　妇幼保健…………………… 885
第一节　妇女保健　疾病查治…………………… 885
第二节　儿童保健　疾病防治…………………… 886
第三节　婚前医学检查…………………… 887
第四节　保健保偿…………………… 887

第四章　医　疗………………………… 888
第一节　中医治疗………………………… 888
第二节　西医治疗………………………… 889
第三节　医疗设备………………………… 894
第四节　重点医疗机构…………………… 894
第五章　医政　药政……………………… 896
第一节　机构管理………………………… 896
第二节　从业人员管理…………………… 897
第三节　医疗纠纷处理…………………… 898
第四节　医疗制度改革…………………… 899
第五节　医疗经费管理…………………… 901
第六节　药政管理………………………… 903

第二十七编　旅　游

第一章　旅游资源………………………… 907
第一节　景区景点………………………… 907
第二节　资源开发………………………… 914
第二章　旅游市场………………………… 918
第一节　宣传推介………………………… 918
第二节　节庆活动………………………… 919
第三章　旅游服务………………………… 919
第一节　旅行社…………………………… 919
第二节　星级饭店………………………… 920
第三节　特产名吃………………………… 921
第四章　旅游管理………………………… 923
第一节　管理机构………………………… 923
第二节　旅游规划………………………… 923

第二十八编　社会生活

第一章　居民生活………………………… 927
第一节　城镇居民生活…………………… 927
第二节　农村居民生活…………………… 928
第二章　民　俗………………………… 933
第一节　生产习俗………………………… 933
第二节　生活习俗………………………… 934
第三节　岁时习俗………………………… 941
第四节　礼仪习俗………………………… 943
第五节　禁忌　陋习……………………… 944
第三章　方　言………………………… 945
第一节　声韵母及其搭配………………… 946
第二节　声　调………………………… 949
第三节　方言读音举例…………………… 949
第四节　方言惯用词语…………………… 951
第五节　俗语　谚语　歇后语…………… 959
第四章　宗教信仰………………………… 961
第一节　伊斯兰教………………………… 961
第二节　道　教………………………… 963
第三节　佛　教………………………… 964
第四节　天主教………………………… 964
第五节　基督教………………………… 964
第五章　老年人事业……………………… 965
第一节　优抚政策………………………… 965
第二节　老年活动………………………… 965
第三节　权益保障………………………… 966
第六章　残疾人事业……………………… 966
第一节　活　动………………………… 967
第二节　教育和安置……………………… 967
第三节　基层组织………………………… 967
第四节　宣传　文体……………………… 968
第五节　维　权………………………… 968
第六节　福　利………………………… 968

第二十九编　街道、镇概况

平邑街道………………………………… 971
仲村镇………………………………… 977
武台镇………………………………… 982
保太镇………………………………… 988

柏林镇……………………………… 993
卞桥镇……………………………… 997
地方镇……………………………… 1001
铜石镇 …………………………… 1007
温水镇……………………………… 1016
流峪镇 …………………………… 1023
郑城镇……………………………… 1026
白彦镇……………………………… 1031
临涧镇……………………………… 1037
丰阳镇……………………………… 1041

人 物

人物传……………………………… 1051
人物表……………………………… 1061

附 录

重要文件辑录……………………… 1069
平邑县乡镇管理体制改革实施方案 ……………………………… 1069
关于实施“百强富县”计划的意见 ……………………………… 1072
中共平邑县委平邑县人民政府关于招商引资的政策规定…………… 1075
中共平邑县委平邑县人民政府关于在全县开展农村社区建设工作的实施意见………………………… 1076
关于加大统筹城乡发展力度进一步夯实农业农村发展基础的实施意见 ……………………………… 1080
关于深入学习宣传胡锦涛总书记在庆祝中国共产党成立 90 周年大会上的重要讲话的实施意见……… 1086
关于进一步做好减轻农民负担工作的意见………………………………… 1089
关于深入学习宣传贯彻党的十八大精神的决议……………………… 1092
关于加强意识形态工作的实施意见 ……………………………… 1097

索 引

主题索引…………………………… 1107

编后记……………………………… 1119

第十五编

中共地方组织

第一章　代表大会

第一节　代表选举

1990年4月至2012年1月，中共平邑县第八次至第十三次代表大会先后召开，历次代表大会均由党员直接选举代表。县委根据《中国共产党章程》规定确定代表总名额。选举单位党组织结合自身实际，酝酿出多于应选代表20%的候选人名单。选举单位党组织对初选名单进行考察，确定候选人预备人选，填写代表候选人预备人选登记表，报县委组织部审查。选举单位根据《中国共产党地方组织选举工作条例》召开党员大会对候选人预备人选进行充分酝酿，直接选举代表。每次代表分配，少数民族和妇女代表都占一定比例；对代表过于集中的县领导机构的部分代表，分派到各选区参加选举。

第二节　代表大会

1989—2013年，平邑县共召开6次党代会。

第八次党代会

中共平邑县第八次代表大会于1990年4月4日至5日在县城召开，出席会议的代表295名。大会听取、审议并通过綦敦祥代表中共平邑县第七届委员会向大会所作的《中共平邑县第七届委员会工作报告》，张家业代表中共平邑县纪律检查委员会向大会所作的《中共平邑县纪律检查委员会工作报告》，选举产生了中共平邑县第八届委员会和中共平邑县纪律检查委员会。选举出县委委员31名，候补委员3名。八届一次全委会议选举出县委常委10名，选举綦敦祥为书记，杨沛才、张之荣、李洪海为副书记。

第九次党代会

中共平邑县第九次代表大会于1995年5月7日至8日在县城召开，出席会议的代表306名。大会听取、审议并通过李玉妹代表中共平邑县第八届委员会向大会所作的《中共平邑县第八届委员会工作报告》；通过《中共平邑县纪律检查委员会工作报告》；选举产生中共平邑县第九届委员会和中共平邑县纪律检查委员会。选举出县委委员31名，候补委员5名。九届一次全委会选举出县委常委11名，选举李玉妹为县委书记，张之荣、李富山、陈相珍为县委副书记。

第十次党代会

中共平邑县第十次代表大会于1998年3月6日至7日在县城召开，出席会议的代表307名。大会听取、审议并一致通过颜廷瑞代表中共平邑县第九届委员会向大会所作的《中共平邑县第九届委员会工作报告》和郑运明代表平邑县纪律检查委员会向大会所作的《中共平邑县纪律检查委员会工作报告》；选举产生中国共产党平邑县第十届委员会和中国共产党平邑县纪律检查委员会。选举出县委委员31名，候补委员5名。十届一次全委会选举出县委常委11名，选举颜廷瑞为县委书记，祖卫东、程新安、张传普为县委副书记。

第十一次党代会

中共平邑县第十一次代表大会于2003年2月17日至18日在县城召开，出席会议的代表315名。大会听取、审议并一致通过中国共产党平邑县第十届委员会工作报告和县纪律检查委员会工作报告。选举产生中国共产党平邑县第十一届委员会和中国共产党平邑县纪律检查委员会。选举出县委委员 31 名,候补委员 6 名。十一届一次全委会选举出县委常委 11 名，选举杜甲普为县委书记，王林山、孙印远、邵明川、徐化国为县委副书记。

第十二次党代会

中共平邑县第十二次代表大会于 2007 年 1 月 25 日至 26 日在县城召开，出席会议的代表 320 名。大会听取、审议并一致通过中国共产党平邑县第十一届委员会工作报告和县纪律检查委员会工作报告。选举产生中国共产党平邑县第十二届委员会和中国共产党平邑县纪律检查委员会。选举出县委委员 43 名，候补委员 8 名。十二届一次全委会选举出县委常委 11 名，选举王林山为书记，陈一兵、解红日为副书记。

第十三次党代会

中共平邑县第十三次代表大会于 2012 年 1 月 10 日至 11 日在县城召开，出席会议的代表 321 名。大会听取、审议并一致通过《中国共产党平邑县第十三次代表大会关于第十二届县委工作报告的决议（草案）》和《中国共产党平邑县第十三次代表大会关于中共平邑县纪律检查委员会工作报告的决议（草案）》；选举产生中国共产党平邑县第十三届委员会和新一届中国共产党平邑县纪律检查委员会。选举出县委委员 43 名，候补委员 8 名。十三届一次全委会选举出县委常委 11 名，选举丰程秀为书记，马祥营、刘春波为副书记。

第二章　县　委

第一节　领导机构

中共平邑县代表大会选举组成中国共产党平邑县委员会并召开第一次全体会议，选举本届县委常务委员会委员和书记、副书记，在委员会闭会期间行使委员会职权。1990 年 4 月 5 日，中共平邑县第八届委员会举行第一次全体会议，选举县委常委 10 人，綦敦祥任书记，杨沛才、张之荣、李洪海任副书记，李富山、张家业、卢之光、王立春、彭继安、程新安任常委。

1995 年 5 月 8 日，中共平邑县第九届委员会举行第一次全体会议，选举县委常委 11 名，李玉妹（女）任书记，张之荣、李富山、陈相珍任副书记，程新安、郑运明、张传普、张升范、李金国、魏殿玉、陈允波任常委。

1998 年 3 月 7 日，中共平邑县第十届委员会举行第一次全体会议，选举县委常委 11 名，颜廷瑞任书记，祖卫东、程新安、张传普任副书记，郑运明、张升范、魏殿玉、徐化国、王培成、陈金鹏、邵明川任常委。

2003 年 2 月 18 日，中共平邑县第十一届委员会举行第一次全体会议，选举县委常委 11 名，杜甲普任书记，王林山、孙印远、邵明川、徐化国任副书记，刘志刚、解红日、张贤德、李秀兰（女）、王伟明、隽新阳任常委。

2007 年 1 月 26 日，中共平邑县第十二届委员会举行第一次全体会议，选举县委常委 11 名，王林山任书记，陈一兵、解红日任副书记，李献荣、李中经、麻建东、王丽云（女）、卢兆荣、刘仕江、陈金怀、张明安任常委。

2012年1月11日，中共平邑县第十三届委员会举行第一次全体会议，选举县委常委11名，丰程秀（女）任书记，马祥营、刘春波任副书记，刘仕江、吕国强、冯青松、宋学军、类成信、黄波、王经远、时光晓任常委。

1989—2013年中共平邑县委领导任职表

表15-1

届别	职务	姓名	籍贯	任职时间	备注
第八届（1990年4月至1995年5月）	书记	綦敦祥	山东省高密市	1990.04—1991.03	
		李玉妹（女）	山东省沂南县	1991.03—1995.05	
	副书记	杨培才	山东省费县	—1992.12	
		刘文荣	山东省郯城县	—1990.02	
		张兴铭	平邑县	1990.04—1990.02	
		张之荣	山东省沂水县	1990.02—1995.05	
		杨枫林	—	1989.10—1990.11	挂职
		李洪海	平邑县铜石镇	1990.02—1992.12	
		李富山	临沂市河东区	1992.12—1995.05	
		陈相珍	临沂市河东区	1992.12—1995.05	挂职
		赵连平	—	1991.06—1992.09	
		王勇格	—	1992.09—1993.04	挂职
		张传普	山东省沂水县	1993.04—1994.05	挂职
		姚春生	—	1994.03—1994.12	挂职
		张继刚	—	1994.03—1995.03	挂职
		惠东波	山东省郯城县	1994.05—1995.05	挂职
	县委常委	綦敦祥	山东省高密市	1990.04—1991.03	
		杨培才	山东省费县	1990.04—1992.12	
		刘文荣	山东省郯城县	—1990.02	
		张兴铭	平邑县	—1990.02	
		张之荣	山东省沂水县	1990.02—1995.05	
		李洪海	平邑县铜石镇	1990.02—1992.12	
		李富山	临沂市河东区	1992.12—1995.05	
		李才笃	莱芜市钢城区	1982.12—1990.03	
		黄启才	山东省郯城县	—1990.03	
		卢之光	平邑县平邑街道	—1993.03	

续表 15-1

界别	职务	姓名	籍贯	任职时间	备注
第八届（1990 年 4 月至 1995 年 5 月）	县委常委	王立春	平邑县	—1993.03	
		彭继安	平邑县	—1992.12	
		陈相珍	临沂市河东区	1992.12—1995.05	
		张家业	平邑县	1990.04—1995.01	
		程新安	山西省孝义市	1990.04—1995.05	
		郑运明	平邑县卞桥镇	1995.01—1995.05	
		张传普	山东省沂水县	1995.01—1995.05	
		李德福	平邑县铜石镇	1992.12—1995.01	
		张升范	山东省沂南县	1992.12—1995.05	
		刘庆玺	平邑县地方镇	1992.12—1995.01	
		李金国	平邑县温水镇	1992.12—1995.05	
		魏殿玉	平邑县保太镇	1992.12—1995.05	
		陈允波	山东省沂水县	1995.01—1995.05	
第九届（1995 年 5 月至 1998 年 3 月）	书记	李玉妹（女）	山东省沂南县	1995.05—1995.08	
		张之荣	山东省沂水县	1995.08—1997.12	
		颜廷瑞	临沂市兰山区	1997.12—1998.03	
	副书记	张之荣	山东省沂水县	1995.05—1995.08	
		李富山	临沂市河东区	1995.05—1997.12	
		陈相珍	临沂市河东区	1995.05—1997.12	挂职
		张传普	山东省沂水县	1998.01—1998.03	挂职
		惠东波	山东省郯城县	1995.05—1995.06	挂职
		祖卫东	山东省沂南县	1997.12—1998.03	
		程新安	山西省孝义市	1995.08—1998.03	
		石立岩	山东省费县	1995.06—1996.12	挂职
		于学孟	—	1995.12—1997.06	挂职
		王永田	山东省日照市	1996.12—1998.03	挂职
	县委常委	张之荣	山东省沂水县	1995.05—1997.12	
		李富山	临沂市河东区	1995.05—1997.12	
		陈相珍	临沂市河东区	1995.05—1997.12	
		程新安	山西省孝义市	1995.05—1998.03	
		郑运明	平邑县卞桥镇	1995.01—1998.03	

续表 15-1

界别	职务	姓名	籍贯	任职时间	备注
第九届（1995 年 5 月至 1998 年 3 月）	县委常委	张传普	山东省沂水县	1995.01—1998.03	
		张升范	山东省沂南县	1995.05—1998.03	
		李金国	平邑县温水镇	1995.05—1998.01	
		魏殿玉	平邑县保太镇	1995.05—1998.03	
		陈允波	山东省沂水县	1995.05—1998.01	
		颜廷瑞	临沂市兰山区	1997.12—1998.03	
		祖卫东	山东省沂南县	1997.12—2003.01	
		徐化国	平邑县仲村镇	1995.08—1998.03	
		王培成	山东省沂南县	1996.03—1998.03	
		陈金鹏	山东省费县	1998.01—1998.03	
		邵明川	济南市长清区	1998.01—1998.03	
第十届（1998 年 3 月至 2003 年 2 月）	书记	颜廷瑞	临沂市兰山区	1998.03—2003.01	
		杜甲普	临沂市兰山区	2003.01—2003.02	
	副书记	武善国	山东省沂水县	1998.04—1999.04	挂职
		张传普	山东省沂水县	1998.03—2001.01	挂职
		祖卫东	山东省沂南县	1998.03—2003.01	
		程新安	山西省孝义市	1998.03—2001.03	
		王永田	山东省日照市	1998.03—	挂职
		朱优敬	山东省沂水县	1999.04—2000.03	挂职
		王林山	山东省莱州市	2000.06—2003.01	挂职
		孙印远	平邑县温水镇	2001.02—2003.02	
		邵明川	山东省临沂市	2001.02—2003.02	
		王文元	山东省东阿县	2000.03—2001.03	挂职
		丰绍明	山东省沂南县	2001.03—2002.04	挂职
		付震宇	山东省莒县	2002.04—2003.02	挂职
		郭　颖	—	2002.09—2002.11	挂职
	县委常委	颜廷瑞	临沂市兰山区	1998.03—2003.01	
		徐化国	平邑县仲村镇	1998.03—2006.07	
		王培成	山东省沂南县	1998.03—2001.08	
		陈金鹏	山东省费县	1998.03—2001.02	
		邵明川	济南市长清区	1998.03—2005.09	

续表 15-1

界别	职务	姓名	籍贯	任职时间	备注
第十届（1998 年 3 月至 2003 年 2 月）	县委常委	程新安	山西省孝义市	1998.03—2001.03	
		郑运明	平邑县卞桥镇	1998.03—2001.03	
		张传普	山东省沂水县	1998.03—2001.01	
		张升范	山东省沂南县	1998.03—2001.02	
		魏殿玉	平邑县保太镇	1998.03—2001.02	
		祖卫东	山东省沂南县	1998.03—2003.01	
		徐化国	平邑县仲村镇	1998.03—2006.07	
		王培成	山东省沂南县	1998.03—2001.08	
		陈金鹏	山东省费县	1998.03—2001.02	
		邵明川	济南市长清区	1998.03—2005.09	
		杜甲普	临沂市兰山区	2003.01—2005.12	
		武善国	山东省沂水县	1998.04—1999.04	挂职
		朱优敬	山东省沂水县	1999.04—2000.03	挂职
		孙印远	平邑县温水镇	2001.02—2006.01	
		王文元	山东省东阿县	2000.03—2001.03	挂职
		丰绍明	山东省沂南县	2001.03—2002.04	挂职
		付震宇	山东省莒县	2002.04—2003.04	挂职
		刘克贵	平邑县卞桥镇	1998.03—2003.01	
		刘志刚	山东省费县	2001.02—2004.05	
		任庆虎	山东省汶上县	2001.02—2002.10	
		解红日	山东省沂南	2001.02—2008.11	
		张贤德	平邑县地方镇	2001.02—2006.01	
		王伟明	山东省寿光市	2001.08—2006.01	
第十一届（2003 年 2 月至 2007 年 1 月）	书记	杜甲普	临沂市兰山区	2003.02—2005.12	
		王林山	山东省莱州市	2005.12—2007.01	
	副书记	谭庆功	山东省沂南县	2003.04—2004.04	挂职
		王林山	山东省莱州市	2003.02—2005.12	
		曹方俊	山东省曲阜市	2004.02—2006.03	挂职
		李成金	山东省昌乐县	2004.02—2006.03	挂职
		李宗保	山东省蒙阴县	2004.04—2005.04	挂职
		解红日	山东省沂南县	2005.02—2007.01	

续表 15-1

界别	职务	姓名	籍贯	任职时间	备注
第十一届（2003 年 2 月至 2007 年 1 月）	副书记	陈一兵	山东省费县	2006.01—2007.01	
		唐元岫	—	2006.03—2007.01	挂职
		孙印远	平邑县温水镇	2003.02—2006.01	
		邵明川	山东省临沂市	2003.02—2005.09	
		付震宇	山东省莒县	2003.02—2003.04	挂职
	县委常委	隽新阳	山东省沂南县	2003.02—2007.01	
		李秀兰（女）	山东省费县	2003.02—2007.01	
		谭庆功	山东省沂南县	2003.04—2004.04	挂职
		曹方俊	山东省曲阜市	2004.02—2006.03	挂职
		李成金	山东省昌乐县	2004.02—2006.03	挂职
		李宗保	山东省蒙阴县	2004.04—2005.04	挂职
		刘东昌	山东省高唐县	2004.02—2006.03	
		唐元岫	—	2006.03—2007.01	挂职
		陈一兵	山东省费县	2006.01—2007.01	
		孟凡优	山东省临沭县	2006.01—2007.01	
		麻建东	山东省沂南县	2007.01—2007.01	
		卢兆荣	山东省临沭县	2007.01—2007.01	
		张明安	山东省泰安市	2007.01—2007.01	
		刘仕江	山东省临沭县	2006.01—2007.01	
		陈金怀	山东省安丘市	2006.01—2007.01	
		李维生	山东省曲阜市	2006.03—2007.01	挂职
		李丙成	山东省高唐县	2006.03—2007.01	挂职
		李中经	平邑县郑城镇	2006.01—2007.01	
第十二届（2007 年 1 月至 2012 年 1 月）	书记	王林山	山东省莱州市	2007.01—2011.10	
		丰程秀（女）	临沂市河东区	2011.11—2012.01	
	副书记	解红日	山东省沂南县	2007.01—2008.11	
		陈一兵	山东省费县	2007.01—2010.12	
		唐元岫	—	2007.01—2008.03	挂职
		马祥营	山东省沂水县	2010.12—2012.01	
		李献荣	临沂市河东区	2008.12—2011.11	
		刘春波	临沂市河东区	2011.11—2012.01	

续表 15-1

界别	职务	姓名	籍贯	任职时间	备注
第十二届（2007 年 1 月至 2012 年 1 月）	副书记	唐元岫	—	2007.01—2008.03	挂职
		陈一兵	山东省费县	2007.01—2010.12	
		孟凡优	山东省临沭县	2007.01—2007.01	
		麻建东	山东省沂南县	2007.01—2011.11	
		卢兆荣	山东省临沭县	2007.01—2011.01	
		张明安	山东省泰安市	2007.01—2011.01	
		刘仕江	山东省临沭县	2007.01—2012.09	
		陈金怀	山东省安丘市	2007.01—2009.04	
		李维生	山东省曲阜市	2007.01—2008.03	挂职
		李丙成	山东省高唐县	2007.01—2008.03	挂职
		李中经	平邑县郑城镇	2007.01—2008.12	
		王丽云（女）	山东省沂水县	2007.01—2011.11	
	县委常委	李献荣	临沂市河东区	2008.12—2011.11	
		鞠成祥	山东省费县	2008.08—2011.11	挂职
		冯青松	平邑县平邑街道	2008.12—2012.01	
		吕国强	山东省莒南县	2008.12—2012.01	
		马祥营	山东省沂水县	2010.12—2012.01	
		刘春波	临沂市河东区	2011.11—2012.01	
		王经远	山东省临沭县	2011.01—2012.01	
		黄　波	山东省沂水县	2011.01—2012.01	
		类成信	山东省蒙阴县	2009.04—2012.01	
		宋学军	山东省苍山县	2011.11—2012.01	
		杨烈鹏	山东省滕州市	2011.09—2012.01	挂职
		刘福利	山东省莒县	2011.07—2012.01	挂职
第十三届（2012 年 1 月至　）	书记	丰程秀（女）	临沂市河东区	2012.01—	
	副书记	马祥营	山东省沂水县	2012.01—	
		刘春波	临沂市河东区	2012.01—	
		刘仕江	山东省临沭县	2012.09—	
	县委常委	杨烈鹏	山东省滕州市	2011.09—2012.09	挂职
		刘福利	山东省莒县	2011.07—2012.07	挂职
		时光晓	平邑县卞桥镇	2012.01—	

续表 15-1

界别	职务	姓名	籍贯	任职时间	备注
第十三届（2012 年 1 月至　）	县委常委	宋学邦	山东省沂水县	2012.01—	
		高富迎	山东省莒县	2012.01—	挂职
		冯青松	平邑县平邑街道	2012.01—	
		吕国强	山东省莒南县	2012.01—	
		马祥营	山东省沂水县	2012.01—	
		刘春波	临沂市河东区	2012.01—	
		王经远	山东省临沭县	2012.01—	
		黄　波	山东省沂水县	2012.01—	
		类成信	山东省蒙阴县	2012.01—	
		宋学军	山东省苍山县	2012.01—	

第二节　工作机构

1989 年，农村工作部改为农业委员会，列政府工作部门；1991 年，创立平邑县报社，设平邑县社会治安综合治理委员会办公室等；1992 年，县委党校由正科升为副县级；1993 年，机构改革，撤销县委调查研究室、县委机要科、县委保密委员会办公室、档案局、县委组织员办公室、党员电化教育办公室、知识分子工作办公室、组织部干部科、精神文明建设委员会办公室、台湾工作办公室、打击严重经济犯罪斗争领导小组办公室、县直机关计划生育委员会、县直机关武装部等，老干部局改为老干部工作办公室；1994 年，恢复档案局、台湾工作办公室；1995 年，恢复县委保密委员会办公室，老干部工作办公室改为老干部局，信访办公室改为信访局；1996 年，恢复县委调查研究室；1997 年，县委办公室机要科改为县委机要局，党史资料征集委员会改为党史研究室。至 1998 年 3 月，县委工作部门有 30 个副科级以上单位。

1998 年 3 月，中共平邑县委所属部门有 30 个副科级以上单位；1998 年 10 月，设立平邑县老干部活动中心（老年大学）办公室。1999 年 4 月，平邑县报社更名为临沂日报社平邑编辑部。2002 年 6 月机构改革时，县直机关委员会更名为县直机关工作委员会；撤销档案局，保留档案馆，加挂档案局牌子；撤销对台办、民宗局。2004 年 3 月，设立农村党员干部远程教育管理中心，恢复民宗局，与统战部合署办公。2004 年 11 月，设立平邑县人才工作办公室。2004 年 12 月，设立县矛盾纠纷排查调处中心办公室。2005 年 1 月，撤销临沂日报社平邑版编辑部。2005 年 10 月，台湾工作办公室和民宗局不再隶属统战部，分别隶属县委办公室和县政府。2008 年 9 月，设立选聘高校毕业生到村任职工作办公室。2008 年 10 月，信访局成立信访事项复查复核办公室。2009 年 12 月，成立国家安全局平邑县分局，归属县委政法委。2010 年 7 月，成立平邑县文化产业发展办公室，归属县委宣传部。2010 年 8 月，平邑县机构编制委员会办公室作为县委、县政府的工作部门，由原来与人事局合署改为单独设立，列入县委工作部门，下设平邑县事业单位登记管理局（副科级事业单位）。2011 年 7 月，成立中共平邑县委督查考核办公室、中共平邑县委农村工作领导小组办公室，归属县委办公室；2011 年 8 月，成立中共平邑县委督查考核办公室，归属县委办公室。2012 年 3 月，中共平邑县委保密委员会办公室和平邑县人民政府保密局职责合并，在中共平邑县委保密委员会办公室加挂平邑县人民政府保密局牌子，为县委办公室内设正科级行政机构。2012 年 8 月，平邑县农村党员干部现代远程教育管理中心更名为中共平邑县委组织部党员教育中心，归属组织部。2013 年 5 月，成立县妇女儿童工作委员会办公室，归属县妇联。是年 12 月，平邑县文学艺术界联合会从宣传部中独立出来，单独设立，为正科级事业单位。

第三节　基层组织

1989 年，中共平邑县委辖基层党委 36 个，党总支 111 个，党支部 1526 个。至 2000 年年底，全县共有党委 45 个，党总支 140 个，党支部 1778 个，党员 35679 人。至 2013 年底，中共平邑县委辖基层党委 34 个，党总支 47 个，党支部 1751 个，其中农村党组织 675 个，党员 24658 人。

第三章　会议与决策

1991 年，县委研究搞活工业企业基本思路：以提高经济效益为中心，努力搞好县属企业，积极发展乡镇企业，进一步优化调整产品结构，突出抓好建材、轻工、食品三大支柱产业，确保重点骨干企业，下大力气搞好技术改造，使工业在新的基础上谋求更大的发展。

1992 年，县委召开八届五次全委会议，确定指导思想：认真贯彻执行党的基本路线，坚持“重工、强农、活商、兴科”的发展战略。坚持以市场为导向，以工业富县为先导，大力发展工业，启动全县经济。搞好农、林、牧资源开发，发展优质、低耗、高产、高效农业。搞活商业贸易，推进农、工、商、贸一体化。发挥政治优势和整体优势，为经济的发展提供保障。

1995 年 8 月，县委研究制定实施“百强富县”计划：以促进全县经济发展、加快奔小康的步伐为目的，以发展县域经济为重点，以提高经济效益为中心，一二三产业一起抓，多种经济成分一起上，集中扶持，重点发展，培植龙头，形成规模优势，推动工业集团化、农业产业化、服务社会化。抓强项，促发展，尽快把平邑建成经济强县、财政大县。

1998 年，县委研究制定全县农村工作总体思路：以党的各项农村基本政策为指针，调整优化经济结构，积极推进产业经营，放手发展个体私营经济和乡镇企业，实现农业增产、农民增收、农村稳定、农村经济全面发展的目标，加快小康建设进程。

进入 21 世纪后，县委印发《关于优化经济发展环境的意见》《关于招商引资的政策规定》《关于抢抓帮扶机遇加快经济发展的意见》《关于在全县开展农村社区建设工作的实施意见》《关于继续深入开展百万农户致富工程的意见》《关于加快全县工业经济发展的实施意见》《关于明确管理权限推动经济开发区又好又快发展的意见》《关于进一步优化投资环境扩大招商引资的意见》《关于在全县开展“优化发展环境、促进跨越发展”解放思想大讨论活动的意见》《关于加大统筹城乡发展力度进一步夯实农业农村发展基础的实施意见》《关于进一步加快县域经济发展的意见》《关于加快城镇化建设的实施意见》等文件，推动全县经济社会快速发展。

第一节　重要会议

县委书记办公会议

由县委书记召集并主持，县委书记、副书记参加会议，县委办公室主任和其他有关人员列席会议。县委书记办公会主要是在人事安排和全局性重大问题决策前，各位书记之间沟通情况，交换看法，酝酿研究，形成提交县委常委会议集体讨论的初步意见，为县委常委会议作准备。县委书记办公会不是决策层次，不决定重大问题。

县委常委会议会议

由县委书记召集、主持（或委托副书记召集并主持），县委常委出席会议，县人大常委会主任、党组书记，县政协主席、党组书记列席会议。根据议题需要，由会议召集人确定其他列席会议人员。会议必须有半数以上常委到会方能举行，确定人事任免问题，参加会议的常委不得少于三分之二。

县委常委扩大会议

由书记或在家主持工作的副书记召集并主持，县人大、县政府、县政协党组成员，县人武部党委主要成员，县人民法院院长、人民检察院检察长参加会议。召集人根据议题确定其他列席会议人员。会议内容，限于县委职责范围。

县委全委会议

由县委常委会集体讨论决定召开并主持会议，县委委员、县委候补委员出席会议，县纪委委员列席会议，县人大、县政府、县政协、县人武部的党委、党组成员，乡镇党委书记，县直部门是党员的主要负责人，县委办公室副主任根据工作需要可列席会议。会议内容，限于县委职责范围。

联席会议

县委、县政府联席会议。由书记或在家主持工作的副书记召集并主持。县委常委，县人大常委会主任、党组书记，县政协主席、党组书记，县政府副县长，县委办公室主任，县政府办公室主任参加会议。县级领导班子联席会议。由书记或在家主持工作的副书记召集并主持。县委常委，县人大常委会主任、副主任，县政府副县长、县长助理，县政协主席、副主席，县人武部部长、政委，县委办公室主任、县政府办公室主任参加会议。县委办公室副主任、县政府办公室副主任和有关部门的主要负责人可以列席会议。

第二节　决策辑要

1989—2013 年，县委共历六届。其中第八届 5 年，第九届 3 年，第十届 5 年，第十一届 4 年，第十二届、第十三届每届 5 年。

第八届县委重大决策

任期为 1990 年 4 月至 1995 年 5 月。此届县委确定：坚定不移地贯彻执行党的基本路线和中共十三届七中全会精神，从平邑的实际出发，认真贯彻治理整顿和深化改革的总方针；坚持“重工、强农、兴商”的发展路子，充分发挥资源优势，积极调整产业结构，坚持内涵外延一起抓，开展横向联合，努力发展外向型经济；强化农业基础，增加农业投入，改善生产条件，壮大集体经济，增强农业发展后劲；完善流通渠道，开拓两个市场，大力发展内外贸易；注重教育发展，推动科技进步；加强社会主义精神文明建设和社会主义民主与法制建设。发扬自力更生、艰苦创业的革命精神，坚持实事求是、量力而行、尽力而为，协力而干，努力促进全县经济持续、稳定、协调发展，争取在20世纪末人民的生活水平达到宽裕型进而实现小康水平。今后五年任务目标：计划到1995年，国民生产总值达到8.1亿元，年均递增11.13%；社会生产总值达到17.35亿元，平均年递增12.6%；农业总产值4.34亿元，增长23.85%；工业总产值达到10.5亿元，平均年递增20.59%；国民收入达到7.14亿元，平均年递增12.06%；粮食总产量达到37.5万吨，年增长3.61%，人均占有388千克；农民人均纯收入达到780元，年递增10.2%；社会商品零售额达到59390万元，外贸出口商品总值9850万元；财政收入达到4600万元；全县总人口计划96.7万人，自然增长率控制在10‰以内。

布局经济发展。按照“一、三”式的战略构想设计，突出一点，抓好三片。一点，即县驻地平邑城；三片，即兖石铁路两侧综合经济开发片和北、南两山区经济资源开发片。

优化产业结构。加强基础产业，进一步优化发展支柱产业，以传统产业为依托，培植开发劳动力、技术密集型产业，重点组织发展以“食品加工业”和“建材工业”为主导的两个优势产业链，建立基础稳固、相互协调、结构合理的产业体系。

强化农业基础。确保粮食生产稳步增长，在科技兴农、改善生产基本条件两方面下功夫。实行倾斜政策，增加对农业的投入；建立健全服务体系，加快农业科技的推广和应用。切实抓好“星火”“燎原”“丰收”计划的实施，逐步搞好“低产田”、“吨粮田”、中低产果园的开发及创汇农业的开发。大力发展各类经济作物，推行立体种植，不断提高产量，提高农产品商品率，大力发展以食草畜禽为主的养殖业，提高饲养效益，把平邑县逐步建成重要的林果、商禽、花生、黄烟、芦笋、金银花等生产基地。

提升工业方面。根据平邑县工业基础薄弱的实际，采取内涵外延并举，要求新上和技改项目技术装备起点高，工艺先进，力争达到80年代国际水平。一是以现有骨干企业为依托，加快技术改造步伐，尽快调整产品结构，力争在5～10年内使现有企业在产品、产量、质量方面上等级、上水平，跻身于国内、国际两大市场。二是努力扩大外延生产，充分利用全县丰富的矿产资源和农副产品，大力发展以果品、肉食为主的农副产品加工，以水泥、石膏、石材为主的建材工业。

商业、供销、外贸发展。进一步疏通渠道、繁荣市场，保障供给，方便人民生活。国营商业要发挥主渠道的作用，掌握紧俏商品的批发环节，建立重要商品储备库，积极参与市场调节，平抑物价，稳定市场。根据计划经济与市场调节相结合的原则和治理整顿的要求，逐步健全“管而不死，活而有序”的商业管理体制和流通秩序。供销社要进一步改革，切实办成群众自己的商业组织，积极组织好商品收购和供应，为群众生产、生活服务。对外贸易要调整出口产品结构，提高产品质量，积极参与国际竞争，逐步建立完善生产、销售两个体系。

财政收支、信贷、利用外资。在资金、原材料方面保证重点骨干项目的建设，以保证财政收入有可靠来源。完善税收征管制度，严格执行税法，增强纳税人的法制观念，堵截“跑、冒、滴、漏”现象。要严格控制财政支出，坚持量入为出、量则办事，在支出上要重点保工资、保骨干项目建设，保国家改革措施的实施，进一步压缩行政事业费及其他非生产性支出。加强预算外资金的管理，严格控制预算外资金的增长，完善预算外资金管理制度，正确引导预算外资金的投向。继续控制信贷总规模和资金投放，增加城乡储蓄，加快资金周转，扩大信贷资金来源。利用外资要立足实际，发挥当地资源优势，抓住机遇，主动出击，计划利用外资 19500 万美元。

城乡建设规划。发展城镇建设，要根据平邑县实际情况，既要考虑自然、地理因素，又要考虑工农业发展规划，使二者得以协调、同步发展。1995 年，县城面积达到 6.5 平方千米，县城人口 4.5 万人。

基础设施规划。加强水利、交通、电力和通信设施建设，彻底改变全县落后闭塞局面，尽快实现经济振兴的重要保证。

大力发展教育事业。增加教育投入，完善教学设施，改善办学条件，加快师资培训，稳定教师队伍，推行九年义务教育，努力把学生培养成德、智、体、美、劳全面发展的社会主义事业接班人。

第九届县委重大决策

任期为 1995 年 5 月至 1998 年 3 月（此届县委按任期 5 年制定目标，实际任期 3 年）。此届县委确定，“九五”期间，平邑县经济和社会发展总的目标是：加强农业强县，再造山上平邑，争当农业强县。以资源型的工业逐步把八大企业建成八大企业集团。把平邑建成农业发达，工业实力雄厚，区域经济特色明显的经济强县；“九五”期间，国民生产总值实现第四个翻番，人民生活基本实现小康。

经济总量指标：到 2000 年，国民生产总值达到 58 亿元，年均递增 15%。“九五”末，第一、二、三产业增加值分别达到 15 亿元、27 亿元和 16 亿元，年均分别增长 6.4%、17.6% 和 21.7%。

结构调整目标：到 2000 年，三次产业结构比例由“八五”末的 38∶41∶21 调整为 26∶56∶28。2000 年，城镇化水平达到 35%，林、牧、副、渔四业占农业的比重达到 56%。

工农业指标：到 2000 年，工农业总产值达到 170 亿元，年均递增 14%。其中，农业总产值 25 亿元，年均递增 6.8%；工业总产值 145 亿元，年均递增 16%。

技术水平和效益目标：到 2000 年，50% 的工业企业经济技术指标达到 80 年代末、90 年代初国际水平，科技对经济增长的贡献率达到 55%，产品销售率达到 98% 以上，社会劳动生产率平均每年提高 15%，万元国民生产总值综合能耗平均每年降低 4%。

财政方面：到 2000 年，财政总收入达到 2.5 亿元，年均递增 16%；外贸交货总值达到 5 亿元，年均递增 20%；社会消费品零售总额达到 17 亿元，年均递增 19%。

固定资产投资：“九五”期间，累计投资 30 亿元，比“八五”期间增加 67%；“九五”期间利用外资 1 亿美元。

人民生活质量目标：到 2000 年，全县农民人均纯收入 3000 元，年均递增 15%；城镇居民人均生活费收入 6000 元，年均递增 15%。

社会事业发展目标：全面提高社会文明程度和劳动者的科学文化素质。到 2000 年，全县普及九年制义务教育；严格控制人口增长，人口自然增长率严格控制在 8‰以内，全县总人口不突破 98 万人；此外，社会保险、劳动保护、医疗保健、失业救济等各类社会保障体系得以健全和完善；民主与法治建设取得突破性进展，社会治安秩序良好。

强化农业基础地位，加快农业产业化进程。“九五”期间，全县农业要紧紧围绕实施“农业强县”战略，以市场为导向，以增加农民收入为目标，以主导产业为基础，以社会化服务为纽带，以区域化种植、专业化生产为基本形式，突出发展高产、优质、高效农业。使平邑县农业发展成为一个比较发达的产业，从根本上强化农业的基础地位。

加快工业发展，组建企业集团。“九五”期间，要集中力量抓好一批骨干企业，通过联合、兼并、挂靠、滚动发展等多种途径，组建八大企业集团，发挥辐射和带动功能，促进县属工业发展。到2000年，八大企业集团工业产值达到50亿元，占工业总产值的40%，实现利税8亿元。

扬长避短，加快发展乡镇企业。按照“扬长避短，发挥优势，壮大规模，提高效益”的原则，重点扶持骨干企业、培植主导产业和拳头产品。到“九五”末，将平邑、仲村、地方、卞桥、柏林等5个乡镇发展成产值过10亿元的经济强镇，发展利税超千万元的企业5个，过500万元的企业10个，100万元的企业20个。力争“九五”末，全县乡镇企业产值达到120亿元。

突出重点，大力发展第三产业。“九五”期间，要进一步从政策上加以规范、扶持和引导第三产业，使其成为带动区域经济增长的重要力量，逐步建立与经济发展相适应的现代化第三产业体系，促进地方经济的繁荣。

加强基础工业建设和能源工业建设，强化经济发展的支撑力。“九五”期间，要坚持统一规划，合理布局，量力而行，适度发展的原则。加大基础设施和能源工业建设投入，努力提高综合功能和规模效益，进一步缓解“瓶颈”制约，为加速经济发展，扩大对外开放，创造良好条件。

大力发展科技教育，为经济发展提供强大持久的动力。要坚定不移地贯彻“科技兴县”的战略思想，力争到2000年，科技进步对农业增长的贡献份额达到60%以上。“九五”期间，技改投资达到12亿元，占全县固定资产投资总额的40%，力争到2000年，使全县重点企业和骨干企业全部改造一遍，保证技术装备和管理水平达到国际80年代初的水平。“九五”期间，以义务教育为基础，进一步提高“两基”实施水平；大力发展职业教育和岗位培训为重点的成人教育，适当发展普通高中教育，初步形成规模适当，结构合理，质量较高，各类教育互相衔接的教育体系。

实施全方位开放，大力发展外向型经济。“九五”期间，全县对外开放要树立大经贸观念，以国际市场为导向，以改善软硬环境为基础，以利用外资和扩大出口创汇为基本导向，加大工作力度，加快形成对外贸易、利用外资、海外投资、对外承包工程及劳务输出“四外”并举，外贸、生产、技术、金融密切合作，商品、资金、技术服务相互渗透，双向流动的外经贸发展格局。

加强城镇建设。“九五”期间，要把城镇建设突出出来，认真抓好，争取到2000年，城镇人口达到30万人，占总人口的比重达到30%。

认真贯彻“三大基本国策”，促进经济与人口、资源、环境之间的协调统一。坚定不移地贯彻执行计划生育这一基本国策，逐步把计划生育工作纳入法治轨道，鼓励晚婚晚育、优生优育，不断优化人口结构，提高人口素质。

到2000年，人口控制在98万人以内。认真贯彻落实资源开发与保护的法律法规，强化全民的国土意识，使资源节约、珍惜资源、保护资源成为全民的自觉行动。环境保护、治理与美化。加快实施绿色沂蒙工程，以小流域为单元，综合治理；突出全民环保意识，严格执行环境保护法，强化环境监督管理，使经济建设、城镇建设、环境建设同步发展；搞好县城环境美化，解决环境污染，彻底改变县城现状。

第十届县委重大决策

任期为1998年3月至2003年2月。此届县委确定：高举邓小平理论伟大旗帜，全面贯彻落实党的十五大精神，坚持农业立县、工业强县、科技兴县、三产活县、依法治县的总体战略，按照农业产业化、工业规模化、农村小康化、环境优美化、农民知识化的基本要求，促进国民经济快速发展，促进社会全面进步，把一个富强文明的新平邑全面推向二十一世纪。今后五年的任务目标是：到2002年，国内生产总值达到60亿元，年均递增11%，其中，第一、二、三产业增加值分别达到13.5亿元、28亿元、18.5亿元，年均分别递增6.2%、11%、14%；社会固定资产投入13亿元，年均递增16%；自营出口创汇达到2000万美元，年均递增20%；县级财政收入2.8亿元，年均递增16%；农民人均纯收入3200元；人口自然增长率控制在6.5‰以内。

解放思想。牢固树立新的机遇意识、发展意识、创新意识，用新的思想观念、新的思维方式、新的精神风貌去研究新情况，解决新问题，开拓新局面。要牢牢抓住中共十五大带来的思想解放高潮和经济发展高潮的大好机遇，思想解放上实现飞跃，经济发展上实现跨越，改革开放上实现突破。

深化改革。大力深化企业改革，加大资本运营力度，围绕建立现代企业制度，加快股份制和股份合作制改造步伐。继续采取联合、兼并、租赁、破产、出售等形式，放开搞活小企业，努力盘活存量资产。流通企业继续采取股份制、公司制、抽本经营、租赁经营等形式完成改制工作，努力成为适应市场经济发展的法人实体和竞争主体。凡是能够实行民有民营的企业，要尽快向民有民营过渡，靠新的机制激发企业活力。按照“三个有利于”原则，创造性地加快农村改革，着力解决影响生产力发展的突出问题。要把农业投入体制改革作为农村改革的重点来抓，建立和完善以国家投入为导向、集体和农民投入为主体、信贷投入为驱动、外资投入为补充的农业投入机制，促进社会资金向农业基础建设、农业开发等方面集聚。把已经试点成功的“四荒”拍卖、小型水利设施拍卖、股份制开发、土地适度规模经营等改革措施积极稳妥地在面上铺开，为全县农业和农村经济发展注入新的生机和活力。大力推进劳动、人事制度改革，规范运作人才、劳务市场，推进劳动力资源的合理流动。积极推进住房制度、医疗制度和各类保险制度改革，加强社会保障体系建设，为改革和发展提供有力的保证。要全方位扩大开放，用足用好关于改革开放的一系列政策，拓宽投资领域，改善投资环境，努力寻求同国内外大企业、大财团、大科研单位的合作，广泛吸引外资和先进的技术与管理经验，力争年内实际利用外资超过500万美元。大力发展外向型经济，努力扩大农副产品、工艺品和建材、服装等产品的出口创汇能力，力争完成自营出口创汇1000万美元。

加强农业基础地位，加快农业产业化进程坚持打好一个基础，实施三大工程，培植六大龙头，搞好三个服务，抓好一个稳定。打好农田水利基本建设基础，进一步改善生产条件。

继续实施“再造工程”、路域开发工程和粮食自给工程，提高农业的整体水平。积极培养扶持六和集团平邑分公司、能源服务公司、种子包衣加工厂、农机服务公司、烟叶复烤厂、白马科技山庄等龙头企业，重点抓好粮食、畜牧、果品、蔬菜、金银花等大宗农产品的加工增值。搞好产前、产中、产后服务，切实搞活农产品流通。稳定党在农村的基本政策，切实调动和保护农民的积极性。

推动工业经济快速发展。以培植和发展资源型工业为重点，坚持内部提高与外延扩大并举实施“大、高、外”战略，优化产业结构，组建企业集团，开创名牌产品，努力提高工业运行质量和效益。精心组织实施“3111”骨干带动工程，重点发展黄金、建材、建安3大产业，抓好10个重点项目。调整产业结构，培植10个骨干企业。加大技改投入，培植10个拳头产品。加大管理力度，提高整体素质。

发展乡镇企业和个体私营经济。充分认识乡镇企业的重要地位，努力抓好乡镇企业二次创业。继续实施书记工程和目标责任例，努力抓好乡镇企业二次创业，带动农村二、三产业的繁荣与发展，促进农村劳动生产率的提高。要把开发利用农业资源，推进农业产业化经营，建立贸工农一体化的产业化生产体系作为发展乡镇企业的主攻方向，着力解决农产品增值和引导农民进市场问题，努力培植一批联结基地和市场、投资少、效益高、带动力强的农产品加工企业。按照县委九届十次全委扩大会议的要求，基础比较好的乡镇，乡镇企业总投入不能低于500万元，基础差的，也不能低于200万元，力争全县乡镇企业固定资产投入达到2亿元。抓机遇，活机制，放手发展个体私营经济。把发展个体私营经济与调整经济结构、深化企业改革、推进农业产业化、加快小城镇建设结合起来，努力为个体私营经济创造竞争和发展的空间，促其不断提高发展水平和档次。

抓好财税工作。努力培植财源，把高效农业开发、农副产品加工、工业利税大户、个体私营企业作为扶持重点，积极培植新的经济增长点，多渠道增加财政收入，不断壮大财政实力。充分发挥财政的综合经济管理职能，加强税收征管和预算外资金管理，大力压缩非生产性开支，提高资金使用效益，确保实现财政平衡。

发展第三产业。国有流通企业要努力搞好市场开拓，壮大营销队伍，提高服务水平，灵活运用联销、直销、代销、代理等现代经管手段，把营销活动积极向农村延伸、向省外市场延伸，努力扩大营销网络和市场占有率。要树立大流通观念、实行工商并举、发展多种经营。要抓住金融体制改革的机遇，规范和维护金融秩序，加大筹资力度，盘活资金存量，调整信贷结构、突出重点项目，突出科技进步，突出投资回报率，优化资金投向，提高资金使用效益。充分利用旅游资源丰富的优势，建立多渠道投入机制，加快蒙山、天宝、五龙湖等旅游资源的开发、努力形成优势明显的新的经济增长点。

加强基础设施建设。在小城镇新一轮总体规划的指导下，抓好乡镇驻地的住宅小区、工业小区、商贸小区和主要道路建设，加快旧村改造步伐，努力提高城乡一体化水平，改善群众生产生活环境。搞好现有公路的养护管理，完成地庞路等路段的硬化任务和车庄、丰阳等三座大桥的建设，完成白龙路、柏西路的硬化工程，进一步完善县域交通网络，提高公路使用效益。电力建设，完成流峪35千伏变电站建设和柏林变电站扩建工程，架设18千米35千伏输电线路，铺设10千米县城供热管道，为全县经济发展提供有力保障。通信建设，扩容15000门高能程控电话，开通8个邮电支局的光缆通信网络，完成12处移动通信基站工程和全县村村通电话工程，提高全县通信事业发展水平。

促进社会各项事业全面发展。大力实施科教兴县战略，加快科技成果推广步伐，重视科学知识的普及和科技队伍的建设，注重科学技术培训，广泛提高劳动者素质。深化科技体制改革，鼓励各行各业和社会各界投资兴办科技事业。认真贯彻落实“四法一纲要”，发展“两基”成果，落实“两全”目标，完成商城小学二期工程，广泛实施和全面推进素质教育，努力推进教育综合改革，促进各类教育协调发展。继续实行人口与计划生育目标管理责任制，确保全县计划生育率达到96%。加强土地管理，搞好土地规划、耕地保护和土地开发利用工作。强化环境意识，在巩固水污染防治成果的同时，搞好热电厂烟尘治理和石膏大板厂的粉尘治理，净化县城大气。以争创“文化先进县”为目标，大力加强文化基础设施建设，开展群众性文娱活动，努力提高农村有线电视和调频广播普及率，丰富群众精神生活。巩固发展体育先进县成果，开展好竞技体育和全民健身运动。进一步加强农村卫生工作，完善卫生体制改革，加快“全国中医工作先进县”创建步伐，继续搞好乡村卫生组织“一体化”管理，大力推行合作医疗制度，加强卫生监督执法，整顿医疗医药市场，强化医德医风建设，推动卫生事业不断发展。

加强精神文明建设。坚持“两手抓，两手都要硬”的方针，广泛深入地开展爱国主义、集体主义、社会主义教育，加强社会公德、职业道德和家庭美德建设。广泛深入地开展向孔繁森等模范人物学习的活动，大力学习宣传平邑县各条战线涌现出的先进人物和事迹，树立爱岗敬业、无私奉献的高尚品德和助人为乐、争先创优的良好风气。继续发扬爱党爱国、顾全大局、艰苦奋斗、拼搏实干的沂蒙精神，树立新时期平邑人民的良好形象。继续搞好社会承诺服务和“窗口行业”的文明服务，深入开展“建文明县城、创文明单位、做文明居民”活动和争创文明乡镇、文明村庄、文明家庭以及“美在农家”等活动，开展移风易俗，破除封建迷信，引导群众建立文明健康科学的生活方式。加强国防教育，认真搞好拥军优属工作，增强全民国防意识。加强法制建设，深入开展“三五”普法，提高全民法制意识。加强社会治安综合治理，严厉打击各种违法犯罪活动，创造良好的社会治安秩序。重视群众来信来访，解决好群众普遍关心的社会热点、难点问题。重点抓好“再就业工程”和居民最低生活保障制度的实施，切实解决好困难群众的生活。高度重视减轻农民和企业负担工作，真正把上级的各项政策规定贯彻好、落实好，促进全县社会稳定。

第十一届县委重大决策

任期为2003年2月至2007年1月。此届县委确定，坚持以党的十六大精神为指导，以增加群众收入、富民强县、全面建设小康社会为总目标，突出抓好工业发展、招商引资、外经外贸、民营经济、蒙山旅游和城镇建设六大重点，强化党的建设、精神文明建设、社会稳定三个保障，促进经济和社会各项事业持续快速健康发展。今后五年经济和社会发展的主要预期目标是：国内生产总值年均增长13.5%，全社会固定资产投资年均增长16%，自营出口创汇年均增长50%，社会消费品零售额年均增长13%，地方财政收入年均增长13%，农民人均纯收入年均增长5%，人口自然增长率控制在6‰以内。

全面发展农村经济。加强农业基础建设，深化水利产权制度改革，大力发展民营水利；加强农业科技创新、技术推广和农民教育培训体系建设，重点培植壮大资邱丘陵生态农业园、平邑农业高科技示范园和郑城流峪金银花科技示范园，加大农作物、畜禽品种改良和制定与国际标准接轨的农产品，培植更多“品牌”产品，促进外向型农业的发展；加强推进农业产业化经营，加快产地批发市场和市场信息体系建设，鼓励发展产业合作社等中介组织，拓宽农产品销售渠道。重点培植发展农业龙头企业，推进基地建设、生产加工、营销服务一体化经营，延长农业产业链条，逐步壮大农产品生产加工产业带；调整优化农业和农村经济结构，围绕发展特色农业和高效农业，积极推进种植业结构由粮、经二元结构向粮、经、饲三元结构转变；调整农村劳动力就业结构，通过发展农产品加工业，吸纳农村富余劳动力，鼓励发展“打工经济”，引导农民进城镇务工经商，发展第二、三产业，促进农民向非农产业和城镇转移，综合推进农村经济发展和农民收入增长；认真落实党在农村的各项政策，进一步深化粮食流通体制改革，改善农村金融服务，壮大村级集体经济，积极化解集体债务，搞好扶贫开发工作，推进农村税费改革，加强农村基层政权组织和村民自治组织建设，不断提高基层组织的战斗力。

增强工业实力。突出结构调整和重点项目建设，通过抓园区建设、结构调整、重点项目和企业管理，全面提高工业经济的运行质量和效益，确保五年后全县工业产值、利税实现翻番。

提升民营经济。突出载体建设，把发展民营经济园区与招商引资、企业改革、推进农业产业化结合起来，重点抓好地方果品罐头城、仲村工贸园区、柏林卞桥石膏园区、郑城流峪金银花园区建设，吸纳更多的民营企业进园区经营，实现集约化发展。搞好优化升级，引导支持民营企业通过购买、参股、承包、兼并等形式进行改组改造，鼓励民营企业广泛吸引人才，引导企业积极开拓国际市场，拓展新的发展空间，提高企业外向度；强化大户培植，在资金融通、人才引进、信息咨询、技术服务等方面对骨干民营企业予以重点指导和扶持，尽快培植出一批规模较大、经济实力较强、有品牌优势的企业群体；优化发展环境，继续整顿和规范市场经济秩序，优化服务环境，用市场经济的办法抓民营经济，做到少干预、多服务，少限制、多支持，促其更快更好地发展。

实施外向带动战略。加大招商引资力度，突出项目招商、企业招商、园区招商，提高招商引资的档次和水平，重点在农产品深加工、矿产资源深加工、蒙山旅游开发、道路交通建设等项目招商上实现新突破，力争引进几个投资过亿元的大项目；调整出口产品市场结构，重点抓好针织服装、农副产品、建材、工艺品等优势产品的出口，巩固发展日本、韩国和中国香港地区、中国台湾地区等传统市场，深度开发欧美市场，整体推进拉美、非洲、中东、俄罗斯等新兴市场，实现综合梯次开发；调整贸易方式，发挥县外贸集团的龙头作用，增加平邑县自营出口额；大力发展面向出口的生产加工业，提高加工贸易在出口贸易中的比重；积极开展劳务输出、工程承包和兴办境外企业，拓宽发展空间和出口创汇渠道，加强对出口大户的培植，促使所有获权企业全部有出口业绩，力争今后五年自营进出口总额年增长50%以上。

大力发展第三产业。以蒙山旅游开发为重

点，把旅游业培植成平邑县富有发展潜力的新兴产业，推进第三产业发展；深化流通企业改革，发展和规范社区服务、中介服务、房地产开发等新兴服务业，创造就业机会，使新兴第三产业成为扩大社会就业的重要渠道，经济发展新的增长点。

做好财税金融工作。加大财源建设力度，搞好国有资产的市场化运作；坚持依法治税，进一步深化县乡财政体制改革，落实财政分级管理责任制，切实解决乡镇财政困难；坚持开源节流并重，严格执行预算外资金管理和政府采购等制度，调整和优化支出结构，集中财力保工资、保稳定、保法定支出，确保财政收支平衡；做好重点项目的筛选、论证和提报，争取列入国家和省、市重点建设项目；加快推进投资主体多元化，积极吸纳企业、民间和外资投入，引导金融机构增加信贷投放，更好地发挥金融对经济的拉动作用。

推进城市化进程。坚持高起点规划，形成以县城为中心，以中心镇为纽带，主次分明、布局合理、各具特色的城镇体系；坚持高标准建设，扩大县城热网、水网覆盖面，抓好乡镇驻地的开发建设，增强辐射带动力；坚持高效能管理，推进城镇资产经营，放开搞活房地产二级市场，深化户籍制度改革，加大城市管理执法力度，加强交通、电力、通信等基础设施建设，加快通信网点、电话村镇和信息宽带网建设，大力推进政府上网工程，不断提高信息化水平。

实施科教兴县战略。建立和完善科技创新服务体系，抓好科技队伍和科技服务机构建设，积极扶持发展民营科技企业，依靠科技创新改造、提升传统产业，加快发展高新技术产业，实现科技成果向生产力转化。加强科技园区建设，努力提高科技对经济发展的贡献率。以实施素质教育为重点，深化教育管理体制改革，巩固“普九”成果，加快普及高中阶段教育、职业教育和成人教育，切实做好各级各类教育协调发展，不断提高劳动者的科技文化素质。

全面发展社会各项事业。继续深化卫生体制改革，加强医院现代化建设和乡村卫生一体化管理，加大医药卫生监督执法力度，努力提高医疗服务和群众健康水平。搞好文化体育场馆建设，丰富群众文化生活，推进全民健身工程，提高竞技体育水平。加强国防教育和双拥共建，增强军政军民团结。进一步做好妇女儿童、广播电视、宗教、史志、档案等各项工作，促进社会全面进步。

第十二届县委重大决策

任职时间为 2007 年 1 月至 2012 年 1 月。此届县委确定今后五年全县工作总的要求是：高举邓小平理论伟大旗帜，以“三个代表”重要思想为指导，以加强党的建设为保障，认真落实科学发展观，紧紧围绕跨入全省县域经济中等发达县、全面建设小康社会的总目标，加快转变经济增长方式，着力构建和谐社会，大力实施农业立县、工业强县、开放活县、人才兴县、民生安县五大战略，在新农村建设、新型工业化、现代服务业、招商引资、城镇化、构建和谐社会六个方面实现新跨越，为建设富强、文明、和谐的新平邑而努力奋斗！今后五年的目标任务是：全县地区生产总值达到 263 亿元，年均增长 18% 以上；地方财政收入达到 7 亿元，年均增长 20% 以上；单位 GDP 能耗降低 18%。主要经济指标达到全省县域经济中等发达县水平，成为沂蒙山区全面建设小康社会的先行县。城镇居民人均可支配收入达到 1.3 万元，农民人均纯收入达到 7000 元，家庭财产普遍增加。城镇登记失业率控制在 2% 以内。建设文明平邑，达到全省文明城市标准，全面提升城乡文明程度和群众文明素质，增强参与区域竞争的软实力。城乡基础设施不断完善，辐射带动作用明显增强，初步将平邑建成临沂西部次中心城市和区域工贸中心城。建设和谐平邑，全面推进法治建设，维护公平正义，群众的安全感不断增强；更加注重城乡、区域、经济社会的协调发展，不断提高人民群众的生活品质和幸福指数。生态建设达到新水平，突出的环境污染问题得到有效治理，森林覆盖率达到40%以上，生态县建设取得重要进展，环境优美宜于人居位于全市领先行列。

社会主义新农村建设实现新跨越。要坚持“农业立县”不动摇，认真做好农业、农村和农民工作。要按照“二十字方针”要求，科学规划，统筹安排，突出新产业、新村貌、新农民三个重点，全面推进新农村建设。一是发展新产业。推进新农村建设的首要任务是发展现代农业。要以市场为导向，以高产、优质、高效、生态、安全为目标，做大做强中药材、林果、瓜菜、畜牧四大特色产业，形成结构优化、布局合理、特色鲜明的现代农业产业体系。大力培植农业龙头企业，通过资产重组、资本运营、兼并联合等方式，着力培植一批发展前景好、企业规模大、经济效益高、带动能力强的龙头企业，使市以上龙头企业达到60家以上。大力发展农村合作经济组织，提高农业和农民的组织化程度。二是建设新村貌。按照“统筹规划、合理布局、因地制宜、突出特色”的原则抓好村级规划，争取用两三年的时间实现乡村规划的全覆盖，并严格按照规划进行建设。要以点带面，发挥示范带动作用，每个乡镇培植8～10个新农村示范村。切实加强村容村貌综合整治，彻底改变农村“脏、乱、差”现象。要加大对“三农”的投入，确保各项支农资金增量年年增长，不断改善农村生产生活条件。三是培养新农民。充分发挥农广校、电大职业中专、劳动技校等各类职业技术学校的培训阵地作用，抓好“阳光”培训、绿色证书培训和新型农民科技创业培训，努力培养造就有文化、懂技术、会经营、守法纪、讲文明的新型农民。做好技能培训与劳务输出、农业结构调整结合的文章，大力发展劳务输出业，鼓励农民脱离土地“走出去”，做大做优劳务经济。积极鼓励外出务工经商人员返乡创业，促进农村劳动力就地转移。积极倡导科学文明、尊老爱幼的新风尚，养成健康文明的生活习惯。

新型工业化实现新跨越。一是壮大主导产业。立足现有产业基础，充分发挥比较优势，大力推进主导产业、优势企业发展。经过五年努力，形成石材、石膏、罐头3个销售收入达50亿元产业，水泥、机械、建安3个销售收入达20亿元产业，造纸、黄金、发电、中药材、食品、针织服装6个销售收入达10亿元产业。依托临工桥箱、节能变压器、生物质发电、晨翔石膏、山东天宝化工等企业，大力发展新能源、新材料等高新技术产业，抢占行业发展制高点，争创新的产业优势。二是强化骨干支撑。坚持大项目促进大发展，谋划、运作、建设一批投资过亿元、5亿元、10亿元的大项目好项目，五年内使全县规模以上企业达到360家以上，形成骨干企业群。大力实施精品名牌战略，积极争创名牌产品、驰名商标，培育一批在全国有较高知名度的名牌、名企，全面提升工业整体素质。三是加快园区建设。集中财力，借助外力，用好民力，加快“一区两城一带”建设。全面启动经济开发区二期工程建设，到2011年，经济开发区就业人口达到3万人以上，创造的税收占全县新增税收的70%以上，真正把经济开发区建成大项目的聚集区、省级优秀开发区，成为全省县级最好的投资平台之一。加快建设国际石材城，经过3—5年的努力，建成全国一流的石材加工基地。突出骨干带动，提高工艺水平，加快罐头城建设，打造全国最大的出口罐头基地。发挥资源优势，做大精深加工，加快石膏工业带建设，建成全国一流的新型建材基地。严把入园项目审批关，始终坚持有污染、低附加值和固定资产投资低的项目坚决不引进，确保开发区项目建设密度在40%以上，投资强度每亩80万元以上。

繁荣现代服务业实现新跨越。在巩固提升传统服务业基础上，大力发展新兴服务业。继续发挥旅游业的龙头作用，不断加大对旅游业的投入，完成蒙山万寿宫古建筑群恢复、水上娱乐区和地质公园二期工程等重点项目建设，积极开发建设新的旅游项目，全面构建起融蒙山养生长寿游、自然博物馆科普文化游、九间棚农业观光游、地质公园工业游于一体的旅游大格局，实现由旅游大县向旅游强县转变。加大宣传推介力度，加强与旅游热点地区和周边城市的联合，大力开拓旅游市场，打响平邑旅游品牌，提高平邑旅游的知名度。进一步加强宾馆、餐饮、娱乐等旅游配套设施建设，不断提高旅游接待能力。加大旅游商品开发力度，加强旅游景区购物网点和旅游购物商店建设，逐步形成旅游商品研发、生产、营销产业体系。抓住工业化进程加快的机遇，加快发展物流、科技、金融保险、信息、商务等生产性服务业，推动二、三产业协调并进、联动发展；改造提升餐饮、文体娱乐、物业管理、托老托幼、教育培训等生活性服务业，不断满足群众日益增长的消费需求；高标准规划建设和培育繁荣专业市场、特色街区，打造区域性物流基地，大力发展物流配送、连锁经营、电子商务等商贸流通业，改善城乡消费环境。

招商引资实现新跨越。坚持全民招商与专业机构招商相结合，在全县形成“个人靠招商发财，企业靠招商盘强，市场靠招商搞活，产业靠招商做大，平邑靠招商发展”的格局。政府是创造环境的主体，企业是创造财富的主体。要进一步转变政府职能、提高服务水平，树立亲商、安商、富商和以商招商的理念，严厉打击“三乱”现象和破坏平邑发展环境的行为，为企业创造良好的发展环境。要充分发挥企业招商引资的主体作用，扶持壮大现有企业，把企业建设成为平邑县招商引资的“活广告”“金招牌”，做深做透以资引资、以企引企、以商引商、以外引外的文章。加强对招商项目的跟踪和管理，建立科学发展观指导下的招商引资评价体系，把签约合同、到位资金、创造就业岗位、对财政和GDP的贡献率等指标，纳入评价体系，促进招商引资工作的健康发展。进一步优化出口产品结构，转变外贸增长方式，大力发展对外加工贸易，促进外贸出口持续稳步增长。

推进城镇化进程实现新跨越。一是科学搞好城乡规划。围绕迅速做强县城、积极发展小城镇、加快建设行政村三个层面，编制好县城重点区域的详细规划和镇村规划，实现城乡规划全覆盖。到2011年，县城形成“西山东水中间城”的城市框架，建成区面积达到25平方千米、人口25万人。二是高标准建设一批大项目。进一步完善城市路网，把327国道城西段、蒙山大道、蒙阳路和石都大道、朝阳路、金花路建成“三纵三横”六条城市主干道，形成便利快捷的交通体系。加快垃圾处理厂、城市燃气工程等配套设施建设，完善城市功能。规划建设浚河、兴水河、府前渠景观带和西山公园，实施城市绿化、亮化、美化工程，积极抓好“城中村”改造，着力优化城市空间布局、基础设施布局和人居环境布局。加快推进仲村、地方、郑城、白彦等中心镇建设，培育一批特色小城镇，实现中心城区、重点中心镇和特色小城镇布局合理、功能互补的现代化城镇新体系。在小城镇建设中，要把镇区建设与优化农村经济结构、大力发展二、三产业结合起来，坚持以企兴城、以业兴城、以市兴城，做大做强镇域经济，从根本上增强小城镇的内聚力和辐射力，促进城乡联动发展。至2011年，全县城镇化水平达到40%以上。加快交通等基础设施建设，新建、改建县乡油路1000千米以上，公路总里程达到3100千米。三是高效能管理城市。通过建立和完善城市管理考核监督体系，使城市管理工作由突击型向经常型、由“人治”型向“法治”型、由被动型向主动型方向转变，确保城市管理的高水平。深入开展环境综合整治，加大对违法建筑的清查、拆迁力度，搞好背街小巷的治理，进一步改善城市面貌。采取多种形式宣传城市管理的法律法规和典型经验，发动群众美化家园，自觉遵守城市管理规定，以主人翁的姿态共同参与城市管理。

构建和谐社会实现新跨越。一是提高人的素质。大力弘扬“九间棚精神”，深入开展各类精神文明创建活动，坚持把社会主义核心价值体系融入思想道德建设全过程，营造积极健康的思想舆论氛围，倡导知荣辱、讲正气、促和谐的社会风尚。认真实施“人才兴县”战略，加强党政人才、企业经营管理人才、专业技术人才、高技能人才和农村实用人才“五支队伍”建设，创新人才培养、使用、管理机制，营造有利于人才脱颖而出、人尽其才的社会氛围。大力发展文化产业，加快文化基础设施建设，以先进文化引导人、激励人、凝聚人。建设教育强县，着力推进城乡教育优质化、均衡化，认真落实义务教育经费保障制度改革，全面取消农村中小学学杂费，切实减轻群众的教育负担，让更多的人接受更好的教育，提高群众科学文化素质。建设卫生强县，建立有效的新型城乡公共卫生和医疗服务体系，新型农民合作医疗参保率达到95%以上，让更多的人享受到安全、有效、方便、价廉的医疗卫生服务。积极发展体育事业，提高竞技体育水平，开展全民健身运动，增强人民群众体质。稳定和完善现行的计划生育政策，推进优生优育，稳定低生育水平，创建全省计划生育优质服务县。大力发展老龄事业，保障妇女儿童和残疾人权益。到2011年，全县居民人均期望寿命接近80岁，主要健康指标达到世界中等发达国家水平。二是强化民生保障。创业是财富之源，就业是民生之本，社保是安民之要。要把支持创业作为致富群众的首要途径，推动全民创业、自主创业、艰苦创业。积极发展就业容量大的新型劳动密集型产业、服务业和中小企业，强化创业指导和就业培训，促进充分就业。重视协调劳资关系，维护劳动者的合法权益。深化社会保障制度改革，建立和完善社会保险、社会救助、社会福利、慈善事业相衔接的覆盖城乡居民的社会保障体系。建立为民办实事的长效机制，高度关注困难群众的生产生活，着力解决群众关心关注的热点难点问题。认真实施“民生安县”战略，将人民群众的幸福指数纳入考核指标，引导各级更加注重民生。三是着力构建资源节约型和环境友好型社会。加强对土地、矿产以及水资源的调控和管理，积极推进节能、节水、节地、节材的生产方式和消费方式。制定和实施循环经济发展规划，建设一批循环经济示范工程，培育一批循环经济示范企业，打造一批循环经济产业链。坚决执行国家产业政策和市场准入标准，依法淘汰落后生产能力。切实加强环境保护，加大对生活污染、工业污染和农业面源污染的防治力度，强力推进工业固体废弃物的综合利用。实施生态保护工程，建立生态补偿机制，严格防止人为因素对自然环境的干扰和破坏，让人民群众喝上干净水，呼吸到清新空气，为子孙后代留下蓝天绿地、青山碧水！

全面加强党的执政能力建设和先进性建设。以解放思想为先导，加强党的思想政治建设；以固本强基为目标，加强领导班子和党员队伍建设；以转变领导干部作风为重点，加强党的作风建设；以健全制度为保障，加强党风廉政建设；以建设“平安平邑”为抓手，加强民主法制建设。

第十三届县委重大决策

任职时间为 2012 年 1 月起。此届县委确定今后五年全县工作总的要求是：以邓小平理论、“三个代表”重要思想和科学发展观为指导，以赶超跨越、打造鲁南区域重点城市为目标，以招商引资、项目建设为总抓手，持续深入开展“工业突破年”“城镇建设提升年”主题活动，强力推进产业培育、园区提升、城区扩张、农业增效、商贸繁荣、旅游发展“六项重点”，不断创新社会管理，着力改善民生，全面加强党的建设，为建设“富美和谐、生态宜居”的新平邑而努力奋斗。到 2016 年，全县要在完成“十二五”规划的基础上，努力实现以下目标：综合经济实力显著提升。地区生产总值增长 1.1 倍，超过 400 亿元；地方财政收入增长 2.2 倍，超过 17 亿元；固定资产投资增长 2.3 倍，超过 300 亿元；服务业增加值增长 1.7 倍，超过 200 亿元。县域经济水平在全省、全市的位次大幅提高。城镇建设水平显著提升。城市规划、建设和管理水平全面提升，城市功能进一步完善，建成区面积达到 32 平方千米、居住人口 30 万人。小城镇建设协调推进，城镇化率达到 55%。生态环境质量显著提升。资源利用效率不断提高，单位 GDP 能耗、主要污染物排放总量持续下降，节能减排目标全面实现。森林覆盖率达到 40%，建成全国绿化模范县。人民生活质量显著提升。全县人民共同富裕步伐不断加快，城镇居民人均可支配收入达到 32000 元，农民人均纯收入达到 15500 元。覆盖城乡的社会保障体系更加健全，群众的幸福感、满意度不断提高。社会和谐程度显著提升。各项社会事业全面发展，公共服务体系更加完善。全民综合素质普遍提高，文明程度进一步提升。民主法制建设更加健全，社会管理创新不断深化，法治平邑、平安平邑建设再上新台阶。

着力推进新型工业化。持续深入开展“工业突破年”活动，大力实施工业强县战略，构筑发展平台，突出项目带动，推进产业转型升级，加快新型工业化进程。构筑大平台。把发展园区作为推动县域经济的强力引擎，调整完善工业发展布局，提升整合现有工业园区，规划建设新的工业平台，为平邑长远发展打下基础。规范提升经济开发区，二期重点发展新能源、新医药、新材料和高科技、高税负、高附加值“三新三高”产业，建成特色鲜明的一流省级开发区，在全县产业结构调整、实现跨越发展中发挥示范引领作用。加快城东项目聚集区建设，切实提高项目承载能力；高标准、高起点规划温水工业片区，加快基础设施建设，完善功能配套，重点发展装备制造、精细化工、生物制药等产业，推动城东、温水两个工业片区的融合对接，打造承接产业转移、集聚重大项目、实现工业突破的主阵地，建成拉动全县经济发展的重要增长极。继续加快国际罐头城、国际石材城和棉纺手套城等特色园区建设，加快项目、资金、技术向园区集聚，建成全国最大的果蔬罐头加工基地、石材加工贸易集散地和棉纺手套生产基地。建设大项目。把大项目建设作为推动县域经济的重要支撑，注重“招大引强”“选商引资”，充分利用专业招商、产业招商、以商引商等招商方式，瞄准世界500强和国内500强，着力引进一批投资规模大、税收贡献高、带动能力强的大项目，力争每年新增2个投资过10亿元项目、10个以上投资过亿元项目。不断优化投资环境，进一步完善重大项目快速反应、分工负责和跟踪服务机制，着力提高合同履约率、资金到位率和建成投产率。健全完善领导包扶重点项目制度，提高项目手续办理效率,定期调度重点项目进展情况，支持和帮助在建项目加快施工，尽快竣工。力促临矿集团超高水、九间棚金银花制药等新上项目建成投产，推进金谷阳光太阳能、AOBO金银花深加工、神隆氏生物、汇丽防静电活动地板、天宝化工工业雷管和水胶炸药等项目加快建设。培植大产业。把培植壮大产业作为推动县域经济的重要支柱，实施“三四五工程”，着力打造百亿级主导产业、十亿级骨干企业，形成特色鲜明、效益突出、支撑有力的产业集群。引进培育“三大新兴产业”，即以金谷阳光太阳能为代表的新能源产业，以超高水填充材料、防静电活动地板为代表的新材料产业，以九间棚药业、AOBO金银花深加工为代表的新医药产业；提升改造“四大传统产业”，即以临工汽车桥箱为代表的机械产业，以天宝化工工业雷管和水胶炸药为代表的化工产业，以金太阳、鲁宁纸业高档铜版纸为代表的造纸产业，以归来庄矿业为代表的黄金产业；继续做优做强罐头、石膏、石材、手套、金银花“五大特色产业”。到2016年，力争新能源、罐头、石膏、石材四个产业产值均突破百亿元。大力实施骨干企业提档升级和中小企业成长工程，鼓励企业采取兼并、联合、重组等方式，引进战略伙伴，做大企业规模，打造一批带动力强、税收贡献率高的骨干企业。力争规模以上企业超过400家，其中产值过10亿元的企业20家，归来庄矿业、中联水泥等5家企业纳税实现过亿元，奇伟食品、晟银药业、玉泉玻璃等30家企业纳税实现过千万元，培植上市企业3～5家。

着力推进新型城镇化。持续深入开展“城镇建设提升年”活动，全面加强城乡规划、建设和管理，积极打造生态宜居的中心城区和繁荣生机的小城镇，使新型城镇化成为扩内需、稳增长、调结构、惠民生的重要依托。做大做靓中心城区。以打造鲁南区域重点城市为目标，进一步修编城市总体规划，完善控制性详细规划和各种专项规划，强化规划的审批监督，确保城市建设健康有序发展。按照“东进、西固、南延、北扩”的发展方向，实施“中心城区扩张”战略，进一步拓展城市规模，拉开城市发展框架。加快建设浚东新城区。加强路网、桥梁、管网等基础设施建设，推进为民服务中心、商业网点、教育医疗、金融服务、休闲场所等设施建设，争取“一年打基础，三年见成效，五年大变样”，建成集公共服务、商贸文化、居住休闲于一体的现代化新城区。全面改造提升老城区。以兴水河两岸片区改造为重点，高标准抓好城中村改造。加快推进城市道路、桥梁、过街通道建设，规划建设新的城市外环交通路网，搬迁县长途汽车站、莲花山汽车站，改善主要路段交通拥挤现状。继续推进浚河景观带、西山公园建设和兴水河、府前渠治理，不断提高供热、供气覆盖范围，进一步提升城市功能、改善人居环境。加快城镇建设步伐。加强城镇基础设施和公共服务设施建设，大力整治镇容镇貌，全面提升小城镇形象。地方镇以建成县域次中心为目标，不断拓展发展空间，壮大镇域经济实力，努力走在全市12个优先发展重点镇前列。仲村、郑城、白彦等中心镇，围绕建设功能完善、环境优美的小城市，重点抓好道路、供排水、垃圾处理等基础设施建设，不断提升承载能力，加快人口集中、产业集聚、要素集约，带动其他各镇加快建设，形成中心镇、小城镇互动发展的新型城镇体系。鼓励和引导各镇搞好规划定位，立足自身优势，发展主导产业，加快形成“一镇一业、一镇一品”的特色块状经济。提升城镇管理水平。坚持建管并重，积极探索建立城市管理长效机制，构建执法、管理、服务“三位一体”的“大城管”格局。着力加强环境卫生管理，加大市容市貌整治力度，提升城市绿化、美化、亮化水平。着力加强城镇秩序管理，重点规范城镇交通秩序，大力整治乱搭乱建、乱停乱放等行为，塑造文明、清洁、有序的城市形象。着力提升城镇经营水平，加大城镇产业招商力度，拓宽投融资渠道，鼓励支持和引导民间资本、县外资本等投资城镇建设和经营城市基础设施，形成政府引导、市场主导、社会参与的多元投入机制。

着力推进农业现代化。大力发展优质高效特色农业，全面提升农业规模化、标准化、品牌化水平，夯实农业农村发展基础，促进农业增效、农民增收。发展优质高效农业。以打造优质农产品基地为抓手，大力发展高效生态特色农业，进一步壮大果品、瓜菜、金银花等优质农产品基地规模，建成全国最大的金银花种植加工营销基地、全省优质高效农业示范基地，形成结构优化、布局合理、特色鲜明的现代农业产业体系。加快推进农业产业化经营，培育壮大一批农业龙头企业，提升农产品深加工层次，推动农产品加工由“规模扩张型”向“质量效益型”转变。到2016年，市级以上农业龙头企业达到60家，其中省级8家。加快推进农业标准化生产，加强农产品质量检测体系建设，进一步完善重大动物疫病防控体系。新发展标准化种植基地38万亩，新建市级以上标准化养殖场78个，新增“三品”认证品牌60个。改善农村生产条件。进一步加大“三农”投入，确保各项支农资金年年增长。加强农村公路、农田水利、农村电网等基础设施建设，深入推进农村环境综合整治，完善垃圾收集、清运、处理等长效机制，加快污水处理设施建设，不断改善农村生产生活条件。认真落实城乡建设用地“增减挂”政策，充分尊重农民意愿，积极稳妥地推进农民集中居住区建设。加快农村住房建设和危房改造，积极推进供水、供热、供气、供电、垃圾处理等基础设施和公共服务一体化，增强农村社区的规模效应和集聚效应，不断扩大农村社区的覆盖范围。拓宽农民增收渠道。充分发挥平邑县农副产品资源丰富的优势，鼓励和动员农民发展多种形式的农副产品加工业，提高农业效益，拓宽增收渠道。加快农村劳动力转移步伐，逐步增加农民工资性收入。大力推进农民创业，进一步完善支持农民创业的政策措施，积极营造自主创业的社会氛围。加大农民技能培训力度，力促农民就业由“体力型”向“技能型”转变。深入做好减轻农民负担监督管理工作，切实保护农民合法权益。

着力推进现代服务业发展。按照“发展提速、比重提高、结构提升”的总体思路，以发展旅游业为龙头，以商贸物流业为重点，以新型服务业为补充，加快构建多元化、特色化、高端化的现代服务业体系。突破发展旅游产业。主动承接京沪高铁辐射带动，加快与曲阜、滕州、枣庄三市的交通对接，规划建设连接京沪高铁站点的快捷通道，融入京沪高铁黄金旅游线，全力推进平邑旅游开发和旅游产业发展。加快蒙山龟蒙景区、天宇自然博物馆、归来庄矿业地质公园、九间棚等景区的改造提升，开发建设富有趣味性、娱乐性、休闲性的精品景点景区，实现旅游资源从粗放式利用向精细化开发转变。加大旅游项目招商力度，吸引更多的企业和资金参与旅游开发建设，提升平邑县旅游开发建设水平。大力实施旅游管理体制和经营机制创新，规范行业秩序，提升服务形象。加大旅游宣传推介力度，不断提升平邑旅游的知名度。到2016年，创建AAAAA级旅游景区1处，旅游综合收入超过50亿元，把平邑建成全国知名的生态休闲旅游胜地。加快发展商贸物流业。积极引进国内外知名商业品牌和优势企业落户平邑，加快平邑商贸城、汇源城市综合体、美丽园大酒店等项目建设，培育一批有实力的商贸企业，建设一批星级酒店，进一步提升商贸、餐饮档次水平。加强农产品市场体系建设，拓宽农资和农产品双向流通渠道，推进大蒜、土豆、中药材等专业市场转型升级。积极创办大型物流基地和专业市场，加快推进金银花物流港、盛安物流园、朝霞物流园等物流园区建设，支持重点物流企业尽快做大规模、增强辐射能力。积极培育新兴服务业。加快发展科技信息、电子商务、中介服务等新型业态，积极兴办教育培训、医疗卫生、社区服务等便利居民生活的服务业项目。强化金融服务体系建设，积极引进各类商业银行在平邑设立分支机构，鼓励商业银行设立村镇银行，支持农村资金互助合作组织、小额贷款公司、中小企业信用担保公司等各类金融组织快速健康发展，增强金融服务功能，促进城乡经济繁荣。准确把握房地产调控力度，规范房地产市场秩序，逐步形成与经济社会发展水平相适应、居民承受能力相结合以及住房供应总量相协调的房地产开发格局。

着力推进社会事业发展。全心全意实现好、维护好、发展好人民群众的根本利益，进一步提高城乡居民的幸福指数，让改革发展成果惠及全县人民。切实加强和改善民生。优先发展教育事业，继续加大投入，改善办学条件，合理配置教育资源，促进教育均衡发展，全面提高教育教学质量，努力办好人民满意的教育。加快发展卫生事业，深化医药卫生体制改革，健全完善县、乡、村三级医疗卫生网络，建立覆盖城乡居民的基本医疗保障制度，让群众享受到良好的医疗卫生服务。大力发展科技事业，确保科技对经济增长的贡献率达到65%以上。稳定和扩大就业岗位，每年新增城镇就业7000人以上。不断提高城乡居民养老保险、医疗保险参保率，实现城乡居民应保尽保。完善城乡居民最低生活保障、农村五保、城乡医疗救助等社会救助制度，保障弱势群体生活。加快经济适用房、廉租房等保障性住房建设，切实解决好中低收入群众的住房问题。做好人口和计划生育工作，稳定低生育水平，改善出生人口结构，提高出生人口素质。统筹发展老龄、残疾人、妇女儿童等各项事业，促进社会和谐进步。大力繁荣先进文化。围绕建设文化强县，打造蒙山福寿文化、曾子孝道文化、九间棚红色文化、生态文化、科普文化五大品牌，进一步增强平邑文化的影响力。加快建设公共文化服务体系，建成文化综合大楼、数字影院、基层综合文化站、社区文化中心和村文化大院等公共文化设施。深入推进“文化惠民工程”，稳步提升农家书屋、农村有线电视覆盖率。加大文化产品供给，实施文化精品与文化普及工程，不断推出富有平邑特色、形式丰富多样的精神文化产品。加快建设蒙山福寿文化产业园、大洼写生旅游基地、艺术品交易市场等产业聚集区，培育提升节庆会展、文化用品、休闲娱乐、信息服务等文化业态，进一步提高全县文化产业增加值占生产总值的比重。推进生态文明建设。牢固树立生态文明理念，始终坚持环保优先方针，大力推进资源节约型、环境友好型社会建设，走“生产发展、生活富裕、生态良好”的文明发展道路。大力推广节能环保技术，鼓励发展低碳经济、循环经济。加强土地和矿产资源的规划、管理、保护与合理利用，坚决打击乱占乱建、滥采滥挖行为，不断提升基本农田保护和矿山生态恢复治理水平。严格落实环保目标责任制，确保节能减排任务全面完成。以创建全国绿化模范县为抓手，加强荒山绿化、生态林场建设，不断提升生态建设和保护水平，打造天更蓝、水更清、地更绿的人居环境。

加强和创新社会管理。把群众工作、社会治安综合治理工作一并纳入社会管理工作体系，理顺工作体制，建立工作平台，着重完善诉求表达、矛盾排查化解、特殊人群管理、权益保障、利益协调、公共安全防控六项机制，不断提高社会管理科学化水平。认真贯彻落实“六五”普法规划，深入推进法治平邑建设。不断完善社会矛盾大调解机制，深入开展矛盾纠纷排查和化解工作，努力把矛盾解决在基层、消除在萌芽状态。进一步健全“大信访”格局，用群众工作统揽信访工作，健全领导干部接访、下访、包案等制度，畅通群众诉求反映渠道，使各阶层各方面的意见和呼声得到及时反映、有效解决。深入推进“平安平邑”建设，强化社会治安综合治理，严厉打击各类违法犯罪活动，不断提高人民群众的安全感和满意度。健全完善安全生产监管机制，加强食品药品安全监管和卫生监督，有效遏制重特大安全事故发生，切实保障人民群众生命财产安全。

全面加强和改进党的建设。加强思想政治建设，锤炼引领发展的坚强党性；加强干部队伍建设，打造驾驭发展的中坚力量；加强基层组织建设，夯实推动发展的执政根基；加强优良作风建设，树立服务发展的先锋形象；加强反腐倡廉建设，营造保障发展的清正环境。

第四章　组织工作

第一节　干部队伍建设

1991年，坚持以中共十三届七中全会精神为指针，对乡镇和县直部门后备干部进行了充实调整，共充实84人，调出57人，其中乡镇121人，县直178人，共299人。共调整副科级以上干部11人，其中平调6人，副科提正科3人，一般干部提拔副科2人，改善了班子的整体功能。

1992年，按照干部四化方针，坚持德才标准，全年共调整副科级以上干部386人，其中平调171人，提拔206人，免职9人。下决心调整了个别不团结、不协调的班子，免去9名不称职干部的职务。其中，县直机关到乡镇任职53人，乡镇到县直机关任职27人。全年共提拔副科级以上女干部12人，非党干部5人。共接收中直、省直机关下派干部45名，其中，中直14名、省直31名。从经理中选拔了2人同志担任领导职务，对长期经营性亏损企业的

3名厂长给予了免职。从优秀农民中选聘领导干部6名。

1994年，以建设有中国特色社会主义理论和中共十四届三中、四中全会精神为指针，紧紧围绕经济建设这个中心和“改革、发展、稳定”大局，坚持不懈地抓后备干部、青年干部的培养教育工作。按照1∶1的比例，对县直部门和乡镇后备干部队伍进行了调整充实，全县共掌握科级后备干部421名，其中女干部84名，占20%。选调9名大学生安排到基层进行培养锻炼。对省直机关到平邑县挂职工作的20名干部作了妥善安置。

1995年，牢牢把握“抓住机遇，深化改革，扩大开放，促进发展，保持稳定”这个全党工作的大局，共调整副科级以上干部452人，其中35岁以下的青年干部125人，妇女干部34人，2名女干部担任了乡镇长，1名担任乡党委书记。有222名青年干部到农村或企业任职，为青年干部的健康成长创造了良好的外部环境。通过公开报名、考试、考核，为县直机关招收文秘工作人员21名，为公检法招收工作人员7名，选派14名大学生到基层锻炼，从农村优秀支部书记、乡镇企业优秀厂长（经理）和经济能人中聘用合同制干部15名，其中副乡级干部4名，选举产生了38名市党代表和51名市人大代表，并指导乡镇完成人大、政府的换届选举任务。

1997年，结合乡镇党委换届和日常班子调整，进一步加大了年轻干部的培养选拔力度，对367名干部进行了调整，其中提拔142人。指导各乡镇圆满完成了党委换届工作，并对22个乡镇的部分政府成员进行了补选。在新当选的242名党委班子成员中，大专以上学历的148名，占61%；35岁以下的年轻干部21人（其中30岁以下的5人），班子成员平均年龄36.7岁，比换届前降低了3.2岁。建立健全了后备干部档案，重点掌握一批35岁以下、大学本科学历以上的股级后备干部，考察调整股级后备干部403人。面向社会公开招考机关工作者12名；会同政法、民政、人事、教育等部门，从城镇户口复退军人和退伍志愿兵中为政法系统招考司机7名；从非师范类中专毕业生中招考小学教师20名。

1998年，积极探索干部制度改革步伐，大力培养选拔优秀年轻干部。根据工作需要和考察情况，8月对部分乡镇和县直单位正职进行了微调，调整干部40人（其中教育干部8人）。为适应乡镇党委、人大、政府换届需要，推荐后备干部216人。在此基础上，认真贯彻干部“四化”方针和德才兼备原则，突出干部交流和选拔优秀年轻干部这个重点，对乡镇领导班子进行了全面理顺、优化、调整和充实，调整共涉及干部397人，其中提拔59人，重用110人，乡镇之间交流178人，内部交流46人。调整后的乡镇党委班子中，30岁以下年轻干部34人，平均年龄35岁，比原来下降3.44岁；政府班子中，30岁以下年轻干部28人，平均年龄35.6岁，比原来降低4.8岁。调整后党委班子成员234人，平均9职，副书记比原来减少26人；人大班子68人，平均2.6职；同时配备妇女干部31人、非党副乡镇长17人。安置军转干部4人。为改善乡镇班子结构，加大非党干部选配力度，本着公开、平等、竞争、择优的原则，采取个人自荐、组织推荐与考试、考核相结合，从全县政群企事业单位公开考录了15名非党科级后备干部。

1999年，围绕加强领导班子思想组织作风建设，突出干部交流和培养选拔优秀年轻干部这个重点，对乡镇和县直部门领导班子进行调整、理顺和充实，圆满完成了乡镇换届选举工作。县直调整涉及干部 331 人，其中提拔重用 183 人，平调 49 人。按照县委统一部署，会同人事局、编委办等部门认真开展了清理清退机关事业单位临时工和超编外人员 1036 人，临时工 1288 人，代课教师 455 人。会同人事、财政等部门对 78 个机关事业单位财政供养人员进行认真清理检查，查出虚报财政供养人员 41 人。

2000 年，调整科级干部 5 人。先后对一中、二中、县人民医院、蒙山管委会及财政局、同仁医疗公司、县电影公司等单位领导班子进行了充实调整，并对二中、外贸集团公司新进班子成员实行了聘任制。认真组织、参与领导干部公开招考工作，经考选，9 名年轻干部挂任乡镇领导职务。积极发现和培养优秀年轻后备干部，全年共调整备案干部 216 人。同时，会同财政、人事、纪检等部门公开招录 16 名委派会计。

2001 年，以乡镇规模调整和乡镇党委换届为契机，重点对乡镇领导班子进行调整。组织对乡镇、县直部门领导班子和 1016 名副科级以上领导干部进行全面考核；分三批对 500 名科级干部进行调整，实现乡镇领导班子的理顺、优化和精减。着眼于在实践中发现、培养和锻炼优秀年轻后备干部，并搞好跟踪考察和动态管理，全县共调整备案干部 219 人。

2002 年，按照《党政领导干部选拔任用工作条例》的规定要求，全面贯彻干部“四化”方针和德才兼备原则，分批对乡镇和县直单位领导干部进行了调整、理顺、精减和优化。对乡镇领导班子进行调整和交流，调整共涉及干部 292 人，其中交流 206 人，改任非领导职务 68 人。调整后乡镇领导班子成员由原来的 417 人减少到 221 人，精减 47%，平均年龄 38.08 岁，其中大专以上文化程度的占 86%，35 岁以下年轻干部 71 人，妇女干部 20 人，非党员干部 13 人。县直单位有 115 人退出领导班子。认真开展了干部下派工作及挂职干部管理工作，先后从县直党政机关和企事业单位选派 158 名干部到农村、企业开展集中整治、扶贫包村、社会稳控和企业帮扶工作。

2003 年，以形成朝气蓬勃、奋发有为的领导层为重点，进一步加强全县教育系统领导班子建设，公开选拔 11 名副科级领导干部，共有 209 人报名参加公开选拔，经过资格审查，有 143 人参加了笔试，57 人参加面试，33 人进入体检和考察范围。结合公开考选，对教育系统副科级以上事业单位的领导班子进行了充实调整，调整共涉及 26 人，其中：平调 3 人，提拔 13 人（副科提正科 2 人，一般干部提副科 11 人），兼职 3 人，改任非领导职务 6 人，免职 1 人。同时，认真做好备案干部管理工作，全年共调整股级干部 159 名。

2004 年，以干部培养、选拔和管理工作为重点，大力加强领导班子和干部队伍建设，按照《党政领导干部选拔任用工作条例》有关规定和干部队伍“四化”方针，以配顺配强、优化结构、增强活力、促进工作为目的，在年度考察的基础上，分两批对乡镇和部分县直部门（单位）领导班子进行调整理顺和优化加强。两次调整共涉及 152 人，其中提拔 46 人（含下派 3 人），重用 24 人，平调 78 人，下派 2 人，免职 2 人。

2005 年，按照“一手抓创新、一手抓落实”和“整体推进、重点突破”的工作思路，大力加强领导班子和干部队伍建设，组织对县直部门和乡镇领导班子、领导干部进行年度考察，在民主推荐和定向考察的基础上，1 月分两批对县直部门（单位）领导班子和领导干部进行调整，3 月对公检法系统领导班子和领导干部进行了调整，6月对教育系统领导班子和领导干部进行了调整。注重抓好后备干部、备案干部的培养和管理工作，共调整股级干部544人。对13个基层党委、31个基层党组织的301名干部的党内职务进行调整理顺。

2006年，以提高执政能力为重点，大力加强领导班子和干部队伍建设，对部分乡镇党政正职、县直部门正职和正科级领导干部进行调整。3月，调整干部63人，其中平调35人，副科提正科19人，重用9人。10月，对乡镇领导班子进行了调整，调整共涉及104人，其中提拔22人，重用9人，平职交流73人，另外到龄改非17人。12月，16个乡镇党委同时进行了换届，共选举产生新一届乡镇党委委员124人，其中党委书记16人、副书记32人；选举产生纪委委员60人，其中纪委书记16人。结合乡镇党委换届，对人大、政府班子也进行了调整，共配备专职人大主席、副主席16人，配备非党副乡镇长13人，非党副乡镇长配备率占乡镇总数的81.25%。同时，根据乡镇党委班子结构要求，在全县范围内公开选拔14名30岁以下的年轻干部，充实到乡镇党委。

2007年，以科学发展观为统领，突出党的执政能力建设和先进性建设这条主线，认真抓好领导班子和干部队伍建设，根据领导班子缺职情况、工作需要和年度考察结果，对县直部分缺职单位领导班子分三批进行了调整，共涉及提拔重用和平职交流干部217名，到龄和个人申请“改非”干部35名，并对提拔重用的干部实行了干部选拔任用全程纪实。注重调动不同层面干部的积极性，结合8月份县直领导班子干部调整，对部分曾在乡镇担任过领导职务、现在县直部门任主任科员、副主任科员，工作积极、表现好的同志安排重新担任领导职务，调动了这部分同志的工作积极性。

2008年，坚持以邓小平理论和“三个代表”重要思想为指导，深入贯彻落实党的十七大和各级组织工作会议精神，分两批次对部分县直部门和乡镇领导班子和领导干部进行了调整。调整共涉及干部183人，其中提拔72人，重用21人，平职交流90人，另外到龄改非23人，其他原因免职2人。

2009年，按照“思路求突破、工作创一流”的要求，对131名乡镇和县直部门领导干部进行了调整，首次实行县委全委（扩大）会议民主推荐确定初始提名人选，选拔5名乡镇党政正职和2名县直部门（单位）正职，建立更加适应新形势发展需要、更善于领导科学发展的县直部门和乡镇领导班子。

2010年，按照构建“三服务两满意”组织工作体系的要求，把“德”作为选用干部的重要依据，共调整77人，其中提拔36人、重用8人、平职交流31人、调动1人、到龄免职1人。从县直部门选派4名机关干部到村（含农村社区）任职，从乡镇和县直部门选派12人开展工业重点项目建设。从优秀村（社区）党组织书记、乡镇机关中层正职和所属事业站所主要负责人、县乡规模以上企业主要负责人中公开考选1名乡镇党政领导班子成员。

2011年，坚持强化领导、扩大民主、阳光选人、严肃纪律，全面完成13个镇领导班子换届工作。坚持和完善从基层选拔干部制度，分两批次公开考选24名乡镇（街道）党政领导班子成员和副科级干部。把2011年作为任职社区服务设施建设的“攻坚年”，选配38名年富力强、政治素质和群众威信较高的社区党总支书记。

2012年，围绕“好报告、好班子、好风气”的目标要求，经换届选举产生了新一届县委、县纪委和县人大、政府、政协领导班子，县级领导班子知识、年龄、专业和工作经历结构进一步优化，在市委组织部12个县区乡领导班子换届风气专项考核中位列第3名。

2013年，按照“能力在一线培养”要求，坚持一线培养选拔干部，共调整科级干部5批次、281人次，提拔重用146人，平职交流115人，兼职19人，军转安置1人。安排33名新提拔科级干部、20名考录公务员和57名新考录事业人员，到平邑街道、经济开发区、信访部门及重点项目、重点工程指挥部挂职，选拔镇（街）副科级干部25名。

第二节　基层组织建设

1989年3月，按照县委部署，全县31个基层党委、1545个党支部普遍开展了坚持党员标准教育活动，通过动员学习、民主评议、组织处置，使广大党员受到系统的思想教育，有效地提高了党员队伍的素质。1990年，县委部署在全县党员中开展“学党章、正党风”活动，进一步弘扬沂蒙精神，下发《关于在全县开展社会主义教育实施方案》。

1991年，县委决定在城市社会主义思想教育检查整改阶段，对县直机关、企事业单位的党员干部集中进行一次思想、作风、纪律整顿，以进一步提高干部的政治素质，改进机关作风，达到振奋精神、团结实干、清正廉洁高效的目的。

是年，围绕创建“农村党建工作先进县”“先进乡镇”“九间棚式先进党支部”扎实抓基层党建工作。共创先进群体35个，整顿三类支部25个；加强阵地建设，全县达到村村有党员活动室，乡乡有党建办公室、党校，其中有70%以上的村建起标准较高的党员活动室。

1992年，抓党支部达标升级活动，全县共有一类党支部645个，二类支部373个，三类支部38个；抓后进班子整顿工作，以整顿支部24个，调整支部成员34人，全县共选拔46名优秀人才担任后进村领导职务，选拔后备干部197人；开展民主评议党员工作，全县有27692名党员参与民主评议党员工作，占全县党员总数的96%，评出合格党员27563人，其中优秀党员3806人，不合格党员129人，对不合格党员进行组织处理。

1994年，抓农村党支部换届选举工作。下发《关于加强村级班子建设的意见》，全县先后有1053个村支部（总支）按期进行换届，新调整支部书记145人，充实调整支部委员429人；继续开展创建“九间棚式先进党支部”活动，全县有29个农村党支部被地委授予第三批“九间棚式先进党支部”称号，4个乡镇被评选为“党建工作先进乡镇”。全县农村“九间棚式先进党支部”已有69个，占农村党支部总数的6%。在1057个农村党支部中，一类支部211个，占20%；三类支部106个，占10%。

1995年，中共平邑县第九届委员会第一次会议通过《中共平邑县委关于加强自身建设的决定》，要求县委必须建设成为一个团结务实、精干高效、廉洁勤政、作风优良的战斗集体。

是年，实施“四动”工程，全县从县直党政机关抽调的132名干部进驻34个贫困后进村开展工作。共整顿后进班子71个，调整农村支部书记42人，调整充实支部成员78人；开展“双十”“双百”活动，开展强村帮带后进村活动，充分发挥强村的辐射带动作用；对41个经济强村支部书记实行备案管理，对286名农村支部书记在县委党校进行培训。

1996年，采取“抓两头，带中间”的总

体思路，切实搞好“双学双整”，继续抓好“四动”工程的实施；探索加强经济强村党建工作的新路子，在全县农村基层组织中开展“三争三创”活动，切实发挥党支部和共产党员的带头示范作用。

1997年，实施“三有三力”工程，对任期届满的889个农村支部进行换届，调整充实支部书记145人，支部成员6258人。调整后，35岁以下的843人，大专以上文化程度的393人；继续开展“双争双创”活动，是集体经济逐步得到发展；抓实“四动”工程，对11个省市备案的贫困后进村进行重点整治。

1998年，印发《关于开展机关思想集中整顿活动的意见》《关于进一步转变工作作风提高工作效率的若干规定》，对机关思想作风整顿作出部署。

是年，加大贫困后进村整治攻坚力度，对重新派出重点整顿的113个后进村实行备案管理，从县乡党政机关、事业单位抽调1010名机关干部分别进驻274个后进村，着力解决后进村存在的各种突出问题；抓好“三支队伍”建设，全县1050个村共选出村民代表1.99万人，“三支队伍”成员1.39万人，其中党员议事会成员4312人、村民代表议事会成员5507人、民主理财小组成员4090人，其他组织成员299人，在村务公开和民主管理中发挥了积极作用；全县共发展党员933人，解决长期不发展党员村31个。

2000年，在组织系统内部开展领导班子和领导干部“三讲”教育活动中，共发放《征求意见表》756套，收集群众意见、建议969条；召开各类座谈会58个，走访单位139个、1600多人次，征求对班子及班子成员各类意见1330多条；各班子成员共开展谈心400多人次，平均撰写读书笔记和学习心得5万余字。

2001年，印发《关于在全县开展“三个代表”重要思想学习教育活动的实施意见》《中共平邑县委关于进一步加强农村基层组织建设的意见》，进一步提高干部整体素质，全面提高基层组织建设水平。开展“三个代表”重要思想教学活动，全县共92个县直部门、16个乡镇、599个基层站所和1056个行政村，2.45万名机关党员干部和2.27万名农村党员干部参加教学活动。共征求群众意见2.87万条，整改班子集体存在的问题18类447个，清理涉农不合理收费项目11个，解决各类问题536件、信访案件133起；贫困后进村整顿治理工作，从县直单位选派48名机关干部组成18个工作组，对排出的18个贫困后进村，进行为期一年的扶贫和整治，另外49个贫困后进村由乡镇派驻工作组。

2002年，抓好村“两委”换届选举工作，全面推行了村党支部换届“两推一选”和村委会换届公推直选。全县有999个农村党支部完成了换届选举，共选出村党支部成员2543名，班子成员平均年龄40.1岁；选出村民委员会1012个，共选出村委会主任1012名，村委会委员3016名（其中党员2022名）、村民小组长3947名，村民代表2.4万名，村委委员平均年龄38.7岁。全县农村“两委”干部交叉任职的有1675人，其中书记、主任一人兼的385人，妇女进村两委610人。同时，指导郑城镇进行了村级规模调整，将原75个行政村调整为38个。

2003年，开展“三级联创”活动，在白彦镇机关试行开展“三级联签工作责任状”活动；在农村党员和致富能手中开展“双学双培”活动；在农村干部和机关干部中开展“十到户”活动；实行“分层分线”争创“五个好村党支部”，实现“三级联创”整体推进。全面实施“百村帮扶”工程，除市里驻点的10个村外，其他90个村由县乡抽调291名机关干部组成工作组进行帮扶，其中县直抽调机关干部186人，帮扶56个村，力争经过3年左右的努力，使这些村集体经济年收入达到3万元以上，部分村达到5万元以上。开展“百村帮扶”村支部书记培训班1期，共培训各级各类干部2300余人。

2004年，深入开展“三级联创”活动。全县共整顿软弱涣散村党支部班子48个，选配支部书记21名。继续开展“百村帮扶”工程，共向帮扶村投入资金471万元，帮助新上增加村级收入项目118个，新上基础设施项目127个，年可增加村级集体收入280万元。开展“百村示范”活动，示范村与贫困后进村结成帮扶对子30个，帮助解决实际困难和问题59件，新上项目42个，注入资金190余万元，较好地发挥了示范带动作用。稳妥地开展行政村规模调整工作，全县行政村数量由原来的1056个减少为738个，调减幅度为30.1%；村均人口由调整前的833人增加到调整后的1192人；精简干部1366人。

2005年，印发《中共平邑县委关于深入开展以实践“三个代表”重要思想为主要内容的保持共产党员先进性教育活动的实施方案》，要求广大党员学习执行党章，坚定理想信念，坚持党的宗旨，增强党的观念，发扬优良传统和作风，认真解决党员和党组织在思想、组织、作风以及工作方面存在的突出问题，促进影响改革发展稳定的现实问题和涉及群众切身利益的实际问题的解决，保持党员队伍的先进性和纯洁性，不断增强党组织的创造力、凝聚力、战斗力。

是年，积极开展共产党员先进性教育活动，全县37个党委（其中16个乡镇党委），112个党总支、1484个党支部，3.88万名党员分三批全部参加先进性教育活动。各级共发放征求意见表13.8万份，设立公开电话476部，设置意见箱681个，召开座谈会1373次，走访党员群众3169人，开展党员相互谈心1.8万人次，党员和群众谈心3.2万人次，征求各类意见和建议3.27万条。

2006—2013年，县委先后印发《关于在全县开展“弘扬九间棚精神站在新起点实现新跨越”解放思想大讨论活动的意见》《关于进一步加强农村基层组织规范化建设的意见》《关于建立健全落实科学发展观长效机制推动科学发展、率先发展、和谐发展的意见》《关于进一步加强和改进领导干部作风建设的意见》《关于进一步加强新形势下党建带团建工作的意见》《关于在全县开展“比学赶超促跨越、创业创新创一流”解放思想大讨论活动的实施意见》《关于进一步弘扬沂蒙精神和九间棚精神加强社会主义核心价值体系建设的意见》《关于进一步加强农村基层组织规范化建设的意见》《关于加强意识形态工作的实施意见》等，采取多种方式，不断加强党的建设。

2006年，抓实新农村建设“百村帮扶”工作和“百村示范”活动。按照抓两头带中间的工作思路，在市直10个帮扶村的基础上，又确定资源型、工业型、生态型、城镇型、农庄型新农村90个，从191个县直部门单位和16个乡镇抽调284名工作队员进行集中帮扶。实现各级新上致富增收项目128个，年可增加村级收入620万元，新上基础设施建设项目185个，累计投入资金382万元（含物料折款）。

2007年，深入开展后进村班子整顿，对全县相对后进的74个村支部班子实行备案管理，共整顿软弱、涣散村级班子14个。集中开展了以“抓覆盖、抓规范、抓作用发挥、争创‘五个好’企业党组织”为主要内容的“三抓一创”活动，全县非公有制企业党组织达到259家，其中单独建立党组织175家，135家规模以上非公有制企业全部单独建立党组织。对村干部进行“九个反思”教育，对无职党员进行“八个反思”教育。全县2976名村干部、1.8万名党员参加了活动，共查摆问题4.8万个，评议出后进村干部93名、后进党员293名，调整村级班子31个。进行了村“两委”换届选举工作，共选举产生村“两委”成员2482名，其中交叉任职1886人，书记、主任一人兼620人，“双高双强”型人才1913人，妇女干部502人。

2008年，深入开展“三级联创”活动，着力提升基层组织建设水平。制定下发不同层次的自查细则260余条，对16个乡镇、738个村、242个乡镇站所、87个县直部门进行大规模全覆盖的督查。10个乡镇党委和17个县直部门分别被市委授予“五个好”乡镇党委和基层满意的县区部门称号，8个村企党组织被授予先进基层党组织称号。扎实做好选聘高校毕业生到村任职工作，成立选聘办公室。县财政拿出168万元资金，用于发放高校毕业生生活补贴和办理养老保险、医疗保险。

2009年，抓好“难点村”治理工作，在10月份全国“难点村”治理工作会议上，平邑县作了典型发言，12月全国“难点村”治理现场会议在临沂召开，17个省市与会人员参观了平邑县现场。对全县村“两委”干部实行了档案管理，采用“一卡通”的形式，对全县2897名村干部发放补贴报酬1109.5万元。提出党务公开五步骤和财务四步审计公开法，统一绘制“四议两公开”工作法流程图，印发《“四议两公开”记录簿》。实施帮扶农户科技致富工程，选定帮扶农户2026户，帮扶项目1988个，发放财政贴息贷款4950万元，建成20多个种养小区，全市帮扶科技致富工程现场会在平邑县召开。

2010年，开展“双学双比双争”活动、“五心一满意”工程，以及“带头承诺树标杆、服务发展当先锋”活动，促进窗口服务党员转变工作作风，优化服务质量，推动创先争优活动向纵深开展。抓好“农村基层组织建设提升年”活动，扎实开展农村班子分类整治。按照“一类班子抓巩固提升，二类班子抓规范完善，三类班子抓整改转化”的要求，共排查出一类村班子290个，二类村班子295个，按不低于行政村总数1/5的原则，排查出三类村班子150个。同时，对三类村班子分类建立工作台账，进行跟踪动态管理，有142个村级班子得到有效转化。大力实施帮扶农户科技致富工程，全县帮扶农户2026户，发放财政贴息贷款4950万元，建成“柏林前南林综合养殖示范小区”“保太花卉种植园”等20余个种养小区，帮扶项目成效显著，全市帮扶科技致富工程现场会在平邑县召开。

2011年，开展“基层组织建设拓展年”活动，全面加强党的基层组织建设和党员队伍建设。探索实施换届全程纪实制度，实行党支部“两段式”选举，坚决打击贿选等破坏选举行为，为换届选举工作营造风清气正的外部环境。选出新一届村“两委”成员3049名，书记、主任“一肩挑”589人，村“两委”成员交叉任职率达到60.56%，“三高三强”型农村干部达到83.6%，选出女性村干部766名。促进全县农村基层组织建设工作水平提高，有481个农村党组织达到“五个好”标准。“两新”党建实现新突破，新组建非公企业党组织254家，新社会组织党组织8家，党组织覆盖率分别达到84%和100%。

2012年，扎实推进基层组织建设年，按照“巩固先进、转化后进、提升一般”的思路，突出抓两头、带中间，抓规范、促提升，大力实施“惠民服务、头雁建设、素质提升、强基固垒和破难攻坚”五大工程，开展晋位升级“百日集中”活动。全力做好“第一书记”任职工作，选派695名干部到360个基层党组织任职“第一书记”，组织开展“三比三重三提升”和“六个一”文化惠农活动，推行“五个一线”工作法，任职工作取得明显成效。建立县直26个涉农部门资金政策向任职村倾斜制度，组成林果、畜牧、水利、农机等4个专家服务团。共协调投入帮扶资金630多万元，新上基础设施建设项目和集体增收项目866个，解决实际困难和问题2000多件。

2013年，扎实开展党的群众路线教育实践活动。深入开展“结亲连心”活动，组织全县6115名干部走访群众22.9万户，收集各类群众需求诉求1.8万件，由各级网格分析研判，分流交办解决。加快推进农村基层组织规范化建设，实施“强基工程”，确定100个后进村，开展整治工作。实施“贴心工程”，为群众提供各类服务7658人次，代办事务2311件次；推行党员志愿服务制度，组建各类党员志愿者服务队1800余支，开展为民服务。实施“阳光工程”，开通“阳光信息户户通”平台，不定期将村务财务情况等群众关心的问题以短信方式发送至群众手中，确保村务公开透明。推进村级活动场所建设，新建农村社区综合服务中心5处，列支专项资金340万元，新建、改扩建和修缮村级组织活动场所131个。

第三节 党员发展

1989年，全县共有党员27165人，至2013年全县有党员43821人，比1989年增长61.31%，期间党员发展最多的年份是2003年，发展新党员1149人，发展最少的年份是2013年，发展新党员472人。

1989—2013年平邑县党员发展情况表

表15-2　　单位：人

年份	全县党员数	发展新党员数	入党积极分子数
1989	27165	487	2149
1990	27762	509	2252
1991	28325	730	2838
1992	28997	656	2879
1993	29737	728	3299
1994	30407	751	3124
1995	31457	1086	3259
1996	32754	1125	3034
1997	33462	869	3416
1998	33733	933	4225

续表 15-2

年份	全县党员数	发展新党员数	入党积极分子数
1999	34802	957	4752
2000	35679	1085	5717
2001	36353	942	5164
2002	37203	928	5606
2003	37813	1149	6447
2004	38791	1069	6722
2005	39318	1082	2607
2006	40256	1008	2966
2007	40210	885	2991
2008	42122	857	2079
2009	43224	830	2148
2010	43905	646	2038
2011	44904	667	2167
2012	43593	612	2127
2013	43821	472	2242

第四节　党员干部教育

全县干部工作坚持德才兼备、以德为先的选人用人标准，严格程序，强化监督，不断推进全县选人用人工作的规范化、制度化。1992—1993年，围绕转变政府职能，进行县乡机构改革，实行“三管齐下、四四分流”，精减机构人员，提高办事效率。完成2001年和2011年乡镇规模调整后领导班子调整、理顺工作，指导完成历次乡镇党委、人大、政府换届和例会工作，不断优化领导班子结构。贯彻干部“四化”方针和德才兼备原则，注重对领导班子和领导干部年度考核和经常性考核相结合，2004年，制定下发《关于加强和改进领导班子、领导干部经常性考察工作的意见》《关于加强和改进领导班子、领导干部经常性考察工作的实施办法（试行）》，注重考核结果的运用，坚持凭实绩用干部，大力倡树在基层一线培养锻炼和选任干部导向。

结合干部人事制度改革，对企业领导干部管理进行积极的探索改革，在企业干部任用上打破干部与工人身份界限，突出以经济效益定升降、定去留，同时，进一步拓宽选用干部的范围和渠道，注重从优秀村干部和乡镇企业厂长、经理等发展市场经济的优秀人才中选聘干部。1994—1997年，共聘任合同制干部38人，其中副乡级干部9名；2009年，从优秀农村党组织书记中公开考选5名乡镇机关公务员，受到社会好评。

不断加大干部监督管理工作，着力增强干部选拔任用工作的透明度。坚持以正面教育和预防为主，把监督贯穿干部培养、选拔、使用、管理全过程，不断健全完善干部选拔任用责任联审联签、经济责任审计、干部诫勉谈话、领导干部个人有关事项报告和报告重大事项等制度，着力防止干部“带病提拔、带病上岗”。健全来访接待、来信受理、“干部监督举报网站”、干部监督信箱和干部监督举报电话受理等“五位一体”的群众信访举报受理机制，认真做好群众信访举报治理工作，有效降低组织部门群众信访举报数量，2010 年《临沂组工信息》刊发平邑县化解组织部门群众信访举报工作的经验做法。

高度重视干部人事档案管理工作。在加强日常管理的基础上，先后 4 次集中开展干部档案审核整理，进行 A4 制式档案盒换装，按照中组部要求开展干部学历审核和干部档案专项审核工作，依托档案信息建立健全干部信息系统，不断提高档案数字化管理水平，县委组织部干部人事档案管理达到中组部一级标准。

同时，干部统计、公务员及事业单位工作人员考录、选调生培养管理、到龄干部退休、领导干部出国（境）审批等其他干部工作均取得较好成绩。

2011 年 7 月、2013 年 11 月打破身份限制，面向全县各镇、街道基层公务员、事业干部，通过先民主推荐、后笔试面试的方式，公开选拔 41 名镇（街道）党政工作机构副科级副职，确保了能干事、干成事、能力强、威信高的干部“考”出来，充分调动基层干部的工作积极性，激发干部队伍活力。

第五节　电化和远程教育

2003 年 6 月，平邑县确定温水镇为全县农村党员干部现代远程教育工作试点乡镇，在试点村居基本完成现代远程教育接收点的设备安装并实现正常运转。9 月，成立全县农村党员干部现代远程教育领导协调小组，各乡镇党委也分别成立相应的远程教育领导协调小组和乡镇远程教育管理站，印发《全县农村党员干部现代远程教育试点工作实施意见》，在全县开始远程教育工作试点。11 月，举办全县第一期农村党员干部现代远程教育工作骨干培训班。2004 年底，完成全县 581 个接收站点设备安装工作。

2005 年 7 月，通过公开考试和考核，为各乡镇远教工作站选配 41 名工作人员，同时选配 758 名村级接收站点管理员。成立由 23 名专家组成的远程教育专家服务团，建立各具特色的科技示范基地，在资邱乡时家村进行了村级远程教育节目入户试点工作，通过有线电视开设 2 个频道将远教节目传到各家各户。此外，在全县开展党员干部现代远程教育“双培双带四个培养”活动，积极探索“远教 + 协会”工作模式。

2006 年，对全县 749 个站点设备进行全面检修，确保 9 月底前所有行政村站点接入互联网工作完成。协助省中心拍摄系列片《齐鲁红色游》、中央电视台农科频道拍摄《金银花深加工技术》。8 月，集中精力做好中央、山东网台软件升级工作，对全县操作员分 3 期进行统一培训。

2007 年，着眼于全面提高农村党员干部和农民群众建设社会主义新农村，以星级管理、高效使用为重点，组织开展“远程教育播放收看年”活动，确立争创全省、全国一流工作目标。

2013 年，成立平邑县农村党员干部现代远程教育工作领导小组，强化对其、党员教育工作的组织领导。

第六节　人才工作

2004年，成立全县人才工作领导小组，制定下发《关于进一步加强人才工作的意见》，举办各类培训班90多场次，培训各类党政干部、企业经营管理人员、专业技术人员5000多人次。为企业、司法、卫生等部门引进各类急需紧缺专业人才40人，其中本科26人，紧缺专业专科生14人。

2005年，印发《关于加强农村实用人才队伍建设的意见》，建立健全农村实用人才的教育培养、管理服务、选拔使用机制。举办各类培训班120多场次，共培训各类党政干部、企业经营管理人员、专业技术人员、村两委干部、致富能手5400多人次。为企业、司法、卫生等部门引进各类急需紧缺专业技术人才和管理人才32名，其中具有本科以上学历或中级以上职称的28名。从高校和科研单位聘请科技专家30多人到平邑县进行技术合作、学术讲座和专业培训。

2006年，制定下发《关于贯彻落实平邑县“十一五”规划纲要加强人才队伍建设的实施意见》，进一步完善全县人才工作政策。引进各类急需紧缺专业技术人才和管理人才76名，其中本科以上学历的45人，中级以上职称的8人，两次聘请国外专家实地授课，共培训果农、菜农近千人。

2007年，大力实施人才强县战略，切实加强人才队伍建设。在全市率先评选表彰首批25名优秀农村实用人才；评选上报2名临沂市首席技师人选；推荐临沂市第三届青年科技奖候选人6名。落实市里高层次人才政策待遇，推荐1人参加临沂市高层次人才休假，推荐1人参加市高层次人才政治理论培训班。

2008年，制定下发《关于建立县级领导干部联系高层次人才工作制度的通知》和《全县人才资源状况统计调研工作方案》。从高校和科研单位聘请专家或科技人员到平邑进行技术合作、学术讲座和专业培训20多人次。会同各有关部门针对业务特点，举办相应的专题培训班，共培训各类人才2.8万多人次。

2009年，高层次人才引进和服务工作取得重要突破，巨皇新能源科技有限公司李京台作为全市唯一人选当选“山东省海外高层次回国创业人才”，并被授予“泰山学者海外特聘专家”，并进入中组部海外回国创业“千人计划”评审范围，在县区高层次人才工作中实现突破。农村实用人才工作取得新进展，新华网转载《山东平邑创新五机制加强农村人才队伍建设》。全县有1人被评为“全市十杰优秀农村实用人才”，有10人被评为全市百强优秀农村实用人才。

2010年，巨皇新能源科技有限公司临沂光伏研究中心引进台湾博士3人，进入临沂市“博士安家费”发放范围。组织天宝化工、巨皇新能源科技有限公司等6家企业到东北三省、西南四省市和济南等地进行人才招聘。加大农村实用人才培训力度，实施“新型农民科技培训工程”，共培养农民辅导员400人，选拔优秀农民辅导员20人。认真做好2010年度“沂蒙乡村之星”选拔推荐工作，有6人进入评选范围，入围人数居全市第二名。

2011年，制定《平邑县中长期人才发展规划》《关于加快引进高层次优秀人才和急需人才的若干规定》《关于建立县级党政领导干部联系高层次人才制度的通知》《关于实施千名骨干型农村实用人才轮训工程的实施意见》等政策文件。联合县农业局开展农村实用人才培训活动，举办培训班59场，培训农民5000

余人。

2012年，深入实施“人才强县”战略，天宝化工有限公司成功引进海外专家卡尔卢比，巨皇科技有限公司成功引进美籍华人、海外创新人才周林。积极推荐巨皇新能源科技有限公司“泰山学者海外特聘专家”参加全市沂蒙博士联谊会，并成功推选为副会长。联合县农业局实施“千名骨干型农村实用人才轮训工程”，培养大专以上高层次农村实用人才50人，中等专业技术层次农村实用人才130人，农村创业型实用人才300人，骨干农民队伍5000人。全县招录高学历研究生5人。

2013年，引进1名海外创新人才，并进入国家“千人计划”答辩范围；天宝化工、归来庄金矿各有1名工程师分别被评为临沂市第三届“十佳工程师”和“优秀工程师”。2人被确定为省乡村之星推荐人选，13人被评选为第二届沂蒙乡村之星，20人被选为第一届平邑县乡村之星。是年全县招录高学历研究生14人。

第七节 老干部工作

2013年，全县有离休干部348人，其中党政机关121人、事业单位95人、企业单位132人。退休干部4665人，其中党政机关642人、事业单位3760人、企业单位263人。异地来平邑安置2人，异地外地安置人员3人，内蒙古1人，浙江1人，省内安置1人。

机构

中国共产党平邑县委员会老干部局是县委、县政府服务管理全县离休干部工作的部门，由县委组织部管理，局机关内设办公室，下辖3个副科级事业单位：平邑县老干部活动中心（县老年大学）、平邑县离休干部休养所、平邑县老年人体育协会。

平邑县干休所为副科级全额事业单位，始建于1984年，位于平邑县城东首，属砖瓦结构，共有房屋80间，土地面积8273.2平方米。

平邑县老年大学1997年建校，设在府前小区。2011年，迁址莲花山路西首与县民政局合建老干部活动中心（老年大学），建筑面积3700平方米。全县14个镇（街道、开发区）按照县老年教育领导机构的要求，依据“三室一中心”（教室、阅览室、微机室、活动中心）的标准建立老年大学。

老年大学每年开设两个学期课程。老年大学、书画研究会2009年出版《平邑县老年书画集》、2012年出版《喜迎十八大平邑书画作品集》、2012年出版《书画挂历》，受到好评。每年老年大学艺术团参加市委组织部组织的庆“七一”文艺演出。

平邑县老年人体育协会，1990年成立，为副科级事业单位。2013年，全县老年体育组织形成县、镇、村（社区）三级网络，老年体育设施不断完善，老年体育人口日益扩大。全县参加老年体育活动的人口6万多人，约占全县老年人口的45%。

管理和待遇

管理　对离休干部的日常管理和服务工作，实行在各级党委老干部统一领导下，各单位分工负责的办法。离休老干部的政治、生活、医疗等具体服务工作，在原单位安置的，由原单位负责；易地安置和虽属就地安置但原单位撤销了的，由接受单位负责。无论怎样安置，原工作单位都应负责到底。老干部从哪个单位退下来，就由哪个单位负责管理。原单位破产、倒闭或撤销的企业，由该企业资产清算领导小组研究确定老干部的管理方案，报市或县、区政府审批后实行；改制、改组、改造或合并的企业，应按老干部政策，签订老干部管理协议，由改制、改组、改造或合并后的新企业按协议规定做好老干部管理工作。机构改革中合并的机关、事业单位的老干部，由合并后的新单位管理；撤销的，由党委组织部、老干部局研究制定老干部管理方案，报党委审批后执行。

新建老干部综合服务中心1个。利用平邑省财政直管县的优势加大对老干部服务基础设施资金转移支付力度。按照中央、省、市对离退休老干部工作转型发展的要求，针对平邑县干休所服务对象少、老干部在县城居住比较分散、老干部活动中心（老年大学）位置偏僻，老干部活动不方便的实际。为适应当前社会化养老的形势，结合平邑县城规划，整合现有干休所、老干部活动中心（老年大学）资源，在平邑县城中兴水河畔建设集养老、就医、日间照料、文体活动于一体的综合型老干部活动服务中心1个，实现资源共享。

实行社会化管理建立老干部公寓，是干休所发展的新方向。老干部公寓是一个全面、系统、复杂的工程，需要以科学、严谨的态度，做好充分的论证和细致的规划，老干部公寓概括的说就是“福利性事业，市场化经营”老干部生活服务机构，即通过市场化运作，吸收社会资本入股联合建立集养老、托管、娱乐、医疗等服务于一体的多功能大型老干部社会福利机构，采取租售结合的方式，把一部分离退休的老干部集中起来居住，为他们提供完善周到的人性化服务。根据离退休老干部的经济收入的和自身需要，老干部公寓可分为居家式的私人住宅，宿舍式的酒店公寓，医院式的养老病房等模式。

政治待遇 对于所有离休退休的老干部，他们的政治待遇包括阅读文件、听重要报告、参加某些重要会议和重要政治活动等等。切实从政治上关心爱护老干部。关心政治、关心国家大事，是老干部的可贵品质，充分理解老干部的这种政治热情，努力为他们参与政治学习和政治活动创造条件。坚持向老干部通报情况的制度。各级党委和政府原则上每半年向老干部通报一次本地经济和社会发展的全面情况，有关重大问题随时通报。每年“七一”、春节前夕召开老干部情况通报会，由当地、当部门主要负责人向离退休干部通报经济和社会发展的全面情况及下一步的工作打算。每年邀请县级实职老领导就“两会”政府工作报告征求意见；县级实职老领导作为特邀代表分别参加“两会”，参与党代会和人代会工作报告的讨论。

生活待遇 离休费按时足额发放，及时兑现政策增资。坚持以保障离休干部的离休费、医疗费为重点，积极解决统筹外项目，确保“三个机制”的正常运行。离休费按时足额发放，及时兑付政策增资。平邑县从7月起对全县党政、事业单位离休干部再次调整津贴补贴，每人每月平均增加350元，企业离休干部参照执行。

老年大学

平邑县老年大学相继开设卫生保健（西医、中医）、书法（楷书、行书、隶书、草书）、国画、诗词、电脑、葫芦丝、太极拳、舞蹈八门专业，丰富老年人精神文化生活，提高晚年生活质量，促进身心健康，弘扬精神文明建设的阵地。

县老年大学每年七一、国庆组织老年人举行文艺会演活动；组织老年大学老师和优秀学员深入基层，送文化下乡活动；组织老年人参加全国老年书画展，省、市委老干局和临沂老年书画研究会举办的各种老书画展，其中老干部参展的国画、书法曾多次获奖，并被省书画研究会评为先进单位。有多幅老年作品在省《老年教育》《书画艺术》《老干部之家》等杂志上刊登，并参加省、市老干局组织的各类老年书画展览。

第五章　政　法

1989 年 2 月，中共平邑县委政法委员会成立，列县委工作机构序列，是县委领导政法工作的综合职能部门，具有对全县政法系统各单位工作行使组织、指导、协调、监督、检查和服务的职能。1991 年 9 月，配备常务书记。同月，平邑县社会治安综合治理办公室（正科级行政单位）成立，与县政法委合署办公，一个机构两块牌子。1993 年 12 月机构改革时，政法委所辖县委打击严重经济犯罪斗争领导小组办公室（正科级行政单位）撤销，其职能并轨政法委员会。

第一节　社会治安防范

20 世纪 80—90 年代，按照“农村抓站岗、城市抓三防、城郊抓联防”的模式，平邑县大力加强社会治安防范工作，不断提升人民群众安全感。

1999 年，平邑县加强乡镇基层综治组织建设，设立警区，巩固综治组织网络，加强城区 110 报警联动服务机制建设。

2001 年，在城区建立以 110、巡警为龙头，城区派出所为主干，警区、治安岗亭为依托的治安防范网络，实现 24 小时站岗巡逻。在农村，加强警区建设和群防群治队伍建设，强化站岗巡逻，对治安混乱部位和突出治安问题实行挂牌督办，重点整治。

2002 年，推行治安防范承包责任制，按照大村 6 人、小村 4 人的标准，建立起村级专职站岗巡逻队伍。

2003 年，重点加强农村治保、调解、巡逻、帮教、普法“五位一体”的村级综治组织建设，把农村站岗巡逻纳入社会治安综合治理考核，90% 以上村居实现治安承包责任制。在城区，建立健全 110 报警快速反应机制、治安防范承包为主的单位内部防范机制、巡警为骨干的街面外控机制、社区建设为依托的区域防范机制，整合优化以巡警、交警、城管大队等为核心的七支队伍，实行定岗、定位、定人员、定责任的“四定”措施。

2004 年，成立全县治安防控体系建设指挥部和治安防控体系办公室，充实巡防队伍，改善装备，形成点线面呼应、多警种配套联动的全天候城区治安动态防控格局。在乡镇，按照县城驻地镇万分之八、其他乡镇万分之五的比例配备保安队员，实现治安防范专职化。

2006 年，构建技术防范网、流动警务网、警民联防网、农村治安防范网、区域协作网“五大治安防范网络”，建立城乡立体治安防控体系，提高全县治安防范水平。

2007 年，推行“治安保险”，形成综治部门和保险企业共建共享的治安防范格局。年底，全县“治安保险”覆盖面 60%。

2013 年起，组织县综治委成员单位对 68 个村、社区平安建设工作开展结对帮扶，年内把结对帮扶点建成“平安建设先进村（社区）”，确保实现“四无三零两降一升”（无重大影响的民转刑案件、无重大影响的群体性事件、无重大影响的治安案件、无重大影响的进京访事件，矛盾纠纷调处激化率为零、重大公共安全事故为零、重点服务管理对象漏管率为零，多发性侵财案件发案率下降、特殊群体重新犯罪率下降，人民群众的安全感、满意度进一步提升）的目标。是年8月，印发《关于视频监控全覆盖工程建设的意见》，在全县“天网”工程建设的基础上，建设以视频监控、治安卡口、交通电子警察为重点的全天候、全区域、全覆盖的视频监控系统，成立平邑县视频监控全覆盖工程建设指挥部，全面负责对全县视频监控全覆盖工程建设工作的领导。为全面提高群众的安全感和满意度，提升社会治安治理的能力和水平，多方筹集资金2600余万元，按照每村6个摄像探头的标准，在全县515个行政村实现视频监控全覆盖，达到“村村通”，工程建成投运后，群众失窃的少，发案率降低，社会治安状况明显好转，群众的安全感和满意度也明显提升。

第二节　打击犯罪

1983年，平邑县严厉打击严重刑事犯罪活动指挥部成立，按照坚决打击、一网打尽和从重从快的方针，在县内展开声威强大的严厉打击刑事犯罪的斗争，逮捕处理一批犯罪分子。

1994年，组织开展围歼“车匪路霸”和“打拐禁娼”专项斗争。

1996年，全县严厉打击严重刑事犯罪活动开展，对全县“严打”工作进行再动员再部署，大力整治社会治安秩序，严厉打击了严重犯罪活动，社会秩序明显好转。

2000年，以“车匪路霸”等各类“恶霸”“地痞流氓”犯罪为打击重点，组织开展"一反（反扒窃）二打（打击盗抢机动车和自行车、打击霸痞分子）三治理（治理落后区域、治理企业校园周边秩序、治理公共场所）"活动。

2001年，组织开展“打黑除恶”百日会战、追逃专项斗争暨秋季统一行动、严打整治冬季统一行动暨百日六大战役等专项打击行动。

2002年，组织开展严打整治“春季攻势”“夏季斗争大清理活动”、打击“两抢”犯罪专项斗争、严打整治斗争集中统一行动。

2006年，组织开展"春季严打。2007年，先后组织开展“打黑除恶”“两抢一盗”等一系列严打专项斗争。

2013年，破获各类经济案件19起，挽回经济损失1426万元。查处职务犯罪案件18件、23人。

第三节　社会治安综合治理

基层队伍

1994年，平邑县社会治安综合治理委员会成立，下设办公室为办事机构（以下简称综治办），综治办和县委政法委合署办公，所有乡镇综治委相继成立，明确各乡镇综治委主任由党委书记担任，党委分工书记担任综治办主任，各村建立集治安、调解、普法、帮教、巡逻“五位一体”的农村综合治理办公室。全县515个行政村全部建立集治保、调解、普法、帮教、巡逻于一体的综合治理办公室，治保主任任村综治办主任，专职巡防队员564人，建立调解委员会751个，配备2000多名专兼职人民调解员。

2012年5月，全县社会管理综合治理委员会第一次全体会议暨加强和创新社会管理工作推进会议召开，下发县委办公室、县政府办公室《关于公布平邑县社会管理综合治理委员会组成的通知》和《平邑县社会管理综合治理委员会第一次全体会议暨加强和创新社会管理工作推进会材料汇编》。

维稳

1986年是三年严打战役的最后一年，刑事发案减少。县委在政法委设立打击严重经济犯罪斗争领导小组办公室（简称打经办），开展打击经济犯罪活动，当年立案查处各类经济案件18起，挽回经济损失120多万元。针对当时的社会治安形势，集中开展以打击盗窃、抢劫、强奸、拐卖妇女、传播淫秽物品等违法犯罪为重点的专项斗争。为解决农村存在的突出治安问题，开展整治农村社会治安的斗争，为农村改革开放和经济建设创造良好的社会环境。

2001年后，先后开展“冬季行动”“春季攻势”和“打两抢、反盗窃”“打霸治痞”专项斗争及重点区域集中整治，严打整治工作使刑事发案率连年降低，社会治安形势持续好转。

2013年，投资2600万元安装摄像头11541个，规划监控点1075处。

矛盾纠纷排查调处

2004年11月，县委成立人民调解委员会，各乡镇成立人民调解委员会，80%以上村居建立人民调解委员会开展工作。同年全县城区及乡镇驻地中小学全部聘请兼职法制副校长，开设法制教育课。

2010年，县委、县政府明确提出“全县16个乡镇综治维稳工作中心全部达到规范化建设标准”。

2011年，制定平邑县《关于进一步深化矛盾纠纷大调解机制建设的实施意见》，在法院、检察、公安设立调解室，在卫生、人社、交警等部门设立专业调委会。聘请各行业专业人士20人担任专业和行业调委会调解员。全县人民调解组织网络基本健全，县直部门及企事业调委会达32个，乡镇街道及村居社区调委会746个，调解员2800余人，调解室800余处，全县各级人民调解组织共调处各类民间纠纷4650件，调解成功4528件，调解成功率达97.4%，避免民转刑案件26起，避免集体上访事件12起。

2012年，按照市综治委对县乡村三级综治工作平台规范化建设的要求，县综治委继续完善综治维稳中心规范化建设，达到“九统一”“六规范”的标准，理顺体制、明确职责、健全制度、规范运作，切实提高实战能力和水平。

是年，全县共受理各类矛盾纠纷5122件，其中，各专业性、行业性调解组织调处对接案件1939件，调解成功5056件，矛盾纠纷调解率达100%，调解成功率达98.7%。大量矛盾纠纷得到化解，大批信访问题得到解决，有力地维护了社会和谐稳定。

2013年4月25日，全县“平安乡村”建设现场推进会召开，现场观摩保太镇华阳警务室、堤后村、保太派出所监控平台等典型现场，总结近年来全县平安乡村建设取得的新突破，特别是视频监控全覆盖和警务室建设实现新突破，全县可防性案件呈下降态势，现案侦破率明显上升，社会治安形势进一步的好转。是年6月9日，全市深入推进平安乡村建设平邑现场会召开，坚持“重心下移抓基层、关口前移抓源头、突出重点抓典型、推进管理抓创新”的思路，以夯实社会管理组织、排查化解矛盾纠纷、提升治安防控能力、加强重点人群服务管理、推进民主法治建设为重点，深入开展“平安乡村”建设，为新农村建设创造了平安和谐的社会环境。

基层“创安”

1994 年，按照“农村抓站岗、城市抓三防、城郊抓联防”的模式大力加强社会治安防范工作，不断提升人民群众安全感。

2001 年后，全县围绕“平安平邑”建设，开展“平安乡镇”“平安村居”“平安企业”“平安家庭”“平安行业”等基层平安创建活动，明确相应的创建标准和考核办法，90% 以上的乡镇、村居和基层单位达到平安标准。同年县委、县政府把平安创建工作纳入经济和社会发展总体规划，形成全民平安创建的格局，以后县委、县政府每年与全县所有乡镇、县直单位层层签订《平安平邑建设责任书》，次年初召开上年平安平邑建设总结表彰大会，兑现奖惩。

2013 年，在全县“天网”工程建设的基础上，建设以视频监控、治安卡口、交通电子警察为重点的全天候、全区域、全覆盖的视频监控系统，成立平邑县视频监控全覆盖工程建设指挥部，全面负责对全县视频监控全覆盖工程建设工作的领导。在全县范围内开展“不忘父老恩 永记家乡情 我为乡亲送平安”募捐活动，多方筹集资金 2600 余万元，按照每村 6 个摄像探头的标准，在全县 515 个行政村实现视频监控全覆盖，达到“村村通”。

第四节　见义勇为

2011 年 12 月，平邑县见义勇为协会成立，配备 2 名专职工作人员，对平邑县近年来涌现出的见义勇为先进人物进行摸底调查，登记造册，实行每人一档。

2012 年，推荐 16 名见义勇为典型。公维国、潘玉才等被临沂市人大常委会授予“临沂市见义勇为英雄”称号，2 人获“一级英雄勋章”，2 人获“二级英雄勋章”，他们的事迹录入《临沂市见义勇为英模谱》。

2013 年，平邑县 14 个镇（街道）率先在临沂市设立见义勇为工作站，进一步完善见义勇为组织机构建设。通过沟通协调有关部门，做好见义勇为牺牲人员的评烈和负伤人员的评残工作；为 2 名获得市级以上见义勇为称号的特困见义勇为人员子女提供就学补助金。

第六章　宣　传

1989 年，中共平邑县委宣传部设办公室、新闻科、宣传信息科、理论教育科、企工科 5 个股级科室，平邑县精神文明建设委员会办公室和平邑县新闻出版中心 2 个正科级工作机构，平邑县文化产业发展办公室、平邑县互联网信息办公室 2 个副科级事业单位。

第一节　理论教育

1989 年起，县委相继开展丰富多彩的理论教育活动，使广大党员干部思想进一步解放，整体素质进一步提升，为全县经济社会科学发展提供坚强的思想政治保障。

1989 年至中共十四大召开前夕，主要进行哲学基本理论、党的基本路线以及党的十三届四中至十四大前的中央全会精神的学习教育。1990 年，开展《马克思主义哲学学习纲要》和《关于社会主义若干问题学习纲要》（“双纲”）学习活动。1991 年，开展“学党史、学党建理论”的“双学”活动和“忆党史、学党建、我为党旗添光辉”活动。

中共十四大召开至十五大前夕，主要组织十四大精神、建设有中国特色社会主义理论和基本知识的学习教育，党员干部受教育率达到95%以上，一般群众受教育率达到85%以上。1993年、1994年、1996年，县委印发《关于今冬明春在全县农村集中开展思想教育活动的意见》，组织全市广大农村党员干部群众开展思想教育活动。中共十五大至十六大召开前夕，重要组织党的十五大精神和邓小平理论的学习。2000年，县委印发《关于在县级和部分县直领导班子领导干部中开展“三讲”教育实施方案》，组织开展以讲学习讲政治讲正气为主要内容的“三讲”活动。2001年在全县农村开展“三个代表”重要思想学习教育活动，印发《关于开展村级“三个代表”重要思想学习教育活动的实施意见》。

中共十六大至十七大召开前夕，主要组织党的十六大精神和“三个代表”重要思想的学习教育。2002年县委连续制定《关于深入学习宣传贯彻党的十六大精神的意见》《关于在全县城乡开展党的十六大精神集中教育活动的意见》和《关于深入学习贯彻党的十六大精神的决定》3个文件，深入学习宣传贯彻中共十六大精神。2003年全县兴起学习贯彻“三个代表”重要思想的新高潮。2004年参与全市“全面弘扬沂蒙精神、建设小康社会”理论研讨会，举办弘扬沂蒙精神座谈会、研讨会，所撰写的《论弘扬沂蒙精神与落实科学发展观的一致性》获优秀论文二等奖；在对企业思想政治工作进行调研后写出的《关于改制企业思想政治工作的调查与思考》被推荐到省委宣传部；在全市纪念邓小平诞辰100周年理论研讨会上，共报论文8篇，其中《论邓小平理论与“三个代表”理论创新性的共同特征》获优秀论文奖。2005年县委在全县党员中开展保持共产党员先进性教育活动，广大党员以《保持共产党员先进性教育读本》为主要教材进行系统理论学习。2006年围绕贯彻落实科学发展观和第三批党员先进性教育活动，深入开展中共十六届五中全会精神的学习宣传教育和党员干部的理论学习教育，狠抓农村党员干部的理论学习和普及。

中共十七大至十八召开前夕，主要组织党的十七大精神、“三个代表”重要思想和科学发展观的学习教育。2007年、2008年全县围绕党的十七大会议精神，开展学习教育。2009年组织全县副科级以上领导干部进行十七届四中全会精神的集中培训，以及农村党员干部、妇女干部、青年干部等多个层面的理论学习教育。2011年在全县范围开展了中共十七届六中全会的学习贯彻工作，县委制定了学习贯彻的《通知》，成立宣讲团，深入基层对全会精神开展宣讲。

中共十八大召开后，主要组织学习党的十八大精神、“三个代表”重要思想、科学发展观和习近平总书记系列重要讲话精神。2012年，全县制定下发学习贯彻十八大精神的通知和宣传报道方案，举办辅导报告会。成立县委十八大精神宣讲团，举办各层次宣讲报告25场次，受教育人数6000余人次。举办中共十八大精神培训班，对基层干部进行轮训。2013年，全县认真开展中共十八大精神学习教育，开展党的群众路线教育实践活动。

第二节　解放思想大讨论

2004年，组织开展历时3个月的“抢抓机遇，奋力赶超”解放思想大讨论活动，找出阻碍发展的种种思想表现和解决途径，使全县上下形成“谋发展、奔小康”的浓厚氛围。2006年开展“弘扬九间棚精神，站在新起点实现新跨越”解放思想大讨论活动。

2007年，利用2个多月的时间在全县机关干部中深入开展以“弘扬九间棚精神，促进又好又快发展”为主题的新一轮解放思想大讨论系列活动，组织开展“六个一”活动，引导干部群众“破除四种观念、树立四种意识”，重点解决全县上下在又好又快发展意识、发展能力、发展精力、工作效率等四个方面存在的各种突出问题。活动中，县直各单位、各乡镇都层层举办了演讲比赛、报告会，县里设立了“马上就办”举报电话，新闻媒体开设“马上就办”“曝光台”和“市民论坛”等。其中在开展的“我为又好又快发展建一言”活动中，全县共征求各类意见或建议3000多条，从中整理归纳10个方面较有价值的好建议，并分解到相关部门、单位进行研究落实。

2008年，开展“优化发展环境、促进跨越发展”解放思想大讨论活动。

2009年，开展“弘扬九间棚精神、科学发展创一流”解放思想大讨论。

2010年，开展“弘扬九间棚精神、大力转方式、调结构、促发展”第八次解放思想大讨论活动。

2011年，利用两个月的时间组织开展以转变作风、提升效能为主题的大讨论活动，重点组织实施了优化发展大家谈、设立书记县长公开电话、建立问题整改销号制度、部门服务效能评议等行动，引导广大党员干部深入学习讨论，认真查摆问题，落实整改措施，提升了服务效能。

2012年，组织开展以“比学赶超促跨越、创业创新创一流”为主题的大讨论活动，组织开展单位自查互评、群众建言献策、“解放思想大家谈”等活动，引导各单位深入学习、认真查摆问题、制定整改方案、树立比学赶超目标，接受社会监督。活动得到全县各界的参与和支持，共收集各类建言300余条，促进了相关工作的改进。

第三节　社会宣传

主要围绕理想信念、形势政策、国防知识、双拥共建、文明创建等开展宣传。

1989年以来，每年全县围绕“七一”“八一”“十一”等重大节庆，开展形式多样的社会宣传，有效地增强干部群众的爱党拥军爱国意识。围绕党的历届大会及全会精神，深入宣传学习贯彻党的路线方针政策，凝心聚力，振奋精神，催人奋进。

1999年，组织开展纪念中华人民共和国成立50周年系列主题活动，加强爱国主义宣传，引导群众增强爱国主义思想。

2003年，围绕中共十六大开展形式多样的社会宣传活动，引导全县党员群众思想上与党中央保持高度一致。重点围绕“三农”惠农政策开展各类宣传教育，推动新农村政策落地生根。

2006年，以“八荣八耻”为主要内容的社会主义荣辱观提出后，全县充用宣传标语、播音喇叭、广播电台等开展深入宣传，引导全县广大党员干部积极树立社会主义荣辱观。

2009年，以纪念中华人民共和国成立60周年为契机，组织开展庆祝新中国成立60周年系列宣传教育活动，制定《关于围绕庆祝新中国成立60周年在全县开展群众性爱国主义教育系列活动的实施方案》，逐步掀起群众性爱国主义教育活动高潮。

2011年，为庆祝建党90周年，组织举

办“跟着共产党走”大型红歌演唱会、全县书画摄影奇石盆景展、全县“温故党史、感言记忆”征文、全县党史知识竞赛等活动，组织播放红色电影6000余场次，宣传引导群众增强爱国意识。

2012年、2013年，重点围绕中共十八大胜利召开，开展形式多样的社会宣传教育，用习近平总书记系列重要讲话来宣传教育引导全县党员干部群众，确保思想上与党中央时刻保持高度一致。

县委县政府各界领导历来高度重视对外宣传工作。1989年,《农村财务管理亟须加强》在《人民日报》发表,《平邑综合开发山区加快脱贫致富步伐》等4篇稿件在《大众日报》发表；1990年《卞桥镇建立农村后备干部学校》等稿件在《大众日报》发表；1991年《平邑县开展“创先”活动，涌现一批九间棚式群体　九间棚精神开花结果》《中流砥柱——平邑县领导抗洪救灾纪实》等6篇稿件在《大众日报》发表；1992年《刘加坤的进京“礼物”》在《人民日报》发表,《金银花茶“久服轻身”》在《农民日报》发表,《贫困山区怎样发展乡镇企业—平邑县部分乡村的成功经验给人们三点启示》《平邑县发展市场经济有新举措大胆让个体户掌印》等8篇稿件在《大众日报》发表；1993年,《平邑建筑工程总公司靠改革焕发活力》《保太乡科学种地致富》《谭家武阳村另辟蹊径出新招：种菜大棚变鸡舍效益显著》3篇稿件在《人民日报》发表,《蒙山将建成旅游观光胜地》在《光明日报》发表,《调整责任田不能一刀切》《欲成大款　先富大脑　平邑千名个体老板捧起书本》《平邑攻破高标号水泥难关》《平邑县综合治理小流域驱贫致富》4篇稿件在《农民日报》发表,《团县委“下海”发了既学了游泳又捉了大鱼》在《中国青年报》发表,《把这口号叫得更响亮——平邑县委建立新型干群关系的事迹》《平邑百分之九十以上村庄通公路》《沂蒙脊梁——山东平邑县天宝乡九间棚村史第一页》等6篇在《大众日报》发表，广播稿《农民抢购“护身符”》在山东省电视台播出，并获得全省好新闻二等奖;《果丰何以农忧—对武台果品滞销的反思》《“脑子”“票子”“膀子”三位一体　平邑县兴办扶贫联合体》等稿件在《临沂日报》发表。

1994年以来，全县每年在市级以上新闻媒体发表稿件2000篇以上，其中重要稿件均占60%以上，增强了平邑的知名度和美誉度。

2004年，共在市级以上媒体发稿2800多篇（条），其中中央级新闻稿件220篇，新华社通稿12篇，重要稿率达65%以上，市级以上发表头版头条36个,其中《临沂日报》17个，从工业、农业、旅游等方面展示平邑改革、发展、稳定的良好形象，并成功推出了平邑县审计局、陈永玲、李殿印、包庆荣等先进单位和个人的典型。

2007年，全县共在市级以上平面、网络媒体发稿达3000多篇，重要稿达70%以上。其中《临沂日报》头版头条13个,《大众日报》《农村大众》头版头条7个。平邑电台、电视台创设各类专栏20多个，播发各类新闻稿件1600余条，专题280期；在市以上电台、电视台播发各类新闻1500余条，其中中央级20条，省级300多条。这些稿件充分展示富强、文明、和谐新平邑的良好形象，为全县三个文明建设提供强有力的舆论支持。

2008年，全县共在市级以上平面、网络媒体发稿2060篇（件），平邑电台在市级发表稿件得分3160分，平邑电视台在市级发表稿件2960分，均名列全市前茅；《大众日报》、山东电台、电视台发稿进入一等奖行列。市级以上新闻媒体特别是《临沂日报》重要稿率达70%以上，头版头条21个，《人民日报》、新华社、《农民日报》、《大众日报》等中央、省级主流媒体对平邑县的新农村建设、农村基层组织建设、“一区两城一带”建设、生态文明建设等作了全方位的宣传报道，《平邑：只有农民受益了，干部才吃香》一稿新华社发通稿后，全国30余家新闻媒体刊载，收到了良好的社会效果。

2009年，共在市级以上新闻媒体发表新闻稿件近6000篇（幅），推出《平邑进入加速发展黄金期》《平邑大项目领跑县域经济》《平邑经济“变寒为暖”逆势飘红》等一批在中央、省、市级媒体上发表的重头稿件，引起较大反响。由县广播电视台独立采编的新闻《天宇自然博物馆发现孔子天宇龙化石，解原始羽毛之谜》，先后在中央电视台《新闻联播》、新闻频道、中文国际频道播出，并经新华社、人民网、新浪、搜狐等媒体转发，在国内外引起较大轰动。《“禽北上、畜南下”提供农牧业生态发展新思路》一文被新华社编发通稿，全国40余家新闻媒体转发；《平邑：工业企业逆势突围》一稿在《大众日报》头版头条位置刊登。

2010年，新华社播发通稿3次，中央电视台《新闻联播》播发平邑新闻2次，中央四台、七台及中央电视台新闻频道播发平邑新闻各2次；节会宣传的优势及效果更加明显，5月举办“首届中国平邑金银花节”，9月举办第八届蒙山长寿文化旅游节，共邀请市以上媒体记者160多人次，实现报刊、网络发稿300余篇。

2011年，全年共在市级以上新闻媒体发表新闻稿件2700余篇（件），重要稿达65%以上。以举办“首届中国金银花节暨全国金银花高层论坛”为载体，邀请中央电视台、新华社、人民日报等国内30多家新闻媒体100多人次，策划组织“平邑金银花”集中对外宣传；以“创建文明城市工作”为载体，策划组织对全县文明创建成果及经验做法的集中对外宣传；以重点工作和重大活动为载体，策划组织以创先争优活动、基层党组织建设、重大民生工程建设、新型太阳能产业、科技农业、新农合和新农保等集中采访报道。

2012年，全县共在市级以上新闻媒体发表新闻稿件3200余篇（件），重要稿达65%以上。在对外宣传中突出重点，围绕全县重点项目、民生工程经验、三农、工业突破年、城镇建设等重点话题，充分利用中央、省、市各级各类媒体资源，及时、准确、新颖地展示全县各行各业的精神风貌。

2013年，全县市级以上平面新闻媒体发表稿件2600余篇，重要稿达65%以上；电视新闻方面，省市台发稿近300条，及时、准确、新颖地展示全县各行各业的精神风貌，为打造“富美和谐、生态宜居”新平邑做了宣传报道。

第四节　新闻宣传

新闻宣传主要围绕县委、县政府中心工作，服务全县发展大局，凝心聚力，提振精神，鼓舞干劲，主要依托县内主流媒体开展宣传报道。平邑县报社自成立以来，积极发挥作用，及时编辑出版相关新闻，全面展现平邑县发展状况，达到服务全县大局，凝心聚力，鼓舞士气的效果，深受全县各界认可和好评。2002年撤销。

2007年，先后在《临沂日报·农村版》、《沂蒙晚报·平邑版》、县电台电视台的《平邑新闻》中开设“两会专题报道”“创建文明城市”“保持共产党员先进性长效机制”等专栏进行阶段性、战役性、集中性的宣传报道。

2008 年，紧紧突出“五城联创”、重点工业项目建设、城市建设特别是城中村改造等工作重点，在平邑电台、电视台、《临沂日报·平邑版》、《沂蒙晚报 · 平邑版》、平邑人民政府公众信息网等新闻媒体集中推出一批挂牌栏目、开辟新闻专栏、组织拍摄或撰写系列宣传专题，播发或刊发各项新闻稿件 1800 多篇（条），在全县上下积极营造了良好的舆论氛围。

2009 年，建立平邑宣传网，扩大了宣传阵地。修订完善《平邑县新闻宣传工作考核奖励办法》《平邑县新闻宣传奖励实施细则》等系列规章制度，进一步规范了全县的新闻宣传工作制度和奖惩制度。

2010 年，新创办“一报一网”，即内部交流性刊物《平邑宣传》和平邑宣传网，当年出版《平邑宣传》39 期，平邑宣传网刊发各类稿件 840 余篇；对平邑电台、电视台的新闻节目进行改编、改组，节目的容量、播出密度和播出时效大大提升。设置《平邑新闻》《农事乡情》《行风热线》《百姓关注》《城建之声》等专栏，共播出《平邑新闻》节目 240 期，专题节目 100 期。特别是作为替百姓说话、为政府分忧的《行风热线》栏目，共接听各类电话近 1000 多个，为群众解决疑难问题 50 多件。

2011 年，《平邑宣传》共接受社会来稿 3000 余篇，全年编辑出版 50 期；县电台、电视台编发《平邑新闻》节目 306 期，播发新闻稿件近 2000 篇；电视专题节目 448 个，广播节目 390 期。

2012 年，编辑出版《平邑宣传》52 期，县广电台制作播出电视新闻 300 余期，播发新闻稿件 3000 多篇。投资 100 万元的《行风热线》节目实现广播、电视并机直播，形成广播、电视立体传播格局。

2013 年，编辑出版《平邑宣传》40 期，先后开辟阶段性重点工作专栏、文明乡村建设、第一书记、道德模范、最美志愿者、双拥模范县创建等专栏。制作电视节目 1620 期，开播《平邑新闻》106 期，建立集信息发布、网台互动、增值拓展等领域于一体的官方网站——“平邑视线”，实现网视融合，进一步弘扬主旋律，增强新闻影响力。

第七章　精神文明建设

第一节　创建活动

1989 年后，平邑县精神文明创建活动以创建文明村镇（区）、文明户、文明行业、文明单位等为载体，以创建全省文明城市为目标，坚持以人为本，覆盖全社会的各个层面，逐步形成多方参与、齐创共建的局面。

2004 年，推动文明单位创建与管理规范，加大文明单位的监督考核力度，对各级文明单位进行全面复查，共淘汰不合格文明单位 14 个，自然削减县级文明单位 11 个，申报并获得省级文明单位 1 个。同时，强化对文明单位和文明市（村）民的社会监督力度，实行公示制度，对评选出的各类典型进行公开宣传和公示，加强典型引导，增强透明度。

2005 年，围绕“文明平邑”建设，制定实施意见和方案，组织实施好以“素质、细胞、平安、诚信、新风、示范”为内容的六大工程，不断提高城乡文明水平。在全面实施“文明平邑”创建过程中，举办各种活动，如“建文明平邑，做文明公民”大讨论等，增强广大干部群众的文明意识、法律意识和社会公德意识，在全县营造团结向上、文明礼貌、诚实守信的良好风气。建设文明社区、文明行业、农村文明一条街为重点，创建相统一，“建”“管”“用”相协调，以此推进精神文明建设全面发展。

2006年，重点抓“文明生态村”建设，在加强农村“文明一条街”建设的基础上，以“一池四改”“三清五化”“六通九有”为重点，选定20个基础条件好的行政村作为全县文明生态村建设示范点，组织32个省市级文明单位对示范点进行重点包扶，效果非常明显；对省、市级文明单位进行复查验收和重新申报工作；在全县金融系统和财税系统开展“十佳文明服务窗口”评比活动，狠抓未成年人教育，开展以“阳光热线、阳光助学、阳光体验”为主要内容的“阳光工程”实践活动，良好效果。在上半年召开的全省未成年人教育现场会上，平邑县代表全市作典型经验介绍。

2007年，通过“文明临沂”验收。年底全县共有省级文明单位20个，市级文明单位67个，县级文明单位222个。

2008年，以争创省级文明城市为重点，开展“迎奥运、讲文明、树新风”活动，实施文明风尚培育、公共秩序规范、服务水平提高、城乡环境改善、志愿服务提升、礼仪文明养成、和谐关系构建、传统文化弘扬等“八大行动”，推动各项文明创建活动扎实开展。在县城，开展创建文明社区、文明行业、文明单位、文明机关等系列创建活动，创建高标准文明社区20个。在农村，开展文明村镇、文明生态村和文明一条街建设活动，启动32个村、49个单位开展生态文明村联村共建工作，援建农村文化大院、农家书屋20多个。6月顺利通过省级文明城市测评验收。年底，全县共创建全国文明村镇1个，省级文明单位12个、文明机关3个、文明村镇7个、文明社区2个，市级文明单位45个、文明机关10个、文明村镇15个、文明生态乡镇4个、文明社区6个，县级文明单位、村镇222个。

2009年，制定下发《关于进一步开展文明生态村建设的意见》，在“联村共建”中实行“多帮一”的做法，集中人力、物力和财力，建出典型、建出特色，第三批文明生态村17个建设点已初见成效。截至年底，6个乡镇被评为市级文明乡镇，开发区胡同村、白彦镇山阴村等4个村被评为市级文明生态村。共创建省级文明单位、机关、村镇、社区28个，市级文明单位、机关、村镇、社区82个，县级文明单位、机关、村镇、社区246个。

2011年，印发《我为“创城”添光彩争做文明平邑人—致全体市民的一封信》和《创城明白纸》近20万份，编印《市民文明手册》2万册，社会宣传效果非常显著，顺利通过省文明办验收，并被评为省级文明县城；在全县开展“道德模范”评选、“十大杰出青年”评选等活动；与县银监局、金融办等单位联合，在全县金融系统组织开展“文明服务窗口”和“文明服务明星”评选活动；与县人行联合组织实施“全县农村文明信用工程”，首次对农村信用体系建设的方式方法进行了大胆尝试和探索，年底全县共有省级文明单位27个，市级文明单位76个。

2012年，通过召开现场会，“乡村文明行动”等全力铺开，全县35%的村达到生态文明村标准，60%以上的实施分类推进工作计划及整治措施，提高农村文明程度；推行以“网格化管理”和“门前五包”为核心内容的城市日常管理措施，在全市城市文明指数测评中名列第六；创新文明单位建管工作，年底共创建省级文明单位28个，市级文明单位77个。

2013年，对全县的乡村文明行动工作进展情况进行摸底调查，评选表彰“乡村文明行动”示范镇（街道）7个、示范村（社区）13个、达标村（社区）23个、特色文化村（社区）10个，市级乡村文明家园4个。至年底，全县共有省级文明单位29个，市级文明单位78个。

第二节　思想道德建设

1989年后，平邑县开展社会主义道德教育活动，以培养市民社会公德、职业道德、家庭美德为着力点，组织和引导群众开展形式多样的道德教育活动，提高群众的思想觉悟、道德素质，增强爱岗敬业精神，让群众在参与活动中接受先进思想、先进文明，树立良好的道德风尚。

1999年，全县开展“学先进、讲奉献、树新风”活动。各乡镇、各部门根据各自的实际情况，结合行业特点，开展“九间棚精神”“学雷锋”“学铁人”“学焦裕禄”“学赖宁”“我要站柜台”“我为祖国多打粮”等群众性活动，全县干部群众思想道德建设得到加强。

2004年，宣传贯彻《公民道德建设实施纲要》，开展“9·20”公民道德宣传日活动，评选出市级文明市民10人、县级文明市民100人和县级文明市民标兵10人，有12人被市委、市政府命名为“临沂市精神文明建设先进工作者”，陈永玲被市委、市政府命名为“全市精神文明建设十佳人物”。联合县教育局、县妇联、团县委、县文体局在全县中小学等单位广泛开展加强和改进未成年人思想道德建设活动，通过制定下发《实施意见》、明确目标任务分工等，为未成年人思想道德建设工作开展奠定良好的基础。

2005年，以理想信念教育为核心，加强爱国主义、集体主义、社会主义思想教育。贯彻《公民道德建设实施纲要》，组织多种形式的道德教育实施活动，推出一批公民道德建设示范单位。组织参加全省开展的“创新山东十件大事，感动齐鲁十佳人物”的推荐和宣传工作，力求平邑先模人物和先进经验叫响全省。加强社会公德、职业道德、家庭美德建设。建立监督保障机制，强化舆论导向、社会监督，使公民基本道德落实到公共生活的各个环节，成为全体公民的自觉行动。

2006年，学习贯彻中共十六届五中、六中全会精神，开展“弘扬九间棚精神，站在新起点实现新跨越”大讨论活动，以及践行社会主义荣辱观，思想进一步统一。制定《关于深入学习实践社会主义荣辱观活动，进一步推动文明平邑建设的实施意见》，明确了指导思想、工作原则和任务措施，在全县掀起学习实践社会主义荣辱观的高潮。

2007年，通过开展“八荣八耻”教育，树立正确的社会主义荣辱观；通过开展“文明与你同行、责任伴你成长”主题教育系列活动，树立正确的人生观；通过开展创建“文明校园”活动，使广大未成年人自觉参与文明城市创建活动；通过倡议“文明上网”“绿色网上行”活动，引导青少年自觉抵制不良网站；通过开展“青少年模拟法庭”“维权小卫士”活动，引导未成年人学习法律知识，自觉遵纪守法；通过开展“珍惜资源、崇尚节约”主题教育和社会实践活动，培养未成年人的环保意识。

2008年，以建设社会主义核心价值体系为核心，在全县开展理想信念和以“八荣八耻”为主要内容的社会主义荣辱观教育，宣传弘扬沂蒙精神和九间棚精神，加强未成年人思想道德建设，改进农村、企业、社区基层思想政治工作的方式方法等。通过这些活动，为发展奠定坚实的思想基础，营造良好的舆论氛围和外部环境。

2009年，按照建立社会主义核心价值体系要求，印发《关于实施“四德工程”、进一步推进公民道德建设的意见》，组织开展道德模范评选活动，共推荐评选出市级道德模范8名、省级道德模范2名，评选出县级道德模范28名，并分别在报纸和电视上进行公示，达到弘扬社会公德、职业道德、家庭美德，用身边的典型教育、引导市民的效果。

2012年，全县建成各类“道德讲堂”152个，开展活动300多场次，受教育群众达3万余人；组织开展道德模范事迹巡讲活动及“我推荐我评议身边好人”活动，有2人新入选“中国好人榜”，累计入榜人数达到9人；开展“学雷锋、做一个有道德的人”主题活动、“美德少年”评选表彰等活动，有效推动道德建设。

2013年，开展“我的中国梦”主题宣传教育活动，教育引导广大党员干部群众不断增强中国特色社会主义的道路自信、理论自信、制度自信。全县召开“四德工程”建设及乡村文明行动推进工作会，制定下发《关于深入实施“四德工程”扎实推进社会主义核心价值体系建设的意见》，层层签订工作责任状。全县共有近100个行政村设立善行义举四德榜及70岁以上老人赡养公示栏。组织开展第四届道德模范宣传评选活动，利用电视、报纸等媒体广泛宣传、报道道德模范事迹。加强“道德讲堂”建设，组织开展集中开讲，切实发挥道德讲堂净化心灵，提高文明素质的作用。同年10月，全市乡村文明行动暨“四德工程”建设第二次现场推进会在平邑县召开，市委副书记李峰对平邑县“四德工程”建设给予高度评价和充分肯定。组织开展第四届道德模范宣传评选活动，加强“道德讲堂”建设，发挥道德讲堂净化心灵，提高文明素质的作用。在全县中小学校开展“向国旗敬礼、做有道德的人”网上签名寄语活动和优秀童谣征集活动，积极培育和践行社会主义核心价值观，丰富广大少年儿童的精神文化生活；提高乡村学校少年宫建设管理水平，制定下发《关于进一步加强全县“乡村学校少年宫”建设的通知》，全县乡村学校少年宫的硬件建设、队伍建设、活动室建设、资金投入建设、档案建设等工作得到规范完善，依托少年宫开展的各类活动更加吩咐，发挥出“乡村学校少年宫”未成年人思想道德建设阵地的作用。同年，特教学校和东阳完小分别获得中央级、省级资金扶持。

第三节　文明风尚

移风易俗

由于种种原因，全县一些资本主义和封建主义的腐朽思想仍有市场。婚丧事宜大操大办、讲排场、比阔气、雇鼓手、相互攀比、追求豪华奢侈风气呈上升趋势，算卦、相面、看风水、烧香拜佛、巫婆神汉上大供、跳大神等封建迷信活动和非法宗教活动公开进行，打架斗殴、赌博、虐待老人的现象仍然存在。这些不法行为，侵蚀人们的心灵，败坏社会风气，而且严重妨碍改革开放和经济建设进程。县委、县政府制定《关于加强移风易俗工作的意见》《红白理事会工作章程》等进行正面宣传引导。广泛开展“八提倡、八反对”和“十禁止”宣传教育，引导人们更新观念，树立新风，追求科学、健康文明的生活方式。责成文明办、统战部、公安局、民政局、工商局、文化局组织专门力量大抓移风易俗工作。参与部门每年都在全县范围进行一次拉网式集中整治行动。

查禁、取缔各种封建迷信活动和非法宗教活动。坚决取缔算命、占卜、看风水和祭路、祭山等迷信活动，对从事封建迷信活动的工具和用品一律没收销毁，对从事生产和销售迷信用品的厂店一律查封，对利用封建迷信和非法宗教活动诈骗钱财、谋财害命、造谣惑众、扰乱社会治安的，依法严肃处理，对从事非法宗教活动的依法查处。

禁止婚事大操大办，提倡婚事新办、简办，鼓励青年人旅游结婚和举行集体婚礼。严格执行婚嫁规定，严禁公车参与婚嫁活动。对违反规定的，给以经济处罚，并视情节轻重给予批评教育或党纪政纪处分。

禁止丧事雇鼓手、吹喇叭和木棺土葬等行为。对违反者，予以经济处罚，是中共党员、干部、职工的，给予党纪、政纪处分。各乡镇、各部门发现本单位有上述行为的均采取措施，坚决制止，制止不力的追究主要领导责任，情节严重的给予党纪政纪处分。民政、公安、文化部门联合进行清查摸底，对鼓手喇叭一律没收，从业队伍一律取缔并对责任人处以相应罚款。

扫除文化垃圾，净化社会文化环境。严禁各种媒体对封建迷信和旧习俗的渲染、传播，严禁修建各种带有迷信色彩的设施。对违反规定的，给予行政和经济处罚，情节严重的依法惩处。每年都组织力量对音像市场、书摊、印刷行业等进行检查，对查获的违禁书刊、光盘等，分别进行封存和销毁。

各乡镇、县直有关部门都成立专门班子，层层落实责任制，卓有成效地开展工作。集中查处之后，各乡镇各单位都根据不同情况制定相应的整改措施，抓好落实，防止回潮。县里把移风易俗工作列入文明乡镇、文明村和文明户创评的重要内容，有效地推动移风易俗工作的开展。

好人好事

1989年以来，以争做“好人好事”为主线，在全县开展“学先进、讲奉献、树新风”活动，激发人们投身改革和建设。“学先进”，主要是倡导工人学习王铁人、李素丽，干部学习焦裕禄、孔繁森、王廷江，青少年学习赖宁，全社会学习雷锋，在全县上下造成学先进赶先进的良好氛围。“讲奉献”，主要是教育和引导广大干部群众树立全心全意为人民服务的精神，自力更生、艰苦创业的精神，舍己为人、见义勇为的精神，一心为公、无私奉献的精神。“树新风”，主要是倡导文明健康、积极向上的社会主义道德风尚，形成良好的社会风气，为治理整顿、深化改革和“文明、稳定、富民、强县”创造良好的社会环境。

在开展争做“好人好事”活动中，积极引导广大干部群众把学习全国、全省的先进人物同学习本部门、本单位的先进典型结合起来，把对先进人物的学习融于自己的实际行动中，从现在做起，从自己做起，从小事做起，立足干好自己的本职工作，在平凡的工作岗位上尽职尽责，为物质文明建设和精神文明建设贡献力量。全县共青团组织在“学先进、讲奉献、树新风”活动中，围绕团的工作特点，要求团员青年立足本职奉献社会，积极开展“青年文明号”“青年志愿者”活动。他们以“奉献、友爱、互助、进步”为宗旨，以“志愿报社会、真情暖人心”为目标，以净化公共秩序、环境卫生、植绿护绿、尊老爱幼为主题，先后组织开展大规模志愿服务活动100余次，发动青年、学生到敬老院做好事1万余人次，为新时期“学雷锋、树新风”活动的延伸和深化提供有益的载体。各部门、单位也都紧密联系实际，注意培养和推出本地区、本行业、本单位体现时代精神，具有各自特点的先进集体和先进个人，充分发挥先进典型的示范、带头作用。

在开展活动中，县委、县文明委和有关部门加大宣传力度，多次组织先进人物事迹报告团、召开座谈会、举办演讲会等形式，广泛宣传先进人物的感人事迹和崇高精神。同时，利用广播、电视、报纸等宣传工具，进行积极正确的舆论引导，对好人好事进行宣传，在社会上形成积极向上、奋发进取的浓厚氛围。

第八章　统战与对台事务

平邑县委统战部是正科级行政单位，是县委主管统战工作的职能部门，主要任务是贯彻党的统一战线方针政策，团结党内外海内外力量，为现代化建设和祖国统一贡献力量。1991年，全县26个乡镇均设立统战机构，全部配备专兼职统战干部。统战部原辖台湾工作办公室和民族宗教事务局2个正科级行政单位。2005年10月，台湾工作办公室隶属县委办公室，民族宗教事务管理局隶属平邑县政府。

第一节　统战宣传

1989年，组织专人编写《统战知识系列讲话材料》4讲，编印3万余字的《基层统战工作学习宣传材料》2000本。1989年，召开4次全县统战工作会议。2011年，印发《2011年度全县统战信息工作考评表彰办法》，进一步完善平邑县新形势下统战工作的信息报送工作机制，显著提高了统战信息工作水平。

第二节　服务经济建设

1990年，成立平邑县工商联第四届筹备工作领导小组，以县委57号文件批转《关于恢复工商业联合会筹备工作预见的报告》。1992年先后成立科技致富能人协会，工商联合分会，发明创造“九用于一体”的多功能猪圈。1996年实施“千户万元奔小康”工程。深入开展“光彩事业活动”，引导更多的非公人士奉献爱心，回馈社会。2000年重新制定下发《关于在全县继续深入开展“双万”帮带致富活动的意见》，进一步明确指导思想、任务目标和主要措施。

2006年，认真组织实施“亮康行动走进平邑”活动。至2013年，免费诊治2万余人次，有千余名农村老人接受免费手术治疗，为困难群众节省费用5000余万元。

第三节　党外干部工作

1991年，县委专门召开培养选拔党外干部的工作会议，制订培养选拔党外干部的3年规划和近期目标。

1996年，制定《平邑县关于培养、选拔党外干部工作意见》，通过党校培训、挂职锻炼等途径对后备干部进行教育培训。

2000年，举办全县副科级以上党外干部

培训班，38名党外干部接受统战理论和政策、市场经济知识、法律知识等系统教育。

2011年，制定《平邑县“党外代表人士队伍建设年”活动实施方案》，建立平邑县党外代表人士队伍信息库，推荐党外代表人士133人，其中无党派人士80人，少数民族代表人士12人，宗教界代表人士5人，非公有制经济和新的社会阶层代表人士36人。

2013年，选派1名县政协副主席到重庆市挂职锻炼，在全县交流6名党外干部。

第四节　党外知识分子工作

1989年对全县所有的党外知识分子进行重新摸底，进行建档立卡，建立非党知识分子联络员制度，并在平邑镇建立非党知识分子联络小组。1990年建立县一中和县医院两个联络点。

1995年，统战部推荐8名优秀党外知识分子成为市政协委员，其中两名任政协常委。1998年有4人被聘为临沂市党外知识分子联络员，完善党外知识分子联谊交友制度，新建立完成3个党外知识分子联络点。

2011年，对全县的党外知识分进行重新摸底排查，建立完善数据库，并以联谊分会为平台，积极开展各项活动。

2013年底，筹备召开全县成立党外知识分子联谊会，更好地开展党外知识分子工作。

第五节　对台事务

1989年，统战部召开台湾形势报告会，并在有关乡镇召开工作经验交流会，在全县发起“一封信”对台活动，台属联谊组织发展到10个。

1990年，印发《关于加强对台交流活动管理的通知》《关于做好台胞接待工作意见》，并在当年接待探亲台胞61人。

1991年，在全县26个乡镇设立统战对台工作领导小组、台属联谊会以及台胞接待站。1992年，通过搭桥牵线台胞刘志先建立鲁南石材有限公司，填补平邑县台资企业的空白。

1997年，以香港回归为契机，召开台胞座谈会，并举办“庆香港回归”书画展。2000年，完成对台对外宣传资料《新世纪的临沂》的组稿工作。

2013年，县台办组织召开台属联谊会换届，并发挥联谊会作用，全面加强对台各相关工作。开展发一个邀请函、写一封信、寄一份宣传材料、打一次联系电话，对台属企业开展一次慰问。当年，一代台胞13人，台属83人。

第九章　机关党建

第一节　组织建设

1989年3月，按照县委部署，全县31个基层党委、1545个党支部普遍开展坚持党员标准教育活动，通过动员学习、民主评议、组织处置，使广大党员受到系统的思想教育，有效地提高了党员队伍的素质。1990年县委部署在全县党员中开展“学党章、正党风”活动，进一步弘扬沂蒙精神，下发《关于在全县开展社会主义教育实施方案》。

1991年，县委决定在城市社会主义思想教育检查整改阶段，对县直机关、企事业单位的党员干部集中进行一次思想、作风、纪律整顿，以进一步提高干部的政治素质，改进机关作风，达到振奋精神、团结实干、清正廉洁高效的目的。

1995年，中共平邑县第九届委员会第一次会议通过《中共平邑县委关于加强自身建设的决定》，要求县委必须建设成为一个团结务实、精干高效、廉洁勤政、作风优良的战斗集体。1998年，印发《关于开展机关思想集中整顿活动的意见》及《关于进一步转变工作作风提高工作效率的若干规定》，对机关思想作风整顿作出部署。

2001年，印发《关于在全县开展“三个代表”重要思想学习教育活动的实施意见》《中共平邑县委关于进一步加强农村基层组织建设的意见》，进一步提高干部整体素质，全面提高基层组织建设水平。

2005年，印发《中共平邑县委关于深入开展以实践“三个代表”重要思想为主要内容的保持共产党员先进性教育活动的实施方案》，要求广大党员学习执行党章，坚定理想信念，坚持党的宗旨，增强党的观念，发扬优良传统和作风，认真解决党员和党组织在思想、组织、作风以及工作方面存在的突出问题，促进影响改革发展稳定的现实问题和涉及群众切身利益的实际问题的解决，保持党员队伍的先进性和纯洁性，不断增强党组织的创造力、凝聚力、战斗力。

2006—2013年，县委先后印发《关于在全县开展“弘扬九间棚精神站在新起点实现新跨越”解放思想大讨论活动的意见》《关于进一步加强农村基层组织规范化建设的意见》《关于建立健全落实科学发展观长效机制推动科学发展、率先发展、和谐发展的意见》《关于进一步加强和改进领导干部作风建设的意见》《关于进一步加强新形势下党建带团建工作的意见》《关于在全县开展“比学赶超促跨越、创业创新创一流”解放思想大讨论活动的实施意见》《关于进一步弘扬沂蒙精神和九间棚精神加强社会主义核心价值体系建设的意见》《关于进一步加强农村基层组织规范化建设的意见》《关于加强意识形态工作的实施意见》等，采取多种方式，不断加强党的建设。

第二节　思想建设

1989年以来，县直机关工委面对机关党建工作的新形势、新问题和新变化，主动适应新常态、展现新作为，紧密联系新的形势发展，紧密联系自身思想作风建设，通过加强教育培训、创建学习党组织等措施，突出解决思想作风上存在的问题，不断加强能力建设、先进性和纯洁性建设，全面提高了党的建设科学化水平。开展核心价值体系学习教育。县直机关工委一直把县直各基层党组织的理想信念教育作为重中之重，教育引导党员干部学习践行社会主义核心价值体系，全面提高党员干部的理论水平和道德修养，筑牢思想之魂，培育政治元气。把学习中共十八大、十八届五中全会和习近平总书记系列重要讲话精神作为加强理论武装的重中之重，督促党员干部原原本本地学、反反复复地学，真正做到深刻理解丰富内涵，准确把握精神实质，坚定党员干部的理想信念和对于中国特色社会主义的道路自信、理论自信、制度自信，增强政治敏锐性和政治鉴别力。

强化党员干部教育培训。根据县直机关党建工作和党员干部队伍实际情况，县直机关工委积始终坚持积极探索现代化和个性化的教育培训途径，重点抓好对专兼职党务干部、基层支部书记、科级干部的轮训和对新党员、入党积极分子的思想教育，采取专题讲座、电化教育、观摩学习等形式，学习党建工作理论，交流党务工作经验，研究党建工作中的突出问题，使党员干部综合素质和业务能力得到持续提高。至2013年，共培训党员干部4260余人次。

推进学习型党组织和学习型机关的创建活动。县直机关工委注重各基层党组织党员干部学习兴趣的培养，推广党支部书记带头参加学习、结合实际讲党课；推广党建干部辅导学习、督促学习的机制，着力营造党员干部职工自觉学习的良好氛围。引导党员干部树立重视学习、坚持学习、终身学习的理念，进一步完善学习制度，坚持每周集体学习一次，保证学习时间和学习效果。

第三节 重要活动

2005年，在保持共产党员先进性教育活动中，开展“保持党员先进性、树立机关好形象”“扶贫济困送温暖”“走进老百姓，弘扬先进性”“双联双带”“擦亮窗口正行风、服务群众当先锋”等主题实践活动，让群众实实在在地感受到先进性教育活动带来的变化和进步，有力地促进全县经济的发展。经过测评党员群众满意和基本满意率达到98.7%。

2006年，开始在县直机关广泛开展建设“群众满意机关”活动。

2008年，结合建党87周年纪念活动，县直机关工委表彰优秀共产党员和优秀党务工作者100名。是年11月至2009年，在深入学习实践科学发展观活动中，按照“当好先行者、争创示范点”的总体要求，创新探索“三点四动五学”模式，通过集中学、自学、专家辅导学、主题教育学、算账对比学、互动交流学等多种形式，深化广大党员干部的思想认识，保证学习的质量和深度。

2010年，以开展“执行力提升年”活动为契机，在县直机关深入开展“建设五型机关、服务经济发展”活动；以“增强群众观念、强化服务意识”为主题，开展群众观念专题学习；以“争创服务先锋”为载体，深入开展创先争优活动；为促进“党性教育”活动的开展，七一前夕举办争创服务先锋党的知识竞赛和以“创先争优做先锋、立足本职讲奉献”为主题的演讲比赛；在县直机关窗口服务单位党组织和党员深入开展“带头承诺树标杆、服务发展当先锋”活动，通过设置“党员示范岗”、党员佩戴党徽服务亮出身份、公开岗位职责和党员承诺、开展网上满意度测评等方式，促进窗口服务党员转变工作作风，优化服务质量。2011年开展纪念建党90周年系列活动，如党史教育、歌咏比赛、党员过“政治生日”等。

2012年，为迎接中共十八大，举办庆“七一”党的知识竞赛；根据县委部署，认真开展“基层党组织晋位升级百日集中行动”；认真做好了县第13次党代会代表的推选和县第17届人大代表的选举工作。2013年，以推进基层服务型党组织建设为核心，广泛开展“创服务优品牌、建服务型组织”活动。

第十章　党校教育

平邑县委党校位于平邑县城莲花山前，占地1.33万平方米，建筑面积1.40万平方米。多媒体教室2个，分别容纳360人、126人；学员餐厅1个，可同时供200人就餐；学员公寓可安排148人住宿；党员干部警示基地1处；教学教研室1个。

1994年1月，县委党校列为中等专业学校体制，内设机构包括办公室、教务处、总务处、理论教研室、专业知识教研室。2005年12月，内设办公室、教务处、业教处、学员工作处、总务处5个科室。2013年，机构规格未变。

第一节　理论研究

科研制度

制定《科研工作制度》《教研、调研活动管理办法》《科研项目申报办法》《科研成果、调研成果奖励办法》等，激励调动广大教师积极性。

科研成果

2000—2013年，平邑县委党校共发表论文31篇。其中省级以上刊物11篇，市级刊物20篇。完成省委党校课题《九间棚精神研究》。完成的市委党校课题有《以改革创新的精神运用农村基层工作方式方法》《县域经济的环境保护与生态文明》《挖掘文化资源、建设文化名县》《科学发展观在平邑县的学习和实践》《整合平邑旅游资源、做大做强平邑旅游产业》《关于平邑县到村任职大学生培养选拔使用情况的调查报告》《沂蒙精神与党的群众路线教育》《遵循基层党校教学规律，创新基层党校办学特色》《党的群众路线教育实践活动中存在的问题及建议》等。被县委县政府领导采纳或批示采用的有《平邑县平邑镇社会治安综合治理情况调查》《以改革创新的精神推进党的基层工作方式方法研究》《县域经济的环境保护与生态文明》《平邑县到村任职大学生工作状况》《浅议蒙山文化》《平邑县地方镇罐头企业强化五种理念推动企业科学发展》《挖掘文化资源、建设文化名县》《科学发展观在平邑的学习和实践》《传承弘扬九间棚精神，推动经济社会科学发展》等。每年均有多篇论文入选学术理论研讨会并获奖。

第二节　培训和学历教育

干部培训

1989—1995年，党校教学以短训、轮训班和巡回教学为主，还有部分联合办班。共举办各类教育培训班次近50期，培训7815人次。此外参加县里组织的社教宣讲、巡回教学、送教下乡等活动，累计培训约5520人次。

1994年4月，开始平邑县委党校经过2年努力，投资780万元，新建包括配套综合楼在内的楼房7座，建筑面积1.26万平方米，使学校外部环境得到改善，内部功能配套齐全，教学、办公、学员宿舍、就餐实现整体配套，形成同时能容纳600人办班、200人食宿的培训规模，实现校舍楼房化、就餐宾馆化、住宿公寓化。

1996—2013年，党校共举办各种干部教育培训班260余期，培训4.46万人次。历年开办的各类常规班次有全县科级领导干部培训班、县直机关副科级以上领导干部培训班、全县新任副科级干部培训班、全县职工干部培训班、县直机关中层干部培训班、全县青年干部培训班、乡镇直部门负责人培训班、乡镇工作区党总支书记培训班、全县农村党支部书记培训班、全县村主任培训班、统战干部培训班、全县农村妇女干部培训班、全县县直机关妇女干部培训班、全县入党积极分子培训班、全县乡镇团委书记、农村团支部书记培训班、全县百村帮扶工程村党支部书记培训班、全县行政执法人员培训班、全县到村任职机关干部培训班、到村任职大学生培训班等。此外平邑县委党校还根据党的重要会议的召开和国家重大政策的实施，适时举办各种专题培训班次，根据具体情况安排教学对象、学制、教学内容等。干部培训的课程主要包括政治理论、道德素质、专业能力、领导能力4个方面，根据不同培训对象进行有侧重的设置。对农村支部书记和村主任培训班注重工作能力培训，根据农村实际，设置涉及农村土地问题、计划生育工作问题、上访问题、农村法律政策问题、农业技术问题等与农村工作紧密联系的课程，并请相关机关的领导或专业业务人员讲课；对科级副科级干部培训班，注重政治理论、党性修养和领导能力的培训。

开展社会培训和联合办班。全县行政执法人员培训班，县法制局组织，党校进行教学、管理和服务，每年培训全县执法人员1至2次；全县会计人员培训班，财政局组织和教学，党校管理和服务；和平邑县沂蒙大姐职业培训学校联合培训全县企业单位职工，每年培训达2000人次以上。

学历教育

1989年招收党政干部全日制中专班33人，学制两年。

1990年1月至1993年12月，举办辽宁刊授党校第四届、第五届马克思主义理论班，学制2年，招收学员936人。

1993年山东省委党校成立干部业余教育学院。同年平邑县委党校作为下辖学区开始举办党校系统干部业余教育。

2011年平邑县委党校所有业余教育班次结束。其间共举办包括中央党校、省委党校业余函授本科班、专科班在内的69个班次，共招收学员4868人。中央党校函授学院本科班，开设经济管理、法律、3个专业，学制两年半。中央党校函授学院专科班，开设经济管理、法律、行政管理3个专业，学制3年。省委党校干部业余本科班，开设经济管理、法律、建设经济管理、财务管理、农业经济管理、行政管理6专业，学制两年半。省委党校干部业余专科班，开设经济管理、法律、企业管理、会计学4个专业，学制3年。

第三节 师资队伍

围绕人才的选拔、培训、使用三个环节，以提高素质和能力为核心，不断提高教师政治素质和业务素质。

20世纪80—90年代，主要通过组织教师外出进修学习、参加本专科函授培训和挂职锻炼提高师资水平。仅1991年就有4人参加本科函授，1人在山东省委党校专科脱产学习毕业，3人参加省地党校组织的党史党建业务培训班，4人从农广校中专毕业。进入新世纪党校教师的整体素质有了明显提高。

2007年以后，开始通过事业编考试或公务员考试引进人才。截至2013年，通过考选进入党校的教师6人（其中研究生学历2人），涉及中文、政治、伦理、党建等专业，全部充实到教学一线。采取教师到省市党校进修、到知名院校深造、到基层挂职锻炼、加强教师自学等措施提高教师素质，加强队伍建设。目前已建立起一支以学科发展为龙头、以教学科研为基础，能够适应新的教学布局要求的教师队伍。2013年底，平邑县委党校有专职教师15人，其中硕士研究生学历4人，本科学历11人；专业技术职称系列的10人，参照公务员管理的5人；具有高级讲师资格的8人，具有讲师资格的2人，师资队伍进一步加强。

第十一章　党史工作

1982年3月，成立平邑县委党史办公室；1984年6月，改称中共平邑县委党史资料征收委员会。

1997年5月，中共平邑县委党史资料征集委员会更名为中共平邑县委党史研究室。中共平邑县委党史研究室为正科级参照公务员法管理事业单位，是县委主管全县党史工作的职能部门。

至2013年，编写大事记、组织史、地方史等各类书籍16本，为上级有关部门编纂的20余部书籍提供资料或参与编辑，采用多种形式进行党史宣传。

第一节　征集与编纂

党史书籍编写

党史研究室致力于征集平邑县的党史资料，走访老干部、老党员和各方面知情人3000余人，发调查函5000余封，开大小座谈会200余次，在中央、省、市、县档案馆、图书馆及报社查阅档案数万卷，积累各类资料近2000万字。

编写大事记、组织史、地方史、年鉴。完成大事记2本。1997年6月，由中共党史出版社出版《中共平邑县党史大事记（1928—1949）》16.5万字；1998年12月由中国大地出版社出版《中共平邑县历史大事记（1949.10—1998.3）》25万字。完成组织史资料3本。1991年6月，由山东省出版总社临沂分社出版《中国共产党山东省平邑县组织史资料（1929—1987）》38万字；2000年1月，由齐鲁书社出版《中国共产党山东省平邑县组织史资料（1987—1998）》40万字；2010年6月，由中共党史出版社出版《中共平邑县组织史资料（1998.3—2008.12）》30万字。完成地方史2本。2007年，由中共党史出版社出版《中共平邑县地方史（1931—1949）》25万字；2008年4月，由中共党史出版社出版《中国共产党平邑县历史》（第一卷）26万字。完成《中共平邑年鉴》2本。2011年3月，《中共平邑年鉴（2009卷）》凭山东省内部资料性出版物准印证（2010年第29号）准印；2013年8月，黄海数字出版社出版《中共平邑年鉴（2010卷）》。

编纂、出版发行《平邑党史博览》《蒙阳烽火—平邑县抗战史料集》《蒙山飞虎队》《平邑县党史革命史遗址通览》《党旗在平邑大地上飘扬》《中国共产党平邑县历次代表大会资料汇编》等党史专题书籍。

理论研究

1989—2013年，发表党史研究论文3篇。《话说“盛世修史”》，王基业著，《沂蒙晚报》2008年9月22日文史版，约1500字。《革命文化遍沂蒙》，宋汉华著，《大众日报》2000年11月12日第4版，约2000字。《在艰苦的抗战初期中共山东省委三进蒙山》，根据王力生回忆整，《山东文学》2005增刊《蒙阳春秋》，约3500字。

课题调研

2006年，完成“抗日战争时期平邑人口伤亡和财产损失”全国大型课题调研任务，搜集日本军在平邑县所犯罪行的大量证据。

2010年，开展《全国革命遗址普查》的调查摸底、实地丈量、分类排队和档案整理等工作，登记革命遗址53处，其他遗址1处。编辑出版《平邑县党史革命史遗址通览》一书。

第二节　宣传与服务

中共平邑县委党史研究室充分发挥自身职能和优势，围绕县委中心工作，以多种形式开展宣传和服务，为宣传红色平邑、提高平邑知名度、促进平邑发展做出贡献。

声像作品

1991年，拍摄电视片《蒙山魂》，专题片分为上、下两部，上部《碧血千秋》，下部《创业旗帜》，片长各15分钟。再现平邑各级党组织带领全县人民艰苦卓绝的斗争历史和新中国成立后平邑人民投身社会主义革命和经济建设的精神风貌。

2001年，拍摄电视片《蒙阳丰碑》，共4集，片长56分钟。再现革命前辈的英雄事迹，铸就不朽的历史丰碑。

2002年，拍摄电视片《情系沂蒙》，片长23分钟。讲述原南京军区国防工业部部长杜方平老人情系沂蒙的感人事迹，表达一个革命老人对沂蒙人民永远的情怀。

拍摄电视片《血战苏家崮》，片长25分钟。采用纪实手法，真实、生动、感人地再现战斗场景，是一部进行革命传统教育难得的好教材。

党史纪念日

2008年9月，举办纪念改革开放30周年党史知识竞赛活动，在全县迅速掀起“学党史，用党史”的热潮，充分发挥了党史资政育人的作用。

2011年4月清明节前夕，党史工作人员到学校宣讲党史知识，教育广大青少年铭记历史，缅怀先烈。5月，联合县委组织部、宣传部、县直机关工委等相关单位开展纪念中国共产党成立90周年党史知识竞赛活动。开展纪念中国共产党成立90周年“温故党史、感言记忆”征文活动，面向全县广大党员干部、共青团员、入党积极分子广泛征稿，营造了良好的思想舆论氛围。

第十二章　信　访

1986年6月，县委信访科改名为信访办公室，1993年9月升格为局级单位称中共平邑县委平邑县人民政府信访局，1989—2013年，上访总量2.29万起，其中集体上访4113起，共受理人民群众来信5870件。

第一节 制 度

1998年以后随着信访情况的变化，信访工作重点不断变化。特别是国务院《信访条例》颁布后，平邑县信访工作逐步走向制度化、规范化。建立和完善领导公开接访制度、领导包案督办制度、矛盾纠纷排查制度、建立处置突发事件的应急机制。县级领导公开接访制度。坚持领导干部公开接访制度化、规范化、常态化，县委书记、县长带头公开接访，确保每周一由一名常委接访，其他工作日均由1名县级领导接访，领导接访实行AB角替补制度。接访领导如遇出发、开会等特殊情况，由其办公室协调其他县级领导顶替接访，确保不空岗。

人民群众逐级信访制度

信访人根据来访问题性质和内容，要先到乡镇或部门走访反映问题，由其在规定时间内处理答复，待乡镇或部门出具答复意见后，如对处理意见不服或答复不满意，可向县级来访部门反映或到平邑县人民政府信访事项复查办公室，申请复查。县级复查后给上访人出具复查意见，如对复查意见不服，可在规定期限内向市级信访部门申请复核，市级复核意见为信访事项终结意见。

领导包案制度

坚持“属地管理、分级负责”和“谁主管、谁负责”的原则。按照“一岗双责”和“五个一”的工作要求，认真落实单位包案领导、主要责任人和直接责任人。真正做到“一起案子、一名领导、一套班子、一个方案、一抓到底”，包案领导对所包案件实行“包掌握情况、包解决问题、包教育稳控、包息诉息访、包结案上报”的五包责任制。

第二节 程 序

信访工作程序，接待登记——转办交办——督查督办——汇总上报。

矛盾纠纷排查

各镇街、各部门共同抓好矛盾纠纷的排查化解工作。认真组织开展社会矛盾纠纷排查活动，重点摸排曾进京、去省、到市上访人员，上访老户以及情绪激烈，可能发生进京、去省、到市上访的重点人员，确保不漏一人、不漏一事。对排查出来的矛盾纠纷形成台账，落实主要责任人和直接责任人，台账每周上报县信访联席会议领导小组办公室进行备案。

领导接访下访

县委、县政府主要领导带头公开接待群众来访，县委、县政府全体领导成员，县人大、县政协主要领导、分管领导都按规定开展公开接访活动，调动各级领导干部公开接访的积极性和自觉性。在公开接访过程中，严格实行“分管领导接待、主管单位负责、‘两办’及信访局督导协调、有关部门落实责任追究”的工作责任制，平邑县领导公开接访已形成制度化、规范化、常态化，大量社会矛盾吸附在县内，解决在当地。

领导干部下访、约访。县级领导除按规定每月按时在接访中心接访外，每月15日带案到所联系的镇（街道）和部门下访、约访，各镇（街道）领导每月不少于4个工作日深入村居（社区），深入到农户家中，了解社情民意，面对面为群众排忧解难；县直部门每月至少安排2个工作日下访，集中解决涉及本部门的信访事项；政法系统由县委政法委牵头，法院、检察、公安、司法、交警大队“五长”联合接访下访，集中解决涉法涉诉信访问题，切实维护群众合法权益，有效减少群众越级上访、重复上访，进一步促进社会和谐稳定。

信访责任体系

县信访局落实督查督办工作职责，对各单位信访工作开展情况进行不间断的检查督促。深入到问题多、群众上访量大、工作比较薄弱的镇（街道）、村（社区）和部门单位，分析情况，找出症结，提出对策，解决问题，指导并督促相关责任单位抓好工作落实，确保“件件有着落、事事有回音”。同时，严格执行“一岗双责”制度，落实信访工作领导责任、部门责任和属地管理责任，使人人有责任、人人有任务，各司其职、各负其责。

第三节 办 理

登记

主要记好来信来访人所反映的问题及单位、地址、联系电话。接到信访事项后，能够当场答复受理的，当场答复，不能当场答复的，15 日内决定是否受理并书面告知信访人，并向转送交办信访事项部门报告。

分理

分级分理。按属地管理、分级负责和归口办理的原则，分级处理。二是等级分理。根据信访人反映的问题，按等级分理。一般案件归口办理；疑难重大复杂和越级上访案件报县领导阅批交相关单位办理，信访局挂账督办。

办理

转交承办单位负责处理的信访事项，简单案件当日结，一般信访案件 30 日结案，上级转办案件、疑难重大案件、越级上访案件 60 日结案，情况复杂的案件，经主管领导批准，可以适当延长办理期限，最长不得超过 30 天。

归档

凡由县信访局批转案件，建立统一归档制度，各受理单位处理案件的结果上报信访局，统一归档入卷。

信息通报

按月向县委、县政府报告一次当月信访稳定工作和案件处理情况。将发生的信访事项实行周通报、月通报、半年考核、全年考核。

1989—2013 年平邑县人民群众信访数量统计表

表 15-3

年份	来信（件）	来访		主要内容
		个体（个）	集体（个）	
1989	86	210	55	检举揭发干部违法乱纪、工作作风；农村干部处事不公；反映圈占良田、圈占宅基
1990	93	270	61	反映乡镇、村基层干部低价承包荒山、果园；宅基地纠纷及乱占滥用土地；民事纠纷
1991	101	331	73	反映基层干部以权谋私、贪污受贿；计划生育；村干部低价包地；不按政策办事等
1992	98	320	80	职工要求落实政策；揭控基层干部工作作风、经济问题
1993	112	372	103	反映农村基层干部工作作风、经济问题人数多，处理难度大；反映城乡经济政策等

续表 15-3

年份	来信（件）	来访		主要内容
		个体（个）	集体（个）	
1994	104	401	120	越级上访问题突出；集体上访呈上升趋势；基层干部工作作风、经济问题人数多、频率高
1995	109	432	130	越级上访工作不平衡；集体上访形势严峻；联名来信增多
1996	112	457	137	到省上访量增大；重复来信居高不下；集体访、越级访呈上升趋势
1997	124	483	145	农民负担问题；农村基层干部问题、各类承包问题、困难企业职工的生产生活问题
1998	135	511	153	反映计划生育问题突出；反映农村干部工作作风、经济问题较强烈
1999	140	536	162	反映财务管理、土地承包、和基层干部作风；城镇下岗职工增多，就业和再就业矛盾突出
2000	146	577	170	反映农村干部作风不正、经济不清、办事不公和农村财务管理等问题
2001	155	602	176	企事业单位反映职工工资、劳保福利等问题；反映村干部办事不公、土地纠纷、各类承包等问题
2002	150	633	181	反映土地、宅基、各类承包纠纷；反映基层干部违法违纪、经济不清村委换届问题
2003	164	645	189	困难企业职工生产生活问题；反映农村干部矛盾和财务管理、土地、宅基等问题
2004	177	682	193	企业改制和困难企业职工工作安置、人员分流、生活待遇、养老保险等问题；农村土地、宅基地、干部作风和财务管理等问题
2005	190	693	198	反映村干部贪污、财务不清、办事不公；反映农村土地承包、补地抽地
2006	181	721	201	部分退休人员要求发放住房补贴；下放教师等群体频繁上访
2007	194	743	203	群体上访、重复信数量增加明显；涉法涉诉访增多；信访热点难点问题呈增多趋势
2008	207	766	210	反映农村干部矛盾和财务管理、土地、宅基等问题
2009	216	784	206	企业改制和困难企业职工工作安置、人员分流、生活待遇、养老保险等问题
2010	225	820	224	集体上访、无序上访问题突出；涉法涉诉访增多，跨区域、有组织上访上升
2011	279	860	230	越级上访增多；农村干部作风不正、经济不清问题；涉军人员、拖拉机站人员频繁上访
2012	312	875	252	信访总量大，集体上访、越级上访、重复访时有发生；土地问题引发的信访增多；上访老户维稳难度大
2013	315	891	261	揭发、控告农村干部贪污、财务不清、贪污受贿、作风霸道；群体访、重复访数量增加明显

第十三章　纪检　监察

1987 年 8 月、1990 年 4 月、1995 年 5 月、1998 年 3 月、2003 年 2 月、2007 年 1 月、2012 年 1 月召开的中共平邑县第七次至第十三次代表大会上，在选举中共平邑县委员会的同时，选举产生中共平邑县纪律检查委员会。1993 年 4 月与监察局合署办公，行使纪律检查、行政监察两种职能。

第一节　党风廉政建设

廉政教育

1989—2013 年，利用会议、影视、党课、培训班、知识竞赛、演讲等多种形式，对全县党员干部进行有针对性的党风廉政教育。

1989—1992 年，以“学党章、正党风”为主题开展党风党纪教育活动，举办培训班 170 场次，播放专题教育片 170 余场次。

1993—1995 年，结合反腐败斗争和全县开展的加强“思想、作风、纪律”建设活动，自编教材 6 万余字，播放反腐倡廉教育片 88 场次。

1996—2001 年，举办知识竞赛 4 次，举办“学条规、守纪律、做表率”演讲大会，认真开展“领导干部在党风廉政建设中以身作则，率先垂范”教育活动。

2002 年，在全县党员领导干部中开展“理想信念、廉政纪律”教育活动，采取集中学习、专题报告、研讨交流、理论调研等形式，发放调查问卷 900 余份，召开座谈会 36 个，组织全县 800 多名科级领导干部参加党纪政纪条规知识考试，参考率达到 99.2%。

2004 年，举办以“反腐倡廉、弘扬正气”为主题的“正气之歌”文艺会演平邑专场和反腐倡廉警示教育图片展。

2005—2006 年，将中央提出的“四大纪律，八项要求”和“五个不许”的具体内容制作成禁令警示牌 800 个，举办庆“七一”廉政歌曲歌咏比赛，全县 12 个代表队共 1000 多名演唱队员参加演唱比赛，开通平邑廉政网、“廉政纵横”专栏。

2007—2008 年，在全市率先成立廉政教育讲师团，讲授廉政党课 58 场次。举办反腐倡廉书画展和“沂蒙清风诗歌朗诵会”，开辟网上廉政电化教育课堂，开办“廉政之声”广播专栏节目，在黄金路段建起约 1000 米长的廉政文化一条街。

2009—2010 年，全县建成标准较高的市、县级廉政教育基地 2 个，乡镇廉政教育基地 16 个，制作悬挂廉政警示教育宣传牌 800 余幅。深入开展廉政文化“六创建”活动，举办全县“反腐倡廉”专场文艺演出和廉政征文活动，积极开展“扬正气，促和谐”全国优秀廉政公益广告展播活动，全县利用各种载体共展播作品 1.63 万件。

2011 年，组织开展廉政知识竞赛和廉政理论研讨征文活动，并将获奖的 41 篇征文编辑印发。

2012 年，建立命名县看守所反腐倡廉警示教育基地，组织参观警示教育基地 5000 余人次，全县累计讲授廉政党课 400 余场次。

2013 年，建立命名九间棚反腐倡廉示范教育基地；深入推进廉政文化“六创建”活动，新创建市级廉政教育基地2处、市级廉政文化“六创建”示范点12处。

领导干部自律

1991年，制定下发《关于严禁用公款请客送礼从简做好接待工作的紧急通知》，对干部职工在县城违法违纪建私房进行清理，对有违纪行为的43户建房者进行处罚。

1993年，成立反腐败加强党风廉政建设领导小组，制定《关于开展思想、作风、纪律建设活动的意见》《关于搞好县级领导干部廉洁自律十项规定》等文件，在领导住房、车辆使用、公务接待、财经纪律等方面提出明确要求。

1994年6月，以廉洁自律为主题召开县、乡两级民主生活会，对领导干部住房、用车、接待等进行专项清理，对12个单位超标准住房严肃查处。清理干部职工借支、挪用、拖欠公款952万元，收回890万元。印发《严禁婚丧嫁娶大操大办的通知》，对4起大操大办问题进行处理。

1995年，清理纠正违规超标小汽车，对全县党政机关、企事业单位的小汽车配备情况全面清理检查，处理超标车7辆。

1996年，研究制定《全县反腐败工作的实施意见》。3月，召开全县反腐败工作会议，全面部署党风廉政建设和反腐败工作任务。

1997年，落实中央厉行节约制止奢侈浪费的八项规定要求，停建已规划设计的办公楼1座，规定县乡3年内一律不准新建办公楼，严格控制各种会议和开业庆典活动，严格控制公款旅游，节约资金185万余元。完善接待制度，查处奢侈浪费问题6起。

1998年3月，开始对全县97个党政事业单位的通信工具进行清理整顿，共清理出公款住宅电话1032部，公费移动电话424部，上缴财政拍卖作价款75万余元。制定《关于严格接待标准，制止奢侈浪费的规定》，狠刹公务接待中的奢侈浪费问题。

1999年，制定《全县党风廉政建设责任制实施办法》和《考核细则》，明确考核对象、内容、评分标准、具体方法和考核结果的管理和使用的有关规定，年底按照细则进行了考核，之后每年底党风廉政建设责任制考核常态化；以清理多占公有住房为领导干部廉洁自律工作重点，研究制定《关于党政企事业单位领导干部多占住房、超标准建房的处理意见》，清理出多占住房530套，收缴购房差价款109.9万元。

2000年，制定《关于加强党风廉政建设若干具体问题的规定》，提出“十二不准”。制定《关于规范移动电话话费管理的实施意见》，清理出公费、私费移动电话分别为152部和448部。狠刹公款吃喝、婚丧嫁娶大操大办、公车私用等铺张浪费的歪风。处理违规违纪案件14起、84人。

2001年，建立和落实领导干部党风廉政建设责任书、廉政档案、廉政谈话等项制度。建立党员领导干部廉政档案室，为全县1200余名副科级以上干部建立廉政档案。加大对廉洁自律规定执行情况的监督检查力度，清理出领导干部收受和拒收现金、有价证券和支付凭证50.79万元。

2002年，对党政机关和事业单位工作人员借用公款进行集中清理，共清理出借欠公款1530万元。

2003年，对党政机关事业单位公务用车编制进行核定，对车辆配备实行联席会议审批制度，严把申报、编制、标准、经费来源、审批和采购6个关口，取消部门购车计划16辆，减少开支200多万元。对违反规定用公款为个人购买商业保险进行集中清理，共清理出违规金额3万余元,涉及5个单位158人。

2004年，继续实行公务用车的控购和管理，严格执行联席会议审批制度，对婚嫁大操大办无偿使用公车进行整治，查出违规用车13辆。对借欠公款问题进行集中清理，涉及243个单位，2048人，总金额1369万元。

2006年,制定《关于在全县深入开展“十廉活动”的实施方案》，认真开展干部述廉、谈话醒廉、群众评廉和节日送廉、案例警廉活动，实施领导干部述职述廉、民主测评、廉政谈话制度。按照“惩防体系建设推进年”实施方案的要求，进一步细化职责任务，制定《惩防腐败体系建设2007年底前工作要点》《惩防体系建设推进年实施方案》。

2007年，开展“节日送廉”活动，向全县350名党政主要负责人寄送《廉政提示函》,向全县1300多名副科级以上领导干部发送廉政短信。对全县16个乡镇、82个县直单位和13个市以上垂直管理单位的公务用车进行专项登记清理。推进农村基层党风廉政建设，制订下发《关于加强农村基层党风廉政建设的实施意见》《任务分工意见》。

2008年，扎实推进惩防体系建设，结合实际研究制定《平邑县建立健全惩治和预防腐败体系2008—2012年工作方案》，召开由各责任分工职能部门“一把手”参加的责任分解会议，把《工作方案》确定的任务细化为7大类、129项具体工作任务，分解落实到59家牵头和协办单位，推动全县惩治和预防腐败体系建设工作深入开展。

2009年，全面推进农村基层党风廉政建设工作，制定《关于进一步加强农村基层党风廉政建设工作的意见》和《平邑县2009年农村基层党风廉政建设工作要点及责任分工》，编印《平邑县农村基层党风廉政建设资料汇编》,发向738个行政村和县直有关单位。制定下发《关于在全县开展农村基层党风廉政建设示范乡镇创建活动的通知》，部署开展创建基层党风廉政建设示范乡镇活动。

2010年，在全县开展农村基层党风廉政建设“三基联创”活动，印发《关于在全县开展基层党风廉政建设“三基联创”活动的实施意见》，创建68个基层示范站所、112个党风廉政建设示范村。

2011年，全面推进农村基层党风廉政建设。全县12个镇（街道）被市、县命名表彰；创建市、县示范站所41个，市、县示范村125个。开展村务监督委员会选举工作，全县733个行政村（社区）全部完成选举。

2012年，制定下发《全县党风廉政建设和反腐败工作实施意见》，层层签订党风廉政建设责任书,对75名党员干部进行责任追究。开展廉政谈话活动，对14个镇（街道、开发区）和42个县直重要部门的党政主要负责人进行廉政谈话，累计谈话党政主要负责人71名、班子成员282人、中层干部786人、重要岗位341人。对全县公务用车进行统计清理，交国资办统一拍卖处理违规车辆5辆。

2013年，认真落实中央八项规定精神，组织召开全县党员领导干部加强纪律建设促进作风转变专题会议，制定《关于进一步加强纪律建设促进作风转变的意见》《关于进一步加强农村党员干部纪律作风建设的意见》等文件。组织开展党政机关干部会员卡清退活动，全县4406名党员干部递交“零持有”报告。

政务、财务公开

1989年，制定《实行政务公开，促进廉政建设的决定》，组织3次全面检查，建立

1305 处公开栏。

1999 年，推行政务、厂务公开，加强民主管理和民主监督，印发《关于在全县党政机关、企事业单位推行政务、厂务公开制度的实施意见》和《党政机关企事业单位实行政务、厂务公开加强监督管理的暂行规定》，由点到面全面推开。

2000 年，对全县党政事业单位的政务公开工作进行检查，分别在县地矿局和流峪镇组织召开了政务公开工作现场经验交流会，通报检查情况，交流工作经验，部署工作任务。

2006 年，继续深化“三务”公开，建立和完善公开听政、群众咨询、民主评议和信访举报制度。

2008 年，村务公开民主管理工作经验在全省农村基层党风廉政建设工作经验交流会上作典型发言。

2011 年，制定党内事务例行公开、党务公开责任追究等 10 项规范性制度，编制公开目录 376 条，进一步规范公开的内容、范围、方式和时限。开通“平邑县党务公开网”，通过抓示范带动和现场观摩学习等方式在全县各基层党组织全面铺开。

第二节　案件查办

1989—1997 年，县纪委受理纪检信访 2315 件次，立查各类案件 774 起。

1998 年，县纪委受理 224 件次，立查各类案件 42 起，其中经济类案件 25 起。

1999 年，全县纪检监察机关拓宽办案路子，落实领导包案责任制，坚持把查办案件作为惩治腐败的中心环节，共受理信访举报 260 件次，立案查处 68 起，其中经济案件 38 起，涉及副科级以上领导干部 8 人。

2000 年，共受理群众来信来访 195 起，电话举报 52 次，共立查案件 81 起，其中涉及乡科级干部 8 件，移交检察机关 2 件，经济类案件 51 件，处分党员 85 名，较好地化解一些社会矛盾。促进社会稳定。

2003 年，全县纪检监察机关按照分级负责、归口办理的原则进行处理，较好地化解一些矛盾，共受理来信来访和电话举报 162 件次，共立查案件 103 件，涉及乡科级干部 10 件，一般干部 13 件，其他人员 80 件，经济类案件 50 件。处分党员 125 人，通过办案，挽回经济损失 164 万元。

2007 年，平邑县开展集中整治重点信访问题的活动，印发《关于开展信访问题集中清理整治活动的实施意见》，实行常委分工包片责任制和信访联席例会制度，对当年的 150 件信访案件和投诉举报进行认真梳理排查，逐一列出清单，发到各乡镇及包片领导手中，对排查出的 85 个信访案件和 23 起不安定因素实行“四定、五落实”，并组成专门调查小组，加强了对信访工作落后乡镇、村的督导帮促。通过集中整治，85 个信访案件查结 78 件，23 起不安定因素已全部化解，清理转到乡镇的信访案件 123 件，已办结 116 件。实行办案目标管理责任制、常委分片包乡镇和协作片办案制度，不断加大对违法违纪行为的查处力度，突出查办一批信访、损害群众利益和农村基层党员干部贪污贿赂案件，共立查案件 105 件，处分党员干部 113 人，通过查处违法违纪案件，为国家挽回经济损失 200 余万元。

2009 年，继续开展信访集中整治活动。依靠三级信访网络，对全县的信访源进行拉网式排查，全县纪检监察机关共接受来信来访 182 件次，对排查出来的问题实行台账式管理和案件销号制度，共立查各类违纪违法案件95件，其中贪污贿赂、职务侵占类案件23件，副科级以上领导干部案件8件。处分人员104人，通过查处违法违纪案件，为国家和集体挽回经济损失500余万元。

2011年，继续实行领导接访制、常委分工包片责任制和信访联席例会制度，对信访案件实行台账式管理。共接收到信访举报件133件，共立查各类违纪违法案件81起，其中乡科级案件6起，万元以上大案25起，给予党政纪处分92人。

2013年，全县纪检监察机关共受理信访举报123件次；查办案件100起，其中县纪委自办案件40起，查处副科级以上干部案件6起8人，贪污贿赂、职务侵占类案件22起，万元以上大案12起，移送司法机关4人，挽回经济损失900余万元。

第三节　纠风工作

减负

1989—2013年，多次下发文件、开展监督检查活动，确保农民、企业、中小学生减负落到实处。

1993年，制定下发《关于切实减轻农民负担的通知》，废止涉及农民负担文件30件；先后两次派出检查组，深入10个乡镇40个村检查，坚决纠正“三提”“五统”与土地承包费重复收取的问题。

1997年，对全县37家企业实行挂牌重点保护，设立举报电话受理投诉，为企业解决困难问题6个，取缔和规范涉及企业负担的收费罚款项目8个，为企业减轻经济负担160万元。

1998年，清理取消涉及农民不合理负担收费文件7个，减少收费金额260万元；查处农民负担问题12起，减轻或退回农民负担金额120万元；通过检查、审计减收或取消不合理农民负担721万元，累计减轻农民负担1104万元。重点挂牌保护企业达到80家，通过检查、走访，协调解决企业问题58件，减轻企业负担126万元。

2000年，对全县挂牌重点保护的81家企业的减负情况进行全面检查，对发现的问题及时进行纠正，减轻企业负担150多万元。清理农村财务，回收2389万元，消化610万元，公物归还282件，折款113万元，查处违规违纪金额376万元，追回357万元，有效减轻农民负担。

2003年，推行药品、医疗器械集中招标采购，采购总额960万元，节约资金150万元，减轻群众用药负担110万元。加大对农村税费改革政策执行情况和报刊征订情况的监督检查力度。

2004年，继续做好纠正医药购销中不正之风工作，全县各医疗单位共集中招标采购药品、器械12次，总金额为1045万元，节约资金112万元，减轻群众用药负担74万元。2006年，实行医德医风考评归档和药品器械集中招标采购制度，节约资金40万元，减轻群众用药负担110万元。

2007年，会同教育、物价、审计、财政等部门对全县部分中小学收费情况进行专项检查，制定《平邑县2007年治理教育乱收费工作实施意见》《平邑县教育收费“十不准”》，为全县4.01万名中小学生减轻负担2130万元。以治理商业贿赂为载体，开展药品市场专项整治，各级医疗机构实行集中招标采购，让利患者425万元。全面推进农村新型合作医疗工作，全年为52.17万农民群众减轻医药负担552.13万元。

2008年，深入治理教育乱收费和纠正医药购销和医疗服务中的不正之风，节约资金220万元，减轻群众用药负担60万元。

治理三乱

1990年，在公安、电业、邮电、工商、税务、商业等系统集中开展行业行风集中整顿活动，对“三乱”问题进行清理。

2003年，开展治理公路“三乱”集中月活动，查处公路“三乱”案件5起，对违规上路的3个部门和10名工作人员进行相应处理。

2010年，针对“三乱”问题，共组织明察暗访31次，查处违规案件9起，通报批评26人。

2011年，印发《关于进一步规范道路执法行为深化治理公路“三乱”工作的意见》，组织检查16次，查处违规上路查车案件5起，给予相关责任单位全县通报批评，给予15名责任人员黄牌警告。

2012年，组织检查14次，纠正2起不规范执法行为，并就规范道路执法行为约谈了相关部门主要负责人。

2013年，先后组织上路检查11次，查处并处理公路“三乱”问题4起。

行风评议

1999年，对公安、工商、国税和地税系统开展行风评议。

2000年，开展万家企业评行风活动，到全县100家企业进行走访座谈，对全县19个具有执收执罚职能的部门进行评议，征求企业的意见和建议。

2001年，在全县卫生系统开展民主评议行风活动，发放行风评议调查问卷1.7万份。

2003—2007年，开展民主评议行风活动，对县直个部门和单位的行业作风情况进行述职评议，对全县42个行政管理、行政执法和窗口服务部门行业作风建设进行评议。及时开展行风评议活动，重视评议结果的运用，推行“以评促纠”“以评促建”，进一步推进全县行风建设的进一步转变。

2007年11月，“行风热线”栏目开播，并召开开播新闻发布会。2008年，将行风评议的范围延伸到县直部门中层科室及乡镇基层站所。2012年，修订行风评议实施方案，加大评议结果的运用力度，增加对服务企业实绩的专项评议和对行风评议较差单位的约束惩戒力度。

2013年，加大行风评议结果运用力度，对行风评议分组排名倒数第一名的单位主要负责人和2个“服务企业较差单位”的主要负责人进行约谈。

第四节　行政监察

执法监督

1993年，对重大决策情况进行监督检查，清理有关政策性法规922件，废止35件，修订完善48件，新制定14件；对贯彻企业《条例》情况进行检查，检查政府职能部门27个，企业22个，向政府有关部门提出建议65条。

1994年，会同有关部门对农资专营等工作进行执法监察。1995年，重点对中央颁布的宏观调控政策贯彻执行情况、行政事业性收费罚款、农民负担、农村财务管理工作、政府部门转变职能和企业转换经营机制，以及群众反映强烈的热点问题进行执法监察，共查处各类违纪金额273.7万元，为国家和集体挽回经济损失141.7万元。

1996年，会同有关单位组织公开招标投

标建筑工程项目42个，工程总投资额4200余万元，招投标工程造价降低20% ~ 30%。

1998年，对乡镇农村基金会1997—1998年其间融资、投放及财务管理情况进行执法监察，对6个方面突出问题向乡镇反馈。清理政法机关经办实体21个，注销19个，撤销1个。

1999年，对全县1998年度计划外生育费征收、管理、使用等情况进行执法监察，涉及金额5700多万元，查出违纪违规金额1800余万元，立查违纪案件19起，收缴、追回贪污侵占挪用资金135.2万元。对全县92个建筑工程项目进行执法监察；对粮食流通体制改革的执法监察，保证国家粮改方针政策的贯彻落实。

2000年，对全县中小学收费及财务管理情况开展执法监察，查出全县中小学各种违纪违规金额1801万元，其中乱收费765万元。

2002年，对全县土地市场进行全面清理整顿，托清未完善用地手续1000余宗，办理完善土地手续600余宗，收取税费900余万元。对建筑市场管理和建筑工程项目开展执法监察，检查投资30万元以上的在建及竣工工程项目181个，查出违规工程12个，进一步完善相关手续。对全县招商引资情况进行全面检查，涉及72个单位、引资总额1.82亿元。

2003年，重点开展防治“非典”、社保资金管理、契税征收、房地产开发、整顿规范建筑市场、安全生产、环境保护等专项执法检查活动。

2004年，对全县国土资源资产经营及矿业市场治理情况开展全面执法监察，招标挂牌拍卖4宗，清理出无证矿山50处，取缔非法矿山21处，追缴矿产资源补偿费210万元，纳入储备26处。

2006年，对土地招、拍和建筑工程招投标严格监督监察，参与土地招、拍、挂6次，政府收益260万元。监督建筑工程招投标32次，节约资金260万元。建立县监察局、法制局、发改局、物价办、财政局行政许可法贯彻执行情况监督检查工作联席会议制度。

2007年，查处包括违法排污、采沙、城镇建设居民房屋拆迁等8起，对42家企业实行了停产治理。监督建筑工程招投标26次，节约资金190万元。对56个单位的2006年1月至2007年9月非税收入进行集中调账检查，追缴预算外资金600万元。

2008年，对16个乡镇卫生院和4个县直医院的新农合工作进行全面执法监察。对全县各单位2007年10月至2008年收支两条线、预算外资金管理使用及专项资金执行情况进行执法监察，追缴应交未交预算外资金1750余万元。

2009年，开展工程建设领域突出问题专项治理工作，对35个500万以上的工程建设领域重点项目逐一审查，发现问题125个，其中整改到位105个，处罚处理到位20个。组织开展土地卫片执法和土地增减挂监督检查，对土地管理秩序混乱的2个乡镇政府主要负责人进行约谈。对机关效能建设进行6次明察暗访，对27个单位违反工作纪律情况进行通报。

2010年，加强对县委、县政府确定的2010年“十件为民实事”等重点工作的效能督察，对工作进展缓慢的4个单位进行通报批评。

2011年，开展对全县2010—2011年政府投资和使用国有资金总投资额500万元以上竣工、在建的房屋建筑项目的专项检查，共检查项目9个，发现问题6个。对土地管理秩序混乱的两个镇的政府主要负责人进行了约谈，督促整改到位。开展2010—2011年社会抚养费征收情况专项执法检查，追缴应缴未交资金903万元，查纠违规资金606万元。开展水利改革发展、节能减排、环境保护、规范节约用地、安全生产监督管理等多项执法监察，开展督导检查33次，发现并纠正违法违规问题3个，提出监察建议16条。

2012年，制定《关于加强机关效能建设的规定》等文件，先后组织督导检查20次，编发督查简报7期，并对10个道路改造、城乡环境综合整治、土地增减挂工作推进不力的镇（街道）、县直部门主要负责人和分管负责人分别进行约谈。

2013年，针对项目审批时间长、工作效率低等问题，对11个职能部门的20个重点业务科室负责人进行“效能约谈”，对6名项目进展缓慢的企业负责人进行约谈。围绕优化发展环境、整治“庸懒散”，扎实开展了服务企业“四比四看”暨政策措施落实年活动，组织国税、地税、工商、质监、供电等12个部门集中开展政策入企宣传。

查办案件

1989—1998年，县纪委受理纪检信访2315件次，立查各类案件774起。

1998年，县纪委受理224件次，立查各类案件42起，其中经济类案件25起。1999年，全县纪检监察机关拓宽办案路子，落实领导包案责任制，坚持把查办案件作为惩治腐败的中心环节，共受理信访举报260件次，加大自办案件力度，强化对乡镇和县直单位办案工作的指导和协查，提高办案质量。立案查处68起，其中经济案件38起，涉及副科级以上领导干部8人。

2000年，共受理群众来信来访195起，电话举报52次，共立查案件81起，其中，涉及乡科级干部8件，移交检察机关2件，经济类案件51件，处分党员85名，较好地化解一些社会矛盾，促进了社会稳定。

2003年，全县纪检监察机关按照分级负责、归口办理的原则进行处理，较好地化解一些矛盾，共受理来信来访和电话举报162件次，共立查案件103件，涉及乡科级干部10件，一般干部13件，其他人员80件，经济类案件50件。处分党员125人，通过办案，挽回经济损失164万元。

2007年，开展集中整治重点信访问题的活动，下发《关于开展信访问题集中清理整治活动的实施意见》，实行常委分工包片责任制和信访联席例会制度，对今年以来的150件信访案件和投诉举报进行认真梳理排查，逐一列出清单，发到各乡镇及包片领导手中，对排查出的85个信访案件和23起不安定因素实行“四定、五落实”，并组成专门调查小组，加强对信访工作落后乡镇、村的督导帮促。通过集中整治，85个信访案件已查结78件，23起不安定因素已全部化解，清理转到乡镇的信访案件123件，已办结116件。实行办案目标管理责任制、常委分片包乡镇和协作片办案制度，不断加大对违法违纪行为的查处力度，突出查办一批信访、损害群众利益和农村基层党员干部贪污贿赂案件，共立查案件105件，处分党员干部113人，通过查处违法违纪案件，为国家挽回经济损失200余万元。

2009年，继续开展信访集中整治活动。依靠3级信访网络，对全县的信访源进行拉网式排查，全县纪检监察机关共接受来信来访182件次，对排查出来的问题实行台账式管理和案件销号制度，共立查各类违纪违法案件95件，其中贪污贿赂、职务侵占类案件23件，副科级以上领导干部案件8件。处分人员104人，通过查处违法违纪案件，为国家和集体挽回经济损失500余万元。

2011年，继续实行领导接访制、常委分工包片责任制和信访联席例会制度，对信访案件实行台账式管理。共接收到信访举报件133件，共立查各类违纪违法案件81起，其中乡科级案件6起，万元以上大案25起，给予党政纪处分92人。2013年，全县纪检监察机关共受理信访举报123件次；查办案件100起，其中县纪委自办案件40起，查处副科级以上干部案件6起8人，贪污贿赂、职务侵占类案件22起，万元以上大案12起，移送司法机关4人，挽回经济损失900余万元。无论是自办案件数量还是涉案人员职级、金额较往年均有大幅提升。

第十六编

地方国家权力机关

第一章　人大代表

第一节　代表产生

根据1979年五届全国人大二次会议通过的《地方组织法》和《选举法》，从1981年开始，以后历届县人民代表大会的代表都是以直接选举的办法，经过宣传发动、选民登记、选区划分、提名推荐代表候选人、投票选举等阶段，由选民在各选区无记名直接投票选举产生。

根据1982年第五届全国人大五次会议修改的《地方组织法》和《选举法》的规定，由平邑县人大常委会任命的县选举委员会，分别组织领导了平邑县第十一届至第十七届人民代表大会代表的选举。

第十二届人大代表选举

县第十二届人民代表大公代表选举工作于1989年11月中旬开始，至1990年3月底结束。1989年底，全县总人口885000人，到选举日年满18周岁以上的公民589365人，占总人口的66.6%。登记选民数588253人，不予登记的公民1112人，不满18周岁的公民295636人。

县第十二届人民代表大会代表名额330名。共划分128个选区。全县各选区政党、团体和选民10人以上联名提出初步代表候选人973名，是应选代表的2.95倍；经反复酝酿、协商，确定正式代表候选人494名，是应选代表的1.5倍。全县各选区在选举日参加投票的选民559613人，占选民总数的95.1%。经差额选举，由选民直接选出出席县第十二届人民代表大会代表330名。

第十三届人大代表选举

县第十三届人民代表大会代表选举工作于1992年10月中旬开始，到1993年2月底全部结束。1992年底，全县总人口935000人，选举日，年满18周岁以上的公民646397人，占总人口的69.1%；登记选民635232人，占18岁以上公民的98.2%。按照《选举法》规定，不予登记的公民11165人，其中，无法行使选举权利的9764人，暂停行使运举权利的1346人，被剥夺选举权利的55人。不满18周岁的公民有288603人。

县第十三届人民代表大会代表名额360名。共划分县人大代表选区164个。一次投票成功的160个，占97.6%；经二次投票选举的4个，占2.4%。全县各选区政党、团体和选民10人以上联名共提出初步代表候选人1745名，是应选代表的4.8倍；经反复酝酿协商，最后确定正式代表候选人548名，是应选代表的1.5倍。全县各选区在选举日参加投票的选民618715人，参选率为97.4%。经差额选举，由选民直接选出出席县第十三届人民代表大会代表360名。

第十四届人大代表选举

县第十四届人民代表大会代表选举工作于1997年10月上旬开始，到1998年2月中旬结束。截至1997年底，全县总人口953153人。选举日年满18周岁以上的公民650859人，占总人口的68.2%。登记选民631836人，占18周岁以上公民的97%。按照《选举法》规定，全县不予登记的公民1745人。其中，无法行使选举权利的166人，暂停行使选举权利的1530人，被剥夺选举权利的49人。不满18周岁的公民有302294人。

县第十四届人民代表大会代表名额311名。全县划分156个选区。全县各选区政党、团体和10人以上联名提出初步代表候选人1291名，是应选代表的4.2倍；经反复酝酿、协商，最后确定正式代表候选人467名，是应选代表的1.5倍。全县各选区在选举日参加投票的选民630091人，参选率占选民总数的96.8%。经差额选举，由选民直接选出出席县第十四届人民代表大会代表311名。

第十五届人大代表选举

县第十五届人民代表大会代表选举工作于2002年10月上旬开始，至2003年1月底结束。2002年年底，全县总人口980422人，选举日年满18周岁以上的公民707056人，占总人口的72.1%。其中：男性353960人，占50.1%;女性353292人,占49.9%。按照《选举法》规定，不予登记的公民196人。其中，不能行使选举权利的135人，停止行使选举权利的9人，被剥夺选举权利的3人，没有参加选民登记的49人。不满18周岁的公民273170人。

县第十五届人民代表大会代表名额311名。划分选区158个。全县各选区政党、团体和10人以上选民联名提出初步代表候选人1287名，是应选代表的4.1倍；经反复酝酿、协商，最后确定正式代表候选人453名，是应选代表的1.5倍。全县各选区在选举日参加投票的选民650671人，参选率为92%。经差额选举，由选民直接选出出席县第十五届人民代表大会代表300名。

第十六届人大代表选举

县第十六届人民代表大会代表选举工作于2007年9月开始，至2007年12月结束。2007年底，全县总人口992615人。选举日年满18周岁以上的公民752970人，占总人口的75.9%。登记选民752110人，占18周岁以上公民的99.9%。按照《选举法》规定，全县不予登记的公民860人。其中：无法行使选举权利的196人，暂停行使选举权利的2人，被剥夺选举权利的27人，没有参加选民登记的635人，不满18周岁的公民有239645人。

县第十六届人民代表大会代表名额311名。全县划分139个选区。全县各选区政党、团体和10人以上联名提出初步代表候选人930名，是应选代表的3倍；经反复酝酿、协商，最后确定正式代表候选人448名，是应选代表的1.4倍。全县各选区在选举日参加投票的选民720265人，参选率占选民总数的95.8%。经差额选举，由选民直接选出出席县第十六届人民代表大会代表311名。

第十七届人大代表选举

县第十七届人民代表大会代表选举工作于2011年10月开始，至2011年12月结束。2011年底，全县总人口1004748人。选举日年满18周岁以上的公民781045人，占总人口的77.7%。登记选民779920人，占18周岁以上公民的99.9%。按照《选举法》规定，全县不予登记的公民1178人。其中：无法行使选举权利的492人，暂停行使选举权利的15人，被剥夺选举权利的40人，没有参加选民登记的631人，不满18周岁的公民有224828人。

县第十七届人民代表大会代表名额306名。全县划分128个选区。全县各选区政党、团体和10人以上联名提出初步代表候选人859名，是应选代表的2.8倍；经反复酝酿、协商，最后确定正式代表候选人441名，是应选代表的1.4倍。全县各选区在选举日参加投票的选民685307人，参选率占选民总数的87.9%。经差额选举，由选民直接选出出席县第十七届人民代表大会代表306名。

第二节　代表构成

根据《选举法》，地方各级人民代表大会的代表应当具有广泛的代表性，应当有适当数量的基层代表，特别是工人、农民和知识分子代表；应当有适当数量的妇女代表，并逐步提高妇女代表的比例。

表 16-1

平邑县第十二至十七届人民代表大会代表构成情况表

届次	代表数（人）	全县选民数（人）	选区数（个）	选举时间	代表界别及所占比数													
					工人		农民		干部		知识分子		中共党员		妇女		少数民族	
					代表数（人）	占比（%）	代表数（人）	占比（%）	代表数（人）	占比（%）	代表数（人）	占比（%）	代表数（人）	占比（%）	代表数（人）	占比（%）	代表数（人）	占比（%）
12	330	588253	128	1989.11—1990.03	37	11.2	174	52.7	66	20.0	50	15.1	220	66.6	70	21.2	7	2.1
13	360	635232	164	1992.10—1993.02	38	10.6	191	53.1	74	20.6	58	16.1	218	60.5	96	26.7	8	2.2
14	311	631836	156	1997.10—1998.02	182	59.1	—	—	72	23.2	57	18.3	191	61.4	68	21.8	7	2.2
15	300	707056	158	2002.10—2003.01	67	22.3	104	34.6	87	29.0	42	14.0	231	77.0	64	21.3	6	2.0
16	309	752110	139	2007.09—2007.12	151	48.9	—	—	123	39.5	36	11.6	232	74.8	70	23.0	7	2.3
17	306	779920	128	2011.10—2011.12	168	54.9	—	—	90	29.4	48	15.7	205	66.9	75	24.5	8	2.7

说明：十四届、十六届、十七届工人代表栏目中含农民代表

第三节　人民代表大会

1989—2013年，平邑县先后召开第十一、十二、十三、十四、十五、十六、十七届人民代表大会。根据《地方组织法》的规定，第十一、十二届县人民代表大会任期为3年，从第十三届以后每届任期为5年。

根据《地方组织法》《选举法》和《山东省县乡两级人民代表大会选举实施细则》的规定，平邑县各届人民代表大会代表选举，由选举委员会主持。县选举委员会组成人员由县人大常委会任命，受县人大常委会领导，根据工作需要，组成人员主要由县委、县人大常委会、县人民政府的领导和组织、宣传、统战、民政、公安、法院、检察院、工会、共青团、妇联等有关部门的负责人组成，选举委员会下设办公室，负责办理选举具体事务。从1981年选举平邑县第九届人民代表大会代表开始，实行直接选举。在县选举委员会领导下，每届县人大代表都是经过宣传发动、选民登记、划分选区、提名推荐候选人、投票选举等环节，由选民在各选区以无记名投票方式直接选举产生。

第十一届人民代表大会会议

平邑县第十一届人民代表大会第三次会议　1989年3月28日至30日在县城召开，出席会议的代表328名。

会议听取并审议县长杨沛才所作的《平邑县人民政府工作报告》，县计划委员会主任王怀礼所作的《关于平邑县1988年国民经济计划执行情况与1989年国民经济和社会发展计划(草案)的报告》，县财政局局长孙业昌所作的《关于平邑县1988年财政预算执行情况和1989年财政预算安排意见的报告》，县人大常委会主任李崇仁所作的《平邑县人大常委会工作报告》，县人民法院院长魏永和所作的《平邑县人民法院工作报告》，县检察院副检察长彭美松所作的《平邑县人民检察院工作报告》。会议对上述报告做出相应决议。

第十二届人民代表大会会议

平邑县第十二届人民代表大会第一次会议　1990年3月28日至31日在县城召开，该届代表330名。

会议听取并审议县长杨沛才所作的《平邑县人民政府工作报告》，县计划委员会主任亓志江所作的《关于平邑县1989年国民经济计划执行情况与1990年国民经济和社会发展计划（草案）的报告》，县财政局局长张开玉所作的《关于平邑县1989年财政预算执行情况和1990年财政预算（草案）的报告》，县人大常委会主任李崇仁所作的《平邑县人大常委会工作报告》，县人民法院代院长张传仁所作的《平邑县人民法院工作报告》，县人民检察院检察长赵新苍所作的《平邑县人民检察院工作报告》。会议对上述报告做出相应决议。

会议选举李崇仁为县人大常委会主任，李才笃、李常森、高崇业为副主任，于泽方、王广德、王怀礼、王传武、王修德、王锡庆、孙德泉、巩继厚、谷守诰、辛维先、苏长青、李智明（女）、周绍康、张振喜、高凤阁、唐玉兴为委员；选举杨沛才为县人民政府县长，李富山、韩守菊（女）、陈连运、李德福、郑运明为副县长；选举张传仁为县人民法院院长，赵新苍为县人民检察院检察长。

平邑县第十二届人代表大会第二次会议　1991年4月2日至4日召开，出席会议的代表306名。会议听取并审议县长杨沛才所作的《关于平邑县国民经济和社会发展八五计划的报告》，县计划委员会主任亓志江所作的《关于1990年国民经济和社会发展计划执行情况与1991年计划安排意见的报告》（书面），县财政局长张开玉所作的《关于平邑县1990年财政预算执行情况和1991年财政预算安排意见的报告》，县人大常委会主任李崇仁所作的《平邑县人大常委会工作报告》，县人民法院院长张传仁所作的《平邑县人民法院工作报告》，县人民检察院检察长赵新苍所作的《平邑县人民检察院工作报告》。会议对上述报告做出相应决议。

平邑县第十二届人民代表大会第三次会议 1992年4月1日至3日在县城召开，出席会议的代表327名。会议听取并审议县长杨沛才所作的《平邑县人民政府工作报告》，县计划委员会主任亓志江所作的《关于平邑县1991年国民经济计划执行情况与1992年国民经济和社会发展计划（草案）的报告》（书面），县财政局局长张开玉所作的《关于平邑县1991年财政预算执行情况和1992年财政预算（草案）的报告》，县人大常委会主任李崇仁所作的《平邑县人大常委会工作报告》，县法院院长张传仁所作的《平邑县人民法院工作报告》，县检察院检察长赵新苍所作的《平邑县人民检察院工作报告》。会议审议县政府书面提请的《平邑县奔小康发展规划（草案）》。会议对上述报告做出相应决议。

第十三届人民代表大会会议

平邑县第十三届人民代表大会第一次会议 1993年2月18日至20日在县城召开，这届代表360名，出席会议代表354名。

会议听取并审议代县长张之荣所作的《平邑县人民政府工作报告》，县计划委员会主任亓志江所作的《关于平邑县1992年国民经济计划执行情况与1993年国民经济和社会发展计划（草案）的报告》，县财政局局长曹明华所作的《关于平邑县1992年财政预算执行情况和1993年财政预算安排意见的报告》，县人大常委会主任李崇仁所作的《平邑县人大常委会工作报告》，县法院代院长张振香所作的《平邑县人民法院工作报告》，县检察院检察长赵新苍所作的《平邑县人民检察院工作报告》。会议对上述报告做出相应决议。

会议选举李崇仁为县人大常委会主任，李常森、卢之光、王立春、陈连运、高崇业、赵新苍为副主任，于泽方、王广德、王传武、王怀礼、王锡庆、孙德泉、李秀兰（女）、辛维先、谷守诰、陈庆全、林本立、周绍康、庞桂林（女）、高启祥、唐玉兴、黄孝堂为委员；选举张之荣为县人民政府县长，李德福、郑运明、邵长明（女）、陈金鹏、付伟、季成全为副县长，选举张振香为县人民法院院长，李景才为县人民检察院检察长；选举马锡据（女）、王传武、刘玉欣、李玉妹（女）、李崇仁、邵长明（女）、鞠茂勤为出席山东省第八届人民代表大会代表。

平邑县第十三届人民代表大会第二次会议 1994年3月24日至26日在县城召开，出席会议的代表314名。

会议听取并审议县长张之荣所作的《平邑县人民政府工作报告》，县计划委员会主任亓志江所作的《关于平邑县1993年国民经济和社会发展计划执行情况与1994年计划安排意见（草案）的报告》，县财政局局长曹明华所作的《关于平邑县1993年财政预算执行情况和1994年财政预算（草案）的报告》，县人大常委会主任李崇仁所作的《平邑县人大常委会工作报告》，县法院院长张振香所作的《平邑县人民法院工作报告》，县检察院检察长李景才所作的《平邑县人民检察院工作报告》。会议对上述报告做出相应决议。

平邑县第十三届人民代表大会第三次会议 1995年4月6日至8日在县城召开，出席会议的代表 368 名。

会议听取并审议县长张之荣所作的《平邑县人民政府工作报告》，县计划委员会主任亓志江所作的《关于平邑县 1994 年国民经济和社会发展计划执行情况与 1995 年计划安排意见的报告》，县财政局局长曹明华所作的《关于平邑县 1994 年财政顶算执行情况和 1995 年财政预算（草案）的报告》，县人大常委会主任李崇仁所作的《平邑县人大常委会工作报告》，县法院院长张振香所作的《平邑县人民法院工作报告》，县检察院检察长李景才所作的《平邑县人民检察院工作报告》。会议对上述报告做出相应决议。

会议选举郑晓廷为县人大常委会副主任；选举出席临沂市第十四届人民代表大会代表 58 名：李玉妹（女）、冯登善、郑斯仁、段明福、尹世同、李金国、张之荣、李中经、胡永香（女）、李秀兰（女）、白宪华（女）、闫志安、彭玉合、刘玉山、杨建三、牟红（女）、张兆娥（女）、刘嘉坤、包庆荣（女）、彭廷阳、刘法宝、杜爱善、蒋自贤、刘金美（女）、王敬国、张志合、赵吉水、周和平、季传亮、王志良、吕长海、李常森、胡安厚、张传普、邵长明（女）、刘秋生、孔宪平、王光瑞、李民、卢现珍、刘玉欣、陈长勤、古润忠、荆建新、陈荣祥（女）、巩加荣（女）、徐一花（女）、葛现法、杨国华、胡效萌、刘夫华（女）、林清军、史可法、薛友银、王宝凤（女）、李崇仁、李富山、陈相珍。

平邑县第十三届人民代表大会第四次会议 1996 年 1 月 28 日至 30 日在县城召开，出席会议的代表 339 名。

会议听取并审议代县长李富山所作的《平邑县人民政府工作报告》，县计划委员会主任亓志江所作的《平邑县国民经济和社会发展第九个五年计划及 2010 年远景目标纲要（草案）的报告》，县人民政府书面提交的《关于平邑县 1995 年国民经济和社会发展计划执行情况与 1996 年国民经济计划安排意见的报告》，财政局局长曹明华所作的《关于平邑县 1995 年县财政预算执行情况和 1996 年财政预算（草案）的报告》，县人大常委会主任李崇仁所作的《平邑县人大常委会工作报告》，县法院院长张振香所作的《平邑县人民法院工作报告》，县检察院检察长李景才所作的《平邑县人民检察院工作报告》。会议对上述报告做出相应决议。会议接受李崇仁辞去县人大常委会主任职务的请求，补选陈相珍为县人大常委会主任，刘宗信为县人大常委会副主任，选举李富山为县人民政府县长。

平邑县第十三届人民代表大会第五次会议 1997 年 3 月 16 日至 18 日在县城召开，出席会议的代表 377 名。

会议听取并审议县长李富山所作的《平邑县人民政府工作报告》，县计划委员会主任亓志江所作的《关于平邑县 1996 年国民经济和社会发展计划执行情况与 1997 年计划安排意见的报告》，县财政局局长曹明华所作的《关于平邑县 1996 年财政预算执行情况和 1997 年财政预算安排意见的报告》，县人大常委会主任陈相珍所作的《平邑县人大常委会工作报告》，县法院院长张振香所作的《平邑县人民法院工作报告》，县检察院检察长李景才所作的《平邑县人民检察院工作报告》。会议对上述报告做出相应决议。

第十四届人民代表大会会议

平邑县第十四届人民代表大会第一次会议 1998 年 2 月 13 日至 16 日在县城召开，出席会议的代表 307 名。

会议听取并审议代县长祖卫东所作的《平邑县人民政府工作报告》，县计划委员会主任亓志江所作的《关于十三届人代会以来国民经济和社会发展计划执行情况与1998年计划安排意见（草案）的报告》，县财政局局长曹明华所作的《关于十三届人代会以来的财政工作和1997年财政预算执行情况以及1998年财政预算（草案）的报告》，县人大常委会副主任李常森所作的《平邑县人大常委会工作报告》，县人民法院副院长刘士平所作的《平邑县人民法院工作报告》，县人民检察院副检察长王乐圃所作的《平邑县人民检察院工作报告》。会议对上述报告做出相应决议。

会议选举颜廷瑞为县人大常委会主任，王立春、高崇业、赵新苍、张洪春、郑晓廷、刘宗信、刘玉欣为副主任，卜昭和、王广德、王平昌、王传武、公彦海、李化祥、张明安、陈庆全、林本文、金贯贵（回族）、赵淑安、黄孝堂、彭庆松为委员；选举祖卫东为县人民政府县长，陈金鹏、季成全、刘庆玺、李智明（女）、高维平为副县长；选举刘士平为县人民法院院长，王乐圃为县人民检察院检察长；选举出席临沂市第15届人民代表大会代表61名（以姓氏笔画为序）：王平昌、王秀茹（女）、王宝凤（女）、王美玉（女）、王海波、王敬国、牛向红（女）、尹世同、孔宪清、包庆荣（女）、冯登善、邢美丽（女）、吕清扬、刘夫华（女）、刘玉山、刘玉欣、刘嘉坤、刘法宝、刘金美（女）、刘秋生、周志安、杜爱善、李广元、李中经、沙素让、张之荣、张传普、张纪云、张志合、陈志德、陈宗忠、陈荣祥（女）、邵明川、林本华、林存芳（女）、卓兆英（女）、季传亮、周和平、郑运明、郑克泰、郑晓廷、赵世群（女）、赵吉水、赵清基、荆建新、胡永香（女）、胡明臣、段明福、祖卫东、贾玉玲（女）、顾本存、徐化国、高彦岭、彭玉合、彭廷阳、葛宪法、蒋自贤、蒋建云、韩志忠、蒲英乐、颜廷瑞。

平邑县第十四届人民代表大会第二次会议 1999年3月18日至19日在县城召开，出席会议代表310名。

会议听取并审议县长祖卫东所作的《平邑县人民政府工作报告》，县计划委员会主任李如学所作的《关于平邑县1998年国民经济和社会发展计划执行情况与1999年计划安排意见的报告》，县财政局局长李中经所作的《关于平邑县1998年财政预算执行情况和1999年财政预算（草案）的报告》，县人大常委会副主任王立春所作的《平邑县人大常委会工作报告》，县法院院长刘士平所作的《平邑县人民法院工作报告》，县检察院检察长王乐圃所作的《平邑县人民检察院工作报告》。会议对上述报告做出相应决议。会议补选孔宪清、杨路程为县人大常委会委员。

平邑县第十四届人民代表大会第三次会议 2000年1月10日至11日在县城召开，出席会议代表310名。

会议听取并审议县长祖卫东所作的《平邑县人民政府工作报告》，县计划委员会主任李如学所作的《平邑县1999年国民经济和社会发展计划执行情况与2000年计划安排意见的报告》，县财政局局长李中经所作的《关于平邑县1999年财政预算执行情况和2000年财政预算（草案）的报告》，县人大常委会副主任王立春所作的《平邑县人大常委会工作报告》，县人民法院院长刘士平所作的《平邑县人民法院工作报告》，县人民检察院检察长王乐圃所作的《平邑县人民检察院工作报告》。会议对上述报告做出相应决议。

平邑县第十四届人民代表大会第四次会议 2001年3月7日至9日在县城召开，出席会议的代表311名。

会议听取并审议县长祖卫东所作的《平

邑县国民经济和社会发展第十个五年计划纲要(草案)的报告》，县计划委员会主任李如学所作的《关于平邑县2000年国民经济和社会发展计划执行情况和2001年计划安排意见的报告》，县财政局局长李中经所作的《关于平邑县2000年财政预算执行情况和2001年财政预算（草案）的报告》，县人大常委会副主任王立春所作的《平邑县人大常委会工作报告》，县法院院长刘士平所作的《平邑县人民法院工作报告》，县检察院检察长王乐圃所作的《平邑县人民检察院工作报告》。会议对上述报告做出相应决议。会议接受颜廷瑞辞去县人大常委会主任职务，王立春、高崇业、赵新苍、刘宗信辞去副主任职务的请求。选举程新安为县人大常委会主任，补选魏殿玉、季成全、刘庆玺、李智明（女）为县人大常委会副主任。补选徐化国、李献荣、李秀兰（女）、李中经为县人民政府副县长。

平邑县第十四届人民代表大会第五次会议　2002年2月23日至25日在县城召开，出席会议的代表311名。

会议听取并审议县长祖卫东所作的《平邑县人民政府工作报告》，县计划委员会主任李如学所作的《平邑县2001年国民经济和社展计划执行情况与2002年计划安排意见的报告》，副县长、财政局局长李中经所作的《关于平邑县2001年财政预算执行情况和2002年财政预算（草案）的报告》，县人大常委会副主任张洪春所作的《平邑县人大常委会工作报告》，县人民法院院长刘士平所作的《平邑县人民法院工作报告》，县人民检察院检察长王乐圃所作的《平邑县人民检察院工作报告》。会议对上述报告做出相应决议。

第十五届人民代表大会会议

平邑县第十五届人民代表大会第一次会议　2003年1月25日至27日在县城召开，出席会议的代表300名。

会议听取并审议代县长王林山所作的《平邑县人民政府工作报告》，县发展计划局局长李如学所作的《关于平邑县2002年国民经济和社会发展计划执行情况与2003年计划安排意见的报告》，县财政局局长高彦坤所作的《关于平邑县2002年财政预算执行情况和2003年财政预算（草案）的报告》，县人大常委会副主任张洪春所作的《平邑县人大常委会工作报告》，县人民法院代院长李培前所作的《平邑县人民法院工作报告》，县人民检察院检察长王乐圃所作的《平邑县人民检察院工作报告》。会议对上述报告做出相应决议。

会议选举程新安为县人大常委会主任，魏殿玉、刘庆玺、李智明（女）、郑晓廷、刘玉山、王兆友为副主任，卜昭和、马德华、公彦海、牛廷雷、孔庆华、任永富、孙杰（女）、孙爱花（女）、李化祥、杨华、杨锡宏、宋健、张西涛、张殿勤、陈亮、陈凡礼为委员；选举王林山为县人民政府县长，张贤德、刘玉欣、李献荣、李中经、孙百迎、王丽云（女）为副县长；选举李培前为县人民法院院长，王乐圃为县人民检察院检察长。选举出席临沂市第十六届人民代表大会代表57名（以姓氏笔画为序）：王林山、王敬国、王秀茹（女）、王立学、尹世同、井玉启、牛廷雷、公维营、方祥德、冉勇、包庆荣（女）、吕文才、朱本元、刘嘉坤、刘新才、刘源德、孙钦刚、孙传义、孙印远、杜甲普、李天敬、李中珍（女）、李景元、李智明（女）、杨沛才、连承敏、时成学、沙振霄（女、回族）、张之荣、张玉安、张荣玉、张明安、张家荣（女）、张纪华、陈亮、陈志德（回族）、陈连壁、陈宗忠、邵明川、林清兰（女）、金现功（回族）、周和平、赵吉水、段明福、聂洪广、徐宜宇、高彦坤、曹士民、彭允占、韩泰、董保东、蒋其华、蒋自贤、程新安、谢慧芳（女）、解红日、颜廷瑞。

平邑县第十五届人民代表大会第二次会议 2004年1月15日至17日在县城召开，出席会议代表300名。

会议听取并审议县长王林山所作的《平邑县人民政府工作报告》，县发展计划局局长李如学所作的《平邑县2003年国民经济和社会发展计划执行情况与2004年计划安排意见的报告》，县财政局局长高彦坤所作的《平邑县2003年财政预算执行情况和2004年财政预算（草案）的报告》，县人大常委会主任程新安所作的《平邑县人大常委会工作报告》，县人民法院院长李培前所作的《平邑县人民法院工作报告》，县人民检察院代检察长徐映波所作的《平邑县人民检察院工作报告》。会议对上述报告做出相应决议。会议选举徐映波为县人民检察院检察长。

平邑县第十五届人民代表大会第三次会议 2005年2月1日至3日在县城召开，出席会议的代表306名。

会议听取并审议县人民政府县长王林山所作的《平邑县人民政府工作报告》，县发展计划局局长李如学所作的《平邑县2004年国民经济和社会发展计划执行情况与2005年计划安排意见的报告》，县财政局局长高彦坤所作的《平邑县2004年财政预算执行情况和2005年财政预算（草案）的报告》，县人大常委会副主任魏殿玉所作的《平邑县人大常委会工作报告》，县人民法院院长李培前所作的《平邑县人民法院工作报告》，县人民检察院检察长徐映波所作的《平邑县人民检察院工作报告》。会议对上述报告做出相应决议。

平邑县第十五届人民代表大会第四次会议 2006年2月7日至9日在县城召开，出席会议的代表311名。

会议听取并审议县人民政府代县长陈一兵所作的《平邑县人民政府工作报告》，县发展计划局局长李如学所作的《关于平邑县2005年国民经济和社会发展计划执行情况与2006年计划安排意见的报告》，县财政局局长高彦坤所作的《关于平邑县2005年财政预算执行情况和2006年财政预算（草案）的报告》，县人大常委会副主任魏殿玉所作的《平邑县人大常委会工作报告》，县法院院长李培前所作的《平邑县人民法院工作报告》，县检察院检察长徐映波所作的《平邑县人民检察院工作报告》。会议对上述报告做出相应决议。会议还审议通过《平邑县国民经济和社会发展第十一个五年总体规划纲要（草案）》。

会议接受刘庆玺、李智明（女）辞去县人大常委会副主任职务的请求，补选王霞（女）、廉茂岭、夏成光为县人大常委会副主任，补选赵景元、陈荣祥（女）为县人大常委会委员。补选陈一兵为县人民政府县长，柳洪武、冯青松为县人民政府副县长。

平邑县第十五届人民代表大会第五次会议 2007年2月28日至3月1日在县城召开，出席会议代表311名。

会议听取并审议县人民政府县长陈一兵所作的《平邑县人民政府工作报告》，县发展计划局局长谢光华所作的《平邑县2006年国民经济和社会发展计划执行情况与2007年计划安排意见的报告》，县财政局局长高彦坤所作的《平邑县2006年财政预算执行情况和2007年财政预算（草案）的报告》，县人大常委会副主任魏殿玉所作的《平邑县人大常委会工作报告》，县人民法院院长李培前所作的《平邑县人民法院工作报告》，县人民检察院代检察长王正海所作的《平邑县人民检察院工作报告》。会议对以上报告做出相应决议。会议接受王兆友辞去县人大常委会副主任职务的请求，补选李秀兰（女）为县人大常委会副主任，补选王正海为县人民检察院检察长，补选张军为县人大常委会委员。

第十六届人民代表大会会议

平邑县第十六届人民代表大会第一次会议 2007年12月10日至12月13日在县城召开，本届代表309名。

会议听取审议县人民政府县长陈一兵所作的《平邑县人民政府工作报告》，县发展计划局局长谢光华所作的《平邑县2007年国民经济和社会发展计划执行情况与2008年计划安排意见的报告》，县财政局局长高彦坤所作的《平邑县2007年财政预算执行情况和2008年财政预算（草案）的报告》，县人大常委会主任程新安所作的《平邑县人大常委会工作报告》，县人民法院副院长、代院长陈怀峰所作的《平邑县人民法院工作报告》，县人民检察院检察长王正海所作的《平邑县人民检察院工作报告》，并对上述报告作出了相应的决议。

会议选举程新安为平邑县人大常委会主任，郑晓廷、李秀兰（女）、王霞（女）、廉茂岭、夏成光为平邑县人大常委会副主任；王玉芝（女）、王兆银、王晓萍（女）、毛衍传、孙杰（女）、杨志国、杨艳明、李化祥、李如学、宋晓莉（女）、张士安、张大勤、张军、陈继忠、林清兰（女）、赵景元、徐春生、郭庆强、彭进平、蔡长存、魏运民为平邑县人大常委会委员；选举陈一兵为平邑县人民政府县长，李中经、王丽云（女）、刘玉山、吕国强、冯青松、王剑峰为平邑县人民政府副县长；选举陈怀峰为平邑县人民法院院长，王正海为平邑县人民检察院检察长；选举王开学、王正海、王秀茹（女）、王林山、王其东、王晓嫚（女）、王敬国、王富民（女）、王翠林（女）、王霞（女）、仇景阳、毛红旗、毛衍传、冯玉伟、吕文才、刘玉华、刘仕江、刘新才、刘嘉坤、闫凤鸣、闫国红（女）、孙令彬、苏德法、李中珍（女）、李兴平、李荣强、时成学、沙振霄（女、回族）、张之荣、张玉安、张超如、张殿昌、陈一兵、陈文忠、陈怀峰、陈宗忠、邵泽坤、林清兰（女）、周和平、孟庆启、孟宪海、胡时宪、倪善峰、徐瑞华、高伟、曹士民、盛福成、彭允占、彭志军、蒋华民、程新安、甄德生、解红日、蔡军、蔡纯良、薛海鹰（女）为出席临沂市第十七届人民代表大会代表。

平邑县第十六届人民代表大会第二次会议 2009年1月15日至17日在县城召开，出席会议代表307名。

会议听取审议县人民政府县长陈一兵所作的《平邑县人民政府工作报告》，县人大常委会主任程新安所作的《平邑县人大常委会工作报告》，县人民法院院长陈怀峰所作的《平邑县人民法院工作报告》，县人民检察院检察长王正海所作的《平邑县人民检察院工作报告》，县发展计划局局长谢光华所作的《平邑县2008年国民经济和社会发展计划执行情况与2009年计划安排意见的报告》，县财政局局长高彦坤所作的《平邑县2008年财政预算执行情况和2009年财政预算（草案）的报告》，并对上述报告作出了相应的决议。

平邑县第十六届人民代表大会第三次会议 2010年1月15日至17日在县城召开，出席会议代表295名。

会议听取审议县人民政府县长陈一兵所作的《平邑县人民政府工作报告》，县人大常委会主任程新安所作的《平邑县人大常委会工作报告》，县人民法院院长陈怀峰所作的《平邑县人民法院工作报告》，县人民检察院代检察长曹卫军所作的《平邑县人民检察院工作报告》，县发展计划局局长谢光华所作的《平邑县2009年国民经济和社会发展计划执行情况与2010年计划安排意见的报告》，县财政局局长高彦坤所作的《平邑县2009年财政预算执行情况和2010年财政预算（草案）的报告》，并对上述报告作出相应的决议。

会议接受郑晓廷辞去县人大常委会副主任职务的请求，补选陈志德（回族）为县人大常委会副主任，补选曹卫军为县人民检察院检察长。

平邑县第十六届人民代表大会第四次会议 2011年1月14日至16日在县城召开，出席会议代表297名。

会议听取审议县人民政府代县长马祥营所作的《平邑县人民政府工作报告》，县人大常委会主任程新安所作的《平邑县人大常委会工作报告》，县人民法院院长陈怀峰所作的《平邑县人民法院工作报告》，县人民检察院检察长曹卫军所作的《平邑县人民检察院工作报告》，县发展计划局局长谢光华所作的《平邑县2010年国民经济和社会发展计划执行情况与2011年计划安排意见的报告》，县财政局局长王江华所作的《平邑县2010年财政预算执行情况和2011年财政预算（草案）的报告》，印发《平邑县国民经济和社会发展第十二个五年总体规划纲要（草案）》，并对上述报告作出相应的决议。

会议接受程新安辞去县人大常委会主任、李秀兰辞去县人大常委会副主任职务的请求，补选王林山为县人大常委会主任，王晓萍（女）为县人大常委会副主任，王秀茹（女）为县人大常委会委员；补选马祥营为平邑县人民政府县长，杨秀秀（女、回族）为平邑县人民政府副县长。

第十七届人民代表大会会议

平邑县第十七届人民代表大会第一次会议 2012年1月31日至2月3日在县城召开，出席会议代表306名。

会议听取审议县人民政府县长马祥营所作的《平邑县人民政府工作报告》，县发展计划局局长谢光华所作的《平邑县2011年国民经济和社会发展计划执行情况与2012年计划安排意见的报告》，县财政局局长王江华所作的《平邑县2011年财政预算执行情况和2012年财政预算（草案）的报告》，县人大常委会党组书记、第一副主任廉茂岭所作的《平邑县人大常委会工作报告》，县人民法院院长陈怀峰所作的《平邑县人民法院工作报告》，县人民检察院检察长曹卫军所作的《平邑县人民检察院工作报告》，并对上述报告作出相应的决议。

会议选举丰程秀（女）为县人大常委会主任，廉茂岭、刘玉山、夏成光、高彦坤、王晓萍（女）为县人大常委会副主任，王玉芝（女）、王兆银、王秀茹（女）、毛衍传、邢美丽（女）、刘立军、刘新才、杜忠会、杨志国、杨艳明（回族）、李西德、李成海、李向红（女）、张大勤、张先奎、张军、张洪台、张振喜、陈继中、林清兰（女）、郑舒展、赵仁峰、赵景元、贺永乐、徐春生、郭庆强、彭瑞波、蔡长存、魏运民为县人大常委会委员；选举马祥营为县人民政府县长，刘仕江、宋学军、杨秀秀（女、回族）、王霞（女）、王琨、晏伟为副县长；选举陈怀峰为平邑县人民法院院长，曹卫军为平邑县人民检察院检察长；选举马从波、马祥营、王立剑、王江华、王芹（女）、王经远、王富民（女）、王翠林（女）、丰程秀（女）、公永进、毛红旗、毛衍传、邓强、尹国光、冯玉伟、吕文才、华晓琳（女）、刘春波、刘涛、刘嘉坤、孙文吉、孙令彬、孙伟、李平、李星霖、何召华、邱春力、张之荣、张玉安、张爱华（女）、张超如、张殿昌、陈文忠、陈怀峰、陈宗忠、林彬、金振香（女、回族）、周和平、孟宪海、孟祥山、赵爱华（女）、侯晓滨、段胜浩、段培彩（女）、姜运涛、倪善峰、高焕岭、曹卫军、彭云占、程洪龙、程新安、廉士堂、廉吉芳（女）、廉茂岭、蔡长存、谭炳昱、薛海鹰（女）、魏运民为出席临沂市第18届人民代表大会代表。

平邑县第十七届人民代表大会第二次会议 2013年1月16日至18日在县城召开，出席会议代表302名。

会议听取审议县人民政府县长马祥营所作的《平邑县人民政府工作报告》，印发《平邑县2012年国民经济和社会发展计划执行情况与2013年国民经济和社会发展计划（草案）的报告》《平邑县2012年财政预算执行情况和2013年财政预算（草案）的报告》，县人大常委会党组书记、第一副主任廉茂岭所作的《平邑县人大常委会工作报告》，县人民法院院长陈怀峰所作的《平邑县人民法院工作报告》，县人民检察院检察长曹卫军所作的《平邑县人民检察院工作报告》，并对上述报告作出相应的决议。

会议接受王晓萍辞去县人大常委会副主任职务的请求，补选王秀茹、胡时宪为县第十七届人民代表大会常务委员会副主任。

1989—2013年平邑县召开人代会情况表

表16-2

召开时间	召开人代会届次	代表数（人）	提出议案建议数（件）	审议工作报告数（个）	决定重大事项总数（个）
1989.03.28—30	十一届三次	328	40	6	6
1990.03.28—31	十二届一次	330	86	6	7
1991.04.02—04	十二届二次	306	73	6	6
1992.04.01—03	十二届三次	327	90	7	7
1993.02.18—20	十三届一次	354	78	6	7
1994.03.24—26	十三届二次	314	66	6	6
1995.04.06—08	十三届三次	368	57	6	6
1996.01.28—30	十三届四次	339	66	7	8
1997.03.16—18	十三届五次	377	70	6	6
1998.02.13—16	十四届一次	307	94	6	7
1999.03.18—19	十四届二次	310	80	6	7
2000.01.10—11	十四届三次	310	46	6	6
2001.03.07—09	十四届四次	311	65	6	7
2002.02.23—25	十四届五次	311	73	6	6
2003.01.25—27	十五届一次	300	98	6	7

续表 16-2

召开时间	召开人代会届次	代表数（人）	提出议案建议数（件）	审议工作报告数（个）	决定重大事项总数（个）
2004.01.15—17	十五届二次	300	84	6	7
2005.02.01—03	十五届三次	306	63	6	6
2006.02.07—09	十五届四次	311	92	6	7
2007.02.28—03.01	十五届五次	311	69	6	7
2007.12.10—13	十六届一次	309	97	6	7
2009.01.15—17	十六届二次	307	91	6	6
2010.01.15—17	十六届三次	311	97	6	7
2011.02.14—16	十六届四次	311	103	6	7
2012.01.31—02.03	十七届一次	306	103	6	7
2013.01.16—18	十七届二次	302	88	6	7

第二章　县人大常委会机构

第一节　领导机构

第十一届县人大常委会设主任1名、副主任2名，第十二届县人大常委会设主任1名、副主任3名,第十三届人大常委会设主任1名、副主任6名，第十四届县人大常委会设主任1名、副主任7名，第十五届县人大常委会设主任1名、副主任6名，第十六届县人大常委会设主任1名、副主任5名，第十七届县人大常委会设主任1名，副主任5名。

平邑县人大常委会第十一届至第十七届主任、副主任更迭表

表 16-3

届　别	职　务	姓　名	性别	籍　贯	任职时间
十一届（1987年4月至1990年3月）	主任	李崇仁	男	山东省莱州市	1987.04—1990.03
	副主任	王茂义	男	山东省莒南县	1987.04—1990.03
		李常森	男	平邑县仲村镇	1987.04—1990.03
十二届（1990年3月至1993年2月）	主任	李崇仁	男	山东省莱州市	1990.03—1993.02
	副主任	李才笃	男	山东省莱芜市	1990.03—1993.02
		李常森	男	平邑县仲村镇	1990.03—1993.02
		高崇业	男	平邑县平邑街道	1990.03—1993.02

续表 16-3

届 别	职 务	姓 名	性别	籍 贯	任职时间
十三届（1993年2月至1998年2月）	主任	李崇仁	男	山东省莱州市	1993.02—1996.01
		陈相珍	男	临沂市河东区	1996.01—1998.02
	副主任	李常森	男	平邑县仲村镇	1993.02—1998.02
		卢之光	男	平邑县平邑街道	1993.02—1998.02
		王立春	男	山东省费县	1993.02—1998.02
		陈连运	男	平邑县仲村镇	1993.02—1998.02
		高崇业	男	平邑县平邑街道	1993.02—1998.02
		赵新苍	男	平邑县铜石镇	1993.02—1998.02
		郑晓廷	男	山东省乳山市	1995.04—1998.02
		刘宗信	男	临沂市河东区	1996.01—1998.02
十四届（1998年2月至2003年1月）	主任	颜廷瑞	男	山东省临沂市	1998.02—2001.03
		程新安	男	山西省孝义市	2001.03—2003.01
	副主任	王立春	男	山东省费县	1998.02—2001.03
		高崇业	男	平邑县平邑街道	1998.02—2001.03
		赵新苍	男	平邑县铜石镇	1998.02—2001.03
		张洪春	男	山东省沂水县	1998.02—2003.01
		魏殿玉	男	平邑县保太镇	2001.03—2003.01
		季成全	男	平邑县平邑街道	2001.03—2003.01
		刘庆玺	男	平邑县地方镇	2001.03—2003.01
		李智明	女	平邑县地方镇	2001.03—2003.01
		郑晓廷	男	山东省乳山市	1998.02—2003.01
		刘宗信	男	临沂市河东区	1998.02—2001.03
		刘玉欣	男	平邑县仲村镇	1998.02—1999.08
十五届（2003年1月至2007年12月）	主任	程新安	男	山西省孝义市	2003.01—2007.12
	副主任	魏殿玉	男	平邑县保太镇	2003.01—2007.12
		刘庆玺	男	平邑县地方镇	2003.01—2006.02
		李智明	女	平邑县地方镇	2003.01—2006.02
		郑晓廷	男	山东省乳山市	2003.01—2007.12
		刘玉山	男	平邑县柏林镇	2003.01—2004.02
		王兆友	男	平邑县铜石镇	2003.01—2007.02
		李秀兰	女	山东省费县	2007.02—2007.12

续表 16-3

届　别	职　务	姓　名	性别	籍　贯	任职时间
十五届（2003 年 1 月至 2007 年 12 月）	副主任	王霞	女	平邑县仲村镇	2006.02—2007.12
		廉茂岭	男	平邑县铜石镇	2003.01—2007.12
		夏成光	男	平邑县铜石镇	2003.01—2007.12
十六届（2007 年 12 月至 2012 年 2 月）	主任	程新安	男	山西省孝义市	2007.12—2011.03
		王林山	男	山东省莱州市	2011.03—2012.02
	副主任	郑晓廷	男	山东省乳山市	2007.12—2010.01
		李秀兰	女	山东省费县	2007.12—2012.02
		王霞	女	平邑县仲村镇	2007.12—2012.02
		廉茂岭	男	平邑县铜石镇	2007.12—2012.02
		夏成光	男	平邑县铜石镇	2007.12—2012.02
		陈志德	男	平邑县平邑街道	2010.01—2012.02
		王晓萍	女	济南市历城区	2011.03—2012.12
十七届（2012 年 2 月）	主任	丰程秀	女	临沂市河东区	2012.02—
	副主任	廉茂岭	男	平邑县铜石镇	2012.02—
		刘玉山	男	平邑县柏林镇	2012.02—
		夏成光	男	平邑县铜石镇	2012.02—
		高彦坤	男	平邑县平邑街道	2012.02—2012.08
		王晓萍	女	济南市历城区	2012.02—2013.06
		王秀茹	女	山东省蒙阴县	2013.06—
		胡时宪	男	平邑县地方镇	2013.06—

第二节　工作机构

1990 年，平邑县人大常委会对工作机构进行调整，撤销代表联络科、法制科、调查研究科，设立人事代表工作室、法制工作委员会、农村工作委员会、财政经济工作委员会、城乡建设环境保护工作委员会、教科文卫工作委员会。1990 年 7 月，县十二届人大常委会第二次会议通过《五委两室工作规则》，1990 年 10 月机构正式运行。1992 年 7 月县十二届人大常委会第十三次会议决定人大常委会办公室增设信访科。2005 年 1 月，县人大常委会设立研究室，同时成立老干部科。2005 年 10 月，县人大常委会设立信访室。

第三章　县人大常委会工作

平邑县人大常委会是县人民代表大会的常设机构，是人民代表大会闭会期间行使国家权力的机关。常委会会议由县人大常委会主任召集，每两个月至少举行 1 次。平邑县第十一届至第十七届人大常委会期间（1987—2013 年），共举行 183 次常委会会议。其中，11 届 20 次，12 届 18 次，13 届、14 届、15 届各 36 次，16 届至 2013 年 12 月召开 37 次。

平邑县人大常委会领导成员及构成。1987—2013 年，平邑县人大常委会共历 7 届，其中，第十一届、第十二届任期三年，第十三至十五届任期五年，第十六届任期四年，2012 年 1 月召开县十七届人大一次会议。

1990 年，平邑县人大常委会又对工作机构进行调整，撤销代表联络科、法制科调查研究科、设立人事代表工作室、法制工作委员会、农村工作委员会、财政经济工作委员会、城乡建设环境保护工作委员会、教科文卫工作委员会。1990 年 7 月，县十二届人大常委会第二次会议通过《五委两室工作规划》，1990 年 10 月机构正式运行。1992 年 7 月，县十二届人大常委会第十三次会议决定人大常委会办公室增设信访科。2005 年 1 月，县人大常委会设立研究室，同时成立老干部科。2005 年 10 月，县人大常委会设立信访室。

第一节　重大事项审议决定

平邑县人民代表大会常务委员会，自 1989—2013 年共通过决议、决定多项。县人大常委会决议、决定内容涉及全县政治、经济、教育、科学、文化、卫生、旅游、环境与资源保护、民政、民族等多方面重大事项，决议、决定通过后以《平邑县人民代表大会常务委员会公报》或以常委会文件的形式刊发。为便于检索，兹收录重要决议决定 36 项。

第二节　人事任免

人大及其常委会通过选举和人事任免，加强对权利的制约和监督，保证把人民赋予的权力真正用来为人民谋利益。平邑县人大常委会严格遵守党管干部的原则，把党委推荐和人大选举、任免干部统一起来，充分发扬民主，严格依法办事，增强了被任命干部的责任意识。县人大常委会通过供职、述职、法律考试、民主评议、颁发任命书等方式，加强对干部的监督。至 2013 年，县人大及其常委会共选举产生人大常委会组成人员 224 人次，“一府两院”工作人员 127 人次；任免“一府两院”工作人员 1640 人次。

第三节　监　督

法律法规实施监督

平邑县人大常委会始终把保证法律法规在全县的贯彻实施作为监督的一项重要内容，切实抓紧抓实。把普法依法治县工作作为贯彻实施法律法规的基础性工作，多次听取相关情况的报告，持续推进普法治县工作深入开展。先后对政法机关学法用法情况、第一个五年普法规划实施情况、《农民承担费用和劳务管理条例》、《山东省农民负担管理条例》、《企业法》、《矿产资源法》、减轻农民负担法规贯彻实施情况、科技“一法一条例”、《山东省计划生育条例》、《公路法》、《农业法》、《食品卫生法》、教育法规贯彻情况、《食品卫生法》、《环境保护法》、《义务教育法》、《传染病防治法》、贯彻实施“非典”防治工作、《安全生产法》、《医疗机构管理条例》、《烟草专卖法》、《商检法》、《药品管理法》、《残疾人保障法》、《档案法》、《全民健身纲要》、《消防法》、《老年人权益保障法》、《老年人权益保障条例》、《电力法》、《电信条例》、《人口与计划生育法》、《动物防疫法》、《山东省动物防疫条例》、《科技进步法》、《社会保险法》等法律法规贯彻实施情况进行执法检查、听取专项工作报告，指出实施中存在的问题和不足，提出有针对性、可操作性的意见建议。

经济工作监督

为督促县人代会决议的落实，县人大常委会坚持每年第3季度听取审议政府半年工作和计划、预算执行情况的汇报，保证人代会批准的计划和预算的有效实施。先后对果树春季管理情况、电业工作、县属工业企业改革工作、乡镇企业、高效农业开发、工业生产运行情况、个体经营经济发展情况、农业产业结构调整情况、民营经济工作、外经外贸和招商引资工作、农民增收减负工作、327国道改建工程、工商行政管理、税收管理、农田水利基本建设、春季植树造林、农业产业结构调整、新上工业建设项目、工业及流通企业改革、重点项目建设、新农村规划和示范村建设、地方国际罐头城规划实施及建设管理、黄烟生产及卷烟市场管理、农民专业合作经济组织发展和农村沼气建设、金融部门支持企业发展情况、生态林场建设、优质农产品基地品牌建设、工业技改项目等工作进行视察或听取专项工作报告，形成相关的观察、审议意见，促进全县经济又好又快发展。为使“十五”“十一五”“十二五”规划纲要的编制更加科学、民主，更加符合经济社会发展实际，初审县政府纲要（草案）的说明，提出建设性的建议。

社会事业工作监督

平邑县人大常委会围绕一体化办医、执法责任制落实、科技工作、水利建设、旅游开发、公安交通管理、环境保护、食品卫生、人口和计划生育、非典防治、新型农村合作医疗、农村卫生、国土资源、土地开发整理、水污染防治、文化市场管理、城市建设、省级园林城市创健、劳动和社会保障、城市行政执法、人才队伍建设、广播电视、敬老院建设和农村低保、小型病险水库除险加固、新型农村合作医疗、平安平邑建设、淮河流域水污染防治迎查、新型农村社会养老保险试点、创建全省文明城市、中小学校舍安全工程实施、创建全国绿化模范县、平安创建大调解、标准化幼儿园建设、食品药品监管、治安防控体系建设工作、政务服务、城乡环卫一体化、深化医药卫生体制改革、交通、旅游、教育、民政、科技、民族宗教等工作进行监督，推动各项事业的健康发展。

司法工作监督

通过视察法院、检察院、公安工作，听取审议县人民法院、县人民检察院、县公安局关于执行、民商事审判、民事经济案件审判、行政审判工作、发挥刑事审判职能、强化便民诉讼、强化三大平台建设、反贪污贿赂和渎职犯罪侦查、反贪污贿赂斗争、落实宽严相济刑事司法政策、查办资源环境领域职务犯罪、打击经济犯罪、社会治安综合治理、打击刑事犯罪、公安工作、推进学习型检察院建设、预防工程建设领域职务犯罪、民事行政检察、构建未成年人犯罪一体化工作机制、查办职务犯罪等工作情况的报告，对司法机关依法行使职权给予监督和支持，促进公正司法。常委会还在国家机关中推行执法责任制，通过督促国家机关建立监督约束机制和错案、过错责任追究制度，从不同侧面加大执法监督的力度。

第四节 议案办理

全县各级国家机关及有关部门把办理落实人大代表议案、建议、批评和意见，作为实现和维护人民群众的根本利益，自觉接受人民群众监督的一件大事来抓，在实践中对凡属应该办而又能够办到的，抓紧办；受条件限制暂时办不到的，积极创造条件尽力办；有些不能办或确实办不到的，向代表解释清楚，取得代表的谅解；对敷衍应付，措施不力，代表对办理结果不满意的，则退回重办，直到代表满意为止；对情况复杂、难度较大或涉及多个部门办理的建议，则由县政府统一牵头，明确责任，共同协办。办理工作基本结束后，承办单位认真搞好回访复查，主动征求代表和群众对办理工作的意见，收到实实在在的效果。常委会注重提高建议办结率和满意率，对关系改革发展稳定大局和代表反映强烈的钟点坚毅，采取面对面答复、登门检查、听取汇报、调查研究和跟踪宣传报道等方式，加大督办力度，使有关建议真正落到实处。1989—2013 年，共收到代表议案、建议、批评和意见 1969 件。这些议案和建议基本做到件件有答复，件件有落实，办结率和代表满意率都比较高。

第五节 代表活动

代表培训

换届后，常委会都针对代表新成分较多、素质不一的情况，采取集中培训、以会代训等方式，集中时间，对代表进行培训学习，使代表们进一步明确代表的地位、作用和权利义务，增强政治责任感和执行代表职务的能力。

1993 年，县、乡人大换届后，分别对县、乡两级人大代表进行法律业务培训，重点辅导学习《宪法》《代表法》及人大业务知识等。

1998 年、1999 年，两次组织 400 多名市、县人大代表和代表小组长进行培训，重点学习《宪法》《地方组织法》《代表法》等内容。

2003 年、2007 年，先后两次举办人大代表培训班，学习中共十六大、中共十七大精神，有关法律法规及人大业务知识，组织典型代表介绍履职的经验做法，集体参观部分代表带头发展的工业、农业、第三产业项目，使代表解放思想，开阔视野。

2012 年，举办全县各级人大代表培训班，向各代表小组下发《监督法》《代表法》辅导讲座视频材料，要求以代表小组为单位进行培训学习。县内各乡镇人大亦采取多种方式，加强对代表的教育培训，加深各级代表对人民代表大会制度和依法执行职务的认识理解。

代表小组建设

换届后常委会按照便于组织和开展活动的原则，对全国、省、市、县和乡镇人大代表进行编组，组成若干个代表小组，选配一批责任心强、热心代表工作的代表担任组长、副组长，建立健全学习、调研、视察、联系选民等制建促进小组活动的制度化、规范化建设。

2003 年，制定印发《关于 2003 年人大代表小组活动内容的建议》。2005 年，对县级人大代表实行“一档两卡”管理。2008 年，赴兰山、罗庄、沂水等地学习代表小组建设先进经验。2012 年，印发《关于进一步完善人大代表小组建设、增强活动实效的意见》。每年都制定代表小组活动计划，就小组活动的形式内容等提出要求，使代表在宣传法律政策、联系选民、协助政府推进工作、为群众办实事等方面发挥积极作用。

代表联系

1993年、1998年，先后修订县人大常委会联系人大代表办法。2007年，县乡人大换届后，建立常委会组成人员联系人大代表、人大代表联系选民群众“双联”机制，每年就联系人员、联系方式等内容作出具体规定。常委会通过印发公报、有关材料，走访代表、召开座谈会等方式，与代表保持经常性联系，通过邀请代表参加视察、调研、执法检查等方式，听取和反映代表的意见、要求。

1995年10月，制定《平邑县人大代表评议县直部门工作试行办法》《平邑县关于组织人大代表评议乡镇职能部门试行办法》，组织开展人大代表评议县直部门、乡镇职能部门活动，对于强化县直部门和乡镇职能部门的公仆意识和服务观念，提高工作效率和质量，促进机关依法行政和廉政建设，密切党群、政群关系，均起到了很好的作用。

1993—1997年，县常委会连年在全县各级代表中组织开展代表致富、带领群众共同致富、代表建功立业活动。广大代表积极响应，热情参与，立足自身的优势，充分发挥模范带头作用，团结带领群众投身于改革开放和经济建设，涌现出大批锐意改革、开拓创新、带头致富和带领群众共同致富、爱岗敬业、无私奉献的先进典型。

2004年，制定《优秀县人大代表评选实施意见》。2004年、2010年，先后有60人被县人大常委会授予“优秀人大代表”称号。每次人代会召开前，都组织人大代表围绕专项议题进行视察，让代表广泛听取人民群众的意见，掌握有关情况，为开好人代会，审议好各项报告做好充分准备。

第四章　乡镇人民代表大会

第一节　换　届

2004年10月，按照1982年12月修改的地方组织法规定的乡镇人民代表大会任期为3年修改为为5年。

1989—2001年，全县共有26个乡镇。其中，柏林、铜石、温水3个乡镇，召开第五、六、七、八、九届，共计5届人民代表大会；东阳乡、保太乡、魏刘庄乡、卞桥镇、资邱乡、地方镇、天宝山乡、魏庄乡、白彦镇、山阴乡、黄坡乡、庞庄乡、临涧乡、郑家峪乡14个乡镇，召开第六、七、八、九、十届，共5届人民代表大会；平邑镇、白马乡、仲村镇、岐山乡、张里乡、唐村岭乡、流峪乡、郑城镇8个乡镇，召开第七、八、九、十、十一届，共计5届人民代表大会，武台乡1个乡镇召开第七、八、九、十届，共计4届人民代表大会。

2002年1月，全县乡镇行政区划调整，将原26个乡镇撤并为16个乡镇。2002—2013年，保太、卞桥、地方、白彦、临涧、丰阳召开第十一届、十二届、十三届镇人民代表大会；仲村、流峪、郑城召开第十二届、十三届、十四届镇人民代表大会；柏林、铜石、温水召开第十届、十一届、十二届镇人民代表大会；武台召开第十一届、十二届、十三届、十四届镇人民代表大会；平邑街道召开第十二届、十三届人民代表大会（2010年后撤镇设街道不再召开乡镇人代会）。在每届的乡镇人民代表大会上，听取和审议政府、财政、人大等方面的报告，选举有关国家机关工作人员。

县人大常委会重视加强对乡镇人大工作的指导。通过邀请乡镇人大主席列席常委会会议，召开座谈会，重大决策和重要活动向乡镇人大通报等方式，密切与乡镇人大的联系。加强对乡镇人大干部的培训，提高他们的业务水平和工作能力。常委会组成人员到乡镇视察、调研时，注意了解乡镇人大情况，及时给予工作上的指导和支持。各乡镇人大也从各方面对常委会的工作积极配合，并结合各自实际，努力探索开展人大工作的新途径，促进全县人大工作。

第二节 机 构

1995年2月，八届全国人大常委会第十二次会议再次修改《地方组织法》，规定乡、民族乡、镇的人民代表大会设主席，并可以设副主席1～2人。主席、副主席由本级人民代表大会从代表中选出，任期同本级人民代表大会每届任期相同。乡镇人大主席、副主席在当级人民代表大会闭会期间，主要负有联系同级人大代表，组织开展代表活动，反映代表和群众对本级人民政府工作的建议、批评和意见的职责。自1996年1月始，乡镇人大工作办公室主任、副主任改为乡镇人大主席团主席、副主席，由乡镇人民代表大会选举产生，主席、副主席与乡镇人民代表大会任期相同。

1989—2013年平邑县人大部分决议决定情况表

表16-4

类别	会议时间	名　　称
决定	1990年7月7日平邑县第十二届人大常委会第二次会议	关于原则通过《平邑县人大常委会议事规则》等5个规则、办法的决定
决定	1990年7月7日平邑县第十二届人大常委会第二次会议	关于原则通过《平邑县人大常委会各委办室工作规则》的决定
决定	1990年7月7日平邑县第十二届人大常委会第二次会议	关于原则批准《平邑县水事违法案件调查处理暂行办法》等3个暂行办法、暂行规定、实施细则的决定
决议	1991年3月26日平邑县第十二届人大常委会第六次会议	关于在全县公民中进行第二个五年法制宣传教育的决议
决定	1991年8月28日平邑县第十二届人大常委会第八次会议	关于修改《议事规则》个别条款的决定
决议	1991年8月28日平邑县第十二届人大常委会第八次会议通过	关于进一步做好抗洪救灾工作的决议
决定	1991年12月5日平邑县第十二届人大常委会第十次会议	关于批准《平邑县农村居民宅基地有偿使用暂行办法》的决定

续表 16-4

类别	会议时间	名称
决定	1993 年 4 月 9 日平邑县第十三届人大常委会第一次会议	关于加强自身建设的决定
决定	1993 年 4 月 9 日平邑县第十三届人大常委会第一次会议	关于命名“县花”的决定
决定	1993 年 4 月 9 日平邑县第十三届人大常委会第一次会议	关于批准实施《平邑县农民负担管理若干规定》的决定
决定	1995 年 6 月 8 日平邑县第十三届人大常委会第十四次会议	关于批准《平邑县城抗震防灾规划》的决定
决定	1995 年 8 月 14 日平邑县第十三届人大常委会第十五次会议	关于批准《平邑县科学技术兴县规划纲要》《平邑县科学技术发展第九个五年计划及 2010 年规划纲要》的决定
决议	1996 年 3 月 27 日平邑县第十三届人大常委会第二十一次会议	关于在国家机关中实行执法责任制的决议
决定	1996 年 10 月 11 日平邑县第十三届人大常委会第二十五次会议	关于组织人大代表评议县政府部分部门工作的决定
决议	1997 年 4 月 22 日平邑县第十三届人大常委会第二十九次会议	关于加强县城管理的“六个办法”的决议
决定	1998 年 3 月 3 日平邑县第十四届人大常委会第一次会议	关于加强人大常委会自身建设的决定
决定	1998 年 5 月 21 日平邑县第十四届人大常委会第三次会议	关于组织人大代表评议“一府两院”部门工作的决定
决议	2001 年 7 月 23 日平邑县第十四届人大常委会第二十五次会议	关于在全县公民中开展第四个五年法制宣传教育的决议
决议	2001 年 7 月 23 日平邑县第十四届人大常委会第二十五次会议	关于《平邑县实施依法治县第二个五年（2001—2005）规划》的决议
决议	2003 年 3 月 13 日平邑县十五届人大常委会第一次会议	关于学习贯彻中国共产党第十六次全国代表大会精神的决议
决议	2004 年 11 月 18 日平邑县第十五届人大常委会第十三次会议	关于《平邑县旅游发展总体规划》的决议
决议	2004 年 11 月 18 日平邑县第十五届人大常委会第十三次会议	关于《蒙山旅游区龟蒙景区旅游开发建设规划》的决议
决定	2005 年 9 月 1 日平邑县第十五届人大常委会第十八次会议	关于批准平邑县人民政府《关于红色旅游建设项目贷款条件承诺的报告》的决定
决议	2006 年 2 月 28 日平邑县第十五届人大常委会第 23 次会议	关于对《平邑生态县建设规划》的决议
决议	2006 年 9 月 12 日平邑县第十五届人大常委会第二十七次会议	关于在全县公民中开展第五个五年法制宣传教育的决议
决定	2006 年 11 月 8 日平邑县第十五届人大常委会第二十八次会议	关于编纂《平邑县人民代表大会志》的决定

续表 16-4

类别	会议时间	名　　称
决议	2006 年 11 月 8 日平邑县第十五届人大常委会第二十八次会议	关于批准转让污水处理厂特许经营权的决议
决议	2006 年 11 月 8 日平邑县第十五届人大常委会第二十八次会议	关于批准城区道路工程建设项目申请贷款的决议
决议	2007 年 1 月 6 日平邑县第十五届人大常委会第二十九次会议	关于批准县人民政府调整 2006 年财政收支预算的决议
决议	2009 年 5 月 27 日平邑县第十六届人大常委会第九次会议	关于开展“深化‘五五’普法，推进法治平邑建设年”活动的决议
决议	2009 年 5 月 27 日平邑县第十六届人大常委会第九次会议	关于平邑县西山森林公园管理规定的决议
决议	2011 年 9 月 7 日县十六届人大常委会第二十三次会议	关于在全县公民中开展第六个五年法制宣传教育的决议
决议	2011 年 9 月 7 日县十六届人大常委会第二十三次会议	关于《平邑县城市总体规划 (2010—2020 年)》的决议
决议	2011 年 9 月 7 日县十六届人大常委会第二十三次会议	关于《平邑县 2011—2015 年依法治县规划》的决议
决定	2012 年 3 月 30 日县十七届人大常委会第一次会议	平邑县第十七届人大常委会关于加强自身建设的决定
决议	2012 年 8 月 17 日平邑县十七届人大常委会第四次会议	关于《平邑县城市公共交通规划》的决议

第十七编

地方国家行政机关

第一章　县政府机构

第一节　组成人员

1987年4月，平邑县第十一届人民代表大会第一次会议，选举杨沛才为县人民政府县长，李富山、李洪海、韩守菊（女）为副县长。

1990年3月，平邑县第十二届人民代表大会第一次会议选举杨沛才为县人民政府县长，李富山、韩守菊（女）、陈连运、李德福、郑运明为副县长。

1993年2月，平邑县第十三届人民代表大会第一次会议选举张之荣为县人民政府县长，李德福、郑运明、邵长明（女）、陈金鹏、付伟、季成全为副县长。

1998年2月，平邑县第十四届人民代表大会第一次会议选举祖卫东为县人民政府县长，陈金鹏、季成全、刘庆玺、李智明（女）、高维平为副县长。

2003年1月，平邑县第十五届人民代表大会第一次会议选举王林山为县人民政府县长，张贤德、刘玉欣、李献荣、李中经、孙百迎、王丽云（女）为副县长。

2007年12月，平邑县第十六届人民代表大会第一次会议选举陈一兵为平邑县人民政府县长，李中经、王丽云（女）、刘玉山、吕国强、冯青松、王剑峰为平邑县人民政府副县长。

2012年1月，平邑县第十七届人民代表大会第一次会议选举马祥营为县人民政府县长，刘仕江、宋学军、杨秀秀（女、回族）、王霞（女）、王琨、晏伟为副县长。

1989—2013年平邑县政府领导任职表

表17-1

届次	职务	姓　名	籍　贯	任职时间
第十一届政府（1987年4月至1990年3月）	县　长	杨沛才	山东省费县	1987.04—1992.12
	常　务副县长	李才笃	山东省莱芜市	1982.12—1990.03
	副县长	李洪海	平邑县铜石镇	1987.04—1990.02
		李富山	临沂市河东区	1987.03—1990.03
		陈连运	平邑县仲村镇	1990.02—1990.03
第十二届政府（1990年3月至1993年2月）	代县长	张之荣	山东省沂水县	1992.12—1993.01
	常　务副县长	李德福	平邑县铜石镇	1992.12—1993.02
		程新安	山西省孝义市	1995.02—1993.02
		李富山	临沂市河东区	1992.12—1993.02

续表 17-1

届次	职务	姓 名	籍 贯	任职时间
第十二届政府（1990年3月至1993年2月）	副县长	韩守菊（女）	山东省莒南县	1990.03—1992.07
		李富山	临沂市河东区	1990.03—1992.12
		陈连运	平邑县仲村镇	1990.03—1991.09
		郑运明	平邑县卞桥镇	1990.03—1993.02
		邵长明（女）	山东省枣庄市	1992.09—1993.02
		陈金鹏	山东省费县	1992.12—1993.02
		付 伟	安徽省枞阳县	1992.12—1993.02
第十三届政府（1993年2月至1998年2月）	县 长	张之荣	山东省沂水县	1993.02—1995.08
		李富山	临沂市河东区	1996.02—1997.12
		祖卫东	山东省沂南县	1997.12—1998.02
	代县长	李富山	临沂市河东区	1995.08—1996.01
		祖卫东	山东省沂南县	1997.12—1998.01
	常务副县长	李富山	临沂市河东区	1993.02—1995.08
		李德福	平邑县铜石镇	1993.02—1995.01
		程新安	山西省孝义市	1993.02—1996.05
		张传普	山东省沂水县	1996.05—1998.01
	副县长	郑运明	平邑县卞桥镇	1993.02—1995.01
		邵长明（女）	山东省枣庄市	1993.02—1996.12
		付 伟	安徽省枞阳县	1993.02—1997.05
		陈金鹏	山东省费县	1993.02—1998.02
		季成全	平邑县平邑街道	1993.02—1998.02
		刘庆玺	平邑县地方镇	1995.02—1998.02
		张升范	山东省沂南县	1996.03—1998.02
		李智明（女）	平邑县地方镇	1998.01—1998.02
		高维平	山东省莒南县	1998.01—1998.02
第十四届政府（1998年2月至2003年1月）	县 长	祖卫东	山东省沂南县	1998.02—2003.01
		王林山	山东省莱州市	2002.12—2003.01
	代县长	马祥营	山东省沂水县	2010.12—2011.01
	常务副县长	陈金鹏	山东省费县	1998.07—2001.03
		徐化国	平邑县仲村镇	2001.03—2003.01
	副县长	陈金鹏	山东省费县	1998.02—1998.07

续表 17-1

届次	职务	姓　名	籍　贯	任职时间
第十四届政府（1998 年 2 月至 2003 年 1 月）	副县长	季成全	平邑县平邑街道	1998.02—2001.03
		刘庆玺	平邑县地方镇	1998.02—2001.03
		张升范	山东省沂南县	1998.02—
		李智明（女）	平邑县地方镇	1998.02—2001.03
		高维平	山东省莒南县	1998.02—1999.06
		刘克贵	平邑县卞桥镇	1998.04—2003.01
		刘玉欣	平邑县仲村镇	1999.09—2003.01
		李献荣	临沂市河东区	2001.03—2003.01
		李秀兰（女）	山东省费县	2001.03—2003.01
		李中经	平邑县郑城镇	2001.03—2003.01
第十五届政府（2003 年 1 月至 2007 年 12 月）	县　长	王林山	山东省莱州市	2003.01—2005.12
		陈一兵	山东省费县	2006.01—2007.12
	常　务副县长	张贤德	平邑县卞桥镇	2003.01—2006.01
		李中经	平邑县郑城镇	2006.01—2007.12
	副县长	李献荣	临沂市河东区	2003.01—2004.05
		李秀兰（女）	山东省费县	2003.01—2003.01
		李中经	平邑县郑城镇	2003.01—2006.01
		孙百迎	山东省蒙阴县	2003.02—2006.01
		王丽云（女）	山东省沂水县	2003.02—2008.12
		刘玉山	平邑县柏林镇	2003.12—2012.02
		吕国强	山东省莒南县	2004.05—2012.02
		柳洪武	青岛市即墨区	2006.01—2007.11
		冯青松	平邑县平邑街道	2006.02—2007.01
第十六届政府（2007 年 12 月至 2012 年 1 月）	县　长	陈一兵	山东省费县	2007.12—2010.12
		马祥营	山东省沂水县	2011.01—2012.01
	常　务副县长	李中经	平邑县郑城镇	2007.12—2008.12
		刘仕江	山东省临沭县	2008.12—2012.01
	副县长	王剑锋	山东省临沭县	2007.12—2011.12
		黄　波	山东省沂水县	2009.01—2011.02
		张　鑫	江苏省铜山县	2009.01—2011.12
		宋学军	山东省苍山县	2011.12—2012.01

续表 17-1

届次	职务	姓　名	籍　贯	任职时间
	副县长	杨秀秀（女，回族）	山东省郯城县	2009.09—2012.01
		王　琨	临沂市兰山区	2011.12—2012.01
第十七届政府（2012 年 1 月至　）	县　长	马祥营	山东省沂水县	2012.01—
	常　务副县长	刘仕江	山东省临沭县	2012.01—2012.09
		冯青松	平邑县平邑街道	2012.10—
	副县长	宋学军	山东省苍山县	2012.01—2013.09
		杨秀秀（女，回族）	山东省郯城县	2012.01—2013.04
		王　霞（女）	平邑县仲村镇	2012.02—
		王　琨	临沂市兰山区	2012.01—
		晏　伟	山东省费县	2012.01—
		时光晓	平邑县卞桥镇	2013.09—
		徐　涛	临沂市兰山区	2013.05—

第二节　机构设置

1989—2013 年，县政府机构历经三次大的机构改革。

1993 年，县政府设工作部门（机构）31 个（其中列序列的机构不含监察局 27 个，不列序列的 4 个），即县政府办公室、经济体制改革办公室（不列序列）、经济委员会、对外经济贸易委员会、商业委员会、计划委员会、城乡建设环境保护委员会、科学技术委员会、教育体育委员会、文化局、计划生育委员会、公安局、司法局、民政局、人事局、劳动局、财政局、税务局、交通局、农业领导小组办公室（不列序列）、农业局、林业局、水利局、卫生局、审计局、统计局、工商行政管理局、物价信息办公室（不列序列）、土地矿产管理局、矿产资源管理办公室（不列序列）、乡镇企业局。撤销经济研究中心、信息调研室、侨务办公室、法制局、经济体制改革委员会、职工教育办公室、财委、商业局、粮食局、项目办、区划办、城建办、村镇建设办、地震办、技术市场管理办、教育局、体育运动委员会、机关计划生育委员会、地名办、岗位责任制办公室、工资办公室、退休干部科、科技干部局、仲裁办、安全办、财税物价大检查办公室、农委、黄淮海开发办公室、农村经济合同仲裁办公室、农业技术推广中心、爱卫会办公室、物价局、土地管理局。

1996 年，县农业领导小组办公室更名为县农业委员会，列县政府机构序列。同年，县经济体制改革办公室更名为县经济体制改革委员会，列县政府机构序列。1997 年，撤销县矿产资源管理办公室，设立县地质矿产局，列政府序列机构；将县土地矿产管理局更名为县土地管理局。

2002 年，保留县政府办公室（包括侨务、人民防控、体改、法制等工作）、公安局、监察局（与纪律监察委员会机关合署）、民政局、司法局、财政局、人事局（机构编制委员会办公室与其合署）、劳动和社会保障局、水利局、卫生局、审计局、环境保护局、统计局、林业局。将计划委员会更名为发展计划局，经济贸易委员会更名为经济贸易局（挂安全生产监督管理局牌子），教育委员会更名为教育局，科学技术委员会更名为科学技术局，城乡建设委员会更名为建设局，交通委员会更名为交通局，计划生育委员会更名为计划生育局。撤销财贸委员会、对外经济贸易委员会、乡镇企业局，其职能划入经济贸易局，同时挂对外贸易经济合作局牌子；国有资产管理局并入财政局；专利局并入科学技术局；农业委员会和农业局合并，组建农业局；文化局和体育局合并，组建文化体育局；地质矿产局和土地管理局合并，组建国土资源局；房产管理局、房改办公室并入建设局。不再保留粮食局、物价局、水产管理局、农机局、畜牧局。改革调整后，县政府工作部门23个（监察局与纪律检查委员会机关合署，列入政府工作部门序列，不计入政府机构个数），均为正科级建制。具体设置是：县政府办公室、发展计划局、经济贸易局（挂安全生产监督管理局、对外贸易经济合作局牌子）、教育局、科学技术局、公安局、监察局（与纪律监察委员会机关合署）、民政局、司法局、财政局、人事局（机构编制委员会办公室与其合署）、劳动和社会保障局、国土资源局、建设局、交通局、水利局、农业局、文化体育局、卫生局、计划生育局、审计局、环境保护局、统计局、林业局。

2010年，组建县经济贸易和信息化局，不再保留县经济贸易局、县对外贸易经济合作局；组建县人力资源和社会保障局，不再保留县人事局、县劳动和社会保障局；组建县住房和城乡建设局，挂县城市管理行政执法局牌子，不再保留县建设局、县房产管理局；组建县文化广电新闻出版局，不再保留县文化体育局、县广播电视局；组建县文化市场管理执法局；组建县教育体育局，不再保留县教育局；将县交通局更名为县交通运输局；将县林业局由单独设置调整为在县农业局加挂牌子；将原由省垂直管理的县食品药品监督管理局列入政府工作部门。

县政府机构改革后，设置工作部门24个（县监察局与县纪律检查委员会机关合署办公，列入县政府工作部门序列，不计入政府机构个数），均为正科级建制。具体设置是：县政府办公室、发展和改革局、经济贸易和信息化局、教育体育局、科学技术局、公安局、监察局（与纪律检查委员会机关合署）、民政局、司法局、财政局、人力资源和劳动保障局、国土资源局、住房和城乡建设局（挂城市管理行政执法局牌子）、交通运输局水利局、农业局（挂林业局牌子）、文化广电新闻出版局、文化市场管理执法局 卫生局、人口和计划生育局、审计局、环境保护局、统计局、安全生产监督管理局、食品药品监督管理局。

第二章　县政府施政

第一节　施政方式

主要会议制度

县政府施政，主要是通过各式各类会议作出决定，并加以贯彻、推行。县政府会议制度主要有全体会议、常务会议、县长办公（碰头）会议、专题会议和工作会议等。

县政府全体会议　县政府全体会议由县长、副县长、县政府办公室主任和县政府组成部门的主要负责人组成。必要时召开扩大会议，吸收各镇长（街道办主任）、县政府办公室副主任、县政府办事机构、县属事业单位，中央、省、市驻平邑的单位及部分企业的主要负责人参加，视情邀请县委有关部门、县人大和县政协以及各民主党派、社会团体的负责人列席。会议议题由县长确定，由县长或县长委托常务副县长召集和主持。

会议的主要任务：传达贯彻党中央、国务院，省委、省政府，市委、市政府和县委的重要指示、决定、会议精神和县人民代表大会及其常委会的决议、决定，研究提出贯彻意见；讨论决定县政府工作中的重大事项；部署县政府的重要工作；讨论需要由县政府全体会议决定的其他事项。

县政府常务会议　县政府常务会议由县长、副县长和县政府办公室主任组成，县政府办公室副主任列席会议。县政府有关部门主要负责人根据会议内容列席相关议题的讨论。由县长或县长委托常务副县长召集和主持。

会议的主要任务：传达党中央、国务院，省委、省政府，市委、市政府和县委的重要指示、决定和会议精神，以及县人民代表大会及其常委会的决议、决定，提出具体贯彻意见；听取县政府重要工作情况的汇报；讨论决定县政府工作中的重要事项；讨论通过由县政府制定发布的规范性文件和重大政策规定；通报和讨论其他重要事项。

县长办公会议　县长办公（碰头）会议由县长、副县长组成，县政府办公室主任、副主任及秘书人员列席。县长办公（碰头）会议由县长或县长委托常务副县长召集和主持。

会议的主要任务：总结交流和安排近期重要工作，研究处理需提交常务会议解决的重要问题；研究县政府日常工作中的其他重要事项。

县政府专题会议　县政府专题会议由县长、副县长或委托县政府办公室主任、副主任召集，县政府有关部门的负责人参加。涉及两位以上副县长分管工作的，可共同召集会议。会议议题由县长或副县长确定。

会议的主要任务：研究协调县政府领导各自分工职责范围内的专门问题，协调解决镇（街道）、管委会和分管部门之间有意见分歧的问题，研究协调需提交县政府集体研究决策的有关问题。

县政府专题会议凡涉及资金、项目等安排的，严格按照规定的审批权限和程序办理。

提交县政府会议研究的议题，主办单位必须事先做好充分准备，涉及其他部门职权范围的，应在会前与相关部门进行协商，尽可能取得一致意见，并由分管副县长审查把关。未经协调或不成熟的议题，原则上不提交会议，确需提交的应列明各方意见、提出建议及其理由、依据，由分管副县长提出意见。

县政府全体会议、常务会议、县长办公（碰头）会议的纪要由县长签发。县政府专题会议的纪要由会议主持人签发。县政府全体会议、常务会议、县长办公（碰头）会议、县政府专题会议的会务工作由县政府办公室负责。会议指定人员因故不能与会的，须提前请假，并将替代列席会议人员名单报县政府办公室。会议决定事项，各镇政府（街道办）、管委会、县政府各部门要认真遵照执行，及时办理。县政府领导按照分工抓好协调落实。县政府办公室负责督办，并定期将会议决定事项的落实情况向县政府领导报告。

县政府工作会议 由县长主持、县政府各部门和镇政府（街道办）、管委会主要负责人参加的县政府工作会议，须经县政府常务会议研究确定。由县政府部门提请，由分管副县长主持，县政府部门和镇政府（街道办）、管委会分管负责人参加的县政府工作会议，须经县长审定。未经批准，县政府工作部门不得以县政府名义召开业务性、行业性工作会议。要精简会议，厉行节约，严格控制会议规模和规格，尽量缩短会议时间。凡能合并召开的会议，应尽量合并召开；凡能召开电视电话会议的，应采取电视电话会议的形式召开，并可直接开到基层，避免层层开会贯彻。县政府部门召开的各类会议，一律只开到下一级对口单位，不得请镇政府（街道办）、管委会负责人参加。除县政府召开的重要综合性会议外，一般性会议只安排主持人和讲话人，其他县领导不陪会。

县政府召开的全县专业性工作会议，有关县直部门要于会前一周将会议筹备方案（包括会议时间、地点、参加人员、议程安排等）报送县政府办公室，由县政府办公室负责报请有关领导审定。上级单位通过县直部门或市以上直属部门在平邑县召开的市级以上会议，有关部门须提前将情况报告县政府，经同意后方可做出答复和安排。确定后及时报告县政府办公室。需县政府领导讲话的要于会前一周将讲话初稿及会议相关材料报送县政府办公室。

第二节 施政辑要

1989—2013 年，平邑县共历七届县人民政府。各届政府坚持以邓小平理论、“三个代表”重要思想为指导，深入贯彻落实科学发展观，坚持以经济建设为中心，坚持改革开放。根据县委部署，确定全县国民经济和社会事业发展规划，确定每一时段的工作重点及措施，组织领导全县人民，一心一意谋发展，奋力拼搏奔小康，使全县经济社会得到又好又快发展。以下每届政府的施政辑要摘自《政府工作报告》。

十一届政府

施政时间为 1987 年 4 月至 1990 年 3 月。

1989 年，人口自然增长率为 9.05‰。工农业总产值 6.9 亿元，其中农业总产值 3.2 亿元，工业总产值 3.7 亿元，社会商品零售总额 2.9 亿元，外贸出口商品收购总额 1888.2 万元，城乡居民年末储蓄余额 1.5 亿元，财政收入 2629.8 万元。粮食总产量 2.8 亿千克，花生总产量 2861 万公千克，果品总产量 8375 万千克，水产品 165 万千克，畜牧业总产值 9034 万元。农民年人均纯收入 422 元，职工年平均工资 1537 元。

开发利用土地资源改善农业生产条件。平邑县境内没有利用的土地共有 3.73 万公顷，其中可开垦的丘陵荒地 1.66 万公顷。县委、县政府作出决定，坚持“内涵”“外延”并重，工程措施与经济措施相结合，生态效益与经济效益相结合，长远利益与眼前利益相结合的方针，科学地开荒造田，为农业增强后劲。计划全县每年开荒造地0.33万公顷，用5年时间把荒坡地开垦完。

是年，县委、县政府组织人力、物力，在全县范围内重新进行土地普查，制定科学开发规划，成立土地开发指挥部。县领导分组包片，现场办公，跟踪服务，面对面解决问题。在开发荒地中，坚持统一规划，科学开发，在深入调查和充分利用农业区划成果科学论证的基础上，制定出山、水、林、田、路综合治理的总体规划。对新开发的土地实行优惠政策，坚持谁开发谁受益，承包期长期不变。开发经费，进行多渠道筹集。采取“五个一点”（即国家补一点，县财政拿一点，乡镇挤一点，集体出一点，群众集一点）的集资办法，并规定山区每个农村劳动力每年出20个义务工用于土地开发，其中20%～30%由集体统一调配使用，不出工者以资代劳。开发形式：一种是以乡镇为单位举行大会战，对一个小流域或几个小流域统一规划，统一组织开发，受益村出资出工，逐年找平；不受益村，出工顶乡镇的义务工。有的则以管理区为单位，组织相邻的几个村，共同治理，一起得利；另一种是村、户各自为战，家家出资出工，户户受益。冬季全县乡镇级万人以上的治山整地战场14个。全县总投资443.1万元，其中国家投资74万元，群众自筹资金369.1万元。投工184.1万个，共整地0.62万公顷，其中新增耕地0.16万公顷。

1990年，全县工农业总产值7.62亿元，其中农业总产值3.50亿元，工业总产值4.12亿元，分别比1989年增长9.51%和11.25%；社会商品零售总额3.63亿元；外贸出口商品收购总额1083万元；城乡居民储蓄余额17875万元；财政收入2851万元；粮食总产量31.4万吨，花生总产量3.78万吨，果品总产量9.07万吨，水产品0.17万吨；畜牧业总产值10072万元；农民人均纯收入479元，职工年平均工资1664元。

十二届政府

施政时间为1990年3月至1993年2月。

1991年，全县工农业总产值15.12亿元，其中工业总产值6.67亿元，农业总产值8.45亿元。社会商品零售总额3.87亿元，外贸出口商品收购总额3700万元，城乡居民储蓄年末余额2.32亿元，财政收入3180万元；农民人均收入530元，职工年平均工资1869元。

1991年，平邑县连遭严重干旱、虫灾、龙卷风、冰雹等自然灾害之后，7月24日又遭受百年不遇的特大洪涝灾害。县境北部13个乡镇降特大暴雨，129个村庄进水受灾，10.3万人被洪水包围，死亡14人，倒塌房屋1.93万间，危房3.2万间，1万多户、4万多人无家可归。洪水淹死牲畜3610头（只）、家禽15.7万只，冲走、霉变粮食1730万千克，受灾粮田、经济作物3万公顷，过水淹没庄稼1.31万公顷，其中绝产0.67万公顷。冲断桥涵286座，冲垮塘坝251座、谷坊763个，冲毁顺河坝2.8万米、渠道8.4万米、地坝地堰26.4万米，冲坏机井456眼、扬水站93个、通信电力线路75杆千米，冲倒、刮断树木54万株、果树23万株，境内5条干线公路不同程度地中断了交通。灾害造成直接经济损失1.4亿元。

平邑县广大干部、群众，在大灾之年不低头、不泄气、不减志，同自然灾害进行顽强搏斗。各级党委、政府在安排好人民生活的同时，采取一系列措施，组织群众发展生产。县、乡、村根据实际情况，相应地建立多功能、多形式的经济实体，积极开展社会化服务。采取补救措施，将0.67万公顷绝产地块改种上蔬菜。增强科技兴农意识，狠抓科技开发，组织进行0.67万公顷亩地瓜和0.67万公顷花生低产开发，0.13万公顷吨粮田开发，0.13万公顷地瓜高产攻关实验，建立0.33万公顷花生出口基地，并抓配方施肥、地膜覆盖、间作套种等新技术、新成果的推广普及。加强果树管理和低产劣质果园改造，新发展优质果园0.2万公顷，更新改造劣质果园0.13万公顷。同时，抓住有利时机，封山造林0.33万公顷。

是年，平邑县被山东省林业厅列为沂蒙山造林工程的重点县之一。在稳定粮食生产的前提下，协调发展林果业、畜牧业、经济作物和乡镇企业4大产业。同时规模经济已开始起步，初步形成林果、花生、银花、西瓜、大蒜、花岗石开采等许多经济效益较好的规模小区。当年冬季农田水利基本建设工程多、规模大、效益好。万人上阵的战场25个。全县恢复扩大灌溉面积0.53万公顷，整地改土1万公顷，其中新增土地0.23万公顷，治理流域25条，治理水土流失面积85平方千米。是年，平邑县被评为全国水利先进县和全国水土保持先进县，并获全省人畜吃水工程总分第一名。

大灾之年，由于县委、县政府措施得力，农业的综合整体效益仍有较大提高，取得新成绩。全县粮食总产量3.09亿千克，仍突破3亿千克大关，其中夏粮总产量1.09亿千克，比1990年增长14.9%，创历史最高水平，被评为全省夏粮生产先进县。花生总产量3795万千克，比1990年增长0.39%；果品总产量1.05亿千克，比1990年增长16.5%。水产品190万千克，比1990年增长11.8%。

利用当地资源发展畜牧生产。平邑县境内有各类草场5.59万公顷，其中山丘稀树灌草丛类2.72万公顷，山丘灌草丛类0.93万公顷，山地、河滩草甸类0.15万公顷，农林隙闲地类1.79万公顷。全县可利用草场面积5.06万公顷，平均亩产鲜草346千克，总产鲜草28922万千克；农作物秸秆总产量3.5亿公千克，可做饲草的2亿千克；阔叶林1.2万公顷，年产树叶2850万千克。为充分利用饲草资源，发展畜牧业生产，各级党委、政府及主管业务部门狠抓青贮氨化饲料工作。全县共购置打浆机308台。建青贮氨化池3.7万个，生产9200万千克青贮饲料和3000万千克氨化麦秸，此项节约精料3050万千克，提高养殖效益2000万元。1991年，平邑县青贮氨化饲料任务指标，达到省农委制定的省级标准，并被评为全区青贮氨化饲料达标先进县。同时还充分利用占粮食总产量近50%的1.5亿千克饲料粮和占总产量70%的1163万千克豆饼、花生饼，以及3669万千克糠麸、酒糟、酱油渣、粉渣、豆腐渣，大力饲养家畜家禽。并为加快畜牧业的发展，优化配方饲料喂畜禽的技术，全县设饲料加工厂点5处，生产配合饲料2万吨，满足城乡饲养畜禽户的饲料需求。新中国成立以来，平邑县共引进畜禽品种63个，在不断提纯复壮、优化选配、杂交改良的基础上，注意发展蒙山牛、蒙山羊等优良地方品种。1991年，黄牛冻精冷配肉用改良2500头，增加养殖效益75万元。加强瘦肉型猪基地建设，进行良种纯繁、杂交改良，年配种母猪4.5万头次，生产仔猪25万头。全县基本形成“公猪良种化、母猪本地化、仔猪杂交化”的瘦肉猪杂交生产体系。同时，县、乡、村兴办实体性服务组织，为畜禽饲养户搞好产前、产中、产后服务。

1991年，平邑县畜牧业生产虽受百年不

遇的特大洪涝灾害的影响，但仍保持较好的发展势头，取得可喜成绩。全县大牲畜存养量4万头，其中牛3.88万头，分别比1990年增加1200头和1800头；生猪存栏33万头，出栏33万头，分别比1990年增加3.2万头和2.8万头，瘦肉型猪覆盖面达到75%；羊存养23万只，出栏23万只，分别比1990年增加2万只和3万只；家禽存养400万只，比1990年增加80万只；长毛兔、肉食兔存养55万只；肉类总产量3.39万吨，禽蛋总产量1.6万吨，奶类总产量6500吨，毛类总产量300吨，分别比1990年增加4050吨、1460吨、300吨、30吨。畜牧业总产值1.24亿元，比1990年增加2300万元，占农业总产值由1990年的28.7%提高到30%。

1992年，全县社会总产值23.98亿元，国民生产总值10.46亿元，国民收入9.69亿元，工农业总产值20.42亿元，其中工业总产值11.27亿元，农业总产值9.15亿元，社会商品零售总额4.52亿元，外贸出口商品供货总值6725万元，城乡居民储蓄年末余额2.78亿元，财政收入3552万元，农民人均纯收入630元，职工年平均工程1922元。

年内，平邑县各级围绕6项工程开发协调作战，取得可喜成绩。农业资源开发工程坚持以治水改土和治石山开发为重点，完成各种水利工程300多项，开发沙石山0.53万多公顷。水土保持工作被评为全国先进县，水利工作继1989年被评为全国水利先进县之后，1992年又被评为全国水利建设先进县。1万公顷吨粮田开发工程，在13个乡镇的41个地片进行，通过推广良种，实施良法，初步总结粮食高产的操作规程，玉米、小麦、旱稻高产攻关技术试验获得成功。试验片内，玉米亩产750千克以上，小麦亩产406千克，旱稻亩产593.5千克。经济作物高效开发工程，采取因地制宜，合理布局， 发挥优势的办法，全县种植经济作物2万公顷，其中新发展大棚菜10.67公顷，平均亩收入5000元以上，最高达到8500元。大蒜、西瓜、生姜等种植已实现区域化，出现一批效益较高的大蒜专业村，西瓜专业村、专业乡、生姜专业村，黄烟专业村，金银花专业村，桑蚕专业村。花生开发成效显著，全县种植1.33万公顷，被列为全国百强县之一。优质果品开发工程，重点抓果品改良和新技术推广，有1.07万公顷果园实施刻剥拉技术。果品增产幅度较大，总产量达到1.25亿千克。畜牧业开发工程重点抓暖圈改造和饲料青贮工作。暖圈改造2万间，受到省、地表彰；饲料青贮、氨化工作获全省一、二等奖，被列为全国百强县之一。乡镇企业开发工程，重点抓投入和改造。乡镇企业实现产值10.4亿元，比1991年增长84.5%，利税1.2亿元，比1991年增长104%。有3个乡镇的乡镇企业产值过亿元，有15个村人均收入过1200元，有85个村人均收入年增加200元以上。全县26个乡镇新上、技改工业项目9.5个，总投资4800多万元， 其中乡镇企业新上技改项目24处，总投资3800多万元，比1991年增长了3倍。

十三届政府

施政时间为1993年2月至1998年2月。

1993年，全县国民生产总值15.55亿元，工农业总产值35.38亿元，其中工业总产值24.63亿元，农业总产值10.75亿元；社会商品零售总额5.3亿元，外贸出口商品供货总额8000万元；城乡居民储蓄年末余额2.73亿元，财政收入6737万元，农民人均纯收入797元，职工年平均工资2502元。

年内，全县上下抓大事，干实事，促进经济和事业的发展。全县涌现出一大批龙头骨干企业。县石膏矿、金矿、建筑集团公司、花岗石总公司等4个企业利税突破1000万元，成为明星企业；有7家效益最佳企业。龙头骨干企业带动乡镇企业发展,涌现出一批经济强乡、强村、强企业和致富大户。有1个乡镇工农业总产值突破4.5亿元，其中工业产值3.7亿元，乡镇办企业实现利税500万元；有4个乡镇四级企业总产值突破亿元大关，利税超过千万元；有14个乡镇的乡镇办企业利税过百万元；有16个乡镇工农业总产值超过亿元；42家乡镇企业利税超过10万元；有8个企业利税超过100万元。村办企业利税超过200万元的4个，超过100万元的5个。151个村人均收入超过1200元，有2个村总收入突破亿元，并涌现出1500多户致富大户。在抓好经济工作的同时，不断完善基础设施建设。完成“六路一桥”工程和“八路一河”的第一期工程。铺筑34千米乡村路的沥青路面，新修和复修乡村路、村村路400多千米。完成3.5万伏输变电、11万伏变电站增容和3.5万伏变电站扩建等9项电力工程。全县1057个行政村全部通电。开通平邑至临沂的数字微波，完成市话增容1000门和9000对市话电缆工程以及6000门程控电话的前期工程。长途电话由40条增加到120条。全县26个乡镇和部分村用上电话。同时招待所、公园、供水、旅游开发等4项建设也都有较快发展。商城建设初具规模。已完成工程项目18个，投资5800万元，完成建筑面积6.59万平方米。全社会固定资产投入完成4.7亿元，其中生产性投资3.1亿元。金矿、花岗石公司、万利水泥厂投资都超过8000万元；引进外部资金超过1亿元。全县农村涌现出种植、养殖、加工、运输等万元户5000多户，农民人均纯收入比1992年增加167元。

1994年，全县国民生产总值2.2亿元，比去年增长41%；工农业总产值55.2亿元，增长53.9%；社会商品零售总额7亿元，增长32.1%；外贸出口商品供货总额1.3亿元，增长62.5%；城乡居民年末储蓄余额6.4204亿元，增长134.8%；财政收入8691万元，增长25.63%；农民人均纯收入1165元，增长45%；职工年平均工资2900元，增长15.9%。

农村经济全面发展。全县农业总产值12.3亿元，比1993年增长15.2%；粮食总产量3.63亿千克，略有增长；果品总产量1.5亿千克，增产2500万千克；花生总产量4637万千克，增产737万千克；生猪出栏50万头，增加10万头。全县有24个村上缴税金超过20万元，其中有2个村上缴税金超过50万元。全县农村集体固定资产总值达到3.5亿元，是1990年的2倍。农民生活水平进一步提高，人均占有粮食413千克，蔬菜152千克，肉蛋91千克；人均用于衣着用品支出110元，人均住房面积增加到19平方米；每百户拥有缝纫机41架，钟表214只，电风扇99台，收音机60台，自行车155辆，电视机90台，均比1993年有所增加。

工业生产成效显著。全县工业总产值42.8913亿元。县属企业完成技术改造项目110项，完成生产性工业投入2.5亿元。金矿、酒厂、花岗石总公司、商场、石膏板厂等5个项目投资过千万元。同时，新创办“三资”企业4个，合同利用外资259万美元。冠鲁集团公司、金矿、酒厂等3个企业创利税突破1000万元，成为明星企业，冠鲁集团公司为省级股份制试点企业。全县乡镇企业完成投入1.67亿元，其中乡镇办企业投入9000万元。乡镇企业总产值32亿元，比去年增加11.5亿元，增长56.1%。有3个乡镇的乡镇办企业产值超过3亿元；有11个乡镇办企业利税超百万元；有4个乡镇办企业利税超50万元，比去年均增长30%以上。

农村改革不断深入。在全县范围内进一步稳定和完善土地承包经营责任制的同时，采取允许土地使用权入股、转让、租赁；对边远、闲置的土地，允许向外村农民租赁、转让、承包；允许各专业村土地外村承包等鼓励农民跨村承包经营土地政策。对长期得不到治理的荒山、荒坡、荒滩、荒沟以及集体无力经营的果园、林场进行拍卖。全县“四荒”拍卖0.9万公顷。在农村推行股份合作制，改建、新建各类股份合作制企业2352个，其中农民自发建立的股份合作制企业828个，股本总额9100万元。有24个乡镇成立农村合作基金会，累计融资3200万元。

基础设施建设进度加快。全县共铺工项目1377项，总投资2250万元，不少乡村把农田基本建设纳入“两高一优”农业的综合措施之中，围绕市场好、效益高的农产品开发铺设工程。重点抓万亩优质果园山庄、万亩黄烟基地、万亩桑园、万亩高效农业开发建设。加大城镇建设投入，打通县城外环路、汉阙路、建设路和兴水街；建成4座大桥，完成南环路、东环路的硬化；进行东河治理的二期工程；硬化公园广场。投资3000万元，硬化县乡道路90千米。铺筑蒙山、大洼旅游公路10.5千米。完成市话6500门程控安装；有13个乡镇和部分村用上程控电话。有1个乡镇自筹资金建成有线电视台。完成电力投入3000多万元，加快实施变电、增容工程，完成供电2.3亿千瓦时，全县1057个行政村，村村通电。

民营经济有较大发展。1994年，对民营经济仍坚持不限发展比例，不限发展速度，不限从业人数，不限经营范围，不限经营方式的“五不限”方针，并对在发展民营经济中成绩突出的户给予表彰奖励。县直各部门、各乡镇、各工作区都千方百计为民营经济发展提供便利条件，保证政策的全面落实。全县从事民营经济的已达5万户、11万人；自有资产100万元以上的已有100户，私营企业150家，注册资金1.05亿元，上缴税金1484万元，成为平邑经济发展的一支新生力量。

1995年，全县国内生产总值28.55亿元，比上年增长22.9%。其中第一产业增加值完成10.85亿元，第二产业增加值完成11.86亿元，第三产业增加值完成5.84亿元，分别增长8.8%、33.43%、31.23%；工农业总产值93.82亿元，增长43.7%，其中工业总产值72.92亿元，同比增长35.72%，农业总产值20.9亿元，同比增长11.8%；全社会固定资产投资总额6.47亿元，同比增长26.9%，社会消费品零售总额5.67亿元，同比增长39%；外贸出口总值1.79亿元，同比增长136%；完成财政收入1.2亿元，同比增长43.3%；农民人均纯收入1482元，增加317元。1995年底，全县总人口为94.46万人，比上年末增加0.62万人，增长0.66%，其中农业人口88万人，非农业人口6.46万人，人口出生率11.2‰，自然增长率5.54‰。

农业经济稳步发展。全县粮食总产量3.8亿千克，同比增长4.7%；花生总产量5300万千克，同比增产663万千克；果品总产量1.75亿千克，同比增产2500万千克；金银花总产280万千克，同比增产30万千克；各类蔬菜0.8万公顷，实现产值2.5亿元；畜牧业产值7.5亿元，增长25%。全县农业总投入4.9亿元，仅农田水利基本建设投入9700万元，投工2370万个，完成各类水利工程1300多项，扩大灌溉面积0.33万公顷，开发各类果园0.55万公顷，砂石山0.07万公顷，整地改土0.63

万公顷。新增栏圈 6 万多间，果园 0.33 万公顷，黄烟 0.08 万公顷，桑园 0.1 万公顷。粮食、花生、金银花、畜牧、果品、黄烟、桑蚕、蔬菜 8 大基地基本形成。经济作物种植 2.67 万公顷，粮经比例 1.5∶1，产业结构基本趋于合理。“八五”造林绿化达标通过省级验收，粮援项目区流域治理、引水灌溉工程也通过中德专家组验收。

工业总量和效益同步增长。工业生产性投入 3.5 亿元，完成金矿二期工程、热电厂一期工程、1.5 万吨酒精生产线、金银花饮料加工生产线、造纸厂污水治理、化肥厂扩大丙碳生产能力、针织厂设备改造等项目。开发出农用面包车、双向锯切石机、胺沥蜡炸药、PJ 系列汽车变速箱等 20 个新产品。推广应用新技术 5 项，其中 3 项填补国内空白，17 项填补省市空白。金矿“尾矿压滤”新工艺获省科技进步成果一等奖。全县外商投资企业 26 家，新增利用外资项目 2 个，合同利用外资 2200 万元。县属工业完成产值 14 亿元，利税 1 亿元，分别同比增长 38.3% 和 40%。涌现出利税超 2000 万元的企业 2 个，超 1000 万元的 2 个，超 500 万元的 3 个。

乡镇企业实现新的突破。全县乡镇企业完成产值 58 亿元，同比增长 43%；利税 5.2 亿元，增长 50%。完成 200 万元以上的投资项目 14 个，500 万元以上的投资项目 3 个，总投入 2.3 亿元，增长 24%。有 3 个乡镇工业产值超 5 亿元，3 个乡镇办企业完成税收 200 万元以上，15 个乡镇企业利税超 100 万元。

民营经济蓬勃兴起。全县民营经济 4.3 万户，从业人员 13 万人。其中私营企业 323 家，注册资金 1.5 亿元。个体私营经济实现利税 6000 万元，上缴国税 1500 万元，占全县国税税收总额的 32%，缴税超 1 万元的民营大户 296 家。第三产业日趋活跃。粮、供、商、物等国合流通企业内部管理活力增强，共完成商品销售额 3.8 亿元，完成商办工业总产值 9360 万元，全县集贸市场 71 处，年成交额 5 亿元。商城建设投入增多，已形成集贸易、加工、房地产开发为一体的综合性商城。石材、药材、果品加工等专业市场日渐成熟，规模不断壮大，带动和辐射功能日益增强。全县各项存款余额 9.5 亿元，比上年增加 1.9 亿元。贷款余额 9.2 亿元，增加 1.3 亿元，城乡居民储蓄存款年末余额 8.2 亿元，增加 1.7 亿元。蒙山、大洼、天宝山等旅游区开发建设有新进展。

基础设施不断完善。县城建设，完成 4 条断头路的硬化和配套建设、石都大道的改建、蒙山大道的拓宽改造；完成县城 8.7 千米供水管道改扩建工程和水场配套建设；“安居工程”走在全市前列，被列为省试点县；浚河治理成效显著；有 2 个乡镇被省、市命名为“新型乡镇”。全年拓宽硬化路面 75 千米，硬化路总里程 354 千米，县乡油路 166.6 千米，实现乡乡通油路的目标。投资 4600 万元，开通市内程控电话，程控电话总容量 6100 门，全县 26 个乡镇全部开通程控电话，并进入国内、国际直拨网。420 个行政村已开通程控电话，占行政村总数的 40%。合资兴建的 2×1.2 万千瓦机组热电厂第一期工程已基本完成，新建改建一批输变电工程，全年完成供电量 2.75 亿千瓦时，同比增长 21%。

改革向深层次发展。在进一步稳定家庭联产承包责任制和统分结合的双层经营体制的基础上，采取土地使用权入股、转让、租赁、拍卖等措施，促进土地的合理流动，实现一定程度的规模化、集约化经营。拍卖“四荒”地 1 万公顷，完成治理面积 0.67 多万公顷。完成股份制、股份合作制改造企业 926 家，其中新建股份合作制企业45家，拍卖、兼并、租赁36家。农村合作基金组织累计融资1.3亿元，有力地支援了农村经济的发展。

1997年全县实现国内生产总值36.22亿元，按可比价计算，同比增长9.72%，其中第一产业增加值完成10.22亿元，同比下降1.04%，第二产业增加值完成16.5亿元，同比增长12.99%，第三产业增加值完成9.5亿元，同比增长17.14%。完成农业增加值10.22亿元，下降1.04%；完成工业增加值16.5亿元，增长12.99%。全年全社会固定资产投资完成6.24亿元，增长0.3%；社会消费品零售总额8.03亿元，增长13.3%；完成财政总收入1.89亿元，同比增长21.2%，其中地方财政收入1.31亿元，增长25.6%，财政支出1.91亿元，增长17.2%；职工人均年工资收入5030元，同比增加885元，农民人均纯收入2002元，同比增加149元。年末，全县总人口96.27万人，比上年末增加0.95万人，增长1.0%，其中农业人口87.89万人，非农业人口8.38万人，人口出生率12.62%，自然增长率7.10‰。

农业和农村经济稳定发展。农业经历了多年不遇的旱灾和风灾，全县人民团结一致，奋力抗灾，农业生产仍获得较好收成。粮食总产量3.4亿千克，花生3983万千克，黄烟600万千克，桑蚕7.5万千克，蔬菜1.5亿千克。林、牧、渔业全面发展。完成造林3600公顷，四旁植树180万株，果品总产量1.6亿千克，金银花300万千克。年末生猪存栏44.38万头，比上年增长19.7%，大牲畜存栏1.36万头，家禽存养176.6万只。肉类总产量4200万千克，禽蛋1570万千克，水产品548万千克。

工业总量和效益同步增长。大力开发利用“三石一金”（花岗石、石灰石、石膏、黄金）资源，重点培植花岗石、水泥、石膏、黄金、酿酒、造纸、建安、化工等支柱产业8家和归来庄金矿、兰陵集团平邑分公司、冠鲁集团等骨干企业10家。开发了石膏粉、乳化炸药、汽车变速箱等86个新品种。乡及乡以上工业总产值25.9亿元，实现利税1.72亿元。有4家企业利税超1000万元，15家骨干企业的利税总额占县属企业利税总额的85%以上。

乡镇企业有新发展。完成固定资产投资2.4亿元，有14个乡镇投入超100万元，其中平邑镇投入1200多万元，卞桥镇、仲村镇投入都超500万元。完成乡镇企业总产值60亿元，实现利税5.6亿元。有6家乡镇企业利税超100万元；卞桥镇建筑安装公司实现利税300多万元，被县委、县政府授予“明星乡镇企业”称号。

第三产业迅速发展。国合流通企业实现商品销售总额5亿元，比上年增长8.6%；完成商办工业总产值1.1亿元，与1996年持平。金融机构10家，年末各项存款余额14.4亿元，比年初增加2.97亿元；贷款余额12.27亿元，增加2.05亿元。围绕促进农副产品流通和工业产品销售，投资743万元新建和扩建一批商场，全年集贸市场成交额5.6亿元。社会保险稳步发展，有10.89万户参加家庭财产保险160家企业参加企业财产保险，16万人参加人身保险，全年保险收入2558万元，赔保支出761万元。全年吸纳游客50余万人次，旅游业收入80余万元，成为极具发展潜力的新的经济增长点。

个体私营经济跨上新台阶。全县个体工商户发展到28518户，注册资金1965万元，有从业人员71945人，分别同比增长16%、35.5%和46.8%；私营企业402家，注册资金6289万元，有从业人员6745人。个体私营经济实现税收3000万元，增长26%。个体私营经济收入过百万元的乡镇10个，有39家个体工商业户年纳税额达 5 万元以上。

重点项目建设进展顺利。全县完成固定资产投资 6.24 亿元，其中农田水利建设投资 5629 万元，完成各类水利工程 995 项，治理水土流失面积 65 平方千米，恢复扩大灌溉面积 5667 公顷。县属工业企业投入 1.1 亿元，完成归来庄金矿的二期工程、金城热电、供暖、华玉集团石膏板、化肥厂碳酸二甲酯、通用机械厂汽车变速箱等 36 个重点项目。拓宽改造县城南环路、蒙阳路、浚河东路、板桥路；完成文泗路拓宽硬化工程；商城小学综合教学楼和人民医院病房大楼已投入使用；府前小区住房商品楼已全部竣工。

改革开放深入发展。企业改革按照“抓大放小”原则，逐步推进。完成化肥厂、化工厂等 6 家县属企业的股份制改造，使各类股份制企业 1320 家。组建山东华玉集团和平邑化工集团。通用机械厂、衡器厂、针织厂加入外地企业集团。引进外资嫁接改造县属企业，通过资产重组，盘活闲置资产 2 亿多元。26 个乡镇大胆尝试股份合作制、兼并、拍卖、托管等形式，全县 150 多家乡镇企业全部完成改制任务。农村在稳定联产承包责任制的基础上，通过转包转让、反租倒包、股份合作等形式，实现土地要素的合理流动。利用股份制、股份合作制、“两工”（义务工、积累工），大搞农业开发，拍卖“四荒”地近 1.1 万公顷。农村小型水利设施产权改革也开始起步。对外经济贸易取得明显成绩，兴建“三资”企业 3 家，合同利用外资额 1100 万美元；自营出口创汇 786 万美元，外贸出口交货额 2.6 亿元，创历史最高水平。

各项社会事业全面发展。全年共实施各类计划项目 24 项，其中省、市 5 项。工业在建技改项目 28 项，完成技术开发投入 1320 万元，开发新产品 12 项，推广应用新技术、新工艺 5 项。农业取得县以上科技成果 22 项，其中省级三等奖 3 项，市级 6 项，科技进步对经济增长的贡献率达 46%。技贸机构 280 家，技贸交易额 5500 万元。全年共申请专利 46 项。全县有中等职业技术学校 3 所，在校学生 2598 人；普通中学 30 所，在校学生 50022 人；小学 554 所，在校学生 124129 人。小学毕业升学率 98.3%，学龄儿童入学率 100%。各类文化事业机构 5 个，剧场、影剧院 2 处，公共图书馆藏书 4 万册。县志编纂工作取得新成绩，出版发行了第一部《平邑县志》。有无线广播电台、电视台、有线电视转播台各 1 座，电视覆盖率达 80%。各类卫生机构 27 处，其中医院 4 处，卫生院 18 处，专科防治所 5 处。共有病床 871 张，各类技术人员 1369 人，其中医生 633 人，护师、护士 363 人。

1997 年，全县实现国内生产总值 36.22 亿元，按可比价格计算，同比增长 9.72%，其中，第一产业增加值完成 10.22 亿元，第二产业增加值完成 16.5 亿元，第三产业增加值完成 9.5 亿元，分别同比增长 -1.04%、12.9%、17.14%；完成农业增加值 10.22 亿元，增长 -1.04%；工业增加值 16.5 亿元，增长 12.99%；全社会固定资产投资完成 6.24 亿元，增长 0.3%，社会消费品零售总额 8.03 亿元，增长 13.3%；共完成地方财政收入 1.31 亿元，增长 25.6%，财政支出 1.91 亿元，增长 17.2%；城镇居民人均可支配收入 3199 元，同比增加 312 元，农民人均纯收入 2002 元，同比增加 149 元。1997 年底，全县总人口为 96.27 万人，比上年末增加 0.95 万人，增长 1.0%，其中农业人口 87.89 万人，非农业人口 8.38 万人，人口出生率 12.62‰，自然增长率 7.10‰。

农业基础地位加强，农村经济稳定增长。全县农田水利基本建设投资5629万元，完成各类水利工程995项，治理水土流失65平方千米，恢复扩大灌溉面积5667公顷。是年被评为全省水土保持先进县。全县开发建设蔬菜基地4200公顷，大棚优质果品1333公顷，新开发桑园100公顷。新建暖圈1.1万间，引进种猪500头，种羊250只，发展规模养殖场540多处，养殖专业村169个，1000头（只）以上的养殖大户462户。1997年，全县经济作物和畜牧产值占农业总产值的57%以上。全县粮食总产量3.4亿千克,花生3983万千克,果品1.6亿千克，金银花300万千克，黄烟12万担，桑蚕7.5万千克。

企业改革不断深化，工业效益总量增加。大力开发利用花岗石、水泥、石膏、黄金资源，重点培植花岗石、水泥、石膏、黄金、酿酒、造纸、建安、化工等8个支柱产业和归来庄金矿、兰陵集团平邑分公司、冠鲁集团等10个骨干企业。全县各类股份制、股份合作制企业1320家，盘活存量资金4.6亿元。工业总投入1.6亿元，其中县属工业企业完成投入1.1亿元。完成归来庄金矿的二期工程，建成投运金城热电、华玉集团石膏板、化肥厂碳酸二甲酯等36个重点项目，开发了石膏粉、乳化炸药、汽车变速箱等86个新产品。有4家企业利税超1000万元，15家骨干企业的利税占县属工业企业利税总额的85%以上。兴建“三资”企业3家，合同利用外资1100万美元。

放宽政策创造环境，乡镇企业有新发展。全县26个乡镇结合各自实际，大胆尝试股份合作制、兼并、拍卖、托管等形式，加快企业机制的转换，150余家乡镇企业完成改制任务。完成固定资产投入2.4亿元，有14个乡镇投入超100万元，其中平邑镇投入1200万元，仲村镇、卞桥镇超500万元。1997年，完成乡镇企业总产值60亿元，实现利税5.6亿元，有6家乡镇企业利税超100万元。

民营经济上新台阶，第三产业快速发展。全县个体工商业户已发展到28518户，注册资金1965万元，有从业人员71945人，分别增长16%、35.5%、46.8%；私营企业发展到402家，注册资金6289万元，有从业人员6745人。个体私营经济实现税收3000万元，同比增长26%。民营经济收入过100万元的乡镇10个,有39家个体大户纳税5万元以上。国合流通企业实现商品零售总额5亿元，完成商办工业总产值1.1亿元；投资743万元新建和扩建一批商场，全县集贸市场年成交额5.6亿元。金融机构已发展到10家，各项存款余额14.37亿元，贷款余额12.27亿元。全年吸纳游客50余万人次，旅游业收入80余万元。

加强基础设施建设，发展环境不断改善。拓宽改造县城南环路、蒙阳路、浚河东路、板桥路，完成文泗路拓宽硬化工程，全县硬化路面390千米，公路总里程增加到540千米，实现乡乡通油路目标。商城小学综合教学楼和人民医院病房大楼建成投入使用，府前小区商住楼已全部竣工，热电厂二期工程、供热工程和2个35千伏变电站投入使用，年供电量3亿千瓦时；建成省内数字通信网，实现电话程控化、长途传输化;电话交换机总容量达到2.71万门，90%以上的村已通电话。

十四届政府

施政时间为1998年3月至2003年1月。

2002年，全县实现国内生产总值60亿元，是1997年的1.65倍，年递增10.6%。其中第一产业增加值11.5亿元，第二产业增加值29亿元，第三产业增加值19.5亿元，分别年递增2.8%、11.6%和15.6%。三次产业结构由1997年的28.2∶45.6∶26.2调整到19.1∶48.4∶32.5。以产业化经营带动农业结构调整，粮经作物比例达到6∶4，畜牧业产值占农业总产值的比重达到37%。规模以上工业企业实现总产值24.7亿元，销售收入23亿元，利税1.63亿元，分别年递增11.6%、11.3%和10.5%。五年累计完成技改投入13.9亿元，年递增20%，42个投资过千万元的技改项目相继建成投产。规模以上工业企业达到77家，利税过千万元的3家，过百万元的27家。民营经济发展迅速，注册个体工商户达到1.79万户，私营企业706家，其中规模以上私营企业62家；个体私营经济注册资金6.5亿元，实现税收占地方财政收入的30%。旅游开发五年累计完成投资近2亿元，一批景点和配套设施建设相继完工，蒙山已被认定为国家AAA级旅游景区。2002年，接待游客50万人次，总收入1000万元。财政收入稳定增长，2002年财政总收入2.73亿元，其中地方财政收入按可比口径达到1.64亿元。金融运行平稳，2002年底，全县金融机构各项存款余额25.5亿元，贷款余额19.1亿元，分别年均增长12.2%和9.2%。

基础设施建设步伐加快。五年累计完成固定资产投资48.8亿元，年均增长16.1%。县城建设累计投资9亿元，实施"出口改造工程"，完成17.2千米的道路改造建设和80万平方米的旧城开发改造，加快新城建设步伐，新建一批供热、供水、绿化、亮化等配套设施，建设了平仲路立交桥，城市功能进一步完善。小城镇完成开发建设面积34万多平方米。新建和拓宽改造等级以上公路170千米，兖石铁路复线建成通车，日东高速公路建设基本完成，全县公路通车里程比1997年增加162千米。完成农村电网一期改造，实现了城乡用电同网同价，供电量达到3.7亿千瓦时，比1997年翻了一番。实现村村通电话，电话普及率达到每百人17部。农田水利基本建设累计投资5.8亿元，完成唐村干渠配套等水利建设工程3690项，改善扩大灌溉面积1.84万公顷。

社会事业全面发展。认真贯彻落实基本国策，计划生育各项控制指标达到省、市责任目标要求；重点污染源得到有效治理，环境质量明显提高；严格土地执法，实现土地动态平衡。取得县级以上科研成果116项，科技在经济增长中的贡献率达到48.6%。教育体制改革成效显著，完成危房改造5万平方米，办学条件有新的改善，各级各类教育协调发展。卫生管理体制改革稳步推进，乡村卫生一体化管理更趋规范，群众的就医条件进一步改善。成功承办全省青年登山赛等文体活动，群众文化生活不断丰富。气象、广播电视、民族宗教、档案史志、妇女儿童和民兵预备役建设等事业都取得新进展。

城乡人民生活水平有明显提高。2002年，城镇居民可支配收入5360元，农民人均纯收入2503元，分别比1997年增加1240元和501元；全社会消费品零售总额14.3亿元，比1997年增长78.1%。实施城乡居民最低生活保障制度，按时发放离退休人员工资和下岗失业人员保障金，城镇登记失业率控制在3.5%以内。

改革开放取得新的进展。圆满完成第二轮土地延包工作，促进了土地适度规模经营；稳妥地推进了农村税费改革试点工作；小型水利设施等农村产权制度改革取得较大进展。企业改革不断深化，初步形成产权主体多元化和投资主体多元化的格局。实施政府对土地一级市场的垄断和土地有偿使用制度，增加政府土地收益。商品市场和资本、信息、技术、人才等要素市场逐步建立和完善。经济发展的外向度不断提高，2002 年，全县共引进县外资金项目 156 个，三资企业发展到 17 家，自营进出口企业达到 31 家，实现自营出口总额 1177 万美元，是 1997 年的 14 倍。

精神文明与民主法制建设进一步加强。坚持用邓小平理论和“三个代表”重要思想武装广大干部群众，“三讲”教育和“三个代表”重要思想学教活动扎实有效，爱国主义、集体主义、社会主义思想教育和多种形式的文明创建活动更加深入。注重加强社会主义民主建设，认真执行县人大及其常委会的决议，重视和支持政协履行政治协商、民主监督和参政议政职能，积极推进政务公开、村务公开和厂务公开，顺利完成村民委员会换届工作，决策的民主化、科学化水平不断提高。进行行政审批制度改革，提高办事效率和服务水平。注重加强政府廉政建设，健全廉政监督管理机制。坚持依法治县，扎实推进普法教育，适时开展“严打”整治斗争，坚决取缔邪教组织和其他伪科学的封建迷信活动，社会治安综合治理不断强化。认真做好信访工作，整顿和规范市场经济秩序，强化安全生产管理，巩固政治安定、社会稳定的良好局面。

十五届政府

施政时间为 2003 年 1 月至 2007 年 12 月。

2007 年，实现地区生产总值 140 亿元，是 2002 年的 2.4 倍，按现价计算，年递增 19.3%，其中第一产业 18.2 亿元，第二产业 71.5 亿元，第三产业 50.3 亿元，三次产业比由 2002 年的 19.8∶50∶30.2 调整到 13∶51∶36。完成规模以上固定资产投资 50 亿元；社会消费品零售总额 46 亿元，分别是 2002 年的 3.8 倍和 2.2 倍；地方财政收入 3.6 亿元，同口径相比，是 2002 年的 2.3 倍，五年累计争取上级各类财政资金 13.1 亿元。新型工业化步伐加快，规划建设了省级经济开发区、国际石材城、国际罐头城、石膏工业带“一区两城一带”，五年新上 105 个投资千万元以上的工业项目；全县规模以上工业企业发展到 260 家，是 2002 年的 3.3 倍；年利税 1000 万元以上的企业发展到 11 家；五年来工业税收增长 2.5 倍。开工建设 8 个投资亿元以上的项目，石材、石膏、罐头、中药材加工四大产业初具规模，年产值分别达到 40 亿元、30 亿元、60 亿元和 10 亿元。农业产业化进程加快，金银花、果品、瓜菜、烟草等特色产业进一步壮大，畜牧业年产值超过 10 亿元；市级以上农业龙头企业 27 家，全县 60% 的大宗农产品得到加工增值，地方镇被中国罐头工业协会命名为“中国罐头生产第一镇”，康发食品公司被评为“中国罐头十强企业”。招商引资和外经贸连年上大的台阶，五年来实际利用外资 97.3 亿元，其中外商直接投资 1500 万美元，自营出口创汇年递增 40% 以上，被确定为全省区域经济协调发展示范县。

城乡居民收入大幅提高，人民群众生活显著改善。2007 年，城镇居民人均可支配收入 10500 元，农民人均纯收入 4600 元，分别是 2002 年的 2.01 倍和 1.84 倍。农村居民人均消费支出 2900 元，比 2002 年增加 1182 元，年递增 11%。全县拥有固定电话 15.7 万部、移动电话 25.7 万部，私家车达到 4 万余辆。城区居民人均居住面积和农民人均生活用房分别达到 30 平方米和 27 平方米，全县基本结束土墙草房的历史。金融机构存款余额 55 亿元，5 年净增 29.7 亿元。社会保障体系进一步完善，城镇登记失业率控制在 3% 以内，职工养老保险、医疗保险和农民养老保险覆盖面进一步扩大，实施库区移民后期扶持，全面建立新型农村合作医疗、农村义务教育学杂费减免和贫困生资助、城乡低保、特困职工救助等制度，改革发展的成果不断惠及至全体群众，城乡居民的衣食住行用水平明显提高。

投入不断加大，城镇面貌发生显著变化。五年来城镇建设累计投资超过30亿元。编制完成县城新一轮总体规划，制定浚河景观带、西山公园、县城绿地系统、地方罐头城、国际石材城等10多个专业性详细规划，“西山东水中间城”的发展主框架正在形成。完成乡镇驻地的规划编制，不断完善小城镇综合开发和基础设施建设，深入开展城乡环境综合整治，连续4年被评为全省城乡环境综合整治先进县。完成经济开发区7平方千米起步区建设，形成新的发展载体。拓宽改造327国道、石兖线、新枣路县城段，实施县城内浚河路、莲花山路、蒙阳路、西环一路等主干道的改造，形成了九纵八横、便捷通畅的县城交通网络。建成污水处理厂、垃圾处理场，完成浚河治理一期工程，实施开发区水厂、城市管道燃气工程，启动西山公园建设，城市功能进一步完善。开展以“拆墙透绿”和夜景亮化为重点的县城环境综合治理，县城建成区面积达到19平方千米，人口20万人，绿地率34%，供水普及率95%，连片集中供热率80%，城镇化水平上升到35.8%，人居环境明显改善，当年成功创建为省级园林县城，并被评为山东省投资环境十佳县市。

农村基础设施不断完善，新农村建设取得重大进展。认真贯彻落实中央支农惠农政策，全面取消农业税，五年县财政支农支出达5.5亿元，年递增24%;发放种粮农民直补、良种、农机和农资综合补贴4200万元。改造农村道路1568公千米,实现村村通公路、村村通客车。完成唐村、公家庄和一批中小型水库的除险加固工程，集中解决221个行政村的人畜饮水难题。整体搬迁地方镇黄山顶等8个山顶村和库区村，7.6万人从根本上摆脱贫困。全面完成农村电网改造，实现城乡居民生活用电同网同价，农村信息化建设快速发展，在全市率先实现村村通有线电视、村村通宽带网络。积极推广农业先进实用技术，实现良种覆盖率95%以上，农业科技贡献率50%，农业机械化率75%。坚持每年确定和集中力量办好一批“水电路医学”等方面的为民实事，特别是对年初确定的10件为民实事，各级各部门高度重视，千方百计抓落实，已全部完成，解决了老百姓盼望已久的县城10条道路建设改造，浚河、兴水河、府前渠综合治理和农民就医、上学、饮水等方面的实际困难和问题，得到群众的一致好评。

事业全面发展，社会更加和谐进步。圆满完成了届期人口和计划生育责任目标，被评为“全国婚育新风进万家”活动先进县、全国农村部分计划生育家庭奖励扶助工作先进单位；五年来累计投入2.5亿元进行土地整理开发，新增耕地5.2万亩,改造中低产田0.12万公顷，被评为全国地质灾害防治先进县、全省土地执法模范县、全省国土规范化建设先进县；大力推进生态县建设，突出抓水和大气污染综合治理，加强森林资源的培育保护，森林覆盖率增加到32.7%，被评为全国封山育林先进县。以旅游业为特色的文化产业成为经济社会发展新的亮点，连续5年成功举办蒙山长寿文化旅游节，特别是年内举办的第五届旅游节取得圆满成功，产生强烈反响，蒙山被评为AAAA级旅游景区、国家森林公园、国家地质公园、全国县域旅游百强景区、省级文明景区，天宇自然博物馆被评为AAAA级旅游景区，“蒙山寿星”和博物馆内收藏的长38米的硅化木载入吉尼斯世界纪录；归来庄金矿地质公园被评为全国工业旅游示范点，九间棚景区被评为全国农业旅游示范点，均通过国家AAA级景区验收，今年平邑县被评为全国县域旅游品牌百强县并成功晋级二十强、荣获中国最佳生态旅游县称号。科技对经济增长的贡献率逐年提高，顺利通过国家质监总局对平邑金银花地理标志产品保护的专家评审，被评为山东省中药现代化科技产业示范县。投资3760万元，改造农村中小学危房5.9万平方米，新建校舍7.8万平方米，被评为全省农村中小学危房改造先进单位。连续5年被评为“平安临沂建设”先进县，2005年被评为“平安山东建设”先进县。文化体育、民政老龄、妇女儿童、民族宗教、档案史志、金融保险、邮政通信、气象防灾、民兵预备役建设等各项社会事业得到全面发展。

政府自身建设全面加强，执政能力不断提高。围绕建设“学习、团结、为民、务实、清廉、高效”政府，突出制度建设和责任落实两个关键环节，着力转变政府职能，严格依法行政，政府工作法治化、民主化、科学化水平明显提高。深入开展行政审批制度改革，扎实推进政务公开和服务承诺，成立行政审批服务中心，有32个部门、340余项审批收费事项统一进驻办理，开通行风热线，办事效率和工作质量明显提高。开通新华网平邑专网和山东平邑门户网站，建设党政协同办公平台，政务信息化建设跨入全国前列。加强领导干部廉洁自律，深入开展行风评议和主要责任人述职述廉活动，不断加大纠正部门和行业不正之风力度。自觉接受人大及其常委会的监督，充分发挥人民政协的参政议政作用，办理人大代表议案建议和政协委员提案，共承办人大代表议案402件、政协委员提案358件。密切与工会、共青团、妇联等群团组织的联系，广泛听取社会各界的意见和建议，政府决策管理水平进一步提高。

十六届政府

施政时间为2007年12月至2012年2月。

2011年，全县实现地区生产总值190亿元，是2007年的1.8倍，年递增15.8%，其中第一产业增加值29.1亿元，第二产业增加值86.1亿元，第三产业增加值74.8亿元。完成规模以上固定资产投资94亿元，社会消费品零售总额97亿元，分别是2007年的2.4倍和2倍，年分别递增25%和19.4%；地方财政收入5.33亿元，同口径比，是2007年的1.9倍，年递增14%。金融机构各项存款余额128.7亿元，贷款余额77.6亿元，分别比2007年增加72.8亿元和39.7亿元，增幅分别达到130.2%和104.7%。累计争取上级扶持项目75个，扶持资金3.5亿元。

产业结构日益优化，发展质量不断提升。三次产业比由2007年的17.3∶50.2∶32.5调整到15.3∶45.3∶39.4。工业经济的支撑作用日益明显。四年来，累计新上投资过千万元的工业项目340个，其中投资过亿元的项目19个；年纳税过千万元的企业发展到10家。先后有中联水泥、汇源果汁、山东黄金、福田雷沃、北新建材等一批上市公司到平邑县投资建厂。总投资6亿元的20兆瓦光伏跟踪电站一期工程已并网发电，投资6.8亿元的新型干法水泥项目已点火试产，总投资12亿元的超高水新材料一期项目部分产品已投产，投资6亿元的九间棚金银花制药项目已完成主体工程，投资68亿元的高科技太阳能及半导体照明一体化产业园、8亿元的AOBO金银花深加工和6亿元的神隆氏动物源性蛋白活性肽与微生物营养项目即将开工。建材、食品加工两大产业集群年销售收入已过百亿，罐头、石膏、石材、棉纺手套、金银花五大特色产业占全县工业总产值的比重达到55.7%；山东省著名商标达到16个，地方镇、仲村镇分别被命名为“中国罐头第一镇”和“中国劳保手套名镇”。高效农业快速发展。金银花、果品、蔬菜、畜禽等特色农产品生产基地初具规模，市级农业标准化生产基地发展到1.8万公顷，市级以上标准化养殖小区发展到56处，市级以上农产品加工龙头企业40家，“三品”认证农产品72个，“平邑金银花”“武台黄桃”“天宝山山楂”成功注册为中国地理标志保护农产品和地理标志证明商标，平邑县成功创建山东省出口农产品质量安全示范区。现代服务业日益繁荣。构建以蒙山养生长寿游为龙头，融天宇自然博物馆科普文化游、九间棚生态乡村游、黄金地质公园工业环保游为一体的大旅游格局，四年来累计接待游客近1000万人次，游客人数、旅游收入保持年均20%以上的增速，被评为全国最佳生态旅游县、全国县域旅游品牌百强县。莱商银行、临商银行在平邑县设立支行，组建冠鲁小额贷款公司，金融对经济发展的拉动作用进一步增强。全县营业面积万平方米以上的超市发展到9家，农村便民超市达到822个。经济发展的外向度进一步提高。累计引进县外投资项目1007个，实际利用县外资金93.9亿元，利用外资3188万美元；新增出口获权企业60家，实现自营进出口总额5.37亿美元。

城市建设步伐加快，城乡面貌焕然一新。始终坚持高起点规划、高标准建设、高水平管理，基础设施不断完善，城乡面貌显著提升，被评为国家园林县城、省级园林城市、省级卫生县城、省级文明县。累计投资4.6亿元，完成城区文化路南延、西环一路南延、金花路东段等19条道路的改造建设，城区路网结构更加完善；投资1.15亿元实施浚河综合治理和西山森林公园建设，浚河景区被评为“山东省水利风景区”；投资1.7亿元，新建垃圾处理场和污水处理厂，实施供热管网改造、城市燃气和绿化亮化工程，县城集中供热率达到80%，绿化覆盖率达到41.8%。加快推进城镇化进程，突出镇驻地、中心村和社区规划建设，平邑街道、地方镇被评为全国重点镇，仲村镇、地方镇、郑城镇、白彦镇被评为省级中心镇，地方镇被列为市级优先发展重点镇，全县城镇化水平达到45%。扎实推进农村住房建设、危房改造和城乡建设用地增减挂钩工作，累计新建农村住房3.6万户，改造危房1.76万户，新增城乡建设用地1.17平方千米。投资4.3亿元，完成7座大中型水库、119座小型水库的除险加固任务。投资3560万元，实施村村通自来水、人畜饮水安全工程，解决8.6万人的饮水问题。投资3亿多元，完成文泗路、大洼国防路、平蒙旅游专线、石兖线、新枣线北段等干线道路的改建工程，建设大中桥梁70余座，全县农村公路通车总里程达到2150多千米，以优异成绩顺利通过“国检”验收。深入开展城乡环境综合整治，城乡面貌显著改善，连续两年被评为全市城乡环境综合整治先进县。

社会事业全面发展，人民生活显著改善。2011年，全县城镇居民人均可支配收入提高到16500元，农民人均纯收入达到7690元，分别比2007年增长57.1%和67.2%。深入开展新型农村社会养老保险、城镇居民养老保险试点工作，实现养老保险全覆盖。被列入省直管县财政体制改革试点县，县级财政保障能力进一步增强。扎实开展医药卫生体制改革，完成386处村级卫生室建设任务，建立新型农村合作医疗和城镇居民医疗保险制度，累计报销医疗费用4.67亿元，进一步减轻群众的就医负担。深入开展食品药品安全整治活动，被评为省级食品安全示范县。扎实推进就业再就业工作，累计开发就业岗位4.2万个，介绍安置城镇失业人员1.2万人，城镇登记失业率控制在1.78%以内。不断完善社会救助体系，累计发放城乡最低生活保障金1.29亿元；投资1600余万元，健全县镇村三级残疾人康复服务设施和托养机构，免费为农村重度残疾人办理新农合、新农保并给予生活补助，被评为“全国残疾人工作先进单位”和“全国残疾人扶贫开发先进单位”。扎实开展双拥工作，被评为全省双拥模范县。在全市率先开展全省农村复退军人补贴试点工作，60周岁以上农村复退军人按月领取生活补贴，在很大程度上缓解了他们的生活困难。投资1.2亿元，实施农村中小学危房改造、校舍安全、教育信息化建设等工程，建立义务教育经费保障机制，教育教学条件进一步改善。不断加大科技投入，组织实施市以上科技计划项目65项，省级以上高新技术企业发展到12家，市政府依托平邑县巨皇科技有限公司成立市光伏研究中心，由平邑县起草的《纱线针织劳保手套标准》成为山东省第一个联盟标准，填补国内纱线针织劳保手套标准的空白。扎实开展以出生人口性别比治理为重点的计划生育工作，连续两年被市委、市政府授予稳定低生育水平一等奖。认真落实种粮直补、农资综合补购和农机具购置补贴等各项支农惠农政策，农业机械化水平提高到79.5%。积极推进生态县建设，突出水和大气污染治理，在迎淮、创模检查中取得优异成绩；深入实施“大绿化”工程，新增植树造林1.01万公顷，建成1个20平方千米和7个3.33～5.33平方千米的生态林场，森林覆盖率达到36%，被评为山东省绿化模范县。狠抓节能减排，被授予“临沂市节能突出贡献单位”。妇女儿童、审计物价、文化体育、广播电视、老龄宗教、外事侨务、档案史志、邮政通信、人防气象、防震减灾和民兵预备役建设等各项社会事业都得到全面发展。

民主法制扎实推进，政府效能不断提升。自觉接受人大及其常委会的监督，充分发挥人民政协政治协商、民主监督和参政议政的作用，积极办理人大代表议案建议和政协委员提案，累计承办人大代表议案387件、政协委员提案202件。加强政务、村务公开和民主管理，被评为全国村务公开民主管理工作示范县。深入推进平安平邑建设，严格落实安全生产责任制，切实强化社会治安综合治理，不断完善矛盾纠纷排查调处机制，多次被省市评为平安建设先进县、安全生产先进县、社会治安综合治理先进县，并被评为2006—2010年全省普法依法治理工作先进县，平邑街道、仲村镇被授予“全国安全社区”称号。积极推进行政审批制度改革，成立行政审批服务中心和乡镇便民服务中心，组建公共资源交易平台、电子监察系统，对重点建设项目实行并联审批，对行政事业性收费和行政罚款实行集中收缴，办事效率和工作质量明显提高。开通新华网平邑专网和山东平邑综合门户网站，建设党政协同办公平台，山东平邑综合门户网站连续两年被评为中国优秀政府网站。不断健全完善应急管理机制，突发事件应对处理能力进一步提高。认真落实党风廉政建设责任制，建立健全廉政风险防范管理体系，勤政廉政建设不断加强。密切与工会、共青团、妇联、科协、工商联等群团组织的联系，广泛听取社会各界的意见和建议，政府决策管理水平进一步提高。

十七届政府

施政时间为2012年2月至2017年2月。（只记述2012年2月到志书断限时的2013年的情况。）

2012年，平邑县全年实现地区生产总

值209.66亿元，按可比价格计算同比增长12.4%。其中，三次产业增加值分别为31.35亿元、92.96亿元和85.35亿元，按可比价，分别增长4.1%、13.5%和14.5%，三次产业比例为15∶44.3∶40.7。计划总投资500万元以上的项目382个，完成投资额107.66亿元，同比增长23.6%。实现一般预算收入7.26亿元，增长36.3%。地方可用财力14.22亿元，增长10.6%。公共财政预算支出25.2亿元，增长26%，其中民生支出占比达到76%。国税、地税收入12.2亿元，增长37.2%。年末，金融机构本外币各项存款余额155亿元，同比增加26.3亿元，增长20.4%。其中居民储蓄存款112亿元，同比增加21.2亿元，增长23.3%。金融机构本外币各项贷款余额94.3亿元，同比增加16.7亿元，增长21.5%。

农业。全年农林牧渔业实现总产值54.8亿元，增长4.4%。粮食总产量38.6万吨，增长4.4%；油料总产量8.69万吨，下降1.8%；水果总产量21.4万吨，增长2.6%；蔬菜总产量37.5万吨，增长0.8%；水产品总产量1.5万吨。全年肉类总产量6.6万吨，下降6.2%；奶类总产量0.4万吨，增长2.7%，禽蛋总产量3.5万吨，下降5.9%。全年完成造林面积2039公顷。全县农机总动力72.14万千瓦，增长5.1%。

工业和建筑业。2012年，全县253家规模以上工业企业总资产117.6亿元，增长19.5%，完成工业总产值285.86亿元，增加值75.15亿元，分别增长21.3%和19.64%。实现主营业务收入283.22亿元，增长22.88%；实现利税26.78亿元，增长29.7%，其中实现利润17.04亿元，增长28.5%。规模以上工业企业营业收入过亿元企业有100家；实现利税过千万元的工业企业90家，合计实现利税19.6亿元，增长74.42%。资质三级及以上建筑企业17家，全县建筑业完成总产值38.3亿元，增长23.2%，实现利润2.8亿元，上缴税金2.3亿元。资质以上建筑企业房屋建筑施工面积345.6万平方米，竣工面积207.7万平方米。

建设环保。全县城市道路总长度177.03千米，城市自来水供水能力达到3万立方米/日，集中供热总量54万机焦，供热面积167万平方米。全年工业废水排放量1038.28万吨。工业废气烟尘排放量达标率100%。空气质量指数达到二级或好于二级以上天数占全年的100%。无害化垃圾处理率达到100%，水环境功能区达标率为100%，道路交通声环境质量处于较好水平以上。

交通邮电。2012年末，全县公路里程2372.2千米，其中高速公路43千米。全年完成公路客运量1349.1万人，增长0.53%，公路旅客周转量10.7亿人千米，增长21.3%；公路货运量2786.3万吨，增长11.2%，公路货物周转量141.76亿吨千米，增长0.08%。全年实现电信业务收入3.2亿元，增长6%；邮政业务总量2.67亿元，函件总量23.13万份，报纸杂志832.5万份。全县固定电话用户9.82万户，比年初减少2.3万户；移动电话用户65.8万户，比年初增加7.2万户。

贸易旅游。全年共实现社会消费品零售总额111.1亿元，增长15.8%，其中，城镇消费品零售额96.9亿元，增长15.9%；乡村消费品零售额14.2亿元，增长14.9%。全县新增内资获权企业20家。全年实现进出口总额1.54亿美元；55家出口企业实现出口总额1.48亿美元。全年共落实招商引资项目137个，新引进过3000万元项目120个，其中，过5000万元项目101个，过亿元项目26个。全县实际利用县外资金37亿元，按可比口径同比增长

23.6%。共有A级旅游景区3家，其中AAAA级景区2家。国家级工农业旅游示范点2家，省级工农业旅游示范点2家；省级旅游强镇2个，省级旅游特色村1个。全县旅游接待总人数310万人次，增长23.3%；旅游总收入36亿元，增长27.5%。

教科文卫。全县有幼儿园138所，在园幼儿2.03万人；小学154所，在校生5.83万人；初中26所，在校生5.39万人；高中8所，在校生2.06万人。中等职业中学1所，在校学生0.23万人。特殊教育学校1所，在校学生142人。全县学龄儿童入学率100%，初中升学率100%，高中升学率57.6%。全县共获得县级及以上科技成果奖22项，其中，市级6项，县级16项。技术市场管理工作有了新的进展，技术市场日益活跃，全县民办科研机构48家。

2012年末，全县有乡镇文化站14处，村文化大院613处，电影院1座，全年举办文化广场活动12场次，群众性文化活动180场次，群众参与人数19.6万余人。全县有广播电视发射塔1座，塔转塔1座，卫星收转站5座，有线广播电视传输光电缆干线网络5000杆千米；模拟有线电视用户6.5万户，数字电视用户2.5万户。有卫生机构648所(包含村级卫生室)，其中，三级医院1所，二级医院1所，疾控预防控制中心1所，卫生监督机构1所，专科医院4所（包括站、所），卫生学校1所，乡镇卫生院16所（中心卫生院5所）。共有床位3254张，在岗人员3595人，其中，县级医疗机构2109人（卫生技术人员1906人）；乡镇卫生院1486人（卫生技术人员1298人）。乡医1774人。

社会生活。城镇居民人均可支配收入1.88万元，增长14%。农村居民人均纯收入9047.24元，增长13.85%；人均生活消费支出6058.44元，同比增加1393.91元，增长29.88%。全县各项社会保险扩面净增3.47万人，征缴各项社会保险基金5.8亿元，支付4.7亿元。全县城镇养老、失业、医疗、工伤、生育保险参保人数分别达到4.25万人、3.45万人、7.98万人、8.26万人、2.79万人。农村新农保参保人数51.38万人。年末，全县养老机构14家，有床位1860张，供养老人2483人，其中集中供养1489人。城镇居民最低生活保障人数4073人，发放城镇低保金1001.1万元；农村居民最低生活保障人数43376人，发放农村低保金5334.1万元。社会福利企业3个，安置残疾人员186人。

2013年，平邑县全年实现地区生产总值236.4亿元，同比增长11.3%。第一产业增加值33.8亿元，第二产业增加值103.1亿元，第三产业增加值99.5亿元。全社会固定资产完成投资132.8亿元，增长21.4%。完成公共财政一般预算收入10.3亿元，增长30.9%；公共财政预算支出28.6亿元，增长18.9%。年末各项存款余额185.1亿元，同比增加30.1亿元，贷款余额104.5亿元，同比增加10.3亿元。社会消费品零售总额125.4亿元，实现进出口总额1.6亿美元。

全年农林牧渔业实现总产值58.6亿元，同比增长3.2%。粮食总产量38.4万吨，油料总产量8.7万吨，水果总产量21万吨，蔬菜总产量35.8万吨，水产品产量1.57万吨，肉类总产量6.4万吨，奶类产量0.3万吨，禽蛋产量2.7万吨，干果总产量2.2万吨。全县267家规模以上工业企业总资产149.2亿元，增长18.8%，完成工业总产值370.6亿元，增长24.9%。全县规模以上工业企业实现主营业务收入399.1亿元，增长31.1%。利税36.7亿元，增长26.7%，利润22.9亿元，增长29.4%。资质三级及以上建筑企业17家，全县建筑业完成总产值51.9亿元，增长35.5%，实现润3.5亿元，资质以上建筑企业房屋建筑施工面积414.8万平方米，竣工面积254.2万平方米。房地产开发投资完成9.7亿元，城市自来水供水能力达到3万立方米/日，集中供热总量102万机焦，供热面积167万平方米。

公路通车里程2450.1千米，其中高速公路43千米。全年完成公路客运量1468万人次，增长8.8%，货运量2967万吨，增长6.5%。完成邮政业务总量3103.2万元，电信业务收入5亿元，增长55.3%。A级及以上旅游景区4家，累计接待游客145万人次，增长21%，旅游总收入12.3亿元，增长23%。

有幼儿园184所，附设幼儿园101所，在园幼儿2.6万人;小学149所,小学教学点30所,在校生5.6万人，初中23所，在校生3万人，高中8所，在校生1.9万人；特殊教育学校1所，在校生129人，成人中专1所，中等职业学校2所，在校生0.3万人。全县共获得市级科技成果奖7项，拥有乡镇文化站13处，村文化大院655处,电影院1个,数字电影院1处,有广播电视发射塔1座，差转塔1座，卫星收转站5座，数字电视用户8.8万户。有各类医疗卫生机构590处，其中三级医院1处，二级医院1处，疾病预防控制中心1处，卫生监督机构1处，专科医院4处（包括站、所）。各类卫生机构拥有床位3254张，在岗人员3676人。举办第三届“邑博园杯”全民篮球赛、“网通杯”全县乒乓球比赛、“龙之媒杯”第九届少年围棋锦标赛等赛事，在省锦标赛中共获得金牌3枚、铜牌5枚。

城镇居民人均可支配收入2.2万元，增长15%。农民人均纯收入1.03万元，增长13.6%；农民人均生活消费支出6698元，同比增加639.5元，增长10.6%。全县城镇养老、失业、医疗、工伤、生育保险参保人数分别达到5.9万人、3.4万人、8.1万人、8.8万人、3.2万人。农村新农保参保人数49万人。养老机构13家，床位1860张，供养老人2264人，其中集中供养331人。城镇居民最低生活保障人数4029人，发放城镇低保金995.3万元，农村居民最低生活保障人数44787人，发放农村低保金5374.4万元。

第三章　政府法治　外事　侨务

第一节　政府法治

1989年，平邑县人民政府办公室设法制科。1990年4月2日，成立县法制局，为局级行政单位，列县政府机构序列。2005年5月31日,加挂“平邑县行政复议办公室”牌子。2013年12月19日，平邑县行政复议办公室更名为平邑县行政复议委员会办公室，主任由平邑县政府法制局局长兼任，配专职副主任1名。

规范性文件制发

自2012年以来，制发规范性文件20件。

行政复议

2013年，行政复议委员会试点工作开展后，平邑县设立行政复议委员会办公室，设立平邑县人民政府办公室法制服务中心,加挂“平邑县行政复议案件受理咨询中心”牌子，同时整合现有部门所属机构的行政复议资源，通过公开考试遴选40名人员组成行政复议员队伍。成立由有关机关、社会团体及法律界知名专家组成的行政复议专家咨询委员会，以便对有关行政复议案件提供法律参考意见，确保案件审理的专业性、权威性和公正性。

2008—2013年，法制局共收到行政复议申请133件，其中经审查符合条件受理121件，主要涉及土地、城建、工伤认定及交通和政府信息公开，受理的案件审查后维持59件、撤销2件、驳回8件、经调解（和解）后申请人撤回复议申请的27件、责令受理20件、确认违法5件。

行政执法监督检查

2013年7月，县政府组织开展行政处罚裁量权细化量化工作，共细化量化39个县级行政处罚实施主体的行政处罚事项2758项，审核确认行政处罚裁量基准1.30万档。

每年6月和12月，县政府组织全县执法监督员和行政复议员对各行政执法单位的案卷进行评查，将检查结果及时反馈给各行政执法单位。对其在行政执法过程中出现的问题限期整改，并将书面整改报告报送县政府法制局。

为规范各单位行政执法行为，提高行政执法质量和水平。每年5月，组织各行政执法单位参加由市法制办举办的申领行政执法证的培训考试。每年6月，对全县行政执法人员进行一次法律知识培训考试。对考试合格者给予年审，不合格者经补考仍不合格的，取消其执法资格并调离执法岗位。

加强行政执法人员和证件清理及备案工作。对超期未审验的以及因离职、退休或其他原因不在行政执法岗位的253名行政执法人员注销了执法证件，无临时及合同制人员无证在岗的情况；共备案14个单位的执法人员763人。2013年，全县有行政执法人员1648人。

第二节 外事 侨务

1988年8月6日，设立平邑县民族宗教侨务办公室，为副局级行政单位，隶属县政府领导，人员编制暂定3人。1990年8月28日，平邑县民族宗教侨务办公室由副局级升格为局级，列县政府机构序列，人员编制4人。1993年12月，根据县委、县政府《关于县乡机构改革的实施方案》，撤销平邑县民族宗教侨务办公室，将侨务办公室改为县政府办公室内设机构。2010年8月30日，县委、县政府将外事与侨务办公室调整为副科级全额拨款事业单位，编制4人。职能包括外事和侨务。

侨务

侨情调查 改革开放后，出国留学人员、外出经商、务工人员以及其国内亲属成为侨务工作的新重点。截至2013年底，全县有华人18人，华侨21人，留学生36人，主要分布在美国、加拿大、日本、英国、澳大利亚、新加坡、韩国、法国等国家；归侨18人，其眷属主要分布于平邑、卞桥、保太等镇街以及经济开发区。侨资企业10家。

捐资助学 2009年，国家侨联资助115万元，规划建设卞桥镇春友侨心小学教学楼1栋，建筑面积1367平方米。2011年，归侨捐助资金15万元，援建武台镇东武沟小学。

社区侨务建设和侨法宣传教育角示范点。平邑街道莲花山社区、卞桥镇前东庄社区被省侨办授予全省侨务工作示范单位和侨法宣传角先进单位，分别奖励现金2万元和1万元。

海外支教 2008年，平邑县开始外派教师支教工作。累计外派教师10名，先后在柬埔寨、菲律宾、泰国、印度尼西亚等国的华语学校任教。外侨办被授予全省外派教师先进单位。

外事

落实国家及省市关于加强外事管理工作的意见，规范全县因公出国（境）管理服务工作，严格转报程序。先后办理了数批次县领导赴国外考察、洽谈合作等事宜。

2011 年，西班牙马克西姆国际集团公司董事会主席君诺一行到平邑县天宝化工有限公司，查看合作项目落实情况。2012 年，山东亚太集团到平邑资助贫困学生实现大学梦想行动。

第四章　行政审批

第一节　机　构

2006 年 12 月 29 日，平邑县机构编制委员会下发《关于成立平邑县行政审批服务中心的通知》，同意成立平邑县行政审批服务中心，行政审批服务中心为正科级事业单位，配主任 1 名，副主任 2 名，全额预算管理，下设综合科、业务科、督办考核科、计算机管理科 4 个股级事业单位，人员编制 16 名。2011 年 4 月 6 日，平邑县机构编制委员会下发《关于建设县公共资源交易平台有关事宜的批复》，“同意设立县公共资源交易管理委员会办公室，为正科级事业单位，与县行政审批服务中心一个机构两块牌子；设立县公共资源交易中心，为副科级全额拨款事业单位，编制 6 名，设正职 1 名，隶属县行政审批服务中心管理”，下设“平邑县公共资源交易中心设建设项目交易科、政府采购科（挂产权交易科牌子）、国土（矿产）资源交易科 3 个股级科室，各科室配科长 1 名”。2007 年 12 月 6 日，中共平邑县委、平邑县人民政府下发《关于深化改革建立行政审批服务中心的决定》，行政审批服务中心的设立以提高行政效率、简化审批手续、减少审批环节、规范收费项目，提升全县政务服务工作水平为宗旨。主要负责组织适时调整，确定平邑县县直部门的有关行政许可、审批、收费、公共资源交易事项等。2007 年 12 月 27 日，“平邑县政务大厅”启用运行，办事大厅位于县莲花山路西段，面积 3800 平方米。

2013 年，县委、县政府决定建设新政务服务中心。新政务服务中心是全县东城新区第一批奠基的重点项目。

第二节　内部管理

2006—2013 年，平邑县政务服务中心内部分为管理层和窗口办事层两个层次。管理层为中心管理办公室，负责“制定和实施服务中心各项管理制度并进行监督检查；对政府各部门进驻、委托事项的办理进行组织协调、监督管理和指导服务；对进驻服务中心的中介服务及后进行监督管理；对进驻窗口工作人员进行管理培训和日常考核”等；窗口办事层由各进驻部门（机构）有关职能科室的业务人员组成，负责代表行使派驻部门（机构）有关职能，面向社会受理和办理各类行政审批、行政许可、行政事业性收费等公共服务事项。进驻人员实行双重管理，业务上接受部门指导，日常工作和组织生活接受中心统一管理，窗口工作人员原则上两年内不准调岗。考察调整窗口工作人员时，按照所需实际人员数额的两倍统一考察调整，推行 A、B 角制，防止缺位空岗。中心管理办公室负责制定完善《平邑县政务服务工作量化考核办法》，对中心工作人员进行日常管理、考核。

第三节　行政许可窗口建设

统一受理制

2008 年 1 月 12 日，县政府印发《平邑县人民政府关于公布首批进入县行政审批服务中心窗口单位及事项的决定》。进驻中心的审批项目及相关服务事项，在中心窗口受理、收费、办结，取消原单位受理、审批，杜绝两头办理审批业务现象。

充分授权制

2008 年 1 月 12 日，县政府印发《平邑县人民政府关于公布首批进入县行政审批服务中心窗口单位及事项的决定》。各进驻单位对其工作窗口充分授权，实行窗口负责人负责制，与窗口负责人签订《行政审批授权书》，赋予其对本单位承诺、上报类行政审批（许可）事项的受理决定权、协调催办和管理权、即办类事项的最终许可权，由窗口负责人在授权范围内负责本单位行政审批事项办理及相关印章管理、使用。

联审联批制

2008 年 1 月 15 日，县政府办公室印发《平邑县人民政府办公室关于在县行政审批服务中心设立重点投资项目行政许可（审批）服务“绿色通道”的通知》。

对同一个行政审批事项涉及两个以上单位的，实行联审联批，具体由中心联审联批办公室组织实施。

限时办结制

2008 年 1 月起，进驻中心办理的事项均公开办理主体、依据、条件、程序、时限、结果及收费依据、标准和监督渠道等。申请材料齐全、符合法定形式，能够当场办结的行政审批和相关服务事项即时办结；对需现场勘察、联审联批或依法需要进行听证、招标、拍卖等特殊程序的，在承诺时限内办结；因审批权限需上报的，负责做好跟踪落实和审批结果反馈工作。

行政审批专用章制

2008 年 1 月 15 日，县政府办公室印发《平邑县人民政府办公室关于启用进驻县行政审批服务中心部门单位审批专用章的通知》。进驻中心的审批职能部门统一使用审批专用章，办理审批事项加盖的审批专用章，具有和本单位公章同等法律效力。

以票控管制

2009 年 12 月 7 日，县政府办公室印发《平邑县人民政府办公室关于印发〈平邑县行政事业性收费（基金）和行政罚款实行财政以票控管的办法〉的通知》。

除法律、行政法规规定外，各进驻单位实施行政许可不收取任何费用。依照法律、行政法规收取的行政事业性收费、行政征收、罚款等，按照公布的法定项目和标准，按照“单位确定、财政开票、银行收款、统一划拨、政府监督”的运行模式执行。

实时监察制

2007 年 12 月起，中心内统一安装电子监控，对每个工作窗口实行实时监察，中心受理办事群众对窗口单位及其工作人员服务态度、行政不作为、乱作为、慢作为等问题的投诉。

监察结果每月进行统计和通报，抄送县委、县政府领导和各单位，并作为年度评先树优的考核依据。

第四节　行政审批事项办理

县行政审批服务中心在县委、县政府的正确领导下，在各进驻窗口单位的大力协调下，经过5个多月的紧张筹备，于2007年12月27日启动运行。

为确保运行后各项工作顺利开展，2008年1月9日至15日，县行政审批服务中心组织常驻大厅的窗口工作人员开展为期一周的业务技能操作“岗位练兵”模拟演练。大厅31个办事窗口的59名工作人员参加了此次模拟演练。

2008年全年，共计办理行政许可（审批）事项16611件，公共服务事项21111件。

2009年1月至2013年底，县政务服务中心共计办理行政许可（审批）事项762616件，公共服务事项313898件，行政事业性收费和行政罚款集中收缴407232笔，金额2.21亿元，完成公共资源交易项目550宗，交易金额24.13亿元，为财政增收节支2.29亿元。

第六章　乡镇政府

第一节　撤销与合并

1993年，全县7个镇、19个乡，即平邑镇、仲村镇、铜石镇、保太乡、地方镇、卞桥镇、武台乡、柏林乡、郑城镇、白彦镇、流峪乡、东阳乡、丰阳乡、资邱乡、温水乡、天宝山乡、临涧乡、岐山乡、魏刘庄乡、白马乡、魏庄乡、黄坡乡、山阴乡、庞庄乡、张里乡、唐村岭乡。1994年，全县11个镇、15个乡，即平邑镇、仲村镇、铜石镇、保太镇、地方镇、卞桥镇、郑城镇、白彦镇、温水镇、天宝山镇、岐山镇，临涧乡、魏刘庄乡、白马乡、魏庄乡、黄坡乡、山阴乡、庞庄乡、张里乡、唐村岭乡、东阳乡、丰阳乡、武台乡、柏林乡、流峪乡、资邱乡。保太乡、天宝山乡、岐山乡、温水乡撤乡设镇。

2001年，全县14个镇、2个乡，即平邑镇、仲村镇、保太镇、白彦镇、地方镇、铜石镇、柏林镇、临涧镇、流峪镇、卞桥镇、郑城镇、丰阳镇、武台镇、温水镇、资邱乡、魏庄乡。岐山镇并入仲村镇，白马乡、东阳乡并入平邑镇，魏刘庄乡并入保太镇，天宝山镇并入地方镇，张里乡并入铜石镇，唐村岭乡并入流峪镇，黄坡乡、山阴乡并入白彦镇，庞庄乡并入临涧镇。2010年6月，资邱乡改为资邱镇；8月平邑镇改为平邑街道办事处。2011年8月，魏庄乡并入郑城镇，资邱镇并入卞桥镇。2013年，全县辖14个镇（街道），即平邑街道、仲村镇、保太镇、白彦镇、地方镇、铜石镇、柏林镇、临涧镇、流峪镇、卞桥镇、郑城镇、丰阳镇、武台镇、温水镇。

第二节　工作机构

1993年，全县26个乡镇。乡镇设置7个办公室作为党委、政府的办事机构，分别为：党政办公室、农业办公室、经贸办公室、建设环保土地办公室、社会事务办公室、文教卫生办公室、计划生育办公室。乡镇原设立的经济委员会、农业委员会、乡村建设委员会、计划生育委员会、土地管理所等机构同时撤销。各乡镇岗位和人员设置如下：党委 5 ~ 7 人（一类可增加 1 ~ 2 人），其中书记 1 人，副书记 1 ~ 2 人（含党政交叉任职的），组织委员、宣传统战委员、纪检委员（或纪检书记）各 1 人。乡镇长 1 人；副乡镇长，一类 4 人，二类 3 人。工作人员配备文书 1 人（由党委秘书的不配），助理员 10 人（生产、乡建土地、经贸、文教、民政、人事、财政、计划生育、科技、司法），在编制员额内可配备办事员。乡镇人民武装部设部长 1 人（可配备副乡镇级干部），一类乡镇可增配干事 1 人。镇团委设专职书记 1 人，妇联设专职主席 1 人。工勤人员 2 人。人大、政协的正副主任，使用行政编制。

2002 年，乡镇党委、政府机构合并设置，每个乡镇设 4 个综合性办公室，分别为党政办公室、经济贸易办公室、农业办公室、社会事务办公室（挂计划生育办公室、社会治安综合治理办公室牌子）。每个乡镇设 8 个股级机构，分别为：农业综合服务站、文化广播电视工作站、农经统计审计工作站、国土乡建环保工作站、林业工作站、水利工作站、财政所、计划生育服务站。撤销乡镇农技站、经管站、文化站、广播站、统计办公室、果业站、乡建办、土地管理所、农村养老保险所。2011 年，一类乡镇 4 个，即平邑街道、仲村镇、保太镇、白彦镇；二类乡镇 11 个，即地方镇、铜石镇、柏林镇、临涧镇、流峪镇、卞桥镇、郑城镇、丰阳镇、武台镇、温水镇、资邱镇，三类乡镇 1 个，即魏庄乡。一类乡镇设 5 个党政工作机构：党政办公室、经济发展办公室、社会事务办公室（挂人口和计划生育办公室牌子）、社会稳定办公室（挂群众工作站牌子）、村镇建设管理办公室。二、三类乡镇设 4 个党政工作机构：党政办公室、经济发展办公室、社会事务办公室（挂人口和计划生育办公室牌子）、社会稳定办公室（挂群众工作站牌子）。一类乡镇设 6 个财政拨款事业单位：农业综合服务中心、财经服务中心、社会事务综合服务中心、计划生育服务中心、村镇建设服务中心、文化科技服务中心。二、三类乡镇设 5 个财政拨款事业单位：农业综合服务中心、财经服务中心、社会事务综合服务中心、计划生育服务中心、村镇建设服务中心。

第十八编

政协地方组织

1990年9月8日，县政协四届二次常务委员会议决定设立以委员为主体的5个专门委员会：学习提案委员会、经济科技委员会、文教卫生委员会、文史资料委员会、社会工作委员会。2006年1月，设立委员活动工作室，县政协常设办事机构。2008年1月15日，县政协八届一次常务委员会会议决定，调整5个专门委员会为提案委员会、经济委员会、科教文卫体委员会、文史资料委员会、社会联络和法制委员会。

第一章 政协委员

第一节 委员产生

1981年1月，中共平邑县委根据省委、地委指示，成立县政协筹备工作领导小组，县委副书记滕绪林任组长，县委组织部、宣传部、统战部，县人事局、县革委办公室等有关部门的负责人为成员，下设组织、秘书、提案审理3个小组，具体负责成立县政协的筹备工作。通过广纳建议，协商确定县政协参加单位、委员名额分配、推荐办法。确定政协第一届平邑县委员会由15个界别、96名委员组成。政协委员中，中共委员32人，占委员总数的33.3%；非中共委员64人，占委员总数的66.7%。1981年5月9日至15日，举行政协第一届平邑县委员会第一次全体会议，组成政协第一届平邑县委员会。

政协第二届平邑县委员会常务委员会，坚持以调动各方面的积极因素为原则，按照上级政协关于“委员名额一般不多于同级人大代表的三分之二，不少于二分之一”的要求，确定政协第三届平邑县委员会由14个界别、158名委员组成。其中，继任委员74名，新任委员84名。政协委员中，中共委员48名，占委员总数的30.4%；非中共委员110名，占委员总数的69.6%。1987年4月5日至9日，举行政协第三届平邑县委员会第一次全体会议，组成政协第三届平邑县委员会。

政协第八届平邑县委员会常务委员会协商确定，政协第九届平邑县委员会由17个界别、237名委员组成。其中，继任委员111人，新任委员126人。政协委员中，中共委员95人，占委员总数的39.8%；非中共委员142人，占委员总数的60.2%。2012年1月31日至2月2日，举行政协第九届平邑县委员会第一次全体会议，组成政协第九届平邑县委员会。

第二节 委员界别

1987年，政协第三届平邑县委员会共有委员158人，划分为14个界别：中国共产党界、工会界、共青团界、妇联界、工商界、农民界、文学艺术界、科技界、教育界、医药卫生界、少数民族界、归侨眷属界、宗教界、特别邀请人士界。2012年，政协第八届平邑县委员会共有委员237人，划分为17个界别：中国共产党界、无党派界、工商联界、共青团界、工会界、妇联界、农业界、经济界、商业界、科协科技界、教育界、医药卫生界、文艺体育界、少数民族和宗教界、台胞台属界、社会福利和社会保障界、特别邀请人士界。

1987年4月5日至9日，举行政协第三

届平邑县委员会第一次全体会议，组成政协第三届平邑县委员会。

1990年3月28日至31日，举行政协第四届平邑县委员会第一次全体会议，组成政协第四届平邑县委员会。

1991年3月25日，县政协四届四次常务委员会议补选委员4名。该届政协委员中，有4人因工作变动辞去委员职务，有1人病逝，届末共有委员156人。

1993年2月18日至20日，举行政协第五届平邑县委员会第一次全体会议，组成政协第五届平邑县委员会。

1995年3月28日，县政协五届八次常务委员会议补选委员6名。该届政协委员中，有1人因工作变动辞去委员职务,有1人病逝，有1人撤销委员职务，届末共有委员222人。

1998年2月12日至15日，举行政协第六届平邑县委员会第一次全体会议，组成政协第六届平邑县委员会。

2001年2月1日，县政协六届十二次常务委员会议补选委员4名。

2002年4月2日，县政协六届十七次常务委员会议补选委员15名。该届政协委员中，有5人因工作变动辞去委员职务，2人病逝，届末共有委员223人。

2003年1月23日至26日，举行政协第七届平邑县委员会第一次全体会议，组成政协第七届平邑县委员会。

2004年7月9日，县政协七届六次常务委员会会议补选委员17名。

2005年2月1日，县政协七届九次常务委员会会议补选委员4名。

2006年1月18日，县政协七届十三次常务委员会会议补选委员2名。

2006年4月7日，县政协七届十五次常务委员会会议补选委员5名。

2007年1月11日，县政协七届十八次常务委员会会议补选委员11名。

2007年11月20日，县政协七届二十二常务委员会会议补选委员3名。

该届政协委员中，有13名因工作变动辞去委员职务，有1人病逝，有3名撤销委员职务，届末共有委员250人。

2007年12月9日至12日，举行政协第八届平邑县委员会第一次全体会议，组成政协第八届平邑县委员会。

2012年1月31日至2月2日，举行政协第九届平邑县委员会第一次全体会议，组成政协第九届平邑县委员会。

第二章　政协会议

1989—2013年，政协平邑县委员会共经历七届，召开24次全体委员会议，100余次常务委员会议。

第一节　全体委员会议

政协第三届平邑县委员会会议

1989年1月至1990年3月，政协第三届平邑县委员会共举行1次全体委员会议。1989

年3月28日至30日，政协第三届平邑县委员会第三次会议在平邑召开。会议听取并审议通过县政协副主席刘玉海代表政协第三届平邑县委员会常务委员会所作的工作报告和县政协副主席谷守诰所作的关于三届二次会议以来提案工作情况的报告，列席县第十一届人民代表大会第三次会议，听取并讨论县政府工作报告及其他报告。会上通过此次会议的政治决议及其他有关决议。

政协第四届平邑县委员会会议

1990年3月至1993年2月，政协第四届平邑县委员会共举行3次全体委员会议。

第一次全体委员会议 1990年2月28日至3月1日在平邑举行。会上，审议并通过政协第三届平邑县委员会常务委员会工作报告；列席县人大常委会第十二届一次会议，听取并讨论政府工作报告及其他报告；选举产生政协第四届平邑县委员会主席、副主席和常务委员；通过政协第四届平邑县委员会第一次会议的政治决议和有关决议。会议选举王继瑞为县政协主席，黄启才、刘玉海、庄立忠、李爱莲、谷守诰、邵长明、卢占宇为县政协副主席，常务委员32名。县政协主席王继瑞致闭幕词。

第二次全体委员会议 1991年4月1日至3日在平邑举行。会议审议通过县政协主席王继瑞代表政协第四届平邑县委员会常务委员会所作的工作报告；审议并通过学习提案委员会关于四届一次会议以来提案办理情况的报告；增选县政协第4届委员会常委4名；通过四届二次会议政治决议等各项决议；列席县第十二届人民代表大会第二次会议，听取并讨论《平邑县人民政府工作报告》及其他报告。

第三次全体委员会议 1992年4月1日至3日在平邑举行。会上，审议通过第四届平邑县政协常务委员会工作报告和学习提案委员会关于四届二次会议以来提案办理情况的报告；委员们列席县第十二届人民代表大会第三次会议，听取并讨论县长杨沛才作的政府工作报告和其他报告；会议增补孔庆华为县政协副主席。

政协第五届平邑县委员会会议

1993年2月至1998年2月，政协第五届平邑县委员会共举行五次全体委员会议。

第一次全体委员会议 1993年2月18日至20日在平邑举行。会上，黄启才代表政协第四届平邑县委员会常务委员会作工作报告，会议还听取学习提案委关于四届一次会议以来提案办理情况的报告。选举产生五届县政协委员会主席、副主席和常务委员。会议选举黄启才为县政协主席，刘玉海、孔庆华、李爱莲、卢占宇、高万恭为副主席，常务委员41名。

第二次全体会议 1994年3月18日至20日在平邑举行。会议期间，委员们听取并审议县政协副主席刘玉海代表政协第四届平邑县委员会常务委员会所作的工作报告和学习提案委关于五届一次会议以来提案委员会办理情况的报告，列席县十三届二次人民代表大会。会议通过此次会议的政治决议和其他决议。

第三次全体委员会议 1995年4月6日至7日在平邑举行。该届政协共有委员222名，其中218名委员参加此次会议。会议审议并通过县政协副主席刘玉海代表政协第五届平邑县委员会常务委员会所作的工作报告，学习提案委员会关于五届二次会议以来提案办理情况的报告；列席县人大常委会十一届二次会议，听取县政府工作报告及其他报告；增选张家业为五届县政协副主席；通过此次会议政治决议及其他决议。

第四次全体委员会议 1996年1月28日至30日在平邑举行。主要任务是：总结过去一年的工作，研究确定1996年县政协工作任务，列席县人大常委会十三届四次会议，听取讨论县政府工作报告，协商讨论《平邑县国民经济和社会发展“九五”计划及2010年规划》，共商全县五年和十五年社会主义现代化建设的大计。会议期间，听取并审议通过县政协副主席张家业代表政协第五届平邑县委员会常务委员会所作的工作报告和县政协副主席刘玉海所作的五届三次会议以来提案办理情况的报告。

第五次全体委员会议 1997年3月16日至18日在平邑举行。听取并审议通过县政协副主席张家业代表政协第五届平邑县委员会常务委员会所作的工作报告，副主席刘玉海所作的五届四次会议以来提案办理情况的报告；听取并讨论县长李富山所作的《政府工作报告》以及其他报告。会议期间通过小组讨论、座谈发言、提案等形式，就全县政治、经济、文化、精神文明建设、社会生活中的有关重大事项及政协工作提出一些很好的意见和建议。

政协第六届平邑县委员会会议

1998年2月至2003年1月，政协第三届平邑县委员会会议政协第六届平邑委员会共举行五次全体委员会议。

第一次全体委员会议 1998年2月12日至19日在平邑举行。会上，县政协副主席孔庆华作关于政协第六届平邑县委员会筹备工作报告。县政协副主席孔庆华作五届县政协常委会工作报告，副主席谷守诰作提案工作情况的报告。会议听取县委关于换届人事安排的协商意见，选举产生政协第六届平邑县委员会主席、副主席、常务委员。通过本次会议政治决议和其他决议。会议选举张家业为县政协主席，孔庆华、谷守诰、李爱莲、卢占宇、高万恭、李景才、李秀兰、刘玉欣为县政协副主席，常务委员41名。

第二次全体会议 1999年3月17日至19日在平邑举行。会议听取并审议政协第六届平邑县委员会常务委员会工作报告、关于六届一次会议以来提案工作情况的报告，列席县第十四届人民代表大会第二次会议，听取并讨论县政府工作报告及其他报告，通过政协第六届平邑县委员会第二次会议的各项决议。

第三次全体委员会议 2000年1月9日至11日在平邑举行。会议期间，听取并审议六届政协常委会工作报告和提案工作报告；列席县第十四届人民代表大会第三次会议，听取并讨论县政府工作报告及其他工作报告。县政协副主席李景才代表政协第六届平邑县委员会常务委员会作工作报告。

第四次全体委员会 2001年3月6日至8日在平邑举行。会议审议通过六届县政协常委会工作报告和提案工作报告，会议接受张家业辞去县政协主席职务，谷守诰、李爱莲、卢占宇辞去县政协副主席的请求，选举郑运明为县政协主席，补选刘玉山、王霞为县政协副主席，表彰六届一次会议以来的十四件优秀提案和十四个承办提案先进单位，列席县第十四届人民代表大会第四次会议，听取并讨论《平邑县国民经济和社会发展第十个五年计划纲要》和其他重要报告。

第五次全体委员会议 2002年2月22日至24日在平邑召开。听取并审议县政协副主席李景才所作的政协第六届平邑县委员会常务委员会工作报告和副主席李秀兰所作的政协第六届平邑县委员会常务委员会关于提案工作情况的报告。县政协常委、县委宣传部常务副部长路庆文等14人在大会上作典型发言，列席县第十四届人民代表大会第五次会议，听取并讨论政府工作报告和其他报告。会议通过关于县政协常委会工作报告的决议，关于提案工作情况报告的决议和六届五次会议政治决议。

政协第七届平邑县委员会会议

2003年1月至2007年11月，政协第七届平邑县委员会共举行五次全体委员会议。

第一次全体委员会议　2003年1月23日至26日在平邑举行。李景才作政协第六届平邑县委员会常务委员会工作报告，李秀兰作政协第六届常委会关于六届一次会议以来提案工作情况的报告。委员们列席县第十五届人民代表大会第一次会议，听取并讨论县政府工作报告及其他报告；会议还听取县委副书记邵明川关于县级领导班子换届人事安排的协商讲话。孔庆华主持选举会议，会议选举产生七届县政协主席、副主席、秘书长、常务委员；会议通过关于六届县政协常委会工作报告的决议、提案工作情况的决议及县政协七届一次会议政治决议及其他决议。会议选举郑远明为县政协主席，刘克贵、刘玉欣、王霞、孙伯学、徐守军、赵景元、张庆伟为县政协副主席，魏毅为县政协秘书长，常务委员39名。

第二次全体委员会议　2004年1月14日至16日在平邑举行。会议听取中共平邑县委书记杜甲普讲话，听取并审议七届县政协常委会工作报告，七届一次会议以来提案工作情况的报告；列席县第十五届人民代表大会第二次会议，听取并讨论县政府工作报告及其他报告；选举增补七届县政协常务委员；审议通过县政协七届二次会议各项决议。

第三次全体委员会议　2005年1月31日至2月2日在平邑举行。县六大班子部分领导参加会议。此次会议应到委员243名，实到235名。听取并审议县政协副主席刘克贵作的政协第七届平邑县委员会常务委员会工作报告；听取并审议县政协副主席孙伯学作的政协第七届平邑县委员会关于七届二次会议以来提案工作情况的报告；列席县第十五届人民代表大会第三次会议，听取并讨论政府工作报告及其他报告；审议通过政协第七届平邑县委员会第三次会议决议，会议期间收到委员提案85件；会议增补孔祥海、李向红、杨岩、赵娟为七届县政协委员，选举孔祥海为县政协文教卫生委员会副主任，赵娟为县政协学习提案委员会副主任，杨岩为县政协副秘书长。

第四次全体委员会议　2006年2月6日至8日在平邑举行。此次会议应到委员241人，实到委员233人。听取并审议政协第七届平邑县委员会常务委员会工作报告和关于七届三次会议以来提案工作情况的报告。全体委员列席县第十五届人民代表大会第四次会议，听取并讨论县政府工作报告及其他工作报告。县政协副主席徐守军主持表彰和选举会议，对40名优秀政协委员及七届一次会议以来的21件优秀提案、27个提案承办先进单位进行表彰。会议审议通过《政协第七届平邑县委员会第四次会议关于同意郑运明同志辞去七届县政协主席职务，王霞同志辞去七届县政协副主席职务，徐存臣同志辞去七届县政协常务委员职务的决定》，增选孙印远为政协第七届平邑县委员会主席，王秀冬为政协第七届平邑县委员会副主席，孔祥海、赵娟为政协第七届平邑县委员会常务委员。县政协副主席刘克贵主持闭幕大会。大会审议通过各项决议。

第五次全体委员会议　2007年2月26日至28日在平邑举行。县政协副主席刘克贵主持开幕大会。县政协主席孙印远作政协第七届平邑县委员会常务委员会工作报告，副主席孙伯学作关于七届四次会议以来提案工作情况的报告。委员们列席县人第十五届五次会议，听取并讨论县政府工作报告及其他报告。选举会议和闭幕大会由县政协副主席徐守军主持。应到委员249人，实到216人。会议审议通过有关人事变更事项；补选高彦坤为政协第七届平邑县委员会副主席，张洪台为县政协秘书长。通过县政协七届五次会议提案审查情况的报告和有关决议。

政协第八届平邑县委员会会议

2007年12月至2012年1月，政协第八届平邑县委员会共举行4次全体委员会议。

第一次全体委员会议 2007年12月9日至12日在县供电公司会议室举行。此次会议应到委员220名，实到213名。会议听取孙印远代表第七届县政协常委会所作的《政协第七届平邑县委员会常务委员会工作报告》和高彦坤所作的《政协第七届平邑县委员会常务委员会关于七届一次会议以来提案工作情况的报告》。会议期间，委员们先后两次列席县第十六届人民代表大会第一次会议，听取并讨论了县政府工作报告及其他报告。会议选举产生政协第八届平邑县委员会主席、副主席、秘书长、常务委员，审议通过《关于七届县政协常委会工作报告的决议》《关于七届县政协提案工作报告的决议》及县政协八届一次会议政治决议。会议选举孙印远为第八届县政协主席，徐守军、赵景元、张庆伟、王秀冬、高彦坤、吴庆民为县政协副主席，张洪台为县政协秘书长，常务委员44名。

第二次全体委员会议 2009年1月14日至16日在平邑县城召开。会议听取并审议政协第八届平邑县委员会常务委员会工作报告；听取并审议政协第八届平邑县委员会常务委员会关于县政协八届一次会议以来提案工作情况的报告；列席平邑县第十六届人民代表大会第二次会议，听取和讨论县政府工作报告及其他工作报告；通过有关人事事项；审议通过政协第八届平邑县委员会第二次会议的各项决议；其他事项。大会增补14名常务委员：于天科、孔祥海、卢念香（女）、孙付臣、杨岩、孟令青、吴开春、张延林、林存记、金立忠（回族）、赵平（女）、常印国、蒋华民、魏运平。

第三次全体委员会议 2010年1月14日至16日在平邑县城召开。会议听取并审议政协第八届平邑县委员会常务委员会工作报告；听取并审议政协第八届平邑县委员会常务委员会关于县政协八届二次会议以来提案工作情况的报告；列席平邑县第十六届人民代表大会第三次会议，听取和讨论县政府工作报告及其他工作报告；通过有关人事事项；审议通过政协第八届平邑县委员会第三次会议的各项决议；其他事项。大会同意张洪台、孙付臣、蔡军辞去第八届政协常务委员职务，补选孙付臣为第八届政协平邑县委员会秘书长，增补刘玉华、杜忠会、张洪台、胡波为第八届政协常务委员。

第四次全体委员会议 2011年2月13日至15日在平邑县城召开。会议听取并审议政协第八届平邑县委员会常务委员会工作报告；听取并审议政协第八届平邑县委员会常务委员会关于县政协八届三次会议以来提案工作情况的报告；列席平邑县第十六届人民代表大会第四次会议，听取和讨论县政府工作报告及其他工作报告；审议通过政协第八届平邑县委员会第四次会议的各项决议。

政协第九届平邑县委员会会议

第一次全体委员会议 2012年1月31日至2月2日在平邑县城召开。县委、县人大、县政府、县纪委、县武装部、县人民法院、县人民检察院的领导，县政协九届一次会议主席团常务主席，历届县政协老领导，第九届县政协全体委员出席会议；县委、县政府、各部委办局主要负责人，企业、企业集团负责人，各镇（街道）党委统战委员列席会议。会议听取孙印远代表第八届县政协常委会所作的《政协第八届平邑县委员会常务委员会工作报告》和高彦坤所作的《政协第八届平邑县委员会常务委员会关于八届一次会议以来提案工作情况的报告》。会议期间，委员们列席县第十七届人民代表大会第一次会议，听取并讨论县政府工作报告及其他报告。会议选举产生政协第九届平邑县委员会主席、副主席、秘书长、常务委员，审议通过《关于八届县政协常委会工作报告的决议》《关于八届县政协提案工作报告的决议》及县政协九届一次会议政治决议。会议选举徐守军为第九届县政协主席，赵景元、张庆伟、王秀冬、吴庆民、袁刚、王忠为县政协副主席，孙付臣为县政协秘书长，常务委员 47 名。

第二次全体委员会议　2013 年 1 月 15 日至 17 日在平邑县城召开。县委、县人大、县政府、县纪委、县武装部、县人民法院、县人民检察院的领导，县政协主席、副主席、党组成员、秘书长，历届县政协的老领导出席会议。会议听取中共平邑县委书记、县人大常委会主任丰程秀同志讲话；听取并审议政协第九届平邑县委员会常务委员会工作报告；听取并审议政协第九届平邑县委员会常务委员会关于县政协就届一次会议以来提案工作情况的报告；列席平邑县第十七届人民代表大会第二次会议，听取和讨论县政府工作报告及其他工作报告；通过有关人事事项；审议通过政协第九届平邑县委员会第二次会议决议。

第二节　常务委员会会议

第三届县政协常务委员会议

三届四次常委会议　1989 年 3 月 20 日召开。协商讨论召开县政协三届三次全委会的日程、议程，听取审议第三届县政协常委会工作报告（征求意见稿）、提案工作报告（征求意见稿）等文件。

三届五次常委会议　1989 年 9 月 16 日召开。主要内容是：传达学习中央两个通报及地委领导的重要讲话，讨论并原则通过《县政协关于政治协商、民主监督、参政议政的暂行规定》和以后几个月的工作要点。

三届六次常委会议　1990 年 3 月 16 日召开。会议听取县委统战部关于政协第四届委员会筹备情况的通报，协商政协第四届平邑县委员会政协委员名单，听取审议第三届县政协常委会的工作报告，协商通过关于县政协常委会工作报告的决议。

第四届常务委员会议

四届一次常委会议　1990 年 4 月 1 日召开。传达学习中央六中全会公报和《中共中央关于加强多党合作的意见》、省政协六届三次会议精神；协商通过常委会暂行规定。会上，委员们进行座谈讨论，对如何履行政协职能，开展好政协工作提出意见和建议。

四届二次常委会议　1990 年 9 月 8 日召开。传达学习中共中央及中共中央总书记江泽民在全国统战工作会议上的讲话，讨论通过《关于调整政协机关机构设置的意见》《关于政协平邑县委员会办公室、各专门委员会组成人员的意见》。会议决定调整后的县政协机构为一室五委，即政协办公室、经济科技委员会、文教卫生委员会、社会工作委员会、学习提案委员会、文史资料委员会。县政协主席王继瑞，副主席黄启才、刘玉海、庄立忠、李爱莲、谷守诰、卢占宇出席会议。王继瑞主持会议并作总结讲话。要求各位政协常委认真学习，明确任务，坚定信心，树立做好政协工作的光荣感和责任感。转变作风，深入实际，就群众普遍关心的问题开展调查研究，为党委、政府决策提供科学依据。最后，王继瑞还就县政协主席、副主席工作分工情况作通报。

四届四次常委会议　1991年3月25日召开。会议应到常务委员37人，因事因病请假12人，实到25人，会议的内容：一是讨论通过县政协四届二次会议上的常委会工作报告。二是协商讨论四届二次会议的议程。三是补选第四届县政协委员4名。四是讨论通过四届二次会议上常委分工和秘书长名单。五是协商决定1991年4月1日召开县政协四届二次会议。

四届九次常委会议　1993年2月12日召开。会议讨论并通过县委提交的五届县政协委员协商名单，决定五届县政协由219名委员组成。讨论通过四届县政协常委会工作报告，并推荐黄启才为报告人。研究决定县政协五届一次会议于1993年2月18日至20日召开。会议还研究讨论县政协五届一次会议的议程、会议各项决议，大会主席团、执行主席、秘书长建议名单等其他有关事项。县政协主席王继瑞主持会议。

第五届常务委员会议

五届一次常委（扩大）会议　1993年4月7日召开。传达学习全国政协八届一次会议精神，中共平邑县委书记李玉妹在县委八届七次全委（扩大）会议上、全县农村经济工作会议上的讲话，协商通过《乡镇政协工作办公室工作条例》《政协平邑县委员会提案工作条例》。县政协主席黄启才主持会议并作讲话。他在讲话中要求各位委员要认真学习，增强对人民政协地位和作用的认识，充分发挥政协常委会的整体作用，努力做好第五届政协的工作。同时对做好乡镇政协工作提出希望和要求。

五届五次常委会议　1994年3月9日召开。会议研究讨论召开县政协五届二次会议的日程、议程，委员分组办法，各组召集人名单，列席人员、特邀人员名单，大会执行主席、秘书长、提案审查委员会名单，审议并原则通过县政协常委会工作报告，提案工作报告，讨论县政府工作报告（征求意见稿），决定于3月18日召开县政协五届二次会议。

五届十一次常委会议　1995年5月31日召开。学习《临沂市政协十届常委会工作规则》，传达学习中共山东省委《关于进一步加强人民政协工作的意见》及市政协主席高广田在市政协十届一次会议闭幕会上的讲话，研究通过县政协经济科技、社会工作、学习提案、文教卫生等4个专门委员会组成人员。

五届十四次常委会议　1996年5月21日召开。审议通过县政协提案委员会和文教卫生委员会联合对全县教育附加费征收管理及教师工资发放情况的调查报告，通报政协工作情况，学习山东省委书记赵志浩视察平邑时的重要谈话和省政协主席陆懋曾来临沂视察时的谈话，听取县委、县政府组织赴外地参观考察情况的报告。县政协主席黄启才主持会议。

五届十七次常委会议　1997年3月7日召开。审议通过第五届县政协常委会工作报告、提案工作报告等有关文件，研究县政协五届五次会议召开的时间、议程、日程等有关事宜。县政协主席黄启才主持会议并讲话。

五届十八次常委会议　1997年7月18日召开。县政协副主席孔庆华传达中共中央总书记江泽民在中央党校省部级干部进修班毕业典礼上的讲话，县委常委、常务副县长张传普通报县政府上半年工作情况和对县政协五届五次会议委员提案的办理情况，县政协副主席刘玉海通报县政协开展畜牧业调查的有关情况。县政协主席黄启才主持会议并作总结讲话。

五届二十次常委会议　1998年1月19日召开。研究讨论县政协五届委员会工作报告，协商六届县政协委员人选，研究讨论召开县政协六届一次会议的有关事项。决定于 1998 年 2 月 13 日至 15 日召开县政协六届一次会议。

第六届常务委员会议

六届二次常委会议　1998 年 3 月 18 日召开。会议主要内容：学习《政协章程》等政协统战基本理论，传达学习全国政协九届一次会议、市政协十一届一次会议精神，研究讨论县政协 1998 年工作重点，通报县政协主席、副主席工作分工。县政协主席张家业主持会议并作总结讲话，要求每位县政协常委要加强自我学习，积极按照《政协章程》的规定履行职责，发挥作用，围绕县政协年度工作要点开展工作。会议应到常委 41 名，因病因事请假 7 名，实到 34 名。

六届三次常委会议　1998 年 7 月 14 日召开。通报县政协上半年工作情况，部分常委汇报各自上半年工作开展情况。县政协主席张家业主持会议并作总结讲话，对下半年工作提出要求，要求各位常委充分利用《政协委员手册》，加强对政协统战理论、国家法律法规、市场经济知识的学习，继续围绕中心，履行好政协职责。

六届九次常委会议　2000 年 7 月 19 日召开。会上视察县金矿生产现场，听取金矿负责人关于县金矿生产情况的介绍，审议通过县政协《关于农民增收问题的调查报告》，听取县委常委、县政府常务副县长陈金鹏关于全县上半年经济发展特别是工业发展情况的通报。委员们围绕全县工业发展、农民增收等问题进行讨论，提出一些意见和建议。县政协主席张家业主持会议。

六届十一次常委会议　2001 年 1 月 4 日召开。传达学习县委十届七次全委（扩大）会议精神，听取并协商讨论县政府《关于平邑县“十五”规划的说明》，审议通过拟在县政协全委会上表彰的优秀提案人、提案承办先进单位名单等有关事宜。县政协主席张家业主持会议。

六届十二次常委会议　2001 年 3 月 1 日召开。会议审议通过关于召开县政协六届四次会议的决定、第六届县政协常委会工作报告、关于六届三次会议以来提案工作情况的报告、六届四次会议日程、议程，研究决定县政协领导在县政协六届四次会议期间的分工、会议报告人，听取县委有关领导关于县政协人事变动的说明，协商讨论新一届县政协主席、副主席、常务委员人选，讨论并原则通过县政协六届四次会议选举办法（草案）。县政协主席张家业主持会议。

六届十三次常委会议　2001 年 5 月 10 日召开。视察全县民营经济发展及污染治理情况，分别听取县工商、环保部门关于全县民营经济发展情况、全县环保治理情况的介绍，通报县政协 2001 年工作要点、县政协主席分工、委员提案审查等情况。县政协主席郑运明主持会议并作总结讲话。

六届十六次常委会议　2002 年 2 月 6 日，县政协在县政府招待所多功能会议室召开六届十六次常委会议。主要内容：听取县委常委、县政府常务副县长徐化国关于全县 2001 年经济和社会发展情况的通报，研究讨论六届县政协常委会工作报告、提案工作报告，表决通过召开政协六届五次会议的日程、议程、特邀列席人员名单、会议主持人等有关事项。会议决定于 2002 年 2 月 22 日至 24 日召开县政协六届五次会议。

六届十九次常委（扩大）会议　2002 年 10 月 25 日，县政协召开六届十九次常委(扩大）会议，主要内容：视察蒙山旅游开发建设情况。会上，县政府副县长刘玉欣作关于蒙山旅游开发情况的通报。委员们分组进行讨论，在肯定成绩的同时，指出目前工作中存在的问题，并提出一些意见和建议。县政协主席郑运明主持会议并作总结讲话，对近年来蒙山旅游开发取得的成绩给予充分肯定，要求政协委员、常委今后要继续关心、宣传、推动蒙山旅游开发工作。县政协各委室主任、各乡镇政协委员活动小组组长列席会议。

六届二十次常委会议　2003年1月17日，县政协在县政府招待所多功能会议室召开六届二十次常委会议。研究讨论六届县政协常委会工作报告（草案），提案工作报告（草案），协商确定县政协七届一次会议召开时间、会议议程、日程。审议通过第七届县政协委员名单，七届一次会议特邀、列席人员名单，主席团、执行主席、秘书长名单，提案审查委员会名单，委员分组及各组组长、副组长名单，大会报告人、主持人等有关事项，县政协主席郑运明主持会议。

第七届常务委员会议

七届三次常委（扩大）会议　2003年10月23日，县政协在平邑蒙山沂蒙人家会议室召开七届三次常委（扩大）会议。会议首先视察蒙山旅游开发情况，听取县委常委、常务副县长张贤德作的《关于蒙山旅游开发建设情况的通报》。经过座谈讨论，委员们对蒙山旅游开发工作近年来取得的成绩给予充分肯定，并针对工作中存在的困难和问题提出一些合理化的意见和建议。会议还审议并原则通过县政协《关于对全县社会治安综合治理工作情况的调研报告》。县政协主席郑运明主持会议并作总结讲话，各乡镇政协委员活动小组组长列席会议。

七届四次常委会议　2003年12月26日，县政协在县政府招待所多功能会议室召开七届四次常委会议。听取县委常委、县政府常务副县长张贤德作的《关于全县经济社会各项事业发展情况的通报》，研究讨论并原则通过《七届县政协常委会工作报告》（征求意见稿）、《提案工作报告》（征求意见稿）。表决通过七届二次会议的日程、议程、会议主持人、报告人、特邀列席人员范围等有关事项。县政协主席郑运明主持会议并作总结讲话。各乡镇政协委员活动小组组长列席会议。

七届六次常委会　2004年7月9日，县政协在政府招待所多功能会议室召开七届六次常委会议。会议视察平邑浚河新城建设情况及部分新建企业，参观县纪委主办的反腐倡廉警示教育展，听取县政府副县长李中经作的关于浚河新城规划和新上工业项目建设情况的通报。委员们进行分组讨论，对浚河新城建设取得的成绩给予充分肯定，并对今后工作提出一些建议。会上，还传达学习临沂市政协十二届三次会议精神，增补卜凡刚、王立军、刘金文等17名同志为县政协委员。县政协主席郑运明主持会议并做总结讲话。各乡镇政协委员活动小组组长列席会议。

七届十二次常委（扩大）会议　2005年9月27日，县政协在县政府招待所多功能会议室召开七届十二次常委（扩大）会议，会议首先视察全县道路建设与管理情况，听取县政府副县长李中经作的关于全县道路建设与管理情况的通报，委员们分组进行讨论，对全县道路建设与管理工作提出一些意见和建议。会议还审议通过县政协《关于评选优秀政协委员的意见》《关于表彰优秀委员提案和提案承办先进单位的意见》《关于加强政协委员管理的暂行规定》。会上，与会人员还为复修郑城苏家崮烈士陵园进行捐款。会议由县政协副主席孙伯学主持，县政协主席郑运明作总结讲话。县政协副主席王霞、孙伯学、徐守军、赵景元、张庆伟，秘书长魏毅出席会议，各乡镇政协委员活动小组组长列席会议。

七届十四次常委会议 2006年2月8日，县政协在县政府招待所多功能会议室召开七届十四次常委会议，审议通过提交县政协七届四次会议的有关事项。会议同意孙印远为七届县政协主席候选人，王秀冬为七届县政协副主席候选人，孔祥海、赵娟为七届县政协常务委员候选人。会议还协商确定七届四次会议选举办法、总监票人、监票人等事项，县政协主席郑运明主持会议。

七届十九次常委会议 2007年2月28日，县政协在政府招待所多功能会议室召开七届十九次常委会议。听取县委常委、县委组织部部长刘仕江作的有关人事事项安排的协商讲话，审议通过有关人事事项，协商并原则通过县政协七届五次会议选举办法（草案）、总监票人、监票人名单，副主席、秘书长候选人名单，会议决议（草案）等有关事项。县政协主席孙印远主持会议。会议应到常务委员53名，因事因病请假12名，实到41名。

第八届常务委员会议

八届一次常委会议 2008年1月15日，县政协在县政府招待所第三会议室召开八届一次常委会议。传达学习市政协十三届一次会议精神，协商通过《县政协2008年工作要点》《关于加强县政协常委会自身建设的意见》《关于设立县政协专门委员会的决定》《关于设立政协委员活动组的决定》《政协第八届平邑县委员会专门委员会通则》《关于政协领导分工督办重点提案的意见》《关于加强政协委员管理的规定》《政协平邑县委员会联系委员办法》，提名协商通过孙付臣为县政协副秘书长。县政协主席孙印远作重要讲话，要求新一届政协委员要加强学习，提高素质，认真履行各项职能，为建设"富强、文明、和谐"新平邑做出新的贡献。县政协副主席、县委统战部部长徐守军主持会议。

八届二次常委会议 2008年5月28日，县政协在县政府多功能会议室召开八届二次常委会。县政协副主席高彦坤主持会议。会议首先视察了全县城市建设工作，县建设局局长张西涛介绍了全县城市建设工作情况，县政府副县长冯青松作了重要讲话，县政协副主席徐守军传达了全市政协反映社情民意工作会议精神。会上，出台《政协平邑县委员会关于聘请反映社情民意特邀信息员的决定》，聘请特邀信息员。最后，县政协孙主席作重要讲话，一是对全县城市建设工作给予充分肯定，同时也提出了意见和建议；二是对特邀信息员提出了要求，希望大家一定要高度重视，多报送信息，报送有价值、高质量的信息，做好反映社情民意信息工作。

八届七次常委会议 2009年12月17日，县政协八届七次常委会议在县教育局南楼二楼会议室召开。会议传达了学习中共十七届四中全会精神，县委常委、县政府常务副县长刘仕江同志通报了关于2009年全县经济社会发展情况。会议增补王琼、王海昌、史现柱、巩元新、朱洪岭、刘文峰、刘守芹、刘福利、杜纪奇、杜中会、李月照、李永军、李宏伟、宋玉贞、宋常虹、苑涛、范增现、卓勤生、周静、赵志莲、郝付恩、胡波、徐常永、梁波、韩新华、谭炳昱、颜依涵27名同志为政协第八届平邑县委员会委员，补选王海昌同志为第八届政协平邑县委员会副秘书长。

八届九次常委会议 2010年4月2日，县政协八届九次会议在财政局五楼会议室召开，会议传达学习全国政协十一届三次会议和省政协十三届三次会议精神。安排部署县政协2010年工作。最后，孙印远主席作了重要讲话，对新的一年政协工作提出了要求。一是深入学习贯彻全国和省政协会议精神，进一步增强做好政协工作的责任感和使命感。二是牢牢把握积极作为、科学务实的工作基调，努力做好全年各项工作。三是适应新形势、新任务要求，不断加强常委会自身建设。

八届十一次常委会议 2011年1月28日，县政协八届十一次会议在国土局九楼会议室召开，会议协商讨论县政府工作报告，听取县"十二五"规划说明，协商通过《八届县政协常委会工作报告》和《八届三次会议以来提案工作情况的报告》，协商通过县政协八届四次会议有关事宜，通过有关人事事项，最后，县政协主席孙印远作了重要讲话，一是要加强理论学习，提高整体素质，增强做好新形势下政协工作的责任感和紧迫感。二是要利用调研视察、提案办理等多种形式履行职能，围绕中心服务大局，进一步发挥人民政协的监督作用。三是要贯彻落实上级要求，不断加强自身建设，提高履职水平。四是要认真筹备好县政协八届四次全体会议。

八届十二次常委会议 2011年4月8日，县政协八届十二次常委会议在县教育局南楼二楼会议室召开。会上，传达学习全国政协十一届四次会议和十一届全国人大四次会议精神，传达县政协2011年工作要点，安排部署2011年工作。县政协主席孙印远作了重要讲话，一是抓好学习，凝聚共识，进一步增强做好政协工作的责任感和使命感。二是围绕中心，统筹兼顾，进一步做好服务大局促进发展的各项工作。三是讲究方法，注重落实，进一步提高政协工作的科学化水平。

八届十四次常委会议 2012年1月13日，县政协八届十四次常委会议在教育局南二楼会议室召开。会上，协商讨论了政府工作报告、八届政协常委会工作报告和县政协八届一次会议以来提案工作情况的报告，协商通过了九届政协委员名单和常委设置，协商通过了县政协九届一次会议的有关事项。县政协孙印远主席作了重要讲话，对此次换届的筹备工作提出了要求。会议由副主席徐守军主持。

第九届常务委员会议

九届一次常委会议 2012年3月15日，平邑县政协九届一次常委会议召开。九届政协常委参加会议。会议由赵景元主持。会上，传达市政协十四届一次会议精神。常委们讨论并审议通过了政协平邑县委员会提案工作条例、关于加强政协常务委员会自身建设的意见、政协平邑县委员会常务委员会工作规则、政协平邑县委员会联系委员办法、关于领导分工督办重点提案的意见、关于进一步加强政协委员管理的规定、专门委员会通则、关于成立委员活动组的决定和关于成立专门委员会的决定。会议还审议通过有关人事事项，选举王海昌同志为政协第九届平邑县委员会副秘书长。县政协主席徐守军作重要讲话，要求新一届政协委员要珍惜荣誉，牢记使命，以昂扬的精神履行职责，为建设"富美和谐、生态宜居"的新平邑做出新的更大的贡献！

九届五次常委会议 2013年4月2日，平邑县政协九届五次常委会议召开。会议由县政协副主席赵景元主持。会议期间，各位常委对全县"美丽乡村"建设工作进行了视察。会上，袁刚副主席传达学习了全国"两会"精神。县政协主席徐守军最后作了重要讲话，对"美丽乡村"建设取得的成绩给予了充分肯定，并对政协今后工作做出安排部署，要围绕中心，统筹兼顾，继续精心组织开展好调研视察活动；

继续狠抓提案质量，增强办理实效；继续做好文史、宣传、反映社情民意、团结联谊、理论研究等常规性工作，为服务全县大局促进发展做出积极贡献。

九届八次常委会议 2013年12月30日，平邑县政协召开九届八次常委会议。会议由副主席赵景元主持。会议听取了县政府工作报告起草说明，协商讨论了县政府工作报告、九届县政协常委会工作报告和县政协九届二次会议以来提案工作情况的报告，协商通过了县政协九届三次会议的有关事项和有关人事事项。会议对2013年县政协工作进行了总结，并对2014年工作进行部署，一是要加强学习，提高素质，不断夯实履行职能的政治基础。二是要立足岗位，突出主题，进一步发挥人民政协作用。三是要联系实际、创新工作，不断提高履职水平。

第三章 政协平邑县委员会机构

1981年5月，政协平邑县委员会成立。政协平邑县委员会由中国共产党，人民团体，少数民族，各界代表，港、澳、台属，归国侨胞，爱国人士以及特别邀请人士组成。县政协的组织形式为政协平邑县委员会和常务委员会。主席、副主席、秘书长组成主席会议，负责处理常务委员会的日常工作，主席主持常务委员会工作。

第一节 领导机构

县政协常务委员会由主席、副主席、秘书长和常务委员组成，是政协平邑县委员会的常设机构、领导机构。其主要职能是：决定召开并主持政协平邑县委员会全体会议（每届第一次全体会议由会议选举的主席团主持），审议提交政协全体会议的文件；审议通过向中共平邑县委、县人大常委会、县人民政府提出的重要建议案；协商决定本届县政协参加单位、委员名额和人选变更，以及下届县政协参加单位、委员名额和人选；决定县政协工作机构的设置和变动及任免其组成人员。

1989—2013年平邑县政协领导任职表

表18-1

届 次	职 务	姓 名	籍 贯	任职时间
第三届（1987年7月至1991年3月）	主席			
	副主席	黄启才	山东省郯城县	1990.03—1991.03
		邵长明（女）	山东省枣庄市	1990.03—1991.03
		李爱莲（女）	潍坊市寒亭区	1990.03—1991.03
		卢占宇	山东省平度市	1990.03—1991.03
		庄立忠	平邑县地方镇	1990.03—1991.03

续表 18-1

届　次	职　务	姓　名	籍　贯	任职时间
第四届（1991 年 3 月至 1993 年 2 月）	主席	王继瑞	平邑县柏林镇	—1993.02
	副主席	黄启才	山东省郯城县	1991.03—1993.02
		孔庆华	平邑县仲村镇	1992.04—1993.02
		庄立忠	平邑县地方镇	1991.03—1993.02
		李爱莲（女）	潍坊市寒亭区	1991.03—1993.02
		邵长明（女）	山东省枣庄市	1991.03—1992.08
		卢占宇	山东省平度市	1991.03—1993.02
第五届（1993 年 2 月至 1998 年 2 月）	主席	黄启才	山东省郯城县	1993.02—1998.02
	副主席	孔庆华	平邑县仲村镇	1993.02—1995.03
		李爱莲（女）	潍坊市寒亭区	1993.02—1995.03
		卢占宇	山东省平度市	1993.02—1995.03
		刘玉海	山东省滕州市	—1998.02
		张家业	平邑县资邱镇	1995.04—1998.02
		孔庆华	平邑县仲村镇	1995.03—1998.02
		李爱莲（女）	潍坊市寒亭区	1995.03—1998.02
		卢占宇	山东省平度市	1995.03—1998.02
第六届（1998 年 2 月至 2003 年 1 月）	主席	张家业	平邑县资邱镇	1998.02—2001.03
		郑运明	平邑县卞桥镇	2001.03—2003.01
	副主席	谷守诰	山东省邹平县	—2001.03
		高万恭	山东省泗水县	—2003.01
		孔庆华	平邑县仲村镇	1998.02—2003.01
		李爱莲（女）	潍坊市寒亭区	1998.02—2001.03
		卢占宇	山东省平度市	1998.02—2001.02
		李景才	平邑县魏庄镇	1998.02—2003.01
		李秀兰（女）	平邑县保太镇	1998.02—2003.02
		刘玉山	平邑县柏林镇	2001.03—2003.01
		王　霞（女）	平邑县仲村镇	2001.03—2003.01

续表 18-1

届　次	职　务	姓　名	籍　贯	任职时间
第七届（2003 年 1 月至 2007 年 12 月）	主席	郑运明	平邑县卞桥镇	2003.01—2006.02
		孙印远	平邑县柏林镇	2006.02—2007.12
	副主席	王　霞（女）	平邑县仲村镇	2003.01—2006.02
		刘克贵	平邑县资邱镇	2003.01—2007.02
		刘玉欣	平邑县仲村镇	2003.01—2003.11
		孙伯学	平邑县平邑街道	2003.01—2007.12
		赵景元	平邑县丰阳镇	2003.01—2007.12
		张庆伟	平邑县地方镇	2003.01—2007.12
		王秀冬（女）	平邑县柏林镇	2006.02—2007.12
第八届（2007 年 12 月至 2012 年 2 月）	主席	孙印远	平邑县柏林镇	2007.12—2012.02
	副主席	张庆伟	平邑县地方镇	2007.12—2012.02
		王秀冬（女）	平邑县柏林镇	2007.12—2012.02
		高彦坤	平邑县平邑街道	2007.02—2012.02
		赵景元	平邑县丰阳镇	2007.12—2012.02
		吴庆民	平邑县魏庄镇	2007.12—2012.02
第九届（2012 年 2 月至　）	主席	徐守军	平邑县铜石镇	2012.02—
	副主席	张庆伟	平邑县地方镇	2012.02—
		王秀冬（女）	平邑县柏林镇	2012.02—
		赵景元	平邑县丰阳镇	2012.02—
		吴庆民	平邑县魏庄镇	2012.02—
		袁　刚	平邑县郑城镇	2012.02—
		王　忠	平邑县郑城镇	2012.02—

第二节　乡镇政协

为便于工作政协机构曾以不同形式延伸到基层，1990 年 12 月设立政协乡（镇）工作办公室，为县政协的派出机构。在县政协和乡镇党委的领导下开展工作，设主任或副主任。其职能是组织乡（镇）政协委员学习贯彻中国共产党的路线、方针、政策，学习政协《章程》和统战理论，不断提高委员的素质和参政议政水平；密切同乡（镇）政协委员和各界人士的联系；协助乡（镇）党委做好统战工作。主任、副主任参加同级党委、政府的有关会议；督促乡（镇）提案的办复工作；按照县政协的部署要求，完成各项工作任务，并向县政协报告工作。

2001年1月，乡（镇）区划调整，10个撤并乡（镇）的政协工作办公室撤销。2002年2月，县乡机构改革中乡（镇）政协工作办公室全部撤销。2002年4月2日，县政协六届十七次常务委员会议决定成立乡（镇）政协委员活动组，乡（镇）党委专职副书记（政协委员）兼任组长。组织乡（镇）政协委员的政治、业务学习，开展调查研究、视察等参政议政活动，完成县政协安排的工作任务。

为使政协工作能够更好地向基层延伸，各级政协能够上下贯通、协调一致地履行职能、开展工作，2011年8月省委召开的省政协工作会议和2012年4月市委召开的全市政协工作会议上要求恢复建立镇（街道）、经济开发区政协工作办公室，各镇（街道）陆续成立政协工作室，并充分发挥政协政治协商、民主监督、参政议政职能。

第四章　县政协主要工作

第一节　政治协商

组织政协委员开展视察、调研活动，是让委员们深入实际，联系群众，了解和反映社情民意，了解党和国家的方针政策贯彻落实情况的重要途径和方法，是委员建言献策的必要准备和重要基础性工作，是履行政治协商、民主监督、参政议政职能的一种有效方法。县政协组织委员对群众普遍关心关注的问题进行视察、调研，通过实地走访，专题座谈，掌握情况，发现问题，有针对性地提出解决问题的意见和建议。1989年至2013年，共组织68次视察，31次调研，提出的许多意见建议受到县委、县政府的重视和采纳，促进全县经济和社会各项事业健康发展。

第二节　民主监督

1991年4月，考察果树嫁接换头情况。

1997年5月14日至16日，考察畜牧业生产情况。

1998年12月11日，考察道路建设情况。

1999年6月29日至30日，考察食品卫生工作，11月12日，考察社会治安综合治理。

2003年4月18日，考察植树造林工作，7月3日，考察道路建设情况，10月25日考察蒙山旅游开发。2004年2月考察禽流感防治工作，3月17日考察文化市场管理，7月9日考察浚河新城及新上工业项目建设，10月14日考察县人民法院工作。2005年3月24日考察计划生育工作，6月上旬考察全县药品管理情况，6月中旬考察公路工作，8月下旬考察林业工作情况，9月下旬考察学校管理、基础设施建设等工作、考察道路建设与管理工作，11月下旬考察畜牧业标准化生产及疫病防控工作考察工业经济运行情况。2006年5月11日考察新型农村合作医疗，5月16日考察环保工作，9月1日考察县城建设工作，9月21日考察水利重点项目建设，10月27日考察畜牧生产情况，11月17日考察人口与计划生育工作。2007年4月13日考察林业生产，5月18日考察烤烟生产情况，6月22日考察计划生育工作，8月1日考察城建重点项目建设，

8月7日考察财税工作，8月22日考察百万家农户致富工程。

2008年3月21日，考察全县乡（镇）敬老院建设和农村低保工作，4月11日考察全县春季植树造林工作，5月5日考察全县食品药品安全工作，5月7日考察水利工作，6月18日考察全县畜牧工作，6月27日考察全县人口和计划生育工作，10月28日考察全县环境保护工作12月4日考察“平安平邑”建设工作。2009年5月26日考察水利工作，6月18日考察全县烟草工作，6月25日考察全县旅游工作，8月14日考察全县供电工作，9月1日考察全县民政工作，9月16日考察全县人口和计划生育工作，11月20日考察全县教育工作，12月7日考察全县迎淮工作，12月15日考察全县安全工作。

2010年4月26日，考察创建全国绿化模范县暨生态林场建设工作，5月7日考察全县新型农村养老保险试点工作，7月8日考察全县畜牧生产与防疫工作，9月26日考察全县国土资源管理工作，10月12日考察全县交通运输工作，10月18日考察全县教育工作，10月26日考察全县计生工作，11月19日考察全县农村社区建设工作，12月9日考察全县新型农村合作医疗工作。2011年5月4日考察全县创建文明城市工作，6月22日考察全县农业暨优质农产品基地品牌建设，8月31日考察全县平安平邑建设工作，11月1日，考察全县旅游开发工作。

2013年4月2日，考察全县“美丽乡村”建设工作，4月16日考察全县社会保险工作，6月20日考察全县卫生工作，7月24日考察全县重点项目建设工作，10月30日考察全县计生信息平台建设工作，11月26日考察全县教育工作。

第三节 参政议政

1991年1月14日至17日，乡镇卫生院现状与发展情况调研，10月22日至26日乡镇中小学教育情况调研。1992年3月13日至17日乡镇卫生工作情况调研。

1994年6月9日至20日，平邑城区小学教育现状调研。1996年4月29日至30日乡镇教育费附加征管及教师工资发放情况调研，7月2日至4日县属工业企业情况调研，1997年5月竞技运动后备力量状况调研。1997年7月下旬至8月下旬农副产品加工情况调研，8月文化事业建设状况调研。

1998年3月20日至4月4日，农村合作基金会经营发展情况调研，7月至8月“三资”企业基本情况调研，8月14日至17日乡村1体化办医情况调研。1999年4月5日至9日农村土地延包工作情况调研，5月26日至6月3日个体私营经济情况调研，8月10日至13日人口与计划生育目标管理责任制落实情况调研。2000年5月农民增收问题调研，5月中旬荒山开发专题调研。2001年9月13日至27日农业科技推广情况调研。2002年4月初到5月底农村劳动力状况调研，5月中旬至6月中旬中医药产业化现代化情况调研，4月初到5月底农村劳务输出状况调研，5月中旬至6月中旬中医药产业化现代化情况调研，8月至9月民办教育发展情况调研。

2003年6月1日至10日，畜牧业发展情况调研，9月上旬社会治安综合治理情况调研，9月全县社会保障和就业工作情况调研，10月蒙山旅游资源保护开发利用情况调研，11月3日至4日农村卫生事业情况调研，11月13日至12月3日库区村群众生产生活情况调研。

2004年4月底至7月初中药材基地建设情况调研。2006年9月社会主义新农村建设情况调研。

第四节　文史资料

1989—2013年，先后征集各类文字资料1300余篇，260多万字，图片资料650余幅，编纂出版文史资料6辑。

1999年9月、2002年12月、2007年11月、2012年9月，县政协先后被省政协评为文史工作先进集体。编辑出版的文史资料《宗圣曾子》《旅游专辑》，被省政协、省社科院评为优秀文史书刊。

1999年10月，编辑出版《平邑县文史资料》第2辑，16.1万字，主要内容是记录抗日战争和解放战争时期在平邑发生的重大历史事件和重要历史人物的史实。

2000年12月，与市政协文史资料委员会合作编辑出版《宗圣曾子》，32万字，图片15幅，内容分为曾子研究、故里考论、文物古迹、研究资料4个部分。

2004年1月，编辑出版《平邑文史资料》第4辑《旅游专辑》，11.2万字，92幅图片，共介绍平邑的129处景点。

2006年7月，编辑出版《平邑文史资料》第5辑《平邑文物》。全书共18万字，图片资料223幅，包括古遗址、古墓葬、古建筑及历史纪念建筑物、石窟寺、石刻、近现代遗址与纪念建筑等内容。

2008年5月，编辑出版《平邑县政协志》。共101万字，上限始于1981年5月平邑县政协成立，下限止于2008年1月。

2013年8月，编辑出版县政协文史资料第六辑《平邑书画》，收录平邑县古今书画作品近300幅，也是平邑首部非文稿类文史书籍。

第五节　团结联谊

历届县政协围绕团结和民主两大主题，广泛开展联谊交友活动，促进大联合，增进大团结，把激发社会力量，增进社会团结和睦，巩固和壮大最广泛的爱国统一战线，构建社会主义和谐社会作为政协工作的重要内容之一。

政协第三届平邑县委员会

1989年，县政协根据地委统战部对基层10种统战对象的有关规定，印制表格，召开专门会议，组织力量深入乡镇进行检查督促，对全县4万多名统战对象逐人逐项进行了调查登记。此次调查，不仅进一步摸清统战对象的数量，而且明晰了统战工作的方针政策，明确了统战工作的范围界限。

政协第四届平邑县委员会

1990年，县政协贯彻坚持“长期共存、互相监督，肝胆相照、荣辱与共”的方针，发挥人民政协的团结协调功能，运用多种形式，开展联谊交往活动。年内26个乡镇全部配齐统战委员，各乡镇和县政协都建立台属接待站。

政协第五届平邑县委员会

1993年，按照全国政协八届一次会议“伟大的任务需要广泛的团结，广泛的团结创造伟大的业绩”的要求，县政协坚持把爱国统一战线作为工作重点，把继续巩固和发展社会各方面的团结摆在突出的位置。本着协调关系、化解矛盾、凝聚人心的思想，先后与有关部门配合开展各种联谊活动50余次，接待回乡台胞，走访侨、台属27人次，协助有关部门落实统战、民族宗教政策和人民群众来信来访，解决了一些实际问题，深受社会各方面的欢迎。

政协第六届平邑县委员会

2000 年，以乡情、亲情、友情为纽带，以有“三胞”和海外关系的委员为桥梁，开展多种形式的联谊交友活动，利用中秋节举办联谊会，发动委员及台属联谊会利用书信、电话等形式以及接待亲友等机会，宣传祖国和平统一的方针政策，宣传平邑经济、社会发展的大好形势，加深“三胞”和海外朋友对平邑的了解。

政协第七届平邑县委员会

2004 年 9 月 24 日，县政协会同县委统战部，在县政府招待所多功能会议室举行中秋节联谊会，各界人士欢聚一堂，共度佳节，再叙友情，畅所欲言，一同回顾近年来在县委的正确领导下，全县经济和社会各项事业取得的巨大成就，憧憬美好未来，共谋发展大计，再创平邑辉煌，发扬团结、民主的优良传统，更好地为全县经济建设和社会发展服务。

2006 年，县政协以加强联谊、构建和谐社会、促进社会稳定为目标，积极做好大团结、大联合工作，取得了明显成效。充分发挥人民政协体谅包容的特点和优势，在政协内部努力营造民主和谐、团结共事的政治氛围，鼓励各界人士畅所欲言，为委员发表意见提供更多的机会和宽松的环境。利用召开座谈会、联谊会等多种形式，为各级人民政府和社会各界群众提供交流的平台，使政协真正成为政府联系群众的桥梁和纽带。

政协第八届平邑县委员会

2007 年，县政协和谐共事，联谊领域不断扩大。全年共接待全国各地和兄弟县区政协组织来平邑参观考察联谊活动 46 批 300 多人次。通过上下级和兄弟县区的广泛联谊，交流工作，宣传平邑。

政协第九届平邑县委员会

2013，县政协常委会牢牢把握团结和民主两大主题，注重发挥人民政协的优势，多形式、多渠道、多领域地开展工作，不断沟通联系，加强团结，巩固和发展了全县爱国统一战线，为促进经济发展、社会和谐做出贡献。充分利用座谈会、联谊会等形式，加强对社会各界的联系和交往，为加快平邑经济发展牵线搭桥。利用接待各级政协领导及外地政协友人的机会，加强联谊交流，宣传平邑、推介平邑。接待上级及外地政协系统友人 500 余人次，充分展示平邑良好的发展环境和崭新的精神风貌。

第十九编

人民团体

第一章　工　会

平邑县总工会设办公室、组宣部、生活保障部和女工部等部室及工人文化宫、职工培训中心两个事业单位。工会设党支部，有党员 32 人。辖 24 个基层以上工会，1408 个基层工会。

第一节　职工代表大会

第五届职工代表大会

1994 年 12 月 25 日召开。出席大会的代表 300 名，大会选举产生县总工会第五届委员会、常委及工会经费审查委员会，其中常委 7 人，主席常委 7 人，主席 1 人，副主席 3 人。

第六届职工代表大会

1999 年 12 月 24 日召开，出席大会的代表 272 名，大会选举产生平邑县总工会第 6 届委员会、常委及工会经费审查委员会，其中常委 5 人，主席 1 人，副主席 3 人。

第七届职工代表大会

2009 年 3 月 26 日召开，出席大会的代表 276 名，大会选举产生平邑县总工会第七届委员会、常委及工会经费审查委员会。其中常委 5 名，主席 1 名，副主席 3 名，纪检组长 1 名。

第二节　组织建设

1990 年 10 月，全县基层工会组织 267 家，会员 19845 人；1995 年 10 月，全县基层工会组织 388 家，会员 28648 人；2000 年 10 月，全县基层工会组织 461 家，会员 35806 人；2005 年 10 月，全县基层工会组织 618 家，会员 41960 人；2010 年 10 月，全县基层工会组织 1045 家，会员 61960 人；2013 年 10 月，全县共建立基层工会组织 1408 家，会员 68879 人；至 2013 年底，全县共建立基层以上工会组织 24 家，基层工会组织 1408 家，拥有会员 68879 人，建立职代会组织的 1397 家，1298 家企业实行厂务公开。

第三节　评先创优

1989—2013 年，组织广大职工参加劳动竞赛、技术比武和提合理化建议活动，先后组织开展“管理效益年”“节能减排”“四创四降”“三比三赛”学“三技”“质量品种效益年”等一系列劳动竞赛活动，全县累计有 1260 余家企业参加活动，有 1 人获省劳动竞赛标兵称号，2 人获市“十大技术能手”称号，3 人获市“优秀技术革新能手”称号，5 人获市“职工经济技术创新能手”称号，3 人获市“优秀岗位标兵”称号，2100 人获“县技术能手”称号。累计产生技术革新项目 1912 项，提出合理化建议 15 万条，采纳 6 万条，创造经济效益 1.3 亿元。

2010 年，组织全县职工开展职工技术创新成果展活动。以“工友实训”基地为载体，培训各类专业技术人员 7600 余人，涌现各类科技成果 40 余项；2013 年，召开全县高技能人才（劳模）创新工作室推进会，全县各乡镇（开发区）、产业（系统）工会共创建各类高技能人才（劳模）工作室共 10 家，其中市级高技能人才（劳模）工作室3家，县级高技能人才（劳模）工作室7家。

注重示范引领，开展劳模评选表彰活动，1989—2013年，共评选全国劳动模范2人，省劳动模范25人，“富民兴鲁”劳动奖章获得者12名，市劳动模范58名，“振兴沂蒙”劳动奖章获得者100名，县劳模259名。2003年起，每年在“五一”劳动节期间组织开展市以上劳模免费健康查体活动，并组织县医院有关专家对劳模健康状况进行会诊及跟踪服务。2008年1月，印发《平邑县劳模管理办法》，让县级以上劳模开始享受相应的劳模荣誉津贴，使尊重劳动、尊重知识、尊重人才、尊重创造成为全社会的共识和人们的自觉行动。同时，联合县委宣传部、新闻中心、《临沂日报》社、县电视台等新闻媒体，每年“五一”期间开展以“弘扬劳模精神、争做时代楷模”为主题的专题劳模事迹宣传月活动，使劳模精神深入人心，让劳模形象光彩照人。

第四节　困难职工扶持

1992年，印发《关于开展结对帮扶特困职工家庭活动的意见》，在县直机关中开展“结对帮扶”活动，由18家县直机关、事业单位对口帮扶18户困难企业职工，并在春节期间为他们送去米、面、油及救助金，帮助困难职工解决生活难题。

1993年，帮扶单位及受帮扶户增加至108户，并逐年增加；2002年，成立困难职工帮扶中心，重点对大病、大祸、“零就业”家庭的特困职工及困难劳模进行帮扶救助，逐步形成“冬送温暖”“春送岗位”“夏送清凉”“金秋助学”的工作品牌。

2013年，全面启动困难职工帮扶站（点）建设，依托乡镇便民大厅，在乡镇（街道）建立维权帮扶站。在困难职工相对集中的单位建立维权帮扶点，配备专职维权帮扶联络员，实现站站有专职困难职工档案管理兼微机信息管理员；困难职工帮扶中心开始向职工服务中心转型。投资14万余元，对职工服务中心的软、硬件设施更新改造，将工会的政策咨询、生活救助、就业服务、法律援助等服务功能全部集中到同一个平台上运作，形成综合性维权帮扶阵地，为广大职工提供一站式、一条龙服务。

第五节　维　权

职工权益维护围绕签订劳动合同、建立职代会制度、推行厂务公开民主管理、建立工资集体协商制度、签订集体合同5个关键环节。2006年，县总工会开展劳动关系和谐企业创建活动。2008年底，全县有582家企业达到县级劳动关系和谐企业创建标准，达标率73%；95%以上的建会企事业单位建立职代会制度，80%以上的企业推行厂务公开；签订集体合同508份，覆盖职工4.5万人，国有、集体和规模以上企业建制率和职工覆盖率100%；120家企业建立工资集体协商制度。

2012年，开始推进工资集体协商工作的开展。是年夏制定《关于大力推进工会女职工组织和女职工权益保护全覆盖工作的意见》，推动已建工会并有女职工的企业，女职工组织和女职工权益保护专项集体合同的两个全覆盖，并召开推进会，适时进行督导检查。2013年底，企业女职工组织覆盖率95%，女职工专项集体合同覆盖率98%，女职工权益保护专项集体合同1397家，涵盖女职工27904人，全县289个单位12656名女职工参加女职工权益保护法律法规知识竞赛活动。

2013年，以非公有制企业为重点，推动建立和完善职工代表大会制度，实行厂务公开、职工代表与企业进行平等协商、依法签订集体合同和工资协议，大力普及维权法规教育。同时，不断致力健全各级劳动关系三方协商机制，完善劳动关系预警预报机制，探索行业性协调劳动关系的途径和办法，及时化解劳资矛盾，维护企业和社会的稳定。是年底，企业职代会建制率90%，有28家单位被评为市级劳动关系和谐企业，260家通过县级劳动关系和谐企业验收。

第六节 文体活动

1989年，新的工人文化宫在县莲花山公园选址奠基，1992年竣工。原职工俱乐部正式更名为平邑县工人文化宫，并迁入新址。文化宫建成以后紧紧围绕各个时期中心工作，配合党政机关，坚持有计划，有组织地开展各类职工教育培训和文体活动，成为广大职工的“学校”和“乐园”。至2013年底，承办各类大型会议、职工书画摄影展、象棋比赛、海洋知识科普展、“法律进企业”知识讲座及乒乓球、太极拳、跆拳道等职工体育运动项目活动1181场次，丰富全县广大职工的文化生活。

第二章 共青团

第一节 组织机构

1989—2013年，共青团平邑县委设办公室、组宣部、工农青年部、学少权益部等4个职能科室，平邑县希望工程领导小组办公室（县希望办）和中国少年先锋队平邑县工作委员会（县少工委）设在团县委。

第二节 代表大会

第十四届团员代表大会

1989年召开，195名团员代表参会，李金国当选为团县委书记。

第十五届团员代表大会

1992年召开，193名团员代表参会，徐化国当选为团县委书记。

第十六届团员代表大会

1995年召开，201名团员代表参会，赵森当选为团县委书记。

第十七届团员代表大会

1998年召开，200名团员代表参会，王剑峰当选为团县委书记。

第十八届团员代表大会

2001年召开，195名团员代表参会，宋建当选为团县委书记。

第十九届团员代表大会

2004年召开，195名团员代表参会，高庆当选为团县委书记。

第二十届团员代表大会

2007年召开，207名团员代表参会，宋晓莉当选为团县委书记。

第二十一届团员代表大会

2010年召开，203名团员代表参会，宋晓莉当选为团县委书记。

第二十二届团员代表大会

2013年召开，205名团员代表参会，马超群当选为团县委书记。

第三节　组织建设

1989年，团县委下辖基层团委41个，团总支33个，团支部986个。2013年，团县委下辖基层团委106个，团总支116个，团支部1728个，团员32757人，团组织覆盖全县14个乡镇、街道、开发区523个行政村（社区）。其中行业建团发展迅速，全县电商企业建立团支部26个，平邑县石材产业园区、地方罐头产业园区、仲村手套产业园区、天宝化工集团、九间棚集团等两新组织分建立团总支、团支部91个，在上海、大连、青岛等地建立驻外团组织4个。

第四节　希望工程

1989年10月30日，由共青团中央倡导，中国青少年发展基金会宣布，在全国实施希望工程。资助贫困学生继续学业，帮助贫困地区改善农村办学条件。

1991年8月11日，全国第二所，全省第一所希望小学——平邑希望小学，在张里乡夏家村奠基。捐助人台湾艺人凌峰及中国青基会秘书长徐永光、团省委副书记张万青，临沂地委委员、团地委书记李玉妹参加奠基仪式。1992年7月9日，平邑希望小学落成并投入使用。近200名失学少年重返校园，截至2013年，全县援建希望小学12所。

1989—2013年平邑县援建希望小学情况表

表19-1

校　名	捐赠方	立项时间（年）
平邑希望小学	凌峰（希望工程海外爱心基金会）	1991
平邑济容希望小学	济南压力容器厂	1994
平邑县常柴希望小学	江苏常柴股份有限公司	1994
平邑县华银希望小学	华银信托投资公司	1995
平邑县上海一钢临涧希望小学	上海第一钢铁公司	1996
平邑县上海排水希望小学	上海城市排水有限公司	2000
平邑县新峪希望小学	青岛嘉峪关学校校长郭青伟	2001
平邑昊原希望小学	山东临沂奥达汽贸公司	2003
平邑县求贤希望小学	国务院副秘书长、山东省原省长李昌安	2004
平邑县律师希望小学	山东省律师协会	2007
平邑县沂州集团希望小学	沂州集团	2009
平邑县地方镇海尔希望小学	海尔集团	2011

第三章 妇 联

1989—2013年，平邑县基层妇女组织建设工作顺应形势发展变化要求，不断完善组织结构和形式，各乡镇建立妇女联合会，行政村、乡镇企业、城区居民委员会设立妇女代表会，机关和教科文卫等事业单位建立妇女工作委员会，企业基层工会女职工委员会及其以上各级工会女职工委员会均是妇女联合会的团体成员。至2013年底，全县建有乡镇妇联15处、县直妇委会54处、村妇代会515个，教科文卫事业单位妇委会53个，厂矿企业女工委41个。

第一节 代表大会

1989—2013年，平邑县召开妇女代表大会一次。2006年9月，召开平邑县妇女第十二次代表大会，出席代表270人。会议听取和审查了平邑县妇女第十一次代表大会以来的妇女工作，研究确定今后五年全县妇女工作的任务和目标；选举产生平邑县妇女联合会第十二届执行委员会。

第二节 评先创优

1989年以来，平邑县妇女联合会对全县各行各业涌现出的先进妇女集体、个人进行宣传和表彰，在全县开展三八红旗集体、三八红旗手评选活动。

自1989年始，开展五好文明家庭创建活动。至2013年，共评选出五好文明家庭628户，好婆婆265名、好媳妇382名、好丈夫283名，优秀家长学校10所，家教工作先进个人134名、先进集体38个。其中市级优秀家长学校3处。

1989年以来，县妇联组织全县农村妇女开展学文化、学技术、比成绩、比贡献的“双学双比”竞赛活动和巾帼扶贫行动、三八绿色工程、巾帼科技致富工程、农家女争创致富户等特色活动，涌现出一大批勤劳致富典型。全县共评选表彰“双学双比”先进协调单位22个，女能手204名，科技致富妇女带头人274名。1991年，在全县城镇妇女中开展“巾帼建功”竞赛活动。在全县不同行业和部门相继开展行业树标兵、岗位当明星，岗村联动、共建新农村，百岗联百村、创建巾帼示范村，岗位建功、岗位成长，岗位读书知识竞赛等一系列活动，涌现出巾帼建功先进领导小组31个，巾帼建功岗位标兵、明星450名，巾帼文明示范岗217处，其中省级1处，市级6处。

至2013年，共评选出先进妇委会106个，先进基层组织736个，优秀妇女干部801名。共评选出三八红旗集体248个，三八红旗手1719名。其中全国三八红旗集体2个；省级三八红旗集体5个，省级三八红旗手5名；市级三八红旗集体58个，市级三八红旗手64名；县级三八红旗集体183个，县级三八红旗手1650名。

第三节 维 权

2002年10月，县妇联、县政法委等部门联合建立平邑县维护妇女儿童权益协调组，在全县开展争创优秀妇女维权岗活动。

2004年，在全县开展创建“零家庭暴力村庄”活动，动员全县妇女积极参与建设平安平邑活动，开展平安家庭创建活动。

至2013年，全县有妇女维权法律援助中心1个，妇女维权站13个，110家庭暴力报警服务中心1个，伤残鉴定中心1个，维权咨询热线1条，妇女维权合议庭1个。共接待来信来访1200件次，法律援助中心共受理妇女维权案件660起，110家暴报警服务中心受理案件400余起，妇女维权合议庭共受理妇女儿童维权案件278起，受理热线咨询100余人次。

第四章　科学技术协会

1957年12月，成立平邑县科学技术普及协会筹备委员会。1962年3月，召开平邑县第一次自然科学工作者代表大会，选举产生平邑县第一届科学技术协会委员会。1964年2月，召开平邑县第二次自然科学工作者代表大会，选举产生平邑县第二届科学技术协会委员会。两届科协成员均系兼职，无常设机构和专职人员。1979年9月，设立平邑县科学技术协会（简称县科协），为常设机构，与县科委合署办公。1984年4月，县科协从县科委析出，独立办公，隶属于县委。1988年12月12日，召开平邑县第一届科学工作者代表大会，选举产生了县科协委员会及其常务委员会。至2013年，全县镇街开发区建立科协组织，设专职科协工作人员。2004年获“全省科普示范县”称号、2012年12月获“全省县级科协全省三十强”称号。

第一节　科普基础设施

科普网络建设

2002年起，县科协积极推进县、乡、村科普网络建设。成立平邑县科普网络中心，下设科普总站，16个乡镇各设1个科普网站，每个村街设1个科普网点。制定《平邑县科普网络中心章程》，基本实现县乡科普网络微机化、村街科普网点科技传播电视化、通信网络电话化，有从业人员613人，为全县科技普及和新品种、新技术推广发挥作用。

“一站一栏一员”建设

2005年，实施科普惠农兴村计划和科普村村通工程，在县内各镇、街、开发区建立一个科普工作站、行政村一个科普宣传栏、配备一个科普宣传员工程（简称一站一栏一员）。投资74万元在全县各村建设高标准的科普宣传栏738个，每季度免费为各村提供科普宣传图，选拔、培训乡村科普员738名，县科协对“一站一栏一员”进行工作指导和支持，提高基层科普服务能力。

第二节　科普宣传

科技下乡活动

县科协根据县委宣传部要求，县科协联合科技、农业、畜牧、果业、环保、卫生、计生等部门开展主题宣传活动。积极参与“三下乡”活动，发放科技资料15000份，赠送科技书籍5000册，被市委宣传部、市文明委评“三下乡”工作先进单位，自2000年以后县科协一直被县委、县政府评为“宣传思想”“计划生育”“平安建设”先进单位。自1989年以来，县科协根据农民群众生产实际和需要，编写科普宣传资料20余种，累计发放宣传材料30万余份，组织各有关学会、专业技术协会开展科技周、学术交流和专业技术培训等工作，举办实用技术培训班120期，共培训6530人次，发放技术资料15000份。

青少年科普工作

积极组织学生参与县、市青少年科技创新大赛、信息学奥赛和七巧板大赛等青少年科普竞赛。为更好地配合市、省、全国青少年科技创新大赛，县科协同教育局等5家单位联合发文，积极鼓励全县中小学生参加全县的青少年科技创新大赛，每年参加全县创新大赛的中小学生达到2000多人次。2008年，平邑县获市一等奖7项，省三等奖2项，兴蒙学校在全国地理小博士知识大赛中获优秀组织奖，2人获地理小博士称号。

实施《全民科学素质行动计划纲要》充分发挥科普广场、科普画廊和社区科普图书室和阅览室、科普学校、科普志愿者队伍的作用。在科普宣传的过程中以群众喜闻乐见的形式深入浅出的宣传科学知识、科学方法、科学思想、科学精神，科普志愿者进社区上街头，开展科技咨询和科普知识讲座，科普活动在社区成为精神文明建设的1个亮点。全县16个乡镇科协和4个科普惠农先进单位都建有科普惠农服务站，配备科普宣传员，充分发挥县农技协联合会的作用。

第三节　协会、学会工作

农村专业技术协会

至2013年，全县共有县级农村专业技术协会9个，会员达到1320余人；32个村级专业技术协会，会员3650人，特别是中药材协会、兔业协会、禽业协会和地方水果种植协会被中国科协和财政部授予科普惠农兴村计划先进单位，各奖补资金20万元。2010年平邑县中医药学会获“山东省百强学会”。

平邑县老科技工作者协会

2007年成立，组建7个专业委员会，吸收全县各行业具有中级专业技术职称的科技工作者210余人，开展送医进养老院活动、积极参加文化下乡活动、开展义务法律援助活动，建立老科技工作者协会绿化基地。

第五章　工商业联合会

平邑县工商业联合会是平邑县委领导的面向工商界、以非公有制企业和非公有制经济人士为主体的人民团体和民间商会，是党和政府联系非公有制经济人士的桥梁纽带，是政府管理和服务非公有制经济的助手。

县工商联紧紧围绕促进非公有制经济健康发展和非公有制经济人士健康成长积极开展工作，2002至2005年连续四年被山东省工商联评为县级工商联先进单位，2006年，被临沂市工商联评为“民企帮村”先进单位，2007年，被临沂市工商联评为县级工商联先进单位，2008年，被临沂市工商联评为抗震救灾先进单位，2009年，被山东省工商联评为省级工商联系统最佳经济服务单位，2010年，被临沂市工商联评为经济服务工作先进单位，2012年，被临沂市工商联评为县级工商联先进单位，

2013年，被临沂市工商联评为组织建设工作先进单位。

第一节　历史沿革

平邑县工商联于1952年成立，1966年由于历史原因被迫中断。1990年12月，根据上级要求并经平邑县委批准恢复平邑县工商联，归口县委统战部，为全民局级事业单位。2002年1月，根据上级精神，独立办公。2007年4月，根据上级精神，同意为县委群团部门，建制级别为正科级行政单位。2010年5月成立中共平邑县委非公有制经济组织党工委。2013年7月，成立中共平邑县非公有制经济组织委员会。

第二节　组织机构

1990年12月，工商联为全民局级事业单位，编制4人，实有2人，设主委1人，副主委1人。1996年1月，实有3人，设会长1人，专职副会长2人。2007年4月，调整为正科级行政单位，编制3人，实有4人，设会长1人，专职副会长2人。2013年，实有6人，主席1人，专职副主席2人。

第三节　代表大会

1962年11月28日，召开第三次会员代表大会。

1990年12月25日，召开第四次会员代表大会，会员代表110名，会上选举产生了第四届执行委员会，执委会由25名执委成员组成，设主委1名，副主委1名。

1996年1月18日，召开第五次会员代表大会，会员代表199名，会上选举产生第五届执行委员会，执委会由25名执委成员组成，设会长1名，副会长11名（其中专职副会长2名、非公有制经济人士副会长9名）。

2001年12月29日，第六次会员代表大会召开，会员代表121名，会上选举产生第六届执行委员会，执委会成员29名，设会长1名、副会长8名（其中专职副会长2名、非公有制经济人士副会长6名）、秘书长1名（兼）、常务委员7名。

2006年12月12日，召开第七次会员代表大会，会员代表170名，会上选举产生第七届执行委员会，执委会成员52名，设会长1名、副会长15名（其中专职副会长2名、非公有制经济人士副会长13名）、秘书长1名（兼）、常务委员10名，同时聘请人事、劳动、司法、公安、工商、国税、地税、质监、安监、环保10个单位的主要负责人为顾问。

2011年11月4日，召开第八次会员代表大会，会员代表203名，会上选举产生第八届执行委员会，执委会成员157名，设主席1名、副主席20名（其中专职副主席2名、非公有制经济人士副主席18名）、秘书长1名（兼）、常务委员56名。

第四节　基层组织

1996年，全县26个乡镇全部召开第一次会员大会，选举产生第一届执委会，26个乡镇全部组建乡镇级工商联（商会）。

2001年，全县26个乡镇撤并为16个，全部召开了第二次会员大会，完成第二届乡镇级工商联（商会）换届工作。

2006年9月，16个乡镇顺利完成了第三届商会换届工作，选举产生了87名执行委员，其中会长16名、副会长41名、秘书长16名。

2012年5月，13个镇街顺利完成第四届商会换届工作，选举产生执行委员233名，其中会长13名、副会长63名、秘书长13名。

2013年，全县共有12个镇级商会，1个街道商会，会员企业866家。

第五节 行业商会

2011年11月6日，组建成立平邑县糖酒食品商会，这是县工商联第一个直属商会，从此拉开了行业商会组建大幕。

2013年，组建成立建材家居、餐饮、奇石3个行业商会。

第六节 参政议政

2004年4月，配合县政协开展全县中药材基地调查研究工作；5月，开展全县上规模企业调查研究工作，并分别写出调研报告。向人大、政协提交提案6件，其中县联提交的《关于改善我县投资软环境建设的几点建议》，被政协七届一次会议作为一号提案办理。

2005年，两会期间递交的《关于我县非公有制经济发展软环境建设的几点建议》，被政协七届三次会议列为一号提案。

2006年，两会期间递交的《加强领导，推进创新，大力促进非公有制经济快速升级》，被政协会议列为一号提案。

2009年，组织开展“如何提高企业经济效益，保障员工合法权益以及存在问题、解决对策的调查研究”和“民营企业党建工作经验、存在问题及对策”的调研活动。

2011年，重点对我县非公有制经济人士队伍建设、上规模民营企业发展等情况展开调研，形成调研报告3篇，为县委县政府决策提供参考。

2013年，县联利用4月、5月两个月时间，班子成员分两个组对全县规模以上会员企业进行调研，了解和掌握民营企业发展现状以及存在的问题，并与企业共同商讨一些行之有效的解决办法，为分析民营经济发展现状及发展趋势提供了依据，为党委政府制定民营经济发展政策提供参考。

第七节 光彩事业

2002年，北京市千喜鹤集团董事长刘延云先生出资30万元在平邑县柏林镇开展捐资助学活动。2004年，上海中路集团董事长陈荣捐资20万元在平邑县铜石镇建光彩小学1处。

2004年，临沂市光彩事业促进会成立大会召开，刘新才、杨艳明、邢美丽三位同志当选为第一届理事会常务理事，徐守军、金永顺、谢有信、孙令彬、杨文俊、张玉安、彭云站7名同志当选为理事。

2008年，汶川大地震全县个体私营企业在抗震救灾中共捐款120余万元。

2013年，县联帮扶保太镇杨白壤村解决天网工程资金3万元。

第八节 经济服务

2003—2006年，开展“百村帮扶”工作。秘书长井守峰挂任丰阳镇党委副书记，兼任丰阳镇工作组大组长和响水庄村工作组组长，为响水庄村投资6万元硬化水泥路1000米，投资7000元新打大口井一眼，投资5000元新修桥一座，投资2万元搬迁配电室及线路改造，投资3万元铺设主副输水管道。

2006年，组织开展“民企帮村”活动，80家民营企业与80个村居结成帮扶对子，实施帮扶项目80个，帮扶资金及物资达240万元，无偿投入公益事业资金122万元，为农村和农民群众办实事136件，惠及农村农民24000户、96000人。

2007年，县委办公室和县工商联共同引进的年产7万吨、总投资1.5亿元的山东澳联玻璃包装有限公司项目落户平邑经济开发区。

2009年，金融危机发生后，工商联组织人员深入会员企业调查了解、掌握情况，共走访座谈45家企业，与企业家一起出主意想办法，指导帮助企业走出困境。

同年，县工商联以社会主义新农村建设为重点，积极引导和组织非公有制人士参与社会主义新农村建设，开展“富而思源、奉献社会”活动，积极组织、引导会员企业参与“民企帮村”和捐资助学、赈灾扶贫等公益活动，会员企业共结对帮扶23个村，为对口帮扶村累计捐资20万元。

2010年，组织开展在全县非公有制经济组织党组织和党员中深入开展创先争优活动，并组织召开了创先争优活动现场会。

2011年9月，组织3家企业参加由临沂市举办的第二十二届哈洽会义乌—尚志小商品城分会暨山东临沂地方工业产品展销对接会，及时有效宣传了平邑县民营企业和特色产业。

2012年8月，成立中国民生银行临沂分行平邑县糖酒食品加工业城市商业合作社，授信额度3亿元，并于8月协助平邑街道党委为糖酒商会建立党支部。

同年11月5—9日，市工商联举办的全市民营企业和商会负责人培训班在平邑县蒙山沂蒙人家举行，培训期间即11月8日下午在平邑县举行“助推县域经济发展县区行”活动启动仪式。会上，聘请八名企业家为平邑县经济社会发展顾问，签订招商项目1个。

2013年6月25日，召开县联八届三次执委扩大会议，深入开展非公经济人士理想信念教育实践活动。同年，县联招商引资项目投资2000万元的平邑同惠食品有限公司落户温水镇南林工业园。

第二十编

人事 劳动 社保 民政

第一章 人事与编制

第一节 机构改革

1993年12月1日，根据《关于县乡机构改革的实施方案》，启动县级党政机关机构改革工作。上级核定平邑县为一类乙级县，设党政工作部门（机构）38个，县委工作部门7个，分别为县委办公室、信访办公室、组织部、老干部工作办公室、宣传部、统战部、政法委员会，其中信访办公室、老干部工作办公室不列入县委工作机构序列；县政府工作部门31个，分别为政府办公室、经济体制改革办公室、经济委员会、对外经济贸易委员会、商业委员会、计划委员会、城乡建设环境保护委员会、科学技术委员会、教育体育委员会、文化局、计划生育委员会、公安局、司法局、民政局、人事局、劳动局、财政局、税务局、交通局、农业领导小组办公室、农业局、林业局、水利局、卫生局、审计局、统计局、工商行政管理局、物价信息办公室、土地矿产管理局、矿产资源管理办公室、乡镇企业局，其中经济体制改革办公室、农业领导小组办公室、物价信息办公室、矿产资源管理办公室不列入县政府工作机构序列。县委原有工作部门（机构）14个，撤、并、转7个，减少50%；县政府原有工作部门（机构）60个，撤、并、转29个，减少48.3%。按党章、宪法和有关规定设置机构10个，分别为县纪律检查委员会（监察局与其合署）、县直机关党委、人民法院、人民检察院、人民武装部（包括县直武装工作）、人大、政协、工会、团委、妇联。成建制转为经济实体的单位有9个（其中行政单位2个、事业单位7个），分别为商业公司、粮油公司、联社、物资公司、工业公司、二轻工业公司、建材工业公司、经济技术协作公司、黄金公司。成建制转为服务实体的单位有7个（其中行政单位2个、事业单位5个），分别是畜牧开发服务中心、能源开发服务中心、农机管理服务中心、水土保持服务中心、果品服务公司、扶贫开发服务中心、多种经营服务中心。

按照测算标准平邑县共设乡镇26个，其中一类乡镇15个（7个镇8个乡）、二类乡镇11个。县委、县政府结合县内乡镇实际情况，确定乡镇管理体制，设7个办公室作为党委、政府的办事机构，分别为党政办公室、农业办公室、经贸办公室、建设环保土地办公室、社会事务办公室、文教卫生办公室、计划生育办公室。

2002年6月14日，机构改革调整后县委设工作部门7个，分别为县纪律检查委员会（县监察局与其合署）、县委办公室、县委组织部、县委宣传部、县委统一战线工作部（挂政府台湾事务办公室牌子）、县委政法委员会（县社会治安综合治理委员会办公室与其合署）、县直机关工作委员会。县委设部门管理机构2个，分别为县委、县政府信访局，县委老干部局；设不占机构个数的机构1个。县政府设工作部门24个（监察局与纪律检查委员会机关合署，列入政府工作部门序列，不计政府机构个数），分别为县政府办公室、发展计划局、经济贸易局、教育局、科学技术局、公安局、监察局（与纪律检查委员会机关合署）、民政局、司法局、财政局、人事局（机构编制委员会办公室与其合署）、劳动和社会保障局、国土资源局、建设局、交通局、水利局、农业局、林业局、文化体育局、卫生局、计划生育局、审计局、环境保护局、统计局。县委机关核定行政编制116名，县政府机关核定行政编制381名。

乡镇党委、政府机构合并设置，设综合性办公室，分别为党政办公室、经济贸易办公室、农业办公室、社会事务办公室（挂计划生育办公室、社会治安综合治理办公室牌子）。乡镇设8个股级财政拨款事业机构，分别为农业综合服务站、文化广播电视工作站、农经统计审计工作站、国土乡建环保工作站、林业工作站、水利工作站、财政所、计划生育服务站。

2004年12月31日，将县发展计划局更名为县发展和改革局，将县计划生育局更名为县人口和计划生育局，将县文化体育局与教育局合署，将安全生产监督管理局列为政府组成部门。改革调整后县政府设工作部门24个（监察局与纪律检查委员会机关合署，列入政府工作部门序列，不计政府机构个数），分别为县政府办公室、发展和改革局、经济贸易局、教育局（文化体育局与其合署）、科学技术局、公安局、监察局（与纪律检查委员会机关合署）、民政局、司法局、财政局、人事局（机构编制委员会办公室与其合署）、劳动和社会保障局、国土资源局、建设局、交通局、水利局、农业局、林业局、卫生局、人口和计划生育局、审计局、环境保护局、安全生产监督管理局、统计局。

2010年，整合县经济贸易局和县对外贸易经济合作局，组建县经济贸易和信息化局；整合县人事局和县劳动和社会保障局，组建县人力资源和社会保障局；整合县建设局和县房产管理局，组建县住房和城乡建设局，挂县城市管理行政执法局牌子；整合县文化体育局文化行政管理职责和县广播电视局行政管理职责，组建县文化广电新闻出版局；整合县文化体育局和县广播电视局的行政执法职责，组建县文化市场管理执法局；整合县教育局职责和县文化体育局体育行政管理职责，组建县教育体育局；将县交通局更名为县交通运输局；将县林业局由单独设置调整为在县农业局加挂牌子；将食品药品监督管理局列入政府工作部门。此次机构改革设置工作部门24个，分别为县政府办公室、县发展和改革局、县经济贸易和信息化局、县教育体育局、县科学技术局、县公安局、县监察局、县民政局、县司法局、县财政局、县人力资源和社会保障局、县国土资源局、县住房和城乡建设局、县交通运输局、县水利局、县农业局、县文化广电新闻出版局、县文化市场管理执法局、县卫生局、县人口和计划生育局、县审计局、县环境保护局、县统计局、县安全生产监督管理局、县食品药品监督管理局。

第二节　人员编制

1989年，县编办会同县组织、人事、劳动、财政、审计等单位，对全县党政群机关、事业单位机构设置、人员编制情况进行检查清理。全县党政群机关、政法行政编制2263名，人武部编制29名，公检法司编制437名，乡镇行政编制1036名（其中机动编制73名）。为使机构编制工作制度化、规范化、科学化，县编委制定《关于当前机构编制管理工作的几项规定》，要求严控人员编制及领导职数，严格执行满编单位“出一进一”、超编单位“出二进一”、先出后进的办法。

1995年，为进一步加强机构编制及人员调配管理，印发《关于进一步加强机构编制及人员调配管理的规定》，要求严控机构增长，不经县委、县政府批准，一律不准新增设党政群机构，机构不准升格。严控人员编制，各党政群机关、全额拨款事业单位，一律不准超编配人。同时严格编制卡管理制度。

1996年，县编委制定《平邑县机构编制管理实施细则》，明确调整后的机构编制数要严格遵守，不得随意突破。确因工作需要增加编制员额的，必须经县委、县政府审定同意后方可变动。

2004年，全县党政群机关53个、事业单位631个（其中县直275个，乡镇356个）。机关事业单位在职在编人数21409人，其中行政机关1616人，事业单位19793人。在“三定”方案实施后，按规定比例对现有人员进行精减，按机构改革方案精神，县委、县政府、人大、政协机关、群团组织共精减233人。

2007年，印发《关于进一步加强全县机构编制管理的实施意见》，明确党政群机关行政编制员额不得随意突破，撤销、合并机构节余的编制员额，因职能弱化缩减的编制员额，一律收归县编委作为机动编制，统一掌握使用。同时，全县事业单位编制员额原则上只减不增，确需调整的，严格坚持原则办理。

2010年，县编委印发《关于严肃纪律，进一步加强增人计划卡管理的通知》，进一步加强人员编制管理，严格编制员额的调整，有效地控制机关、事业单位人员的增长，人员编制管理走向制度化、规范化的轨道。

2011年，为进一步加强和完善机构编制管理，科学合理地配置机构编制资源，提高机构编制资源使用效益，印发《关于进一步加强和完善机构编制管理严格控制机构编制的意见》和《关于进一步加强全县机关事业单位编制使用管理的意见》，要求进一步严格机构编制管理，设立副科级以上行政机构，须按规定的程序报市机构编制部门审批，并按规定报同级人民代表大会常委会备案。同时，严控人员编制，各部门必须严格按照上级和县编委下达的编制员额数配备人员，不能超编配人。机关事业单位新进人员，必须在县编委下达的新增人员计划指标内进行，人员调整的，必须执行编制使用许可计划的规定。

第三节 人事管理

干部管理

干部组成 平邑县内干部主要指在县内各级党委、政府机关、人大、政协机关、群团组织和事业单位工作且在编的工作人员，包括聘干身份的工人。

吸收录用 1989年后，干部队伍的来源主要是高校毕业生、军队转业干部及从各行业招收录用的职工。随着20世纪80年代高校毕业生的增加，全县干部队伍的文化、年龄结构日趋合理。

干部聘用 自1989年开始实行聘用制干部管理，从符合条件的人员中聘用部分人员充实到干部岗位，共有2900余人办理聘用制干部手续。2007年底，不再办理聘用制干部手续，聘用到期的聘用制干部不再续聘。

干部调配 1989年后，县人事部门把为经济服务、为基层服务、为干部服务作为工作重点，以服务带动和推进干部管理工作，并根据各行各业的特点，引进专业人才，调整交流干部。主要负责县政府部门及所属事业单位、县政府直属事业单位股级以下干部调配任免以及非教育系统留学人员的派遣和回国后的安置调整，援建地区、重点建设项目和其他特殊需要人员的选调派遣及内调人员的安置工作。

干部培训　2003—2007 年，平邑县政府系统在职各级各类干部 14237 人，其中机关干部 613 人，专业技术干部 13126 人，企业干部 498 人。全县累计培训各级各类干部 2.3 万余人次，完成上级调训任务 364 人次。2012 年，国家公务员新考录初任培训各类人员 45 人。

毕业生就业　20 世纪 80 年代中期开始，中、高等教育迅速发展，毕业生逐年增加，就业压力越来越大，就业改革逐步展开。1986—1996 年，大中专毕业生按照保证重点、兼顾一般、面向基层、服务经济建设的原则，由县计划委员会采取指令性计划分配与指导性计划推荐相结合的形式安排就业，同时鼓励毕业生面向多种所有制就业，引导、支持毕业生到乡（镇）集体、“三资”企业工作，可以从事专业技术工作、管理工作，也可以在其他岗位上工作，基本做到“优才优用，量才录用，学用一致”。

自 1997 年始，大中专毕业生就业工作由县计划委员会划转到县人事局，统招及委培的毕业生仍实行直接分配政策，对各类计划内自费生实行考试录用、聘用，即大专以上自费生经考试合格予以录用，中专自费生经考试合格者在聘干指标内择优聘用，通过市场机制和必要的行政手段，多渠道、多形式安排毕业生就业。1998 年始，到县报到的大学本科及以上毕业生对口安排工作，专科和中专毕业生根据需求经过考试择优安排进入事业单位。

2000 年始，为适应市场经济对人才配置的需求，毕业生就业工作由过去的指令性分配过渡为事业单位“凡进必考”，并引导毕业生进入人才市场自主择业，实行毕业生与用人单位供需见面，双向选择落实就业，充分发挥市场机制在资源配置中的作用；本科毕业生仍然按照老办法直接进入事业单位就业。

2005 年后，本科毕业生不再直接安排，和其他毕业生一样实行事业单位“凡进必考”。县人才交流服务中心为毕业生管理人事档案，截至 2013 年，全县共对 2.4 万余名非师范类毕业生的报到手续进行归档。

公务员招考录用　1994 年 8 月开始，县人事部门对实施公务员制度进行大胆探索，在法院、检察院招收录用工作人员中，按照公务员制度的要求，严格考试，择优录用，招收 34 名工作人员补充到县人民法院县人民检察院。

1996 年，颁布《平邑县国家公务员制度实施方案》与《平邑县实施国家公务员制度人员过渡办法》，并成立全县推行工作领导小组，固定专人组成推行办公室，开展国家公务员过渡工作。从 1996 年 8 月开始，通过动员、实施、检查验收 3 个阶段，至 11 月结束。列入此次实施国家公务员制度的县乡行政机关共 60 个，经资格审查、培训、考试、考核合格，共有 1133 名政府机关工作人员过渡为国家公务员。

1996 年公务员过渡工作完成后，凡缺职需补充的公务员实行“凡进必考”制度。2002 年，从 676 名报考人员中优中录用 13 名合格者，其中国家公务员 6 人，机关工作者 4 人，人民警察 3 人。2003 年，为给缺编较多的机关补充部分较高层次的专业型、技术型工作人员，全县招录国家公务员和机关工作者 34 人，乡镇机关 34 人。2004 年，全县招考公务员 32 人，其中县直机关 7 人，乡镇机关 25 人。2005 年，招考录用公务员 12 人，其中党政机关 6 人，公安 6 人。2006 年，根据省、市统一部署，组织开展国家公务员招考录用工作，全县有 851 人参加公务员报考，其中 719 人竞争县、乡机关职位，57 人竞争公安机关职位，75 人竞争检察机关职位。最终选拔录用 38 名公务员充实到各岗位，其中县、乡机关 22 名，公安机关6名，检察机关10名。2007年，共录用45名国家公务员，其中县直机关7名，乡镇机关32名，公安机关4名，检察院2名。2008年，共录用51名国家公务员，其中县直机关7名，乡镇机关38名，公安机关1名，检察院4名，法院1名。2009年，共录用58名国家公务员，其中县直机关7名，乡镇机关37名，法院1名，检察院3名，参照公务员管理10名。2010年，共录用110名国家公务员，其中县直机关12名，乡镇机关64名，公安机关3名，检察院3名，法院3名，参照公务员管理25名。2011年，共录用40名国家公务员，其中县直机关4名，乡镇机关14名，公安机关3名，检察院8名，法院5名，参照公务员管理6名。2012年，共录用45名国家公务员，其中县直机关7名，乡镇、街道机关25名，公安机关5名，检察院2名，法院2名，参照公务员管理4名。

2013年，共录用54名国家公务员，其中县直机关15名，乡镇、街道机关19名，公安机关5名，检察院6名，法院4名，参照公务员管理5名。

转业军官安置 1989—2013年，平邑共接收522名部队转业军官，其中计划安置508人，自主择业14人。

人才管理

人才开发与交流 1996年，人才交流开发服务中心开展人事代理业务，人事代理业务包括代管人事档案、代理人事关系、办理大中专毕业生人事代理、认定身份和工龄、确定职称、代理职称评定申报、人才档案商调等项业务。至2013年底，人事代理总人数3476人，人才档案商调698人，促进大中专毕业生自谋职业、自主创业。

至2013年，共举办人才交流集会130期，大型人才招聘会21期，组织用工单位招聘组（团）参加赴外招聘会20次，达成意向性协议8100人次，落实就业2600人，缓解全县各类企业特别是非公经济组织对人才的需求。

人力资源市场整合 2012年，根据《关于调整平邑县人力资源和社会保障局内部机构编制的通知》文件规定，将原平邑县人才交流中心、劳动就业办公室、劳务输出办公室整合，成立平邑县人力资源开发服务管理办公室。平邑县人力资源开发服务管理办公室，为正科级财政拨款事业单位，下设就业服务科、创业指导科、人力资源市场管理科等科室。其中人才开发服务与人力资源市场管理科负责贯彻落实全县人力资源市场发展规划；承担县人力资源市场的日常管理，组织人力资源招聘活动、举办人力资源交流会；受局委托负责人力资源交流会、网络人力资源市场及媒体市场招聘会的核准和人力资源中介服务机构的管理。

人力资源市场建设 2009年，平邑县人力资源和社会保障综合服务中心开始规划，2013年由发展改革委立项，中心投资1700万元，总面积5000平方米。其中人力资源市场建筑面积1200平方米，可容纳摊位120个，同时供800名求职者进入市场参加招聘活动。新的人力资源市场的启用，方便用工单位的招聘和求职人员的求职，市场采取招聘企业进驻市场值守制度，按规定的时间进入市场进行招聘。人力资源市场在开展日常招聘活动的同时，定期开展“就业援助月”“春风行动”等专项招聘活动。

离退休干部管理

退休年限规定 1989—2013年，全县凡符合退休条件的干部，由本人提出申请，报所在单位和主管部门，按管理权限由县组织部门、人事部门审批后享受退休待遇。机关事业单位干部退休条件，男性年满60周岁，女性年满55周岁，参加革命工作年限满10年的；男性年满50周岁，女性年满45周岁，参加革命工作年限满10年，经过医院证明完全丧失工作能力的；因工致残，经过医院证明完全丧失工作能力的。公务员提前退休条件，2006年1月开始国家公务员工作年限满30年的；距国家规定的退休年龄不足5年，且工作年限满20年的，符合国家规定的可以提前退休的其他情形的。

退休费计发　1989—2006年，机关干部工作满35年的，退休费按本人职务工资和级别工资之和的88%计发；满30年不满35年的按82%计发；满20年不满30年的按75%计发。事业单位干部和机关工人相应年限分别按基本工资的90%、85%、80%计发。以后随在职人员的工资调整相应增加退休费。

2006年，机关事业单位收入分配制度改革，调整退休费计发比例。公务员退休，按本人退休前的职务工资与级别工资之和，根据不同工作年限，分别按照90%、85%、80%、70%、50%（工作不满10年的）计发；事业单位工作人员按本人退休前岗位工资与薪级工资之和、机关工人退休按本人退休前岗位工资与技术等级工资之和，根据不同工作年限，分别按照90%、85%、80%、70%计发。

1995—2013年平邑县企业职工离休、退休、退职人数统计表

表20-1　　单位：人

年份	退休	离休	退职	年份	退休	离休	退职	年份	退休	离休	退职
1995	42	0	0	2002	272	0	3	2009	611	0	15
1996	36	0	0	2003	289	0	4	2010	794	0	1
1997	170	0	0	2004	396	0	8	2011	2415	0	4
1998	72	0	0	2005	815	0	15	2012	1829	0	10
1999	104	0	6	2006	770	0	16	2013	3043	0	10
2000	119	0	0	2007	527	0	18				
2001	154	0	2	2008	647	0	21				

遗嘱补助标准　死亡遗属补助，2005年取消农业户口和非农业户口的区别，补助标准均按户籍所在地政府公布的城镇居民最低生活保障线标准执行。

丧葬费标准　自2003年9月1日起，丧葬费补助标准调整为每人1000元，举行遗体告别仪式的费用由死者生前所在单位据实报销。

机关事业位工作人员离退休人员死亡一次性抚恤金，1989—2004年，国家机关和事业单位及离退休人员死亡一次性抚恤金，病故的为本人生前10个月的基本工资或基本离退休费。2004年后，国家机关和事业单位及离退休人员死亡一次性抚恤金，病故的为本人生前20个月的基本工资或基本离退休费。2011年8月1日起，国家机关工作人员及离退休人员死亡，一次性抚恤金发放标准调整为：烈士和因公牺牲的，为上一年度全国城镇居民人均可支配收入的20倍加上本人生前40个月基本工资或基本离退休费；病故的，为上一年度全国城镇居民人均可支配收入的2倍加上本人生前40个月基本工资或基本离退休费。

安家费补助标准 干部、工人退休后异地安家的，由原单位一次发给150元的安家补助费，由大中城市到农村安家的发300元安家补助费。

建房费补助标准 回农村安置，家中有私房需要修缮的补助1500元；回农村安置，必须扩建和新建房的补助4500元，退休时已享受住房补贴的不再发放。

第四节 工资福利

1989年执行1985年工资制度改革：实行以职务工资为主的结构工资制。针对职务等级工资制存在的弊端。

1993年工资制度改革，机关实行职级工资制，事业单位实行职务（岗位）等级工资制。

1997年7月，基础工资由90元提高到110元。1999年7月，基础工资由110元提高到180元，并提高级别工资标准。2001年1月，基础工资由180元提高到230元，并提高级别工资标准。2001年10月，提高职务工资标准。2003年7月，提高职务工资标准。

2006年工资制度改革，机关实行职级工资制，事业单位实行岗位绩效工资制。

2009年1月，提高机关事业单位工作人员津贴补贴标准。2010年7月，提高机关事业单位工作人员津贴补贴标准。2011年5月，提高机关事业单位工作人员津贴补贴标准。2012年7月，提高机关事业单位工作人员津贴补贴标准。2012年12月，提高机关事业单位工作人员津贴补贴标准。2013年7月，提高机关事业单位工作人员津贴补贴标准。2013年12月，提高机关事业单位工作人员津贴补贴标准。

1989—2013年平邑县机关事业单位工资水平情况表

表20-2 单位：元/月

年份	机关	事业	年份	机关	事业	年份	机关	事业	年份	机关	事业
1989	83	80	1996	542	510	2003	1008	1025	2010	1993	1929
1990	165	151	1997	605	584	2004	1128	1028	2011	2084	2022
1991	184	175	1998	645	593	2005	1139	1074	2012	2296	2187
1992	213	198	1999	675	650	2006	1158	1113	2013	2598	2679
1993	323	290	2000	805	743	2007	1578	1540			
1994	417	362	2001	922	859	2008	1824	1784			
1995	487	432	2002	982	958	2009	1964	1864			

第二章 劳动和社保

1992年3月25日，县科干局由县科委移交县人事局管理。

1995年2月22日，设立平邑县劳动局监督监察室。1999年6月20日，撤销县劳动局，设立县劳动和社会保障局。原劳动局职能，内设机构划归劳动和社会保障局。人事局管理的机关事业单位社会养老保险处、劳动局管理的社会劳动保险事业处、民政局管理的农村社会养老保险事业处、卫生局管理的医疗保险管理委员会办公室四个保险机构整建制移交劳动和社会保障局。

2003 年 5 月 10 日，县劳动和社会保障局加挂县劳动和社会保障监察大队。2004 年 3 月 3 日，县劳动服务公司更名为县劳动就业办公室。

2006 年 12 月 15 日，将县劳动争议仲裁委员会办公室更名为县劳动争议仲裁院。2007 年 8 月 20 日，将县劳动和社会保障局监督监察室更名为县劳动保障监察大队。

2010 年 12 月 26 日，设立县人力资源和社会保障局，为县政府工作部门。将原县人事局、原县劳动和社会保障局的职责整合，划入县人力资源和社会保障局。

2013 年 5 月 27 日，将县劳动保障监察大队更名为县劳动保障监察局。

第一节 劳动管理

劳动用工制度改革

20 世纪 80 年代，劳动用工实行国家计划统筹，县劳动服务公司仅承担安置前的培训工作，劳动用工由县政府专门调配办公室管理。

1994 年，县内以企业改革为重点的综合配套改革方案颁布，劳动用工制度亦随之变革，劳动用工开始推向市场，企业有了用人自主权，除大中专毕业生分配、复员军人安置实行统包统配外，其他劳动者有择业自主权。但当时的用工对年龄、户口等严格控制。全县企业用工由县职业介绍所办理招工手续。

2002 年后，对用人单位招工条件予以放宽，招工不再受年龄和户籍等因素限制。2006 年起，大中专毕业生、复退军人不再统一分配，除少数人员通过考试进入机关事业单位外，其他全部进入劳动力市场寻求岗位对接。此时，政府通过组织创业培训、项目推介、优惠政策扶持等方式鼓励劳动者自主创业。

就业和再就业政策变革

20 世纪 90 年代前期，就业工作靠政府计划安置。20 世纪 90 年代后期，则随着企业改革，就业逐渐市场化，劳动部门主要起牵线搭桥作用，企业拥有用人自主权。随着企业改制的逐步深化，企业破产、下岗失业人员增多。1998 年，县委、县政府要求 30 多家县国有企业、集体企业，都要建立下岗职工再就业服务中心。

2001 年，县企业解困办公室解散。经过 5 年的过渡期，就业和再就业逐步转为市场化调节。2007 年后，就业促进政策又增加政府买岗位、实行社会保险补贴、鼓励创业、给予创业补贴、政府开发公益性岗位行等多项就业优惠政策促进就业。

职业培训

1990 年 12 月，县劳动就业训练中心成立，隶属县劳动服务公司管理。当时劳动就业培训主要是劳动预备制培训，城镇非农业户口适龄人员。经培训后进入劳动服务企业待业，再经岗前培训，办理正式招工手续，进入工作岗位。1990—1999 年，就业训练中心培训劳动预备制人员 4000 余人，下岗失业人员 3000 人。

2000 年，职业培训逐渐社会化，县劳动就业训练中心不再承担培训业务，职业培训转由社会办学机构及用人单位进行，劳动部门实施管理和监督，政府出资购买培训成果。培训范围由预备制人员、下岗失业职工逐渐扩大到城镇失业人员、农村劳动力、大中专毕业生、复退军人等。年培训规模由 2000 年的 2000 多人逐渐增加到 2013 年的 2.4 万余人。培训内容也逐渐丰富，包括就业技能培训、劳动预备制培训、农村劳动力转移培训等。

2005 年起，开展创业培训，实施“金蓝领”高技能人才培训。至 2013 年底，全县共培训创业人员 3800 余人，培养“金蓝领”高技能人才 1000 余人。

劳动争议仲裁

2006 年 12 月，成立平邑县劳动争议仲裁院。2010 年 12 月 8 日，成立平邑县劳动人事争议仲裁委员会，下设实体化办事机构劳动人事争议仲裁院。通过调解仲裁工作的开展，维护劳动者的合法权益，化解社会矛盾，促进全县劳动关系和谐和社会稳定。

劳动合同签证

1989 年，平邑县开展劳动合同鉴证，当年鉴证 920 份。随着劳动合同制度的逐步推行，县劳动局每年都多次组织检查组深入全县各类企业，检查落实劳动合同签订鉴证情况，劳动合同鉴证人数逐年增多。

自 2005 年开始，平邑县实行劳动合同备案制度。2005 年，企业签订劳动合同并备案 216 家，涉及职工 1.6 万人。2006 年底，根据临沂市关于开展劳动合同三年行动计划的统一要求和部署，对全县 168 家规模以上企业开展劳动合同签订工作，全县各类企业劳动合同签订率达 85% 以上。其中，国有及国有控股企业劳动合同签订率 95% 以上；股份制企业劳动合同签订率 90% 以上；非公有制企业劳动合同签订率 85%。2007 年底，全县各类企业劳动合同签订并备案人数 1.76 万人，签订率达 90% 以上。2008 年底，全县各类企业劳动合同签订并备案人数 1.8 万人，签订率达到 95%。2009 年底，全县各类企业劳动合同签订并备案人数 1.92 万人。2010 年底，全县各类企业劳动合同签订并备案人数 20.01 万人。2011 年底，全县各类企业劳动合同签订并备案人数 2.21 万人。2012 年底，全县各类企业劳动合同签订并备案人数 2.68 万人。2013 年底，全县各类企业劳动合同签订并备案人数 2.91 万人。

劳动工资

二十世纪八九十年代，平邑县属国有或集体企业职工的工资，由县劳动部门根据国家政策套改工资，企业基本没有定工资自主权；乡镇企业的职工工资，企业经营负责人有一定的工资决定权；个体私营企业职工的工资完全由企业负责人决定。出现国有、集体企业职工因工资待遇而辞职或停薪留职到乡镇企业或个体私营企业工作的现象，促进了乡镇企业和个体私营企业的发展。1992 年，工资与效益未挂钩的企业，按在册人数的 20% 滚动浮动一级工资，共计 4280 人，月增资总额 11.2 万元，人均月增资 26.2 元；工资与效益挂钩的企业，按人数的 30% 晋升一级工资，共计 6420 人，月增资总额 10.7 万元，人均月增资 16.7 元。

1997 年，劳动工资的宏观调控措施进一步增强，在企业工资总量调控和工资管理方面，加大对企业工资总额的调控力度，强化工资基金管理，扩大工效挂钩覆盖面。有 80 余户企业 1.5 万余名职工实施工效挂钩；62 户企业 4150 名职工晋升效益工资；21 户企业晋升 3% 效益工资，晋升级数合计 176 级。

1998 年，对国有和集体企业进行改制，逐步建立现代企业管理制度，国有股完全退出，企业或股份制或私有。企业完全拥有用工和决定工资的权力，企业职工工资进入集体协商时代。2002 年，试推行工资集体协商制度，围绕企业改革，积极探索民主决策与民主管理相结合的工资集体协商机制。2003—2013年，县内共选择160余家企业、3万余名职工，采用工资集体协商办法确定工资。按照企业工资指导线要求，根据企业生产经营实际，合理确定职工工资水平和调整幅度，实现职工实际工资水平在企业发展基础上合理增长，逐步建立起政府宏观调控下的企业工资正常调控机制。

劳务输出

1985年，成立县劳务输出办公室，为正科级事业单位，在大连、上海等城市设立办事处，有计划组织全县富余劳动力外出打工。1989—2013年，进一步在北京、天津、沈阳、济南、广州、深圳、杭州、南京、青岛、烟台等地设立办事机构，在各乡镇建立60多个劳务输出网点，聘请离退休老干部、老党员及村中声望比较高的人员担任业务员，签订目标责任书，明确奖惩。1992年起，驻上海办事处、大连办事处为县级最大的驻外劳务输出机构，年输出劳动力万余人，劳务收入数亿元，税收近千万元。2005年，县委、县政府把劳务输出列为“十大富民工程”之一。

劳动监察

1996年5月，开展劳动法执行情况大检查，抽查企业83家，涉及职工1.45万人，查出问题137项，下达整改指令52份，补签劳动合同3267份，纠正违法合同1363份，清退农民临时工1079人，共补发工资和清退金572万元，补缴社会保险费98.6万元。

1998年，对全县所有用人单位进行劳动年检，补缴社会保险费49.4万元，补签劳动合同1486份，补发工资36万元，退还不合理集资和抵押金68.3万元。劳动年检成为常态化、机制化、规范化。

2002年9月，联合县直7个部门，对全县制衣、衡器、餐饮等行业用人情况进行专项检查，共清退童工17人，罚款5.6万元；11月，对全县209家餐饮店、美容美发店进行用人情况调查摸底，办理用工登记756人。2007年2月至3月，在全县范围内开展农民工工资支付情况执法检查。主要检查对象是：建筑行业、五金工具制造、工艺品加工以及饮食服务业等农民工密集型企业和部分个体工商户，共检查用人单位137家，涉及职工12570人，其中农民工8246人。同年8月至9月，在全县范围内开展禁止使用童工专项检查，查出疑似童工9名，核实户籍后，确认童工3名，罚款4.5万元。

2009年，在全县范围内开展社会保险专项执法检查，共检查用人单位81家，涉及职工13267人，下达劳动保障监察限期改正通知书59份，共征缴社会保险费29.5万元。2012年，在全县范围内开展清理整顿劳动力市场秩序专项行动，规范建立劳动力人才市场3处。

2013年，在全县范围内开展防温降暑工作专项监察，下达责令整改46份。同年，开展劳务派遣专项检查，取缔非法派遣招工单位1处。

第二节　社会保障

养老保险

职工养老保险　至2013年底，平邑县共有参保单位1521家，参保职工人数110765人。

农村养老保险　1992年，平邑县开始开展农村养老保险工作。积极动员农村干部、乡村医生、富裕户、农村籍义务兵等多层面人员参保续保。2009年，为全县11.3万名符合直接领取条件的人员发放新型农村养老保险金。凡是平邑县农村户口、年满18周岁（非在校学生）未参加其他社会养老保险的居民，均可参加保险。缴费标准，每人每年100元、200元、300元、500元、800元共5个档次，参保人可自由选择。基础养老金每月55元。

2010年，全县共有31.04万人缴纳养老金4028.48万元。

新型农村养老保险（简称新农保）实施后，原农村养老保险政策（简称老农保）终止，原领取农村养老保险金的人员待遇不变，通过新农保平台发放；原缴费人员，按照缴费年限和缴费金额计算并入新型农村养老保险。

2011年5月，全县开展新老农保衔接工作，共计衔接1.3万人合并缴费金额1603.04万元。是年7月，全县开展城镇居民社会养老保险工作。平邑县境内的城镇户口居民、年满18周岁（非在校学生）未参加其他社会养老保险的居民，均可参加保险。缴费档次与新型农村社会养老保险一致。同年7月，满60周岁、未参加其他社会养老保险的城镇居民均可直接享受城镇居民社会养老保险待遇。当月为全县3186名符合直接领取条件的人员发放养老金17.52万元。

2012年10月，新型农村和城镇居民社会养老保险的基础养老金提高到每月60元。

2013年12月，新型农村社会养老保险和城镇居民社会养老保险合并为城乡居民基本养老保险。

机关事业单位养老保险 平邑县机关事业单位养老保险工作，1992年底从机关事业单位中的合同制工人、选聘制干部中开展起来。1995年1月开始开展试运行，原试运行统筹期间的机关事业单位养老保险个人缴费金额需要进行核定。2013年，实行的是县级统筹以支定收，略有结余的原则，县政府为机关事业单位养老保险的第一责任主体。

1995—2003年平邑县机关事业单位养老保险缴费比例情况表

表20-3

年份	单位比例（%）	个人比例（%）
1995.01—1996.04		2
1996.05—1998.12	21	2
1999.01—1999.06	19	2
1999.07—1999.12	19	3
2000.01—2007.12	19	4
2008.01—2012.12	24	4
2013.01—2013.12	34	4

医疗保险

公费医疗管理 1989年7月，印发《公费医疗管理试行办法》，规定公费医疗人员的报销标准、报销办法、报销范围、报销程序等。1991年，公费医疗保健服务实行定点医疗，持证就医。由各乡镇卫生院负责本乡镇党政事业单位干部、职工、伤残军人等4363名人员的公费医疗保健服务。

1992年，县公费医疗管理办公室对不核定公费医疗费的差补单位，按每人每年45元标准一次性拨给各单位，包干使用，不足部分自行解决。同年12月，县政府下发《关于加强公费医疗管理的暂行规定》，实行公费医疗保健金制度和一核（核定额管理）、二控（控制处方量和转诊）、三定（定点就医，定点医院设立公费医疗门诊和专职保健医师，定公费医疗核算员）、四挂钩（超支与享受公费的医疗人员、单位、医疗单位和县公费医疗办公室挂钩）管理。

1993年7月，县公费医疗管理委员会下发《平邑县公费医疗管理暂行规定实施细则》，对“组织机构、医疗范围、处方及药品控管、逐级转诊、报销办法及范围、不予报销情况、督查制度、定点医院划分”等予以明确。1995年12月，县公费医疗办公室撤销。

城镇职工基本医疗保险 1995年12月，撤销县公费医疗办公室，改设县医疗保险委员会办公室。同月，县委下发《关于印发〈平邑县医疗保险试行办法〉和〈平邑县医疗保险实施细则〉的通知》，规定医疗保险参保范围、报销标准、报销办法、报销程序等。

1996年5月，在县直77个全额预算单位和县第七中学（白彦镇）、县第三中学（铜石镇）、各乡镇法庭和县老干局部分老干部等4862名人员中，实施职工医疗保险，其中离休人员274名，退休273名。1997年1月，县医疗保险委员会办公室升格为副科级事业单位，内设股级建制的业务科、财务科、综合科。1999年6月，县医疗保险管理委员会办公室整建制划归县劳动与社会保障局。是年，在全县82个单位5505名职工实施职工医疗保险，其中离休人员273名，退休408名。

2000年，建立基本医疗保险统筹基金和个人账户，个人账户用于支付本人的门诊费，统筹基金主要用于支付参保人员的住院费和特殊门诊医疗费用。基本医疗保险费，由用人单位和职工共同缴纳。同时制定大额医疗费救助基金筹集和使用办法，规定基本医疗保险基金支付限额3万元，大额医疗救助金支付限额10万元。

2001年1月起，将乡镇、县属企业和自收自支事业单位的离休干部全部纳入医药费统筹范围。

2005年，基本医疗保险基金支付限额提高到了5万元，大额医疗救助金支付限额由10万元提高到20万元。

2007年，县政府下发《关于进一步加强乡镇基本医疗保险扩面征缴工作的通知》，规定了档案托管人员及城镇自由职业者参保办法，把灵活就业人员纳入医疗保险覆盖范围。

2010年，基本医疗保险基金支付限额提高到8万元，大额医疗救助金支付限额提高到30万元。

至2013年底，全县城镇职工参保人员81699人。其中，在职职工61946人，退休19361人，离休392人。当年收缴医保基金12524万元，其中，记入个人账户5362万元，记入社会统筹基金7162万元。该年度支出医保基金10864万元，其中，个人账户支出5279万元，统筹基金支出5585万元，年度内节余医保基金1660万元。城镇职工医疗保险制度改革14年来，累计结余医保基金14048万元（含账户结余5084万元）。

城镇居民基本医疗保险 2009年1月1日，全面启动全县城镇居民基本医疗保险工作。2009年，全县城镇居民基本医疗保险参保人数3.61万人，基金收入433万元，统筹支付117万元，住院审核报销764人次。

2010年，全县城镇居民基本医疗保险参保人数4.58万人，基金收入559万元，统筹支付178万元（其中门诊统筹支付81万元，住院统筹支付97万元），住院审核报销1043

人次。全年共鉴定慢性病 143 人。

2011 年，全县城镇居民基本医疗保险参保人数 5.44 万人，基金收入 1462 万元，统筹支付 578 万元（其中门诊统筹支付 107 万元，住院统筹支付 471 万元），居民住院审核报销 1569 人次；镇居民门诊费用开始报销，门诊慢性病启用全新的慢性病专用开方系统，全年共报销门诊慢性病药费单据 624 张。当年将县直所有中小学及部分幼儿园学生全部纳入居民医保范畴，共计 47549 人。

2012 年，全县城镇居民基本医疗保险参保人数 57201 人，基金收入 1312 万元，统筹支付 463 万元（其中门诊统筹支付 156 万元，住院统筹支付 307 万元）。城镇居民慢性病鉴定实行即时鉴定，全年共鉴定 169 人，门诊慢性病报销实行一月一报销，全年共审核报销 823 人次，住院审核报销 2159 人次。

至 2013 年底，全县城镇居民参保人数 72067 人，基金收入 2267 万元，统筹支付 685 万元，年度内节余医保基金 1582 万元。累计结余医保基金 4105 万元。

农村医疗保险　1991 年 11 月，县卫生局按照《关于实行“大病统筹”集资合作医疗管理办法的通知》要求，指导协调全县各乡镇党委、政府和村两委加强农村“大病统筹”集资医疗管理，成立集资医疗领导小组，在全县农村实行“大病统筹”集资医疗管理。乡镇、村和农民筹集经费，由乡镇卫生院设专账管理、专款专用，有卫生室的行政村向辖区内卫生室拨入 300 元器械装备费，用于卫生室建设，实行乡办乡管。村集资医疗经费由乡镇卫生院设专账管理，专款专用，按医药费的 25% 报销，报销范围是乡镇卫生院、村卫生室就诊住院医疗费和 5 元以上的门诊药费，实行合作医疗的卫生室免收注射、诊疗费。

1995 年 7 月，制定下发《关于在全县农村推行集资医疗保健制度的通知》和《关于加强合作医疗工作的通知》，决定在全县农村继续推行儿童计划免疫、妇幼保健等单项保偿制度，试行集资医疗保健制度，并逐渐向医疗保险制度过渡。经费来源采取集体支持、乡镇及村办企业资助和农民自筹，重点推行合医不合药（免收注射费、处置费、挂号费、出诊费）的合作医疗形式，实行乡办乡管。是年，集资合作医疗覆盖率 100%。

1997 年 1 月，县医疗保险管理委员会办公室升格为副科级事业单位。内设业务科、财务科、综合科，各科为股级。4 月，县政府制定下发《平邑县农村合作医疗暂行办法》，提出“在国家的支持下，主要依靠集体和农民个人共同筹集资金，并通过一定的方式补偿农民医药费用，使其获得基本的医疗服务”。合作医疗管理由原来单一的乡办乡管，转变到以乡办乡管为主，村办、乡村联办、县乡联办等为辅的多种形式。

1999 年 4 月，全面实施“农民健康工程”，在规范农村一体化办医管理的同时，提倡试行农村合作医疗。6 月，县政府下发《关于成立平邑县“农民健康工程”工作领导小组的通知》《关于加快“农民健康工程”实施意见》，普及农村合作医疗制度，改善农村医疗保健制度，提高农民健康水平。12 月，县卫生局在平邑镇四村一、四村二、八卜庄、同太村 4 个村，整体推行合作医疗，动员 8500 名农民参加合作医疗，制定合作医疗管理制度，完善合作医疗经费管理，规定报销比例标准为门诊、住院病人免收诊断费、肌注费，报销药费的 20%，住院费的 50%，转诊者报销药费的 10%，住院费的 30%，特殊病人超过 1 万元以上者，报销最多不超过 2000 元。

2000年12月，平邑镇在2个管理区整体推行合作医疗试点，有8500名农民参合。2001年11月，在合作医疗试点的基础上，又在平邑、铜石、地方3个镇扩大试点范围，共有2.16万人参加合作医疗。3个镇都按实际参加人数人均5元标准拨付专项资金；开展合作医疗的村每人每年筹集10元的合作医疗资金，累计筹措资金40.32万元。

2003年12月25日，印发《关于加快发展卫生事业的决定》，对加强公共卫生、深化卫生事业改革、振兴中医药、建立新型农村合作医疗制度等进行明确规定。

2004年，柏林镇作为市级新型农村合作医疗的试点乡镇，镇政府制定《柏林镇新型农村合作医疗管理暂行办法》和《柏林镇新型农村合作医疗实施方案》。根据全镇人均收入情况，农民每人每年交纳10元（其中8元记入个人账户，2元作为大病统筹资金），市、县、镇财政支持资金每人每年10元，用于大病统筹，按照以收定支、保障适度的原则，分期报销农民医疗费用，农民个人账户剩余资金自动转入下年使用。

2005年，柏林镇有2.3万人参加新型农村合作医疗试点，参合率以户计34.9%，以人计45.6%。全年为1.9万人兑付医药费用，累计报销29.8万元，报销1000元以上32人，单人报销金额最高8000元。

2006年4月10日，全县新农合正式启动参合农民医药费用报销程序。是年，全县受到合作医疗补助的农民131.32万人次，累计报销医疗费用1526.98万元。其中1000～3000元的1531人次；3000～5000元的167人次；5000～8000元的53人次；8000～10000元的16人次；10000元以上的13人次，个人最高报销15000元。是年，有8820名农民参合，贫困农民参合率88.26%，4063名五保户参合，五保户参合率100%，全县参合农民增至700574万人，参合率81.84%。累计筹借农民个人参合资金700.57万元，各级财政补助由人均30元提高到40元。全县累计筹集新农合资金3502.87万元。

2007年，全县有1944名五保户、1.9万名低保户、4012名重点优抚对象，在县、乡（镇）财政的扶持下参加新农合，全县农民参合77.11万人，参合率91.03%，累计筹措农民个人参合资金780.2万元，各级财政补助4681.2万元。共补偿参合农民197万人次，补偿医药费3596.34万元，其中住院补偿2253.41万元，门诊补偿医药费1342.93万元，获万元以上的有63人，获2万元补偿的有9人。2008年，全县享受合作医疗补偿参合农民228.31万人次，累计补偿医药费用5390.76万元，其中住院补偿3573.13万元，门诊补偿1817.63万元，补偿万元以上的参合农民184人。

2011年，全县筹集资金400万元，将新农合网络延伸到村卫生室，600多处村级定点医疗机构实现网络对接和即时结算目标。开展支付方式改革，在政府举办的新农合定点医疗机构实行住院总额预付和按单病种付费模式，在乡镇卫生院实施"先诊疗，后付费"服务模式。同时，对4310名累计住院个人自负费用超过7000元的参合农民给予两次补偿总计2800余万元。年内，两次提高报销比例和封顶线。

2013年，通过采取加大宣传力度、调整报销方案、实施大病保险、开展精细化管理年活动等措施，加强对新农合管理。全县参合农民854175人，参合率99.9%，有2368名五保户、40535名低保户、4260名重点优抚对象、7965名贫困残疾人、3560名70岁以上老人，在县、乡财政的扶持下参合。至年底，全县享受合作医疗补助的农民 712.64 万人次，累计报销医疗费用 28596.19 万元，报销万元以上 3094 人次；新农合大病医疗保险报销 3271 人次，补偿金额 696.02 万元；享受到“先诊疗，后付费”服务模式的受益群众达 19101 人次。

失业保险　1999 年以前，平邑县失业保险称为职工待业保险。2000 年，县内事业单位开始失业保险征缴工作，范围由最初的少数企业协商筹集，扩大到除国家公务员以外的所有企事业单位人员全部参保。2003 年始，县内失业保险实行个人参保账户，并实现计算机信息管理。2011 年 7 月 1 日，《中华人民共和国社会保险法》正式实施，失业保险工作步入法治轨道。

工伤保险　2004 年 1 月 1 日起，平邑县开始工伤保险工作，参保范围涉及全县各类企业职工和个体工商户的雇工，工伤保险费由单位承担，个人不需要缴纳，缴费基数为职工工资总额，缴费比例根据一、二、三类风险程度分别确定为 2%、1% 和 0.5%。2005 年 12 月，县内全额拨款事业单位的工伤保险费由县财政全额承担，差额拨款和自收自支的事业单位由单位自行筹款缴费。工伤保险市级统筹，核心平台系统办理业务。

生育保险　1995 年，平邑县开始推行女职工生育社会保险。生育保险根据“以支定收，收支基本平衡”的原则筹集资金，由企业按照本单位上年度职工平均工资总额的 1% 向社会保险经办机构缴纳生育保险费，建立生育保险基金。生育保险市级统筹，核心平台系统办理业务。

1995—2013 年平邑县最低工资标准情况表

表 20-4　　　　单位：元

时　间	最低工资标准	时　间	最低工资标准	时　间	最低工资标准
1995.06—1996.08	150	2002.10—2004.12	340	2010.05—2011.02	600
1996.99—1999.06	180	2005.01—2006.09	380	2011.03—2012.02	800
1999.07—2001.10	260	2006.10—2007.12	430	2012.03—2013.02	950
2001.11—2002.09	310	2008.03—2010.04	500	2013.03—2013.12	1080

2009—2013 年平邑县农村居民养老保险情况表

表 20-5

年份	征缴人数（万人）	征缴金额（万元）	待遇领取人数（万人）	待遇领取金额（万元）	年份	征缴人数（万人）	征缴金额（万元）	待遇领取人数（万人）	待遇领取金额（万元）
2009	0.00	0.00	11.31	622.09	2012	32.22	3844.96	13.88	8984.50
2010	31.04	4028.48	12.49	7787.63	2013	30.45	3692.83	14.50	10410.79
2011	30.84	3789.34	13.03	8298.42					

1989—1999 年部分年份平邑县党政群机关编制一览表

表 20-6　　单位：人

年份	总计		党政群机关										公检法司机关								人民武装		机动编制
			党委		人大		政府		政协		人民团体		法院		检察院		公安		司法				
	编制数	实有数	编制数	实有数	编制数	实有数	编制数	实有数	编制数	实有数	编制数	实有数	编制数	实有数	编制数	实有数	编制数	实有数	编制数	实有数	编制数	实有数	
1989	2219	2239	405	383	21	26	1084	1217	17	14	153	142	101	100	67	59	209	217	60	56	29	25	73
1990			456	382	30	26	1090	1286	20	19	153	118	101	104	67	58	209	216	60	56	29	27	73
1991			459	465	21	30	1100	1244	17	20	153	116	105	108	69	61	209	209	60	53	29	29	73
1992			149	146	21	28	566	717	17	20	34	34	105	111	69	66	210	214	60	57	29	29	
1993			473	579	21	37	1086	1336	17	20	153	103	105	116	69	72	210	231	60	62	29	29	76
1994			314	309	18	18	1117	1090	12	12	73	74	124	129	84	68	214	301	62	64	29	28	21
1995			340	321	18	21	1226	1184	12	18	73	73	124	157	84	87	221	318	62	71	26	26	38
1998			390	403	140	148	1109	1029	12	23	27	30	127	166	87	91	253	259	62	89			17
1999	1691		126		18	27	511	518	12	16	27		127	166	87	88	241	224	62	91			

2006 年平邑县各乡镇新农合参合情况表

表 20-7

序号	乡镇	农民总人数（人）	参合人数（人）	参合率（%）	金额（万元）
1	柏林	48000	40100	83.54	40.10
2	平邑	120000	100300	83.58	100.30
3	郑城	34521	28684	83.09	28.68
4	温水	33300	27500	82.58	27.50
5	保太	73926	60600	81.97	60.60
6	卞桥	36600	30000	81.97	30.00
7	魏庄	26800	21869	81.60	21.87
8	仲村	74986	61000	81.35	61.00
9	临涧	46087	37574	81.53	37.57
10	丰阳	36100	29319	81.22	29.32
11	白彦	72600	59396	81.81	59.40
12	地方	62123	50460	81.23	50.26
13	武台	34000	27469	80.79	27.47
14	资邱	33400	27003	80.85	27.00
15	铜石	72693	58500	80.48	58.70
16	流峪	50941	40800	80.09	40.80
合计		856077	700574	81.84	700.57

说明：柏林镇 40.1 万元中含第一季度报销药费 15 万元，实际上交 25.1 万元

2007 年平邑县各乡镇新农合参合情况表

表 20-8 单位：人

序号	乡镇	总人口数	农民总人数	参合人数	参合率（%）	备注
1	平邑镇	209656	111217	75339	92.31	平邑
				27324		东阳
2	仲村镇	81578	69497	60593	87.19	
3	武台镇	37540	31650	28254	89.27	
4	保太镇	75248	62327	58143	93.29	
5	柏林镇	53789	44486	40072	90.08	
6	卞桥镇	42126	33921	30882	91.04	
7	资邱乡	34780	30944	27132	87.68	
8	地方镇	65538	53076	49597	93.45	

续表 20-8

序号	乡镇	总人口数	农民总人数	参合人数	参合率（%）	备注
9	铜石镇	76106	60206	56571	93.96	
10	温水镇	38722	30677	27922	91.02	
11	流峪镇	52308	44341	40534	91.41	
12	郑城镇	36235	31994	28921	90.40	
13	白彦镇	72632	67286	60561	90.01	
14	魏庄乡	26807	23338	21572	92.43	
15	临涧镇	50167	42713	38985	91.27	
16	丰阳镇	39999	33457	29540	88.29	
	合计	993231	771130	701942	91.03	

2008年平邑县各乡镇新农合参合情况表

表 20-9　　单位：人

乡　镇	农民总人数	参合人数					参合率（%）
		一般农户	五保户	低保户	重点优抚对象	合计	
郑城镇	31234	30027	80	684	219	31010	99.28
仲村镇	67297	64904	128	1533	221	66786	99.24
魏庄乡	25670	24541	79	610	160	25390	98.91
资邱乡	30388	29019	9	804	218	30050	98.89
铜石镇	61606	59147	120	1352	269	60888	98.83
平邑镇	118236	112347	415	3348	670	116780	98.77
丰阳镇	36546	34940	54	788	189	35971	98.43
温水镇	29804	28545	47	576	156	29324	98.39
柏林镇	45261	43088	148	1031	208	44475	98.26
地方镇	56265	53517	173	1196	354	55240	98.18
流峪镇	48501	46216	68	1068	245	47597	98.14
卞桥镇	34673	32682	115	958	186	33941	97.89
临涧镇	43287	40850	138	1024	219	42231	97.56
武台镇	32762	31068	26	650	112	31856	97.23
白彦镇	67880	63666	132	1890	302	65990	97.22
保太镇	64803	60685	214	1523	284	62706	96.76
合　计	794213	755242	1946	19035	4012	780235	98.24

2009年平邑县各乡镇新农合参合情况表

表 20-10 单位：人

乡 镇	总人口数	农民总人数	参合人数						参合率（%）
			一般农户	五保户	低保户	重点优抚对象	贫困残疾人	合计	
经济开发区	20343	20343	19800	21	306	84	132	20343	100.00
柏林镇	47100	42821	40954	149	1053	217	400	42773	99.89
平邑镇	105439	97067	91570	415	3522	596	775	96878	99.81
铜石镇	63706	59688	57234	140	1337	251	514	59476	99.64
卞桥镇	40180	35851	33937	115	1025	177	326	35580	99.24
地方镇	60437	55440	52353	167	1140	350	442	54452	98.22
仲村镇	81693	65166	61167	212	1740	347	538	64004	98.22
丰阳镇	39999	37699	35690	88	504	185	296	36763	97.52
武台镇	36972	34117	32159	96	654	119	240	33268	97.51
魏庄乡	26470	25142	23684	0	500	146	180	24510	97.49
郑城镇	36235	30591	28450	110	704	198	248	29710	97.12
温水镇	32248	28180	26164	42	620	157	238	27221	96.60
临涧镇	46008	41408	38038	136	1024	218	300	39716	95.91
白彦镇	74257	67974	62308	212	1905	370	302	65097	95.77
资邱乡	33388	29417	26877	6	742	217	289	28131	95.63
保太镇	69523	67091	61633	41	1452	278	500	63904	95.25
流峪镇	52866	48962	44284	68	1224	245	280	46101	94.16
合 计	866864	786957	736302	2018	19452	4155	6000	767927	97.58

2010年平邑县各乡镇新农合参合情况表

表 20-11 单位：人

乡 镇	农民总人数	参合人数							参合率（%）
		一般农户	五保户	低保户	重点优抚对象	贫困残疾人	70岁以上老人	合计	
经济开发区	20850	20253	31	385	91	90	0	20850	100.00
蒙山管委会	5100	4600	0	107	23	50	0	4780	93.73
柏林镇	41848	39928	148	948	195	420	0	41639	99.50
平邑镇	100979	96366	267	2977	536	813	0	100959	99.98

续表 20-11

乡　镇	农民总人数	参合人数							参合率（%）
		一般农户	五保户	低保户	重点优抚对象	贫困残疾人	70 岁以上老人	合计	
铜石镇	62352	59498	91	1360	240	540	0	61729	99.00
卞桥镇	35851	33930	101	182	597	400	416	35626	99.37
地方镇	58225	55620	173	1194	349	540	0	57876	99.40
仲村镇	67781	64307	189	1710	338	559	0	67103	99.00
丰阳镇	38939	35862	101	521	172	340	0	36996	95.01
武台镇	32382	31063	90	656	103	320	0	32232	99.54
魏庄乡	26342	22753	9	683	139	248	2140	25972	98.60
郑城镇	32048	30046	165	746	194	280	300	31731	99.01
温水镇	28627	26232	42	628	177	281	1010	28370	99.10
临涧镇	41708	39849	135	1083	224	340	0	41631	99.82
白彦镇	68948	60844	200	1934	285	500	5151	68914	99.95
资邱乡	29447	24507	0	793	197	354	3108	28959	98.34
保太镇	65790	63188	201	1521	254	560	0	65724	99.90
流峪镇	49445	47294	169	1303	239	320	0	49325	99.76
合　计	806662	756140	2112	18731	4353	6955	12125	800416	99.23

第三章　民　政

1989 年，平邑县民政局设人秘、民政、优抚、社会 4 个股级科室。县火化场、县军队离休干部管理所、烈士陵园管理组均隶属县民政局管理。1990 年，设立社会团体登记管理股，隶属县民政局领导。1993 年，县民政局内设办公室、民政地名科、优抚安置科、社会科、财务科 5 个科室。

1999 年 8 月，设立县金牛山公墓管理处，县婚姻登记管理处，为股级事业单位隶属县民政局领导。2005 年 10 月，设立县老年服务中心，为县民政局内部股级事业单位。县军队离休干部管理所更名为军队离退休干部管理所，升格至副科级事业单位。2006 年，设立城市居民最低生活保障科、社会福利科 2 个股级事业单位。2007 年 4 月，成立县民政局执法大队；6 月，设立县双拥工作领导小组办公室，均为股级全额事业单位。2008 年 3 月，成立县慈善总会办公室，为股级全额拨款事业单位。2010 年 7 月，成立县社会救助管理站，为股级全额拨款事业单位，2012 年 7 月，县社会救助管理站更名为县救助管理站，同时加挂“平邑县流浪未成年人救助保护中心”牌子。

2012年10月，县民政局内设办公室、县退伍军人和军队离退休干部安置办公室、优抚科、社会事务科、基层政权和社区建设科、救灾科、区划地名科7个科室。2013年5月，县双拥工作领导小组办公室机构规格调整为副科级。

第一节 基层政权选举和村（居）务管理

村（居）委会换届选举

1999年3月9日，全县开始直接选举第六届村民委员会。第六届村民委员会换届选举改革了以往由组织提名、酝酿、讨论决定候选人的做法，任何组织和个人不得包办，不得搞指选、派选，严格依法办事，把选举权完全交给广大选民。3月11日，在保太镇公家庄村先行开展试点。至6月底，全县换届选举工作基本结束，完成换届村（居）委会1048个，选举成功率99.4%，依法选举产生村委会成员3810人。

1990—2011年平邑县历届村（居）委会换届选举情况表

表20-12

选举时间	届次	应换届村（居）委会数(个)	已换届村（居）委会数(个)	所占村例（%）	当选村(局)委会成员数（人）	其中党员数（人）	村民小组数（个）	村民代表数（人）
1990.03.01—1990.04.25	3	1056	1011	95.7	3331	1487	3061	20322
1993.04.01—1993.04.22	4	1056	1011	95.7	3327	1493	3043	20110
1996.03.05—1996.03.25	5	1056	973	92	3212	1459	2919	19460
1999.03.09—1999.06.30	6	1056	1048	99.2	3810	1867	4148	21821
2002.03.05—2002.06.30	7	1018	1012	99.4	3121	2032	3947	24028
2004.11.23—2005.03.30	8	738	734	99.5	2588	1778	2866	15680
2007.09.29—2007.12月上旬	9	733	731	99.7	2561	1723	2936	18320
2011.03.15—2011.07月中旬	10	733	733	100	2561	1697	2925	22723

1990—2013年平邑县受灾救济情况表

表 20-13

年份	自然灾害名称	受灾救济情况
1990	洪涝	农作物受灾面积 1.46 万公顷，倒塌民房 9812 间
1991	洪涝	县境北部 129 个村庄 10.3 万人被洪水围困，死亡 14 人，350 人受伤，冲走、泡塌房屋 29500 间。直接经济损失 1.4 亿元，总经济损失 2.5 亿元
1992	旱灾	农作物受灾面积 5.5 万公顷
1993	洪涝	农作物受灾面积 2.09 万公顷，倒塌民房 3500 间
1994	病虫灾	农作物受灾面积 1.21 万公顷
1995	旱灾	农作物受灾面积 1.87 万公顷
1996	洪涝	受灾人口 21836 人，直接经济损失 69.3 万元
1998	洪涝	受灾人口 84480 人
2003	洪涝	发放救灾救济款 38.2 万元
2004	旱灾、洪涝	发放救灾救济款 132 万元
2005	洪涝	农作物受灾面积 38734.8 公顷，发放救灾救济款 140 万元
2006	风雹灾	倒塌房屋 648 间，直接经济损失 4150.83 万元，其中农业直接经济损失 3451.83 万元、发放救灾救济款 152 万元
2007	旱灾	受灾人口 28.9 万人，农作物受灾面积 8782.3 公顷，发放救灾救济款 201 万元
2008	旱灾	农作物受灾面积 1.6 万公顷，直接损失 800 万元，发放救灾救济款 125 万元
2009	旱灾	农作物受灾面积 1.15 万公顷，发放救灾救济款 157 万元
2010	旱灾、洪涝	农作物受灾面积 1933 公顷，发放救灾救济款 70 万元
2011	旱灾	农作物受灾面积 6.44 万公顷，发放救灾救济款 187 万元
2012	洪涝	养鱼水面受灾 4000 多亩，逃鱼、死鱼 7.5 万千克，渔业损失 110 多万元，发放救灾救济款 180 万元
2013	洪涝、风灾	农作物大面积被淹没，11 个镇街小麦倒伏，发放救灾救济款 300 万元

1998—2013年平邑县城乡居民最低生活保障统计表

表 20-14

年份	农村低保				城市低保			
	户数（户）	人数（人）	低保标准（元）	保障金额（万元）	户数（户）	人数（人）	低保标准（元）	保障金额（万元）
1998						357	120	8.0
1999						357	120	12.0
2000						357	120	15.0

续表 20-14

年份	农村低保				城市低保			
	户数（户）	人数（人）	低保标准（元）	保障金额（万元）	户数（户）	人数（人）	低保标准（元）	保障金额（万元）
2001						1596	120	93.0
2002					1472	3456	120	80.4
2003					2733	6292	120	283.0
2004					2733	6402	120	241.0
2005					2835	6394	120	316.5
2006					3415	6746	150	417.1
2007	17508	20189	800	959.0	3415	6746	150	566.7
2008	18191	20362	900	1221.5	3415	6746	180	850.0
2009	18341	20512	1000	1476.5	3415	6746	180	971.4
2010	28241	30467	1200	4333.2	3415	6746	200	1133.3
2011	30133	2476	1400	2729.3	2771	5066	260	962.1
2012	33601	40544	1800	5551.9	2771	5066	300	1374.5
2013	37109	44787	2000	6092.5	2450	4186	340	1666.4

2006—2013 年平邑县大病救助、教育救助统计表

表 20-15

年份	农村大病救助		城市大病救助		教育救助	
	人数（人）	金额（万元）	人数（人）	金额（万元）	人数（人）	金额（万元）
2006	8305		254			
2007	244		210			
2008	208		352			
2009	682		340			
2010	946		475			
2011	1399		530			
2012	1391		162			
2013	1591					

1996—2013 年平邑县收养登记统计表

表 20-16　　单位：个

年份	收养登记个数	年份	收养登记个数	年份	收养登记个数	年份	收养登记个数
1996	4	2001	22	2006	27	2011	11
1997	6	2002	91	2007	5	2012	8
1998	13	2003	32	2008	52	2013	9
1999	18	2004	36	2009	25		
2000	27	2005	31	2010	23		

1992—2013 年平邑县义务兵优待金发放情况表

表 20-17

年份	年优待金总额（万元）	优待总户数（户）	户均（元）	城镇义务兵优待标准（元）	农村义务兵优待标准（元）
1992—1996	1029.1	17581	585		
1997—2001	2063.0	16884	1221		
2002—2006	1402.8	10162	1380		
2007—2010	904.6	4210	2149		
2011	739.3	1120	6600	6600	6600
2012	726.1	1053	6700	6700	6700
2013	906.3	1007	9000	9000	9000

残疾军人、伤残人民警察、伤残国家机关工作人员、伤残民兵民工残疾抚恤金标准表
（从 2014 年 10 月 1 日起执行）

表 20-18　　单位：元 / 年

残疾等级	残疾性质	抚恤金标准	残疾等级	残疾性质	抚恤金标准
一级	因战	52360	六级	因战	20800
	因公	50700		因公	19680
	因病	49040		因病	16630
二级	因战	47380	七级	因战	15800
	因公	44890		因公	14140
	因病	43210	八级	因战	9970
三级	因战	41570		因公	9130
	因公	39070	九级	因战	8290
	因病	36590		因公	6650

续表 20-18

残疾等级	残疾性质	抚恤金标准	残疾等级	残疾性质	抚恤金标准
四级	因战	34070	十级	因战	5820
	因公	30760		因公	4980
	因病	28260			
五级	因战	26620			
	因公	23270			
	因病	21610			

城镇“三属”“三红”人员及其他优抚对象抚恤补助金标准表
（从 2014 年 10 月 1 日起执行）

表 20-19　　单位：元 / 年

在乡复员军人	抗战时期	不低于 9160
	其他时期	不低于 8660
烈士遗属	城镇	16630
	农村	11160
因公牺牲军人遗属	城镇	14270
	农村	10650
病故军人遗属	城镇	13430
	农村	10210
在乡退伍红军老战士	36300	
红军失散人员	16380	
带病回乡退伍军人	不低于 4320	
参战退役人员	4320	
参加核试验退役人员	4320	
退役士兵老年生活补助	每服 1 年义务兵役每月 15 元	
年满 60 周岁的烈士子女（含 1949 年前错杀后被平反人员的子女）	2400	

村务公开民主管理

1997 年，全县开始推行村务公开、民主监督的做法。2002 年开始，在郑城镇小北庄村开展试点，并逐步进行规范，全县各乡镇成立了村务公开民主管理监督工作领导小组，对群众关心的热点难点问题进行公开，公开的内容主要有村干部年度工作目标及完成情况、工资报酬、村级财务收支、集体经济收入、经济承包合同、统筹提留、“两工”使用、电费收缴、宅基地划分、计划生育指标安排。

2004 年，印发《关于进一步健全村务公开民主管理制度推进村级工作规范化建设的意见》，明确村务公开民主管理总体思路和指导原则，将村务公开、民主管理纳入法治管理的轨道。

2005年起，全县统一规定每月10日为全县村务公开日，重大问题随时公开，特别是对群众关注的财务公开要做到具体、明细、到事、到人。开通全县监督电话4216855。

2008年，以平邑镇为试点，全县开展村务公开民主管理“难点村”治理工作。2010年底，平邑县代表山东省作为唯一县级层面在陕西省西安市召开的全国深化村务公开民主管理“难点村”治理工作会议上做典型发言。

2013年，实施“阳光工程”，开通阳光信息户户通平台，不定期将村务、财务情况以短信方式发至群众手中，确保村务公开透明。

第二节　优抚政策　烈士褒扬　退伍安置

优待金发放规定

为进一步做好军人抚恤优待工作，平邑县人民政府陆续制定一系列关于义务兵家庭优待金发放工作的文件。县委、县政府及县委办公室、县政府办公室分别印发《平邑县优抚对象优待金社会统筹管理实施办法的通知》《平邑县人民政府关于做好农村优抚对象优待金的通知》《平邑县人民政府关于认真做好农村优抚对象优待金的通知》《平邑县人民政府办公室关于做好农村优抚对象优待金的通知》《平邑县人民政府办公室关于提高义务兵家庭优待金标准的通知》《中共平邑县委办公室平邑县人民政府办公室关于做好2012年义务兵家庭优待金发放工作的通知》《中共平邑县委办公室平邑县人民政府办公室关于做好2013年义务兵家庭优待金发放工作的通知》，平邑县人民政府转发《临沂市人民政府关于临沂市农村优抚对象优待办法的通知的通知》，规定发放优待范围和年限义务兵优待金的发放年限为两年、优待标准应相当于所在乡镇上一年度农民人均纯收入的数额、经费保障：城镇义务兵家庭优待金父母双方有工作单位的，由其父母所在单位各负担一半，父母一方无工作单位的，由另一方单位全部负担；父母双方均无工作单位的，由县财政负担，由县民政局统一发放。农村义务兵家庭优待金由其入伍前户口所在地的人民政府负担，由乡镇民政办公室编制预算，列入乡镇财政预算，当年兑现到户，并张榜公布。

医疗费补助细则

1988年8月1日起施行的中华人民共和国国务院令第8号《军人抚恤优待条例》第26条规定，二等乙级以上（含二等乙级）革命伤残军人，享受公费医疗待遇。三等革命伤残军人不享受公费医疗待遇的，伤口复发所需医疗费由当地民政部门解决；因病所需医疗费本人支付有困难的，由当地民政部门酌情给予补助。第27条规定，革命烈士、因公牺牲军人、病故军人、现役军人的家属以及带病回乡的复员退伍军人，不享受公费医疗待遇的，因病治疗无力支付医疗费，由当地卫生部门酌情给予减免。

2004年4月1日起施行的中华人民共和国国务院、中华人民共和国中央军事委员会令第413号《军人抚恤优待条例》第32条，国家对一级至六级残疾军人的医疗费用按照规定予以保障，由所在医疗保险统筹地区社会保险经办机构单独列账管理。具体办法由国务院民政部门会同国务院劳动保障部门、财政部门规定。七级至十级残疾军人旧伤复发的医疗费用，已经参加工伤保险的，由工伤保险基金支付，未参加工伤保险，有工作的单位解决，没有工作的由当地县级以上地方人民政府负责解决；七级至十级残疾军人旧伤复发以外的医疗费用，未参加医疗保险且本人支付有困难的，由当地县级以上地方人民政府酌情给予补助。残疾军人、复员军人、带病回乡退伍军人，以及烈士遗属、因公牺牲军人遗属、病故军人遗属享受医疗优惠待遇。具体办法由省、自治区、直辖市人民政府规定。中央财政对抚恤优待对象人数较多的困难地区给予适当补助，用于帮助解决抚恤优待对象的医疗费用困难问题。

2008 年 4 月 7 日，为保障抚恤定补优抚对象医疗待遇，根据《军人抚恤优待条例》和省、市有关政策规定，结合平邑县实际，县政府制定《平邑县抚恤定补优抚对象医疗保障办法（试行）》。为确保优抚医疗与城镇职工基本医疗保险的有机结合，一级至六级残疾军人在城镇职工基本医疗保险和大病医疗保险规定范围内的医疗费用，经县医疗保险委员会办公室按规定报销后，剩余部分由县民政部门按有关规定予以补助。重点优抚对象门诊费用在居民医疗保险报销的基础上，农村七级至十级残疾军人、“三属”、复员军人、参战、试核退役人员、带病回乡退伍军人享受定额门诊医疗补助，七级至十级残疾军人，“三属”人员年补助额每人 180 元，复员军人补助额每人 120 元，参战、试核退役人员、带病回乡退伍军人年补助额每人 60 元；七级至十级残疾军人，“三属”人员、复员军人、参战、试核退役人员、带病回乡退伍军人参加居民医疗保险的，在居民医疗保险、社会医疗救助、医疗减免和门诊医疗补助的基础，享受住院医疗费补助；门诊医疗补助于年初划入居民医疗保险个人账户。

住院医疗费补助的范围仅限于居民医疗保险，居民医疗保险规定病种（大病病种除外）和规定的用药目录所产生的医疗费用。居民医疗保险规定补偿范围、限额内的住院医疗费用，按照规定比例报销（补偿）后的剩余部分，由县级财政按照下列标准给予住院医疗补助。七级至十级残疾军人、“三属”人员、复员军人补助 40%；七级至十级残疾军人、“三属”最高补助限额 1.5 万元，复员军人最高补助限额 1 万元。参战、试核退役人员、带病回乡退伍军人补助 15%，最高补助限额 5000 元。优抚医疗系统一站式救助一定程度上缓解优抚人员看病的经济压力，同时平邑县还实行优抚大病救助制度，从根本上解决优抚对象医疗难问题。

抚恤补助标准调整

从 2005 年开始，残疾军人等级由原来的“四等六级”调整为“一级至十级”，提高部分优抚对象抚恤补助的标准，取消伤残军人原来的“抚恤金”“保健金”中“在乡”“在职”的区别，实现等级相同，待遇相同。

烈士褒扬

平邑县共有革命烈士 2174 名。每年清明节、烈士公祭日期间，全县组织各级各部门党员领导干部职工及青少年祭扫革命烈士陵园，进行革命传统教育。

平邑县革命烈士陵园 始建于 1956 年，1992 年搬迁县城中心莲花山公园北侧，占地 1.8 万平方米，建有革命烈士纪念堂和陵墓区两部分，被省政府列为省级重点革命纪念地保护单位。是年，还积极组织人员对陵园内的建筑、革命烈士事迹展厅等进行规划设计，收集和更新史料，使之成为爱国主义和革命传统教育阵地。纪念堂内陈列着《著名烈士传略》、《革命烈士英明录》、革命先烈光辉事迹史料和烈士遗物等。

平邑县苏家崮烈士陵园 位于平邑县郑

城镇驻地，始建于 1944 年，占地 1.5 万平方米，园内安葬 273 名革命烈士，其中大部分是苏家崮战斗中牺牲的烈士。

平邑县贯庄烈士陵园　位于平邑县温水镇前贯庄村，占地 20010 余平方米，始建于 1945 年 5 月，园内有革命烈士纪念碑 1 座，革命烈士墓 350 座。八路军一一五师七团团长李子英、山东省纵队一旅三团政委邱理瑞、费北县独立营副营长路纵横等著名烈士长眠在这里。2011—2013 年，对大门及纪念设施进行提升改造。

平邑县卞桥镇烈士陵园　位于平邑县卞桥镇驻地左庄村，始建于 1964 年，占地 5336 平方米，安葬 1940 年 11 月在豆瓣岭战斗及塔佛山战斗中牺牲的冀鲁边七团排长宋鹤楼等 112 名革命烈士。自 2011 年以来，陆续对大门及纪念设施进行提升改造。

平邑县临涧镇烈士陵园　位于平邑县临涧镇石门村，始建于 1964 年，占地 3335 平方米，安葬着 109 名革命烈士。自 2011 年以来，陆续对大门及纪念设施进行提升改造。

平邑县武台烈士陵园　位于武台镇北 1 千米处，占地 4002 平方米，黑山战斗、白马关战斗牺牲的 117 名革命烈士在这里长眠。自 2011 年以来，陆续对大门及纪念设施进行提升改造。

平邑县丰阳镇烈士陵园　位于丰阳镇驻地，始建于 1970 年，占地 10672 平方米，现有革命烈士墓 24 座。自 2011 年以来，陆续对大门及纪念设施进行提升改造。

退伍安置

退伍军人安置　1989—2013 年，全县共接收退伍军人 13587 名。其中，城镇退伍兵和转业士官 4310 名，这部分退役士兵由民政部门代表县政府分别安排工作，其余 9277 名自主就业，安置工作人数占退伍军人总数的 68.28%。自 2012 年起，对 2011 年 12 月之后退役的自主就业士兵（包括原农村籍退役士兵和符合安置条件但在部队放弃安置的退役士兵）发放自主就业一次性经济补助，至 2013 年对 1234 名退役士兵发放经济补助 2837.4 万元。

军队离退休干部安置　1989—2013 年，全县共接收军队离退休干部 26 人，均予以妥善安置。其中团级 2 人，营级 1 人，连级 3 人，其余 20 人为退休士官。

第三节　社会救助

救灾

平邑县是自然灾害多发地区，1989—2013 年，曾多次发生洪涝灾、旱灾、风暴灾、霜冻灾、病虫灾，造成大面积农作物不同程度减产，给人民群众造成重大损失。县委、县政府高度重视救灾工作，使灾民生活得到妥善安置，维护了社会稳定。

农村“五保”老人供养

平邑县“五保”（保吃、保穿、保住、保医、保葬）老人供养方式有敬老院集中供养和分散供养两种形式。至 2013 年，全县建乡镇敬老院 13 所，入院“五保”老人 300 余人，入院率达 40%。批准发证五保对象 2268 人，其中集中供养 316 人，分散供养 1952 人。2001 年 6 月，县政府颁布平邑县农村五保供养实施办法，按照建设公共财政的要求，加大财政支出结构调整力度，分级落实供养资金，农村五保对象全部由财政供养，集中供养标准为每人每年 3600 元，分散供养标准为每人每年 2400 元。

地方镇敬老院　1990 年 6 月建设，位于前西崮村，占地 0.67 公顷，瓦房建筑，建筑面积3400平方米，能容纳100名老人。

铜石镇敬老院 1992年3月建设，位于南张里东南，占地0.8公顷，瓦房建筑，建筑面积1500平方米，能容纳70老人。

白彦镇敬老院 1992年6月建设，位于白彦镇驻地，占地1.80公顷，建有1栋楼房，面积2700平方米，能容纳120名老人。

丰阳镇敬老院 1995年6月建设，位于东午门村南，占地0.27公顷，瓦房建筑，建筑面积300平方米，能容纳24老人。

武台镇敬老院 1995年6月建设，位于镇政府东30米，占地0.23公顷，瓦房建筑，建筑面积300平方米，能容纳15名老人。

临涧镇敬老院 1995年8月建设，位于镇驻地西北，占地0.27公顷，建有1栋楼房，面积600平方米，能容纳85名老人。

流峪镇敬老院 2000年6月建设，位于流峪镇驻地，占地0.53公顷，瓦房建筑，建筑面积960平方米，能容纳70名老人。

保太镇敬老院 2000年8月建设，位于魏东流村，占地1.33公顷，瓦房建筑，面积1300平方米，能容纳50名老人。

平邑镇老年公寓 2000年，平邑镇扩建一栋3600平方米老年公寓楼，能容纳120名老人。

郑城镇敬老院 2004年8月建设，位于小魏庄村，占地0.67公顷，建有1栋楼房，面积800平方米，能容纳35名老人。

平邑街道中心敬老院 2012年，立项批复建设地点在浚河路东首，占地2.27公顷，主要建设1栋3层公寓楼及餐厅，建筑面积6200平方米，床位数约250个。

白彦中心敬老院 2013年5月建设，位于镇驻地，岚济路北侧，占地1.69公顷，建设面积6627平方米，主要建有2座3层公寓楼、1座3层餐厅、1座办公楼。

保太中心敬老院 2013年5月建设，位于保太镇驻地北8千米处，占地2.4公顷，建设面积6700平方米，建有3层公寓楼1栋。

地方中心敬老院 2013年7月建设，项目占地3公顷，工程建筑面积6803.4平方米，主要建有综合公寓楼1栋，为3层框架结构。

最低生活保障

1997年，平邑县印发《平邑县城乡居民最低生活保障暂行办法》(县政府令第1号)，1998年1月1日起实施。县委、县政府成立平邑县城乡居民最低生活保障工作领导小组，并召开全县由各乡镇分管副乡（镇）长、民政办主任等相关部门负责人参加的专题会议，研究制定全县城乡居民最低生活保障制度的措施，部署调查贫困群众生活情况等。

农村居民 1997年，按照《平邑县城乡居民最低生活保障暂行办法》《城乡居民最低生活保障实施细则》规定，家庭年人均纯收入不足600元的群众可享受低保待遇。所需资金由县、乡镇、村三级负担，按3∶3∶4的比例分担。2000年，全县开始办理农村低保，共有3410户8467人享受低保，年发放保障金89万元。

2007年，印发《关于印发平邑县农村居民最低生活保障实施办法的通知》，在全县正式实行农村低保，应保尽保。实现由集体、社会救济转到以国家财政性供养的体制转轨。是年通过申请、审核、审批，全县低保户扩大到1.75万户2.02万人，年发保障金959万元。同时，采用惠民“一本通”直接将低保金发放到低保对象手中。

2012年，开展“阳光低保”专项清理活动，对享受低保的家庭进行复查、审核，对部分不够低保条件、违规享受低保的人员取消其低保资格，全县共清理、清查不符合条件的低保对象4320户5727人。至2013年，全县在保农村低保对象3.71万户4.48万人，年发放低保金6092.5万元，人均月补助金100元。

城市居民　1999年，平邑县对全县城镇贫困居民家庭进行摸底调查，357人纳入城市居民最低生活保障范围，全年发放保障金12万元。2002年，全县有2241户3484人纳入城市居民最低生活保障范围，共发放保障金101万元。

2006年，全县有3415户6746人纳入最低生活保障。发放保障金417万元。

2012年，对部分低保条件、违规享受低保的人员取消其低保资格，共注销不符合条件的城市低保对象642户1265人。至2013年，全县在保城市低保对象有2450户4186人，年发放低保金1666.4万元，人均月补助金200元。

孤儿及“三无”人员生活费发放标准

2010年1月起，平邑县为全县孤儿发放基本生活费。县孤儿基本生活费标准为：社会散居孤儿每人每月不低于600元。2012年1月1日起，提高到每月700元。自2013年1月1日起，孤儿基本生活费标准提高到每人每月720元。

2012年2月，决定自2011年1月起为全县事实无人抚养的困境儿童发放生活补助，标准为每人每月100元。

2013年1月1日起，对分散供养的城镇“三无”人员按照不低于当地城市居民最低生活保障标准的150%实行分类施保，标准为每人每月450元。

慈善事业

慈善组织　2007年12月22日，成立平邑县慈善总会筹备委员会。是日，召开平邑县慈善总会成立大会，宣布成立平邑县慈善总会，会议表决通过平邑县慈善总会理事会成员名单。召开平邑县慈善总会第一届理事会会议，表决通过《平邑县慈善总会章程》《平邑县慈善总会会议制度》《平邑县慈善总会资产管理办法》；会议表决通过首届慈善总会设会长1名，常务副会长1名，副会长4名，秘书长1名，常务理事62名，聘任名誉副会长14人。

2009年5月12日，召开平邑县慈善大会、平邑县慈善总会一届二次会议：慈善大会上县政府授予21个单位“平邑县慈善捐赠特别奖”、58个单位“平邑县慈善捐赠先进单位”，表彰30名先进个人及36名先进工作者。一届二次理事会议上表决通过增选3名理事、23名常务理事，确定名誉会长3人、名誉副会长10人、会长1人、常务副会长1人、秘书长1人、理事会常务理事60人，理事会理事134人。审议通过《平邑县慈善总会资产管理办法》和《平邑县慈善总会义工管理办法》。是年6月至9月，平邑县慈善总会在平邑镇、仲村镇、郑城镇、武台镇、保太镇、资邱乡、魏庄乡、铜石镇、温水镇、经济开发区、龟蒙景区蒙山管委会、丰阳镇、卞桥镇、流峪镇、地方镇、柏林镇、白彦镇、临涧镇分别成立18个慈善分会，在695个村（居）建立慈善工作站，695名村、居会计专兼职慈善工作联络员。

2011年，慈善分会由原来的18个合并为16个，村、居慈善联络站合并为626个，村级慈善联络员626名。

2012年，蒙山管委会和柏林镇划拨临沂市管理，部分村居合并给温水镇，慈善分会由16个合并为14个，村、居慈善联络站合并为515个，联络员改为515名。慈善组织建设的全方位覆盖为发展慈善事业起到更好的推动作用。

善款善物筹募　2007年12月22日，开展“送温暖、献爱心”活动，当年募集捐款64万元。2010年，募集捐款43.43万元。

2008年开始，全县每年5月中旬举行一次以“奉献一片爱心，构建和谐社会”为主题的“慈心一日捐”活动，倡导每个单位企业捐出一天的利润或节约的一笔资金，每位公民捐出一天的工资收入或节约的一笔资金，向困难群众奉献一片爱心，帮助他们解决自己无力解决的困难。2008—2013年，平邑县慈善总会共募集“慈心一日捐”捐款660.71万元。

2008年汶川地震、2010年南方旱灾、2010年青海玉树地震、2013年四川雅安地震，平邑人民踊跃捐款。2007—2013年，平邑县慈善总会共接收抗震救灾捐款536万元。

联合企事业等单位开展“定向救助基金”捐赠活动。2007—2013年，共募集定向捐赠款375.61万元，企业认捐冠名工作的展开，为平邑县建立长效筹资机制，推进慈善事业发展注入新的活力。另外，接收慈善物资捐赠衣被、食品、器材等价值170.66万元。

慈善救助 慈善总会通过项目救助、临时救助、节日走访、定向救助等方式关注弱势群体，配合市慈善总会实施“情暖万家、康复助医、朝阳助学、夕阳扶老、爱心助残”五大救助工程。开展“助困、助学、助医、助残、助老”等各种慈善救助和冠名基金公益事业建设活动，累计救助特困家庭2万余人次，发放救助款物约1306.35万元。

2007—2013年，在“情暖万家”工程中发放善款12.5万元，救助各类特困家庭250户；在“朝阳助学”工程中发放救助金164.49万元，救助高考特困新生348人；在“康复助医”工程中发放善款32.6万元，救助重病人员123人；在“爱心助残”工程中开展“慈善光明行”“微笑列车”等项目，免费为白内障患者和唇腭裂儿童做了康复手术，救助残疾困难群众375人次；在“夕阳扶老”工程中救助孤寡老人372人，发放救助款81.56万元；在“临时救助”活动中救助因病、因灾等特殊原因造成家庭生活困难的群众352人次，发放救助金37.73万元；为城乡低保户、贫困户、涉军人员、孤寡老人，贫困学生、残疾人等特困人员，发放棉被、毛巾被、食品、药品、轮椅等救援物资，合计155.92万元。

收养

1996年，开展收养登记管理工作。通过电台、电视台、广播和发宣传册的形式，广泛宣传《中华人民共和国收养法》。民政部门与计划生育、卫生、司法、公安等部门相互配合，形成合力，共同做好收养工作。1996—2013年，平邑县共办理收养登记440个。

第四节 殡仪馆、福寿园建设

平邑县殡仪馆

由于城市发展，原殡仪馆已处于城市规划区域内，县委、县政府决定搬迁新建殡仪馆。新馆于2008年6月动工，2009年3月竣工使用，选址在县城以南南阳村金牛山北侧，总占地面积3.58万平方米，其中馆区2.5万平方米，道路1.08万平方米，总建筑面积0.87万平方米，绿化面积0.24万平方米。架设供电线路2.8千米，打深井1眼，铺设供水管道3.6千米，配备备用电源，新上高档拣灰炉2台，平板炉1台，完成道路硬化0.9万平方米，馆区地面硬化1.1万平方米，总投资1600余万元。

新建馆馆区分为火化区、殡仪服务区、办公和生活服务区3大部分；主要建筑设施有火化车间、冷藏整理车间、服务室、职工宿舍、悼念大厅、单殓房、业务大厅、丧葬用品服务部、丧属休息室、守灵室、骨灰存放堂、伙房、餐厅、3个大型停车场、礼炮台等，可满足来馆丧属遗体冷藏停放、举办告别仪式、守灵、停车、休息、住宿、就餐等需要。2013年，全县火化遗体5715具，火化率达到99%。

金牛山福寿园

始建于1998年，占地面积约53.36万平方米，可开发利用面积约40.02万平方米。开发利用（包括墓区、道路、停车场、绿化、育苗、果园）约26.35万平方米，已安装墓穴5800套，售出墓穴（包括六村、八村等6个村）5080套。由于城市建设规划需要，自2007年开始，先后有六村、八村、大南泉、小南泉、保定、河湾6个村的公墓搬迁至福寿园，占地面积5.2万平方米，安装墓穴4286套。

第五节　地名管理

1989年4月，开展地名补查和资料更新工作，成立由分管副县长任组长的领导小组，对全县地名普查工作进行查漏补缺。

1997年，完成平邑—蒙阴线，平邑—新泰线行政区域界线勘界工作，配合完成平邑—费县线、平邑—山亭线、平邑—邹城线、平邑—泗水线的勘定工作，共勘定边界线6条，367千米，埋设界桩26个，其中三面桩5个，两面桩21个，编拟并会签了相应的行政区域界线协议书和协议书附图。

2005年，县政府印发《平邑县地名管理办法》，对平邑县地名命名、更名、使用、标准地名标志设置管理及相关活动进行规范，使地名工作纳入依法管理轨道。同年，筹资38万元，在县城7条主要道路制作安装标准路牌170块，方便群众生产生活和出行。

2007年，编辑出版《平邑县地名图册》，收录平邑县政区、城区、各乡镇地名图等20幅，并对全县地情及政区变更进行详述，对行政村的历史沿革进行收录。

2009年，在2008—2020年城区33平方千米总体规划和各乡镇政府驻地总体规划的基础上，制定《平邑县地名规划书》。2005年，建成“三位一体”地名信息公共服务系统，完成县地名数据库数据采集、录入等建库工作。

2007年，制定《平邑县行政区域界线管理示意图》《平邑县行政区域界线管理网络图》，县、镇、村界管员层层签订“行政区域界线管理责任书”，与毗邻县（市、区）签订“平安边界共建协议书”，边界毗邻镇、村签订“睦邻友好协议”，建立边界纠纷调处预警机制。

2013年，出版《平邑县政区地名图》《平邑县城区地名图》。

第六节　民间组织

1990年7月，设立社会团体登记管理股，隶属县民政局领导。2006年5月，县民政局内设民间组织管理办公室。

2013年5月，县民政部门印发《平邑县社会组织重大事项报告制度》，要求凡经民政部门核准登记的社会团体和民办非企业单位，必须履行重大事项报告制度。重大事项包括：召开会员（或会员代表）大会、变更登记、注销登记、换届改选、修改章程、修改会费标准、举办大型活动、学术研讨、成果展览、交流考察、评比达标、设立机构、创办实体、党组织建设、突发事件、接受捐赠、涉外活动、举办跨地域活动及违法受处等。7月，根据省民政厅要求，重点培育、优先发展行业协会商会类、科技类、公益慈善类、城乡社区服务类社会组织，成立这些社会组织，直接向民政部门依法申请登记，不再需要业务主管单位审查同意。政治法律类、宗教类等社会组织和境外非政府组织在鲁代表机构仍需要经业务主管单位审查同意。9月，成立中共平邑县社会组织党委，负责统筹抓好全县社会组织党建工作。是年底，平邑县有民间组织213个。

平邑县社会团体登记统计表

表 20-20

序号	登记证号	单位名称	业务部门	成立时间
1	QG001	平邑县个体私营企业协会	工商局	1992.01.10
2	QG007	平邑县农村供水协会	对外农协办	1992.01.10
3	QG009	平邑县消费者协会	工商局	1992.01.10
4	QG038	平邑县中医药学会	卫生局	1992.01.27
5	QG044	平邑县花卉盆景奇石根艺协会	文　联	1991.12.02
6	QG054	平邑县基督教三自爱国运动委员会	民宗局	1997.05.15
7	QG067	平邑县兔业协会	科　协	2001.03.18
8	QG070	平邑县基层法律工作者协会	司法局	2001.04.04
9	QG071	平邑县禽业协会	科　协	2001.06.08
10	QG079	平邑县伊斯兰教协会	民宗局	2003.04.18
11	QG080	平邑县中药材协会	科　协	2003.10.13
12	QG103	平邑县地方镇供销社果品流通协会	县联社	2003.12.07
13	QG104	平邑县棉花协会	县联社	2005.04.01
14	QG115	平邑县地方罐头加工企业协会	镇政府	2005.04.01
15	QG127	平邑县厨师协会	劳动局	2005.09.19
16	QG130	平邑县再生资源行业协会	县联社	2005.10.20
17	QG134	平邑县经纪人协会	工商局	1993.10.15
18	QG143	平邑县家用电器行业协会	科　协	2006.12.01
19	QG144	平邑县武术协会	文体局	2006.12.19
20	QG150	平邑县苗木协会	林业局	2007.05.12
21	QG151	平邑县农村合作经济组织联合会	联　社	2007.06.26
22	QG154	平邑县金银花标准化种植协会	镇政府	2007.08.08
23	QG156	蒙山文化研究会	史志办	2007.09.01
24	QG157	平邑县内部审计协会	审计局	2007.10.23
25	QG163	平邑县建筑工匠协会	建设局	2008.01.30
26	QG168	平邑县石膏工业协会	科技局	2008.05.12

续表 20-20

序号	登记证号	单位名称	业务部门	成立时间
27	QG169	平邑县老年书画研究会	老干局	2008.05.29
28	QG175	平邑县音乐家协会	文　联	2008.11.10
29	QG177	平邑县魏庄乡苍山村民发展互助协会	扶贫办	2008.12.09
30	QG178	平邑县魏庄乡武城村民发展互助协会	扶贫办	2008.12.09
31	QG179	平邑县魏庄乡水泉沟村民发展互助协会	扶贫办	2008.12.09
32	QG180	平邑县魏庄乡印荷村民发展互助协会	扶贫办	2008.12.09
33	QG181	平邑县魏庄乡石家庄村民发展互助协会	扶贫办	2008.12.09
34	QG183	平邑县劳保手套行业协会	经贸局	2008.12.19
35	QG190	平邑县生猪定点屠宰协会	流通业局	2009.07.24
36	QG191	平邑县青年摄影家协会	团县委	2009.08.06
37	QG192	平邑县收藏协会	文体局	2009.10.16
38	QG195	平邑县地方镇水果种植协会	农业局	2010.11.16
39	QG196	平邑县诗词学会	政　协	2011.05.21
40	QG203	平邑县粮食经纪人协会	粮食局	2011.06.30
41	QG205	平邑县文化市场行业协会	文化执法局	2011.08.11
42	QG206	平邑县绿茶种植协会	农业局	2011.08.19
43	QG207	平邑县人民调解员协会	司法局	2011.11.04
44	QG209	平邑县环境保护行业协会	环保局	2011.11.10
45	QG210	平邑县观赏石协会	文广新局	2011.12.07
46	QG211	平邑县演艺协会	文广新局	2012.03.16
47	QG212	平邑县供销统筹统保安全协会	县供销社	2012.03.30
48	QG213	平邑县商贸流通协会	流通业局	2012.03.30
49	QG215	平邑县惠农生姜种植协会	县科协	2012.07.06
50	QG216	平邑县节能促进会	节能办	2012.09.05
51	QG217	平邑县科学养生协会	县科协	2012.09.24
52	QG218	平邑县圣贤传统文化协会	文广新局	2012.11.20
53	QG219	平邑县青年书法家协会	团县委	2013.01.07
54	QG220	平邑县创业促进会	工商联	2013.04.23
55	QG221	平邑县心理学会	教体局	2013.09.25
56	QG222	平邑县糖酒食品商会	无	2013.10.21
57	QG223	平邑县温泉蒜黄产业协会	温水镇政府	2013.10.22

续表 20-20

序号	登记证号	单位名称	业务部门	成立时间
58	QG224	平邑县餐饮商会	无	2013.11.19
59	QG225	平邑县建材家居商会	无	2013.11.19
60	QG226	平邑县白彦镇白彦村扶贫互助社	扶贫开发办	2013.11.28
61	QG227	平邑县石材协会	石材管理办	2013.12.27

平邑县民办非企业单位登记统计表

表 20-21

序号	登记证号	单位名称	地址	成立时间
1	QG010025	平邑县莲花山学校	浚河路	2002.01.08
2	QG010129	平邑县阳光中学	蒙阳路南首	2002.10.14
3	QG010263	平邑县曾子学校	莲花山路段	2003.01.13
4	QG0299	平邑县西城实验小学	金银花商城	2006.04.25
5	QG010142	平邑蒙阳新星学校	毛家洼	2001.12.28
6	QG060282	平邑县蒙山文武学校	平保路	2003.05.17
8	QG020294	平邑县德才职业技工学校	财源大道	2004.07.22
9	QG010061	平邑县大众电脑学校	司法局西四楼	2001.01.13
10	QG0303	平邑县民政婚姻服务中心	莲花山路 9 号	2003.10.28
13	QG0314	平邑县沂蒙大姐创业服务中心	莲花山路 17 号	2005.09.21
14	QG0310	平邑县华胜农业机械研究所	板桥路北段	2005.04.01
7	QG0316	平邑县长城职业技术学校	浚河路中段	2006.03.08
15	QG0324	平邑县老年服务中心	莲花山西首	2006.03.26
11	QG0323	平邑县沂蒙山书画院	莲花山商城	2007.07.26
16	QG0325	平邑县香山老年公寓	莲花山西首	2007.09.26
12	QG0404	平邑县平安培训中心	安监局	2009.10.10
17	QG0406	平邑县流峪镇护城村扶贫互助社	村驻地	2009.11.23
18	QG0407	平邑县流峪镇同盛庄扶贫互助社	村驻地	2009.11.23
19	QG0408	平邑县流峪镇义新庄扶贫互助社	村驻地	2009.11.23
20	QG0409	平邑县流峪镇老泉崖村扶贫互助社	村驻地	2009.11.23
21	QG0410	平邑县儿童才艺培训基地	西城实验小学	2009.12.24
22	QG0412	平邑县沂蒙职业技术学校	蒙山大道南段	2010.07.08
23	QG0414	平邑县平邑镇东旺沟村扶贫互助社	村驻地	2010.11.26

续表 20-21

序号	登记证号	单位名称	地址	成立时间
24	QG0415	平邑县平邑镇窦家庄村扶贫互助社	村驻地	2010.11.26
25	QG0419	平邑县柏林镇前南林村扶贫互助社	村驻地	2010.11.26
26	QG0421	平邑县郑城镇油篓村扶贫互助社	村驻地	2010.11.26
27	QG0422	平邑县郑城镇马家洼村扶贫互助社	村驻地	2010.11.26
28	QG0423	平邑县郑城镇金盛村扶贫互助社	村驻地	2010.11.26
29	QG0424	平邑县郑城镇城东村扶贫互助社	村驻地	2010.11.26
30	QG0425	平邑县郑城镇福安村扶贫互助社	村驻地	2010.11.26
31	QG0426	平邑县郑城镇南湾村扶贫互助社	村驻地	2010.11.26
32	QG0432	平邑县沂蒙大姐职业技术学校	党校	2011.08.22
33	QG0434	平邑县星源围棋俱乐部	老县医院北门	2011.08.26
34	QG0435	平邑县阳光职业技术学校	阳光驾校	2011.09.06
35	QG0436	平邑县舞蹈家俱乐部	杏花村酒店 4 楼	2011.09.08
36	QG0439	平邑县沂蒙创业职业技术学校	中心建材	2011.10.12
37	QG0567	平邑县百佳乐体育俱乐部	百佳乐土产超市	2011.12.02
38	QG0440	平邑县新时代职业技术学校	金城中学内	2011.12.06
39	QG0441	平邑县天姿蒙山艺术职业技术学校	同台村学校	2012.01.04
40	QG0443	平邑县成才职业技术学校	金银花商城内	2012.01.16
41	QG0445	平邑县地方镇下坡村扶贫互助社	4386388	2012.02.06
42	QG0446	平邑县地方镇范家台村扶贫互助社	4371209	2012.02.06
43	QG0447	平邑县地方镇西瑶草村扶贫互助社	4399666	2012.02.06
44	QG0448	平邑县地方镇西东固村扶贫互助社	4388128	2012.02.06
45	QG0450	平邑县温水镇东围沟三村扶贫互助社	村委办公室	2012.02.06
46	QG0451	平邑县温水镇温泉村扶贫互助社	村委办公室	2012.02.06
47	QG0452	平邑县温水镇梭庄村扶贫互助社	村委办公室	2012.02.06
48	QG0453	平邑县温水镇西纯庄村扶贫互助社	村委办公室	2012.02.06
49	QG0454	平邑县温水镇务本村扶贫互助社	村委办公室	2012.02.06
50	QG0455	平邑县温水镇西围沟村扶贫互助社	村委办公室	2012.02.06
51	QG0456	平邑县温水镇元郭四村扶贫互助社	村委办公室	2012.02.06
52	QG0457	平邑县温水镇小河村扶贫互助社	村委办公室	2012.02.06
53	QG0458	平邑县温水镇仁孝村扶贫互助社	村委办公室	2012.02.06
54	QG0461	平邑县武台镇叶家庄村扶贫互助社	村委办公室	2012.04.04

续表 20-21

序号	登记证号	单位名称	地址	成立时间
55	QG0462	平邑县武台镇孟家庄村扶贫互助社	村委办公室	2012.04.04
56	QG0463	平邑县仲村镇西流庄村扶贫互助社	村委办公室	2012.04.04
57	QG0465	平邑县仲村镇周郭庄村扶贫互助社	村委办公室	2012.04.04
58	QG0466	平邑县仲村镇北近台村扶贫互助社	村委办公室	2012.04.04
59	QG0467	平邑县仲村镇张兴庄村扶贫互助社	村委办公室	2012.04.04
60	QG0468	平邑县武台镇清河村扶贫互助社	村委办公室	2012.04.04
61	QG0469	平邑县武台镇卧龙村扶贫互助社	村委办公室	2012.04.04
62	QG0470	平邑县武台镇蒋里村扶贫互助社	村委办公室	2012.04.04
63	QG0471	平邑县武台镇咸家庄村扶贫互助社	村委办公室	2012.04.04
64	QG0472	平邑县武台镇孙家楼村扶贫互助社	村委办公室	2012.04.04
65	QG0473	平邑县武台镇大王庄村扶贫互助社	村委办公室	2012.04.04
66	QG0474	平邑县卞桥镇西荆埠村扶贫互助社	村委办公室	2012.04.04
67	QG0475	平邑县卞桥镇蒋家庄村扶贫互助社	村委办公室	2012.04.04
68	QG0476	平邑县卞桥镇东卞桥村扶贫互助社	村委办公室	2012.04.04
69	QG0477	平邑县卞桥镇孟家湖村扶贫互助社	村委办公室	2012.04.04
70	QG0478	平邑县蒙山河洛文化研究中心	党校院内	2012.06.11
71	QG0479	平邑县晨曦轮滑俱乐部	银座北路西	2012.07.26
72	QG0480	平邑县广大远程职业技术学校	亚欧学校院内	2012.09.05
73	QG0483	平邑县保太镇孟武阳村扶贫互助社	村委办公室	2013.01.30
74	QG0484	平邑县保太镇北王庄村扶贫互助社	村委办公室	2013.01.30
75	QG0485	平邑县保太镇卓家村扶贫互助社	村委办公室	2013.01.30
76	QG0486	平邑县保太镇魏刘庄村扶贫互助社	村委办公室	2013.01.30
77	QG0487	平邑县保太镇管家庄村扶贫互助社	村委办公室	2013.01.30
78	QG0488	平邑县保太镇高白壤村扶贫互助社	村委办公室	2013.01.30
79	QG0489	平邑县保太镇福禄庄村扶贫互助社	村委办公室	2013.01.30
80	QG0490	平邑县保太镇纯厚庄村扶贫互助社	村委办公室	2013.01.30
81	QG0491	平邑县保太镇蔡家庄村扶贫互助社	村委办公室	2013.01.30
82	QG0492	平邑县经济开发区丰山埠村扶贫互助社	村委办公室	2013.01.30
83	QG0493	平邑县经济开发区南马村扶贫互助社	13705499467	2013.01.30
84	QG0494	平邑县阳光大姐职业技术学校	浚河路中段冠鲁西	2013.03.14
85	QG0495	平邑县大思文化艺术交流中心	财源大道北段	2013.10.15

续表 20-21

序号	登记证号	单位名称	地 址	成立时间
86	QG0496	平邑县社区家政服务中心	商贸城沿街楼 407 号	2013.10.21
87	QG0497	平邑街道常山村扶贫互助社	常山村委	2013.12.27
88	QG0498	平邑县庆国乒乓球俱乐部	生资公司院内	2013.12.27

第七节 婚姻登记

1989 年，全县共办理结婚登记 9955 对，晚婚率 99%，登记合格率 100%。

1991 年，为严肃婚姻登记制度，坚决杜绝婚姻登记过程中冒名顶替和更改年龄等问题的发生，印发《平邑县民政局、公安局关于使用居民身份证办理结婚登记的报告》，确定在办理婚姻登记时一律使用居民身份证。

1993 年 9 月 11 日，县直机关婚姻登记处成立，每月 20 号为登记日，凡县直机关、事业单位、县属厂矿企业（含省地属单位）、城镇户口职工必须到该登记处办理婚姻登记手续。

1996 年，市民政局对全县 13 处乡（镇）婚姻登记员进行培训，实行婚姻登记员持证上岗，严禁借婚姻登记搭车收费，尽量减轻当事人的经济负担。

1998 年，县民政局集中办理婚姻登记工作，全年共办理结婚登记 6250 对，离婚登记 53 对。晚婚率 99%，登记合格率 100%。

1999 年 8 月，平邑县婚姻登记管理处成立，负责全县的婚姻登记管理工作，并将 1999 年以来的纸质档案逐一输入计算机，制成电子档案，加强婚姻登记档案管理工作。是年平邑县对晚婚年龄的规定是：男性 22 周岁，女性 23 周岁。

2000 年，县民政局出资 3 万元，成立平邑县婚姻服务中心，开展婚姻照相、喜事用品销售等业务。

2003 年，全县共办理结婚登记 9719 对，离婚 169 对，晚婚率 99%，登记合格率 100%。

2004 年，全县共办理结婚登记 7458 对，离婚登记 335 对，晚婚率 99%，登记合格率 100%。

2005 年 4 月 2 日，县民政局要求在办理协议离婚和女性再婚登记手续时必须认真审验计划生育部门出具的婚育状况证明，坚决杜绝违法生育和以逃避处罚为目的假离婚、假结婚。同年，实行定时登记制度，对城区及各乡镇限定婚姻登记时间，除平邑镇、白彦镇每月安排两天外，城区及其他乡镇每月均安排 1 天，登记办公日期间，乡镇（城区）计生办要安排两名工作人员到县民政局婚姻登记处做好婚姻登记信息统计工作，及时上报登记信息，以加强《人口与计划生育法》的贯彻实施。

2006 年 2 月 27 日，县民政局印发《关于做好宣传晚婚晚育工作的规定》，要求登记员在严格执行婚姻法的同时，做好婚姻当事人晚婚晚育的说服教育工作。

2008 年，登记处推进婚姻登记信息化建设，从结婚登记到档案管理，全部实现计算机操作，并将 1999 年以来的纸质档案统一输入计算机，制成电子档案文件进行保管。

2010 年 5 月，登记处启动颁证仪式，将过程刻录成光盘送给当事人，进一步完善预约登记服务，并且坚持依法登记，杜绝卡晚婚现象，确保登记机关的工作秩序和工作质量。

2013 年，全县共办理结婚登记 93862 对，离婚登记 1843 对，登记合格率 100%。

1989—2013 年平邑县婚姻情况表

表 20-22

年份	结婚登记（对）	离婚登记（对）	晚婚率（%）	登记合格率（%）
1989	9955		99	100
1990	7391	2	99	100
1991	8655	11	99	100
1992	3045	4	99	100
1993	3691	8	99	100
1994	9046	2	99	100
1995	9150	12	99	100
1996	8400	7	99	100
1997	7800	17	99	100
1998	6250	53	99	100
1999	6500	117	99	100
2000	5650	97	99	100
2001	5643	145	99	100
2002	6033	114	99	100
2003	9719	169	99	100
2004	7458	335	99	100
2005	5950	319	99	100
2006	6811	395	99	100
2007	7421	448	99	100
2008	7247	610	99	100
2009	10870	707	99	100
2010	10415	834	99	100
2011	11480	1225	99	100
2012	10736	1562	99	100
2013	8872	1769	99	100

第二十一编

公安　司法

第一章 公 安

1989年4月，县公安局新增设信访科、通信科。1991年增设消防科。1992年，交通警察队改为交通警察大队。1993年3月，增设保安服务公司，与保卫科合署办公，1个机构两块牌子；7月，刑警队更名为刑事警察大队。1994年3月，增设西城派出所；10月，成立巡警大队。1995年，增设纪律检查委员会、外事科、林业公安科。1996年，增设老干科。

1996年6月，刑警大队内部设置办公室、5个侦察中队、刑事技术中队、法医室；巡警大队内部设置办公室、4个巡逻中队，各室队均为股级建制。1997年2月，成立指挥中心。1998年10月，成立监管大队。1999年7月，撤销老干科并入政工科，政研室改为宣传科，经济文化保卫科改为经济犯罪侦查科，增设计算机安全监察科；12月，增设城区交管中队，保安公司改名保安大队。是年，交通警察大队划归临沂市公安局管理。2001年3月，因全县乡镇撤并调整，原白马、岐山、羊城、张里、天宝、山阴、黄坡、唐村岭、庞庄9个派出所被撤销，新成立蒙山景区派出所，按照调整后的乡镇设置，设置20个基层派出所；原东阳派出所改为城南派出所。

2005年3月，政工科改为政治处，政保科改为国内安全保卫大队，计算机安全监察科改为公共信息网络安全监察科，户政科改为户政管理科，外事科改为出入境管理科，行政装备科改为装备财务科；增设监察室、警务督察大队、审计科；通信科脱离指挥中心；成立反邪教侦查大队；刑警大队改为刑事侦查大队，内设办公室、法医室、案审中队、技术中队、打流中队、5个侦察中队；巡警大队改为巡逻防暴警察大队，内设办公室、3个巡逻中队、特勤中队和110机动队；治安科改为治安警察大队，升格为副科级单位，内设爆炸物品、烟花爆竹管理办公室、3个治安中队；监管大队改为监所管理大队（同时挂平邑县看守所牌子），内设办公室、4个看守中队和治安拘留所；经济犯罪侦查科改为经济犯罪侦查大队，升格为副科级单位，内设办公室、经济文化保卫中队和2个侦察中队。

2010年4月，增设经济开发区派出所；9月，指挥中心增设情报中心。2011年7月，成立平邑县民警教育训练中心。2012年4月，蒙山景区派出所、柏林派出所划归临沂市蒙山管委会。2013年4月，平邑县民警教育训练中心更名为平邑县城区治安勤务大队。

第一节 治安管理

1989年1月，县公安局治安警察大队更名为治安科。是年，完成中华人民共和国成立40周年安保任务。至年底，全县共列管特种行业88家，其中旅店业77家，旧货业5家，刻字业4家，铸造业2家。全县收缴非法制造枪支79支，收缴炸药2吨，雷管2000发，导爆索2.5万米，烟花2万响，摔炮13万响，处理案件22起，处罚人员8人。

1991年底，全县共列管特种行业137家，其中旅店业89处，旧货业29处，刻字业4处，印刷业9处，铸造业6家。全县共收缴非法制造枪支234支，收缴炸药13.97吨，雷管91支，导爆索400米，鞭炮2.3万响，摔炮1400响，全年使用炸药2000吨无事故。

1992年底，全县共列管特种行业146家，其中旅店业89处，歌舞娱乐场所7处，旧货业32处，刻字业4处，印刷业9处，铸造业5处。上半年收缴各种土枪、气枪370支，各种子弹290发，手榴弹1枚，各种刀具40把。

1993年，召开全县治保会整训工作会议，对全县1065个农村治保主任进行培训，并对87个成绩突出的政保会和治保主任予以表彰。全县共有爆管站14个，矿山123处，小煤矿7处，石膏矿23处，金矿2处，鞭炮生产厂3家。

1994年4月，开展全县治保会整训工作，通过整训，调换治保会主任55人，调换治保会成员20人，新增治保会成员332人，新组建治保会8个，组建联防队17人。全县治保组织协助破获各类案件156起，抓获违法犯罪嫌疑人105名。年底，全县共列管特种行业137家，其中旅店业85处，旧货业35处，刻字业4处，印刷业13家。全县共有爆管站14个，矿山123处，小煤矿7处，石膏矿25处，金矿2处，鞭炮生产厂3家。

1995年底，全县共列管特种行业198家。

1996年底，全县共清理整顿63家废旧金属收购站、点，其中吊销特种行业许可证5家，停业整顿12家，取缔无证经营37家。查缴各类枪支5016支，子弹123发，危险物品200余件，导火索20万米，炸药13吨，雷管5000余发。同时整顿14处爆管站，3家鞭炮生产厂。其中取缔5处爆管站，2家鞭炮厂。

2001年，在温水、仲村新设2处高标准民爆站。全年收缴各类枪支232支，军用子弹4121发，手榴弹29枚，炸弹1枚，炸药6010千克，黑火药356千克，雷管1.47万枚，导火索13.58千米，爆竹成品3.6万响，抓获涉枪、涉爆违法犯罪嫌疑人369人，其中刑事拘留82人，取保候审92人，治安处罚195人。

2002年，完成在蒙山举办的以“登蒙山主峰、铸团队精神”为主题的全省“黄金杯”青年登山赛安全保卫任务。实现住宿登记计算机联网管理。娱乐场所经营单位设立治安审核、按摩服务场所的设立审批、特种刀具生产许可证核发、匕首佩带证核发、管制刀具经销审批、特种刀具购买证核发、进口彩色复印机审批，设立旧货企业、旧货市场及个体工商户经营旧货特种行业许可、生产性废旧金属收购企业特种行业许可、报废汽车回收（拆解）企业特种行业许可、印刷企业特种行业许可。

2004年，完成中华人民共和国成立55周年、第二届蒙山长寿旅游文化节期间一系列活动的安全保卫工作。全县共查处涉爆案件41起，涉爆违法犯罪嫌疑人49人，其中刑事拘留9人，治安处罚40人。收缴非法枪支3支，收缴炸药90多千克，雷管40余枚，导火索30余米，爆竹8万余头。

2005年，从部队转业、退伍军人中选拔20人建立县城专职巡防队，城区内的可防性案件发生118起，比2004年减少72起，下降比例达到37.8%。对35家废旧金属收购站（收购点）逐一进行拉网检查，发现违法经营25家，并分别给予行政罚款处理。组织全县涉爆重点单位负责人和爆破员、保管员、安全员、押运员等涉爆人员举办爆炸物品安全管理培训班，400余名参训人员经考试考核合格后，颁发相关资格证书，从源头上预防和减少涉爆事故和案件的发生。共破获涉枪涉爆案件16起，抓获涉枪涉爆违法犯罪嫌疑人9人，其中刑事处罚7人、治安处罚2人；收缴各类枪支17支、炸药679千克（黑火药86.5千克）、雷管1446

支、导火线1656米、鞭炮成品2.5万余响。

2006年，全县已有36家旅馆安装了微机或“警眼”，50张床位以上旅馆系统覆盖率达到100%。在公安机关备案的娱乐场所8家。全年共收缴炸药20千克，雷管13支，导火索22米，管制刀具173把。

2007年，全县39家旅馆安装微机或“警眼”，50张床位以上的旅馆全部安装信息化管理系统；印章业信息系统建设安装完毕。同年3月，枪支管理、民用爆炸物品管理系统开通，实行网上办理运输证和购买证，全县公安机关全年共收缴各类民用枪支18支，其中自制枪支1支；没收各类子弹97发、雷管547发、炸药41.1千克、导火索282米，并成功销毁变质过期的41.1千克炸药、807发工业火雷管、440发电雷管、85米导火线和战时遗留炮弹4枚。

2008年，新安装旅馆业信息管理系统34家，共传输住宿人员信息4000余条；1月，全面取消了公章手工刻制，实行网上审批，通过网络传输到刻制厂家，实行微机刻制，每枚印章带有唯一的编号和唯一的防伪线。全年共收缴各类枪支6支，收缴各类子弹734发、雷管840发、炸药138千克、导火索322米，收缴并成功销毁战时遗留炮弹6枚，收缴并销毁烟花爆竹340余万响，半成品筒子1.2万余头，共抓获涉枪、涉爆、涉危、涉毒违法犯罪嫌疑人23人，其中批捕3人，治安拘留11人。

2009年7月，对小型民爆库进行整改。全县105家旅馆安装旅馆业信息管理系统，50张床位以上旅馆系统覆盖率达到100%，全年共传输住宿人员信息6500余条。收缴雷管43发、炸药284千克，收缴并销毁烟花爆竹40余万响，共抓获涉枪、涉爆、涉毒违法犯罪嫌疑人29人，其中治安拘留14人，行政罚款11人，刑事拘留4人，提请逮捕1人。

2010年，完成上海世博会、广州亚运会、亚残会、平邑县首届春节文艺晚会、“首届中国·平邑金银花节”等各项保卫任务。对全县212家大、中、小型旅馆业进行调查摸底建档工作，对全县158家废旧金属回收业进行备案登记，对辖区43家娱乐服务等公共场所全面开展治安检查。共收缴报废枪支16支、管制刀具24把，收缴并销毁烟花爆竹100余万响，共抓获涉枪、涉爆、涉毒违法犯罪嫌疑人70人，其中刑事拘留5人，治安拘留61人，行政罚款2人，取保候审2人。

2011年，完成深圳大运会安保工作、全县重点项目开工奠基仪式、“中国·金银花节”暨金银花高峰论坛等23次活动的安全保卫工作。全县安装旅馆业信息系统223家，198家旅馆安装使用二代身份证读卡器。对全县160家废旧金属回收业进行备案登记。针对“奇石热”不间断开展整治活动，对非法采矿比较严重的保太镇大埠槐村北和武台镇东近台村北的蒙山侧峰开展集中整治，刑事拘留12人，直保2人，治安拘留违法人员5人，依法扣押非法开采的奇石11块。

2012年，完成中共十八大、亚洲沙滩排球运动会、第二届中国（临沂）金银花节·山东省道地药材文化节等30次活动的安全保卫工作。推进烟花爆竹信息系统的建设工作，对2家烟花爆竹企业录入信息系统，并对企业单位进行注册。

2013年，完成全运会、亚青会、十八届三中全会、中央经济工作会议、第十届中国艺术节及0928专案审判安保维稳工作。销毁近年来查获的非法土猎枪17支。

第二节 打击刑事犯罪

1993年7月，县公安局刑警队更名为刑事警察大队；1998年10月侦审改革，撤销预审科，预审职能并入刑警大队，刑警大队设9个中队，1个办公室。

2009年,侦破“12·30”赵某某爆炸杀人案。2009年12月29日，张某（男，28岁）携未婚妻回到家中，准备于12月31日举行结婚典礼。按照当地风俗，12月30日中午12时许，张某在其叔叔陪同下，到村公墓林为长辈上喜坟。在此过程中,其家族一长辈坟墓突然爆炸，正在坟前烧纸磕头的张某被当场炸死。接报案后县公安局迅速组织刑侦大队侦技人员赶赴现场，及时判明案件性质，迅速启动命案侦破机制，抽调精干力量组成专案组全力开展侦破工作。经过连续6个昼夜艰苦奋战，于2010年1月4日晚将犯罪嫌疑人赵某某抓获归案。

2012年，侦破公安部督办特大拐卖儿童案。3月7日零时起，对“2011·11·18”特大拐卖儿童专案犯罪嫌疑人开展集中抓捕行动。全县共抓获拐卖儿童犯罪嫌疑人40人，解救被拐卖儿童7名。

2012年,侦破“2011·10·18”抢劫杀人案。2011年10月18日早7时许，平邑警方接群众报警称李某在自家屋内被人杀死，其妻吴某受重伤昏迷，家中现金被抢。由于受害人李某生前系信用社信贷员，人员交往复杂，加之其妻吴某身受重伤致高位截瘫且一直无法进行交流，不能提供任何破案线索，案件侦破工作困难重重。案发后平邑警方抽调精干警力，组成专案组，历经6个多月的侦察，于2013年5月1日，将犯罪嫌疑人王某某（男，24岁）、刘某某(男,16岁)抓获归案,同时将涉嫌窝藏、包庇犯罪的嫌疑人朱某一并抓获。

2013年，侦破“6·25”中国农网特大网络诈骗案。2013年6月25日11时许，接匿名举报称有四五个外地人租住在居民楼里，楼内摆放多台电脑，可能从事非法活动。接到报警后平邑县局即派侦查人员前往调查，发现该伙人员有重大作案嫌疑，并于当日以“6·25”中国农网诈骗案立案侦查。调查发现，自2012年5月以来，此网站以“上海标合公司”的名义开办并管理经营期货业务，网站管理人员人为调整期货的开、收盘价格造成客户资金亏损的假象，骗取客户充值资金。该诈骗团伙利用网站发展全国各地会员1200余人，涉案金额1.3亿余元，犯罪嫌疑人涉及广东、广西、湖南、湖北、甘肃、北京、上海、重庆、江苏、浙江、吉林、陕西、黑龙江、山东、江西等20余个省市区。专案组民警历时6个多月、行程5万余千米，多次远赴广东、上海、广西、福建、江西、辽宁、吉林及省内各金融系统进行调查取证，查封资金账户1300余万元，抓获犯罪嫌疑人30余人。

第三节 经济侦察

1997年3月，经侦部门新增打击经济犯罪工作职能。5月，查明犯罪嫌疑人秦某多次为平邑县八埠庄村无业人员出具商业承兑汇票，并出具银行承诺10余份，致使汇票流失到社会的犯罪事实，派民警远赴哈尔滨、佳木斯、秦皇岛、柳州、上海等地，将流失到社会的汇票全部追回，为国家避免2200万元的经济损失。全年全力打击涉税犯罪案件，积极为税务部门挽回税款，保障全县正常的税收征管秩序，破获刑事案件17起，刑事拘留18人，查处治安案件32起，处罚110人，追回赃款

2327.6万元。对全县内部单位进行5次安全大检查，查出安全隐患236条，下发隐患通知书7份。

1998年2月，经济文化保卫科查明腾某、任某某、李某某3人利用盗窃的存单，伪造20.8万元存款，并在银行骗取贷款15.9万元的犯罪事实，及时为金融部门追回被骗赃款。同年4月，经文保科查明犯罪嫌疑人孙某某挪用原大亚公司公款14.7万元的犯罪事实，并追回全部被挪用公款。全年破获刑事案件41起，刑事拘留53人，追回赃款151万元；查处治安案件29起，处罚82人，治安罚款20余万元。对列管的要害单位进行4次安全大检查，下发隐患通知书11份，处罚企业负责人3人。

1999年，全年立案26起，涉案金额187万元，破案20起，挽回经济损失90余万元。对企业检查15次，发现安全隐患18条，下发隐患通知书18份。

2000年，立案43起，涉案金额244.5万元，破案39起，抓获犯罪嫌疑人40人，挽回经济损失191.7万元。对企业抽查30次，发现安全隐患12条，下发隐患通知书7份。

2001年3月，经济犯罪侦察科组织民警抓获涉嫌金融犯罪的刘某某，追回赃款40万余元。全年立案20起，涉案金额195万元，破案17起，抓获犯罪嫌疑人23人，挽回经济损失128万元。对重点要害单位检查36次，抽查13次，发现问题110多处，下发隐患通知书10份。完成各项警卫、保卫任务40余批次。

2002年4月，成功破获1起“克隆”金融凭证的诈骗案，为储户挽回经济损失9.8万元。同年5月，赴菏泽抓获合同诈骗逃犯游某某，为兰陵集团平邑分公司挽回经济损失18万元。全年立案11起，涉案740万元，破案14起，抓获犯罪嫌疑人18人，挽回经济损失176万元。

2003年5月，抓获1人借“非典”疫情违法购销食盐、哄抬物价并暴力妨害执行公务的犯罪嫌疑人徐某某，有力地配合全县防治“非典”工作。全年立案34起，涉案金额602.84万元，破案32起，抓获犯罪嫌疑人32人，挽回经济损失210万元。

2004年6月，经侦科破获1起伪造公司印章案，抓获犯罪嫌疑人李某某，为平邑县外贸集团总公司挽回经济损失300余万元。全年立案21起，涉案金额443万元，破案20起，抓获犯罪嫌疑人22人，挽回经济损失290万元。组织金融系统安全保卫知识培训和技术比赛活动；对博物馆进行安全检查，查处隐患2处，下发整改通知书1份。

2005年，将中共平邑县委办公室等36家单位确定为县公安局管理的治安保卫重点单位，并将此项工作纳入到经侦大队的工作范围。5月，连续破获2起重大偷税案件，抓获犯罪嫌疑人张某某、杨某某2人，追缴税款60万余元；破获官某某合同诈骗案，为平邑县对外贸易股份有限公司追回被骗现金47.8万余元。年内经侦大队组织开展“山鹰行动”“鲁剑行动”、打击非法集资等5个专项行动，举办重点单位保卫干部培训班3期；共立案116起，涉案金额677万元，破案116起，抓获犯罪嫌疑人60人，挽回经济损失542.8余万元。对全县重点单位进行6次安全大检查，发现安全隐患24处，下发隐患通知书2份。

2006年2月，成功破获枣庄市乔山特种水泥有限责任公司白彦分公司偷税案，为税务部门追缴税款200余万元。同年7月，破获“7·26”保险诈骗案，抓获犯罪嫌疑人梁某某、常某某2人，为保险公司追回被骗保金12万余元。年内，组织开展“治理商业贿赂”“打击非法传销和变相传销活动”“利剑二号”等18个专项行动。共立案181起，涉案金额969.32万元，破案181起，抓获犯罪嫌疑人71人，挽回经济损失542.73万元。同内部单位签订各类责任书76份，对内部单位进行12次安全大检查，整改安全隐患23处。

2007年1月，经侦民警赴上海抓获合同诈骗上网逃犯王某某，为平邑外贸集团总公司青岛分公司追回被骗现金56.5万元。1月，成功破获孙某某涉嫌挪用资金案，追回被挪用的55万元资金。3月，经侦大队被县委、县政府评为全县公正执法先进单位。年内，组织开展打击传销违法犯罪、农行系统骗贷、追逃等6个专项斗争，立案103起，涉案金额1669.71万元，破案103起，抓获犯罪嫌疑人41人，挽回经济损失708.72万元。对全县重点单位进行安全大检查3次，夜间抽查4次，发现安全隐患22处，下发隐患通知书4份，组织开展大比武1次。

2008年12月，抓获涉嫌职务侵占的上网逃犯谢某某，为平邑县供电公司挽回经济损失200万余元。年内，组织开展“打击非法融资”“打击售假发票和非法代开发票”“打击非法传销”等4个专项斗争；共立案169起，涉案金额1162.18万元，破案166起，抓获犯罪嫌疑人73人，挽回经济损失974.63万元。对全县重点单位进行安全大检查2次，夜间抽查3次，发现安全隐患19处，下发隐患通知书2份。

2009年11月，成功规劝批捕在逃的犯罪嫌疑人李某某投案自首，并查明李某某在2006年至2007年期间，多次违反规定发放贷款400余万元的犯罪事实。同年12月，抓获涉嫌假冒注册商标的犯罪嫌疑人王某某、岳某某，当场查获伪造组装的带有“LG”字样的“蒙沃”牌变速箱168台以及伪造的铭牌、合格证、保修卡等物品1宗。年内，组织开展“打击传销”“打击假币犯罪‘09行动’”“打击整治发票违法犯罪”等7个专项行动；共立案108起，涉案金额1534.1万元，破案108起，抓获犯罪嫌疑人75人，挽回经济损失546.7万元。对全县重点单位进行安全大检查2次，夜间抽查2次，发现安全隐患21处，下发隐患通知书6份，组织开展大比武1次。

2010年7月，抓获涉嫌职务侵占、合同诈骗的犯罪嫌疑人何某，为蒙阴县宝地矿业有限公司挽回经济损失160余万元，为受害购房户挽回经济损失120万余元。年内，组织开展“打击侵犯知识产权和制售假冒伪劣商品专项行动”“打击假币犯罪”“打击假发票犯罪”等9个专项行动，立案122起，涉案金额1559.35万元，破案122起，抓获犯罪嫌疑人100人，挽回经济损失1955.51万元。圆满完成警卫、保卫任务22批次及征兵政审工作。组织开展经侦宣传活动，发放宣传单页2000余份，向群众现场解答20余人次。

2011年1月，成功破获“1·5”非法制造、销售商标标识案，抓获犯罪嫌疑人刘某某、潘某某2人，捣毁非法印制窝点5处，查获印有“泰山”牌纸面石膏板、北新建材“龙牌”石膏板等伪造的中国驰名商标字样的封头纸12万件。11月，敦促1人潜逃13年的上网逃犯李某某投案，并查明李某某于1998年挪用金融部门资金15.82万元的犯罪事实。12月，经侦民警远赴海南省三亚市，将潜逃13年且隐姓埋名的上网逃犯张某抓获归案。张某于1998年用一客户的通兑存单，在银行中提取25.7万元现金后携款潜逃。年内，组织开展“亮剑”“天网——2011”“清网”等8个专项行动；共立案44起，涉案金额1872.9万元，破案41起，抓获犯罪嫌疑人57人，挽回经济损失1221.5万元。组织开展经侦宣传活动，发放宣传单页3000余份，在县电视台制作宣传节目7次，在报刊、互联网等新闻媒体发布预警信息15篇次。

2012年4月，破获1起非法经营案，抓获利用POS机刷卡套现1200万余元并从中牟利的犯罪嫌疑人宋某。年内，组织开展“打击假币”“打击传销”“破案会战”等6个专项行动；共立案261起，涉案金额3166.5万元，破案100起，抓获犯罪嫌疑人285人，挽回经济损失2256.8万元。组织开展经侦宣传活动，发放宣传材料1700余份，向群众现场解答30余人次；在报刊、电视、互联网等新闻媒体发布预警信息9篇次。

2013年1月，抓获涉嫌骗取贷款的犯罪嫌疑人彭某某，为金融机构挽回经济损失22万余元。5月，破获1起假冒注册商标案件，当场查获价值20万余元的假冒“龙牌”石膏板。年内，组织开展“打假”“打传”“整治发票违法犯罪”等5个专项行动，共立案47起，涉案金额3641.08万元，破案20起，抓获犯罪嫌疑人23人，挽回经济损失4613.35万元。组织开展经侦宣传活动，发放宣传材料2000余份，向群众现场解答20余人次。

第四节 交通管理

交警机构

1989年，平邑县公安交通警察队下设6个中层单位。1992年，改称平邑县公安局交通警察大队，增加中层单位2个，分别为宣传股、地方中队；城区分队改为城区中队。1999年，改称为临沂市公安局交通警察支队平邑大队，下设14个中层单位，分别为办公室、政工科、宣传法制科、财务装备科、交通管理科、肇事处理科、车辆管理所、一中队（驻县城，管辖区域为城区及平邑镇）、二中队（驻仲村，管辖区域为仲村、武台、保太3个镇）、三中队（驻地方，管辖区域为地方、铜石、温水3个镇）、四中队（驻白彦，管辖区域为白彦、郑城、流峪3个镇）、五中队（驻柏林，管辖区域为柏林、卞桥3个镇）、六中队（管辖区域为日东高速公路平邑段）、七中队（驻丰阳，管辖区域为丰阳、临涧2个镇）。

2013年，有中层单位14个，分别为综合科、宣传科、财务装备科、交通秩序科、肇事处理科、车管所、城区一中队、城区二中队、特勤中队、仲村中队、柏林中队、地方中队、白彦中队、丰阳中队。

交管设施

1989年，交警大队在县城浚河路与板桥路交会处、浚河路与蒙阳路交会处设置交通信号灯2处。之后逐渐在浚河路与蒙山大道交会路口、板桥路与莲花山路交会路口等处增加，并向县城外有关道路路口、乡镇驻地路口、村庄路口发展。至2013年，共在全县设置道路交通信号灯71处。

道路隔离设施 1989年，交警队在县城浚河路两侧设置两排道路隔离墩，对机动车道与非机动车道进行隔离。1995年，因车辆、行人增多，设施滞后撤除。2010年，在板桥路中间安装1条道路隔离护栏，对相向行驶车辆进行安全隔离。

电子警察设备 自2005年起，交警大队开始在县城城区道路、327国道等主要道路上安装电子警察设备，用于抓拍闯红灯、逆行、超速等交通违法车辆，依据拍摄记录图像对违法驾驶人进行处罚。至2013年，共在全县范围内道路上设置电子警察设备26套。

安全检查与事故处理机制

交通安全检查　1989年，交警大队在327国道县城西侧和温水设立2处检查站，对过往机动车辆进行安全检查，1991年撤销检查站。

1992年后，采取流动巡查和不定点检查的方式，对机动车辆进行安全检查。对全县辖区范围内机动车辆，交警大队按照上级规定，采取年度检验的方式进行安全检查，“十一”黄金周等重点时期和重要节假日对有关机动车辆进行临时检验。

交通事故处理　1989—2003年，交通事故处理交通事故是通过现场勘查及案情调查，做出交通事故责任认定，召集事故双方当事人进行调解，制作调解协议书。经过两次调解达不成协议的，由事故当事人向人民法院提起诉讼。

1995年,开通122道路交通事故报警电话。

2004—2013年，交警大队处理方法是通过现场勘查及案情调查,制作交通事故认定书,对当事人双方请求调解的予以调解，事故当事人也可直接向人民法院提起诉讼。2010年,开始由县委政法委员会牵头组成平邑县道路交通事故人民调解委员会，在交警大队肇事处理科设立调解室，聘用退休法官、司法干部担任人民调解员，调解道路交通事故。人民调解委员会根据当事人的申请,以及交通事故认定书,对案件进行调解，经调解达成协议的，制作调解协议书。调解协议书具备法律效力，可作为保险理赔的依据。

交通违法整治

1989—1999年，交警大队采取日常整治、集中整治、专项整治等方式，整治道路交通违章行为，累计出动警车5.6万余台次，出动警力18.3万余人次，清理违章占道2.1万余处，查纠违章车辆62万余台次，查扣无牌无证违章车辆12.3台次。

2000—2005年，交警大队先后开展实施“畅通工程”和创建“平安大道”活动、打击盗抢机动车等违法犯罪专项行动、剧毒化学物品运输车辆运输安全专项整治、道路交通治安秩序专项整治行动和集中清理整治接送中小学生和幼儿车辆专项整治、道路交通安全百日集中整治活动、六项秩序综合整治等活动，累计组织民警上路执勤18.2万余人次，道路巡逻里程13.1万余千米，查处各类交通违章违法行为11.8万余起。

2006—2010年，交警大队先后组织开展“双超”整治、无牌无证、假牌假证、挪用号牌、遮挡号牌、套牌机动车整治和春运、“五一”、“十一”黄金周、蒙山长寿旅游节交通安全保卫、公路重点交通违法行为集中整治和预防重特大道路交通事故专项行动，采取“点上查、线上纠、面上控”方式，严查严纠各类交通违法行为。累计出警力14.3万余人次，道路巡逻里程达20.1万余千米，开展大的集中整治活动61次，查处各类交通违法行为27.8万余起。其中，无证驾驶460余起，机动车无牌行驶3800余起，酒后驾驶320起，超速行驶6.3万余起，违法装载4.8万余起。

2011年，共查处酒后驾驶违法行为152起、醉酒危险驾驶行为41起,行政拘留152人,暂扣驾驶证152本、吊销驾驶证11本。

2012年，交警大队开展道路“七治”专项整治行动，对酒后驾驶、涉牌涉证、农用车和非法营运三轮车违法载人等严重交通违法行为进行查处，全年共查处各类交通违法行为52031起，其中酒后驾驶123起，醉酒驾驶23起、涉牌涉证792起，行政拘留97人，刑事拘留56人。

2013 年，交警大队集中开展涉牌涉证、酒后驾驶专项整治行动，“大排查、大教育、大整治”货车违法行为专项行动等整治行动，全年共开展集中查处行动 128 次，共出动警力 1.6 万余人次、警车 8000 余辆次，查处各类交通违法行为 2.8 万余起，其中超载 4716 起，客车超员 106 起，酒后驾驶 78 起，涉牌涉证交通违法行为 898 起。

车辆检验与注册登记

1989—1998 年，交警队办理四轮农用车、三轮农用车、三轮摩托车、二轮摩托车、轻便摩托车注册登记业务和年度检验业务。

1999—2002 年，交警大队成立车管所，负责办理四轮农用车、三轮农用车、三轮摩托车、二轮摩托车、轻便摩托车注册登记业务。2003 年，交警大队建成机动车检测线一条，对办理注册检验、年度检验、季度检验以及临时检验的各类机动车进行检测。同年交警大队车管所开始办理大型货车及小型汽车注册登记业务。至 2013 年，共办理车辆注册登记 19.28 万台。

驾驶人管理

1989—1998 年，负责办理四轮农用车、三轮农用车、三轮摩托车、二轮摩托车、轻便摩托车类驾驶证申领和年度审验业务。驾驶证办理由牌证股审核申请人手续，检考股进行培训考试，合格者核发机动车驾驶证。驾驶员年度审验办理，对已领取机动车驾驶证的驾驶员，由检考股进行培训考试，合格者由牌证股签注年审合格章。

1999—2006 年，车管所负责办理四轮农用车、三轮农用车、三轮摩托车、二轮摩托车、轻便摩托车类驾驶证申领和年度审验业务。

2002—2005 年，交警大队组建驾校 1 所，对申领大型货车及小型汽车类驾驶证的驾驶人进行培训。其间，共培训大型货车驾驶人 1.38 万人、小型汽车驾驶人 2.7 万人。2006 年，驾校按上级规定停办。2007 年，交警大队车管所开始办理小型汽车、低速载货汽车、三轮汽车、三轮摩托车、二轮摩托车、轻便摩托车类驾驶证申领，和年度周期内驾驶证有违法记分的大型客车、牵引车、城市公交车、中型客车、大型货车类驾驶人的审验教育业务。至 2013 年，共核发各类机动车驾驶证 13.55 万本。

交通安全宣传教育

1989 年起，交警大队综合运用报刊、电视、广播、网络、安全课等宣传媒体和宣传形式，开展交通安全宣传教育。

1993 年，交警大队在县公安局开办的《蒙阳警坛》电视栏目中，开设《红绿灯下》栏目，至 2002 年，共播出 373 期。

1995 年，交警大队在平邑人民广播电台开办《红绿灯下》节目，至 2004 年，共播出 479 期。

2003 年，交警大队在县电视台开办《蒙阳交警》栏目，至 2013 年，共播出 193 期。

2010 年，交警大队组织开展“文明交通行动计划”“畅通安全行”“五进”“安全生产月”春运宣传等十几项宣传活动。2011 年，交警大队组织开展交通安全宣传教育“春风行动”，深入有关单位、企业、社区、村庄、学校等，开展各种形式的“春风行动”宣教活动 30 余次。2012 年，交警大队组织开展道路交通“七治”宣传活动，印制《道路交通“七治”专项行动安全提示》宣传单 3 万份，通过大队车管所、肇事处理科、违法处理室、各中队等业务窗口，车站、酒店、宾馆、婚庆公司等有关场所及单位，进行宣传散发。

2013 年，交警大队组织开展“平安行·你我他”宣传活动。通过发放宣传材料、展出宣传图板、悬挂宣传横幅、播放宣传录音、宣讲安全知识等形式开展宣传，共开展集中宣传活动5次，发放各类宣传材料2万余份。至是年底，共在各类报刊、网络媒体发表各类宣传稿件5000余篇；为机动车驾驶人、中小学生、单位及企业职工、农村及社区居民等交通参与者上交通安全课4000余堂次；制作宣传栏、宣传图板2000余个（块）；悬挂宣传条幅8000余条；印制发放各类宣传材料20余万分；开展122“全国交通安全日”等集中宣传活动500余次。

第五节　消防管理

1983年1月，消防人员转入现役，列入中国人民武装警察部队编制序列。1991年10月，消防股改为平邑县公安消防科。1996年11月，消防科扩建为消防大队，编制为正营级；出警及灭火任务仍由巡警负责。2003年9月，消防大队开始征召合同制消防员组建平邑中队；2011年，平邑县公安消防大队南泉中队成立。至2013年，消防大队下设3个监督检查组和1个现役编制中队，负责全县防火监督检查和消防安全宣传工作，列管全县消防安全重点单位216家，“九小场所”5000余家。

消防装备配备与消防训练

消防装备配备　2013年，大队配置水罐消防车4辆，抢险救援车1辆，举高喷射消防车1辆，城市主战消防车1辆，个人防护装备也按照消防铁军中队建设进行配置，市政消火栓195具，消防水鹤1具，大大提高灭火救援能力。

消防训练　南泉中队自建队以来，扎实推进部队管理教育和执勤备战工作。以体能训练为重点，筑牢实战练兵基础。广泛开展体能、技能和战术训练，实现了队伍整体战斗力的增强。以“六熟悉”工作为重点，增强官兵灭火救援能力。采取实地勘察等形式组织官兵对辖区内水源、道路及重点单位进行熟悉，对辖区内消火栓进行全面普查，官兵牢记行车路线、标志性建筑和消火栓的位置，切实做到底细清、情况明，确保一旦发生火灾事故，能够做到第一时间到达事故地点、第一时间进行处置。以灭火救援演练为重点，强化实战“大演练”。立足辖区实际，重点突出高层、地下建筑，易燃易爆场所、人员密集场所等开展实战演练，基层中队每周至少开展两次演练，确保社会消防安全形势稳定，并结合辖区的火灾特点制定联合灭火作战预案，增强官兵在实战面前的处事应变和灭火救援能力。

火灾防控与灭火救援

火灾防控　1989—2013年，消防大队在县城和乡镇主要道路增设消火栓178处，审核建筑工程、易燃易爆化学危险品场所及公共场所消防设计图纸2200余份，参加各类工程验收2000余处，参加全县重大活动安全保卫600余次，出动警力2万余人次。

1989—2013年，大队对平邑一中、平邑县人民医院、雷沃桥箱等200余家学校企业，开展消防安全教育培训400余次。深入学校、企业、机关、农村等开展消防宣传2400余次，72万人次接受消防教育。

做好乡镇消防安全站建站工作，在地方镇、仲村镇等全县13个乡镇建立乡镇消防站，开展农村防火灭火工作。每年确定消防安全重点单位200余家，举办消防安全知识培训班12期，组织消防安全检查6次，年平均提出整改意见3000余条。

灭火救援　1989—2013年，消防大队先后组织扑救各类火灾事故1200余起，参加灭火抢险救援2万余次，参加火灾事故调查1800余次，处罚事故单位责任人980余人，拘留28人。成功扑救1992年平邑县造纸厂料场火灾、1996年下桥镇人造板厂电器线路火灾、1997年平邑中天商场电器线路火灾、2007年日东高速公路油罐车火灾事故。

重大火灾案例

1992年9月1日，造纸厂料场发生火灾，直接经济损失40余万元。1996年，下桥人造板厂因电器线路短路发生火灾，直接经济损失56万元。1997年3月24日，平邑中天商场因电器线路短路发生火灾，整个商场烧毁，直接经济损失85万元。

第六节　出入境管理

1995年8月，县公安局外管科成立；2004年12月，外事科更名为出入境管理科；2013年4月，出入境管理科更名为出入境管理大队。

2008—2013年，受理公民因私出国（境）证件分别有1130个、1519个、1748个、2563个、3634个、4290个。随着辖区内境外人员的增多，外国人管理，境外人员临时住宿登记，“三非”外国人专项治理等成为工作重点。2006年7月，非法入境缅甸籍妇女赵某某被遣送出境；2009年12月，非法入境的4人缅甸妇女被遣送出境；2010年7月，解救被拐卖朝鲜妇女1人并遣送出境；2013年2月，查获1名非法入境缅甸妇女，4月移交至云南瑞丽边防口岸被遣送出境。

2000年，查处1起非法居留案件。2001年，查处涉外案件4起。2002年，境外人员临住登记116人次，共录入特殊身份报备人员信息5600余条。2010年，更新双报备数据库1037条；12月，启用出入境证件照片质量检测平台。2011年，更新双报备数据库1.23万条，发现并阻止法定不准出境人员出境7人次，发现弄虚作假企图骗领出国境证件5人次。2012年，更新双报备数据库1283条，1月1日开始启用电子普通护照，6月20日启用出入境POS缴费系统，11月30日起新增出入境管理信息系统外国人人像比对功能。2013年，更新双报备数据库615条。

第七节　看守所管理

1998年10月，实行队建制升格为副科级行政单位。2004年9月，看守所在监区内安装全方位数字录像监控系统，并将监控系统与公安专网对接。2009年10月开始，女性在押人员转押至临沂市看守所集中关押。2010年10月15日，211人在押人员迁移至平邑县丰阳镇西峨庄村的新址，新所占地面积3万平方米，总建筑面积约1.3万平方米，看守所设计羁押量500人。2013年1月5日，全县未成年在押人员转至苍山县看守所集中关押。

第八节　拘留所管理

平邑县拘留所成立于1985年，现有场所于2010年建成投入使用，占地面积5000平方米，建筑面积3000平方米，有拘留室10间，日均在押人员34余人，年在押人员1000余人。2010年10月15日，拘留所搬迁新址并启用。2004年12月，治安拘留所和看守所合并，同属监所管理大队（同时挂平邑县看守所牌子，副科级建制）。2013年4月，设平邑县拘留所，全县被行政拘留人员看管和教育职能从监所管理大队分出。

第二章 检 察

1989 年，平邑县人民检察院内设刑事检察一科、刑事检察二科、法纪科、经济科、控申科、监所检察科、政工科、刑事技术科、民事行政检察科、办公室、法律政策研究室和派驻税务局检察室、药草专卖局检察室、农业银行检察室。

1993 年 3 月，成立反贪污贿赂局。1993 年 7 月增设纪检组。1998 年 6 月，撤销企业检察室。1998 年 10 月，成立渎职犯罪侦查局。1999 年 1 月，内设部门达到 21 个，为反贪污贿赂局、渎职犯罪侦查局、审查批捕科、审查公诉科、控告申诉检察科（举报中心）、监所检察科、刑事技术检察科、民事行政检察科、平邑镇检察室、法警大队、预防科等业务科室和办公政研室、政工科、纪检组、行政装备科、工会等行政科室。2003 年 9 月，县人民检察院被高检院、省检察院指定为全国检察机关检察人员分类管理改革试点单位。2005 年 4 月 7—9 日，进行分类管理改革，将原 21 个内设机构，精简整合为 7 个，即刑事检察局、职务犯罪侦查局、民事行政检察室、控告申诉检察室、检察长办公室、政治部、总务部。2009 年，设人民监督员办公室，有 1 名专职工作人员，设立网络信息管理中心，为股级事业单位。2010 年 9 月，成立案件管理指挥中心，为股级行政单位。2012 年，设立未检科以及派驻平邑检察室、白彦检察室、仲村检察室、卞桥检察室、郑城检察室。

第一节 公 诉

1989 年，县人民检察院在保证案件质量的基础上贯彻执行从重从快的方针，严厉打击各种严重刑事犯罪分子。1997 年，修改后的《中华人民共和国刑事诉讼法》和《中华人民共和国刑法》相继实施，审查起诉科积极转变执法观念，主动适应庭审主诉检察官办案责任制度。

1989—2002 年，共审查起诉 1999 人，公安撤回 62 件。2003—2013 年，共受理 3878 件 5810 人，依法提起公诉 3554 件 4793 人，公安撤回 281 件 473 人。

1989—2013 年平邑县人民检察院公诉案件情况表

表 21-1

年份	受理案件		审结						公安机关撤回	
			合计		提起公诉		不诉			
	件	人	件	人	件	人	件	人	件	人
1989					130					
1990					160					
1991					162					

续表 21-1

年份	受理案件		审结						公安机关撤回	
			合计		提起公诉		不诉			
	件	人	件	人	件	人	件	人	件	人
1992					114				1	
1993					100				1	
1994					119				3	
1995					101				1	
1996					137					
1997					120					
1998					134					
1999					138				7	
2000					175				10	
2001					232				39	
2002					177			4	29	
2003	175	244	161	219	158	216	3	3	12	13
2004	226	310	196	264	194	261	2	3	3	5
2005	273	421	265	417	263	400	2	3	9	15
2006	255	361	244	350	244	334	0	0	1	4
2007	300	431	272	377	267	365	0	0	9	12
2008	401	583	378	525	371	509	0	0	7	12
2009	395	546	376	513	370	497	0	0	5	15
2010	379	561	339	481	325	425	0	0	32	61
2011	467	652	440	613	434	563	1	2	21	35
2012	661	973	489	655	484	610	2	3	67	109
2013	492	728	446	622	444	613	2	9	86	192

第二节　侦查监督

1989 年，全国开始“严打”第二战役，重点打击杀人抢劫犯、强奸犯、贩毒犯、行凶诈骗犯、重大盗窃犯及流窜犯罪团伙，当年受理的案件中抢劫、杀人、盗窃、故意伤害案件所占比例比往年有所上升。

1989—2002 年，批准逮捕 1978 件，不批准逮捕 171 人。2003—2013 年，共受理逮捕案件 3643 件、5494 人，批准逮捕 3995 人，不批准逮捕 1313 人。

1989—2013 年平邑县人民检察院审查批捕案件情况表

表 21-2

年份	受理案件		审结									
			合计		批准逮捕		其中自诉		纠正错漏		不批准	
	件	人	件	人	件	人	件	人	件	人	件	人
1989					130						2	2
1990					160						6	6
1991					162						6	6
1992					114						5	5
1993					100						7	7
1994					119						6	6
1995					101						4	4
1996					137						8	8
1997					120						5	5
1998					134						13	
1999					138						37	
2000					154						34	
2001					232						22	
2002					177						16	
2003	193	298				219						32
2004	217	351				251				10	32	82
2005	256	410				340						26
2006	254	372				300						15
2007	268	439				386						51
2008	316	536				438						98
2009	342	530				409						121
2010	389	584				408						176
2011	460	631				383						247
2012	452	674				429						245
2013	496	669				432						220

第三节 反贪污贿赂

1989 年，受理案件 40 件，20 人；其中大案 2 件，2 人。1994—1997 年，集中力量查办大案，突出查办贪污贿赂犯罪案件，特别是发生在“三机关一部门”（党政机关、司法机关、行政执法机关、经济管理部门）的犯罪案件。

1997 年，刑法、刑诉法修改后，反贪污贿赂局不再受理偷税抗税、假冒商标等犯罪案件，专司贪污贿赂检察，以“三机关一部门”为重点，加强法律监督。

1989—2013 年，共立查职务犯罪案件 600 件 649 人，大要案 263 件 279 人。

1989—2013 年平邑县人民检察院反贪污贿赂案件情况表

表 21-3

年 份	受理案件		大 案	
	件	人	件	人
1989	20	20	2	2
1990	22	22	6	6
1991	30	30	10	10
1992	23	26	5	6
1993	27	29	3	3
1994	44	53	24	25
1995	37	42	24	25
1996	37	41	32	36
1997	35	36	30	30
1998	25	25		
1999	44	44		
2000	42	42	17	17
2001	27	27		
2002	28	28		
2003	17	18		
2004	21	22		
2005	18	18	13	13
2006	12	14	10	10
2007	12	21	12	14
2008	12	17	10	12
2009	13	15	13	14
2010	15	15	14	14

续表 21-3

年份	受理案件		大案	
	件	人	件	人
2011	15	16	14	14
2012	14	14	14	14
2013	10	14	10	14
合计	600	649	263	279

第四节　反渎职侵权

1981 年，平邑县人民检察院成立法纪检察科，承担反渎职侵权职责。1998 年，平邑县人民检察院成立反渎职侵权局（正科级单位）。

1989—2013 年，始终突出“强化法律监督，维护公平正义”的检察工作主题，共立查 95 件 125 人，重特大案件 32 件 47 人；特大案件 11 件 16 人。挽回经济损失 3000 余万元。

第五节　监所检察

1983 年，开始开展对刑罚执行和监管改造活动中发生的职务犯罪案件、虐待被监管人、私放在押人员、失职致使在押人员脱逃和徇私舞弊减刑、假释、暂予监外执行等案件的侦查工作，监外罪犯又犯罪案件的审查批捕、审查起诉工作，收押、释放人员的监督；对执行刑事判决、裁定的监督；对监管单位监管活动的监督等。

1989 年，监所科立查看守所职务犯罪 8 件 9 人，纠正减假释 9 人，检察纠正刑罚执行和监管活动 110 件，纠正社区矫正 77 件，审查逮捕 61 件 81 人，审查起诉 84 件 108 人，立案监督 33 件 41 人。

2013 年，纠正减假释 2 件。检察纠正刑罚执行和监管活动 9 件，纠正社区矫正 12 件。

1989—2013 年平邑县人民检察院监所科监督情况表

表 21-4

年份	纠正减假释（件）	检察纠正刑罚执行和监管活动（件）	纠正社区矫正（件）	职务犯罪（件、人）	审查逮捕（件、人）	审查起诉（件、人）	立案监督（件、人）
1989—2004	0	36	19	1 件 1 人	0	15 件 20 人	0
2005	0	6	0	0	4 件 6 人	4 件 6 人	5 件 5 人
2006	0	8	0	3 件 3 人	5 件 7 人	5 件 7 人	6 件 6 人
2007	0	5	0	3 件 3 人	10 件 12 人	10 件 12 人	10 件 10 人
2008	0	15	0	0	11 件 13 人	21 件 23 人	5 件 5 人
2009	3	8	16	0	13 件 17 人	12 件 17 人	5 件 13 人

续表 21-4

年份	纠正减假释（件）	检察纠正刑罚执行和监管活动（件）	纠正社区矫正（件）	职务犯罪（件、人）	审查逮捕（件、人）	审查起诉（件、人）	立案监督（件、人）
2010	2	9	15	0	10件15人	7件10人	1件1人
2011	1	10	11	1件2人	3件3人	1件1人	0
2012	1	4	4	0	3件3人	3件3人	1件1人
2013	2	9	12	0	2件5人	6件9人	0

第六节 民事行政检察

对人民法院已生效的民事、经济、行政案件生效判决或裁定发现确有错误的，按照审判监督程序提请或建议提请抗诉；对法院作出的正确判决、裁定，做好当事人的服判息诉工作；对法院生效的判决书、裁定书、调解书、决定书等发现确有错误的，以检察建议的形式予以监督。

截至2013年底，平邑县人民检察院民事行政检察科共受理审查各类民事、经济、行政申诉案件252起，提请抗诉案件89起，建议提请抗诉案件40起，向有关单位发出其他检察建议案件45起，改判案件16起，作终止审查处理50起。

第七节 控告申诉检察

控告申诉检察科始终坚持“立检为公，执法为民”的宗旨，忠实履行法律监督职责，努力化解矛盾纠纷，维护群众合法权益，维护社会公平正义，先后实行了首办责任制、公开听证、下访巡访、联合接访、涉检信访评估预警等制度，推动全县控告申诉检察工作走上良性发展轨道。

1989—2013年，控告申诉科共接受来信来访1636件1827人，涉检信访43件67人，受理举报547件547人，重信重访案件排查26件26人。

第八节 检察技术

1991年，县检察院设立技术科设立，依法直接或协助开展照相、法医两个专业门类的司法鉴定工作。随着各检察业务的开展，办案数量的增加，技术人员逐渐增加，门类也逐渐齐全，开展文件检验、痕迹检验、法医、司法会计，照相、录像现场勘查等技术门类的工作。在办理的反贪、侵权渎职、刑检、监所等案件中，检察技术部门和检察技术人员，牢固树立大局意识、办案意识和服务意识，配合检察业务部门，充分运用各种检察技术手段，进一步强化辅助侦查、配合审查、检验鉴定和技术协助职能作用，发现、提取、固定各种痕迹物证，记录各类与案件有关的客观事实，为侦查提供方向，为定案提供科学依据。

随着科技强检的不断深入，科技投入不断增加，办案数量和质量得到进一步提高，在工作的把握上，以“为强化法律监督提供技术支持”作为检察技术工作的主题，以“面向检察业务主战场”“面向办案第一线”为检察技术工作的主线，进一步强化“政治意识、大局意识、服务意识”，加强与各检察业务部门的协调与配合，充分发挥检察技术的职能作用。

2003—2013年，共受理案件1932件，其中文证审查1907件，技术协助25件。

第九节　职务犯罪预防

1999年11月18日，预防犯罪科成立，建制级别为股级。工作中坚持借鉴各地成功经验，并与当地经济社会实际相结合，不断创新预防工作机制和措施，强化法律监督，加强预防工作，突出重点工程中建设中项目中的专项预防、重点行业和领域的系统预防和发案单位的个案预防3个工作重点，强化预防宣传教育及预防理论研究和对策研究，加强专业化、规范化建设，逐步建立预防职务犯罪的理论、方法、措施和评估体系，提高预防工作水平，注重预防实效，有效促进预防工作的全面开展。联系平邑县的实际情况，结合和谐社会的创建，进行预防职务犯罪的工作，在平邑县的村村通中桥建设工程和供电、通信等重点工程和行业开展预防，收到良好的预防效果。

第十节　人民监督员履职

2009年，人民监督员办公室成立。是年，向自侦部门办案人员发送五种情形告知书、权利义务告知书、告知无异议案件情况表。2010—2012年，先后召开人民监督员座谈会6次，就检察机关开展“三问”活动和深入推进3项重点工作，向人民监督员征求意见2次，组织人民监督员对自侦案件进行回访2次；组织人民监督员开展听庭评议活动3次；视察看守所3次；邀请人民监督员参加“检察开放日”活动1次；办理三类案件1件1人。

2011年，审查选取新任人民监督员5名。2013年，修订完善人民监督员听庭、接访、定期学习和案件回访四项制度，与未检部门联合聘任人民监督员担任“合适成年人”参与未成年人犯罪案件刑事诉讼工作；组织人民监督员召开座谈会，参加全省“五进两服务”大走访电视电话会，举行新法学习培训活动3次，报送座谈、学习、听庭、案件评查等活动情况15次。

第十一节　司法警察

1999年1月，县人民检察院法警队成立。2013年，有司法警察10人，评定等级的8人。负责县检察院直接查处大案要案的警务保障；监督物业人员对县检察院门卫、大厅值班和机关安全保卫工作等。

县人民检察院法警队充分发挥职能作用，积极探索新形势下检察工作中法警工作的规律和职能定位，准确定位检警间的协调性，推动检察系统法警工作的全面落实和创新发展。

第十二节　案件管理指挥中心

2010年9月，县人民检察院案件管理指挥中心成立，为股级内设行政科室。按照“管理、监督、服务、参谋”原则，先后制定《平邑县人民检察院案件质量评查细则》等各项规章制度，统一负责案件的受理、流转，涉案款物的监管，辩护人、诉讼代理人接待；业务统计、分析；统一负责组织办案质量的评查和综合业务考评，办案质量评查，以本院名义下发的法律文书的监管；对执法办案风险评估预警工作进行组织协调和督促检查，开展执法规范化建设。

2013 年，共开展案件质量评查 9 次，同步录音录像、涉案款物管理、检务督察 5 次。

第十三节　网络信息管理中心

2009 年，县人民检察院网络信息管理中心成立。是经编制部门批准，设立的股级事业单位，实行单独预算管理，核定编制 9 名。成立信息化工作领导小组，制定视频会议室管理制度、机房维护管理制度等规章制度。改造内网页面，完成与驻外检察室内网的互联互通，完成高清视频会议室的改造安装，协助技术科完成同步录音录像系统的升级改造，协助办公室完成保密系统三级保护建设。对机房重要设备进行升级改造，软、硬件设施均进行升级。

2013 年，将案件的受理、立案、侦查等业务全部全程网上录入、网上运行、网上监督。

第三章　法　院

1998 年前，平邑县人民法院设有刑一庭、刑二庭、民庭、经一庭、经二庭、行政庭、告诉申诉庭、执行庭、法医室等审判业务庭室和办公室、政工科、政研室、督察室、法警大队等行政科室，并设有纪检组、工会、老干办公室，派出 26 处人民法庭。

1998 年 12 月 21 日，将原来的 40 个单位合并为 20 个，改革后机关设有办公室、刑事审判庭、民事审判庭、经济审判庭、行政审判庭、立案庭、审判监督庭、执行庭、技术室、法警大队、政工科、政研室等 12 个职能部门，另设有平邑、仲村、卞桥、铜石、地方、郑城、白彦、丰阳等 8 处中心法庭。

2000 年 6 月，实行立审分立、审执分立。对县人民法院管辖的案件由立案庭统一立案、统一排期开庭。对所有需执行的案件，由执行庭统一执行，建立起执行工作统一立案、统一指挥、统一管理、统一调度、统一协调的新机制。

2005 年，设办公室、政治处、立案庭、刑事审判庭、民事审判第一庭、民事审判第二庭、民事审判第三庭、行政审判庭（赔偿小组）、审判监督庭、执行局、研究室（审判委员会办公室）、法警大队 12 个职能部门（其中政治处、执行局为正科级单位，分别辖组织人事科、教育培训科、离退休干部管理科，执行一庭、执行二庭、执行三庭、技术室），设有平邑、仲村、卞桥、地方、铜石、郑成、白彦、丰阳等 8 处人民法庭，另设立纪检组、监察室、工会和机关服务中心。2009 年 8 月，增设信息中心、审判委员会办公室。

2012 年，法院立案庭及 8 处人民法庭设立诉调对接工作室，作为开展诉调工作的职能部门。设立医患纠纷、消费者权益纠纷、交通事故纠纷等专项调解机构，并组成专门调解队伍，向法院诉调对接办公室派出 2 名专职人员从事诉前调解或委托调解，强化法院便民诉讼、诉调对接工作的开展。

2013 年 8 月，设立少年审判庭。

第一节　刑事审判

1989 年，坚决贯彻执行“两打”方针，依法严厉打击严重刑事犯罪活动和严重经济犯罪活动，全年受理各类刑事案件 142 件 250 人，审结139件245人。在县城一中、十六中和实验小学公开宣判王某某、金某某等4人奸淫幼女、流氓、盗窃案。

1990—1991年，共受理各类案件5614件，其中刑事案件211件，审结156件。在县人民医院开办法医门诊，共接诊615人，法医鉴定382例。

1992年，共受理各类案件4741件，审结4529件，其中刑事案件174件，审结151件。召开大型宣判会5次，对29案37人进行公开宣判。

1993年，共受理各类案件8507件，其中刑事案件69件，审结69件。全年共审各类刑事案件被告人104人。

1994年，共受理各类案件56543件，其中刑事案件150件，审结148件。坚持从重从快的“严打”方针，做到打有重点，从重从快，快中求准。

1995年，共受理各类案件4170件，审结4093件，其中刑事案件162件，审结158件。与公安、检察机关配合对流氓、拦路抢劫、车匪路霸、村霸、街霸等流氓势力和车匪势力进行打击，判处犯罪分子97人。

1996年，共受理各类案件4909件，审结4796件。其中，受理刑事案件222件，审结205件。严惩贪污、受贿、挪用公款的经济犯罪活动，抽调90名干警全力配合公安机关参与全县的严打斗争，严重打击14起重婚犯罪。

1997—1998年，全年共受理各类案件7267件,审结6954件。其中,刑事案件220件,审结210件。该年慎重审理新罪名的案件7起和涉村干部伤害案件18起，打击犯罪，支持、维护农村的日常工作。

1999年，共受理各类案件11190件，审结10922件。其中，刑事案件257件，审结257件。严厉打击放火、爆炸、交通肇事等危害公共安全的犯罪，震慑不安定分子，教育群众，维护社会治安。

2000—2001年，共受理刑事案件304件，审结294件，共有犯罪嫌疑人329人被判刑。集中审理涉枪涉爆案件14件，震慑此类犯罪。妥善审理武台中学教育设施重大安全事故案。

2002年，共受理各类刑事案件254件，审结229件，对犯罪分子75人判处有期徒刑。审理生产不符合卫生食品犯罪、非法组织卖血、金融诈骗等一批新类型案件。

2003年，共受理刑事案件227件，审结226件。审理影响较大的大桥收费处贪污案件5件11人，审理利用邪教组织破坏法律实施案件1起，打击邪教行为，教育人民群众。是年底，法院审判综合楼建成启用，新址位于西城西环一路。

2004年，共新收各类刑事案件254件，审结255件，其中审理刑事公诉案件197件、刑事自诉案件58件。依法严厉打击危害社会治安和公民生命财产安全的犯罪活动，审结杀人、强奸、爆炸等严重暴力犯罪案件18件，盗窃、抢劫、抢夺、故意伤害等影响群众安全感的多发性犯罪案件74件。

2005年，共受理刑事案件311件，审结310件，审结率99.68%。其中，受理刑事公诉案件257件，审结256件，受理刑事自诉案件54件，审结54件。共对329人犯罪分子判处刑罚。

2006年，共受理刑事案件284件，审结284件，审结率100%。共对398人犯罪分子判处刑罚。

2007年，共受理各类刑事案件259件，审结211件，审结率81.2%。判决宣告294人被告人有罪并给予刑事处罚。

2008年，共受理各类刑事案件386件，审结387件，审结率99.5%。全年判处刑事被告人470人。

2009年，共受理各类刑事案件379件，上年转来2件，审结363件，存案18件，审结率95.3%。审理一批在全县影响较大的案件，判处以刁某某等8人为成员的抢劫团伙、以陈某某等11人为成员的盗窃团伙等具有较大影响的4起团伙犯罪案件，依法判处连续抢夺69起、严重危害社会秩序的杨某某、杨某某抢夺案和张某、陈某抢夺案，提高人民群众的社会安全感。

2010年，共受理各类刑事案件377件，旧存17件，审结392件，存案2件，审结率99.49%，收结案件数量创近年来同期新高。全年共判决宣告442人被告人有罪。审结在全县具有较大影响的被告人臧某某、牛某某、戴某某、杨某某等受贿、贪污案，维护国家公务活动的廉洁性。

2011年，共受理各类刑事案件494件，审结481件，审结率97.37%。审理张某某受贿、非法拘禁案和赵某某贪污案，分别判处2人被告人10年有期徒刑；加强刑事附带民事诉讼案件的调解力度，共审理这类案件190余件，调解率在95%以上；妥善审理赌博、信用卡诈骗、保险诈骗、嫖宿幼女、危险驾驶等新类型犯罪案件；不断完善少年法庭各项工作，为了尽可能帮助未成年被告人悔过自新，重新做人，庭前详细了解未成年人的生活环境、家庭状况、一贯表现，庭审时采取圆桌审判这一更为宽松、和谐的庭审形式拉近与被告人的距离，庭后重视对青少年缓刑、管制犯的回访工作，预防再次犯罪的发生。

2012年，共审结刑事案件508件，判处犯罪分子629人。依法审理全县影响较大的杨某某嫖宿幼女，杨某某、李某某、李某某职务侵占案。积极推进刑事和解，加大刑事附带民事案件调解力度，调解结案率达到100%，取得良好的法律效果和社会效果。

2013年，共审结各类刑事案件475件，共对629人犯罪分子判处刑罚。依法严惩刑事犯罪和经济、职务犯罪，参与社会治安综合治理，加强司法领域人权保障，严格遵循程序公正、罪刑法定和证据裁判原则，确保罪责刑相适应。审理的被告人段某某故意伤害案，为临沂市首例法定刑以下量刑案件，经最高人民法院核准，将法定刑10年以上的刑事案件，最终判决有期徒刑4年。该案判决生效后，受到新华网、《法制日报》、中国新闻网等多家新闻媒体的关注报道，山东卫视也为此制作法制节目。

第二节　民事经济审判

1989—1991年，开设27个巡回法庭，深入到乡镇企业和广大农村指导办案，共受理民事案件6505件，审结5797件，结案率89.1%；受理经济纠纷案件2628件，审结2431件，结案率92.5%，解决诉讼标的额1225万元。

1992—1993年，民事审判实行承办人、合议庭、民庭、分管副院长、审委会的层层把关制度，受理各类民事案件9897件，审结9813件，审结率为99.2%；先后在酒厂、外贸公司、县联社设立巡回法庭，成立经济司法服务中心，实行集中车辆等“四集中”办法，开展清理积案活动。受理各类经济案件1374件，审结1361年，审结率99.1%，解决诉讼标的额2324.3万元。

1994—1996年，民事审判收结案创同期新高。1994年初，增设经济审判二庭。1995年，通过增编补员招录23名干警充实到法院，成立民事审判工作管理指导小组，制定法庭案件汇报制度和法律文书审核制度。受理民事案件9125件，审结8960件，审结率98.2%。受理经济纠纷案件3016件，审结2972件，审结率98.5%，解决诉讼标的额22450万元。审结县食品厂、外贸公司、经济协作服务公司等20家破产案件。

1997—2001年，妥善处理多起群体、宅基地、房屋继承等热点、难点案件，正确审理婚姻家庭、损害赔偿等多发性案件，受理民事案件17023件，审结16840件，审结率98.9%。经一庭、经二庭合并为经济庭，开展对口帮扶、为金融业专项服务活动，制定为私营企业服务的6项措施，向企业派出专门的帮扶工作组，利用诉讼、非诉讼手段回收欠款，共受理经济纠纷案件10031件，审结9936件，审结率99.1%，解决诉讼标的额23135.3万元。审理破产案件15件。

2002—2006年，建立大民事审判格局，民事、经济审判统称民商事审判。共审理民商事案件28511件，审结27998件，审结率98.2%。重点审理婚姻家庭及涉军人军属案件，在县交警大队设立道路交通事故人身损害赔偿案件合议庭，及时采取查封、扣押等财产保全措施，保护受害人的合法权益；开展企业破产案件专项调查研究工作，受理破产案件21件，为企业清收债权2110万元，较好地维护破产企业的合法权益。

2007—2009年，以营造和谐社会环境为重点，积极开展民商事审判。共受理民商事案件14830件，审结13061件，审结率为88.1%。坚持多调少判的原则，审理婚姻家庭、赡养、邻里关系及损害赔偿等纠纷案件等关系群众切身利益的案件和借款合同、买卖合同、农业承包合同、房地产等，及时审理农民工追讨工资、工伤抚恤、劳动保险等劳动争议案件；积极探索非国有企业破产案件特别是私有企业破产案件的审理，完善破产财产的变现方式，保障职工工资及养老保险金等合法权益的实现；认真分析民商事审判特点：存在新类型案件增多、调解难度增大、适用简易程序案件较少等特点。

2010年，共受理各类民商事案件8868件，旧存295件，审结9151件，审结率99.87%。实行民商事案件动态分流制度，全年共6次分流案件260件，动态分流案件不仅使审判资源得到合理配置，也使量化考核更加科学公平。妥善审理婚姻家庭、赡养、邻里关系及损害赔偿等涉及民生的案件1743件，发挥民事审判服务和保障民生的作用。加大对借款合同、买卖合同、农业承包、房地产买卖等合同类案件的处理力度，审结这类案件6037件，标的额1.76亿元。慎重处理劳动争议及破产案件，全年受理劳动争议案件68件，上年转来15件，审结83件，结案率100%，审结破产案件2件。

2011年，共受理各类民商事案件8470件，审结8041件，审结率94.94%。针对近年来民间借贷纠纷增多的现状，进行专题调研，及时调整审判思路，保持适用法律和执行政策的协调统一，依法规范市场经济秩序。妥善处理新类型案件。6月23日，审理平邑县首起冒名顶替上大学侵犯姓名权案件，审理时通过深入细致的调解，促使双方自愿达成协议，该案得到合理解决。

2012年，坚持“调解优先、调判结合”的工作原则，加强民间调解、行政调解和诉讼调解的对接，努力构建“大调解”工作格局。

全年共受理民商事案件 9028 件，审结 8670 件，结案率 96.03%。高度重视群体性纠纷和矛盾易激化案件的处理，妥善处理保太镇王武阳村 700 多户村民诉该村荒山承包问题等一大批深灰影响较大的案件；重点打造温馨调解室、诉调对接室，仲村法庭温馨调解室、便民服务大厅的建设。10 月，全县大调解机制现场推进会受到县政法委领导的表扬。

2013 年，共受理各类民商事案件 6447 件，审结 6362 件。全年审结借款借贷、建设工程、房地产开发案件 3698 件，依法规范合同，确保实现鼓励市场交易、推动诚信体系建设的民商事审判目标。

第三节　行政审判

1989 年 1—10 月，共受理行政诉讼案件 7 件，结案数继续保持全区 13 个县市第 2 名。

1990—1991 年，共受理行政案件 17 件，审结 16 件，审结率 94.12%。

1992 年，共受理各类行政案件 14 件，审结 11 件，审结率 84.62%。

1993 年，加强对土地、治安等案件的审理，依法执结土地、交通等部门申请执行的行政案件 33 件。受理行政诉讼案件 12 件，审结 12 件，审结率 100%。

1994 年，共受理行政案件 35 件。审结 35 件，审结率 100%，受理行政机关申请执行的非诉行政案件 30 件，执结 39 件，执行标的 30 万元，对行政机关依法行政起到积极作用，受到行政机关的好评。

1995 年，共受理行政案件 72 件，审结 72 件，审结率 100%。依法受理非诉执行案件 85 件，执结 74 件。是年，撤庭设点，发挥司法联络员的作用。按照上级法院要求，县人民法院将 5 处行政巡回法庭撤销，在 9 个行政机关设立司法联络员联系点。

1996 年，共受理行政案件 105 件，审结 105 件，审结率 100%。共受理非诉执行行政案件 237 件，执结 221 件，执行标的 122.63 万元。

1997 年，全面开展行政审判工作，共受理行政案件 62 件，审结 62 件，完成省市下达的案件指标。同时做好非诉执行工作，共立案受理非诉执行案件 282 件，执结 264 件，执行标的 86.3 万元，执行首起环保和审计处罚案。是年，行政庭为行政机关举办 3 期法制培训班，培训人员 300 余人。

1998 年，共受理、审结行政案件 115 件。受理非诉执行案件 195 件，执结 187 件，执行标的 90.43 万元。1999 年，共受理行政案件 333 件，审结 327 件，审结率 98.20%；受理非诉执行案件 1176 件，执结 1162 件，执结率 92.85%。行政审判坚持多收案、快办案，维护稳定的方针，妥善审理涉及“三提五统”热点难点问题的行政案件 296 件，消除大量矛盾隐患，防止许多集体上访事件的发生。

2000—2001 年，共受理行政诉讼案件 153 件，审结 148 件，审结率 96.6%。受理非诉行政案件 493 件，执结 480 件，执结率 97.36%。共执结房屋拆迁案件 70 件，拆除影响规划的建筑和非法建筑 256 件，有力地保障了小城镇建设的顺利开展。

2002 年，共受理行政诉讼案件 156 件，审结 145 件，审结率 92.95%. 受理行政非诉执行案件 482 件，执结 461 件，执结率 95.64%。

2003 年，受理行政诉讼案件 271 件，审结 260 件，共受理行政非诉执行案件 529 件，执结 509 件。法院行政庭向当事人送达《敦促执行书》的做法在全市法院推广。

2004 年，审结各类行政诉讼案件 161

件，其中判决维持行政机关具体行政行为的11件、全部撤销9件，裁定驳回起诉103件，撤诉、移送30件。通过行政审判，保护行政相对人的合法权益，监督和支持了行政机关依法行政。

2005年，共受理行政诉讼案件135件，审结137件，审结率101.48%。受理非诉执行案件870件，执结872件，执结率100.23%。依法拆除影响国道建设以及县城规划房屋238间，保障国家重点工程的顺利实施，为创建文明城市提供有力的司法保障。

2006年，共受理行政诉讼案件126件，审结123件，审结率98.4%。受理非诉执行案件834件，执结836件，执结率100.23%。全年为行政机关举办法制讲座6次，培训人员400余人，指导修改行政法律文书6种20余份，提出司法建议6条。

2007年，共受理行政诉讼案件55件，上年转来3件，审结46件，审结率79.3%。受理非诉执行案件574件，上年转来15件，执结417件，执结率为71%。

2008年，受理各类行政诉讼案件149件，上年转来2件，审结148件，审结率98.01%。受理非诉执行案件1047件，上年转来9件，执结1027件，执结率97.25%，执行案件人均结案达到128件。

2009年，受理各类行政诉讼案件119件，上年转来3件，审结118件，审结率96.7%。受理非诉执行案件512件，上年转来32件，执结530件，执结率97.4%。对存在违法行政、越权处罚、没有法定依据、超过申请期限等现象的30余件不符合条件的执行申请，依法不予受理。引入协调机制，加大对行政案件的沟通协调力度，是年通过协调方式处理32起案件，化解纠纷，保护行政相对人的合法权益。

2010年，受理各类行政诉讼案件186件，旧存4件，审结190件，审结率100%。受理非诉执行案件806件，旧存14件，执结820件，执结率100%。

2011年，共受理各类行政诉讼案件135件，审结131件，审结率97.04%。集中警力、车辆，对涉及干线公路环境的12起行政处罚案件进行集中清理；抽出专人负责，及时审查、立案，对150余起乱设广告牌、违规占道经营案件进行专门执行；对县交通局申请执行的近500件交通行政处罚案件，进行集中查询、冻结、扣划等措施，提高案件执结率，收效良好。

2012年，共受理行政诉讼案件153件，非诉执行案件873件，审、执结率均100%。全年共协调撤诉108件，调撤率72%。把握好行政审判监督与支持的平衡点。对于行政裁决，经审查确认完全合法的，依法判决维持，确保政令畅通。

强化与行政机关的良性互动，主动增进与行政机关的沟通联系，同县计生局、县工商局、县公路局等单位联合召开行政执法座谈会，举办法律培训讲座，提出依法行政建议16条，促进行政行为更加规范。2013年，共审结行政案件147件，办理行政非诉执行案件725件。审理的原告陈某等人诉县工商局、畜牧局、民政局等政府信息公开案件110件，协调撤诉结案108件。

第四节　执行工作

1989—1991年，加大执行力度，认真解决“执行难”的问题。1991年，开展突击清理执行积案活动，全院抽调120人，组成4

个突击清理执行积案组，由院长带队，分片包干，集中执行，共受理各种执行案件 378 件，执结 278 件，结案率 75.9%。

1992—1996 年，实行派出法庭“审执结合，自审自执”，机关审判庭实行“审执分离”，建立由执行庭、中心执行组、各法庭组成的“三位一体”执行网络，受理各类执行案件 3648 件，执结 3456 件，执结率 94.7%，执行诉讼标的额 4948.7 万元。

1995 年，开展“严肃执法年”“文明执行年”活动。1997 年，实行将执行人员分成 4 个组，案件到组，责任到人的执行方法，有效提高执行效率。

1998—2003 年，开展“执行宣传周”和“突击执行月”活动，共受理执行案件 11739 件，执结 11236 件，执结率 95.7%。积极探索发放债权凭证等执行方法，缓解执行压力。

2004—2007 年，共执结案件 7667 件，执行标的额 42788.41 万元。

2008—2009 年，以清理积案为目标，执结各类案件 3282 件，执行标的额 1502 万元。

2010 年，共新收各类执行案件 1282 件，旧存 29 件，执结 1306 件，执结率 99.6%。

2011 年，共新收各类执行案件 2829 件，执结 2797 件，执结率 98.87%。

2012 年，共受理执行案件 2829 件，执结 2797 件，执行到位率 98.97%。对有履行能力而拒不履行的 109 人被执行人依法实施司法拘留，督促当事人履行义务。

2013 年，共执结案件 3274 件，实现申请执行人债权 4.2 亿元，司法拘留 324 人次，罚款 26 人次。全年和解结案 617 件。执行现金 2000 余万元，查封、扣押各类财产 3000 余万元。在电视台等媒体首批公布 31 人失信被执行人名单，曝光“老赖”行为。

第五节　司法监督

1989 年，受理刑事申诉案件 36 件 74 人，审结 31 件 56 人，结案率 86.1%。在已结案件中，维持原判 15 件 30 人，占结案数的 48.4%；改判 16 件 26 人，占结案数的 51.6%。

1991—1995 年，自觉接受领导和监督，强化内部监督，充分发挥审判监督职能，共受理各类申诉案件 57 件，审结 56 件。

1996 年，实行立审分离，强化审判监督。加强申诉和申请再审工作，共受理申诉和申请再审案件 49 件，已立案审理 5 件，说服息诉 12 件。

1997 年，对原判决确有错误的，依法予以改判，共审理申诉、申请再审和抗诉案件 26 件（含上年转来 2 件）审结 22 件，在审结的案件中，维持 1 件，全部改判 4 件，调解 1 件，作其他处理 16 件。

1998 年，告申庭分立为立案庭和审判监督庭，加强审判监督职能，共受理申请再审案件 58 件，立案再审 18 件，对于 7 件确有错误的依法予改判。

1999 年，审判监督庭加大立案再审工作，对 13 起当事人申请再审的案件进行立案再审，全部审结，裁定驳回起诉 1 件，维持 6 件，部分改判 5 件。

2001—2004 年，通过纠正不当裁判，维护司法公正，树立司法权威，共受理各类再审案件 64 件，审结 56 件，其中改判 16 件，维持 32 件，中止 5 件，当事人撤诉 2 件。

2005—2006 年，共受理各类案件 62 件，审结 51 件，审查立案再审案件 42 件，审结 26 件，其中，依法改判 15 件，维持 9 件，调解 2 件。做好发回重审案件的审判工作，受理发回重审案件20件，审结13件。

2007年，坚持有告就理、有错必究的原则，积极开展申诉再审工作，审查立案再审案件15件，上年转来9件，审结12件，同时认真开展案卷评查和案件评析工作，及时发现和纠正案卷中存在的问题，通过审判监督工作，强化了各庭的质量意识，促进案件质量的提高。

2008—2009年，共受理再审重审案件51件，上年转来18件，审结42件；开展清理再审积案活动，通过对再审案件的集中清理、督办，大大缓解了再审、重审案件的压力。

2010年，对认定事实不清、适用法律不当或程序违法的裁判，按照“有错必究”的原则，依法提起再审。全年共新收再审重审案件43件，旧存19件，审结31件，结案率50%。

2011年，对再审积案进行集中清理、督办，再审、重审案件的压力有所缓解。共受理各类案件63件，旧存31件，审结51件，结案率80.95%。

2012年，受理各类案件53件（含历年转来13件），审结45件，审结率112.5%。加强政治理论和业务知识学习，坚持审判质量高标准、严要求，搞好廉政建设，做到廉洁自律，展现法官的良好形象。

2013年，强化办“铁案、精品案、和谐案”意识，不断提高再审案件质量效率。

第六节　申告工作

1989年，抓好申诉审判庭的筹建，办好政务公开栏、设立监督电话、意见箱和坚持院长接待日制度，处理人民来信386件，接待人民来访648人次。

1990年5月，设立告诉申诉庭，依法审查县法院管辖的案件的立案，审查处理各类申诉和申请再审案件等；处理各类告诉、申诉、来信来访、裁定减刑、假释案件。1991年，经济、刑事自诉案件统一登记，根据案件的性质，转交管辖庭审理，受理人民来信157件，接待人民来访917人次。

1992年，共审查民事、经济、刑事自诉案件259件，其中转民庭68件，经济庭115件，刑二庭61件，转法庭15件；受理人民来信246件，接待人民来访1769人次；初信初访1次解决问题达86.4%。

1993年，告申庭共接待来访1096人次，转处来信64件，解答法律咨询318人次，转办各类案件43件，做上访老户的工作3人30多次，县法院开展告申诉工作的做法，在全区法院告申工作会议上作典型发言。

1994年，告申工作基本实现“统管型”。受理转办刑事自诉、民事、经济、行政等类案件743件，共接受群众来信57次，接待群众来访1087人次，解答法律咨询261人次，做其他处理259人次，做当事人息诉90人次。

1995年，实行立审分离，解决群众告状难，对院机关的案件统一立案，并加强对法庭立案工作的统一指导。至1997年，共审查立案6176件，群众来信177件，接待来访2690人次，解答法律咨询1642人次。

1998年，告申庭分立为立案庭和审判监督庭，共审查立案1286件，共接待诉讼来信来访1887件人次，非诉来信来访2268件人次，妥善处理院长接待日接待的4000件信访案件。

1999年，实行院长接待日制度，共接待群众360人次，当场解决问题58件。共受理反映干警违法违纪的来信23件，举报电话2起，全年处分干警4人。

2001年，院长接访239件267人，信访室处理来信5件，来访458件，开展百案大回访，对 107 件案件的 217 名当事人进行回访。

2002 年，做好信访接待工作，共收到上级法院转来反映干警违法违纪的信访案件 4 件，经查均不属实。

2003—2007 年，开通信访法律热线，公开接访人员、各业务庭协访人员和庭长名单、院长集中接待日期和以前案件的督办情况。成立专门的信访工作领导小组，切实维护信访当事人的合法权益。

2008 年，强化信访工作机制，成立信访应急小组，对上访案件建立台账式管理，实行包案负责制，疏通法官与当事人对话渠道，全年接待群众来访 300 多人，其中初访案件 267 人次，接待上访老户 34 人次。

2009 年，实行领导包案责任制，对上访案件建立台账式管理。全年接访 148 人次，提交报告 59 份，办理上级交办和督办的案件 41 件。

2010 年，完善《涉诉信访工作制度》，确立全员信访制、轮流接访制、定期通报制和信访责任倒查制四项信访工作机制，共接待群众来访 72 人次，解答法律咨询 30 人次，处理群众来信 18 件，办理上级领导交办案件 16 件次。

2012 年，法院成立信访维稳工作领导小组，完善涉诉信访工作机制，落实院领导公开接访、信访轮流值班、院领导带头包案和信访周调度等制度，对每一起涉诉信访案件及时确定责任领导、责任部门，责任承办人，并由分管领导每周二对信访案件进行调度，坚持有访必接，有诉必应，全年共接待来访和法律咨询 583 人次，处理群众来信 48 件，救助息访 13 人。

2013 年，实行信访接待轮岗、信访转办督办制度，开展院长接待日活动 24 次，接待来访人员 246 人次，初信初访息访率达 90%。

第七节　司法鉴定

1989 年 12 月，县人民法院法医工作步入正轨，1991 年 2 月，县人民法院在县人民医院设立法医门诊，人员编制归刑一庭。1994 年 1 月，法医门诊与刑一庭分离，成立独立的法医室，法医门诊归法医室管理。1996 年，县人民法院在县中医院成立法医门诊。1998 年 12 月，法医室改名为技术室，下设县人民医院、县中医院 2 处法医门诊。2005 年 9 月 30 日，县人民法院撤销法医门诊，技术室不再进行法医鉴定工作。

1991 年 2 月至 2005 年 9 月 30 日，法医门诊共检验 17251 人次，出具法医鉴定书 14590 份，纠正其他鉴定机构出具的错误鉴定近百件。

2005 年 10 月，技术室从自主鉴定转变为对外委托鉴定。

第八节　审判方式改革

1989 年以来，民商事审判方式改革大致经历两个阶段，从法官主动调取证据及庭审中“纠问式”审判方式向以当事人举证及“诉辩式”审判方式的过渡，从全面“诉辩式”审判方式向“诉辩式”审判方式与传统的“马锡五”审判方式相结合的方式转变。

1989—1993 年，县人民法院在民商事审判方面贯彻方便当事人和方便诉讼的“两便”原则，在审判前开展积极的诉前服务，法官上门服务，到当事人家里去调解纠纷，法官包揽调查举证的责任。在审判方式上推行法官问，当事人答的“纠问式”审判方式。在商事审判（当时叫经济审判）中，积极推行诉讼风险提示制度，加强导诉，提醒当事人谨慎选择纠纷解决手段，为及时给企业服务，还先后在县酒厂等企业成立4处巡回法庭。1993年4月，成立经济纠纷调解中心，上门为企业服务。

1993—2007年，主要推行“诉辩式”审判方式。强调当事人的举证责任，强调法官“做堂问案”和居中裁判作用，要求有证举在庭上，有理说在庭上，法院一般不依职权调查取证。法院主要加强诉讼指导，随案发放举证通知书，期限举证，提高效率；积极推行庭前交换和庭前调解制度，对复杂案件实行庭前交换与庭前调解相结合的办法。1999年，为配合“诉辩式”审判方式，县人民法院组织审判长选任工作，从全院选出审判长30人（包括执行长）。

2000年，围绕突出审判长职责，强化合议庭职能，进一步规范、完善审判长工作运作机制；在强化合议庭职责的基础上，逐步改革审判委员会工作，减少审委会讨论案件数量，加快案件流程。

2007年以来，审判方式改革在坚持“诉辩式”审判方式的基础上，进一步强调为当事人服务的思想，积极推行“以当事人为本”的审判方式。加大简易程序适用和调解力度，促进民事审判的公开、公正和高效。

在刑事案件普通程序简化审理改革中，县法院根据刑事审判方式改革的要求，加大刑事案件普通程序简化审理工作力度，实现全案全程简化向环节简化的转变；加大审查力度，变过去消极依赖检察机关提出为自己主动积极提出，实现建议适用简化审形式从口头到书面的转变，推动建议适用简化审程序的规范化发展。在审判流程管理方面，实行“大立案”管理模式。县人民法院将构筑“大立案”模式作为最终目标，通过完善立案、科学分案、强化审限跟踪，突出立案庭在审判流程管理中的监管作用，确保公正与效率。具体措施为完善立案，科学分流：充分发挥立案庭“案件调配中心”的作用，通过改革和完善分流办法，明确民事、经济审判业务庭的职责等措施，实现科学分案，促进合理分工，提高办案质量和效率；加强和规范速调工作，促进繁简分流：通过在立案庭设立简易案件速调组，对受理的简易案件进行速调，以减轻当事人的诉累，缓解审判业务庭工作压力；加强审限跟踪，规范审判流程管理：充分运用计算机管理手段，将案件从立案、分案到审判、结案的每一个环节纳入监控范围，实施有效的管理。此外加快裁判文书改革，加强对质证中有争议语气的分析、认证，增强适用法律和判决结果的说理性。同时通过讲评、交流等形式，不断提高裁判文书的质量。

2013年，坚持审判管理工作常态化、规范化、精细化，全年开展案件评查12次，审务督察12次，评查案件900余件。

第九节　法警工作

1989—1995年，没有专门的法警管理机构，法警由办公室代管，人员少，分散到各庭使用。1996年6月，成立法警中队。1999年3月，法院法警大队正式挂牌成立，通过竞争上岗、优化组合，健全组织机构，将分散到各庭室的法警统一集中管理使用，人员达到13人，投资4万余元购置必要的警械和办公设施。全年，法警大队参与值庭62次，出警150人次，押解人犯65次，处理突发事件12次，部分案件划归法警大队执行。

2001—2004年，值庭600次，押解人犯805人，执行拘留任务129次，执行死刑26人，协助执行死刑4人，处理突发事件23件，单独执行案件361件，高度负责地做好协助查封、扣押、搜查、保全、强制执行等案件协助执行、机关安全保卫等工作。

2004年，在办公楼墙西征地6670余平方米，用于法警训练。2005年，法警共押解人犯411人次，值庭264次，制止突发事件多次，较好完成押解、看管刑事被告人、站岗值庭、安全保卫、采取强制措施等工作。

2008年，增设警政科、警训科、警务科、直属中队4个内设机构，共值庭253次，出警730人次，押解看管人犯362人次。

2009年，对法院机关实行不定时巡逻制度，共值庭306次，出警712人次，押解看管人犯300余人次，协助出警30次。

2010年，开展司法警察警示教育活动，提高干警的政治素质。按照年初制定的训练计划，开展经常性的体能和技能训练，提高干警的业务能力。对法院机关实行不定时巡逻制度，实现法庭循环驻警制度，加强审判办公区的安全保卫工作。全年共值庭285人次，出警1083人次，押解看管人犯361人次，协助出警10余次，执行死刑1次。

2011年，开展司法警察岗位大练兵活动，坚持政治建警，提高干警的政治素质和业务能力。新招聘法警5名，更换囚车1辆，购置更新电警棍、对讲机等警用设备，加强法警装备建设；全年共刑事值庭304人次，出警671人次，押解看管人犯868人次，协助执行55次，执行死刑2次。

第十节 人民法庭

平邑人民法庭

1982年10月设立，辖平邑、东阳2个公社。1998年12月，法院机构改革，辖区调整为平邑镇、东阳乡、白马乡。2001年1月乡镇撤并，辖区又调整为平邑镇（平邑街道）。

仲村人民法庭

1979年11月设立，辖仲村、武台2个公社。1998年12月，法院机构改革，辖区调整为仲村镇、武台镇、保太镇、岐山镇、羊城乡，2001年1月乡镇撤并辖区又调整为仲村镇、武台镇、保太镇。

卞桥人民法庭

1982年10月设立，辖卞桥公社。1998年12月，法院机构改革，辖区调整为卞桥镇、柏林镇、资邱乡，2001年1月，乡镇撤并其辖区未作调整。

铜石人民法庭

1959年7月设立，1961年8月撤销，后于1966年9月恢复，“文化大革命”时期再度撤销，1975年11月重新设立，辖铜石、地方、卞桥3个公社。1998年12月，法院机构改革，辖区调整为铜石镇、温水镇、张里乡。2001年1月，乡镇撤并，辖区又调整为铜石镇、温水镇。

地方人民法庭

1953年11月设立，派驻地方的第一巡回法庭，后改地方法庭，1956年3月撤销，1982年10月重新设立，辖地方公社。1998年12月，法院机构改革，辖区调整为地方镇、天宝山镇。2001年1月，乡镇撤并，辖区又调整为地方镇。

郑城人民法庭

1982年10月设立，辖郑城公社。1998年12月，法院机构改革，辖区调整为郑城镇、山阴乡、流峪镇。2001年1月，乡镇撤并，辖区又调整为郑城镇、流峪镇。

白彦人民法庭

1954年5月，设立派驻白彦的第二巡回法庭，1956年3月设立白彦法庭。“文化大革命”时期撤销，1975年11月重新设立，辖白彦、魏庄、郑城、临涧4个公社。1998年12

月，法院机构改革，辖区调整为白彦镇、黄坡乡、魏庄乡。2001年1月，乡镇撤并，辖区又调整为白彦镇、魏庄乡。

丰阳人民法庭

1979年11月设立，辖丰阳、临涧2个公社。1998年12月，法院机构改革，辖区调整为丰阳镇、庞庄乡、临涧镇、唐村岭乡。2001年1月，乡镇撤并，辖区又调整为丰阳镇、临涧镇。

第四章　司法行政

1989年1月，设立县司法局党组。1993年12月，完成对全县26名司法助理员的收编管理工作，司法所由县司法局垂直管理。1994年7月，平邑县增加22个政法专项编制，其中分配给司法局2个。至1994年12月，司法局共有行政编制62个。1996年10月，设立普法办，为正科级单位，与司法局合署办公，主任1人、副主任1人，科员3人。1997年4月，设立纪检组。2003年12月，司法局行政编制56名，可配备局长1名，副局长3名。各科室可配备科长（主任）1名，各（乡镇）司法所可配备所长1名。2005年5月，司法局内设办公室、政工科、基层科、法制宣教科、公证律师管理科、督查科6个行政科室，下设16个司法所、1个公证处、1个法律援助中心（股级）。2008年6月，县编办明确县法律援助中心为股级全额拨款事业单位，编制4名。

2010年10月，县司法局内设办公室、政工科、法制宣传科、法律服务管理科、基层工作科、社区矫正和安置帮教办公室6个股级行政科室，下设16个司法所为局机关股级派出机构。16个司法所行政编制38名，其中平邑司法所、仲村司法所、保太司法所、地方司法所、郑城司法所、白彦司法所行政编制各3名，武台司法所、柏林司法所、卞桥司法所、资邱司法所、铜石司法所、温水司法所、流峪司法所、魏庄司法所、临涧司法所、丰阳司法所行政编制各2名。

2012年1月，柏林司法所2名编制冻结，随后整体划归蒙山管理委员会。2013年9月，司法所增加编制1名。至年底，县司法局共设政法专项编制65名（其中局机关22名，司法所43名）。2013年，县司法局共有1人记个人一等功，3个单位、10名个人记二等功，14个单位、30名个人记三等功，2人被授予司法行政荣誉奖章。

第一节　普法教育

1986年，平邑县开始实施第一个五年普法规划，至2013年12月共实施6个五年普法规划。经过28年的普法实践，平邑县取得良好的法制宣传成效。从领导到广大干部的法律意识逐步养成，依法办事的能力和水平得到很大提高，从依靠行政手段管理过渡到依靠法律手段来管理社会；群众的法律意识得到提高，依法维权、依法办事的能力得到加强；企业经营管理人员的法律意识逐步养成，依法经营、依法竞争的能力得到加强；广大学生的法律意识更是得到提高，基本具备1个公民应有的法律知识和水平。“六个五年”普法期间，全县共组织大型法制宣传286起，印发宣传材料70万份，举办各类法治讲座165场次，受教育人数达90万人次。

“一五”普法（1986—1990）

1986年开始，平邑县有计划、有步骤地全面开展“十法一条例”普法教育。1987年，平邑县发起并推广“遵纪守法光荣户”评选挂牌活动。“一五”普法期间，全县54.9万人参与学法，占96.7%，其中农村40万人，党员干部全部参与学习。1036个行政村参与，共建692个普法夜校，组成1145个班，评选“遵纪守法光荣户”20.1万户，占97.5%。出动宣传车340台次，举办流动展览67期，广播讲座200多个专题，巡回教学和放映300多场次，张贴标语27638幅，悬挂路标193幅，编写宣传提纲5300份，办普法宣传专栏480余期。

“二五”普法（1991—1995）

普法的重点对象是县团以上各级领导干部，特别是党政军高级干部、执法人员，包括司法人员、行政执法人员、青少年，特别是大、中专学校的在校生。普法的内容以宣传宪法为核心、以专业法为重点，标志着普法活动开始转向学用结合、依法治理的轨道。其间，平邑县在全省率先开办法律中专班，举办多期法律大专班。“二五”普法期间，全县共组织大型普法宣传22次，出动宣传车385台次，张贴标语30152幅，悬挂条幅215幅，发放普法宣传材料9.3万份，创办法制宣传专栏521期。

“三五”普法（1996—2000）

普法的对象主要是县团级以上领导干部、司法人员、行政执法人员、企业经营管理人员和青少年。普法的内容主要是学习邓小平关于社会主义民主与法制建设的理论，继续开展宪法知识和公民工作、生活密切相关的基本法律知识以及与维护社会稳定有关的法律知识教育，着重抓好社会主义市场经济法律知识的普及。“三五”普法期间，全县共组织大型普法宣传26场次，出动宣传车402台次，悬挂条幅240幅，发放普法宣传材料10万份。

“四五”普法（2001—2005）

普法的对象主要是各级领导干部、青少年学生、企业经营管理人员。普法的内容是继续学习邓小平同志关于社会主义民主与法制建设理论，宣传宪法和国家基本法律，学习宣传与公民工作、生活密切相关的基本法律知识以及与维护社会稳定有关的法律知识教育，宣传社会主义市场经济特别是与整顿市场经济秩序相关的法律法规。普法期间，组织开展全国首个“12·4”法制宣传日宣传活动，开展防治“非典”系列普法宣传活动。举办13个法律中专班和16个短期培训班，培训学员700多人；举办大规模法制宣传活动56次，出动宣传车1120辆次，悬挂宣传条幅、标语1.2万幅，宣传板280块，发放宣传材料20万份，现场解答群众咨询2万人次。在全县开展“民主法治示范村”评选活动，至2005年，全县40%的行政村达到“民主法治示范村”标准，287个村分别被省、市、县授予“民主法治示范村称号”。“五五”普法期间，全县共举办13个法律中专班和16个短期培训班，培训学员700多人，举办大规模法制宣传活动56次，出动宣传车1120台次，悬挂宣传条幅、标语12000幅，宣传板块280块，发放宣传材料20万份，现场解答群众咨询2万人次。

“五五”普法（2006—2010）

“五五”普法的主要对象是领导干部、公

务员、青少年、企业经营管理人员和农民。普法的内容是通过开展“法律六进”活动和法治城市、法治县（市、区）创建活动，以及法治文化建设，全面提升法制宣传教育的文化品位和社会法治化管理水平。“五五”普法期间，平邑县利用农村党员干部远程教育平台开展农村法制远程教育“1、2、3”活动，并举办全县大学生村官担任法制宣传辅导员培训班。“五五”普法期间，全县共举办大规模法制宣传活动67次，出动宣传车1270台次，悬挂宣传条幅、标语18000幅，宣传板块310块，发放宣传材料20万份，现场解答群众咨询3万人次。举办农村干部法制培训班4期，集中培训村（居）两委干部3000余人次，举办机关、企业法制培训班7期，56个单位2800余名干部职工受到教育，学校举办法制讲座126班次，2万余名师生受到教育。全县有7个村被命名为省级“民主法治示范村”，66个村被命名为市级“民主法治示范村”，217个村被命名为县级“民主法治示范村”。

“六五”普法（2011—2015）

全面实施法律顾问全覆盖工程，由“法律顾问”担任法制宣传员，全面推动农村法制宣传教育和依法治理工作。开展“法制文艺下乡”活动，组织“戏迷协会”深入农村集市、法治广场、主题公园、厂矿企业等，演出群众喜闻乐见的法制文艺节目，使广大农民群众在潜移默化中掌握法律知识。创办《平邑普法》，有针对性地开展法制宣传教育，利用网站、微博、QQ、微信等新媒体开展普法宣传，在县电视台播放的《平安平邑》栏目中，制作普法专题节目4期，收到良好的宣传效果。至2013年，在“六五”普法中，共举办大规模法制宣传活动71次，出动宣传车1362台次，悬挂宣传条幅、标语1.2万幅，宣传板610块，发放宣传材料15万份，现场解答群众咨询4万人次，取得明显的宣传效果。

2013年，通过省、市“六五”普法中期验收。“六五”普法3个年头，全县共举办大规模法制宣传活动51次，出动宣传车962台次，悬挂宣传条幅、标语1200幅，制作宣传板块610块，发放宣传材料15万份，现场解答群众咨询4万人次。

第二节　公证办理

平县公证处于1982年成立，为副局级行政单位。平邑县公证处在二十世纪八九十年代主要业务是农村房产的继承、宅基地纠纷及各类民事纠纷调解协议的公证。1993年11月，公证处由行政单位改为全额拨款的事业单位。业务范围由办理农村、企业承包合同公证、收养协议公证及未婚声明公证等一般性服务项目，逐步向金融、房地产、知识产权等新兴领域延伸。

2000年起，参与平邑县博物馆、蒙山风景区申报世界吉尼斯纪录现场监督公证、平邑县创城活动现场监督公证、平邑县润民商城1.5亿元地王招投标公证、平邑县老龄委赡养协议公证、平邑县技校学生分配现场监督公证等多项社会影响大、覆盖人群广的公证事项。

2002年，平邑县公证处参加全国事业单位登记，有公证员4名，其中四级公证一名，有公证员助理6名。

至2013年，公证项目发展到国内经济、国内民事、涉外民事3大类、90多种。国内经济包括招标、拍卖、借款、担保、劳务、农村荒山承包、财产租赁、土地使用权出让、转让、抵押等 30 多种。国内民事涉及继承、遗嘱、声明、房屋买卖、委托、赠予、证据保全、赡养、各类民事协议等 40 多种。涉外民事包括亲属关系、出生、未受刑事处分、未婚、学历、经历等 20 多种。在巩固继承、委托、声明、赠予等老证源的基础上，着重开展证据保全公证、银行贷款公证、土地使用权挂牌出让、拍卖、政府采购招标等新证源。同时，多次参与县慈善总会、萤火虫义工联盟、社会爱心组织联合发起的为贫病人群的爱心募捐活动，为其免除全部公证费用，并组织公证人员现场捐款。

1989—2013 年平邑县公证处办理公证业务情况表

表 21-5　　　　单位：件

年份	经济	民事	合计	年份	经济	民事	合计
1989	1200	100	1300	2002	370	380	750
1990	1100	109	1209	2003	410	480	890
1991	1200	120	1320	2004	500	560	1060
1992	1040	110	1150	2005	590	600	1190
1993	860	102	962	2006	420	700	1120
1994	720	98	818	2007	560	780	1340
1995	680	91	771	2008	600	810	1410
1996	500	110	610	2009	710	920	1630
1997	410	120	530	2010	820	650	1470
1998	670	125	795	2011	600	780	1380
1999	820	140	960	2012	510	650	1160
2000	300	280	580	2013	500	510	1010
2001	350	310	660				

第三节　律师及其事务所

1980 年 12 月，平邑县法律顾问处成立。1989 年，有公职律师 3 人。1991 年 5 月，平邑县法律顾问处更名平邑县律师事务所。1993 年 7 月，平邑县经济律师事务所（合作制）成立。1994 年 4 月，经地区司法局批准成立“平邑县蒙阳律师事务所”（合伙制）。1995 年 5 月，成立公证律师管理科，平邑县律师事务所更名为临沂平大律师事务所，平邑县经济律师事务所更名为临沂鲁南律师事务所，平邑县蒙阳律师事务所更名为临沂蒙阳律师事务所。1996 年，临沂平大律师事务所成立党支部。2000 年 9 月，平大律师事务所、鲁南律师事务所进行脱钩改制，原国资所平大律师事务所改制为合作制律师事务所，原国办所鲁南律师事务所改制为合伙制律师事务所。2001

年10月，临沂平大律师事务所更名为山东平大律师事务所，临沂鲁南律师事务所更名为山东鲁南律师事务所，临沂蒙阳律师事务所更名为山东蒙阳律师事务所。2002年11月，山东至平律师事务所成立。2003年11月，山东蒙阳律师事务所解散。2005年11月，山东东蒙律师事务所成立。2008年，山东平大律师事务所由合作制转为合伙制。2009年12月，山东华拓律师事务所成立。2012年5月，山东慎求律师事务所成立。2013年，全县律师事务所6家，执业律师40人。

第四节　基层司法行政

1990年2月，乡镇设立司法所和法律服务站，为股级行政单位。1993年12月，司法局完成对26名司法助理员的收编管理工作，司法所由县司法局垂直管理。2000年6月，各乡镇成立司法调解中心。2001年，26个司法所合并为16个。2010年10月，司法局下设16个司法所，为局机关股级派出机构，行政编制38名。2011年9月，司法所增加政法专项编制6名（其中郑城司法所2名，白彦、临涧、丰阳、仲村各1名）。2012年1月，柏林司法所2名编制冻结，划归蒙山管理委员会。2013年9月，司法所增加编制1名。2014年4月，司法所编制43人，其中平邑、仲村、保太、地方、白彦司法所编制各5人，设股级正副职各1人，铜石、郑城司法所编制各3名，设股级正职1人，武台、卞桥、温水、流峪、临涧、丰阳司法所编制各2人，设股级正职各1人。

调解

1989年，全县1065个调委会共有人民调解员2826名。2003年，成立县人民调解工作协调指导委员会，各乡镇相应成立，推广持证上岗、首席调解员制度。2004年12月，平邑县在全市率先成立县级矛盾纠纷排查调处中心办公室。2011年，成立县级人民调解委员会和人民调解员协会，召开全县人民调解员协会第1次代表大会，健全完善了医患、劳资、交通事故纠纷调处机制，完善人民调解与公安、检察院、法院的对接机制。2012年9月，市委、市政府在平邑县召开全市深化大调解机制建设现场推进会。2013年，进一步健全人民调解、司法调解、行政调解联动工作体系，推动区域性、行业性、专业性人民调解组织向深层次的延伸。全县共排查矛盾纠纷3148起，化解3094起，化解率达98.3%。

法律服务

1986年，成立乡镇法律服务站。1989年，全县26个法律服务站共有法律服务工作人员105人。1995年，各乡镇法律服务站更名为法律服务所。在企业内部开始建立法律服务机构，山东华龙集团、平邑县物资总公司、平邑县造纸厂、平邑县衡器厂、平邑县粮食局、平邑县供销合作社等6家单位内部设立法律事务机构即法律事务部。

1999年7月，法律服务所改制，成为自收自支中介服务机构。2001年，全县27个法律服务所合并为17个。经县社团登记管理部门批准，5月11日，平邑县基层法律工作者协会挂牌成立，成为全县基层法律工作者行业自律组织。2004年，平邑县基层法律工作者协会第二届会员大会召开，法律服务所进行合并，注销4个所，保留13个法律服务所。至2013年底，共有执业基层法律服务工作者68人。

第五节　法律援助

1999年8月，成立平邑县法律援助中心，与“148”法律服务专线协调指挥中心合署办公。9月，成立平邑县法律援助社会志愿者协会。2000年3月，成立“平邑县法律援助委员会”。2008年6月，明确县法律援助中心为股级全额拨款事业单位。县法律援助中心还在县法院、县检察院、县公安局、团县委、县妇联、县总工会、县残联等单位及13个镇（街道）司法所设立法律援助工作站，形成以县法律援助中心为龙头、辐射全县的法律援助网络。法律援助中心自成立以来，积极开展法律援助工作，为老、弱、病、残、贫及未成年人提供法律援助2700余起，承办一批在社会上有一定影响的法律援助案件。

2013年，全县共办理法律援助案件530件，健全县、镇、村、单位法律援助网络，构建覆盖全县的法律援助网络体系。深化“便民服务示范窗口”建设，推广实行“点援制”，完善便民服务措施，提高服务质量，扩大受援面，让更多的困难群众获得便捷高效的法律援助。

第二十二编

军　事

第一章 组织机构

第一节 县武装部

1986年6月18日，中国人民解放军平邑县人民武装部改为地方编制，改称平邑县人民武装部。人民武装部改归地方建制后，其性质、任务不变，负责辖区内民兵、兵役和兵员动员工作，仍属军事单位，接受中共平邑县委和临沂军分区双重领导，县委书记兼任人民武装部党委书记。其机构设办公室、军事科、政工科3个科室。

1988年10月，人民武装部增设后勤科。

1996年4月1日，平邑县人民武装部收归部队建制，称“中国人民解放军山东省平邑县人民武装部”，为正团级单位。其性质、任务不变，接受临沂军分区和平邑县委双重领导，恢复由县委书记兼任县人民武装部党委第一书记制度。平邑县民兵武器装备仓库和民兵训练基地列为地方编制。

2013年，设军事科、政工科、后勤科3个科。

第二节 基层武装部

1989年，县人民武装部辖27个基层人民武装部。

1996年10月，在县归来庄金矿成立企业武装部。1999年9月，在兰陵集团平邑分公司成立企业武装部。

2000年12月，平邑县由16个镇、10个乡调整为14个镇、2个乡，乡镇人民武装部也由26个合并为16个。各基层武装部配备部长1人，干事1人，行政村多、人口多的基层武装部可配备干事2人。

2010年，平邑县下辖1个街道、13个镇，镇、街道基层武装部也相应调整为14个。

2013年底，全县设1个县直机关武装部、1个街道基层武装部、13个镇武装部、2个企业武装部，共设17个基层人民武装部，配备专武干部32人。

第二章 国防后备力量建设

第一节 民兵组织

1991年，在乡镇企业发展较快的地方，实行乡镇企业和民兵户口所在村民兵组织双重管理模式。对零星分散外出的基干民兵，采取与外出民兵建立联系的制度，使民兵连能够掌握每个基干民兵外出的去向和时间。对于乡和村两级集体组织外出劳务人员较多的单位，采取相应编组民兵组织，乡镇人民武装部定期联系的方法，实施对基干民兵的领导，保证了劳务输出中的民兵处于管理之中。县人武部根据临沂军分区《“八五”期间临沂地区基干民兵发展规划》要求，采取合理分配民兵训练和征兵任务，对经过民兵军事训练和当年回乡的退伍军人，采取随训随编、随到随编、年底核对的办法，及时将他们编入基干民兵组织。在与军事专业对口的地方交通运输、邮电通信、医疗卫生、化工、机械维修等单位，编组相应的民兵专业技术分队。基干民兵必须是服一类预备役的退伍军人或经过县民兵训练基地训练合格的人员。坚持先训后编的原则，做到参训人员随训随编，复退人员随退随补，保证3年之内完成增减任务。

1997年，平邑县人民武装部落实临沂军分区深化民兵工作调整改革的总体规定，决定在两年内完成民兵改革调整工作。

1998年，压缩基干民兵数量，建立县、乡两级民兵应急分队，抓好专业技术分队和专业对口分队的编组。

1999年，全面理顺、落实调整改革任务。两年内使全县基干民兵队伍达到规模适当、布局合理、重点突出、可靠管用的要求。压缩基干民兵规模，合理调整组织布局。

1999—2000年，民兵整组工作着眼于适应“战场”需要和“市场”要求，加大科技含量，突出城镇重点，合理调整编组，优化组织结构，巩固民兵工作调整改革成果。

2002年6月，平邑县人武部进一步对民兵工作进行调整改革。各基层人武部将基干民兵，整合为作战、勤务保障、应急和其他四种队伍，并进一步重点抓城镇民兵应急分队和民兵专业技术分队建设。是年，在全县16个乡镇建立以镇机关民兵为主力的乡镇民兵应急分队。

2002年后，民兵组织整顿工作在编组数量上，保持基干民兵总数不变的情况下，实现编组重点转移、适当减少农村基干民兵数量，扩大县城基干民兵数量。

2006年，县人武部将基干民兵，整合为作战、勤务保障、应急和其他四种队伍，并进一步重点抓城镇民兵应急分队和民兵专业技术分队建设。

2010年，加强基层武装部建设，区分三个层次，采取“抓前、帮后，促中间”的办法，真抓实干，投入经费120余万元，全县19个基层武装部通过军分区联合检查组验收，并全部达标。

2012年后，民兵组织整顿工作在编组数量上，保持基干民兵总数不变的情况下，实现编组重点转移，适当减少农村基干民兵数量，扩大县城基干民兵数量。

2013年，大力加强民兵重点分队建设。按照作战队伍、勤务保障队伍、应急队伍、其他队伍进行科学分类编组，突出民兵防空分队、心理战分队、应急分队等重点分队建设。最大限度地挖掘社会人才资源，把打赢之急需、军地能通用的高素质人才编入民兵分队，为提高打赢能力提供有力的人才支撑。紧贴作战任务和战场环境，有针对性地开展抢险救灾、森林防火、紧急救援等训练演练，提高遂行作战任务和非战争行动的能力。

第二节　政治教育

1989年6月，平邑县人武部组织民兵进行“两学两反”教育，即学理论、学雷锋，反对资产阶级自由化、反对精神污染，通过教育，使广大民兵树立坚定的政治立场，旗帜鲜明地站在党和人民一边，反对资产阶级自由化。

1991年，平邑县人武部针对民兵既是“兵”又是“民”的特点，结合实际不断探索民兵政治教育的新路子，将民兵政治教育纳入地方宣传教育、全民国防教育、民兵军事训练、民兵基层建设之中，保证了民兵政治教育的开展。在教育内容上，主要是进行民兵的性质任务、党的路线方针政策、军队优良传统、形势战备、爱国主义和革命英雄主义、法纪等教育，不断提高广大民兵的思想政治觉悟。在教育形式和方法上，除上政治课以外，还广泛采用参观访问、图片展览、电化教学、刊授函授教育等多种形式，增强民兵政治教育的效果。

1997 年，结合香港回归和庆祝建军 70 周年，对民兵进行爱党、爱军、爱社会主义祖国的教育。1999 年，对民兵进行庆澳门回归和庆祝中华人民共和国成立 50 周年教育。2000 年,对广大干部和民兵进行“三个代表”教育，使干部和民兵深刻理解“三个代表”重要思想的内涵，忠实地践行“三个代表”重要思想，全心全意地为人民服务。还对民兵进行崇尚科学、反对邪教组织教育。

2001 年，组织全县基层人武部开展“居安思危、勿忘国防”国防知识竞赛。2002 年，认真组织党政机关领导干部、民兵、青少年学生和各界群众收看中央电视台专门制作的全民国防教育日特别节目《心中的长城》，并在乡镇街道繁华地段、人口密集区和党政机关附近设立宣传站。通过展出国防法规宣传图板，发放有关《中华人民共和国国防法》《中华人民共和国兵役法》《中华人民共和国国防教育法》和《征兵工作条例》的宣传材料，播放国防法规录音等活动。同时,组织基层人武部开展“沂蒙杯”国防知识竞赛。

2004 年，组织全县广大民兵预备役人员开展“爱中华、奔小康、强国防”国防教育系列活动，并组织万人签名。2005 年，在保持共产党员先进性教育活动中，对民兵和民兵中党员进行党的宗旨、科学发展观、构建和谐社会及以“生产发展、生活宽裕、乡风文明、村容整洁、管理民主”为主要内容的建设社会主义新农村教育。

2007 年，组织中共十七大精神的学习宣传，开展“赞颂新成就、履行新使命、迎接十七大”等专题教育活动，组织开展学习科学发展观，学习党章、遵守党章、贯彻党章、维护党章、忠实履行军队历史使命和社会主义荣辱观等教育。2008 年，组织民兵预备役人员开展“迎奥运、抓安全、保稳定”教育。2009 年，开展深入学习实践科学发展观活动，深入开展培育当代革命军人核心价值观主题教育活动。

2010 年，深入开展“运用沂蒙精神，自觉践行当代革命军人核心价值观，积极为建设全面过硬战略预备役力量做贡献”主题教育活动，向全县基层武装部发放《运用沂蒙精神培育当代革命军人核心价值观》学习教育教材，向全军平邑籍官兵寄发弘扬沂蒙精神公开信，给全县新兵发放弘扬沂蒙精神倡议书，扩大沂蒙精神在全军的影响。

2011 年，扎实开展“坚定理想信念，忠诚履行使命”主题教育活动、庆祝中国共产党成立 90 周年纪念活动和“看红色电影、读红色书籍、唱红色歌曲、讲红色故事”活动，以沂蒙精神为主线的思想政治建设成效明显。

2012 年，深入开展“坚定信念，铸牢军魂”主题教育和“学习贯彻党章，弘扬优良作风”“学习中国特色社会主义发展史”等教育实践活动。

2013 年，开展“坚定信念，铸牢军魂”主题教育和“学习贯彻党章,弘扬优良作风”“学习中国特色社会主义发展史”等教育实践活动。在教育内容上，突出“兵”的特点，着眼于增强广大民兵的国防观念。在教育形式上，针对民兵既是民又是兵的特点,采取“民兵与群众，有分有合，分合结合”的方法，还利用民兵例会、集训、重大节日，对民兵相对集中的单位，进行课堂教育。此外，进行民兵刊授、函授教育，电影、电视、广播、报纸、电化教学等方式教育。

第三节　军事训练

1991年，县人民武装部，落实民兵训练基地的常设管理机构，配备专职管理人员，建立健全各项管理制度，加强对民兵训练基地的管理，保证各民兵训练基地的使用。

1992年，县人武部按照民兵“训练形式基地化、训练内容一体化、教学手段电教化、训练要求规范化”要求，认真开展民兵规范训练。针对民兵训练基地容纳人员有限而民兵参训人员较多的问题，采取分期分批的训练方法，每期参训人员控制在100～200人之间，保障训练任务的完成，提高训练质量。

1997年，调整民兵训练任务，以训练基干民兵为主。基干民兵训练任务的调整，与民兵组织规模和布局相协调，做到突出重点，兼顾一般，保证每个乡镇每年都要安排民兵训练任务。在新任职的两年内，完成30天的训练（含政治教育时间3天），而后视情安排复训，以及民兵应急分队和专业技术分队的训练。

按两年一个周期组织训练，每年有所侧重地安排训练内容，年度训练时间为15天（含政治教育2天）。民兵专业技术分队训练原则上每年安排1/4的分队训练，训练时间不少于30天（含政治教育时间3天）。民兵对口专业技术分队训练，训练时间为3～5天（含政治教育时间0.5天）。民兵步兵分队训练，平时只训练新入队人员，由县人武部统一计划组织和考核，训练时间15天（含政治教育时间2天）。

1999年初，结合“民兵整组”，组织民兵应急连紧急拉动演练。2000年7月，进行民兵应急分队和专业技术分队反空袭课目演练。2001年初，进行民兵应急分队处置突发情况维护社会稳定的课目演练。2002年7月，组织进行民兵教学法评比竞赛和民兵应急分队防空袭战场心理训练、快速应急动员、战场抢修抢救、维护社会治安、参加抢险救灾等课目演练。

2002年8月，县人武部根据上级指示要求，围绕打赢信息化条件下局部战争的要求，在提高民兵军事训练高科技含量上下功夫、求突破，深入开展科技兴训、科技练兵活动，使民兵军事训练的质量进一步提高。

2003年5月，举行“创建平安临沂”民兵军事训练汇报表演。同时加大对民兵应急分队和专业技术分队训练的力度。

2006年，训练民兵、应急队员高标准高质量地完成山林救火、抗洪抢险、维护社会治安等活动。

2007年7月11日，组织民兵应急分队在吴家庄水库进行抗洪演练。

2009年9月，组织全县民兵应急分队拉动演练。

2010年3—5月，分为3期7个科目，结合民兵组织整顿，进行集中训练，较好完成分区赋予的民兵军事训练任务。

2011年5月1日，民兵应急分队到费县林场参加“4·29”扑灭山火行动。2012年8月，进行阅兵方队训练。

第四节 征 兵

1987年起，地方送兵恢复为由部队到地方接兵。

1990年春季征兵，对征集公民服现役的政治条件作10条补充规定。同年冬季征兵，现行的《应征公民入伍登记表》改为《应征公民入伍批准书》和《应征公民入伍审查表》。凡被批准入伍的新兵，手续必须齐全，档案中手续不全的，一律不承认其为现役军人，退伍后安置部门不负责接收安置。军龄和服役期限按照《应征公民入伍批准书》批准入伍的时间算起。

1991年冬季征兵，在体检、入伍手续上有新规定。在体检上，按照国防部新颁布的《应征公民体格检查标准》和《应征公民体格检查办法》执行。新标准和办法增加了尿检和心电图等项目，对身高、体重、血压、肝功等要求提高。在入伍手续上，《应征公民入伍批准书》一律由省征兵办公室印制、发放和管理。启用新的《应征公民入伍通知书》，按照“非农”“农业”户口分别编号。

1996年征兵工作中，为加强廉洁征兵，成立了纪检组，下发廉洁征兵通知，制定征兵工作“禁酒令”，设立举报电话和信箱。

1998年12月29日，对兵役制定进行调整，由原来“义务兵役制为主”的提法，改称为“中华人民共和国实行义务兵与志愿兵相结合、民兵与预备役相结合的兵役制度”；缩短了义务兵服役年限，将义务兵服现役期限由陆军3年、海军、空军4年改为一律2年。

2000年，对征兵政策作了个别调整，对高文化素质青年的征集比例提高，达到50%以上。为了多征集高文化素质青年入伍，调整了普通高中毕业生视力标准。

2002年，为提高征兵体检工作科技含量，平邑县人武部研制开发的征兵体检自动化管理系统率先于当年投入使用。12月，省军区司令员张齐红到平邑县人民武装部观摩征兵体检自动化管理系统。

2003年，县人民武装部征兵体检自动化管理系统被济南军区评为科技进步奖。7月，山东省征兵体检自动化系统应用培训班在平邑县训练基地举办。

2005年起，征集在校大学生入伍。

2008年，放宽对视力等身体指标的要求，征集年龄也予以放宽，大专以上文化程度的青年参军年龄放宽到22岁。

2011年，加大征集地方大学生应征入伍的力度。围绕征集高学历高素质兵员，在继续征集高校应届毕业生入伍的基础上，鼓励在校大学生应征入伍，并将2012年高职（专科）毕业班的学生和2011年刚考入大学的一年级新生，作为在校大学生征集的重点。

2013年，征兵时间由冬季调整到夏秋季。即由冬季的11月1日开始征兵、12月1日批准入伍、12月10日起运新兵、12月31日征兵结束，调整为夏秋季的8月1日开始征兵、9月1日批准入伍、9月5日起运新兵、9月30日征兵结束。

第五节 全民国防教育

1994年，为纪念《中华人民共和国兵役法》颁布实施10周年，县人武部对民兵进行国防教育。

1997年，成立平邑县国防教育委员会，制定印发《平邑县国防教育委员会成员单位职责》《平邑县关于国防教育有关问题的规定》，对县国防教育委员会成员单位和人员的工作职责、国防教育的组织实施、经费保障、奖惩措施等作了明确规定。同年，在全县民兵预备役人员中组织“强我国防、兴我中华”国防教育系列活动。

1998年，国防教育充分发扬老区优势，进一步健全“五位一体”国防教育体制，深入开展以青年民兵、干部、学生为主要对象的全民国防教育。

1999年，县人武部党委为加强对以学生为主的全民国防教育，与县教委联合下发《“迎国庆万校国防教育活动”的通知》，对学生进行“保卫21世纪中国”国防知识竞赛，共做试卷400份，征集“保卫21世纪中国”国防征文134篇，各基层武装部也充分利用民兵整组、征兵宣传等时机，通过张贴宣传画、出动宣传车等形式，对全民进行国防教育。

2001年，是国防教育法颁布实施的第一年，国家确定每年9月的第三个星期六为全民国防教育日后，县人武部和县国防教育办公室充分发挥广播、电视、报刊等新闻媒体作用，并通过设立宣传咨询站、发放宣传材料，在县、乡主要街道悬挂宣传条幅等形式，积极开展国防教育宣传活动。在学生中开展“保卫21世纪中国”歌咏比赛、“民兵玉溪杯”军事知识竞赛活动，完成国防教育知识试题答卷1.8万余份。

2003年8月，县国防教育委员会合并到县国防动员委员会。按照“全民参与、长期坚持、讲求实效”的方针，实行“经常教育与集中教育相结合、普及教育与重点教育相结合、理论教育与行为教育相结合”原则，将全民国防教育纳入全民教育体系，针对不同教育对象，确定不同教育内容，采取不同形式，利用各种时机分别组织实施。

2004年8月，县人武部组织参加全国“爱中华、奔小康、强国防”国防教育系列活动，印发国防知识竞赛试题答题试卷7万份，收回答题卷5.06万份，印制签名条幅19条，上报市国防教育办公室14条，组织5万名军民参加签名活动。

2005年，县人武部倡导全县党政机关、中小学生等，在清明期间到革命纪念地、烈士陵园接受爱国主义教育。8月，县委、县人武部组织全县干部职工、中小学生近5万人，参加上级组织的纪念抗日战争胜利60周年“昊宝杯”国防知识竞赛。

2006年，开展纪念红军长征胜利70周年活动和第6个国防教育日，开展“弘扬长征精神，共筑钢铁长城”宣传活动。

2007年，结合国防教育纪念日和中国人民解放军建军80周年纪念活动等时机，开展以“热爱军队、情系国防”为主题的国防教育活动。9月，组织领导干部、民兵预备役人员、中学生参加“烟台人防杯”国防知识竞赛。

2008年，开展“维护国家安全、共筑和谐家园”国防教育日活动。

2009年，开展“赞颂辉煌成就、建设强大国防”教育活动。2010年，开展“富国强军、共筑长城”国防教育系列活动。2011年，开展“依法开展国防教育、增强公民国防观念”全民国防教育。2012年，开展“热爱人民军队、共筑钢铁长城”教育活动。

2013年，结合纪念中国人民解放军建军86周年和全民国防教育日，广泛开展“爱党爱军、建设国防”等教育活动。

第三章 党管武装

1986年6月，县人武部改归地方建制后，根据上级军事机关和中共临沂地委的规定，县党委书记兼任县人武部党委第一书记，不再兼任人武部第一政委职务。从1986年6月开始，县委书记兼任县人武部党委第一书记，各县人武部政委任人武党委书记。

1995年12月，县人武部收归军队建制。1996年3月，平邑县根据济南军区政治部的通知规定，县委书记兼任县人武部党委第一书记，县人武部政治委员、部长分别任县人武部党委书记、副书记。县人武部政治委员参加县委常委会，人武部部长参加人民政府常务办公会议。

1998年9月，平邑县委被山东省委、省军区党委表彰为“党管武装先进单位”。2008年12月，县委书记王林山被山东省委、省军区党委表彰为“党管武装好书记”。

1989—2013年，平邑县人民武装部先后多次召开党委会，对全县一个时期的国防后备力量建设进行总结和部署。坚持每月召开一次专武干部例会，对年度、半年、阶段及重大工作，进行总结、部署。积极协调配合地方组织、人事部门抓好基层专职人民武装干部和基层民兵干部的选拔、培训、调整、交流工作，保证党管武装在基层的落实。

1989—2013年平邑县人民武装部领导任职情况表

表22-1

职 务	姓 名	任职时间	备注
第一书记	綦敦祥	1986.06—1991.03	兼
	李玉妹（女）	1991.03—1995.08	兼
	张之荣	1995.08—1996.04	兼
	张之荣	1996.04—1997.12	
	颜廷瑞	1997.12—2003.01	
	杜甲普	2003.01—2005.12	
	王林山	2005.12—2011.10	
	丰程秀（女）	2011.11—	
部 长	王立春	1986.06—1993.01	
	张升范	1993.01—1996.03	
	王 宾	1996.04—1998.01	
	孟祥斌	1998.01—2003.01	
	吕 勇	2003.03—2007.04	
	周扬山	2007.04—2009.01	
	付世军	2009.01—	

续表 22-1

职务	姓名	任职时间	备注
政治委员	王培成	1996.04—2001.04	
	王伟明	2001.04—2006.02	
	陈金怀	2006.02—2013.04	
	类成信	2013.04—	

第四章　人民防空

2004 年 5 月，成立平邑县人民防空办公室。2007 年 12 月，县人防办加挂“平邑县民防局”的牌子，增加防灾救灾职能。2010 年 9 月，平邑县人防办依托乡镇人武部，成立乡镇人防办，由乡镇人武部部长兼任人防办主任，具体领导乡镇人防、民防工作。2012 年，山东省人民防空办公室授予平邑县人民防空办公室 2011 年度“全省人防工作先进单位”。

第一节　宣传教育

2006 年起，每年 9 月与县人武部联合在莲花山公园结合“9・18”防空警报试鸣集中进行大规模的人防法律法规和人防知识宣传教育。至 2013 年，发放《中华人民共和国人民防空法》等法律法规宣传资料 11 万余份，《人民防空知识》手册 1.2 万余册。组装宣传车 18 辆次，设立宣传站 9 处，发放《人民防空知识》读本 3.2 万余册、人民防空法宣传提纲等材料 2 万多份，悬挂过街标语 130 余幅。每年“12・4”普法宣传日、“5・12”防灾减灾日，共发放人防法律法规宣传资料 5.5 万份，《人民防空知识》手册 2300 余册，设置人防知识挂图 24 幅，受教育群众 6.6 万人次。

2009 年 10 月，结合中华人民共和国成立 60 周年，县人防办、县广电局联合举办“联欢晚会”活动。

2013 年，创办《平邑人防》，设置人防动态、简讯、人防知识、人防法律法规等栏目，编发两期 800 多份，发挥了人防宣传教育的阵地作用。同年与县司法局联合开展人防科普知识进社区活动，制作送发人防法律法规和人防知识宣传挂历 4000 份。与县教育局、县教师进修学校密切配合，搞好驻城中学生人防知识教育。在青少年教育中心加挂“人防教育基地”牌子，开设人防教育课，通过人防知识学习、简易防护器材操作和人防综合演练活动，提高广大中小学生的防护技能。全县初级中学接受人防教育人数 1.5 万人次，驻城中学人防知识教育开课率 100%，考试合格率 100%。

第二节　警报设备与管理

为了全面提高“两防一体化”水平，加快人防指挥自动化建设，县人防办成立初，投入大量资金。至 2013 年，城区共安装防空警报器 19 台，其中电动警报器 12 台，电声警报器 7 台。

建立和落实战备值班制度，战备值班室实行 24 小时战备值班。严格执行警报器检查管理维护制度，2013 年，参加省、市举办的培训班，通过进行技术培训，丰富了防空警报知识，为警报器管理培训了技术骨干。完善警报器档案，责任到人，使防空警报网建设和管理实现规范化、制度化和法治化。连续 8 年“9·18”防空警报成功试鸣，警报鸣响率 100%，音响覆盖率达到 90%。

第二十三编

教　育

第一章　基础教育

第一节　学前教育

1989年，幼儿园的举办、停办，由所在乡、镇人民政府登记注册，并报县人民政府教育行政部门备案。

1990年底，托幼工作移交到教育部门主管，在县教育局设立托幼办公室。

2011年，全县各级各类幼儿园294所，其中公办性质的幼儿园89所：全县在园幼儿15393人，学前教育三年入园率58%，有教职工1194人，其中公办教师80人。全县省级示范性幼儿园4所、市级示范幼儿园9所。

2012年，全县各级各类幼儿园315所，其中公办性质的幼儿园96所。全县在园幼儿19000人，学前教育三年入园率58%，有教职工1350人，其中公办教师87人。全县有省级示范性幼儿园4所、市级示范幼儿园19所。

2013年，暑假面向社会公开招考公办幼儿园教师22人。是年，全县有14所幼儿园被评为市级一类幼儿园，13所中心幼儿园顺利通过省级乡镇中心幼儿园认定，优质公办教育资源不断扩大。

截至2013年底，全县有各级各类幼儿园303所，其中公办及公办性质幼儿园116所；全县在园幼儿园26853人，学前教育三年入园率达到76%；有教职工1670人，其中公办教师91人。全县有省级示范性幼儿园4所、市级示范幼儿园25所。

第二节　小学教育

1989年，全县26个乡镇共有学校542处、班级1622个、学生63167人。1990年，全县有小学在校学生66893人。1991年，全县有小学在校学生70442人。1992年，全县有小学在校学生74240人。1993年，全县有小学在校学生77391人。1994年，全县有小学在校学生83334人。1995年实现“两基”，共有学校487所、班级1438个、学生81134人。1996年，全县有小学在校学生106032人。1997年，全县有小学在校学生118669人。1998年，全县有小学在校学生123817人。1999年，全县有小学在校学生115523人。2000年，全县有小学在校学生98342人。2001年进入实施九年义务教育阶段，共有学校440所、班级1652个、学生74534人。2002年，全县有小学在校学生75707人。2003年，全县有小学在校学生74534人。2004年，全县有小学在校学生71202人。2005年加大了合班并校力度，全县共有学校239所、班级1735个、学生70124人。2006年，全县有小学在校学生73164人。2007年，全县有小学在校学生71661人。2008年，全县有小学在校学生69245人。2009年，全县有小学在校学生63608人。2010年，全县有小学在校学生60344人。2011年，全县有小学在校学生58213人。2012年，全县有小学在校学生58253人。2013年，共有班级1415个、学生57697人。

第三节　初中教育

1989年，全县有初中31所，在校学生28362人，校均学生915人。1990年，全县有初中在校学生29121人。1991年，全县有初中在校学生29885人。1992年，全县有初中在校学生31104人。1993年，全县有初中在校学生33009人。1994年，全县有初中在校学生34818人。1995年，全县有初中在校学生35826人。1996年，全县有初中在校学生35347人。1997年，全县有初中在校学生33011人。1998年，全县有初中在校学生33238人。1999年，全县有初中在校学生41565人。2000年，全县有初中在校学生56008人。从2001年秋季开始，由“五三”学制改为“六三”学制。是年，全县有初中在校学生57052人。2002年，全县有初中在校学生60593人。2003年，初中招生16146人，招生数量达到本阶段的最高峰，全县有初中在校学生54943人。2004年，全县有初中在校学生47134人。2005年，随着县、乡机构改革，学校布局进行调整，是年，全县共有初中40所，班级629个，在校学生35826人，校均学生896人。2006年，全县有初中在校学28344人。2007年，全县有初中在校学生25187人。2008年，全县有初中在校学生28951人。2009年，全县有初中在校学生36068人。2010年，全县有初中在校学生37088人。2011年，全县有初中在校学生35415人。2012年，全县有初中在校学生32536人。2013年，共有学校28所，在校学生28955人（其中民办学校4所，在校生4365人）。

第四节　高中教育

1989年，全县进行教育体制改革，实行优化组合，分级管理，县教育局直接管理的公办高中学校有平邑一中、平邑二中、平邑三中、平邑七中、平邑实验中学5所。是年，共有班级242个，在校学生5215人。1990年，全县有高中在校学生5400人。1991年，全县有高中在校学生5480人。1992年，全县有高中在校学生5530人。1993年，全县有高中在校学生5790人。1994年，全县有高中在校学生6090人。1995年，全县有高中在校学生6214人。1996年，全县有高中在校学生5956人。1997年，全县有高中在校学生5760人。1998年，全县有高中在校学生7273人。1999年，全县有高中在校学生9130人。2000年，全县有高中在校学生11270人。2001年，全县有高中在校学生13954人。2002年，全县有高中在校学生14112人。2003年，全县有高中在校学生21224人。2004年，全县有高中在校学生27209人。2005年，全县有高中在校学生29200人。2006年，撤销平邑三中，教师分流到相关学校。是年，全县有高中在校学生29419人。2007年，全县有高中在校学生26437人。2008年，全县有高中在校学生20913人。2009年，全县有高中在校学生17447人。2010年，全县有高中在校学生14698人。2011年，全县有高中在校学生18194人。2012年，全县有高中在校学生24325人。2013年，共有班级358个，在校学生18795人（其中民办学校班级77个，学生5094人）。

第五节 特殊教育

1992年，平邑县聋哑学校成立，承担全县特殊儿童义务教育的重任。是年招收聋哑学生入读，招收2个班，30人。

2005年，学校落实“两免一补”的政策，免除学生的学杂费和书本费，解决部分贫困学生的问题。

2007年5月，学校解决学生在校期间生活费的问题，每月由教育局为每个学生划拨100元生活费。

2008年，聋哑学校更名为平邑县特殊教育学校。

2013年，县特殊教育学校设有小学部、特教部，12个年级、38个教学班，其中有5个培智班，在校生66人。全县适龄残疾儿童在义务教育阶段的入学率达到95%。

第二章 职业教育 成人教育

第一节 职业教育

全县有职业学校2所，即平邑县职业中等专业学校、平邑县德才职业中等专业学校。

平邑县职业中等专业学校

1989年9月5日，学校挂牌成立，有教职工106人，学生380人，设有电子、机电、微机、会计、服装等专业。

1990年，学校有教职工108人，学生424人，设有电子、机电、微机、会计、服装等专业。

1991—1998年，学校分别有教职工107人、109人、109人、112人、112人、113人、115人、118人，学生489人、545人、576人、595人、619人、665人、760人、815人，设有电子、机电、微机、会计、服装等专业。

1999年，学校有教职工117人，学生850人，设有文秘、电子、机电、微机、会计、服装等专业。

2000—2001年，学校分别有教职工120人、119人，学生861人、867人，设有牧医、文秘、电子、机电、微机、会计、服装等专业。

2002—2004年，各年的教职工都是123人，学生877人、895人、890人，设有电子、机电、微机、会计、服装等专业。

2005年，学校有教职工122人，学生1130人，设有电子、机电、微机、会计、服装等专业。是年，学校与浙江海信、青岛海尔签订培养安置协议。

2006—2007年，学校分别有教职工119人、120人，学生1365人、1656人，设有电子、机电、微机、会计、服装等专业。

2008年，学校有教职工122人，学生1715人，设有电子、机电、微机、会计、服装、中餐烹饪等专业。

2009年，学校有教职工120人，学生1770人，设有电子、机电、微机、会计、建筑、服装、中餐烹饪等专业。

2010—2011年，学校分别有教职工119人、118人，学生1815人、1893人，设有酒店管理、电子、机电、微机、会计、建筑、服装、中餐烹饪等专业。

2012年，学校有教职工207人，学生1965人，设有酒店管理、电子、机电、微机、会计、建筑、服装、中餐烹饪等专业，并新设学前教育专业。

2013年，学校有教职工206人，学生1967人，设有酒店管理、电子、机电、微机、会计、建筑、服装、中餐烹饪、学前教育等专业。

平邑县德才职业中等专业学校

2003年，平邑县德才职业技术学校职业中专部申请成立。

2004年，开始筹备组建学校。

2005年，临沂市教育局、平邑县教育局正式批复同意设立平邑县德才职业技术学校职业中专部，学制2年，开设焊接技术、机电一体化、电子技术应用3个专业，有教职工32人，共计招生80人，设3个教学班级。

2006年，有教职工58人，新增计算机应用技术专业，共招生64人，设4个教学班级。

2007年，有教职工62人，新增汽车运用与维修专业，共招生121人，设5个教学班级。是年，2005级学生毕业，分配安置到北京、青岛、威海等地就业；学校搬迁到胡家庄驻地。

2008年，有教职工90人，共招生463人，设14个教学班。是年，2006级学生毕业，分配安置到上海、南京、烟台等地。

2009年，有教职工76人，共招生179人。学校面向社会开展技能培训，共计培训退伍军人、失业人员、进城务工人员2000多人。

2010年，有教职工78人，共招生269人。是年，学校被评为"全市就业培训先进单位"。

2011年，有教职工82人，共计招生320人，设教学班8个。临沂市退伍军人现场会在学校召开，学校培训经验全市推广。当年，经临沂市教育局、平邑县教体局批复，学校更名为"平邑县德才职业中等专业学校"。

2012年，有教职工82人，共招生325人，设教学班8个。县教体局党委批复成立党支部，与中国美的集团签约成立美的德才班。

2013年，有教职工85人，共招生409人，设教学班10个。当年，学校搬迁到北环路与公园路交会处；与中国熊猫集团签约成立熊猫德才班。

第二节　技工教育

1988年5月，县内技工教育创建。1989年，与县第一职业高中合并成立平邑县职业教育中心，1994年8月独立设置，2011年12月再次和县职业中专合并。学校原址在县城公园路35号，占地面积17200平方米，建筑面积11500平方米，拥有1幢文化理论教学楼，1幢实习教学楼，2幢教工宿舍楼。有教职工88人，其中具有高、中级专业技术职称的教师51人。2013年，有4个教学班，在校学生240人；建有电工、电拖、电子、电钳、电焊、气焊、数控车床、微机等基本功训练房和综合机电实验室，有实习饭店和实习工厂等实习教学场所。学校教学设施齐全，固定资产1000多万元。

在办好日常班和短训班的同时，与山东农业大学等数所大学联合举办成人教育函授班，设立大专、本科函授班，开设十几个适合县域经济发展需要的专业，拓宽培训技术人才的路子。

自建校以来，先后开设办公自动化、机电、电钳、车工、烹饪、商经、会统、建筑等专业。办学形式灵活多样，长短结合、职成结合、厂校结合、脱产与业余结合，在岗与下岗结合。教学注重成效，突出技能训练。

至2013年，共为社会输送合格的中等专业技术人才9947名。

第三节 广播电视教育

平邑县广播电视教育始于1979年，原名为平邑电大站，位于现平邑师范院内。1992年更名为临沂广播电视大学平邑分校，搬迁至平邑南环路。学校总占地1公顷,建有教学楼1座、学生公寓1栋、微机室1个、语音室2个，有教职工27人、外聘教师7人。2000年，学校开设英语、数学、汉语言文学、计算机4个全日制专业，在校学生400余人，中专升本科学生入学率30%。2002年，与平邑职业中专合并。

第四节 函授教育 自学考试

函授教育

平邑县的函授教育始于1962年。至2000年，函授教育人数达到高峰，招生1157人。2005年后，因高等学校扩大招生以及网络大学、电视大学的扩大招生冲击，函授教育人数连年下滑。2008年、2009年仅有600余人参加函授教育。2013年，人数增至1848人。

1989—2013年平邑县函授教育人数情况表

表23-1　　　　单位：人

年份	人数	年份	人数
1989	535	2002	1369
1990	557	2003	1360
1991	642	2004	1213
1992	673	2005	818
1993	783	2006	725
1994	847	2007	719
1995	901	2008	634
1996	815	2009	618
1997	763	2010	763
1998	715	2011	1829
1999	731	2012	1762
2000	1157	2013	1848
2001	1211		

自学考试

1984年10月，平邑县自学考试工作开始。由县教育局招生办公室负责。1998年成立自学考试办公室，2001年撤销，自考职能划归招生办公室。1986—2000年，平邑县自学考试报考人数逐年递增，2000年达到高峰。2001年起，由于高校扩招，自学报考人数逐年下降。1998年起，为提高中小学教师水平，山东省专门开设中小学教师助学自学考试，由省高等教育自学考试办公室负责报名、考试、发毕业证，各级教师进修学校负责教学辅导和日常管理。

1989—2013年平邑县各类教育学生情况表

表 23-2

单位：人

年份	学前		小学		初中		高中		中专		技校		电大	
	总数	女生	总数	女生	总数	女生	总数	女生	总数	女生	总数	女生	总数	女生
1989	13379	6622	63167	31268	28362	13897	5215	2086	1063	380	86	21	483	102
1990	14088	6974	66893	33112	29121	14269	5400	2160	1122	401	150	45	517	123
1991	14848	7350	70442	34869	29885	14644	5480	2192	1223	434	252	51	603	367
1992	15478	7662	74240	36749	31104	15241	5530	2212	1360	472	280	62	702	202
1993	16667	8250	77391	38309	33009	16174	5790	2316	1430	498	302	102	825	232
1994	16227	8032	83334	41250	34818	17061	6090	2436	1464	509	320	102	827	244
1995	24592	10497	81134	40161	35826	17555	6214	2486	1527	525	330	105	827	260
1996	26181	11748	106032	52486	35347	17320	5956	2382	1657	554	340	105	800	277
1997	24430	12258	118669	58741	33011	16175	5760	2304	1851	618	440	131	920	325
1998	18031	11437	123817	61289	33238	16287	7273	2909	2004	670	451	133	928	331
1999	19668	9736	115523	57184	41565	20367	9130	3652	2096	709	455	135	912	328
2000	12328	6149	98342	48679	56008	27444	11270	4508	2130	718	457	135	914	324
2001	12618	6246	74534	36894	57052	27955	13954	5582	2197	738	404	121	1044	361
2001	12422	6149	75707	37475	60593	29691	14112	5645	2235	750	396	101	1154	414
2003	11867	5874	74534	36894	54943	26922	21224	8490	2330	780	365	96	1209	428
2004	11687	5785	71202	35245	47134	23096	27209	10884	2327	780	350	96	1201	435
2005	12194	6036	70124	34711	35826	17555	29200	11680	3062	985	336	90	613	322
2006	11944	5912	73164	36216	28344	13889	29419	11768	3777	1241	332	89	769	219
2007	11541	5713	71661	35472	25187	12342	26437	10575	4669	1548	300	92	302	107

续表 23-2

年份	学前		小学		初中		高中		中专		技校		电大	
	总数	女生	总数	女生	总数	女生	总数	女生	总数	女生	总数	女生	总数	女生
2008	11211	5248	69245	34276	28951	14186	20913	8365	4844	1654	302	96	302	104
2009	15463	4978	63608	31486	36068	17673	17447	6979	5011	1689	302	95	294	96
2010	15293	4803	60344	29870	37088	18173	14698	5879	5191	1743	256	84	309	102
2011	15393	4806	58213	28815	35415	17353	18194	7278	5447	1820	232	76	339	112
2012	19000	4760	58253	28835	32536	15943	24325	9730	5636	1891	258	86	361	120
2013	26853	13260	57697	28560	28955	14188	18795	7518	5669	1912	240	82	4163	135

第三章 教 师

第一节 队 伍

公办教师

平邑县中小学教师的主要来源是师范类大中专毕业生。

1989—2002年，师范类大中专毕业生由县教育行政部门负责统一分配。1993年，县内义务教育改成“五三”学制。从非师范类毕业生中选拔20名优秀学生到学校工作。1999年，从非师范类的美术专业、计算机专业选拔40人到学校工作。

2001年始，县教育局参加全国及省内师范院校毕业生就业现场会，引进紧缺专业师范类本科毕业生，充实教师队伍。

2003年始，县教育局对毕业生分配、县属学校教师调配实行公开招考、自主择校制度，所有考试入围人员均按照招考成绩从高到低自主择校、择岗。2003年、2004年分别招考40人，2005年招考专科毕业生30人。

2005年后，师范类本科毕业生亦不再统一分配，实行公开招考录用。

至2013年，全县共分配（含引进）录用本科、专科、中专毕业生分别为444人、1708人和840人。所有招考和招聘人员均享受国家规定待遇，列入人事编制。

民办教师

1989—1992年，县内民办教师被费县师范学校录取145人。1993—1999年，民办教师考入费县师范学校186人，另外民师专科班录取13人。

1992年1月，全县62名民办教师转为公办教师，1994年转公办教师59人，1996年转公办教师188人，1998年转公办教师264人。

1999年，全县共清退代课教师469人，其中小学343人、初中102人、高中22人、农技校2人。

2002年7月，全县共有民办教师520人，经审核符合民转公条件的512人，超龄的5人，不合格的3人。512名符合条件的民办教师全部转为公办教师。

2002年后，县内全面实施教师资格制度。

1989—2013 年平邑县教师情况表

表 23-3 单位：人

年份	人数		年龄结构									学历结构				职称结构			
	总数	女性	≥61	60~56	55~51	50~46	45~41	40~36	35~31	30~26	25≤	高校	中专	高中	初中	高级	中级	助级	员级
1989	3309	438	0	94	340	434	374	331	452	377	907	706	2361	140	102	34	721	1646	908
1990	3578	496	0	160	354	420	380	370	422	431	1041	990	2366	131	91	28	690	2060	800
1991	3696	538	0	317	360	413	389	412	441	1168	196	918	2368	321	89	20	638	2230	808
1992	4386	883	0	228	379	564	425	509	462	815	1004	251	1192	2633	310	357	839	2652	538
1993	4640	981	0	351	545	543	554	593	798	975	281	1282	2605	531	222	441	1480	2157	562
1994	4993	895	0	446	519	509	532	642	892	1155	298	1579	2824	474	116	464	1569	2477	483
1995	5252	1164	0	469	561	485	506	730	1068	1054	379	1872	2649	540	191	403	1582	2802	465
1996	5908	1398	0	645	1005	872	610	831	1235	517	193	2720	2192	868	128	565	2308	2477	558
1997	6278	1598	0	672	873	690	605	871	1555	601	411	2792	2201	1135	150	563	2165	2952	598
1998	6536	1768	0	703	945	713	617	894	1463	640	561	2804	3213	333	186	609	2241	3132	554
1999	6877	1832	0	720	900	728	624	915	1630	726	634	2984	3132	524	237	697	2343	3333	504
2000	7862	2106	0	683	989	820	687	1110	1071	1340	1162	3987	3302	386	187	652	2856	3835	519
2001	8117	2207	0	615	875	904	744	916	1162	1641	1260	4677	3077	363	0	648	3256	3833	380
2002	8276	2293	0	709	886	912	808	907	1365	2001	688	4928	2889	459	0	679	3344	3693	560
2003	8615	2323	0	608	954	1417	971	877	1274	2013	501	4887	3301	427	0	799	3573	3598	645
2004	8033	2239	0	178	865	1413	968	870	1249	2032	458	4745	2947	341	0	648	3350	3492	543

续表 23-3

年份	人数		年龄结构									学历结构				职称结构			
	总数	女性	≥61	60～56	55～51	50～46	45～41	40～36	35～31	30～26	25≤	高校	中专	高中	初中	高级	中级	助级	员级
2005	7597	2207	0	311	864	1274	931	912	1359	1700	246	4953	2366	278	0	628	3736	2787	446
2006	7837	2354	0	420	1001	1147	932	1024	1399	1664	250	5204	2359	274	0	549	4209	2748	331
2007	8465	2499	0	742	1294	1044	979	1117	1605	1438	246	5885	2294	286	0	943	5008	2489	25
2008	8352	2478	0	885	1396	963	871	1282	1545	1252	158	5863	2218	271	0	938	5281	2111	22
2009	7953	2447	0	702	1379	909	845	1351	1584	1051	132	5860	1908	185	0	933	5030	1971	19
2010	8046	2540	0	847	1297	925	922	1405	1563	970	117	6040	1830	176	0	991	4969	2074	12
2011	7822	2513	0	1116	1015	970	1101	1590	1362	556	112	6094	1592	136	0	1007	4861	1947	7
2012	7741	2554	0	905	975	992	1130	1605	1365	684	85	6221	1397	123	0	1003	4672	2056	10
2013	7310	2509	0	937	878	844	1257	1484	1276	556	78	6062	1148	100	0	963	4290	2050	7

第二节 培训 进修

1989—1997 年，全县加强职业道德教育和教师自身素质的建设。1996 年，在全县深入开展“教师职业道德建设年”活动；1997 年县教育局被评为山东省“八五”期间教师队伍管理工作先进单位，被县委、县政府确定为行风免评单位。

1989 年，全县小学、初中、高中教师的学历达标率分别为 72.1%、41.4% 和 32.8%。1990 年，在教师进修学校举办卫星电视中师班，学员 138 人；1992 年，548 名中、小学教师参加“三沟通”培训，毕业 400 余人；1998 年和 2002 年，全县组织学历未达标的中学教师参加全省中学教师助学自考，毕业 300 余人；2002 年，全县录取 120 名小学教师，由费县师范学校平邑进修学校负责专科培训，学制 2 年。通过电大、函授、自学考试、助学自考、全日制脱产等渠道，教师的学历水平大幅度提高。至 2005 年，全县小学、初中、高中教师学历达标率分别达 99.9%、98%、72.6%。

1991 年，全县小学校长培训工作开始。1991 年 9 月至 2005 年 9 月，共举办中小学校长岗位培训班、研讨班、提高培训班、研究生课程进修班、专项培训班等各种培训班 15 期，全县中小学正、副校长以上的领导干部，全部得以培训。1999 年，全县 24 名中小学校长参加曲阜师范大学举办的研究生课程进修班，全部获得结业证书。至 2000 年底，培训中小学校长 100 余人次。

1994 年起，实行继续教育证书登记签证制度。规定具有高级、中级、初级技术职务的教师及新任教师均需接受相应定量的继续教育。继续教育实行学分制，晋升或聘任技术职务和新任教师转正定级，必须达到或超过 20 学分。

1995 年 7 月，开始一年一度的新教师试用期培训。1996 年 7 月规定，分配到小学任教的新教师，必须具备基本功训练合格证书，才能办理转正手续，凡未取得基本功合格证书的教师不得评为教学能手、骨干教师、优秀教师。

1997 年 9 月至 1999 年 8 月，在全县各级各类学校进行以各科教学常规、教学大纲、教材教法为主要内容的学科基本功训练和课堂教学技能的培训。2000 年 3 月，开展小学和初中教师综合能力训练。启动“教坛群英”工程。分学段举行“教坛新秀”“教学能手”“学科带头人”评选活动，促进教师向“专家型”教师转变。至 2005 年，全县共评选县级骨干教师 1115 名，其中教坛新秀 643 名，教学能手 454 名，学科带头人 18 名。

2003 年秋，全县实行新课程改革。本着“先培训，后上岗；不培训，不上岗”的原则，2003—2005 年，对全县中、小学教师进行学科培训，考试合格者颁发合格证书，保证新课改的顺利进行。2009 年，依托“山东省教师教育网”研修平台，集中 10 天时间对 800 名教师进行培训。2013 年，投资 100 万元组织教师参加各级培训，教师整体业务水平和师德素养得到进一步提高。

第三节 工资待遇

公办教师待遇

1989 年，全县教师实行薪级工资，月均 141 元。1993 年，执行专业技术职务工资标准，主要由职务工资和津贴两部分构成，月均达到 249 元。1997 年 6 月，在农村乡镇、村任教的教师向上浮动1级工资。在农村工作满8年者，予以固定1档职务工资。之后国家连续对机关、事业单位工作人员工资进行5次调整标准，到2005年全县教师工资水平达到月均1001元。

教师住房。2005年，全县13所县属学校共有教职工2314人，离退休教职工315人，带眷家属2106户，教职工住房建筑面积144570平方米，家庭人均住房面积11.93平方米，成套率达69.75%。乡镇绝大部分教师没有享受到福利分房。

民办教师待遇

1990年始，全县民办教师享受教龄补贴和医疗费补助。1994年教师节前和1995年3月，分别为民办教师月增工资50多元，民办教师月工资由原来的121元提高到228元，达到农民人均收入的2.25倍。1997年，民办教师月工资平均提高83元，达到356元，是农民人均纯收入的2.2倍。1998年1月，又为24名因超龄不能选招和已退休的民办教师提高了工资和退休金，标准同公办教师。1992年起实行民办教师退休制度，至2002年，全县有退休民办教师26人。

2002年，转招512名民师，本人原系农业户口的，转为城镇居民户口，其在农村的配偶和未婚子女，可同时办理城镇居民户口，免收城市增容费；原受聘的教师职务自然认定为现任教师职务，其工资待遇3年内达到公办教师工资标准。2002年，只办理民办教师转公办教师的有关手续，不提高工资标准。2003年提高增资部分的50%，2004年达到公办教师工资标准。工资待遇未到位期间，所承包土地予以保留。

第四章　行　政

第一节　学制　课程

学制调整

1986年9月，义务教育分为初等教育和初级中等教育两个阶段。1993年，平邑县实现初等义务教育，实行小学五年一贯制。

2001年，平邑县根据小学及初中的生源分布状况，用3年时间对在校的四、五年级学生进行合理分流，对其中年龄偏小、升入初中后学有困难的一部分学生，在坚持自愿的前提下，动员其留在所在小学完成6年学业。在校的其他年级实行整体过渡，完成6年学业。

2005年，平邑县基本完成小学和初中向“六三”学制过渡。高中学制1986年以来一直为3年。

课程设置

1993年秋季，平邑县执行九年制义务教育全日制小学、初级中学课程方案。初中包括思想政治、语文、数学、外语、历史、地理、物理、化学、生物、体育、音乐、美术、劳动技术等13个科目。活动设置有晨会（夕会）、班团队活动、体育活动、科技文体活动、社会实践活动和校传统活动等。

1998年，平邑县对《课程方案（试行）》进行部分调整：小学删减语文、数学，初中删减语文、数学、外语、物理、化学部分教学内容，适当降低教学要求，将部分内容改为选学内容，并适当缩小考试内容范围。

2001 年，平邑县在小学开设信息技术课和英语课。

2004 年秋季，平邑县小学和初中一年级执行《实验方案》的课程设置，小学一、二年级设品德与生活、语文、数学、体育、音乐、美术、综合实践活动和地方与学校课程，三年级至六年级设品德与社会、科学、语文、数学、外语、体育、艺术、音乐、美术、综合实践活动、地方与学校课程；初中设思想品德、历史、地理、生物、物理、化学、语文、数学、外语、体育与健康、音乐、美术、综合实践活动和地方与学校课程。

高中课程设置主要随高考科目的变化进行调整。1994 年，采取“3+2”的考试科目设置。1999 年，提出“3+X”科目设置方案。

2004 年秋季，山东省进行高中新课改，数学分文理科，政治、历史、地理、物理、化学、生物分必修和选修内容，基本能力涉及技术、艺术、体育与健康、综合实践活动 4 个学习领域的必修内容，人文与社会、科学分别涉及两个领域的必修内容。

2007 年，高考开始实行“3+X+1”，即语数英 + 综合（文、理）+ 基本能力。

第二节　招生　考试

高考

1990 年，高考第一次推行标准化考试，最大限度地控制考试的误差。1994 年，高等教育试行“并轨”招生，消除国家计划招生和调节招生的录取分数差距。1999 年，开始推行“3+X”科目考试方案。2000 年，平邑县招生办公室配备计算机、数码相机、光电阅读机等设施，对高考报名实行现场照相、现场采集考生信息的办法。2001 年，国家取消对高考考生“不超过 25 岁”“未婚”限制。2002 年，普通高校招生工作实现网上录取。2003 年 7 月高考时间提前 1 个月。2004 年，除已实行自主命题的北京、上海外，经教育部批准山东等 11 个省、市实行高考自主命题。2005 年，高考全省实现考试管理的电子监控，平邑县考场全部实现电子监控、考试全程录像。2004 年，临沂市实行每个考场两名监考、教师异地交叉监考。2006 年，平邑县教育局每个考场配备微型耳机探测器，购置 10 部电子屏蔽仪，对所有高考考场实行电子屏蔽。2007 年，高考信息采集加入考生指纹采集；考生身份证识别仪应用于高考考点；对本县保密室做出扩建和整改。2008 年，高考考生入场要求持二代身份证；身份证鉴别仪和指纹对比识别程序应用于各高考考点。2010 年，高考报名实施网上报名；高考考试网上巡查系统一期工程进行建设，县级高考指挥中心开始建设。2011 年，首次实施远程网上填报志愿及本科二批、专科批次征集志愿模式。2012 年，高考报名实施网上缴费；首次提出普通高考实行分类考试（即春季高考和夏季高考）。2013 年，高考填报志愿开始实行平行志愿的方式。

中考

1997 年前，平邑县普通中专与高中单独招生，中专由县教育局按乡镇下达中专预选计划、各中学组织预选，预选学生单独编场进行考试，后按各乡镇计划单独划线录取。高中招生在中专预选考试之后单独考试，按分数高低划线录取。1997 年始，实行“一考多取”制度——通过一次考试，由普通中专、普通高中、职业中专、职业高中和招收初中毕业生的成人中专分段录取。1998 年起，除文化课考试外，增加体育测试。1999 年，增加实验操作考试。

第三节 教 研

1990年起，县教育局教研室定位为教学研究、教学管理、教学指导和教学服务4项职能。

1991年8月，中、小学教研室合并，进行人员充实、资源重组，设高中部、初中部、小学部3个股级科室。

2006年，教研室各学段教研员总数28人，其中，高中语文、数学、英语、物理、化学、生物、政治、历史、地理每学科1人，初中语文、数学、英语、物理、化学、生物、政治、历史、地理每学科1人，小学语文和数学每学科2人、英语1人，思品1人，另外配有体育1人、美术1人、信息技术2人。

2012年，充实部分学科教研员，至2013年，教研室教研员总数35人。

2009年8月，组织实施全县“大集体备课”活动。2010年8月，在全省教育技术装备会议上做典型发言，受到高度评价。2011年11月，在全市教育信息化经验交流会议上，平邑县的“大集体备课”活动在全市推广。

1999—2013年，每学年召开一次全县教学工作会议，总结表彰先进学校，布置安排新学年工作。教育教学质量不断提高。

第四节 素质教育

2008年，通过教学改革，全县各学校素质教育全面深化，教学综合质量明显提高。其中，小学生卷面考试、学科考查成绩及格率100%，优秀率30%以上；初中优秀生比率不断扩大，先后有4441名中学生在市级以上竞赛中获奖；高中素质教育效果显著，考取重点大学的学生逐年增多。2008—2013年，全县分别有1559名、1411名、1540名、1597名、1452名、1385名学生实现就读本科院校的愿望。

第五节 经 费

政府投入

1989年，平邑县财政性教育经费投入848.3万元，1999年投入7180.3万元，2013年投入66734万元，是1989年的78.7倍。

2007年，全县农村义务教育经费保障新机制实施，全年共免除杂费2386.8万元，其中义务教育阶段学校免除杂费农村2215.9万元、城市170.9万元。农村义务教育阶段学校预算内公用经费，中学按每生每年40元，小学按每生每年30元，年投入资金287.1万元；城市学校预算内公用经费，中学按每生每年70元，小学按每生每年40元，年投入资金30.1万元。当年减免义务教育阶段学生课本费7385人次，减免金额82.7万元；补助住宿生生活补助费1181人次，补助金额35.4万元；补助义务教育阶段城市低保学生385人次，补助金额11.1万元；职业中专有1630名学生享受国家助学金122.2万元；普通高中有2026名学生享受政府助学金，金额101.9万元。

2013年，全县义务教育经费保障水平不断提高，全年共免除杂费及补助公用经费6428.4万元，其中农村义务教育阶段学校免除杂费及补助公用经费4910.5万元，县直义务教育阶段学校免除杂费及补助公用经费887.1万元，民办义务教育阶段学校免除杂费630.8万元。为义务教育阶段学生免费提供教科书，免费人数6.56万人，免费金额855.1

万元；补助住宿生生活补助费3679人次，补助金额374万元。职业高中有238名学生享受国家助学金，金额35.7万元；普通高中有1951名学生享受国家助学金，金额271.2万元；学前教育有1900名幼儿享受国家助学金，金额228万元；2013年办理大学生生源地助学贷款2024份，贷款金额1160.9万元。

学杂费征收

1989年，平邑县杂费的收取标准：小学每学期每生4元，初中8元，高中10元。1998年，对中小学收费进行调整规范，义务教育阶段杂费标准：小学每生每学期农村30元，城镇（含县城所在地的镇）40元；初中每学期每生农村55元，城镇65元。高中杂费每生每学期农村100元，城镇110元；高中学费每生每学期农村60元，城镇70元。省重点高中（含省级规范化学校）学杂费每生每学期210元，职业高中学杂费每生每学期200元，职业中专学杂费每生每学期500元。

2000年，对中小学收费进行调整，义务教育阶段杂费标准：小学每学期每生农村由30元提高到40元，城镇（含县城所在地的镇）由40元提高到55元；初中每学期每生农村由55元提高到70元，城镇（含县城所在地的镇）由65元提高到90元；高中学杂费每生每学期，省重点高中（含省级规范化学校）由500元提高到不超过800元，城市高中由330元提高到不超过500元，农村高中由180元提高到不超过300元，职业高中学杂费每生每学期500元，职业中专学杂费每生每学期800元。

2004年，国家推行教育收费“一费制”，杂费的收取标准：小学一至二年级每年每生160元，小学三至六年级每年每生210元，初中每年每生300元；高中学杂费每生每学期，省重点高中（含省级规范化学校）800元，城市高中500元，农村高中300元。普通高中学校在完成招生计划的前提下，可按照国家“三限政策”（限人数、限分数、限钱数）适量招收部分择校生，规范义务教育阶段学校收费。

2007年春，平邑县免除农村义务教育阶段学生学杂费，同年秋免除城市义务教育阶段学生学杂费。

第六节 基础设施建设

校舍建设

20世纪90年代初，为迎接国家“两基”评估验收（基本普及九年义务教育，基本扫除青壮年文盲），提倡“人民教育人民办、办好教育为人民”，通过县、乡财政投资、全县人民踊跃集资、社会捐资等渠道，全县大部分农村初级中学和中心小学都建设了教学楼，村级小学建设教学平房，配备教学仪器设备，通过“两基”验收。

危房改造 2001年始，在全国实施“中小学危房改造工程”。2001年，实施危房改造61处、建筑面积43014平方米。2002年，实施危房改造14处、建筑面积5439平方米。2003年4月，成立平邑县中小学校舍普查领导小组，对全县中小学校舍进行“拉网式”检查，检查全县328所学校，其中农村中小学315所，县直学校13所。普查校舍总面积656831平方米，其中农村中小学校舍397601平方米，县直学校校舍259230平方米。是年，县政府同各乡、镇签订危房改造目标责任书，年内实施危房改造63处、建筑面积31779平方米。2004年，实施危房改造84处、建筑面积38434平方米。2005年，实施危房改造

21处、建筑面积8152平方米。2007年，实施危房改造11处、建筑面积17516平方米、投资1115万元。2008年，实施危房改造24所、建筑面积31933平方米、投资2102万元。

校舍安全工程 2009年，实施校舍安全工程28所、建筑面积21651平方米、投资1442万元，2010年，实施校舍安全工程43处、建筑面积36227平方米、投资3104万元。2011年，实施校舍安全工程28所、建筑面积26748平方米、投资2650万元。2012年，实施校舍安全工程16所、建筑面积22643平方米、投资2323万元。2013年，实施校舍安全工程17所、建筑面积14427平方米、投资1568万元。

校舍标准化建设 在全县农村义务教育学校实施校舍标准化建设工程。2013年，实施校舍标准化建设工程19所、建筑面积44453平方米、投资4865万元。

标准化幼儿园建设 2012年，新建幼儿园20所、建筑面积32955平方米、投资3494万元。2013年，新建幼儿园16所、建筑面积7328平方米、投资813万元。是年，改建幼儿园28所、改建面积13638平方米。

城区学校建设 2012年，平邑一中迁建，校址位于朝阳路西首，在原赛博高中的基础上建设，学校占地204102平方米，规划120个教学班，新建校舍4.79万平方米，改建原有校舍5.1万平方米。2013年，新建实验小学城东校区及实验幼儿园城东园区，学校占地32016平方米，规划小学30个班、幼儿园12个班，新建校舍1.5万平方米。2013年，新建平邑一中城东校区，学校占地67567.1平方米，规划90个教学班，新建校舍9.2万平方米。2013年，职业中专迁建，学校占地162081平方米，规划120个教学班，新建校舍5.1万平方米。

教学设施配备

1993年前，全县仪器室、学生实验室数量不足，面积不达标。个别农村完小甚至没有学生实验室，仪器配备少，只能开展演示实验，学生分组实验无法正常开展。1994年全县全面启动“两基”工作，年内进购教学仪器价值52万余元。

2008年，全省实施农村中小学仪器更新工程，省、市、县配套资金900万元为全县各学校配备仪器。2013年，投入资金560万元，为30所农村完小安装科技活动室、综合实践活动室及25口科学教室，为5所初中学校安装理、化、生实验室和史地教室，为9所初中学校安装科技活动室和技术教室。

教育信息化建设

2007年8月，农村中小学现代远程教育工程在县内全面启动，全县共申报农村中小学现代远程教育工程项目学校241所，资金预算总额342万元。

2009年，县政府将教育信息化建设工程列入10件“为民实事”之一，工程总投资1700多万元，建设教育信息中心，开通教育城域网，在部分学校实施教师“人手一机”和“绿色班班通”工程。

2009年，全市的网络教研现场会和全市教育信息化建设现场会在平邑县召开。2010年，平邑县在全省教育装备会议上做典型经验介绍。

2011—2012年，投资2838万元，实施教育信息化建设工程，全县县直学校和所有农村中学、中心校实现教师人手一机、班班多媒体。购置大型教育网络资源网站和管理应用软件，教育网络资源网站包括高考资源网、中考资源网、小学资源网等，资源管理应用平台包括大集体备课资源平台、平邑县教育云平台、平邑县视讯平台。

2011 年 12 月，县内 8 所学校被临沂市教育局评为临沂市首批数字化校园。2012 年，9 所学校被临沂市教育局评为临沂市第二批数字化校园。

2013 年，投资 1005 万元实施教育信息化建设工程。现代化教学方式电子白板“班班通”，走进了平邑县每所农村中小学和教学点的每个班级，率先在临沂市实现全县农村中小学所有班级电子白板“班班通”。11 所学校被临沂市教育局评为临沂市第三批数字化校园。5 月，投资 23 万元实施平邑县教学点数字教育资源全覆盖项目，为全县 21 个教学点配备多媒体设备，配送优质数字教育资源。

第七节　督　导

1992 年，县教育局成立县教育督导室，正股级单位，隶属县教育局。

1996 年，平邑县顺利通过国家“两基”验收。

2004 年 3 月，平邑县人民政府教育督导室成立，为正科级事业单位，编制 4 人，其中设主任 1 名、副主任 1 名、其他人员 2 名。主要职责是：统筹规划、组织实施教育督导工作。拟定教育督导、评估工作的实施方案和规章制度；对本级人民政府的有关部门和下级人民政府及其他教育行政部门实施教育法律、法规和履行教育职责的情况进行督导检查；对学校的办学方向、条件质量和效益进行检查评估；对实施素质教育的情况进行督导；对教育工作中重大问题进行调查研究，向本级人民政府或上级教育督导机构提出意见或建议；参与教育先进单位的评审，对被督导学校主要负责人的奖惩、任免向有关部门提出建议；办理县级人民政府交办的其他事项；接受上级督导机构的指导及交办的事项；法律、法规规定的其他事项。同时承担对全县各级各类学校办学水平、办学条件、开学情况、千分制考核等督学工作。

2010 年，县教育局的教育督导室撤销，其相应职责由县人民政府教育督导室承担。

第八节　社会力量办学

县内第一所民办学校是山东冠鲁集团为主要投资方兴办的平邑赛博中学，学校于 1999 年 5 月筹办，办学规模为 72 个班，学校占地 13340 平方米，在校生最多达 1 万多名。1999 年 7 月，平邑县莲花山学校在县城西北部靠租赁校园建立，占地 3335 平方米，招收小学生近 200 人。此后 10 年间，先后成立平邑金鸡学校（后改名为圣翔学校）、平邑新元学校、亚欧学校、山东省平邑赛博高级中学、平邑蒙阳新兴学校、平邑金城中学（后改名为阳光中学）、平邑西城实验小学、平邑沂蒙少林武校、平邑曾子学校、平邑蒙山文武学校、平邑赛博中学附属小学、平邑华丞职业技术学校、平邑德才职业中专等 15 所学校。山东省平邑赛博中学、山东省平邑赛博高级中学于 2010 年被县政府整体收购转为公办学校。

2008 年 8 月，平邑圣翔学校停办。2009 年 8 月，平邑新元学村、平邑华丞职业技术学校、平邑沂蒙少林武校停办，山东亚欧学校由于学校办学条件不达标、办学许可证过期失效。

至 2013 年，平邑县民办学校仅剩 6 所，其中蒙阳新星学校、西城实验小学、德才职业中等专业学校为本县内甚至临沂市区域内办学质量优异、社会影响明显的优质学校。

第九节 学校选介

平邑第一中学

始建于1952年，是临沂市重点中学、山东省规范化学校和教育部现代教育技术实验学校，原校区占地13.73公顷，建筑面积8.3万平方米。2013年，迁至县城朝阳路西首，拥有105个教学班，538名教师。学校秉持“以人为本，宁静致远”的办学理念，内强素质，外树形象，赢得社会各界的一致好评，被评为全国科研兴教示范单位、教育部现代教育技术实验学校、国家级教育教学课题先进实验学校、山东省教育系统先进集体、全国500强学校、临沂市文明单位、临沂市高中卓越人才培养先进学校、临沂市学生成长进步先进学校、临沂市高中教学工作先进单位。

校园网络实现师师通、班班通；实验室、图书室、阅览室、砚台馆、民俗馆、校史馆、心理健康咨询室、田径场、运动场一应俱全，设备数量足，设施功能全，完全符合省级规范化学校标准要求。

加强学案导学课题研究，走科教兴校之路。学校首创的“自主探究学案导学”教学模式受到省内外教育专家的高度赞扬，被省内外其他兄弟学校借鉴运用。

建校60多年来，平邑第一中学坚持用最优秀的教师办最好的教育，让优质教育走进普通百姓家庭，为高校、社会培养出一批批优秀人才。刘红军等7位共和国将军，100多名留学哈佛、麻省理工学院等世界知名的学者、教授，1200多名海内外知名院校的硕士、博士生，是他们当中的杰出代表。

平邑第二中学

筹建于1975年，原名平邑城关中学；1979年，改名为平邑第十六中学；1986年，确定为正科级单位；1990年，改名为平邑第二中学，并改制为只招收初中班。1993年夏，恢复招收高中；1995年，原县教育局办公楼划归平邑二中；2007年，停招初中，只招高中。学校占地面积40020余平方米，总建筑面积39375万平方米。2013年，有44个教学班，教职工237人，其中高级教师69人，中级教师196人，在校学生3205人。

1996年，恢复高中招生后的第一届高中学生毕业，孔凡磊考入南开大学，实现开门红。2007年，高考本科进线372人（含艺术、体育考生），实现历史性突破。截至2013年，学校累计向社会输送合格人才16000多名，其中8000多名学生升入高一级学校，近100人考入南开大学、中央美院等全国知名高校，有近50名毕业生在读或获得博士学位，有的成为国内外知名学者、专家。

2003年4月，通过省级规范化学校验收。

2012年3月，《中国教育报》以《让每一位学生都成长为最好的自己》为题，报道这个学校特色办学之路。

平邑实验中学

始建于1986年，是一所县属国办高中学校，2002年8月，被评为第8批“山东省规范化学校”。学校占地60697平方米，总建筑面积4万多平方米。2013年，有67个教学班，教职工330人，其中高级教师72人，中级教师115人，在校学生4200人。学校馆藏图书12.6万册，电子图书11万多册。

学校先后获“临沂市首批教学示范学校”“临沂市高中教学先进学校”“临沂市示

范家长学校”“临沂市中小学心理健康教育先进单位”“山东省电化教学示范学校”、临沂市“花园式单位”等称号。

平邑县赛博中学

始建于1999年，占地面积14.33公顷，建筑面积9.6万平方米，校园网络实现师师通、班班通，实验室、图书室、阅览室、心理健康咨询室、田径场、运动场一应俱全，设施功能全，总投资1.2亿元。2013年，有教职工380人，91个教学班，在校学生5808人。

学校自成立以来，中考成绩逐年上升。2009—2013年，中考成绩全县前1000名，该校均在900人左右，其中2010年中考全县前1000名学校占943人，中考升学率、高分率均在全县遥遥领先，在全市首屈一指，年年被评为临沂市教学先进学校，先后获百余项各级各类称号，是国家级教科研先进单位、国家级教科研实验基地、省教育科学研究重点实验基地、省电化教育示范学校，2004年被评为首批省级示范学校。

2001—2002年，先后有106人在各项奥林匹克竞赛中获奖，学校航模小组获省级个人和团体两项冠军，代表山东省参加全国航模小组比赛获二等奖，有2人被推荐申报科学小院士。

平邑县蒙阳新星学校

始建于2001年，占地5940平方米，建筑面积1750平方米；教学班10个，其中小学班2个，初中班8个；学生500人。2003年，招收高中班6个。至2013年，学校占地面积4.05万平方米，建筑面积23350平方米；教学班59个，其中小学班29个，初中班30个；教职工267人，学生4100人。

学校以“教育即服务，让学生站在学校正中央”为办学宗旨，实行“以人为本、以诚待人、待遇留人、教书育人”管理模式，贯彻“目标导学、展示激励、当堂达标”教学方式。微机室、实验室、图书阅览室、运动场、电教设施齐全。近年来，学校质量抽测、学科竞赛、中考成绩在全县名列前茅，每年多次承办全县讲课比赛、教研活动。先后获得临沂市规范化学校、全县教育工作先进单位、民办非企业诚信建设先进单位等荣誉称号。

平邑县实验小学

始建于1978年，原名平邑师范附小，1981年更名为平邑县实验小学。学校毗邻县城莲花山公园，占地20010平方米。2013年，有48个教学班，总在校生3400余名，教职工123人，其中省特级教师4人，省教学能手1人，市教学能手和新秀45人，县教学能手和新秀150人，任课教师94%为中青年教师，本科学历占98.5%。

学校配有先进的现代化教学设备，有多媒体教室、校园局域网、计算机网络教室、录播室以及音、体、美和实验等功能室，并且每个教室都更新触摸屏教学设备。学校拥有图书约15万册（本），生均40余册（本），极大地满足师生的阅读需求。

学校先后获得“山东省教学示范学校”“临沂市首批教学示范学校”等称号。学校先后被国家教委确立为“合作教学基本理论与实践研究重点实验基地”“山东省创新教育实验基地”“山东省多媒体网络教学实验研究基地”。

第十节　管理机构

1989年，平邑县教育主管部门称平邑县教育局。1994年，更名为平邑县教育体育委员会（简称教体委）。1997年，撤县教体委，设县教育委会（简称教委）和县体育运动委员会（简称体委）。勤俭办设立校办工业公司，下辖教育印刷中心、图书代办站、教工接待中心、学生装生产厂。2002年10月，县教委改称教育局。2009年，县教育局同县体育运动委员会合并，改称为平邑县教育体育局。

1989年，各乡镇设中心校1所，管辖本乡镇小学事务；设成人教育中心校1所，负责本乡镇成人教育；设中学1所，3个教育行政机构各设校长1人，副校长1～2人。1997年，各乡镇成立教育委员会（简称教委），管辖辖区内的中学、中心小学、各学区中心幼儿园、各管理区村幼儿园、成人教育中心。2003年，各乡镇撤教委，改称中心校，设校长1人，副校长2～3人，分别负责基础教育、后勤工作等。2004年7月，各乡镇中心小学更名为完小，镇中心初中更名为镇初级中学。

2004年，原商城小学更名为平邑兴蒙学校。

至2013年，全县共有各级各类学校172所，在校学生11万余人；各类幼儿园303所，在园幼儿26853人，在编教职工7246人。

第二十四编

科　技

第一章 科技项目产业与管理

1990年，平邑县科学技术委员会下设办公室、计划股、情报成果股，科学技术干部局。同年设立平邑县技术市场管理办公室，为副科级行政单位，平邑县地震办公室由股级升格为副科级行政单位，撤销平邑县技术开发中心，设立平邑县科学技术服务站，为股级事业单位。1992年，科技干部局并入人事局。1996年6月，设立平邑县科学技术信息中心，为副科级事业单位。1998年11月，设立平邑县专利管理局，为副科级行政单位，并于2002年机构改革予以撤销。2002年6月，平邑县科学技术委员会更名为平邑县科学技术局。2004年11月，县地震局升格为正科级事业单位，隶属于平邑县人民政府。2007年3月，撤销平邑县科技服务站，成立平邑县生产力促进中心。至2013年底，平邑县科学技术局下设科室办公室、政策法规科、高新技术产业科、农村与社会发展科技科、科技成果科5个股级行政科室及平邑县科学技术信息中心、平邑县生产力促进中心2个直属事业单位。

平邑县认真贯彻落实中央、省、市关于加速科学技术进步的指示精神，坚定不移地实施“科技兴县”战略，不断加大科技投入。自1995年起，县级科学技术发展计划科技三项经费增加到每年110万元。1996年3月，平邑县被国家科委授予“全国科技工作先进县”称号。2005年、2013年，两次通过国家科技部科技进步考核，被评为“全国科技进步先进县”。

全县共有市级以上工程技术研究中心10家。其中，省级4家，市级6家。

第一节 项目实施

1989—2013年，平邑县累计承担市级以上科技计划项目186项，获无偿补助资金2329万元，争取国家科技专项贷款1200万元。其中，承担国家级科技项目14项，获无偿资金518万元，承担省级科技项目52项，获无偿资金1325万元，承担市级科技项目121项，获无偿资金486万元。

国家专项计划项目

2001年开始实施，平邑县共承担国家成果转化资金项目2项。2003年，山东鲁安中药饮片有限公司承担的金银花规范化种植技术研究成果转化推广与应用项目，获无偿资金50万元。2006年，平邑县种子有限公司承担的高产优质多抗粮饲兼用玉米新品种天泰10号技术研究与示范项目，获无偿资金50万元。

国家级星火计划 1986年开始实施，平邑县共承担国家星火计划4项。

1996年，平邑县金银花保健饮料有限公司承担金银花珍系列产品研制与开发项目。2009年，平邑生产力促进中心承担的《平邑金银花基地示范及产业化开发研究》项目，获无偿资金40万元。山东天泰种业承担《高产多抗天泰18号选育及推广应用》项目。2013年，山东九间棚药业有限公司承担新型兽用复方中药颗粒剂的研制与开发项目。

科技型中小企业创新基金项目 1999年开始实施，平邑县共承担创新基金项目2项。2010年，平邑县金鼎机械有限公司承担的轻型汽车变速器总成研发项目，获无偿资金50万元。2013年，临沂市临沂康发食品有限公司饮料有限公司承担的中小企业技术服务平台建设项目，获无偿资金60万元。

火炬计划　1988年开始实施。至2013年，平邑县共承担国家火炬计划3项。2011年，山东天宝化工有限公司承担安全环保型乳化炸药研发项目。2011年。山东临沂临工汽车桥箱有限公司承担年产1万台大型自走式玉米联合收获机驱动桥研发项目。2012年，山东精工通用齿轮厂承担JG527A汽车变速器总成研发项目。

国际科技合作专项项目　2001年，平邑县承担并实施国际科技合作项目1项。山东天宝化工股份有限公司承担的高精度延期雷管自动化生产技术引进项目，获无偿资金268万元。

科技开发专项贷款　1993年，平邑县共承担国并实施家科技开发专项贷款项目2项。1996年，平邑县化工厂承担的岩石膨化硝铵炸药项目，获国家科级贷款400万元。1999年，平邑金银花保健饮料有限公司承担的金银花珍系列产品项目，获国家科技专项贷款800万元。

省级科技计划项目

十大科技示范工程　1998年，平邑县人民政府承担的山东省可持续发展项目平邑县小流域综合治理技术研究项目、平邑县丘陵高效生态农业综合开发利用技术的研究项目、蒙山森林旅游资源保护综合开发利用技术的研究项目，获无偿资金300万元。

自主创新重大科技专项资金项目　2006年，平邑县九间棚农业科技园承担的平邑金银花企业研发中心创新平台建设项目，获无偿资金100万元。

科技型种业企业自主创新能力建设资金项目　2011年，山东天泰种业有限公司承担的现代玉米育种技术创新体系建设项目，获无偿资金300万元。

自主创新成果转化重大专项　2011年，临沂巨皇科技有限公司承担的太阳能光伏电站跟踪技术及装备研究开发与产业化项目，获无偿资金100万元。2012年，山东九间棚药业有限公司承担的平邑金银花规范化种植基地建设及产业化综合开发项目，获无偿资金100万元。2012年，山东临沂临工汽车桥箱有限公司承担的镁铝合金汽车变速器壳体消失模铸造关键技术研究与应用项目，获无偿资金100万元。

富民强县计划　2010年，平邑县人民政府承担的平邑金银花特色产业配套技术集成与示范项目，获无偿资金75万元。

中小企业创新基金　2009年，平邑县金鼎机械有限公司承担的轻型汽车变速器传动总成项目，获无偿资金35万元。2010年，山东天宝化工有限公司承担的中继起爆具连续化、自动化浇注技术项目，获无偿资金35万元。2011年，山东精工通用齿轮厂承担的JG527A汽车变速器总成开发研究项目，获无偿资金40万元。

农业科技成果转化项目　2009年，山东天泰种业有限公司承担的高产多抗广适玉米新品种天泰33号技术研究与示范项目，获无偿资金20万元。2010年，平邑县九间棚农业科技园有限公司承担的金银花新品种九丰一号示范与开发项目，获无偿资金20万元。2011年，山东邦泰生物技术研究院承担的高产优质多抗春播玉米新品种邦玉358技术研究与示范项目，获无偿资金20万元。

农业良种工程重点项目　2011年，平邑县种子有限公司承担的高产、优质、多抗玉米新品种选育项目，获无偿资金20万元。2013

年，山东邦泰生物技术研究院承担的高产优质抗逆玉米新品种培育与商品化项目，获无偿资金15万元。

民生科技示范村 2008年，平邑县流峪镇黄林村获省级“民生科技示范村”称号，获无偿资金15万元。

科技发展计划 2005年，平邑县科技服务站承担的金银花等中药材研究与开发项目，获无偿资金10万元。2006年，平邑县科技服务站承担的蒙山红菇人工驯化栽培技术、兰冠花卉优良品种引进及农村科技信息化网络开发研究项目，获无偿资金20万元。1995年，平邑归来庄金矿承担低品位黄金地质资源开发利用研究项目和成矿规律及矿床模型项目，平邑县粮援项目办公室承担山区人畜吃水示范工程综合研究项目。2009年，山东临沂临工汽车桥箱有限公司承担D5自走式联合收割机驱动桥项目和MW521汽车变速器项目，山东天宝化工有限公司承担中继起爆具连续化、自动化浇注技术项目。2010年，山东临沂临工汽车桥箱有限公司承担新型全/半喂入水稻收割机驱动桥项目，山东天宝化工有限公司承担震源药柱连续化、自动化灌装技术项目。2011年，山东九间棚药业有限公司承担金银花有效成分提取及纯化工艺和活性研究项目，山东天宝化工有限公司承担新型可移动民用爆炸物品贮存设备研发项目，山东临沂临工汽车桥箱有限公司承担MW70经济节能型微型汽车变速器项目，平邑县澳联玻璃有限公司承担废气余热回收及除尘脱硫改造项目。2012年，山东九间棚药业有限公司消渴验方“地黄芍药汤”干预餐后高血糖作用研究及其产品开发项目，山东临沂临工汽车桥箱有限公司承担D6大喂入量自走式谷物联合收割机驱动桥项目，山东天宝化工有限公司承担乳化炸药专用复合油项目。

软科学研究计划项目 2006年，山东冠鲁置业有限公司承担岗位技能等级体系研究项目。

省级火炬计划 1995年，平邑县华通有限公司承担ND型泥浆泵项目。1996年，平邑归来庄金矿承担尾矿压液饼堆存尾液循环新工艺生产黄金项目。1997年，平邑县能源开发服务总公司承担高硼硅真空太阳能集热管项目。2011年，山东天宝化工有限公司承担安全环保乳化炸药项目。2012年，山东九间棚药业有限公司承担银菊散结口服液项目。

省级星火计划项目 1992—1993年，平邑县喷灌机厂承担5TLK-70型立式轴流脱粒机项目，平邑县生物化工厂承担氨基酸系列产品开发项目，平邑电缆桥架厂承担燃煤煤气发生炉项目，平邑县科技开发服务中心承担洋菇栽培开发项目。1994年，平邑县通用机械厂承担BC131系列汽车变速器项目。1996年，平邑县日用化工厂承担利用骨胶副产品深加工生产骨炭项目。2010年，山东岐黄中药饮片有限公司承担金银花有效成分提取新工艺研究项目，临沂天安药业有限公司承担金银花促进乳酸杆菌增殖的研究项目。2011年，山东九间棚药业有限公司承担丹参有效成分提取新工艺研究项目，临沂天安药业有限公司承担金银花中木樨草苷提取分离技术项目，山东天元生物工程有限公司承担大蒜有效成分提取工艺研究项目。2012年，临沂天安药业有限公司承担野菊花中抗乙肝病毒活性成分的研究及利用项目。2013年，山东九间棚药业有限公司承担金银花绿原酸水提醇沉提取新工艺研究项目，临沂康发食品有限公司承担新型食用菌罐头产品的开发与产业化项目，山东澳东药业有限公司承担金银花等地产中药材加工提取技术研究与应用项目，山东天元生物工程有限公司承担保健食品银花蒜宝胶囊的研究与产业化项目。

市级科技计划项目

1989—2013年，平邑县有112个项目落地。

县科技发展计划

县科技发展计划始于1993年，县科技局每年初下发科技发展计划项目申报通知，并根据申报情况会同有关部门及专家对申报项目和承担单位进行考察、评审，根据评审结果确定补助项目，并下达计划项目通知。各项目承担单位根据通知要求，与县科技局签订平邑县科技发展计划项目合同书，补助经费由县财政局直接拨付至项目承担单位。承担单位对经费单独立账，严格开支范围，做到专款专用，严禁挪用和截留。1993—2013年，平邑县累计实施县科技发展计划项目287项，扶持资金2100万元。

第二节　科技管理

科技成果鉴定、登记、奖励

鉴定　至2013年底，全县共有577项成果通过县级鉴定，其中工业科技成果330项，农业科技成果170项，医疗卫生及社会发展类科技成果56项，其他类成果21项。成果涉及化工、机械、肥料、农业良种、医疗卫生等。

登记　对取得科技成果的单位及成果统一登记，填写山东省科学技术研究成果奖励申报表，山东省科技成果奖励申报项目主要研究人员登记表以及技术鉴定证书、技术报告等有关资料。1989—2013年，全县累计登记科技成果893项，其中上报省科技厅67项，市科技局186项。

奖励　1987年9月，县政府颁布实施《平邑县科学技术进步奖励条例（试行）》，对优秀的科技成果进行奖励。同时评选水平高、效益好的科技成果推荐申报市以上科技成果奖。1989—2013年，全县共有696项科技成果获得科学技术奖励，其中获国家科技进步二等奖1项、科技进步三等奖1项，获省级科技奖励26项，市科技奖励132项，县科技进步奖536项。

专利申请、奖励

1998年，平邑县专利管理局成立，为副科级行政单位。2002年，机构改革予以撤销，专利管理工作由科技局代管，配有兼职管理人员1名。

专利申请　1989—2013年，全县累计专利申请1080件，专利授权768件。2012年，全县专利申请158件，专利授权109件，其中发明专利4件、实用新型专利79件、外观设计专利26件。2013年，全县专利申请165件，专利授权115件，其中发明专利40件、实用新型专利37件、外观设计专利38件。

专利行政执法　先后十余次对银河商厦、土产公司等流通企业开展对“假冒专利、侵权专利”等行为的查处，配合市专利局成功调解“一种节能沸腾炉”“一种罐头玻璃瓶”等多项专利纠纷。

专利宣传培训　自2001年第一个“世界知识产权宣传日”以来，每年4月26日都组织人员开展宣传活动，发放宣传材料9000余份，接受群众咨询300余人次。先后组织100余家企业的200余人次参加各种知识产权培训活动。通过电话联系、入户指导等方式，向企业宣传专利知识，及时了解企业专利申请、专利保护等情况。

专利奖励　自专利奖设立以来，县科技局积极组织企业参加各级知识产权管理部门的专利奖评选，30余项创造性强、技术含量高的专利获得市专利奖；组织企业参加“省级专利补助”“有效发明专利”和“中国专利山东明星企业”申报，有20余项授权专利获得省级补助，拜尔建材、天宝化工等7家企业获“中国专利山东明星企业”称号。

第三节 科技示范单位 高新技术产业

科技示范单位

2006年，平邑县被山东省科技厅、山东省财政厅评为省中药现代化科技示范县。2011年，县生产力促进中心被省科技厅评为省级示范生产力促进中心。2011年，山东天宝化工有限公司获省级创新企业试点，受到省科技厅、省国资委、省总工会表彰。2013年，蒙沃变速器被市政府表彰为临沂市十佳科技创新型企业。九间棚科技园申报的“金银花GAP种植科技示范园”、卞桥镇石家村申报的“丘陵高效生态农业示范园”、高端蓝莓生物技术有限公司申报的“高端蓝莓产业化生产基地”被临沂市科技局命名为临沂市农业科技示范园。临工桥箱、山东天宝化工有限公司、临沂巨皇科技有限公司、临沂康发食品有限公司先后被评为临沂市科技创新企业。

高新技术产业

2008年前，平邑县共有13家企业被省科技厅认定为高新技术企业。2008—2013年，全县共有高新技术企业8家。先后有天泰种业、天宝化工、蒙沃变速器、康发食品、中兴建材、巨皇科技、拜尔建材、归来庄金矿等8家企业成功申报国家高新技术企业，其中蒙沃变速器、天宝化工、康发食品被认定为国家火炬计划重点高新技术企业。

山东天泰种业有限公司 主要从事玉米、小麦、花生、马铃薯等农作物种子的选育、推广。公司先后选育具有自主知识产权的天泰系列、邦玉系列玉米品种20余个，品种数量在山东种企中位居前列。选育的玉米品种高产、稳产、适应性强。天泰33号通过国家级审定，具有早熟、适应性广的特点；天泰55和天泰58号等具有高抗茎腐病的特点；邦玉358具有耐粗缩病、高产稳产特点。

山东天宝化工股份有限公司 建于1958年10月。1996年底，由国有企业改制为股份制企业，被工信部和山东省工办纳为民爆行业发展重点扶持企业和民爆产品出口重点基地，公司主要产品有乳化炸药、混装炸药、膨化硝铵炸药、中继起爆具、震源药柱、导爆管、导爆索。

山东蒙沃变速器有限公司 成立于1998年，主要从事轻微型汽车变速器研发、设计、制造、销售等业务，占地面积15万平方米，总资产4亿元，有员工750人，年产销各类变速器总成40余万台。

临沂市康发食品饮料有限公司 建于1989年6月，是一家集果蔬罐头研发、生产、销售和国际贸易为一体的民营企业，建有临沂市级企业技术中心、临沂市罐头食品工程技术研究中心和市级中小企业示范公共服务平台。

山东拜尔建材有限公司 2002年成立，2013年拥有年产高档纸面石膏板6000万平方米的生产能力。公司拥有各项国家专利58项，专利拥有量位居国内同行业第二位。公司是《纸面石膏板》《纸面石膏板能源消耗等级限额》国家标准，《建筑石膏单位产量能源消耗限额》《接缝纸带》《嵌缝石膏》《纸面石膏板单位产量能源消耗限额》行业标准的编审单位。

山东黄金归来庄矿业有限公司 始建于1992年，是集采、选、冶于一体的现代化黄金矿山。2010—2013 年，累计投入科技创新及技术改造资金 8321.37 万元。完成员工自主创新项目 100 多项，为公司创造直接经济效益 6000 多万元。先后完成《露天转地下开采人工境界矿柱法关键技术开发与应用研究》等多项研究成果，达国际领先水平。公司新研发的《光电式智能松绳保护装置》《低压 TN 供电系统接零保护有效性检测仪》等 7 项成果，取得 2 项国家发明专利权，5 项实用新型专利权。2013 年，公司“硬岩高应力灾害孕育过程的机制、预警与动态调控关键技术”项目获得国家科学技术进步二等奖。

平邑中兴建材有限公司　成立于 2003 年，注册资本 2000 万元。2013 年，有职工 220 人，工程师 18 人，高级技师 35 人，各项技术人员 80 多人，大中专以上学历占总人数的 80% 以上，是一家以生产、安装、设计、石膏制品、石膏板深加工为主的中型企业。企业拥有 27 项专利，5 项发明专利正在申请中。

临沂巨皇新能源科技发展有限公司　2013 年，公司有员工 360 人，其中研发人员 50 余人。以公司为技术依托与临沂市政府合作建立临沂光伏工程技术研究中心。光伏中心有研发人员 21 人，50% 为研究生以上学历，其中 LED 节能灯具专家 3 人。公司有生产基地 2 处，系列产品生产线 15 条，固定资产 1.3 亿元，知识产权资产 7000 万元。

1989—2013 年平邑县市级以上科技成果奖励情况表

表 24-1

年份	项目名称	承担单位	获奖情况
1989	平邑县山楂资源调查研究	平邑县农业局	省科技进步三等奖
1989	鲁南地区学生疥疮流行病学调查防治研究	平邑县卫生防疫站	市科技进步二等奖
1989	西瓜嫁接防病与丰产优质开发试验	平邑县科委	市科技进步三等奖
1990	蒙山地区木本植物资源调查研究	平邑县林业局	市科技进步二等奖
1991	糖醛渣生料栽培平菇生产技术研究	平邑县科委、科协	市科技进步三等奖
1991	薄荷引种与果树间作试验	平邑康太庄	市科技进步三等奖
1991	猪血发酵饲料开发	平邑县饲料添加厂	市科技进步三等奖
1991	微肥对提高烤烟品质与经济效益的研究	土肥站、烟草公司	市科技进步三等奖
1991	热喷饲料试验	平邑县饲料添加厂	市科技进步三等奖
1992	平邑县水资源合理利用的研究	平邑县水利水产局	省科技进步三等奖
1992	平邑县土地利用总体规划	平邑县土地管理局	市科技进步二等奖
1992	粮菜林（银杏）立体种植经济效益的研究	平邑县农技站	市科技进步二等奖
1992	9-DE-55 型多功能锤片式饲料粉碎机	平邑县建材机械厂	市科技进步三等奖
1992	电子地上衡 SCS51、汽车衡 SCS-30 型试制	平邑县衡器厂	市科技进步三等奖
1993	夏玉米灌溉增产效益分摊系数试验	平邑县水利局	市科技进步二等奖
1993	LQ1600、1800 型花岗岩石龙门切割机	平邑县建材机械厂	市科技进步三等奖

续表 24-1

年份	项目名称	承担单位	获奖情况
1993	山楂丰产优质修剪技术及资源综合开发	天宝山楂果树站	市科技进步三等奖
1993	昌里水库输水洞渗漏水治理技术研究	平邑县水利局	市科技进步三等奖
1994	平邑第三系弱水地层泥灰岩地下水开发	平邑县水利水产局	省科技进步三等奖
1994	ND 型离心式及闭式双通道无堵塞泥浆泵	平邑华通有限公司	省科技进步三等奖
1994	层析技术探测金矿研究及全泥氰化尾矿压滤滤饼滤液循环反洗提金新工艺	平邑县铜石金矿平邑县归来庄金矿	市科技进步一等奖
1994	80ZJ40-27 型闭式双通道无堵塞纸浆泵	平邑华通有限公司	市科技进步二等奖
1994	SCS-50 型电子汽车衡器	平邑衡器厂	市科技进步三等奖
1995	全泥氰化尾矿压滤滤饼滤液循环反洗提金新工艺	平邑县归来庄金矿	省科技进步一等奖
1996	80WZB25-7.5 双通道无堵塞杂质污水自吸泵	平邑华通有限公司	市科技进步一等奖
1996	具有新型阳光选择性吸收涂层真空集热管	平邑能源开发公司	市科技进步二等奖
1996	家兔系列蜂胶灭活苗研制	县科委、县畜牧局	市科技进步三等奖
1996	高效农业示范研究	县科学技术委员会	市科技进步三等奖
1996	降粘胶囊治理高粘滞血症与中药黄杨宁片对血脂水平和血液流变学影响的临床与实验研究	平邑县县中医院	市科技进步三等奖
1996	全泥氰化尾矿压滤滤饼滤液循环反洗提金新工艺	平邑县归来庄金矿	国家科技进步三等奖
1997	高产优质高效农业模式研究与示范	县学技术委员会	省科技进步三等奖
1997	具有新型阳光选择性吸收涂层真空集热管	县能源开发公司	省科技进步三等奖
1997	地下水信息系统与地下水模拟计算、开发利用研究	平邑县水利水产局	省科技进步三等奖
1997	污水自吸泵的研制	平邑华通有限公司	省科技进步三等奖
1997	水泥混合激发剂	平邑水泥激发剂厂	市科技进步二等奖
1997	山区农村人畜饮水工程管理模式研究	县粮援项目办公室	市科技进步三等奖
1998	山丘区农村供水工程技术综合研究	县粮援项目办公室	省科技进步三等奖
1998	水泥混合激发剂	平邑水泥激发剂厂	省科技进步三等奖
1998	苹果新品种——早红玉选育及丰产技术研究	平邑县果业局	市科技进步三等奖
1998	舌下含化心痛定对风心病肺动脉压影响	平邑县人民医院	市科技进步三等奖
1998	应用卫气营血辩证治疗及五味消毒饮加味与干扰素联合治疗复发性单纯疱疹性角膜炎的临床研究	平邑县中医院	市科技进步三等奖
1999	山区农村人畜饮水工程管理模式研究	县粮援项目办公室	省科技进步三等奖
1999	高掺量矿渣硅酸盐水泥	平邑水泥激发剂厂	省科技进步三等奖
1999	山莨菪碱、开博通、立其丁等对肾综合症出血热病人肾功能影响研究	平邑县人民医院	省科技进步三等奖

续表 24-1

年份	项目名称	承担单位	获奖情况
1999	防护兼饲用型刺槐新品种快繁技术研究	县生物育种中心	市科技进步一等奖
1999	全泥氰化提金新工艺	平邑县归来庄金矿	市科技进步一等奖
1999	蝮蛇抗栓酶、复方丹参注射液、消栓灵治疗肾综合征出血热及肾综合征出血热患者血浆神经肽Y水平及临床意义研究	平邑县中医院	市科技进步二等奖
1999	135A 汽车变速器	平邑县通用机械厂	市科技进步二等奖
1999	中小城市空气污染特征分析及防治对策	平邑县环境保护局	市科技进步三等奖
1999	降纤酶治疗脑梗塞与短程抗纤溶、脑脊液置换治疗蛛网膜下腔出血临床研究	平邑县人民医院	市科技进步三等奖
1999	肾综合征出血热肾脏二维超神及等渗性快速肠道造影术等渗快速肠道清洁术	平邑县人民医院	市科技进步三等奖
1999	蒂络安乳膏栓宫颈局部于妊高症引产及宫内用双黄连粉针剂治疗急性盆腔炎的临床	平邑县中医院	市科技进步三等奖
2001	阿托品治疗胎儿窘迫及沐舒坦佐治疗早产儿反复呼吸暂停临床研究	平邑县人民医院	市科技进步二等奖
2001	拉米夫定联合岩舒治疗慢性乙型肝炎及肾综合征并发热急性造血功能停滞的研究	平邑县人民医院	市科技进步二等奖
2002	联用西咪替丁与云南白药及长效托宁联用阿托品治疗急性有机磷农业中毒临床研究	平邑县人民医院	市科技进步三等奖
2002	复方诺氟沙星滴耳剂及化瘀明视胶囊治疗视网膜静脉阻塞的临床研究	平邑县中医院	市科技进步三等奖
2003	金银花等中药材规范化种植的研究	平邑县科技服务站	省科技进步三等奖
2003	110KV-220KV 无锲式耐污型复合棒形支柱绝缘子的研究	鲁安电力设备有限公司	市科技进步二等奖
2003	乌克兰大樱桃丰产栽培技术研究与开发	县科学技术服务站	市科技进步二等奖
2003	肾病综合征出血热宫内感染及急性肾衰竭病理的临床研究	县人民医医院	市科技进步二等奖
2003	不育症患者精浆微量蛋白水平、细胞因子、和精子体外生存时间与妊娠率关系的研究	县计划生育服务站	市科技进步二等奖
2003	4SL-650A 型薯类收获机	县农业机械办公室	市科技进步三等奖
2003	桥梁工程中 U 型改用八字形桥台技术研究	平邑县交通局	市科技进步三等奖
2003	综合治疗脑干损伤的研究	县人民医院	市科技进步三等奖
2003	贞芪扶正胶囊、三草合剂、口溃灵散剂治疗结肠炎、肺炎和口腔溃疡的临床研究	平邑县中医院	市科技进步三等奖
2003	渗湿复明丸治疗中心性浆液性脉络视网膜病变的临床研究	平邑县中医院	市科技进步三等奖

续表 24-1

年份	项目名称	承担单位	获奖情况
2004	110KV-220KV 高强度无锲式耐污型复合棒形支柱绝缘子的研究	鲁安电力设备有限公司	省科技进步三等奖
2004	多倍体金银花新品种九丰一号选育研究	九间棚农业科技园	市科技进步二等奖
2004	出血热患者早期骨髓细胞结构异常的研究	县人民医院	市科技进步二等奖
2004	尿激酶与生脉联合治疗不稳定心绞痛和顽固性原发性室颤的研究	县人民医院	市科技进步二等奖
2005	LG525G 汽车变速器	临工汽车桥箱	市科技进步二等奖
2005	LG580 驱动桥	临工汽车桥箱	市科技进步二等奖
2005	聚能矿岩破碎具	山东天宝化工	市科技进步二等奖
2005	I125 放射微粒子治疗恶性肿瘤应用研究	县人民医院	市科技进步二等奖
2005	养阴荣胃丸治疗萎缩性胃炎癌前病变研究	县中医医院	市科技进步二等奖
2006	I125 放射微粒子治疗恶性肿瘤应用研究	县人民医院	省科技进步三等奖
2006	黄金首饰铸造石膏的研制	金信新型建材公司	市科技进步二等奖
2006	创伤导致急性肾功能衰竭的超声显像研究	县人民医院	市科技进步二等奖
2007	超高产、优质、多抗玉米新品种选育及开发	县种子有限公司	市科技进步一等奖
2007	岗位技能等级体系研究	冠鲁置业有限公司	市科技进步二等奖
2007	急性脑梗死患者颈动脉斑块与血清 hs-CRP、1L-6、Hcy、ET、NO、FA、VitB12 水平变化的相应性研究	县人民医院	市科技进步二等奖
2007	清通胶囊治疗高脂血症的临床研究	县中医院	市科技进步二等奖
2007	CT 介入放射粒子治疗脑内肿瘤的应用研究	县人民医院	市科技进步二等奖
2008	脱硫石膏转化为建筑石膏工艺研究	开元新型建材	省科技进步二等奖
2008	LG615 汽车变速器	临工汽车桥箱	市科技进步二等奖
2008	空肠双腔造瘘治疗食管癌术后胃瘫的研究	县人民医院	市科技进步二等奖
2008	大肠癌中 Sialy1 Lewis-X 抗原、CD44v6 基因蛋白和 RECK 基因及 MT1-MMP 表达研究	县人民医院	市科技进步二等奖
2008	退变性腰椎后滑脱症的影像学对临床治疗的指导价值研究	县中医医院	市科技进步二等奖
2008	4Y-1A 及 Y4 玉米收获机变速总成	临工汽车桥箱	市科技进步三等奖
2008	鞋模铸造石膏	金信新型建材	市科技进步三等奖
2008	乳化基质移动地面站及生产工艺技术研究	天宝化工公司	市科技进步三等奖
2008	金银花种质资源库建设及开发利用研究	九间棚农业科技园	市科技进步三等奖
2009	空间流行病学技术方法研究及其在肾综合征出血热防控中的应用	县疾病预防控制中心	省科技进步三等奖

续表 24-1

年份	项目名称	承担单位	获奖情况
2009	外来检疫性有害生物计算机快速鉴定及防控技术研究	平邑县林业局	市科技进步二等奖
2009	肾综合征出血热病毒对骨髓造血影响的系列研究	县人民医院	市科技进步二等奖
2009	生脉注射液治疗新生儿窒息后心肌损伤的临床研究	县人民医院	市科技进步二等奖
2009	蔡舍超声探查头净白走行指导心脏起搏器安置的超生研究	县人民医院	市科技进步二等奖
2011	NW521 轻型汽车变速器	临工汽车桥箱	市科技进步二等奖
2011	清热颗粒治疗外感发热性疾病临床研究	县中医医院	市科技进步二等奖
2011	I125 放射粒子治疗复发性脑胶质瘤的研究	县人民医院	市科技进步二等奖
2011	D5 自走式联合收获机驱动桥	临工汽车桥箱	市科技进步二等奖
2011	中继起爆具连续化、自动化浇注技术	天宝化工	市科技进步三等奖
2012	胸胃悬吊减张缝合及围术期加强治疗预防食管癌术后吻合口瘘的临床研究	县人民医院	市科技进步二等奖
2012	经脐入路腹腔无疤痕手术及腹腔镜与开腹胃十二指肠溃疡穿孔修补术的对比研究	县中医医院	市科技进步二等奖
2012	K562/AO2 细胞多药耐药及其干预因素研究	县人民医院	市科技进步二等奖
2012	胸廓定位带在 CT 引导下经皮肺穿刺及高频彩超引导下穿刺活检联合应用诊断早期乳腺癌的临床研究	县人民医院	市科技进步二等奖
2012	舒心胶囊治疗非 ST 段抬高急性冠脉综合征的临床研究	县中医医院	市科技进步二等奖
2013	硬岩高应力灾害孕育过程的机制、预警与动态调控关键技术	黄金归来庄矿业有限公司	国家科技进步二等奖
2013	茄子罐头生产技术新工艺研究与产业化	康发食品有限公司	技术发明奖一等奖
2013	MW70 经济节能型微型汽车变速器	临工汽车桥箱	市科技进步一等奖
2013	干扰素联合更昔洛韦治疗儿童 EB 病毒单核细胞增多症研究	县人民医院	市科技进步二等奖
2013	低压 TN 供电系统接零保护现场检测技术	归来庄矿业公司	市科技进步二等奖
2013	化瘀胶囊治疗血管性痴呆研究	县中医医院	市科技进步二等奖
2013	光幕式松绳保护技术的研究	归来庄矿业公司	市科技进步三等奖
2013	金银花绿原酸分离纯化工艺和活性研究	岐黄中医饮片公司	市科技进步三等奖

第二章 气 象

平邑县气象局原是一般气候站，2007年体制改革后为二级站，2009年改为国家一般气象站。

2013年，被评为全国气象科技服务先进集体、山东省气象科技服务先进集体、临沂市气象服务先进集体。

第一节 测 报

平邑气象站每天8时、14时、20时3个时间进行地面观测。观测项目有风向、风速、气温、气压、云、能见度、天气现象、降水、日照、小型蒸发、地面温度、雪深等。2003年起，通过网络报送电子报表，停止报送纸质报表。2005年8月，建成CAWS600-RT型自动站并开始试运行。2007年4月，开始使用自动雨量计。重要天气测报的内容有暴雨、雷暴、大风、雾、积雪、冰雹、龙卷风、沙尘暴等。12月31日20时，CAWS600-RT型自动站投入单轨业务运行。自动气象站投入业务运行后按新版《地面气象观测规范》程序观测云、能见度、天气现象以及自动气象站不具备的人工器测项目并输入微机，使用自动气象站测得的气象资料用地面气象观测业务软件（OSSMO）编发各种气象电报和形成自动气象站的月（年）报表。除现行《地面气象观测规范》和“三站四网”方案中已明确规定的内容外，自动气象站与人工的并行观测按照《关于自动气象站业务运行有关问题的补充通知》的有关规定执行，并开始执行《自动气象站业务规章制度》。配备自动气象站的气象站只统计和上报自动气象站质量报表。自动站观测项目包括温度、湿度、气压、风向风速、降水、地面温度，每天20时对所有观测项目进行人工对比观测，以自动站资料为准发报。2008年，配置自动站备份计算机，作为自动站系统的备用计算机使用。自动站资料和人工观测资料都进行异机备份，每月定时上报。县气象站编制的报表向省气象局报送2份，站里留底1份。

第二节 服 务

方式

平邑县气象局从建站以来，通过当面汇报、电话、短信、传真、电子公文、网站以及书面材料报送等多种方式，为县委、县政府和相关部门提供气象服务。2000年，开通121电话，开始发送121气象短信服务。2005年，121电话升级为12121。2004年，开通平邑气象信息网，开始面向大众提供免费气象预报服务和政策法规的宣传，每年都对网站进行升级改版。

种类

自建站以来，主要以短期天气预报为主，20世纪90年代初通过接收国家、省、市发布的气象资料开始制作中长期天气预报，每半年制作一期气候影响评价。2003年后，开始制作节日专题天气预报、重大事件专题天气预报以及重要天气消息、临近预报。2007年，开始发布灾害性预警信号，为政府防灾减灾提供了重要的决策依据。2011年，开通微信、微博等网络预报，为广大群众了解天气情况提供了新渠道。

效益

平邑县境内出现连阴雨及暴雨天气过程，气象局会跟踪观察，发布专题气象服务、雨情通报、重要天气预报。另外，每天通过当面汇报、短信预警、电话、传真等方式，向县委、县政府主要领导汇报天气形势。

第三节　农业气象

1993年，平邑县气象局开展小麦、玉米等作物物候观测；2005年，开始进行土壤墒情观测业务；2008年，开始地下水位监测；2012年，开始增加金银花生长观测。严格执行《农业气象观测规范》和《农业气象技术汇编》，保证预报的准确性。根据平邑县的气候特征，针对平邑县农作物、畜牧业的生长规律，每年初制作前一年的气候影响评价，分析基本的气候概况，描述影响天气气候事件，针对农业、畜牧业等作出气候影响评价，为将来的农业生产决策提供准确的历史依据。

每月制作专题气象服务，分析天气趋势，预报主要天气过程，并给予相应的生产建议。按时报送县委、县政委以及相关部门，及时提供农业生产相关的决策依据。

第四节　现代化建设

1995年，使用计算机联网接收各类气象资料。2000年，建立卫星地面单收站（PCVSAT站）。2003年，建成宽带广域网及局域网，开始使用Lotus邮件系统，提高工作效率。2004年，平邑气象信息网站开通。2005年，建成CAWS600-N型自动站并开始试运行，建起电信备份网络线路，部分实现无纸化办公；同年开始使用电视会商系统会商天气。2006年，对平邑气象信息网进行升级改版。2008年，完成业务办公平台硬件设施的更新换代，正式启用临沂市电子公文交换系统，建立自动站备份系统。2013年，完成新型自动站升级并开始运行，网络传输升级为百兆。

第五节　台站建设

台站综改

1995年，平邑县气象站台站综合改善项目进入省气象局综改计划。1996年，批准实施方案，项目包括装修办公楼323平方米，装修观测场PVC围栏73米，装修围墙192米，铺设排污管道100米，改造自动站观测场1个及部分办公设施。2008年，平邑县气象局对办公楼进行加固装修，更换办公桌椅。2005—2010年，县气象局分阶段对园内的环境进行绿化美化，硬化路面3742.7平方米，绿化面积3600平方米，安装健身器材等。2011年，平邑县气象局站址建设进入省气象局综改计划。2013年，平邑县气象局站址建设获得平邑县委、县政府的批准和支持，拟把平邑县气象局迁至平邑县东城项目聚集区内。

区域站

2005年11月至2006年5月，在全县各乡镇共建立13个气象自动站。其中，柏林、武台、地方、流峪、丰阳、魏庄、蒙山7个乡镇为四要素气象自动站，临涧、郑城、铜石、资丘、保太、白彦6个乡镇为二要素气象自动站。2007年至2010年10月，在卞桥、大洼、李家石屋等地建成6个四要素自动站，至此气象观测站覆盖全县各乡镇。2011—2013年，完成乡镇区域自动站的升级改造，全部升级为四要素自动站。

电子显示屏

2009年，县气象局在县委办、县人大办、县政府办、县政协办、县防汛办及各乡镇共建设21块气象电子显示屏，气象局负责设备调试、参数配置、技术维护等工作。这些电子显示屏的建成在今后的气象服务中起到重要作用，可以迅速把最新的气象信息、预警信息传达到各个相关部门和单位，为各单位防灾减灾决策提供第一手准确及时的资料，从而提高应对气象灾害应急处置的能力。

气象信息员

2009年，在全县各乡镇行政村建设气象信息员队伍，共设立421名气象信息员，并进行统一的专业知识培训，将其纳入气象灾害预警信息发布范围，2010年，全县气象信息员增加到434名。

第六节 法规建设

2001年，平邑县政府印发《平邑县防御雷电灾害管理规定》。

2002年，县政府印发《关于贯彻落实山东省防御和减轻雷电灾害管理规定的通知》。

2007年，制定《平邑县气象局气象科技服务与产业岗位管理考核办法》。同年，平邑县行政许可办公室成立，将防雷工程从设计审核到竣工验收，纳入到气象行政管理范围。每年定期对液化气站、加油站、鸣爆仓库等高危行业的防雷设施进行检查，对不符合防雷技术规范的单位，责令进行整改，依法负责全县的防雷安全管理。

2008年，县政府印发《关于印发平邑县重大气象灾害预警防御措施的通知》。平邑县气象局按照防雷安全管理工作的规范要求，对县域内的行政许可、雷灾事故调查、资质管理等依法进行管理，包括整理下发《平邑县防雷安全管理规范操作明白事项》、每年两次下发防雷安全检查通知、开展防雷电安全专项检查、联合安监、建设等部门进行防雷电安全检查、对防雷电设计审核和竣工验收相关手续进行依法审批等。

2009年，制定《平邑气象局收发文件（通知）管理办法》《平邑县气象局会议制度》《平邑县气象局宣传工作考核方案》等多套内部规章，并研究制定《平邑县气象局测报工作制度》《关于对宣传考核方案进行的补充解释》。

2012年，制定《平邑县气象局考核制度》《平邑县气象局各科室职责》《平邑县气象局党风廉政责任制》等制度。

2013年，平邑县气象局确定“脚踏实地，我为平邑气象出一份力”的平邑气象人文化口号。通过丰富气象文化内涵，积极推进创新文化，广泛开展群众性文化体育活动。

第三章 地 震

1995年10月，成立平邑县地震局，为副科级行政单位，归口县科委管理。2004年11月，县地震局升格为正科级单位，内设综合科、业务科2个职能科室和平邑县地震安全性评价中心，编制8人。

1989—2013年，境内共发生天然地震9次，均为2级左右的小震。均属浅源地震，县境内不具备发生中强地震的地质构造背景。

第一节　监测预报

台网建设

1989年以来，对平邑县的观测点，多次进行增设调整，改造提升，布局更加科学合理。2010年，在白彦断裂附近，投资3万元，建成市级骨干观测点1个。有信息节点1处，省级测震仪器设备1套，市级强震观测仪器设备1套，流体观测点12个，县级动物观测点8个，流动台址16处。2004年9月，在原东阳中学院内，平邑县地震台观测房建成。2008年6月，测震仪开始运行。2011年3月，强震观测仪，开始运行。2004年10月，投资1.2万元，对府前观测点进行观测井房改造。2009年6月，投资15万元，扩建值班室1间，应急指挥中心2间，应急物资储备仓库4间，配置发电机等应急设备和物资，建成功能齐全的县级地震台。2012年8月，各镇街设立防震减灾助理员，在村居建立健全由地震宏观测报网、科普宣传网、灾情速报网组成的“三网一员”网络。

监测能力

1989年以来，增加水氡、电磁波等观测手段。2005年，投资2.6万元，对县城府前深水井安装数字化水温水位观测仪，观测数据精确到小数点后面2位数。2010年，对府前深井的数字仪进行改造升级，在白彦观测点安装数字仪。完成县级信息节点工程建设，全县的地震监测能力达到1.0级以上。

落实异常。及时捕捉地震前兆异常，为避免因落实异常不及时容易产生恐慌和地震谣传，建立相应的的工作机制，坚持落实重大异常不过夜。1995年9月20日苍山5.2级地震、2008年5月12日汶川8.0级特大地震发生后，异常现象较多，地震部门积极配合省、市业务部门及时落实蒙山地震动、地方镇前西崮深水井变浑、蒙山前广场地面隆起、原魏庄乡苗庄村水泥路面开裂、流峪镇乐平庄泉水浑浊、铜石镇大沟崖村1个居民院落塌陷等重大异常50余起，并将落实情况和研判意见，及时反馈，释疑解惑，受到当地干部群众的肯定和认可。

第二节　地震防御

2001年12月，平邑县印发《平邑县地震安全性评价管理办法》。2004年12月，印发《平邑县建设工程抗震设防要求管理办法》等文件。先后对全县300多个建设工程项目进行抗震设防标准审核、确认。2007年，启动平邑县安全民居工程，发放安全农居施工图集等资料，举办培训班，积极向广大农村群众宣传防灾的重要性，并参与监督实施，提高了全县农村民居的震害防御能力。

2008年，白彦镇山阴社区，被评为“省级地震安全示范社区”。2011年，平邑街道兴水社区，经济开发区南马社区，被评为“省级地震安全社区”。2009年2月，组织各镇街建筑工匠代表18人参加省地震局在临沭县举办的为期一周的全省农村建筑工匠培训班。2010年10月至2012年11月，完成县城35平方千米的地震小区划。2011年2月，为对因院落塌陷造成房屋受损严重的一户村民，提出应对措施，督促劝导及时撤离，转移财物。房屋倒塌时，没有造成人员伤亡，最大限度减轻经济损失。

2004年始，配合山东省地震工程研究院，对县内唐村水库除险加固工程、天宝化工生产厂区、S240省道改线、平邑一中东城校区等10项重点建设项目进行地震安全性评价。

第三节 应急 救援

1987 年，平邑县及时调整充实县防震减灾领导小组。组织开展应急检查工作。

2002 年，制定《平邑县地震应急预案》，及时调整县防震减灾领导小组。规范和指导全县的应急救援工作。制订年度震情跟踪工作方案，加强震情短临跟踪，强化值班和数据报送制度。2007 年 4 月，平邑县地震灾害应急救援青年志愿者队伍成立。2008 年，推进地震应急避难场所建设工作。2009 年，平邑县中小学、医院制定地震应急预案，各镇街制定地震应急预案。

1987 年以来，县地震局多次组织和参加应急演练。2013 年 8 月，协助市地震局组织开展应急演练。

第四节 科普宣传

2013 年，平邑县共有各级地震科普示范学校 19 所，其中县兴蒙学校、县特殊教育学校、平邑街道第二中学、平邑县实验小学、流峪镇中心校、仲村镇中心校 6 所学校，先后评为“山东省地震科普示范学校”。

结合每年“7·28”唐山大地震纪念日、《中华人民共和国防震减灾法》施行纪念日、“5·12”防灾减灾纪念日、科技活动周，组织开展科普知识“五进”活动，深入机关、学校、医院、企业、村居，广泛宣传防震减灾法律法规、地震科普知识、防震避震、自救互救技能和农村民居防震安全等方面的知识。组织全县干部职工、学生、居民等参加全省的防震减灾知识竞赛等活动。

第二十五编

文化　体育

第一章 文 化

第一节 机 构

行政事业单位

2002年，平邑县文化局改名为文体局，2010年10月，改称平邑县文化广电新闻出版局。内设办公室、广播电影电视管理科、社会文化管理科等3个职能科室，辖文化馆、图书馆、博物馆3个直属事业单位，1个企业单位电影公司。有干部职工85人，其中高级技术职称的5人、中级技术职称的16人，大专以上学历56人。

文化馆（站） 平邑县文化馆为县编办核定的正股级全额拨款事业单位。平邑县文化馆建筑面积2526.61平方米，位于县城浚河路东段，编制17人，有干部职工15人，党员15人，退休人员7人。

馆内设置有办公室、群文组、文学创作室、美术创作室、非物质文化遗产办公室、档案室、艺术团等科室。活动室有综合活动室、舞蹈室、美术室、服装道具室、演出设备室等，并成立文化馆艺术团（平邑县演艺协会）。2011年，国家和地方政府每年投入20万元，用于文化馆建设和公共文化活动的开展。在第四次全国文化馆评估定级中投资50余万元，对馆内硬件设备设施进行提质改造，完善演出设备。

图书馆 1989年建成县图书馆办公楼，占地面积2220.6平方米，建筑面积1288平方米。馆内设有借阅室、儿童阅览室、报刊库、书库、电子阅览室、采编室等对外服务窗口，馆舍面积5500平方米。2000年，图书馆购进电脑4台，实现办公自动化。2001年，购进报纸储藏柜20个，书架20个，书架总长度3500米。

博物馆 平邑县博物馆位于县城莲花山公园内，1992年5月始建，1998年8月投入使用，占地面积4600平方米，建筑面积1200平方米，主体建筑为两层，俯视图为“凹”字形。馆内固定展览有“古建瑰宝——皇圣卿阙、功曹阙”“石刻艺术展”等。2008—2013年，先后举办“盆景奇石根艺展”“平邑历史文物图片展”“蒙阳名家论语书展”“印象平邑摄影展”“少儿书画展”等20多种30多次展览，共接待观众36.2万人次，中、小学生约占参观人数的60%。

电影公司 20世纪80年代，县电影公司转换经营机制，实行承包合同制放映。

镇街文化站 平邑街道综合文化站先后投入近80万元改建，为省颁发的国家一级综合文化站，建筑面积1200平方米，20多间平房配备平邑街道历史展室、功能日益健全完善，所有活动室面向社会免费开放，图书室藏书6000多册，文化信息资源共享工程中心配有微机17台、乒乓球室、手工室、棋牌室、健身娱乐室、音乐彩排室、舞蹈排练室等，可为街道驻地市民提供文化服务并辐射全街道60多个行政村。

白彦镇文化站 1989年，由原白彦镇文化站和广播站、山阴乡文化站和广播站、黄坡乡文化站和广播站合并而成。2008年，白彦镇投资30万元建设综合文化站。镇内144个村建成高标准科技文化大院75处，农家书屋12处，存书量达1.6万册，举办各类文化讲座80场次，组织文艺演出1120场次。建成85个农民文化广场，面积达到15万多平方米，安装健身器材700余套。建设乡村大舞台28处，绘制反映精神文明、文化活动、四德广场等文化墙36500平方米，袁庄、老林后等32个村成为文化活动专业村。组建以石门村农民艺术团为主的演出团体4个，镇政府每年安排120场送戏下乡活动。镇政府投资35万元，对开展广场舞的40个农村统一配备发放音响和广场舞服装，建成80个广场舞表演队，人员6000余人。

保太镇文化站 1989年有员工2人，2013年增加至3人，办公场所300平方米，有图书室、电子阅览室、多功能活动室等配套设施。2007年，镇投资8万元租赁场地500余平方米，建有器材室、活动室、图书室，多功能活动室、电子阅览室、值班室等，馆藏图书2000余册，电脑10台。文化站依托庄户剧团开展文化活动和文化演出，镇里每年组织乒乓球、篮球等比赛丰富职工以及群众的文化生活。坚持每村每月1场电影，每年1场大戏。自2000年至今，每年开展文化下乡活动，并定期邀请县、市以上文化团体到村演出。

卞桥镇文化站 2008年以来，卞桥镇先后投资30余万元建成国家二级文化站。2012年8月，卞桥镇与资邱镇合并后，文化站由老建筑公司搬迁至原资邱镇政府一楼。

2013年，卞桥镇文化站图书共计3000余册，部分行政村设有农家书屋或图书借阅室。各村及学校、企业共有广场舞队伍12支。

地方镇文化站 2001年由原地方镇文化站和天宝乡文化站合并而成，先后投入近40万元建成国家三级综合文化站，建筑面积600平方米，12间房屋。所有活动室面向社会免费开放，图书室藏书6000多册。文化信息资源共享工程中心配有电脑10台、乒乓球室、多功能室、棋牌室、健身娱乐室、音乐彩排室、文化夜校培训室等。全年保证送电影下乡600场次。举办“环球杯”篮球赛和“康发杯”乒乓球赛，天宝山自行车骑行大赛等形式多样、内容丰富的文体活动。

丰阳镇综合文化站 包括办公室、图书阅览室、电子阅览室等建筑面积近300平方米，面向广大群众免费开放。文化站配套“丰山健身广场”1处，面积2400余平方米，包括观光凉亭1座、篮球场2个、老年门球场1个、羽毛球场1个、乒乓球台4张、健身器材30余件、绿化400余平方米。

临涧镇文化站 每年，镇党委、政府都对文化基础设施进行投资和更新。至2013年，共有文化广场50多个，投资1000多万元。

流峪镇综合文化站 有工作人员4人。2008年后，有综合活动室、图书阅览室、电子阅览室等。每年定期组织开展村级培训，对各村负责干部及文艺能手进行辅导，切实做到“以训助演”。

铜石镇文化站 有员工5人。1990年，铜石镇电影队放映机换成16毫米的氙灯新光源放映机，覆盖铜石镇58个村，其间放映一段时间的公益电影；2010年换成数字电影。每年多次组织或与企业协办广场舞大赛、乒乓球比赛，极大丰富了辖区内群众文化娱乐生活。每年举办广场文化节文艺演出，惠民文化送戏下乡、红色电影下乡等活动，辐射辖区内46个行政村。

温水镇文化站 先后投入近40万元改建综合文化站，建筑面积300平方米，所有活动室面向社会免费开放，图书室藏书5000多册。文化信息资源共享工程中心配有电脑10台、乒乓球室、棋牌室、健身娱乐室、图书室、阅览室等，可为镇域市民提供文化服务并辐射全镇28个行政村。利用重大节日，每年多次主办或与企业协办广场舞大赛。多次举办职工篮球、乒乓球、羽毛球、拔河等体育比赛活动，举办职工自行车骑行大赛、微型马拉松慢跑赛、每年举办广场文化节文艺演出，惠民文化送戏下乡、红色电影下乡等活动辐射辖区内28个行政村。

武台镇综合文化站　前身是武台乡文化广播站。1996年6月武台撤乡设镇后，更名为武台镇综合文化站，有员工1人。2011年3月，办公面积约200平方米，配有图书室、游艺室、农民夜校。综合文化站有员工5人。

郑城镇综合文化站　1989—1999年，办公场所为2间瓦房。2000年，有办公场所6间平房和共用的院落。郑城镇每年在重要的节假日开展群众性文艺晚会，每年举办多次门球赛、篮球赛、越野赛、拔河比赛等文体活动。

仲村镇文化站　先后投入近40万元改建，建筑面积1800平方米，三层楼10多间屋，功能日益健全完善，所有活动室全部免费开放，图书室藏书5000多册。文化信息资源共享工程中心配有微机8台、乒乓球室、手工室、棋牌室、健身娱乐室、音乐彩排室、舞蹈排练室等，可为镇驻地近万人提供文化服务并辐射全镇。每年对舞蹈爱好者进行4次免费培训。每年多次组织或与企业协办广场舞大赛，连续4年与仙姑山景区、县象棋协会合作举办象棋比赛，多次举办职工篮球、乒乓球、羽毛球、拔河等体育比赛活动，文化送戏下乡、红色电影下乡等活动辐射辖区内40个行政村。2012年，投资85万元打造仲子文化广场。

艺术团体

2013年，县内有白彦镇石门村庄户剧团、平邑县老年艺术团、沂蒙苗庄庄户剧团、平邑县民间文艺家协会豫剧团、平邑县曙光艺术团、平邑县同心阁豫剧团、平邑县武台民生艺术团、平邑县仲村仲里艺术团、重阳艺术团等艺术表演团体9个。

1998年10月，白彦镇石门村庄户剧团建成，有员工20余人。有价值9500元的高标准音响设备1套，地毯、音乐器材、演出用面包车2辆。能承办县、镇级大型文艺演出。有主持人、舞台，各类歌曲、器乐、戏曲、魔术、小品、模仿秀等节目60多个。

2007年4月，平邑县老年艺术团成立，有员工51人，演出设备有音响、灯光、乐器、道具等。

1992年，沂蒙苗庄庄户剧团成立。1994年，创作歌舞《送水》获“平邑县农村业余汇演”创作演出一等奖。2012年，创作的戏剧《婆婆难当》在郑城镇周边村庄演出200余场。2013年，创作的歌舞《郑城山水美如画》获“平邑县健康杯大赛”创作演出二等奖。

2007年7月，平邑县民间文艺家协会豫剧团成立，有员工30余人，有6×10米大舞台、舞台车1辆、大音响1套、中型音响1套、灯光2套。

1996年，平邑县曙光艺术团成立，有员工18人。有双15大功率音响4个、单15音响6个、调音台+功放机2组、话筒4套、灯光8组、泡泡机2组、观众座椅200个、桁架90米、货车2辆、小型客车2辆，舞台5×6+5×8共70平方米可任意组搭。

2013年5月10日，平邑县同心阁豫剧团成立，有固定（大）舞台、流动（小）舞台、音箱、灯光、服装道具等。

2013年5月6日，平邑县武台民生艺术团成立，有员工12人，设备有中高等功放、音响、调音台共5套，彩灯、圆球灯、声控灯、闪光灯（彩色的）共6件、电脑2台、录像机1台、电子琴3架，萨克斯、长拉管号、3件号共两整套，各种演出服装共60余套，舞台车1辆。

2005年，平邑县仲村仲里艺术团成立，有员工9人，普通音响两套。

2011年，重阳艺术团成立，有专业舞台音响舞台灯光各两套，有专业音响师、调光师，流动舞台30平方米。

第二节　电影发行放映

1994—1998年，全县农村放映5000余场，放映收入200余万元。县城影院放映6000余场，放映收入260余万元，观众200万人次。1997年，重点影片放映创历史最高纪录。同年7月，县城影院首映大片《泰坦尼克号》，票房收入10万余元，创单片票房历史纪录。1994—1998年，先后举办百部爱国主义教育影片放映活动，纪念红军长征60周年电影汇映周，庆祝香港回归等活动10余次。2000年5月，在全县展开中小学生爱国主义教育活动，初步实现制度化、规范化。是年，放映爱教影片100余场，受教学生10余万人次。2003年，受电视、互联网等各种文化载体日益丰富的影响和冲击，加之影院使用超过30多年，被有关部门认定为危房，被迫停止使用。2004—2013年，县电影公司主要以农村公益电影为主要工作任务，在全县700余个行政村放映公益电影4万余场，科教片2万场，受益群众400余万人次。

第三节　图书馆藏和阅览

1989—2004年，县财政每年拨款2万元，平均每年新购图书1000册，征订报纸期刊178种。2005—2012年，县财政每年拨款3万元，平均每年新购图书2000册，征订报纸期刊240种。2013年，县财政拨款120万元，购进图书6万册，书架35个，在公园路35号原技校院内新建图书馆1座，全馆图书藏量达到21.9万册。2008年，建成全国文化信息资源共享工程平邑支中心。2013年，借还图书140074册。

1994—1996年，县图书馆先后选派业务人员，帮助县实验中学、职业中专、平邑师范学校、人民医院、电业局等单位建立图书室。2009—2011年，为全县农家书屋培训管理员508人。

1989—2013年，阅览室面积140平方米，报纸期刊公开陈列，免费阅览。2008年，建成200平方米的电子阅览室，有电脑30台、地面卫星接收设备1套，接入通畅的地面宽带和卫星传输信息渠道。

1993—2013年，县图书馆每年开展一次图书馆服务宣传周活动，由图书馆组织，县文广新局参加。利用宣传车、电视讲话、宣传单、报纸报道、街道展出、现场办证等方式向社会宣传。

第四节　文艺活动

1990年底，举办全县文学艺术界座谈会。1991年4月，举办全县书画作品展。1992年8月，在大洼驻军部队举行全县文艺界拥军演出。1994年5月，举办全县青年歌手大奖赛。1995年秋，举办全县文学作品征集大赛。1996年8月，举办平邑、费县联合拥军演出。1997年5月，举办邱立刚国画展。1998年夏，举办全县花卉盆景展。1999年秋，举办刘传道长篇小学研讨会。

2000年夏，举办米振伟作品研讨会。2002年1月，举办“迎新春”全县书画展。2003年6月，在平邑县博物馆举办“山东省六县书法交流联展”。2003年12月,举办“纪念毛泽东诞辰110周年书画展”。2005年9月，在平邑县举办山东省平邑县、四川省攀枝花市两地“书法作品联展”活动。2006年3月，在四川省攀枝花市举办山东省平邑县、四川省攀枝花市两地“书法作品联展”活动。2007年12月，开展文化科技卫生“三下乡”活动。2008年11月，举办“莲建杯”纪念改革开放30周年征文活动。2009年4月，举办庆祝新中国成立60周年书画、摄影作品展。7月，举办“知我平邑、爱我家乡”征文活动。8月，举办“盛世华章”群众文化广场艺术节暨第二届“民间文艺会演”。同月，举办“颂祖国、咏平邑”诗歌朗诵会；9月，举办“我和我的祖国”大型文艺演出。是月，举办平邑县庆祝新中国成立60周年书画、摄影、奇石、盆景作品展，编辑出版平邑县庆祝新中国暨人民政协成立六十周年书画作品集《盛世雅风》。

2010年7月,举办“爱国主义歌曲大家唱”暨2010年度群众文化广场艺术节。2011年5月，开展庆祝中国共产党成立90周年系列文化活动；6月，举办庆祝建党90周年“中国联通杯”“温故党史、感言记忆”征文活动；7月，举办“庆祝中国共产党成立90周年大型书画展”。2012年，举办平邑县“健康杯”青少年才艺大赛；7月，举办平邑县首届“放歌沂蒙”摄影大赛；8月，举办平邑“喜迎十八大”2012年度群众文化广场艺术节；9月，举办“大美平邑”系列摄影作品展览、全县优秀书画、奇石盆景展。2013年4月，开展优秀童谣征集活动;6月26日,举办平邑县庆“七一”暨第二十届盆景奇石展。

第五节　文艺创作

1989年以来，平邑县的文艺事业较为活跃，以文学作品为代表的艺术创作获得较多成果。1990年10月,平邑县文学艺术界联合会(简称“文联”)成立。1989—2013年，全县出版文学作品30余部，在市级以上刊物发表各类文学作品5000余篇(首)。在书法、绘画、摄影、音乐、舞蹈、戏剧、曲艺、奇石、盆景、根艺等方面，出现一些优秀作品。

文学作品

1989年后，平邑县先后创办《平邑县报·原野》文艺副刊、《蒙阳诗词》、《蒙山文化研究》等文艺刊物。

20世纪80年代后期至1996年，《平邑县报·原野》文艺副刊由平邑县广播电视局主办，1997年后由中共平邑县委主办,起始每周1期，后发展到每周3期，刊物发表各类文学作品1000余件。

2007—2013年，县政协牵头成立平邑县诗词协会，创办《蒙阳诗词》，不定期出版，发表古体诗词和现代诗，活跃全县文艺创作。

1990—2013年，全县出版文学作品30余部，在市级以上刊物发表各类文学作品5000余部（首）。

诗歌　平邑县内诗歌创作大致分为两类，即格律诗和新诗。格律诗创作以县中医院副主任医师华逢涛（高山）和退休医生廉茂宏为代表。华逢涛在业余时间喜欢户外活动，激发创作灵感，累计发表诗歌1000余首。廉茂宏先后在《中华诗词》等刊物发表格律诗200余首，出版诗集《廉茂宏诗选》。

20世纪80年代，县内现代诗创作逐渐活跃。1990年，韩苏蔚创作的诗歌《贺年片，我对你说》在《诗人》杂志社主办的全国诗歌征文活动中获一等奖。1999年，韩苏蔚、师中大鼓词《鲁南妖魔刘黑七》获临沂市文艺作品评选一等奖。2000年，刘华彬的诗歌《澳门回家》获临沂市第三届文学创作奖诗歌类二等奖；2005年，诗歌《沂蒙红嫂》获市“鸿儒杯”诗歌二等奖。2011年，韩苏蔚诗集《时光的声音》获第六届临沂文学奖。2013年，宋汉银获《时代文学》2013年度全省十佳诗人奖。经常发表诗歌的还有朱海兰、巩梦梦、武旭鹏、赵付录等。

小说　1989年前，平邑县只有少数作家发表短篇小说和历史小说，如王晓东历史小说《于谦的故事》《李清照》等。1995年5月，张成海中篇小说《沂蒙明珠》在临沂市首届文学创作奖评选活动中获“最佳中篇小说奖”；1994—2001年，刘传道先后创作短篇小说《陈龙和车龙》《云姐》《大酒仙》，在《山东文学》杂志发表。1995年，山东文学社在平邑召开刘传道作品讨论会，山东作协副主席马恒祥出席。2001年，刘传道长篇小说《风水地》由作家出版社出版，并被评为当年10大畅销书。

1991—2005年，夏之蝉的中、短篇小说《往事》《天书》《钓官》《大哥回家过年》等，先后在《春风》《芳草》《短篇小说》杂志发表。2013年，全县出版1部纪实文学，2部长篇小说，1部杂文集。

进入21世纪初叶后，网络文学出现热潮。平邑县白彦中学教师邵长玉自2010年以来，在国内知名文学网站铁血读书网发表长篇军事小说3部，共700多万字，总点击量超过1700万次。其中210万字的长篇军事小说《无敌神枪手》点击量超过1400多万次；385万字的长篇军事小说《无敌杀手》点击量超过132万次，并获得《铁血读书网》“2010年八一征文一等奖”。123万字的长篇军事小说《猛虎部队》点击量超过227万次。

散文　1990年，王晓东、韩苏蔚的散文集《蒙山风情》由济南出版社出版。自1995年以来，地方医院职工袁星（星袁蒙沂）先后在《齐鲁晚报》《大公报》《文汇报》《人民日报·大地》文艺副刊等发表散文300余篇。2001—2002年，夏之蝉的散文《一片冰心在玉壶》获18个省市区纪检监察期刊优秀作品评选一等奖，《山的这边那边》获全国省（市、区）纪检监察期刊《舟与水》写真有奖征文一等奖。2003年，王峰的《遍地红薯》获“第十六届全国青年征文大赛佳作奖”。2005年，陈玉婷的《父亲的“坐骑”》获山东文学征文二等奖。2009年，张维菊散文《魅力永存，光彩重生》获临沂市“与共和国同行·好书伴我成长”读书征文大赛一等奖。

报告文学　自20世纪80年代末期至90年代，县内发表一批优秀报告文学作品。1990年，季学坤的《沂蒙脊梁》在《中流》杂志发表。1993—2013年，夏之蝉先后在作家出版社、花城出版社出版长篇纪实文学《东江纵队的儿女》《杏林芳辰》《多情东江水》《山高路长》《走出九十九崆》《水兵摇篮》《医路漫漫》《在正义的旗帜下》《古村崛起版画传奇》《苍生大计》等10多部作品。1996年，司玉传的报告文学《风雨药材“陆”》获《中国作家》征文奖。

艺术作品

书法　1989年以来，全县群众性书法活动兴起。刘岳、孟漫、张慕喆等书法作者不断涌现，一批书法骨干崭露头角。王锡庆、侯承义在中国书协举办的展览中多次入展或获奖，1992年加入中国书法家协会。杨广森、庞华清在一些较大型的展览中入展或获奖，2000年前加入山东省书法家协会。

2001年6月，平邑县书法（家）协会成立，有会员70余人。

1989—2013年，李晓光作品入选2001年中国首届“兰亭奖”，2009年第三届兰亭奖书法艺术奖；王锡庆的作品入选第四届、五届全国中青年书法篆刻展，第一届中国书坛新人新作展。侯承义的作品获得1998年兰亭奖“牡丹杯”优秀奖，入展首届中国书法兰亭奖作品展、全国第五届书法篆刻展、全国第八届书法篆刻展，全国第一、二、三届正书大展。1997—2000年，卢嘉善的作品连续4次入展中国书协培训中心教学成果展；1999年，入展中国书协培训中心成立6周年教学成果回顾展；2003年，入展中国书协培训中心成立10周年教学成果回顾展；2007年，入选首届全国老年书法展。2008年、2009年，徐修的作品两次荣获中国书协培训中心教学成果一等奖，2010年获中国书协培训中心教学成果荣誉展。庞华清的作品入展第三届全国正书展。李晓光的作品获第一届、第三届中国书法兰亭奖，入展第三、四届全国正书展，第二届全国青年书法展。陈成波的作品入展第四届全国楹联书法展、全国第八届书法篆刻作品展。王末的作品入展第二届全国正书展，第二、三届全国妇女书法展，入选第二届全国草书展。孙福增的作品入展第十届全国书法篆刻展。徐传国的作品入展第三届中国书法兰亭奖“尧山杯”新人展、首届“钟繇奖”全国书法篆刻作品展、第七届全国书法新人展。武伟政的作品入围第四届全国正书展，入围全国第八、九届书法篆刻作品展。

绘画 1989年以来，平邑县绘画事业蓬勃发展，以美术作品为代表的艺术创作获得较多成果。1998年7月，平邑县美术家协会成立。祝夫刚、包洪波为中国美术家协会会员。祝夫刚的作品《秋风月影》于1997年4月获文化部颁发的“庆祝香港回归全国美术作品大展——山水组银奖”，《又到春暖融雪时》于1999年9月获中国美术家协会颁发的“庆祝澳门回归全国美术作品大展——成就奖”。邱立刚在2010年文化部、中国中外文化交流中心主办的第7届中国文化艺术政府奖“文华奖”评选活动中获得成就奖，被中国百杰书画精品展组织委员会授予“2000年中国百杰画家”。包洪波的作品于1997年获文化部颁发的“当代扇面大展”银奖，2004年参加文化部主办的“全国盛世国风大赛”获银奖。周宝润的作品《长城》于1997年4月获文化部颁发的“庆祝香港回归全国美术作品大展——山水组铜奖”。李锡泰的作品在1998年山东省美协主办的首届中老年美展中获铜奖，王一龙的作品《花鸟宝竹大丰图》被中国美术家协会培训中心收藏，米昕的作品《家乡那样消逝的树》入选“第六届山东国际大众艺术节——2013年山东省泰山文艺奖油画、水彩（粉）画预选作品展”，庞庭清在2012年中国书画报社举办的“华夏之星——中国书画人才海选”中获优秀人才奖。邱峰在省文化厅举办的“1996年山东少年儿童画展”中获“优秀书画家”称号，作品《素描静物》2000年入选《中国高等美术院校在校学生美术作品年鉴》。

摄影 1990年，平邑县摄影家协会成立，有会员89人。1993年，出版平邑县首本《平邑蒙山》大型风光画册。2001年，平邑县摄影家协会集体创作的《沂蒙山区的辉煌之路》，在庆祝中国共产党成立80周年纪念大会上，作为展现沂蒙山区道路建设成就在人民大会堂展出。杜爱峰拍摄的组照《电影人老程》在

1995年文化部举办的全国新闻摄影比赛中获三等奖，在1999年临沂市“九州杯”新闻摄影比赛获一等奖。作品《老年协会换届》在2006年临沂市第九届摄影艺术展上获银奖。徐爱国的作品《春到沂蒙》在2013年山东省摄影家协会举办“春回齐鲁”摄影大赛中获一等奖，《今日沂蒙》获2013齐鲁乡村逍遥游休闲汇摄影大赛二等奖，2013好客山东休闲汇“寻找山东最美乡村”摄影大赛三等奖。房宝之的作品《倒影》《美丽沂河》在2011年12月“生态临沂”摄影大赛中，分获二等奖、优秀奖。张伟的作品《“山芋”悬空》被山东报业协会评为三等奖。

音乐 1991年9月，平邑县音乐舞蹈家协会成立。2006年12月，平邑县音乐家协会成立。1989年，稼政作词、米振伟作曲、赵艳霞演唱的歌曲《沂蒙精神世世代代永传播》，在临沂地委宣传部、总工会举办的首届企业职工艺术节上获一等奖。1998年，米振伟成功举办个人作品暨学生专场音乐会。2000年，组织电力职工合唱团代表平邑县参加临沂市委宣传部、临沂市总工会举办的“移动通讯杯”全市职工合唱比赛获一等奖。2012年8月，高岩作词的《八百里沂蒙八百里歌》在“2012音乐·中国杯第三届全国优秀词曲、歌手、乐手大型音乐展演赛”评选活动中获作词金奖。2012年8月，王辉创作的音乐作品《俺沂蒙金银花》在中国大众音乐协会等5家单位举办的第三届全国大型音乐展演赛中获词曲银奖。

舞蹈 主要有腰鼓舞、威风锣鼓舞、秧歌、竹马旱船、踩高跷、舞龙舞狮，一般在春节及元宵节时演出。2007年，平邑县民间文艺家协会成立。全县有几十个腰鼓队——县城火车站广场队、莲花山广场队、莲花山公园队、建设广场队、社区兴河社区队，堤垢社区队、万庄社区队等。有张清泉、封诸成等组织几十人的锣鼓队，及竹马旱船队、舞龙舞狮队、踩高跷队。春节、广场艺术节期间，民间文艺家协会均组织各种舞蹈队参加表演。2000年以来，公园广场集体舞、交谊舞、迪斯科舞甚多，后发展到中老年成群结队的跳健身舞，甚至各社区街道到处都有舞队，人人健身形成一种风气。

戏剧 1997年11月，平邑县部分戏剧爱好者组织成立平邑县戏剧协会。2002年，原县红光剧团的老艺人和部分戏剧爱好者自发组织成立平邑县戏迷协会。戏迷协会成立后，牛德林先后编写《服务到家》《将心比心》《蒙山缘》《田头法官》《千金是福》等现代戏剧小品，经常到公园、企业、农村为群众演出。2005年，戏迷协会代表平邑县参加全省民间艺术调演，演出《将心比心》《田头法官》分获二、三等奖。2006年12月8日，成立平邑县戏剧家协会，会员50余名。广大会员经常到农村、企业、广场、公园为群众演出。2008年，县戏协会员成为老年艺术团的骨干，积极参与县委组织的艺术节、新年春节晚会及拥军活动，深受人民群众的欢迎。2007年8月，成立平邑县豫剧团。剧团成立后，主要在全县城镇、农村、企业、庙会为群众演出，也曾到新泰、鱼台等县演出。主要演出传统剧目，有《穆桂英挂帅》《刘公案》《打金枝》《对花枪》《反西唐》《老羊山》《桃花庵》《三哭殿》《荣饼记》《五凤岭》等。2009年7月，剧团转让，仍保留平邑县豫剧团称号。

曲艺 县内曲艺艺术种类较多，平邑县曲艺种类主要有落子、唢呐、渔鼓、琴书、山东快书、柳琴等。其中，落子传承人蔺景旺，渔鼓传承人宋相玉，李氏唢呐传承人李振，琴书传承人张荣彬、孙宝兰、班丽霞、班桂美等。

奇石　盆景　根艺 平邑县山多林广，沟壑纵横，盆景奇石资源丰富，发展盆景奇石根艺事业有着良好的自然条件。1986 年 9 月，平邑县花卉盆景奇石根艺协会成立。至 2013 年，有会员 248 人，省级协会会员 23 人，中国盆景艺术家协会会员 2 人，中国观赏石协会会员 5 人。举办全县盆景奇石根艺大展 20 届，每届展品 300 ~ 500 件；组团参加国际国内盆景奇石大展 20 多次，获各类奖项 180 多个。编印《平邑奇石盆景根雕艺术精品荟萃》《平邑奇石盆景大观》大型画册 2 部，入编《山东奇石文化》《山东盆景艺术》《齐鲁藏石经典》《齐鲁石谱》等近 20 部书籍、画册。在《中国花卉报》等国家级报刊上发表论文、图片 300 多篇（幅）。全县建立初具规模的盆景园、奇石馆、花卉店。

1999 年，平邑县被中国收藏家协会评为全国石文化事业先进县。2008 年，协会被山东省观赏石协会评为山东省观赏石先进协会，同年平邑金钱石被评为山东省地产名石，列为山东省“八大名石”之一。

1989—2013 年平邑县出版文学作品情况表

表 25-1

年份	作品名	作者	体裁	出版单位
1989	蒙山风情	王晓东　韩苏蔚	散文集	济南出版社
1990	沂蒙脊梁	季学坤	报告文学	光明出版社
1992	沂蒙明珠	张成海	中篇小说	百花文艺出版社
1993	东江纵队的儿女们（纪实文学）	夏之蝉	纪实文学	作家出版社
1994	陈龙与车龙	刘传道	中篇小说	山东文学社
	杏林芳辰	夏之蝉	纪实文学	作家出版社
1995	云姐	刘传道	中篇小说	山东文学社
	大酒仙	刘传道	中篇小说	山东文学社
1996	风雨药材“陆”	司玉传	报告文学	中国作家社
1997	多情东江水	夏之蝉	纪实文学	作家出版社
1998	山高路长	夏之蝉	纪实文学	作家出版社
1999	走出九十九崮	夏之蝉	纪实文学	作家出版社
2000	鲁南妖魔刘黑七	韩苏蔚　师中	长篇叙事诗	山东文艺出版社
2003	漫话蒙山	魏丕清、高岩主编	散文集	山东地图出版社
	魂断欲海	赵启安	长篇小说	中国戏剧出版社
2005	铁面柔情	夏之蝉	短篇小说集	南方日报出版社
	蒙山飞虎队	张成海	长篇小说	中国文史出版社
	水兵摇篮	夏之蝉	纪实文学	作家出版社
	血沃沂蒙	季学坤　师同廷	中篇小说	临沂日报社

续表 25-1

年份	作品名	作者	体裁	出版单位
2007	沂蒙山的传说	胡美行　主编 副主编　陈成信 高岩	民间传说集	银河出版社
	医路漫漫	夏之蝉	纪实文学	花城出版社
2009	权益长城	赵启安	报告文学	大众文艺出版社
2010	时光的声音	韩苏蔚	诗集	国际文化出版公司
2012	在正义的旗帜下	夏之蝉	纪实文学	法律出版社
	古村崛起版画传奇	夏之蝉	纪实文学	海天出版社
	杏花春雨	夏之蝉	纪实文学	花城出版社
	读云	胡乃夫	散文集	山东地图出版社
2013	苍生大计	夏之蝉	纪实文学	广东人民出版社
	刹那芳华	檀青	长篇小说	漓江出版社
	沂蒙老八路	韩苏蔚　师中	长篇小说	华龄出版社
	你只能优秀	高远图	杂文集	现代出版社

第六节　文物　古迹　名胜

文物

平邑县博物馆馆藏各类文物54476件（套），按质地用途分为玉器、陶器、瓷器、铜器、金银器、铁器、雕塑造像、石器石刻砖瓦、书法绘画、文具、玺印符牌、钱币、牙骨角器、古籍图书、武器、档案文书、玻璃器、度量衡器等22大类。新石器时代的大口尊、白陶鬶、骨针。商周时期的“史”爵、“郏杞”簠、青铜盘，唐代的双龙镜。宋代的水晶黄金花坠项链等都是不可多得艺术珍品。汉代的“马夫提水饮马图”画像石，宋赵挺之撰文、秦观书写的陶质墓志等全国仅见。

古迹

南武阳旧石器遗址　位于仲村镇南屯村东北，南武阳故城周围，面积约40万平方米。文化层除南昌乐村东露于地表外，其他地方均位于地表约40厘米以下，厚约10～20厘米。采集的遗物有石核、石片、石锤、刮削器、砍砸器、尖状器、石钻、石球等，属旧石器时代晚期文化遗物。

铜石遗址　位于铜石镇驻地东北。该遗址南北长300米，东西宽250米，文化层堆积厚0.5～1米。地表散布着大量的陶器残片，暴露的遗迹有灰坑、房址。出土大口尊、折腹鼎、罐形鼎、背壶等新石器时代大汶口文化的典型器物。

蔡庄遗址　位于平邑镇蔡庄村西。遗址南北长500米，东西宽400米。文化层堆积厚1～5米，暴露的遗迹有灰坑、墓葬等。发现的遗物有石质的斧、铲、凿、锛，陶质的鼎、罐、壶、盆、杯、纺轮，骨针、蚌器等。

北池遗址　位于铜石镇北池村西南，面积1万平方米，文化层堆积厚约2米。采集的遗物有鼎、罐、甗、尊、杯、壶、蘑菇形器纽等，发现少量石铲、石斧、石刀等生产器具。属新时期时代晚期文化遗存。

李家村遗址 位于铜石镇李家村东南，周长298米，面积4517平方米。文化层堆积厚约3米，内含大量的陶片、草木灰及红烧土块、石器等，东部断崖暴露有灰坑遗迹。采集的遗物有鼎、白陶鬶、鬲、豆、罐、半月形石刀、石镰等，为龙山、商周文化遗址。

南锅泉遗址 位于铜石镇南锅泉村东北，周长160米，面积1467平方米。遗址高出周围地表约6米，文化层堆积厚1 ~ 2米，采集的遗物有鬶、鼎、器盖、鬲、罐、豆及铜鼎、铜鬲、铜剑等器物，属龙山、岳石、商周文化遗址。

洼子地遗址 位于流峪镇洼子地村东北。遗址东西长300米，南北宽250米，文化层堆积厚0.5 ~ 2.5米。采集的遗物有红陶鬶、盆形鼎、蛋壳陶杯、罐、筒瓦、板瓦、石斧、石铲等，属龙山、商周汉文化遗址。

堡前庄遗址 位于温水镇堡前庄村西北，属台地遗址，面积8600平方米。文化层堆积厚约3米，断层暴露有灰坑、红烧土、陶器残片。地表采集标本有罐、盆、鬲、豆等，属龙山、商周文化遗址。

邱上北墩遗址 位于地方镇邱上村北，高出地表约5米，面积906平方米。文化层堆积厚约5米，采集的遗物有白陶鬶、鼎、鬲、罐、盆、豆、壶等，属龙山、商周汉文化遗址。

华家村遗址 位于保太镇华家村北，面积22万平方米，文化层厚0.5 ~ 1.4米，出土遗物有石铲、鼎、杯、壶、罐、豆、筒瓦等，属新石器时代、东周、汉时期的遗物。

南武城故城遗址 位于郑城镇南、北武城村之间，始建于鲁襄公十九年（公元前554年），为鲁国武城邑治所，后经战国、两汉至北齐废。城址平面呈不规则圆形，周长约5295米，西、南两侧多以南城山、苍山的断崖为屏障，东、北两面及南城山顶部平缓处依地势筑墙，东西最大径约1600米，南北最大径约1530米，总面积约220万平方米。南武城除利用山险约1730米为城墙外，其余部分根据建筑材料和构筑方式分为石墙、石包墙和土筑墙，现存宽度1.5 ~ 42米之间，高度0.5 ~ 6.0米。东半部地势相对平整，为土筑城墙，现仍高低起伏，断续可见，高者达5米余，宽处近30米。故城内文化层堆积厚约2米，出土大量的青铜器、玉器、陶器等文物。城址东、西北两面是古墓群，面积大、数量多，发现许多土坑竖穴墓、砖室墓、画像石墓。2013年，南武城故城被国务院公布为全国重点文物保护单位。

颛臾故城 位于柏林镇固城村北，平面近方形，南北长600米，东西宽560米。城垣轮廓清晰，现南城墙残存较少。西、北两面高约1 ~ 4米，西北、东北和东南城角残存高达5米，墙基宽12米。城内地面陶片遍地，文化层堆积厚约2米，采集的遗物有夹砂灰陶鬲、泥质灰陶豆、云纹瓦当、铜剑等。在故城东南，曾发现东周、汉代墓葬，出土许多陶器、铜器等器物。

南武阳故城 位于仲村镇临城村东，南、北昌乐庄之间，始建于西汉，唐贞观元年（627年）撤销，并入费县。故城平面呈刀形，东、北两面城墙各长500米，西城墙长600米，南城墙东段长200米，西段长300米，两段由一南北长100米的城墙相连接。城垣清晰，最高处为西北角，高约3米，底宽15米，城北护城河痕迹尚存。城内曾出土完整的陶器、瓷器、铁器等。城内东北角现有一口水井遗迹，井壁系大块砖垒砌而成。在故城及其附近还多次发现旧石器晚期和东周时期的遗物，汉代建城之前，该地就有人居住，经济较为繁荣。

邱舆故城 位于丰阳镇南埠庄村西。城址为高出周围地面2～6米的台形高地，城垣基本无存，北面可见夯土墙址。故城平面呈长方形，由内、外两城组成。外城东西长约500米，南北宽约350米，内城东面较外城短约100米，仅东墙基可见，高出地面约2米，其余部分内外城界不很明显。城址东南部现为村庄覆压，其余部分为农田覆盖。采集的遗物有罐形鼎、鬶、器盖、杯、纺轮、豆、罐、几何纹砖、粗绳纹筒瓦、板瓦、云纹瓦当及石斧、石刀、石镞、石锛等器物。邱舆为春秋时期鲁国城邑，此城建在新石器时代文化遗址之上，遗物十分丰富。据《左传》载，孔子弟子司马牛死后葬于邱舆，现墓葬不可确指。

故县城址 位于郑城镇东故县村西北，南北长约500米，东西宽约400米。“文化大革命”期间，城墙遭到破坏，现仅存西南、西北、东北3个角及南城墙东段，最高处6米，底宽约10米，系用黄土夯筑而成，夯层清晰。城址内文化层厚约60厘米。采集的遗物有豆、罐、壶、筒瓦、板瓦等，属东周、汉代时期的故城。此城址究竟为何城说法不一。著名的历史地理学家谭其骧主编的《中国历史地图集》认为是春秋时期鲁国东阳城。清光绪版《费县志》称“东阳与武城春秋时期系两邑，五里内两城并置，非所以为治”。据《续山东考古录》载：“《魏志》南城有武城，未详徙治何所，《寰宇记》南城武城并见”，推断此古城为南城新徙治所。

城子故城 位于流峪镇城子村西北。由于河流冲刷和民房占压，城址损毁严重，现东西长80米，南北宽50米，西北角现存一段春秋时期的城墙遗迹。城址内文化层厚1～3米，曾出土铜戈、铜镞、铜剑等兵器及陶豆、陶罐等器物。《山东省古地名辞典》认为此城为春秋时期鲁国东阳邑。

富饶庄古墓群 位于温水镇富饶庄北，面积约1万平方米。2009年，配合土地整改对墓群南部进行发掘。清理墓葬16座，出土各类文物60余件，文物标本400余件。珍贵文物有高昌庸等人的墓志、青瓷粉盒、水晶黄金项链、长宜子孙铜镜、菱形花鸟镜等。

鲁王墓 朱当漇和朱健杙分别为明第五代和第六代鲁王。两墓东西相距50米，怀王墓位东，高5米，直径10米；悼王墓居西，高7米，直径16米。墓区原建有陵园，后破坏殆尽，附近地表留有大量砖石和琉璃瓦片。由于该墓早年被盗，仅出土两合墓志和部分陶俑。陶俑出土后被毁，墓志现存平邑县博物馆。

功曹阙、皇圣卿阙 全国重点文物保护单位。共3座，其中皇圣卿阙2座，功曹阙1座。原位于平邑城北八埠顶，1932年平邑公学校长米栻民将其迁至城内三小院内。2001年，经山东省文化厅批准，阙被迁至平邑县博物馆内。阙均为灰青石砌筑，形制相似，由基座、阙身、阙顶三部分组成，通高246厘米，周边凸线隐起，内框由横凸线分界，功曹阙4格，皇圣卿阙5格，四面雕刻人物、车骑、禽兽并附有铭记。是研究历史特别是建筑史、美术史的珍贵实物资料，被誉为石质汉书和古建筑活化石。

北海银行鲁南印钞厂 位于地方镇大巡山东侧的朝阳洞。创建于1944年4月，1946年3月迁至滕县上下辛庄一带。朝阳洞掩藏在沟壑之中，洞顶是绝壁悬崖，洞口下部是突兀而立的巨石。洞口长20米，高3米。洞分上、下两层，下层高3米，面积很小，只能容纳10余人站立，这里是印钞厂的警卫室。从警卫室后面的小洞俯身而上，即到达主洞。洞内宽敞明亮，地面也较为平整，面积220平方米，这里是印钞车间。设厂长办公室、印刷室、打码室、切纸室、分拣室、仓库等。主洞东20米处，有1个小洞，里面有1眼水井，这里是工人的生活区，当年垒砌的围墙和射击口依然可见。20世纪50年代后，济南军区司令员杨得志等曾视察过该印钞厂旧址。

考古发掘与保护

发掘　1996年春，临沂市文物处、平邑县博物馆组成考古队对南武阳石器遗址进行试掘。9月，中国科学院古脊椎动物与古人类研究所的宗冠福教授对挖掘工作进行考察。2007年6月，美国斯坦福大学的考费思、陈固贤博士等对此进行全面调查。通过对地层以及石器类型、修理技术等方面的分析研究，推断该遗址文化层的形成年代在距今11000～34000年之间，属旧石器时代晚期，是平邑县目前已确定时代最早的古文化遗址，对探讨山东地区的旧石器时代、新石器时代具有重要意义。

2009年1—3月，经国家文物局批准，市、县组成考古队对富饶庄墓地进行发掘。发掘共揭露面积3000多平方米，挖掘土方4000立方米，发现、清理北宋时期的古墓葬16座，出土各类文物60余件，文物标本200余件，钱币622枚。珍贵文物有宰相赵挺之撰文、著名学者秦观书丹的墓志，水晶黄金花坠项链、金首饰、和田羊脂玉坠、铜镜、砚台、青瓷粉盒、白瓷盏、白瓷香熏、铁佛造像等。2011年，被评为“山东省第三次全国文物普查百大新发现”。

2001年5月，为配合日东高速公路施工建设，山东省文物考古研究所、平邑县博物馆对大东阳墓地、杨顶庄墓地进行考古发掘。抢救性清理汉宋墓葬21座，出土汉画像石、瓷器、铜镜、砚台等文物百余件。

2010年7月20日—9月8日，山东省文物考古研究所、山东大学历史文化学院、平邑县博物馆组成联合考古队对邱上遗址南部输油管道占压部分进行发掘。共布方23个，揭露面积575平方米，发现龙山文化和西周、春秋、汉、金、元时期的文化遗存，清理灰坑105个、墓葬2座、水井2眼、冲沟11条。出土遗物有陶质的盆、高柄杯、豆、鬲、鼎、罐、鬶、瓮、筒瓦、板瓦等，石质有凿、锛、斧、镞、铲及铁锸、铁犁、“五铢”铜钱、瓷碗等。

2012年7月，临沂市文物局、平邑县文广新局对大营古墓进行抢救性发掘。发掘揭露面积800平方米，搬运土石3600立方米，清理明代墓葬1座，该墓室依山凿石开圹，坐北面南，东西16米，南北21米，深15米。圹内以砖建东西墓室2个，券顶，上用石灰糯米浆浇灌封固，方砖铺地，双扉枢轴式石质墓门，前为斜坡式墓道，后接绿琉璃瓦覆顶的金刚墙。该墓多次被盗，墓室破坏严重，出土文物有绿釉瓷马、龙纹瓦当等。

保护　《中华人民共和国文物保护法》《文物保护法实施条例》颁布实施以来，县文物管理部门坚持“保护为主、抢救第一、合理利用、加强管理”的工作方针，文物保护、管理工作步入有序发展的轨道。

1989年以来，县文物管理部门申报公布县级文物保护单位44家，市级文物保护单位26家，省级文物保护单位16家，全国重点文物保护单位2家。

2001年，经省文化厅批准，皇圣卿阙、

功曹阙由城内三小院内迁往莲花山公园博物馆内。

2007—2011年，开展第三次全国不可以移动文物普查，全县新发现不可移动文物172处，文物总量以492处居全省各县区前列。2008年、2009年，两次被临沂市人民政府评为普查先进单位。2012年，开展第一次全国可以移动文物普查，全县可移动文物数量由普查前的4500件（套）增加至54476万件（套），总量居全市首位。平邑县被省文物局评为山东省第一次全国可以移动文物普查先进集体。

2012年，山东省文物局划拨资金60万元对皇圣卿阙、功曹阙周边环境进行整治。2013年，国家文物局、省文物局划拨资金150万元用于南武城故城总体保护规划编制；省、市文物局划拨资金60万元，对左宝贵衣冠冢进行修缮。

名胜

东蒙胜境 蒙山，又名东山、东蒙，以其山奇、水碧、林幽的特点，构成闻名遐迩的东蒙胜境，为历代登临胜地。有古道奇观、三关雄姿、东鲁在望、一径通天、云海松涛、龙门三潭、碧水垂帘、玉泉枕流、虎踞龙盘、鹰峰晚照等景观。

蒙山景区的中心区在蒙山南麓万寿宫至龟蒙顶一带，面积约30平方千米。万寿宫又称古蒙祠，是古颛臾国祭祀蒙山神的地方。这里背山面水，地势平坦，林木茂密，修竹满园，是修身养性的好地方，也是登临蒙山的第一个风景点。从万寿宫登龟蒙顶，有3条路。西路为蒙山古道。由万寿宫西北行，过迎仙桥、承天宫，北折，穿桃花峪，越行宫，跨回马岭，历黑风口，经小风门、大风门，步快活岭，达南天门，再北上经二仙桥，过朝天宫、慈宁宫、玉皇殿旧址，就到了蒙山绝顶——龟蒙顶。从西路登山，一路山色一路景，步步引人入胜。中路由万寿宫北行，沿拦路泉拾阶而上，经老母猪点窝、李家石屋、彭家庵子、小峨峪、白云岩，绕过十八拐，攀过鹰窝峰、风门子，即达中路、东路交会点——小柳沟，由此转向龟蒙顶；或由白云岩北上，翻过大峨峪，渡过大柳沟，越过擂鼓台，登上龟蒙顶。

中路山势嵯峨，奇峰突兀，重重叠叠，景深莫测。著名的云海松涛、鹰峰晚照等胜景即在此路。

东路是盘山公路，路面宽6米。乘车盘旋而上，经蝎子山，历沙家浜，过胜利门，穿小柳沟，越擂鼓台，直达山顶。此路山靠山、山连山，“前崖后谷疑无路，左绕右旋又数峰”，风光旖旎，美不胜收。

地处龟蒙顶背后的明广寺，系明代所建上元庵，又称鹿野苑。这里山石奇兀，林木葱茏，水声潺潺，风景极佳，是东蒙胜景的重要组成部分，游览区约10平方千米。

龟蒙顶迤东，玉柱峰南麓的大洼，因其四面环山，中间平凹，一径通幽而得名。此处极擅幽邃之胜，无市井之喧，堪称深秀莫测的世外桃源。玉柱峰下有鬼谷洞、鬼谷庙、鬼谷峪、鬼谷村等遗址、遗迹，相传战国时期的纵横家、谋略家鬼谷子曾一度隐居并教授孙膑、庞涓于此。景区面积20平方千米。

天宝梨乡 天宝山又名天保山，旧称苏家崮，位于县城东南26.5千米处。天宝山区方圆20多平方千米，这里峰峦起伏，花果遍地，山清水秀，风光旖旎。名胜古迹有范家台、大圣堂、小圣堂、朝阳洞、赵庄溶洞、九间棚旧址等。

范家台相传是唐初樊梨花的点将台，据专家考察实为龙山文化遗址。

大、小圣堂均为元代道观，两处绿树成荫，藤萝遍绕，翠竹野花，相映成趣。

赵庄溶洞大可容千人，洞内钟乳石笋，千姿百态。

朝阳洞亦系钟乳石洞，曾为北海银行鲁南印钞厂。

天宝山区是山东黄梨集中产地之一，素称黄梨之乡。天宝山西麓的大峪沟更是久负盛名，旧有“两个济宁州，赶不上一个大峪沟”的美称。峪内处处梨树成片，杂果成行，春华秋实，令人心旷神驰。特别是赏心悦目的“天宝梨花”是县内一大景观，每年清明谷雨之间，梨花盛开，满山遍谷犹如雪海，杂以桃红柳绿，更觉绚丽多彩。置身其间，如在画中。此时各地前往游春、赏花、采风、写生者络绎不绝。

西固雪萝树　在县城东南23千米的地方镇前西固村东。树龄近千年，高15米，胸围4.5米。枝干虬曲，树冠如伞，花色纯白。每年小满、芒种间开花时，银装素裹，如雪似玉，成为境内的一大景观，到此观赏、拍照者络绎不绝。树下有清乾隆三年（1738年）所勒明朝处士马三公墓碑1通，文称“树名雪萝树，大数围，高二丈余，枝叶古茂，迥异凡木”。后经专家鉴定此树学名为流苏树（拉丁学名为：Chionanthus retusus Lindl.et Paxt.），当地俗称牛筋子，木樨科，属稀有古树，被列为县级重点文物保护单位。

第七节　申　遗

平邑历史文化积淀深厚，境内的传说、手工艺等丰富多彩，整理、挖掘、传承这些宝贵的文化资源就成为文化部门一件重要工作。2007—2013年，全县共申报非物质文化遗产29件，其中省级1件、市级2件、县级26件。

鬼谷子传说

鬼谷子，姓王，名诩，又名王禅，号玄微子。春秋战国时期人，曾任楚国宰相。他是著名思想家、道家代表人物、兵法集大成者、纵横家的鼻祖，精通百家学问，因长期隐居蒙山鬼谷子村，故自称鬼谷先生，“王禅老祖”是后人对鬼谷子的称呼。孙瑞、孙恒昌、孙明文、孙兴本、孙龙花五代传承，通过挖掘、整理和传承鬼谷子文化，发扬光大了这一文化遗产。

蒙山喜宴

在平邑凡遇嫁娶、添丁等喜庆事，喜主必设宴款待亲朋，这样的宴席称之为“喜宴”。喜宴是当地宴请的一种，通常有十大碗、粉头席（第一个主菜是豆腐皮炖粉条）、黑头席（第一个主菜是荤菜）、三大件、四大件、十三巧、吃桌看桌、三十二盘盘、四十八海碗等。喜宴不仅菜品考究，主、宾座次也十分讲究。对这一遗产研究比较有影响的有郭道兴、孙令富、孙令秀等人。

蒙山烙画葫芦

蒙山烙画葫芦以陈氏葫芦烙画为代表，构图鲜活，技法灵巧，所烙制的葫芦作品有山水、人物、十二生肖等，栩栩如生，精妙绝伦，是珍贵的民间艺术瑰宝。这一技艺始于陈氏十一世祖陈广治（清嘉庆年间人）。陈广治为一代鸿儒，善书画、精工笔。蒙山葫芦烙画，由平邑陈氏十二世陈桂清传给十三世陈德禄、十四世陈宝楼、十五世陈汉臣，十六世陈宗诚病故于1996年，当今传人为十七世陈庆贵。

平邑落子

落子是平邑的一种表演艺术，乐器主要由大钹（俗称“光光嚓子”）、竹板、节子等，不用弦乐，演唱时，左手拿大钹、右手拿竹板，运动自如。板式有慢板、中板、快板、急板、垛子等，情绪高亢激扬，风格独特，别具韵味。平邑落子唱为主、说为辅，曲调动听感人，具有较强的地方特色，唱腔为双句体结构，韵律长短句结合，较为押韵，大都一韵到底。表演中说唱者兼扮生、旦、净、丑等角色，另加身段、武功、口技等特技，融喜怒哀乐于一体，有“一人唱出一台戏”之称，颇受书迷赞赏。蔺勇奋、蔺兴田、蔺学全、蔺景旺四代传承，现收徒王洪生。

平邑渔鼓

平邑渔鼓是一门说唱艺术，由一人演出，能扮演多种角色，曲调优雅，字句押韵，说唱结合，左手抱渔鼓，右手拿签板，主要体现在“三演对”——鼓、板、唱协调统一，唱法简单，通俗易懂，有节奏欢快、活泼、曲调亮亢、豪放等特点。1936年春，宋明海拜邵清传为师，其4个儿子耳濡目染自幼热爱曲艺渔鼓，现将渔鼓戏传给孙子宋学东。

新瑞家纺传统制作工艺

2003年，平邑县成立棉花协会，杨自民任会长，开始在仲村、天宝、流峪、卞桥、柏林、丰阳、东阳、武台等乡镇发展棉花种植，为全县棉纺织企业提供原材料，种植面积2000公顷。2006年9月，杨自民创办集棉花种植加工、家纺生产销售于一体的平邑县新瑞家纺发展有限公司，利用自产棉花，采用传统工艺，手工精纺，生产特殊行业用品、家纺产品两大类380多个花色品种。2010年1月，在国家工商总局注册“鑫瑞”商标。新瑞家纺后获山东省著名商标。2011年12月，平邑杨家粗布制作工艺被评为县级非物质文化遗产。

大夫宁米醋酿造

1984年10月，保太区大夫宁村宋玉兰在本村创办大夫宁醋厂。1998年，注册“大夫宁”商标。2004年，迁址保太镇驻地。2005年，扩大生产规模，成立山东大夫宁食品酿造有限公司。以优质大豆、小米、高粱为原料，采用传统酿造工艺和现代生物技术，生产食醋、酱油、酱类三大系列60多个品种。2005年，“大夫宁”商标被评为山东省著名商标。2013年，公司占地1.8万平方米，有职工106人。

于氏毫针疗法

平邑县于氏针灸，以传统中医理论为基础，经几代人的临床实践，自成一家，如今经过五代传承。于成江继承于氏针灸技术的精髓，博采众长，他的针灸对神经性头痛、内耳眩晕、股骨头坏死等疑难杂症颇有效，在当地及周边地区影响较大。

蒙山剪纸艺术

蒙山剪纸始于唐代，盛于明、清。当地有剪纸迎春的习俗，在立春日，剪纸为花、春蝶、春钱等。蒙山剪纸有很强的装饰性，图案多种多样——年节喜庆图案、门前花饰、灯彩花等，艺人仅凭一把剪刀、几张彩纸，就能剪出象征吉祥、如意、福寿、财喜等花样来。蒙山剪纸具有简练概括、夸张传神、善用比喻、谐音寓意、构思大胆、幽默取巧、富于装饰、应物赋形等审美特征。孙刘氏、孙瑞兰、宋常虹三代传承。

平邑县非物质文化遗产名录

表 25-2

项目名称	项目类别	级别	审批时间	传承人（负责人）
鬼谷子传说	民间文学	省级	2013	孙龙花　高岩
蒙山喜宴	民俗	市级	2008	乔元富
蒙山烙画葫芦	传统技艺	市级	2012	陈庆贵
蒙山传说	民间文学	县级	2007	高岩
迎仙桥	民间文学	县级	2007	高岩
蒙山獒	民间文学	县级	2007	高岩
蒙山灵芝	民间文学	县级	2007	高岩
海螺寺的传说	民间文学	县级	2007	
风[illegible]先生	民间文学	县级	2007	张仁修
饮马[illegible]传奇	民间文学	县级	2007	陈成信
蒙山[illegible]的传奇	民间文学	县级	2007	高岩
明光寺的传说	民间文学	县级	2007	高岩
曾[illegible]孝文化	民间文学	县级	2007	高岩
平邑落子	曲艺	县级	2007	蔺景旺
平邑渔鼓	曲艺	县级	2007	宋相玉
同台泥塑玩具	传统技艺	县级	2007	杨秋莲
大夫[illegible]米醋酿造	传统技艺	县级	2007	宋玉兰
白[illegible]泉庙会	民俗	县级	2007	
宗圣曾子轶事	民间文学	县级	2011	高岩
姊[illegible]松传奇	民间文学	县级	2011	
真叶丹养生茶加工工艺	传统技艺	县级	2011	姜运涛
新瑞家纺传统制作工艺	传统技艺	县级	2011	杨自民
于氏毫针疗法	传统医药	县级	2011	于成江
[illegible]子传说	民间文学	县级	2013	
蒙[illegible]剪纸艺术	传统美术	县级	2013	宋常虹
祖[illegible]烧烫伤药	传统医药	县级	2013	张纪春
三阳[illegible]皮制作工艺	传统技艺	县级	2013	倪善新
[illegible]蒙煎饼	传统技艺	县级	2013	
何[illegible]家酒酿造	传统技艺	县级	2013	

第八节　文化市场

平邑县文化市场管理执法局成立于2010年10月，为县政府工作部门。承担原县文化体育局的文化行政执法的职责、原县广播电视局的广播影视行政执法的职责、新闻出版行政执法的职责。下设3个职能科室和1个稽查大队：办公室（挂县文化市场管理暨“扫黄打非”工作领导小组办公室牌子）；政策法规科；市场监管科；稽查大队。编制32人，其中行政编制7人，事业编制25人。

2010年，开展严厉整治医院非法内刊、非法印刷、复制、发行等经营活动，此项活动历时45天。在此次专项集中整治行动中，共出动执法人员820余人次，共立案70起，查处7家医疗单位，收缴各类医疗机构非法内刊、报式广告、报纸等200余份，收缴各类盗版图书、学生用盗版工具书等3000余本。

2011年7月，与公安、工商等部门联合，先后开展3次集中整治行动，重点对网吧超时营业、接纳未成年人、不如实做上网登记等违法违规现象严厉查处，行动中共出动检查人员800人次，查处12家违规网吧，进一步规范网吧经营秩序。

2011年，开展“扫黄打非”四进（进企业、进校园、进社区、进农村）工作，进一步完善“专业为主、专群结合、部门联动”和“上下齐抓共管、各保一方平安”的文化市场管理工作，开创“扫黄打非”工作新局面。

2012年3月，全省“扫黄打非”现场会在平邑县召开，平邑县文化市场管理执法局被省“扫黄打非”领导小组办公室授予全省“扫黄打非”先进集体称号。

第二章　广播电视

第一节　广电机构

广播电视局

1989年，称平邑县广播电视局，内设纪检、工会、办公室、政工科、财务科；下设平邑人民广播电台、平邑电视台、平邑有线电视台。

1997年11月14日，撤销平邑人民广播电台、平邑电视台、平邑有线电视台，成立平邑县广播电视台。实行局、台合一体制，建制级别为局级事业单位，平邑县广播电视局和平邑县广播电视台实行一套班子，两块牌子，局长兼任台长，副局长兼任副台长。平邑人民广播电台、平邑电视台、平邑有线电视台只保留对外称号。局（台）合一后内设纪检、工会、办公室、政工科、财务科、总编室、新闻部、广播部、网络部、技术部、广告部、专题部、外宣部等部室，有职工115人。1989年以来，共晋升专业职称80人，其中副高级以上职称4人、中级职称36人、初级职称40人。

无线调频广播电台

1988年1月，平邑广播电视台位于县城城区风景秀丽的莲花山上。办公区内建设无线调频广播电台1座，发射铁塔1座，机房建筑面积40平方米，安装无锡广播电视台设备厂生产的FM-100W无线调频发射机1台，播控系统1套，收转系统1套，发射功率100瓦，发射频率为105.4MHZ，发射铁塔高度121.7米，覆盖率达100%。

2006年，投资18000元，购置MINIAUDIO音频制作站1套。2006年，投资20000元，购置FM-1KW无线调频发射机1部，实现了无线调频广播一主一备的发射广播。2007年，投资6.2万元，购置音频直播系统1套。投资1904元，购置广播音频采访机1套。2010年，投资4100元，购置广播数字采访机1台，卡座1台。2012年，投资79.8万元，购置同步直播设备1套。投资13.6万元，购置M5KW无线调频发射机1台，用于替换原无锡广播电视设备厂生产的MF-100W无线调频发射机，作为新的主机发射广播。

2013年，投资24750元，购置AKGK77广播音频工作站1套。

平邑广播电视台

1989年2月，在平邑广播电视台办公区内建设无线电视发射台1座，机房建筑面积60平方米，安装南京生产的彩色电视发射机1台，发射铁塔与无线调频广播电台共用1座发射铁塔，安装卫星地面接收站1座，播控系统1套，发射功率1000瓦，发射频率为3频道。

2001年，投资12万元购置更新先进的非线性编辑线1条，大大提高了节目的制作和播出质量。2003年，投资8.4万元，购置非线性编辑线3条。2004年，投资2万元，购置非线性编辑线1条。2005年，投资1.58万元，购置非线性编辑线1条。2006年，投资10万元，购置吉兆3CH1KW彩色电视发射机1台。2008年，投资14.5万元，购置1KW彩色电视发射机1台；投资16.02万元，购置数字摄像机6台，台标机1台；投资20万元，购置硬盘自动播出工作站1套，取代人工手动播出和磁带模拟播出，实现了平邑广播电视台电视节目的数字化播出和硬盘自动播出。

2009年，投资6.68万元，购置数字摄像机1台。2010年投资14余万元，购置数字摄像机4台，视听及采编设备1套，非线性编辑线1套，光端机1台。2011年，投资154.75万元，购置数字摄像机4部，硬盘播出系统及电视墙各1套。2012年，投资22.8万元，购置3KWVHF彩色电视发射机1台，投资79.8万元，购置《行风热线》同步直播设备，美视多媒体1套，实现《行风热线》无线调频广播和无线电视、有线电视的同步直播。2013年，投资30.5万元,购置非线性编辑网络系统1套。

平邑广播电视台山阴转播台

1996年8月，在山阴寺山顶上建成开播，海拔高度290米，建筑面积30平方米，占地面积6670平方米。安装北京广播电视器材厂生产的300W彩色电视发射机1台。建设50米高的彩色电视发射铁塔1座，发射频率为9频道，用于转播平邑广播电视台的电视节目，解决了南部乡村收看平邑广播电视台节目难的实际问题，至山阴转播台开播后，平邑广播电视台的电视节目在平邑县辖区内的覆盖率达到100%。2012年投资10.2万元，购置吉兆1KW彩色电视发射机1套，实现了山阴转播台一主一备的播出保障。

宽带网络电视

2013年1月，平邑广播电视台投资5万元购置服务器设备1套，和山东天泽网络科技有限公司合作建成平邑广播电视台官方网站，WWW.PINGYI.TV，5月正式开通上线。平邑广播电视台官方网站是以视听互动为核心，融网络特色与电视特色于一体的网络播出平台，充分发挥电视平台和网络平台的优势，对平邑政治、经济、社会、文化等活动，以网络视听的形式进行快速、真实的报道和传播。平邑广播电视台官方网站上传有《平邑新闻》《行风热线》《马上就办》等全部电视节目。

第二节 广 播

基本建设

1989年，平邑县广播电视局在资金十分紧缺的情况下投资10万元，安装无锡广播电视设备厂生产的FM-100W无线调频广播发射机及其配套设备，建成发射功率为300瓦，发射频率为105.4MHZ调频广播无线发射机1部，聊城铁塔厂生产的高度127.7米的拉线式无线调频广播发射铁塔1座，当年2月试播成功，平邑人民广播电台无线调频广播发射台在县城区内莲花山上平邑广播电视局办公区内建成并发射广播节目，实现有线、无线相结合的广播格局。

平邑人民广播电台播音室建筑面积20平方米，播音设备配有录音卡座、调音台、录音机、专用话筒、微机等设备。播控设备，1989年使用GY前置增音机，1990年改用山东潍坊天线厂生产的播音控制台。

1989年，平邑县人民广播电台帮助城关镇广播站完成迁址和机器设备的安装、调试工作。为新建黄坡乡广播站提供技术服务，筹备安装广播机及配套设备，完成黄坡乡广播站的建站工作，广播站顺利广播。1994年，投资2万余元，购置新型录音卡座1台和激光唱盘1部，开通县城城区内的主要街道的有线广播。1995年，无线调频广播发射机更换为无锡广播设备厂，生产的ZTP-300W发射机1台，改用专用接收机收转中央人民广播电台和山东人民广播电台的节目，并播发平邑人民广播电台的自办节目。是年，平邑人民广播电台在县城城区主要街道新架设广播线路200多杆千米，黄坡乡、东阳乡、保太镇、卞桥镇、资邱乡、庞庄乡、山阴乡、魏庄乡、大岭乡、张里乡、临涧乡建成乡镇调频广播电台。

1996年，购进江苏武进嘉泽广播电视设备厂生产的发射功率10瓦、发射频率92MHZ的车载调频广播发射机1台，并配备电源逆变器1台、专用话筒2只、调音台1台、录音卡座等设备，建成车载无线调频广播电台用于现场直播和会议直播。是年，帮助岐山镇、武台镇、羊城乡、地方镇、温水镇、郑城镇、平邑镇建成调频广播电台，全县调频广播通播率达到100%。1997年，局台合一后平邑人民广播电台撤销，只保留对外呼号，台原有的机器设备转由局（台）设立的技术部负责维修、维护和保养，自办节目由局（台）设立的广播部负责。

2000年，投资10余万元，在县城主要街道浚河路，莲花山路和板桥路以及莲花山公园内安装有线广播低音音柱40余只，满足行人和晨跑、晚练市民收听平邑人民广播电台节目的需求。2006年，投资1.8万元，购置MINIAUD音频制作站1套；投资2万元，购置FM-1KW无线调频发射机1部，实现无线调频广播一主一备的发射广播。2007年，投资6.2万元购置音频直播系统1套，投资1.9万元，购置广播音频采访机1套。

2010年，投资0.41万元购置广播数字采访机1台，卡座1台。2012年，投资79.8万元购置同步直播设备1套，投资13.6万元购置M5KW调频发射机1台，用于替换原无锡广播电视设备厂生产的FM-100W无线调频发射机1台，作为新的主机发射广播。2013年投资2.475万元购置AKGK77广播音频站1套。

广播宣传

平邑人民广播电台每天播出6小时，其中转播中央人民广播电台《新闻和报纸摘要》《每日金曲》等节目2小时，转播山东人广播电台

《山东新闻联播》《长篇评书联播》等节目2小时，自办节目2小时。平邑人民广播电台自办节目主要有《平邑新闻》《今日平邑》《听众之友》等节目。全年在省人民广播电台播发稿件60余件,被山东人民广播电台评为“集体记者”一等奖。

1990年，在办好自办节目的同时，积极向上级台上稿，全年在省广播电台播发稿件70余件，被山东人民广播电台评“集体记者”一等奖。1991年，全年在山东人民广播电台播发稿件79件，被山东广播电台评为“集体记者”一等奖。1992年，在编播好自办节目的同时，全年在省台播发件89件，被山东人民广播电台评为“集体记者”一等奖。1993年，在省台上稿90余件，被山东人民广播电台评为“集体记者”一等奖。1994年，新开办《经济信息》和《经济新闻》栏目。被山东人民广播电台评为“优秀广播电视节目”一等奖。荣获山东人民广播电台“集体记者”一等奖。1995年,共编播各类节目321组,其中《全县新闻联播》节目158组，用稿692件，《今日平邑》节目141组，播发稿件335件。

1996年，开办《蒙阳巾帼在行动》《管理效益年》《新风赞》《党建之声》《校园风》《听从信箱》等栏目。编播各类节目540组，其中《全县新闻联播》节目80组,播发稿件120余件;其他栏目累计播发稿件1480余件。上级台全年播发稿件100余件,其中科技节目获二等奖,被山东人民广播电台评为“集体记者”一等奖。1997年，共制作播出各类节目700余组，播发稿件3000余件，被山东人民广播电台评为“集体记者”一等奖。1998年，共制作播出各类节目265组，播出稿件2200余件，被山东人民广播电台评为“集体记者一等奖”。1999年，围绕新中国成立50周年推出《喜看平邑五十年》等专栏。《建国五十周年》专栏分上、中、下三篇。其中，展现平邑县受到党和国家领导人接见的国家级、省级三代劳模付兴贵、王传武、刘甲坤，大搞山区流域综合治理事迹的新闻专题片，在山东广播电视新闻联播节目中连续3天播出，在全省引起了强烈的社会反响。全年在省台累计播发稿件得分1276分，市台累计播发稿件得分1842分，被山东人民广播电台评为“集体记者”一等奖。

2000年，与民政局合作开办《婚姻之窗》，与平邑县中医医院合作开设《中医之窗》，与县防疫站合作开办《防疫之窗》，与县计生委合作开办《优生优育》等栏目。走出平邑人民广播电台联合办节目的新路子。在办好自办节目和创收26万元的同时，积极向上级台上稿，全年在省台播发稿件得分1688分，市台累计播发稿件得分2560分，获山东人民广播电台“集体记者”一等奖。2001年，在省台、市台用稿、上稿得分2410分，被山东人民广场电台评为“集体记者”一等奖。2002年，在省台、市台上稿、用稿得分2468分，被山东人民广播电台评为“集体记者”一等奖。2003年，在省台、市台上稿、用稿得分2600分，被山东人民广播电台评为“集体记者”一等奖。2004年，在省台、市台上稿、用稿得分2680分，被山东人民广播电台评为“集体记者”一等奖。2005年，在省台上稿、用稿300余件，列全省第二名，市台上稿、用稿2736分，被山东人民广播电台评为“集体记者”一等奖。

2006年,开办《红绿灯下》《百家讲坛》《音乐流行风》《健康饮食大家谈》等栏目。全年向市以上电台上稿、用稿得分2780分。被山东人民广播电台评为“集体记者”一等奖，列全市第三名。2007年，开办《行风热线》《廉政之声》《城建之声》《防疫之窗》《人口钟声》

等栏目。全年在省台、市台用稿得分2840分，被山东人民广播电台评为“集体记者”一等奖。2008年，在办好自办节目的同时，在省台、市台用稿得2856分，被山东人民广播电台评为“集体记者”一等奖。2009年，在省台、市台播发稿件得分2870分，被山东人民广播电台评为“集体记者”一等奖。2010年，在省台、市台播发稿件得分2876分，被山东省人民广播电台评为“集体记者”一等奖，同时收到山东省广播电影电视局和山东人民广播电台专门发来贺信。县委书记王林山作出“倍加努力、再创佳绩，为平邑发展创造更好的舆论环境”的批示。

2011年，在省台、市台用稿得分2980分，被山东人民广播电台评为“集体记者”一等奖。2012年，新开办《平邑交通》《平邑卫生风采》《平邑公路》《平邑计生》《科普之窗》《点播台》等栏目，每周一期。全年共编播52期，播出稿件380余件。在中央人民广播电台播发稿件10余件，省人民广播电台播发稿件20余件，市人民广播电台播发稿件200余件，被山东人民广播电台评为“先进集体”。2013年，共编播《平邑新闻》等6个栏目节目52期，播发稿件420余件。在中央人民广播电台播发稿件20余件，省人民广播电台播发稿件30余件，市人民广播电台播发稿件230余件，被山东人民广播电台评为“先进集体”。

第三节　电　视

基本建设

平邑电视台机房面积40平方米，安装1部南京14所生产的1000W彩色电视发射机和发射系统1套，卫星接收系统1套，转播、播出系统1套。平邑电视台的电视节目发射铁塔的高度为127.7米，与无线调频广播电台共用1座发射铁塔。1989年，投资10万余元购置电视节目编辑线1套和摄像机及话筒等设备，开办自办电视节目。

1990年，投资7万余元购置编辑线1套，摄像机1部。1991年，投资8万余元购置编辑线1套，摄像机2部。1992年，投资2万余元购置摄像1部。1993年，投资7万余元购置编辑线1套，摄像机1部。1994年，投资10万元购置高档摄像机、字幕机各1台。1995年，投资80余万元先后购置采访车和工作用车及台标机等设备。1996年，为解决南部乡、镇收看平邑电视台节目难的问题，投资100余万元在山阴乡山阴寺山顶上建成发射功率为300W的彩色电视转播台1座。山阴转播台海拔高度290米，建筑面积30平方米。安装1台北京广播器材厂生产的300W彩色电视发射机1台，发射频率为9频道，光接收机1台，卫星接收系统1套，电源系统1套，建设50米高的彩色电视发射塔1座及生活设施。用于转播平邑电视台的节目。山阴转播台的建成使平邑县南部9个乡镇的无线发射电视的覆盖率提高到85%以上，基本上解决了南部山区收看平邑电视台节目难的问题。

1996年，从北京广播电视器材厂购进发射功率1000W的固态彩色电视发射机1台为主机，替下来的南京14所生产的1000W彩色电视发射机做备机，实现一主一备播出。是年，从北京广播电视器材厂购进50W彩色电视发射机1台及发射系统，用于转播中央电视台第2套节目，发射频率为1频道。1997年，平邑广播电视局（台），先后投资50万元架设县局（台）至山阴转播台光缆传输专线1条，同年更换新编辑机1套。1998年，投资近60万元购置更新摄、录、编等设备。1999年，投资近100万元购进先进的数字摄像机6台及数字编辑机等电视节目制作设备，实现了摄、录、编一体的数字化。2000年，投资10余万元硬化山阴转播台的上山道路，同时在山阴转播台建起1座古色古香的凉亭，并栽植一批松柏等树木、花草，改善了山上条件，美化了工作、生活环境。

2001年，投资1.2万元购置更新先进的非线性编辑线1条，提高节目的制作和播出质量。2003年，投资8.4万元购置3条非线性编辑线。2004年，投资2万元购置非线性编辑线1条。2005年，投资1.58万元购置非线性编辑线1条。2006年，投资10万元购置吉兆3041KW彩色电视发射机1台。2008年，投资14.5万元购置1KW彩色电视发射机1台，投资16.02万元购置数字摄像机6台、台标机1台，投资20万元购置硬盘自动播出工作站1套，取代人工手动播出和磁带模拟播出，实现平邑广播电视台电视节目的数字化播出和硬盘自动播出。2009年，投资6.68万元购置数字摄像机1台。2010年，投资14万元购置数字摄像机4台，视听及采编设备1套，非线性编辑线1套，光端机1台。

2011年，投资154.75万元购置数字摄像机4部，硬盘播出系统及电视墙各1套。2012年，投资22.8万元购置3KWVHF彩色电视发射机1台，投资79.8万元购置《行风热线》同步直播设备、美视多媒体1套，实现《行风热线》的无线调频广播和无线电视、有线电视的同步直播。2013年，投资30.5万元购置非线性编辑网络系统1套。

电视宣传

1989年，建台后平邑电视台在转播好中央电视台、省电视台节目的同时，开办《平邑新闻》自办节目，到年底播出稿件200余件。1990—1993年，在办好《平邑新闻》自办节目的同时，积极向市级以上电视台上稿、送稿，不断扩大平邑的对外宣传，并在全市获得了用稿名列前列的好名次。1994年，平邑电视台，把“登五零高地，过百亿大关，撤县设市，争当强县”为宣传重点，全年共播出新闻1100余条、专题50余件、栏目30余期、电视讲话20余次。省台用稿40件、专题栏目稿件10余件，其中《人人献出一份爱》栏目被省新闻协会评为一等奖，《我为党旗添光彩》栏目获地区一等奖，《我县小流峪治理走出科技路》被地区评为三等奖。

1995年，开设《农村大世界》等栏目，全年采编新闻2234条，制作、播出各类专栏节目4个共48期，专题56个，播出各类电视剧1125集，上级电视台采用稿件200余件。其中《民族英雄左宝贵》获国家二等奖，市级一等奖。《龙腾虎跃看平邑》在1995年11月上海招商会上产生很好的效果，为平邑县的招商引资做出积极贡献。1996年，开辟《文明之花》《蒙阳红盾》等6个栏目。全年共编播新闻、专栏1728条，其中《美在深山人未知》获市级一等奖，《迁居小屋，不忘报党恩》获市级二等奖，《艰苦创业淘金人》获市级三等奖。1997年，开办“建、创、做”专辑和“庆七一，迎回归”专辑，共编发各类稿件200余件，播出电视讲话20余次，播出360余部爱国主义、革命传统教育的专题片，全年在市级以上新闻媒体播发稿件1200余条。1998年，开辟《强县看工业》等专栏，编播稿件3100余件，电视讲话50余次，市级以上电视台用稿1000余件。1999年，围绕新中国成立50周年和澳门回归以及《农业稳县、工业强县、三产兴县、依法治县》等重点事件，开办《喜看平邑五十年》《平邑工业巡礼》《富民强县看农业》等专栏，全年共播出《平邑新闻》156期、《新闻视点》52期、《百姓生活》52期。向市级以上电视台发送稿件2126件，其中中央电视台用稿10件、省台用稿436件、市台用稿1668件。2000年，播出《平邑新闻》156期、《科技园地》16期、《党建园地》18期。在市级以上电视台发送稿件2268件，其中中央电视台11件、省级用稿522件（包括省卫视用稿98件，省有线电视台用稿352件）、市新闻中心用稿556件，居全市第二名、市有线电视台用稿277件居全市第二名。

2001年，播出《平邑新闻》《新闻视点》等栏目188期，《人口月谈》《蒙阳警坛》等52期，《财经十分》41期。在市级以上新闻媒体得分1152分，居全市第一名。2002年，共播出《平邑新闻》190期，《今日平邑》122期，《新闻视点》189期，《人口月谈》《科技园地》《党建园地》等栏目20余期，在市级以上新闻媒体上稿、用稿总得分1158分，居全市前列。2003年，制作播出《平邑新闻》196期，《科技园地》等栏目30期，《今日平邑》128期，《新闻视点》191期。在市级以上电视台加大蒙山风景线宣传力度，全年共播发稿件100余件，专题10余部。在市级以上新闻媒体播发稿件得分1200分，居全市前3位。2004年，新开设《艺苑商海》栏目，全年共播出《平邑新闻》198期，《财经十分》68期，《艺苑商海》等栏目20期。全年上稿得分1500分，居全市三强之列。2005年，开办《百姓关注》栏目，全年制作播出《平邑新闻》132期，《百姓关注》等栏目40余期。在市级以上电视台上稿得分1600分。2006年，在《平邑新闻》《今日平邑》等栏目共播发300余期，上稿得分3000分，列全市第一名，获省新闻工作一等奖。2007年，在《平邑新闻》中先后开设“两会专题报道”“创建文明城市”等专栏。共播发各类稿件1600余件，专题280期。在市级以上电视台播出稿件820件。2008年，在《平邑新闻》节目中开设“改造城中村、建设新家园”“改革开放三十年”等栏目，先后制作播出《平邑新闻》150期、播出稿件2000余件，专题10余期。在市级以上电视台播发稿件1100余件，受到省、市电视台的表彰，被市委、市宣传部，市广播电视局评为新闻宣传先进集体，获省、市电视宣传一等奖。

2009年，在《平邑新闻》《今日平邑》节目中开设《新中国成立60周年系列报告》《60年永远的记忆》等栏目，播出稿件1800余件，专题296期。在市以上新闻媒体播发稿件7000余件，其中参与、策划、组织中央电视台第3套节目大学生村官《挑战主持人》活动，节目于5月21日首播。3月19日，平邑广播电视台采编的《天宇自然博物馆发现孔子天宇龙化石，解原始羽毛之谜》，以其考古史的巨大新闻发现为素材，先后在中央电视台综合频道《新闻联播》、中央电视台新闻频道、中央电视台第4套节目中播放，是平邑县广播电视台自采、自编的稿件首次在中央电视台《新闻联播》节目中播放。2010年，对《平邑新闻》进行全新改版，老牌新闻节目全新亮相，在《平邑新闻》节目中开设《城市环境整治》《安全攻坚》《移风易俗》《重点项目巡视》《科学发展》《脱贫攻坚》《电商青年》等专栏。全年编播《平邑新闻》222期，播发稿件1360余件。获山东省电视宣传工作先进集体称号，临沂市电视宣传工作一等奖。

2011年，编播《平邑新闻》276期，播发稿件2830余件，获山东电视系统宣传工作先进集体一等奖。2012年，开设以关注社会，关注民生为出发点的《阿坤说事》栏目。全年共编播《平邑新闻》274期，播发稿件2650余件，在中央电视台播发稿件20余件，省电视台播发稿件30余件，市电视台播发稿件486年，获山东省电视宣传工作“先进集体”称号。2013年，共编播《平邑新闻》276期，播发稿件2860余件，在中央电视台播发稿件30余件，省电视台播发稿件40余件，市电视台播发稿件500余件，获山东电视宣传工作“先进集体”。

第四节　有线电视

建设

1993年，筹资36万元，从武汉天线研究所购置1套具有12套电视节目的有线电视前端设备和配套的卫星接收系统以及相应的机器设备，10月安装完毕并调试合格。同时，有步骤地全面展开县城城区内有线电视网络建设和入户安装工作，机房面积60平方米，节目来源是用卫星接收系统接收下来的中央电视台和山东电视台以及其他省的卫视信号，平邑电视台的节目信号。传输宽带550MHZ，传输电视节目12套。1994年，平邑有线电视台经过与武汉天线研究所协商，专门派人带着原前端设备配套的2个上边频调制器去武汉天线研究所更换2个下边频调制器，使平邑有线电视台的节目数量由原来的12套增至14套。全年共安装有线电视用户2100户。是年，平邑有线电视台投资3万元购置切换器和字幕机各1台、播放机2台，开设平邑有线电视台的自办节目。

1995年，平邑有线电视台新增架设有线电视主干线5千米，新增安装有线电视用户1100户，投资8万元购置TVC摄像机和编辑线1套，新闻采访车1辆。1996年，平邑县广播电视局按照市广播电视局的统一规划和要求，多方筹集资金，投入100万元进行有线电视光缆传输网建设。历时5个月完成临沂至平邑光缆传输线路的平邑至费县段，共计37.5千米的有线广播电视光缆传输线路工程，当年10月全线开通有线电视用户，在原14套节目的基础上，增加齐鲁电视台、山东卫视、山东体育、山东文艺、山东综艺和临沂电视台、临沂有线电视台7套节目。平邑有线电视台的节目由原来的14套增加到21套，有线电视和同轴传输网由原来的550MHZ增容到750MHZ。

1997年，投资3万元开通全县有线电视传输网络的电视电话系统，实现大会的现场直播。7月实行局台合一体制后，平邑有线电视台撤销，有线电视网络的维修和电视用户的安装转由局（台）成立的网络部负责。平邑县广播电视局（台）网络部2005年5月转入平邑县广播电视局（台）下属的平邑展易广电数码网络公司。

1994年，为宣传平邑县有线电视台，开办《午间新闻》《点歌台》等自办节目，播出时间5小时。其中，晚间和中午各播出故事片1部。1995年，在中央电视台播发新闻2条，采编《平邑县创建科技先进县纪实》《蒙山风景线》等专题片，新增《蒙阳警坛》栏目。全年共制作、播出75期257条新闻，制作《蒙阳警坛》47期，播发稿件230多篇，制作各类专题12个。1996年，开办《管理效益年》和《精神文明之花》专栏，全年编播新闻性、专栏性稿件770件，制作专题节目6部。1997年，局台合一后取消自办节目。

管理

1998年8月，同深圳路通达通信设备公司合资成立平邑县有线电视网络有限公司，隶属于平邑县广播电视局（台）。平邑县有线电视网络有限公司注册资金100万元。其中，平邑县广播电视局（台）出资30万元，深圳路通达公司出资70万元。平邑县有线电视网络公司采用的是MMDS电视发射系统，MMDS多路彩色电视发射系统功能齐全，设备先进，节目传输效果好。能在以县城为中心的方圆45千米范围内高质量地传输广播电视节目信号。中心站设备安装在莲花山上（平邑县广播电视局院内）。发射功率400瓦，发射频率25GHZ至27GHZ，发射铁塔高度121.7米，与平邑人民广播电台、平邑电视台共用1个发射铁塔发射信号。1998年8月，建成中心发射台。平邑县有线电视网络公司负责除县城城区以外的全县乡镇有线广播电视的统一规划，统一施工、统一经营和管理。坚持全县一个节目源，一张网的传输格局。1998年10月，开始在平邑、仲村、岐山、武台、保太、柏林、羊城、卞桥、资邱、地方、铜石、温水、东阳、唐村岭、白马15个乡镇同时发展联网入户，全年实现入户近3000户。1999年，入户600户。2000—2003年，增加用户1000户。2004年至2005年5月，增加用户3000户。

平邑县广播电视局与公司实行政企分开、网台分离机制，财务独立核算，完全按照现代企业制度对公司进行管理和运营。1999年2月，深圳路通达通信设备公司自行撤离公司，由县广播电视局（台）全面接管，并进行独立的运营和管理。平邑县有线电视网络有限公司于2005年5月，并入平邑县广播电视局（台）下属的平邑展易广电数码网络公司。

第五节　平邑县报社

平邑县报社成立于1991年7月1日。起初由平邑人民广播电台编辑人员杨占山、韩苏蔚等发起，名为《平邑周报》，每周一报，四开四版，铅字排版、印刷。1995年1月，恢复《平邑县报》。1996年7月，经县编办批准，平邑县报社升格为正科级事业单位。

1999年1月1日，临沂日报社顺应时代要求，整合媒体资源，加强与各县区的合作，开设县区版，临沂日报平邑版编辑部成立，《平邑县报》即停刊，此前共出版报纸320期。此后，《临沂日报平邑版》开始启用激光照排。

《临沂日报平邑版》每周出版2期报纸，逢周三、周五出版。其中：一版为要闻，二版为经济新闻，三版为综合新闻，四版为副刊。2000年1月至2002年底，每周出3期报纸，逢周二、周四、周六出版。其中：一版为要闻，二版为经济新闻，三班为综合新闻，四版为文艺副刊。

2003年每周出版4期。其中：周二、周三、周四各出一期正刊，每逢周六增出1期《蒙阳周末》。《蒙阳周末》主要刊登社会新闻、文体新闻、影视新闻为主，兼顾教育、卫生、婚姻、家庭、健康、居家、消费、休闲等内容。至当年12月，根据中央关于停办部分县市报刊的精神，《临沂日报平邑版》于2003年12月底停刊，期间共办《临沂日报平邑版》报纸746期（《蒙阳周末》54期）。有数十件作品和版面获得省级奖励。韩苏蔚撰写的通讯《洁净人生——记环卫工陈永玲》《面对大洪劫》《开源活水滚滚来》，郭继团撰写的通讯《盲父深爱感天地》等在山东新闻工作者协会和山东县市报研究会举办的评奖中获得一等奖和山东省新闻奖二等奖。《原野》文艺副刊登载的刘传道的短篇小说《大酒仙》《云姐》《陈龙和车龙》等，先后在《山东文学》发表，引起较大反响。

《平邑县报》（《临沂日报平邑版》）作为平邑县委机关报，存在12年间，紧紧围绕县委、县政府的中心工作开展新闻宣传，正确把握舆论导向，弘扬主旋律，传递正能量，充分发挥党和政府的喉舌作用、人民群众与党和政府的纽带桥梁作用，促进了当地经济、社会、科技、教育文化事业的繁荣与发展。

第三章　档　案

1993 年 12 月机构改革时，撤销县档案局，其行政管理职能由县档案馆代理。1994 年 12 月，恢复县档案局，局、馆合署办公，一套机构两个牌子，行使行政管理与档案管理两种职能。2002 年 6 月机构改革，县档案馆加挂县档案局牌子，授权行使有关行政职能。

平邑县档案馆是国家二级档案馆，是档案安全保管基地、爱国主义教育基地、档案利用开发中心、政府信息公开查阅中心、电子文档中心和档案数据中心“五位一体”的综合档案馆。馆藏丰富，门类齐全，结构合理，载体多样，能为经济社会发展提供有效的档案资源服务。内设办公室、档案数据中心、业务指导科、法规教育科。

2013 年，馆（局）定编 18 人，有局（馆）长 1 人，副局（馆）长 3 人，专业技术人员 9 人，其中副高级职称 1 人，中级 5 人，初级 3 人。大学本科 15 人，大专以上文化程度 3 人。

第一节　馆藏与整理

1990 年 10 月，平邑县档案馆楼建成使用，建筑面积 1100 平方米，楼、馆、库与办公室一体。库房配备湿度计、去湿机、吸尘器、照相机、放相机、扫描仪、裱糊设备等。1990 年，购置铁质橱 40 套；2002 年，购置密集架 96 组、消磁柜；2008 年，购置火灾报警控制器 1 套；2010 年，新上密集架 120 组；2011 年，所有库房均配备安全监控设备、自动报警灭火器、臭氧杀菌机、防磁柜等专业设备。

馆藏档案

县档案馆重点保存县委、县政府和县直机关、人民团体、企事业单位档案，以及撤并机关及破产企业档案。档案门类分为照片档案、录音录像档案、人事档案、名人档案、婚姻档案、计划生育档案、家谱档案、土地宅基档案、土地延包档案、林木确权档案、纪检案件档案等 30 个门类。1992 年底，馆藏档案 93 个全宗 41800 余卷。2011 年，馆藏资料 5000 余种、100346 卷（册）、19981 件。

档案整理

1998 年始，对馆藏档案进行计算机著录，实现档案编目、统计、检索自动化。1999—2002 年，对馆藏档案、资料进行了整理，对各个全宗的档案进行检查，健全了档号、填补缺项，对部分案卷进行调整，进一步完善档案馆工作各项制度。2001 年 1 月机构改革，有 10 个乡镇撤销，2002 年接收进馆。对 1.4 万余册图书资料规范整理编目。县档案馆每年对县委、县政府文件材料进行系统立卷归档整理。1998—2010 年，建立馆藏档案目录数据库，输入文件级目录 8 万多条，案卷级目录 2 万多条。

第二节　档案服务

1989—2002 年，平邑县档案馆共接待查询档案利用者 8655 余人次，提供档案资料

21636余卷（册）次。2003—2013年，共接待查询档案利用者12416余人次，提供档案资料43421余卷（册）次。1989—2002年，自编或会同有关部门编研的材料有《中国共产党山东省平邑县组织史资料》《平邑战史资料》《平邑县历届党代会材料汇编（一）》《平邑县历届人代会简介》《平邑县灾情及降雨量》《档案工作文件选编》《平邑县档案馆指南》《九间棚事迹报道选编》等29种300多万字。其中，《中国共产党山东省平邑县组织史资料》《平邑县档案馆指南》等公开出版发行，其他在一定范围内印发。2003—2013年，该馆自编或会同有关部门编研的材料有《平邑县档案馆指南》《改革开放以来中共中央关于农业和农村工作文件汇编》《关于改革开放以来教育工作的文件汇编》《平邑县历届党代会材料汇编》《平邑县历届人代会简介》《平邑县灾情及降雨量》《档案工作文件选编》《九间棚事迹报道选编》《平邑县行政执法文件汇编》《中共平邑县委关于反腐倡廉建设文件选编》《平邑县保持共产党员先进性教育活动资料汇编》《平邑战史资料》《中国共产党山东省平邑县组织史资料》等51种500多万字。其中，《中国共产党平邑县历次党代会文件汇编》《中国共产党山东省平邑县组织史资料》《平邑县档案馆指南》《平邑人物大典》公开出版发行；《平邑县档案馆指南》《改革开放以来中共中央关于农业和农村工作文件汇编》《关于改革开放以来教育工作的文件汇编》3种汇编材料县级领导做了批示，为各单位的档案利用起到较好的参考作用。

1991年起，县档案馆先后5次向社会开放档案59个全宗，开放全部开放的档案，并采取函电代查、代复制、开放先行文档服务中心等形式，方便群众查阅利用。2002年10月23日，设立平邑县爱国主义教育基地，主要通过建立爱国主义教育展室，举办档案专题开展爱国主义教育活动。2002—2013年，共举办爱国主义教育活动26次，前来参观学习达1万多人次。2002年，成立现行文件服务中心，向社会提供利用服务。2008年，作为政府信息公开场所，面向基层，搞好群众服务。2005年10月1日，建成《辉煌平邑》展室。该展室面积80平方米，由200多幅照片、23组文字以及图表、题词和实物构成。该展室集中反映了平邑政治、经济、科技、教育、文化等各个方面的历史变化和重大成就，前来参观学习、查史修志编研的人数5000余人次。

第四章　地方史志

1982年6月，成立平邑县志编纂委员会办公室，为正科级事业单位，同月启动《平邑县志》编修工作。1987年县级机构改革定为副科级事业单位，1990年重新升格为正科级事业单位。1997年1月，《平邑县志》出版发行。2007年，在山东省情网站下建立子网站“平邑县情网”，2010年平邑县情网独立运行。2010年5月10—12日，省史志系统信息化建设经验交流会（南片）在平邑县召开。2012年7月，平邑县志编纂委员会办公室更名为平邑县史志办公室。2013年，县史志办编制10人。

第一节 编 纂

县志编纂

1982年6月，启动平邑县历史上的第一部方志——《平邑县志》编修工作。1983年11月，印发《平邑县志资料征集启事》，组织修志人员广泛征集口碑资料和文字资料。至1989年12月，积累资料1000多万字。1992年11月，县志初稿编写完成。1994年6月，召开《平邑县志》初稿评议会，对志稿进行评议指导。1996年11月，完成对志稿的最终修改。12月，交付齐鲁书社，印制4000册。1997年1月，出版发行。全志设专业志29编138章371节，另有概述、大事记、人物、附录4个部分，共计100万字。2005年3月，《平邑县志》获山东省新编地方志优秀成果二等奖。至2013年，共编纂县志1部，专业志书近40部，其中出版发行的有10余部，村史1部。

部门、专业志编纂

在首轮县志编纂过程中，县史志办指导各部门编写部门（专业）志书37部，其中《平邑县城乡建设志》《平邑方言志》《平邑县教育志》《平邑县财政税务志》《平邑县水利志》《平邑县供销合作志》《平邑县民政志》《平邑县卫生志》《平邑县商业志》列入“临沂地区地方志丛书”出版发行。

1993年3月，《平邑方言志》《平邑县水利志》《平邑县民政志》《平邑县卫生志》《平邑县商业志》参加全国新编地方志成果展览会，《平邑方言志》《平邑县水利志》荣获山东良好成果奖，另外3部荣获山东参展成果奖。

1997年，承担《山东省·诸子名家志》丛书《曾子志》编纂工作，2001年出版印刷。2000年后，出版发行《平邑县政协志》《平邑县人大志》《平邑县国土资源志》《平邑县中医院志》等多部志书。至2013年，出版的部门专业志10余部。

村史、校史编纂

平邑县没有编纂村志，仅编纂《驿头村史》1部。1999年11月，启动《驿头村史》编纂工作。2000年1月，制定《关于编修〈驿头村史〉的意见》；7月，基本完成建制区划、自然环境、机构沿革、农田基本建设、文教卫科等5章的起草工作；10月，《驿头村史》交印刷厂印刷，2001年1月《驿头村史》由天马图书有限公司出版发行。全书18章67节、25.8万字。

1989—2013年，全县编写、出版校史2部，分别为《平邑第一中学史》《平邑第一中学史（2002—2012）》。

年鉴编纂

至2013年，平邑县未编辑出版平邑县综合年鉴，只有统计局编纂的《平邑统计年鉴》。自20世纪50年代开始，统计部门每年都会编纂一部《平邑县国民经济统计资料》，供县委、县政府提供决策使用。1998年，根据上级统计部门要求，将《平邑县国民经济统计资料》更名为《平邑统计年鉴》。历年编纂的《平邑统计年鉴》均为内部资料。

第二节 网馆建设

信息化建设

2007年，平邑县在山东省情网站建立子网站“平邑县情网”，设平邑县概况、领导简介、名胜古迹、地方特产、行政区划、招商引资、企业风采、关于我们等8个栏目。2010年，静态网站升级为动态网站，同时启用新网站域名：mswh.gov.cn，设大事记、今日平邑、史志动态、通知公告、志鉴论坛、县情概况、物产风情、历史文化、人物、曾子、活力平邑、魅力平邑等10余个栏目。此后网站未再进行较大幅度的改版，至2013年，全网站共更新各类文字资料近百万字，图片百余幅。

方志馆建设

馆舍。1982年6月，县志办更名为平邑县史志办后，在编修第一轮县志过程中通过到外地档案馆、图书馆抄录档案、图书资料，走访县内外老干部、老党员及知情人，发信函，搞调查等多种方式征集到口碑资料和文字资料以及各单位收集整理的资料1000多万字，初步建成方志资料室。至2013年底，通过交换、购买等方式，共收藏各类志书1100余册。但受办公场所的限制，收藏的各类书籍、资料存放面积仅有20平方米左右。

馆藏。通过向社会征集、与外县区交换、购买等形式丰富馆藏。至2013年底，馆藏书籍分工具书、志书、史书、传记回忆录、古籍艺文、名胜游记、文史资料等7大类，藏书量1100多本，其中有省内外志书、地情书300余本，旧志有《山东通志》、《沂州府志》、《费县志》（清康熙版和清道光版）等。

1981—2013年平邑县部分志书编修情况表

表25-3

志　名	主　编	出版时间	字数（万字）	出版单位
平邑县城乡建设志	王照伦	1987.11	10	鲁临出准印号：88.006
平邑县水利志	于殿富	1990.12	33	鲁临出准印号：90-1-016。山东省临沂地区出版办公室
平邑县商业志	秦振邦	1991.04	34	鲁临出准印号：90-1-021。山东省临沂地区出版办公室
平邑县财政税务志续编	尹继忠	1996.03	15	鲁临新出准印证字：（1995）-1-001号。山东省临沂地区出版办公室
平邑县人口和计划生育志	孙淑英、李洪廷（特邀）	2002.04	39.6	中国人口出版社
平邑县人大志	魏殿玉、王霞	2007.10	98	齐鲁书社
平邑县国土资源志	方祥德、李洪廷（特邀）	2007.12	36	中国大地出版社
平邑县中医院志	阚士宇	2007.12	35	山东省地图出版社
平邑县政协志	孙应远	2008.05	101.3	山东大学出版社

第五章　图　书

第一节　机　构

平邑县新华书店始建于1948年3月，时称为新华书店平邑县支店。1989年10月，成立山东省平邑县新华书店，上级主管部门为平邑县委宣传部，经济性质为独立、全民所有制，下设7个分支机构，注册资金31万元。

1993年，山东省平邑县新华书店成为自主经营、自负盈亏、独立核算、具有独立法人资格的全民所有制经济实体，为小（一）型企业，由过去的管理服务型向经营服务型转轨。1995年12月，实行全员劳动合同制，干部、工人，一律实行聘任制。在分配制度上实行工效挂钩，推行合同化、岗位化和责任化管理。

2005年12月，平邑县新华书店与山东省新华书店实行图书连锁经营。2007年1月，实行音像制品连锁经营。图书、音像流程实现计算机网络管理，统一应用业务管理（C/S）系统，由山东省新华书店对图书发行的“进、销、存、退、结”情况进行全流程实时监控和动态管理。2011年12月29日，成立山东新华书店集团有限公司平邑分公司。2013年，平邑新华书店共有职工45人，实现销售额357.9万元，总计发行各类图书441.6万余册。

第二节　发　行

平邑新华书店以满足顾客精神文化需求为出发点，提升服务水平、丰富图书品种，营造良好的教材教辅发行环境，规范发行管理，做好服务于教育的工作。积极支持平邑县文化事业的繁荣发展，坚持“多发书，发好书”的原则，坚决杜绝盗版、淫秽、色情出版物的发行，不做违法犯罪经营活动。

1989年，实现销售259万元，发行图书278万册。由于人民群众对精神文化需求的提高，平邑新华书店在1999年达到销售高峰，实现销售额265.4万元，发行图书735.9万册；2013年，销售357.9万元，发行图书441.6万册，销售额虽有增加，但实际发行图书册数下降明显，原因为物价上涨，多媒体、电子书的大量出现，读者对传统纸质出版物的需求下降等。

1989—2013年，先后发行《毛泽东选集》《邓小平文选》《江泽民文选》《科学发展观丛书》《中国共产党历史》《宪法》《党章》《政府工作报告》及中国共产党第十五、十六、十七、十八次全国代表大会相关学习读本等，累计发行40余万册。平邑新华书店高度重视政治读物发行工作，做大做强政治读物的发行，实现社会效益和经济效益双丰收。

1989—2013 年平邑县新华书店图书销售情况表

表 25-4

年份	总销售额（元）	总册数	教材教辅（册）	一般图书（册）
1989	2591772	2781796	1283877	1497919
1990	2718436	2790135	1281517	1508618
1991	3168109	3036469	1559742	1476727
1992	3514847	3674690	1514396	2160294
1993	5002899	4445227	2307697	2137530
1994	6817742	4174700	2116243	2058457
1995	10407218	5407681	2993875	2413806
1996	20129876	5534409	3765450	1768959
1997	22974682	6535495	3425961	3109534
1998	23871974	7261467	3192599	4068868
1999	26542682	7359037	3048368	4310669
2000	22007680	5020417	1580750	3439667
2001	26904521	6250470	1970724	4279746
2002	28073406	6355663	2795089	3560574
2003	27759535	5701364	1545091	4156273
2004	24054361	3316626	2204780	1111846
2005	26389171	3809095	2186968	1622127
2006	26505228	4045624	3676614	369010
2007	26083661	3804294	3690543	113751
2008	27824135	4151231	4061141	90090
2009	29252682	4600070	4515137	84933
2010	30835292	4800208	4732223	67985
2011	34341870	5036388	4843519	192869
2012	36420146	4634294	4583802	50492
2013	35786584	4416358	4299833	116525

第六章　体　育

第一节　学校体育

1990年，举办平邑县中学生田径运动会，比赛涉及14个项目，分初中组和高中组4个组别。2006年，举办平邑县中小学生篮球、乒乓球、冬季长跑比赛。1993年，平邑县参加临沂地区中学生田径运动会，取得团体总分第三名。2002年，平邑县参加临沂市中学生篮球比赛，取得第七名。2005年，平邑县在临沂市中学生田径运动会取得团体总分第七名，有一名运动员打破市运动会纪录。

2011年，全县共有小学专职体育教师70人，兼职教师116人，有初中体育专职体育教师114人，高中体育教师42人。

2013年，平邑县参加临沂市中小学生乒乓球比赛，取得初中组团体总分第二名。

第二节　群众体育

1989—1999年，全县每年都组织篮球、田径、登山、乒乓球、象棋、门球、钓鱼等比赛，各乡镇农民、企事业单位职工运动会定期和不定期举行。

1989年，举办职工篮球赛、丰收杯农民篮球赛、乒乓球比赛、门球比赛。1989年10月29日，国家体委主任伍绍祖到平邑调研体育工作，并题词：发扬九间棚精神，振兴平邑县体育。1990年，平邑县被命名为“全国体育先进县”，举办篮球、乒乓球、钓鱼、田径、门球等比赛。1991年，举办田径、拳击、乒乓球、篮球、门球等比赛，成立自行车俱乐部。1992年9月，举办四省女篮邀请赛，每场比赛2000余名观众参与，受到全县人民的关注；举办田径、篮球、象棋、乒乓球、门球等项目。1994年，继续举办群众体育项目篮球、田径、乒乓球、象棋、足球等比赛，丰阳镇被国家体育局命名为“亿万农民健身先进乡镇”。1996年，在临沂市第一届全民运动会上平邑县代表队获得普通组团体总分第四名。

2000—2013年，举办全民健身活动，组织开展田径、篮球、排球、乒乓球、门球、象棋、围棋、升级、登山、太极拳等比赛，实施农民健身工程和山东省“百千万三大赛”、中学生联赛。2001年，开始实施农民健身工程，为20多个村安装健身器材300余件。2003年，举办山东省第一届“百千万三大赛”平邑赛区（百县篮球、千乡乒乓球、万人象棋）比赛。2005年，培训社会体育指导员160人，开展太极拳培训，参加人数75人。2009年，举办太极拳、门球、乒乓球、篮球等活动，参加人数2000余人。2010—2013年，被山东省体育局命名“全民健身先进单位”；2011年，被市体育局授予群众体育“突出贡献奖”；2012年，被市体育局评为群众体育先进单位。

第三节　竞技体育

1989—2013年，平邑县参加市级以上各种比赛，共获奖牌1127枚，其中金牌313枚，银牌426枚，铜牌388枚；全县先后向国家、省（解放军）专业运动队、体育院校及省、市体校、体育中学输送各类体育人才312人。2013年，平邑县有青少年业余体校1所，基层学校训练点5个。先后承办了2001年山东省公路自行车锦标赛，2007年山东省山地自行车锦标赛，2011年山东省公路自行车锦标赛等省级赛事，2012年承办临沂市第五届运动会自行车公路赛和山地赛。

市级比赛

1989—1996年，临沂地区每年举办的各项比赛，平邑县均组队参加。1996—2012年，平邑县参加临沂市第一届至第五届运动会。2004年，平邑县代表队参加临沂市第三届运动会，获得金牌总数第七名。2008年，平邑县代表队参加临沂市第四届运动会，获得金牌总数第六名。2012年，平邑县代表队参加临沂市第五届运动会，共获金牌141.5枚，金牌总数第四名。

省级比赛

1993—1994年，平邑县田径运动员李强比赛成绩突出，获山东省“希望杯”冠军；1994年，在山东省第十七届运动会中获三级跳远金牌、跳远银牌。2002年，平邑县自行车运动员付上芬获山东省第二十届运动会自行车比赛个人追逐赛金牌。2006年，吴昌泽获山东省第二十一届运动会自行车比赛3枚金牌。

2001年，县体校自行车队在山东省自行车公路锦标赛中夺得团体总分第一名。2003年，获山东省公路自行车、山地自行车锦标赛团体总分第一名。2006年，获山东省第二十一届运动会自行车比赛团体总分第二名。2007年，获山东省山地自行车锦标赛团体总分第一名。2011年，获山东省公路自行车锦标赛团体总分第一名。

国家级比赛

1989—1994年，平邑县运动员张霞获1个全国冠军、2个亚军、1个全国季军。李强获1个全国季军。1995—2000年，平邑县运动员在参加国家级比赛中，未获得奖牌。2001—2005年，皮划艇运动员阚传龙、赛艇运动员董辉在全国青年锦标赛、冠军赛中获第二名、第三名。2006—2013年，自行车运动员郇静、赵京彪、付星分别获得全国自行车锦标赛、冠军赛第一名。

第四节　体育产业

平邑县体育产业以英健特、明仕体育用品公司为代表的体育用品生产制造、销售企业，形成研发、制造、加工、销售、服务等环节的产业链条。

英健特体育器材有限公司，是临沂市体育产业重点项目。至2013年，累计完成销售收入2亿元。明仕商贸公司是平邑县体育用品销售龙头企业，代理耐克、阿迪达斯、李宁、安踏、牧高笛、361°等国际国内10余个运动品牌的鞋服销售，年销售额近3000万元。各类健身房、乒乓球室、羽毛球室、台球室等健身场所60余家。

2000年，平邑县体育彩票开始发行。截至2013年底，全县共有体彩销售站60家，累计实现销售额1.57亿元。

第五节　体育设施

1989年，平邑县体委建有带四面看台灯光篮球场1个，标准室外游泳池1个，800平方米训练馆1个，400米标准田径场1个。2013年，在浚河湿地公园建设体育公园1个，开放性管理，内设篮球、网球、乒乓球、羽毛球、笼式足球、自行车赛道、健步走绿道、健身路径等内容。

1989—2013年，平邑实验中学建有标准塑胶篮球馆，赛博中学建有400米标准塑胶田径场、兴蒙学校建有300米塑胶田径场。至2013年，在全县学校内有200～400米田径场80个，篮球场200个，排球场60个，足球场20个，乒乓球室900个，门球场36个。

1989—2013年平邑县运动员参加省级比赛成绩表

表25-5

比赛日期	运动员	比赛名称	比赛地点	项目	成绩名次	教练
1993.06	李　强	山东省“希望杯”田径比赛	荣成	跳远	第一名	张　欣
1993.06	李　强	山东省“希望杯”田径比赛	荣成	三级跳远	第一名	张　欣
1994.05	李　强	山东省“希望杯”田径比赛	枣庄	跳远	第一名	张　欣
1994.05	李　强	山东省“希望杯”田径比赛	枣庄	三级跳远	第一名	张　欣
1994.10	李　强	山东省第十七届运动会田径比赛	济南	三级跳远	第一名	张　欣
1994.10	李　强	山东省第十七届运动会田径比赛	济南	跳远	第二名	张　欣
2001.07	陈文超	山东省公路自行车锦标赛	平邑	个人计时赛	第一名	张　霞
2001.07	杨得爱	山东省公路自行车锦标赛	平邑	个人计时赛	第一名	张　霞
2002.09	阚传龙	山东省第二十届运动会皮划艇比赛	莱西	1000米单人皮艇	第二名	张　欣
2002.09	阚传龙	山东省第二十届运动会皮划艇比赛	莱西	500米单人皮艇	第二名	张　欣
2002.09	付上芬	山东省第二十届运动会自行车比赛	日照	个人追逐赛	第一名	张　霞
2002.09	付上芬	山东省第二十届运动会自行车比赛	日照	个人计时赛	第二名	张　霞
2006.09	吴昌泽	山东省第二十一届运动会自行车比赛	烟台	个人计时赛	第一名	张　霞
2006.09	吴昌泽	山东省第二十一届运动会自行车比赛	烟台	山地越野赛	第一名	张　霞
2006.09	吴昌泽	山东省第二十一届运动会自行车比赛	烟台	山地计时赛	第一名	张　霞
2009.04	陈叶子	山东省柔道锦标赛	泰安	52公斤	第三名	张　欣
2009.08	陈叶子	山东省柔道冠军赛	滨州	52公斤	第一名	张　欣
2009.11	卢　芳	山东省田径锦标赛	苍山	5000米	第一名	王召强
2009.11	卢　芳	山东省田径锦标赛	苍山	10000米	第一名	王召强
2010.09	付　星	山东省第二十二届运动会自行车比赛	沂源	个人计时	第二名	张　霞
2011.06	杨占山	山东省山地自行车锦标赛	烟台	个人越野赛	第一名	张　霞
2011.07	曾庆存	山东省田径锦标赛	滕州	5000米竞走	第一名	刘建利
2011.07	曾庆存	山东省田径锦标赛	滕州	10000米竞走	第一名	刘建利

续表 25-5

比赛日期	运动员	比赛名称	比赛地点	项目	成绩名次	教练
2012.06	范修文	山东省公路自行车锦标赛	烟台	个人计时赛	第一名	张　霞
2012.06	赵瑞鹏	山东省山地自行车锦标赛	烟台	个人越野赛	第一名	张　霞
2013.04	陈俊宇	山东省柔道锦标赛	临淄	98 公斤	第三名	王召强
2013.04	陈昊彬	山东省摔跤锦标赛	临淄	74 公斤	第三名	王召强
2013.04	宋明晓	山东省摔跤锦标赛	临淄	49 公斤	第三名	王召强
2013.05	徐景爱	山东省公路自行车锦标赛	泗水	个人赛	第一名	张　霞
2013.09	梁国栋	山东省田径自行车锦标赛	泰安	跳远	第三名	李　强

1989—2013 年平邑县运动员参加国家级比赛成绩表

表 25-6

比赛日期	运动员	比赛名称	比赛地点	项目	成绩名次	教练员
1990 年	张　霞	全国场地自行车锦标赛	北京	争先赛	第二名	陈志德
1991 年	张　霞	全国公路自行车团体赛	北京	50 千米	第三名	陈志德
1992 年	张　霞	全国场地自行车冠军赛	太原	团体追逐赛	第一名	陈志德
1992 年	张　霞	全国场地自行车锦标赛	太原	团体追逐赛	第二名	陈志德
1994 年 4 月	李　强	全国青年田径锦标赛	南昌	三级跳远	第三名	张　欣
2001 年 9 月	董　辉	全国青年赛艇锦标赛	杨凌	四人全能	第三名	李　强
2001 年 9 月	董　辉	全国青年赛艇锦标赛	杨凌	四人单桨无舵手	第二名	李　强
2003 年 3 月	阚传龙	全国皮划艇春季冠军赛	千岛湖	单人皮艇 1000 米	第二名	张　欣
2003 年 7 月	阚传龙	全国青年皮划艇锦标赛	延庆	四人皮艇 1000 米	第三名	张　欣
2004 年 3 月	阚传龙	全国皮划艇春季冠军赛	千岛湖	单人皮艇 1000 米	第三名	张　欣
2005 年 7 月	阚传龙	第十届全运会预赛全国皮划艇锦标赛	广东国际划船中心	四人皮艇 500 米	第四名	张　欣
2005 年 7 月	阚传龙	第十届全运会预赛全国皮划艇锦标赛	广东国际划船中心	四人皮艇 1000 米	第四名	张　欣
2007 年 7 月	徐　晴	全国少年田径锦标赛	绥化	800 米	第一名	王召强
2008 年	赵悌新	全国场地自行车冠军赛	老山	麦迪逊	第二名	张　霞
2008 年 12 月	陈叶子	全国中国跤冠军赛	临沂	56 公斤	第三名	张　欣
2011 年 4 月	郇　静	全国公路自行车冠军赛	长沙	个人赛	第一名	张　霞
2012 年	郇　静	全国公路自行车冠军赛	舟山	个人赛	第二名	张　霞
2012 年 6 月	付　星	全国公路自行车锦标赛	舟山	团体赛	第三名	张　霞

续表 25-6

比赛日期	运动员	比赛名称	比赛地点	项目	成绩名次	教练员
2012 年 6 月	赵京彪	全国青年公路自行车锦标赛	舟山	个人赛	第一名	张 霞
2012 年 6 月	赵京彪	全国青年公路自行车锦标赛	舟山	个人计时	第一名	张 霞
2012 年 8 月	赵京彪	全国山地自行车锦标赛	穆棱	越野赛	第一名	张 霞
2012 年 8 月	赵京彪	全国山地自行车锦标赛	穆棱	个人计时	第一名	张 霞
2013 年 4 月	赵京彪	全国公路自行车冠军赛	玉溪	个人计时	第一名	张 霞
2013 年	付 星	全国公路自行车冠军赛	安吉	团体赛	第一名	张 霞
2013 年 4 月	郇 静	全国公路自行车冠军赛	橙江	个人赛	第一名	张 霞
2013 年 9 月	赵京彪	第十二届全运会公路自行车赛	沈阳	个人计时	第四名	张 霞

平邑县中学生田径运动会女子初中组最高纪录成绩表

表 25-7

项目	成绩	单位	姓名	时间	地点
100 米	13 秒 5	赛博中学	张 欣	2007.4	平邑
200 米	27 秒 6	赛博中学	高 洁	2006.4	平邑
400 米	1 分 2 秒 9	平邑二中	程中香	1988.10	平邑
800 米	2 分 26 秒 5	赛博中学	徐 晴	2004.4	平邑
1500 米	4 分 46 秒 6	赛博中学	徐 晴	2005.4	平邑
3000 米	10 分 50 秒 9	平邑一中	刁 娜	1999.4	平邑
100 米栏	17 秒 4	兴蒙学校	何宗曼	2007.4	平邑
4×100 米接力	53 秒 8	赛博中学		2006.4	平邑
跳高	1.40 米	平邑一中	高 峰	1992.4	平邑
跳远	5.36 米	平邑一中	李 静	1996.10	平邑
铅球（4 公斤）	9.82 米	平邑一中	徐秀丽	1986.5	平邑
铁饼（1 公斤）	29.9 米	平邑镇一中	季化伟	1992.4	平邑
标枪	38.36 米	平邑一中	李君美	1990.4	平邑

平邑县中学生田径运动会男子初中组最高纪录成绩表

表 25-8

项目	成绩	单位	姓名	时间	地点
100 米	11 秒 6	赛博中学	许　波	2004.4	平邑
200 米	24 秒	赛博中学	杨　洋	2006.4	平邑
400 米	54 秒	赛博中学	刘成龙	2007.4	平邑
800 米	2 分 5 秒 1	赛博中学	董　超	2007.4	平邑
1500 米	4 分 19 秒 3	保太中学	李　健	2000.4	平邑
3000 米	9 分 32 秒	平邑镇一中	张广彬	2009.10	平邑
110 米栏	16 秒 6	赛博中学	姚　虎	2006.4	平邑
4×100 米接力	45 秒 1	平邑一中		1990.4	平邑
4×400 米接力	3 分 49 秒 12	赛博中学		2004.4	平邑
跳高	1.71 米	平邑镇二中	米　龙	2003.3	平邑
跳远	6.84 米	仲里中学	杨　斌	1997.4	平邑
三级跳远	12.73 米	平邑一中	李　波	1996.8	平邑
铅球（5 公斤）	13.83 米	卞桥中学	刘克祥	1992.4	平邑
铁饼(1.5 公斤）	37.40 米	郑城中学	程　勇	2002.4	平邑
标枪	51.72 米	平邑一中	陈修志	1990.4	平邑

平邑县中学生田径运动会女子高中组最高纪录成绩表

表 25-9

项目	成绩	单位	姓　名	时间	地点
100 米	12 秒 8	平邑一中	孙德英	2006.4	平邑
200 米	26 秒 2	平邑一中	孙德英	2006.4	平邑
400 米	1 分	平邑一中	孙瑞雪	2011.10	平邑
800 米	2 分 21 秒 1	平邑一中	孔　洁	2006.4	平邑
1500 米	4 分 46 秒 10	实验中学	宋西彩	2001.4	平邑
3000 米	10 分 34 秒 34	平邑一中	刁　娜	2001.4	平邑
100 米栏	17 秒 5	平邑一中	牛子秀	1987.4	平邑
4×100 米接力	50 秒	平邑一中		2012.4	平邑
跳高	1.54 米	平邑一中	高　峰	1993.4	平邑
跳远	5.04 米	平邑一中	张元元	2002.4	平邑
三级跳远	11.24 米	平邑一中	孟姝瑶	2007.4	平邑

续表 25-9

项目	成绩	单位	姓　名	时间	地点
铅球（4 公斤）	12.54 米	赛博高中	王洪霞	2006.4	平邑
铁饼（1 公斤）	40.32 米	赛博高中	王洪霞	2006.4	平邑
标枪	34.40 米	平邑一中	管国霞	2001.4	平邑

平邑县中学生田径运动会男子高中组最高纪录成绩表

表 25-10

项目	成绩	单位	姓　名	时间	地点
100 米	11 秒	平邑一中	怀　耀	2012.4	平邑
200 米	22 秒	平邑一中	怀　耀	2012.4	平邑
400 米	50 秒 5	平邑一中	彭吉伟	1985.5	平邑
800 米	1 分 59 秒 20	平邑一中	李　健	2004.4	平邑
1500 米	4 分 15 秒 6	平邑一中	彭吉伟	1985.5	平邑
3000 米	9 分 18 秒 1	平邑一中	赵　健	1985.4	平邑
5000 米	16 分 20 秒 2	平邑一中	赵　健	1986.4	平邑
110 米栏	15 秒 1	赛博高中	张　勇	2005.4	平邑
4×100 米接力	44 秒 1	赛博高中		2006.4	平邑
4×400 米接力	3 分 32 秒 90	平邑一中		2004.4	平邑
跳高	1.86 米	平邑一中	李子勇	2007.4	平邑
跳远	6.62 米	平邑一中	李　强	1996.10	平邑
三级跳远	13.26 米	平邑一中	李　强	1995.10	平邑
铅球（6 公斤）	13.12 米	平邑一中	信　涛	2002.4	平邑
铁饼(1.5 公斤）	48.10 米	平邑一中	李付宝	1996.3	平邑
标枪	53.23 米	平邑一中	魏　朴	2004.4	平邑

第二十六编

医疗　卫生

第一章 机构 队伍

第一节 行政机构

卫生局

1989年，县卫生局行政编制16人，有局长1名、副局长1名。内设办公室、人秘股、财务股、医政股、药政股、工会工作委员会办公室、老干部工作办公室、监察室、县红十字会办公室、县公费医疗办公室、县爱国卫生运动委员会办公室。1990年7月，县卫生局设立内审股。

1993年9月，县人民法院在县卫生局设立卫生巡回法庭。

1994年1月，编制总人数19人，其中干部17人，工勤2人。原来内设的股改为科，设办公室、人秘科、财务审计科、医政科、药政科、县爱卫会办公室6个行政科室。12月，设立县初级卫生保健工作委员会办公室（简称县初保办），建制级别为全民股级事业单位，隶属县卫生局领导，人员编制5名。

1996年5月，设立县卫生局纪律检查委员会。任命纪委书记1名，负责全县卫生系统纪检、监察、信访、医德医风、领导干部廉政建设等工作。7月，县卫生局在县城莲花山路99号兴建的1118平方米的办公楼竣工，办公地点迁回。

1997年5月，设立县卫生执法监督办公室，建制级别为副科级事业单位，隶属县卫生局领导，人员编制5名，经费来源由县财政列支。7月县卫生局设精神文明办公室。

1999年5月，经县编委同意，县卫生局设中医科，建制级别为股级卫生事业单位，职务序列为科长、副科长、办事员。

2000年10月，县卫生局设安全生产办公室、药品集中招标采购管理办公室（挂靠药政科）。

2002年6月，县卫生局药政科、县药品监督检验所整建制移交县药品监督管理局；改设药品管理科、药品卫生器材集中招标采购管理办公室。至2005年11月，《麻醉药品和精神药品管理条例》施行，麻醉药品重新移交县卫生局监督管理，局药品管理科复称药政科。

2006年3月，县编办对县卫生局及所属副科级以上单位内部机构设置进一步明确。局机关内设机构有办公室、人事科、医政科（加挂中医科牌子）、内部审计科、计划生育办公室，为股级行政科室。设县卫生执法监督办公室，为副科级事业单位；设县红十字会办公室、县农村初级卫生保健办公室、县新型农村合作医疗办公室、县爱国卫生运动委员会办公室，为股级事业单位。

2007年6月，县卫生局计划生育办公室调整为股级全额事业科室。同年8月，撤销县卫生执法监督办公室，改设为县卫生局卫生监督所。

2010年12月，内设办公室、人事科、规划财务科、医政科、食品卫生科和防保科6个职能科室，行政编制15名，配备局长1名、副局长3名，各科室配备科长（主任）1名。

2012年12月，局办公室加挂计划生育办公室牌子，医政科加挂中医科和药政科牌子、规划财务科加挂内审科牌子，防保科更名为公共卫生科加挂应急管理办公室牌子，设立县卫生局财务结算中心；撤销县农村初级卫生保健办公室，设立县卫生局信息中心。

2013 年，县卫生局内设办公室、人事科、老干科、财务科、内审科、医政科、公共卫生科、应急办、药政科、安全办、妇工委、计生办和县新合办、县爱卫办、县红会办 15 个科室。

爱国运动委员会

1989 年 5 月，县爱卫会办公室由县卫生局搬迁至县政府办公楼办公，隶属县政府领导。1991 年 8 月，县爱卫会办公室升格为正科级事业单位。1992 年 3 月，县爱卫会办公室由科级事业单位改设为科级行政单位。

1993 年底，因县内机构调整，县政府撤销县爱卫会办公室正科级行政建制，人员并入县卫生局，在卫生系统内部分流，县爱卫会办公室成为卫生局内设股级科室。1997 年 5 月，县政府决定将县卫生局内设的爱卫会办公室改设为副科级事业单位，隶属县卫生局领导，编制 6 名，经费由县财政列支。2005 年 1 月，撤销县爱卫办副科级建制，改设为县卫生局内设股级科室。2008 年 7 月，县爱卫会办公室重新升格为副科级全额拨款事业单位。

卫生监督所

1997 年 5 月，在县卫生局设立县卫生执法监督办公室，建制级别为副科级事业单位。1998 年 3 月，县公安局在县卫生局设立驻卫生公安室，由县公安局派出 2 名正式干警与卫生执法监督办公室联合办公，协同开展卫生执法监督活动。2003 年 12 月，县公安局驻卫生公安室撤销。

2007 年 8 月，撤销县卫生执法监督办公室，组建平邑县卫生局卫生监督所，为副科级全额预算管理事业单位。

2011 年 4 月，将食品监管职能划归食品药品监督管理局，18 名工作人员相应调出。

2012 年，参与新农合监管工作。

2013 年，县卫生局卫生监督所设监督一、二、三科和许可培训科、稽查科 5 个业务科室；办公室、财务科 2 个职能科室。

县药品监督检验所

1989 年，县药品检验所（简称县药检所）内设生测、化学、中药、仪器室、药品储藏和动物房等科室。负责全县药品检查检验、用药指导、药物鉴别、质量监督、用药安全监测，为药品监督执法提供技术依据等。2002 年 6 月，整建制并入县药品监督管理局。

第二节　预防保健机构

卫生防疫站

1989 年 4 月，县卫生防治站升格为副科级事业单位。是月，试行领导干部任职聘任制改革。站长任职由站内职工民主评议，县政府聘任，副站长、科室负责人由站长聘任。8 月，撤销内设卫生科，改设计划免疫科、学校卫生科、劳动卫生科和环境卫生科。同时，撤销附设的县食品卫生监督检验所，其原承担的职能和人员等并入食品卫生科。

2007 年 8 月，撤销县卫生防疫站，组建县疾病预防控制中心（加挂县卫生检测检验中心牌子）。县疾病预防控制中心为正科级全额预算管理事业单位，隶属于县卫生局领导。其原承担的卫生监督职能和人员并入县卫生局卫生监督所。

2013 年，县疾控中心设免疫规划科、慢病防制科、艾滋病防治科、防疫科、地方病科、公共卫生科、检验科、健康查体科、健康教育科 9 个业务科室；办公室、财务科、总务科 3 个职能科室。

皮肤病防治站

1989年,县皮肤病防治站(简称县皮防站)位于县城北(现莲花山路105号,县妇幼保健院住宅楼区域),有房屋10间,建筑面积140平方米。设有门诊室、治疗室、检验室、药房、社防组、会计室、收款室、办公室;附设崔家峪麻风村(丰阳镇幸福村),站内有职工11名。1990年,县皮防站在县城东北征地5266.67平方米,建设1200平方米门诊楼1幢,职工宿舍23间。1991年7月,县皮防站搬迁至兖石铁路北平九路东6号。1994年1月,县麻风病防治领导小组成员和有关单位负责人组成慰问团,前往麻风村慰问病人和麻风病防治工作者。同时决定对麻风病病人的治疗和生活费用,除政府拨款外,由病人原所在村每年为病人资助500元。1995年,成立性病防治门诊。

1998年5月,设手术室、综合门诊、观察室。同年11月,8间200平方米的沿街综合门诊建成使用。同年,应用冷冻、激光、电离子等方法开展皮肤病理疗业务。1999年4月,县皮防站被市皮肤病医院定为专家指导点。2000年3月,设性病科和变态反应室。2001年5月,成立性病健康咨询门诊。2002年9月,县皮防站被市卫生局指定为性病诊疗许可定点单位。2006年10月,设皮肤美容科,增医疗美容执业项目,开展医疗美容服务。

2013年,县皮防站占地5333.33平方米,建筑面积1100平方米,年门诊量4万多人次,年业务收入350万元。

肺结核防治所

1989年,县结核病防治所(简称县结防所)位于县卫生局办公楼前(县城莲花山路99号),占地440平方米,医疗用房135平方米,办公用房30平方米;为股级全民事业单位。1990年,县结防所被确定为"乙级结防所"。1993年,县结防所设立社会防疫科。1997年10月,县结防所迁至平九路6号县皮肤病防治站三楼。

2013年,县结防所设有门诊、放射科、检验科、药剂科、注射室5个临床科室;办公室、财务科、社防科、档案室4个职能科室。年门诊量3100人次,年业务收入285.5万元。

妇幼保健院

1989年,县妇幼保健站为股级事业单位,编制18人,位于县城莲花山路中段路北(莲花山路107号),占地面积1500平方米,设有门诊室、妇产室、西药房、财务室、社会保健室等科室,拥有业务、办公用房400平方米。1997年5月,改称县妇幼保健院,升格为正科级事业单位。

2013年,县妇幼保健院设内科、小儿科、妇产科、儿保科、妇保科、检验科、特检科、不孕不育科、婚检科等24个业务科室,社防科、护理部、办公室、财务科、药械科、医务科等8个职能科室。

乡镇卫生防疫机构

1989年,全县各乡镇医院设防保(防疫)组,负责组织、指导、实施本乡镇的社会卫生工作。1991年4月,为加强全县三级预防保健网建设,白彦、卞桥、柏林、地方、郑城、平邑、保太7个乡镇医院成立防保站,负责本乡镇的预防保健工作,设站长、副站长各1名。1997年10月,撤销乡镇卫生院防保站,改设防保科(组)。2003年10月,各乡镇卫生院成立预防保健科和疫情监测报告站。

2010年,随着公共卫生服务工作开展,各乡镇卫生院整合防保科、妇幼保健科等科室,设立公共卫生科。2011年7月,各乡镇卫生院相继设置公共卫生服务管理中心。2013年9月,各乡镇卫生院相继成立卫生监督工作站。

第三节　医疗机构

县级医疗机构

县精神病医院　1993年3月，县精神病医院成立，保留东阳乡卫生院建制，实行一套班子两块牌子，为股级卫生事业单位，占地9000平方米，有业务用房700平方米，设精神病床60张。1995年2月，升格为副科级事业单位。是年，增设总务科、药剂科、护理部、门诊部、药政科、精神科、神经科、脑电图室等10个科室。2001年6月，东阳乡卫生院建制撤销。

2013年4月，设心理咨询中心，配备专职心理咨询师1名，兼职心理咨询师6名。同年11月，医院成为山东大学公共卫生学院、山东省精神卫生中心精神卫生联合研究基地，并举行挂牌仪式，设专职人员1人。县精神病院占地1.33万平方米，建筑面积1000平方米，开放床位210张。年门诊量3万人次，年收住院病人2150人次，年业务收入1309.97万元。

乡镇医疗机构

县第二人民医院（县人民医院白彦分院、白彦镇卫生院）　1989年，县人民医院白彦分院位于镇驻地东小营村岚济路北，设有内科、外科、妇产科、儿科、中医科、口腔科、放射科、特检科、检验科、药剂科、手术室等临床科室和制剂室、办公室、会计室等职能科室。是年，有职工62人，年业务收入45.6万元，完成门诊量3.4万人次，收住院病人2496人次。1991年4月，医院改称平邑县第二人民医院（简称县二院）。同月，设立白彦镇防保站。是年8月，医院升格为副科级事业单位。1996年，白彦镇、黄坡乡、山阴乡先后成立医疗机构监督管理委员会，分别在县二院设办公室。是年，成立乡村卫生组织一体化管理卫生室21个，聘用乡村医生87名。

2000年5月，代表全县迎接国家级中医先进县评审验收。2001年4月，开通急救电话“0539-4071120”。2005年4月，医院科室实行微机化管理系统。8月，与新汶矿业集团有限责任公司中心医院骨外科进行技术合作，逐步开展关节置换术、多发骨盆骨折切开复位术、椎体压缩性骨折钉棒内固定术、椎间盘手术、四肢多发复杂骨折内固定等手术。2006年7月，县二院加挂“平邑县白彦镇卫生院”牌子。

2011年4月，医院筹建的市120急救中心白彦急救站通过验收，11月正式运行。同年10月，投资14万元购置职工专用车。

2013年4月，建立信息发布、处方点评和满意度调查系统。医院采用“平衡计分卡”“关键指标法”等6种方式的绩效考核模式；建立村卫生室公共卫生月考核制度。年业务收入1200万元，年门诊量4.4万人次，年收治住院病人5500人次。

仲村中心卫生院（县人民医院仲村分院）　1989年，县人民医院仲村分院位于仲村镇驻地民合村与兴合村交界处，年业务收入22.6万元，年门诊量2.8万人次，年收住院病人680人次。1994年11月，被评审为一级甲等医院。1996年，新汶矿业集团有限责任公司协庄煤矿医院眼科医师到院坐诊，开展眼科手术。1997年7月，实行乡村卫生组织一体化办医管理，设卫生室43个，聘用乡村医生60人。2006年，被省卫生经济协会、省信誉评级委员会和中国诚信万里行山东省工作站评为“山东省诚信医院”。

2013年3月，改扩建病房楼北附面，增加建筑面积1766平方米；新建1168平方米宿舍楼1栋。12月，与山东医学高等专科学校附属医院建立对口帮扶关系。年业务收入760万元，年门诊量3.2万人次，年收治住院病人2000人次。

卞桥中心卫生院（县人民医院卞桥分院） 1989年，县人民医院卞桥分院年收住院病人728人次。1990年10月，代表全县迎接基本消灭疟疾县的省级验收。1993年12月，通过一级甲等医院验收。1996年7月，卞桥镇作为全县试点之一，开展乡村卫生组织一体化管理。至年底，设一体化卫生室24个，聘用乡村医生89人。2000年，代表全县迎接创建全国农村中医工作先进县国家级验收考核。是年，被县人事局、县卫生局授予创建农村中医工作先进县先进单位。

2012年3月，扩建理疗科，设独立理疗科病房，业务用房10间，面积350平方米，床位10张，配备专业技术人员3人，理疗床15张，牵引床1张，中药熏蒸床2张，中频治疗仪10台，神灯治疗仪15个。开展针灸、推拿、按摩、牵引、蜡疗、电疗、中药贴敷等中医适宜技术。

2013年1月，将区划调整后托管的9个村卫生室划归市蒙山旅游区管理委员会柏林镇卫生院，辖区服务人口降至2.8万人。是年，卞桥镇中心卫生院占地面积1.07万平方米，建筑面积7500平方米。年业务收入560万元，年门诊量3.1万人次，年收治住院病人1679人次。

地方中心卫生院（县人民医院地方分院） 1989年，县人民医院地方分院年业务收入29万元，年门诊量4.3万人次，年收住院病人890人次。2002年11月，地方镇第二卫生院整建制并入，改设地方中心卫生院天宝门诊部。2007年7月，与新汶矿业集团有限责任公司中心医院、县中医医院和市骨科医院联合开展技术合作。

2013年，地方镇中心卫生院年门诊量4.57万人次，年收治住院病人2514人次。

郑城中心卫生院（县人民医院郑城分院） 1989年，县人民医院郑城分院年业务收入18.8万元，年门诊量2.2万人次，年收住院病人112人次。

2013年，年业务收入697.92万元，年门诊量2.28万人次，年收治住院病人1077人次。

临涧中心卫生院（县人民医院临涧分院） 1989年，县人民医院临涧分院位于临涧镇驻地东首地庞路南，占地面积11760平方米，建筑面积590平方米，开放床位39张。年业务收入25.79万元，年门诊量2.1万人次，年收住院病人1281人次。1996年，临涧镇被确定为开展乡村卫生组织一体化管理试点单位。是年，设一体化卫生室8个，聘用乡村医生51人。2010年10月，新汶矿业集团有限责任公司中心医院骨外科开展技术合作。

2013年10月，与中国人民解放军济南军区联勤部第九分部、中国人民解放军第88医院确定定点帮扶关系。是年，卫生院占地面积11760平方米，建筑面积7400平方米，开放床位75张。年业务收入1146.2万元，年门诊量38722人次，年收治住院病人1867人次。

平邑卫生院（平邑镇卫生院、社区卫生服务中心） 1989年，平邑镇医院年业务收入49.5万元，年门诊量1.5万人次，年收住院病人598人次。2002年，开展社区卫生服务试点工作，设立社区卫生服务中心。11月，设立石固庄村社区卫生服务站。2006年6月，转型改设为平邑镇社区卫生服务中心，保留平邑镇卫生院建制。同时，成立东苑、金城、北苑、西苑、蒙阳5个社区卫生服务站。2007年12月，获省卫生厅批准。2008 年，与新汶矿业集团有限责任公司中心医院开展技术联合。2010 年 2 月，因平邑镇撤销改设平邑街道，改称平邑街道社区卫生服务中心、平邑卫生院。

2011 年，设社区卫生服务办公室，配备人员 8 人。2013 年 11 月，年业务收入 955.1 万元，年门诊量 13.8 万人次，年收治住院病人 2026 人次。

武台镇卫生院 1989 年，武台乡医院年业务收入 19 万元，年门诊量 2.1 万人次，年收住院病人 551 人次。1994 年 11 月，通过一级甲等医院评审验收。1996 年 5 月，武台撤乡设镇，改称武台镇卫生院。1997 年，开展乡村卫生组织一体化办医管理，设一体化卫生室 15 个，聘用乡村医生 68 人。

2013 年，卫生院占地面积 7800 平方米，建筑面积 3484 平方米，年业务收入 311 万元，年门诊量 1.35 万人次，年收治住院病人 803 人次。

保太镇卫生院 1989 年，保太乡卫生院年收住院病人 123 人。2001 年 7 月，羊城乡卫生院整建制并入保太镇卫生院。

2013 年，年业务收入 402 万元，年门诊量 3.6 万人次，年收治住院病人 1120 人次。

柏林镇卫生院（县人民医院柏林分院） 1989 年，县人民医院柏林分院年业务收入 26.4 万元，年门诊量 1.5 万人次，年收住院病人 419 人次。1996 年 5 月，柏林撤乡设镇，改称柏林镇卫生院。1997 年，实行乡村卫生组织一体化办医管理，有卫生室 23 个，聘用乡村医生 88 人。2002 年，与新汶矿业集团有限责任公司中心医院建立技术协作关系，开展骨科、产科手术。

2012 年 2 月，柏林镇卫生院人、财、物划归市蒙山旅游区管理委员会，业务管理仍由县卫生局承担。

2013 年 1 月，部分村卫生室管理随区划调整划转：东武安、宋河、永安、贯庄、南林、石崖前、永西、富饶 8 个村卫生室划归温水镇卫生院管理；原卞桥镇卫生院管理的刘家寨、龙虎寨、栏马、石河、洪河、薄板沟、罗圈峪、公家庄、西山神 9 个村卫生室划归柏林镇卫生院管理。是年，市蒙山旅游区管理委员会柏林镇卫生院占地面积 7333.33 平方米，建筑面积 3970 平方米。年业务收入 624 万元，年门诊量 2.2 万人次，年收治住院病人 1672 人次。

卞桥镇资邱卫生院（资邱乡卫生院、所） 1989 年 12 月，征地 6670 平方米筹建资邱乡卫生所，位于乡驻地资邱中学对过董泗路南。1990 年 10 月，资邱乡卫生所年门诊量 400 人次，年收住院病人 57 人次。1991 年 8 月，资邱乡医院设立，为股级全民事业单位，隶属资邱乡政府管理，业务上接受县卫生局领导。核定人员编制 25 人，规定卫生技术人员占 70% 以上，职务序列为院长、副院长，经费来源实行财政差额补助。年内，设外科门诊。1997 年，实行乡村卫生组织一体化办医管理，设有一体化卫生室 19 个，聘用乡村医生 49 人。1998 年 10 月，资邱乡政府与青岛福维德工贸有限公司（简称福维德）达成对资邱乡卫生院股份制合作办院协议，乡政府、福维德分别控股 51%、49%。改制后，福维德逐步掌控卫生院人事权、财务权和经营权，院内职工多数被推向社会。2002 年 11 月，资邱乡社区卫生服务中心成立。2003 年 3 月，资邱乡政府与福维德解除协议，资邱乡卫生院名称、建制恢复。

2005 年，征用资邱乡政府驻地东端原乡政府党员电教楼及所属院落 6600 平方米，党员电教楼改为门诊楼；新建 1013 平方米的 3 层病房楼 1 幢。2006 年 4 月，成立新农合办公室、妇产科、外科、手术室。同年10月，医院完成整体搬迁。2008年1月，与县医院开展医疗技术协作。2010年6月，资邱撤乡设镇，改称资邱镇卫生院。2011年8月，因资邱镇撤销，改称资邱卫生院。

2013年，卞桥镇资邱卫生院占地面积6666.67平方米，建筑面积2000平方米，年业务收入352万元，年门诊量2万人次，年收治住院病人865人次。

铜石镇卫生院 1989年，铜石镇卫生院年业务收入77万元，年门诊量0.4万人次，年收治住院病人83人次。2000年5月，代表全县迎接创建“全国农村中医工作先进县”国家级验收。2004年，原张里医院门诊楼租赁给山东鲁安中药饮片有限公司。开展首例皮瓣植皮、剖宫产。2012年10月，代表全县通过“全国基层中医药工作先进单位”复审验收。

2013年8月，与市医院中医科建立长期合作关系；9月，通过“山东省群众满意预防接种单位”考核；11月，与市妇幼保健院达成结对帮扶协议。是年，医院占地10271.8平方米，总建筑面积6171平方米。年业务收入1738万元，年门诊量53595人次，年收治住院病人2633人次。

温水镇卫生院 1989年，温水乡卫生所位于温水镇北温水村大队院内，有业务用房10间，建筑面积199.5平方米。同年9月，征用温水乡西围沟村土地8093.67平方米，筹建新院区。1990年10月，温水乡医院设立。是年，温水乡医院搬迁至乡政府驻地、西围沟村东首，327国道北。1992年，温水乡医院搬迁至温水乡政府对过北温水村，327国道南。1994年9月，温水撤乡设镇，改称温水镇卫生院。1995年12月，征地10605.3平方米，建门诊用房14间256平方米，门厅、家属区配房100平方米。2002年6月，预防接种门诊被省卫生厅授予“省级示范预防接种门诊”。是年，建立温水镇堡前庄村社区卫生服务中心。

2013年1月，县内区划调整，接收柏林镇划入的南林、富饶、宋合、东武安、前石崖、永西、永安、前贯8个村卫生室；南马、西纯庄2个村卫生室划给县精神病院管理。年门诊量15633人次，年收治住院病人730人次，年开展手术192例，年业务收入258.2万元。

流峪镇卫生院 1989年，流峪镇卫生院位于镇北博徐公路东，镇政府对过。有职工35人，年门诊量0.8万人次，年收治住院病人765人次。1997年，实施乡村卫生室一体化管理，设有卫生室13个，聘用乡村医生56人。2001年，原唐村岭乡卫生院整建制并入流峪镇卫生院管理。

2013年，卫生院占地8604.3平方米，建筑面积2371平方米。年业务收入721.6万元，年门诊量1.81万人次，年收治住院病人528人次。

郑城镇魏庄卫生院（魏庄乡卫生院） 1989年，魏庄乡卫生院年业务收入14.7万元，年门诊量0.6万人次，年收治住院病人152人次。1997年，开始实施乡村组织卫生一体化管理，设一体化村卫生室9个，聘用乡村医生49人。2003年11月，魏庄乡卫生院人、财、物整建制并入县二院管理，实行一套班子两块牌子，为县二院魏庄分院，并称魏庄乡卫生院。时有职工16人，年业务收入39.6万元，年门诊量1.3万人次，年收治住院病人260人次；有一体化卫生室16个，聘用乡村医生52人。

2011年8月，因魏庄乡撤销，改称魏庄卫生院。

2013年，扩建门诊楼200平方米，开设口腔科。年业务收入170万元，年门诊量

13622万人次，年收治住院病人626人次。

丰阳镇卫生院（郑家峪乡卫生院） 1989年，郑家峪乡卫生院有职工18名，业务收入20.9万元，门诊量0.5万人次，收住院病人300人次。1992年7月，郑家峪乡改称丰阳乡，改称丰阳乡医院。1993年，医院实行个人承包制。1994年6月取消。1998年7月，丰阳撤乡设镇，改称丰阳镇卫生院。2001年，通过省示范化接种门诊验收。2002年，实行社区卫生服务试点工作，成立丰阳大城西村、丰阳桥南社区卫生服务站。2008年11月，被列为国债项目和县政府“十件为民实事”之一的医院病房楼开工，该工程建筑面积1300平方米，总投资117万元。2011年8月，通过财政部公共卫生服务绩效考核。

2013年，丰阳镇卫生院年业务收入287.77万元，年门诊量2.1万人次，年收治住院病人826人次。

东阳乡卫生院 1989年东阳乡卫生院位于东阳乡驻地北首，占地7000平方米。年门诊量6000人次，业务收入2万元。1990年2月，东阳乡政府无偿拨给土地3268.3平方米，医院争取资金10万元，兴建精神病房26间，建筑面积700平方米。1993年3月，东阳乡医院改建为县精神病医院，仍保留乡医院建制。2001年6月，撤销东阳乡卫生院。

张里乡卫生院（张里乡卫生所、铜石镇第二卫生院） 1990年12月，设立张里乡卫生所，位于乡驻地乡计生委院内，有房屋4间（门诊2间），工作人员4名，业务以常见病诊治、计划免疫等社会卫生工作为主。1992年2月经县编委批准，设立张里乡医院，为股级全民事业单位。是年，有职工11名，业务收入42万元，门诊量0.2万人次。1997年，实行乡村卫生一体化管理，设一体化卫生室41个，聘用乡村医生60名。年业务收入55万元，门诊量0.3万人次。

因张里乡2000年12月撤销，2001年6月，改称铜石镇第二卫生院。2002年12月，整建制并入铜石镇卫生院。是年，有职工17人，业务收入56万元，门诊量0.3万人次，辖一体化卫生室16个，聘用乡村医生48人。

岐山镇卫生院（岐山乡卫生所、仲村镇第二卫生院） 1989年10月，在岐山煤矿家属院南筹建岐山乡卫生所。是年，有职工11名，业务收入7万元，门诊量0.7万人次，收治住院病人98人次。1990年新院建成，占地8004平方米，设病床10张，增设妇产科、儿科。1991年8月，经县编委批准，设立岐山乡医院，为股级全民事业单位，隶属岐山乡政府管理，业务上接受县卫生局领导。核定人员编制25人，规定卫生技术人员占70%以上，职务序列院长、副院长，经费来源财政差额补助。1994年9月，岐山撤乡设镇，改称岐山镇卫生院。1997年，开始实施乡村卫生一体化管理。是年，医院有职工12人，业务收入67万元，门诊量1.8万人次，收治住院病人422人次，设一体化卫生室30个，聘用乡村医生46名。2000年，与新汶矿业集团有限责任公司中心医院合作设立骨科，购进手术设备、万能手术台、无影灯等，开展骨科手术。

因岐山镇2000年12月撤销，2001年6月，改称仲村镇第二卫生院。2002年12月，整建制并入仲村中心卫生院，改设仲村中心卫生院岐山门诊部，以精神病人诊疗为主，同时开展农村卫生管理工作。是年，医院有职工20名，业务收入47.3万元，有一体化卫生室14个，聘用乡村医生42名。

天宝山镇卫生院（天宝山乡卫生所、地方镇第二卫生院） 1989年，天宝山乡卫生所新建房屋12间，建筑面积240平方米，增设化验室和妇产科。是年，有职工9人，医院业务收入7万元。1991年8月，经县编委批准，设立天宝山乡医院，为股级全民事业单位，隶属天宝山乡政府管理，业务上接受县卫生局领导。1993年，在天宝山乡驻地北征地3335平方米，建门诊楼1座，平房20间，建筑面积1290平方米。是年，有职工9人，业务收入11万元。1994年9月，天宝山撤乡设镇，改称天宝山镇卫生院。1997年，开始实施乡村组织卫生一体化管理。是年，医院有职工12人，医院业务收入69万元，设一体化卫生室14个，聘用乡村医生70人。1999年，作为全县试点单位之一，对全镇14个卫生室清产核资收归医院，村卫生室从村办乡管过渡为院办院管。

因天宝山镇2000年12月撤销，2001年6月，改称地方镇第二卫生院。2002年12月，整建制并入地方镇中心卫生院，改称地方镇中心卫生院天宝门诊部。是年，医院有职工17名，设一体化卫生室15个，业务收入175万元，聘用乡村医生78名。

唐村岭乡卫生院　1992年2月8日，经县编委批准，设立唐村岭乡医院。年业务收入40万元，业务开展仍以村级卫生室管理和社会防疫为主。1999年，在乡政府驻地中心位置，投资36万元新建800平方米门诊楼1座，职工增至7人，业务收入90万元，固定资产40万元。2001年7月，因乡镇撤并，整建制并入流峪镇卫生院，原址改为流峪镇卫生院唐村岭门诊部。

羊城乡卫生院（魏刘乡卫生所、院）　1987年10月，魏刘乡卫生所成立，有工作人员3人。卫生所设在魏刘乡政府东南角，占地133.4平方米，有房屋310平方米，属公立事业单位，业务以常见病的防治工作和计划免疫等社会卫生工作为主。1996年10月，魏刘乡改称羊城乡，医院改称羊城乡卫生院。1997年，在全乡开展乡村卫生组织一体化管理工作。是年，医院固定资产10万元，业务收入25万元，设置内儿科、急诊科、中医科、药剂科。2000年，在羊城乡政府南端，征地2668平方米，筹资30万元新建门诊楼1座，面积1000平方米，年业务收入30万元，固定资产60万元。2001年7月，整建制并入保太镇卫生院。

白马乡卫生院　1994年7月，经县编委批准，设立白马乡医院，为股级全民事业单位，隶属白马乡政府管理，业务上接受县卫生局领导。核定人员编制15人，规定卫生技术人员占70%以上，职务序列院长、副院长，经费来源财政差额补助。同年10月，筹建白马乡卫生院。1995年9月，卫生院开诊。是年，该院占地4002平方米，办公用房200余平方米，医疗用房500余平方米，职工宿舍400余平方米。2001年7月整建制并入平邑镇医院。

村（居）卫生所室

20世纪80年代，县内逐步实行农村家庭联产承包责任制后，村卫生室失去村集体支持，大部分解体，出现个体行医、承包、自办、联办等多种办医形式，一村多室与无卫生室村并存。1990年，县卫生局开展村卫生室整顿，严格个体开业行医管理。先后在卞桥、保太两乡镇进行试点。行政村卫生室按照“四室一房”（诊断室、治疗室、妇幼室、观察室、药房）标准由村民委员会统一筹集建设，乡村医生任用由村委会申请，卫生院组织考试考核，县卫生局审查批准后择优录用。至年底，建成10个行政村卫生室，按甲级卫生室标准正常运行。同时，对1257个个体办卫生室、23家厂矿企业学校卫生室进行审批、颁证。是年，全县1057个行政村，其中有卫生室的行政村904个，无卫生室行政村（空白村）153个，占14.48%，全部集中在偏僻山区。乡村医生1645人，其中女乡村医生（包括卫生员、接生员）123人，占7.48%。有职称乡村医生1037人，占79.45%；无职称338人，占20.55%。

1991年5月，县政府从卫生局和局直卫生单位抽调32人组成12个农村卫生室整顿建设指导小组，分赴26个乡镇协助党委、政府进行卫生室整顿建设工作。各乡镇党委、政府成立由主要领导任组长的村级卫生室整顿建设领导小组，22个乡镇召开卫生室整顿建设专题会议，16个乡镇下发文件，制订卫生室管理细则。各乡镇卫生院成立卫生室整顿建设、管理、技术指导小组，深入各村、队开展工作。6月，县卫生局要求将卫生室整顿与治理社会医疗秩序、制止滥办医、乱开业现象结合起来，加大整顿建设管理卫生室力度。至10月底，全县1257个个体卫生室全部转为集体举办，其中甲级卫生室383个。年内，关闭个体开业诊室（所）70个，取缔无证行医12处。

1992年，对全县行政村卫生室“四室一房”的工作场所进行落实，合理调整配备卫生室技术力量，多数卫生室配齐男、女乡村医生。1995年9月，县卫生局要求行政村卫生室达到初级卫生保健标准。

1996年5月，县卫生局停止征收1996年度村卫生室管理费。是年，县内开展乡村卫生组织一体化办医管理试点。1997年，有12个乡镇实行乡村卫生组织一体化办医管理，其他乡镇开展试点工作。全县1057个行政村，有卫生室行政村643个，空白村414个；有1247个个体卫生室，一体化卫生室337个；乡村医生1726人经考试考核后，择优聘用1139人。

平邑县同济门诊部

2006年10月1日，平邑县同济门诊部成立，属综合门诊部，诊疗科目有内科、外科、妇科、皮肤科、医学检验科、心电诊断专业等；2013年，职工总数22人，其中卫生技术人员14人，其他技术人员4人，行政后勤人员4人。年门诊量约8000人次，门诊收入80余万元。

第四节　医药学会　红十字会

县中医药学会

1989年，中华全国中医学会山东平邑分会设名誉理事长1名，顾问1名，理事长1名，副理事长4名，秘书长1名（兼），副秘书长2名，常务理事8名，理事16名。

1991年11月，由县卫生局对其进行资格审查，中华全国中医学会山东平邑分会更名为平邑县中医药学会（简称“县中医药学会”），同时由县民政局社团科予以登记注册，至2013年每年都进行年度注册。

2001年5月，县中医学会承办市中医药学会中药暨眼科学术交流会议。

2003年8月，县中医学会第三届理事会常务理事会议召开。9月，县中医药学会第四届会员代表大会暨学术交流会议召开。

2004年10月，县中医学会承办市中医学会第六届会员代表大会暨学术交流会议。

2005年12月，县中医学会组织召开县中医药学会第四届二次会议暨学术报告会，各医疗单位分管业务副院长、医疗骨干、中医科负责人参会。

2006年8月，学会组织3名会员参加全市中医药传统技能大赛。

2008年10月，县中医学会经县民政局社团科批准，更名为平邑县中医药学会。

2012年5月，县中医药学会、九间棚金银花基地参与第二届中国（临沂）金银花节暨山东省道地药材文化节。

县医学会

1989年，中华医学会山东平邑分会设名誉会长1人，会长1人，副会长4人，秘书长1人，副秘书长2人，常务理事23人，理事44人。

1991年11月，由县卫生局对其进行资格审查，中华医学会山东平邑分会更名为平邑县医学会，同时由县民政局社团科予以登记注册。至2000年，每年都进行年度注册检查，学会负责人、法定代表人由县卫生局局长担任。

2000年4月，县医学会承办市检验学会暨学术交流会议。5月，学会负责人、法定代表人改由县卫生局分管副局长担任。至2008年，每年按照规定由县民政局社团科进行登记注册。

2009年，后因未按规定进行登记注册，被县民政局注销。

县药学会

1989年，中华药学会山东平邑分会（简称“县药学会”）设名誉会长1人，会长1人，副会长2人，秘书长1人，常务理事18人，理事26人。

1991年11月，由县卫生局对其进行资格审查，中华药学会山东平邑分会更名为平邑县药学会，同时由县民政局社团科予以登记注册。至2005年，每年都进行年度注册。

2007年1月，县药学会主管单位变更为县食品药品监管局。

县护理学会

1989年，中华护理学会山东平邑分会设名誉会长1名，会长1人，副会长2人，秘书长1人，副秘书长2人，常务理事10人，理事34人。

1991年11月，由县卫生局对其进行资格审查，中华护理学会山东平邑分会更名为“平邑县护理学会”，同时由县民政局社团科予以登记注册。至2008年，每年都进行年度注册检查，由县卫生局分管副局长任学会负责人、法定代表人。

2009年后，因未按规定进行登记注册，被县民政局注销。

县农村卫生工作者协会

1989年，县农村卫生工作者协会设会长1人，副会长2人，秘书长1人（兼），副秘书长3人，系山东省农村卫生工作者协会的团体会员。

1991年11月，由县卫生局对其进行资格审查，同时由县民政局社团科予以登记注册。

1992—2008年，每年都进行年度注册检查，协会由县卫生局局长任负责人、法定代表人。

2009年，后因未按规定进行登记注册被县民政局注销。

红十字会

1989年4月，县红十字青少年委员会成立；6月，县老年红十字会成立。是年，全县基层红会组织发展到370个、会员25304名，中小学成立红十字青少年委员会29个、发展红十字青少年6976人。

1994年1月，县红十字会办重新核定人员编制为9名，隶属于县卫生局，有专职人员5人，年底增至8人。

1998年10月，县委、县政府成立县公民无偿献血委员会。

2001年4月，县红十字会办取得机关法人组织机构代码，确定机关法定代表人。后在2005年1月、2011年8月、2013年3月变更机关法定代表人。

2003年5月，县政府成立县重大疫情灾害事故采供血应急处理领导小组。

2007年3月，县红十字会办列入县级群团机关参照公务员法进行管理。

2011年7月，理顺县红十字会管理体制，改由县党政领导联系，会长由县政府领导兼任，可配备常务副会长、副会长各1名；县红十字会下设办公室，具体负责红十字会日常工作，机构规格、人员编制、经费形式不变。

2013年12月，县政府成立县无偿献血委员会。建立乡镇、街道、开发区红会18个，发展红十字团体会员单位372个，获准冠名省级红十字医疗机构2个，红十字会员3680名，红十字志愿者2103名。

1989年4月，县公安局、县交通局、县红十字会开展机动车驾驶员卫生救护训练，内容包括止血、包扎、固定、搬运、现场心肺复苏法和常见急症的救护及意外伤害事故现场急救措施。1990年6月、1996年5月，开展机动车驾驶员卫生救护训练。同年6月，县红十字会在地区红十字会对全区9个县市进行的红十字会工作达标抽查中以91分名列榜首。10月，县红十字会、县老年红十字会联合发出《紧急呼吁》，捕杀禁养区内的犬只。同月，县内武台乡发生火灾，县红十字会争取地区红十字会给予拨款救助。11月，地区红十字会工作会议在县内召开，推广县红十字会工作经验。全县13名新中国成立前参加红十字会的老会员被授予“山东省红十字会荣誉会员”称号。

1991年7月，县内连遭特大暴雨袭击，14个乡镇129个村庄10.3万人受灾。县红十字会组织救灾，对接收到的5批价值22万元救灾药品专药专用、突出重点、合理发放。

1992年7月，县内开展为地区红十字中心血站筹建募捐活动。

1995年7月，县内各级十字红会成立汛期抢险救护队、汛期防疫队。

1996年，县内首次开展无偿献血活动，2名无偿献血者献血400毫升。至2013年，每年组织开展无偿献血活动，累计无偿献血25207人次，献血量8392400毫升。

1998年，县红会相继开展救助河北省张北县地震灾区，西藏、青海雪灾地区，长江、松花江、嫩江流域水灾地区受灾群众救灾募捐活动。2008年1月为浙江等19个省级行政区雪灾灾区、2008年5月为四川省汶川地震灾区、2009年10月为台湾省“莫拉克”台风灾区、2010年4月为青海省玉树地震灾区、2013年4月为四川省雅安地震灾区，开展捐款捐助活动，累计募集款物价值总计109.31万元。

1999年9月，县红十字会在全县开展红十字标志专项清理活动。

2000年，县红十字会在县内公路沿线、交通事故多发路段增设红十字急救站，由原来的25个增至85个。

2006年4月，县红十字会开展红十字会资助特困农民参加“新农合”募捐活动。其后至2013年，每年组织开展资助募捐。是年，县红十字会在县内开展造血干细胞志愿捐献者血样采集宣传发动和报名登记工作，年内共有66名志愿者报名登记。2011年2月、2011年5月，两次组织实施志愿者造血干细胞捐献。

2007年1月，中国红十字总会和省、市红十字会来县开展送温暖活动。

2008年，县红十字会开展遗体捐献登记工作。有3名志愿者登记。截至2013年，共有12名志愿者登记。是年，县红十字会争取市红十字会援建博爱卫生（院）站项目资金，在县内武台镇东武沟村和白彦镇小北径村各援建“博爱卫生站”1个。至2013年，县红十字会争取国家、省、市红十字会建设项目资金总计125万元，在县内援建红十字博爱卫生院3个，卫生站8个。

2011年6月，县红十字会协助组织实施县、市首例、省第四例志愿者器官捐献，捐献2个肾脏和2个眼角膜。11月，县内举办中国红十字基金会博爱卫生院（站）竣工暨新援建卫生院捐赠、“红色沂蒙光明行”白内障手术完成仪式。

第二章 疾病防治与管理

第一节 传染病

肠道传染病控制

脊髓灰质炎 1989年，全县发生1例脊髓灰质炎（简称脊灰）病例、20例疑似病例，疫情呈散发状态，主要发生在计划免疫空白村。县内开展易感人群查漏补种，查出未接种或接种不全者8000人，全部进行脊灰疫苗补服。是年，共补服疫苗3万粒。1990年、1994年、1995年、1996年，县内各发现1例脊灰病例，对疫源村及周边村庄0～4岁儿童全部进行脊灰疫苗应急接种。

至2013年，每年均开展脊灰疫苗基础免疫、强化免疫及查漏补种工作，全县无脊灰病例发生。

伤寒 副伤寒 1989年后，全县通过开展爱国卫生运动，进行防蝇、灭蝇活动，加强食品卫生监督，坚持对餐饮从业人员进行健康查体，开展伤寒三联菌苗接种等综合性防治措施，切断伤寒、副伤寒传播途径。县内各医疗机构每年于5月1日开设肠道病门诊，进行伤寒、副伤寒等肠道传染病的检查、监测，对发生的伤寒、副伤寒病例及时规范治疗，开展个案调查和疫点处理，进行预防接种等工作。1983—1990年，全县发生4例伤寒病人。后在2001年发生1例伤寒病例，2003年发生10例伤寒输入型病例，2004年发生14例伤寒、副伤寒病例，2005年发生1例伤寒病例，2006年发生1例伤寒病例，2007年发生1例副伤寒病例。之后至2013年，县内未发现伤寒、副伤寒病例。

病毒性肝炎 1989年2月，开展疫苗接种、重点人群监测和管理。1991—1995年，对肝炎暴发点进行及时处理，疫点处理率100%。共发现病例2244例，年发病率49.94/10万。1997—2013年，县内每年均发现病毒性肝炎病例，最高年发病415例，发病率41.19/10万；最低年发病109例，发病率11.44/10万。每年都及时进行规范治疗和疫点处理、隔离消毒、流行病学调查、接种相应疫苗等防控措施。

细菌性痢疾 1989年，全县细菌性痢疾防治工作，以宣传普及卫生防病知识为主；各医疗卫生单位均开设夏秋季肠道门诊，对接诊的细菌性痢疾患者进行及时诊治、隔离治疗，防止传播和流行。此后，每年度均采取综合防治措施，细菌性痢疾发病率呈现逐年降低的趋势。1991—1995年，共发现病例897例，年均发病率19.14‰；1996—1998年，共发现病例134例；1999—2013年，县内每年均发现病例，最高年发病79例，发病率80.8/10万；最低年发病19例，发病率18.81/10万。发病人群以农民为主，其次是学生和散居儿童。2007年，县内发现阿米巴性痢疾病例1例。

霍乱　1989年4月，县卫生局制定《平邑县1989年度霍乱防治工作意见》，要求定时开设腹泻病门诊，加强疫源检索和疫情管理，做好疫点、疫区处理。1999年8月，协助省内淄博市卫生局通报的县境柏林镇柏林村1例小川型霍乱弧菌病例，进行流行病学调查。经调查，村内当时无腹泻病人发生，患者家庭成员和邻居也未发生腹泻；其家人和周围人群采集大便及饮用水水样，霍乱弧菌培养为阴性。

至2013年，县内以切断传播途径为主，落实综合性防治措施，规范腹泻门诊管理，按照有泻必登、有泻必报、有疑必查原则，在易发季节进行腹泻病人排泄物采样SPA霍乱快诊检验、胶体金试纸条检验、细菌培养等实验室检查，均未发现霍乱病例。

手足口病　2006年，全县共发生手足口病人11例，发病率1.01/10万。对患儿均进行及时诊治和个案调查及疫点处理，未发生并发症和死亡病例。2007年5月，县卫生局成立领导小组和专家组，实行疫情日报告和零报告制度。是年，全县共发生手足口病192例，发病率19.07/10万。2008年，在学校和托幼机构实行晨检制度。全县共报告手足口病病例127例，发病率12.55/10万。至2013年，共发现手足口病病例1060例。

呼吸道传染病控制

麻疹　1989年，全县共发现麻疹病例7例，呈局部散发，进行麻疹疫苗应急补种等措施后，疫情得到控制。

1991—1995年，全县共发现麻疹病例20例，发病率0.43/10万，主要分布在城关、仲村、地方等乡镇。1998年，县内部分乡镇呈麻疹散发状态，个别乡镇呈现暴发流行趋势，全县共发现麻疹病例116例。全县共组织接种专业队485个，接种队员1036名，县、乡抽调189名技术人员进行指导，共接种143002人次，麻疹疫情得到控制。1999年，全县共发现麻疹病例81例，发病率8.65/10万，发病年龄最小的10个月，最大的45岁，发病地域集中在平邑镇、县直单位、东阳乡、仲村镇、丰阳镇等乡镇。

2005年，全国麻疹疫情上升，邻近苍山等县、地发现局部流行，与其相邻的县内郑城镇发现麻疹病1例。全县迅速开展麻疹疫苗应急强化免疫接种，共接种5.8万人次。至2013年，县内每年均发现麻疹病例，最高年发病76例，发病率7.51/10万；最低年发病5例，发病率0.50/10万。通过开展麻疹应急接种、适龄儿童麻疹疫苗强化免疫等措施，疫情得到控制。

白喉　1989年起，在全县范围内采取随机抽样方法，调查人群白喉发病水平及带菌率。至1991年，锡克试验阳性率都在85%以上，共检查2400人，均未检出白喉杆菌。1990年，全年共完成锡克试验700人，人群白喉带菌调查700人，未检出白喉杆菌。

1989—2013年，全县未发现白喉病例。

流行性脑脊髓膜炎　1990年，县内保太、城关2个乡镇被省卫生防疫站设立为流行性脑脊髓膜炎（简称流脑）监测点，配合省卫生防疫站进行流脑带菌率和人群免疫水平调查，全年共发现流脑病例2例。1991—1992年，全县共发现流脑病例10例。县卫生防疫站加组织人员开展流脑疫苗接种，控制流脑疫情。1993年，发现流脑病例3例；1994年、1995年、2004年、2005年、2006年、2007年各发现1例；1996—2003年、2008—2013年，县内未发现流脑病例。

传染性非典型肺炎 2003年3月下旬，县卫生局按照市卫生局的部署，在全县卫生系统进行“内紧外松”式的防治传染性非典型肺炎（简称“非典”）工作安排。各医疗单位按照要求，有针对性地向有关医疗卫生人员通报外地疫情，进行预防知识培训和人力、物力准备。4月16日，县卫生局成立“非典”控制应急处理领导小组。17日，县委、县政府成立县防治“非典”工作领导小组，同时各乡镇也成立相应组织。全县设立交通检疫站14个，配备医务人员36人昼夜执勤，先后对38186辆车和158519人进行查验，对从“非典”疫区入县的车辆1246车次进行消毒，对2961名驾乘人员进行重点登记查体，对有发热体征的85名患者进行留验；对30多所学校、3家大型超市、1个批发市场、49家宾馆、110个餐饮单位、225个食品生产经营单位、71家美发店进行监测、消毒；县、乡镇都成立“流调队”，县流调队由15人组成，各乡镇17个“流调队”由168名流调员组成，对20001人次进行流行病学调查，对42名发热患者进行医学观察和治疗；全县共设立49个“非典”监测站和2965个监测点，登记外省返乡和来县人员10646名，返乡民工10358名，学生93名，外来人员193名，全部进行查体和回访医学观察；积极开展宣传和培训工作，刻制宣传光盘40余张，编制防治工作信息90余期，印发明白纸40余万张，组织培训班5期，培训人员420余名。全县为防治“非典”共投资416万余元，其中扩建设施41万元，购置设备89万元，购置防护设施84万元，用于应急物资储备151万元；县卫生防疫站投资28.5万元购置疫情监测车1辆，防护服120套，口罩1800只，乳胶手套500双，过氧乙酸6500千克，84消毒液2750千克。

人感染高致病性禽流感 2006年，县卫生局按照县政府对人感染高致病性禽流感防治工作的部署，由县卫生防疫站成立领导小组，具体负责流行病学调查、疫点消毒、卫生宣传、技术指导、诊断治疗等项工作，制定应急预案，组织开办培训班，全县共培训卫生专业人员80余人，通过电视、广播、报刊、印发宣传单等方式开展人禽流感防治知识的宣传教育。至2013年，全县未发现人感染高致病性禽流感病例。

甲型H1N1流感 2009年5月14日—6月23日，县疾控中心对县内2例甲型H1N1流感密切接触者进行追踪调查、管理。是年6月，县政府办公室转发《平邑县应对甲型H1N1流感联防联控机制工作方案》。同年9月18日，县疾控中心对白彦南径小学3例甲型H1N1流感病例开展处置工作，未造成疫情扩散。是年9月19日，县甲型H1N1流感联防联控指挥部成立。同年11月，县政府办公室下发《关于进一步做好甲型H1N1流感疫情防控工作的通知》。是年，县卫生局多次组织召开甲型H1N1流感防控工作专题会议研究部署防控对策，制定防控工作方案、应急预案，成立防控工作领导小组和救治、流调、消杀、宣教、后勤保障等专业技术队伍，落实各项防控措施。同时，制定秋冬季甲型H1N1流感疫苗预防接种工作方案和指导意见，开展疫苗接种工作。年内，全县累计分配和调运疫苗12500剂，接种疫苗11899支，应急储备600支。

2010年，县内落实“强化预防措施，突出重点环节，加强重症救治，减少疫情危害”防控策略，重点做好甲型H1N1流感疫苗接种工作。是年，县内累计完成93423人份疫苗接种工作。

疫源性传染病控制

1991年,全县共发生钩端螺旋体病12例，发病率1.29/10万，发病区域主要在铜石镇烈庄村。疫情发生后，对发病患者及时收住院进行规范治疗；对村民进行钩端螺旋体病防治知识宣教；对疫源地进行调查和环境消杀，为易感人群配置金银花、马齿苋、白茅根等中草药组成的预防性煎剂口服液，疫情得到控制。

至2013年，县内未再发现病例。

虫媒传染病控制

1989年，全县开展群众性灭蚊活动。消除垃圾、疏通沟渠、铲除杂草、喷洒消杀药物、消灭蚊蝇滋生地，倡导撑蚊帐、钉纱窗，劝阻野外露宿，接种疫苗等综合防控措施，未发现流行性乙型脑炎（简称乙脑）患者。

1990年，全县发现乙脑病例17例。县卫生防疫站成立乙脑预测小组，建立乙脑预测预报系统，应用灰色系统关联方法分析全县乙脑主要流行因素和发病水平，制定防治措施，防止流行。1996—1998年，全县发现乙脑病例7例。1999年发现1例，2003年3例，2005年2例，2007年1例，2008年1例。

至2013年，县内发现乙脑病例6例。

慢性病防治

1989—2007年，县内各级医疗卫生机构通过就诊宣教、护理指导等方式，向群众宣传高血压、糖尿病、冠心病、脑卒中等慢性病防治知识。同时，县卫生防疫站、县中医医院、县医院等医疗卫生机构，先后与《平邑县报》编辑部、《临沂日报·平邑版》编辑部、县电视台、县广播电台等媒体，联合开办《中医专栏》《求医问药》《就医指南》《健康园地》《卫生防疫与健康》(《保健天地》)《健康之声》等栏目开展宣教。

2008年5月，县政府成立慢性非传染性疾病防治领导小组和技术指导小组。同年7月，县疾控中心在县医院、县中医医院、县妇幼保健院、仲村镇中心卫生院、地方镇中心卫生院开展死因监测网络直报试点工作。年内，报告死亡病例136例。

2010年3月，全县各医疗机构启动全人群死因监测工作。是年，报告死亡病例6094例，粗死亡率6.03‰。2012年5月，县内启动肿瘤监测工作。是年，报告当年新发肿瘤病例2315例，报告发病率229.15/10万。

2013年，累计报告新发肿瘤病例4771例，报告年内新发病例2456例，报告发病率237.97/10万；累计报告死亡病例27564例，报告年内死亡病例6886例，粗死亡率6.67‰。规范管理高血压患者118157名、II型糖尿病患者20277名。

第二节　地方病

丝虫病

1989年，全县通过普查普治、防蚊灭蚊、流行病学监测等措施，开展丝虫病防治。1995年，对全县5个乡镇15个村庄10704人进行丝虫病传染源监测，未发现阳性者。同时进行蚊虫媒介监测，共捕淡色库蚊2416只，未发现阳性蚊虫。是年，经卫生部考核，全县达到消灭丝虫病标准。

2002年，对全县3个乡镇3个村4426人、1226只蚊媒进行丝虫病传染源监测，均未检出微丝蚴阳性者和阳性蚊虫。2003年，通过省卫生厅、卫生部消灭丝虫病审评验收。

至2013年，县内未发生丝虫病病例。

疟疾

1989年10月，平邑县被确定为基本消灭疟疾县。1997 年 12 月，《平邑县基本消灭疟疾后监测与防治研究》获县科技进步奖。

1989—1998 年，共监测三热病人（发热在 38.5℃以上的临床诊断为疟疾、疑似疟疾、不明发热原因者）232178 人次，检出疟疾病人 8 例，均为农民或农村儿童，其中外地感染返乡后复发占 62.5%，年龄在 6 ~ 54 岁之间，分布在 5 个乡镇的 7 个村，发病时间以 7 月为多。

1999—2000 年，县内开展三热病人血检 6743 例，其中发现临床疟疾病人 3 例，疑似病人 519 例，原因不明的发热病人 6221 例，均未查到疟原虫。复检血片 705 张，复检率 10.46%，符合率 100%。对 3 例临床疟疾病人进行假定性治疗。

2001—2005 年，开展三热病人血检 10328 例，其中疑似疟疾 56 例，原因不明的发热病人 10272 例，均未查到疟原虫。复检血片 1055 张，复检率 10.22%，符合率 100%。对 56 例疑似疟疾进行假定性服药治疗，经随访无复发。

至 2013 年，每年均开展三热病人血检工作。2013 年 11 月，省消除疟疾考核专家组对平邑县消除疟疾工作进行考核验收，达到标准，为全省第一批消除疟疾县区。

地方性甲状腺肿

1989 年，县内通过提倡普通人群多食含碘食品、蔬果，口服碘制剂等中西药物，开展地方性甲状腺肿防治。1990 年，开展对县盐业公司库存盐、代销点及居民家中盐采样监测工作。对县、乡盐库采样 80 份，有碘率 99%；代销点采样 260 份，有碘率 99%（其后至 2013 年每年均开展食盐采样检测工作）。是年，对 3 个乡镇 6 个自然村的地方性甲状腺肿发病情况进行调查，共查 10075 人，查出甲状腺肿大者 347 人，肿大率 3.34%；各型病人 35 例，患病率 0.35%。

1994 年，开始对新婚夫妇、育龄期妇女、婴幼儿等特殊人群进行补服碘油丸工作，年内补碘 108748 人次。至 1998 年，共有 40 余万人补服。

1998 年，组织人员开展自查，经查甲状腺肿大（8 ~ 10 岁儿童）率 1.8%，尿碘含量 176.5 毫克 / 升，重点人群碘油丸覆盖率 96%，碘盐合格率 98%，食用碘盐人口占 99%；防治知识普及率：分管领导为 100%，学生为 96%，家庭主妇、群众为 92%。同年，顺利通过省卫生厅组织的消除碘缺乏病的考核验收，达到基本消灭碘缺乏病标准。

1999 年 10 月，结合中小学生健康查体，对魏庄乡、庞庄乡、郑城镇中心小学的学生，进行碘缺乏病病情调查。调查 2050 人，查出甲状腺肿大 22 人，肿大率 1.27%；患病 4 人，患病率 0.2%。至 2013 年，每年均在中小学生中开展碘缺乏病病情调查。是年，配合省地方病研究所开展东阳乡小学生碘缺乏病病情监测工作。对一、二年级的 40 名小学生用 B 超法进行检查，其中甲状腺生理性肿大 7 例，肿大率 17.5%。

2002 年，确定地方、温水、平邑、仲村、白彦 5 个乡镇为重点碘盐监测点。

至 2013 年，每年选取 5 个乡镇为重点碘盐监测点开展碘盐检测，落实以全民食用合格食盐为重点的地方性甲状腺肿综合性防治措施。

克山病

1989 年，县内通过防止患者感染、过劳，注意营养，定期随访观察等措施，开展克山病防治。1990 年，选择武台乡水沟村作为全国克山病监测点，配合省地方病研究所，对该村

572名3～14岁的人群开展连续5年的监测。监测项目包括重点人群监测、各型克山病人发病情况监测和硒含量监测。共查出病人34例，除2例慢性病人外，其余均为潜在型。1990年，心电图异常率为4.37%，1992年为3.16%，1994年为5.24%，主要表现为完全性右束支传导阻滞、ST-T改变、室性早搏等。

1992年，平邑县通过省卫生厅组织的考核验收，获"基本控制克山病达标县"证书。

1995年，在既往发病较多的流峪镇车庄村设立第二轮克山病监测点。以3～14岁人群和可疑患者为重点进行调查监测，对克山病相关因素开展动态观察，随机采集部分重点监测人群头发，测定硒含量。是年县内有慢性克山病患者14名，患病率0.15/10万。其中，男性3例，女性11例，年龄分布为19～40岁，慢Ⅱ型10例，慢Ⅲ型3例，慢Ⅳ型1例。至2000年，死亡2例，患病率0.13/10万。

2000—2013年，县内无克山病新发病例。每年11月下旬，县卫生防疫部门配合省地方病研究所专家开展对全县存活慢性克山病病人查体和随防工作，重点了解病人病情，免费查体、心电图检查、口服营养心肌药物治疗观察等。

2006年，按照2005年度中央补助地方公共卫生专项资金地方病项目管理方案的要求，组织县医院、县中医院有关专家对全县的克山病人进行查体，对列入治疗管理的46例患者建立病例档案，进行跟踪观察治疗，开展克山病病情调查监测与病人治疗观察工作。2008年，开展克山病人随访。共调查400余人，同时采集受检者头发10份，采集食品30份。

2013年，利用省、市克山病防治项目，对16名患者免费进行理化影像等检查90余项，累计发放药品价值1万余元。

流行性出血热

1989年，全县发现流行性出血热患者34例，发病率3.91/10万。1998年，县内发现流行性出血热患者775名，发病率80.23/10万，达历史之最。1979—1998年，全县共发现流行性出血热患者5546例，其中男性3759例，女性1853例，男女发病比为2.02∶1，发病年龄20～40岁最多，占73.3%，最小者7个月，最大者89岁，职业分布以农民最多5176例，占93.3%；学生184例，占3.3%；工人157例，占2.8%；干部25例，占0.6%；教师4例，占0.07%。

1999年，共接种流行性出血热疫苗6500人份；发现流行性出血热患者603例，发病率62.48/10万。同时，配合省医科大学开展《山东省肾综合征出血热EHF最优化社会干预模式的研究》课题。2000年，全县共发现流行性出血热患者383例，年发病率39.1/10万。秋季发病高峰不显著，全县已在重点人群中初步建立起有效免疫屏障。

2001年，流行性出血热疫苗接种1.7万人份；发现流行性出血热患者396例，发病率40.35/10万。其后至2005年，每年开展流行性出血热疫苗接种。

2005年12月，县内发现流行性出血热患者91例，发病率9.18/10万。2006年4月，全县发现流行性出血热患者33例，发病率3.32/10万。

至2013年，县内每年均发现流行性出血热患者，最高年份16例，最低7例。

狂犬病

1989年，全县狂犬病防治工作由县狂犬病防治领导小组负责。县卫生防疫站通过媒体开展以"全民动员，防治狂犬病"为主题的宣传，普及狂犬病防治知识。同时，加强对家犬的预防接种管理。1988—1989年，县内共发现狂犬病患者10例。至2004年，全县无狂犬病例发生。

2005年，全县共发现狂犬病患者3例，死亡3例。病人集中在铜石镇、白彦镇，全部为农民，男性1例，女性2例。对狂犬病患者开展流行病学调查，捕杀病犬；举办狂犬病防治知识培训班，开展宣传教育；对狂犬病暴露人员采取彻底清洗、消毒处理伤口，及时按规范接种狂犬病疫苗和（或）注射被动免疫制剂等预防处置措施。

2006年、2007年、2008年，分别发现狂犬病患者4例、6例、3例，全部死亡。2009—2013年，共发现狂犬病病例4例。

2007年7月，县疾控中心和16个乡镇医院设立狂犬病暴露处置门诊。年内，各级医疗卫生机构共收治各种动物致伤患者9900名，经规范处置，降低发病率。2008年，县内各级医疗卫生机构共收治各种动物致伤患者7689名，经规范处置，降低发病率。

2013年，县疾控中心规范处置各种动物致伤患者1641名，接种狂犬疫苗6213剂次，免疫球蛋白1253剂次；县内，各级医疗卫生机构共规范处置各种动物致伤患者6882名，发现狂犬病例1例。

第三节 专科病

麻风病 性病

1989年，县皮防站承担麻风病、皮肤病和性病的防治。为达到基本消灭麻风病的流行病学指标，实行线索调查、普查、自查，对确诊的少菌性麻风病人执行“利福平+氨苯砜（DDS）”二联化疗，多菌性麻风病人执行“利福平+DDS+氯苯吩嗪（B633）”三联化疗。是年，全县发现性病患者11例。

1990年4月，县政府成立县性病防治领导小组。1992年7月，全县通过卫生部和省卫生厅基本消灭麻风病考核验收。1994年，全县10个乡镇14个村庄的14名麻风病治愈，畸残存活患者住在麻风村接受治疗。

1996年4月，县卫生局成立性病咨询委员会。是月，明确乡镇麻风病、性病兼职防疫医生23名，负责监测、报告本乡镇麻风病、性病；7月，在全县308家宾馆、饭店等公共场所女性从业人员中开展高危人群性病普查。

2000年，对全县麻风病人和愈后病人进行健康教育，对有严重残疾的14名患者进行康复矫正手术。

2004年3月，实施性病疫情网报制度。6月，全县开始实施为期3年的中英“麻风畸残预防与康复项目（POD）”。是年，对全县所有愈后的麻风病人进行全面查体、畸残分类，计划进行约60人的畸残矫形手术。

2005年，县性病发病人数逐年递增，2003年，为性病（STD）发病的最高峰。STD病谱也发生变化，淋病的发病率在2002年前不断增加，后有较大下降，非淋球菌性尿道炎（NGU）呈逐年上升趋势。20～40岁性活跃人群是发病的主要人群。患者的文化程度以中学为主，职业构成以个体业者居多。患者来源主要以本地为主。STD传播方式以非婚性接触、多性伴侣、商业性行为为主，配偶之间传染较多。

2008年9月，对全县重点人群中的227名人员进行查体、采血检验和数据建设工作。2010年，启动全国麻风信息系统管理。实行麻风病人免费治疗和新发麻风病报病有奖制度。

结核病

1989年，县结防所承担全县结核病防治

任务，年诊量1000余人次。

1990年3月，县卫生局制定《平邑县结核病防治工作年度目标》。1992年12月，平邑县被列为“世界银行贷款结核病控制项目”实施县。1993年，县结防所接诊2018人次，初治涂阳40人次，复治涂阳78人次，涂阴18人次。

1994年10月，县内执行结核病施行归口管理有关规定。1996年3月，组织“3·24”世界防治结核病日专项宣传活动。至2013年，每年均组织专项宣传活动。2000年，平邑县被列为新一期“世界银行贷款结核病控制项目”实施县。2001年6月，县人大常委会调研县内结防工作的现状和结核病流行情况。

2004年2月，县政府办公室印发《平邑县结核病防治规划（2001—2010年）》。2005年11月，县卫生局成立平邑县初治涂阴肺结核诊断技术小组，负责全县初治涂阴肺结核病病人的诊断技术管理，开始对全县肺结核痰涂片阴性病人实施免费治疗。

2007年1月，督导管理结核病人520余人次。8月，在县直中小学生中开展学校结核病防治健康教育、体检和结核菌素实验。

2008年，共进行结核病健康体检、结核菌素（PPD）试验15688人次，检出结核菌素强阳性者1416例，确诊肺结核病人5例，按规定进行登记、治疗和管理（至2013年，每年开展在校学生结核病健康体检、PPD试验）。

2009年9月，县结防所开通24小时追踪服务电话，对肺结核患者服药治疗实施跟踪服务和督导管理。是年，建立全县防痨队伍信息管理电子档案管理系统。2010年，索定应查1438人，实查1392人，受检率达96.80%，达到国家规定的应检率95%以上的目标。

2011年6月，开展艾滋病人筛查结核病工作。对全县24名艾滋病人免费进行X线胸部拍片和结核菌素（PPD）试验。同月，配合青岛大学开展肺结核患者糖尿病筛查和健康教育项目，项目历时2年。至2013年，共开展健康问卷调查1200份，肺结核患者1033人，查出肺结核合并糖尿病患者6例。共进行有症结核病集中筛查839人，确诊肺结核病患者33例，纳入县、乡（镇、社区）、村（居）三级督导、治疗、管理。是年，在白彦镇、柏林镇开展结核分枝杆菌TB-SA试点监测工作。共检测417例，检出TB-SA抗体阳性28人，占6.7%，结核病诊断符合率95%。

2012年5月，平邑县被确定为省级肺结核患者治疗手机管理系统研究项目县。

2013年，县结防所接诊3100人次，胸部X线拍片率95%，初治痰检率100%，发现结核病患者475例，其中涂阳176例，涂阴299例，全部给予免费治疗，纳入三级管理，DOTS（世界卫生组织推荐的全球结核病控制策略）覆盖率100%。

寄生虫病

1989年，对全县106437名中小学生用肠虫清片进行2次驱虫（其后至2013年，每年开展中小学生驱蛔工作）。

1995—2000年，在全县中小学生中驱蛔45万人次。2000年10月，在白彦中学、白马中学、实验中学和白彦、白马、郑城中心小学抽样监测调查340人，蛔虫感染39人，感染率11.47%，与1995年同期蛔虫感染率54.33%相比，下降78.89%。

第四节 精神病

1989年，县内无从事精神病防治的专门机构，轻型患者多在县内各级各类医疗机构诊治，病情较重的多转至县外专业机构诊治。

1993年3月，县精神病院成立。1994年，县精神病院对抗精神药物治疗效果不佳的病人，开展电休克治疗。是年，岐山镇卫生院设精神科，建精神病病房，收治精神病患者。1995年，县精神病院诊疗覆盖区域向周遍县、市辐射，诊治病种增至28种，年门诊10800人次，收治住院477人次。1997年，县精神病院增加诊治毒品戒断综合征、系统性红斑狼疮所致的精神障碍、婴儿痉挛症、乙型脑炎所致的精神障碍等精神病。

2000年，县精神病院增加诊治麻痹性痴呆、妊娠期伴发精神障碍、享廷顿氏舞蹈症等少见精神病。2001年，县精神病院治疗新增病种有麻痹性痴呆、多发性硬化症伴精神障碍、晚发性精神障碍、异食癖、婴儿癫痫病等。2004年，县精神病院新增增加诊治网络综合征、躯体变异症、躯体化障碍，开展心理CT测试，量化诊断业务，提高临床诊断符合率。

2010年，县卫生局建立精神卫生服务体系，负责全县精神卫生工作培训、检查、指导、评估工作。开展精神病人筛查，对发现重性精神疾病患者进行查体、建档、随访、一年一度体检，并录入计算机管理系统，实行信息化管理；对肇事肇祸精神病人开展动态治疗管理，对在家居住的重性精神疾病患者开展随访治疗和康复指导。

2013年，县内成立县精神疾病防治技术指导小组，规范管理重性精神疾病患者3664人，其中3124人建立电子档案，实现县、乡、村重性精神病人信息共享。是年，县精神病院开设病区4个，康复活动中心1个，开放病房1个，增设精神病管理社会防治科，成立相应科室开展无抽搐电休克治疗、电针灸治疗、音乐治疗。年门诊近4万人次。

第五节　艾滋病

1989—2004年，县内艾滋病防治开展医务人员防治知识培训，号召各医疗卫生单位、群团组织在每年“12·1”世界艾滋病日举办相关活动，宣传和普及预防艾滋病知识。

2004年2月，县防治艾滋病性病协调领导小组成立。2007年7月，县防治艾滋病工作委员会成立。2006年5月、2009年6月，调整委员会成员。

2005年4月，县内发现首例艾滋病病毒（HIV）抗体初筛阳性感染者。对感染者及时进行流行病学调查、医学健康指导和定期随访，发放宣传册、安全套，对配偶及子女进行HIV抗体检测。同年9月，对全县1561名外来人口进行HIV抗体筛查，初筛阳性16例。

2006年9月，县卫生防疫站开通艾滋病知识咨询服务电话0539-4212120；10月，开展艾滋病自愿咨询检测（VCT）服务。是年，加强艾滋病监测、干预，对省外嫁入县内妇女进行新一轮摸底登记，对334名2005年漏报和2006年新增人员，开展HIV抗体筛查，发现阳性3例，检测感染者配偶及子女4人，未发现感染者；自愿咨询检测52人，未发现感染者。对县看守所在押人员每季度检测1次，共检测400余人，未发现感染者（其后至2013年，每年开展对洗浴、娱乐场所等高危人群，省外嫁入县内妇女，县看守所在押人员，自愿咨询检测人员等开展HIV抗体检测）。

2008年8月，县内开展首批艾滋病病人免费抗病毒治疗工作。截至12月底，共计查体37人次，发放免费药物齐多夫定6盒、拉米夫定17盒、奈韦拉平15盒、复方新诺明6瓶。是年，在普通人群、征兵查体中开展HIV

抗体检测。检测普通人群 501 人，均未发现阳性者。开展 HIV 感染者 CD4 细胞检测。检测 16 人次，其中，CD4 细胞＜ 200/ 立方毫米者 4 人。

2009 年 3 月，平邑县被卫生部公布为全国艾滋病综合防治示范区。

2013 年，新报告 HIV 感染者、病人 10 例，累计报告 94 例；对符合治疗标准的艾滋病病人及时开展抗病毒治疗，在治病人 32 例，其中儿童 5 例；开展 HIV 感染者和病人 CD4 细胞检测 147 人次；定期对县看守所被监管人员开展 HIV 抗体检测 671 人次，检出阳性感染者 1 例；对 HIV 感染者进行个案调查及定期随访，先后随访 160 余人次；开展男男性行为人群干预 1597 人次，进行检测 264 人，检出 4 例阳性感染者，免费发放宣传材料 1463 人份，安全套 8140 只；开展高危人群干预 2009 人次，检测 395 人，免费发放宣传材料 3815 人份，安全套 23020 只。全县 4 处自愿咨询点累计开展自愿咨询检测 975 人次，检出阳性 3 例；通过扩大检测，全县各医疗机构利用快速检测方法累计开展 HIV 抗体检测 52587 人次，检出阳性感染者 2 例。

第六节　计划免疫管理

1989 年，在全县推广卞桥医院双卡制管理经验。是年，共使用预防生物制品 14 种，计有麻疹疫苗、乙脑疫苗、脊髓灰质炎减毒活疫苗、狂犬疫苗、霍乱疫苗、伤寒疫苗、流脑菌苗、钩端螺旋体菌苗、布氏杆菌苗、炭疽菌苗、百日咳菌苗、卡介苗及百白破三联制剂、白破二联制剂、白喉类毒素等。全年共接种生物制品 291868 人次，全程接种率达 85% 以上。1990 年，实现以县为单位“计划免疫第二个 85%”目标。

1992 年，在全县开始逐步推广预防接种使用 1 次性注射器，以达到基础免疫“1 人 1 针 1 管”的要求。1993 年 1 月，全县统一使用卫生部制定的基础免疫报表。实施“七统一”制度，即现场接种记录、接种证、大卡片、疫苗领发登记、疫苗出入库登记、接种率动态、监测曲线必须数字统一、准确。1994 年 12 月，全县顺利通过省检查组考核，实现以乡镇为单位“计划免疫第 3 个 85%”的验收。

1999 年，推广以乡镇为单位规范化接种门诊和免疫保偿制度，在平邑、东阳、丰阳、地方、温水 5 个乡镇试点，实行定点、定时集中式接种。9 月，召开现场会在 23 个乡镇卫生院推开。

2003 年，全县 17 个预防接种门诊均通过验收，其中温水、丰阳的预防接种门诊被验收为省级示范化门诊，其余 14 个乡镇预防接种门诊和防疫站预防接种门诊被验收为市级规范化门诊。2005 年 1 月，甲肝疫苗接种上证上卡，纳入免疫规划（“计划免疫”改称为“免疫规划”）常规报表。4 月，乙脑疫苗改用减毒活疫苗，并纳入常规免疫接种。

2007 年 9 月，全县免疫规划信息化管理全面启动，儿童预防接种实行信息化管理。2008 年 1 月，全县对“皮内注射用卡介苗、重组乙型肝炎疫苗、脊髓灰质炎疫苗、吸附百白破联合疫苗、吸附白喉破伤风联合疫苗、麻疹减毒活疫苗、A 群脑膜炎球菌多糖疫苗、乙型脑炎灭活疫苗”8 种疫苗实行免费接种。

至 2013 年，按照国家扩大免疫规划要求开展免费疫苗接种。

第七节 公共卫生管理

医疗市场监管

1989年，县卫生局规范医疗广告管理程序，查处、拆除非法医疗广告牌150块。1990年，对个体行医进行重新考核、登记和发证，开展打击游医药贩活动，查处游医、非法行医26人，没收医疗器械、药品一宗，各类招牌23块，锦旗13面。1991年，县卫生局开展全县医疗药品市场治理整顿，拆除非法医疗广告牌81块，协调有关部门停发、停播超执业范围医疗广告行为。1991年5月，县政府从卫生局和局直卫生单位抽调32人组成12支农村卫生室整顿建设指导小组，分赴26个乡镇协助党委、政府进行卫生室整顿建设工作。各乡镇将卫生室整顿与治理社会医疗秩序、制止滥办医、乱开业现象结合，关闭个体开业诊室（所）70个，取缔无证行医12个。至10月底，全县1257个个体卫生室全部转为集体举办，其中甲级卫生室383个。1994年，县卫生局通过整顿医疗市场等活动，收缴非法医疗广告3000份。1995年，县卫生局组织人员先后查处非法医疗机构57个，非法行医人员27名，收缴各种非法医疗广告1500余份。

1996年6月，县卫生局制定《平邑县医疗药品市场清理整顿行动计划》，将县城和乡镇驻地的非法行医机构、人员和个体药贩等列为清理整顿的重点，利用6个月的时间，分3个阶段开展清理整顿集中活动。1997年，先后取缔非法医疗机构45个，处罚非法行医76人，没收药品价值3.5万元，处以罚款2.3万元。

1998年，开展执法行动210次，出动执法人员1300人次，立案调查无证行医人员230人次，行政处罚198人次，申请法院强制执行36人次，没收药品器械价值11万元，处以行政罚款6.2万元。2000年6月，县卫生局、县公安局、县工商行政管理局联合下发《关于整顿规范公共卫生和医疗市场、药品市场秩序的实施方案》，查处非法医疗广告。2001年，接到举报电话40余起，出动执法人员520人次，纠正违规设置的医疗机构40个，查处非法医疗机构6处，非法性病合作医疗机构3处，没收药品器械价值1.2万元，罚款6500元，查处制售假劣品21起，销毁劣质食品2075千克，罚款4500元，查处非法经营药品案和假药案3起，涉案价值30余万元。

2002年，共出动执法车辆120余辆次，执法人员1100余人次，监督食品、化妆品业户500余家，调查非法行医嫌疑人360人次，给予行政处罚46人次，没收药品器械价值2万余元，处以行政罚款1.1万元，申请县人民法院执行8人，其中拘留2人。2003年，以城镇驻地为重点，打击“医托”和各种形式的非法义诊、非法医疗美容、非法性病诊疗和非法医疗广告。

2004年7月，停止性病、泌尿系统疾病和未经审批的医疗广告宣传，拆除各类非法广告牌26个。2005年，共检查医疗卫生单位24家，厂矿企事业医务室23个，县直医疗单位门诊部30个，调查医务人员130余人，调查涉嫌非法行医人员130余人次，立案查处50余人次，没收药品器械价值2.3万元，处以行政罚款5.1万元，申请人民法院强制执行6起，转公安治安拘留5人，清退非卫生技术人员20余人，取缔不符合标准的医务室4个，查处非法义诊活动2起。

2006年，对全县各医疗执业单位督查87家，对县内厂矿企事业单位医务室、门诊部监督检查78个。注销（吊销）48个医务室、牙科诊所、门诊部的医疗机构许可证，清理非卫生技术人员20名，取缔非法行医或药店坐堂行医6处。

2007年8月，县卫生局开展打击非法行医与整顿规范医疗广告行动，拆除各类非法广告牌26处。是年，县卫生局卫生监督所共开展行政监督检查248户次，出动执法人员220余人次，立案查处非法行医32起、超范围执业3起，聘用非卫生技术人员执业案件3起，清理非法医疗广告50余条，取缔非法义诊活动3起，查处药店非法坐堂行医4起，限期整改10余家，没收药品器械价值1万余元，处以行政罚款2万余元。2008年，共出动执法人员2000余人次，执法车辆600余台次进行各类卫生行政处罚126件，其中医政管理类处罚案件13件，传染病管理类处罚案件2件，使用一般程序处罚案件51件，简易程序处罚案件75件，下达卫生行政罚款12.5万元，执收罚款9.4万元。结案57件，向县人民法院申请强制执行案件69件，案件执行率100%。

2010年，开展社区卫生服务、采供血、私营医疗等机构的专项整治，重点查处药店坐堂行医、医务人员异地执业、无医疗机构执业许可证擅自执业等违法行为，监督检查16家乡镇医疗机构、32个村卫生室、105个药品经营场所、2个个体诊所，依法立案并查处有违法行为的单位和个人22处（人次）。

2011年4月，实施为期3年的卫生监督"三项工程"（职业卫生推进、医疗市场规范、生活饮用水卫生安全工程）。

2012年，加强对医疗机构日常监管，出动执法人员103人次，执法车40余辆次，立案查处涉嫌非法行医个人18人次，取缔非法行医18处，下达行政罚款4.1万元。开展打击"两非"（非医学需要鉴定胎儿性别和选择性别终止妊娠）综合治理出生人口性别比活动，开展专项监督检查3次，检查各级各类医疗机构76处，下达卫生监督意见书26份。

2013年，联合公安部门开展规范医疗秩序打击非法行医专项行动，查处非法行医场所81处，取缔19处；查封、没收牙科综合治疗机16台、牙科X光机2台、各类治疗仪22台、其他医疗器械1宗，总价值41万余元，没收药品价值1.3万余元，罚款20余万元；清理非法医疗广告牌匾42个、宣传牌9个、宣传画53张、宣传单2000余张；开展基层医疗机构集中整顿，监督检查16家乡镇卫生院、9个县直医疗卫生机构、539个村卫生室、36家非公立医疗机构；配合县卫生局医政科对527个村卫生室进行等级评定，注销4个；加强日常监管，指派专人定期浏览在本地各类媒体发布的医疗广告，约谈1家医疗机构责任人，拆除非法诊所、门诊部、推拿理疗店、医药研究所等匾牌30余个，清理非法医疗广告150条（张），关停、拆除非法医疗广告电子屏15个，没收医疗宣传单（画）2000余张，清理非法使用医疗机构标志2处。

卫生监测

公共场所与消毒监测。1989年，县卫生防疫站承担公共场所日常监督管理，对从业人员开展卫生知识培训、健康查体，对健康状况有碍于从事公共场所服务的，建议调离原岗位。公共场所须办理"卫生许可证"方可经营，从业人员经培训、查体后，持健康证上岗。对各级各类医疗机构相关科室的空气、消毒剂、物体表面、医护人员手部皮肤等进行采样，开展菌落总数、沙门氏菌、志贺氏菌、金黄色葡萄球菌等监测检验。

1990年，县卫生局根据卫生监督管理工作需要，配备食品卫生、公共卫生、传染病防治等卫生执法监督员16名，药品监督员3名。负责对全县医疗机构、食品卫生、公共卫生、传染病防治、药品经营使用的监督管理。1995年7月，县卫生局成立全县强化公共卫生监督执法月活动领导小组，开展强化公共卫生监督执法月活动。1996年5月，各乡镇卫生院配备2～3名卫生监督执法人员，统一发证着装，负责本乡镇的综合卫生监督执法。

1997年，成立县公共卫生和传染病防治监督执法检查领导小组，制定《平邑县公共卫生和传染病防治监督执法检查方案》。1999年5月，调整领导小组成员。3月，县卫生局与医政科、药政科、执法办等执法科室和县卫生防疫站、县妇幼保健院等执法单位以及各乡镇卫生院负责人，签订《卫生行政执法责任书》，对卫生行政执法实行责任目标管理。

2000年，县卫生防疫站将全县16个乡镇分成3个区域，由3个监督科室分区域进行监督管理。

2007年10月，在全县范围内开展对餐具集中消毒配送单位的卫生整顿活动。对有条件通过整改达到要求的4家企业下达监督意见书，责令整改取缔1家。

2008年，县疾控中心与县卫生局卫生监督所对赛博中学、特殊教育学校、兴蒙学校等食堂餐具进行采样检测，出具检测报告书。2013年3月，开展公共场所卫生监督集中执法行动。共出动车辆42台次，执法人员220人次，卫生监督协管员362人次，监督检查公共场所332家，新发卫生许可证60个，办理健康证422个，卫生管理员证62个，立案查处12家违规从业单位。

饮用水卫生与监督。1989年，县卫生防疫站承担县、乡自来水、自备水的监督监测；督促单位开展从业人员健康查体、卫生许可证审验；对县城城区自来水供水系统的水源水、管网末梢水和乡镇、单位、农村的生活饮用水，定期进行水质抽样检测。

1991年9月，部分乡镇、村庄洪灾后，县卫生防疫站开展全县生活饮用水源普查和水质卫生检验，建立水质管理档案。1994年，对全县生活饮用水的水源和饮用人数进行摸底调查。

1997年6月，与中德合作山东粮援项目平邑县办公室合作，开展项目水质普查，共采水样120余份。2008年，县疾控中心和县卫生局卫生监督所配合市疾控中心，参加水利部和卫生部对农村生活饮用水的采样监测项目工作，协助采集水样36份。

2012年，共出动车辆32辆次，出动卫生监督员及卫生专业技术人员192人次，采集水样203份，送县疾控中心进行监测检验。针对检查发现的卫生安全隐患和存在的问题，下达卫生监督意见书175份，责令限期整改。

食品卫生与监督

1989年，县内设有县、乡镇食品卫生领导小组，配有专职食品卫生监督员7名，兼职监督员56名。是年县食品卫生领导小组制定《关于开展食品卫生示范县宣传月活动的决定》，开展食品卫生示范达标活动。

1990年1月，县政府办公室印发《平邑县1990年争创食品卫生达标县实施方案》，县食品卫生领导小组先后下发6个配套文件。1992年6月，县卫生局举办全县首届《中华人民共和国食品卫生法（试行）》电视讲座培训班。全县76名专兼职食品卫生监督员、县直食品生产经营企业的卫生检验检查人员参加，培训历时45天。1998年，县卫生防疫站与县电视台联合开设《卫生防疫之窗》栏目，针对山西省出现假酒中毒死亡事件情况，联合县公安、工商等部门集中开展打击制造、销售假酒和伪劣食品活动，共检验酒样216份，检出超标酒样3份，及时进行处理。

1999年6月，流峪镇驻地供销社饭店发生食物中毒事件。121名就餐人员，87名出现中毒症状：恶心、腹痛、腹泻、腹胀、畏寒、发烧，体温最高者40℃，腹泻物多数呈绿色或黑色水渣样，少数有全身痛、关节痛，有3名病人出现昏迷。发病后，患者分别在县、镇、村级医疗机构就诊，均痊愈出院。事件发生后，县卫生防疫站立即对饭店的卫生状况进行调查，对6份可疑食品及5份餐具进行采样检验，对饭店有关人员作调查笔录，对所有病人进行个案调查。根据流行病学调查，结合临床症状综合分析，认定此次食物中毒是由沙门氏菌污染猪肉引起的。根据《中华人民共和国食品卫生法》第39条、第48条规定，吊销流峪供销社饭店卫生许可证，罚款3000元，赔偿医药费26588元。

2003年4—9月，结合全县“非典”防治，县卫生局组织卫生监督人员，指导全县环境卫生整治，进行垃圾清理、环境卫生消杀，宣传“非典”防治知识，对外来务工、回家探亲人员进行隔离消毒。对全县宾馆、超市、食品生产经营单位逐一进行监督监测，加强餐具消毒，开展食品抽检，采集各类样品985份，检验合格869份，查处销毁假冒伪劣产品230千克。是年，县卫生防疫站参与调查县兴蒙学校不明原因食物中毒事件。

2004年5月，县卫生防疫站与县技术监督局联合，对地方镇罐头企业食品质量安全情况进行调查。共查出有质量问题的果品罐头12038箱和工业用片状氢氧化钠1100千克、甜蜜素98千克、香精3.8千克、色素3千克、糖精钠4千克、胭脂红2.5千克等违禁原料，分别实施封存、扣押或没收。对地方镇120家果品罐头生产企业分类采取措施。

2009年，实施乡镇助理卫生监督员制度和农村集体聚餐备案制度。每个乡镇聘用2～3名卫生院防保人员为助理卫生监督员，负责所在乡镇卫生监督工作的联系及协助工作；每行政村聘用1名食品安全信息员，负责对农村食品安全特别是农村集体聚餐食品安全的监管，初步形成县、乡、村三级监管责任网络。2011年4月，县内食品监管职能划归县食品药品监督管理局。

职业卫生与监督

1989年10月，县卫生防疫站对543名县属厂矿和部分乡镇企业接尘人员进行职业性体检，拍X线胸片482张，查出尘肺患者27名，对查出的患者给予指导治疗，脱离粉尘接触岗位。

1994年，县卫生局组织县卫生防疫站会同有关部门，监督检查有职业性危害的厂矿企业。至2013年，每年开展监测和体检工作。

1999年10月，县卫生局培训放射工作人员70名。年内，县卫生防疫站对全县射线装置进行监测，共监测X光机38台，全部建立监测监督档案（至2013年，每年开展放射监督监测工作）。2001年6月，根据市卫生局《关于查找放射源的紧急通知》要求，县卫生局配合县公安局、县环保局，开展查寻全县工业用放射源工作。经查，全县共有工业用放射源14枚，其中正在使用6枚，停用7枚，上交1枚，未发现放射源丢失情况。

2005年，设立测定点50个，其中粉尘点20个、化学因素点10个、物理因素点20个，经检测，合格点20个，合格率40%。

2007年，县卫生局组织开展职业病危害建设项目预评价工作。配合省职业卫生与职业病防治研究院对天宝化工有限公司工业炸药整体搬迁项目进行预评价，填补县内卫生监测项目空白。

2008年11月，开展全县职业病网络报告工作，对职业性农药中毒和一氧化碳中毒病例实行网络报告。

2013年，县卫生局卫生监督所检查职业危害企、事业单位82家，下达卫生监督意见书30份，督促16家企、事业单位悬挂职业危害警示标志牌；对接触职业危害工作人员7546人开展健康教育，职业性健康查体2213人，建立职业病防治档案；立案查处3家无放射诊疗许可证从事放射诊疗活动的医疗机构，执行罚款8000元。

学校卫生与监督

1989年，县卫生防疫站开展县内中小学生五官科疾病和肠道寄生虫病体检调查，共查88713名，其中屈光不正患病率32.5%，沙眼患病率6.9%，龋齿患病率17.2%，蛔虫感染率49.1%。对中小学生106437人用肠虫清片进行2次集中驱虫。

1990年4月，《学校卫生工作条例》颁布实施后，在县教委的配合下进行学生驱蛔工作，服药之前进行蛔虫卵感染率调查，服药后再进行复查。1994年，县卫生防疫站对全县22个乡镇医院的31名专业人员进行学校卫生监督监测知识培训。

1995年，县卫生防疫站开展对学校环境噪声、室内微小气候、采光照明等环境质量和课桌椅等设施的卫生学监测、检查、评价，对学生进行保护眼睛、牙齿等健康教育。

1999年，县卫生防疫站组织4个查体队，到各中小学校开展中小学生形态机能、内科、外科、五官科等项目的健康查体。先后进行学生健康查体和健康档案建档32321名，查体建档率95.6%。

2000年10月，县卫生、教育部门联合设立全县中小学生肠道寄生虫病感染情况监测点。在选定的白彦中学、白马中学、实验中学和白彦、白马、郑城3所中心小学监测点共监测调查学生340人，蛔虫感染39人，感染率11.47%，较1995年同期相比下降78.89%。

2007年，对全县设有食堂的41所学校进行集中检查。对存在问题的24所学校责令限期整改，对存在严重安全隐患的3所学校给予行政处罚，罚款6600元，查处并销毁不合格食品150千克。

2013年，县卫生局卫生监督所监督检查各类学校、托幼机构52家，下达监督意见书18份，完善信息档案33份，当场指正19家单位，责令2家单位限期整改。

化妆品卫生与监督

1989年，组织协调全县化妆品的卫生监督工作，县卫生防疫站承担日常监督监测工作，县内专兼职卫生监督员行使监督监测职能。没收销毁超过保质期、变质有害、检测不合格的化妆品，配合工商等部门依法查处劣质化妆品造成人体损害的投诉案件。1991年3月，对县内化妆品批发单位和县、乡百货商店（供销社）经营的化妆品进行检查，共抽检化妆品30份，全部符合卫生标准。对部分标签或小包装说明书等不符合要求的，进行撤架退货处理。

2001—2005年，县卫生防疫站按年度计划对化妆品经营人员开展健康查体，共查体496人次，合格者办理健康证，办证率100%。

2007年8月，全县化妆品卫生与监督任务改由县卫生局卫生监督所设立的监督科室承担；县疾控中心承担化妆品从业人员健康查体和采样检测，结果通报县卫生局卫生监督所，对查体合格的人员办理健康证、对经营不合格化妆品的单位监督查处。

至2013年，县卫生局卫生监督所与县疾控中心相互配合，开展全县化妆品经营单位样品采集和从业人员健康查体工作。

第八节　爱国卫生管理

卫生城市创建

1989年3月，对驻城单位进行卫生评比，配合城建、工商、公安、交通等部门做好县城综合治理。

2004年，对分配督查区的单位、居住区的卫生、绿化、美化、看护、秩序实行“五包”责任制管理。2006年3月，启动省级卫生县城创建工作。9月，全县创建省级卫生县城工作通过省爱卫会组织的考核组验收，被命名为“省级卫生县城”。

2010—2013年，县爱卫办联同各成员单位结合“健康山东”行动，开展城乡环境卫生整治，巩固省级卫生县城创建成果。

农村改水改厕

1989年，县爱卫会承担农村改水、改厕的推动。1991年4月，人畜缺水、外援项目改水、卫生改水达到88.6%，455个村庄饮用自来水，受益人口40万人，占总人口的44.4%。1993年，平邑县作为山东省参加全国农村厕所及粪便处理背景调查的27个县市区之一，参与农村厕所及粪便处理的调查。1995年7月，为26个乡镇分配改厕任务。

1999年11月，平邑县参加全省农村厕所与粪便处理现状调查。在保太镇德埠庄、公家庄、南夫宁村，柏林镇杨谢村、宋河村、东武安村，东阳乡含哺村、东汪沟村、西汪沟村，共调查450户，有厕率100%，比1993年提高3%；按省提倡的“321模式”建造卫生厕所的170户占37.7%。2004年12月，县城内建成大型自来水厂1座，自来水普及率100%；农村饮用自来水行政村占96%以上，平原地区大部分使用插管井和手压机井，97%以上的农户饮用清洁卫生水。至年底，全县卫生厕所10.6万个，卫生厕所普及率39.17%。

2007年4月，对改厕户给予每户200元的改厕经费补助。2010年，开展农村改水、改厕。2013年，全县有自来水厂（站）280个，累计受益人口39万余人；卫生厕所累计18.08万户，普及率67.39%。

病媒生物防制

1989年，开展春冬两季灭鼠防病、夏季蚊蝇消杀。至2013年，每年开展病媒生物防制。1992年，对1057个行政村、25017户、75241237平方米耕地，进行毒饵投放，共投放42009.7千克。1993年11月，开展灭鼠活动。

2001年，平邑、温水、柏林、卞桥、郑城、仲村、流峪、铜石、保太、武台10个乡镇为防治重点乡镇，推进流行性出血热疫苗接种。

2003年，农村灭鼠保粮工作交由县农业局进行，县爱卫会办公室仅负责县城单位的灭鼠工作。

2008—2013年，全县以巩固省级卫生县城成果为重点，以环境治理为主开展病媒生物防制，制定工作实施方案和技术方案等规范性文件，完善县、乡、村三级病媒生物防制网络，蚊、蝇、鼠、蟑密度达到省级卫生县城标准。

第三章 妇幼保健

第一节 妇女保健 疾病查治

孕产妇管理

1989 年，全县活产新生儿数 12456 名，产妇总数 12500 名，产前检查 10826 名，产后访视 2284 名，住院分娩 7461 名，新法接生 12386 名，孕产妇死亡 7 名，其中产科出血 2 例，妊娠高血压症 3 例，合并内科疾病 2 例；围产儿出生体重低于 2500 克 70 名，死胎、死产 69 例，7 天内死亡 254 例。

1994 年 7 月，全县新婚育龄妇女在婚姻登记时服用一次碘油丸，预防地方性克汀病。

1997 年，组织县医院、县中医医院、县妇幼保健院和各乡镇卫生院的妇幼保健人员 123 人，通过专业理论考试、专业技术操作考核，对合格的 118 名人员发给母婴保健专项技术合格证。

1998 年，使用全市统一印制的《孕产妇保健手册》。

2002 年 7 月，县卫生局对全县 20 个乡镇卫生院的妇幼保健人员、妇产科基本建设和业务开展等情况进行审验检查。

2008 年 9 月，县卫生局对县内 2 家医疗单位分别发生的产妇和婴儿死亡事件进行通报。

2009 年，县内开展基本公共卫生服务项目，进一步规范孕产妇保健管理，县妇幼保健院具体承担全县妇幼保健服务项目技术指导、督促检查等。

2010 年，县卫生局成立基层妇幼保健专业技术指导专家组，对各妇幼项目实施单位开展技术培训和督导。

2011 年，县内乡镇卫生院成立妇女保健科，配备适应工作需要的查体设备和专业技术人员，开展妇女保健工作。

2013 年，全县妇幼保健管理工作由县卫生局组织协调，局医政科和县妇幼保健站（院）具体负责日常事务处理工作。是年，全县活产新生儿数 11430 名，产妇总数 11324 名，产妇建卡 10614 名，产前检查 10606 名，5 次以上产前检查 10379 名，孕早期检查 10459 名；产后访视 10477 名，住院分娩率 100%；孕产妇死亡 1 人，孕产妇死亡率 8.75/10 万；高危妊娠产妇人数 2042 人，高危妊娠管理率达 100%。

妇女病查治

1989 年，宣传普及妇女保健知识。县妇幼保健站对县直 1176 名妇女健康查体，发现 423 名患病者，治疗 420 名；各乡镇卫生院共查体 18589 名，发现 6773 名患病者，治疗 6638 名。至 2013 年，每年 4—5 月，开展党政群机关、厂矿企事业单位 60 岁以下已婚育龄妇女健康保健查体工作，对查出患有妇科疾病者进行治疗，每年的治疗率都在 95% 以上。

1989 年，县妇幼保健站组织县内各医疗单位开展妇女病普查普治工作，以县内已婚育龄妇女为主，兼顾更、老年期妇女，利用双合诊、三合诊、B 超检查、乳腺检查，可疑者采取分泌物或宫颈刮片送检等方式进行。至 2013 年，全县每年开展妇女病普查普治。

2012 年 10 月，全县开展宫颈癌、乳腺癌（简称“两癌”）免费筛查工作。县妇幼保健站组织县内各医疗单位对县内35～64岁农村妇女，利用宫颈检查、双合诊检查、乳腺手诊、乳腺彩超、TCT取材等方式筛查“两癌”。至2013年，共开展宫颈癌检查57478例，宫颈癌检出率31.3/10万；乳腺癌筛查60265例，乳腺癌检出率39.8/10万。对检出的患病者均给予相应的诊断治疗、咨询、转诊和后续随访服务。

重大公共卫生妇幼项目开展

2009年，县内相继开展农村孕产妇住院分娩补助项目，农村妇女免费增补叶酸预防神经管缺陷项目。

2011年，县内开展预防艾滋病、梅毒和乙肝母婴传播项目。

截至2013年底，累计为39970名农村孕产妇发放住院分娩补助资金1398.95万元；为40987名农村待孕妇女免费发放叶酸片20.4万瓶；免费为27101名孕妇提供艾滋病梅毒和乙肝咨询检测服务，共检出艾滋病感染者13例、梅毒感染者28例，为727名乙肝表面抗原阳性孕产妇生产的新生儿免费注射乙肝免疫球蛋白。

妇幼项目县创建

1996年，对全县各卫生院和13个样本乡镇109个样本村的妇幼卫生服务情况，妇女、儿童利用服务情况和妇女、儿童健康情况等进行抽样调查。全县26个乡镇卫生院共培训乡医、查访员798名。1999年5月，举办母乳喂养学习班两期。1996—2000年，拨款77万元，全部用于医疗单位产床、胎心监护仪等仪器、设备配备，妇幼卫生队伍培训、复训等项目。

1997年8月，开展健康宣传教育，搞好三级妇幼保健员的培训和临床进修工作，加强项目器械的配备、使用和管理，改善业务用房，加强各级监督指导。1999年7月，分别调整县妇幼卫生合作项目协调领导小组和县妇幼卫生合作项目技术指导小组成员。

1999年7月，成立新婚、孕妇、育儿学校，每月举办两期培训班，婚检、录像宣教736对，培训孕妇368人次。

2000年8月，县卫生局召开以迎接国家验收、项目督导和自查为内容的专题会议，安排迎接项目终期审评的工作。分两组对各乡镇进行督导，召开项目协调会，进行督导总结。同年9月，县卫生局组织召开项目例会，布置迎接项目终期评审的准备工作，强化培训全县、乡、村级妇幼卫生人员。是年12月，顺利通过省项目验收。

第二节　儿童保健　疾病防治

儿童保健

1989年5月，县卫生局、县教委、县妇联联合下发文件，要求县妇幼保健站对县直各单位幼儿园、育红班、学前班和未入托的3个月至7周岁的散居儿童进行全面健康查体建立儿童健康查体档案，同时宣传普及儿童保健知识。

1993年，全县开展0～7岁儿童系统健康管理。对3岁以下儿童按系统保健要求进行“四二一”健康查体（卫生部要求每个儿童都要接受的“基本”保健服务，包括身高、体重、头围、胸围等测量，血红蛋白检测等），对新生儿进行3～5次产后访视、对婴幼儿按时进行预防接种、指导科学喂养和开展早期教育；对托儿所、幼儿园、学前班3～7岁在园学龄前儿童进行集中健康查体。

1995年12月，统计已婚49周岁内死亡妇女，通过走访村会计、乡医和计划生育查访员，从出生登记中统计1周岁内死亡婴儿，逐村逐户落实后上报县妇幼保健站进行分析，查证死亡原因。

1996 年 7 月 25 日，统一使用卫生部制发的“出生医学证明”。是年，全县各医疗卫生机构在为新生儿办理“出生医学证明”的同时发放《儿童保健手册》。

2003 年，7 岁以下儿童保健管理 68596 人，管理率达 93.24%；3 岁以下儿童系统管理人数 31693 人，管理率为 92.46%；6 个月内婴儿母乳喂养率 93.96%，纯母乳喂养率 88.18%；5 岁以下儿童中、重度营养不良患病率 1.03%。

疾病防治

1989 年，县内各级各类妇幼保健机构结合儿童健康保健查体、产后访视、预防接种等工作开展，对查出的营养不良、弱视、近视、肥胖、微量元素缺乏等患病婴幼儿或儿童，进行干预、矫治，开展健康教育。

1999 年，全县共进行新生儿疾病筛查 2523 名，采血率 94.7%，未查出患病婴儿。至 2013 年，每年均开展筛查工作，对初筛阳性的，给予复查、转上级医院复查。

2004 年 8 月，县卫生局组织县妇幼保健院开展全县新生儿听力筛查（简称听筛）工作。对出生后 72 小时以上的新生儿进行快速初筛测试，对听力障碍的督促到市妇幼保健院复查，对确诊的及早开展免费治疗。

2009 年 8 月，全县开展先天性肾上腺皮质增生症的筛查。

至 2013 年，全县累计完成新筛 13.92 万人，共确诊苯丙酮尿症患儿 23 名、先天性甲状腺功能低下症 55 名、红细胞葡萄糖 -6- 磷酸脱氢酶缺乏症（G-6-PD）2 名、先天性肾上腺皮质功能增生症 2 名、听力障碍 31 名，确诊患儿均给予规范治疗和随访。

创建爱婴医院爱婴县

1995 年，县医院经省、国家两级评估，达到爱婴医院全球标准，被中国爱婴医院最高审评委员会授予“爱婴医院”称号，由卫生部、联合国儿童基金会、世界卫生组织授牌。

第三节 婚前医学检查

1989 年，全县婚前健康查体工作由县妇幼保健站承担。1994 年，开展强制性婚检工作，对县直机关和平邑、白马、东阳、仲村、保太、温水 6 个乡镇的青年男女 546 人进行婚前检查，检出患病 176 人，进行矫治 170 人。其中，建议暂缓结婚 12 人，不宜结婚 1 人，不能结婚 1 人；控制性别可以生育 1 人，不宜生育 5 人，不能生育 2 人。

1998 年 7 月，全县新婚、孕妇、育儿学校在县妇幼保健院开学，有县直单位孕妇 46 人参加培训学习。2000 年 5 月，成立婚检中心，实行婚姻登记、计生服务、婚前检查工作一条龙服务。2003 年 10 月 1 日，取消对申请结婚公民健康查体的硬性规定，实行自愿婚前医学检查。

2008 年，开展免费婚前卫生咨询和免费婚前医学检查，将乙肝、梅毒、艾滋病 3 种影响结婚和生育的主要传染病列为常规检查项目，实行免费检查、政府买单。2009 年 10 月，全县启动免费婚检。至 11 月底，共查体 3390 人，查体率达到 90% 以上。查出异常情况的 542 人，占总查体人数的 16.01%。2013 年，全县结婚登记人数 18686 人，接受婚检 18374 人，婚检率 98.33%。检出疾病人数 410 人，疾病检出率 2.12%。

第四节 保健保偿

1991 年 9 月，在全县 26 个乡镇和县城驻地家庭长期居住平邑县，身体健康，无预防接种禁忌证的 0 ~ 10 岁儿童，在家长自愿的前提下，实行儿童计划免疫保偿，每人收取 5 元，进行 8 种传染病（麻疹、脊髓灰质炎、百日咳、白喉、破伤风、乙型脑炎、流行性脑脊髓炎、肺结核）免疫接种。是年，全县共接种疫苗 45.6 万人次。

1994 年，将妇幼保健保偿、儿童计划免疫保偿列入集资医疗保健制度内容。1999 年，在平邑、东阳、丰阳、地方、温水 5 个乡镇试点，实行定点、定时集中式接种。

2008 年 1 月，全县停止实施保健保偿，正式开展国家免疫规划项目，对儿童实行免费预防接种一类疫苗。

第四章　医　疗

第一节　中医治疗

1989—2013 年，县内中医人员采用望、闻、问、切四诊合参的中医诊断方法，运用中医理、法、方、药，对疾病进行辩证分析诊断，应用中草药、中成药，并适当配合外敷、推拿、针灸等外治疗法，治疗内科、外科、妇科、儿科、五官科等常见病、多发病和部分疑难、急、危、重症。至 2013 年，县内有阚士宇、陈宪民、庞宪清、刘纪彬、林清山等一批名老中医，庞朝轩、林凤鸣等一批中医人才。

1989 年，县中医医院针灸推拿科开展针刺、艾灸、头针、耳针、放血、穴敷、耳穴压豆、穴注等疗法，眼科以中药为主治疗病毒性角膜炎、视网膜炎、眼底出血、虹膜炎等疑难眼病。县人民医院白彦分院中医科利用针灸、推拿、中药、对抗性牵引等，治疗腰椎间盘突出等症。东阳乡卫生院中医科对“滑胎”予以“寿胎丸”施治。

1990 年，县中医医院内科采取中药辨证施治，配合静滴黄杨宁、丹参等中药制剂和头针肢动法及功能锻炼，结合西医综合疗法，对中风后遗症进行治疗；针灸推拿科以轻巧柔和的推拿手法，开展对漏肩风、滑囊炎、腰扭伤、颈椎病、面瘫、小儿腹泻、夜啼等病症的治疗。1992 年，县中医医院引进、改进手摇齿轮传动牵引床，配合传统按摩手法治疗腰椎间盘突出。1993 年，县中医医院建立中风病房，制定从急性期抢救、病后恢复期、肢体后遗症的中医治疗规范，推广静滴清开灵和脉络宁等中药制剂，配合针灸推拿、理疗及功能性锻炼的综合治疗措施；设痔瘘科，采用中药内服、外洗、传统线扎、注射药物、根治手术等方法，治疗复杂性肛瘘等肛肠疾病。

1994 年，县二院中医科用清疏解毒活血利水法，治疗肝硬化腹水。1995 年，县中医医院运用成分输血、“桃核承气汤”灌肠等疗法，治疗流行性出血热；通过血液透析、中药灌肠成功救治 1 例出血热并肾衰 7 天无尿患者；设立肿瘤科门诊，聘请省肿瘤医院专家坐诊，自制多种中药制剂治疗肿瘤；皮肤、性病科采用补肾导浊汤治疗慢性前列腺炎。

1997 年，县中医医院以心、脑血管病为重点，借鉴中风特色治疗经验，开展难治性肾病、糖尿病临床研究；开设哮喘病专科，与河南濮阳气管炎研究所、山东医科大学等开展技术合作。1998 年 2 月，县中医医院在总结原有治疗糖尿病经验的同时，与河北省石家庄糖尿病研究所协作，引进胰岛生系列药物，并配合本院制剂“玉液降糖丸”“降糖复明丸”“麻痛丸”等，用以治疗糖尿病患者，渐成特色疗法。是年，县精神病医院中医科应用中医辨证施治，参与对精神疾病患者治疗。

1999年，县中医医院皮肤、性病科应用自制“排毒止痒丸”“迪银丸”联合治疗银屑病；县二院中医科用自拟“抗类风湿胶囊”“复方雷公藤合剂”等，治疗类风湿病患者。2000年，县医院开展推拿配合“蠲痹汤”治疗颈型颈椎病；县中医医院口腔、耳鼻喉科以中药为主、内外综合治疗中耳炎、鼻炎、扁桃体炎、喉炎等；县二院中医科用自拟“四金溶石汤”，治疗胆结石、泌尿结石等；临涧中心卫生院哮喘病专科与河南濮阳支气管哮喘研究所开展技术合作。

2001年，县医院开展中药熏蒸配合推拿治疗腰椎间盘突出症；县中医医院中风科开展中西医结合治疗肺心病的临床研究、舌针加冰刺激疗法治疗球麻痹、“胃宁丸”治疗消化性溃疡的临床研究；临涧中心卫生院哮喘病专科研制、应用“定喘暖脐散”“定喘暖脐膏”和“止咳1号”“止咳2号”“止喘1号”等方药，治疗哮喘病患者。

2002年，县中医医院儿科开展中西医结合治疗过敏性紫癜、白塞氏病、肾病综合征等，开展“肾白消胶囊”对小儿肾病综合征血液黏滞度影响的临床实验研究；眼科完成“固本明视胶囊”对复发性单疱病毒性角膜炎抗复发的临床研究；年内，县二院中医科用自拟“通管汤”治疗血栓闭塞性脉管炎。2003年，县中医医院眼科开展“化瘀明视胶囊”治疗视网膜中央静脉栓塞。2004年，县中医医院眼科完成“渗湿复明丸”治疗中心性浆液性视网膜脉络膜病变的临床研究；平邑镇卫生院中医科，运用中西医结合治疗格林巴利综合征、肾病、风湿、类风湿性关节炎、过敏性紫癜、肿瘤化疗等。2005年，县中医医院将“肾白消胶囊”列为小儿肾病综合征治疗的常规用药。2008年，县医院中医科运用“退癍汤”治疗过敏性紫癜，“舒郁安神汤”治疗失眠；肿瘤科研发“扶正升血颗粒”用于放化疗后引起的白细胞减少症；县医院中医科运用“活血通络汤”治疗腰椎间盘突出症，“清热活血汤”治疗术后发热。

2013年，县中医医院“骨痛汤联合唑来膦酸、羟考酮治疗癌症骨转移疼痛及接骨胶囊促进骨折愈合研究”获市科技局科学技术进步二等奖。

第二节 西医治疗

急诊急救

1989年，全县急诊急救工作以县医院为急诊急救医疗中心，实行24小时值班制度。年内，全县急诊急救1290人次。1990年，县中医医院开设急诊室、抢救室、观察室，配备抢救器材和药品。其后，全县各医疗单位均先后设立急诊室。

1991年7月，县内连遭特大暴雨袭击后，县卫生局组织县直3支医疗救护队、8支乡镇医疗防疫队，出动车辆163台次，医务人员1126人次，救治伤病群众17848人次，无偿发放价值11943.83元的救灾药品；组织专业人员对重灾村开展环境消杀36万平方米、喷洒敌敌畏30万毫升、消毒大口井14眼、普通饮用水井486眼、压水井13560眼、投放漂白粉精片31万片。

1994年8月，组织开展对岐山乡武岩庄煤矿塌方事故6名被困井下矿工的急诊急救。

1995年12月，县中医医院开通120专线急救电话，成立急救站。1996年8月，县医院成立县交通道路事故急救中心和人为伤害救治中心，与122电话联动，开展急诊急救。1997年4月，急救电话120移至县医院。

2000年1月，武台镇中学出现楼梯扶手倒塌意外事故，县医院、县中医院紧急出动急救车辆10台次，急救人员25人次，及时进行伤员救护。同年2月，县中医医院开通99120免费电话。8月，开通999国际红十字免费电话，免费接诊，免费送产妇。同时，在各乡镇卫生院和部分村卫生室设立红十字急救站85个。

2005年4月，蒙山蒙阴县境内发生火灾，直接威胁县境，县卫生局组织全县24家医疗机构，出动急救车辆250台次，配备担架50副，配备急救药品器械价值5000余元，投入抢救的急诊、急救人员780人次。同年，县医院在仲村、郑城、柏林建立3个急救分站，县中医医院在仲村、流峪、柏林建立3个急救分站。

2013年，县医院出车28247车次，接诊26462人次，抢救成功率90%以上；县二院出车1740次，接诊1800人次，抢救成功率96%。

诊断

1989年，县内医疗机构能开展超声诊断、心电检查、常规及生化检验、X线摄影检查等。年内县医院开展毛细血管造影、经皮肝穿刺胆道造影、火焰光度计测定电解质、出血热抗体测定。县中医医院开展心脏二维及M型超声、窦道瘘管造影、泌尿系造影、胆道造影等。1990年，县中医医院开展脑电检查、胆系造影、“T”形管造影、多轨迹断层摄影、静脉尿路造影、尿路逆行造影。1991年，县医院妇产科开展胎儿电子监护，用于胎儿宫内窘迫的早期诊断。

1992年，县医院开展血流变学检查；县中医医院开展摄影增强电视透视，胃肠气钡双重造影。1993年，县医院开展内分泌激素T3、T4、胰岛素测定。县中医医院开展面颅多部位摄影检查、X线遥控摇篮胃肠检查、电视透视导引下金属异物钳夹术、腮腺造影。1994年，县医院开展彩色多普勒超声心动图及心脏声学造影；县中医医院开展动态心电检查、胃镜检查。1995年，县医院开展膀胱镜逆行插管、逆行造影术；县中医医院在国内报道家族性指趾骨发育不全1家4代8例。1996年，县医院开展膀胱镜检查，心脏、食道调搏术，慢性肺心病卵圆孔重新开放诊断术。县中医医院开展经颅、心脏彩色多普勒超声诊断、CT检查及CT增强扫描。

1997年，县中医医院开展泌尿系结石、胆总管和胆囊结石的定位及激光治疗，肠镜检查。1998年，县医院开展动态心电图检查。1999年，县医院、县中医医院开展HIV抗体初选实验，应用大型生化分析仪开展36项血液生化项目检查。2000年，县医院开展心脏彩超动态观察川崎病的心脏损害；县中医医院开展细针穿刺细胞学应用于肿瘤诊断。2001年，县医院开展应用脑电图和脑脊液检查；县中医医院开展CT三维成像检查。2002年，县医院开展CT引导下经皮穿刺活检，阴道镜、宫腔镜检查；县中医医院开展膀胱镜逆行插管造影术。2003年，县医院开展血气分析、风湿系列监测、优生优育项目、微量元素测定、远红外线乳腺疾患诊断、超声监测房缺封堵术、经颈多普勒超声；县中医医院开展周围血管二维超声显像、超声及CT导引下介入术。

2004年5月，县中医医院开展病理远程会诊。2006年，县医院开展白血病患者医院感染目标性监测；县中医医院开展附睾穿刺术。

2007 年，县中医医院开展三维模拟成像技术。2009 年，县医院开展氩氦刀（冷冻消融技术）治疗恶性肿瘤技术和甲状腺功能、性激素、肿瘤标记物、心肌标志物、糖尿病特殊检查及液基细胞学检查等。

2011 年，开展急性胸痛三联症 64 排螺旋 CT 冠状动脉、肺动脉、主动脉“一站式成像”的研究、经皮股动脉穿刺全脑血管造影、光动力治疗恶性肿瘤、MRA 与 CTA 对照诊断脑血管病、ß2 微球蛋白检测、血液 C 型反应性蛋白（CRP）检查。2012 年，县医院开展视频脑电图动态监测技术、三维超声心动图在心脏疾病诊断中的应用、乙肝五项定量检测技术、应用 MR（磁共振）与 CT 联合诊断出血性脑梗死及变性脑病、肺动脉与下肢静脉联合成像的应用、乳腺钼靶摄影诊断早期乳腺癌等。

2013 年，县医院开展超声引导深静脉穿刺、颞颌关节开闭口位曲面断层摄影、肌电图检查在周围神经病变及肌肉病变诊断中的应用、食管胃底静脉曲张的内镜治疗、HP 检测在胃病治疗中的临床应用、血管内栓塞与手术夹闭治疗颅内动脉瘤、64 排 CT 三期强化图像多平面重建（MPR）\ 容积重建（VR）\ 仿真内镜（VE）对消化道病变的研究、心脏发泡试验、经口气管插管患者口腔冲洗法、可视喉镜导丝引导下胃管置入新法、箱式润滑改为喷式润滑技术等。

治疗

1989 年，县医院开展经胸门、奇静脉断流大网膜包绕术，一侧全肺叶切除术，椎间盘突出椎板骨髓核摘除术，骨关节结核病灶清除、关节融合术，小儿麻痹后遗症矫治，牙性错颌活动整畸术。县中医医院开展硬膜外麻醉及臂丛神经阻滞麻醉术。1990 年，县中医医院开展较复杂骨折的复位和内固定手术及氯胺酮全身麻醉。1991 年，县中医医院开展大面积烧伤的救治及胆总管切开取石、肠梗阻手术等。1992 年，县中医医院开展晶体摘除、青光眼手术。

1993 年，县医院开展断肢、指再植术；县中医医院开展扁桃体切除术、耳前瘘管切除术、鼻息肉摘除术、上颌窦根治术及上颌窦穿刺并出血的治疗等。1994 年，县医院开展治疗心脏电复律、VVI 型永久性心脏起搏器安置术、巨型肝癌肝叶切除术、人工关节置换术和肝癌、肺癌介入治疗。县中医医院开展门脉高压脾切除加断流术、肝叶切除术、胰十二指肠切除术、经皮肝穿刺胆道造影、胆肠吻合术、前列腺摘除术、椎间盘切除术、人工股骨头置换术、脊髓探查术、开颅清除硬膜下血肿术。

1995 年，县医院开展二尖瓣、肺动脉瓣球囊扩张术、应用粒子弹通过相应穴位治疗各种慢性肝病、采用吻合器治疗低位直肠癌。县中医医院抢救成功 1 例 327 小时无自主呼吸的有机磷中毒患者。1996 年，县医院心开展心脏食道调搏术、后尿道断裂经会阴切开二期一次吻合成型术。县中医医院开展视网膜脱离巩膜电凝术。1997 年，县医院心开展急性心梗静脉溶栓术、心包积液引流术、动脉导管未闭结扎术、大脑胶质瘤切除术。县中医医院开展眼科显微手术。

1999 年，县医院开展“山莨菪碱、开搏通、立其丁”对 HFRS（肾综合症出血热）患者肾功能影响的临床研究。2000 年，县医院开展高血压脑出血微创血肿清除术、新生儿窒息新法复苏术、大剂量“沐舒坦、地塞米松”联合治疗早产儿呼吸窘迫综合症。县中医医院开展高血压脑出血微创减压、碎吸、去骨瓣减压引流、开颅减压等。2001 年，县医院开展应用腹腔镜胆囊、阑尾切除术。县中医医院采用急性溶栓、中药急救、微创减压、碎吸、去骨瓣减压引流、开颅减压等综合方法治疗脑中风。

2002年，县医院开展冠状动脉造影（PTCA）+冠脉支架置入术、应用尿激酶进行急性血栓病溶栓治疗、血液透析、亚低温疗法、经尿道前列腺气化电切术、腭咽成型术、体外冲击波碎石。县中医医院开展DSA（数字减影血管造影）下介入治疗术，介入治疗布加氏综合征、全膀胱切除乙状结肠代膀胱术、肾切开取石术、吸入疗法防治儿童哮喘、蓝光照射治疗新生儿黄疸、超声乳化白内障吸除术。2003年，县医院开展先心病房缺封堵术、巩膜隧道切口行ECCE+IOL植入术。县中医医院开展脑胶质瘤摘除，微创治疗颅内血肿。2004年县医院开展急性心肌梗死联合“PCL”治疗、放射粒子植入术。县中医医院抢救成功重度肾挫裂伤并尿毒症术后并发多脏器功能衰竭患者1例。

2005年，县医院及部分乡镇卫生院开展无痛分娩。县医院开展半月板成型术、利用直线加速器开展脑内肿瘤内放射治疗。县中医医院开展人工破卵+卵泡移植助孕技术。2006年，县医院开展CT引导下经皮穿刺注射骨水泥治疗椎体疾病等治疗技术项目；县中医医院利用血液灌流联合血液透析及血浆置换开展人工肝治疗重型肝炎、肝功能衰竭、肝性脑病及各种药物中毒。2007年，县医院开展I125放射微粒子治疗恶性肿瘤及转移灶。县中医医院开展房颤病人择期电复律和AMI病人溶栓治疗，溶栓成功率100%。

2008年，县医院开展CT介入放射粒子治疗脑内肿瘤技术；县中医医院成功救治3例大面积脑出血并破入脑室患者，诊治罕见病例——粒细胞肉瘤、腹膜神经内分泌癌各1例。2009年，县医院开展新项目、新技术60余项，全膝/全髋关节置换术、微创治疗术、介入治疗术、腹腔镜技术等新技术逐步成熟。

2010年，县医院开展腔内激光治疗大隐静脉曲张、单孔免气腹腹腔镜手术、腹腔镜辅助下胸腔内异物取出术、动脉瘤造影与介入治疗、显微镜下肿瘤切除及颅颌优治疗颅骨缺损、冠状动脉支架置入术、急性心肌梗死急症PCI（急诊经皮冠状动脉介入）治疗、先心病动脉导管未闭经导管封堵术、食管静脉曲张胃镜下及硬化剂注射治疗、子宫动脉栓塞治疗子宫肌瘤子宫腺肌病、胃肠营养管置入术治疗吞咽功能障碍及食管瘘、放射粒子支架植入治疗食管癌性狭窄、胆道支架置入治疗胆系梗阻、肝动脉栓塞联合放射粒子植入治疗晚期肝癌等。

2011年，县医院开展规则性肝叶切除治疗肝内胆管多发结石、超低位直肠癌行近端直肠经肛门拖出吻合横结肠造瘘保肛术、经皮肾镜、输尿管镜气压弹道联合超声碎石术、冠状动脉完全闭塞病变的介入治疗及左冠状动脉主干病变的介入治疗、蛛网膜下腔出血动脉瘤介入弹簧圈栓塞术、背带式缝合术在剖宫产术中止血的应用、猪肺磷脂联合呼气末正压通气抢救新生儿呼吸窘迫综合征、种植牙技术、电动多叶光栅对各类肿瘤精确放疗、椎间盘突出靶点射频消融术。

2012年，县医院开展新技术新项目30余项，包括螺旋电极在心脏起搏中的临床应用、下肢深静脉血栓形成肺栓塞患者实施下腔静脉滤器植入术、中心静脉血氧饱和度（Scvo2）监测、经腹腔镜行腹股沟斜疝高位结扎术、腰椎退行性病变经椎间孔融合术（TLIF）、全麻开颅脑动脉瘤夹闭术、经单侧鼻腔蝶窦入路垂体瘤切除术、四肢躯干二度烧伤创面包扎疗法、前列腺癌根治原位膀胱术、中下肺叶袖式切除术治疗中心型肺癌、微型钛钉植入颌骨外牵引治疗颌骨骨折、视频脑电图动态监测等。

2013年，县医院设置癌痛规范化治疗示范病房，有48项新技术、新项目应用于临床，其中有脑梗死颈动脉狭窄患者颈动脉支架成形术、肿瘤冷循环微波刀介入手术、经腹腔镜行结直肠癌根治术、急性大面积脑梗死的外科开颅手术治疗、腹腔镜保胆胆囊结石取出术、低肺活量\高危食道癌病人的手术治疗、后腹腔入路复杂性肾囊肿及多囊肾的腹腔镜检查和治疗、颞颌关节开闭口位曲面断层摄影、降低神经内科高危药物所致静脉炎并发症新方法等。

护理

1989年，县卫生局对护理工作加强监督检查和管理，举办各种形式的培训班，各医疗卫生单位加强对护理人员的基本功训练。是年，全县部分医疗卫生单位在临床护理工作中逐步使用一次性输液器、输血器。

1990年，全县开展护理查房。1991年，县医院儿科开展小儿股静脉、颈外静脉穿刺术。同年，在全县推广使用一次性输液器、输血器。

1993年，县医院、县中医医院、县二院、卞桥中心卫生院、临涧中心卫生院开展责任制护理。

1994年，县医院外一科建立ICU（重症加强护理病房），内一科建立CCU（心血管疾病重症加强护理病房）。1995年，县医院外二科开展断肢再植术护理。1996年，县医院妇产科开展开塞露纳肛治疗产后尿潴留。1997年，县医院开展消除玻璃注射器微粒污染实验研究。县中医医院手术室、儿科开展封闭式套管针注射技术。1998年，全县推广使用一次性注射器、敷料。同年，县医院开展整体护理模式病房。外科开展快速输液抢救创伤性休克实验研究，儿科开展蓝光照射疗法。

1999年，县医院外科开展包扎疗法治疗烧伤的护理。2000年3月，县医院、县中医医院首先推广系统化整体护理，县医院对护理质量管理采取PDCA（Plan-计划、Do-执行、Check-检查、Action-处理）循环法。2001年，县医院、县中医医院推广宾馆化护理服务，利用计算机技术开展护理工作。

2002年，县医院、县中医医院、县妇幼保健院等医疗单位妇产科应用笑气吸入开展无痛分娩。2003年5月，县医院儿科开展微量输液泵的技术应用。2004年2月，县医院产房开展新生儿油浴技术。2005年，县医院大手术室改进电切灌洗液的护理技术。2008年，县医院产科开展使用乳胶奶嘴矫正乳头内陷技术、透析室开展无痛穿刺、科室推广使用速干手消毒剂、在病房推广使用“气垫床”。县中医医院急诊科推广应用全自动电脑控制洗胃机洗胃技术。

2010年，县医院建立护理垂直管理体制，实施临床“现场管理式”护理质控模式。2011年，县医院改革护理模式，实施“护士包病人”的责任制整体护理。内二科开展“握手式”康复锻炼“幽默式语言交流”、外一科开展“温馨交流、亲情护送”、妇科开展“康复期病人现身说法解除术前紧张综合症”、外五科开展“走进骨科，快乐康复”、五官科开展“关爱生命、耳聪目明”、监护室开展“心跳在、爱就在”活动等特色服务。

2012年，县医院开展调节式气管切开套管固定新方法、造瘘口新式灌肠法，实施360°质量监控，科室均开展两项以上中医特色护理技术项目。2013年，县医院探索精细化护理管理模式，推行夜间双班制，探索运用“品管圈”等管理。

第三节　医疗设备

1989年，全县各医疗卫生单位共配备X光机40台（其中500MA、400MA、300MA各1台，200MA9台），腹部B型超声诊断仪11台，脑电图机1台，心电监护仪1台，尿液分析仪1台，电子血球记数仪2台，其他万元以上医疗设备42台（件）。1994年，县医院配置全县第1台普通X线电子计算机断层扫描装置（CT）和彩色多普勒心脏超声诊断仪。1999年，县医院、县中医医院相继购置美国贝克曼全自动生化分析仪，县中医医院配置全县第1台眼科A/B超，其他各医疗卫生单位更新万元以上医疗设备60台（件）。

2001年，县医院购置美国GE螺旋CT机、日本岛津C型臂、美国贝克曼血凝仪各1台（件），其他各医疗卫生单位配置10万元以上大型医疗设备15台（件），万元以上医疗设备60台（件）。2005年，县医院、县中医医院购置医用磁共振成像设备（MRI）各1台，县二院购置美国GE螺旋CT机1台，其他各医疗卫生单位配置10万元以上大型医疗设备12台（件），万元以上医疗设备25台（件）。全县563个一体化卫生室全部配置紫外线消毒灯、高压灭菌锅、治疗车、治疗台、药橱、诊断床、听诊器、血压计等基本医疗设备。2008年，全县各医疗卫生单位累计投资813万元，购置前列腺电切镜、全自动生化仪、彩超、CR等大型设备135台（件）。

2013年，县医院、县中医医院2处县直医院共有大型医用设备11台（件），价值5651万元。其中，X线电子计算机断层扫描装置（CT）5台2569万元，医用磁共振成像设备（MRI）3台1842万元，800毫安以上数字减影血管造影X线机（DSA）1台600万元，医用电子直线加速器（LA）2台640万元；1家乡镇卫生院配有医用磁共振成像设备（MRI）；7家乡镇卫生院配有X线电子计算机断层扫描装置（CT）。

第四节　重点医疗机构

平邑县人民医院

1989年4月，县医院升格为正科级事业单位。是年，医院位于县城兴水路6号，占地19343平方米，建筑面积13000平方米，设内科、外科、妇产科、儿科、中医科、五官科、放射科、特检科、检验科、药剂科、制剂室、手术室、医务科、护理部、办公室、财务科、总务科等科室。有职工320名，开放病床260张，年出院6041人次，年业务收入392.8万元，固定资产319.5万元。1990年11月，在地区行政事业单位中率先升格为三级会计单位。

1996年7月，医院与县交警大队设立“县交通事故急救中心”，与“122”开展联动行动；与县公安局联合成立“县人为伤害救治中心”。

1998年8月，县医院正式进行股份制改制，成立平邑同仁医疗有限公司。1999年3月，医院实行人事制度改革，对专业技术人员实行职称评聘分开。2000年5月，与市医院联合成立五官、口腔协作中心。2001年3月，与山东大学齐鲁医院举行合作办医揭牌仪式，由其参股经营。

2002年1月，医院开展首届院级专业技术拔尖人才评选活动。年内，医院举行临沂医学专科学校教学医院、省血栓病防治中心平邑分中心挂牌仪式；与县医药公司合资在县城西北经济技术开发区内，开办中药饮片厂，2005年解体。2003年4月，举行滨州医学院教学医院挂牌暨兼职教师聘任仪式。同年6月，医院出资和山东大学齐鲁医院、山大华特科技股份有限公司成立齐鲁医疗投资管理公司。2005年7月，在经济开发区举行新医院开工典礼仪式；年内，成立妇科病区、高压氧和肿瘤放射治疗室，增加儿科病房。2006年，医院与北京积水潭医院进行技术合作。2007年7月，检验科与济南艾迪康医学检验中心开展合作；12月，成立内四科，主要开展肿瘤治疗工作。

2009年6月，医院整体迁往经济开发区新址，占地133400平方米，建筑面积6万平方米，总投资1.26亿元。由同济大学设计，病房楼、门诊楼均设有中央空调系统、中央太阳能热水系统、中心供氧吸引系统、手术室层流净化系统。同年12月，13000平方米病房综合楼工程开工，2012年5月投入使用，形成东、西住院部建设格局。年门诊量23万人次，年收治住院病人46284人，年业务收入1.6亿元。2011年，医院启用影像归档和通信系统。2012年5月，作为全市唯一一家二级甲等综合医院复审试点医院，启动复审工作，11月通过复审。

2013年，占地96715平方米，建筑面积76187平方米，业务用房面积76187平方米。年门急诊量756878人次，年收治住院病人72084人次，年业务收入3.98亿元。

平邑县中医医院

1989年，县中医医院被省中医药管理局列为全省11家达标县级中医院之一。是年，医院位于县城莲花山路6号，占地面积19262.96平方米，业务用房面积180平方米，设有内科、外科、口腔、眼科、B超室、手术室、办公室、财务室等科室。有职工51名，开设病床48张，年门诊人次103660人次，年收治住院病人702人次，年业务收入89.5万元。1990年1月，医院实行三级目标管理岗位责任制，共制定5项21个岗位20条责任制，形成联资联奖、联科联岗、纵横链索的岗位责任制体系。同年3月，开设急诊室、抢救室、观察室，配备抢救器材和药品，建立急诊指挥和抢救系统；投资9.75万元，征用平邑镇二村土地4335.5平方米，筹建制剂室。同年5月，升格为正科级卫生事业单位。

1994年11月，医院被评为国家二级甲等中医院。年内，内科分为内一科和内二科，增设皮肤科、痔瘘科、细菌室、小儿科、耳鼻喉科等。投资53万元,购买土地3188.26平方米。1995年12月，开通120专线急救电话，成立急救站，配备急救车1辆，司机1名，接诊医生1名，兼职医生3名。1997年3月30日，急救电话号码由120改为4222120。年内，增设宣传科、气管炎哮喘病治疗中心。1998年，设糖尿病科，妇科分设产房；同时设立商城门诊部，成立县优抚对象医疗中心。与县110建成报警联动单位。1999年，设内部审计科、中医系列门诊、杏林门诊部、北城门诊部；开通急救专线电话99120；开展中层干部竞争上岗、职工双向选择的人事制度改革。2000年，设县医疗保险门诊、县助残医疗中心、县红十字急救中心，皮肤科增设性病防治专业、熏蒸牵引治疗室，开通急救专线电话999，设城东、环城门诊部。

2001年12月，全院实行专业技术职务竞聘改革。年内，增设招标办公室、不孕不育门诊、城中门诊部、公安局法医门诊。2003年，启用急救电话96999。2004年，被中华医院管理学会评为“全国百姓放心示范医院”。2006年1月，医院参股经营烟台太平药业有限公司平邑分公司；5月，医院城中、环城、城东、西城、第一社区卫生服务、第二社区卫生服务、商城、杏林8个门诊部被注销“医疗机构执业许可证”，停止执业。2008年3月，举行“山东中医药高等专科学校教学医院”挂牌暨兼职教师聘任仪式。

2009年3月，与县残疾人联合会联合成立县残疾人康复中心。2010年1月，成立市120急救中心县中医医院分中心。2011年，北城分院建炮制室、中药制剂室，中药饮片实行小包装。2012年，通过国家中医药管理局三级中医医院评审。

2013年，在县城东城新区筹建占地106720平方米、总建筑面积20万平方米的新院区。是年，医院占地面积46690平方米，建筑面积5万平方米，业务用房面积3万平方米，医疗设备总值5000万元，固定资产1.3亿元，编制床位490张，实际开放床位800张。设脑病科、心病科、脾胃病科、肺病科、老年病科、外一科、骨伤科一区、外三科、骨伤科二区、急诊科、急救中心、重症医学科、儿科一区、儿科二区、新生儿科、妇科、产科、针灸科、推拿科、康复科、手术室、中医科、眼科、耳鼻喉科、口腔科、肛肠科、治未病科、皮肤科、不孕不育科等29个临床科室，有职工747名，年业务收入17565万元，年门诊量36.32万人次，年收治住院病人31304人次。

第五章　医政　药政

第一节　机构管理

1988年11月，县委、县政府决定将7所县分院、14所乡镇卫生院（所）划归乡镇政府管理。划归后原单位性质不变（全民所有制或集体所有制）、固定资产所有权不变、国家扶持鼓励的政策不变（包括经费补助、大中专毕业生分配、医疗器械装备等）、卫生专业技术人员待遇不变。乡镇卫生院管理由以县卫生局为主的模式，转变为以乡镇政府为主的双重领导。其后县、乡两级医疗卫生机构分别由县、乡政府主办，村级医疗机构有承包、自办、联办等多种办医形式。1989年4月，把竞争机制引入医疗管理体系，在各医疗卫生单位进一步明确院（站、所、校）长负责制，全面推行科室核算、目标量化管理，以解决“大锅饭”弊端。1990年12月，在全县进行行政村卫生室整顿建设工作。行政村卫生室由村集体筹办，每村一室，所有权归村集体。人口较少的村或不具备开办条件的多村联办。村卫生室受村民委员会直接领导，接受县卫生局和乡镇卫生院的业务管理、指导、监督、检查和考核，承担医疗、预防、保健、康复等工作。1992年，县卫生局组织县医院、县中医医院和各乡镇卫生院开展医院分级管理工作。

1994年11月，按医院分级管理标准，加强对各医疗单位分级管理工作的组织指导。全县70%的乡镇医院达到改貌要求，临涧、仲村、保太、武台4家乡镇卫生院通过“一级甲等医院”评审验收。

1997年，县卫生局按照确定的职责，具体负责乡镇卫生技术人员的调配，提出乡镇卫生院院长的选拔使用建议，征求所在乡镇党委、政府意见后，由组织人事部门考核聘用。1998年4月，县医院进行股份制改制，成立平邑同仁医疗有限责任公司，与县医院实行一套班子两块牌子，成为县政府主导型的股份制医院，按企业管理制度运行。同年10月，资邱乡政府将乡卫生院与青岛福维德工贸有限公司（简称福维德）进行股份制合作办院，由资邱乡政府控股51%，福维德控股49%经营。2001年3月，全县分类核定医疗机构87家，其中政府举办的非营利性医疗机构27家，其他非营利性医疗机构22家，营利性医疗机构38家。

2002年11月，设立资邱乡社区卫生服务中心，承担资邱乡预防保健、康复医疗、一体化管理等职能。2003年3月，资邱乡卫生院与福维德股份制经营关系解除，资邱乡社区卫生服务中心改称资邱乡卫生院，承担所有医疗卫生防保职能。12月，乡镇卫生院、中心卫生院、县二院、县精神病院的人员、业务、经费等上划到县卫生局按职责管理。

2011年11月，要求各基层医疗卫生单位贯彻执行绩效考核制度。其后，各基层医疗卫生单位相继制定各自方案，根据绩效考核兑现绩效工资。

是年，实施基本药物制度各级补助586万元：中央、省拨补助326万元，县财政补助260万元。拨入基本公共卫生补助2307万元：中央、省补助1757万元，县级补助550万元。完成386个村卫生室建设规划，县级补助资金按照每个3000元足额到位。

2012年3月，全县统一进行乡村医生竞争上岗业务考试。全县原有注册乡医2340人：在岗1774人，不在岗566人。通过改革竞聘，586个村卫生室聘用乡村医生1535人，返聘180人，办理退休手续262人。

2013年，县医改办对县级公立医疗机构进行服务能力调研，分别就医疗服务、医疗质量和安全、承担社会责任等三方面开展基线调查，形成县公立医院改革、业务开展情况调查报告。按公立医院改革的原则，逐步理顺县医院管理体制，明确政府办医主体责任，回归公益性。按照现代化医院的管理发展要求，合理核定县级医院编制、科室设置和岗位设置。摸清县级医院（县医院、县中医医院、县妇幼保健院、县精神病医院）人事、财务、债权、债务、融资情况、经济结构、工资、药品收入占比等基础情况，搞好调查、摸底、审核、评价、测算等基础性工作，为公立医院改革奠定基础。

第二节　从业人员管理

1989年，县卫生局组织全县1645名乡村医生参加省卫生厅职称评审理论考试。后经考试、补考，至1990年，评定717名乡村医师、545名乡村医士、45名乡村卫生员。同年，县卫生局对全县卫生系统以工代技人员进行职称评定，有452人取得卫生专业技术职称，其中中级14名、师级126名、士级312名，并对其进行考试和考核。

1990年，开展全县卫生系统以工代技人员职称评定，共评定653名，其中中级18名、师级210名、士级425名。1992年，县卫生局组织各单位对专业技术人员进行“三基”“三严”培训。其后列为每年的工作要求。

1994年9月，县内360名护士经申报、审核，由市卫生局统一过渡、注册，取得护士执业证书。1995年，县卫生局结合医院分级管理标准活动开展，通过举办专业培训班的形式，对全县1332名卫生技术人员进行专题培训，并开展医护人员考试和业务考核工作。

1998年7月，县卫生局制定《卫生技术

人员晋升专业技术职务任职资格评审条件量化评价标准》。量化按百分制计算，明确工作年限、学历、任职年限、论文、论著、科技成果、外语成绩、年度考核、民主评议、荣誉证书等计分内容。

1999 年 10 月，县卫生局成立执业医师实践技能考试领导小组，具体负责全县执业医师实践技能考试的组织和管理工作，由县医院具体承担。是年，县医院、县中医医院实行专业技术职务评聘分离。

2000 年，对通过全国护士执业考试合格的 36 名护理人员，经二级医院健康查体后，进行护士资格首次注册。是年，县卫生局先后举办护士长培训班、检验人员培训班、卫生管理骨干培训班、感染控制培训班、心电图培训班等 9 期，培训管理人员和专业人员 201 人次。

2001 年 5 月，县卫生局在卫生系统全面推行竞争聘任专业技术职务。竞聘人员通过民主评议、业务考试、个人述职答辩等程序进行。年内，共聘任中级专业技术职务 286 名、高级专业技术职务 32 名，有 22 名中级技术人员高职低聘，聘期两年。

2003 年 10 月，县内卫生系列中级职称晋升改为“以考代评”，组织“人机对话”考试。年内，全县有 106 名符合条件人员参加考试，98 名考试合格取得晋升中级职称资格。

2005 年 5 月，县内卫生系列员级、初级、中级职称晋升改为由县卫生局审核拟晋升人员资格，统一网上报名、确认后，参加全国卫生专业技术人员职称考试，及格后取得相应的专业技术职称，报县人事局职称科备案。

2007 年 6 月，县卫生局同意县二院成立医师考核委员会，开展医师考核工作。

2008 年 12 月，县卫生局对全县 811 名护理人员换发新版“护士执业证书”。年内，有新申请注册护士 132 名。2010 年，通过县人事局考聘，为县内医疗卫生机构招聘 8 名会计人员。至 2013 年，县卫生局每年组织各医疗卫生单位上报卫生技术人员需求计划，经人事部门批准，开展考聘工作，共择优录取人员 362 名。

第三节　医疗纠纷处理

1990 年 9 月，县政府下发《关于调整平邑县医疗事故鉴定委员会的批复》，部分调整县医疗事故鉴定委员会成员。1994 年 3 月、1999 年 6 月，两次进行成员调整。1998 年 12 月，县卫生局下发《关于对三起医疗事故的通报》，通报经县医疗事故技术鉴定委员会鉴定的 3 起医疗事故。

2001 年 8 月，县卫生局下发《关于对郑城镇马家洼卫生室医疗事故的通报》。2002 年 4 月，县医疗事故鉴定委员会撤销，其职能改由市医学会承担。

2005 年，处理医疗纠纷 16 起。2013 年，共处理医疗纠纷 143 起。

2006 年 7 月，县卫生局注销（吊销）商城口腔诊所等 45 家不符合标准的医疗机构“医疗机构执业许可证”。2007 年，县卫生局对符合条件的 12 个村卫生室和 2 家厂矿企事业医务室发放“医疗机构执业许可证”，注销或吊销 8 个村卫生室、门诊部和厂矿企事业医务室的“医疗机构执业许可证”。

2008 年 10 月，县卫生局成立医疗事件技术咨询专家组。同月，县卫生局下发《关于公布尸检单位聘任医疗事故争议尸检专业技术人员的通知》。

第四节 医疗制度改革

乡村组织一体化办医

1996年6月，县政府成立全县加强医疗、药品市场清理整顿领导小组，分管副县长任组长，各有关部门负责人任成员，领导小组下设办公室，办公室设在县卫生局，县卫生局局长兼任办公室主任，具体负责全县医疗机构的设置、监督和管理，负责对全县医疗、药品市场进行清理整顿。各乡镇政府成立医疗机构监督管理委员会，负责辖区内村卫生室的建设、监督与管理。设卫生室的行政村，成立管理小组，负责管理卫生室。同时县政府印发《关于进一步加强农村卫生工作的意见》，县卫生局下发《关于对村级卫生室实施乡村一体化办医管理的通知》，明确乡村组织一体化办医管理的组织领导、方式方法、标准措施等内容。在全县农村卫生室实行村办乡管的乡村组织一体化办医管理模式。

1997年5月，印发《平邑县乡村卫生组织一体化办医管理试行办法》，县卫生局印发《平邑县乡村卫生组织一体化办医管理实施方案》。是年，全县24个乡镇全部完成一体化办医管理，344个一体化卫生室取得由县卫生局颁发卫生部印制的“医疗机构执业许可证”。

1998年，全县共有乡村卫生组织一体化办医管理卫生室407个，新建68个，乡村医生有518人达到中等专业学历水平，占乡村医生总数的32.6%，乡村医生有538人接受正规化培训，占乡村医生总数的34.53%，乡村医生与服务人口的比例为1.64‰。

1999年，平邑镇和天宝山镇被确定为向院办院管模式转变的试点单位。2000年3月，县卫生局下发《关于创建“百家中心卫生室”的几点意见》，在全县开展争创活动。7月，全县各乡镇对村卫生室进行清产核资，村卫生室一体化办医模式由村办乡管过渡到院办院管。

2002年3月，县卫生局制定下发《平邑县中心卫生室建设标准》，将中心卫生室建设列入年终综合目标考评内容。

2003年8月，县卫生局下发《平邑县卫生局集中整顿规范卫生室活动方案》。各乡镇卫生院根据要求，制定本乡镇整改计划、措施方案，在卫生室房屋建设争取乡镇、村两级支持，对布局不合理、房屋条件差的卫生室进行改造，大部分卫生室安装新天花板、刮瓷墙面，部分卫生室实施新建。

2005年，对乡村医生入保、退保、保险金缴纳、退休时限和保险金领取等事项进行规范。2006年，县卫生局共拨付专项资金28万元，改建村卫生室67个，经县卫生局组织验收，基本达到布局合理、建设质量合格的要求。2008年2月，县卫生局印发《平邑县农村卫生机构建设实施方案》，全县共新建改建村卫生室456个，累计建筑面积45121.8平方米；建成292个村卫生室；扩建164个村卫生室。

2009年2月，县政府办公室下发《关于印发〈进一步加强全县农村卫生机构建设的实施意见〉的意见》。

2013年，全县设一体化卫生室535个，聘用在岗乡医1774名，有1532名乡村医生达到中等专业学历水平，占乡村医生总数的86.4%，全部乡村医生接受正规化培训，乡村医生与服务人口的比例为1.67‰。

新医药卫生体制改革

2009年4月，按照国家、省、市、县的部署要求，县内正式启动深化医药卫生体制改革。至2013年，形成“医改政策得民心、党委政府树形象、人民群众得实惠、医务人员受鼓舞、卫生事业大发展”的局面。

基本医疗保障制度建设。2006年4月，全县新农合正式启动。至2013年底，推行“按人头付费、按病种付费、按床日付费、总额预付”等支付方式改革，加强付费总额控制，建立医疗费用自我约束机制和风险分担机制，规范医疗机构服务行为，逐步实现“要医疗机构控制费用”向“医疗机构要控制费用”的转变；推广医保就医“一卡通”，实现医疗费用即时结算；建立健全基金监管机制，加强医保基金收支管理；加大政府投入，对新农合参合农民补助标准提高到每人每年280元，对低保对象、五保户、低收入重病患者、重度残疾人、70岁以上老人等特殊困难群体由县、乡镇财政代缴个人缴费。城镇职工医保、城镇居民医保政策范围内统筹基金最高支付限额，分别为32万元、12万元。

2013年，城镇职工医保、城镇居民医保参保人数分别达到81307名和72067名，参保率分别达99.1%和99%；新农合参合农民854175名，参合率99.9%。为5300多名关闭破产企业退休人员和困难企业职工解决参保问题，国有企业职工医疗保险按照规定全部纳入本地职工医保统筹范围。全县受益参合农民712.64万人次，累计报销医疗费用28596.19万元，报销万元以上的参合农民有3094人次；纳入新农合大病保险合规医疗费用1935.25万元，实际补偿696.02万元。城镇职工住院报销7631人次，共报销支付4750万元；城镇居民住院报销2026人次，报销支付506万元，基本实现城镇居民医保当年收支平衡。对符合救助条件的1597名城乡困难大病患者发放救助资金395.5万元。

公共卫生服务。2009年11月，平邑县被确定为22个“全省建立农村居民健康档案省级试点县（市）区”之一。12月，在全县范围内开展公共卫生服务工作。

2010年，在全县乡镇卫生院开展建立居民健康档案、健康教育、预防接种、0～36个月儿童健康管理、孕产妇健康管理、老年人健康管理、高血压患者健康管理、II型糖尿病患者健康管理、重性精神疾病患者管理、传染病报告和处理等项目。

2011年5月，县卫生局印发《平邑县加强公共卫生服务体系建设实施方案》，从“总体要求、健全公共卫生服务网络、公共卫生服务管理中心工作职责、建立绩效考核机制落实经费补助政策、时间安排、工作要求”等进行部署。县卫生局成立公共卫生科，全面负责公共卫生服务项目的政策宣讲、人员培训、技术指导、督导检查和绩效考核评估等工作。同时，各乡镇卫生院相继设置“公共卫生服务管理中心”，下设综合管理办公室、健康教育科、一体化办医管理科、疾病预防控制科、妇幼保健科、健康档案与慢性病管理科等6个科室，全面承担辖区内公共卫生工作。

2012年7月，县卫生局制定《平邑县基层医疗卫生机构家庭医生式服务工作实施方案（试行）》，共成立“家庭医生式”服务团队77个，其中社区卫生服务中心服务团队4个，社区卫生服务站5个，村居服务团队68个，“家庭医生式”服务团队成员1524人（包括乡村医生1245人）。乡村医生作为居民的家庭健康医生，对辖区居民实行签约式服务。是年底，签约2.3万户7.5万人。

至2013年，全县累计建立居民健康档案872382份，建档率85.16%，电子建档率82.3%；老年人规范管理人数82936人，规范管理率80.6%；与辖区居民实行家庭医生签约式服务139179户471150人；孕产妇早孕建册率 90.95%，规范产检率 89.05%，产前筛查率 70.26%，住院分娩率 100%，产后访视率 89.67%，新生儿访视率 89.57%。累计完成常规接种一类疫苗 24.9 万人次，接种率达 99.92%；传染病网络直报告率和及时率均达 100%。全县发生法定报告传染病 1076 例，发病率为 104.47/10 万。全县共建成数字化预防接种门诊 5 家。

国家基本药物制度

2010 年，县内基层医疗机构已使用国家和省基本药物品种 416 个。2011 年 5 月，平邑县被确定为山东省第三批启动国家基本药物制度实施工作的县区。同月，县人大到平邑镇、保太镇、流峪镇、丰阳镇进行医改工作调研，了解全县基本药物制度实施前的准备工作和实施过程中存在的问题。6 月，县政府办公室印发《平邑县推行国家基本药物制度实施方案》。县卫生局印发《关于启动基本药物零差率销售制度的通知》。县内 16 个乡镇医疗机构、586 个一体化卫生室，分别于是年 6 月 30 日零时、12 月 30 日零时起，相继全面实行基本药物零差率销售制度，实行基本药物集中采购、配备使用和零差率销售。7 月，县政府办公室印发《平邑县基本药物制度实施监督管理规范（试行）》，成立基层医疗机构基本药物采购目录遴选专家组。专家组结合县内基层医疗机构诊治疾病谱和用药习惯，坚持“一品一规”和“价格首选、品牌和本地厂家优先”原则，遴选出国家基本药物目录内品种 290 个、省增补药物品种 142 个，共 432 个品种供各基层医疗机构采购。基本药物全部通过省网上采购平台统一采购、统一配送、统一结算。所有基本药物全部为新农合报销药物，报销比例提高 10%。是年，启动基本药物零利率销售后，卫生院和村卫生室药品价格同比下降 45%。卫生院门诊和住院病人人数同比增长 60%、70%；门诊和住院次均诊疗费用同比下降 22%、25%。

至 2013 年，共配备使用国家基本药物 293 种，省增补药物 121 种，全部通过省基本药物招标平台采购。选择 15 家配送企业统一配送，再由各基层医疗机构配发到村卫生室。医疗机构设专人负责采购，编制采购计划，控制药物库存，定期检查核对，全县各医疗机构配备基本药物品种数不低于基本药物品种总数的 80%，基本药物销售额占药品总销售额的比例不低于 35%。

第五节 医疗经费管理

公费医疗

1989 年 7 月，县政府印发《公费医疗管理试行办法》，规定公费医疗人员的报销标准、报销办法、报销范围、报销程序等。1991 年，公费医疗保健服务实行定点医疗，持证就医。由各乡镇卫生院负责本乡镇党政事业单位干部、职工、伤残军人等 4363 名人员的公费医疗保健服务。1992 年，县公费医疗管理办公室对不核定公费医疗费的差补单位，按每人每年 45 元标准一次性拨给各单位，包干使用，不足部分自行解决。

1993 年 7 月，县公费医疗管理委员会下发《平邑县公费医疗管理暂行规定实施细则》，对“组织机构、医疗范围、处方及药品控管、逐级转诊、报销办法及范围、不予报销情况、督查制度、定点医院划分”等予以明确。

医疗保险

1995 年 12 月，撤销县公费医疗办公室，改设县医疗保险委员会办公室，办公地点设在县卫生局，隶属县卫生局领导。1996 年 5 月，在县直 77 个全额预算单位和县第七中学（白彦镇）、县第三中学（铜石镇）、各乡镇法庭和县老干局部分老干部等4862名人员中，实施职工医疗保险，其中离休人员274名，退休273名。1997年1月，县医疗保险委员会办公室升格为副科级事业单位，内设股级建制的业务科、财务科、综合科。

1999年6月，县医疗保险管理委员会办公室整建制划归县劳动与社会保障局。是年，在全县82个单位5505名职工中实施职工医疗保险，其中离休人员273名，退休408名。

初级卫生保健

1989年，组织各乡镇和县直有关部门，对照初级卫生保健有关标准，采取措施推动实施。1990年12月，成立以分管副县长任组长，县直有关部门负责人任成员的县卫生工作协调委员会（简称县卫协会）。

1991年，全县26个乡镇、各医疗卫生单位贯彻执行有关文件精神，组织实施初级卫生保健工作。各乡镇相继成立初级卫生保健委员会，下设办公室，办公室设在各乡镇卫生院，卫生院院长任办公室主任，配备3～5名工作人员，负责初级卫生保健各项指标的落实。1992年，由县卫生局牵头把初级卫生保健各项指标逐一分解落实到各乡镇。

1994年，全县26个乡镇均实现儿童“计划免疫第三个85%”的目标，冷链运转和实际接种通过地区行署评审验收；通过国家消灭麻风病达标验收；妇幼工作系列化服务进一步加强；利用世界银行贷款结核病控制项目诊治结核病864例，对其中281例传染性肺结核病人给予免费治疗和管理。实行集体办医，进行卫生室集中整顿和建设，全县有村集体卫生室904个，甲级卫生室344个，占38%，按初级卫生保健要求，进行村卫生室设施配备和消毒隔离工作。

1995年1月，县政府下发《关于公布平邑县初级卫生保健工作领导小组成员的通知》，调整县卫协会为县初级卫生保健工作领导小组（简称县初保领导小组），县长任组长，县直有关部门负责人任成员，领导小组办公室（简称县初保办）设在县卫生局。26个乡镇也相应调整改建组织机构，各乡镇初级卫生保健工作领导小组负责本乡镇初级卫生保健工作的领导。同月，县初保领导小组制定下发《关于加强对乡村医生业务培训和考核的通知》，县卫生局下发《加强合作医疗工作的通知》。按照文件精神，全县26个乡镇开展合作医疗工作。

1996年，通过省级评审验收，达到初级卫生保健最低限标准。1999年5月，全县基本实现人人享有卫生保健的目标。2000年，全县初级卫生保健工作结合农村卫生体系建设、乡村卫生组织一体化办医管理和医药市场整顿，推动改水、改厕等初级卫生保健各项指标的落实，至2000年，卫生事业经费拨款达到财政支出8%的比例。

农村合作医疗

1991年11月，全县农村实行集资医疗制度。各乡镇按每人每年2元（有条件的按年均收入1%）统筹集资合作医疗经费。有卫生室的行政村，每年向卫生室投入300元器械设备费，用于村卫生室建设。村集资医疗经费由乡镇卫生院设专账管理，专款专用，按医药费的25%报销，报销范围是乡镇卫生院、村卫生室就诊住院医疗费和5元以上的门诊药费，实行合作医疗的卫生室免收注射、诊疗费。

1995年7月，在全县农村全面推行合作医疗保健制度，并向医疗保险制度过渡。全县农业人口875048人，筹集资金495333.5元，用于儿童计划免疫费用74839元，用于乡村医生补助366608.5元。

1999年，在平邑、仲村、卞桥3个乡镇推行合作医疗。其后，又选择地方、温水、山阴3个乡镇作为年度推行合作医疗单位。

2001年11月，在平邑、铜石、地方3个镇扩大试点范围，乡镇按参合人数人均5元拨付专项资金，开展合作医疗的村每人每年筹集10元合作医疗资金。至年底，共有2.16万人参加合作医疗。

新型农村合作医疗

2004年11月，柏林镇被列为市级新型农村合作医疗（简称新农合）试点乡镇。

2005年12月，平邑县被省政府确定为省级新农合试点县。是年，柏林镇有2.3万人参加新农合试点，参合率以户计达34.9%，以人计达45.6%；累计为1.9万人次报销医药费用29.8万元，其中报销1000元以上32人次，最高单人次报销8000元。

2006年2月，县卫生局按照好、中、差3种经济类型，对武台、柏林、地方3个乡镇12个行政村384户农民和县医院、中医院、武台、柏林、地方5所县、乡镇医疗机构开展基线调查，分析卫生统计报表资料、测算费用。动员农民70.06万人自愿参加新农合，占全县农民总数的81.84%。筹措参合资金700.57万元，县政府参合补助资金280.2万元，国家、省、市补助资金1822万余元。

2007年6月，县新农合办通报部分乡镇新农合报销审核发现问题处理情况，追缴涂改、伪造处方、发票违规报销的3046元资金，处罚主要责任单位和主要责任人共计4000元。

2008年9月，县新农合信息网络与市级新农合信息网络连接，全县参合农民在市级定点医疗机构住院的费用可及时报销。2011年10月29日，卞桥中心卫生院在全县率先施行“先诊疗，后付费”诊疗服务模式。

2013年，全县参合农民854175人，参合率99.9%，有2368名五保户、40535名低保户、4260名重点优抚对象、7965名贫困残疾人、3560名70岁以上老人在县、乡财政的扶持下参合。至年底，全县享受到合作医疗补助的农民712.64万人次，累计报销医疗费用28596.19万元，报销万元以上3094人次；新农合大病医疗保险报销3271人次，补偿金额696.02万元；享受到“先诊疗，后付费”服务模式的受益群众达19101人次。

第六节　药政管理

1989年，对全县药品经营、医疗单位和528个行政村卫生室及个体开业诊所进行药品质量监督检查，共查处伪劣药品片剂23576片、针剂5985支、丸剂1565丸、散剂2545克、中草药2558克。

1990年，在全县18个乡镇卫生院中，共聘任分管副院长、药剂人员、防保人员等30人任兼职药品监督员。

1991年9月，县卫生局制定《关于对“四统一”管理卫生室药品供应的暂行规定》。1992年5月，县卫生局联合公安、工商等部门，开展药品市场监督检查。出动检查人员71人次，清查有关单位155个，查获假药14种，劣药73种，总价值1万元。立案查处金银花掺假案11起，查获掺假金银花1.6万千克，价值60万元，并集中销毁查处的假药、劣药。

1994年3月，县政府办公室公布7人为县药品监督员。同年，县卫生局组织对全县医药市场进行清理整顿。查处药品违法案3起，查处游医药贩26人次，没收招牌21件，非法药品广告1500份，非法自配药品8种，价值3000余元。

1995年，县卫生局检查药品批发经营单位60个次，医疗单位120个次，村卫生室所681个次，查处伪劣药品45个品种，价值1.87万元。立案查处违法经营药品案件5起，没收药品价值10125元。

1997年6月，下发《关于加强医院制剂质量管理意见》，对医院制剂提出具体管理办法和要求。2000年6月，县卫生局组织药政、药检人员，治理整顿各医疗卫生单位对外营业的“便民药房”和分院、门诊部药品经营等行为。

2001年3月，县卫生局规范药品卫生器材集中招标采购管理。2002年6月，县药品监督管理局成立，县卫生局药政科、县药品检验所整建制并入县药品监督管理局。

2003年，县卫生局、县医院和县中医医院设立药品不良反应监测站，县妇幼保健院、县皮防站、县结防所、县二院、县精神病医院和15个乡镇卫生院设立药品不良反应监测小组，在全县440个村卫生室和13个厂矿企事业单位医务室设立药品不良反应监测报告员，负责全县药品不良反应监测报告和药品安全监管，指导临床合理用药。

2004年4月，县中医医院制剂室停止配制灭菌制剂。2005年6月，县医院制剂室停止配制灭菌制剂，改设为普通制剂室，可配制中药口服液6种，西药外用口服制剂15种。

2006年2月，县卫生局查处卫生院擅自采购医疗器械行为1起，通报批评单位主要负责人、有关责任人，对单位处以2万元罚款。是年4月，县卫生局查处2起卫生院拖欠药品招标款行为，对其通报批评，责令冻结所有支出，将收入用以清还欠款。

2009年，县内各医疗机构基本实现药品集中采购配送，执行物价局规定的药品最高限价政策。县级以上医疗机构全部参加省药品采购中心组织的药品采购；乡镇医疗机构全部参加由县药品招标采购办公室组织的药品卫生器材集中招标采购；一体化卫生室所需药品由乡镇卫生院代购分发。至2013年，药政管理以执行国家基本药物制度为主。

第二十七编

旅　游

第一章 旅游资源

第一节 景区景点

蒙山

为国家AAAAA级旅游景区、国家森林公园、国家地质公园、省级风景名胜区、世界著名养生长寿圣地，享有山东十大最美的地方、全国青年文明号等诸多称号。

蒙山古称“东蒙”“东山”，为泰沂山脉的一个分支，总面积1125平方千米，蒙山横跨平邑、蒙阴、费县、沂南四县，主峰龟蒙顶位于平邑境内，其中平邑境内面积约占60%。蒙山自然景观博大雄浑，集山岳景观、森林景观、瀑布景观于一体。蒙山有千米以上山峰14座，主峰龟蒙顶（因状如巨龟而名）海拔1156米，为山东省第二高峰，素称“岱宗之亚”；蒙山森林茂密，植被覆盖率平均达90%以上，据中科院生态环境研究中心1999年3月测定，有“空气维生素”之称的负氧离子含量为220万个单位/立方厘米，居全国之首，属超洁净地区，被誉为“天然氧仓”；蒙山水系发达，周边有大中小型水库150多座，山泉分布极广，泉水甘洌，被称为“美容元素”的偏硅酸等多种微量元素含量丰富。蒙山千峰万壑，云海松涛，泉飞瀑鸣，鸟语花香，一年四季，风景奇妙：春季层峦叠翠，林海花潮；夏季飞瀑流水，云雾缥缈；秋季漫山碧透，红叶映照；冬季银装素裹，玉琢冰雕。蒙山其自然环境和生态条件赋予蒙山为世界养生长寿圣地，是生态旅游、运动休闲、养生度假的理想场所。蒙山动植物资源丰富，有木本植物71科174属440种，山中动物种类繁多，兔奔狐行，獾走狼嚎，是山东省少有的野生狼群分布地区，有鸟类100多种，雀鹰、白头鹦等多种珍禽属国家二类保护动物，堪称中国北方的天然动植物园。同时蒙山还是中国北方难得的中草药资源宝库，有各类中草药植物64科111属189种，是全国最大的金银花产地，天麻、冬虫夏草、连翘、何首乌、木灵芝、沂蒙全蝎等都是蒙山的重要特产。主要景点有龟蒙顶、伟人峰、九龙潭、鹰窝峰、蒙山寿星、福寿康宁鼎、神龟探海、神女峰、白云岩、百寿摩崖石刻等100余个。

蒙山亦是历史文化名山，是“东夷文化”的发祥地之一。5000年前就有先民们在此繁衍生息。周朝起，蒙山被封国祭祀。春秋时，孔子“登东山（蒙山古时称东山、东蒙）而小鲁”，《诗经·鲁颂》咏叹蒙山。唐宋以来，蒙山一直为文人骚客、帝王将相所瞩目。唐代大诗人李白、杜甫曾结伴游蒙山，杜甫写下“余亦东蒙客，怜君如弟兄。醉眠秋共被，携手同日行”的佳句；唐玄宗曾率群臣登临蒙山；北宋文学家苏轼登蒙山写有“不惊渤海桑田变，来看龟蒙漏泽春”的名句；康熙大帝冬游蒙山留下“马蹄踏碎琼瑶路，隔断蒙山顶上峰”的诗篇；乾隆皇帝南巡中游历蒙山则留有“山灵盖不违尧命，示我诗情在玉峰”的赞美诗篇，都对蒙山颂扬备至。道教早期的重要人物春秋时期的老莱子、战国时期纵横家的鼻祖鬼谷子、汉朝史学家蔡邕等曾隐居此山。蒙山以道教最为兴盛，道佛共修，向有“三十六洞天，七十二古刹”之说。蒙山钟灵毓秀，孕育了诸如孔子弟子仲由、“算圣”刘洪、“智圣”诸葛亮、“书圣”王羲之、书法家颜真卿家族等贤圣人杰。

蒙山也是一座英雄的山，是沂蒙山革命老区的象征。震惊中外的孟良崮战役，在蒙山脚下拉开了解放战争战略进攻的序幕。刘少奇、陈毅、罗荣桓、徐向前、粟裕等在这里留下光辉的足迹。这里涌现出了乳汁救伤员的沂蒙红嫂、沂蒙六姐妹等一大批英模人物，铸造了“爱党爱军、开拓奋进、艰苦创业、无私奉献”的沂蒙精神，成为党和国家宝贵的精神财富。

蒙山旅游区区位优越，处在北京—上海黄金旅游线的中心位置，是京津唐和长三角两大都市圈游客南下和北上的重要节点；蒙山旅游区东与青岛、烟台、威海、日照等城市构成的黄金海岸线相连，西与泰安、曲阜、济南等城市构成的山水圣人线接壤。蒙山旅游区对外交通便捷，京沪高速、日东高速、济青高速南线接莱新高速、兖石铁路、胶新铁路、G205、G327、S234、S335、S240、S229均从蒙山旁边穿越，形成了四通八达的交通网络。临沂机场已通航北京、上海、广州、杭州、沈阳、青岛、大连、武汉、西安、重庆等大中城市，距蒙山60千米的曲阜机场也已运营纳客。

蒙山旅游区拥有大小宾馆180余处，其中星级宾馆12家，共有20000多张床位，吃、住、行、游、购、娱等旅游接待设施日臻完善。2008年10月，临沂市委、市政府决定成立临沂市蒙山旅游区管理委员会，组建山东蒙山旅游集团，对蒙山四景区统一规划、统一开发、统一管理、统一推介，蒙山经典旅游产品和规范的接待服务必将有一个质的飞跃。

已开发的蒙山四大景区各具特色。

龟蒙　山高峰奇石怪，观寺众多，拥有蒙山寿星、鹰窝峰、龟蒙顶、群龟探海、万寿宫、九龙潭、蒙山古道、伟人峰、蒙山悬崖栈道、蒙山拜寿栈道、炼丹洞、修真窟等百余处自然人文景观。世界最大的山体雕刻——蒙山寿星，已载入吉尼斯世界纪录。

六里鬼谷　位于蒙山大洼度假区，六里鬼谷因鬼谷子自居所顺清溪而上至修炼场所六里而得名，是鬼谷子智慧文化的发祥地，也是全国三大写生创作基地。两千年前，道家智慧老祖鬼谷子避世云蒙山下，参悟大道妙谛，领略智慧化境，设坛授徒，从这里走出了孙膑、庞涓、苏秦、张仪，金戈铁马、纵横捭阖间，风云变色，光照汗青。六里鬼谷山峦叠翠，流瀑飞鸣，这里奇花馥郁，闲云出岫，竹荫照水，泉眼细流，一山一石皆仙气，一花一草沾雨露，峰回路转，仙缘难期，唯有仙人遗蜕、神话故事，仍然历历在目、口耳传颂，传递着古人与自然和谐、为生命存真的永恒智慧。景区主要景点有鬼谷村、鬼谷洞、天足池、神鹰石、远古天崩遗址、观音送子、悬崖栈道、观瀑栈道、飞天瀑布等人文自然景观，还有空中索道、悬崖滑道等一系列游客参与项目。

明光寺　层峦叠嶂，植被茂密，淡竹流云，飞瀑泻玉，景色迷人。内有26.67平方千米森林、其中野生山林覆盖率72.6%、名优树木400余种（类）、千年以上的古树有320棵，有五百余年银杏树、三百余年古槐、二百余年板栗王，还有一株干粗合抱的白玉兰，早春花开如飞雪。主要景点有伟人峰、睡美人，形似神肖，让人叹为观止；还有龙潭瀑、牛角山、石门关、毛耳山古井、龙泉等景点。

是人们远离喧嚣、修身养性、疗养度假的好去处。

蒙山人家　是最典型的沂蒙山古村落，群山怀抱，环境优美，古朴典雅，一条十里惊天河，一座千年古村落，一片百年石头房，这里是沂蒙山人最早居住的古村落，曾经是最早的蒙山县政府所在地，至今还保留有老蒙山县衙、公安局旧址等遗迹，有最典型的沂蒙山民俗，最淳朴的沂蒙山民风，最生态的绿色有机物产，自给自足的传统生产生活方式。主要景点有古民居、龙门三潭、剑池、老虎洞和蒙山县党政机关旧址、金蟾石、观音柳、槐花谷、南石佛、惊天石、神龟拜月、石瀑崖、灵泉等景观景点，配套有磨坊、油坊、馒头房、煎饼坊、豆腐坊、农家乐等参与性项目，是都市人返璞归真、休闲度假的世外桃源、梦里老家。

山东省天宇自然博物馆

位于平邑县城莲花山路西段，始建于2003年8月，2004年9月面向社会开放。现为国家AAAA级旅游景区、中国县域旅游品牌百强景区、山东省服务名牌企业，并被授予“全国科普教育基地”“全国国土资源科普教育基地”“中国古生物学会全国科普教育基地”“山东省文化产业示范基地”等称号，拥有“世界上最大的收藏恐龙和其他史前动物化石的博物馆”“世界上最长的硅化木”“世界上最大的中华龙鸟”“世界上最大的紫晶洞”“世界上最大的白钨矿晶体”“世界上最大的绿松石”等6项吉尼斯世界纪录，先后在世界顶级科学杂志英国《自然》、美国《科学》等刊物上发表研究成果十余项。

总投资近4亿元，建筑面积3.2万平方米，陈列面积2.8万平方米，内设科研馆1个，4D动感影院1个，展厅28个，馆藏展品39万余件，馆藏展品主要以矿物标本和古生物化石为主，主要展示了从寒武纪（5.7亿—5亿年前）时期至今近6亿年来具有代表性的古生物化石标本、典型地质矿物标本和现代生物标本3大类。

天宇自然博物馆已成为国际间学术交流、国内外学者探索生命起源、青少年开展科普教育和旅游观光的重要场所，每年吸引大批专家学者科研考察、众多游客游览参观，辐射全国各地及英国、美国、芬兰、澳大利亚、韩国、日本等国家。党和国家领导人罗干、王兆国、姜春云、迟浩田、张高丽、李建国、王汉斌等先后考察天宇自然博物馆，并给予高度评价。

九间棚旅游区

为国家AAA级旅游景区、全国农业旅游示范点、中国县域旅游品牌景区200强、沂蒙精神教育基地，位于地方镇九间棚村，景区面积3.43平方千米，由九间棚村、国有天宝山林场等组成。主要特点是自然风光优美，人文古迹众多。这里3333.33公顷果园连成一片，春华秋实，四季宜人，尤其是阳春三月，梨花盛开，漫山遍野，铺雪堆玉，间以桃红、柳绿、松青，把天宝山区装扮得更加绚丽多姿，置身其间，如在画中，被中外游人誉为“中国最大的天然花园”。该景区一方面具有独特的自然风景和沂蒙山乡乡村风情，景区内山势雄奇，沟谷深邃，山泉清澈，森林茂密，花果芬芳，民风淳朴，让人返璞归真，令人流连忘返。另一方面，在这片土地上几代九间棚人顽强拼搏、艰苦创业的奉献精神在全国产生了巨大影响，具有极强的感染力和号召力，因此，九间棚旅游区堪称自然景观与人文景观紧密结合的经典之作。二十多年来，全国各地来九间棚参观游览、考察学习、接受传统教育的各界人士、游人宾客络绎不绝，自二十世纪八十年代以来，先后有9位党和国家领导人、160多位省部级干部、56所大学的师生和8个国家的外国朋友，曾到九间棚视察指导、考察调研、观光旅游。主要景点有：以艰苦创业闻名全国的“沂蒙明珠”九间棚村，保存完好的原始民居九间棚旧址，中国人民银行前身之一的北海银行鲁南印钞厂旧址朝阳洞，抗日战争时期罗荣桓、陈光等指挥的天宝山战斗遗址，人定胜天的引水工程龙顶山天池等人文景观。另外，还有独树一帜的自然景观：挂心橛、双乳峰、母子山、张郎背姜婆山峰、枫林、水杉林、云雾洞等，处处鬼斧神工，相映成趣，特别是千年藤萝树，被称作藤萝之王；长达2公里的大峡谷，悬崖绝壁，林木丛深，令人神往。

曾子山

为国家AA级旅游景区、省级地质公园，位于郑城镇境内，东距临沂市65千米，南距枣庄市62千米，北距平邑县城40千米，西距曲阜市180千米，省道岚（山头）济（宁）公路贯穿东西。曾子山最高海拔487.4米，因出生于山脚下南武城村的孔子得意门生“宗圣”曾子而得名，又因曾子以孝著称，故当地人又称孝子山。集明山丽水与文化馨香于一体，连绵起伏的群峰透溢一种秀美之气，苍老的石壁积淀着深厚的文化底蕴。曾子山山势俊朗峭拔、峰奇石怪、造型各异、栩栩如生、林木葱郁、移步异景。由南及北形成数个山峰，即曾子山、棺材山、孝子山、富贵顶、透明崮、印盒山、这些山峰峭壁悬崖，如刀削成，或高或低，或方或圆，似人像物，形象逼真，惟妙惟肖，颇有“桂林山水”之韵美，被誉为中国北方最大的“盆景”。而山脚下的南武城村系春秋战国时期的武城故城，是孔门四圣之一的曾子、“七十二贤”之曾点、澹台灭明以及西晋政治家、军事家羊祜、书法家羊欣等一大批历史名人出生地，人杰地灵，文化内涵十分丰富，素有“鲁南奇葩”之称。景区内有大小景点30余个，其中仰卧神佛、印盒峰眺、透明洞、摩崖石刻、王肖武起义军营寨遗迹、孝子送葬、曾子墓为有名的七大景点。

五龙湖旅游区

为省级水利风景区，位于县城西南10公千米，北靠327国道、日东高速公路、兖石铁路，距离五岳之尊泰山100公里，孔圣人家乡——曲阜65千米，石榴之乡枣庄70千米，交通便利，地理位置优越。五龙湖因地处风景秀丽的五龙山脚下而得名，此处原是一座始建于1958年的大型水库，它截浚河支流小淮河上游的唐村河而成，由唐村河、丰阳河、尚河三条支流之水汇聚其中，多年平均水面面积10平方千米，水库总库容近1.5亿立方米。湖内烟波浩渺，水天一色，鸥鸟翔集，波光粼粼，游艇渔船穿梭水面，环湖绿树掩映，山岚耸翠，湖东连绵起伏的五龙山灵气十足，山青雾绕，景色宜人。主要景点有望龙亭、凌波仙子、唐王庙、沙滩浴场、垂钓场、溢洪闸、桥头堡、大坝等。

观音山

为省级农业旅游示范点。位于中国金银花第一镇——平邑县郑城镇东部，因主峰神似观音而得名。观音山绵延数十里，观音山95%的面积为金银花、各类果树、马尾松等覆盖，金银花种植面积达43.33平方千米，是全国最大的金银花主产区，各类金银花科技示范园、生态农业园位于其中，也是老梨树、老柿子树、老山楂树最为集中的区域，百年以上的老果树不可胜数，“山楂王”“柿子王”

为其中的代表。同时还有水蜜桃科研基地(响水山庄)、康成金银花种质园等项目。九顶莲花山为一巨型崮顶之上分布着的九座山峰,造型各异,山峰之间的平缓崮顶上是一望无边的黄草,九鼎莲花山下是著名的省级社会主义新农村建设示范村、农家乐旅游点——油篓村,村庄建设风格依山就势、错落有致;烟波浩渺的大(1)型水库——昌里水库紧邻油篓村,旅游区内山水相连,花果飘香,景色优美秀丽,生态植被保存完好,形成了独特的"天上人间"分布格局。旅游区内还分布着著名的115师会议遗址、罗荣桓住所等众多革命历史遗迹,这些与苏家崮战斗遗址、苏家崮革命烈士陵园、郑玄公园、郑玄墓、汉墓群等共同构成了郯城丰富多彩的历史文化底蕴和红色革命文化底蕴。开发了郑玄坟、观音山(拜师岩)、猛虎回头、柿子王、天然卧佛、孟母教子、文冠果生态园、崮顶草原、观音庙、莲花宝座峰、金银花生态园、桃峪高干会议旧址、桃峪山楂王、迎客松、观景台、昌里水库(小南海)、汉墓群以及油篓、桃峪农家乐等10多个自然人文景点。

平邑汉阙

位于平邑县城莲花山路中段,现为山东省重点文物保护单位。平邑汉阙即二座皇圣卿阙和一座功曹阙,三阙原位于平邑县城西北的九顶莲花山,现存放于平邑县博物馆。阙是中国古代特有的一种建筑物,多建于宫殿或墓葬之前,通常左右各一,因两阙间有空缺,故名阙或双阙。平邑汉阙系墓前石阙,按阙身铭文所载,墓主人分别为"南武阳平邑皇圣卿"、"南武阳功曹"。皇圣卿系人名;南武阳系汉代县名,今平邑县北部;功曹为县内掌管人事选举等事项的官吏。皇圣卿阙建于东汉元和三年(公元86年),功曹阙建于东汉章和元年(公元87年)。三阙是中国著名的汉代石阙,是研究中国汉阙和汉代建筑的宝贵实物资料。平邑汉阙由灰青石四层筑成,总高2.1米(不包括阙基),面宽0.72米,厚0.59米,接近方形;上雕人像、车骑、禽兽、铭记等。阙身上面砌有一石,高0.41米,雕为上下两层,上层挑出阙身少许,四角各镌斗拱一座,阙顶刻成四注式瓦顶,底部刻檐椽一排。此种形制为北方汉阙所独有。三阙形体壮硕稳重,造型颇为奇特,是中国古代珍贵的艺术作品。

海螺寺

位于平邑县保太镇境内,地处蒙山西麓,毗邻蒙阴、新泰两县市,总面积为2667公顷。山清水秀,环境幽雅。从县城驱车沿平蒙公路北行20千米即达。蒙山三关,此地有二。寺左邻九女关,右靠白马关。两关古今为南北通途要道,也是兵家必争之地。南面为平阔沃野,北倚太蒙,居幽谷群山环抱之中。其东有明光寺、西为云台寺和牛氏庵。海螺寺属周边诸寺之首,是传播道德文化、科学知识的重要场所。灵感非常,闻名遐迩,游览祈拜者甚多。每年农历三月十五庙会,香火沛然,游人如织。海螺寺旧址位于后孙庄西北,当地人称寺根子。现址坐落在群龙相向聚首奥菉之处。藏风蕴气,生机勃勃,万年不衰,灵山宝地。清流绕左右,玉带之状;飞瀑列前后,若金屏玉幛。雨后涧水雷鸣,奔腾直下,银珠满天,岚烟飞云,虹霓凌空,绚丽多彩。瀑布杉松常带雨,夕阳彩翠忽成岚。寒至黛松白雪,冰凌玉柱,似银帘垂挂;寺内银杏树五庹之粗,高36.3米,冠覆面积百余平方米,有县内树王之称,1995年列县级重点保护之列。东园门外银杏3株,笔直挺立,枝茂叶繁,每岁硕果累累,号称桃园三兄弟,观者赞叹不已。寺后近山顶古寨门前天目泉，清粼甘甜，山下河干井枯时仍碧水涌涌，灵泉圣水，饮者益寿延年。其后张廷秀墓林、杨凡坟、牛娃卧涧坟一脉相连。顺山顶向东至旗杆——顶峰。登高放目视四野，周边县邑，尽收眼底。周匝岩岩叠翠，幽谷葱茏。峭壁异木，侧立倒挂，涧水潺鸣，水石清华。林中鸟唱蝶戏蜂舞，步步奇观，时时雅趣。鹁鸽楼狼窝、皮仙鼠精洞更有传说。身临胜景游人醉，流连忘返不思归。海螺寺乃佛教之地，明清创建。大雄宝殿奉佛祖释迦牟尼十大弟子。山门殿内哼哈护佛二将军。东厢房僧之居所。寺院坤方药王殿，内供神医孙思邈。巽方为庙会戏场，当地人称戏台沟。山口处，僧林墓塔。庙地山场，十分宽阔。南至前山口，北至古寨门，东西至两山顶，总面积2平方千米。界内放牧者不得入，拾柴割草者不得入，律条十分严整。会首者皆六村首脑，庙主为前孙庄孙氏，旧属费邑鲁埠社。六合之地募捐布示南至河南，北越黄河诸省。海螺寺是名人雅士会聚场所。琴棋书画，习文论武，无所不为。墙壁曾多有古今名人墨迹，可惜皆已荡然无存。最后一个主持僧——卢氏海凤，文武双全，德才兼备，善于画虎，药王殿檐墙曾自画像1幅，其技艺颇有名声；武则善耍大刀，曾单身勇斗争夺寺院的十余恶僧，奋战3天而获全胜，深得民众的尊崇。1953年秋涅槃，灵觉耄耋之岁。重建之举始发于1995年，周边村民，输工纳费，几经周折于1998年农历三月十五日成功举办第一届庙会，至2003年已举办6届，深得万民拥护。在各界人士的关爱、支持和帮助下，已初具规模，为今后进一步开发奠定了良好的基础。

宝圣寺

位于平邑县武台镇境内，为蒙山古寺之一，地处蒙山龟蒙顶西北山麓，群峰秀丽，森林茂密火神庙始建于清嘉庆十四年（1809年），嘉庆二十五年（1820年）重修，近200年历史，现存重修碑1座，碑文记载重修状况，字迹清晰完整。录如下：达信僧也，出家于兖之峄县万佛庵，自嘉庆十四年云游至费之宝圣寺，喜其山水幽深，构舍居焉，于寺之旁侧创修火神庙。夫类之聚，必有方人之拟，必于伦寺佛居也，炎帝祝融，非释迦如来者流。异域而居，似非其伦。或曰："一切有为法，如梦幻泡影，如露亦如电，应作如是观。色即是空，空即是色。传载烧劫之踪易系离虚之象。寂灭者，空门也。炎灼者，空象也。且佛之为觉了然悟辙，如灯之续乎日月，僧之重炎神殆为是欤？"余曰："文人之论，务为新奇，终之笑同燕烛大率类是，夫火化始于燧皇，礼所谓修火之利，范金合土，炮燔烹炙，是资不可忘也。吾儒先师，每人必祭，祭必斋，如不忘其本，即不忘修火之利者。僧虽不饮酒，不茹荤，然不能茹毛饮血，不火化而食。思报本而使一方之日皆报其报，庙之设自不容已神也，而答其功释也，而进于儒，过去佛，现在佛，未来佛，僧流尚向余言，余亦不能为僧言，因所修而得返本复始之义，丞援笔而为之记。僧来时，片瓦无有，树株皆系僧栽。"这个碑文是蒙阴县的两个秀才写的，虽未记述修庙的过程，但是告诉了建庙修庙的时间。从议论看，火神庙供祀的应该是火神祝融和燧人氏，寺内供祀的还有释迦牟尼佛、十八罗汉等，十大夫庙内供祀的是中国历史上十大神医，由此看，应该是道佛同寺。

安自寺

位于临涧镇驻地5千米处的前桃沟村，安自寺原为泰山奶奶庙，距前桃沟村约1000

多米，南对元宝石，北对白莲山，始建于明朝，清光绪九年由当地村民捐款道士天志重修，惜“文化大革命”后遭破坏，原有遗址坐北朝南，现存遗迹只有正殿，东西配殿和山下的灵官殿。2012年，由当地企业家彭泽臻先生投资，曲阜名城设计院设计，重修并改名安自寺寓意“安心即菩提，自在度众生”，又于2012年农历十月初一举行开光大典，安自寺每年农历正月初一，正月十五，为古庙会。安自寺现有法师，居士10多位，由衍得法师任安自寺主持。

颛臾古国遗址

位于蒙山南麓，万寿宫正南4千米，城址近正方形，城墙南北长600米，东西宽550米，城墙是由当地黄土夯筑而成，现存西、南两面残存较少，东、北两面一般高3～4米，最高处东北角尚高9米，整个轮廓还清晰可见。虽经数千年的磨蚀，其轮廓至今仍然清晰可见，显现出古城几分往日的风采和筑城人的大家手笔。遗址内文化遗存极其丰富，残砖断瓦俯拾即是。残墙夯土层次分明，对研究当地文化、建筑等方面的历史变迁有极高的实物价值。颛臾是夏商方国，传为太昊后裔，西周初年建颛臾国，附庸于鲁国，据记载，他曾代表周天子主祭蒙山，这要比秦始皇泰山封禅至少要早800年。

莲花山公园

位于县城中心，背靠石都大道，南临莲花山路，总面积近26.4公顷，因为与九顶莲花山而得名。景点20余处，含大门、门前广场、仙女龙泉、长寿亭老年活动中心、儿童娱乐设施、飞机、大炮、动物区及公园主景工程莲花阁等。归属单位平邑县建设局，管理单位平邑县园林管理处，1991年12月兴建，目前共投资1100余万元，为综合性开放式公园，现有景点20余处。近年来，积极争取资金对园内基础设施进行了维护和建设，成为为多所学校的校外活动基地和爱国主义教育基地。特别是实施莲花阁灯光照明、莲花山公园牌坊亮化工程，凸现了县城良好的夜景效果，提升了公园建设档次，成为县城重要的休闲娱乐为一体的理想场所。

左宝贵衣冠冢

位于临沂市平邑县地方镇西约1千米处，红石岭村东。左宝贵（1837—1894年），字冠廷，回族，清朝时费县地方镇（今属平邑县）人。幼时家贫，稍大从军，因作战勇敢，叠次提升，历任千总、游击、总兵、提督等。甲午战前，曾开金矿、修铁路、搞募捐、办教育，希图“富国强民”。1894年中日甲午战争爆发，左宝贵卒军守平壤，与日军展开激战，身负重伤，仍坚持在城头指挥作战，直至壮烈牺牲，左宝贵牺牲后遗体留在朝鲜。左宝贵是清军在朝鲜阵亡的陆军高级将领，但是他没有在甲午海战阵亡的海军管带邓世昌出名，其中一个重要的原因是电影《甲午风云》对邓世昌的爱国行为进行了歌颂；而左宝贵只是在史学界被人熟知。1895年清政府在其故里修筑衣冠冢，以示褒扬。时墓地2公顷，陵园近0.67公顷，围以砖墙，内植松柏，设专人看管。衣冠冢方形圆顶，内埋有左宝贵生前穿过的一只靴子。冢前原有石坊，石坊之旁有龟趺碑两座，分列墓道东西。碑南左右各一墓表，顶端有“望天吼”。再南为石狮一对。此墓几遭毁坏，现仅存碑座、墓表、石狮和墓基。墓表阳面、背面都刻有清末官员书赠的挽联，其一云：“经百战，勇冠诸军，常开平天下奇男子；守孤城，心拼一死，张睢阳古之伟丈夫”，表达了人们对这位为国捐躯的爱国主义将领的崇敬之情。左宝贵墓被列为县级重点文物保护单位。

雪萝树

在县城东南23千米的地方镇前西固村东。树龄近千年，该树学名流苏，土名牛筋子，木樨科，属稀有古树，树高15米，树围4.6米，树冠呈张开的伞状，枝干虬曲，花朵针絮状，纯白色。每年农历四五月，小满、芒种间开花时，银装素裹，如雪似玉，香气袭人，十分素洁幽雅。因此每年此时，到到雪萝树前观赏，拍照的游人络绎不绝。树下有清乾隆三年（1738）所勒明朝处士马三公墓碑1通，文称“树名雪萝树，大数围，高二丈余，枝叶古茂，迥异凡木”。据有关专家称，该树树龄已达千年之久，是世上稀有的树种之一。由于该树开花无果，不少人试图扦插繁殖都未能成功。当地群众对这棵树十分珍爱，在20世纪70年代被列为县级重点保护文物，现在已被列为省级重点保护文物。

第二节　资源开发

平邑县旅游开发工作起步于1992年，1992年12月，成立平邑县旅游开发筹备小组，开始进行旅游开发工作。

天宇自然博物馆

2004年建成开放，2009年，中国科学院南京古生物研究所在馆内设立科研工作站。2010年，北京古脊椎动物与古人类研究所在馆内设立科研工作站。同年12月，山东省国土资源厅在馆内成立山东省地质与古生物重点实验室。

九间棚景区

2008年，投资60万元建设景区内旅游厕所等基础配套设施。2009年，投资1500多万元建设凤凰苑接待中心、龙泉水池等。2010年，分别投资2000万元和1800万元建设天潭水库和天湖水库。2011年，投资1000万元对原展览馆进行改建、装修；投资1000多万元，建设天潭至天湖漂流渠道、天潭水库南二层、九间棚大戏台、景区展示石，以及大坝加固、变压器、管道等基础设施。同年，投资2200万元实施景区环线道路拓宽工程。2012年，投资85万元建设红旗广场至天潭水库路面工程。2013年，投资150万元建设马家岭至和尚崮扬水站管道，完成景区整个环线道路路基拓宽。

曾子山旅游区

2002年6月，魏庄乡党委、政府把曾子山景区旅游开发提上重要议事日程，积极实施旅游开发工程建设，投资近500万元，修筑高标准上下山台阶2000余米，建印盒山风景亭1个、凉亭2个、曾子山牌坊门1座、征建停车场6000平方米，修建旅游专线道路2千米、修复起义军营寨遗址、八宝琉璃井等景点11个，建仿古式曾子山景区管理办公室130平方米，整个开发工程历时3个多月，景区开发出具雏形。同年，魏庄乡党委、政府设立曾子山景区管委会，配备工作人员4名，主要负责曾子山景区的管理、保护和防火工作。

观音山旅游区

2008年，郑城镇人民政府投资280万元对山楂王，桃峪高干会议旧址、点将台等景点进行提升改造，对景区内的百年果树林进行综合管护，进行旅游型林区打造。同年，观音山景区获批为山东省农业旅游示范点。2009年8月27日，《中国国家地理》与《大众日报》联合主办的“寻找中国十大‘非著名’山峰”山东地区评选平邑观音山获评为“山东十大‘非著名’山峰”。2011年，投资300万元，建设景区南北两门，拓宽生态旅游漫道 10 千米。

平邑县旅游资源分类系统及实体旅游资源一览表

表 27-1

主类	亚类	代码	基本类型	旅游资源实体名称	数量
A 地文景观	AA 综合自然旅游地	AAA	山丘型旅游地	蒙山、曾子山、天宝山、观音山、轿车山、五龙山、长山、仙姑山、小青山、丰山、香山、武山、黑山、金牛山、黄瓜山、吴王崮、太皇崮、大王崮、小王崮、三家崮、高家崮、营子顶、马家崮、少山崮、扭花洞、北诸冯	26
	AC 地质地貌过程形迹	ACA	凸峰	龟蒙顶、回马岭、对松山、鹰窝峰、鸡冠岭、印盒山、隐秀峰、金鸡岭、王母山、龙顶山、狮子峰、母子峰、双乳峰、天宝山顶、鹰咀峰、鳌头峰、三烛峰、	17
		ACC	峰丛	曾子山卧佛、观音山观音峰、伟人峰、睡美人	4
		ACE	奇特与象形山石	虎踞龙盘、群龟探海、天龟祈寿、仙人床、天豹、寿桃石、试刀石、盆景石、张郎背姜婆、石香炉、霸王石、独角犀、狮子打盹	13
		ACH	沟壑地	桃花峪、大峪沟、槐花峪、甜茶谷、彭泉峪	4
		ACL	岩石洞与岩穴	朝阳洞、卧龙洞、云雾洞、藤萝洞、蓬莱洞、透明洞（曾子山）、鬼谷子洞	7
B 水域风光	BA 河段	BAA	观光游憩河段	浚河、温凉河、蓝水河、金线河、银线河	5
	BD 泉	BDA	冷泉	梯门泉、金泉、玉泉、卧龙泉、两泉、碧玉泉	6
C 生物景观	CA 树木	CAA	林地	赤松林、黑松林、落叶松林、麻栎林、刺槐林、杨树林、竹林、火炬松林、侧柏林、水杉林、板栗林、苹果树林、楸树林	13
		CAB	丛树	姊妹松	1
		CAC	独树	千年流苏、古藤萝、柏抱槐、文冠果、五世银杏树、古栗树、玉兰、蒙山迎客松、香山千年枫树	9
	CD 野生动物栖息地	CDB	陆地动物栖息地	蒙山	1
		CDC	鸟类栖息地	蒙山	1
		CDD	蝶类栖息地	东蒙古道、寿星崖	2
D 天象与气候景观	DA 光现象	DAA	日月星辰观察地	鹰峰晚照、蒙山日出、五龙湖落日	3
		DAB	光环现象观察地	龙潭彩虹、龟顶宝光	2
	DB 天气与气候现象	DBA	云雾多发区	蒙顶云海、蒙山雪雾凇	2
		DBB	避暑气候地	蒙山山麓、龟蒙顶	2

续表 27-1

主类	亚类	代码	基本类型	旅游资源实体名称	数量
E 遗址遗迹	EA 史前人类活动场所	EAA	人类活动遗址	范家台遗址、岳家村文化遗址、铜石文化遗址、杨谢南墩文化遗址、丘上北墩文化遗址、堡前庄文化遗址、刑家庄文化遗址、洼里文化遗址、前孙庄文化遗址、邱舆故城遗址	10
	EB 社会经济文化活动遗址遗迹	EBB	军事遗址与古战场	北海银行鲁南印钞厂旧址（朝阳洞）、中共山东省委机关驻地旧址、中共苏鲁豫皖边区省委机关驻地旧址、八路军一一五师师部驻地旧址、武安战斗遗址、塔佛山战斗遗址、丰山战斗遗址	7
		EBC	废弃寺庙	白云观、贾成公祠遗址、朝天宫、泰山行宫、厚土殿、九龙宫观音殿、小圣堂道观、大圣堂、清虚观、慈宁宫、凌云宫、海螺寺	12
		EBF	废城与聚落遗迹	南武阳故城遗址、颛臾国都遗址	2
F 建筑与设施	FA 综合人文旅游地	FAC	宗教与祭祀活动场所	万寿宫、明光寺、山神庙、白龙泉寺、丹山、海螺寺、安自寺、宝圣寺、香山三皇姑庙、仙姑山庙	10
		FAD	园林游憩区域	翠竹园、莲花山公园、自然博物馆	3
	FB 单体活动场馆	FBB	祭拜场馆	蒙山拜寿台、蒙山万寿宫	2
	FC 景观建筑与附属型建筑	FCG	摩崖字画	寿星、小寿星、白云岩“龙虎”石刻、“山清水秀彭雄题”“玉泉枕流”“听涛”、彭祖坐像、“峰回路转”“气浴清新”“鹰峰奇观”“龙泉”“物华天宝，人杰地灵”“蓬莱洞”、曾子山摩崖造像	14
		FCH	碑碣（林）	平邑鹿孝禹碑、三阳诗碑、仲子故里碑、重修卧龙桥碑、东山小鲁碑、“蒙山”碑、“拜寿台”碑、“蒙山寿翁铭”碑	8
		FCI	广场	蒙顶广场、莲花山公园广场、平邑县市民广场	3
		FCK	建筑小品	平邑汉阙（3 座）、万寿坊、蒙山圣境坊、东天门牌坊	6
	FD 居住地与社区	FDD	名人故居与历史纪念建筑	九间棚旧址、南武城故城、山东省委旧址	3
	FE 归葬地	FEB	墓（群）	左宝贵衣冠冢、曾子墓、东埠阴汉墓、王家武阳古墓、康家林古墓、鲁悼王墓	6
	FF 交通建筑	FFA	桥	卧龙桥（九龙潭下桥）、古卞桥	2
	FG 水工建筑	FGA	水库观光游憩区段	五龙湖、万寿湖、天宝湖、梨花湖、雷泽湖、龙顶山天池、九龙潭、昌里水库、吴家庄水库、大夫宁水库	10

续表 27-1

主类	亚类	代码	基本类型	旅游资源实体名称	数量
G 旅游商品	GA 地方旅游商品	GAA	菜品饮食	蒙山全羊汤、蒙山煎饼、胡家炖鸡、白彦老咸菜、金银花茶、白马关炒鸡、左家烧鸡、黑头席、	8
		GAB	农林畜产品及制品	蒙山羊、蒙山牛、黄梨、山楂、石榴、黄桃、牛心柿子	7
		GAD	中草药材及制品	金银花、连翘、何首乌、蒙山全蝎	4
H 人文活动	HA 人事记录	HAA	人物	曾子、曾点、仲子、原宪、澹台灭明、羊祜、羊欣、左宝贵、刘嘉坤	9
	HC 民间习俗	HCA	地方风俗与民间礼仪	沂蒙精神、九间棚精神、沂蒙风情、蒙山婚俗	4
	HC 民间习俗	HCB	民间节庆	春节、元宵节、二月二、清明节、端午节、六月六、中秋节、九月九、腊八、辞灶	10
		HCF	庙会与民间集会	万寿宫、明光寺、白龙泉寺、丹山、海螺寺、安自寺、宝圣寺、香山、仙姑山等庙会	9
	HD 现代节庆	HAD	旅游节	长寿文化节、天宝梨花节、中国金银花节	3
8 个主类	21 个亚类		41 个基本类型		269

平邑县主要景区景点一览表

表 27-2

景区名称		级别	地址	主要景点
景区	蒙山旅游区	AAAAA	蒙山横跨平邑、蒙阴、费县、沂南四县，主峰龟蒙顶位于平邑境内	龟蒙顶、伟人峰、九龙潭、鹰窝峰、蒙山寿星、福寿康宁鼎、神龟探海、神女峰、白云岩、百寿摩崖石刻等 100 余个
	天宇自然博物馆	AAAA	平邑县城莲花山路西段	科研馆 1 处，4D 动感影院 1 处，展厅 28 个，馆藏展品 39 万余件，馆藏展品主要以矿物标本和古生物化石为主，主要展示了从寒武纪（5.7 亿—5 亿年前）时期至今近 6 亿年来具有代表性的古生物化石标本、典型地质矿物标本和现代生物标本 3 大类
	九间棚景区	AAA	地方镇九间棚村	自然景观有：和尚崮、老虎窝大峡谷、天鹅湖、水杉林、千年藤萝树、挂心橛、双乳峰、母子山、张郎背姜婆山峰等 人文景观有：九间棚旧址、九间棚老村落、龙顶山天池、天潭水库、天湖水库、天水渠、景区环线道路、元代道观小圣堂、北海银行鲁南印钞厂旧址——朝阳洞、抗日战争时期八路军 115 师天宝山战斗遗址等

续表 27-2

景区名称		级别	地址	主要景点
景区	曾子山旅游区	AA	郑城镇境内	景区内有大小景点 30 余处，其中仰卧神佛、印盒峰眺、透明洞、摩崖石刻、王肖武起义军营寨遗迹、孝子送葬、曾子墓为有名的七大景点
	彭泉慢游谷风景区	AA	铜石镇南 12 千米处彭泉流域	拥有岱崮地貌、高山湿地、原始森林、奇观洞等生态景观，圣堂庙、情人谷、慢步区等人文景观
	观音山旅游区	AA	郑城镇东部	观音山、点将台、观景台、桃峪山楂王、卧佛（西卧佛）、孟母教子、情侣峰、槐花谷、欧陆小镇、金银花生态园、猛虎回头、桃峪高干会议旧址等
景点	归来庄金矿地质公园、五龙湖旅游区、黄桃之乡、平邑汉阙、海螺寺、清真寺、宝圣寺、安自寺、颛臾古国遗址、莲花山公园、左宝贵衣冠冢、雪萝树、丰山、香山、大麦滩、马家崮、太皇崮等			

第二章　旅游市场

第一节　宣传推介

2007—2013 年，平邑县先后在北京、上海、天津、郑州、济南、青岛等城市开展旅游推介活动，吸引京津唐、长三角、郑汴洛等地区游客到平邑旅游观光，进一步开拓旅游客源市场，对平邑旅游产业发展起到重要的推动作用。

平邑（郑州）旅游推介会

2007 年 4 月 10 日，山东省平邑县（郑州）旅游推介会在河南省郑州市新华建国饭店召开。郑州市各大旅行社、新闻媒体 100 多人参加推介会。平邑县与当地旅行社签署 480 多份旅游协议，对开拓郑（郑州）汴（开封）洛（洛阳）旅游客源市场起到重要的推动作用。

平邑（济南）旅游推介会

2007 年 4 月 17 日，山东省平邑县（济南）旅游推介会在济南玉泉森信大酒店隆重召开。济南市 100 余家旅行社总经理和山东电视台、济南电视台、《大众日报》等新闻媒体的记者，120 多人参加推介会，对于开拓济南旅游客源市场起到重要的推动作用。

平邑（青岛）旅游推介会

2007 年 4 月 21 日，山东省平邑县（青岛）旅游推介会在青岛市召开。青岛市 100 余家旅行社总经理和青岛电视台、《青岛日报》、《半岛都市报》等新闻媒体的记者 120 多人参加推介会。

第四届世界养生大会平邑论坛暨第五届山东·平邑蒙山长寿文化旅游节新闻发布会

2007 年 7 月 13 日，第四届世界养生大会平邑论坛暨第五届山东·平邑蒙山长寿文化旅游节新闻发布会在北京人民大会堂召开。大会围绕“登平邑蒙山，祈福寿平安”主题，进一步弘扬蒙山长寿文化，彰显蒙山养生长寿旅游品牌，推进平邑旅游及各项事业发展。

平邑（上海）旅游推介会

2007年8月7日，山东平邑（上海）旅游推介会在上海市明城大酒店举办，上海市50家旅行社的负责人和中央电视台、上海电视台、中国旅游报等20家新闻媒体参加了推介会，吸引长三角地区游客到平邑旅游观光、休闲度假。

平邑（蒙山）旅游推介会（天津、唐山、沧州）

2010年2月24—26日，山东省平邑县（蒙山）旅游推介会分别在天津、唐山、沧州三市成功举行。天津、唐山、沧州3个市200多家旅行社参加推介会，极大地提升平邑旅游，特别是蒙山旅游的知名度。

平邑（上海）旅游洽谈会

2012年3月16日，山东省平邑（上海）旅游洽谈会在山东省平邑县人民政府劳务输出和招商引资办事处召开。上海市20家单位领导出席洽谈会。会上，平邑县以京沪高铁为依托，联合曲阜、滕州、台儿庄打造“乘高铁、游曲阜、观天宇”等一批高端旅游产品，直接面对上海企业集团进行推介，吸引更多的上海游客到平邑旅游观光。

第二节 节庆活动

武台桃花节

每年4月2—15日在平邑县武台镇黄桃之乡旅游区举办。以万亩桃花、红色之旅、禅修祈福为基础，通过举办自行车骑行、“黄桃小镇”摄影大赛、禅修祈福、黄桃和桃木商品展销、红色之旅参观白马关十里美食长廊等系列活动，全方位、多角度记录，展现黄桃之乡的风光、生态农业的发展、新农村建设的成就。

天宝梨花会

每年4月1—20日在地方镇九间棚景区举办。该活动已成为平邑县远近闻名的旅游节会品牌，每年吸引几十万人前来赏花踏青、休闲旅游。届时还举办踏青赏花、摄影创作、商品销售、美食品尝等特色活动。其间，梨花、桃花、山楂花相继盛开，花期持续1个月有余。

临涧镇余粮店大樱桃采摘节

每年5月14日—5月29日在临涧镇余粮店大樱桃采摘园举办。采摘节期间，每天有上万名游客不仅可以入园体验采摘的乐趣、欣赏精彩的文艺演出，还可以选购草鸡蛋、金银花等琳琅满目的土特产品。

第三章 旅游服务

第一节 旅行社

2001年8月，平邑蒙山旅行社有限公司注册成立，是平邑县成立最早并对外营业的旅行社。至2013年，县境内共有旅行社4家，均是国内旅行社，主要业务范围是国内旅游业务、入境旅游业务；旅行社服务网点1家，是国际旅行社，主要业务范围是国内旅游、入境旅游和出境旅游招徕、咨询服务。

2013 年平邑县旅行社情况表

表 27-3

名 称	许可证编号	地 点	业务范围	成立时间
平邑快乐假日旅行社有限公司	L-SD-13050	平邑县浚河路 184 号	国内旅游业务、入境旅游业务	2001.6
临沂天宇旅行社有限公司	L-SD-13084	平邑县浚河路西段	国内旅游业务、入境旅游业务	2009.12
平邑县蒙山旅行社有限公司	L-SD-13090	平邑县财源路 81 号	国内旅游业务、入境旅游业务	2001.8
平邑情倾沂蒙旅行社有限公司	L-SD-13094	平邑县莲花山路西首福泉家园沿街	国内旅游业务、入境旅游业务	2006.3
临沂国际旅行社有限公司平邑营业部	L-SD-GJ00041-015	平邑县城仲里路中段以西	国内旅游、入境旅游和出境旅游业务招徕、咨询服务	2008.3

第二节　星级饭店

2013 年，平邑县境内共有星级饭店 6 家：平邑沂州国际饭店、山东沂蒙人家、平邑蒙山度假村、平邑沂州府乡村会馆、平邑小瀛洲度假村、平邑华氏万顺山庄。

平邑沂州国际饭店

位于平邑县城浚河路中段，西邻国家 AAAA 级旅游景区天宇自然地质博物馆。原为平邑宾馆，2002 年 12 月 20 日被批准为二星级旅游涉外饭店。其间，临沂市沂州宾馆集团对平邑宾馆重新进行装修，更名为沂州国际饭店，并 2009 年 1 月开始营业。2010 年 12 月 30 日，平邑沂州国际饭店被批准为四星级旅游饭店。饭店占地面积 2 万平方米，建筑面积 2.1 万余平方米，拥有豪华双人间、单人间、浪漫情侣房、温馨家庭房、沂蒙风情房、行政套房、总统套房等 10 多种类型，116 间套客房。拥有餐饮零点大厅、15 个宴会包间、1 个西餐厅，可同时容纳近 600 人就餐，拥有规模不同的 8 个会议室，可同时容纳 1000 人以上参加会议。同时还拥有茶艺室、棋牌室、健身房、台球厅、乒乓球厅等多种休闲娱乐项目。饭店先后被评为全国绿色营养健康型餐饮名店、中华特色餐饮美食名店、中国绿色酒店、“资源节约型环境友好型”示范饭店等称号。

山东沂蒙人家

坐落于山东第二高峰——蒙山主峰龟蒙顶脚下。酒店占地 2.67 万平方米，分为综合服务楼，小院客房区，附楼客房区，后山风景区四大部门。酒店共有标准间 89 间，并设有套房和豪华套院，能容纳 200 余人入住。餐厅、宴会厅可同时容纳 360 余人就餐，拥有大、中、小型会议室 4 个。游泳池、茶艺室、KTV 包间等各种娱乐设施齐全。2005 年，山东沂蒙人家被批复为三星级旅游饭店。

平邑蒙山度假村（东山宾馆）

位于蒙山山门西侧 68 米处（原乾隆古道），素有天然氧吧之称的国家 AAAA 级风景名胜区蒙山脚下，是集住宿、餐饮、会议、娱乐、旅游等功能于一体的大型综合性商务宾馆。宾馆 2006 年 6 月建成营业，被授予“光荣企业”称号；2008 年被临沂市卫生局评定为“B 级卫生单位”，被临沂市旅游局评定为“银叶级”绿色饭店。严格实行规范化、程序化管理，现拥有可容纳400人的大型会议室和中、小型会议室6个，总统套房、豪华套房、别墅、三人间、单人间及标准间等一应俱全，同时可容纳300余人住宿。宾馆高中档餐厅俱全，可同时容纳300人就餐。

平邑沂州府乡村会馆

坐落于著名的大洼风景区，风景秀美，群山环绕，纯原生态，天然氧吧，酒店为准三星级，有客房50余间（套），可容纳120人住。配有可容纳100～150人大会议室1个，20～60人的会议室2个。餐厅包间4个，可同时容纳120人就餐。有拓展基地1个，设施完备，项目齐全。

平邑小瀛洲度假村

位于国家森林公园——大洼风景区，这里是中央美术学院指定写生基地。小瀛洲度假村以银线河为中心，沿河两岸占地约2万平方米，规划设计精品房150套，总建筑面积6430平方米。为酒店式度假村，楼层设计三层，抗震能力八级，房型外观采用古香古色的明清时代建筑风格，外墙建筑以当地的青石、蘑菇石为基调装饰，与绝美景色交相辉映，美轮美奂。50～80平方米精致户型，水、电、暖、卫、厨、宽带等家庭必备设施配套齐全，270° 全景露台，让灿烂的阳光、新鲜的空气灌注于生活的每一个角落。

平邑华氏万顺山庄

位于国家森林公园、中国著名养生长寿胜地——山东蒙山大洼景区、玉龙峰前怀，是由万顺茶庄投资兴建的一家集住宿、餐饮、商务、旅游等为一体的园林式星级宾馆。山庄占地1万余平方米，建筑面积3000余平方米，有高中档客房60间，学生写生接待床位520余个，建有豪华餐厅20间、可同时容纳200余人就餐的多功能餐厅1个，大中小豪华会议室齐备。

第三节 特产名吃

平邑县旅游商品主要有小米煎饼、左记烧鸡、老咸菜等加工制成品，以及大蒜、山楂、全鸡、全羊等特产名吃。

平邑大蒜

境内种植平邑大蒜历史已逾千年，主要分布在温水、铜石、仲村等乡镇，种植面积约5333.33公顷。现主要品种为苏联红皮蒜，头大瓣齐，皮薄如纸，粘辣清香，营养丰富，含有丰富的维生素、氨基酸、蛋白质、大蒜素和碳水化合物，营养价值和药用价值较高，是山东省“无公害农产品”，远销日本、东南亚各国及港澳地区，颇受国内外消费者欢迎。

蒙山全蝎

俗称蝎子、全虫。《蜀本草》记载，入药有1100多年的历史。全县山区、丘陵均产，以柏林、卞桥、地方、流峪、郑城、铜石等乡镇山区产量最大，蕴藏量约5000千克，多数为自然繁殖，少数为人工饲养。又以蒙山全蝎最优，个大体肥，营养丰富，味道鲜美，药用功效显著，既是贵重药材，又是山珍佳肴。据测定，蒙山全蝎所含蝎毒素、蝎酥、牛磺酸、卵磷脂、三甲胺、甜菜碱等10余种成分，含量多数高于异地全蝎。蝎性辛、甘、平，有毒，有镇痉、通络、解毒之功效。可治疗惊痫、中风、半身不遂、口眼歪斜、破伤风、淋巴结核、疮疡肿毒等症。

仲村小米煎饼 仲村小米煎饼历史悠久，曾因清乾隆年间向朝廷进贡而闻名。主要以当地小米、高粱、大豆为原料，手工烙制而成。该产品营养丰富，酥脆可口香甜适中，余味无穷，是沂蒙山区闻名土特产之一。自1982年以来，该产品以传统加工工艺和现代营养学配方，佐以保健微量元素，先后开发出椿芽煎饼、五香煎饼、绿豆煎饼、珍珠米煎饼、枸杞子煎饼、香米煎饼、胡萝卜煎饼等20多个品种。仲村小米煎饼销往临沂、济南、广州、上海、南京、浙江、江西等地，实为营养、保健食品中的佳品。

左记烧鸡

左记烧鸡是由平邑镇三村（现为西城居委会）回族村民左传贤创制，其特点是芳香馥郁，香甜可口，久食不腻。配置左记烧鸡的中草药主要有白芷、肉蔻、广砂、桂皮、三奈等30种中草药，这些草药有的甘甜，有的克瑟，有属寒性的，有属暖性的，可作补药养身治病，还可健脾养胃，旺神运气。其做法是：原鸡必须是本地草鸡，宰杀后须浸泡一夜方能下锅，老汤锅开后，先把表面清汤舀去，只用中层汤焖鸡，鸡熟后不要放在冷水中浸，而是干晾，晾干的烧鸡比起浸泡的要减少4～5两的分量，但肉质却更加鲜嫩、干酥。“左记烧鸡”不仅在平邑，在济南、天津、东北等地也很有名气。

白马关草鸡

发源于蒙山三大关之一的白马关，炖制最正宗的白马关鸡的饭店位于省道S335武台镇白马关村段。骏首山庄、白马关第一鸡店、李增伟炒鸡店、上关风味鸡店、白马关马宁鸡店被评为平邑县星级农家乐。白马关鸡主要有两种风味，一种是白汤鸡，一种是红汤鸡，白汤味淡，可以喝鸡汤。红汤味重，可以加辣椒。白马关鸡由24味名贵中草药配料，对人体有很多好处，不但食而不腻，开胃健脾，还有延年益寿的作用。白马关骏首鸡店选用自家养殖的草鸡，采用原始自然放养的方法把鸡放在山上让它们自己寻食山上的虫子、松籽、野草种子等，保证炒鸡的原材料天然而且味道纯正。

白彦老咸菜

早在唐贞观元年，费县西南百里，温凉河（祊河上游）以西的白彦一带，农家素有制菜新招，特别是用白盐腌制的各种青菜，耐储存，味道鲜。后来当地人们经过多年的积累，形成一整套腌制方法。即秋后将辣菜（仅限此菜）去其梗蔓、根须，洗净晾干放入瓷缸，按照5千克菜1千克盐的比例，一层菜一层盐，然后加入井水，以淹没上菜为止。待春节前后，把腌好的咸菜捞出，用麻绳串起，晾晒月余，干度以不超过3.5%的水分为宜，切忌雨淋水洗，第二年清明节前后，择风和日丽之日，把腌菜的盐水和晒干的菜块一同放入生铁锅里，加入大茴、花椒之类的佐料煮一整天即成。

天宝山楂

又称酸楂，山里红子。野生较少，主要是引种栽培，平邑县有400多年的栽培历史。现已发展有大金星、歪把红等七八个品种，在全县均有分布，以地方、郑城、铜石3个镇最多。全县种植面积10平方千米，年产量3000万千克。平邑山楂以产量大、品质佳著称，为同类山楂之佳品，具有开胃消食、止泻降压之功效。很早就开发健胃消食的中成药山楂丸等中药。后开发山楂糕、山楂饼、山楂片、山楂汁、山楂罐头等副食产品。平邑县山楂“糖葫芦”历史悠久，远销全国各地。

李家蒙山生态全羊宴

采用当地特有的蒙山黑山羊，根据全羊躯干各部肌肉组织的分布不同，用不同的烹调方法，做出色、形、味、香各异的各种菜肴，并冠之以吉祥如意的名称。一只羊可做80多道菜品。在制作上，刀工精细，调味考究，炸、溜、爆、烧、炖、焖、煨、炒，醇而不腻，具有软料、清淡、口味适中、脆嫩爽鲜等特点。选用羊身各个部分做成的全羊汤，酸辣麻香，清素不膻。用眼、耳、舌、心等做成的各式菜肴，质脆而嫩，味美形奇，各具特色。全羊宴的特点是素有膻，食之可口，风味独特，上菜程序上先凉后热，先羊头后羊蹄，中间上素菜。

东山十大碗

属于平邑老菜喜宴蒙山宴席的一种，分为九个档次：十个碗、粉头席、黑头席、三大件、四大件、十三巧、吃桌看桌、三十二盘盘、四十八海碗，每个档次从低到高排列，构成了一个严谨的蒙山筵席的结构系统。高档次的筵席讲究吃席的礼仪，更讲究排场阔气。筵席的小碟均是凉拌，大菜以大锅炖菜为主，汤汁较多，主料、配料、调料相互入味，菜品搭配合理。高档筵席讲究“碗碗有肉”，每个档次都有严谨的结构，每个菜品的上桌先后顺序固定。

十大碗经过几十年的整理挖掘，出现几套最具代表性的传统菜系，有豆腐皮炖粉条、山蘑菇粉皮炖农家草鸡、瓦块鱼、滑丸子、老式鸡蛋汤（里面有鸡血、肉丁、碎蘑菇等）、海带炖肉、时令蔬菜炒肉、清炒绿豆芽、蔬菜炖排骨、大肉炖粉皮。十大碗在选料十分考究，筵席主料、配料多选择当地、当季的美味物产和时令蔬菜，讲究新鲜天然。

第四章　旅游管理

第一节　管理机构

1993 年 7 月，经县委、县政府研究决定设立平邑县旅游局（平邑县蒙山风景区旅游开发总公司），下设办公室、规划发展科、行业管理科 3 个科室。隶属县政府领导，建制级别为局级单位。旅游开发总公司采用企业管理体制，执行企业会计制度和财务管理办法，实行独立核算，自主经营，自负盈亏。

第二节　旅游规划

1989—2013 年，平邑县先后聘请国内知名的旅游专家，对全县的旅游资源、产品策划和发展方向进行科学论证、科学规划。

1993 年 6 月，邀请山东省城乡规划设计研究院对蒙山旅游进行开发规划，并制定《平邑县蒙山风景区旅游开发规划说明书》。1998 年 11 月至 1999 年 1 月，曲阜师范大学地理系的规划专家组，邀请国内著名学者参加，组成联合规划专家组，制定《山东省蒙山旅游发展总体规划》和与其配套的《蒙山旅游区旅游分区建设规划》。2004 年 9 月 18 日，山东省旅游规划设计院编制的《平邑县旅游发展总体规划》《蒙山龟蒙景区开发建设规划》通过专家评审。2005 年 11 月，以旅游规划专家保继刚教授为组长的规划组编制完成蒙山旅游区修建性详细规划。2008 年 1 月，九间棚旅游开发有限公司委托省旅游规划设计院编制完成《平邑县九间棚旅游景区控制性详细规划》。

2013 年 5 月，郑城镇人民政府聘请山东省旅游规划设计研究院专家编制完成《临沂市平邑县曾子山旅游区概念性规划》。

第二十八编

社会生活

第一章　居民生活

第一节　城镇居民生活

1989年起，平邑县国民经济稳步发展，城乡居民收入逐年增加，生活水平不断提高。2013年，全县职工平均工资41038元，农民人均纯收入10277.68元，分别为1989年的27.8倍和25.82倍。收入的增加，使城乡居民在消费观念上发生很大变化，在消费水平上有明显改善。

居民收入

改革开放以来，随着县域经济的发展，平邑县机关企事业单位职工工资持续增长。1989年，全县在岗职工年人均工资1476元，其中全民所有制单位和集体所有制单位职工分别为1537元和1256元。1990年，全县在岗职工年人均工资1664元，其中全民所有制单位和集体所有制单位分别为1748元和1397元。除工资性收入外，城镇居民开始出现其他劳动收入和资产经营性收入，因所有制性质、行业不同，城镇居民收入出现差别。1990年后，机关事业单位开始实行以职务工资为主的结构工资制，企业职工工资逐步实行工资总额与经济效益挂钩的制度，工资额由企业依据国家有关政策自主确定。1992年，全县在岗职工年人均工资2057元，首次突破2000元，其中全民所有制单位和集体所有制单位职工分别为2092元和1922元。1994年，全县机关企事业单位实行工资制度改革，职工工资收入出现较大增长，年人均工资3286元。1999年，全县在岗职工年人均工资6705元。2000年后，全县机关企事业单位职工工资持续增长，离退休人员、下岗职工和城镇低收入家庭收入得到基本保障。2000年、2002年、2013年，全县在岗职工年人均工资分别为7118元、8385元、41038元。

1989年，平邑县单位在岗职工按国民经济行业分为农林牧渔水利业，工业，运输邮电业，商贸、饮食、物资供销业，公用事业服务业，卫生、体育、福利事业，教育、文化事业，科研、技术服务业，金融保险业，机关、团体10个行业，年平均人数总计19554人，年工资总额3058.5万元。2000年，平邑县单位在岗职工按国民经济行业分为农、林、牧、渔业，采掘业，制造业、电力、燃气及水生产供应业，建筑业，地质勘查业、水利管理业，交通运输、仓储及邮电通信业，批发和零售贸易、餐饮业，金融、保险业，社会服务业，卫生、体育和社会，教育、文化艺术及广播电影电视业，科学研究和综合技术服务业，国家机关、政党机关和社会团体等14个行业，年底在岗职工人数44055人，较1989年增加24501人，年工资总额30692.2万元。

2013年，平邑县在岗职工按国民经济行业分为农、林、牧、渔业，采矿业，制造业，电力、燃气及水生产供应业，建筑业，批发和零售业，交通运输、仓储和邮政业，住宿和餐饮业，信息传输、软件和信息技术服务业，金融业，房地产业，租赁和商务服务业，科学研究技术服务业等19个行业，年底在岗职工人数101075人，比2000年增加81521人，年工资总额394154.3万元，是1989年年工资总额的 128 倍。

消费支出

自 20 世纪 80 年代起，随着收入的增长，城镇居民消费观念逐步转变，消费水平日渐提高，饮食消费中副食品消费增大，衣着消费猛增，文化娱乐用品消费开始占有一定比重。1989 年，平邑县城镇居民人均消费支出 731 元，其中消费品支出 339 元，文化生活服务支出 28 元，其他支出 22 元。1990 年，城镇居民人均消费支出 1068 元，其中消费品支出 363 元，文化生活服务支出 27 元，其他支出 32 元。20 世纪 90 年代，全县城镇居民消费支出逐年增加，特点是饮食、衣着支出平稳增长，教育、医疗、保健、文化娱乐等方面的支出大幅上升。1992 年，全县城镇居民人均消费支出 1500 元，其中消费品支出 712 元，文化生活服务支出 184 元，其他支出 335 元。1999 年，全县城镇居民人均消费支出 3523 元，其中食品消费 1298 元，衣着消费 512 元，医疗保健消费 178 元，文化教育娱乐服务消费 448 元，住房、通信及其他 600 元。

2000 年后，城镇居民饮食更加注重营养，讲究科学；衣着支出保持平稳；教育、医疗、养老、住房支出增幅较大；交通、通信及文化娱乐支出增速较快;家用电器进入更新换代期。2002 年，全县城镇居民人均消费支出 4163 元，其中商品性消费 2393 元，文化生活服务性消费 652 元，住房及其他消费 260 元。2007 年，全县城镇居民人均消费支出 7917 元，其中食品消费 1446 元，衣着消费 1071 元，居住类支出 702 元，医疗保健消费 229 元，文化教育娱乐服务消费 963 元，交通、通信支出 758 元，家庭设备用品支出 405 元，其他支出 273 元。2013 年，全县城镇居民人均消费支出 15774 元，其中食品消费 6752 元，衣着消费 2713 元，居住类支出 797 元，医疗保健消费 761 元，文化教育娱乐服务消费 1246 元，交通、通信支出 232 元，家庭设备用品支出 1227 元，其他支出 461 元。

第二节　农村居民生活

居民收入

1989 年，平邑县农民人均纯收入 398 元。全县大力发展各种经济，吸收大量农村剩余劳动力，务工农民数量大幅上升。1990 年，全县农民人均纯收入 479 元。1993 年始，平邑经济发展迎来高速增长期，全县个体私营经济得到充分发展，农民收入渠道进一步拓宽，人均纯收入高速增长。1994 年，全县农民人均纯收入突破千元大关，达到 1165 元。1996 年，农民人均纯收入突破 1800 元，达 1852.95 元。1997 年始，受亚洲金融危机和其他不利因素影响，农民收入增幅降低。当年全县农民人均纯收入 2002 元。

进入 21 世纪，全县国有集体企业和乡镇企业转换经营机制、建立现代企业制度工作基本完成，带动农民收入的大幅增长。2004 年，全县农民人均纯收入突破 3000 元，达 3096 元。2008 年，全县农民人均纯收入 5324 元。2013 年，全县农民人均纯收入过万元，达 10277.68 元。

消费支出

20 世纪 80 年代，随着农村经济的发展和农民收入的增加，农村居民消费观念逐步转变，消费水平有所提高，消费主要集中于食品、衣着等生活必需品。1989 年，平邑县农村居民人均生活消费支出 439 元，其中食品、衣着、文化生活服务支出分别为 185 元、34 元、4.6 元。1990 年，农村居民人均生活消费支出 435 元，其中食品、衣着、文化生活服务支出分别为 251 元、40 元、32 元。

20 世纪 90 年代，全县农民生活由温饱向基本小康过渡，生活水平明显提高，食品构成中蔬菜、肉、蛋等副食比例不断增大，毛呢料服装、皮革服装逐步进入农民家庭，各种耐用物品拥有量均有不同程度的增加。1992 年，全县农民人均消费支出 503 元。1999 年，全县农民人均生活消费支出 1743 元，其中食品、衣着、文化教育娱乐及服务支出分别为 770 元、94 元、262 元；每百户家庭拥有彩电 30.5 台、洗衣机 2.2 台、电冰箱 4.7 台、摩托车 16.3 辆、照相机 3.7 架。

进入 21 世纪，农民生活水平进一步提高，用于发展和享受性消费支出增加，食品讲究荤素搭配，消费品更加注重质量、品牌、包装，汽车等高档消费品渐次进入农民家庭。2000 年，全县农民人均生活消费支出 1789 元，其中衣着支出 104 元，文化娱乐用品及服务支出 260 元；每百户家庭拥有彩电 36.7 台、洗衣机 6 台、电冰箱 7.3 台、摩托车 18.7 辆、收录机 8.7 台、照相机 4 架。2013 年，全县农民生活人均消费支出 6698 元，其中实物性消费和服务性消费分别为 3265 元和 1051 元，分别占消费总额的 49% 和 19%，每百户家庭拥有彩电 103 台，电冰箱 89 台，电话机 47 部，移动电话 173 部，影碟机 56 台，洗衣机 93 台，摩托车 48 辆。

住房

自 20 世纪 80 年代中期开始，随着收入的提高平邑县农村兴起建房热潮，建起宽敞明亮的砖瓦房，农村居民住房条件得到较大改善。1989 年，农村居民人均使用房屋面积 18.55 平方米。20 世纪 90 年代，农村住房建以砖瓦房为主，部分家庭开始注重对住房进行舒适性装修。1994 年，全县农村居民年底人均住房面积 18.9 平方米。1998 年，全县农村居民年底人均居住面积达 23.4 平方米。

进入 21 世纪，住房质量得到进一步提高，农民建房开始向钢筋混凝土发展，部分富裕农民盖起 2 层楼房。2000 年，全县农村居民人均使用房屋面积 23.3 平方米。2007 年底，人均使用房屋面积达 25.1 平方米。2013 年，平邑县农村居民年底拥有住房面积 31.64 平方米。

1989—2013 年平邑县职工平均工资情况表

表 28-1　　　　单位：元

年份	职工平均工资	年份	职工平均工资	年份	职工平均工资
1989	1476	1999	6705	2007	18196
1991	1904	2000	7118	2008	20706
1993	2504	2001	7744	2009	23276
1994	3286	2002	8358	2010	26723
1995	3869	2003	8967	2011	30733
1996	4279	2004	10285	2012	37418
1997	5010	2005	12314	2013	41038
1998	5360	2006	13779		

2000 年平邑县分行业在岗职工和劳动报酬情况表

表 28-2

按国民经济行业分组	年底人数（人）	工资总额（万元）	人均年工资（元）
农、林、牧、渔业	1243	1054	8463
采掘业	2845	2169	7391
制造业	5164	2410	4702
电力、燃气及水生产供应业	1165	1294	11023
建筑业	106	55	5101
地质勘查业、水利管理业	603	365	6029
交通运输、仓储及邮电通信业	455	357	7913
批发和零售贸易、餐饮业	2506	1574	6505
金融、保险业	869	1065	11718
社会服务业	610	364	6701
卫生、体育和社会	1783	1551	8952
教育、文化艺术及广播电影电视业	9572	7985	8401
科学研究和综合技术服务业	23	22	10000
国家机关、政党机关和社会团体	7658	6327	8554

2013 年平邑县分行业在岗职工和劳动报酬情况表

表 28-3

按国民经济行业分组	年底人数（人）	工资总额（万元）	人均年工资（元）
农、林、牧、渔业	115	334	29316
采矿业	1776	12044	66963
制造业	13377	39402	29404
电力、热力、燃气及水生产和供应业	1296	8555	65963
建筑业	47868	195049	40616
批发和零售业	5233	15279	29479
交通运输、仓储和邮政业	2757	12963	48532
住宿和餐饮业	223	722	31942
信息运输、软件和信息技术服务业	123	442	35653
金融业	1893	10224	56142
房地产业	414	1221	30228
租赁和商务服务业	420	1230	29358

续表 28-3

按国民经济行业分组	年底人数（人）	工资总额（千元）	人均年工资（元）
科学研究和技术服务业	957	3099	33613
水利、环境和公共设施管理业	1378	3776	27828
居民服务、修理和其他服务业	51	87	17098
教育	9266	36127	39784
卫生和社会工作	4718	20957	44923
文化、体育和娱乐业	247	1005	40704
公共管理、社会保障和社会组织	8963	31637	35432

1989—2013 年平邑县农民人均纯收入抽样调查表

表 28-4

年份	调查户数（户）	人均纯收入（元）	年份	调查户数（户）	人均纯收入（元）
1989	780	398.00	2002	150	2503.00
1990	780	479.00	2003	150	2678.00
1991	390	531.00	2004	480	3096.00
1992	390	590.00	2005	480	3562.00
1993	390	797.00	2006	480	4017.00
1994	390	1165.00	2007	480	4670.00
1995	390	1482.00	2008	480	5324.00
1996	390	1852.95	2009	480	5824.00
1997	390	2002.00	2010	480	6695.00
1998	440	2153.00	2011	100	7946.63
1999	465	2235.00	2012	100	9047.24
2000	440	2326.00	2013	100	10277.68
2001	150	2396.00			

1989—2013 年平邑县农村居民人均生活消费支出情况表

表 28-5

年份	调查户数	人均生活消费支出（元）	年份	调查户数	人均生活消费支出（元）
1989	780	367.11	2002	150	1718.51
1990	780	389.82	2003	150	1636.14
1991	390	446.00	2004	480	1861.70
1992	390	477.18	2005	480	2085.15
1993	390	557.00	2006	480	2411.93
1994	390	714.00	2007	480	2955.18
1995	390	951.00	2008	480	3321.85
1996	390	1107.49	2009	480	3505.69
1997	390	1426.24	2010	480	3552.74
1998	440	1595.38	2011	100	4664.53
1999	465	1450.78	2012	100	6058.44
2000	440	1517.03	2013	100	6697.96
2001	150	1646.47			

1989—2013 年部分年份平邑县农村居民耐用消费品每百户拥有量

表 28-6

指　标	1989 年	1999 年	2000 年	2007 年	2010 年	2013 年
自行车（辆）	125.0	172.0	165.9	133.96	116.04	107
其中：电动自行车（辆）	—	—	—	20.42	46.88	96
缝纫机（台）	29.0	41.7	40.5	—	—	—
大型家具（件）	—	266.9	244.1	—	—	—
钟（座）	46.0	91.0	101.1	—	—	—
手表（只）	133.0	108.8	110.2	—	—	—
电风扇（台）	21.0	139.8	137.3	—	—	—
洗衣机（台）	—	2.2	3.4	31.25	50.63	93
电冰箱（台）	—	4.7	5.2	16.67	42.08	89
空调机（台）	—	—	—	1.46	6.04	31
微波炉（台）	—	—	—	6.67	10.00	21
热水器（台）	—	—	—	8.96	24.38	59
录像机（台）	—	1.5	2.5	—	—	—

续表 28-6

指 标	1989 年	1999 年	2000 年	2007 年	2010 年	2013 年
沙发（件）	28.0	—	—	—	—	—
大衣柜（件）	34.0	—	—	—	—	—
写字台（件）	11.0	—	—	—	—	—
收音机（台）	53.0	29.7	22.5	—	—	—
黑白电视机（台）	30.0	74.4	71.4	—	—	—
彩色电视机（台）	1.9	30.5	33.6	96.25	99.79	103
收录机（部）	4.0	13.8	14.1			
照相机（部）	0.3	3.7	5.0	4.58	3.33	11
摩托车（辆）	—	16.3	22.7	83.13	59.79	48
电话机（部）	—	—	—	88.33	56.46	47
移动电话（部）	—	—	—	81.67	129.38	173
影碟机（台）	—	—	—	60.63	49.38	56
汽车（生活用）（辆）	—	—	—	—	4.79	15
计算机（台）	—	—	—	—	7.29	35

第二章 民 俗

据清光绪版《费县志》载，邑民“守耕读”“急赋税”“婚姻不论财帛之多寡，设教不计束之厚薄”，平邑人勤劳朴实、淳厚善良、崇尚礼仪、乐于奉献、团结互助、注重乡情的传统美德代代不息。随着社会经济、文化的发展，对人们的生产和生活进步起阻碍的思想、道德、习俗逐步被摈弃，民风民情为之一新。

第一节 生产习俗

农业

传统社会县内居民以农为本，崇尚精耕细作，勤俭持家。在自然经济条件下，农户通常男子耕作，女子料理家务。20 世纪 50 年代后，随着经济体制的变革和商品经济的发展，农村妇女移风易俗，逐渐从家务中解脱出来，投入到务农、务工、经商的行列中。

传统社会，农民生活惯于日出而作，日落而息，春种、夏锄、秋收、冬藏，年复一年，周而复始。春节过后，常择“双日”，鸣放鞭炮“动工”，拾掇犁具、运肥、备耕。“谷雨前后，种瓜点豆”，春种开始。收获季节农民劳作紧张，有抢收抢种之习，夏收、“三秋”以及金银花集中产区采花时节，为最忙之时，农民常事前备足干粮，早、午饭多在田间地头吃。

俗话说“生乎（的）夺麦拔白菜，月亮地（儿）扛秫秸”，意即抢收抢种。天气炎热时，早出工，晚收工，中午歇大晌。“豆子开花，捞鱼摸虾”，此时秋作物苗子已安排就绪，夏锄已过，农民有挂锄钩歇夏之俗。秋收完毕，便进入冬闲。平时劳作多为“五畔儿”，早晨干一畔儿活后吃饭，上下午各两畔儿，有地头吸烟歇畔儿之习俗。山区运庄稼多用扁担挑，平原地多用胶车或地排车。传统社会贫苦农民为养家糊口，外出“打短”者多，农业合作化后渐废。现时农忙季节，县城及较大的集镇重又出现短工市场，剩余劳力云集街头，议价受雇。20 世纪 80 年代农村实行生产责任制后，生活节奏变快，农民多利用农闲，到外地务工经商，增加收入。

传统社会农业生产力低下，农民靠天吃饭，有天旱“祈雨”，喜雨过后“贺雨”之俗。此俗仍存。

商贸

县内交易，以集市交易为主，多为五天一逢集，白天交易。农闲时赶集者多为男子，后女子到集市上置买东西者渐多。粮食、蔬菜、牛、羊设有专市。传统社会“经纪”垄断牲畜市场，买卖由其从中撮合、牟利，今仍有个别人从事此活动，撮合交易。20 世纪 80 年代后，个体经济迅速发展，集市贸易更加活跃，各业摊点遍布市面，议购议销，价格浮动，消费者多乐意集市购物。县内买卖素讲公平。

在 20 世纪末，特别是进入 21 世纪之后，随着因特网的普及，县内的网络交易日趋活跃。农民在网络上贩卖自己的或者县内的产品成为一种时尚，相继在县域内出现了一批“淘宝村”。同时，许多的年轻人更乐于网上购物。

第二节　生活习俗

餐饮

20 世纪 50 年代前后，县内农家居民以高粱、谷子、地瓜等粗杂粮为主食。为备荒有冬贮干菜的习惯，多为地瓜秧子、萝卜缨子、辣菜疙瘩缨子等。煎饼、糊豆（稀饭）为家常便饭，早晚喜喝糊豆，中午常吃煎饼。煎饼系分别将小麦、高粱、地瓜干磨成糊状，用鏊子摊烙。20 世纪 60 年代后，多将粮食（以地瓜干为主）磨成粉，以水和面后压干成团，用手滚烙。仲村煎饼最出名，用小米加黄豆磨成糊状摊烙，薄如纸，酸甜可口。馍馍、包子（水饺）、油饼、发面卷子、烧饼等面食品，通常在年节或来客人时食用；挂面、油条多为串亲送礼之物。20 世纪 80 年后，农村实行生产责任制，粮色比例改变，细粮增多，粗粮细吃，居民饮食结构发生了变化，但饮食习俗依旧。

农民传统习俗为春夏秋一日三餐，冬天两餐，习惯全家合餐。农忙时一日三餐多在田间地头。常备菜肴有咸菜、辣椒花（用辣椒与韭菜花轧制而成）、咸鱼、红虾、湖鱼、粉皮、粉条等。常食蔬菜有大（小）白菜、萝卜、芹菜、菠菜、茄子、韭菜、豆角、芸豆、土豆、西红柿、辣椒、大蒜等。早饭通常不炒菜，多以咸菜、辣椒等佐餐，只中午或晚饭炒菜，以晚饭为重。炒菜多为清炒豆腐及部分自产蔬菜。食用油以花生油和猪油为主，豆油为次。口味尚咸、辣。仲村、武台一带居民，有喜食酸煎饼的习俗。

迎送新亲、稀贵客人及婚嫁的宴宾饮食，农户较为讲究。除烟茶款待外，在用饭上，贵客初来多吃面条，寓意“常（长）来常（长）往”，通常不吃水饺，认为吃水饺把客人的嘴给“捏”上了，对人不礼貌；红事用饭多为馒头；

白事米饭为主，近时也多为馒头。用菜无论多少，均为双数，通常 8 ~ 10 个菜，荤素搭配，但必有鸡鱼肉蛋。席间备以白酒或色酒。随着经济条件的提高，农村宴宾饮食也多以丰为荣，尽心待客。20 世纪 50 年代前后，通常时兴十大碗或四大洋盘。20 世纪 70 年代后，多用陶瓷汤盘上菜，用碗者少见。城镇机关宴宾，“文化大革命”前通常四菜一汤，后逐渐为八菜一汤，甚至十四菜一汤，较农家为丰，多喝高档白酒，夏季以喝啤酒为主。通常农户丧事菜肴以素为主，不甚讲究。南部山区有喝黄大茶的习惯。仲村、保太有喝“卯时茶”的习俗。

20 世纪末至 21 世纪，平邑人随着经济条件的改善，餐饮习惯也发生了很大的变化。红酒逐渐流行成为时尚。几乎所有的喜事——婚宴、助米席、寿宴、谢师宴、生日宴会等，不论是农村还是城镇绝大多数在饭店举办，一些人节日聚餐、招待亲朋也安排在饭店里办，有人把丧事宴席也安排的饭店里办。菜式根据各自的爱好和经济条件而定。

20 世纪末至 21 世纪，西式快餐、西式饮料成为年轻人特别是儿童的最爱。薯条、汉堡包、可乐等，几乎成了儿童少年的必备零食。

衣着

20 世纪 50 年代前，县内居民绝大多数衣着俭朴，不尚华丽。男女均着机织土布，花色单一，以青、蓝、白为主。式样受清代服装影响，男女单、棉上衣多带大襟，高圆领，以肥大为美，布结扣子，男左女右。女子尤好衣镶花边，过膝褂子。下身穿大档裤子，绾折束腰。青壮年妇女多用红绿带子扎腿，老年妇女及老头喜扎青色布带，富裕人家穿长袍马褂。到 20 世纪 60 年代中期，农村男女老人衣着无甚变化。“文化大革命”时期，青壮年男子普遍穿学生服、青年服、中山服、国防服、对襟便服。女青年始穿对襟褂子、列宁服、小西服。男女西式裤子流行。衣料多以机织棉布为主，但花色增多。女装男性化盛行，青壮年妇女中老式大襟褂几乎不见。受“红卫兵”影响，草绿色国防服一度盛行。20 世纪 70—80 年代，衣着观念发生了变化，服装的质料、款式、花色日趋新颖，多向高中档发展。除少数地区外，人们通常不再自做自穿，大多购成品服装或购料加工。城镇青年男女多穿西装、卡克装、毛呢制服、直筒裤、港装、喇叭裤、牛仔裤和款式服装等。女青年夏季多穿裙子，农村青年也乐意赶时髦，服装款式几乎与城镇无异，但女青年穿裙子者尚少。

20 世纪末至 21 世纪，平邑人的衣着越来越时尚化、国际化。随着传播途径的现代化、网络化，大城市的衣着很快就会在平邑的时尚男女身上看到。特别是许多平邑人对韩剧趋之若鹜，韩剧中的男女演员身上穿的衣服，一些平邑人通过网络购物几乎是与韩剧角色同步。

帽　传统社会农家男性冬天多戴毡帽，春夏秋季节戴青色瓜皮帽（俗称帽壳）；富家男子戴礼帽；儿童戴虎头帽；青壮年妇女戴缎质沿边护耳帽，老年妇女多围黑布头巾。20 世纪 50 年代后，农家老、壮年男子戴线织套筒帽，带檐棉布护耳帽，青年多戴三扇帽（俗称耩茼帽子）、八角帽，以青蓝色为主。“文化大革命”时期，草绿色军帽盛行，男女老幼一色。长围巾、方巾在农村中流行，老年妇女时兴戴青色平绒帽。20 世纪 80 年代初，纱巾在城乡风行，女青年多以腈纶绒线巾为时髦，农村妇女仍系方巾，以青蓝色为主。

20 世纪末到 21 世纪，平邑人戴帽子越来越时尚。一些国内外流行的款式，很快就会出现在平邑时髦男女的头上。

鞋袜　清末民初，男子春秋穿着狭口麻线纳底布鞋，冬天穿布棉鞋、草窝（芦花缝制而成），女子穿纳底绣花鞋或割花鞋，儿童穿猫头鞋。山区流行铲鞋。男女均穿纳底靴式双层布袜，喜用包脚布子缠脚。20世纪50年代后，人们始穿胶鞋、塑料底布鞋、橡胶水鞋。男子仍为圆口布鞋，千层底带五扣眼鞋，冬天穿三接头布棉鞋，或两瓣的老头棉鞋，少女及青年妇女仍以绣花鞋为美，青年男女多着粗纱筒袜（俗称洋袜子），穿着鞋袜仍以自做为主。“文化大革命”期间，时兴黄色军鞋、蓝色力士鞋、塑料凉鞋，以及用汽车轮胎自做的简易凉鞋，俗称“呱嗒子”。女青年喜好青色方口带襻布鞋，绣花鞋渐少。男子多穿尼龙底粗纱高筒袜，妇女穿细纱针织袜或弹力尼龙袜。20世纪80年代后，自做布鞋袜者少有，多到商店购买。城镇青年穿皮鞋者增多，女青年以穿着高跟皮鞋、布鞋为时髦。夏天男女均着塑料凉鞋或皮革凉鞋。纳底布袜被尼龙袜、锦纶丝袜所代替，长年穿着。农村与城镇无甚差别。

20世纪末至21世纪，平邑人，特别是时髦的青年男女对鞋袜的追求越来越时尚。他们借助于新媒体及时了解变化趋势，通过网络同时购进，所以平邑大街上劲吹的韩风、欧美风让人眼花缭乱、目不暇接。

饰物

传统儿童饰物有金银手镯、长命锁、香荷包、五色线及桃木刻制饰物等；男子日常饰物多为婚时所备布绣花束腰带及花烟包、旱烟袋等，妇女饰物多为簪子、头钗、镯子、戒指、耳环、耳坠、发髻网子、发卡及瓦拢子等类。“文化大革命”时期纪念章、语录本、红袖章盛行一时。20世纪80年代后，传统首饰开始流行。项链、变色眼镜等已成为青年男女的流行饰物。

20世纪末至21世纪，平邑时髦男女对新鲜的饰物十分感兴趣。他们借助于网络追逐自己喜欢的东西。

发型

民国初，男子始剃光头，有的留半发（俗称二道毛子），做公公后必留胡须，男童额前留囟毛，有的于脑后留一撮赖羊毛；女童须留偏毛，少女扎小辫、单辫或双髽髻。已婚妇女盘纂于脑后，网发，青壮年妇女多盘圆纂，额前留汗绺子，老年妇女多为长纂。20世纪50年代后，男性老年多剃光头，留胡须者渐少，通常青年多留平头、分头、大背头。女性公职人员多留短发，农村妇女仍以盘纂为美。村姑多扎大辫或双辫。“文化大革命”前，女子很少到理发店理发;初期，城乡妇女时兴剪短发，只有少女扎羊角辫或刷帚把子；后期未婚女子渐恢复扎大辫，新妇或短发，或扎大辫，婚否无别。20世纪80年代初，青年妇女始兴烫发、吹风。男女发式多样，中年男子以平头、分头为主，青年中大背头见多，农村老年男子仍剃光头。

20世纪末至21世纪，平邑青年男女对发型的追求越来越时尚。一些国内外影视明星、歌星、运动员、政治人物的发型、发式、头发的颜色很快就会在平邑大街上看到，几乎是同步。就连刚刚在欧美流行的年轻女性把头发染成老年人黑白相间的花白色，也能在平邑青年女性的头上看到。

居住

在传统社会县内居民住房比较简陋。多为木、石、土结构硬山起脊草房。一般单门独院，有正房3间，多南向，一明两暗，通常山墙留雀眼不留后窗。东西配房各2间或1间，均矮于正房。正房多设双扇门，偏房为单扇门，窗小而棂密，多为九棂窗。四周院墙，院落布局山区不大讲究，多随山就势建房，方向以日照时间长短而定。大门多东南向，安柴门或挑檐门楼，富裕者建双扇大门连过道，内衬影壁墙。院内无井窖。厕所、栏圈、仓囤、石磨等以大门方位而定，

不得乱设（山区栏圈多在院外）。建房时多请人事前看风水，择吉日，并有诸多忌讳。农村建房多在农闲季节进行，有帮工帮料之俗。亲邻故旧多于搭地基、上梁苫屋时前往帮工。新房上梁时，燃放鞭炮，并于脊檩贴“上梁大吉”，用红线系一旧皇历本及新筷一双。新房落成，款待工匠及乡邻。院落山区三间或五间一位，平原地多为四间一位，境内四合院渐少。

传统社会中产以上居民通常不析产，几代人同住在一个院子里。院内正房多为3间，东间为上，住长辈；西间为下，多住晚辈，中间待客就餐。弟兄数人多住东西配房。中产以下能有3间堂屋1间厨房者为上等户，多数贫苦人家，几代人住在一起，甚者或住破庙、地窖（地屋子），或住场园屋。20世纪50年代后，居住仍沿旧俗。

平邑年轻人大多不愿意和父母同住。机关工作人员由单位提供住房，20世纪80年代开始公房私有化，90年代开始职工自我解决住房问题。进入21世纪，城镇普遍购买商品房。婚前购买单元房也成为部分农村青年人和所有城镇青年人的负担，特别是随着房价的上涨，许多购房的年轻人成为“房奴”。

出行

在传统社会，平邑人出行绝大多数靠步行，只有少数经济条件好的人可以坐马车、骑马或者坐轿。

20世纪后半期至21世纪，平邑人出行逐步采取坐地排车、胶轮车、自行车、拖拉机、摩托车、电动车、轿车等。随着私人轿车的普及，自驾车出行成为时尚。出远门，平邑人既可以坐长途汽车，也可以乘坐火车。因途经平邑的高铁已在筹划之中，高铁通车后，平邑人出行又多了一种选择。

婚嫁

在传统社会婚嫁习俗多烦琐，通常要经纳采、问名、纳吉、请期、纳征、亲迎等婚礼程序。20世纪60年代后程序有所简化，多采取新旧结合的方式。20世纪80年代始，特别是进入21世纪之后，县内婚礼采取中西合璧的方式越来越流行，其中西式的比重越来越大，花费也水涨船高呈暴增之势。

订亲 旧时男女十几岁后，父母即托媒为儿女求亲，只要年龄适合、门户相当、生肖相合，便由家长做主，相约吉期，通启订婚。20世纪80年代，农村青年恋爱，多通过媒人介绍，男女双方同意，父母认可后，即可商定吉期。至时女方由其母、嫂等人陪同到男方相家，称为“相亲”男方设宴款待，并赠以彩礼，现金压启。同时男女双方交换“婚约”，称为“下启”或“传启”。钱物多少，因家境贫富而异。也有的青年先自由恋爱，在征得父母同意后，托媒人说亲订婚。还有少数奉子成婚的。机关青年男女多数在工作学习中建立感情，自由恋爱，双方父母同意即可订婚。男女一旦订亲，男方逢年过节则向女方送节礼，女方即可出入男家，并为之操持家务。

送日子 或称为“下喜书”，农村青年结婚要在婚前数月内，由男方根据女方的生辰、属相，择定吉日，书写年命帖，俗称“看日子”。找双月双日将“年命帖”用红纸包好，派人（多由媒人）送到女方，俗称“送日子”“送年命”或“下喜书”。下喜书时要带艾、香、麸子、盐四物，寓意爱情香甜、有富、良缘。“送日子”须与女方家长事先商定，否则会遭非议。女方

接年命帖后，即可筹办嫁妆准备嫁女。在传统社会富裕之家多陪送八大件，甚至更多，有的还陪送胭粉地和佣人的。一般农户多陪送赖五件、大五件（一柜一桌、一对马杌）等。有的什么陪送也没有。20世纪50年代后，出嫁陪送衣物不等，多为日常用具。20世纪80年代初，陪送衣物除必备家具外，还有缝纫机、收音机、大挂钟、自行车、外加几铺几盖（被褥）。城镇机关青年结婚，家具类多由男方置办。后结婚必备品随着社会的发展和进步在不断升级。20世纪70年代的“三转一响”——自行车、缝纫机、手表、收音机，为1.0版；20世纪80年代的“老三大件”——电视机、洗衣机、电冰箱，为2.0版；20世纪90年代的“新三大件”——彩电、空调（或者摩托车）、录像机（或者影碟机），为3.0版；21世纪的“新三大件”——车子（轿车）、房子（楼房）、票子，为4.0版。通常房子由男方买，车子由女方买。从20世纪80年代末开始的“三金一木”——金耳环、金项链、金戒指、摩托车，一直伴随到21世纪，只是档次在不断升级中。见面钱更是从“百里挑一”的101元，上升为“千里挑一”的1001元，升级为“万里挑一”的10001元，甚至有“十万里挑一”的100001元等，没有上限，一切视双方的条件而定。

完婚　男方于完婚前置办婚床，并找“全福人”为新人缝制被褥，四角放铜钱，缀红线，以图吉利。吉日前一日男方要派一本族晚辈，携带四色礼（鸡、鱼、肉、粉皮），将新娘嫁时所用红棉袄、棉裤、蒙头红、百褶裙、红绿扎腿带等，送至女方家中，俗称“送催妆”。搬叫贺喜亲眷，搭喜酒棚，贴对联，请厨师，备酒宴，聘鼓乐，前往女家迎娶，一切准备就绪。吉日早由姑嫂操持，摆盒、装柜，替新娘梳妆打扮，后新娘在众人陪同下按年命贴所定时辰，身穿嫁衣呜咽上轿（车），发嫁。送亲大客（娘舅、叔或伯）随嫁女同行，兄弟等送至村外返回，新娘随嫁妆出嫁。“文化大革命”期间，花轿被当作“四旧”被禁，花轿迎娶之俗废，平原地代之以排车，扎彩棚；山区则以手推胶轮车代之。后改乘坐拖拉机、汽车等。迎亲鼓乐一度废止，后又恢复，新娘至男家大门外落轿（车），等候片刻，俗称“勒性”，寓过门后性情温顺。同时将送亲大客迎入客厅。迎宾毕，男女傧相引新郎谢轿，点燃豆秸、纸锞，俗称“燎轿”。寓意驱邪。然后新娘下轿（车），在鼓乐和鞭炮声中，踏红毡至院中香案前，拜天地，入洞房，行合卺礼后两人同吃“宽心面”，共饮“交心酒”。新娘须“坐帐”，女傧相将枣、栗子、花生撒在新房中及床上，意为早立子，花花搭搭生，儿女双全。花烛之夜，点长明灯，亲友闹房。次日新娘“开脸”并向长辈或小叔子赠送新鞋、耳枕、花烟包等。同吃“斋饭”。饭后由嫂辈陪同，新人带供品到祖坟祭祀，回家后新娘依次拜公婆、祖父母、诸叔、伯、姑、妗等长辈赠以磕头钱。下午宴请娘家来宾后返回娘家。第三日将女儿送回婆家，俗称“忙三天”。20世纪50年代后，传统婚礼俗渐废，仪式从新从简。

叫对月　“叫对月”的习俗一般是叫七还八，或叫六还九。即婚后第七天娘家叫第八天送回，或第六天叫第九天送回。俗称“叫七还八，两家都发”，“叫六还九，两家都有”。送对月时新妇娘家备礼，有本家叔伯或其他长辈送回，男家盛情款待。后通常用“忙三天”代替“叫对月”。

认门　婚后，新婚夫妇备礼品同回娘家认门，除岳父家盛情款待外，其他亲族亦轮流宴请。此俗现尚存。

换季　婚后当年或第二年夏天，新娘娘家

要做一身新衣新帽给女婿“换季”，并为女儿买蚊帐、席枕头、席帽子、凉席子等夏令用品。

20世纪50—60年代，城镇机关青年结婚仪式一般比较简单。婚期多定在元旦、“五一”劳动节或国庆节。婚礼多采取茶话会形式，由单位领导主持，亲朋好友参加，备有茶水、糖果、香烟等，围桌谈笑，热闹一番。

20世纪80年代后，城镇青年婚礼大操大办、摆阔气、讲排场之风日盛，有的用公家车辆接送新娘；有的大办筵席，收受贺礼；有的置办高档家具，有的农村女青年婚前除向男方要大宗彩礼外，还要3间瓦房，给男方造成较重的经济负担。

20世纪末21世纪，县内婚礼越来越时尚化、国际化。即使是非基督徒，也按照基督徒在教堂举办婚礼的模式进行，穿婚白色纱、新郎新娘交换戒指、双双父母祝福、伴郎伴娘、合影、抛洒喜娘手花等等一个都不能少。通常，婚礼由专业的婚庆公司承办，有全程录像，婚宴在饭店举行。婚礼费用差异极大，少的数千元，多的数万元，豪华婚礼几十万元、数百万元。

传统社会回族女子不与汉族通婚，后按婚姻法办理。其婚俗主要是：男女双方同意，由父母主婚，阿訇代写“依扎卜”（婚书）并有证婚人，男女双方当众互赠信物。结婚时间通常定在“主麻日”（星期五，即回族礼拜日），请阿訇诵经，做油香分赠亲邻。

丧事

20世纪50年代前，丧葬礼俗基本延续清末民初的传统习俗。强调“厚养薄葬”“慎终追远”，遵从孔子在《论语·为政》里主张的“葬之以礼、祭之以礼”。

婴幼儿死谓之“殇了”，秆草包卷弃之野外或官地（乱葬岗）；未成年人死去称“少亡”，做小棺埋地头或祖林一角；青年死入棺，当日或次日葬祖茔地。成人葬礼分全场、半场，礼仪烦琐。

通常成人葬礼大致有如下程序：病危或弥留之际，儿女为之洗理，穿寿衣，并移至堂屋明间“灵床”之上，儿女不离身边，谓之“送终”。逝后停尸灵床，头南脚北，口含制钱，苘束双足，白纸蒙面，点长明灯，放打狗饼，举哀，送路。继之，请族长，央襄礼，议丧事，讣告亲友，筹办发丧。丧家门上贴白纸对联，朝悬暮落门纸。孝子穿布袜，着孝衣，戴孝帽（女的顶搭头），拉哀杖，束孝绳，谓之“披麻戴孝”。

亲友接丧信后，携纸铂、祭幛、吊礼等前往吊唁，抚慰丧主。孝子行礼答谢宾客，并为之破孝。至亲留宿参加祭祀活动（有的在殡葬当日前往）。

将入殓，先整容，后入棺。棺内放麸子、制钱及生前喜爱之物，尔后，儿女为之净面，盖棺待葬。若女丧，须待其娘家来人，叙死因，述丧仪，概无异议后方可入殓。

殡葬前日晚，举行夜祭（有的于当日午间在家中举行堂祭），打三通鼓，奏启门乐、歌乐、雅乐，读祭文。围观者众多。女婿等外戚施以小礼酬谢鼓乐手。丧期1～5天不等。出殡当日上午亲友致吊“参灵”，丧家宴宾，谢客。午后发引，祭舆，送“盘缠”，行“路祭”，顶“老盆”。棺起，孝男领棺前行，孝女孝眷就地举哀，亲友停送后各自回家，唯外甥、女婿等陪同孝子至族林。棺至墓地，孝子绕穴1周清扫墓室，目送棺木下土后，绕墓环行，撩衣兜土，手撒于坟周，待新坟隆起后，簇哀杖于坟头，卸孝回家，葬礼毕。

翌日，孝子孝眷赴墓地致祭，焚香化纸，祭奠并整理坟堆，谓之“圆坟”。后每逢

“五七”“百日”“忌日”均到坟前进行隆重祭奠。南部地区只在最初的三个忌日上坟，北部地区每个忌日都要上坟。尤以“五七”日祭祀为主。有偏“五七”正“百日”之俗。“五七”日子女至亲、女婿、外甥等要备盒礼（鸡、鱼、猪头等供饭菜），出嫁女为亡故父（母）扎制纸祭品如摇钱树、金童玉女、马（女用）、牛（男）等祭品。届时供于坟前，祭奠时，焚烧祭品、纸锞，行跪拜礼，后卸孝回家，丧家均盛情款待参加祭祀的亲朋等。葬后孝子服孝3年，男穿白鞋，帽檐白边，女素装，扎白带，上衣沿白边。

20世纪50年代后，政府宣传“移风易俗”，殡葬改革。但由于受传统习俗影响，丧葬礼仪基本如旧。自“文化大革命”初期破“四旧”起，传统丧仪被禁，土地庙拆除，大部分祖林坟头平掉，丧事从俭，多由大队党支部主持为死者召开追悼会，亲友凭吊后抬棺埋入祖林（多迁往山岭薄地）。数年后，乡村守灵、报丧、祭仪、筑坟等旧习俗渐有恢复，但仍按祖林旧制依次土葬。1977年后，全县推行火葬，干部群众积极响应。遗体火化前，农村葬礼仍按旧俗。国家公职人员亡故，亲朋好友多送花圈、挽联致祭，由单位主持追悼会，火化后有的葬入祖茔，有的骨灰存放火化场。服孝如旧，但改三年服孝为一年白，二年青，多戴“孝”字黑纱。三年内不贴红色对联之俗尚存。

回族丧葬不置冥器，不陪葬衣物，不焚纸锞，实行土葬。死后用净水冲洗，以白布洒香料裹尸，请阿訇诵经。三日内用清真寺公用大板，外罩扎布进行安葬，墓穴呈长方形，南北向，葬时尸体呈仰卧姿势，头北面西，由阿訇诵经成葬，墓成长梯形。丧葬期间，死者家属不设筵招待客人，以家常饭待之。有对已故亲人“做日子”（分“当日”“七日”“四十日”“百日”“周年”等）的习俗。每逢“日子”则请阿訇诵经走坟，祭奠死者，丧主炸油香散给亲友和清真寺。20世纪80年代，回族丧葬旧俗多已简化，“速葬”“薄葬”“俭葬”已成为回族人们自觉遵守的丧葬习俗。

20世纪末至21世纪，豪华丧礼在平邑出现。有的动辄花几万元、十几万元，甚至几十万元购买豪华墓穴，丧礼的规模和丧宴的标准不断攀升，成为一个社会问题。

贺生育

妇女产后，即遣人去娘家报喜。生男孩则在大门口挂书本、弓箭、红布条（俗称红子），意为长大成人后能文武双全；生女孩挂书本、蒜头（寓过日子会算计）、红布条。第3天烧喜纸，祭拜送子娘娘，其娘家带红糖、鸡蛋、小米、面及小儿衣物等前去贺喜，并商定“送助米”日期，通常俗定女孩9天、男孩12天。送助米之日，小儿姥娘、妗子、姨等须到场，北部地区舅为小儿铰头并赠以“铰头钱”或“铰头羊”，其他亲人赠以见面钱。男方家族亲友均于是日前往祝贺，贺礼多为米面、红糖、鸡蛋等物。20世纪末至21世纪，“助米”变为现金，数额不等。男方设宴盛情款待。产妇满月后，其娘家来人叫回住几天，俗称“叫满月”“躲尿窝”。待百天，姥娘要再次登门看视，须缝制裤子一件作为贺礼，裤内装核头、馒头等。是日，将婴儿抱到场间，由婴儿伯父脚踩碌碡为其穿裤子，同时将核头、馒头从裤腿登出弃之。有的地方须穿姑家做的裤子，俗称“穿百天裤子”，意祈日后“长命百岁”。此俗境内不同，南部山区有“姑做鞋，姨做袜，姥娘做个裤衩衩”之说；北部则为“姑家裤，姨家袜，姥娘做个漫头抹”之俗。

祝寿

乡俗生日不设筵受贺，亲友亦不登堂拜

祝。有出嫁女子待父母50岁后，送鸡鱼肉等以示祝寿之习俗。民间有“六十六吃闺女家的肉，七十七吃闺女家的鸡”之说。每逢农历闰月之年，出嫁女要为父母长辈做闰月鞋、袜，送闰月饼，意祈免灾长寿。20世纪80年代，城镇家庭为小孩过生日者渐多，亲友于是日备礼物致贺，家庭备蛋糕，全家及亲友聚餐，热闹一番。

20世纪末至21世纪，有鉴于传统的“二十四孝”中的第五孝是关于平邑的故事，尊老的传统越来越被平邑人所重视，因此为老年人过生日祝寿成为新时尚。

贺乔迁

迁入新居，亲朋好友带烟、酒、鱼、肉等礼物，前往祝贺乔迁之喜，主人备宴招待，俗称“温锅”。此俗城乡盛行。

退盘

传统社会小儿种牛痘或出天花，习惯于屋门上方挂红子。外祖母、姨等要带烧饼、油条等物，前去探视，北部俗称“掉盘”，南部称“退盘”。意即祝落痂痊愈。20世纪80年代，儿童接种痘苗时仍风行此俗，多在每年的3—6月进行。后随着天花病毒被消灭，接种牛痘工作也随之停止，“退盘”风俗随止。

贺嫁娶

传统社会，男婚女嫁，亲朋好友均带礼物以示庆贺，男方称“送大饭”，其亲戚接喜帖后即备喜礼，多为鸡、鱼、肉、糕点等，俗称“水礼”；也有送钱钞的，俗称“干礼”。女方亲戚送布料、糕点、鸡蛋或压柜钱，通称“添箱”。

20世纪80年代，男子结婚，其好友多聚集一起，凑份子购礼品致贺，多以炊具、床上用品等为主，于婚前送到男家，喜筵时光临祝贺。女方好友以关系亲疏远近赠以礼品，多以穿衣镜、画匾、茶具等为主。其中参与送亲女友礼品较重，届时陪同嫁女至男家，将受到盛情款待。

20世纪末至21世纪，贺嫁娶通常直接送现金或者银行卡，现金数量视关系远近和送礼人的经济条件而定。但是，如果接受别人礼金在先，通常别人婚嫁时回赠现金不能少于接受的别人的现金，大多持平或者高于收到的礼金。

第三节　岁时习俗

农历节日

春节。是当地最大的传统节日，俗称过年。

腊八节后，就开始忙“年”，办年货、备年饭（主要烙煎饼、蒸馍馍）、做新衣，男子在立春之前必须理发（立春之后理发称之为“陈头”，不吉利。过年不陈头）。添置碗筷，寓意添人口；打扫厨房，清扫栏圈，以示辞旧迎新。

除夕，俗称“年三十”。黎明时在院中置碎草一堆，点燃使之冒烟，放一只鞭炮，谓之“驱蚊烟”。早饭后家家洒扫庭院，张贴对联（也有提前一天贴的）。上午上坟祭祖，下午请“家堂”（上坟的不再请），挂宗谱，立牌位，供奉祖先。备办美酒菜肴（煮烂菜），全家聚餐，俗称吃“团圆饭”。在20世纪末特别是自21世纪开始后，居住在县城里的机关居民，越来越喜欢在宾馆饭店里面和家族成员、亲戚一起吃年夜饭。因此，办年夜饭的少数几个宾馆饭店家家爆满，有的需要提前一月甚至更早才能定到餐位。晚饭后，挑水，备柴，迎“财神”，于大门及屋门外放拦门棍，以示防鬼祟入宅之意。除夕之夜，老人摆供点，上香，用豆腐压锅，妇女包饺子炒花生，合家围坐炉旁，点燃松木疙瘩取暖，20世纪70年代逐渐被烟煤炉代替，通宵不寝，谓之“守岁”。“年五更”家家煮饺子，点燃香烛、纸铂，敬天地，祭祖宗，放鞭炮，辞旧迎新，自午夜至黎明，谓之“发纸”。“五更饺子”必用素馅，每人1份，意求全年素静。

晚辈向长辈拜年行叩头礼，长辈赏以“压岁钱”。初一早饭吃水饺，以早为吉，饭后身着盛装，姑嫂结队、兄弟同行，走街串户，相互祝贺，共庆佳节，或娱乐游戏，尽情欢乐。20世纪50年代后，机关团体多举行团拜活动，农村习俗依旧。农历正月初二始，平邑、仲村、流峪、丰阳一带盛行走亲串友。初二或初三，晚饭后将祭祀的祖先牌位送至村头，化纸叩头焚烧，俗称“送家堂”。初三晚饭混吃水饺、面条，喻“拖秧结角”之意，以祈丰年。初五晚再吃饺子，称之“捏蚊子嘴”。初五过后，农家备耕，店铺开业，古俗鸣放鞭炮“动工”，祈“开市大吉”。

元宵节。俗称“正月十五”。晚夕，农家祭神祀祖，焚香烧纸，放鞭炮。家家吃水饺。在传统社会没有吃元宵的习俗，20世纪80年代始县城居民吃元宵的渐多。元宵之夜，上灯之俗尚存，用粗面或胡萝卜制作各种形状的灯盏，放于大门两侧、门口床前、猪圈鸡窝、场间、先辈坟墓或土地庙前。上灯后长者妇女提灯四照，预兆洁静；儿童手提灯笼，燃放“起火”“滴滴金”“三喷”“二踢脚”等，或在村外空旷地带将用过的刷帚头点燃抛向空中，俗曰扔“刷帚灯”，喧闹嬉戏，其乐无穷。青年多结伴踏月放灯，从农历正月十四晚起连放三天。若三日内无风，俗曰“收灯”，主丰年（十四为兴灯，十五为正灯，十六为残灯）。元宵之夜，较大村镇多组织踩高跷、玩龙灯、跑旱船等活动。月白灯红，合家团圆，呈太平丰年景象。

20世纪80年代始县城驻地各单位张灯结彩，文化系统组织烟火晚会，燃放烟花。后从安全角度考虑，集中大规模燃放烟花活动被禁止。

二月二。俗语“二月二龙抬头”，为“龙头节”“春龙节”。是日早，农家各户在院中、场间，用簸箕将草木灰撒地做成圆仓形，中间放少许五谷杂粮，上压石板，俗称“打簸箕”“围仓囤”，祈通年丰收。并用簸箕端灰撒于院外墙根，寓意秋后粮多跑不了。家家炒“料豆”，俗称“蝎子爪”。北部有干炒黄豆之俗，南部山区则有熟煮五谷杂粮习俗，谓之“煮虫”，祈全年不受虫害之苦。实则春耕将近，炒豆壮牛，后沿为人吃料豆。

清明节。清明前一日为“寒食节”，在传统社会多吃冷食，不动炊。儿女到祖茔添土上坟，以示悼念。清明日早晨各户插松柏、柳枝于门楣，儿童编柳条圈套于狗脖之上。“踏青”的习俗不盛，但有清明放风筝之俗。后由政府统一组织职工、干部、学生到烈士陵园祭扫烈士墓。

20世纪末到21世纪，清明节祭祖活动在平邑越来越受到重视。有些在外地工作生活的平邑人乘车或者驱车数百里甚至上千里都要回家祭祖。南部的清明节、十月一祭祖，北部的父母忌日祭祀，成为平邑人必须做的功课，也是分散在各处的家族亲人聚集叙亲情的日子。

端午节。农历五月初五日为“端午节”，食粽子，有的地方无粽子则以荠菜煮鸡蛋代之。儿童手腕脚踝系五色线，胸戴“香荷包”。有采药的习俗，多于日出前采集车前子、竹叶、桑叶、艾、茵陈、大麦及小麦秸秆等，以备家庭医用。

六月六。俗称“过半年”。民间有“六月六晒龙衣”之说，于日午晒衣、晒书以防潮湿、虫蛀。并备制酒馔、鲜果，在院中设香案，用新麦面粉擀面叶敬天，祈祷丰年。如遇丰年，村民凑集资金或香楮，于大街设香案，备祭品，敬天祭神，俗称“打路斋”，或称祭“雹神老爷”。

中秋节。农历八月十五日为中秋节，是传统大节之一。节前人们多以月饼、美酒等馈赠亲友，借以互祝节日。晚饭多备丰盛菜肴、酒馔，阖家聚餐。晚上备几于庭院拜月、赏月，分食月饼，俗称“圆月”，寓意阖家团圆。

九月九。农历九月九日为重阳节，乡间不事此节，只在此日改善生活。国家规定重阳节为老人节后，有的机关团体组织老年体育活动。

十月一。农历十月初一，在县域西部为祭祀祖先的日子。农村居民有上坟添土，出嫁女回娘家祭祀已故长辈之遗俗。

腊八。农历腊月初八，俗称“腊八”。居民多于是日晨喝“腊八粥”，并用米粥祭灶，祈求灶君保佑发财，人口平安。腊八粥用大、小米加红枣等食材熬煮而成，谐“拉巴”，寓多生育（“养孩子”用平邑方言说就是“拉吧孩子”）之意。传统社会有施舍粥饭之俗，此俗已废。

辞灶。农历腊月二十三（俗称“过小年”），谓送灶君上天禀报的日子，故称“辞灶”。有“官辞三，民辞四”之说。天傍黑，于厨房灶君神位前供奉糖瓜（灶糖），扎一纸马，主妇叩拜祈祷毕，焚之，送灶君骑马上天，使之“上天言好事，回宫降吉祥”。是日送走，除夕迎回。

公历节日

20 世纪 50 年代后，国家法定的节假日元旦、国际劳动妇女节、植树节、国际劳动节、中国青年节、国际儿童节、中国共产党成立纪念日、中国人民解放军建军节、教师节、国庆节等节日的活动情况，均与全国同。

另外，由网购企业发起的网购狂欢节——光棍节，在每年公历的 11 月 11 日举办，成为年轻人购物的新节日。

国外节日

20 世纪 80 年代后，随着国际交流的日益增加，国际主流社会普遍过的节日在平邑逐渐流行开来。主要的有情人节、愚人节、圣诞节、父亲节、母亲节、万圣节、复活节、感恩节等。最初主要是基督徒、天主教徒等过这些节日，随后的年轻人对这些洋节很感兴趣，特别是情人节等节日。而后，许多商家为了促销商品，在洋节期间大力促销，带动全民对这些洋节的兴趣。另外，一些洋节弥补了中国传统节日的不足，那些孝心重的人为了表达对父母的感恩之心，在父亲节和母亲节期间表达对父母的养育之恩，为父、母送上一些礼物和祝福，因此父亲节和母亲节在县内有了相当的普遍性。

信奉伊斯兰教的平邑人过开斋节等节日。

具体这些国际节日的内容和形式，过节的人根据平邑的情况参照国际上的普遍做法办理，创新不多。诸如圣诞节送平安果、情人节送鲜花和巧克力等。

第四节 礼仪习俗

亲友称谓。父系方面，称曾祖父为“老老爷”，曾祖母为“老奶奶”；称祖父为“老爷”，回民称为“爷爷”，祖母称为“奶奶”；称父亲为“达达”“爷”（县南部）“爹”（个别家族），“爸爸”（公职人员子女），母亲为“娘”“妈妈”；称伯父为“大爷”，伯母为“大娘”；称叔父为“叔”、叔母为“婶子”；称姑母为“姑”，姑的丈夫为“姑父”。妻在婆家随夫称。

母系方面，称外曾祖父为“老姥爷”，外曾祖母为“老姥娘”；称外祖父为“老爷”，外祖母为“姥娘”；称舅为“舅”，舅妈为“妗子”；称姨夫为“姨父”，姨妈为“姨”。夫在岳父家随妻称。

平辈称呼，兄称“哥”；弟称“兄弟”，兄妻称“嫂子”“嫂”（个别地区），弟妻称“弟妹”“他婶子”；姐称“姐”，姐丈称“姐夫”；妹称“妹妹”，妹丈称“妹夫”或以“兄弟”面称；妯娌间互称“嫂子”“妹妹”；姊妹丈背称“两乔”，面称随妻称。姑、舅、姨家子女平辈表亲称呼，于兄、弟、姐、妹前加“表”字。

社会称呼。对年龄相仿的多以“同志”“师傅”称呼。对年长者称“大爷”“大娘”，对年轻女子多称为“大姐”。

社交礼节。平邑人向来热情好客，注重交际礼节。因此，“平邑近人”这个新词语在沂蒙山区成为流行语。

传统习俗中的跪拜礼，通常只在给年老长辈拜年或举行祭奠时使用。平时交往多点头致意和行握手礼。相互见面时常说“怪好吧”“稀好吧”，饭后说“吃饭了”，早晨见面时说“起来了”等。特别是年长的妇女相见时，常从老人到小孩逐个请好问安一番，使人倍感亲切。出门在外，询人问路，神态谦恭，文明为先。事后常说“谢谢您”或“麻烦了”。民众多重待客之道。客人来访或事先有约，要到门口迎接，让客人先行或握手并行，将客人让至正房上首就座，烟茶招待。敬茶时，双手执壶，倒茶时壶嘴要低，忌太满，有“酒要满”“茶要浅”之说。招待稀贵客人，主人通常不上场陪餐，多另找亲邻好友为之陪客，客人上座，其他均按辈份大小依次就座，且男女不同席。招待新婚后第一次登门女婿，女婿必须上座，日后往来则可随便。席间菜齐吃，酒齐喝，相互谦让，待之以礼。待酒至中巡菜上过半及上完最后一道菜时，主人将分别向客人敬酒，通常斟两盅，寓意好事成双，图吉利。客人端坐桌前，就近吃菜，不挑不拣，陪客者多在客人吃饱喝足后始放碗筷。客人告辞时，向主人道谢，主人热情送客出门，挥手告别。

“礼尚往来”为平邑人交往所重。当亲朋一方出现病灾或意外不幸，常携礼物登门看望表示安慰，并为之分忧解难。翻盖新房，其亲邻好友为表祝贺，有带烟酒饭菜等前往帮工之俗，俗称：打墙盖屋邻里帮助。通常亲友所带礼物，不能全部留下，多对半回礼或以自家东西替换后回礼。

第五节　禁忌　陋习

禁忌

老年人岁数忌说“73”“84”，民间有“73”“84”，阎王不叫自己去之说，称之为“旬头年”。中年人忌说“41”岁，谓“41”岁时是属驴的，詈语。

时令禁忌　“年五更”不泼脏水，初一忌挑水、扫地，多言吉利。初五，俗谓“五忙日”，民俗不动土，不事女工。正月初五之前，不烧干锅，不炒菜，多食除夕晚烧的“烂菜”（杂烩）。父母亡故百日内不理发，不走亲访友，三年内不贴红色对联。嫁女或其他亲戚为亡故亲人上坟，忌直接到坟前焚纸。意避此家无后人之嫌。

出阁姑娘忌在娘家过清明、重阳等节日。忌在娘家分娩。产妇忌串门。

住房禁忌　厢房不高于正房，前院正房不高于他院正房，他院墙角不能对正房或大门门口，大门禁出门碰山（屋墙），以出入顺当为要，忌向他家院中开后窗。建房忌选坟场、绝地等。

20世纪50年代后，随着社会的发展，人们的思想观念发生变化，诸多禁忌基本消除，特别是公职人员对此多已漫不经心，泰然处之。

20世纪末至21世纪，诸多禁忌又被人们重视起来。

陋习

打“包袱”。传统社会人们（特别是农家妇女）遇到病灾，往往请巫婆神汉为之祈祷。病家备荤供，出钱财，“打包袱”还愿。20世纪50年代后，政府对此曾经严加取缔。在20世纪末到21世纪，此类活动又有恢复之势。

安神桌子。县内农村中年以上妇女在传统社会有安神桌子的习俗，她们崇拜“财神”“观音老母”“狐仙”等。每逢年节便摆香案，陈供菜，烧香、磕头，祈求神灵保佑自家平安。

叫魂。叫魂活动多系农村妇女为之。如遇头痛、头晕、精神不振等现象，往往疑神疑鬼，谓之“掉了魂”。20世纪50年代后，随着医疗事业的发展和科学知识的普及，此活动已基本绝迹。

问卜。传统社会人们遇到不随心的事，不时求算命先生占卜，断吉凶。20世纪50年代后，政府明令禁止，此活动大减。

看风水。选宅基、看墓地，都要请阴阳先生，以求选择风水宝地，发家致富，多子多孙，逢凶化吉，人口平安。20世纪50年代后政府曾明令禁止。

查日子。人们对婚嫁、土建、迁居乃至出门等都习惯找个黄道日子，以图吉利。

缠足。缠足亦称裹脚。传统社会男人以女子脚小为美，女孩子六七岁时即开始裹脚，由轻到重，直至将脚趾缠断，形成“三寸金莲”，此尤以富家女子多见。五四运动后提倡“天足”，反对缠足。20世纪40年代后，境内部分地区放足，广大妇女积极响应，逐步形成风气。20世纪50年代后，缠足陋习被革除。

赌博。赌场俗曰“局”，赌博称为“来局”。赌场多为有钱人或游手好闲者所设，以坐收渔利。赌博形式有押宝、推牌九、搓麻将、抹纸牌、掷骰子等。尤以推牌九、押宝最常见。染其恶习者多倾家荡产、妻离子散，甚至沦为罪犯，其害无穷。

吸大烟。20世纪50年代前，境内部分地区有人种植罂粟，私自熬制鸦片。加之外地流入烟土，故吸毒者较多。但多系官宦、绅士、商贾、地痞等有钱之人，通常平民百姓吸毒者少。20世纪50年代后，政府明令禁止种毒、贩毒、吸毒，吸食鸦片者曾经一度绝迹。2013年，在县内破获18人的贩毒、吸毒大案，缴获冰毒1000余克、摇头丸2000多颗，收缴毒资10万多元。

娃娃亲。传统社会男女尚幼，双方家长即为其议婚、下启订亲。此后节日庆吊相互往来，至婚定年龄方可择吉成婚。后娃娃亲杜绝。

童养媳。俗称“团圆儿媳妇”。传统社会农家姑娘因家贫，父母无力抚养，七八岁时即托人说媒，定亲后寄养在男家，多受虐待。长大成人后，择吉婚配，多无嫁妆陪送。此类婚姻20世纪50年代后消失。

第三章 方 言

平邑方言为北方方言中原官话区，丰富多彩、独树一帜、别具一格。平邑方言亲属称谓重秩序、重亲情、重礼仪、分亲疏、别内外，具有鲜明的地方特征。以平邑镇为中心（平邑街道、仲村镇、武台镇、保太镇浚河西部分村庄及县境西南部）为西北片方言区，之外的为东南方言区。

第一节　声韵母及其搭配

声母

平邑话共有声母 26 个，零声母在内：

p 办奔报　p‘ 批派平
m 面买马
pf 抓壮准　pf‘ 穿床春
f 夫服树　v 如荣软
t 道党东　t‘ 团挑土
n 农男难　ɪ 理老耳
tɕ 阶级组　tɕ‘ 亲强粗
ȵ 娘亲女　ɕ 现苏孙
k 攻干革　k‘ 刻开快
x 欢好坏
ts 造脏早　ts‘ 层蚕草
s 三扫思
tʂ 这找知　tʂ‘ 车长称
ʂ 少射森　ʐ 忍热肉
ø 恩拥衣牙有眼应伟晚文云远

说明：

[n] 和齐齿呼、撮口呼韵母相拼时，变成了舌面前辅音 [ȵ]。

[pf pf‘] 为唇齿清塞擦音，发音是上齿抵下唇，堵住气流，然后气流由唇齿间冲出，摩擦较大，前者不送气，后者送气。

[tʂ tʂ‘ ʂ ʐ] 一组声母的发音部位比普通话趋前。

“而、耳、二”等字声母是舌尖后边音 [ɭ]，因发音与 [ɪ] 相近，本文用 [ɪ] 代之。

韵母

平邑话有韵母 37 个，不包括儿化韵母。举例如下：

ɿ 私词死　i 义集旗
u 助服亩　y 雨序举
ʅ 支吃师
a 发打沙　ia 加压瞎
ua 花瓜瓦
ə 哥波说　iə 叶结铁
uə 我多雪　yə 约缺血
ai 排开害　iai 街鞋也
uai 快外坏　ei 肥飞白
uei 位鬼对　yei 罪岁崔
au 劳抱号　iau 小桥笑
ou 头豆狗　iou 刘牛球
an 展灿汉　ian 眼前天
uan 弯短关　yan 远权酸
ən 根认针　in 信亲宾
uən 昆吞婚　yn 军训润
aŋ 帮方唐　iaŋ 响羊香
uaŋ 狂光王　əŋ 整灯中
iŋ 冰名命　uŋ 工冬空
yŋ 永汹松

说明：

复韵母发音动程较小，舌位和口形的变化不显著。

a 韵母在实际发音中多被央元音代替，如“谁啊？”读作 sei$^{53}_{55}$ ə˞？“来吧”读作 ɪai$^{53}_{55}$ pə˞ 等。

ai、au 韵母的实际音值是 ɛ ɔ。

舌面后半高圆唇元音 [o]，平邑话读作央元音 [ə]，故无 [o] 韵母；复韵母 [uo] 中的 [o] 也是 [ə]。[ə] 跟 [kk′ x ɪ] 相拼时，舌位略高，本文均记作 [ə]。

平邑话前鼻音韵母，发音时主要元音带有轻微的鼻音，其中有的字白读时变成儿化韵。如当官的“官”读作 [kuẽr^{213}]。

声调

平邑话有四个单字调，不包括变调和轻声。

阴平　213　刚商飞天高木尺刀黑麦

阳平　53　陈平唐详文食报白杂伐

上声　34　展老有暖五走纸米水引

去声　312　近桂信社变助树爱是去

平邑话的阴平调和去声调都是曲折调，阴平的发音起点低于去声而尾音又高于去声。阳平为高降调，上声为中升调。平邑话声调音高比普通话偏低。

两字组连续变调，一般是前字变调，后字不变，其变调情况是：(1) 阴平相连前字调值变为24调，在阳上去及轻声前时则变为21调；(2) 阳平和上声两个单字调分别和四声相连时，基本不变调；(3) 阳平在轻声前时其调值由53调变为55调；(4) 去声分别和四声相连，前字变为31调，与轻声相连则为32调。举例如下（因篇幅所限（2）除外）。

阴平 ＋ 阴平　香烟　当家儿（硬做主）书桌

阴平 ＋ 阳平　香油　栽培　光明

阴平 ＋ 上声　烧油　家谱　烟筒

阴平 ＋ 去、轻　烟袋　灾害　天上　出来

阳平 ＋ 轻声　权力　娘家　粮食

去声 ＋ 阴、阳、上、去　地瓜　面条　玉米　对号～入座

去声 ＋ 轻声　豆腐　厚道　对号批改作业符号。

声韵配合关系

平邑话声韵配合关系如下表，表左为声母，共分八组，表端为韵母，按开、齐、合、撮四呼分为四组，表中无字的表示此组声韵不配合。

声母＼例字＼四呼	开口呼	齐齿呼	合口呼	撮口呼
p pʻ m	八 怕 忙 明	别 偏 苗	步 捕 木	
p^f $p^{f\cdot}$ f v	抓 吹 反 软		主 出 服 夫 如	
t tʻ n ɪ	打 他 拿 拉	地 梯 礼	多 秃 暖 炉	
tɕ tɕʻ ȵ ɕ		鸡 期 娘 闲		举 缺 女 岁 徐
k k′ x	哥 科 河		姑 哭 忽	
ts tsʻ s	资 此 桑			
tʂ tʂʻ ʂʐ	这 张 产 山 让			
θ	安 恩	衣 有 眼	五 晚 伟	雨 远 永

平邑话声韵配合后，四呼俱全的只零声母一组字。平邑话开口呼字最多，共有七组，其次是合口呼、齐齿呼，最少的撮口呼只有两组字。普通话“ts”组及“tʂ”的合口呼字，因声母的变化，大部分归并到p^f组和tɕ组，所以也只有开口呼字，n声母只拼开口、合口韵母，与齐撮两呼相拼时为ȵ声母，L声母能和合口u相拼，但在具体的声韵配合中，平邑方

言和普通话还有一些差异。

儿化韵

平邑方言的儿化现象和普通话差不多，几乎所有的韵母都能儿化，但儿化卷舌动作比普通话更靠后些，平邑话共有儿化韵母30个。其音变规律如下：

（1）音节末尾是[a][ə][u]的，主要元音不变，后加卷舌动作。

[a]—[ar] 号码儿 打杂儿 话巴儿

[ia]—[iar] 豆芽儿 票夹儿 过家家儿

[ua]—[uar] 茶花儿 画画儿作画啦呱儿

[ə]—[ər] 小车儿 纸盒儿 薄膜儿

[iə]—[iər] 树叶儿 蝴蝶儿 歇歇儿休息

[uə]—[uər] 干活儿 鸡窝儿 糖果儿

[yə]—[yər] 豆角儿 年月儿 拔橛儿

[au]—[aur] 棉袄儿 趁早儿 钱包儿

[iau]—[iaur] 声调儿 挑挑儿挑担半山腰儿

[ou]—[our] 小楼儿 玩猴儿 地豆儿

[iou]—[iour] 加油儿 袄袖儿 抓阄儿 吹牛儿

[u]—[ur] 牛犊儿 地图儿 面醭儿

（2）韵尾是[i] [n]的，韵尾失落，主要元音鼻化加卷舌动作，有的主要元音有变化，有的变成了介音。如：

[ai an]—[ẽr] 打牌儿 摆摊儿 蒜瓣儿 瓜干儿指地瓜干

[iai ian]—[iẽr] 绣花鞋儿 大门崖儿 被面儿 心眼儿

[uai uan]—[uẽr] 一块儿 拐弯儿 打短儿干短工

[yan]—[yẽr] 试卷儿 圆圈儿 大院儿

[ei ən]—[iẽr] 小花猪儿 摸黑儿 铜盆儿 树根儿

[in]—[iẽr] 脚印儿 胡琴儿 使劲儿

[uei uən]—[uẽr] 一会儿 木墩儿 花纹儿

[yer yn]—[yẽr] 粪堆儿 合群儿 连衣裙儿

（3）韵尾是[ŋ]的，丢失韵尾，主要元音鼻化后加卷舌动作，有的主要元音变成了介音。如：

[aŋ]—[ãr] 鞋帮儿 香肠儿 圪当穰儿

[iaŋ]—[iãr] 木样儿（小孩娇惯的样子）驴啃痒儿 娘儿们

[uaŋ]—[uãr] 鞋筐儿 铁丝网儿 麦芒儿

[əŋ]—[ə̃r] 瓜棚儿 方凳儿 毛虫儿 脖儿梗儿脖头

[iŋ]—[iə̃r] 元钉儿 找零儿 打鸣儿 明儿里明天

[uŋ]—[ũr] 山洞儿 瓮儿 公儿雌性 挂红儿果树开始结果

[yŋ]—[yũr] 哭穷儿 小葱儿

（4）韵母是[i] [y]的，在主要元音后增加[e]，并加卷舌动作。

[i]—[ier] 小鸡儿 粉皮儿 凉席儿

[y]—[yer] 兴趣儿 侄女儿 一句儿

（5）韵母是[ι] [ʃ]的，原韵母儿化后主要元音变成[e]，后加卷舌动作。

[ι]—[er] 写字儿 挑刺儿 铁丝儿

[ʃ]—[er] 事儿 树枝儿 一册儿书 年三十儿

平邑方言儿化多用于名词、形容词、量词，副词有时也可以儿化，如一根儿、回回儿。动词一般不儿化。儿化后和普通话一样，都能区别词性、词义，具有表示细小、轻微的作用，有的含有褒贬喜爱等感情色彩。

平邑方言还有些比较特殊的儿化现象。如：p^f、f声母的合口呼字儿化，因发音部位不同，卷舌韵母的音色变化也不一样。如“猪、鼠”等，平邑人念“猪”为pfẽr^{213}，鼠为fẽr^{34}，而不念p^fur^{213}、fur^{34}。

第二节　声　调

平邑话有声母 26 个，韵母 37 个。平邑话前鼻音韵母发音时主要元音带有轻微的鼻音，其中有的字白读时变成儿化韵。

平邑话有 4 个单字调，不包括变调和轻声。平邑话的阴平调和去声调都是曲折调，阴平的发音起点低于去声而尾音高于去声。阳平为高降调上声为中生调。当两字组连读变调，通常是前字变调后字不变。

平邑话声韵配合后，四呼俱全的只有零声母 1 组字。平邑话开口呼字最多共 7 组，其次是合口呼、齐齿呼，最少的撮口呼只有 2 组字。

第三节　方言读音举例

声母的比较，平邑话声母比普通话多 4 个，即：pf pf‘ v ŋ 。

普通话的 tʂ tʂ‘ ʐ 三声母与合口呼韵母相拼时，平邑话声母分别读成了唇齿清塞擦音 p^f、pf‘、v，同时，除单韵母 u 以外，都失去了介音 u，由合口呼读成了开口呼。分别比较如下：

平邑话	普通话	例　字
p^fəŋ	tʂuŋ	中重种钟终
p^fu	tʂu	猪竹朱主助住术
p^fa	tʂuɑ	抓爪
p^fai	tʂuɑi	拽
p^fan	tʂuɑn	专转传撰
p^faŋ	tʂuɑŋ	庄装状壮撞
p^fei	tʂuei	追锥缀坠赘
p^fən	tʂuən	准谆
p^fə	tʂuo	桌拙茁浊捉
p^fəŋ	tʂuŋ	冲充虫宠
p^fu	tʂ‘u	出锄处畜怵
p^fa	tʂ‘uɑ	欻响声□ ~ 街的，用手硬抢东西
p^fɑi	tʂ‘uɑi	揣
p^fan	tʂ‘uɑn	穿船喘串
p^faŋ	tʂ‘uɑŋ	窗床闯创
p^fei	tʂ‘uei	吹炊垂锤槌
p^fən	tʂ‘uən	春唇纯蠢
p^fə	tʂ‘uo	戳龊绰□刷干净
vəŋ	ʐuŋ	荣容绒融
vu	ʐu	如儒乳辱人
van	ʐuɑn	阮软
vei	ʐuei	瑞锐
və	ʐuo	若弱

平邑话读 f 声母的字，普通话有的读 f，有的读 ʂ，除了 ai、ə 与普通话 ʂ 声母相拼后单一对应外，其余都是一对二的关系。

平邑话	普通话	例字
fu	ʂu	书梳叔树数薯熟
	fu	夫服福富付
fa	ʂua	刷耍
	fa	发法伐
fan	ʂuan	栓闩涮
	fan	帆反犯繁
faŋ	ʂuaŋ	双霜爽
	faŋ	房放方访防仿
fən	ʂuən	顺舜瞬
	fən	分坟奋
fei	ʂuei	水税睡
	fei	飞非费
fai	ʂuai	衰摔甩帅率
fə	ʂu	说妁烁硕

普通话 ts、ts‘、s 声母的合口呼字，平邑人大部分和普通话语音相同。只有县西北片方言区的人们（平邑话）把 ts、ts‘、s 声母读成了 tɕ、tɕ‘、ɕ，相应的韵母也变成了撮口呼。

平邑话	例　字	普通话
tɕ	宗总足族钻罪尊作坐	ts
tɕ‘	葱从粗醋篡崔村寸错	ts‘
ɕ	松宋苏酸岁孙损索锁	s

平邑方言中还有一组比较特殊的字，即普通话声母 tɕ、tɕ‘、ɕ 和撮口呼韵母相拼时，其中的部分字读成了 ts、ts‘、s 声母，韵母变成了合口呼。举例如下：

平邑话	例　字	普通话
ts	爵嚼绝掘俊浚隽	tɕ
ts‘	雀鹊全泉痊	tɕ‘
s	削薛穴踅雪宣选	ɕ

普通话中这类音节的其他字，如：决军缺拳学轩驯等字，平邑人也读舌面音与撮口呼韵母相拼的音节。

韵母的比较　平邑话韵母共 37 个，比普通话多出了 iai、yei 两个韵母，没有 o、uəŋ、er 三个韵母。

平邑话读 ei 韵母的中古入声字，普通话分别读作 i、o、ə、ai、ei 韵母，形成一对五的对应关系。如：

平邑话	普通话	例字
ei	i	笔
	o	伯迫帛魄
	ə	得德勒格隔客刻克责泽则色
	ai	摘宅窄拆塞掰百柏柏白拍
	ei	北肋～骨勒～令　给黑贼 得～亲自去

以上各字，因受普通话的影响，有的已向标准音靠近，如革、特、克等；有的字在不同语音环境或不同语素中读音也不同，如“来客了”，及“贵客”中的“客”，必须读“k‘ei”。在“你家来客人了”句中的“客”应读 k‘ə^{312}，和“人”组合后成“客人”，这时必须读“客”为 k‘ə，而不读 k′ ei。

平邑话 u 韵母的字在普通话中有的是 u、ou，有的是 y，普通话中 ɪ 声母和 y 相拼时，平邑话则不配合，没有 ɪy 这种音节。

平邑话	普通话	例　字
u	u	补母苦竹出如书叔
	ou	谋牟妯帚时轴
	y	率虑律绿吕旅驴捋屡

ɪ 声母和 y 相拼平邑话读作 uə；tɕ、tɕ‘、ɕ 分别和 yə 相拼时，平邑话有的读 u，有的也读 yə，如：掠略绝；决缺血。

平邑话 ən 韵母的字，普通话分别读作 in ei ai o ən 韵母，成一对五的关系。mnɪ 声母和 in 韵相拼，平邑话为 ən。平邑话中没有 min、nin、lin 这三种音节。其他声母和 in 相拼时与普通话相同。如“宾、拼、亲”等。m 声母和 ei 韵母相拼的字，平邑话也合并到 mən 音节中去了，所以也不存在 mei 音节。至于 mai mo 音节中的部分字大都是古入声字，其读音也发生了变化。举例如下：

平邑话	普通话	例字
ən	in	民敏您林临吝
	ei	梅美媚妹没
	ai	麦脉
	o	墨默陌
	ən	闷门们

平邑话的 yə 韵母，普通话分别读作 iou、yə 韵母，形成一对二互应。

平邑话	普通话	例字
yə	iɑu	脚药钥角
	yə	却虐确岳月

但“跃进”的“跃”，平邑话读作 iɑu，普通话读作 y，这只是例外。

声调的比较　平邑方言声调和普通话调类相同，但调值相差很大，它们的对应关系如下：

	平邑话	普通话	例字
阴平	213	55	阴期批发
阳平	53	35	平阳其实
上声	34	214	发展水淌
去声	312	51	要样益寿

平邑话没有入声字，中古次浊入声字及清声母入声字，今读作阴平调，与普通话差别较大，其演变规律大致如下：

（1）古清声母入声字平邑话大部分读作阴平调，而普通话则分别读作阴、阳、上、去四声。如：“息戚出说托迹杀叔压接”等字，普通话读阴平；“级则烛决德结福觉识急”等字，普通话读阳平；“铁笔法脚雪角”等字，普通话读上声；“作客复策宿恶刻色”等字，普通话读去声。

（2）中古次浊入声字在普通话中读去声的字，平邑话大部分读作阴平。如：“辣腊落～下力栗列猎劣录赂麦灭末脉陌莫木纳捺热入业叶越狱阅乐$_{音}$～肋译略域”等。只少数字分别读阳平、上去、去声，如“骆役疫逸”；“掠诺”；“跃目牧育玉”等。中古全浊入声字平邑话和普通话相同，均派入阳平。如“敌学活实妻伏集别局拔”等。

平邑话阴平字比普通话多得多，这主要是由中古入声字声母清浊的原因造成的。如同是普通话“ji”音节的阳平字，因声母清浊不同，平邑话声调也不相同。如“级急给棘”为中古见母清声母入声字，平邑话读阴平。“集极”为中古从、群母中的全浊声母入声字，平邑话则读阳平。

第四节　方言惯用词语

这里列举的一些词语与普通话说法差别较大。词目中不易理解的，在注音后用汉字加注，有的举例说明。词义基本相同的退一个排列。每条先写汉字，后标读音。声调用五度制标记法标于右上角，变调标右下角，轻声用“·”表示。有音无字用“□”表示。复举前面词语用“～”表示。注音下表“﹏”者为口语音。

天文　地理

日头　ʐʅ$^{312}_{32}$ tʻou·　太阳

日头地儿　ʐʅ$^{312}_{32}$ tʻou· tier·　太阳照着的地方

月亮　yə$^{213}_{21}$ liɑŋ^{312}

月子蚀　yə$^{213}_{21}$ tsɿ·ʂʅ^{53}　月蚀

贼星　tsei$^{53}_{55}$ ɕiŋ·　流星

扫帚星　sɑu^{34}p^{f}ʻu·ɕiŋ^{213}　彗星

云彩　yn$^{53}_{55}$ tsʻɑi·　云

腌阴天　ɑ$^{213}_{21}$ in·tʻian^{213}　久阴不雨天气

雾露毛子雨　u$^{312}_{32}$ lou·mɑu$^{53}_{55}$ tsʅ·y^{34}　牛毛细雨

火烧云　xuə^{34}ʂɑu^{213}yn^{53}　早上出现的红云，亦称火烧霞。

雷暴雨　lei^{53}pɑu·y^{34}　较大雷雨

云来接　yn^{53}lɑi^{53}tɕiə^{213}　日落前西方天空出现的黑云

上冻了　ʂɑŋ^{312}tuŋ$^{312}_{32}$ lə·　结冰了

冻冻　tuŋ$^{312}_{32}$ tuŋ·　冰

冷子 ləŋ^{34}tsɿ· 冰雹

利量地儿 li$^{312}_{32}$ liaŋ·tier· 空闲地

河涯 xə^{53}iai^{53} ①河 ②河边

地抡子 ti$^{312}_{31}$ luən^{34}tsɿ· 较宽的地边

坷塄 k'ə$^{213}_{21}$ ləŋ^{53} 坑：粪～，地里挖了个大～。

埻土 pu$^{53}_{55}$ t'u· 尘土

土娄 tu^{34}lou· 泥土

夹道子 tɕia$^{213}_{21}$ tau$^{312}_{32}$ tsɿ·

山梁子 ʂan$^{213}_{21}$ liaŋ$^{53}_{55}$ tsɿ· 山脚下隆起的山岗

当天井 taŋ$^{213}_{24}$ t'ian$^{213}_{21}$ tɕiŋ· 宅院里

屋当门儿 u$^{213}_{24}$ taŋ$^{213}_{21}$ mẽr^{53} 屋里地面

方位 时令

上斑儿 ʂaŋ$^{312}_{32}$ pɛr· 上边或上头

外斑儿 uai$^{312}_{32}$ pɛr· 外地或外边

旁斑儿 paŋ^{53}pɛ̃r· 别处

跟儿里 kẽr$^{213}_{21}$ li· 跟前

当央儿里 taŋ$^{213}_{21}$ iãr$^{53}_{55}$ li· 中间

半拉腰儿里 pan$^{312}_{32}$ lə·iaur$^{213}_{21}$ li· 指半空中

紧底下 tɕin^{34} ti$^{213}_{21}$ ɕiə· 最下边

四下里 sɿ$^{312}_{32}$ ɕiə·li· 四周

年时 ȵian$^{53}_{55}$ ʂɿ· 去年

今年 tɕi$^{213}_{21}$ ȵian· 今年

每儿年 mẽr^{53}ȵian· 往年、过去

麦口 mən$^{213}_{21}$ k'ou^{34} 割麦时节

初头门儿的 p^{f}'u$^{213}_{21}$ t'ou·mẽr$^{53}_{55}$ ti· 上旬

晌午头儿里 ʂaŋ^{34}u·t'our$^{53}_{55}$ li· 中午前后

今门儿 tɕi$^{213}_{21}$ mẽr 今天

明儿里 miẽr^{53}li· 明天

夜儿里 iər$^{312}_{32}$ li· 昨天

前儿里 tɕ'iẽr^{53}li· 前头

每儿咱 mẽr^{53}tsan· 以前

整天价 tʂəŋ^{34}t'ian$^{213}_{21}$ tɕiə· ①天天 ②一天到晚

大崩子 ta$^{312}_{31}$ pəŋ$^{312}_{32}$ tsɿ· 很长时间

胧红明儿 luŋ^{34}xuŋ·miə̃r^{53} 黎明时

傍黑天儿 paŋ$^{213}_{24}$ xei$^{213}_{21}$ t'iɛ̃r^{213} 黄昏时

人品 称谓

男的 nan$^{53}_{55}$ ti· 男性

女的 ȵy^{34}ti· 女性

小妮子儿 ɕiau^{34}ȵi$^{213}_{21}$ tser· 小女孩

小小子儿 ɕiau^{34}ɕiau^{34}tser· 小男孩

□儿 par^{53} 小男孩

大闺女 ta$^{312}_{31}$ kuən$^{213}_{21}$ ȵy 一般指未出嫁的女孩

识字班 ʂʅ^{34}tsɿ·pan^{213} 战争年代沿袭下来的对未婚女青年的尊称

姐妹团 tɕiə^{34}mən·t'uan^{53} 同上

老妮儿 lau^{34}ȵier· 年纪大而未婚女子

贼 tser^{53} ①强盗 ②小偷

赚赚子 p^{f}an$^{312}_{32}$ p^{f}a·tsɿ· 专指扒手

姥娘婆 lau^{34}ȵiaŋ·p'ə^{53} 旧时农村称接生人员

肉头 zou$^{312}_{31}$ t'ou^{53} 吝啬而不开明的人

公道屈 kuŋ$^{213}_{31}$ tau·tɕ'y^{213} 办事总觉得不公道，自己吃亏的人

精人儿 tɕiŋ$^{213}_{21}$ zẽr^{53} 精明伶俐但办事不够光明的人

眼子包 ian^{34}tsɿ·pau^{213} 被人鄙视、常受气吃亏的人

达达 ta$^{53}_{55}$ ta· 父亲（县北部对父亲的称呼）

爷 iə^{53} 县南部对父亲的称呼

爹 tiə^{213} 个别家族对父亲的称呼

老爷 lau^{34}iə· ①祖父 ②外祖父

老姥爷 lau^{34}lau^{34}iə· 曾祖父

老奶奶 lau^{34}nai^{34}nai· 曾祖母

丈门娘 tʂaŋ$^{312}_{32}$ mən·ȵiaŋ^{53} 岳母、面称娘

闺女婿 kuən$^{213}_{21}$ ȵy^{34}ɕy·

外甥 uai$^{312}_{32}$ ʂəŋ· ①姊之子 ②女之子

兄弟 ɕyŋ$^{213}_{21}$ ti˙ 弟弟

兄弟媳妇 ɕyŋ$^{213}_{21}$ ti˙ɕi$^{213}_{21}$ fu˙ 弟媳

叔伯兄弟 fu$^{213}_{21}$ pei˙ɕyŋ$^{213}_{21}$ ti˙ 同祖父弟兄称呼

老头子 lau^{34}t'ou$^{53}_{55}$ tsɿ˙ ①丈夫 ②称年长者

当家的 taŋ$^{213}_{24}$ tɕia$^{213}_{21}$ ti˙ 丈夫

外头的 uai$^{312}_{32}$ t'ou˙ti˙ 丈夫

家里 tɕia$^{213}_{21}$ li˙ 妻子：她是谁～？

媳妇 ɕi$^{213}_{21}$ fu˙ ①妻子 ②对年轻已婚妇女的称呼

两乔 liaŋ^{34}tɕ'iau^{53} 姊妹丈夫的背称，亦称连襟

老大伯 lau^{34}ta$^{312}_{32}$ pei˙ 丈夫的哥哥

小叔子 ɕiau^{34}fu˙tsɿ˙ 丈夫的弟弟

小姑子 ɕiau^{34}ku˙tsɿ˙ 丈夫的妹妹

姑妹俩 ku$^{213}_{21}$ mən˙lia^{34} 夫妻俩

身体 疾病

脑么勺子 nau^{34}mə˙fə$^{53}_{55}$ tsɿ˙ 后脑勺

野了盖 iə^{34}lə˙kai^{312} 额头

脖了梗 pə$^{53}_{55}$ lə˙kəŋ^{34} 脖子

眼支毛 ian^{34}tʂʅ'mau^{53} 眼睫毛

鼻孔眼子 pi$^{53}_{55}$ k'uŋ˙ian^{34}tsɿ˙ 鼻孔

合心眼子 xə$^{53}_{55}$ ɕin˙ian^{34}tsɿ˙ 喉咙

牙花子 ia^{53}xua$^{213}_{21}$ tsɿ˙ 牙龈

鼻子 pi$^{53}_{55}$ tsɿ˙ ①身体器官 ②鼻涕

耳门子 lə^{34}məntsɿ˙ 耳根四周

洌泄 liə^{34}ɕiə 不能自控而流出的口水

胳膊弯子 kə$^{213}_{21}$ pə˙uan$^{213}_{21}$ tsɿ˙ 肘关节

胳了肢儿 kə$^{213}_{21}$ lə˙tʂer^{53} 腋下

脯肋子 pu$^{53}_{55}$ lei˙ts□ 胸脯

肋膊骨 lei$^{213}_{21}$ pə˙ku^{213} 肋骨

劈槌 p'i^{34}p$^{f'}$ei^{53} 拳头

耳巴子 lə^{34}pə˙tsɿ˙ 手掌

手指盖子 ʂou^{34}tʂʅ$^{213}_{21}$ kai$^{312}_{32}$ tsɿ˙ 手指甲

脊阳骨 tɕi$^{213}_{21}$ iaŋ˙ku^{213} 脊背

肚脐眼子 pu$^{213}_{21}$ tɕ'i˙ian^{34}tsɿ˙ 肚脐

叠肚 tiə$^{53}_{55}$ tu˙ 大肠头

不出坦 pu^{34}p$^{f'}$u$^{213}_{21}$ t'an˙ 不舒服，患小病。

冻着了 tuŋ$^{312}_{32}$ tʂau˙lə˙ 伤风感冒

肚子拉 tu$^{312}_{32}$ tsɿ˙la^{213} 腹泻

噎食症儿 iə^{213} ʂʅ^{53}tʂə̃r 食道癌

伤食 ʂaŋ$^{213}_{21}$ ʂʅ^{53} 不消化而腹部难受

汗病 xan$^{312}_{32}$ piŋ˙ 伤寒

热症儿 ʐə$^{213}_{21}$ tʂə̃r^{312} 肺病

翻登 fan$^{213}_{21}$ təŋ˙ ①翻胃欲呕吐状 ②翻找东西：你到处～吗？

胀胞 tʂaŋ$^{312}_{32}$ pau˙ 腹部闷胀

痢心 li$^{312}_{32}$ ɕin˙ 吐酸水

气鼓 tɕ'i$^{312}_{31}$ ku^{34} 肝硬化腹水

扎裹 t□a$^{213}_{21}$ kuə˙ 治疗：这病不要紧～～就好了

疤拉 pa$^{213}_{21}$ lə˙ 伤疤

植物 动物

麦 mən 小麦

谷子 ku$^{213}_{21}$ tsɿ˙

秆草 kan^{34}ts'au^{34} 谷秸

玉秫秫 y$^{312}_{31}$ fu$^{53}_{55}$ fu˙ 玉米

芋头 y$^{312}_{32}$ t'ou˙ 地瓜

薯 fu^{34} 铜石镇南部及天宝一带称地瓜为～

果子 kuə^{34}tsɿ˙ 花生

喝瓜 xə$^{213}_{21}$ kua˙ 西瓜

洋柿子 iaŋ^{53}ʂʅ$^{312}_{32}$ tsɿ˙ 西红柿

大头菜 ta$^{312}_{31}$ t'ou^{53}ts'ai^{312} 卷心菜

地豆子 ti$^{312}_{31}$tou$^{312}_{32}$ tsɿ˙ 马铃薯，也叫土豆、地蛋

映劳花 iŋ^{34}lau˙xua^{213} 向日葵

勃勃丁 pə$^{53}_{55}$ pə˙tiŋ^{213} 蒲公英

马种菜 ma^{34}p^{f}'əŋ˙ts'ai^{312} 马齿苋

车辙子棵 tʂʻə$^{213}_{21}$ tʂə$^{53}_{55}$ tsɿ·kʻuə^{213} 车前子

拉拉秧 la$^{213}_{24}$ la$^{213}_{21}$ iaŋ^{213} 茜草

白蒿头 pei$^{53}_{55}$ xau·tʻou^{53} 茵陈

天麻棵 tʻian$^{213}_{21}$ mə·kʻuə^{213} 益母草

奶光子 nai^{34}kuaŋ$^{213}_{21}$ tsɿ· 未断奶的小猪

草毛子 tsʻau^{34}mau$^{53}_{55}$ tsɿ· 断奶后的半大猪

爬猪 pʻa$^{213}_{21}$ p^{f}u· 种公猪

爬牯 pʻa$^{53}_{55}$ ku· 未阉割的公牛

犍子 tɕian$^{213}_{21}$ tsɿ· 已阉割过的公牛

氏牛 ʂʅ$^{312}_{32}$ ȵiou· 母牛

叫驴 tɕiau$^{312}_{32}$ lu· 公驴

草驴 tsʻan^{34} lu· 母驴

牙狗 ia$^{53}_{55}$ kou· 公狗

母狗 mu^{34}kou·

儿猫 lə$^{53}_{55}$ mau· 公猫

女猫 ȵy^{34}mau· 母猫

毛猴子 mau^{53}xou$^{53}_{55}$ tsɿ· 狼

狓子 pʻi$^{53}_{55}$ tsɿ· 狐狸

家雀子 tɕia$^{213}_{24}$ tsʻuə$^{213}_{21}$ tsɿ· 麻雀

鸧鸧木子 tsʻan$^{213}_{21}$ tsʻan·mu$^{213}_{21}$ tsɿ· 啄木鸟

眠眠乎子 mian$^{53}_{55}$ mian·xu$^{213}_{21}$ tsɿ· 蝙蝠

出溜船 p^{f}u$^{312}_{32}$ liou·p^{f}an^{53} 蚯蚓

姐了子 tɕiə^{34}liau·tsɿ· 蝉

叫叫乖子 tɕiau$^{312}_{21}$ tɕiau·kuai$^{213}_{21}$ tsɿ· 雄性蝈蝈，亦称乖乖子

火镰虫 xuə^{34}lian^{53}p^{f}əŋ^{53} 萤火虫

姐了龟子 tɕiə^{34}liau·kuei$^{213}_{21}$ tsɿ· 蝉的幼虫

蚂各得 ma^{34}kə·tei^{213} 蚂蝗（县南部及东部的叫法）

蚂蚍 ma^{34}pi· 蚂蟥（平邑周围话）

花大姐 xua$^{213}_{21}$ ta$^{312}_{32}$ tɕiə· 七星瓢虫

房舍 器物

堂屋 tʻaŋ$^{53}_{55}$ u· 北屋、正房

屋当门 u$^{213}_{24}$ taŋ$^{213}_{21}$ mən^{53} 屋里的地面

门栏坎 mən^{53}lan^{53}kʻan^{34} 屋门上头的横木或条石

门欠子 mən^{53}tɕʻian$^{312}_{32}$ tsɿ· 门槛

门崖子 mən^{53}iai$^{53}_{55}$ tsɿ· 台阶

窗户棂子 p^{f}aŋ$^{213}_{21}$ xu·liŋ$^{53}_{55}$ tsɿ·

锅屋 kuə$^{213}_{21}$ u· 厨房

烟筒 ian$^{213}_{21}$ tʻuŋ^{34} 指铁制的烟筒

灶毒 tsau$^{312}_{31}$ tu^{53} 烟囱

风仙 fəŋ$^{213}_{21}$ ɕian· 风箱

盖绨 kai$^{312}_{32}$ tʻi· 被子，特指棉被

褥子 ʐou$^{312}_{32}$ tsɿ·

电棒子 tian$^{312}_{31}$ paŋ$^{312}_{32}$ tsɿ· 手电筒

胰子 i$^{53}_{55}$ tsɿ· 肥皂

洋火 iaŋ^{53}xuə^{34} 火柴

洋灰 iaŋ^{53}xuei^{213} 水泥

洋车子 iaŋ^{53}tʂʻə$^{213}_{21}$ tsɿ· 自行车

铺衬 pʻu$^{213}_{21}$ tʂʻən· 破旧碎布

鳖盖子 piə$^{213}_{21}$ kai$^{312}_{32}$ tsɿ· 用秫秸莛勒制的小筐，有的也叫弯弓子。

盖莛子 kai$^{312}_{32}$ tʻiŋ·tsɿ· 用秫秸莛穿制的圆形器物

筛壶 ʂai$^{213}_{21}$ xu· 烧开水用的铁壶或铝壶

暖壶 nuan^{34}xu· 暖水瓶

八仙桌子 pa$^{213}_{21}$ ɕian·p^{f}ə$^{213}_{21}$ tsɿ· 大方桌

站橱 tʂan^{312} p^{f}u^{53} 大衣橱

板凳 pan^{34}təŋ· 小凳子

筦子 yan^{34}tsɿ· 圆形的条编用具

簸箕 pə$^{312}_{32}$ tɕʻi·

饮食 服饰

饭食 fan$^{312}_{32}$ ʂʅ· 食品的总称：你别嫌～孬

清起饭 tɕʻiŋ$^{213}_{24}$ tɕʻi$^{213}_{21}$ fan· 早饭

下晚儿饭 ɕia$^{312}_{31}$ uɛ̃r^{34}fan^{312} 晚饭

干饭 kan$^{213}_{21}$ fan· ①米饭 ②较稠的饭

包子 pau$^{213}_{21}$ tsɿ· 水饺

大包子 ta$^{312}_{31}$ pau$^{213}_{21}$ tsɿ· 有馅的蒸包

糊豆 xu$^{53}_{55}$ tou· 稀饭

馍馍　mə$^{53}_{55}$ mə·　馒头

卷子　tɕyan^{34}tsɿ·　中间放进油盐等调料的称花卷，一般称用锅贴烙的长方形面食

□□　ȵia$^{213}_{21}$ ȵiŋ·　煎饼，用鏊子摊烙的食品。

盐味　ian$^{53}_{55}$ uei·　当地生菜通称～，炒熟的菜也称～。如：我到集上买点～去，他正在炒～。我这里没～，你将就着吃吧

茶　tʂ'a^{53}　①白开水：喝～　②茶叶

叶子茶　iə$^{213}_{21}$ tsɿ·tʂ'a^{53}　放进茶叶泡出的开水

汤　t'aŋ^{213}　仲村、武台一带称开水为汤，其他地方所说的～即面汤或菜汤

温乎水儿　uən$^{213}_{21}$ xu·fẽr^{34}　微热的水

酱油　tɕiaŋ$^{312}_{31}$ iou^{53}

忌讳　tɕi$^{312}_{32}$ xuei·　①醋　②禁忌或避讳：这样做有～吗?

果子油　kuə^{34}tsɿ·iou^{53}　花生油

大油　ta$^{312}_{31}$ iou^{53}　猪油

渣豆腐　tʂa$^{213}_{21}$ tou$^{312}_{32}$ fu·　把豆面和青菜或野菜放在一起做成的小菜

豆踖子　tou$^{312}_{31}$ tʂ'ai^{34}tsɿ·　碾碎的豆扁等

豆钱子　tou$^{312}_{31}$ tɕ'ian$^{53}_{55}$ tsɿ·　同上

下水　ɕia$^{312}_{32}$ fei·　①猪样等牲畜的五脏　②杂物

齁咸　xou$^{213}_{21}$ ɕian^{53}　很咸

没盐味儿　mən$^{312}_{31}$ ian^{53}uẽr^{312}　淡

衣裳　i$^{213}_{21}$ xaŋ·　衣服

夹袄　tɕia$^{213}_{21}$ au^{34}　有里的上衣

大氅　ta$^{312}_{31}$ tʂ'aŋ^{34}　棉大衣

挎包子　k'ua$^{312}_{31}$ pau$^{213}_{21}$ tsɿ·　衣兜

裤茬子　k'u$^{312}_{31}$ tʂa$^{53}_{55}$ tsɿ·　短裤

束腰带子　p^{f}'u$^{213}_{21}$ iau·tai$^{312}_{32}$ tsɿ·　腰带

坎肩子　k'an^{34}tɕian·tsɿ·　无袖上衣

汗褟子　xan$^{312}_{31}$ t'a$^{213}_{21}$ tsɿ·　背心、汗衫

兜兜　tou$^{213}_{21}$ tou·　儿童胸前戴的呈菱形的小褂

手布子　ʂou^{34} pu$^{312}_{32}$ tsɿ·　手帕、毛巾

手捏子　ʂou^{34} ȵiə$^{213}_{21}$ tsɿ·　手帕

疙瘩子　kə$^{213}_{21}$ tə·tsɿ·　①纽扣　②布结衣扣

笼布　luŋ$^{53}_{55}$ pu·　包袱

围嘴　uei^{53} tɕyei^{34}　婴幼儿戴在脖子上的围布

围脖　uei^{53}pə^{53}　围巾

褯子　tɕiə$^{312}_{32}$ tsɿ·　尿布

席荚子　ɕi^{53} tɕia$^{213}_{21}$ tsɿ·　席帽

油鞋　iou^{53}ɕiai^{53}　水鞋

红白事　交往

喜事儿　ɕi^{34}ʂer·　①婚嫁　②生孩子

相亲　ɕiaŋ$^{213}_{24}$ tɕ'in^{213}　男女青年经人介绍后初次见面对相

抬亲　t'ai^{53}tɕin^{213}　指男子结婚

填箱　t'ian^{53}ɕiaŋ^{213}　女子出嫁时，亲朋等赠送礼品，谓之～。

送大饭　ɕyŋ$^{312}_{31}$ ta$^{312}_{32}$ fan^{312}　结婚前亲朋向男方送喜礼，县南部说“送饭”

出门子　p^{f}'u$^{213}_{21}$ mən$^{53}_{55}$ tsɿ·　出嫁

有喜了　iou^{34}ɕi^{34}lə·　已怀孕

小月子　ɕiau^{34}yə$^{213}_{21}$ tsɿ·　小产

趄倒了　tɕ'iə$^{213}_{21}$ tau·lə·　指妇女生孩子

白事儿　pei^{53}ʂer·　丧事

老了　lau^{34}lə·　①对长辈去世称～　②年纪大了

没了　mu$^{53}_{55}$ lə·　幼年死亡，亦称殇了。

浇天　tɕiau$^{213}_{21}$ t'ian·　酹酒祭天

人情　ʐən^{53}tɕ'iŋ^{53}　①人死后亲朋好友表示哀悼的一种活动　②情意：送～

来往儿　lai^{53}uãr^{34}　指交际：老张和老李长期没～

啦呱　la^{53}kua^{34}　①讲故事　②说话、闲聊

闹乱子 nau$^{312}_{31}$ luan$^{312}_{32}$ tsɿ· 闹纠纷、争吵

献浅子 ɕian$^{312}_{31}$ tɕ'ian^{34}tsɿ· 向别人献殷勤或说好话，以求他人满意

说二话 fə$^{213}_{21}$ lə·xua^{213} 说讽凉话

加钢 tɕia$^{213}_{24}$ kaŋ^{213} 有意激怒、挑拨他人

抬杠 t'ai^{53}kaŋ^{312} 无原则争辩或争吵

农事 商业

下坡 ɕia$^{312}_{31}$ p'ə^{213} 下地干活，也有的说上坡

榜地 p'ɑŋ^{34}ti· 锄地

割麦 ka$^{213}_{24}$ mən^{213}

打场 ta^{34}tʂ'ɑŋ^{53} 用碌碡在场中轧，使谷物脱粒

扬场 iɑŋ^{53}tʂ'ɑŋ^{53} 用木锨扬净谷物糠秕

筢子 p'ɑ$^{53}_{55}$ tsɿ· 搂柴草用的竹制用具

榜锄子 p'ɑŋ^{34}p^{f}'u$^{53}_{55}$ tsɿ· 一种小型的锄

镢镰子 tɕyə^{213}lian$^{53}_{55}$ tsɿ· 镢面呈三角形的一种小板镢，有的也叫镰镢子

锄印 p^{f}'u^{53}in^{312} 锄头

地排车 ti$^{312}_{31}$ p'ai^{53}tʂ'ə^{213} 两个轮子的力车

车脚子 tʂ'ə$^{213}_{24}$ tɕyə$^{213}_{21}$ tsɿ· 车轮

土牛子 t'u^{34}ȵiou$^{53}_{55}$ tsɿ· 旧时木制手推车

碱水 tɕian^{34}fei^{34} 人尿

大粪 ta$^{312}_{32}$ fən· 人粪

主户儿 p^{f}u^{34}xur· 主顾：他到处拉～

写扉子 ɕiə^{34}fei$^{213}_{21}$ tsɿ· 开发票

集 tɕi^{53} 集市

赶集 kan^{34}tɕi^{53} 到集市上买卖物品

称盐 tʂ'əŋ$^{213}_{21}$ ian^{53} 买盐

打油 ta^{34}iou^{53} ①买油 ②榨油

截布 tɕiə^{53}pu^{312} 买布

买么 mai^{34}mə· 买东西

做买卖 tsou$^{312}_{31}$ mai^{34}mai· 做生意

代销点（铺） tai^{312}ɕiau$^{213}_{21}$ tian^{34}(p'u^{312}) 供销社系统代卖处

动作 行为

捣么 tau^{34}mə· 背地里说别人的坏话

丧么 sɑŋ$^{312}_{32}$ mə· 当面训斥别人

刺么 ts'ɿ$^{312}_{32}$ mə· 讽刺挖苦

唏糖 ɕi$^{213}_{21}$ t'ɑŋ· 胡闹、说玩话

侃空 k'an^{34}k'uŋ^{213} 说假话

学舌 ɕyə^{53}ʂə^{53} 告别人的状、含贬义

挑小钱儿 t'iau$^{213}_{21}$ ɕiau^{34}tɕ'iɛ̃r^{53} 吹毛求疵，挑别人的毛病

扯舌头 tʂ'ə^{34}ʂə$^{53}_{55}$ t'ou· 来回传话，引起他人的不和

拨拉 pu^{34}lə· ①扒拉：针掉了，他在地上～遍了也没找到。②拨弄

□ pei^{34} ①用东西向外挑;把虫子～出来;②拨动

攮 naŋ^{34} 刺、扎：他的手叫针～破了

掯 k'ən^{312} 使物体上不来，下不去，夹在中间

扢 k'uai^{34} 搔：轻轻地抓

提娄 ti^{34}lou· ①提着:他～着肉，～着鸡。②挂着

搁下 kə$^{213}_{21}$ ɕiə· 放下

没视人 mu$^{312}_{32}$ ʂɿ·zən^{53} 小看他人

不搭腔 pu^{34}ta·tɕ'iaŋ^{213} 因有矛盾而见面不说话

生气败坏 ʂəŋ$^{213}_{21}$ tɕ'i·pai$^{312}_{32}$ xuai· 因气愤而要小脾气

吱喳 tʂɿ$^{213}_{21}$ uai· 大声吵嚷或喊叫

施维施维 ʂɿ$^{213}_{21}$ uei·ʂɿ$^{213}_{21}$ uei· 修理：～收音机；车子坏了，你给我～

念劝 ȵian$^{312}_{32}$ ta·yan· 劝导

□ xəŋ^{213} 摔跤：他俩谁也没～倒谁

□了 xəŋ$^{312}_{32}$ lə· 扔掉、丢掉

□ p'ai^{34} 蹬：这椅子叫他～坏了；他～了我一脚

刓 kua^{53} 划破：他衣服～破了

刮 kua^{213} 舀：～水

㞎 pa^{34} 双手抱起，专指抱孩子拉尿

秃娄 t‘u$^{213}_{21}$ lou· 从上向下滑

报告儿 pau$^{312}_{31}$ kaur^{312} 私下汇报

猜希 ts‘ai$^{213}_{21}$ ɕi· 含疑心，怀疑别人

烦恶 fan^{53}u^{312} 厌烦、生气

□ p‘ai^{213} 坐：他一腚～在地上不走了

□ tuan^{312} 迫赶：他走得快，我～不上他

尔 lə^{34} 理睬：我真不～你，不喜见人～

忙活 maŋ$^{53}_{55}$ xuə· 忙碌

碰上 p‘əŋ$^{312}_{32}$ xaŋ· 遇见

□了 ma^{213}lə· 错过：他俩走～，没遇上

搰 xu^{213} 用巴掌打人

揍 tsou^{312} 用拳头打人

擊 xuei^{34} 多指打人打或吓唬小孩

敠 tɕ‘yə^{34} 折断或使弯曲

敛 lian^{34} 铲除：～土、～粪

掇 faŋ^{34} 用力向下蹾，使之齐整或结实：～口袋，把纸～一～

燂 t‘əŋ^{213} 细火烘干

炰 ou^{34} 燃烧不充分：～火

烀 xu^{213} 半蒸半煮，把食物弄熟：～猪食

□ aŋ^{34} 烧：他的鞋子～个大窟窿

噘 tɕyɕ^{53} 骂人：～人

谝 p‘ian^{34} 炫耀，显示自己

动弹 tuŋ$^{312}_{32}$ t‘an· 动

□踊 ku$^{312}_{32}$ yŋ· 活动、蠕动：这小虫还～，没死

支使 tʂʅ$^{213}_{21}$ ʂʅ· 派遣、使唤

管及 kuan^{34}tɕi· 爱护

形容 比喻

屑了 ɕiə^{34}lə· 坏了：这张桌子～

乍了 ka^{34}lə· 很多：这堆地瓜～，得有万多斤吧？

俊 tsuən^{312} 美、好看

奸 tɕian^{213} ①刁滑：他干活太～了 ②不深入

胖 p‘aŋ^{312} 指人

肥 fei^{53} 指动物

介瘦 tɕiai$^{213}_{21}$ ʂou· 指某人身体瘦小

窝囊 uə$^{213}_{21}$ naŋ· ①肮脏：他家太～了 ②不顺心：这事办的太～了

穷 tɕ‘yŋ^{53}

曩 naŋ^{312} 很富裕

大样 ta$^{312}_{32}$ iaŋ· 大方正派：这孩子很～

木张 mu$^{213}_{21}$ tʂaŋ· 过于自信、撒娇：你别～，你～的吗？

小性儿 ɕiau^{34}ɕiə̃r 肚量小，好耍小脾气

皮脸 p‘i^{53} lian^{34} 脸皮子厚、顽皮：～孩子

□ k‘ou^{53} 脾气不好，不大讲道理

迷么头 mi$^{312}_{32}$ mə·t‘ou^{53} 蛮横不讲道理，俗语：□不怕□，就怕～

死相 sʅ^{34}ɕiaŋ· 吝啬，与人无交往：这人太～，和谁都不动来往

丝粘 sʅ$^{213}_{21}$ ȵiaŋ· 不干脆

急脚 tɕi$^{213}_{24}$ tɕyə^{213} 行为不稳重或操之过急

挖挖愁愁 ua$^{213}_{21}$ ua·tʂou^{34}tʂou· 心中不乐而难言状

心心娘娘 ɕin$^{213}_{21}$ ɕin·ȵiaŋ$^{53}_{55}$ ȵiaŋ· 心神不定或一心向往

窝了伐脚 uə$^{213}_{21}$ lə·fa53tɕyə^{213} ①不声张、不宣扬 ②匆匆忙忙的

急慌拉忙地 tɕi$^{21}_{24}$ xuaŋ·la$^{213}_{21}$ maŋ$^{53}_{55}$ ti· 急急忙忙地

囫囵圆扁地 xu$^{53}_{55}$ luən·yan^{53}pian^{34}ti· 好歹地、马马虎虎地

脆不生地 tɕ‘yei$^{312}_{32}$ pu·ʂəŋ$^{213}_{21}$ ti· 清脆

甜不嘘的 t‘ian^{53}pu·ɕyə$^{53}_{55}$ ti· ①带有甜味 ②喻嬉皮笑脸的样子

黧赤花肚 li$^{53}_{55}$ tʂʻʅ·xua$^{213}_{21}$ tu· 黑红等多种颜色混杂、不协调

绿不生的 lu$^{213}_{21}$ pu·ʂəŋ$^{213}_{21}$ ti· 微绿

红赤鲜的 xuŋ$^{53}_{55}$ tʂʻʅ·ɕian$^{213}_{21}$ ti· 颜色鲜红

灰不溜秋 xuei$^{213}_{21}$ pu·liou$^{312}_{32}$ tɕiou· ①灰色 ②使人尴尬

须绿 ɕy$^{213}_{24}$ lu^{213} 很绿

黢黑 tɕʻy$^{213}_{24}$ xei^{213} 极黑

四直 sɿ$^{312}_{31}$ tʂʅ^{53} 很直

剔圆 tʻi$^{213}_{21}$ yan^{53} 非常圆滑

不二呼 pu^{34} lə·xu· 不怕

不撑天儿 pu^{34} tʂʻəŋ$^{213}_{24}$ tʻiẽr· 不干，拿不起来

不使闲 pu^{34} ʂʅ^{34} ɕian^{53} 忙个不停：他天天～

不碍的 pu^{34} ai$^{312}_{32}$ ti· 不妨碍或不要紧

不管 pu^{34} kuan^{34} ①不会，不能胜任：我～，还是他管 ②不过问，不管教

不是物 pu^{34} ʂʅ·u^{312} 不正派或让人讨厌：这人～

差不离儿 tʂʻa$^{213}_{21}$ pu·lier^{53} 差不多

代词

俺 an^{34} 我，我们，不含他们

咱 tsan^{34} 我们，含我、你、他

他们 tʻa^{34} mən· 不含我及我们

我们 uə^{34} mən· 含我在内

人家 ʐən^{53} tɕiə· 指他们，有时也含我在内

旁人儿 pʻaŋ^{53} ʐẽr^{53} 别人，他们

各人 kə$^{213}_{21}$ ʐən^{53} 自己：我～去就行了

爷们儿 iə$^{53}_{55}$ mẽr· ①父与子 ②敬称

这亥儿 tʂə$^{312}_{32}$ xẽr· 这边、这里

老大会儿 lau^{34} ta·xuei$^{312}_{32}$ tsɿ· 指较长时间

这黄子 tʂə$^{312}_{31}$ xuaŋ$^{53}_{55}$ tsɿ· 这东西

么儿 mər^{53} 什么：这是～？

数量词

根 kən^{53} 一～绳子

捧 pʻəŋ^{34} 一～果子

趟 tʻaŋ^{312} 行、次：一～树、一～花子、一～买卖

溜 liou^{312} 排：一～座位、一～房子

溜子 liou$^{312}_{32}$ tsɿ· 块：一～地、一～布

嘟娄 tu^{34} lou· 一～肉、一～鱼

绺子 liou^{34} tsɿ· 一～线

拃 tʂa^{213} 一～长

庹 tʻuə^{213} 一～宽

虎口 xu^{34} kʻou· 一～长

掐 tɕʻia^{213} 一～胡萝卜

挲子 ʂa$^{312}_{32}$ tsɿ· 一～草

档子 taŋ$^{312}_{32}$ tsɿ· 一～人

伙子 xuə^{34} tsɿ· 一～人

□ kʻou^{34} 一～锅、一～猪

畔儿 pʻɛr^{312} 一会：他干了一～就走了

伐 fa^{53} 一齐，一块：这钱凑齐了一～给你

出 pᶠʻu^{213} 一～戏

刀 tau^{213} 一～纸、一～礼、一～菜（头茬）

条 tʻiau^{53} 一～毛巾、一～河

帽头子 mau$^{312}_{31}$ tʻou$^{53}_{55}$ tsɿ· 高一百～

筐头子 kʻuaŋ$^{213}_{21}$ tʻou$^{53}_{55}$ tsɿ· 一～粪、一～土

粪箕子 fən$^{312}_{31}$ tɕi$^{213}_{21}$ tsɿ· 一～柴火

叉子 tʂʻa^{34} tsɿ· 同粪箕子：一～草

篮子 lan$^{53}_{55}$ tsɿ· 一～鸡蛋

骨娄 ku$^{213}_{21}$ lou· 断：一～木头

行 ɕiŋ^{53} 层：二～楼、一～皮

头□儿 tʻou^{53} laur^{312} 指磨出的第一遍面粉

头□儿 tʻou^{53} lẽr^{312} 指中药熬出的第一次药液

十来个 ʂʅ$^{53}_{55}$ lai·kə· 十多个

百十个 pei$^{213}_{21}$ ʂʅ·kə· 百多个

千把个 tɕian$^{213}_{21}$ pa·kə· 千多个

万把个　uan$^{312}_{32}$ pə·kə·　万多个

精点儿　tɕiŋ$^{213}_{21}$ tiẽr·　很少

精点儿点儿　tɕiŋ$^{213}_{21}$ tẽr·tẽr·　很少很少

一点儿　i$^{213}_{21}$ tẽr^{34}　少量的

一点子　i$^{213}_{21}$ tian^{34}tsɿ·　很多

副词　介词

麻　ma^{53}　快：你～去

喷　p‘ən^{312}　正、正在：他～吃饭

响　ɕiaŋ^{34}　很、太：这瓜～甜了

怪　kuai^{312}　很：这衣服～好看

稀　ɕi^{213}　很：他俩～好，咱们～强～强的

忒　t‘uei2^{13}　太：这出戏演的忒好了

乔　tɕ‘iau^{53}　很：～热、～冷、～想得慌

一直　i$^{213}_{21}$ tʂʅ^{53}　一向，一个劲地：我～盼你回来

特为　tu ei^{34}uei·　特意、故意

精　tɕiŋ^{213}　非常：表示短、小、近、浅等的程度

回回儿　xuei^{53}xuer^{53}　经常、时常：他～迟到

当们住　taŋ$^{312}_{32}$ mən·p^{f}u·　避不住

求期儿　tɕ‘iou^{53}tɕ‘ier^{213}　稍微

猛等儿的　məŋ^{34}tə̃r·ti　突然

亏来　k‘uəi$^{213}_{21}$ lai·　幸亏：你～回来了。这事～你给操心

高低　kau$^{213}_{21}$ ti·　坚决、执意：他说～不到你家

安根儿　an$^{213}_{21}$ kẽr·　原先、原来：这活他～就会

早晚儿　tsau^{34}uẽr·　反正、迟早：他～得来找你

一末　i$^{213}_{24}$ mə^{213}　全都：家里的人～都来了

净　tɕiŋ^{312}　光、单：他们～吃白面

叫　tɕiau^{312}　被：他～狗咬了

打　ta^{34}　自、从：你～哪里来，我～家里来。

在　tai^{34}　在：他～家里

捋着　lu^{34}tʂau·　顺着、沿着：他～墙根走

照　tʂau^{312}　依：～我看，这事你不能办

赶　kan^{34}　到：你～那天来，行吗？

跟　kən^{213}　和、对：我～你一块去，你～他说一声

漫　man^{312}　从：你～哪里来？

可　kə^{34}　朝、往：～前～后

朝　tʂ‘au^{53}　向，往：～前去，～西走

问　uən^{312}　向：你～他要

第五节　俗语　谚语　歇后语

俗语

小雨（雾露毛子）。太阳（日头）。流星（贼星）。彗星（扫帚星）。北斗星（勺星）。霹雳（刮拉）。冰雹（巴子）。风停了（煞风了）。虹（降）。结冰（上冻）。冰（冻冻）。没有月亮的黑夜（月黑头）。日食（天狗吃日头）。旋风（泉风）。阴雨连绵（连阴天）。水坑（汪）。土坑（坷塄）。天、上苍、上天（老天爷）。地神（地奶奶）。土地神（土地老爷）。薄冰（一蒙龙）。冰（琉璃绷绷）。春寒（倒春寒）。冬季的阴天（青水天）。很响的雷（呱啦）。打闪（打伞）。过堂风（穿堂风）。旋风（学风）。虹（将读音jiàng）。

谚语

蛤蟆打哇哇，六十天吃骨渣。

有钱难买五月旱，六月连阴吃饱饭。

秋旱如刀刮。

七月十五红鼻枣，八月十五打败了。

七月核桃八月梨，九月里柿子乱赶集。

一九二九不出手，三九四九冻上走，五九六九河边看杨柳，七九六十三路上行人把衣扇。

桃三杏四梨五年（结果）。

人哄地一时，地哄人一季。

麦子掉了头，高粱（春高粱）没起牛。

季节不等人。

春雨贵如油。

白露早、寒露迟、春分种麦正当时。

蚕老一时，麦熟一晌。

七月核桃、八月梨，九月柿子乱赶集。

人勤地不懒。

旱枣涝栗子，不旱不涝收柿子。

三春不如一秋忙。

秋旱如刀刮。

东北有三宝，人参、貂皮、乌拉草。

该热不热，五谷不结。

麦盖三层被，枕着馍馍睡。

瑞雪兆丰年。

桃花开，杏花败，李子开花卖蒜薹。

四月八苋菜掐，四里八乡把秧插。

庄稼一枝花，全靠肥当家。

人不吃饭饿肚肠，地不上粪少打粮。

三追（肥）不如一底（肥）。

有钱难买五月旱，六月连阴吃饱饭。

六月六见谷秀。

头伏萝卜二伏菜（大白菜），三伏还能种荞麦。

三分种，七分管。

种瓜得瓜，种豆得豆。

清明前后，栽瓜种豆。

六月六，见谷秀。

歇后语

罗锅子上山——钱（前）上紧。

巧她娘打巧——巧急（极）了。

大巧背小巧——巧上加巧。

秃子跟着月亮走——借光。

秃子头上的虱子——明摆着。

玩把戏地跪下——没咒念了。

头顶上长疮，决（脚）底下淌浓——坏透了。

打春的萝卜立秋的瓜，死了老婆走老丈人家——没味。

老马马子（老太太）哄孩子——手拿把掐。

大年午今吃包子——没外人。

瞎子点灯——白费蜡。

澡堂子关门——不叫人洗（喜）。

抱着元宝跳井——舍命不舍财。

外甥打灯笼——照旧（舅）。

大闺女坐轿——头一回。

决（脚）底下摸油——溜了。

脱了裤子放屁——找麻烦。

大殿汪里卖葱——不是不想着。

丈母娘痛女婿——没二味。

丈母娘的嫂子——大岳母（大约摸）。

姥娘哭儿——没救（舅）了。

背着儿媳妇过河——出力不讨好。

捂着耳朵偷铃铛——自己哄自己。

聋子的耳朵——摆设。

秃子头上的虱子——明摆着。

唱戏的胡子——假的。

戴着乌纱帽弹棉花——有功（弓）之臣。

骑着驴看唱本——走着瞧。

和尚（秃子）打伞——无法（发）无天。

哑巴吃黄连——有苦说不出来。

小偷穿袜子——贼手摸贼决（脚）。

要饭的牵猴子——玩心不退。

嘴上抹石灰——白说。

卖鸡蛋的翻跟斗——完（玩）了蛋。

洋鬼子看戏——傻了眼。

老太婆的裹决（脚）——又臭又长。

腊月天——动（冻）手动（冻）脚。

反穿皮袄——装佯（羊）。

掌鞋不用锥子——针（真）行。

和尚的屋——妙（庙）。

姊妹俩出嫁——各人忙乎各人的。

第四章 宗教信仰

境内宗教活动历史悠久。早在两千多年以前就有道家活动于蒙山之中。佛教传入也有1400余年的历史。基督教传入较晚。

1995年10月，设立平邑县民族宗教事务局，隶属于县委统战部，为正科级单位。2004年3月成立平邑县人民政府民族宗教事务局，为正科级事业单位，和统战部合署，人员编制4名，其中设局长1名，副局长1名，其他人员2名，从现有全额事业单位人员调剂。2005年10月，隶属于县政府，编制增加1名。

2000年，莲花山居委会被评为全国民族团结和社会进步先进集体，受到国务院的表彰，选送7名少数民族干部参加市委党校的培训。2011年，组织参加山东省第八届少数民族运动会珍珠球项目。

第一节 伊斯兰教

全县伊斯兰教有清真寺4座，分别是地方清真寺、平邑街道清真寺、保太清真寺、临涧三里峪清真寺，阿訇4人。

1989年，全县有穆斯林3358人，其中平邑县城2185人。2013年底，有回民4427人，其中，县城2953人。

清真寺是穆斯林举行礼拜的场所，亦称礼拜寺。境内清真寺始建年代最早的首推平邑清真寺，建于明嘉靖十四年（1535年），其次为明天启七年（1627年）所建的三里峪清真寺和崇祯元年（1628年）所建的地方清真寺。建于清代的清真寺有光绪八年（1882年）所建的保太清真寺，民国时期则建有平邑镇清真女学校、仲村清真寺。“文化大革命”期间，清真寺全部停止活动。改革开放后，党的民族宗教政策得到贯彻落实，平邑、地方、保太、三里峪清真寺陆续开放，逐步恢复了正常的宗教活动。

清真寺不分规模大小，均为单一教坊制，互不隶属。其建筑结构严整、质朴。其格局大多是礼拜大殿居中，两旁南北讲堂相对，礼拜大殿建筑一般呈凸字形，内部设置比较简单，墙壁素洁淡雅，有阿拉伯艺术字体和几何线条图案。礼拜大殿地板一般铺以绒毯、垫褥或席子。礼拜大殿正面后墙称为正向墙，墙壁正中有一圆形凹壁，是礼拜朝向的标志。殿内右前方设有讲坛，供阿訇在聚礼日（主麻）及每年开斋节、古尔邦节两会礼日宣讲教义之用。较大的清真寺还有宣礼塔或望月楼，为召唤穆斯林前来礼拜和望月之用。每寺都设有水房（沐浴室），穆斯林在每日五次礼拜和聚礼日、会礼日都习惯来此做净仪。

清真寺无掌教设置。协助阿訇主持教务的由当地穆斯林共同推举德高望重的乡老担任。乡老的职责是负责聘请阿訇，筹款募捐，修缮寺院，统管清真寺田产财务，主持节日庆典活动，具体处理穆斯林内部民事纠纷等。新中国成立前，平邑乡老有左大峰、周毓庭等，以后由王清元、米京伦等担任。20世纪80年代以后，各寺均成立了清真寺管理委员会，乡老工作改由管委会代替。清真寺经费主要来源于信徒捐献的钱物、土地等。寺内土地出租或是由穆斯林代耕，均由其自愿交纳租金或粮食，所收款项用以维持寺内正常开支或阿訇生活所需。1949年前，平邑清真寺有土地5013公顷，其他各寺均有田产，土地改革时寺内土地被分，此后阿訇的生活主要靠信徒的捐赠等来维持。

平邑县主要清真寺：

平邑清真寺。位于县城文化路中段。始建于明嘉靖十四年（1535年）。清康熙年间重建。光绪八年（1882年）进行修缮。20世纪90年代又进行维修扩建，新建后窑殿、大门等，现成为沂蒙地区规模较大的清真寺。该寺占地2668平方米，中轴线上有大门、二门、礼拜殿、望月楼和后门，两侧有南、北讲堂、沐浴室、教掌室、架子房等。礼拜殿由前殿、大殿、后窑殿组成，面阔12米，进深24米，建筑在1米高的台基上。整个建筑为砖木结构，上覆灰瓦，殿脊饰二龙戏珠，左右鸱尾，中装葫芦宝瓶。前殿上方悬挂“天方正教”镀金匾额。后窑殿为重檐歇山顶，顶饰月牙形标志，殿内正面挂阿拉伯文织锦，上装天花彩绘藻井。南、北讲堂也为砖木结构，面阔12米，进深6米，青砖灰瓦，硬山式屋顶。整座寺院，造型古朴，具有明显的民族风格。寺内现存古、今碑刻十余通，记载了清真寺修缮、扩建等情况。该寺规模较大，保存完好，是平邑县现存最大的古建筑群。2001年，被山东省宗教事务局授予“全省文明宗教活动场所”。2008年，被临沂市委统战部、市民族宗教局先后授予“全市文明宗教团体”和“全市规范化宗教活动场所”。2013年，被山东省人民政府公布为省级文物保护单位。

地方清真寺。位于地方镇利民社区，始建于明崇祯元年（1628年）。清乾隆五十六年（1791年）、道光三十年（1850年）进行修缮。同治、光绪年间民族英雄左宝贵多次捐资修缮、扩建。时清真寺南北长67.2米，东西宽24.6米，有各类房屋19间，建筑总面积434平方米，穿堂式大门，面南。主要建筑有西大殿、北讲堂、南讲堂、水屋等。2011年，将清真寺所有建筑拆除，进行改建。寺内有清光绪二十年（1894年）所立的“左军门捐资重修清真碑记”碑一通，记载了民族英雄左宝贵捐资修寺的经过，赞扬了他富不忘本、乐善好施的精神，是非常珍贵的文物之一。

保太清真寺。位于保太镇驻地。始建于清光绪八年（1882年），占地460平方米，有房10间，1967年倒塌。1990年5月，在新址复建讲经堂和水房，2012年又重新选址新建大殿一处。现寺占地0.28公顷。

三里峪清真寺。位于临涧镇三里峪社区。始建于明朝天启七年（1627年），占地400平方米，有草房五间。1976年因村址北移而拆除。1987年重建，占地1000平方米，建石墙瓦房3间，大殿3间，门楼1座。2001年，修缮水房、架子房。

平邑清真女寺。位于县城文化路回民小学东南。民国10年（1921年），四清守备左大峰等捐资倡建“平邑镇清真女学校”（后习称女寺），占地约600平方米，有房屋7间，古式门楼1座。院内有水井1眼，为女穆斯林提供学习和进行宗教活动的场所。抗日战争爆发后，因战乱等原因，女校日趋荒废，房屋年久失修，逐渐坍塌。改革开放后，政府落实民族宗教政策，于1990年前后在旧址重建正房平房4间，门房1间，东屋平房2间（原水井盖在房内），女寺基本得以恢复。1921年建清真女学校时的石碑现仍立于院内，基本完好。

平邑回族人对自己的宗教节日和纪念日

十分重视，这些节日源于伊斯兰教，主要有开斋节、古尔邦节、圣纪节，以及法图麦节、主麻日。

开斋节。伊斯兰教传统节日之一，是穆斯林庆祝斋戒完成的日子。按经典规定，伊斯兰教历9月为斋月，于斋戒期满后的10月1日举行开斋节。节日这天早8～10点，穆斯林沐浴盛装到清真寺举行会礼，相互祝贺。节前并纳开斋捐济贫。斋日期间，本地清真寺乡老和一些中老年穆斯林多数参加“把斋”活动，青年参加者甚少。斋月28日晚，家家穆斯林门前屋内张灯结彩，或聚集清真寺礼拜，或走家串户互相祝贺节日安宁，或在家念清真言，为亡故亲人祈福。此活动延续至开斋节前，当地穆斯林称之为“小节”。

古尔邦节。古尔邦节亦称“宰牲节”，于伊斯兰教历12月10日举行。“古尔邦”意为献身（即宰牲献祭）。穆斯林沐浴盛装到清真寺举行会礼。宰牛、羊准备节日食品待客及相互馈赠，以示纪念。

圣纪（圣忌）节。圣纪节在伊斯兰教历3月12日举行，俗称办圣会。每逢这个节日，穆斯林沐浴后，于中午到清真寺举行纪节礼拜活动，阿訇诵《古兰经》，赞圣、讲述圣事和穆斯林的生活方式，以表示纪念，共度节日。

法图麦节。当地称妈妈事情节或伊斯兰教妇女节。于每年伊斯兰教历9月14日举行，系为纪念穆罕默德之女法图麦（法蒂玛）而举行的宗教节日。每逢节日，中老年穆斯林妇女组织起来，派代表分片到穆斯林家中凑集资金（多少不限），购买牛羊肉，做油香，到清真寺会礼，请阿訇诵经并聚餐。

主麻日。每逢星期五是主麻日，穆斯林穿戴整齐，来到清真寺，听阿訇诵经和讲解《古兰经》，学习伊斯兰教的基本知识，是经堂教育的重要内容。

第二节　道　教

道教是中国的传统宗教。道教尊张道陵为天师，奉老子为教祖，并尊其为“道德天尊”“太上老君”。道教徒祈修身养性，长生不老。道院多供奉“乾宫教主”“纯阳道君”“斗母元君”等神像，有法坛活动和庙会香火。境内道士分全真派和正一派，全真派道士出家，终身不婚，以念经炼丹行医、修身养性为主；正一派道士（亦称夥居道士），以守庙种地为主，经事较少，结婚，有的携家带口，境内此派道士居多。

蒙山道教主要活动在万寿宫、白云岩清虚观、大洼玉皇庙及凌云宫等地。万寿宫又名玉虚观。最早为颛臾王祭祀蒙山处，又名谒蒙祠，《水经注》称蒙祠。宋雍熙年间改祀颛臾王，为颛臾王庙。宋神宗、哲宗年间，守庙高士贾成笃信道教，收纳道徒甚众，宋政和元年（1116年）宋徽宗诏见，赐以“紫衣象笏”，后乞归蒙山，死后赐谥号“清虚文逸成公先生”。时古蒙祠改为道院，名为玉虚观，规模渐为扩大，道教活动盛极一时。清康熙年间达到鼎盛时期，正殿主祀玉皇，成为道教活动的中心，后改玉虚观为万寿宫。白云岩清虚观及承天宫、泰山行宫、朝天宫、慈宁宫、玉皇殿等道观，均有道长主事，教徒多为全真派。

大洼玉皇庙及附近的秋峪、天麻场、三官庙、后白岩等庙宇道士，多为夥居道士，受大洼玉皇庙管理、为同一派别。

各类庙宇遍布境内，如平邑玉皇庙、天齐庙，南阳真通观，鲁埠真元观，铜石镇大圣堂（亦称灵泉观），地方镇小圣堂，温水镇塔河院，平邑街道舜帝庙，保太镇三官庙，武台天师庙，埠阴、大平安庄的玉皇庙，丰阳镇香山庙，临涧镇姑山奶奶庙，白彦镇青山庙等。庙宇殿堂内除供奉玉皇、王母等神像外，还多附设药王、关帝等神位。另外，农村最受尊拜的是散布各村村头的土地庙。

第三节　佛　教

佛教亦称释教，尊释迦牟尼为佛祖。佛教寺庙中多供奉菩萨像，佛教传入平邑境内至迟当在南朝梁代，境内佛教为禅宗青原系下曹洞、临济两派。佛教徒信仰“三世因果”“六道轮回”，劝善止恶，救度众生。民间信仰的佛教多同道教融合在一起，将神佛作为“有求必应”的崇拜对象，但有病灾或不测之事发生，则到庙上烧香拜佛，求助于神灵。境内现有平邑街道的白龙寺，武台镇的宝圣寺、保太镇的海螺寺，临涧镇的安自寺，白彦镇太皇崮云台寺。至2013年，全县信仰佛教人数46人。

第四节　天主教

天主教，又称公教、罗马公教，是基督教三大派别之一。中国人根据明末耶稣会传教士的翻译，称之为天主教。罗马天主教，是取自中国古语“至高莫若天，至尊莫若主”。天主教在平邑县影响较小。截至2013年，全县信教群众176人，主要集中于柏林镇。

天主教的圣事为7项：圣洗（也叫洗礼）、坚振、告解（也叫忏悔）、圣体、终傅、圣秩、婚配。其中最重要的是弥撒，即星期日（称主日）在教堂举行的敬拜活动。天主教称节庆和纪念日为瞻礼，瞻礼有固定的日期、内容和形式。天主教有四大瞻礼：耶稣复活瞻礼，即复活节；圣神降临瞻礼，也称圣神降临节；圣母升天瞻礼，也称圣母升天节；耶稣圣诞瞻礼，即耶稣圣诞节。

天主教信徒与基督教的禁忌大致相同，不吃动物的血，不吃勒死或自死的动物。与基督教不同的是，天主教同时还敬拜玛利亚，因为她是耶稣的母亲；另外，天主教还许可祭拜祖先。

第五节　基督教

1990年，统战部协调资金在保太镇建成清真寺，成立平邑县三自爱国委员会筹备工作领导小组。基督教发展迅速，有教徒6200人。1991年，在全县26个乡镇设立基督教三自爱委会，并设置传教点22个。

1997年7月，成立平邑县基督教三自爱国运动委员会。2003年4月，进行换届，成员11人，设主任1人，副主任2人。

至2013年，全县基督教教职人员1人，基督教信众约1.5万人，全县大小基督教活动点118处，正式登记32处，其中5人以下的家庭聚会点86处纳入以堂带点管理，较大的聚会点有毛家洼基督教堂、资邱十八村基督教堂、大夫宁基督教堂、北仲一村基督教堂、林合村基督教堂5处。

县内基督教徒多信奉东正教，教义教规以《新约》为经典。最基本圣事是洗礼和圣餐。加入教会，须经牧师受洗后，方为正式教徒。但近几年入教的多为望友，一般不接受洗礼仪式。圣餐是教徒经常领受的重要圣事，当地教徒每年举行两次。重要节日为“复活节”“圣诞节”。每逢节日均由教徒自愿捐献钱物，或聚餐，或举行庆典。

第五章　老年人事业

1990年全国第四次人口普查，平邑县60岁以上老年人6.81万人，占总人口的7.5%。2000年全国第五次人口普查，全县60岁以上老年人10.34万人，占总人口的10.6%，进入“老年化”县行列。2010年全国第六次人口普查，全县60岁以上老年人13.81万人，占总人口的15.3%。

第一节　优抚政策

1998年，平邑县规定60岁以上老人免义务工、劳动积累工及各种集资，70岁以上老人免村提留、乡统筹。1998年，全县20个乡镇不再向老年人征收“三提五统”和其他集资。“十五”期间，全县共减免农村老年人出资出劳、“三提五统”、农业税及附加2000多万元；有26个村3000余名农村老年人享受集体生活补贴；医疗单位为老年人免收挂号费20余万人次，为经济困难老年人减免医疗费50余万元。2010年，开始实行为65周岁以上老年人免费查体政策。至2013年，累计为65岁以上老年人查体22万余人次，查体率在65%以上。

1998年，按照山东省老年人优待证发放管理办法，办理老年优待证6.73万份。2003年，全县开始换发全省统一的新版老年人优待证，至2013年，发放老年人优待证7.20万份。

1999年，县内百岁及以上老人享受每人每月60元的长寿补贴金，2003年调整为每人每月100元，2013年调整为每人每月450元。2013年平邑县高龄津贴发放范围扩大，县内90～99岁农村户籍老年人享受高龄津贴每人每月60元。

2009年，在全县实施“老年人意外伤害组合保险”工程。保险期限为1年，每份保费25元（个人缴纳20元，财政补贴25%），保险金额16000元，其中意外伤害死亡及残疾保险金额12000元，意外伤害医疗保险金额4000元（包括门诊和住院）。投保对象为全县60周岁以上至80周岁（含）的老年人。至2013年，全县累计承保18万人次，收取保费370余万元，累计赔付金额149余万元，赔付率40%。

第二节　老年活动

各级老年协会、老科协、老教协、老体协、关工委等老年团体积极参与社会科研、咨询、关心教育下一代、基层组织建设、社区建设和各种形式的社会公益活动，继续发挥才智，贡献余热。每逢“九九”老人节等重大传统节日或纪念日，县、乡、村各级都组织开展各种类型的文化娱乐和体育比赛活动，满足不同层次老年人的需要，丰富老年人的精神文化生活。

1990年，王万久、刘凤云获“敬老爱老先进个人”称号，杨运和获“山东省开拓老年人事业先进个人”称号。平邑县保太乡政府获“山东省敬老爱老先进集体”称号，保太乡德埠庄老年协会获“山东省老有所为先进集体”称号。1998年，平邑县开展敬老好儿女金榜奖、老有所为奉献奖、重视老龄工作功勋奖评选活动。县委、县政府授予包庆荣等42人“敬老好儿女金榜奖”，魏正雨等33人“老有所为奉献奖”，孙传义等53人“重视老龄工作功勋奖”。1999年，王兴世荣立山东省老龄工作三等功，被评为“山东省老龄工作先进个人”。2006年，平邑县开展“沂蒙十大孝星”评选活动，包庆荣等10人被评为“平邑县十大孝星”。2009年，平邑县老龄办获“山东省敬老模范单位”称号，2011年，平邑县老龄办获“临沂市实施银龄安康工程先进县区”一等奖。

至2013年，平邑县老年体协共派出600人次参加各级体育主管部门和各级老年体协组织的社会体育指导员、一级社会体育指导员资格8人，二级社会体育指导员资格60人。各项目国家一级裁判员6人，二级裁判员30人，取得各类武术有段级别的人员120人。县老年体协每年都组织健身项目推广培训班、教练员培训班、裁判员培训班。全县经培训的三级社会体育指导员达2000人，三级各类裁判员160人。为平邑县老年体育事业的健康有序发展提供了人员储备。

第三节　权益保障

1996年10月1日，《中华人民共和国老年人权益保障法》颁布实施，县老龄办积极组织各种活动宣传。至2013年，全县共印发宣传材料10万余份，张贴标语6000余条，电影宣传750余场次，其他各种形式宣传2500多次。同时结合普法宣传，把老年法规和尊老敬老传统美德列入全民普法、中小学德育教程、村规民约内容。

2000年，全县各级司法部门普遍建立老年人法律援助组织，在基层律师事务所设立老年人权益法律维护岗，聘请社会人士担任执法监督员。对老年人法律咨询、申请、涉老案件优先受理、优先指派、优先审理，并及时提供法律援助、司法救助。

1995年下半年，在平邑镇进行试点签订家庭赡养协议，1996年逐步推广到全县各乡镇，并进行公证。至2000年，全县累计签订家庭赡养协议书近6万份。2005年，全县开始新一轮家庭赡养协议书的签订工作，共签6万余户，占应签户数的90%。此项工作把赡养老人工作纳入法制化轨道，解决了部分家庭老人无人赡养的问题，维护了老年人的合法权益。

至2013年，司法部门共为老年人提供法律援助3000人次，减免服务费60万余元；实施司法救助1500余人次，减免诉讼费50万余元；涉老部门接待处理老年人信访2700余人次。

第六章　残疾人事业

1990年8月平邑县残疾人联合会（简称县残联）成立与县民政局合署办公。2002年7月与县民政局分设为正科级全额拨款事业单位，隶属县政府领导，现有编制14人，内设教育就业部、康复部、组织联络部、宣传文体部、维权部、办公室，下设残疾人劳动就业办公室。县残联积极维护残疾人合法权益，开展残疾人康复、教育、就业、扶贫等服务，管理和发展残疾人事业。据第二次全国残疾人抽样调查数据推算，平邑县共有4.38万余名残疾人，占全县总人口的4.4%。至2013年底，全县共有2.09万余名残疾人办理了第二代残疾人证，其中视力残疾2094人、听力残疾1460人、言语残疾151人、肢体残疾13531人、智力残疾1595人、精神残疾1504人、多重残疾603人。全县持证残疾人中有1.96万余名残疾人为农村户口，占残疾人总数的93.3%；各类重度残疾人（残疾等级为一级、二级）共有0.7万余名，占残疾人总数的33.4%；就业年龄段（16～59周岁）的残疾人共有1.28万余人，占残疾人总数的61.2%。

第一节　活　动

为切实改善残疾人身体机能，提高其参与社会生产与生活的能力，县残联组织开展白内障免费手术、精神病人免费住院服药、肢体残疾人免费康复、假肢安装、聋儿语训、适配辅助器具等各项康复服务工作。至2013年12月，全县有3460名白内障患者通过手术复明，183名脑瘫儿童接受康复训练，102名聋儿得到针对性的康复训练，210名贫困聋儿免费佩戴助听器，257名精神病人得到免费住院治疗，704名精神病人得到免费服药救助，407名肢体残疾人接受免费安装假肢，1673名重度肢体残疾人得到免费捐赠轮椅，为各类残疾人提供辅助器具3000余件。

围绕完善康复服务网络，扎实开展基层残疾人康复服务机构建设工作，依托县级医疗机构和县残疾人综合服务中心分别建立肢体残疾康复中心、视力残疾康复中心、听力残疾康复中心、智力残疾康复中心及精神残疾康复中心等5个县级残疾人康复服务机构。2012年，平邑县加大资金投入，依托各镇（街道）卫生院和村卫生室完成建设14个镇康复指导站和408个村康复站，并配备康复器材，得益于该项工程，全县1.80万名残疾人可直接在“家门口”接受康复训练服务。加强对残疾人康复服务机构的管理，每年定期对各镇街康复指导员进行业务培训，并由各镇街残联自行组织对辖区内各村社区康复员进行培训，不断提高康复服务水平。截至2013年底，全县各级残疾人康复服务机构共为各类残疾人提供康复训练服务2.6万余人次。

第二节　教育和安置

残疾人劳动就业实行集中就业与分散就业相结合，鼓励自谋职业的方针。至2013年，全县共有福利企业3家，集中安置有劳动能力的残疾人150名。按比例分散安置190名残疾人就业。全县有劳动能力的残疾人就业率达到76%（包含农村残疾人从事种植养殖业）。

组织做好“沂蒙阳光”技师培训工作，切实提高残疾人劳动技能。至2013年，全县共为各类残疾人提供劳动技能培训1770人次。

第三节　基层组织

平邑县成立盲人协会、聋人协会、肢残协会、精神残疾人及亲友协会、智力残疾人及亲友协会等5个协会，每个镇设1名残联理事长，由县残联统一招考，为每个镇聘用1名专职干事。全县有10名以上残疾人职工的企业全部成立残疾人协会。同时，县、镇、村三级均成立助残志愿者队伍，全县共有登记在册的助残志愿者430人。通过健全基层组织，不断扩大残联的组织覆盖、工作覆盖和活动覆盖，努力构建基础牢固、组织健全、工作活跃、作用显著的群团组织体系和工作体系。

第四节 宣传 文体

认真组织开展“助残日”“爱眼日”“爱耳日”等残疾人节日活动，加大残疾人事业宣传力度，呼吁社会各界关心、支持残疾人事业，参与扶残助残活动。至2013年，累计在各类报刊、网站上发表新闻信息稿件1000余条。

全县残疾人文体活动日趋活跃，县残联与县特殊教育学校合作，建立1个残疾人文化艺术人才培训基地和1个残疾人体育训练中心，认真组织开展文体人才训练、培养等日常工作；以乡镇为单位开展残疾人文体人才摸底调查，不断完善全县残疾人文艺体育人才数据库。

同时开展残疾人运动员筛选、输送、集训工作，组织残疾人运动员参加上级组织的各项比赛。至2013年，平邑县残疾人运动员在全国残运会上累计获得金牌2枚，银牌2枚；在全省残运会上累计获得金牌3枚，银牌4枚和1项团体冠军。

第五节 维 权

2010年，印发《关于加快残疾人事业发展的实施意见》，2011年印发《关于推进残疾人社会保障体系和服务体系建设的实施意见》。

2011年，印发《平邑县加强残疾人法律救助工作的实施意见》，成立平邑县残疾人法律救助工作站，常年为贫困残疾人免费提供法律援助，维护残疾人合法权益。认真做好残疾人信访接待工作，妥善回复残疾人来信、来访案件，残疾人信访案件办结率达到100%。至2013年12月，全县累计为残疾人提供法律咨询服务326人次，为49名残疾人提供了法律援助，回复残疾人来信、来访、电话咨询等案件1380余件。

第六节 福 利

落实残疾人教育救助政策，对接受义务教育的贫困残疾学生，每年救助300元；对接受高中教育的贫困残疾学生，每年救助600元；对考入中专、大专的贫困残疾学生入学时一次性救助2000元；对考入本科及以上的贫困残疾学生入学时一次性救助3000元。至2013年，全县共为各类残疾学生提供教育救助477人次。

落实残疾人社会保障政策，切实保障贫困残疾人基本生活。至2013年，全县为3382名纳入最低生活保障范围的重度残疾人发放生活补贴202.92万元；为446名重度残疾人发放居家托养残疾人生活补助；为300余户农村贫困残疾人家庭进行危房改造；为低保边缘户的贫困残疾人扩面发放生活补助230人次；为残疾等级为一级、二级的重度残疾人，由县财政为其代缴参加新型社会养老保险，并提前五年领取养老保险金；家中发生火灾等特殊情况的残疾人发放临时救助28人次。

第二十九编

街道、镇概况

平邑街道

概述

平邑街道为平邑县城驻地，因春秋时期季平子封邑而得名。平邑街道位于北纬35° 30′ 23.11″，东经117° 38′ 35.41″。是平邑县城驻地，南邻流峪镇，北靠仲村镇、保太镇，东与温水镇相邻，西与济宁市泗水县接壤。平邑街道地势南高北低，西高东低。地形分为平原和丘陵。地面高度一般在100 ~ 500米之间。平邑街道地处北温带，属温带大陆性季风气候，四季分明，具有冬季寒冷、夏季炎热、光照充足、无霜期长的特点。春季，风大，雨少，回暖快，气候干燥，易春旱，且常出现倒春寒危害。夏季，温度高，湿度大，雨量集中，灾害性天气频发。秋季，气温急降，雨量骤减，秋高气爽，旱涝无常，对“三秋”（秋收、秋耕、秋种）生产有一定威胁。冬季，天气寒冷，雨雪稀少，气候干燥，干冷期长。

1989年，平邑镇总面积68.66平方千米，总人口5.5万人，耕地面积35.2平方千米。2001年平邑镇总面积197平方千米，总人口14.5万人，耕地面积89.4平方千米。2013年底，平邑街道总面积190平方千米，辖区总人口17.6万人，平邑街道耕地面积减少到75.33平方千米。

水利

1989年，平邑镇境内没有水库、塘坝，2001年，平邑镇、白马乡、东阳乡合并为平邑街道。境内有大殿汪、红泉2座小（1）型水库，黄草、西旺沟、晗哺、白龙泉、讲理、德化6座小（2）型水库；东旺沟、南城子、大井二、车厢峪、芦家庄、盛泉、西贺庄、才家庄、讲理9座塘坝；浚河、唐村河、东阳河、鲁埠河、吴家庄河、跃牛河、跃鱼沟、大井河8条主要河流。2013年未有变化。

农业

平邑街道农作物以粮食作物为主，经济作物和其他农作物为辅，粮食作物主要有冬小麦、玉米、谷子、高粱、地瓜、大豆、杂粮，经济作物主要是花生、黄烟、麻类、药材，其他农作物有蔬菜、瓜类等。1990年，平邑镇农作物种植总面积57.68平方千米，其中粮食作物53.12平方千米，总产量2252.57万千克；经济作物2.59平方千米，总产量48.4万千克；其他农作物1.97平方千米，总产量37.8万千克。20世纪90年代，平邑街道开始调整农业产业结构，大力发展蔬菜种植，蔬菜种植面积大大提高。2001年，平邑镇（含合并后的白马乡、东阳乡）农作物种植总面积113.42平方千米，其中粮食作物83.58平方千米，总产量20012.5万千克；油料作物8.914平方千米，总产量166.94万千克；蔬菜瓜果16.94平方千米，总产量325万千克。

2010年后，平邑街道注重培植龙头，搞综合开发，发展瓜菜、林果、畜牧业，重点做好讲理村有机蔬菜、黄草坡小米农业品牌建设，培植一批农副产品加工龙头企业，提高农产品附加值。2013年底，建成26.67公顷的讲理村有机蔬菜基地、0.67平方千米的黄草有机小米基地、0.67平方千米的南城子、黄草优质烟叶基地、6.67平方千米的张庄、颛臾无公害马铃薯基地，栽植核桃2平方千米、山楂2平方千米，荒山造林4平方千米。

工业

1989年，平邑镇有工业企业21家，工业总产值达1500万元。1996年，规划实施沂蒙石材城、白马石材城。1999年，镇村集体企业逐渐改制，正式规划城北工业科技园建设并大力实施招商引资战略。至2008年，全镇工业企业310家，其中规模以上企业达42多家，个体工商户达2100户，工业总产值达18.9亿元。2011年，规划建设东城项目聚集区。2013年，全街道完成工业企业总产值41亿元，实现销售收入32亿元，利税5.1亿元；其中规模以上企业完成工业总产值30亿元，实现销售收入34亿元。全街道固定资产总投入达到24.5亿元。

商贸金融

20世纪80年代末，商贸经营活动形式单一，营业额不高。经过多年的发展，商贸活动日益活跃。2013年，生产增加值完成27.65亿元，社会消费品零售总额达到24.4亿元，城中商贸城、金桥商贸城、蒙阳建材城、东苑批发市场等商贸园区相继建成。

村镇建设

1989年，人均住房面积仅为13.2平方米。至2004年，投入1.3亿元，完成拆迁面积8.6万平方米，新开发建设面积26万余平方米。其中完成板桥路南段开发建设，开发面积2.4万平方米；实施县城四大出口改造工程；西环一路北通工程八埠庄村拆迁民房216户、2.1万平方米，安置建设面积3.6万平方米；建成1万平方米以上的住宅小区有蒙阳小区、康乐小区、西苑小区等。

2011年始，先后完成浚东社区、保定社区、东阳店子社区等3个农村社区的旧城改造工作，3个社区共拆迁房屋4067位，累计投资9.6亿元。至2013年，人均住房面积由1989年的13.2平方米，提高到32.5平方米。

交通邮电

2008年开始，平邑街道党工委、办事处把农村道路硬化作为重点。2013年，投资2900万元硬化农村道路119.6千米。2013年底，平邑街道设置5条公交线路，投入40辆公交车的规划建设方案，实现对县城各主要街道和公共场所的公交全覆盖。投资200余万元，建设46处公交停靠港湾、候车亭及91个站点牌。投资1400余万元，购置40台全新无人售票燃气豪华空调公交车投入运营。

1989年，平邑镇有邮政网点1个，乡村通邮率仅为21%；2001年，平邑镇有邮政网点3个，乡村通邮率提高到78.9%；至2013年底，有邮政网点4个，乡村通邮率92%；全年投递国内函件100余万件，国内汇票业务完成36.9万笔，国内异地特快专递信件完成28万件，征订报纸72万份、杂志27万册，业务收入1398万元。有电信企业3家，服务网点109个；固定电话用户4.5万户，电话用户普及率达到90%；移动电话用户12万人，移动电话普及率为86%；光缆线路总长500千米，宽带接入用户3.54万户，全年电信业务收入1290万元。

科教文卫

1989年，平邑镇医院设有内科、外科、妇产科、儿科、中医科、口腔科、放射科、检验科、药剂科、手术室、办公室、财务科等科室，有职工107名，年业务收入49.5万元，年门诊量1.5万人次，年收治住院病人598人次。1996年，升格为副科级事业单位，为非营利性卫生机构和新型农村合作医疗、职工基本医疗保险、居民医疗保险定点服务机构，被省卫生厅命名为爱婴医院、山东省中医药特色社区卫生服务中心、星级社区卫生服务中心。2013

年，平邑街道卫生院拥有门诊楼、病房楼、国医楼各1幢，占地面积990平方米，建筑面积2560平方米，设有内科、外科、妇科、康复科、理疗科、检验科、放射科、特检科和社区卫生服务管理办公室、妇幼保健办公室、新农合管理办公室、医务科、护理部等行管临床医技科室28个，有职工223人（其中在编职工和人事代理163人、临时用工57人），有高级职称专业人员9人，中级职称78人，聘用乡村医生172人。配有美国GE双排CT、CR、数字胃肠工作站、西门子彩超、尿液分析仪、全自动血球计数仪、全自动生化分析仪、心电监护仪等大型医疗设备50余台件。

1989年以来，小学教育分三个发展阶段："两基"实施阶段（1989—1996年）、"两基"巩固与提高阶段（1996—2007年）、推进义务教育均衡发展阶段（2007始）。1989年，平邑镇教育管理机构称为平邑镇教委，下辖4所小学，4个学区，共28所小学，服务于33个村居。

4所小学分别为平邑镇第二小学、平邑镇第三小学、平邑镇第四小学、平邑镇回民小学。4个学区分别为平邑镇张庄学区，服务于东张庄、西张庄、向阳村、小三阳、胜利村、吴家岭6个村居，辖东张庄小学、西张庄小学、小三阳小学、胜利村小学4所学校；平邑镇城关学区，服务于平邑六村、平邑八村、大南泉、小南泉、河湾、保定庄、浚东、毛家洼8个村居，辖平邑六村小学、平邑八村小学、大南泉小学、小南泉小学、河湾小学、保定庄小学、浚东小学、毛家洼小学8所学校；庞居学区，服务于民居、利国、同台、庞居、八埠庄5个村居，辖民居小学、利国小学、同台小学、庞居小学、八埠庄小学5所学校；石固学区，服务于石崮庄、新建庄、胡家庄、任家庄、朝阳村、高泉庄6个村居，辖石崮庄小学、新建庄小学、胡家庄小学、任家庄小学、朝阳村小学、高泉庄小学6所学校。

至2007年，平邑镇中心校下辖四大完小、11个学区，共计28所学校，服务于92个村居。四大完小没有变更，11个学区有所调整——常柴希望小学；东阳完小，又辖旺沟小学、含哺小学、黄草小学；白庄完小；济容希望小学；六村小学，又辖保定小学、河湾小学；镇北小学；庞居完小，又辖民居小学、利国小学、同台小学、八埠庄小学；白马完小，又辖凤凰小学；贺庄完小，又辖德化小学、老邱峪小学；胡同完小，又辖茄山头小学；石固完小。

2008年开始，平邑镇小学步入义务教育均衡发展阶段。至2013年，平邑街道辖区内共有13所小学，即平邑街道第二小学、平邑街道第四小学、平邑街道第六小学、平邑街道东阳完小、平邑街道黄草小学、平邑街道常柴希望小学、平邑街道济容希望小学、平邑街道镇北小学、平邑街道利国完小、平邑街道庞居完小、平邑街道白马完小、平邑街道贺庄完小、平邑街道德化小学，管理机构为平邑街道中心校。辖区内小学教职工共有619人（其中包含第三小学42人、回民小学66人、原第四小学才源分校9人），在校学生8936名。

1989年，平邑镇有1所中学。2001年，原东阳乡的东阳中学和原白马乡的白马中学合并到平邑镇，东阳中学改为平邑镇二中，白马中学改为平邑镇三中。2013年底，平邑街道有2所中学，即平邑镇一中和平邑镇二中。

1989年，平邑街道一中建成，位于朝阳路与蒙山大道交汇处。其前身为平邑中学，学校几易其名，先后被称为平邑中学、平邑镇中学、平邑镇一中、平邑街道一中。学校初创时，仅有1栋教学楼，12个教学班，教职工50余人。现已发展成为校舍建筑面积17604.5平方米，路面硬化面积12021平方米，绿化面积7500平方米的大型学校。2013年底，有教学班36个，在校学生2000余人，教职工170人，学历达标率100%。

2010—2013年，街道累计投入资金800多万元，完善电子阅览室、健身场地、大型监控设备、市民学校等软硬件设施。2013年底，有文化艺术团体5个，会员1000人；3D电影院1个，年放映上千场次；文化站1个，建筑面积800平方米；公共图书馆1个，建筑面积1000平方米，藏书5000余册；农村书屋46所，每所书屋藏书200册；文化行业从业人员7人，其中事业单位从业人员7人；地方特色民间艺术有剪纸、草编、十字绣等。

计划生育

1988年，《山东省计划生育条例》颁布后，平邑镇计划生育工作开始走上依法管理的轨道，逐步建立完善党政一把手亲自抓、负总责的人口与计划生育目标管理责任制，进一步建立健全计划生育管理网络和管理队伍。20世纪90年代初期，为有效缓解第三次生育高峰带来的人口压力，全镇深入贯彻落实计划生育政策方针，控制人口增长，提高人口素质，改善人口结构，提前5年于1992年平稳度过人口过快增长的第三次高峰期。进入21世纪后，随着《中华人民共和国人口和计划生育法》的颁布实施，计划生育工作重心由严格控制人口增长向稳定低生育水平转变，平邑镇党委、政府及时调整工作思路，从管理型向服务型转变，走政府管理和群众自治相结合的道路，并逐步加大利益导向政策的宣传和实施，从根本上改变群众的生育观念，实行计划生育在群众中成自觉自愿的新风尚，平稳渡过2012年前后的第四次人口出生高峰。至2013年，平邑街道总人口17.6万人，总户数5.06万户，已婚育龄妇女35901人，人口出生率22.23‰，自然增长率为7.90‰，合法生育率上升到97.87%，性别比达到111.58，人口实现由“高出生、低死亡、高增长”向“低出生、低死亡、低增长”转变。

人民生活

1989年，平邑镇人均生产总值789元，职工平均工资1476元，农民人均纯收入456元。2013年，平邑街道人均生产总值29301元，职工平均工资41038元，农村人均纯收入11800元，农村最低生活保障户数4471户，人数5516人，月人均支出90元；农村五保集中供养68人，支出每人每年3360元；农村五保分散供养280人，支出每人每年1920元。社会救助自然灾害受灾人口1200余人。国家抚恤、补助各类优抚对象1100人。新增就业人员3000余人，有100余名下岗失业人员实现再就业，就业困难人员再就业200余人。

2013年平邑街道各行政村基本情况表

表29-1

行政村名	辖自然村	总面积（平方千米）	人口（人）	经济总收入（万元）	人均纯收入（元）
城中社区		8.00	4319	50	10580
莲花山社区		8.00	3760	1200	12000
西城社区		5.00	1187	120	11980

续表 29-1

行政村名	辖自然村	总面积（平方千米）	人口（人）	经济总收入（万元）	人均纯收入（元）
金城社区		4.00	2659	40	10400
西苑社区		0.21	1734	200	10900
兴水社区		0.53	2864	600	11000
板桥社区		0.27	2180	200	10500
蒙阳社区		0.58	3015	60	11000
北苑社区		8.00	2017	90	10960
东苑社区		0.07	417	110	9000
同台村		1.56	3262		7400
民居村		1.01	2416	6	1080
利国		1.62	2580	3	8900
西张庄一村	无	0.57	1504		9200
西张庄二村	无	0.65	1866		9600
西张庄三村	胜利村、向阳村	1.07	2350		9760
东张庄村	吴家岭村	1.78	3738		8300
小三阳村	无	1.20	1635		8250
浚东村		1.40	2163		9456
颛臾四村		0.73	1728		8987
颛臾三村		0.57	1268		7963
颛臾二村		0.28	1497		8123
颛臾一村		0.32	1030		8650
毛家洼村		2.00	2735		9380
阳顶村		1.01	1014		7800
窦家庄村		1.27	1801		8800
大东阳村		1.47	2498		8600
东阳店子		1.83	3758		8920
保定村		3.10	2756		8800
永唐村		0.80	9.2		8820
孙家村		0.82	1271		10040
大井二村		0.97	1212		10040
大井三村		1.13	1429		10040

续表 29-1

行政村名	辖自然村	总面积（平方千米）	人口（人）	经济总收入（万元）	人均纯收入（元）
大井四村		0.80	1090		10040
刘家村		1.20	1395		10040
红峪村		0.33	336		10040
南城子村		1.53	1972		10040
大井一村		0.73	816		10040
晗哺村		2.13	2786		8000
西旺沟村		2.40	1451		7500
东旺沟村	石盆	4.73	1992		8500
黄草村		3.73	2018		8000
红泉村	潘家井	5.67	2029		6800
白马村		3.33	4049		8920
能家庄		0.91	396		7600
高山峪村		1.24	599		9000
舜帝庙村	永红村	2.00	1810		7500
凤凰村		0.57	2230		7000
八埠庄		1.00	2960		9600
新安庄		0.07	630		9200
庞居村		4.00	4009		9300
毛家庄		2.00	904		9800
大殿汪村		0.87	1042		8600
四平村	东箱峪、泉子峪、北泉口、富山庄	0.55	858		6800
老邱峪村		4.88	2172		8200
东贺庄村		2.73	2016		8900
西贺庄村		0.81	920		7780
盛泉村		1.47	719		7600
德化村		0.55	634		6900
芦家庄		2.43	667		8200
刘家宅		0.63	323		7540
茄山头村		1.73	171		7720
西王庄		0.57	356		7600

续表 29-1

行政村名	辖自然村	总面积（平方千米）	人口（人）	经济总收入（万元）	人均纯收入（元）
白龙泉		2.00	640		7580
胡同村		2.00	2216		8740
吴家庄		1.00	510		7620
才家庄		2.00	610		7700
奎山村		1.00	486		6800
柴山后村		1.73	416		7500
常山村	马家庄	2.53	1050		7000
王府岭村		1.13	489		6200
讲理村		4.00	1306		6800

仲村镇

概述

仲村镇是孔子弟子仲由、原宪的故里，地处平邑县城西北 10 千米，境内多为平原地形，西北部为山地，处于临沂、济宁、泰安三市交界，东接保太镇，西邻泗水县泉林镇、新泰市放城镇，北依武台镇，南靠平邑街道，S335、S240、汶泗路 3 条省道及东平铁路贯穿境内，距最近高速入口 16 千米，出行便利，交通发达。2013 年，辖 40 个行政村，59 个自然村，总面积 118 平方千米，耕地面积 6423.5 公顷，总人口 8 万人，有少数民族 1 个（回族），40 多人。1989—2000 年，仲村镇原分为仲村镇、岐山乡，2000 年合并为仲村镇。仲村镇是鲁南地区文明古镇，工业重镇，是鲁南地区历史上“平、仲、梁、冶”四大文明古镇之一，素有“平邑县工业重镇”之称。仲村镇工业种类齐全，形成以棉纺手套产业为支柱，机械、饲料、肉类、果品、煎饼加工等骨干行业共同发展的工业格局。2013 年，仲村镇机关设置为“五办六中心”——党政办公室、经济发展办公室、社会事务办公室、村镇建设管理办公室、社会稳定办公室、农业综合服务中心、财经服务中心、社会事务综合服务中心、计划生育服务中心、村镇建设服务中心、文化科技服务中心，共有行政编制、事业编制人员 190 人。

水利

1989 年以来，原岐山乡共有小（1）型水库 2 个，小（2）型水库 12 个，塘坝 22 个，原仲村镇有小（2）型水库 2 个，塘坝 2 个。2000 年乡镇合并后，有小（1）型水库 2 个，小（2）型水库 14 个，塘坝 42 个。1999 年，镇政府争取资金建设镇驻地联村供水工程，解决 12 个村 2300 户 1.1 万多人的吃水难问题，成立镇供水协会负责管理运营。2006—2009 年，对全镇 16 座小型水库进行除险加固，总投资 750 万元，增加灌溉面积 0.8 平方千米。

2011年，对回龙庙、驿头等6个村进行小农水规划建设项目，铺设渠道6000条，修筑田间路300米，打井并配置31眼，推行智能卡灌溉，新增面积2.07平方千米。

农业

1989年，仲村镇农业总产值3634万元，岐山乡农业总产值1332万元。合并乡镇后，农业总产值由2000年合并之初的16635万元增加到2013年的40413万元。粮食产量由2000年的27310吨增加到2013年的35638吨。截至2013年，仲村镇共有59个村民委员会，农村住户数2.39万户，农村劳动力资源数4.77万人。2013年，农作物播种总面积79.67平方千米，其中养殖业、果品、蔬菜、中药材逐步成为优势产业。

1989—2000年，原仲村镇耕地39.47平方千米，以种植粮食作物小麦、玉米为主，少量种植果树、蔬菜、杂粮和其他经济作物，1989年，原仲村镇夏粮总产量548.5万千克、秋粮599.5万千克。岐山乡耕地16.4平方千米，以种植地瓜、花生、玉米为主，少量种植小麦和其他经济作物，1989年原岐山乡夏粮总产99万千克、秋粮总产311.5万千克、地瓜257.5万千克、花生68.5万千克。2000年合并成立仲村镇以来，农业设施个数达到116个，占地面积0.63平方千米。2013年，全镇粮食作物54.55平方千米，粮食总产量35637.9吨，单产435.5千克；油料作物11.59平方千米，总产量2913.5吨，单产167.5千克；烟草播种面积3.55平方千米，总产量1096吨，单产205.6千克；蔬菜播种面积9.15平方千米，总产量29609吨，单产2156.5千克；园林水果产量16826吨。

1989年，原仲村镇肉类总产量1406.6吨，家禽存养量52.72万只；原岐山乡肉类总产量911.2吨，家禽存养量33.13万只。2000年以来，畜牧业经过逐年产业调整，大牲畜以猪、羊的养殖为主，牛的饲养量逐渐减少，家禽以鸡、鸭为主。2013年，全镇猪存栏8051头、羊存栏11908只、家禽存栏683960只，禽蛋2188.1吨。

1989年，实施造林工程，发展经济林，建设生态林。当年境内有林地面积565公顷，森林覆盖率10.5%。1990年，提倡村民“四旁”植树活动。至1998年，林地面积增至981公顷，森林覆盖率增至23%。2000年后，创建花卉苗圃6.8公顷，康阜庄、陈家寨分别建桃园15公顷、12公顷，泽国庄等其他村更新老果园25公顷，四旁植树20万株。文泗路、平蒙路、石兖路两侧10个村共22千米，规划绿色通道建林带，折合实地面积110公顷。2010年，村镇植树7.6万株，新增绿化达标村10个，森林覆盖率25%，果园面积400公顷，果品产量达12000吨，产值2400万元。2013年，积极推广农业新技术，抓好防火、防汛、造林等工作，完成绿化造林93.33公顷，现代农业呈现好势头。

工业

2001年，全镇工业总产值20.04亿元，财政收入1002万元，农民人均纯收入2420元。2007年，全镇工业企业实现产值41.9亿元，利税4.96亿元，分别同比增长25.6%、26.7%；固定资产投资4.31亿元，增长209%；新增限额企业6家，全镇限额企业总数达到25家；财政税收1212万元，同比增长29%；农民人均纯收入达到4736元。2011年，全镇规模以上企业20家，工业总产值78亿元，固定资产投资7.3亿元，地方财政收入1836万元，人均纯收入9300元。全镇有企业820家，个体工商户2400家，规模以上企业14家，有进出口权的企业 12 家，2 家获得欧盟 CE 认证，出口额 1.9 亿元。2013 年，共引进项目 3 个，合同利用外资 4.8 亿元，实际到住资金 2.2 亿元；新培植规模以上骨干企业 4 家，规模以上企业总数为 26 家，进出口获权企业增加至 12 家。全年实现规模以上工业总产值 27 亿元，固定资产投资 10 亿元，地方财政收入 2661 万元，农民人均纯收入 10900 元。

商贸金融

20 世纪 90 年代，除供销社网点外，镇内形成了机械五金、服装布匹，家具等多形式的商贸活动，全镇商贸活动日益活跃。到 2013 年全镇共有固定农贸市场 6 处，占地 14.52 万平方米。交易种类有日用百货、服饰布匹、五金土杂、农副产品、建材、牲畜类等多达 840 余种。商业户达 4500 余户，集贸市场年交易额 4.38 亿元。社会商品零售额 11.58 亿元。

2013 年，全镇有金融机构 4 家，分别是平邑农商银行仲村支行、岐山支行，平邑邮政储蓄银行仲村支行、岐山支行，储蓄额 10.2 亿元，比 2012 年增长 12%；贷款余额 4.1 亿元，比 2012 年增长 13%。

镇村建设

仲村镇在清末民初为费县四大集镇之一。镇内设有山西会馆、酒店、油坊等多处商业店铺作坊。20 世纪 50 年代后，仲村一直作为乡、区、社、镇政府驻地。特别是进入 20 世纪 80 年代后，仲村面貌大变，商店、厂家与日俱增。1983 年，建成电影院。1985 年底，村镇建设用地为 646.6 公顷，住宅建筑面积 98.16 万平方米，其中砖瓦房 37.75 万平方米，土草房 60.40 万平方米。公共建筑面积 5.30 万平方米，生产建筑面积 0.76 万平方米，自来水受益村庄 5 个，受益人口 9023 人，乡村公路 156 千米，通电村庄 31 个。2008 年，仲村镇完成北仲二村、牛家庄、东流庄、兴合村、临城村、双合村、荒里村、康阜村、康家寨、段庄村、陈家寨、驿头村、西合村、鲍家坡村和北近台村等 15 个村庄的规划编制。2013 年 12 月，仲村镇被评为省“百镇建设示范行动”第二批示范镇名单。

交通邮电

1997 年之前，全镇仅有泽国—岐山、马家峪—岐山、西埠阴—南近台、康家寨—白马等 7 条乡级公路，均为砂石路。2003 年，全国启动“村村通”工程，由国家及地方共同投资，对全镇乡级公路以及 89 千米村级道路进行路面硬化。2013 年，“全省村级公路网化示范县”活动启动，对全镇乡村道路进行网化覆盖，并对大部分乡村道路绿化亮化工程。2013 年，新建改建道路 18.87 千米，总投资 1177.6 万元。至 2013 年底，境内有县级公路 1 条、2.328 千米，乡级公路 7 条、45.753 千米，村级公路 131 条、103.891 千米。

1989 年，全镇拥有固定电话 96 部，邮电业务总收入 6 万元。2003 年，固定电话用户达 5320 户，互联网用户 756 户，邮电总收入 26 万元。2013 年，全镇共有程控电话 14020 部，宽带用户 5020 户，邮电业务总收 87 万元。

科教文卫

1990 年，仲村镇成立科协办公室。1992 年，岐山乡成立科协办公室，以科技兴乡为目的，建立果园基地、养殖专业村、黄烟基地，加工制造基地。1993 年，仲村镇建立成人教育学校，培训各类科技人员 1000 多人，建立 8 个农产品加工基地，养殖大棚 100 多个。1995 年，岐山乡投资 40 万元建成教办，培训 200 多名科技能手，带动 600 多户农民成为种植、养殖示范户。1998 年，岐山乡在县科协扶持下建成 0.2 平方千米莲藕基地，仲村镇建立科普学校40处，科技示范田300公顷。2001年，仲村镇形成科技兴镇三大格局，建成北部山区果园示范基地3个，南部湖地菜园基地6个，镇驻地加工厂200多家。2003年，建立蘑菇大棚40个，黄烟基地5个。2006年，全镇新建蔬菜大棚100多个，养殖大棚200多个，加工作坊400家。2012年，举办科技专题培训班40余次，建立0.67平方千米高标准大农场。

2013年，仲村镇有中学1所，小学14所，公办、民办幼儿园19所，共有在校学生4388人，中学生1239人，小学生3149人，中学教职工130人，专任教师92人，小学专任教师259人，幼儿园教师127人。

仲村镇仲里中学始建于1966年，学校占地4公顷。2011年，新建32个班规模的教学楼，2012年新建综合楼，2013年新建实验楼、多功能餐厅楼、篮球场、排球场及塑胶操场。学生课桌凳、教师办公桌椅及餐厅伙房设备、专用教室和多功能教室仪器设备全部更新。现有26个教学班，在校学生1239人，教职工130人。

2000年，岐山乡教委下辖4个学区，15所小学，980名学生，86名教师。2006年，更名为仲村镇中心校。至2013年秋，仲村镇中心校有12所完全小学，2个教学点，幼儿园26所。1989—2012年，仲村镇先后向中心校投资650万元，建教学楼1座，平房58间。2012—2013年，投资560万元，新建教学楼、综合楼7座，共15734平方米，操场22000平方米，平房190间。

2013年，全镇建有35处文化活动阵地，有东合、兴合、段庄、北近台、李家庄等群众性文化团体9个。建设省级一级文化站1处，建筑面积3500多平方米，各类文化体育设施齐全，为群众休闲活动提供了优良的场所。

1989年，仲村镇卫生院共有职工57人，业务总收入22.6万元，门诊量2.8万人次，收治住院病人680人次，医院设有内科、外科、妇产科、中医科、放射科、检验科、药剂科、手术室、医务科、护理部、财务科、办公室等科室。1990年，筹资60万元在鲍家坡村东南方新建1811平方米门诊楼，并1993年整体搬迁。1994年11月，被评为一级甲等医院。1996年，全面实行乡村组织一体化管理，聘用乡医60名，设村卫生室43个。1998年，投资10.3万元购置尿液分析仪、半自动分析仪、东芝B超机1台。2004年，医院投资76万元，新建1280平方米病房楼西区，增加病床30张，于2005年8月正式启用。2006年，医院投资8万元购进电脑20余台，分别设在各科室使用，实现计算机化管理。成立新农合办公室，全镇新农合参保率达85%以上。2007年，眼科开展了人工晶体植入术。2008年，医院新设肛肠科。医院职工达89名，共有20个科室，设立病床62张。门诊量32169人次，收治住院病人1624人次，全年总收入404.7万元。设村卫生室56个，聘用乡医160人。2012年，筹资800万元扩建病房楼东区1700平方米、康复楼1200平方米、职工宿舍楼900平方米，新设五官科、康复科、口腔科，购进西门子螺旋CT机1台。开展中医国医堂建设，建立健全中医治疗体系。2013年，全院职工达161人，设病床138张，门诊量5万人次，收治住院病人3600人次，全年总收入1700万元。设立村卫生室47个，聘用乡医112人。新农合全镇居民参保率达100%，居全县前列。

计划生育

1989年，仲村镇人口56474人14949户，已婚育龄妇女8879人，岐山乡人口20599人5986户，已婚育龄妇女3269人。2013年底，全镇总人口84235人，已婚育龄妇女17567人，出生人口945人。

1989年9月，仲村镇计生委有工作人员20人，编制设主任、会计、网长、统计、统计、技术员、药管员、出纳。1990年6月，仲村镇计生委迁至镇卫生院西，新枣路北平房，与服务站合署办公。1995年2月，镇计生委被明确为事业单位，定编19人。2000年底，设办公室、统计科、信访科、宣传教育科、财务科、流动人口管理办公室、计生协会办公室、服务站，有37名职工。2001年1月，仲村镇计生委和岐山镇计生委合并，共有人员60人。2008年5月，仲村镇计生委迁镇平蒙路北镇国土所西，设办公室、统计科、信访科、宣传教育科、财务科、流动人口管理办公室、计生协会办公室、服务站，共有36名职工。2010年3月至2013年，有工作人员28名，设办公室、工作区、服务大厅、法规信访科、宣传教育科、流动人口管理办公室、计生协会办公室、服务站等科室。

人民生活

1989年，原仲村镇人均纯收入383元，岐山乡406元。至2000年，合并乡镇时人均纯收入2356元，2013年，全镇人均纯收入达到10566元，农民生活水平不断提高。全镇每百户拥有彩电93台、电冰箱91台、洗衣机92台、摩托车30台、小汽车18台。是年，全镇最低保障救助人数达3523人，农村合作医疗参保人数达7.3万人，参合率为91%。

2013年仲村镇各村（居）基本情况表

表29-2

行政村名	总人口（人）	耕地面积（公顷）	村集体总收入（万元）
和美社区	10858	426.89	241.00
驿头村	3495	230.56	10.00
回龙庙	4695	346.22	9.00
西流庄	991	78.94	5.50
中流庄	1285	65.61	10.00
北城社区	3601	220.94	20.00
荒里村	1158	62.05	4.20
段庄	1801	110.82	8.00
陈家寨	1256	26.65	4.20
临城村	1894	100.49	22.00
南屯	2850	191.45	9.00
牛家庄	1525	91.42	6.00
富民	606	54.03	1.00
南昌乐	2705	168.99	2.00
北昌乐	1601	79.74	1.00
乐里社区	3086	259.46	4.00

续表 29-2

行政村名	总人口（人）	耕地面积（公顷）	村集体总收入（万元）
北仲一村	954	65.05	5.24
北仲二村	1001	65.84	10.25
仲北社区	2654	203.98	23.46
新合	932	58.80	3.25
西岭庄	1105	151.86	14.25
泰和社区	1756	97.47	9.58
北近台	1631	235.40	6.30
南近台	1358	136.71	7.86
兴民庄	2401	242.34	4.69
富城社区	2806	193.19	9.20
岐山庄	1112	132.64	3.60
武岩庄	628	62.36	9.10
南大支坡	1287	189.91	0.40
北大支坡	1083	153.48	2.10
梅家沟	1314	51.13	8.00
峡干村	1709	279.39	30.50
祥和社区	2921	364.23	12.00
康阜庄	2638	215.24	6.00
周郭庄	1058	126.01	4.00
泽国庄	1525	208.93	12.00
马家峪西村	1226	169.82	11.00
马家峪北村	935	81.99	8.00
马家峪东村	1365	129.93	15.00
鲁祥社区	1658	293.54	21.00

武台镇

概述

武台镇位于县城北17千米，北纬117.70°，东经35.65°。总面积81平方千米。东与蒙阴县接壤，西与仲村镇相邻，北与新泰市接壤，南与保太镇相邻，距日东高速公路出口25千米，省道S335纵贯南北，县道平歧路横穿东西。人民政府驻孙家庄村。镇辖区行政建置历史悠久。2004 年，根据上级安排和武台镇实际，36 个村合并为 30 个村；2011 年，乡镇机构改革后分为四大办公室（分别为党政办公室、社会事务办公室、社会维稳办公室、经济发展办公室），五大中心（财经服务中心、农业综合服务中心、村镇建设服务中心、社会事务综合服务中心、计划生育服务中心）。2013 年，30 个村合并为 25 个行政村；有自然村 36 个，40 个党支部，党员 1323 人。

1989 年，武台乡有耕地面积 17.57 平方千米。2003 年，实行第二轮土地承包，并向每户颁发 8669 份家庭联产承包合同书。在荒山、渠旁、村庄、公路沿线的生态林、经济林、绿化带逐年递增。至 2013 年，武台镇有耕地面积 23 平方千米。森林覆盖率 62.41%。

镇村建设

镇驻地武台含 4 个自然村（北武台、咸家巷、南武台、孙家庄），1971 年 4 月组建武台人民公社驻孙家庄村，曾为公社、区、乡镇驻地，是蒙阴、新泰、平邑三县交界处，农历一、六为赶集日。1990 年后，乡政府成立规划小组对村庄建设进行规划。1992 年，成立武台镇城镇建设综合治理领导小组对武台镇总体规划和管理实施，当年打通“三纵四横”的乡驻地道路 6.8 平方千米，开发商住楼 7 栋，建筑面积 1.6 万平方米，道路硬化道路 16.7 万平方米，绿化带 2 条 4 千米，栽植各种花木 1500 万株。2008 年，对镇驻地改建开发工程启动，先后投资 368 万元，安装 96 盏路灯，铺筑大理石人行道 4000 米，中心街排水渠开挖修砌 4000 米，绿化带 6000 平方米。2008 年，分别投资 420 万元、220 万元铺设弱电下地管道 3000 米，天然气管道 3000 米，更换 120 盏 Led 路灯，对健身广场进行绿化，铺设鹅卵石小道 83 米。投资 160 万元，对镇驻地南侧 3 条河流进行清淤，修建拦水坝 2300 米。2012 年，中心镇建设总体规划设计完成，详细规划编制，总体规划面积 22.5 平方千米。

水利

古浚河上游属古浚河发源地，所辖村沟壑河汊多，水库塘坝遍及全镇，农业水利设施完备，全镇共有库容 10 万立方米以上的水库 12 座，塘坝 42 处，机井、大口井 15 眼，其中 100 万立方米以上的小（1）型水库 4 座。

交通通信

1989 年，武台乡有 335 省道柏油路面公路 1 条，全长 17.5 千米。1994 年，省投资 2000 万元，对 335 省道武台段进行拓宽，铺筑，投工 170 万个，完成土石方 200 万立方米，建桥涵 36 座。2003 年投资 1023 万元，硬化乡村道路 67.5 千米，全面实现村村通公路。2007 年，335 省道大修拓宽，累计投资 3600 万元，镇配套资金 320 万元，加快镇内沿 335 道路辅道建设。

2001 年，中国移动通信集团在武台镇成立乡镇经营部，武台营业厅拥有核心渠道 6 家，36 个自然村级服务站，便于缴费、办卡、业务受理。

1986 年，武台供电所成立，有 10 千伏线路 1 条次，用电 35 千伏仲村变电站 10 武台线全长 8450 米，用电台区 58 个，低压线路 54000 米，变压器 55 台，总容量 3540 千伏安，用电户数 13287 户，年供电量 2189.56 千瓦时新建于 2006 年。有职工 3 人，农电工 10 人，承担着武台镇 36 个自然村、14738 户以及 57 家企业的供用电管理和服务。线路总长 86.59 千米，全部为架空线路，用电台区 68 个，总容量 4530 千伏安，户均容量 1.1 千伏安，平均供电半径 400 米，最大供电半径 600 米。

农业

1989—2013 年，武台镇实施一系列惠农政策。农业总产值由1990年的1365万元增加到2013年的32890万元。

2013年，武台镇机械总动力4.152万千瓦，农用拖拉机2886台，排灌动力788台5831千瓦。机耕面积714公顷，机播面积41公顷，机收面积1100公顷。农用汽车415辆，农用加工机械73台，新增农机具120台套。

1990年，武台乡以种植粮食作物小麦、地瓜、玉米、大豆、花生为主，兼种其他杂粮和经济作物。是年，小麦总产量108万千克。1993年，种植业调整，大力发展林果业，粮食作物小麦、玉米、花生、地瓜、大豆种植面积逐年下降。至2013年，小麦种植面积只有15.33公顷，其他粮食作物以花生为主。

1989年，武台镇有公益林面积10.14平方千米，黄桃0.33平方千米，葡萄0.27平方千米，山楂、苹果0.2平方千米，森林覆盖面积约17.34%。1993年，武台镇大力发展林果业，成为名副其实的果业大镇“沂蒙黄桃之乡”。1989—2001年，自筹资金2600万元先后完成水沟流域、白马关流域、武沟流域、万山流域治理，复垦土地8.67平方千米，用于发展林果业。1990年，武台镇积极提倡村民“四旁”植树和开展荒山绿化，栽植黑松、刺槐、板栗、速生杨、黄杨、木槿、柿子、核桃等。至2013年，新增荒山绿化面积4.11平方千米。同时，引进黄桃、葡萄新品种，引种锦绣黄桃、19、83、冠五、金彤5号、黄金冠、金皇后等黄桃品种和巨峰、大粒藤黏葡萄以及大樱桃等新品种。

2008年，投资300万元在清河南岭开发面积约1.33平方千米涉及8个村。建设扬水站2处，水池5个，大口井12个，风力提水机5台，栽植黄桃约8万棵。2010年，农业扶贫开发项目，投资600万元，在水沟西山，面积约2.67平方千米涉及4个村，建设大口井3个深水井4个并加以配套，水池6个，整修道路21千米，涵洞26座。2012年水土保持小流域治理项目，投资880万元，黑山前流域、白马关流域、大王庄流域，3个流域涉及12个村4平方千米，建设塘坝7座，加固2座。水池10个，深挖、整地4.67平方千米，并栽植樱桃66.67公顷，油桃、黄桃、侧柏等4平方千米。

至2013年，山林绿化面积达到14.24平方千米，道路、沟渠、村庄、镇驻地绿化面积达到6.53平方千米，黄桃种植面积20.67平方千米，葡萄种植面积达到666.67公顷，樱桃种植面积达到1.33平方千米，其他果品1.07平方千米，金银花0.67平方千米。同时积极发展林下经济，林下种植草莓3.07平方千米、丹参15.33平方千米、生姜0.93平方千米、花生1.57平方千米。武台镇的荒山、渠旁、村庄、公路、田野的生态林、经济林、绿化带面积达到45.12平方千米，森林覆盖面积由1989年的17.34%上升到2013年的62.41%，果品总产量达到14万吨，是果业大镇和生态乡镇。

1990年，生猪存栏量5000头，年出栏1万余头，蛋鸡存栏2万只，兔1万只。至2013年，存栏蛋鸡40万只，生猪1万头，肉鸡、肉鸭60万只。存栏种鸡2万只，省级蛋鸡标准化养殖场1个，市级蛋鸡标准化养殖场1个。其中凤鸣禽业有限公司投资200万元上全自动养殖设备1套。市级肉鸡规模场1个，年出栏肉鸡30万只。市级生猪标准化规模场1个，2013年存栏生猪1000余头。出栏肉鸡、肉鸭300万只，生猪2.6万头。肉产量4000吨，蛋产量2600吨，畜牧产值达5800万元，占农业总产值的45%以上。

工业

1986—1995年，有乡镇企业26家，乡办企业18家，有农机厂、五金厂、电镀中心、电缆桥架厂、草编厂、制镜厂、建材厂、家具厂、粮油加工厂、面粉厂、糕点厂、肥皂厂、砖厂、石灰厂、农场、茶厂、物资站、综合门市部等；村办企业6家，即北武台村第二造纸厂、孙家庄地毯厂、南武台食品厂（罐头厂）、东武沟地毯厂、蒋里砖厂、承安砖厂等。民办企业2家，即银河制镜厂、三星皮件厂等。总投资577万元。1996年，工业企业进行体制改革。至2003年，完成“公转民”改制，累计盘活资金2350万元，引进注入资金650万元，当年完成工业总产值3.25亿元，增长36.5%，利税1280万元。

2000年，平邑县电缆桥架厂改制为民营企业临沂恒通电器有限公司，新注入资金300万元，电缆桥架年产能力达到5000吨，当年营业收入达到1230万元，是改制前的10倍。2005年，武台镇引资建设平邑县鼎力机械有限公司，总投资360万元，年销售收入2300万元，利税126万元，安置就业120人。同年利用飞地政策把上海客商投资的平邑县金鼎机械有限公司引入平邑县经济开发区，项目投资2000万元，占地3.85公顷。2006年底，在经济开发区引资5000万元建设平邑县恒泰交通设施厂（山东路美交通有限公司）。2007年，引资3.6亿元在经济开发区投资建设美丽园城市综合体。2007年，平邑县易金采石厂、平邑县恒泰石材有限公司等3个花岗石矿开采。2009年6月，临沂布恩集团在武台镇投资1亿元建设临沂市惠生饲料有限公司，公司的建设盘活北武台村平邑县第二造纸厂场地，为武台境内企业发展注入新的活力。

2010年，武台镇茶几厂如雨后春笋般的涌现，至2013年，先后有18个茶几厂建设投产，5个木材木板加工企业建成投产，2个合线加工企业建成投产，总投资达到2.6亿元。工业企业总量达68家，规模以上企业达到9家。2013年，完成规模工业总产值7.78亿元，实现利税0.97亿元。

商贸金融

1989年，有供销社1家，中心门市部6个，村代销点36个。1992年，武台供销社实现利润承包、打破“大锅饭”。1994年，实行“租壳卖穰”，采取包、租、赁、买方式经营。1995年，供销社采取出售地皮职工开发的方式，开发沿街商住楼18处。1999年，投资56万元建800平方米镇级联华超市。2006年，商务部开展“万村千乡市场工程”第一批4个，包括武台供销社、联华超市、芙蓉联合超市、秀丽联合超市等。2012年，在大联合超市扩建，建筑面积3200平方米，总投资260万元。2013年，全镇商业网点达到127家，其中供销社商业网点76家。

2013年，白马关鸡店达到10家，武台境内特色餐饮门店达到36家，特色各异，有白马关鸡、鲤鱼馆、黑山羊汤、烤全羊、农家小吃等。

2013年，境内建设恒温库4个，总储量达到1000吨，为果品冷链物流奠定坚实的基础。是年6月，投资5000万元的平邑县鑫兰物流有限公司在武台镇成立，公司拥有物流车辆百余台。

1989年，全镇个体工商户136户。农行信用社有存款1360万元。2013年，全镇个体工商户已发展到386户，产值13600万元。

1994年，信用社、农行分家，邮政储蓄银行正式营业；同年成立农村基金会，为自收自支实体，1999年撤销。在农行（1998年撤并）、信用社、邮政储蓄、农村基金会并行的时期，武台镇全社会存款达到5670万元。2007年，银行储蓄余额为13770万元（其中信用社存款余额10850万元、贷款余额7280万元，邮政储蓄余额2920万元），贷款余额为7280万元，贷存比例为52.7%。2013年，信用社、邮政储蓄存款余额突破5亿元大关，贷款不足3亿元。

科教文卫

1990年，武台乡政府加强科协办公室配备，乡里配备1名副乡长，配齐科协副主任，企业配备科级副职，实施科技兴乡战略。1992年，投资26万元建设成人教育学校，定期对村民进行农业科学技术培训。2002年，成立武台镇标准化协会、武台镇果品经纪人协会和农业技术推广站，建立科技、农技培训基地12个，建立村办农民科普学校6所，科技示范田0.84平方千米。2004年，“武台”牌黄桃及葡萄两个农产品被农业办认定为无公害产品。2011年3月，成功注册“武台黄桃”和“武台黄桃罐头”国家地理标识商标。至2013年底，武台镇成立果品及苗木专业合作社58家，入会社员达到9870人。

1989年，有中学1所，即平邑县武台镇初级中学，建于1970年，原名平邑县第十三中学。有教师64人，班级18个，学生1052人。1990年，每年级招收6个班，建成教学楼1幢。1992年，学校有教师94人，班级26个，学生1564人。1995年底，完成武台乡初级中等义务教育工程。2001年，学校有教师95人，班级29个，学生2000人。2011—2012年，建成学生公寓楼面积2175平共投资210万元（其中上级资金为147万镇资金63万元）。2013年，学校有教师83人，班级12个，学生494人，其中高级教师9人，一级教师33人。

1989年，有中心校1所，位于武台乡咸家巷村；联合小学4所，分别是水沟联小、武沟联小、孟家庄联小、万山联小；小学32所。1995年，有中心校1所，小学21所，在校学生2675人，小学共有教师155人。2009—2001年，武台镇3年累计投资28万元建起中心校教学楼。2004—2008年，镇政府先后投资120万元，改建中心小学、万山完小、咸家庄完小的部分危房，2009年投资200万元新建水沟完小教学楼。2010—2012年，先后投资700万元，为中心校新建教学1座，为东武沟完小新建教学楼1座，改建万山完小、咸家庄完小2所小学的全部危房，2012年投资170万元新建南武沟幼儿园。2013年，为中心校新建综合楼、餐厅楼，为水沟完小、万山完小、孙家楼小学、白马小学、咸家庄完小新建校舍2482平方米，为全镇各小学改建院墙1765米，为中心小学、水沟完小、咸家庄完小、东武沟完小新征操场10692.5平方米，为全镇各小学进行学校内部配套，内部设施齐全，构建了校园网、班班通，基本满足教学需要。

1989年，武台乡有文化站1处，广播站1处。1991年，武台乡36个村，广播通播率达到90%，喇叭入户率90%。1996年，完成电话村村通；2000年，基本达到电话户户通。2006年，村村通有线电视。2008年，全镇9876户安装有线电视，占全镇总户数的98.2%。1999年，农村电影队有职工3人，有F16-A型放映机两套。每年放映400余场次。2003年，武台镇36个村建高标准科技文化大院20处，农家书屋28处，存书总量达到3.6万册，先后举办各类法制、文化、科技教育讲座126场次，农业技术培训班369期，组织各类文艺演出185场次。

1989年，武台乡有卫生院1所，医院床

位20个，村卫生室52个，乡医62人。1997年，实行“乡村一体化”，乡医由医院统一调配，药品专口购销。有乡村卫生室15个，乡医68人。1992年，投资63万元建1400平方米的门诊大楼。2007年，上级投资60万元建成1200平方米病房楼1栋。至2006年，卫生室达到25个，乡医78人。2006年，开始实施新型农村合作医疗。2008年，农村合作医疗参合率达到98.43%。2013年，县红十字会投资30万进行门诊楼扩建工程。至2013年，武台镇有卫生院1所，床位40张，职工57人；村卫生室25个，乡医72人，农村合作医疗参合率达到36717人，金额2364180元，新农合参合率达到100%。

计划生育

1990年，武台乡第四次人口普查有9250户，人口35874人；2000年，武台镇第五次人口普查有10704户，人口36467人；2010年，武台镇第六次人口普查有10647户，人口38184人；2013年底，武台镇有11692户，人口38605人，人口增长率为4.1‰，出生率为10.88‰。

人民生活

1989年，武台乡民政负责全乡的优抚、救济救灾、结婚登记等工作（其中结婚登记工作于1997年转至县民政局办理）。烈军属、带病回乡、参战、伤残军人、现役军人的优抚（待）金定期进行发放，共发放各类资金397万元。做好救济救灾，确保无一户群众挨饿、受冻现象发生，共发放救济救灾款76万元。1987年在乡政府驻地建敬老院1个，共有35名老人集中供养；另外102名老人分散供养，经费从乡镇财政公益金中支出；2010年，开始实施新型农村养老保险和医疗保险。从2012年开始实行农村养老服务设施建设，至2013年底，全镇共有3家农村幸福院，共有1568人享受低保，共发放低保资金460余万元。

2013年武台镇各行政村基本情况表

表29-3

行政村名	辖自然村	总面积（平方千米）	人口（人）	经济总收入（万元）	人均纯收入（元）
黑山前		1450	1240	1820	9890
东武沟		1100	1030	1800	9940
承安	承安庄、大家庄	2333	1984	3085	9945
南武沟		2000	2077	3320	9930
西武沟		1500	1105	1780	9930
武沟	武沟寨、山北头、林瑞庄	1400	1414	2200	9960
武台村	咸家巷、八亩石	3680	1999	3122	9960
南武台		910	1034	1820	9960
北武台		2100	1768	2770	9952
孙家庄		870	1830	2870	9980
黄台		1000	892	1500	9950

续表 29-3

行政村名	辖自然村	总面积（平方千米）	人口（人）	经济总收入（万元）	人均纯收入（元）
水沟	水沟一、水沟二、水沟三、水沟四	3680	4128	6530	9955
万山		1800	1666	2600	9910
卧龙	卧龙、曹家洼	1450	1366	2105	9950
孙家楼		1702	1477	2285	9945
新河	新平、叶家庄	1290	1185	1750	9895
清河		1564	1257	1945	9950
蒋里	蒋里、西王	1900	1660	2600	9940
孟家庄		700	823	1300	9940
白马关	白马、下关	2100	2054	3250	9980
大王庄		1310	1248	1950	9960
咸家庄		702	830	1360	9955
董家庄		720	834	1300	9950
东近台		1564	1544	2400	9950
西近台		1200	1103	1700	9950

保太镇

综述

保太镇地处沂蒙山腹地，蒙山之前，距平邑县城以北4千米处，南与平邑街道相连，北与蒙阴县接壤，东靠蒙山旅游区柏林镇，西邻仲村镇，地处北纬35°，东经117°，平均海拔180米，四季分明，属于北温带气候。1994年9月保太撤乡设镇。2001年2月，将原羊城乡东金官、西金官、殷家村、良子、羊城、北王庄、魏刘庄、前孙庄、后孙庄、皮下庄、柳家村、齐家庄、卓家村、大埠槐、南羊子、北羊子、平和、三关庙、九女关、埠阳、北刘庄共21个村划归保太镇，保太镇所辖村达到65个。2011年2月，北刘庄、九女关、三关庙又划归柏林镇。

到2013年4月将前、后孙庄（孙庄），东、西子宿（子宿），魏刘、南羊子（华阳），羊城、殷家村、良子（万松山庄），三阳一、二、三、四村（三阳社区）等村庄进行合并，全镇所辖村居48个。人口达7.8万人，总面积117.4平方千米。境内峰峦起伏的益寿养生长寿圣地——蒙山横贯东西，透迤曲折的浚河纵穿南北，有两座中型水库，海螺寺名胜风景区是著名的休闲、养生、度假、旅游胜地。保太镇自然环境优美，物产丰富，素有“沂蒙土豆之乡”“鲁南花卉苗木之乡”的美誉，苗木花卉、中药材、蔬菜是三大农业特色项目，现已探明矿产资源主要有石膏、矿泉水、石英石等。

1989 年，全乡实现工农业总产值 1.2 亿元，拥有乡办企业 4 家。1994 年，全镇依托石膏资源积极发展石膏建材企业 4 家，吸引了兖矿集团，枣庄矿务集团等国家大型企业来此投资建厂。2013 年，全镇全年实现地区生产总值 16.7 亿元，同比增长 45%；社会固定资产投资 12.1 亿元，同比增长 21%；新增规模企业 3 家，总数达 20 家，规模以上企业实现工业总产值 25.3 亿元，同比增长 35%，利税 2.51 亿元，同比增长 47.7%；实现地方财政收入 2558 万元，同比增长 58%，农民人均纯收入 10780 元，同比增长 24%。

农业

1989 年，全乡农业以种植、养殖以及农副产品加工为主，到 1995 年全镇以发展现代农业体系为目标，不断加大投入，努力改善生产条件，加大扶持支持力度，充分调动广大农民的积极性，农业特色化、产业化进程进一步加快。围绕黄烟、花卉苗木、蔬菜、中药材等主导产业，实施 0.33 平方千米的花卉苗木基地、0.2 平方千米的有机绿茶基地建设，全镇形成 13.33 平方千米土豆、13.33 平方千米花卉苗木、1.33 平方千米中药材、2.33 平方千米黄烟等优质农产品基地。投资 3000 万元国家级小农水建设项目、投资 800 万元的扶贫开发项目全面实施，同时抢抓国家加大对基本农田水利建设投的机遇，2002 年 2 月，保太镇借助辖区公家庄水库被水利部批复为除险加固三类坝水库工程的机遇，历时两年先后投资 4491 万元，采取土方开挖、填筑、加高培厚等对公家庄水库实施灌渠改造项目。投资 1200 万元，对涉及 17 村的农村饮水工程进行改造建设。以远程教育平台为依托，大力实施新型农民培训和“双富”工程培训实施农民培训工程。全面完成农村产权制度改革工作。做好森林防火、防汛抗旱和动植物疫病防控工作，保障了农村经济健康发展。积极用好粮食直补、良种补贴、农机具购置补贴、家电下乡补贴等国家惠农政策，改善群众生产生活条件。

工业

1989 年，保太全乡镇办、村办企业不足 5 家，个体工商户 300 余户，直到 1991 年在万庄村发现地下储存有大量的石膏资源以后，全镇积极招商引资，以科技为先导，以服务为纽带，以优惠政策为动力，坚持走特色工业发展之路。积极拓展思路，破解项目建设瓶颈制约，盘活闲置资源，壮大镇域经济总量。牢固树立服务意识，努力为企业解决供电供水、征地补偿等难事，达到群众满意、企业放心的目标，坚定投资者在保太发展的信心。2013 年，全镇共引进招商引资项目 12 个，其中，过亿元项目 1 个，合同利用外资 6.6 亿元，实际利用资金 3.24 亿元，其中总投资 1.2 亿元的舜天科技在平邑项目聚集区落地建设。外贸出口实现新的突破，全年实现外贸出口 1300 万美元，出口企业总数达到 7 家，推动镇工业经济的快速发展。

围绕石膏资源做大做强石膏产业。围绕石膏主导产业，突出特色产业集群、规模示范带动效应，优化石膏产业布局，顺利实施矿山安全归并。同时大力实施科技创新战略，积极研发名优特产品，调整产品结构，提升石膏产品附加值。实现石膏产业由粗放型加工向多元化发展的转化升级，促进石膏产业的规范化发展。万庄膏业、皇华建材、安泰矿业、万佳建材、万誉制品、华勤建材等企业不断发展壮大，石膏产业进一步做大做强。

商贸金融

1989年，有保太供销社1家，中心门市部7个，村代销点85个。1992年保太供销社实现利润承包、打破“大锅饭”。1995年实行“抽本经营”，采取包、租、赁、买方式经营。2013年，全镇个体工商户已发展到163户，共有商业网点826个，社会商品销售总额9.8亿元，城乡集市贸易成交额1.8亿元。有供销联合超市1个，村级供销联合超市40平方米以上有52个。

1989年，镇有农行信用社1家。1994年4月，保太信用社与农行保太营业所分门办公。1994年镇成立农村基金会，为自收自支实体，1999年撤销。1998年，信用社建营业室2个。截至2013年底，镇内拥有金融机构2家。农村信用社有职工14人，全年居民存款存额1.7亿元，贷款6500万元。邮政储蓄银行有职工6人，居民存款4560万元。2013年，社会消费品零售总额3.05亿元，同比增长16%。

村镇建设

1995年4月，保太镇邀请省村镇规划建筑设计院历时五个月对保太镇驻地进行规划，设计，按照商贸区，居住区、工业区等进行划分，为加快建设功能齐全，布局合理的新型小城镇打下了基础。按照新一轮规划，镇驻地面积达到2.6平方公里，跨河向西延伸，将高、李白墩等村划入镇驻地范围，人口达到1.2万人。镇先后投资160余万元实施为民服务中心、镇综合办公服务楼建设；投资150余万元，对全镇驻地420间楼房进行“平改坡”改造工程；投资80万元，完成弱电下地和燃气管道铺筑工程。

美丽乡村建设成效显著。2013年镇投资300余万元，对平保路两侧实施“五化工程”建设，绿化面积5.5万平方米，安装路灯150盏，重点打造堤后村、万庄村等15个村13.5千米的精品线路，同时实行社会化保洁，建立长效管理机制。

交通邮电

保太辖区内路网密布，交通较为发达，2012年至2013年先后投资2000余万元，铺筑完成12.8千米的平歧路、平保路；投资482万元，完成高李白墩大桥建设；投资1200万元，新修乡村生产生活道路54千米。2013年底，保太作为全县路网改造试点乡镇，率先全部完成乡村道路改造工程，极大的改善群众生产生活条件，方便群众出行，当年代表临沂市接受省交通厅验收。镇内邮电通信事业发达，2010年新上先进的光纤入村，实现传输数字化，全镇“户户通”工程覆盖率达到60%以上。

科教文卫

1989年，保太镇有中学1所，有中心校1所，小学42所。在校学生：小学2030人，中学1200人；当年镇政府投资120万元建中学面积为3750平方米的教学楼。2001年合并羊城中学为保太镇初级中学。自2012年开始，镇结合国家实施校舍危房改造和标准化建设的机遇先后投资1200万元，新建中学宿舍楼、实验楼以及中心校餐厅楼，教学楼。2005年被评为县级文明单位。至2013年末，保太中学有教学班18个，在校学生1523人，教师94人。有完全小学10所，在校学生2538人，教师176人；幼儿园18所，幼儿园学生1960人。

1989年，保太镇有文化站1个，广播站1个，1982年成立电影队。1991年，保太镇有48个村，广播通播率90%，喇叭入户率80%。2006年村村通有线电视，由原来的乡镇管理改为县广播局统一管理。全镇1700户安装有线电视，占全镇总户数的45.2%。1999年，农村电影队有职工2人，有8.75毫米放映机1套。每年放映200场次。2005年，保太实施精神文明建设，丰富群众的业余文化生活。2013年，保太镇编辑出版《蒙山文化研究》（保太镇专辑）。至2013年，全镇有线电视用户2760户，综合覆盖率达到90%。

1989年，保太有乡卫生院1家，医院床位13个。村卫生室44个，乡医93人。1996年6月实行“乡村一体化”，乡医由卫生院统一调配，药品专口购销。2006年开始实施新型农村合作医疗。2008年农村合作医疗参合率达到98.43%。至2013年，保太镇有卫生院1家，床位98张，设有办公室、药剂科、内科、外科、妇科、中医科、化验科、放射科、B超室、理疗科、手术室、供应室、收款室、财务科、公共卫生服务管理中心等19个科室。镇每万人拥有病床30张。固定资产880余万元，专业性技术人员71名，其中中级以上职称11人，执业医生17人，助理医生8人，注册护士12人。卫生院配置大生化、微量元素分析仪、CR、500MAX光机、日立彩超、心电监护仪、血球技术仪等大型医疗设备。有村级卫生室51个，从业乡村医生78人。全年医疗机构完成诊疗3.4万人次，57个村村民全部参加了新型农村合作医疗，参保率100%。

计划生育

1989年，保太镇计生委有工作人员16名，编制设主任、会计、网长、统计、技术员、药管员、出纳。1995年2月，镇计生委被明确为事业单位，定编14人。2000年底，设办公室、统计科、信访科、宣传教育科、财务科、流动人口管理办公室、计生协会办公室、服务站，有21名职工。2011年8月，保太镇计生委和羊城乡计生委合并，共有人员42名。全镇确立计划生育工作常抓不懈、一抓到底的思想，明确计生工作的特殊性和重要性，抓基层、打基础、强队伍、重平时。至2013年，完成对全镇57个村计生主任的考聘工作。严格落实“月考核季奖惩”制度，扎实落实村级计生主任一人负责制，形成责、权、利的统一。努力提高进站率，加大社会抚养费和违约金的征收力度。

人民生活

1989年，保太镇人均纯收入410元，魏刘乡401元，到2011年合并乡镇时人均纯收入8800元。2013年，全镇人均纯收入达到10780元，农民生活水平不断提高。每百户拥有彩电96台、电冰箱92台、洗衣机93台、摩托车38台、小汽车16台。2006年10月，保太镇敬老院在原羊城乡中心小学原址开始动工改建，2007年3月底完成，工程总投资60万元，占地面积2.4万平方米，建筑面积1994平方米，改建房屋90余间，其中改造81间，新建9间，可以集中供养五保老人120余人。改建后的敬老院内部设施齐全，功能完备，人均居住面积7平方米以上。院内配有医疗卫生室、储藏室、餐厅、老年娱乐室等，规划菜园、鱼塘、养殖场，为老人提供了舒适的生活场所。

2013年投资650万元建设1所高标准中心幼儿园，对万庄小学、羊城小学进行重建。依托镇卫生院和村卫生室，建立3个村级康复站，逐步使肢体残疾人在“家门口”即可享受免费康复训练服务。不断完善社会保障机制，城镇新增就业0.9万人，农村劳动力转移就业1.3万人；全镇农村居民养老保险参保人数达到4.9万人，发放养老保险金420万元、各类救助金190万元。建立企业、镇、村三级食品药品安全监管网络，新建村级文化大院2个、全民健身广场10个，广播电视村村通入户率达90%，群众文化生活日益丰富。文明创建工作扎实开展，新建成省级文明村镇1个，市级文明村1个，县级文明村2个，城乡居民文明素质和幸福指数明显提高。

2013年保太镇各行政村基本情况表

表29-4

村　名	所辖自然村	人口（人）	耕地面积（亩）	经济总收入（万元）	人均纯收入（元）
保太村		3428	2355	13.0	11080
鲁埠村		3320	2150	4.5	12100
公家庄		1334	1200	5.8	10800
荆山庄		1095	1425	8.0	10900
和平村	蒋沟村、平和村	1344	1980	3.2	11100
福禄庄		1097	1050	3.0	11000
西埠阴		2160	1960	8.0	11600
子宿村	东子宿、西子宿	1489	1300	19.0	11400
南夫宁		986	927	18.0	11020
洼里村		1868	1436	19.0	12108
华家村	华家村、金刘庄	2045	2100	14.0	12606
大夫宁		2229	2002	28.0	11200
杨家庙		916	950	5.0	10600
德埠庄		1200	1815	31.0	12500
谭上寨	谭上寨、北埠阴	1100	1155	5.0	11800
万庄村		2445	2623	230.0	12800
东埠阴		1288	1305	6.0	10600
前崖村		1109	1302	3.0	10400
后崖村		1203	1620	3.0	10300
埠南庄		860	1360	1.5	10900
蔡家庄		736	992	5.0	10800
黄疃村		712	1395	4.0	10600
冷蒋村		1281	1750	4.0	11260
管家庄		2098	3000	15.0	12200
堤后村		2680	1670	30.0	12600
纯厚庄		2190	1560	6.8	11500
杨白壤		1765	1030	3.4	10090

续表 29-4

村　名	所辖自然村	人口（人）	耕地面积（亩）	经济总收入（万元）	人均纯收入（元）
孔白壤		668	273	2.0	9800
张白壤		830	510	1.4	9400
三阳社区	三阳一、三阳二、三阳三、三阳四	6383	3895	19.5	11060
孟武阳		1664	1215	25.0	12060
谭武阳		506	450	1.5	9800
徐武阳		1537	1230	15.0	10800
王武阳		1165	913	5.0	10100
沈武阳		804	735	4.0	9800
孙武阳		731	825	5.0	9600
李白壤		1795	1380	24.0	11600
高白壤		2006	1712	23.0	11300
华阳村	魏刘庄、南羊子	2071	2481	12.1	9600
万松山庄	羊城村、良子村、殷家村	1414	2010	2.2	9400
大埠槐		841	1500	12.9	9200
齐家庄		1320	2220	2.6	9400
柳家村		1418	1780	4.1	9800
皮下庄		686	635	19.6	9600
孙庄村	前孙庄、后孙庄	2180	1940	27.1	9600
卓家村		1066	1155	5.5	9200
金官庄		896	1200	3.6	9200
北王庄	北王庄、南羊子、埠阳	936	1395	1.5	9300

柏林镇

概述

柏林镇坐落在素有“岱宗之亚”美誉的蒙山腹地，北纬35°7′～35°43′，东经117°25′～117°56′之间，区域总面积218平方千米。属暖温带大陆性季风气候，四季分明，光照充足，气候温和，雨量充沛，年平均气温12.5℃，降水量900毫米。柏林镇北倚蒙山主峰，南接温水镇，东邻下桥镇，西靠保太镇。

柏林镇先后获得“临沂市明星旅游镇”“临沂市旅游强镇”“山东省最具竞争力旅游名镇”“山东省旅游强镇”“山东省最佳休闲乡镇”“全国首批农业产业融合发展试点示范镇”等称号。辖区内的李石屋、田家庄2个村为省级旅游特色村，李石屋为山东省最佳记忆乡村，中国乡村旅游模范村，李石屋、金三峪村为中国传统古村落。

水利

2013年，共有小（1）型水库2座，小（2）型水库11座，塘坝、拦河坝96座，饮用水应急水源地1处。先后投资7600万元，除险加固水库、塘坝28处，增加库容180万立方米，修建各类桥涵265座，开挖大口井，钻深水井102眼，修筑防汛路23千米，全镇新增水浇面积0.09万公顷，农村人畜安全饮水工程入户率60%以上。

农业

山林面积97.33平方千米，其中以苹果、山楂、板栗、桃为主的优质林果面积26.67平方千米，自然植被丰厚，中草药资源丰富，有灵芝、何首乌、紫草、丹参等名贵中药材680多种。2013年，有耕地面积38.67平方千米，是国家粮食自给工程基地，无公害蔬菜基地，果品基地，畜牧基地。农副产品主要以小麦、玉米、花生、果品、黄烟、土豆、大蒜、肉类、禽蛋为主。蒙山黑山羊、蒙山草鸡、蒙山草鸡蛋为名优特产。

2013年，粮食总产量为3.2万吨，比1989年的2.56万吨增加25%。花生总产量1.1万吨，比1989年增加29%，果品总产量1.7万吨，比1989年增加30%，肉类总产3750吨，蛋类总产1200吨。全镇实现农业总产值2.3亿元，工业总产值3.6亿元，实现地方财政税收1270万元。

工业

矿产资源丰富，已探明的矿产主要有石膏、石英、石灰石、重晶石、花岗石等，其中地下石膏储量巨大。1989年，全镇工业企业共6家，有职工485人，工业总产值2850万元，利润260万元，缴税23万元。2013年，工业总产值3.6亿元，利润4200万元，利税370万元。

商贸金融

20世纪80年代，商贸活动除供销社网点外，主要集中在农村集贸市场，商贸经营活动形式单一，营业额不高。经过多年的发展，全镇商贸活动日益活跃。2013年，有固定小商品批发中心6处，固定农贸市场7处，共占地3.2万平方米，农贸市场常年经营户1000余户。全镇社会商品零售总额1.2亿元，是1989年的4倍，工商个体税收入800多万元，是1989年的3.6倍。设有银行分支机构2家，居民储蓄余额3.19亿元，是1989年的3.2倍，居民贷款余额1.22亿元，是1989年的2.6倍。

村镇建设

2013年，90%的村庄实施并完成村庄建设规划。全镇小康住宅已占总户数的80%以上，部分农户盖起楼房。2013年，全镇人均住房面积由1989年的13平方米，提高到30平方米。随着“村村通”工程的全面展开，辖区内的文泗公路、柏万路、万红路、明温路、蒙山旅游专线等县乡道路全部油铺或水泥硬化，实现村村通水泥硬化路。累计总投资1.68亿元，共修道路、街道216千米，新增绿化面积6.7万平方米，新发展有线电视用户1560家，58个自然村已有38个村用上自来水。

交通邮电

改革开放后，全镇运输市场呈现出个体、集体、职工合作、国营运输企业公平竞争的新格局，各种运输车辆迅速增加。1989年，全镇公路通车里程有23千米，没有客运车辆，公路货运量35万吨，民用汽车12辆。2013年，全镇公路通车里程达到156千米。镇内实现村村通客车，年客运量150万人次，公路货运量达到450万吨。2013年，全镇农用车1150辆，民用汽车360辆，面包车、家庭小轿车5360辆。1989年，全镇拥有固定电话12部。2013年，全镇共有程控电话1126部，宽带用户6750户，移动电话4.3万部。实现了村村通有线电视，村村通远程教育。

科教文卫

1989年，共有学前班13个，幼儿新生782人，小学32所，教师401人，在校学生6215人，初级中学1所，教职工156人，在校学生430人。2013年，共有幼儿园12所，小学13所，初级工学1所，中小学在校学生3210人，教职工283人。教师学历达标率100%，义务教育标准率99%，幼儿园入园率95%以上。新建中小学教学楼14座，购置计算机630台，建多媒体教室11间，学生人机比为1∶0.12，教师用机率达1人1台，市级规范化学校2所。建立远程教育信息平台，实现“四机一幕”进课堂，校园网、宽带网连接，实现校内资源共享。2013年，全镇新建柏林、玉源、鑫合、龙马等社区宣传活动阵地15处，有农民庄户剧团2家。有文体小广场16处，各种健身娱乐器材配套完善，先后举办农民广场舞大赛3次。1989年，医院有医护人员42人，病床21张，村级卫生室26处，有村医42人。2013年医院有医护人员93人，病床65张，职业医师22人，注册护士26人，村级标准卫生室34个，村医88人，新建门诊楼、病房楼各1栋，建筑面积3400平方米，设有内科、外科、妇科、中医科等22个科室，楼房及医疗设备总投资600多万元。1989年全镇农民人均纯收入830元；2013年，全镇农民人均收入8650元。农村合作医疗参保率达到99%。

2013年柏林镇各行政村基本情况表

表29-5

村　名	所辖自然村	人口（人）	耕地面积（亩）	经济总收入（万元）	人均纯收入（元）
柏　林	柏林村	2884	2560	3.60	9200
金裕村	东上坦村、西上坦村	1748	1800	3.00	8300
汪家坡	汪家坡村	3132	4700	2.60	8100
黄　崖	黄崖村	1979	2300	12.00	9050
杨　谢	杨谢村	3208	3650	16.00	8210
桥　仙	桥仙村	1841	2008	7.00	8360
蒙阳裕	蒙阳村、养泉峪	1292	1560	2.00	7850
苏河城	苏城村、两河村、玉皇城村	1925	1840	0.50	7960
三关庙	三关庙村	2002	2200	1.00	7680
九女关	九女关村	548	520	0.20	7790

续表 29-5

村 名	所辖自然村	人口（人）	耕地面积（亩）	经济总收入（万元）	人均纯收入（元）
北刘庄	北刘村	369	360	0.30	8100
鑫合村	温家庄村、石头岭村、沙石桥村	1272	1790	0.30	8250
沂蒙山庄	山庄村、许家庄村	1362	1310	0.40	8310
大涝峪	大涝峪、塔峪村	1059	560	1.50	9150
东 峪	东峪村	607	550	0.36	9250
柘 沟	柘沟村	1814	1700	12.00	8360
兴 蒙	邢家庄、田家庄	1605	1100	7.50	8230
蒙 山	郭家庄村、大石头村	1339	1337	2.30	7850
巩 固	巩固村	815	790	0.30	7830
康胜村	陈家庄、于沟村	1874	1700	2.30	7950
固 城	固城村	3600	3800	8.50	8250
贾 庄	贾庄村	2974	2462	3.50	8360
玉 源	南孝义村、坦卜岭村	1759	2300	4.20	8560
北 乔	乔家村、北孝义村	1614	1460	2.10	8750
洼店子	洼店子村	1019	500	0.50	8900
刘家寨	刘家寨村	1002	540	0.30	8560
薄板沟	薄板沟村	858	960	0.36	7560
龙马村	栏马村、龙虎寨村	2152	2010	2.30	7960
小楼村	小楼村	978	800	0.36	8150
洪河村	洪河村、薄乐固村	1870	2050	2.80	8360
万红村	东山神村、下山子村	888	860	1.60	8230
富泉村	池家寨村、城泉村	1073	920	2.30	8760
石河村	石河村	2705	2580	3.60	8830
挑沟村	挑沟村	481	519	0.80	7960
西山神	西山神村	793	670	0.60	7880
崔家庄	崔家庄村	764	718	1.20	8350
福源村	金钱峪、罗圈峪	1061	1170	1.30	8560
张里庄	燕峪村、张里庄村、李石屋村	1063	1000	0.80	8850

卞桥镇

概述

卞桥镇位于北纬35° 17′ 45.15″~35° 25′ 55.27″，东经117° 39′ 39.70″~117° 49′ 05.99″，平邑县城东20千米处，北接蒙阴县，东靠费县，南与327国道相接，总面积131平方千米。蒙山南麓，地处平邑、费县、蒙阴3个县交界处，距县城24千米。北依世界著名养生长寿胜地蒙山，西邻曲阜、泰山两大旅游景区。资邱乡于1985年8月设为资邱镇，于2011年8月与卞桥镇合并。

2013年底，辖区总人口4.8万人，其中城镇常住人口1.54万人，城镇化率32%。另有流动人口5100人。总人口中，男性22560人，占47%；女性25440人，占53%；14岁以下11444人，占23.8%；15～64岁19200人，占40%；65岁以上17376人，占36.2%。2013年，人口出生率17‰，死亡率5‰，人口自然增长率6.5‰。辖区东西最大距离12.9千米，南北最大距离14.千米，总面积76.92平方千米。其中陆地71.52平方千米，占93%；水域5.4平方千米，占7%。人口密度为每平方千米772人。

水利

境内金线河、银线河贯穿南北，2011年乡镇合并后，有安靖水库、杨庄水库中型水库2座，闫家庄、唐刘、岐古、前东庄、后东庄小（2）型水库5座。塘坝35座，机电井25眼。

1999年，争取国家资金，建联合供水工程1处，解决16个村、3200多户、2.4万人人蓄吃水难问题，并成立镇供水协会负责管理运营。

2006—2009年，对5座小（2）型水库进行除险加固，总投资360万元。2009年，国家农业开发项目投资1000多万元，对京卜湖进行高效农业开发，打深井3眼，大口井4眼，铺设管道1.6万米，修生产路300千米，使京卜湖达到旱能浇涝能排的高产稳产田。

农业

全镇有耕地面积44.4平方千米，人均840.42平方米，部分为水浇地，以种植小麦、玉米、花生、黄烟、瓜菜、林果为主。粮食作物以小麦、玉米为主。2013年，生产粮食2.9万吨，人均513千克，其中小麦1.4万吨，玉米1.5万吨，主要经济作物为蔬菜。瓜菜种植面积6.53平方千米，产量2.1万吨，主要品种有西瓜、大葱、大蒜、西葫芦等，其中西瓜0.6万吨。畜牧业以猪、蒙山羊、家禽为主。生猪饲养量6.5万头，年底存栏3.1万头；山羊饲养量1.6万只，年底存栏0.5万只；家禽年饲养量170万只。

工业

以石膏开采加工、木业加工、食品加工、建筑建材为产业。2013年，工业生产总值32亿元，拥有工业企业45家，职工12000人；实现工业增加值8.75亿元。

商业外贸

1989年，共有代售点2处，1994年增至4处，其中资邱乡2处。2011年卞桥、资邱合并后，共有网点23处，至2013年底，共有商业网点30个，职工900人。社会商品零售总额达6亿元；城乡集贸市场6个，年成交额2.6亿元。出口总额4000万美元，主要产品石膏粉、石膏板销往日本、东南亚、中东等，以及中国台湾地区。

财政金融

2013年，财政总收入6585万元，比上年增长23%。其中地方财政收入3368万元，比上年增长31.5%。2013年底，金融机构各类存款余额3.43亿元；各项贷款余额2.8亿元。

村镇建设

1989年，城镇建设用地1.1平方千米，镇区人口规模0.5万人；2013年，规划范围北至镇北村以南矿区边界；南至辉泉村以南；东至辉泉村以东；西至卞桥镇域边界。城镇建设用地2.7平方千米，规划面积约21平方千米。规划确定“一个中心，一个次中心，三条轴线，五大经济区”的空间布局结构。村镇职能体系划分为四级：第一级，全镇政治、文化、教育中心，主要发展建材加工业、食品加工和物流业。镇区人口规模1.3万人，用地规模225.06公顷，人均用地218.5平方米，规划公共设施用地46.02公顷，人均用地13.15平方米，规划文体科教用地3.7公顷，人均用地1.06平方米;第二级，资邱镇集，为镇域东部地区的经济、文化、教育次中心，承担东部地区的社会公共设施服务和市政服务功能，主要发展木材加工业，人口规模10000人；第三级，中心村，西荆埠村、岳家村，利用自身资源、区位优势发展经济，配备相应的公共服务设施，人口规模2000～3000人；第四级，基层村13个，人口规模1000～2000人，以农业生产为主。

交通邮电

文泗路贯穿全境，东接京沪高速公路，西连京福高速公路、京沪铁路。距临沂机场70千米，镇内乡村公路纵横交错。

1989年，设有邮局1个，1995年，资邱乡成立后成立资邱乡邮政局，至2013年底，邮政局2个、电信企业2家，服务网点56个，移动电话用户2.1万户，互联网用户0.8万户。

市政建设

1982年建成客运站点，2013年日发客运汽车80班次，日均容量1600余人次。供水协会有深水井2眼及成套净化设备，年供水50万立方米。主要道路两侧铺设D600排水管道1万米。1991年，供电站迁至镇中心大街路东。

科教文卫

20世纪80年代末90年代初，农业发展依靠传统延续，没有形成规模的农业科技发展模式。1992年，以卞桥镇时家村为代表的农业示范村走出去、引进来，发展果蔬种植和大棚种植，依靠先进的农业技术水平和高效的农业管理模式，实现了由单一种植模式向混合农业产业的发展。至2012年，高效生态农业发展初具规模，涌现了时家村等一批农业示范基地。2013年底，有国家级技术研究中心1家，承担国家级重点新产品3个，省级高新技术产品2个，国家级“火炬计划”1项。

1989年，有镇文化站1间，各类文化专业户2户，其中藏书1800余册。2008年，农村文化建设有了长足进步，有村级文化活动中心6个，藏书3万余册。2013年，有镇文化站、广播电视站各1个，有村级文化活动中心11个，各类文化专业户8户，各类图书室11个，藏书8余万册。

1989年，镇驻地设有幼儿园所1间。1994年，资邱乡成立后，在新资邱乡驻地筹建资邱幼儿园。至2011年，两镇合并后，镇级公办幼儿园达到2家，村级公办园所达到4家。至2013年底，共有幼儿园12所，在园幼儿2800人，专任教师80人；小学8所，在校学生2348人，专任教师160人，小学适龄儿童入学率 100%；初中 2 所，初中在校学生 1800 人，专任教师 188 人。初中适龄人口入学率、小升初升学率、九年义务教育覆盖率均达 100%。2013 年财政预算内教育经费 2528 万元，比上年增长 30%。预算内教育经费占财政总支出比例为 33%。

1989 年，全镇设有公办卫生机构 1 个。1995 年，资邱乡成立后，卞桥、资邱两驻地实现了医疗分离。2011 年，卞桥镇与资邱合并后，卞桥卫生院、资邱卫生院依然独立运营。至 2013 年底，有各级医疗卫生机构 2 个，门诊部（所）44 个；有床位 210 张，每万人拥有病床 32.3 张；固定资产总值 3000 万元。专业卫生人员 136 名，其中执业医师 25 人，执业助理医师 47 人，注册护士 64 人。37 个村村民全部参加新型农村合作医疗。

2013 年底，有学校体育场 10 个，看台设座椅 900 张。50% 的村安装健身器材。

1989 年 12 月，建成有线广播电视站，2013 年有线电视用户 2 万户，入户率 85%。

计划生育

1989 年，卞桥镇人口 46746 人、10946 户，已婚育龄妇女 7168 人；资邱乡人口 30687 人、7958 户，已婚育龄妇女 4152 人。2013 年底，全镇总人口 52625 人，已婚育龄妇女 9522 人，出生人口 539 人。

1989 年，计生委有工作人员 15 名，编制设主任、会计、网长、统计、技术员、药管员、出纳。1995 年 2 月，镇计生委被明确为事业单位，定编 14 人。2000 年底，设办公室、统计科、信访科、宣传教育科、财务科、流动人口管理办公室、计生协会办公室、服务站，有 19 名职工。2011 年 8 月，卞桥镇计生委和资邱镇计生委合并，共有人员 38 名，设办公室、工作区、服务大厅、法规信访科、社抚费征收办公室、宣传教育科、流动人口管理办公室、计生协会办公室、服务站等科室。

人民生活

1989 年，人均纯收入 407 元，资邱镇 416 元。至 2011 年合并乡镇时人均纯收入 7828 元，2013 年，人均纯收入 8868 元。2013 年全镇每百户拥有彩电 96 台、电冰箱 92 台、洗衣机 93 台、摩托车 36 台、小汽车 19 台。2013 年，最低保障救助人数 2579 人，农村合作医疗参保人数 5.5 万人（包括原属资邱镇后划归到蒙山旅游管委会柏林镇部分村），参合率为 92%。

二十世纪八九十年代，社会保障水平处于较低水平，社会福利、生活保障、社会救助事业还不完善，没有专门的农村医疗体系。2013 年，城镇最低生活保障户数 83 户，人数 97 人，支出 29.4 万元，比上年增长 20%；医疗救助 143 人次，民政部门资助参加合作医疗 3000 人次，共支出 28 万元，比上年增长 40%。农村最低生活保障户数 2300 户，人数 2848 人，支出 410 万元，比上年增长 30%，月人均 120 元。国家抚恤、补助各类优抚对象 310 人，抚恤事业费支出 210 万元。社会福利费 14 万元，比上年增长 20%；敬老院 1 所，床位 70 张，收养农村五保人员 131 人。社区服务设施 8 个，其中社区服务中心 2 个，全年接受社会捐款 5 万元，使 600 人次困难群众接受救助。五项社会保险基金收入合计 960 万元，比上年增长 30%。

2013 年卞桥镇各行政村基本情况表

表 29-6

村　名	所辖自然村	人口（人）	耕地面积（亩）	经济总收入（万元）	人均纯收入（元）
东卞桥		2542	2520	8.59	5200
西卞桥		1034	1215	8.02	8600
镇北村	蒙胜村、闫家庄	1171	1455	0.00	5800
镇前村	曹家庄、葛家庄	1260	1545	17.33	6800
王家庄		377	200	0.00	8600
南安靖		1412	1953	6.10	6500
左庄村		849	710	6.40	7300
新富村	柳子沟、陶家庄、北官庄	1170	2341	9.72	6800
新桥村	石桥村、卜家湖、韩家庄	1467	2230	8.19	5900
东荆埠		1552	2225	12.87	7100
西荆埠		2070	2976	10.00	6900
蒋家庄		936	1000	3.10	8500
孟家湖		1160	1400	7.70	9500
佟家庄		610	852	15.00	7100
卜家崖		1260	1485	10.00	3700
唐家崖		1020	795	8.00	9200
梁家崖		980	615	0.00	7200
邱家崖		456	225	0.00	7700
刘家崖		768	840	0.20	6600
资邱村		2910	3082	23.20	9500
魏家庄		947	1515	8.00	7200
八顶庄		1958	3489	14.50	8000
辉泉村		1348	1675	14.00	5900
寨上村		580	676	2.60	0.75
国太庄		904	1118	8.00	0.75
时家村		2085	1250	42.00	9200
关庙村		1171	1234	17.50	8200
唐刘村		1712	2118	3.80	8900

续表 29-6

村 名	所辖自然村	人口（人）	耕地面积（亩）	经济总收入（万元）	人均纯收入（元）
尹家村		1900	2180	0.00	7900
赵家村		736	800	1.00	7100
岳家村		2640	2360	10.15	9500
岐古村		1320	1288	11.00	9000
前东庄		2058	2060	15.30	9700
后东庄		1538	1544	0.00	8500
杨庄村		1330	1379	4.30	7600
高家寨		471	427	0.00	6900
田家寨		645	498	2.30	6900

地方镇

概述

地方镇位于北纬 35° 20′，东经 117° 51′的交会处，西北距县城 30 千米，南邻郑城镇，北靠卞桥镇，东接费县，西临铜石镇。1985 年撤区设镇。2000 年 12 月，原天宝镇并入地方镇。2013 年底，总人口 8.11 万人，其中城镇常住人口 2.56 万人，城镇化率 31.57%。另有流动人口 8700 人。总人口中，男性 39079 人，占 48.2%；女性 42054 人，占 51.8%；14 岁以下 22054 人，占 27.2%；15 ~ 64 岁 36511 人，占 45%；65 岁以上 22568 人，占 27.8%。总人口中，以汉族为主，达到 80591 人，占 99.33%；回族 542 人，占 0.67%。2013 年，人口出生率 15.5‰，死亡率 6‰，人口自然增长率 9.5‰，总面积 145 平方千米。

水利

1989 年，地方镇共有水库 4 座、支渠 10 余千米、33 座塘坝，机井 80 眼、固定机电灌站 10 处、排灌机 118 台，有效灌溉面积 300 公顷，灌溉面积 166.67 公顷，水土保持治理面积 45 平方千米。解决 32 个自然村 0.81 万人缺水问题。2001 年，全镇拥有机灌机械 129 台、1504 千瓦，有效灌溉面积 600 公顷。2004 年灌溉面积 795 公顷。2013 年，地方镇共有 6 条河流，6 座水库，小（1）型水库 1 座，小（2）型水库 5 座，市级河流 2 条，县级河流 2 条，镇级河流两条。2013 年，建设岳庄水库饮水工程，解决周边 16 个村庄的人畜用水问题。2013 年，投资 2972 万元对岳庄水库进行除险加固，保护耕地面积 533.33 公顷。投资 200 万元，对沂河分支进行两岸护坡石砌加固。新建蓄水量 6000 立方米大口井 1 处，蓄水池 6 座，增加旱田灌溉面积 213.3 公顷。

农业

1989 年，共有果园面积 1899 公顷，年产量 0.55 亿千克。自 2001 年天宝乡合并后，拓展至果园2589公顷，主要水果有黄桃、山楂等，年产水果1.25亿千克。2011年，农业总产值达到2.6亿元，生产粮食2.1万吨，人均308千克，其中小麦1.9吨；黄烟种植面积133.33公顷，产量23.4万千克；水果种植面积3333.33公顷，产量1.1亿千克。2013年，在镇政府与科技人员扶持帮助下，大力引进李子、冬桃等特色产品，共有果园面积4213公顷，占镇域总面积的30.8%，主要分布在南部山区及中部丘陵地带，主要水果有黄桃、山楂、李子、冬桃等，建有九间棚、东方红等10余处科技示范基地，年产各类优质水果2.4亿千克，果品收入超过6亿元。

2013年，依托果品专业合作社，在浚河左岸打造高效农业示范基地。发展黄烟种植面积1平方千米、葡萄2.33平方千米、农作物良种面积12平方千米，发展水果大棚300个，完成经济林、丰产林、生态林2.47平方千米，建设规模养殖场4处，发展养殖大棚200个。康太果品种植专业合作社被国家农业部等12部委评为“全国农民专业合作社示范社”；康发果树种植专业合作社被农业部认定为“全国农民合作社加工示范单位”。完善道路、供水、供电、供气等配套设施，积极争取上级资金，对康太果品、田丰、群发等9家种植合作社进行了提档升级，打造标准农产品示范基地。

工业

1989年，有罐头企业55家，2001年有185家，至2013年有300余家罐头厂。选材内容有黄桃、山楂、梨、橘子，甚至是蔬菜都可以做成罐头。随着产能的不断扩大，地方镇的罐头也开始销往全国各地。2001年初，随着天宝乡的合并，罐头加工业成为地方镇支柱产业。2011年，规模以上工业企业37家，职工4万人，实现工业增加值16亿元。销售收入达到亿元以上企业9家。2013年，全镇拥有规模以上罐头加工及相关企业120家，其中罐头加工企业65家，规模以上企业32家，年产各类果蔬罐头70万吨，创产值65亿元，利税6.8亿元，出口创汇1亿美元。形成以罐头加工为主导，印铁制罐、玻璃制品、彩印包装、信息中介、建筑安装、物流配载、餐饮服务等相关行业竞相发展的产业集群，从业人员4万人。

2013年，全年引进或新上项目15个，实际利用资金3.45亿元。康发、奇伟、玉泉、万利来等罐头加工企业投资过亿元，新上12条国外先进罐头生产线；鲁冠玻璃、玉泉玻璃新上8条先进玻璃生产线，产量突破10亿只；环球公司引进英国全自动印铁制罐生产线，年产量9亿只。东澳易开盖、奇伟食品、科威机械等一批大项目相继落地，实现了工业经济新发展。投资5200万元的平邑县第二污水处理厂和4700万元额11万伏变电站，为罐头城生活污水的集中处理、达标排放和电力提供充足的保障；投资2200万元启动岳庄和金矿集中供水工程，可实现驻地3万名群众和120家企业的集中供水；投资1200万元实施了罐头城路网工程。

商贸金融

全国100余家知名企业在地方镇设立业务联络处，有230家客户地方镇。2013年，社会消费品零售总额比2012年增长26%，是1989年的35倍。新引进大项目：一是建设立晨物流园项目，项目计划总投资3亿元，总占地5.33公顷，一期工程计划投资1.2亿元。二是东澳易开盖项目，项目总投资4.6亿元，总占地8公顷。三是奇伟10万吨果蔬罐头加工项目，项目总投资5亿元，目前10万吨果蔬罐头生产线已建成投产。四是科威机械加工项目，项目总投资2亿元，总占地4.8公顷。着力打造清甜、未来果园、朝霞保税跨境电子商务三大电商服务中心，积极推进奇伟、康发、玉泉、中海、万利来等5家公司的电子商务，电子商务成为罐头产业营销新平台。

1989年，地方镇财政收入77万元，全年财政支出53万元；2001年，地方镇财政收入733万元，其中国税完成税收325万元，地税408万元，全年财政总支出575万元；2013年，地方镇实现财政收入3506万元，其中国税完成1000万元，地税完成2506万元。全镇全年实现财政总支出3200万元。其中，教育事业支出120万元，抚恤和社会福利救济支出360万元，社会保障支出250万元，计划生育事业费支出110万元，农业支出290万元，行政管理支出180万元，妇联经费支出5万元，党建经费支出80万元，社会综合治理支出50万元，环境综合整治支出130万元，纪律监察支出5万元，社区建设支出70万元，文化体育事业支出80万元，基础设施建设支出1470万元。

村镇建设

地方镇以前居住建筑主要是低层住宅为主的居民自建房用地，近几年，在镇驻地及327国道沿线、地庞路沿线、浚河北岸先后开发了八一社区、地方佳园、大泉社区、岳庄社区、东崮社区、利民社区等居民住宅区。公共设施主要有政府、卫生院、学校、超市、农贸市场及饭店等商业铺面。

2011年，被临沂市确定为12个“优先发展重点镇”之一。围绕罐头城基础设施和工业项目建设，全年共引进招商项目15个，合同利用县外资金4.8亿元，其中过亿元项目2个；新上嘉泰木业、亿家乐食品、东奥易开盖、玉泉玻璃、康发果酱等13个重点工业项目；新增鑫磊包装、喜盈盈食品、景昕纸业等6家规模企业。玉泉公司的“蒙水”牌、辉煌公司的“绿山果园”牌、科威机械公司的“科诺威”牌荣获山东省著名商标，“天宝山山楂”成功注册为中国地理标志证明商标。围绕水、电、路、桥、房等基础设施建设，启动了费县国电供热、奥德燃气供气、罐头城路网建设、岳庄水厂集中供水等13个基础设施建设项目机制。镇驻地建筑面积由1989年的4.5万平方米增加到2013年的65万平方米。

2013年，地方镇依据现状用地特点及自然条件，形成“两心、两轴、三片、一区”的布局结构。两心：一是原镇政府周边形成的商业活动中心，二是新建设的位于浚河与银线和交汇处东北形成的公共服务中心。两轴：一是沿原327国道的东西向主要发展轴，二是沿地庞路向北延伸形成的次要发展轴。三片：以铁路、河流自然分割形成的三个片区，包括北部综合片区，以居住生活、公共服务为主；中部综合片区，以产业、生活居住为主；西南部工业片区。一区：计划于2016年建设在石井、东崮建设规模省级产业园，形成产业园集群区。

交通邮电

日菏铁路、327国道贯穿全镇，日东高速横贯镇域北部，距临沂飞机场仅1小时车程，区位优越，交通便利。大力促进交通事业发展，投资3800万元，开工建设东朱尹大桥，完成11千米的千王路和3.5千米的资红路建设，极大改善了全镇的交通运输条件，全面完成“户户通”硬化工程，资红路、地庞路、327国道得到拓宽修复。2011年，客运总量40.3万人次，货运总量460.8万吨。

2001年底，有邮政局1处，移动电话用户3500户；2013年底，有邮政局2处、电信企业2家，服务网点56个，移动电话用户2.1万户，互联网用户0.8万户。所辖行政村均已开通程控电话、有线电视、网络宽带等户户通工程。

科教文卫

1989年，有初级中学1所；2001年天宝乡合并后增加1所天宝中学，共2所。2013年，地方镇共有中学2所，中心校1所，完小18所，幼儿园28所，适龄儿童入学率达100%。完成地方一中、二中、大泉小学、东朱尹完小等16项校建工程，累计投资6500万元，新建改建校舍2.6万平方米。1989年，有卫生院1个，为地方镇中心卫生院，医院从业人员35名，村级医疗点15个；2001年，卫生院共2所，为地方镇中心卫生院与天宝乡卫生院，村级医疗点28个，医院从业人员118人。2003年，"非典"爆发，取消天宝卫生院。至2013年，地方镇拥有中心卫生院1所，文化站1个，医院从业人员81人，村级医疗点54个，能较好地满足居民日常生产生活需要。

2013年底，有镇文化站、广播电视站各1处，有村级文化活动中心16处，各类文化专业户11户，各类图书室15个，藏书10余万册，音乐、美术、书法、摄影及文学业余创作队伍达70人处。

有平邑县第二污水处理厂1座，4个厌氧反应罐及附属配套设施，实现了污水的达标排放；对罐头加工企业进行了集中整治。会同环保、食药监、质监、工商、安监、电力办、公安等执法部门，按照"扶持一批，整治一批、淘汰一批"的原则对全镇75家涉水企业进行了集中整治，有效改善了园区的水质环境；对沿河两岸500米范围内的206家畜禽养殖场开展集中清理，沿河环境得到了进一步净化；投资300万元，动用挖掘机、铲车等清淤设备，对蛤蟆沟、齐家沟、响水沟等8条河流进行集中清淤，改善辖区居住环境；投资1500万元，对全镇92个自然村集中开展"清洁家园"活动；对327国道沿线村、地庞路沿线村进行了环境集中整治；对邱上工作区5个村和朱尹工作区6个村全面推行连片环境综合整治。投资近600万元，配套建设天宝垃圾中转站，购置环卫设备，配齐环卫队伍，建立健全环卫一体化长效机制。投资280万元，建设垃圾中转站，购置垃圾清运车4辆，移动垃圾箱62个，垃圾桶960个，购置家庭用垃圾小桶1万个，对所有垃圾做到"日产日清"，生活垃圾处理率达98%，覆盖面积85.58平方千米，辖区44个行政村纳入统一管理。

计划生育

1989年，全镇已婚育龄妇女10121人，落实节育措施3425人，全年新生儿出生人数1287人，其中男孩736人，女孩551人，计划内出生1101人，合法生育率85%；2001年，全镇共有已婚育龄妇女13541人，全年新生儿出生人数1350人，其中男孩725人，女孩625人，计划内出生1225人，合法生育率91%；2013年，全镇已婚育龄妇女15432人。出生1456人，其中男孩825人，女孩631人。计划内出生1236人，合法生育率92%。

人民生活

1989—2013年，地方镇人民生活水平取得了较大提高。农村居民衣着消费不再满足于单一的"青蓝"二色，从过去的低档、耐用型向高档、时髦、成衣化转变。膳食结构由量的满足向质的提高转化，从要求吃饱向讲就营养转变。农村楼房已经很普遍，住房状况得到根本改善。随着农民收入不断增加，生活越来越好，农民对健康问题越来越重视，将更多的钱用于医疗保健支出。特别近年来，随着中央惠农政策力度加大，在农村全面推行"农村新型合作医疗"，解决农民"看病难"的问题，农民过去“小病等、大病拖”的状况得到极大改善。2011 年，新型农村合作医疗参保人数 6.1 万人，参保率 100%；居民人口平均期望寿命 85 岁，其中男性 83 岁，女性 87 岁。随着物质生活的改善，农民对精神生活有了更高的追求。农民学文化、学技术意识增强，对子女和自身教育培训舍得投资、注重文化教育、讲究文明生活的氛围在广大农村日渐形成，农民文化娱乐生活也更加丰富多彩。

旅游业

地方镇是民族英雄左宝贵的故里，闻名全国的九间棚精神就诞生于此。名胜古迹有范家台、大圣堂、小圣堂、朝阳洞、赵家庄溶洞、九间棚等。范家台相传是唐初樊梨花的点将台。遗址为高大土台，顶部东西长 60 米，南北宽 50 米，高出地面 15 米，文化堆积 2 ~ 2.5 米，出土器物有灰陶鼎、灰陶鬲等，属龙山文化。大、小圣堂均为元代道观，绿树成荫，藤萝遍绕，翠竹野花，相映成趣。赵家庄溶洞可容千人，洞内石笋千姿百态。朝阳洞亦系钟乳石洞，抗战时期曾为北海银行鲁南印钞厂。

著名的九间棚村，位于天宝梨乡内。在海拔 640 米高的龙顶山上部南面，有一长 30 米，宽 10 米，高 3 米的天然石棚，棚内原有石龙、石虎、石牛等自然景观。相传清乾隆六年(1741 年)有一对刘姓夫妇至此，穴居石棚，刀耕火种，繁衍子孙，后砌石为墙，将一棚分为九室，故名“九间棚”。山东省副省长高昌礼于 1989 年在九间棚过春节时亲手题字：“九间棚村旧址”。另外，还有独树一帜的自然景观：挂心橛、双乳峰、母子山、张郎背姜婆山峰、枫林、水杉林、云雾洞等，鬼斧神工，相映成趣。特别是千年雪萝树，该树树龄已近千年，高 15 米，胸围 4.5 米，树冠如伞，枝干虬曲，花白色，雌雄异株。农历四五月间花开如雪，银装素裹，玉树琼花，素洁幽雅。树下有清乾隆三年（1738 年）所立明朝处士马三公墓碑一座，碑文载雪萝树“大数围，高二丈余，枝叶古茂，迥异凡木”。

2013 年地方镇各行政村基本情况表

表 29-7

村　名	户数（户）	人口（人）	耕地面积（公顷）	经济总收入（元）	人均纯收入（元）
八一	599	1680	57.33	135000	21375
进展	570	1200	32.00	210000	21695
爱华	313	900	55.33	50500	18807
利民	172	580	9.80	37000	21057
三合	416	1300	38.13	89000	21628
安乐	246	460	23.33	26000	21600
义合	213	400	21.00	35000	20051
东崮社区	1688	5447	340.33	280000	19785
东朱尹	489	1400	101.33	400000	21657
西朱尹	274	840	38.67	120000	20178

续表 29-7

村　名	户数（户）	人口（人）	耕地面积（公顷）	经济总收入（元）	人均纯收入（元）
下坡	718	2394	158.67	25000	20395
黄城	239	742	65.93	45000	21695
东家庄	481	1540	106.67	20000	20785
广良社区	771	2167	193.27	62000	20175
兴仁庄	279	883	106.67	60000	21369
邱上	831	2457	173.33	100000	21657
顺河	379	1015	48.67	20000	21967
石井社区	2020	5254	377.60	128000	21365
利沟	403	1314	93.33	0	18057
利渊	358	961	68.00	0	21345
河东联	300	802	74.67	0	17708
康太	439	1215	112.00	110000	21005
宋家庄	305	807	72.00	0	19045
大瑶草	420	1106	114.00	0	21275
西瑶草	378	1057	86.33	50000	18965
大井头	425	1366	123.33	0	20035
玉河	271	673	73.33	0	21345
博平	320	828	74.47	0	20356
红石岭	332	888	53.33	45000	20348
大泉	316	996	53.33	50000	18756
前西固	359	877	53.33	36000	20457
后西固	412	1040	66.67	50000	18654
小平安	307	798	56.00	20000	21695
归来庄	301	640	24.33	0	20050
辛庄	946	2522	122.40	0	20321
两泉	743	2212	97.07	0	20456
范家台	306	792	26.80	0	20389
甘草峪	581	1801	53.33	0	18895
三山	217	560	19.33	0	21345
新华	493	1438	36.67	0	19845

续表 29-7

村 名	户数（户）	人口（人）	耕地面积（公顷）	经济总收入（元）	人均纯收入（元）
九间棚	80	237	333.33	52000	20456
赵家庄	275	701	73.33	0	21435
兴和居	588	1545	42.33	0	20345
闸口	789	2355	92.67	0	20356
罗圈崖	287	773	27.67	0	19896
大平安	689	1982	197.87	—	21345
红星	429	1194	100.00	30000	20345
岳府	428	1180	93.33	—	21365
义兴庄	635	1657	320.67	30000	21695
卜西桥	279	740	104.00	0	21456
王崮山	878	2928	205.53	0	20978
青羊庄	329	893	38.40	—	18375
下炭沟	240	636	24.33	36000	20378
上炭沟	291	853	26.67	—	21395
康家庄	338	823	4000	20000	20785
王家庄	417	1155	54.40	30000	19888
宝山庄	422	1192	88.00	—	20378
千行庄	293	670	43.33	0	21895
金京	522	1376	15.33	0	19995
葛针庄	224	582	36.13	0	19387
金岭	341	869	60.33	0	18807
西金池	284	808	20.53	0	19345

铜石镇

概述

铜石镇位于北纬35° 17′ 45.15″~35° 25′ 55.27″，东经 117° 39′ 39.70″~ 117° 49′ 05.99″，总面积 158 平方千米。县城东南 19 千米处。327 国道中心乡镇，距离日东高速入口 1 千米。南邻郑城镇，北靠温水镇，东与地方镇接壤，西与流峪镇相邻。

全镇地势南高北低，西高东低。地形分为

平原、丘陵。地面高度一般在海拔100～500米之间，最高点石泉村南山岭海拔520米，最低点海拔96米。全镇地处北温带的偏东南部，属暖温带半湿润气候，四季分明，具有冬季寒冷、夏季炎热、光照充足、无霜期长的特点。春季，风大，雨少，回暖快，气候干燥，易春旱，且常出现倒春寒危害；夏季，温度高，湿度大，雨量集中，灾害性天气频繁；秋季，气温急降，雨量骤减，秋高气爽，旱涝无常，对"三秋"（秋收、秋耕、秋种）生产有一定的威胁；冬季，天气寒冷，雨雪稀少，气候干燥，干冷期长。多年平均气温为13.2℃，最高年14.1℃（1962年），最低年11.9℃（1957年）；多年平均气温高低相差1.9℃。极端最高温度41.9℃出现在2002年7月18日，极端最低气温-22.0℃，出现在1957年1月21日。镇多年平均降水量770.2毫米。最大年份1185.1毫米（1957年），最小年份414.7毫米（1988年）。6—9月占全年总降水量的65%，7月占全年总降水量的32.4%，1月仅占全年降水量的2.6%，多年平均降水变率18%。

境内已探明地下有丰富的金、铁、高岭土、石灰岩、方解石、页岩、石英砂等矿藏。已经开发的金矿，地质储量500万立方米。矿区面积6平方千米。其他自然资源如铁石、页岩矿石、石膏矿石、双解石等已探明的储量达数十亿立方米。

1989年，有耕地面积50.67平方千米，到2013年铜石镇有耕地面积66平方千米。2003年实行第二轮土地承包，并颁发2.36万份家庭联产承包合同书。在荒山、渠旁、村庄、公路沿线的生态林、经济林、绿化带逐年都在递增，使森林覆盖率由1989年的23%上升到2013年的36%。

1990年，有12404户49335人；2000年，有15277户50854人。2010年，有24019户76331人。2013年底，有27930户77597人。人口自然增长率9.7‰，出生率为14‰。人口密度为每平方千米512.7人。

水利

浚河自北向南贯穿铜石东部，流域面积达21平方千米。蓝河自昌里水库向东横贯铜石全境，流域面积60平方千米。昌里水库位于铜石西南蓝河上游，昌里村南，流域面积160平方千米，水利水位3690万立方米，相应水面面积4.6平方千米。库容量7300万立方米，灌溉良田5.33平方千米。1989—1990年，铜石镇有小（2）型水库5座，塘坝26座。当年有效灌溉面积800公顷。2005年，投资20万元，投工26万个，对总长3000米的蓝河进行治理，建蓄水拱坝3处，漫水桥1座，进洪口5处。全镇有10个村打大口井，修建、修复扬水站8处，扩大灌溉面积0.8平方千米，增加蓄水2万立方米。3个村新建或改造人畜吃水工程，解决3000人的吃水难问题。发展民营水利，镇党委政府鼓励引导农民采取个人、联户、股份制、以奖代补等形式，大搞民营水利。2013年，投资1600万元建设小农水工程水利辅助设施，投资110万元完成镇驻地等8处抗旱打井工程和机房改造建设。

农业

1990年，以种植粮食作物小麦、玉米为主，按一定比例种植其他杂粮和经济作物，当年各类农作物种植面积47.4平方千米，粮食播种面积36.53平方千米，产量6290吨。花生3.87平方千米，烟叶1.4平方千米，产量305吨。1993年，种植业调整各类农作物面积46.13平方千米，粮食播种面积35.87平方千米，产量19125吨，其中小麦11.53平方千米，产量5140吨；玉米7.53平方千米，产量4220

吨；地瓜12平方千米，产量8510吨；花生6.4平方千米，产量1885吨。2000年以后，进一步调整种植业结构，人均占有土地较多的南部、西部和北部一些村庄适当扩大林果、花生和瓜菜大棚种植，提倡粮油间作，果油间作。南部和西部扩大花生种植面积，粮经比例调至51∶49。2005年，退林还耕全镇建立1153块基本农田保护区。1998年，农村土地实施第二轮承包，种植业向专业化、规模化转变。粮食作物种植主要以小麦、玉米，经济作物以大蒜和黄烟、瓜果为主。2011年，各类经济作物达到27.33平方千米，其中花生11.58平方千米，棉花0.15平方千米，黄烟0.48平方千米，大蒜15.33平方千米。至2013年，粮经比例调至47∶53，大蒜、花生、棉花、黄烟发展29.57平方千米，年创产值2000万元。

铜石大蒜种植产业有悠久的历史。据考证，山东部分地区汉代就已开始种植大蒜。明朝万历年间，今平邑县铜石温水和苍山县一带就已形成大蒜集中产区。在大蒜的特定生态环境条件下，经过长期的自然选择和人工定向培育而形成了独具特色的铜石大蒜，距今已有千余年的栽培历史。该镇种植的大蒜具有头大瓣齐、皮薄如纸、洁白似玉、黏液清香、营养丰富的特点。历届党委政府把该镇的大蒜产业当作农民收入的重要途径。发展优质无公害国家级“蓝浚”牌大蒜生产基地。2013年，大蒜种植1.55平方千米，产量42944.8吨。

1990年，机械总动力5017千瓦，农用拖拉机95台，排灌动力173台。实现机耕面积19.47平方千米，机播面积4.67平方千米，机收面积10.67平方千米。2013年，铜石镇机械总动力发展到7.1655万千瓦，农用拖拉机8185台，排灌动力6371台19831千瓦，实现机耕面积20.67平方千米，机播面积19.33平方千米，机灌面积10平方千米，大型联合收割机75台，农用汽车195辆，农用加工机械376台，新增农机具726台套。

1989—1990年，铜石镇实施造林工程，发展经济林，建设生态林，当年境内有林面积8.33平方千米，森林覆盖率23%。1995年，在发展经济林同时积极提倡村民“四旁”植树活动。至2000年，林地面积增至10.2平方千米。2003—2004年，发展到10.8平方千米，金银花417万吨。2001—2004年，荒山造林5.33平方千米，每年以1.33平方千米的面积递增，四旁植树20万棵。2005年，铜石镇实施“绿染沂蒙工程”，建设12千米绿色通道，发展丰产林1.07平方千米，栽植各类苗木0.07平方千米荒山绿化0.73平方千米，327国道高速公路两侧绿色通道补植各类树木2123棵。2009年以来，实施林权制度改革，有林面积增至12.87平方千米。2011年，造林20平方千米，其中防护林8平方千米，经济林面积666.66公顷，农民四旁植树30万棵。活立木蓄积量900万立方米，果园面积1.33平方千米。至2013年，村镇植树30万棵，森林覆盖率36%，果园面积9.33平方千米，果品产量2120万千克，产值23200万元。

1990年，有大牲畜1845头，生猪1.5万头，羊1.1万只，兔1.4万只，家禽22万只，肉蛋奶产量513吨。2009年，新发展畜牧养殖项目43个，其中新建百头以上养猪场21处，百只羊场2处，千只鸡鸭大棚43处，万只养鸡场1处。2011年，畜牧业以发展猪、羊、鸡、为主，当年生猪存栏量4.2万头，羊存栏量3.6万头，家禽饲养量151万只。生产肉类0.6万吨，其中猪肉0.5万吨，羊肉0.2万吨，禽蛋1.3万吨。至2013年，全镇规模养殖大户256户，规模养殖场发展35个，新建标准化畜牧养殖小区

13个，畜禽存栏量897315头（只），肉蛋产量7808吨。成立养殖协会和专业合作社28个，发展信息、技术、饲料、兽医、兽药和防疫防治等预防服务。

1989—1990年，铜石镇内一些小型水库及塘坝因水位不稳，只有15%可用来养鱼，放养量不大，水产量也很低。1995年后一些塘坝承包给个人，承包人对塘坝投工投资进行整修，使养殖水面扩大到1.14平方千米，鱼塘0.57平方千米，水产品产量达到10.65万千克，养藕0.12平方千米，芦苇0.06平方千米，实现产值31万元。至2013年，改善鱼塘1.3公顷，放养水面14.2公顷，产量19吨，产值21万元。

工业

1986—1990年，铜石镇有乡镇企业6家，包括地毯厂、绣花厂、罐头厂、铝合金门窗厂、建筑公司，总投资63万元。1993年3月，铜石金矿筹办，总建筑面积5560平方米，历经两次技改固定资产达800万元。1994年，张里乡金矿建立，占地0.02平方千米，建筑面积1816平方米。1996年，乡镇办企业进行体制改革，建立自主经营、自负盈亏的企业体制，实行车间承包租赁、并进行厂长负责制、功效挂钩、劳动合同、分配用工、管理等制度的改革，调动了工人的积极性。当年乡镇企业完成“公转民”的改制工作，累计盘活资金1481万元，引进注入资金432万元，当年完成工业总产值1.35亿元，增长38%，利税1500万元。

1997年，发展村办企业11家，企业示范村5个，利税5万元以上大户9户，民营经济户1989户。2004年，建成山东鲁安中药饮片有限公司，临沂蒙特利印业有限公司，山东晟药有限公司和平邑锦程木业。2005年完成招商引资项目16个，总投资5000万元。山东奥达金银花茶饮料有限公司总投资5500万元，占地0.07平方千米，年产金银花系列保健茶和茶饮料1.1万吨，销售收入1.8亿元，利税3000万元，就业人数120人。

2008年，规划铜石工业园区，将园区定位于中小项目聚集区。2009年以来，工业园区新落地中小项目家，万丰、华远、华晨等项目发挥良好的辐射带动作用，周边小型企业家，机械加工厂家，接纳就业人员1830人，实现工业增加值3.2亿元。销售收入亿元以上的企业3家。2013年，全镇到位资金4.2亿元，占全年计划的120%，引进过亿元项目7个，总量达18家。全年完成规模工业总产值34.8亿元，实现利税3亿元，同比增长59.76%。

山东省平邑归来庄金矿位于铜石镇东南部，距镇驻地3千米。始建于1992年，因地处平邑县地方镇归来庄村名而得名，是“八五”期间建设和发展起来的集采、选、冶一体的现代化黄金矿山，属国有大（二）型企业。有员工1495人，固定资产6亿元。拥有露天和井下两个采矿区，3条选矿生产线，日处理矿石能力1000吨，是全国氰化选矿能力最大的矿山之一，从达产伊始即跨入了全国重点产金大户行列。先后被临沂市委、市政府授予“沂蒙功勋企业”、获“山东省安全生产双基工作先进单位”“国家级矿山公园”“全国安全文化建设示范企业”“全国矿山环境保护优秀企业”“国际绿色矿山”等荣誉称号。至2009年，平邑归来庄金矿归属于黄金集团管理，办公地点在铜石镇内。

1985年、1994年，两次对农村低压电网进行整改和集表装箱，全所供电范围为铜石镇和原张里乡两乡镇工副业用电，用户2.1万户。有10千伏配电线路4条，总长130千米，用电负荷2400千瓦，年售电量累计完成3972.7

千瓦时，综合电压合格率99%，供电可靠率99.7%，年供电量从1995—1998年的1000万千瓦时上升到2013年的4210万千瓦时。

商贸金融

1985—1989年，有铜石供销社1处，中心门市部7处，村代销点105处。1992年，铜石供销社实现利润承包、打破“大锅饭”。1995年实行“抽本经营”，采取包、租、赁、买方式经营。1999年镇政府投资71万元，供销社投资62万元，开发沿街商住楼45处。投90万元，建成2600平方米建镇级铜石供销联合超市。2006年，商务部开展“万村千乡市场工程”第一批15个，包括铜石供销社、农资经营部、农资超市、烟花经营部等。2013年，全镇个体工商户已发展到193户，共有商业网点1126个，社会商品销售总额12.8亿元，城乡集市贸易成交额2.3亿元。有供销联合超市1个，村级供销联合超市40平方米以上有62个。

1989年8月，有农行信用社1处。1994年4月，与农行铜石营业所分门办公。1994年，成立农村基金会，为自收自支实体，1999年撤销。1998年，信用社建营业室1个。2000年，农村信用社存款2634万元，贷款3319万元。2013年，有农村信用社1个，存款39793万元，贷款19314万元。

旅游业

境内自然环境优美，有国家中型水库1座，河流2条，宜渔水面2平方千米。南部山区的彭泉流域、麻窝流域和张里流域林果覆盖率达80%，拥有“亚洲第一果园”美称，已成为闻名全国的绿色生态观光农业区。因二郎担山的神奇传说闻名的丹山风光秀美，地貌奇特，打造“中华大盆景、江北小桂林”的旅游景区。镇党委政府依托市级生态园林型城镇山水生态环境资源，有利的交通区位优势，以丹山旅游开发和大圣堂生态游建设为契机，着力打造“丹山文化—昌里水库—昌里金银花一条街—大圣堂生态度假村”的一日游路线。鼓励发展特色农家乐，为旅游者提供农事体验、观光、品尝、购买、娱乐和度假一系列服务，走出一条集特色产业、生态休闲旅游、文化传承为一体的生态休闲旅游发展新模式。

归来庄金矿地质公园位于铜石镇南部，距镇驻地3000米，是依托矿区内采场、选厂和废石山等建设起来的环保型矿山公园，以展示黄金生产、工作场景、地质地貌、生态恢复为主要内容的黄金地质公园。地质公园主要分为“选金”“宝坑”和“金山”三大工业景区。

村镇建设

镇驻地铜石村含3个自然村（铜石、徐家岭、前村），后又由1个自然村（铜石村、金岭村）。1989年，327国道横贯镇驻地，道路宽10米，两车道及人行道均为土路，至1993年，镇依托327国道改造提升，对道路进行路面硬化。1997年完成镇驻地24米大街，两条15米大街的拓宽，完成327国道北段东侧商住楼建设开发，面积为2000平方米。2000年，镇政府大力开发建设小城镇，完成镇驻地327国道两侧住户及镇直各单位的开发建设，拆除住户415户，开发商住楼8万平方米；开发建设电信、供销社、中学、食品站、农行、信用社、计生委等公益事业单位办公楼、商住楼3万平方米。完成国道两侧人行道铺设荷兰砖6000平方米，人行道两侧绿化带建设6万平方米，栽植大叶女贞415棵，法桐665棵，其他苗木2万棵，安装路灯80盏。2005年，镇聘请山东省规划设计院专家对镇驻地小城镇进行科学规划修编，初步形成“三纵六横”的框架，划分工业园区，居住区、办公区、教育区、商贸区，开发面积2万平方米，投资10万元在镇南建设象征铜石腾飞的镇标。2010年，镇政府先后投资40万元对镇驻地进行两次规划调整，控制范围东西长为0.6千米，南北6.6千米，约6平方千米，形成两横三纵框架结构。投资160万元完成铜石金联绿化广场建设；投资120万元完成镇驻地北侧至泰和村两侧绿地建设及镇镇驻地绿化带苗木补植；投资70万元完成327国道两侧路灯更新120盏，新安铜昌路灯80盏；投资40万元疏通铜花路1200米。2012年，镇政府编制《铜石镇绿地景观规划（2006—2020）》，并顺利通过专家组的评审论证。至2013年，铜石镇围绕驻地327国道两侧绿化带建设栽植各类苗木6万棵，绿化面积6000平方米。投资30万元新安白色铁栅栏6000米；投资180万元修建桥南黄金广场1处，砌垒挡土墙800米，回填黄土8000立方米，栽植各类苗木10万棵，新增绿化面积1万平方米；修建镇驻地绿化带2000平方米，砌垒挡土墙1800米，回填黄土2600立方米。投资20万元新安路灯45盏，投资18万元对327国道沿线粉刷景观墙1.2万平方米；投资60万元打通中学东路。

2013年，完成金庄社区旧房拆迁272户1096间，腾空土地7.93万平方米，新建住宅楼123栋，争取土地增减挂资金731万元，农村社区建设初具规模，完成高兰、金岭村土地复垦工作，新增耕地0.07平方千米。

交通邮电

1989年，有327国道铜石段公路1条，全长18千米。2005年，实施村村通工程，铺筑道路6条，全长22千米。2011年，有兖石铁路铜石境内1条长20千米。日东高速铜石境内长18千米。327国道铜石境内长20千米，双项车道，向西通往平邑，向东通往临沂。县级路1条，总长19千米。至2013年，境内有县乡路4条38千米，村村通道路128条，376千米，桥涵6座。

1989—1992年，原来的磁石交换机设备全部淘汰，告别“摇把子”的时代，使用人工程控交换机，容量小，机关、学校和企事业单位装有电话。1995年使用上海贝尔SL240交换机。2000年，发展农村电话，全镇58个村60%的村通电话。2002年，乡镇支局更名为营业部。2008年建设平邑平安互助网，发展平安互助村99个。2010年，新上先进的光纤入村，实现传输数字化。2011—2013年，全镇有固定电话7004户，移动电话34589部，宽带用户3615户。

科教文卫

1990年，镇政府成立科协办公室，镇里配备1名副镇长，配齐科协副主任，企业配备科级副职，实施科技兴乡战略。1998年，投资3万元落实科学技术进步法，办成人教育学校，定期对村民进行农业科学技术培训。2000年，建立科技、农技培训基地7个，做到规划、计划、师资、设施、培训教材五落实，建立村办农民科普学校8所，科技示范田0.28平方千米。2008—2009年，在17个村进行测土配方施肥对比试验。2009年，推广玉米良种9500千克，小麦良种0.87万千克。在0.48平方千米桃、0.45平方千米梨园中全面推广套袋技术。全镇范围内推广玉米秸秆粉碎还田技术，机耕机播面积1.53平方千米。2010年，组织农业科技示范推广现场会2次，组织推广配方施肥、保护性耕作技术，2012年规划建设占地0.73平方千米的现代农业科技示范园。至2013年，全镇良种推广5.44平方千米，经济良种种植0.60平方千米，地膜覆盖面积5.33平方千米，塑料大棚0.8平方千米，企业技改项目7个。各类科技示范基地35个，农业服务组织14个，农业科技示范户发展到350户。

1988年，有中学1所（当年合并南阜联中、西皋联中、铜石联中为铜石镇中学）。1995年，有中心校1所，小学42所。在校学生，小学2230人，中学1200人；教师，小学118人，中学75人。1999年，全镇有小学58所，在校学生3860人，教师241人，村办幼儿园96个，教师132人。1999年，初级中学有教师88人，学生1453人。1995—1997年，累计投资60万元，新建校舍72间。1998—2000年，镇政府投资120万元建中学面积为3750平方米的教学楼。2006年，合并张里中学为铜石镇初级中学。2008年，镇政府先后投资180万元新建2400平方米的女生公寓和餐厅楼。2009—2012年，先后投资200万元，新建面积2000平方米的男生公寓楼。1996年，铜石镇中学被评为“临沂师专师范教育基地”，1998年被评为“市级花园式学校”，2005年被评为县级文明单位。至2013年底，铜石中学有教学班18个，在校学生723人，教师94人，其中高级职称13人，中级职称25人。有完全小学10所，在校学生2638人，教师186人；幼儿园22所，幼儿园学生2060人，幼儿教师110人。

1989年，有文化站1处，广播站1处，1982年成立电影队。1991年有64个村，广播通播率达90%，喇叭入户率80%。2006年，村村通有线电视，由原来的乡镇管理改为县广播局统一管理。2008年，全镇58个村1700户安装有线电视，占全镇总户数的65.2%。1999年，农村电影队有职工2人，有8.75毫米放映机1套。每年放映300场次。2005年，铜石镇建高标准科技文化大院3个，农家书屋27个，存书总量达到6万册，先后举办各类法制教育讲座21场次，农业技术培训班103期，组织文艺演出103场次。2005年，铜石实施精神文明建设的12116工程，组建30人的腰鼓队，到集市、村庄、学校演出，丰富群众的业余文化生活。2013年，铜石镇编辑出版《蒙山文化研究》（铜石镇专辑）。至2013年，全镇有线电视用户2760户，综合覆盖率达到100%。

1989年，随着人们生活水平的提高，体育项目在农村逐步开展起来。2011年，共有体育场36个，每年定期举办学生运动会，篮球赛、乒乓球赛等活动。60%的村安装健身器材。2012年9月，镇篮球队获平邑县“华林邑博园杯”篮球赛第八名。2013年，获“华林邑博园杯”篮球赛第四名。至2013年底，分布在全镇的体育广场6个，健身广场25个。

1989年，有卫生院1所，医院床位13个。村卫生室48个，乡医131人。1996年6月，实行“乡村一体化”，乡医由卫生院统一调配，药品专口购销。当年有乡村卫生室41个，乡医60人。1997年，医院建高标准病房15间，面积300平方米。2000年，镇政府投资400万元建镇卫生院门诊楼，建筑面积1440平方米。2005年，乡医经过学习进修达到了中专水平，医疗技术不断提高。2011年，镇政府投资万元建500平方米的门诊楼附面楼1栋。2006年，开始实施新型农村合作医疗。2008年，农村合作医疗参合率98.43%。至2013年，有卫生院1所，床位98张，卫生机构45个，村卫生室44个，乡医168人。农村参保率达到65839人，金额596.95万元，新农合参保率达到100%。

计划生育

1989年，铜石镇人口43741人、11722户，已婚育龄妇女8543人；张里乡人口21814人、

5398户。2013年底，全镇总人口77814人，已婚育龄妇女15275人，出生人口1075人。

1989年9月，镇计生委有工作人员25人，编制设主任、会计、网长、统计、技术员、药管员、出纳。1995年2月，铜石镇计生委被明确为事业单位，定编10人。2000年，设办公室、统计科、信访科、宣传教育科、财务科、流动人口管理办公室、计生协会办公室、服务站，有18名职工。2001年1月，镇计生委和张里乡生委合并，共有人员38人。2008年5月，铜石镇计生委重新盖了大楼设办公室、统计科、信访科、宣传教育科、财务科、流动人口管理办公室、计生协会办公室、服务站等科室，共有42人。2010年3月至2013年，有工作人员42名，设办公室、工作区办公室、服务大厅、法规信访科、宣传教育科、流动人口管理办公室、计生协会办公室、服务站等科室。

人民生活

1989—2013年，随着经济的发展，人民生活状况不断改善，生活水平逐步提高。

1989年，原铜石镇人均纯收入365元，张里乡387元，到2001年合并乡镇时人均纯收入2265元。

2013年，全镇人均纯收入10364元，农民生活水平不断提高。全镇每百户拥有彩电78台、电冰箱49台、洗衣机47台、摩托车32台、小汽车18台。最低保障救助人数达3951人，农村合作医疗参保人数6.53万人，参合率为88%。

1989年，镇民政负责全镇的优抚救济工作和结婚登记工作（1997年结婚登记转县民政局办理）。对烈属的抚恤金，军属的优待金，残废、复退军人的定期补助按定期进行发放。在社会救济上，哪里有灾就救济哪里，实行扶贫扶优，尽量帮助突发特困户渡过难关。1989年，在张里建敬老院，将五保老人集中进行供养，经费从乡镇财政公益金中支出。2007年，开始向“低保”村民发放低保金。2007—2013年，发放低保9016人，现金1062万元。2010年，在农村实施新型农村养老保险。2008年，分别对中越边境自卫还击参战人员和带病回乡退伍军人201名进行发放补助金，其中参战人员54人，带病回乡人员147人。2008年，发动全镇机关干部、农村干部群众为四川汶川大地震灾区捐款20万元。至2013年，经镇政府投资20万元给敬老院。敬老院有床位30个，供养老人12人。

2013年铜石镇各行政村基本情况表

表29-8

行政村	所辖自然村	总面积（公顷）	人口（人）
铜石社区	铜石、前村、徐家岭、金岭	12093.00	4225
和气庄		23670.30	950
庞家村	庞家村、东岭、西岭	3174.45	1160
诸冯铺		3218.40	1118
南诸冯		7049.40	1849
泰和村	大沟崖、红寨	3617.10	1628

续表 29-8

行政村	所辖自然村	总面积（公顷）	人口（人）
官路村		10558.80	2470
烈庄村		2818.95	1448
高庄村		1894.95	981
北诸冯		4109.10	1774
沈皋村	沈家庄、广皋	3541.05	1597
庄上村		1784.10	1160
南皋村		1827.90	847
唐浚村	唐家庄、北浚村	2370.15	1258
永新村		1712.25	829
北皋村		2813.85	1030
西皋村		6691.35	3270
华盛村	拖车钩、毛家岭	5975.25	1783
盛丘村	东丘、西丘	5080.35	1472
十字庄		4465.20	1063
仁泉村	泉子峪、仁和	4113.00	1350
锅泉村	南锅泉、北锅泉	9830.25	2300
金合村	丰石、高兰	1616.85	1079
李家村	牛寨子、李家村	5009.70	1778
玉带河	马宅子、丰和、银洞沟	6279.30	1692
金庄村	曾家庄、北池、榆林	6336.45	1860
金峪村	大黄庄、王家村、郝山头	7652.10	2315
王府村	赵峪、王府	3405.45	726
董李村	刘家庄、刘家庄北岭、董李	2910.90	1155
彭泉村	梨芳沟、吴家沟、骆驼岭、彭泉	5231.40	1870
金圣堂	石泉、轿车山、东大湾、大圣堂	9559.95	1325
龙泉村	姚家庄、张家棚	4540.20	1075
广泉村	大广泉、小广泉	4547.55	1598
夏家村		3135.15	1540
红旗村	红旗、卓家庄	3262.65	1180
贺山庄		4522.05	1338
丹阳村	麻吾、水峪、小黄庄	8386.05	1841

续表 29-8

行政村	所辖自然村	总面积（公顷）	人口（人）
昌里村	东洼子、孙家峪、昌里	5647.35	2648
金山村	东点、西点、北点、东山	1760.25	1686
昌盛村	关李、燕家庄、陈顶、沟南	5057.85	2017
金昌村	金银坡、后峪	4598.55	1195
青源村	北寺、青山	4864.05	1397

温水镇

综述

温水镇位于景色宜人的蒙山脚下，风景秀丽的浚河之畔，西与平邑新城区相连，北邻颛臾国都。北纬 35°，东经 117°，海拔 130 米，四季分明，属于北温带气候。辖 24 个行政村，总人口 5.2 万人，总面积 58 平方千米。境内温泉资源丰富，四季恒温，水量充沛。交通区位优势优越，境内新老 327 国道、滨河大道、银花路、县城东外环形成五横五纵交通网络。新创建的南林项目聚集区和温水产业园规划档次高，布局科学合理，功能配套齐全。适合精细化工、医药、机械加工、新能源企业创业发展，是平邑县工业发展的新平台和主阵地。

温水镇境内遗址，古树、古庙繁多。遗址主要有元郭三村汉代遗址、元郭二村汉墓群遗址、花园墓群遗址、东武安遗址、富饶村墓群遗址、永西墓群遗址、堡前庄遗址、小河遗址、宋河遗址、东公利遗址等。古树主要有：元二古树、兴孝古树、永西古树、北温水古树、张家庄古树、宋河古树等。古庙有永西碧霞元君祠、前贯关帝庙、元郭三神庙、彭氏祠堂、尹氏祠堂、孙氏祠堂等。

1989 年，温水乡有耕地面积 23.506 平方千米，至 2013 年，温水镇有耕地面积 30.639 平方千米。2003 年，实行第二轮土地承包，并向每户颁发 2 份家庭联产承包合同书。在荒山、渠旁、村庄、公路沿线的生态林、经济林、绿化带逐年都在递增，同时大力发展果品经济林，使森林覆盖率由 1989 年的 17% 上升到 2013 年的 32%。1990 年，温水乡第四次人口普查有 9132 户，人口 34012 人。2000 年，温水镇第五次人口普查有 10096 户，人口 36874 人。2010 年温水镇第六次人口普查有 11013 户，人口 38412 人。2013 年末，温水镇有 13540 户，人口 50652 人；自然增长率为 4.51‰，出生率为 9.24‰。2013 年，全镇实现地区生产总值 13.1 亿元，同比增长 26%；固定资产投资 8.2 亿元，增长 46%；社会消费品零售总额 2.45 亿元，增长 32%；城镇居民人均可支配收入和农民人均纯收入分别达到 3.6 万元和 1.16 万元，分别增长 18% 和 15%。公共财政预算收入突破 2800 万元，同比增长 26%；实现地方级收入 1445.6 万元，其中国税收入 337 万元，同比增长 18%，地税收入 1108.6 万元，同比增长 29.7%。

水利

温水镇境内河道属祊河水系，有大井河、固城河、柏林河3条支流。祊河温水段经过元郭一、元郭二、元郭三、桥头、务本、小河、西围沟、围一、围二、围三、北温水、南温水、梭庄、堡前14个自然村，河长10.1千米；柏林河发源于温水镇南林村，经过温水镇南林、石崖前、永西、东武安、西武安、宋河、张家庄、小河、围一9个自然村，在围一村处入浚河，全长6.43公里；大井河温水段经过东升、西公利、东公利、南温水、堡前庄5个自然村，全长9.7千米，于南温水入浚河；固城河温水段经过仁孝、花园、梭庄3个自然村，全长2.6千米，于梭庄入浚河。祊河流域属温带季风区半湿润大陆性气候，不同类型的天气系统形成不同的暴雨特点，造成本地区暴雨的主要天气系统有低涡切变、地面气旋、高空低槽、地面冷锋和台风。1991年7月24日，一场百年不遇的特大洪水袭击了平邑，温水镇受灾尤为严重。受灾人口2万多人，近2000公顷耕地绝产、减产，面对突如其来的自然灾害，具有光荣革命传统的温水人民，当时在以李玉姝同志为书记的中共平邑县委的坚强领导下，依靠优越的社会主义制度，借助八方伸来的援助之手，弘扬沂蒙精神，发扬“九间棚”精神，自力更生，艰苦奋斗，在蒙山之阳、浚河南北，谱写了一曲感天地、泣鬼神的抗洪救灾交响乐，最终战胜了这场百年不遇的特大洪水。1996年，温水镇依托祊河实施多项水利工程，有效灌溉面积约3333.33公顷。2008年，实施昌里干渠末渠配套工程，投资约3500万，涉及堡前庄、南温水、北温水、小河南、东公利、西公利、东升、丰山埠、西纯等9个村庄；2010年，实施666.67公顷中低产田灌溉工程，涉及围二、围三、兴孝、仁孝、花园、梭庄等6个村庄；2013年，实施小农水灌溉工程，投资约2000万元，覆盖元一、元二、方兴、务本、小河、围一、围二、北温水、永太、宋河、东武安等11个行政村、14个自然村。温水镇境内河道属祊河水系，有大井河、固城河、柏林河3条支流。祊河温水段经过元郭一、元郭二、元郭三、桥头、务本、小河、西围沟、围一、围二、围三、北温水、南温水、梭庄、堡前14个自然村，河长10.1千米；柏林河发源于温水镇南林村，经过温水镇南林、石崖前、永西、东武安、西武安、宋河、张家庄、小河、围一9个自然村，在围一村处入浚河，全长6.43公里；大井河温水段经过东升、西公利、东公利、南温水、堡前庄5个自然村，全长9.7千米，于南温水入浚河；固城河温水段经过仁孝、花园、梭庄3个自然村，全长2.6千米，于梭庄入浚河。祊河流域属温带季风区半湿润大陆性气候，不同类型的天气系统形成不同的暴雨特点，造成本地区暴雨的主要天气系统有低涡切变、地面气旋、高空低槽、地面冷锋和台风。

农业

温水镇一直以来以农业生产为主，主要种植作物有小麦、玉米、花生、地瓜等，主要水果有桃、梨、杏、草莓等，主要蔬菜为大蒜、土豆等。1989年，温水乡耕地23.5平方千米，农作物总面积34.3平方千米，粮食总产量11436吨，单产263千克；小麦种植面积10平方千米，总产量2925吨，单产195千克；玉米种植面积6.7平方千米，总产量2970吨，单产297千克；地瓜种植面积7.3平方千米，总产量4510吨，单产410千克；油料作物总产量670吨，单产134千克；大蒜种植面积1.2平方千米，总产量2340吨，单产1300千克；园林水果产量16826吨。据考证，山东部分地区汉代就已开始种植大蒜。明朝万历年间，今平邑县铜石温水和苍山县一带就已形成大蒜集中产区。在大蒜的特定生态环境条件下，经过长期的自然选择和人工定向培育而形成了独具特色的温水大蒜，距今已有千余年的栽培历史。该镇种植的大蒜具有头大瓣齐、皮薄如纸、洁白似玉、黏液清香、营养丰富的特点。历届党委政府把该镇的大蒜产业当作农民收入的重要途径。1989 年，实施造林工程，发展经济林，建设生态林。境内有林地面积 280 公顷，森林覆盖率 12%。1990 年后，在大力发展经济林木的同时积极提倡村民“四旁”植树活动。至 2013 年，林地面积增至 1072 公顷，森林覆盖率增至 35%，成为全面绿化达标乡镇。大蒜种植产业有悠久的历史。2012 年，乡村农户数 13084 户，人口 47037 人，耕地面积 30.6 平方千米农作物总面积 60.6 平方千米粮食总产量 17502 吨，单产 394 千克；小麦种植面积 14.7 平方千米总产量 7784 吨，单产 353 千克；玉米种植面积 14.9 平方千米，总产量 9718 吨，单产 434 千克；油料作物总产量 7086 吨，单产 288 千克；大蒜种植面积 11.2 平方千米，总产量 33037 吨，单产 1943 千克。至 2013 年，乡村户数 13490 户，乡村劳动力 32596 人，农业耕地面积 31.33 平方千米，人均 566.95 平方米，水浇地面积 24.67 平方千米，实现农业总产值 2.8 亿元。积极调整优化农业结构，大力发展蔬菜种植等特色鲜明、竞争力强的主导产业，推动传统产业向现代农业转变。继续实施“五个一千”工程，即启动花园、梭庄千亩日光大棚蔬菜种植基地；打造仁孝、兴孝、小河千亩花卉苗木种植基地；宋河、武安千亩黄烟种植基地、温泉千亩有机蒜黄生产基地和永太千亩中药材种植基地，拓展“农户 + 企业”和“农户 + 合作社”发展模式，注重发展基地农业和品牌农业，新成立 3 个农业合作社，走以合作社带动种植大户和基地发展之路。全面完成投资 1000 万元的万亩农田综合开发工程，实现了全镇半数以上农田水、电、路、渠综合配套。小麦种植面积 12.67 平方千米，产量 1045 万千克；玉米种植面积 15.33 平方千米，产量 1390 万千克；地瓜种植面积 1.27 平方千米，产量 380 万千克；花生种植面积 8 平方千米，产量 245 万千克。蔬菜 13.33 平方千米，产量 5100 万千克；土豆 1.33 平方千米，产量 670 万千克；烤烟 1.4 平方千米，产量 110 万千克；林果 1.4 平方千米，其中新栽植果木 0.07 平方千米，产量 52 万千克。生猪饲养量 17600 头，存栏 6320 头，出栏 9320；羊饲养量 32200 只，存栏 14700 只，出栏 20100 只；牛饲养量 620 头，存栏 170 头，出栏 320 头；家禽饲养量 160 万只。

工业

温水镇工业发展有一定基础，温水化肥厂、造纸厂、栲胶厂等大型工业企业在我县工业发展史上有着重要地位。1986 年温水乡有乡镇企业 5 家（包括温水建筑队、温水家具厂、五金门头、副食门头、温水蜂窝煤厂）；村办企业 5 家（包括元郭砖厂、花园砖厂、北温水砖厂、地毯厂、绣花厂）；民办企业 500 余家（西围沟鞭炮厂、小河鞭炮厂等），总投资 1000 万元。1992 年镇办及村办工业企业进行体制改革，建立自主经营、自负盈亏的企业体制。实行车间承包租赁制、并进行厂长负责制、功效挂钩、劳动合同、分配用工、管理等制度的改革，极大地调动了工人的积极性。至 1994 年乡镇企业彻底完成“公转民”的改制工作，累计盘活资金 600 万元，引进注入资金 300 万元，当年完成工业总产值 3500 万元，增长 38%，利税 525 万元。1999 年温水镇加快民营经济发展，培植税源，培养一批个体私营企业，对高林建筑公司、兴业家具厂、温水石材厂、光明石材厂、大众石材厂、京通大酒店、胜利加油站、瓜果调动公司、生猪屠宰调运公司；发展石材加工经济园区10家，占地面积2万平方米，总投资200万元，产年产值1200万元，利税100万元；发展石灰石开采园区150家，占地20万平方米，完成投资60万元，年销售收入120万元，利税60万元。

2008年，温水镇有规模企业12家，分别是：平邑恒源纸业、平邑京通公司、平邑宏远门业公司、平邑威凯瑞纸业有限公司、平邑天源太阳能厂、平邑鑫旺太阳能有限公司、平邑爱心食品公司、平邑恒源太阳能有限公司、临沂顺达金属制品有限公司、临沂市史氏食品有限公司、临沂奥威特公司、山东天元生物工程有限公司。工业总产值11.5亿元，利税1.3亿元。至2013年底，温水镇辖区内共有规模以上工业企业16家，工业生产总值达到26亿元。板材、化工、生物质发电、新型建材4大主导产业呈现集群发展态势，产值分别达到2.6亿元、1.1亿元、2.1亿元和2.4亿元。投资过3亿元的鲁电生物质发电和九州建筑保温材料年内将正式投产。在谈投资过亿元项目3个，投资6.2亿元的发泡成型材料制品项目、投资1亿元的中药配方颗粒及提取物生产项目和投资1.2亿元的高档覆膜胶合板生产项目均已通过初步评审，正积极协调落地。

商贸金融

温水镇毗邻县城，辖区内交通十分发达，商贸金融发展起步较早、规模较大。1989年有温水供销社1处。1992年，供销社实现利润承包、打破“大锅饭”。1995年，实行“抽本经营”，采取包、租、赁、买方式经营。1989年，温水乡有农行信用社1处、邮政储蓄银行1处、农行1处。1994年，温水镇成立农村基金会，为自收自支实体，1999年撤销。1998年信用社建营业室1处。至2013年底，温水镇拥有金融机构2家。农村信用社有职工14人，全年居民存款存额1.7亿元，贷款4500万元。邮政储蓄银行有职工6人，居民存款4560万元。2013年，社会消费品零售总额2.05亿元，同比增长16%。

村镇建设

1994年撤乡建镇。镇驻地含北温水、温泉（南温水、小河南合并）、西围沟及东围沟一、二、三（部分）6个自然村。当时的327国道横贯镇驻地，道路宽10米，仅中间行车道为柏油路面，两侧人行道均为土路。1990年镇327国道改造提升，对道路进行路面硬化。历届党委政府十分重视小城镇建设，先后投资40余万元聘请省市专家规划镇驻地建设，以327国道为轴线，形成两横三纵框架结构，控制范围东西长为1千米，南北6.6千米，6.6平千米。1995年开始对驻地两侧进行开发建设，开发商住楼4000余平方米；开发建设电信、供销社、中学、食品站、地税所、信用社、计生委等公益事业单位办公楼。完成驻地两侧人行道硬化4万平方米，人行道两侧绿化带建设30万平方米，栽植大叶女贞400棵，法桐500棵，其他苗木2万棵，安装路灯100余盏。2012年以来，温水镇将“美丽乡村”建设和城乡环境综合整治活动作为全镇重点工作，按照“一片三线一河”的划分，突出327国道、平温路和蒙山旅游专线三个重原则，明确目标任务及责任时限，强力推进。以沿路沿河沿线村庄整治和镇驻地改造提升为重点，从环境卫生、美化绿化、立体整洁、周边秩序、整体效果等5个方面入手，抓点连线，整体推进。把全镇30个行政村分成重点打造亮点村、改造提升村和基本达标村3类，每类10个。再按照“示范带动，整体推进”的原则，每类选出

1个示范村，重点培养。先期投资600多万元对老327国道沿线村进行整体连片打造。为确保整治工作扎实推进，由班子成员牵头，成立指挥部，实行班子成员包工作区、机关干部包村，明确了责任路段及责任人和完成时限，并实行周调度、月考核，对重点部位、重点区域进行镇村联合整改，形成全镇上下齐心协力抓整治强大合力。至2013年底，全镇新栽各类绿化苗木50余万株，建休闲广场10处，安装路灯300余盏，垒砌绿化池2万平方米、景观墙2600余米，清挖排水沟15000余米，清理五堆1500处、规范占道经营120余家，更换广告牌匾80余个，共为重点村、重点工程发放奖补资金300余万元。

交通邮电

温水辖区内路网密布，交通较为发达，新旧327国道、明温路、滨河大道等道路贯穿其中，总长度达到90余千米，“户户通”工程覆盖率达到60以上。1989年温水乡辖区有327国道等公路11条，均为砂石路，后327国道改道温水南，途径南马、丰山埠、东升、南北温水、小河南等村，在堡前庄与元327国道交汇。自2012年以来，温水镇按照市委、县委的部署要求，利用两年多的时间，全镇共完成“户户通”硬化任务84万平方米。至2013年底，全镇基本实现“户户通”硬化。1989—1992年，使用人工程控交换机，容量小，机关、学校和企事业单位装有电话，村里时有时无。1993年，投资15万元建邮电办公楼。1999年使用上海贝尔1240交换机。2000年，发展农村电话，全镇50%的村通电话。2008年，建设平邑平安互助网。2010年，新上先进的光纤入村，实现传输数字化。2011年，光纤入户。至2013年，全镇有固定电话8000户，移动电话2.3万部，宽带1.2万部。

科教文卫

1990年，乡政府成立科协办公室，乡里配备1名副乡长，配齐科协副主任，企业配备科级副职，实施科技兴乡战略。2000年建立科技、农技培训基地5个，做到规划、计划、师资、设施、培训教材五落实，建立村办农民科普学校6处，科技示范田20.8公顷。2008—2009年，连续两年在10个村进行测土配方施肥对比试验。至2013年，全镇各类科技示范基地52个，农业服务组织29个，农业科技示范户发展到80户。1989年温水乡有中学一所，名为平邑县温水乡中学。中心校一所，下辖23处小学，教师212人，学生5213人。1995年中学改名为平邑县温水镇初级中学，学生1321人。1999年，学生1780人，教师121人。2000年中心校撤并为9所完小，学生3122人。2005年中学共有教师92人，六个教学班，学生315人。2007年，中心校撤并为6所完小，1个教学点。2012年中学有学生123人。2012年在中心校建幼儿园一处。2013年，中学、小学合并为温水中小学，共有教师228人，其中中学66人，小学162人，中学有3个教学班，小学有37个教学班，学生1333人。共有幼儿园7处。2013年新建改建校舍10656平方米，全镇中小学实现教育基础设施均衡化发展，九年义务教育覆盖率达到100%。

平邑县温水镇卫生院始建于1986年5月，1987年7月正式开诊，1996年购置医疗急救设备、车辆，建立健全急诊急救系统；1998年新建585平方米门诊楼1栋，1999年10月创建为爱婴医院；2001年，医院开展“满意在卫生活动”；2002年，医院建立计算机预防接种管理系统，广泛开展“满意在卫生，医疗质量管理效益年”活动。2003年1月，与平邑县中医院建立医疗卫生服务联合系统；

2003—2004 年，进一步健全卫生室软硬件建设，先后投资 10 万余元对部分卫生室进行新建、改建，使辖区卫生室均达到标准设置，消除三类卫生室，优化医疗服务环境；2005 年，建立计算机药库管理系统，安装监控管理系统，对门诊楼进行装饰改造，使其整体布局更加合理，功能设施更加完善，并对 5 个卫生室进行改造，医院完成门诊量 9668 人次，抢救急危重病人 26 人次，出院病人 193 人次，治愈率 78%。2006 年，实行新型农村合作医疗，设定点医院 1 个，定点村卫生室 21 个。2008 年，拥有血液分析仪、半自动生化分析仪、尿液分析仪、胎心监护仪、日本东芝 B 超机、200mAX 光机等仪器设备。从最初借用北温水村大队房屋 4 间，2 名医务人员，发展成为现今一所集综合医疗、预防保健、新型农村合作医疗一体化管理为一体的综合性卫生院。占地面积 10605.3 平方米，其中房屋建筑面积 1964.61 平方米，开放床位 21 张，有在职职工 36 人，卫生技术人员 34 人，科室设置齐全，下设 20 个村卫生室，形成以卫生院为中心，以卫生室为基础的服务网络。

计划生育

2013 年温水镇计划生育工作服务中心占地面积 1762 平方米，建筑面积 230 平方米，服务用房面积 180 平方米，共设 18 个科室，事业编人数 11 人，企业人数 10 人，完成上级部门下达的各项目标任务；开展优质服务、避孕节育、生殖健康、孕前优生惠民工程、利用入户随访和村计生主任紧密配合，做好人口清理、流动人口调查、奖励扶助、“三进家”建立幸福家庭活动等各项工作，完成村计划生育主任聘任工作完成率 100%，已婚育龄妇女 8925 人，合法生育率 94.28%，统计合格率 100%。

人民生活

温水镇始终把解决好民生问题放在突出位置，1989 年温水乡有文化站 1 个，广播站 1 个；至 1992 年，各村广播通播率 96%，喇叭入户率 90%；2006 年，村村通有线电视，由原来的乡镇管理改为县广播局统一管理；2008 年，全镇 1.2 万户安装有线电视。1999 年，农村电影队有职工 2 人，有 F16-A 型放映机 1 套。每年放映 300 场次。2003 年，温水镇建高标准科技文化大院 10 个，农家书屋 23 个，存书总量 5 万册，先后举办各类法制教育讲座 28 场次，农业技术培训班 128 期，组织文艺演出 116 场次。至 2013 年底，温水镇村村由文化大院，农家书屋。2013 年，投资 350 万元建设处高标准中心幼儿园，对武安小学进行重建，新建贯庄小学。依托镇卫生院和村卫生室，建立 3 个村级康复站，逐步使肢体残疾人在“家门口”即可享受免费康复训练服务。不断完善社会保障机制，城镇新增就业 0.9 万人，农村劳动力转移就业 1.3 万人；全镇农村居民养老保险参保人数达到 4.9 万人，发放养老保险金 420 万元、各类救助金 190 万元。建立企业、镇、村 3 级食品药品安全监管网络，新建村级文化大院 2 个、全民健身广场 10 个，广播电视村村通入户率达 90%，群众文化生活日益丰富。文明创建工作扎实开展，新建成市级文明村 1 个，县级文明村 2 个，城乡居民文明素质和幸福指数明显提高。

2013年温水镇各行政村基本情况表

表 29-9

行政村	所辖自然村	耕地面积（平方千米）	人口（人）	经济总收入（万元）	人均纯收入（元）
前南林	南林、石崖前	2.60	3965	71	10600
永太	永安、太平	1.29	1291	14	11200
丰源	前贯、后贯、足食	1.10	1888	60	9800
富饶		0.45	568	19	12100
永西		1.23	1548	36	10050
东武安		2.50	3317	12	10640
方兴	西武安、郑家庄	1.07	1630	17	11250
宋河	宋河、张家庄	2.27	3105	26	12010
小河		0.50	1126	15	10650
东围沟	围沟一村、围沟二村、围沟三村	2.20	4092	23	9600
西围沟		1.51	2668	43	9800
温泉	南温水、小河南	1.64	3712	32	10500
堡前庄		0.43	1034	15	9900
公利	东公利、西公利	1.43	2824	11	12050
花园	花园、花莲	1.85	2650	30	10560
北温水		1.11	3189	10	11200
梭庄		1.77	3257	82	11250
仁孝	仁孝、兴孝	1.24	1366	42	12050
桥头		0.63	955	22	12000
务本		0.61	946	42	10500
元郭一村		0.70	1923	50	10620
元郭二村		0.88	1521	22	10800
元郭三村		0.88	1654	20	10690
元郭四村		0.76	1637	18	10360

流峪镇

流峪镇位于平邑县中南部，北纬35° 19′ ~ 35° 26′，东经117° 32′ ~ 117° 39′，镇驻地为流峪村。东接铜石镇，西邻丰阳镇，南靠郑城镇，北依平邑街道，面积118平方千米。1989年，原流峪乡辖53个村、1.6万户，总人口4.3万人，原大岭乡2800户1万人，辖29个村。2013年，镇辖39个行政村，73个自然村，人口密度632人/平方千米。汉族人口占99%以上，回族、壮族、彝族等少数民族人口不足1%。

境内为低山丘陵，主产地瓜、花生、玉米、小麦、金银花、丹参。西部为五龙湖风景名胜旅游区，大型水库唐村水库。主要名胜古迹有南蒲芦革命烈士陵园、五龙湖水域公园、唐王石遗址、赤梁院溶洞、尼姑院遗址等。

2013年，全镇实现农业总产值3.8亿元，工业总产值9600万元，实现地方财政收入4200万元。

水利

流峪镇区域内共有河流5条，小（1）型水库11座，小（2）型水库10座，塘坝69座。控制流域面积28平方千米，总库容270余万立方米，兴利库容123余万立方米。

农业

2013年，全镇耕地面积2947.41公顷，与1989年流峪乡、大岭乡合计的3600公顷相比，减少8.6%。2013年，粮食总产量为2.75万吨，比1989年2.2万吨增加22.5%，花生总产量9100吨，比1989年增加36.2%。全镇发展金银花6.67万公顷，金银花成为支柱产业，建立中药材市场1个，日交易量2万千克。建立林果示范园2个，果品总产量1200吨。2013年，流峪镇肉类总产量3400吨，蛋类总产量160吨，林地面积740公顷，农机总动力4.1万千瓦。全镇农林牧渔业总产值为15200万元，是1989年2690万元的5.8倍。金银花年产量1000万千克，收益1.5亿元。

工业

1989年，全镇工业企业6家，职工460人，工业总产值147万元，利润13.21万元，缴税4万元。2013年，工业总产值8200万元，利润960万元，利税800万元，全镇规模以上企业2家，实现工业增加值2300万元，共有从业人员2600多人。

商贸金融

2013年，全镇设有固定农贸市场5个，小商品经营户达1400余户。全镇社会商品零售总额6260等万元，是1989年的6倍，工商个体税收入680余万元，是1989年5.1倍。

2013年，全镇设有银行分支机构2个，居民储蓄余额7.2亿元，比1989年增加5.3亿元，是1989年6.8倍。居民贷款余额5.6亿元，比1989年增加4.3亿元，是1989年4.3倍。

村镇建设

2013年，全镇人均住房面积由1989年15.1平方米，提高到30平方米。至2013年，路网主要进行县城道路改造和村村通工程，先后修建240省道、铜红公路等城乡道路，农村实施村村通水泥路建设工程，部分村通生产路，并进行水泥硬化，累计投资2800万元，共修建道路157多千米，实现73个自然村路面硬化率100%，通车率100%，新增绿化面积1300万平方米，液化气使用人数达1.2万人，新发展有线电视户1.6万户，全镇73个自然村已有70个村用上自来水。

交通邮电

1989年，公路通车里程仅有40.2千米，客运量40万人，公路货运量36万吨，民用汽车120辆。2001年，公路通车里程达80.2千米，完成客运量320.1万人，公路货运量达88.6万吨，民用汽车达623辆。2013年，公路通车里程达240.5千米，完成客运量615.5万人，公路货运量达345.7万吨，民用汽车达257辆，新建公路150.86公路。2013年，全镇营运拖拉机420辆，货运汽车760辆，单位和家庭轿车、面包车630辆，全年货运量600万吨，长途客运班线发展到10条，济南、青岛、南京、临沂当日往返，镇内实现70%的村村通客车，年客运量650万人次。

1989年，全镇拥有固定电话19部。2013年，实有程控电话8900部，宽带用户1.2万户，移动电话5万余部。

科教文卫

1989年，全镇共有学前班3个，幼儿新生360多人；小学46所，教师163人，在校生3200人。初级中学2所，教职工43人，在校生210人。2013年，全镇共有幼儿园17所，小学8所，初中1所，中小学在校生3500人，教职工270人。教师学历达标率100%，义务教育达标率99%以上，幼儿园入园率90%以上。先后建中小学教学楼10余座，购置微机400余台，建多媒体教室8口，学生人机比达15∶1；教师用机达1人1台，有省级规范化学校2所，市级规范化学校1所。

全镇有39个文化图书室及文化活动阵地。有20个文化广场舞队。投资60多万元，建设高标准文化活动中心1处；投资30万元，新增文体活动场所4处，总面积960多平方米。购置文体活动器材80多件（台）。

1989年，流峪镇医院有医护人员48人，病床36张，大岭卫生院有医护人员32人，病床23张，2001年合并后流峪镇医院拥有医护人员110名，其中执业医师8名，注册护士24名，病床78张，下辖39个村卫生室。2013年，流峪镇医院占地2公顷，有干部职工160名，其中高中级专业技术人员24人，设有门诊楼、病房楼、急诊楼、CT楼各1幢，病床106张，设内科、外科、妇产科、小儿科、中医科、五官科、急诊科、肛肠科、CT室、化验科等临床科室。乡村医护人员全部实行聘任制。

计划生育

2013年，全镇总人口55061人，男女性别比1.18，已婚育龄妇女8965人，流出育龄妇女1865人，未婚女青年1344人，其中，学生762人；未婚男青年1029人，其中学生374人。

人民生活

1989年，全镇农民人均纯收入325元。2013年，农民人均纯收入7060元，人均消费支出由1989年的290元增长到2013年的5600元。2013年，全镇每百户拥有彩电98台、电冰箱36台，洗衣机78台、摩托车81台。全镇最低保障救助人数达4200人。农村合作医疗参保人数达54440，参保率90.2%。

2013 年流峪镇各村基本情况表

表 29-10

行政村	所辖原行政村	人口（人）	总面积（平方千米）	耕地（平方千米）	粮食总产（千克）	集体收入（万元）
赤梁院		863	0.86	0.46	366775	8
黄林村		1246	1.25	0.66	529550	6
流峪村		2141	2.14	1.14	909925	6
西沟村		901	0.90	0.48	382925	5
苗泉村		1667	1.68	0.89	708475	6
三合村	三合一、三合二	1149	1.45	0.61	488325	4
邵家庄		1313	1.31	0.70	558025	7
金山崮	金山亚、少山前、上崮安	1196	1.17	0.64	508300	9
鑫城村	少山后、上水寨	1160	1.16	0.62	493000	7
镇东村	谭家庄、下水寨	2004	2.00	1.07	851700	4
车庄村	车庄、加力箭	2932	2.93	1.56	1246100	7
新峪村	蚕厂、桃花、臭蒲滩	1252	1.25	0.67	532100	5
常庄村	东北岭、西北岭东南岭、西南岭	1510	1.51	0.80	641750	10
下崮安		774	0.77	0.41	328950	3
新晟村	迎春坡、孙山头	934	0.93	0.50	396950	5
玉石岭	石箱、九道峪、探马岭	1588	1.59	0.85	674900	8
地平庄	地平庄、外柿子峪	1485	1.48	0.79	631125	6
乐平庄		1876	1.88	1.00	797300	10
永盛村	南蒲芦、北蒲芦	2899	2.90	1.55	1232075	7
兴和村	东古路沟、西古路沟、贵山子	1523	1.52	0.81	647275	8
祥合村	马家岭、义和庄	1195	1.20	0.64	507875	5
五龙村	唐立庄、青山岭、梧桐沟	1449	1.45	0.77	615825	4
双玉村	向阳峪、枣场峪	924	0.92	0.49	392700	4
义新庄	义新庄、邵家岭	1672	1.67	0.89	710600	6
同盛村	上神洼、下神洼、裴家沟	1384	1.34	0.74	588200	8

续表 29-10

行政村	所辖原行政村	人口（人）	总面积（平方千米）	耕地（平方千米）	粮食总产（千克）	集体收入（万元）
栗园村		719	0.72	0.38	305575	2
南申庄		1621	1.62	0.86	688925	5
北申庄	北申庄、许家岭	2055	2.06	1.10	873375	10
洼子地		879	0.88	0.47	373575	3
龙王河		1537	1.54	0.82	653225	15
老泉崖		1111	1.11	0.59	472175	4
护城庄		1048	1.05	0.56	445400	6
兴郭庄		736	0.74	0.39	312800	7
玉泉村	里宋子峪、外宋子峪、圈子崖	1507	1.51	0.80	640475	12
城子村		650	0.65	0.35	276250	4
门园村	土门、桃园	1073	1.07	0.57	456025	6
三岭村		927	0.93	0.49	393975	5

郑城镇

郑城镇位于平邑县域南部，北纬35° 14′ ~ 35° 32′，东经118° 58′ ~ 117° 71′，东接地方镇、费县朱田镇、费县梁邱镇，西临白彦镇，北依流峪镇、铜石镇，南靠山亭区徐庄镇。2013年，镇辖37个行政村、2.3万户，总人口7.2万人，人口密度434人/平方千米。其中城镇常住人口11045人，城镇化率14.83%。另有流动人口126人。总人口中，男性38480人，占53.15%；女性33920人，占46.86%；14岁以下14161人，占19.56%；15 ~ 64岁48790人，占67.39%；65岁以上9449人，占13.05%。总人口中以汉族为主，达到72330人，占99%；有少数民族70人，其中佤族14人，拉祜族11人，回族9人，苗族6人，哈尼族5人，黎族5人，布依族4人，壮族4人，傣族3人，满族3人，傈僳族2人，土家族2人，景颇族1人，黎族1人。

2013年，全镇实现农业总产值2.36亿元，工业总产值16.2亿元。实现地方财政收入2100万元。

2002年，全镇共有8个党总支，郑城镇由原来的75个行政村整合成38个行政村，魏庄乡由原来的43个行政村整合成17个行政村，共有村党支部55个，党员2968人。2011年，郑城镇和魏庄乡两个乡镇进行合并，2013年，村党支部37个，自然村118个，党员2656人。

水利

2013年底，辖区内有小（1）型水库1座，小(2)型水库19座,塘98座。2008—2010年,先后对西小(1)型石门水库,小(2)型里沟、安子、武城、水泉沟、兴隆湾、张庄、大南庄、后水湾、宁安庄、七一、西石龙、铁里营、汪家沟、郑城、陈庄16座水库,进行除险加固。1997年9月,投资441.8万元,治理温凉河苗庄至故县段9070米。2001年,投资259.28万元,治理母子山流域流失面积13.3平方千米。2008年,投资156万元,治理玉溪流域水土流失面积5.7平方千米。

农业

2013年,全镇耕地面积5150公顷,金银花种植面积8300公顷,杂果、蚕桑种植面积200公顷。生猪出栏42336头,牛591头,羊12004只,鸡39.2万只,鸭35万只;粮食每亩单产399千克,总产量1.96万吨,农业总产值19172万元。

工业

1989年,全镇工业企业和个体工商户590家,从业人员2017人,总产值590万元,利润92.4万元,税金11.5万元。2013年,全镇规模企业14家,职工4000人,规模以下企业30家,个体工商户509户,鲁泰药业、金泰药业、金盛药业、山东广药和中药材有限公司、平邑和牧饲料、临沂医爽药业、华仁药业、康本药业、伟信药业等为镇内重点企业,共有从业人员4500人。是年,3G认证企业有17家,完成工业总产值16.2亿元,固定资产投资1.2亿元,销售收入6.2亿元,实现工业增加值2.6亿元,利税3100万元,企业税金总额1600万元。

商贸金融

至2013年,全镇共有固定农贸市场8个,占地5.67万平方米。交易种类有日用百货、服饰布匹、五金土杂、农副产品、建材、牲畜类等多达120余种。商业户达1200余户,集贸市场年交易额2.3亿元。社会商品零售额3900万元。

2013年,全镇有金融机构4家,分别是平邑农商银行郑城支行、魏庄支行,平邑邮政储蓄银行郑城支行、魏庄支行,储蓄额9.6亿元;贷款余额1.68亿元。

旅游开发

郑城镇历史悠久,文人辈出,风景宜人,抗战年代是八路军115师的小延安,是中共鲁南区党政军的诞生地,苏家崮是英雄山,桃峪高干会议力挽山东抗战狂澜,优美的自然环境优美、原始的生态山水,众多的历史遗址遗迹构成郑城镇三山三水三基地的丰富旅游资源格局,境内有省级农业旅游示范点观音山旅游区,观音山是国家地理杂志评选的山峰;国家AA级旅游区曾子山旅游区,宗圣曾子故里武城故城是第七批国家重点文物保护单位;苏家崮——桃峪红色教育片区是临沂市爱国主义教育基地。天成观音山、宗圣故里、沂蒙圣山、十里梨花长廊、桃峪高干会议会址、崮顶草原等景点吸引众多游客旅游度假,观光休闲。

特色产业

郑城镇是中国金银花第一镇,全镇年产优质金银花300万千克。2005年以来,郑城镇金银花先后获得全国金银花标准化生产基地,国家有机食品基地、国家地理标志产品、国家GAP生产基地等六项国字号荣誉,有GAP\GSP\GMP企业7家,是哈药六厂、金陵制药、南京大学、北京同仁堂、加多宝、王老吉等全国30多家企业科研院校的原料或科研基地。郑城中国金银花物流港年销售金银花等道地中药材1万吨,是中国专业化程度最高销量最大的金银花专业市场。

镇村建设

1989年,全镇人均住房面积12.9平方米,

2013年提高到36.2平方米。

2013年，修村村通道路320.6千米，实现七个社区路面硬化率100%，通车率100%，在县内率先完成道路硬化户户通。新增绿化2290.6万平方米，液化气使用延伸到石家庄村，新发展有线电视户1300户，实施村村通自来水工程，全镇118个自然村有80个村用上自来水。

邮政电信

1989年，全镇拥有固定电话36部，邮电业务总收入5万元。2001年固定电话用户达4330户，互联网用户130户，邮电总收入16万元。2013年，全镇共有程控电话8060部，平均每百户居民拥有固定电话40部；宽带用户1020户，邮电业务总收入68万元。

科教文卫

郑城镇现有两所中学，两所中心校，在校生4986人，教师362人，公办幼儿园7所，民办幼儿园11所，在园幼儿1680人，幼儿教师86人。郑城镇第一初级中学原名平邑四中，1989年由于财政切块，改名为郑城镇中学，2013年又因原魏庄乡并入而更名为郑城镇第一初级中学。现占地3.4公顷，有14个教学班，在校学生625人，教职工62人。郑城镇二中原名平邑县第十五中学，1989年，新建教学楼1座，建筑面积1652平方米，学校规模达12个教学班，并更名为魏庄乡中学，2013年又因原魏庄乡并入而更名为郑城镇第二初级中学。郑城镇中心小学始建于20世纪60年代，当时为松林小学，1992年迁校址新建，学校占地12470平方米，遂定名郑城中心校。郑城镇中心校，现有中心小学、恩美楼小学、巩家山小学、康桥小学、南杨庄小学、小南庄小学6所完小，1所苏家崮教学点在校学生1917人，54个教学班，在职在编教师168人；所辖中心幼儿园、油篓幼儿园、南杨庄幼儿园三所幼儿园和11所民办幼儿园，在园幼儿1386人，27个班，幼儿教师48人。魏庄中心校现有中心小学、故县小学、苗庄小学、苍山小学4所学校，学生1580人，35个教学班，在职在编教师89人；所辖中心幼儿园、故县小学幼儿园、苗庄小学幼儿园、苍山小学幼儿园4所幼儿园，在园幼儿886人，在园15班，幼儿教师30人。

教师学历达标率100%，义务教育达标率99%以上，小学适龄儿童入学率、巩固率达100%，初中入学率达100%。

1989年，郑城镇有卫生院1所，即郑城中心卫生院，医院床位42张，职工52名，设有内科、妇产科、中医科、放射科、检验科、药剂科等科室，村卫生室49个，乡村医生56人。1995年，镇政府投资兴建1298平方米的门诊大楼。1996年实行“乡村一体化”，设一体化卫生室10个，聘用乡村医生26人。乡医由卫生院统一调配，药品专口购销。2000年，医院自筹资金新建病房楼879平方米，2007年完成山东省乡镇卫生院“1127工程”病房楼扩建工程，同年12月医院内外科分科。2010年12月，魏庄乡卫生院恢复建制。2011年8月因魏庄乡撤销，原魏庄乡卫生院改称郑城镇魏庄卫生院。同年9月，建设家属院用房、输液大厅、职工食堂共计500平方米。2011年，郑城中心卫生院改为郑城镇中心卫生院。是年对门诊楼进行维修，扩建门诊楼房屋12间，新建配电室，对部分科室及新建房屋进行装修。2012年，按照上级部署，医院实时购进办公用电脑、打印机等设备，指定专人负责保养与维护，提高医院服务能力。至2013年，全镇共有卫生院2所，职工93人，辖区内设卫生室35个，乡村医生103名。

2013年，全镇建有37处文化活动阵地，有苗庄庄户剧团、武城剧团、石家庄剧团、魏庄剧团、苍山剧团等群众性文化团体5个。建设综合文化站1处，投资20万元，新增文体活动场所8处，总面积960多平方米，购置文体活动器材22件（台）。

计划生育

1989年，出生率20.71‰，死亡率5.6‰，人口自然增长12.03‰。2013年，全镇合法生育率95.48‰，晚婚率91.56%，晚育率93.12%，人口自然增长率4.79‰。

人民生活

1989年，全镇农民人均纯收入430元。2013年，农民人均纯收入10358元，是1989年的24倍。人均消费支出由1989年的510元增长到2013年5327元，增长9.45倍。2013年，全镇每百户拥有彩电92台、电冰箱89台、洗衣机90台、摩托车80台、小汽车12台。2013年，全镇最低保障救助人数达4223人，农村合作医疗参保人数达6.32万人，参合率为97%，农村合作医疗参保人数达2.47万人，参合率为95.5%。

2013年郑城镇各行政村基本情况表

表29-11

村（社区）	自然村	人口（人）	耕地面积（平方千米）	集体收入（万元）
郑城社区	郑城村、大东岭村、陈家庄村	3360	1.88	24.0
富民新村	大南庄、张围子、孟围子	1170	1.03	2.0
城东村	小南庄、大北庄、小北庄	1366	0.99	15.0
金盛村	汪家沟、康城、椒林	1100	1.45	10.0
兴源村	木头崖、平岭村、大林前、小高庄、南岔、大佃、陆家庄	2053	1.06	5.0
埠西村	埠西、椒林	1540	1.45	3.0
松林村	松林村	823	0.47	2.0
宁安庄村	蒋家庄、铁里营、小东岭	1279	0.77	2.3
崇圣村	土山后、上崇圣、西石龙、下崇圣、东石龙	2802	1.50	4.9
双兴村	兴隆村、方山村、马家洼村	2100	0.83	2.2
续新富庄	富贵村、大崖子、史家庄、大后沟、南杨家庄、小后沟	2117	1.37	2.6
福安村	五里庙、黑风口、王家安子	1198	0.70	6.0
鑫盛村	卜格楼、五家峪村、南山庄、朱山湾、范家山	2304	2.20	4.0
四合社区	前范洼、中水湾、后范洼、下小峪、前水湾、上小峪	2137	1.00	12.0

续表 29-11

村（社区）	自然村	人口（人）	耕地面积（平方千米）	集体收入（万元）
后水湾村	后水湾、松山子、道沟	2060	0.76	2.0
祥和村	环山屯、谢家沟、羊安石、兰东、裴家沟	2025	1.08	4.1
柿子峪村	柿子峪、高家峪	1255	0.67	2.0
杜家山村	杜家山、兰西	1435	0.74	2.0
巩家山村	周家场、巩家山、南点	2810	1.16	1.2
响水村	陈家场、响水汪、兰河口、南湾、燕家岭	2051	0.99	5.6
桃峪村	桃峪	1562	0.65	1.5
油篓社区	油篓、北杨庄	2080	0.77	4.2
大魏庄村	大魏庄、大西庄、孔庄	2210	0.97	2.3
武城村	水泉沟、涝坡、南武城、北武城	3300	1.63	12.0
东明社区	庄木头、关西庄、涝荒、冯围子	2600	1.40	4.3
小魏庄村社区	铁城子、西松林、东松林、小魏庄、朝阳岭、柳树庄、小北岭、安子、里沟	2706	1.80	19.0
苗庄村	西苗庄、东苗庄、苗庄南岭	2303	1.53	5.2
张庄村社区	张庄、卖饭棚	1300	0.80	2.1
西湖村	石门南岭、焦庄	1400	0.90	1.5
印荷庄村	吴庄、巩庄、大崖沟	1056	0.70	1.6
东大泉村	东斗峪、老泉、大山坡	752	0.52	1.9
花峪庄村	花峪庄	1168	0.80	2.1
故县村	东故县、西故县	2567	1.67	6.3
石家庄社区	杨围子、石家庄、上土桥、下土桥	3103	1.47	12.3
苍山村	苍山村	2206	1.56	2.3
虎窝村	虎窝村	2106	1.58	4.2
南峪村	南峪村	1456	1.12	1.6

白彦镇

白彦镇位于北纬35° 14′，东经117° 33′。地处平邑县南部，沂蒙山区西南边缘，南靠枣庄市山亭区水泉镇、冯卯镇，西与邹城市城前镇接壤，距平邑县城35千米，距临沂市79千米，是临沂市的西大门。素有界交三市(临沂市、枣庄市、济宁市）鸡鸣三县（平邑县、山亭区、邹城市）之美誉。境内山峦起伏，地势北高南低，镇内北面有海拔670余米的四海山绵延横卧，南面有太皇崮至老山顶群山环绕，全镇山泉、河流资源丰富，有贯穿全镇东西的温凉河、山阴河，太皇崮是温凉河发源地。山阴寺是平邑县浚河发源地。山岭梯田较多，南部为青石山地貌，北部为花岗石风化石地质，境内矿产资源比较丰富，主要有花岗石、页岩、角闪岩、黄沙等。山峰众多，主要有红山、常山、毓秀山、金家顶、范家崮、太皇崮、老山、青山、山阴寺、四开山等山峰30余座，其中平邑县第二高峰四海山狼窝顶（海拔674米）坐落境内，延伸于白彦、临涧、流峪等乡镇。

镇内村庄历史悠久，文化底蕴深厚，历史传说较多，有小山后王城、大营王城、石门、老山顶城池、太皇崮悬碑、下王庄孔子拜师处、石马山唐王避难、纱帽翅、李白作诗石门、杜甫吟温凉河、白彦战役、太皇崮战役、南径战役等历史遗址和文物古迹70余处，小山后王城现为县级文物保护单位，太皇崮已建设成为红色教育基地，山阴寺、小青山、南洞樱桃沟、小北径桃花沟等旅游景点10余个。

农业

农业总产值由1990年的7682万元增加到2013年的20209万元。粮食产量由1990年的35210吨增加到2013年的75633.5吨。林、牧、渔业产值由1990年的5600万元、7900万元和260万元，分别增加到2013年的25611万元、15696万元、1200万元。1993年后，全镇种植业进行大调整，粮食作物以种植小麦、玉米、花生为主，地瓜、大豆种植面积逐年下降。2000年，调整种植业结构，粮经比例调至56∶44。粮食作物种植主要以小麦、玉米，经济作物以土豆、蔬菜和地膜花生为主。2013年，各类经济作物达到4866.67公顷，小麦播种2322.93公顷，谷物播种1348公顷，其中玉米1212公顷，谷子110公顷，豆类250公顷，地瓜1045.8公顷，花生2056.67公顷。

1989年，白彦镇农业机械总动力8165千瓦，农用拖拉机95台，排灌总动力2565千瓦，实现机耕面积1333.33公顷，机播面积200公顷，机收面积333.33公顷。到2013年，农业机械普遍推广，全镇农业机械总动力达到12.655千瓦，农用拖拉机8065台，排灌总动力20456千瓦，实现机耕面积3000公顷，机播面积1266.67公顷，机收面积1266.67公顷。农用加工机械1650台，新增农机具5248台套。

1989年，全镇有林面积为1581.2公顷，森林覆盖率17%。2001—2004年，荒山造林733.33公顷。2005年，建设绿色通道22千米，发展丰产林506.67公顷，栽植各类苗木24公顷，荒山绿化433.33公顷。2009年以来，实施林权制度改革，对813.33公顷荒山进行分段招标承包。至2013年，全镇年产果品12650吨，其中干果1820吨，鲜果10830吨，产值达到2300万元。植树8.2万棵，森林覆盖率42.6%，果园面积833.33公顷，果品产量31270吨，产值6300万元。

1989—1999年，全镇生猪年出栏量达到12万头，畜牧业总产值达到9000万元。2005年，新建生猪养殖小区20余个，年出栏生猪10万头，养殖专业村3个，专业户36个。2010—2012年，新建存栏量1000头，市级标准化生猪养殖场4个，新建肉牛存栏量50头的养殖场6个，肉羊存栏100只以上的养殖户30余户。至2013年，全镇规模养殖户170户，存栏肉鸡在1万只以上的养殖户20余户，生猪存栏量18.5万头，羊13.8万只，牛3500头。

全镇有2座小（2）型水库塘坝，186座小型水库，132座塘坝。1989—1998年，投资3000多万元，修建塘坝350座，渠道配套53000米，配套小（2）型水库1座。1999年，白彦镇实行农田水利产权制度改革，400余座水库、塘坝承包管理。2000年后，累计投资8900万元，修建大型石渠14座，各类大型塘坝154座，扬水站18处，大口井78眼，小型机井90口。2010年开始，东徐庄、李家沟、白彦西、大北径、官庄、翔河等10座水库进行除险加固，对温凉河、后河、山阴河、姜庄河、将家沟进行河道治理，建设河坝45千米，拦河坝150座，大小桥梁62座。全镇40个村都有水利项目，全镇144个自然村有120个通自来水。

工业

1989—1997年，白彦镇有乡镇企业6家，包括水泥厂、糖果厂、木器厂、绣花厂、石料厂、预制厂，总资产410万元，黄坡乡有乡镇企业7家，罐头厂2家、大理石厂2家及石料厂、预制厂、灯泡厂，总投资110万元；山阴乡有乡镇企业15家，石料矿山企业7家，石材加工企业8家，这些企业总投资380万元，有工人870余人，年创税收50万元。

招商引资

2001年，全镇新发展企业35家，企业示范村5个，利税5万元以上大20户，民营经济户3170户。2001年，乡镇合并后，招商引资和发展民营经济得到加强，全镇民营企业增加到62家，规划总面积30.67万平方米的工业园区1处，18.67万平方米的商贸物流、小项目聚集园区1处。至2013年，恒泰食品有限公司、腾龙食品有限公司、联发门业有限公司、东方柏利木业有限公司、万邦木业有限公司、盛志木业有限公司、万泰新材料有限公司、恒泰食品有限公司平邑分公司、平邑县宏达食品有限公司白彦分公司、平邑临源光伏电力开发有限公司等30家大型民营企业相继建成投产，总投资30多亿元，实现工业总产值12.6亿元，利税合计3600万元。增加就业岗位8000余人，从业人员2000余人。

商贸金融

1989年10月25日，白彦供销合作社挂牌成立，有中心门市部5个，村级代销点75个，1992年，白彦供销社实行利润承包，打破“大锅饭”。1999年，采取租赁和承包方式经营。2013年，供销社投资60余万元建设1000多平方米的镇级联合超市。至2013年，有1000平方米以上购物中心6个，村级代理网点80多个，6层家电超市1家、提升改造120户沿街商户，投资1.1亿元的新大联合超市。商铺2000多家，商业街区面积7.5万平方米以上，超5000平方米的超市3家。

1987—1993年，白彦信用社划归中国农业银行管理，与农业银行合作办公，1994年，白彦信用社与白彦镇农行营业所分门办公，独立经营，各项业务得到迅猛发展。1994—1996年，各项存款余额1107万元，各项贷款余额

806万元，1998年新建办公场所一处，1999年各项存款余额2535万元，各项贷款余额1837万元。2007年，建设三层办公楼营业楼，2013年全行各项存款余额51735万元，各项贷款余额15763万元。

村镇建设

镇驻地白彦镇村含5个自然村（白彦、小营、老林后、东岭、燕庄）。2006年，对白彦镇驻地进行总体规划和科学管理，先后投资3000多万元进行建设，镇驻地形成“五横七纵”建设框架，驻地道路长度27千米。2010年，完成中心镇建设总体规划设计和详细规划编制，镇驻地总体规划面积26平方千米。2012年，全镇累计投入1000万元用于城镇建设和环境综合整治，实施“东延、西提、北扩、改造”四项工程。至2013年，白彦、山阴、黄坡、李围子、南径、界牌沟、下河等20个农村旧房拆迁450户1873间，腾空土地40万平方米，新建住宅楼40栋，建设成为4个大型农村社区。

交通邮电电力

全镇有省道1条，县乡道路5条。岚济线（岚山头—济宁），又称017省道，原名临（沂）济（宁）公路，现为342省道，境内东起关西庄，西至却庄，全长23.49千米。1988年铺设沥青，2013年重新铺设沥青。零九公路，又称枣徐线（章邱县枣园—徐州），该公路在县境西原南黄坡乡境内通过，境内路段北起张山头村西南，南到大朱家庄村南，全长9.49千米，1994年铺设沥青，2013年大修。地庞（地方至庞庄）全长49.83千米，白彦镇内沿途经北泉子、邱家庄、下河、孙家沟、小辛庄、凉水河、山阴、李家沟、棠棣峪村。1991年，进行路面扩宽和弯道整平，进行铺设沥青。车枣路(车庄—枣梨）全长22.4千米，经过蚕厂、黑石查、南沟、里山将、山阴、石洞口、白彦、燕岭、小黄草坡、大黄草坡等10个村。1993年，进行路面和路面、弯道整平，进行铺设沥青。白龙路北至白彦村，南至龙山与山亭搭界，全长13.4千米，连接青山工作区5个村和姜庄工作区10个村，1997年铺设沥青。

1989年，邮政局设立电话机房。至1992年，使用人工程控交换机，容量小，只能覆盖镇驻地周边机关、学校和企事业单位。1993年，投资220万元建设邮电办公楼，建筑面积1145平方米。至1999年，使用1240程控交换机，全镇144个村100%通电话。2010年，新上先进的光纤宽带，实现信号传输数字化。2011年，实现光纤入户。至2013年，全镇有固定电话1万余户，移动电话27000多部，宽带3000余户。

辖区内共有变电站两座，110千伏山阴变电站主变容量31500千伏安，35千伏白彦变电站主变容量26300千伏安；10千伏架空线路7条，10千伏山南线，10千伏山北线，10千伏白彦线，10千伏黄坡线，10千伏白石线，10千伏水泥线，10千伏魏庄线，全长401.34千米；公用变压器214台，总容量38880千伏安，户均容量1.36千伏安；0.4千伏线路449.4千米，平均供电半径420米，最大供电半径765米。专用变压器117台，总容量14575千伏安。2013年开始发展光伏发电，全镇有光伏发电站3座，10千伏临源光伏电站，容量10兆瓦，日均发电量5.6万千瓦时；10千伏山阴光伏电站，容量2.5兆瓦，日均发电量1.4万千瓦时；10千伏宁泉光伏电站，容量1兆瓦，日均发电量0.70万千瓦时，主供郑城镇。

科教文卫

2001年1月，设立科学技术协会，推广科技项目26个，开展科普宣传3次，举办果蔬、花生种植培训研讨会150次，受益群众12200

余人。至2013年，全镇良种推广5470.2公顷，经济良种种植2379.2公顷，塑料大棚21.07公顷，企业技改项目22个。各类科技示范基地139个，农业服务组织98个，农业科技示范户发展到4500户。

1989年，白彦镇有文化站3个（原白彦镇山阴乡、黄坡乡），广播站3个，1982年成立电影队，至2013年有电影队3支，放映工作人员12人。1991年，白彦镇144个村，广播通播率达到94%，喇叭入户率90%。2003年开始村村通有线电视，2008年全镇13500户安装有线电视，占全镇总户数的65.8%。到2013年，白彦镇144个村建高标准科技文化大院75处，农家书屋56处，建设文化广场122个，组建农村庄户剧团5支，组建广场舞队伍85支，组织文艺演出1120场次。

1989年，白彦卫生院有职工62名，年业务收入45.6万元，完成门诊量3.4万人次，收住院病人2496人次。2013年，医院有病房楼、检查楼、住院楼，设有内科、外一科、外二科、儿科、妇产科、肛肠科、中医科、理疗科、康复医学科、五官科、口腔科、手术室、急诊科、急救站、碎石科、胃镜室、检验科、放射科、特检科、药剂科21个临床科室。有职工205人，其中管理人员4人，专业技术人员178名，工勤人员27人。年门诊量6.5万人次，年收治住院病人1.2万人次。新型社会养老保险参保人数79300人，为60岁以上农民发放养老金2130万元，农村合作医疗参合率接近100%，农村低保覆盖率100%。

1987年，白彦镇中心校设立，下辖完全小学9个，村小12个，小学在校生3160人，小学教师142人。1990—1992年，中心小学整体搬迁西迁至枣铜路路东，1997年白彦镇中心校更名白彦镇教育委员会，成立四中心（成人教育、中学教育、小学教育、幼儿教育）。2001年，3个乡镇的小学合并为白彦镇教育委员会，下辖完全小学23所，村小16所，小学在校生8100人，教职工246人。2013年，下辖17个完小和1所市级规范化幼儿园和9所公办幼儿园，民办幼儿园22所，小学在校生4260人，教职工270人。在园幼儿2650人，专任幼儿园教师16人。全镇1所镇办中学和1所县直中学。中学有12个教学班，在校生577人，教职工49人。平邑县第七中学有18个教学班，在校学生900余人，在职在岗教职工147人。

计划生育

1989年，白彦镇人口34100人、9742户，已婚育龄妇女5089人；黄坡乡人口22972人、6563户，已婚育龄妇女3428人；山阴乡人口19403人、5532户，已婚育龄妇女2985人。2013年底，全镇总人口83575人，已婚育龄妇女14325人，出生人口1230人。

2013年底，辖区总人口83575人，另有流动人口2200人。总人口中男性44461人，占53.19%，女性39114人，占46.81%。14岁以下12703人，占15.19%，15～64岁24236人，65岁以上25937人，总人口数以汉族为主，有彝族、佤族、傣族、维吾尔族、朝鲜族等少数民族。

人民生活

1989年，原白彦镇人均纯收入315元，山阴乡336元，黄坡乡350元。至2001年，合并乡镇时人均纯收入2150元。2013年，全镇人均纯收入达到10210元。全镇每百户拥有彩电75台、电冰箱58台、洗衣机43台、摩托车35台、小汽车15台。最低保障救助人数达2350人，农村合作医疗参保人数7.98万人，参合率为91%。

2001年，原山阴、黄坡、白彦各有敬老院1家，集中供养老人30人。

至2013年，全镇共有低保户3848户，保障人口4524人，有28名孤儿享受待遇，31名困境儿童得到救助；2012年，对60岁以上退伍军人发放生活补助。全镇共有伤残军人37人，老复退军人、带病回乡军人129人，参战人员125人，军烈属10人，60岁以上退伍军人320人。2013年，对全镇200余座散葬烈士墓进行了集中搬迁和烈士碑安放；2013年，在原敬老院建设中心敬老院，新建公寓楼2栋、餐厅办公楼一栋，建筑面积5200平方米，设床位300张。

2013年白彦镇各行政村基本情况表

表29-12

行政村	所辖自然村	面积（公顷）	人口（人）	全村经济收入（万元）	人均纯收入（元）
白彦村	白彦村、小营	96.80	2008	1847	12160
东城村	大营、张岭、李围子、周沟	179.60	2189	1532	11060
小山后	小山后、东沟崖、袁庄、小刘庄	128.00	1100	935	11460
石洞口	石洞口	56.67	846	685	11060
东岭	小高庄、东岭、三合	50.27	1009	756	10460
石门村	东石门、西石门	74.67	2030	1827	11960
青山村	青山后、河西、蒋沟、青山	71.33	1099	791	10160
三联	朱龙湾、贾岭、大田地	126.67	1930	1459	10520
龙湾	龙湾	72.33	987	868	11760
同心村	下王庄、捞洼、贾庄	118.27	2030	1487	10290
姜庄社区	姜庄、老树湾、西徐庄、北沟	82.07	1174	851	10210
	马家湾、上王庄、福泉	87.73	1316	1013	10660
	龙山、龙峪、龙潭	58.73	1074	827	10660
	东徐庄、西岔、屋子岭、东岔	61.20	918	707	10660
联合村	小井子、小朱庄、苏庄	135.33	2069	1652	10945
南哨村	南洞、薛哨、左哨、李哨	116.27	1719	1375	10960
高庄村	高庄、柴山湾、河源	48.67	1427	1098	10660
西城	西山湾、贺郎铺、范崮前	99.00	1574	1204	10610
向阳村	羊角湖、孟沟、子泥沟、太皇崮	140.00	1797	1437	10960

续表 29-12

行政村	所辖自然村	面积（公顷）	人口（人）	全村经济收入（万元）	人均纯收入（元）
沙庄村	丁庄、常山、刘岭、沙庄	118.93	2346	1742	10385
官庄村	官庄、红山头	126.20	1889	1391	10325
老林后	下围子、老林后、夏庄	47.73	851	643	10520
燕岭	燕岭	88.00	1049	877	11320
黄金斗	小黄坡、金斗庄	148.20	1649	1286	10760
崮北	崮北、谷堆	112.67	1686	1382	11160
大朱庄	大朱庄	151.33	1496	1190	10920
黄坡社区	黄坡东村、谢岭、红埠岭、黄坡西村、西南庄、小刘沟、吴庄、柿树沟、孙沟、大刘沟	512.67	5482	4792	11701
枣梨	枣梨	165.33	1523	1219	10965
南径	南径、岳山怀	149.67	2261	1777	10820
却庄	却庄、黑石湾	95.53	1248	936	10460
小北径	小北径	65.93	826	610	10460
界牌沟	界牌沟、香炉顶	149.13	2232	1730	10710
大北径	大北径	88.40	1102	826	10460
公庄	越棚、侯楼	160.53	1919	1527	10920
徐庄	欢山沟、余庄、徐庄、张山头	215.07	2185	1680	10650
山阴社区	山阴村、双槐树、北山、李家沟、大马地、马家崖、王家岭、棠棣峪、黑蒋、山阴寺、东沟、里山蒋	402.00	5588	4638	11260
银英社区	彭装、白庄、程庄、银山沟、乜家湾	111.33	1472	1148	10760
		87.33	1382	1078	10760
后河	下后河、黑石查、上后河	60.73	1642	1274	10720
民安	柴胡山、王家沟	68.00	1250	900	10160
天乙	胡家楼、石马山、贾家山、营子沟	45.73	1078	790	10290
余家沟	余家沟	41.33	802	657	11160
下河社区	下河、平山、花石峪、陵春、坡草峪、庙东、邱庄、南泉子、北泉子、王山口	228.27	3756	2989	10920

续表 29-12

行政村	所辖自然村	面积（公顷）	人口（人）	全村经济收入（万元）	人均纯收入（元）
三河湾	泊石板、阮家沟、南场、石家峪、裴家沟、寇家山	98.47	1577	1236	10800
翔河庄	凉水河、辛庄、纱帽翅	62.93	1160	857	10352

临涧镇

临涧镇位于鲁中南低山丘陵区，隶属山东省临沂市，距平邑县城 30 千米，地处临沂、枣庄、济宁三市交界。岚济公路(岚山至济宁)、地庞路（地方至庞庄）横贯东西，平枣公路（平邑至枣庄）、平滕公路（平邑至滕州）、平黄路（平邑至黄坡）贯穿南北，境内有四海山、安自山，玉皇山，狼窝顶、宝泉崮、临涧南山等多座山峰南北环绕，狼窝顶为境内最高峰主峰海拔 674 米。人文历史文化悠久，境内有古代军队屯兵的营山，唐王李世民撂儿石和唐僧喂马槽的传说。

2001 年 1 月 6 日，由原庞庄乡和临涧镇合并为临涧镇，驻地在原临涧镇临涧村，全镇总人口 5.03 万人，下辖 21 个行政村，76 个自然村，土地面积 78.87 平方千米，其中耕地面积 37.33 平方千米，有大、中、小型水库 13 座。

水利

1989—1995 年，新建小山塘坝、磨湾塘坝、黑石片塘坝、曹庄塘坝及巩家村塘坝；1995 年，涝泉水库一期干渠工程开工建设；1998 年，涝泉水库二期干渠工程开工建设；2000 年，涝泉水库三期干渠工程开工建设；2005 年，巩家村等 7 个村建设高标准农田建设工程 6.67 平方千米；2006—2008 年，对 8 座小型水库进行除险加固；2008 年，西营山等 5 个村建设高标准农田建设工程 5.33 平方千米；2006—2010 年，瓦子埠等 2 个村建设饮水工程；2011 年，东庄等 3 个村饮水工程开工建设；2012 年，小山塘坝进行除险加固，巩家村新建拦河坝一座；夫子山等 3 个村移民工程开工建设；2013 年，付家沟村新建塘坝 1 座，加固塘坝 1 座，临涧村新建拦河坝 1 座，西庄等 4 个村移民工程开工建设。

农业

1989 年，临涧镇耕地面积 36.16 平方千米。1996 年，粮食种植面积 33.33 平方千米，平均每亩产 494 千克，人均纯收入 1949 元。2000 年 1 月，原庞庄乡撤销，并入临涧镇。全镇耕地面积 37.33 平方千米，林地面积 28.67 平方千米，农业总产值 16677 万元，农民人均纯收入 2420 元。2010 年，人均纯收入 6626 元，流转耕地 2 平方千米，建设巩家村花生高产示范基地 0.67 平方千米、优质金银花示范基地 0.67 平方千米，马槽、五块石等村新发展蔬菜大棚 50 个。投资 150 万元，完成周庄、前桃沟小流域治理及农田水利建设。规模养殖户达 100 余户。2011 年农民人均纯收入由 2006 年的 4600 元增长至 8350 元。引进投资 4000 余万元的宝山崮荒山开发生态旅游项目。2013 年人均现金收入 10500 元。巩家村新栽植“九丰一号”金银花1.47平方千米，兴旺庄、姑村、北庞庄村新发展黄烟40公顷。

工业

2010年，完成工业总产值2.5亿元，固定资产投入2.08亿元，引进各类项目15个，其中过亿项目2个，引进投资2.4亿元的华林“邑博园”房产项目落户县城。2011年，全镇民营企业64家，规模企业8家。2013年，引进过亿元项目5个，过5000万元项目4个。

商贸金融

1989年前，全镇有临涧、庞庄2个集市，2001年合并乡镇后，新增巩家村、东庄、周庄3个集市。2013年底，全镇共有商业网点1680个，从业人员3110人，社会商品零售总额达到15.8亿元；5个固定集贸市场年成交额2.6亿元。乡镇企业出口总额19万美元，比上年增长17%，主要产品为花岗石板材、花生酱等。

2013年，全镇有金融机构3个，居民存款余额41740万元。保险业办事机构1个，代办网点1个，险种40余项，参保户5000余户。

村镇建设

2009年，投资260万元对镇驻地进行提升改造，抓好15个示范村建设，村内达到“五化”标准。2010年，完成巩家村至东营山3千米的道路硬化，全镇共硬化道路26千米。2013年，贯通长2.5千米、宽31米的镇驻地北外环大道。全镇新安装太阳能路灯580盏，完成343户危房改造任务，启动6座农民上楼工程，投资6万余元完成综治维稳中心建设，投资10万元的镇中心广场健身设备安装完成。投资1500万元，调整利用闲置土地5.6公顷，将镇驻地东扩、石材小区改扩建。驻地打造提升，沿街楼顶“平改坡”460间、铺筑贺兰砖1.7万平方米。新修埏庄至下洼村路、前马槽至临涧南岭路6千米，拓宽北庞庄至下洼村路段3.2千米，硬化十八岭村内主街0.4万平方米、五块石村内主街1.4万平方米。实施平滕路大修工程，拆除房屋92间、临时房屋21间，清除各类树木1.4万棵，镇政府补偿群众330万元。庞庄社区建设2栋居民楼，临涧社区1期工程开工。

交通邮电

1989年前，临涧镇交通设施基础薄弱，村镇基本都是土路。1995年开始修建地庞路、平滕路。1995年修建路基，1996年铺设柏油路面。2000年修建平黄路。2012年投资1995万元对全长11.3千米的地庞路临涧段进行改扩建，其中南庞庄至镇一中段3.5千米处加宽至22米，铺油12米。投资300万元对镇北环大道、投资20万元对北庞庄村至下洼村路段进行改扩建；投资60万元对地庞路路南庞庄段进行整体改造提升。2013年，公交汽车线路2条，运营总里程达90千米，运营车辆48辆，年客运量43.6万人次。是年，临涧邮局收送邮件包裹3万余件，完成邮政存款2100余万元。

科教文卫

1990年，临涧镇中心小学办公楼开工建设，1992年竣工使用。1996年临涧镇中心教学楼开工建设，1997年竣工使用。2007—2012年，全镇完成中小学危房改造工程。1997年临涧镇中心校更名为临涧镇教委，2005年又更名为临涧镇中心校。2002年3月，临涧镇最后一批54名民办教师转为公办教师，退养41名。2007年，临涧镇开始全面实行免费九年制义务教育。2013年，投资400万元的镇一中公寓楼、投资278万元的镇一中教学楼、投资240万元的镇中心幼儿园均建设完成投入使用。

1989年，县人民医院临涧分院占地面积11760平方米，建筑面积590平方米，开放床位39张，设有内科、妇产科、五官科、中医科、放射科、特检科、检验科、药剂科、办公室、财务科等科室，有职工50人，年业务收入25.79万元，年门诊量2.1万人次，年收治住院病人1281人次。1992年6月，总造价42万元1280平方米的门诊楼竣工投入使用。1995年，临涧镇医院通过“一级甲等医院”的验收。1996年1月29日，庞庄门诊部成立。1998年5月，临沂市卫生局批准医院改称平邑县临涧镇中心卫生院。1999年9月16日，投资56万元开工建设1220平方米的病房楼。2000年1月，病房楼竣工投入使用。2002年，职工宿舍楼竣工。5月，办公楼竣工投入使用。2006年1月，新型农村合作医疗筹资首次在临涧镇开始，4月1日，开始启动报销程序。5月，由医院与乡医联合筹资20万元新建两层280平方米的黄金庄卫生室竣工投入使用。6月，医院投资10.3万元安装淄博贝斯特医院管理系统和浪潮服务器初步在内科、外科、妇科、药剂科、收款室实现网络化办公。全年业务收入突破440万元。2007年，年业务收入突破500万元。2008年1月，“360”工程免费为医院配置的美国通用公司价值60万元的彩色多普勒到位并投入使用。5月，投资45万元购进美国柯达公司CR120及美国柯达8150干式激光照相机。11月，投资5万元更换新的供暖锅炉。2010年10月，与新汶矿务局医院骨科技术合作。2012年9月，投资12万元国医堂竣工投入使用。2013年，临涧镇卫生院占地面积11760平方米，建筑面积7400平方米，开放床位75张，设内科、外科、妇科、中医科、理疗科、口腔科6个临床科室；办公室、财务科、医务科、公卫科、新合办4个职能科室。有职工102名，其中管理人员6名，专业技术人员90名，工勤人员6名。年业务收入1146.2万元，年门诊量38722人次，年收治住院病人1867人次。

计划生育

1989年，出生人口性别比为123.92，合法生育率48.7%。

2003年3月，临涧镇人口和计划生育委员会占地面积1.2万平方米，设置服务站、流管站、B超室、男女诊室等16个科室。2013年，出生人口性别比为135.43，合法生育率62.4%，人口自然增长率9‰。

人民生活

2013年，全镇实现一般性公共预算收入1450万元，人均现金收入10500元，分别同比增长40.9%、16.5%。2013年，全镇最低生活保障救助2288户2627人，有敬老院1所，床位45张，收养孤寡老人23人。

2013年临涧镇各行政村基本情况表

表29-13

行政村	自然村	户数（户）	总人口（人）	女性（人）	耕地（公顷）	园地（公顷）	林地（公顷）
临涧	临涧	985	2955	1329	137.87	947.39	1489.86
三河	艾曲	486	1724	851	133.00	16.00	33.46
	分岭	372	1318	528	183.61	30.00	4.23
	涝滩	240	810	364	133.24	0.67	1.27

续表 29-13

行政村	自然村	户数（户）	总人口（人）	女性（人）	耕地（公顷）	园地（公顷）	林地（公顷）
瓦子埠	瓦子埠	384	1374	683	54.21	4.80	22.84
新河	下洼	167	614	257	36.00	0.33	24.14
	付家沟	170	422	169	62.62	8.17	4.87
	山头	129	423	184	23.60	7.27	8.00
	石门	124	410	180	37.62	2.67	6.08
巩家村	巩家村	496	1616	792	146.67	20.00	20.00
	生胜庄	223	788	355	34.00	0	0.67
	南唐村	130	420	200	20.00	0.94	1.44
	河东	340	1072	487	7.33	2.00	3.33
	史小安	220	708	346	22.67	5.67	2.68
	西营山	124	425	197	70.17	0.80	2.00
双岭	段双沟	67	239	100	18.20	1.74	1.33
	双兴胜利	249	836	377	90.00	1.33	1.33
	双河	417	1295	535	219.49	1.67	3.33
涝泉	大涝泉	395	1349	610	100.67	27.33	58.28
	兴华	359	1072	470	58.00	2.65	12.04
富裕	下峪	260	867	417	37047	2.67	6.68
	上峪	302	1014	465	123.19	25.00	54.72
	车厢	180	578	274	37.33	0.67	3.33
庞庄	北庞庄	180	708	344	46.53	2.09	32.71
	南庞庄	310	1240	610	70.93	0.92	26.95
向阳湖	兴旺庄	135	496	243	61.34	0.67	1.33
	姑村	158	594	290	36.70	0.38	10.69
	小卓庄	270	840	404	68.25	1.75	45.29
	大卓庄	300	1076	514	84.80	2.00	10.00
坡里	坡里	307	1061	468	129.43	1.13	12.42
义和新村	吴家店	190	637	313	57.11	3.57	13.84
	莛庄	190	685	330	81.53	6.67	28.79
	姑山后	208	781	360	115.37	0.80	17.10
南岭	十八岭	170	546	263	74.07	4.06	0.70
	南庄	210	662	320	127.40	6.00	32.23

续表 29-13

行政村	自然村	户数（户）	总人口（人）	女性（人）	耕地（公顷）	园地（公顷）	林地（公顷）
齐发	大麦滩	149	489	224	30.00	4.67	65.05
	茂分岭	119	309	119	30.67	26.67	38.21
圣泉新村	夫子山	245	764	366	83.72	1.33	11.66
	三岔河	181	575	275	32.87	2.00	45.33
	杨沟村	131	475	173	73.06	3.32	7.78
	新围子	370	1070	505	134.81	13.33	10.00
东庄	东庄	295	896	438	74.10	1.30	13.46
	姚蒋	280	897	425	56.80	2.67	7.25
	碌碌泉	96	310	152	21.33	0.40	5.72
	西庄	230	760	360	57.33	0.33	10.92
周庄	石棚	119	427	209	62.53	2.13	11.77
	曹家庄	260	800	370	70.00	3.33	21.42
	周庄	172	617	305	82.24	16.43	13.01
	黄金庄	320	997	493	80.00	1.87	4.80
	益民村	268	934	443	67.27	1.33	1.67
桃沟	桃沟村	425	1506	726	142.33	2.00	2.00
马槽	前马槽	256	967	457	100.57	10.00	3.33
	后马槽	238	807	377	61.20	2.00	29.47
	五块石	160	558	262	111.01	19.75	0.74
三里峪	三里峪	270	882	423	66.53	13.96	2.10
余粮店	余粮店	405	1365	665	75.23	40.00	55.33
	黄天	276	918	436	43.13	21.33	10.30
	朝阳	186	593	233	32.00	2.33	14.34
	合源	253	936	471	49.33	2.67	53.33
	小涝泉	101	330	161	20.67	6.67	1.33

丰阳镇

概述

丰阳镇位于县城西南 13 千米，北纬 35° 07′ 35″，东经 117° 56′ 51″。总面积 91.6 平方千米。东与流峪镇接壤，西与泗水县、临涧镇相邻，西南靠邹城市，北依县经济开发区，距日东高速公路出口14千米，省道S241纵贯南北，县道铜红路横穿东西。人民政府驻郑家峪村。

全镇以丘陵山地为主，北部为喀斯特岩溶地貌，南部为花岗石风化麻岩燕地质，矿产资源丰富，主要有花岗石、页岩等。辖区内最高点为丰山，海拔518米。境内西北方向的香山，海拔316米，以古梿、五角枫等品种为主形成千年古树群，香山红叶闻名县内外。辖区属暖温带半湿润大陆性气候，四季分明，夏季炎热，冬季干冷，多年平均气温11.9℃～14.1℃，月平均气温最高为26℃，最低气温在1月-2℃，多年平均降雨量为770.2毫米，6—9月降雨量最大为574.6毫米，占全年降雨量的74.6%，其中7月降雨量最大为238毫米，占全年降雨量的31%；1月最小，仅10.7毫米，占全年降雨量的1.49%。辖区属沂河水系浚河支流，河流8条，主要有娄阴河、娄阳河、丰阳河；境内有小（1）型水库2座，小（2）型水库23座，塘坝108户，机井61处。

1989年，有耕地面积20.77平方千米，至2013年，有耕地面积26.27平方千米。森林覆盖率由1989年的17%上升到2013年的43.6%。

1990年，第四次人口普查有9033户，人口33019人；2000年，第五次人口普查有10327户，人口33343人；2010年，第六次人口普查有11810户，人口49566人；2013年底，丰阳镇有12426户，人口41024人。人口自然增长率为4.1‰，出生率为9.58‰。

水利

丰阳镇位于唐村水库上游，有小（1）型水库塘坝2座，小（2）型水库18座，132座塘坝。1989—1990年，有效灌溉面积10.2平方千米。1998年，投资50万元，修建塘坝27座，渠道配套1.4万米，配套小（2）型水库1座，投工35万个，改善灌溉面积2.4平方千米，扩大灌溉面积0.8平方千米。1999年，实行农田水利产权制度改革，对境内的水库、塘坝及其他灌溉设施承包给个人，实行专人专管，对全镇现有的122座水库、塘坝，对到期的70座进行承保60座，拍卖10座，对不到期的52座完善使用合同。2000年后，开展小流域治理工程，累计投资200万元，全镇47个村35个村有水利项目。2008年，完成郑家峪东水库、张家庄、三寨、白石、西河、大峪沟、上寨和娄山沟水库8座水库的除险加固工程。2013年底，完成娄山沟小流域的水土保持工程项目。

农业

1989—2013年，农业总产值由1990年的1308万元增加到2013年的1758万元。粮食产量由1990年的10825吨增加到2013年的11203.62吨。林、牧、渔业产值由1990年的81万元、75万元和14万元，分别增加到2013年的642万元、2859万元和22万元。

1990年，以种植粮食作物小麦、地瓜、玉米、大豆、花生为主，按一定比例种植其他杂粮和经济作物，当年小麦总产量308万千克。1993年，种植业调整粮食作物以种植小麦、玉米、花生为主，地瓜、大豆种植面积逐年下降。2000年后，调整种植业结构，一些村庄适当扩大林果、花生和瓜菜大棚种植。南部和西部扩大花生种植面积，粮经比例调至52∶48。2005年退林还耕。全镇建立1299块基本农田保护区。1998年农村土地实施第二轮承包，种植业向专业化、规模化转变。2011年，各类经济作物达到21.33平方千米，其中花生15.2平方千米，生姜1.07平方千米，黄烟1.2平方千米。至2013年，粮经比例调至

46∶54，花生、生姜、大蒜、黄烟发展18.33平方千米，年产值916万元。

1990年，机械总动力4084千瓦，农用拖拉机77台，排灌动力162台1389千瓦。实现机耕面积13.33平方千米，机播面积2平方千米，机收面积8平方千米。2013年，丰阳镇机械总动力发展到6.17万千瓦，农用拖拉机7307台，排灌动力4350台15738千瓦，实现机耕面积13498公顷，机播面积2600公顷，机灌面5120公顷，大型联合收割机65台，农用汽车59辆，农用加工机械161台，新增农机具248台套。

1989—1990年，实施造林工程，境内有林面积15.81平方千米，森林覆盖率17%。1995年，提倡村民“四旁”植树活动。至2000年，林地面积增至16.35平方千米，森林覆盖率23%。2001年，丰阳镇山林面积17.33平方千米，有林面积7.33平方千米，荒山10平方千米。2003—2004年，杨树迅速发展到5.2平方千米，金银花400万墩。2001—2004年荒山造林5.33平方千米，每年以1.33平方千米的面积递增，四旁植树20万棵。2005年，丰阳镇实施“绿染沂蒙工程”，建设13公千米绿色通道，发展丰产林3.33平方千米，栽植各类苗木6.67公顷，荒山绿化2.67平方千米。2009年以来，对5.07平方千米荒山进行分段招标承包，最终由26个承包大户中标，确定林地、荒山70年的承包经营权。2011年，完成新造林面积4.28平方千米，共投资150万元，搬运土石方50万立方米，整修道路36里，打深井6眼，建水窖、蓄水池42处。栽植的侧柏、黑松、杨树、山楂、金银花等成活率91%。2012年，沿日兰高速公路、省道平滕公路17.6千米，植树42万棵，面积4.74平方千米。丰阳镇大力发展山楂、苹果、鲜桃，面积2.33平方千米，年产果品750吨，其中干果600吨，鲜果150吨，产值300万元。至2013年，村镇植树6.2万棵，森林覆盖率43.6%，果园面积2.33平方千米，果品产量750吨，产值300万元。

1990年，大牲畜1470头，生猪1.55万头，羊0.82万只，兔2.5万只，家禽9.5万只，肉蛋奶产量413吨。1995年，栏圈改造3800间，新建冬暖夏凉式猪圈1500间，畜牧总产值达到8000万元，人均牧业收入962元，占人均收入的65%，当年生猪存栏3.1万头，出栏4.1万头，母猪存栏1万头，出售仔猪12万头。1996年，实施2211工程，即猪牛羊饲养量突破20万头（只），培育畜牧强村20个，富裕户1000个，人均牧业收入超1000元，完善仔猪批发市场，新建200吨集猪、羊加工于一体的冷库1座。2005年，丰阳镇被列为省二期扶贫开发重点乡镇，新建生猪养殖小区20处，年出栏肥猪10万头，养殖专业村3个，专业户32个，新建奶牛场1处，养奶牛394头。至2013年全镇规模养殖大户170户，规模养殖场发展22个，新建标准化畜牧养殖小区10个，畜禽存栏量887698头（只），肉蛋产量7606.1吨。成立养殖协会和专业合作社23个。

1989—1990年，只有12%的水库可用来养鱼。1995年后，一些塘坝承包给个人，承包人对塘坝投工投资进行整修，使养殖水面扩大到100.67公顷，鱼塘60公顷，水产品产量达到9.6万千克，养藕8.33公顷，芦苇6公顷，实现产值20万元。至2013年，改善鱼塘1.2公顷，放养水面13.1公顷，产量18吨，产值19万元。

工业

1986—1990年，有乡镇企业5家，包括糖果厂、木器厂、绣花厂、石米厂、香山农场，总投资60万元。1992年，引进东丰、胜丰花岗石厂。1996年，乡工业企业进行体制改革，完成“公转民”的改制，累计盘活资金1365万元，引进注入资金351万元，当年完成工业总产值1.25亿元，增长37%，利税1000万元。

1997年，发展村办企业6家，企业示范村3个，利税5万元以上大户4户，民营经济户1960户。2005年，平邑县康华建材有限公司在东午门建起1座占地8万平方米的建材厂，建筑面积1.2万平方米，主要生产以页岩、煤矿石、粉煤灰等材料开发的砌筑转、装饰砖、异型砖、地面砖四大系列，包括多孔砖、承重砖、非承重砖、花墙砖、清水砖等30余个品种，总投资4300万元，安排就业人员140人，工人收入100万元。

2008年，丰阳镇规划总面积11.1平方千米的金牛经济园区。2009年以来，新落地中小项目26家，周边小型木材加工厂40家，机械加工厂8家，接纳就业人员1640人，金牛木业有限公司出口创汇列全市同行业前10名，新增纳税能力百万元项目5个。2011年5月平邑合盛合线正式投产，康贝德木业8月投产，2011年实现税收80万元。

2013年，先后有11个项目建设投产，新增规模已提升企业5家，总量达16家。全年完成规模工业总产值7.12亿元，实现利税0.76万元。

商贸金融

1989年，丰阳镇有供销社1个，中心门市部5个，村代销点47个。1992年，丰阳供销社实现利润承包、打破“大锅饭”。1994年实行“租壳卖穰”，采取包、租、赁、买方式经营。1999年，镇政府投资105万元，供销社投资126万元，开发沿街商住楼41栋。投资40万元建1166平方米超市1个。2006年，国家商务部开展“万村千乡市场工程”第一批8个，包括丰阳供销社、农资站、联华超市、郑家小安农资综合站等。2012年，在境内大峪沟社区由平邑县供销合作联合社与丰阳供销社投资100万元、50万元，建“村社共建为农服务中心”1处，占地面积6666.67平方米，建筑面积2349平方米，投资150万元。2013年，全镇个体工商户发展到189户，产值380万元。有供销购物中心1个，村级供销联合超市40平方米以上有21个。

1985年，有农行信用社1个。1989年农村信用社有存款300万元。1994年，成立农村基金会，为自收自支实体，1999年撤销。1998年，信用社建营业室1个。1999年，丰阳农村信用社存款1698.88万元，贷款1285.11万元。2013年，丰阳镇有农村信用社1处，网点32个，存款26484.92万元，贷款6305.49万元。

镇村建设

镇驻地郑家峪村含2个自然村（郑家峪、兴水），1990年后乡政府成立规划小组对村庄建设进行规划。1997年，成立城镇建设综合治理领导小组对丰阳总体规划和管理实施，打通“三纵四横”的乡驻地道路，小城镇建设发展3.57平方千米，开发商住楼6栋，建筑面积1.3万平方米，道路硬化道路15.4万平方米，绿化带2条4千米，栽植各种花木1500万株。2008年，对镇驻地改建开发工程启动，先后投资320万元，安装80盏路灯，4盏景观灯，铺筑大理石人行道4000米，中心街排水渠开挖砌垒2000米，绿化带3000平方米。

2013年，分别投资230万元、180万元铺设弱电下地管道3600米，天然气管道2800米，更换120盏LED路灯，对健身广场进行绿化，铺设鹅卵石小道83米，建置紫藤廊架152米，安装假山，面积65平方米，移栽迎客松3棵。投资60万元对镇驻地南侧两条河流进行清淤，修建拦水坝1100米，在平滕路西侧丰阳村进行沿街开发，统一设计为“青瓦、白墙、灰边、挑檐”的仿古式建筑风格，推进小城镇建设。

2013年，西峨庄、东西皋旧房拆迁162户1023间，腾空土地12公顷，新建住宅楼11栋，其中入住4栋，完工4栋，争取土地增减挂资金980万元，对长岭、岳家庙、花果峪、三寨4处废弃土地复垦，新增耕地11公顷。

交通邮电

1989年，有平滕（平邑至滕州）公路1条，均为砂石路，全长15千米。1994年，县乡投资1000万元，对平滕路丰阳段进行拓宽。铺筑，全长13.6千米，路基3.6千米，改线加宽9.4千米，投工70万个，完成土石方100万立方米，建桥涵45座。2008年，投资3000万元，硬化乡村道路160千米。1997年，全乡境内通车里程达到95千米，47个村95%的通了路。2012年，县镇投资1650万元完成全长11.4千米，宽7米的铜红公路（平邑铜石至丰阳红山）的铺筑。2013年，平滕路大修拓宽，县镇累计投资4000万元，其中镇配套资金120万元，加快镇内“四桥五路”建设，完成道路配套4座中桥、平滕路建设、铜红路镇驻地段1.5千米改线、香山现代农业园12千米改线、新硬化中学前1.1千米的文化路等建设工程，年内共完成道路网化工程28千米。至2013年，境内有县乡路7条49千米，村村通道路48条116千米，桥涵77座。

1993年，投资145万元建邮电办公楼。1999年，使用上海贝尔1240交换机。2000年，发展农村电话，全镇47个村50%的村通电话。2008年，建设平邑平安互助网，发展平安互助村47个。2010年，新上先进的光纤入村，实现传输数字化。2011年，光纤入户。至2013年，全镇有固定电话4516户，移动电话18911部，宽带用户1198户。

1986年，有10千伏线路1条次，用电35千伏车庄变电站10千伏丰农线全长314米，用电台区54个，低压线路20.164米，变压器54台、总容量1620千伏安，用电户数4867户，年供电量12.6万千瓦时。1996年新建35千伏唐村变电站1座，10千伏线路3条，10千伏唐农线，10千伏丰农线，10千伏唐工线，全长105.44米，用电户9863户，年供电量22.65万千瓦时。2010—2013年，10千伏线路4条，总长209.64千米，全部为架空线路，用电台区112个，总容量15867千伏安，户均容量0.96千伏安；平均供电半径440米，最大供电半径840米。供电量2587.62万千瓦时。

科教文卫

1990年，实施科技兴乡战略。1998年，丰阳镇投资3万元落实科学技术进步法，办成人教育学校，定期对村民进行农业科学技术培训。2000年，建立科技、农技培训基地5个，建立村办农民科普学校6所，科技示范田20.8公顷。2008—2009年，连续两年在12个村进行测土配方施肥对比试验。2009年，推广玉米良种8400千克，小麦良种0.45万千克。在21.33公顷桃、18.67公顷梨园中全面推广套袋技术。全镇范围内推广玉米秸秆粉碎还田技术，机耕机播面积1平方千米。2010年，组织农业科技示范推广现场会3次，组织推广配方施肥、保护性耕作技术，全县在丰阳召开三秋生产暨玉米秸秆禁烧工作现场会。2012年规划建设高标准香山现代农业科技示范园，规划面积4平方千米，涉及4个行政村，总投资1500万元，争取各类扶持资金1000万元。至

2013年，全镇良种推广6.18平方千米，经济良种种植0.67平方千米，地膜覆盖面积17.4平方千米，塑料大棚1.07公顷，企业技改项目5个。各类科技示范基地49个，农业服务组织18个，农业科技示范户发展到50户。

1989年，有中学1所（丰阳镇初级中学始建于1967年），原名为平邑县第十中学，1992年改为平邑县丰阳镇初级中学。1995年有中心校1所，小学23所。在校学生：小学3998人，中学1230人；教师：小学152人，中学79人。1999年，全镇有小学26所，在校学生4385人，教师143人，村办幼儿园42个，教师46人。1999年，丰阳镇初级中学有教师82人，学生1653人。1995—1997年，丰阳乡3年累计投资4万元建起中心校教学楼和实验室。2007年，丰阳中学有7个教学班，学生267人，教师52人。

2008年，镇政府先后投资15万元新建金雀庄联小1所；投资145万元建中学餐厅、宿舍楼2250平方米。2009—2012年，先后投资1150万元，新建、改建中心校、白石完小、大峪沟希望小学、香山美小学、峨庄完小、西皋完小、丰阳中心校等7所小学，总面积9580平方米。配备多媒体教室72套，完善远程教学教室，建立中学标准化操场。2013年，镇政府投资367万元，为中学建3059平方米教学办公楼1栋。至年底，丰阳中学有教学班9个，在校学生359人，教师49人，其中高级职称5人，中级职称19人。有完全小学6所，小学办学点2所，在校学生1245人，教师146人；幼儿园8所（其中个人办5所），幼儿园学生632人，幼儿教师26人。

1982年成立电影队。1989年，有文化站1个，广播站1个，1991年，广播通播率达到94%，喇叭入户率90%，47杆千米达到规格化，157.5千米线路条条通。2006年，村村通有线电视。2008年，全镇7448户安装有线电视，占全镇总户数的65.2%。1999年，农村电影队有职工2人，有F16-A型放映机1套。每年放映300场次。2003年，丰阳镇54个村建高标准科技文化大院25处，农家书屋28处，存书总量达到4.6万册，先后举办各类法制教育讲座26场次，农业技术培训班108期，组织文艺演出106场次。2008年，丰阳镇投资30万元建成综合文化站。

1989年，有卫生院1所，医院床位12个。村卫生室47个，乡医47人。1996年，有乡村卫生室10个，乡医53人。1997年，投资55万元建1200平方米的门诊大楼。至2006年，卫生室达到19个，乡村医生79人。2011年，镇政府投资110万元建1400平方米的病房楼1幢。2006年，开始实施新型农村合作医疗。2008年，农村合作医疗参合率达到98.43%。至2013年，丰阳镇有卫生院1所，床位41张，卫生机构53人，村卫生室21个，乡医49人。农村参保率达到14243人，金额210.72万元，新农合参保率达到100%。

1994年，举办首届“丰山杯”农民篮球赛，至2012年共举办17届。1997年10月，丰阳镇篮球队获全县“节水杯”第二名；1998年10月，获“节水杯”篮球赛第三名。2002年4月，获全县“电信杯”乒乓球赛男子团体第三名；西峨庄村、丰山口村门球队曾多次参加全县老年门球比赛，均获得第二、三名的好成绩。2004年10月，丰阳镇被评为全国亿万农民健身活动先进乡镇。2011年，临沂市举办第一届广场艺术节，丰阳农民秧歌队参加演出。2012年8月，丰阳镇承办平邑县全民健身活动日启动仪式，10月，举办首届香山红叶节。2012年，投资80万元铺筑镇政府文化广场高标准塑胶篮球场。2013年，举办第十八届“丰山杯”农民篮球赛和老年门球赛。至2013年底，全镇有体育广场2个，健身广场36个。

计划生育

2013年，丰阳镇计划生育服务中心设20个科室，事业编制人员12人。已婚育龄妇女8065人，合法生育率94.26%，合格率100%。

人民生活

1989年底，全镇农民人均纯收入378元。农民人均住房面积23.2平方米，年人均生活用电82千瓦时。每百户拥有彩电17台，电冰箱2台，洗衣机3台，摩托车11辆。有敬老院1所，床位15张，收养孤寡老人12人。

2013年底，全镇农民人均纯收入9568元。成立农村经济合作组织，注册各类专业协会34个。农民人均住房面积31.63平方米，年人均生活用电176千瓦时。每百户拥有彩电96.25台，电冰箱16.67台，洗衣机31.25台，摩托车63.13辆。全镇最低生活保障救助1817人，大病救助210余人。有敬老院1所，床位17张，收养孤寡老人14人。

2013年丰阳镇各行政村基本情况表

表29-14

行政村	人口（人）	面积（公顷）	总收入（万元）
郑家峪村	2221	213.33	2.04
北城	1337	120.00	1.23
香山	1122	140.00	1.02
山泉	1206	160.00	0.92
泗山根	740	146.67	0.76
丰阳村	1600	106.67	8.00
金鹊庄	1041	89.60	4.50
上寨	560	62.00	0.05
南埠庄	1168	81.79	8.50
丰山前	623	44.80	0.05
顺民村	688	35.47	
大丰阳村	1208	69.62	9.05
响水庄	708	43.93	6.50
红山	1017	106.67	5.00
三寨	1565	125.07	5.90
林家寨	526	41.67	2.30
小城西	614	40.33	2.30
大城西	951	78.67	4.70
大孟常	470	47.33	1.70

续表 29-14

行政村	人口（人）	面积（公顷）	总收入（万元）
小孟常	380	30.93	2.30
白石村	851	75.73	6.00
大峪沟村	987	41.53	23.30
娄山沟村	304	12.27	7.20
薛家洼村	927	37.73	4.60
大安村	738	29.27	8.80
常岭村	996	40.80	11.60
郑家小安	947	43.80	6.60
周家小安	483	19.60	4.70
邵家小安	439	17.93	4.60
朱家村	661	26.13	4.80
杜家村	507	20.93	4.20
库家村	406	16.85	4.40
老池峪	715	80.53	2.10
花果峪	832	74.53	2.40
岳家庙	1122	109.07	8.00
张家庄	1260	105.67	4.00
东午门	1079	71.13	17.30
西午门	345	18.47	2.00
丰山东	887	81.73	4.60
东峨庄	1186	59.53	5.45
西峨庄	1285	64.00	13.9
青草坡	601	55.80	2.20
义顺庄	573	49.73	6.22
东西皋	1095	46.67	2.93
西西皋	653	43.60	2.21

人物

人物传

仲　由（前542—前480）字子路，亦称季路，春秋鲁国卞之野（今仲村镇）人。性情刚直，好勇尚武，不拘礼仪，曾凌暴过孔子。孔子对他启发诱导，设礼以教，子路接受孔子的劝导，请为弟子，成为孔门七十二贤之一，后世尊其为十哲之一。子路随孔子周游列国，做孔子的侍卫。孔子说："自吾得由，恶言不闻于耳。"子路做过鲁国大夫季康子的家臣。季氏将伐颛臾，子路、冉有将此事告诉孔子。孔子反对讨伐，批评他们不加劝阻是没尽到责任。后来子路做卫国大夫孔悝的蒲邑宰，任内开挖沟渠，救穷济贫，政绩突出，辖域大治。孔子过之，三称其善。性至孝，有为母百里负米的故事，被元朝郭居敬列入"二十四孝"。公元前481年，卫国内乱，孔悝被劫，子路临危不惧，冒死冲进卫国国都救援孔悝，混战中被杀。明代仲村有仲子祠，祠内有仲子故里碑。

曾　点　字子晰，亦称曾晰，春秋时期鲁国武城（今郑城镇武城）人。孔子弟子，孔门弟子七十二贤之一。《论语》载，有一次他和子路、冉有、公西华侍坐孔子，谈个人志趣时，他"铿"然一声，停止鼓瑟，说暮春时节，换上春装，和五六位志同道合的成年人，带上六七个少年，去沂河里洗洗澡，在舞雩台上吹吹风，然后唱歌回来。孔子听后大加赞赏，喟然叹曰：你和我想的一样！鲁国大夫季武子死，曾点吊唁"倚其门而歌"，被称为鲁之狂士。曾点墓在其故里郑城镇武城村东北。

原　宪（前515—？）字子思，孔子弟子，孔门七十二贤之一，今仲村镇南屯人。孔子为鲁司寇时，曾做过孔子的家臣，孔子给他九百斛的俸禄，他推辞不要。孔子死后，原宪过着隐居生活，茅屋瓦牖，粗茶淡饭，生活极为清苦。一次，子贡高车驷马，拜访原宪。原宪衣着破烂，出来迎接。子贡问："夫子岂病乎？"原宪回答说："吾闻之，无财者谓之贫，学道而不能行者谓之病。若宪，贫也，非病也。"子贡听后非常羞愧地走了。原宪出身贫寒，个性狷介，一生安贫乐道，不肯与世俗合流。故里靠近南武阳城，南武阳城亦名原宪城。城北武山擂鼓台，传为原宪墓。

澹台灭明（前512—？）字子羽，孔子弟子，孔门七十二贤之一，春秋时鲁国武城（今郑城镇武城村）人。《论语》载，子游做武城邑宰的时候，孔子问他：你在这里发现什么贤人没有？子游回答说：有个叫澹台灭明的人，品德端正，不走邪路。不是因为公事，他从来不到邑署里来。经子游引荐，澹台灭明就学于孔子。他相貌丑陋，孔子原以为才薄，不会有什么成就。但澹台苦心学习，加强修养。终于学有所成。后到吴国讲学，门徒300多人。孔子听到后检讨说："吾以言取人，失之宰予；以貌取人，失之子羽！"

曾　参（前505—前432年）字子舆，孔子弟子，春秋末战国初鲁国武城人。少年时打柴种地，16岁开始拜孔子为师，因学习勤奋，刻苦努力，成绩突出，很快受到孔子重视。曾参小孔子46岁，他跟孔子学习时孔子的思想学说已日趋成熟。孔子认为曾参忠厚老实，能忠实地继承自己的思想，便将“中庸”和“为孝”的道理传授给也。孔子死后，曾参根据老师生前的传授，加上自己的理解，编著《大学》《孝经》两书，被封建社会统治者列为儒家经典。曾参仕于莒，做过小官，后“南游于楚，得官尊焉”。以后齐国想迎以为上卿，他一概不就，专心致力于儒家学说和天文历数等研究，并收徒讲学，宣传自己的主张。曾参的弟子有七十多个，吴起就是其中的一人。他把孔子思想的核心中庸之道传授给子思，子思再传孟子，形成儒家重要的曾子子思孟子学派，后世尊曾参为宗圣，列二十四孝之一。

庞逢源　号星楂，生卒年月不详，庞守先之长子，铜石镇庞家村人。光绪甲午科附贡生。候选教谕。精研岐黄，妙手回春，用药以清补平淡取胜，对虚劳内伤等病，经他治疗多能康复，在本村自设“中和堂”行医济世。救疾苦，扶贫厄，处世平和谦恭，乐善好施，修桥捐募莫不尽力，得其接济者难以数计，有大善人之誉。卜辉吉在给他撰的碑文中说：“……灵枢百家、研精竭虑、穷神达化直造仲景之堂，四方沉疴多赖以起……求无不应，至今称道不衰焉。”并擅长书法，留有手写小字行书一册。著有《医律》已佚。晚年以医术授胡润章，张兆奎。

庞绥来　字福卿，生卒年月不详，庞守先之次子，铜石镇庞家村人。庚寅科恩进士，候补直隶州州判。并参与《续修费县志》的编纂与采访。他不乐仕进，有“不为良相，愿为良医”之誓。在资邱、上冶教书时，即购中医古典医籍在教书空暇时，披览研讨、潜心领悟，寒暑不间，尽得仲景奥旨，遂辞馆在地方街设永安堂，悬壶济世。在中医学术上，他崇拜仲景，善用经方。用药主张专宏，或发汗或攻下，或温补，或固脱，皆配伍精当，主次分明，利害攸分。他认为古人尚有“药不眩瞑，厥疾不瘳”，不倡用药和平稳当。“若四平八稳，对于危重之病，杯水车薪，曷可有济，徒延误病机耳”。见有疾病痛苦者，常登门施治，或渐渐痊愈，或立见显效，多应手而愈，求诊者络绎不绝。著有《庞福卿医案》已佚，《方药证治》部分存世。亦精于书法诗赋，现有教书时批语及所撰书天宝张氏碑文存世。晚年以医术授其侄庞汝翼、庞汝为，不但在理论上解疑析难，对临床的经验亦心传口授。常训之后学：“为医之道，切记谨慎小心，不可粗心大意，草菅人命。”“以大医慈悲之心却疾扶厄，勿趋权贵，勿怠贫贱，做良医救人之事，免庸医杀人之咎，不坠家声是吾所望也。”

庞汝翼　字若云，生卒年月不详，清太学生，庞逢源之次子，铜石镇庞家村人。幼读书颖悟，受家庭熏陶，继先人之志，承袭家学。耽嗜经典医籍，常侍先人之侧，临证见习，执笔开方，聆听训教。理论与实践相结合，方药与症治互参，得融会贯通之机，收事半功倍之效。他在临床中不但善治妇内科杂病，尤善于对温病时疫的治疗，疑难重病，多起沉疴。如治南诸冯村董氏鼻衄病，他医皆以炭类止血、数治不愈，先生视之曰：“此乃血热上逆之证，需凉血降气以治之。血随气行，气降则血降矣。”遂疏凉血降气之品而愈。王家村胡某患小便不通，诸医投以八正散利之初效，后用之反剧。先生诊后，遂以补中益气汤，济生肾气丸加减调理而愈。他不仅医术精湛，而医德高尚。时有病家送“恩同再造”，“着手成春”匾以感谢。曾自制“雪口散”（治口疮）、“耳旋药”（治中耳炎）、痧证药、救暑丹等，舍药济人，四方得其惠济者，不胜悉数。晚年创“位育堂”并自撰“位行素素问原太素，育英才才学乐真才”，“仲景门前人莫到，轩岐堂上我再来”二幅联句，书写后悬于位育堂匾侧。所撰《医案文稿》，大井头王凤书先生有手抄本，后佚失；三山廉德诠先生所抄本毁于“文革”中。现仅存遗方及《临证指南医案》眉批百余处，其中有赞赏，有批驳。其在医学上造诣虽不能窥其全貌，亦可足见一斑。他所书写碑文、桥记、庙碑，多数损坏，现仅存少数碑文，及小字正楷墨迹一册存世。书法宗二王及柳公权。时称：“武家的欧（武嘉化）庞家的柳（庞汝翼）”。晚年他退居东园，研究中医典籍及《易经》。诊疗由其弟庞汝为承担，只有重大疑难病方与会诊。

陈德扬 （1852—1936）平邑街道白马庄人。幼入私塾，后随族人陈昭焯习医，18 岁即独立应诊，22 岁设“贞元堂”济世。他治眼病注重辨证施治，宗东垣脾胃气血学说，提出眼科虚证居多的论点。他说：“余历推目疾，虚证十有八九，实证百无一二”。在治疗中注意调补气血，故四物汤、补中益气汤为其最常用的方剂。先生技术全面，内治以汤剂为主，外治注重点药。自制外用眼药“拨云散”、“推云散”等十余种，并十分注意点用的方法和禁忌。晚年悉心著述，采摘前人眼科名著，结合自己的临床经验，著成《眼科要诀》一编，约两万余字。前有总论，后列寒热虚实、气血虚实、翳膜、风热补泻、红肿辨要、用药缓急、轮廓精辨、谨慎刀尺等 15 论。后列眼科常见疾病 50 种，结合临床，较详尽描述证状，指出治疗要点，遣方用药十分精当。书后附常用的方剂 140 首，一部分为眼科先贤的有效成方，有的为先生所创，用之得心应手的良方。其中除汤剂、丸剂方外，尚有配外点眼药膏、散方 16 个，特别宝贵的还保留了一些民间治验、行之有效的土单验方。

刘汝洋 （1869—1936）名盛璋，平邑集（今平邑街道莲花山社区）人。清代廪生，清末民初曾先后供职于陕西省长安、安徽省安庆道（府），任陕西省安塞县知事，安徽省怀宁县知事、怀远县知事、和县县长等职。刘汝洋出身于一个贫苦农民家庭。清乾隆年间，始祖刘恒因生计所迫，由平原徙居平邑。刘汝洋之父立功靠经营豆腐作坊维持生活，赖以微薄收入供养汝洋入塾读书。清光绪年间，在沂州府考取廪生，继而入进仕途。清光绪二十七年（1901 年），刘汝洋与陈晓楼等当地士绅，在平邑集积极倡导附近十三社的民众捐资，敦请平邑巡检梁鲲出面主持，请清政府批准，庀材鸠工，兴建“平邑镇校士分馆”，历时 3 年，校士分馆终乃告成，占地 3333.33 平方米，小有规模（1904 年改为“平邑高等小学堂”，原址即今平邑街道第三小学）。光绪二十九年，校士分馆竣工之时，刘汝洋亲自书写《平邑镇校士分馆小成记》刻于石上，以资纪念（刻石现存平邑街道第三小学）。

唐绍鼎 （1895—1942）仲村镇三合四村人。1937 年“七·七”事变前后，与鲍天仇、唐绍典、王保胜、张振等一起率先在费（县）西北成立了一支百余人的民众抗日武装“常备军”，在蒙山一带进行抗日活动。翌年，光荣加入中国共产党。1939 年 4 月，八路军费县人民抗日游击第四大队（简称四大队）在峡玕成立，唐绍鼎任大队长。他带领四大队活动在蒙山前，配合一一五师与日寇作战和进行反顽斗争，陆续参加了大小战斗几十次。后四大队编入一一五师，是蒙山前最早升入主力部队的游击大队。是年底，唐绍鼎任仲村特镇镇长期间，又与唐嘉伦等组织数百人的民众抗日武装仲村特镇基干团，唐绍鼎兼任团长。1940 年秋，费北行署以该镇基干团为基础，组建行署保安大队。1941 年春，唐绍鼎任保太区副区长。同年 11 月，日伪军大“扫荡”后，我费北行署所在的蒙山根据地出现了严重的经济困难，唐绍鼎被调任费北行署实业科（也称经建科）科长，负责抗日经费和物资的筹集工作。1942 年秋的一天，唐绍鼎从蒙山里带来一笔抗日经费，秘密来到公家庄，想办法搞到一批抗日急需物资，第二天只身回蒙山。走到殷家村时，从路旁树丛中突然窜出一伙国民党顽固派五十一军的兵痞，里面有许多人认识他是唐绍鼎，于是将他抓捕后押送到三关庙进行刑讯。敌人先摆上酒宴劝他投降，遭到唐绍鼎的严词拒绝，即动用各种酷刑。唐绍鼎坚贞不屈，大义凛然，英勇就义。

孙宝洙 （1883—1962）字鲁泉，号清溪，柏林镇东武安村人。早年毕业于山东省公立商业学校，后入曲阜书院深造。曾任费县主簿、山东省议会议员、鲁南民团参谋、直鲁军高级参议等职。孙宝洙出身书香门第，家业殷实，加之善于经营，中年时孙家已有土地 4000 余亩，酒店、油坊多处。其虽富甲一方，但深明大义，富有民族正义感，做了不少爱国爱民的善事。1918 年他捐资捐地重修贯庄东山书院。1934 年捐资救助 200 多户鱼台、嘉祥等县逃难灾民。抗战爆发后积极宣传抗日，带头出钱出粮，并将自家护院的全部武器弹药捐给八路军一一五师东进支队，支援抗日救国。东进支队司令员彭雄亲自登门赠其“抗日救国、民族先进”锦旗一面。1962 年 8 月病逝。

唐　军 （1913—1974）原名唐绍祎，仲村镇三合四村人。1932 年春加入中国共产党，平邑县党的早期领导人之一，厅级离休干部。

1931 年考入省立临沂第三乡村师范学校，结识了进步青年，阅读进步书籍，并参加反帝大同盟（共产党的外围组织）。1933 年建立仲村党支部并担任组织委员，在与上级组织失去联系的情况下，仍积极为党工作。抗日战争时期，组织领导抗日游击队开展抗日活动。先后任八路军山东纵队第四游击大队政治、民运干事，山东分局秘书处供给股长、总务科长，中共日照县碑廓区委书记，中共芦山县委各救会会长。解放战争时期多次率领武装工作队与敌人作战。曾任滨海区沭水、临沂、临西县委组织部长，中共鲁中南区委直属党委副书记。中华人民共和国成立后，历任鲁中南行署实业处副处长，中共江苏省沛县县委书记，中共山东省滕县地委委员、滕县专署财政经济委员会副主任，山东省财委办公室主任，中共中央第四中级党校学员，山东省服务厅党组成员，山东省食品公司经理等职。

张希周 （1904—1992）山东省沂水县人。1927 年春加入中国共产党，为沂水县第一个党支部成员，最早在平邑境内开展革命的党员。

1927 年 11 月，赴济南向省委汇报沂水县党的活动情况，当时省委负责人邓恩铭指定张为沂水县党组织负责人。后发展了沂蒙山区第一批中共女党员。1928 年 6 月，与中共山东省特派员孙兆鹏一起审查沂水原有党员，整顿沂水县党组织，并将审查后的党员分两批上报省委。之后任中共沂水特别支部成员。1928

年底，以个人名义加入国民党，在国民党山东省指导委员会办的党务训练所毕业后，与学友袁时若等跨党党员一起到费县建立了中共费县小组。此后曾任日照县县长。中华人民共和国成立后被人民政府逮捕判刑。1986 年，经沂水县法院复查宣布无罪，恢复公职。

刘振邦　（1916—1992）字兴华，白彦镇西南庄村人。幼读私塾，后入费县职业学校就读，为穷困所窘，中途退学，随伯父刘永春研医。1939 年在大涝泉设同德药房行医。时值抗日战争时期，他接受革命宣传，秘密为八路军指战员疗疾治伤、捐赠药品，鲁南抗日游击队李乐园在战斗中负伤，他参与救护，精心治疗。1954 年，应在公安部工作的李乐园邀请参加国庆观礼活动，在观礼台见到毛泽东、周恩来等国家领导人。1956 年，参加涝泉联合诊所任所长，1957 年调山阴区卫生所工作，1958 年调临涧医院从事中医工作，并带徒多人。临证中，他擅长中医内科，以整体观念为指导，灵活辨证施治，对各种疑难杂病如咳喘、痰症等治验颇丰，汇有《咳喘灵验方》1 册。从医 40 余载，业绩突出，被选为县三、四、五、六届人大代表。

刘结挺　（1920—1993）原名刘瑞新（刘睿心），曾用名刘凯之，汉族，仲村镇北近台村人。1933 年加入中国共产党，中共第九届中央委员。

历任中共仲村支部宣传委员，新四军第六支队教导队政治指导员兼支部书记，抗日军政大学第四分校一大队教导员兼党总支书记，抗大四分校第一工作团政委兼党总支书记，抗大四分校干部股股长、党总支书记、组（织）保（卫）科副科长、组织科长、校党委委员，任华中八分区独立三团政治处主任、三十四团政治处主任、第二支队政治处主任，豫皖苏区政治部组织部部员、二十八团政委、五分区北五县对敌斗争指挥部政委，河南开封县委书记，中国人民解放军第十八军炮兵营政委、一五四团副政委，中共川南区江安县委书记、宜宾县委书记，中共川南区宜宾地委委员、地委组织部部长，宜宾地委纪委书记，中共四川省宜宾地委副书记兼组织部部长、纪委书记，中共宜宾地委书记兼宜宾军分区党委书记、政委，四川省革委会筹备小组副组长，成都军区副政委，四川省革委会副主任。中共第八次代表大会代表，中共第九届中央委员。

李致远　（1901—1994）地方镇大瑶草村人。1901 年 10 月生，1919 年投笔从戎，曾任国民党第五十九军少将参军，中国人民政治协商会议山东省第二、三、四、五、六、七届委员会委员。

自幼受父母影响，乐善好施，为人正直。在菏泽上学时，受孙中山进步思想的影响，抱着爱国救民的志向，投笔从戎，投奔冯玉祥将军的第十六混成旅当兵，开始南征北战，浴血沙场。在部队历任班长、排长、连长、营长、团长、旅长、少将参军等。任班长时，一次战斗结束清理战场，把捡到的一块金表、十块大洋，一支步枪全部上缴。冯玉祥在全军官兵大会上提出表扬，并晋级。

1933 年，长城喜峰口抗战事起，张自忠将军担任国民党第二十九军前线总指挥，李致远任第三十八师特务团团长兼遵化城防司令。遵化县城地处北平通往承德的必经要道，为使遵化县城不被日本侵略军占领，李致远等发明了一种土火箭对付日本侵略军飞机，使日本侵略军飞机一个月内没敢来袭。当时北平晚报刊登《李致远三箭定军山》的报道。

1936年6月，日本人通过冀察政务委员会在中南海怀仁堂进行联欢宴会。在宴会上，日本人以唱歌、舞刀、饮酒、书法向中国人挑衅。中国军人何基沣、董振堂依次上前应战。李致远用自自己的“柳叶刀”舞了一趟“滚堂刀”，以示中国人不可欺，让在场的日本人目瞪口呆。随即，日本人又不怀好意地端着酒碗喊着“李武术家”就上来拼酒，李致远冒死与之对饮。

1937年7月7日，卢沟桥的炮声，揭开了中国人民全面抗战的序幕。当时李致远是第二十九军独立二十六旅旅长，部队在津浦线马厂一带，属三十八师指挥。由于部队没接到作战命令师长不在，副师长不知所措。如不立即采取行动，日本侵略军就要占领天津了。在李致远等人的强烈请求下，副师长李文田于27日晚下达了开战命令。日本侵略军受到中国军队的猛烈攻击，死伤惨重。李致远指挥的二营士兵把东局子日本飞机场的飞机报废了一半。9月，马碱河战斗，李致远的独立二十六旅奉命防守津浦铁路，沿马碱河东边阻止日军南下。根据形势，他组织了敢死队，用洋红抹脸，用长把大刀和手榴弹迎战。日军没见过红脸和长把刀，在发呆的时候脑袋就掉了。敌人溃不成军，前面的绊到后面的，一扫武士道精神。

在八年抗战中，李致远跟随冯玉祥、张自忠，冒着枪林弹雨浴血奋战。1948年11月，李致远带国民党军队一个手枪团起义，加入中国人民解放军。1949年转业到山东省人民委员会办公厅工作，先后任行政处秘书、副科长，参事室秘书。1961年10月任山东省人民政府参事。

傅兴贵（1915—1994）保太镇大埠槐村人。曾当选为山东省第一、二、三届人大代表，省第六届党代会代表，山东省劳动模范，华东地区农业先进集体代表会议代表。

1943年6月担任村农救会长。1948年任村长。1949年加入中国共产党，任村党支部书记。1950年春，他带头组织成立由30户农民参加的大埠槐村农业生产互助组，是县内较早的农业生产互助组。同年11月，带头组织成立村林业生产合作社，带领群众开始绿化荒山，至1958年，他带领全村共植树274.67余公顷，其中栽植苹果、板栗20余公顷。1954年至1958年，他带领社员修建3座连环小塘坝，蓄水10余万立方米，开挖3000余米的环山渠道，引水灌溉苹果园和农田20余公顷，与附近几个村联合会战建成蓄水100万立方米的小型水库1座，解决了下游6个村浇地和饮用水问题。

“文化大革命”期间，傅兴贵受到冲击和批判。经常是批判会上被人打得鼻青脸肿，散会后就拦在进山的路口，劝阻村民进山砍树。在他的感召下，大埠槐造林的成果不仅没有被毁掉，相反还保持了一定数量的造林规模。1984年，傅兴贵退休。1994年因病去世。傅兴贵去世后，村民自发捐款为他树立了一座“万古流芳”纪念碑，并建“光裕亭”一座。

王　瑞（1912—1996）曾用名王润生，柏林镇汪家坡人。1938年3月参加中共费县工委抗日宣传队，1939年4月加入中国共产党，曾任山东省农业科学院院长、党委书记。

历任费县联合办事处财务科科长，八路军津浦路东支队第三团供给处主任，费县抗日民主政府财政科科长，费北行署财政科科长，蒙山区各县联合办事处财政科科长，泰南专署财政科科长，鲁中行署财政处粮食科科长，鲁中行署粮食局一科科长，鲁中南行署粮食局科长、副局长，山东省粮食局副局长、局长，粮食厅副厅长、党组副书记。1954 年 1 月，调东北支援“141 项”建设，任阜新煤矿副矿长。1955 年冬回山东，先后任山东省农业厅副厅长、党组副书记，山东省农业科学院院长、党委书记、顾问，山东省林业厅顾问等职。1982 年离职休养。

王力生 （1918—2000）原名王桂艳，曾用名王艳，地方镇人。小时候，家庭困难，靠亲友资助入费县县立第五小学读书。1933 年秋，考入费县师范讲习所第二期。入校不久，就遇上费县党组织遭受破坏，进步教师失踪，参加了由共产党员领导的罢课运动。1936 年毕业后，受聘到地方小学任教。期间，参加费县师范讲习所每周六晚上举行的在校学生的读书会，由李平、李祖恩二人介绍加入了中国共产党。翌年，参加共产党在费县发动的武装暴动。费城暴动失败后，他返回家乡，坚持独立活动。1938 年 3 月，他和十多位同志与当时到达蒙山前柘沟、万寿宫一带的省委取得联系。省委决定成立中共费县工作委员会，他任工委宣传部长。在以后的抗日斗争中，历任山东省军政干校政治部组织干事、中共费县第一区区委书记、鲁南地委组织干事、鲁南地委党校组织干事、费南县委民运部长、鲁南军区敌工部费西敌工站长、鲁南中学（青干校）指导员。解放战争中，先后任中共临城县委组织部长、鲁南区五地委党校副主任，1949 年 6 月随第二野战军南下云南。新中国成立后，历任中共云南峨山县委书记、全国总工会刘宁一副主席办公室秘书，全国总工会国际联络部办公室主任、中国农林工会全国委员会秘书长、吉林省梨树农场副场长、济宁地区科委副主任、济宁地区行署副专员、济宁市政协副主席。1988 年 3 月离休，1996 年 10 月经省委组织部批准，享受正厅级待遇。2000 年因病去世。

王依群 （1920—2001）原名王瑞昌、王芝，平邑县地方镇爱华村人。中共党员。1944 年 8 月至 1945 年 8 月任费北县人民政府代理县长。

1934 年，他到费县师范讲习所读书，受地下党组织的影响积极参加革命活动。1936 年 11 月加入中国共产党。七七事变后，以教员身份开展地下工作。1938 年初任费县青年救国会宣传干事。1938 年 9 月任费县县委组织干事、八路军费县人民抗日第一游击大队教导员。同年 12 月，与赵光、时克等中共党员，带领游击队员在地方镇西蛤蟆沟伏击日本侵略军。1941 年 2 月任费北行署秘书。1944 年 8 月任费北县政府民政科长、代理县长。日本侵略者投降后他奉命到东北工作，1945 年 10 月任东北局组织部工作团团员。1946 年 4 月任吉林省桦甸县副县长。1947 年 10 月任吉林省盘石县县长。1948 年 3 月任吉林省民政厅民政科科长。1949 年 10 月任吉林省政府调研室主任。1950 年 7 月任吉林省计划委员会秘书长。1952 年 5 月任吉林省政府办公厅主任。1955 年 5 月任吉林省人民委员会副秘书长兼办公厅主任。“文化大革命”期间下放农村 8 年。1978 年 4 月，任吉林省民政厅副厅长。1981 年 9 月离休。2001 年 7 月 26 日病逝。

李　平 （1920—2002）曾用名李丙炎，平邑县资邱镇资邱村人，中共党员，北京市农业局党组原副书记，原北京市顾问委员会委员。

1936 年 11 月加入中国共产党，1937 年 10 月参加费县暴动，1938 年 4 月任蒙山游击队政治班长。9 月，任费县卞桥抗日委员会工作团股长。1939 年 9 月在中共山东分局沂水党校学习。1940年1月任一一五师民运工作队白彦乡指导员。7月任中共滕县二区区委书记。1945年9月任中共鲁南区二地委党训班主任。1946年3月任中共曲阜县委组织部长。1947年8月任中共中央华东局工作队党总支副书记。南下后于1949年1月任中共湖北省竹山县委书记。1952年7月至1960年，先后任中共湖北省委组织部科长、处长、秘书长、副部长。1960年8月兼任中共湖北省钟祥县委书记。1964年10月任中共湖北省荆州地委副书记。1966年7月调任中共北京市委组织部副部长。“文化大革命”期间在北京重型机械厂劳动改造，其间，曾任北京市革命委员会政治组副组长、丰台区革命委员会副主任。1978年10月任中共房山县委第一书记。1982年10月任北京市农业局党组副书记、顾问。1986年任北京市顾问委员会委员。1994年11月离休。

李　朴　（1918—2007）原名李瑞祥，曾用名李铁人，卞桥镇孟家湖村人。红军，副部级干部。

1928年举家逃荒到黑龙江省谋生，九一八事变返回故里，1935年考入费县师范讲习所第四期，在校接受一些先进思想。1936年10月秘密加入中国共产党，并任抗日民族先锋队队长，直接与山东省总队长杨涤生联系。在群众中宣传抗日救国思想，在遭到国民党政府和学校限制时，便和李华林、赵光3人组织学生举行全校大罢课。政府派来警备队前来制止，县长陆鼎吉到校强制学生复课，并用开除学籍相威胁，激起学生强烈反抗。学生纷纷走出校门，散发传单，揭露国民党政府不准抗日的投降主义真面目。1938年春奔赴抗日前线，8月到滕县四工队学习，12月任费县组织科干事。1943年任中共邹县二区区委书记，11月调任滕县公安局局长。1948年6月派往华东建大第二分校学习，结业后分派到昌乐县公安局任局长。该县是国民党统治时的模范县，反动势力十分嚣张。经过一年的艰苦工作，清除国民党残余势力，将土改运动搞得轰轰烈烈，受到山东省政府的表扬。1953年2月，调任潍坊市公安局局长。1955年调任山东省公安厅治安处副处长，1957—1959年分别任铁道部第五、第六工程局公安处长。1960年10月被周恩来总理任命为铁道部西北铁路工程局副局长。当时国家正处于经济困难时期，根据国家精兵简政的指示，将该局40万人精减到17万人。

管庆云　（1930—2008）平邑镇二村人。1946年2月参加区中队，1947年12月加入中国共产党，厅级离休干部。

解放战争初期，先后任区公所通讯员、文书，跟随区领导带领平邑担架队支援莱芜战役和孟良崮战役，平邑担架队获得“陈毅担架队”光荣称号，授给锦旗1面。1948年2月随军南下，参加过济南、淮海、渡江、淞沪等重大战役。淞沪战役后编入二十七军序列，作为对台第一纵队。1953年入朝，参加了上甘岭和秋季反击战。1955年回国。1962年在西安炮校学习。1966年到某导弹基地工作。

1975年转业到第五机械工业部所属山东红旗机械厂任革命委员会副主任、副厂长。1980年离休。

李守克　（1921—2010）沂南县砖埠乡南薛庄村人。1940年加入中国共产党，1960年10月至1963年11月任中共平邑县第二届委员会第一书记，1963年11月至1967年1月任中共平邑县第三届委员会书记，1973年10月至1975年8任中共平邑县第四届委员会书记。

1939年秋任村自卫团长，同时做地下交通工作。在抗日战争的艰苦岁月里，先后任里宏乡党组织委员，铁山区党委统计干事，边联县委组织部干事，张庄区委书记等职，领导组织民兵打游击，带领日本反战同盟支部的人员到敌伪据点喊话瓦解敌人。抗战胜利后，任张庄区委书记，主要工作是镇压伪政权，建立基层革命政权，发动群群众参军，带领百姓支前。1948年任沂南县委常委、宣传部长。1950年调任共青团沂水地委宣传部长。

1961年4月任中共平邑县委第一书记，1975年月离职。任职期间，组织干部群众救灾，兴修水利修建水库，发展生产，高度重视林业，兴建万寿宫、大洼、明光寺等多处林场。1962年6月20日，《人民日报》《大众日报》头版头条登载《平邑县干部保持艰苦朴素作风》的报道，介绍平邑县委抓干部队伍建设和密切联系群众，发扬革命传统的经验。11月26日，山东省委发出通知要求全省党员干部学习讨论《人民日报》《大众日报》的两篇报道。“文化大革命”初期受到冲击。1968年复出。1970年后组织兴建钢铁厂、化肥厂等工业项目。1975年任中共临沭县委书记。1979年任中共临沂地委党校校长、党委书记。1983年离休。

闫志安 （1946—2010），丰阳镇南埠庄村人，中共党员，1966年10月任民办教师以来，一直从事数学教学工作， 1987年被评为临沂市优秀教师。1992年被评为全国优秀教师，1993年被国家教育委员会、人事部授予“全国教育系统劳动模范”称号，1994年应邀出席党和国家举行的第十个教师节庆祝活动，做客中南海，受到李鹏、乔石、李瑞环等党和国家领导人的亲切接见。1995年10月参加了国家教委组织的新中国成立以来第一个民师研修团赴港澳研修考察。1996年6月获曾宪梓教育基金会二等奖。临沂市第十四、十五届人民代表大会代表。

郝友三 （1913.10.1—2012.2.7），保太镇柳家村人。原名郝存友，字益三。

历任抗大三分校任区队长、教员，延安军事学院干事，延安高级党校教员，中央党校一、四部教员，中央党校三部科长、政治协理员、办公室主任，《冀鲁豫日报》社办公室主任，冀鲁豫区党委秘书室主任，平原省委秘书处长，平原省委办公厅第一副主任，河南省委办公厅副主任、主任，省档案事业管理局局长、省直党群党委书记，河南信阳地区任革委会办事组副组长，河南省革命委员会办事组副组长，河南省委办公厅主任兼党委书记、省委副秘书长，河南省委办公厅老干部支部书记，河南省延安抗大精神研究会副会长、河南省延安精神研究会顾问等职。享受省级医疗待遇。

李凯亭 （1922—2013）原名李甲善，保太镇东埠阴村人。1936年参加革命工作，中共党员，原中顾委常务副秘书长，省部级离休干部。

幼年读私塾，后转入仲村小学。1936年高分考入泰安三中，其间在地下党组织的引导下由单纯好学上进的青年上升为追求真理、追求民族解放的战士，积极组织同学反对校方贪污等一系列活动。同年秘密加入中国共产党。1937年参军，曾参加过鲁南、徂徕山、莱芜、孟良崮、淮海、淞沪和渡江等战役，参加解放济南、徐州、南京、上海等地的战斗。

中华人民共和国成立初期，李凯亭主持上海市体委工作。1957年负责创办《体育报》并兼管《新体育》及体育出版社的工作。“文化大革命”后,负责国家体委计划财务司工作，广开财路增收节支力。协同兴办了郴州州等训练基地，参加规划落实了第十一届亚运会部分场馆、高尔夫球场、北京网球中心、奥林匹克饭店等项目的用地和建设。

调到中顾委后，组织中顾委委员下基层调研，为中央决策献计献策。中顾委取消后他已65岁，中顾委副主任薄一波在一次会上提出：“凯亭同志身体还健康，头脑清楚，有开拓精神还要继续工作。”他回国家体委一干又是8年，1995年离休，副部长级，享受正部级医疗待遇。

历任八路军山东纵队政治部青年大队长；抗大一分校政治部俱乐部主任；鲁中军区《前卫报》编辑;华东军区政治部宣传出版科科长，《军政报》主编；军区军邮局局长；上海军事接管委员会军事接管专员；陈毅市长办公室交际科长，市教育卫生委员会常委，市社交处处长；上海市体委副主任、党组书记；国家体委宣传司副司长；《体育报》总编辑；国家体委计划财务司司长；1983年任中共中央顾问委员会常务副秘书长。其间兼任中国新闻工作者协会书记处书记;中华全国体育总会常务理事、副主席；中国柔道协会主席；中国钓鱼协会副主席等职务。1940年被八路军山东纵队九支队政治部评为模范支部书记：1947年在华东军区政治部被评为模范工作者；1949年在华东军区直属党委荣立三等功；1959年被国家体委机关党委评为先进工作者；并荣获中华人民共和国体育工作者荣誉奖章和贡献奖章；获得中共中央、国务院、中央军委颁发的中国人民抗日战争胜利60周年纪念章。曾为孟良崮陵园题写碑文“蒙山苍苍,沂水泱泱,英烈之风,山高水长”。为旅顺万忠墓题碑文“铭记史事、振兴中华”以表缅怀之情。

人物表

1989—2013年平邑县省级以上先进、劳模统计表

表 30-1

姓 名	性别	民族	出生年月	籍贯	工作单位	荣誉名称	授予时间	授予单位
刘加坤	男	汉	1954 年 5 月	平邑地方	地方镇九间棚	全国劳模	1995	中华人民共和国国务院
郑晓廷	男	汉	1954 年	山东乳山	平邑县金矿	全国劳模	2000	中华人民共和国国务院
刘　莉	女	汉	1971 年 1 月	平邑地方	平邑县安监局	省级先进个人	2007	中华人民共和国国家安监总局
东野长敏	男	汉	1948 年 6 月	平邑地方	原第三中学	全国教育系统劳动模范	1989	教育部
李加志	男	汉	1953 年 7 月	平邑街道	县饲料公司	山东省劳动模范	1989	山东省人民政府
赵洪之	男	汉	1940 年 4 月	平邑地方	地方镇康太庄	山东省劳动模范	1990	山东省人民政府
蒋光成	男	汉	1934 年 10 月	平邑卞桥	卞桥镇蒋家庄	山东省劳动模范	1990	山东省人民政府
崔国胜	男	汉	1954 年 11 月	山东即墨	平邑衡器厂	山东省劳动模范	1992	山东省人民政府
闫志安	男	汉	1946 年 10 月	山东平邑	丰阳乡中学	全国教育系统劳动模范	1993	教育部
张志合	男	汉	1951 年 5 月	平邑临涧	临涧黑石片村	山东省劳动模范	1995	山东省人民政府
倪西涛	男	汉	1942 年 3 月	山东泰安	县林业局	山东省劳动模范	1995	山东省人民政府
张延林	男	汉	1962 年 3 月	临沂罗庄	县金矿	山东省劳动模范	1998	山东省人民政府
李树杰	男	汉	1952 年 9 月	平邑地方	地方西瑶草村	山东省劳动模范	1998	山东省人民政府
赵景元	男	汉	1958 年 9 月	平邑丰阳	原黄坡乡政府	省优秀公务员	1999	山东省人民政府
彭允占	男	汉	1955 年 5 月	平邑卞桥	卞桥建安公司经理	山东省劳动模范	2003	山东省人民政府
陈荣祥	女	汉	1953 年 9 月	平邑	县供电公司	山东省劳动模范	2003	山东省人民政府
荆建新	男	汉	1955 年 5 月	山东莒县	原临工平邑公司	山东省劳动模范	2003	山东省人民政府
孙令文	男	汉	1956 年 7 月	平邑街道	金信集团	山东省劳动模范	2003	山东省人民政府
王光瑞	男	汉	1954 年 9 月	平邑郑镇	县社	全国供销合作社系统先进工作者	2003	山东省人民政府
胡汝福	男	汉	1944 年 10 月	平邑	原县计生局	山东省劳动模范	1993	山东省人民政府
刘新才	男	汉	1963 年 10 月	平邑地方	临沂康发食品有限公司	山东省劳动模范	2008	山东省人民政府

续表 30-1

姓 名	性别	民族	出生年月	籍贯	工作单位	荣誉名称	授予时间	授予单位
毛衍传	男	汉	1950 年 11 月	平邑保太	保太镇外庄村	山东省劳动模范	2008	山东省人民政府
李志国	男	汉	1960 年 1 月	平邑	原天宝化工厂	山东省劳动模范	2008	山东省人民政府
牛继德	男	汉	1949 年 10 月	平邑	归来庄金矿	山东省劳动模范	2008	山东省人民政府
马如银	男	汉	1967 年 7 月	平邑铜石	山东晟银药业有限公司	山东省劳动模范	2013	山东省人民政府
王 晖	男	汉	1954 年 12 月	平邑	山东雷沃桥箱有限公司	山东省劳动模范	2013	山东省人民政府
张 军	男	汉	1971 年 9 月	平邑白彦	白彦镇山阴社区	山东省劳动模范	2013	山东省人民政府
张庆刚	男	汉	1963 年 1 月	平邑	县人力资源和社会保障局驻上海办事处	省先进工作者	2013	山东省人民政府
闫志强	男	汉	1973 年 4 月	平邑卞桥	原平邑县扶贫开发办公室	全省扶贫开发先进个人	2012	山东省人民政府

1989—2013 年平邑县省级以上党代表、人大代表、政协委员情况表

表 30-2

姓名	性别	民族	出生年月	籍贯	工作单位及职务	代表（委员）	界别
刘嘉坤	男	汉	1954.05	平邑地方	平邑县地方镇九间棚村党委书记	人大代表	第九届、十届、十一届、十二届全国人大代表（1998—2013）
马锡琚	女	回	1926.01	山东菏泽	临沂地区（市）人民医院妇产科医生	人大代表	第七、八届省人大代表（1988—1998）（属下派参选）
王传武	男	汉	1935	平邑保太	平邑县魏刘乡北王庄村党支部书记	人大代表	第七、八届省人大代表（1988—1998）
见修文	男	汉	1952.03	平邑街道	平邑化肥厂党委委员、副厂长	人大代表	第七届省人大代表（1988—1993）
邵长明	女	汉	1949.09	山东枣庄	平邑县政府副县长	人大代表	第七、八届省人大代表（1988—1998）
李崇仁	男	汉	1936.10	山东莱州	平邑县人大常委会主任	人大代表	第七、八届省人大代表（1988—1998）
周付录	男	汉	1937.12	江苏无锡	平邑县人民医院副主任医师	人大代表	第七届省人大代表（1988—1993）
于延浩	男	汉	1945.06	山东乳山	省人大常委会财经委委员、省审计学会会长	人大代表	第七届省人大代表（1988—1993）（平邑县第十一届人大常委会第七次会议于 1988.05.05 补选，属下派参选）

续表 30-2

姓名	性别	民族	出生年月	籍贯	工作单位及职务	代表（委员）	界别
李玉妹	女	汉	1956.10	山东沂南	临沂地委委员（市委常委）、平邑县委书记	人大代表	第七、八届省人大代表（1988—1998）
刘玉欣	男	汉	1959.02	平邑仲村	县人大常委会副主任兼县人民医院院长	人大代表	第八、九届省人大代表（1993—2003）
鞠茂勤	男	汉	1933.10	山东荣成	山东省第八届人民代表大会常务委员会委员	人大代表	第八届省人大代表（1993—1998）（属下派参选）
祖卫东	男	汉	1953.01	山东沂南	县委副书记、县政府县长	人大代表	第九届省人大代表（1998—2003）
郑晓廷	男	汉	1954.08	山东乳山	平邑县归来庄金矿矿长	人大代表	第九、十、十一届省人大代表（1998—2013）
葛宪法	男	汉	1962.11	平邑仲村	平邑县方正公司董事长	人大代表	第九届省人大代表（1998—2003）
张超良	男	汉	1954.01	平邑武台	平邑县保太镇党委书记	人大代表	第九届省人大代表（1998—2003）
马进香	女	回	1956.03	平邑保太	平邑二中高级教师	人大代表	第九届省人大代表（1998—2003）
王林山	男	汉	1964.10	山东莱州	县委副书记、县政府县长	人大代表	第十届省人大代表（2003—2008）
邢美丽	女	汉	1958.10	山东滕州	山东美丽石材有限公司董事长兼总经理	人大代表	第十、十一、十二届省人大代表（2003—2013）
杨艳明	男	回	1957.08	平邑地方	山东环球印铁制罐有限公司董事长	人大代表	第十、十一、十二届省人大代表（2003—2013）
陈荣祥	女	回	1953.09	平邑温水	县供电公司经理	人大代表	第十届省人大代表（2003—2008）
荆建新	男	汉	1955.05	山东莒县	山东临沂临工桥箱总经理	人大代表	第十、十一、十二届省人大代表（2003—2013）
陈一兵	男	汉	1965.03	山东费县	县委副书记、县政府县长	人大代表	第十一届省人大代表（2008—2013）
高　伟	男	汉	1968.12	平邑地方	临沂奇伟罐头食品有限公司董事长兼总经理	人大代表	第十一、十二届省人大代表（2008—2013）
丰程秀	女	汉	1964.08	临沂河东	平邑县委书记、县人大常委会主任	人大代表	第十一届省人大代表（2008—2013）
马祥营	男	汉	1963.10	山东沂水	县委副书记、县政府县长	人大代表	第十二届省人大代表（2013—2013）
周苏东	女	汉	1965.10	江苏无锡	县人民医院特检科主任	人大代表	第十二届省人大代表（2013—2013）
田德普	男	汉	1940.03	平邑卞桥	平邑县资邱乡岐古学区教师	政协委员	第七届省政协

续表 30-2

姓名	性别	民族	出生年月	籍贯	工作单位及职务	代表（委员）	界别
刘嘉坤	男	汉	1954.5	平邑地方	地方镇九间棚村党委书记，九间棚集团公司董事长		党的十四大代表
陈永玲	女	回	1959.9	平邑	平邑县环卫处公厕科科长		党的十六大代表、省第九届党代表
王林山	男	汉	1964.10	山东莱州	平邑县委书记		省第九届党代表
丰程秀	女	汉	1964.8	临沂	平邑县委书记		省第十届党代表
金　峰	女	回	1970.5	平邑	平邑县冠鲁集团开发公司销售部经理		省第十届党代表

说明：1. 马锡琚、于延浩、鞠茂勤代表为下派参选，非平邑籍且没有在平邑工作过；

2. 代表的职务为当选该届代表时的职务或调任平邑时的职务

1989—2013 年平邑县正高级专业技术人员情况表

表 30-3

姓名	性别	民族	出生年月	籍贯	工作单位	职称	评定时间
孟爱美	女	汉	1957.01	平邑郑城	平邑县计生服务站	主任医师	2008.12
李　东	男	汉	1962.02	山东莒南	平邑县畜牧兽医局	农业技术推广研究员	2005.12
付　晓	男	汉	1967.06	平邑保太	平邑县农业局	农业技术推广研究员	2009.01
田德茂	男	汉	1962.07	平邑资邱	平邑县疾控中心	主任医师	2011.03
陈宪民	男	汉	1945.01	平邑街道	平邑县中医医院退休	主任中医师	2000.11
李兆凤	女	汉	1958.09	平邑仲村	平邑县中医医院退休	主任医师	2008.10
阚士宇	男	汉	1963.01	平邑铜石	平邑县中医医院	主任中医师	2010.05
徐庆吉	男	汉	1965.11	平邑白彦	平邑县中医医院	主任中医师	2010.12
朱秋玲	女	汉	1971.11	山东菏泽	平邑县中医医院	主任中医师	2013.05
周付录	男	汉	1937.12	江苏无锡	平邑县人民医院	主任医师	1993.07
周绍康	男	汉	1936.07	安徽合肥	平邑县人民医院	主任医师	1993.07
刘萃兰	女	汉	1945.08	山东荣成	平邑县人民医院	主任医师	1998.11
徐炳群	男	汉	1944.01	山东汶上	平邑县人民医院	主任医师	2000.11
张自强	男	汉	1943.06	山东郯城	平邑县人民医院	主任医师	2000.11
陈学宜	男	汉	1952.03	费县朱田	平邑县人民医院	主任医师	2003.11
郭洪江	男	汉	1951.12	平邑保太	平邑县人民医院	主任医师	2004.11

续表 30-3

姓名	性别	民族	出生年月	籍贯	工作单位	职称	评定时间
王化廷	女	汉	1948.08	平邑街道	平邑县人民医院	主任医师	2004.11
岳凤兰	女	汉	1955.03	平邑仲村	平邑县人民医院	主任医师	2007.11
周金荣	女	汉	1950.11	山东泗水	平邑县人民医院	主任医师	2004.11
魏益廷	男	汉	1953.11	平邑街道	平邑县人民医院	主任医师	2007.11
公维营	男	汉	1963.03	平邑街道	平邑县人民医院	主任医师	2004.11
彭华彬	男	汉	1965.11	平邑温水	平邑县人民医院	主任医师	2004.11
杨志国	男	汉	1964.06	平邑魏庄	平邑县人民医院	主任医师	2006.11
张开颜	男	汉	1965.01	江苏沛县	平邑县人民医院	主任医师	2006.11
曹庆德	男	汉	1963.05	平邑铜石	平邑县人民医院	主任医师	2009.11
胡孝坤	男	汉	1966.07	平邑铜石	平邑县人民医院	主任医师	2009.11
梁克山	男	汉	1968.11	平邑柏林	平邑县人民医院	主任医师	2009.11
魏岳远	男	汉	1966.07	平邑温水	平邑县人民医院	主任医师	2011.01
张廷平	男	汉	1968.12	平邑魏庄	平邑县人民医院	主任医师	2011.11
神兆玉	男	汉	1957.09	平邑流峪	平邑县人民医院	主任医师	2011.11
乔志正	男	汉	1968.08	平邑仲村	平邑县人民医院	主任医师	2012.11
宋玉娟	女	汉	1965.07	平邑保太	平邑县人民医院	主任医师	2012.11
周苏东	女	汉	1965.01	江苏无锡	平邑县人民医院	主任医师	2013.11
谢加永	男	汉	1965.01	平邑白彦	平邑县人民医院	主任医师	2013.11
李常松	男	汉	1953.01	平邑仲村	平邑县史志办公室	高级编审	2002.9

1989—2013 年平邑县集体荣誉情况表

表 30-4

单位	荣誉奖项	授予时间	授予单位
平邑县政府	全国食品工业强县	2008 年	
平邑县政府	全国食品工业发展十大特色县	2008 年	
平邑县政府	全国法治县（市、区）创建活动先进单位	2010 年	全国普法办
平邑县政府	国家园林县城	2010 年 2 月	住房和城乡建设部
平邑县政府	山东省保护消费者合法权益县级单位	2007 年 10 月	山东省人民政府
平邑县政府	山东省投资环境十佳县市	2007 年 12 月	中国城市经济杂志社、山东新闻网

续表 30-4

单位	荣誉奖项	授予时间	授予单位
平邑县政府	第二次全国经济普查先进集体	2009 年 12 月	国务院第二次全国经济普查领导小组
平邑县政府	中国花岗石之乡	1996 年 3 月 1 日	中国特产之乡活动组委会
平邑县政府	中国金银花之乡	1996 年 3 月 1 日	中国特产之乡命名活动组委会
平邑县政府	全国石文化事业先进单位	1999 年 4 月 1 日	中国收藏家协会
平邑县政府	全国农村卫生县城	2002 年 2 月 1 日	山东省人民政府
平邑县政府	中国石材之乡	2005 年 9 月 1 日	中国石材工业协会
平邑县政府	平安山东建设示范县	2007 年	山东省委、省政府
平邑县政府	山东省保护消费者合法权益先进单位	2007 年 12 月	山东省人民政府
平邑县政府	山东省学平度教育先进县	1991 年	山东省人民政府
平邑县政府	全国水土保持先进县	1992 年	水利部
平邑县政府	中国最佳生态旅游县	2007 年 8 月 8 日	中国旅游精品推广大会
平邑县政府	中国县域旅游品牌百强县	2007 年 4 月 23 日	品牌中国产业联盟
平邑县政府	全省民兵武器装备管理先进县	1991 年	山东省人民政府
平邑县政府	安全生产先进县	2004 年	山东省人民政府
平邑县政府	全国封山育林先进县	2004 年 8 月	国家林业局
平邑县政府	全国婚育新风进万家活动先进县	2006 年	中宣部、国家人口计生委等 12 部委
平邑县政府	全国地质灾害防治先进县	2003 年 4 月	国土资源部
平邑县政府	全国绿化模范单位（县、市）	2013 年 4 月	全国绿化委员会
平邑县政府	全国科技进步先进县	2013 年	科技部

附　录

重要文件辑录

平邑县乡镇管理体制改革实施方案

根据《山东省乡镇管理体制改革实施方案》和地委、署关于乡镇改革的要求，结合我县实际，制定本方案。

一、改革的指导思想和基本原则

这次乡镇改革的指导思想是：以全省县乡机构改革会议精神为指导，从有利于保证党对农业和农村工作的领导，有利于加强基层政权建设，有利于发展社会主义市场经济出发，坚持精兵简政和强化服务的方针，强化功能，理顺关系，规范机构，精干人员，加快服务体系建设，完善运行机制，逐步建立起运转协调、精简高效、适应农村经济和各项社会事业发展需要的乡镇管理体制。改革中要坚持四条原则；一是机构改革的出发点和落脚点要始终放在强化服务和推进经济建设上，始终坚持发展生产的原则；二是机构设置要从实际出发，按照精简、高效、实用的要求，机构该设的设，该撤的撤，该合的合，该转的转，人员该精简的精简，坚持实事求是的原则；三是坚持民主评议、公开竞争，人尽其才，用人所长，充分调动每个人的工作积极性的原则；四是要通过改革真正达到精兵简政，促进经济发展，减少财政开支，坚持综合配套的原则。

二、改革的主要内容和重点

（一）继续简政放权，理顺关系，强化乡镇管理功能

1. 在一九八八年简政放权的基础上，将设在乡镇直接为农业生产和农村工作服务的农技、农机、农经、林业、水利、果树、畜牧兽医、文化、广播、劳动服务等站和乡镇中学、成人教育、小学、医院（第二人民医院除外）全部下放，人、财、物归乡镇管理。

对上述单位，县直业务部门要继续加强业务指导，确因工作需要，其人员跨系统、跨乡镇或向县直机关调动时，须事先征得乡镇同意（盖章），然后写出报告，由组织、人事、劳动部门审核同意后，办理手续。

2. 设在乡镇的工商所，税务所、法庭、公安派出所、司法、交通管理站、农电站等机构，实行双重领导，以县主管部门管理为主的体制。其干部职工的任免、调动、奖惩，要征得到乡镇党委、政府的同意，否则不得办理。

3. 设在乡镇的金融、邮电等中央系统领导管理的单位，要接受乡镇党委、政府的监督协调，其干部的任免、调动、奖惩，要征求乡镇党委、政府的意见。

4. 实行双重领导和中央系统管理单位的党的组织关系，均由乡镇党委管理。

5. 县委、县政府尊重和支持乡镇党委、政府依法行使职权。县直各工作部门对乡镇要多支持，多服务，不得超越职权干预乡镇的工作。

（二）规范机构，严格定编定员，完善运行机制

1. 乡镇分类及党政群机关人员编制数额。

根据省委九号文件的规定：按照经济发展状况（工农业总产值），人口和面积等三个因素。

乡镇分为大、中、小三类。一类乡镇35人左右，二类乡镇25～30人，三类乡镇15～20人。

根据分类标准测算，我县一类乡镇15个，即：平邑镇、仲村镇、铜石镇、保太乡、地方镇、卞桥镇、武台乡、柏林乡、郑城镇、白彦镇、流峪乡、东阳乡、丰阳乡、资邱乡、温水乡。二类11个，即：天宝山乡、临涧乡、岐山乡、魏刘庄乡、白马乡、魏庄乡、黄坡乡、山阴乡、庞庄乡、张里乡、唐村岭乡。

由于我县乡镇规模较大，拟定人员编制按上限执行。一类乡镇，人员按35人配置；二类乡镇按30人的编制执行。全县乡镇党政群机构编制总数为855人。

2. 规范机构、压缩编制，完善乡镇运行机制。

为便于工作的组织领导和管理，充分发挥各类机构人员的整体功能，根据工作需要和精简的原则，结合我县实际，确定在乡镇实行办事机构与助理员并存的形式，拟在乡镇设立“七个办公室”作为党委、政府的工作机构。其主任由分管的党委、政府组成人员兼任。

七个办公室的名称和职能分别是：

（1）党政办公室：主要负责党委、政府的日常事务、老干、信访、劳动人事、监察、计划统计、信息交流、文秘、档案和有关部门的联系协调工作。

（2）农业办公室：主要负责、多种经营、农业综合开发、扶贫、科技以及农技、农经、农机、林业、果树、水利、畜牧等方面的行政管理职能，搞好规划、管理和协调工作。

（3）经贸办公室：主要负责乡镇财政审计和乡镇、村、个体私营、企业的行政管理、第三产业工作；并负责与工商、税务、金融、农电粮食、供销、食品、交通运输等方面的协调工作。

（4）建设环保土地办公室：主要负责村镇规划、土地管理、环境保护、矿产资源管理等方面的工作。

（5）文教办公室:负责文化、体育、教育、广播电视等方面的行政管理工作。

（6）卫生计划生育办公室：主要负责医疗卫生、计划生育方面的工作。

（7）社会事务办公室：主要负责民政、司法和社会治安的综合治理工作。协管法庭、派出所、等单位的工作。

乡镇人大、政协暂维持现状，其正、副主任占行政编制。

3. 乡镇岗位设置及定员（详见附表）

（1）党委：一般由7～8人组成。其中：书记一人，副书记2～3人（含党政交叉任职），组织、宣传、纪委书记，其他委员（兼）各一人。党委可配备工作人员秘书一人。

（2）政府：设乡镇长一人，副乡镇长：一类四人，二类三人。工作人员配备文书一人（有秘书的不配），助理员10人。即生产助理、土地乡建助理、经贸助理、文教助理、民政助理、劳动人事助理（兼统计工作）、财政助理、计生助理、科技助理、司法助理（不占乡镇编制）。

（3）武装部一般设部长一人（副乡级干部），一类乡镇可增配干事一人。

（4）团委设专职书记一人；妇联设专职主任一人；均为科员级干部。

（5）公勤人员：二人。

（6）每个乡镇在编制员额内均留有机动干部职位。主要是现职人大、政协正、副主任占用，除此之外作为机动。

省方案规定：除以上规定的党政领导和副乡级干部职数外，乡镇不再设置其他正副、乡镇级或享受正副乡镇级干部待遇的党政工作岗位。原正副乡镇级干部，其待遇不变。乡镇领导职数超过限额的，可随着减员逐步调整到限额内。

今后，乡镇党政群机关和全民事业单位，凡需调整机构和补充工作人员，都要按照有关规定报县编委批准，由组织、人事、劳动部门办理。

（三）采取有力措施，搞好人员分流。具体参照县委、县府《关于推进干部人事制度改革的意见》执行。分流的主要去向和途径是：

1. 鼓励、支持事业单位和工作人员兴办服务实体。

2. 鼓励、支持工作人员到乡镇企业和农村工作。

3. 鼓励、支持科技人员归队归位，发挥专业技术特长。

4. 干部职工可以辞职或自谋职业。

5. 辞退不称职的工作人员。

6. 严格离退休制度。对于已达到法定退离休年龄的，及时办理退离休手续。根据有关规定本人提出申请，经任免机关批准，也可提前退离休。

7. 乡镇所有的临时工作人员，一律清退，今后不准以任何理由收回机关；凡借调人员一律退回原单位工作。

三、建立健全服务体系，积极兴办服务实体

乡镇事业单位的改革，根据省分类的要求，逐步扩大差额拨款和自收自支的比例。

（一）各乡镇可根据农业和农村工作需要，事业单位可因地制宜的创办服务实体。

（二）服务实体，原事业单位的性质不变，工作人员身份不变。

（三）各类服务实体要坚持为农业和农民服务的宗旨，正确处理经营与服务的关系，坚持优质、低偿和双方自愿的原则，决不允许借服务之名坑农、伤农。

（四）各类服务实体要正确处理经营收入、分配与积累的关系，保证经营收入的大头用于发展壮大服务实体。在独立核算、自负盈亏的前提下，服务实体可自主决定分配形式。进入实体的事业单位的干部职工可在原工资标准的基础上，根据贡献大小增发相应的补贴；也可根据实体效益的高低，实行浮动工资，原工资作档案保存。具体实行的工资形式，由乡镇党委、政府自行确定。

（五）要加强对服务实体的领导和监督管理。服务实体要归口有关办公室管理。乡镇党委、政府要加强对服务实体的领导、服务经营活动、内部经营管理的监督考核，及时总结推广经验，对偏离服务方向和服务质量不高、经营管理不善的，要及时进行整顿查处。

四、实施的时间方法步骤

乡镇机构改革分四个阶段进行。

第一阶段 10 月 15 日至 30 日为准备阶段，主要任务是：

1. 成立机构改革领导小组及办事机构；

2. 搞好机构人员的调查摸底；

3. 制定机构改革实施方案。

第二阶段 11 月 1 日至 11 月 5 日为宣传学习阶段，主要任务是：

1. 起草制定机构改革中的有关文件、规定；

2. 召开机构改革动员大会；

3. 学习有关文件，乡镇根据县方案规定，结合实际，制定具体实施方案，报县委、县政府审批。

第三阶段 11 月 6 日至 11 月 15 日为组织实施阶段，主要任务是：

1. 根据批准的机构改革实施方案，进行定职能、定人员、定规章制度工作；

2. 搞好人、财、物的移交；

3. 分流安置富余人员；

第四阶段11月16日至20日为总结验收阶段，主要任务是：

1. 各乡镇召开总结大会、并向县委、县府拿出总结报告；

2. 县机构改革领导小组检查验收，11月25日前全面完成改革任务。

一九九三年十月二十九日

关于实施“百强富县”计划的意见

为加快我县经济的发展，努力实现“过百亿，奔小康”的奋斗目标，决定实施“百强富县”计划。

一、指导思想

以促进全县经济发展、加快奔小康的步伐为目的，以发展县域经济为重点，以提高经济效益为中心，一二三产业一起抓，多种经济成分一起上，集中扶持，重点发展，培植龙头，形成规模优势，推动工业集团化、农业产业化、服务社会化。抓强项，促发展，尽快把平邑建成经济强县、财政大县。

二、任务目标

以现有的100家（个）骨干企业、村、重点项目为基础，集中扶持，重点发展，奋战三年，1997年“百强”利税实现13亿元，力争超过14亿元，税收额占全县财政税收的60%以上，成为全县经济的龙头、财政收入的支柱。具体指标是：

1. 县属骨干企业10家，1995年利税达到2.2亿元。奋战三年，投入突破10亿元，利税总额超6亿元。

2. 农业龙头企业7家，1995年利税超2800万元，1997年利税突破1.7亿元。

3. 经济强镇5个，1995年利税实现2.7亿元，1997年利税超过5亿元。

4. 乡镇办骨干企业25家，1995年利税3800万元，1997年利税达到7200万元，占全县乡镇办企业利税总额的60%以上。

5. 经济强村30个，1997年利税超过7000万元，力争突破7500万元。

6. 个体私营大户20个，1995年利税800万元，1997年利税达到1700万元。

7. 抓好交通、通信、电力、建材开发区等4个重点项目建设，1997年，全县公路里程达到762千米，电话普及率每百人9.5部，发电量1.3亿千瓦时，供电量4亿度，建材开发区年成交额4亿元。带动第三产业发展。

三、培植政策和措施

（一）广筹资金，加大投入

1. 实现发展目标，保证投入是关键。凡列入规划的骨干企业的发展项目和投入计划，分工明确到部门、企业，各方面要全力以赴，广筹资金，集中支持，确保顺利实施。

2. 计委、经委、农办、乡镇企业局、工商局、金融等部门要以骨干企业规划项目为主攻目标，在帮助企业搞好分析论证的同时，集中精力搜集信息，争取项目，立项实施。其中，计委、经委每年要从中各争取一个国家“双加”或部专项、省重点项目。

3. 广泛招商引资，坚定走利用外资嫁接改造的路子。外经委要重点抓规划项目的招商引资，计委、经委、项目企业要搞好配合。争取三年内，30万吨旋窑水泥、金矿新兴产业、2000万平方米石膏板、高档石膏粉、40万平方米花岗石精加4万套异型板材、汽车配件、石膏板护面纸等七个项目接嫁成功，利用外资额突破3000万美元。

4. 企业要开拓思路，外引内联，多渠道上项目，筹资金。三年内，每个县属骨干企业至少要办成一个合资项目，联合一个国内大中企业，挂靠一所大专院校或科研单位，年投入额不低于1000万元。

（二）深化改革，增强活力

1. 适应市场经济要求，加快转换企业经营机制。主要是利用外资嫁接、股份制改造。争取计划期内，90%的国有、集体企业完成向公司制过渡，建立起新型的现代企业制度。体改办、国资局、经委、乡镇企业局要搞好服务、帮促。

2. 发展集团经济。县属骨干企业要充分发挥资金、技术、产品、市场等优势，通过联合、兼并、挂靠等多种途径，组建“联合舰队”，发挥辐射和带动功能。三年内，着重组建发展八大企业集团：

（1）黄金集团。以归来庄金矿为依托，扩大黄金采选量，达到年产黄金6万两以上。同时，利用联合、嫁接手段，跨行业、跨区域发展，形成年产值2.3亿元，利税1亿元以上，以黄金为主，多业并举的企业集团。

（2）石膏集团。以县石膏矿为依托，新上年产2000万平方米石膏板项目，以此为龙头，发展石膏粉及相关配套产品，形成石膏系列加工产业，购买、兼并、联合中小矿山，三年内石膏年开采能力达到100万吨，石膏粉加工30万吨，石膏板2400万平方米，年产值4亿元，利税7000万元以上。

（3)食品加工集团。以东方食品有限公司、肉联厂等为依托，大力发展社会养殖，扩大配套能力。东方食品有限公司三年内达到年养殖量2000万只，加工能力1500万只，饲料生产10万吨，总产值10亿元以上，利税7000万元的规模。

（4）建安集团。以冠鲁集团公司为依托，联合县内建安企业，组建建安集团，扩大国内市场，跻入国际市场。同时，发展水泥、陶瓷、建筑机械等相关产业，形成集建筑安装、工业加工、流通于一体的跨国集团公司，三年内资产总额达到7亿元，年利税实现1.5亿元以上。

（5)花岗石集团。以鑫磊集团公司为基础，联合县内骨干企业，跨入国内大型集团行列。三年内扩大板材精加工40万平方米和4万套异型加工能力，形成多品种、系列化，达到年产各类板材200万平方米，产值4.5亿元，利税3000万元的企业集团。

（6）造纸集团。以县造纸厂、鲁港纸业有限公司为依托，形成造纸印刷集团，力争使机制纸年生产能力达到10万吨，逐步形成多品种、多档次的支柱产业，利税突破1亿元。

（7)机械制造集团。以通用机械厂为龙头，组织各机械厂家，主攻农用客车、农用三轮车、各类衡器具等适销对路产品，年实现产值5亿元，利税超5000万元。

（8）以兰陵集团平邑分公司为龙头，大力支持跨区域跨行业经营，使其上水平、上规模，形成集团骨干企业。

3. 积极探索农业龙头企业发展的组织形式。要按照“龙头带基地，基地带农户”的思路，抓好畜牧、黄烟、金银花、桑蚕、花生、果品等六大龙头企业，积极探索实施“公司十农户十合同”的形式，与农户建立松散型、紧密型或松散、紧密结合型等多种形式的利益联合体，壮大规模，带动基地，促进外向型、创汇农业的发展。

4. 积极鼓励、引导有一定基础的私营企业通过入股、购买、租赁、兼并等方式与国有、集体企业、乡镇企业进行优化组合，发展股份合作、行业联合，大力发展外向型经济，使其生产经营上规模、上档次、上水平、增效益。

5. 把基础设施建设推向市场。采取外引内联、股份合作等形式，多方筹集资金，加快交通、通信、电力、流通设施建设。

（三）优惠政策

1. 凡列入“百强”的规划项目，在土地使用、工程规划、设计、建设等方面优先安排，并免征环境消防保证金、城市建设配套费、购买用电权费、工商合同鉴证费。

2. 优先保证重点企业、项目的资金供应。各专业银行、财政局要千方百计筹措资金，努力满足企业的资金需求，并在使用期限、利率方面给予优惠。凡用于农业的资金，由县里集中使用，重点扶持龙头企业和基地建设。每年度，县委、县政府将以责任状的形式，将规划企业和项目所需资金明确分配到金融、财政部门，项目资金承贷行要保证资金落实，流动资金要积极投放。

3. 税收实行包死基数、超基数按比例返还的政策。对骨干企业、经济强村每年度由财政、税务部门测定上缴基数，企业超额上交部分即征即返企业 70%，以增强企业自我积累，自我发展的能力。

4. 提供电力保障。电力部门优先保证骨干、龙头企业电力供应。规划企业的电力供应方案要经分管县长审查批准，除企业停产、检修、限产、供电线路检修和其他特殊情况外，电力部门不得对规划企业停限电，供电高峰也要保证电力供应。

5. 经济主管、监督、管理部门要坚持服务基层，服务企业的宗旨，千方百计为企业开绿灯，办实事，排忧解难，为“百强”发展创造良好的环境。除税务、财政部门按规定收取税金及上缴利润外，任何单位和个人未经县委、县政府批准，不得进入重点企业收取费用或摊派。

四、加强领导，落实目标责任制

1. 为了保证各项政策、措施的落实，顺利实现计划目标，县里成立“百强富县”工作领导小组。领导小组定期调度，协调解决发展中的重大问题，促其协调健康发展。

2. 实行领导和部门包扶责任制。县属骨干、龙头企业及重点工程各由一名县级领导和一个部门包扶，包扶部门要有一名领导班子成员挂靠在所包企业或单位。各乡镇要把本乡镇的强企业、强村作为包扶对象，安排专人负责。主要职责是帮助企业协调外部环境，解决生产、经营、管理、改造工作中的困难和问题。

3. 对“百强”实行年度考核奖惩，奖惩办法按照平发〔1995〕26 号文件的有关规定考核兑现。

4. 对金融部门的考核奖惩。年底县委、县政府将组织有关部门考核审计，以审计结论为依据，对达到向重点培植企业投放资金（流动和项目资金）目标，年度贷款总额较前一年实现增长的，按新增贷款总量的 1% 比例提取资金，奖给该银行（信用社）主要负责人。对未达到目标的金融部门，取消当年度评选先进的资格。

5. 对包扶部门的考核奖惩。年底，县委、县政府对包扶部门和计委、经委、农办、乡镇企业局、工商局、外经委等部门进行综合考评。对自身业务开展好、包扶工作成绩突出的，命名为“经济建设最佳服务单位”。所包企业达到“明星企业”或“效益最佳企业”标准的，分别奖给包扶部门奖金 5000 元和 3000 元，奖励单位负责人及有功人员。包扶工作差，所包企业未达到年度发展目标，对包扶部门在全县通报，取消评选先进的资格。计委、经委等有关单位或个人每帮助企业争取一个国家“双加”或省重点项目，外经委年度引进利用外资额达到500万美元以上，给予单位主要负责人记功一次，奖金5000元。有关单位和个人帮助企业引进资金、项目，继续给予重奖。

1995年8月23日

中共平邑县委平邑县人民政府关于招商引资的政策规定

第一条 为进一步扩大对外开放，吸引更多的外商来我县投资兴业，根据国家和省、市有关文件精神，结合本县实际，制定本规定。

第二条 土地优惠政策

（一）外来投资者可以通过出让或租赁等方式取得项目建设所需土地使用权。使用期限可根据土地用途，在法定最高年限内，由投资者择定。在出让合同期内，使用者可以依法转让、出租、抵押或继承。期满后，使用者可优先续租或受让。

（二）对外来投资兴办一般加工业或第三产业使用存量土地建设的，根据投资额度的大小，土地出让金归地方留成部分按比例先缴后返。固定资产投资50～200万元的返还50%，200万元以上不足500万元的返还60%，500万元以上的退还70%.对经省级以上认定的高新技术项目，土地出让金归地方留成部分全部予以返还。对外商投资旧城改造和房地产开发建设占地面积10000平方米以上的项目，土地出让金地方留成部分按60%返还，

（三）对外来投资者使用的增量土地，新增建设用地有偿使用费地方留成部分按60%返还。

第三条 财政扶持政策

（一）新办工业企业。自投产之日起3年内按增值税地方留成部分的40%给予扶持，认定为省级以上高新技术项目的，3年内按全额扶持；自获利年度起所得税额地方留成部分，前3年全额扶持，第4年到第5年50%扶持，认定为省级以上高新技术项目的，5年内全额扶持；自投产之日起，按缴纳城建税、教育费附加、房产税、车船税（购买纳税标志费用除外）土地使用税、印花税（账本贴花除外）数额，2年内全部扶持。

（二）外来投资者兼并或控股原有工业企业的，扣除原有企业上年税收基数后新增税收部分，享受本条第（一）款规定的优惠政策，

（三）新办固定资产投资在500万元（外汇按投资时国家汇率折算，下同）以上的第三产业项目，自获利年度起、所得税地方留成部分前3年全额扶持，第4年到第5年按50%扶持缴纳的营业税、城建税，教育费附加和增值税地方留成部分的数额，自投产之日起，5年内按50%扶持。

（四）新建固定资产投资300万元以上专业批发市场、投用后，3年内按投设建单位经营缴纳的所得税、营业税地方留成部分全额扶持。

（五）外商投资电力、水利、公路、桥梁、旅游等基础设施建设项目，自获利年度起，所

得税地方留成部分5年内全额扶持，第6年到第10年按50%扶持。

（六）投资从事农、林、牧、渔业的高科技园区，且固定资产投资100万元以上的，前5年按所缴农业税、农业特产税的70%进行扶持，第6年到第10年按50%扶持。

（七）境外投资企业，除享受国家现行优惠政策外，同时享受本规定有关优惠政策。

第四条 收费优惠政策

（一）投资新建项目，在办理相关手续时，收取工本费。其他行政事业性收费按下限征收，属地方政府部门受益的，3年内减半征收。

（二）对投入固定资产50万元以上的新建企业，自投产之日起，3年内免征水利建设基金和河道工程维护费。

（三）对投入固定资产200万元以上的新建工业企业和固定资产投资50万元以上的新建三产项目，自投产之日起30日内县报社、电视台、广播电台各给予5次免费广告。

第五条 外商投资数额较大，能够直接推动全县财源建设，对经济发展具有较强辐射拉动作用的项目，涉及的有关优惠政策，实行一事一议，特事特办。

第六条 优惠政策的兑现

（一）外来投资项目，由县招商局会同有关部门核实认定，并颁发《外来投资项目证书》，作为享受优惠政策的依据。

（二）土地出让金地方留成部分的返还，按年度进行，在项目建成投产并纳税后，根据外商申请，由受益的财政主体返还。

（三）税收政策的兑现，按年度进行，根据外商申请，由受益的财政主体支付。

第七条 引资中介人奖励政策

（一）享受物质奖励和精神奖励的引资范围，外来投资者用于生产经营性项目的固定资产投资，地方性基础设施建设投资，公益性项目建设固定资产投资，房地产开发投资（按照实际交纳税金5倍的标准折算投资额）争取并纳入财政监管的无偿资金或物资。

（二）对引资人的奖励，引进固定资产投入50—500万元的项目，按实际投入固定资产资金的2.5%奖励，引进固定资产500万元以上的项目，按实际投入固建资产资金的2%奖励，黄金由受益的财政主体和单位支付。享受精神奖励的按平办发〔2003〕21号文件《招商引资工作考核与奖惩办法》的规定办理。

（三）对引资人的认定：引资人可以是若干人，由投资者和第一引资人出具证明，县招商引资工作领导小组办公室组织有关部门进行审核。奖金分配由引资人自行确定。

第八条 本规定自发布之日起施行，过去规定与本规定不符的，按本规定执行。

2003年3月31日

中共平邑县委平邑县人民政府
关于在全县开展农村社区建设工作的实施意见

为全面贯彻落实党的十七大精神，推进农村居民的自我管理、自我教育、自我服务，加快新农村建设步伐，构筑城乡经济社会发展一体化的新格局。根据市委、市政府《关于在全市开展农村社区建设工作的指导意见》（临发〔2008〕19号）精神，结合全县实际，现就农村社区建设工作提出如下实施意见。

一、农村社区建设的指导思想、基本原则和总体目标

（一）指导思想

坚持以邓小平理论、“三个代表”重要思想为指导，认真贯彻落实党的十七大精神，按照科学发展观和构建社会主义和谐社会的要求，以党的领导为核心，以服务居民为重点，以居民自治为方向，以维护稳定为基础，以提升农村生产力水平为首要任务，以促进农民增收为目标，以提高居民生活质量为出发点和落脚点，努力加强农村社区基础设施建设，不断创新农村社区管理机制，切实增强社区服务功能，为新农村建设和构建社会主义和谐社会奠定坚实基础。

（二）基本原则

1. 以人为本、服务群众。以维护农民群众的利益为重点，着力解决群众广泛关注的热点、难点问题，把群众满意作为衡量农村社区建设成果的标准。

2. 统筹发展、城乡互动。推进城乡社区一体化建设，促进农村向城镇、村庄向社区转变。充分发挥群众积极性，加大政府支持力度，调动社会力量，形成有效的共建机制。

3. 因地制宜、分类指导。要从当地经济社会发展水平的实际出发，因地制宜地建设大村庄制型、中心村型等不同类型的农村社区，充分发挥不同类型社区的特长和优势，培育和建设各具特色、功能完善的新型农村社区。

4. 扩大民主、居民自治。努力建设党组织领导的充满活力的农村社区居民自治机制。明确农村社区组织的职责和权利，实行民主选举、民主决策、民主管理、民主监督，促进社区居民的自我管理、自我教育、自我服务、自我监督。

（三）总体目标

以便民、利民、富民、安民为出发点，建立党委政府领导，民政部门牵头、村级组织主办、社会力量支持、群众广泛参与的农村社区建设运行机制。健全完善农村社区组织，拓展农村社区服务领域，发展农村社区卫生，繁荣农村社区文化，美化农村社区环境，维护农村社区治安，促进农村经济社会协调发展，实现农村社区文明和谐。主要建设“大村庄制”和“中心村型”农村社区两种模式，并积极探索创新，培植一批典型示范社区。力争 2008 年，每个乡镇建成 3–5 个农村社区，到 2009 年底，1/3 以上的村建立农村社区，然后进一步推进，逐步覆盖所有行政村。要依托乡镇便民服务中心，建立社区服务中心，搞好农村社区服务，

二、农村社区建设的基本内容

（一）加强农村社区基础设施建设

1. 搞好农村社区发展规划。建设规划要本着“高标准、高起点”的要求，兼顾长远，避免重复建设。要充分体现“建设中心村、培植特色村、合并弱小村、保护历史文化民村”的原则。中心村要增强聚集和辐射能力；特色村要突出自我发展能力；规模较小、位置偏远的弱小村，要逐步向中心村并拢。在搞好整个行政区划内农村社区建设总体规划的基础上，要搞好每个社区住宅区、商贸区、养殖区等各个功能区的详细规划。特别是要规划好住宅区，逐步行实施“农民上楼”工程，吸引周边村民向中心村集中，将原住宅用地指标按照有关政策调剂到社区集中使用，具备条件的可逐步向镇驻地集中。要加强中心村社区基础设施建设，逐步实现城乡基础设施建设共建共管共享。

2. 加强农村社区生产、生活基础设施建设。按照国家政策和行业建设管理标准，实施农村基础设施和环境建设的“四通四改三清三化三建”，即：路通、水通、电通、信息通；改水、

改厕、改圈、改灶；清理垃圾堆、草堆、粪堆；农村社区主街道硬化、亮化、绿化，积极推进和规范道路标牌的设置；建设农村社区垃圾集中收集处理系统、农村社区污水集中处理系统和农户沼气池。建立传染病、食品安全等公共卫生事件应急机制，不断提高应对能力。普及环保知识，发动居民群众积极参与社区环保活动，引导居民群众养成良好的生活方式，生活习惯，做好绿色消费，选用清洁能源、垃圾无害化处理等工作，共同建设美好家园。

3. 加强农村社区办公及服务等配套用房建设，到2000年底，所有先行建设的农村社区办公和服务用房面积不少于500平方米，并有适当面积的院落或广场。院落一律实行硬化、绿化，新建的不得建院墙，改建的要拆墙透绿，建设成开放式办公及服务场所，要建设好“两中心五室一点一广场一超市”，即社区为民服务中心，医疗卫生服务中心、党员活动室、综合文体活动室，文化培训室、图书阅览室，社区警务室、文化信息资源共享工程基层服务点。文体活动广场和便民超市。2008年底，50%的农村社区建有体育健身设施。2009年底，全县每个农村社区都要建有便民超市，且实行分类建设，分类经营，其中日用品超市营业面积不低于80平方米，农资超市不低于60平方米。2010年，农村社区卫生服务中心覆盖率达到100%，农社区居民参加新型农村合作医疗率达到95%以上。

（二）加强社区运转体系建设，促进社区功能发挥

1. 全面推行为民代理服务制。健全完善县、乡镇，社（村）为民服务代理网络，改善服务条件，完善服务流程，实行“一站式”服务，努力为社区居民提供便捷高效服务。完善社区公共管理与服务体系，逐步实现行政代理服务与社区生产、生活服务有效衔接。为全体居民提供便民利民生活服务，为老年人、儿童和困难群体提供社会福利和社会救助服务，为驻社区单位、经济组织和个人提供系列化生产服务活动。同时，积极鼓励社区单位和社区居民之间开展互助性服务。积极培育和鼓励发展公益性、服务性社区民间组织。

2. 建立农村社区卫生服务网络。建立以农村社区医疗卫生服务中心为主体的卫生服务网络，完善以健康教育、预防、保健、康复、计划生育技术服务和一般常见病、发病治疗服务为主要内容的“六位一体”的医疗卫生综合服务功能。加强社区人口管理和计划生育工作，协助乡镇共同做好社区育龄群众的管理和服务。

3. 加强社区服务便民超市体系建设。按照“一网两平台”建设要求，便民超市以日用品、农业生产资料网络化经营为主体，由基层供销社负责经营，县级龙头企业组织商品配道，便民超市的商品配送率要达到40%以上，保证商品质量，形成上下一体的配送网络；同时要做好农产品收购工作，打造“工业品下乡、农产品进城”的取向物流网络，基本建立城乡一体化现代流通体系。

4. 加强农村社区社会保障体系建设。继续推行新型农村社区基本养老保险制度，不断扩大参保覆盖面。完善农村社区最低生活保障制度，建立“低保”标准自然增长机制，做到应保尽保。完善农村社区医疗救助制度，解决农村社区困难群体治病难问题。加快乡镇敬老院建设，确保农村社区居民老有所养。建立优抚对象大病医疗救助制度，努力为社区“三老”优抚对象解决“三难”问题。充分发挥各级工会、共青团、妇联等群团组织的作用，积极开展困难家庭帮扶、“希望工程”爱心助学、志

愿者结对帮扶、“春蕾计划”等救困扶弱活动。大力发展慈善事业，提倡邻里互助，帮助社区居民解决生产生活中的实际困难。

5. 加强农村社区文化教育体系建设。广泛开展文化体育活动。充分发挥乡镇文化站、党员现代远程教育、图书阅览室、综合文体活动室和文体活动广场等作用，引导群众开展各种喜闻乐见、特色鲜明的农村社区文化艺术活动、体育健身活动。同时，积极组织开展送文化下乡、送科技下乡活动，努力满足社区居民多层次、多方面的精神文化需求和科技致富需求。积极推进移风易俗，倡导科学、文明、健康的生活方式。加强居民思想道德教育工作，认真贯彻《公民道德建设实施纲要》，培育良好的社会公德、职业道德和家庭美德。

6. 加强农村社区平安体系建设。根据新农村建设需要，科学调整警力设置布局。充分发挥基层民兵在农村社区平安建设中的作用，建设一支专群结合、群防群治、素质过硬的治安联防队伍。发挥好大调解机制的作用，及时有效地化解社区各类矛盾，努力建设秩序好、发案少、群众满意的安全社区。按照“五五”普法规划要求，开展社区普法和法律援助进农村社区工作，积极为广大农村社区居民提供法律咨询和法律援助。做好农村社区矫正和刑释解教人员的安置帮教工作，扎实做好社区预防青少年违法犯罪工作，积极开展文明社区创建工作。

（三）加强以党组织为核心的农村社区基层组织建设

1. 把社区党建作为社区建设的重中之重来抓。按照有利于发挥党组织战斗堡垒作用、有利于加强党员教育管理、有利于促进农村社区建设的原则，合理整合资源，创新体制模式，及时设置并健全社区党组织，理顺隶属关系，完善各项制度，积极开展党的工作。农村社区党组织设置一般根据社区类型采取相应的模式，按照《中共平邑县委组织部关于建立农村社区党组织的意见（试行）》（平组发〔2008〕23号）有关要求抓好组建。要建立健全农村社区党建工作协调机制，以建立联席会议等形式，加强社区内党组织的沟通协调，形成推进农村社区党建工作合力。

2. 积极创新社区居民管理方式。根据农村生产生活实示，积极探索居民管理服务的新途径。可本着利于组织、方便服务的原则，根据居民居住方位，按街道划分居民小区，以居民小区为单位组织居民活动，并为之提供各种服务，使广大居民在日常活动中加速融合。鼓励打破传统的村民小组，建立各类社会组织。大力发展各类协会、合作社等农民专业合作组织，为农民提供产前、产中、产后服务。要不断加强社区民主政治建设，完善农村社区居民的民主权利，建立公开透明的办事制度，保障社区居民的知情权、参与权、决策权、监督权。广泛开展社区居务公开民主管理示范单位创建活动，到2010年，90%以上的农村社区达到创建活动标准。

三、农村社区建设的保障措施

（一）建立农村社区建设领导体制和工作机制。农村社区建设是一项事关农村经济社会发展的基础性、系统性工程。各级要把这项工作作为当前和今后一个时期农村工作的重要任务牢牢抓在手上，务求工作实效。县里成立了战乡社区建设工作领导小组，设立了具体办事机构。同时建立县级领导联系包扶制度和县城乡建设领导小组成员单立帮扶制度。各乡镇也要成立农村社区建设工作领导和办事机构，加强组织领导，认真部署，狠抓落实。县城乡社区建设工作领导小组成员单位要认真履行职责，按照各自职能，研究制定促进农村社区建设的对策措施，密切配合，形成合力。乡镇是开展农村工作的第一线，也是具体指导农村社区建设的第一责任人，对抓好农村社区建设工作负有重要责任。乡镇党委、政府要紧密结合农村社区建设，积极探索新形势下乡村有效治理机制和科学管理体制，变管理型政府为服务型政府，做到以民为本、贴近民众、服务群众，选派精干力量，抓好农村社区建设。

（二）建立多元化投入机制。农村社区建设投入以村集体积累资金投入为主，各级涉农资金、单位帮扶资金投入为辅，以居民自愿捐助、社会各界捐助为补充，县乡财政适当补贴，"捆绑式"投入，形成多元化投入机制。县财政采取以奖代补的方式补贴农村社区建设。要充分利用闲置学校、原各类办公场所等节约投资。结合"农民上楼"工程等，盘活集体土地及资产，多方筹集建设资金。鼓励"中心村"型社区的辐射村集中到社区办公，原办公场所可租赁或拍卖，所得收入用于社区建设。县直有关部门要把社区卫生室、文化室、学校、计生服务室、警务室以及交通、水利等基础设施建设，优先纳入项目库，向上级争取资金和项目扶持，集中财力向社区倾斜。同时，涉及社区建设项目的收费该减免的要减免，该优惠的要优惠，有关政策支持要优先向社区倾斜。各帮扶单位要在财力、物力上对所帮扶农村社区给予对口帮扶和支持。鼓励企事业单位和个人以资金、设备、技术、信息等方式支持农村社区建设。积极动员社会团体、企事业单位和个人以捐赠、投资等方式兴办农村社区服务项目。社区建成后的各类基础设施通过拍卖、租赁或充分利用各类资源搞开发等形式增加社区收入，建立以社区养社区的良性循环机制。

（三）建立绩效考评激励机制。县委、县政府把农村社区建设纳入年度工作考核目标，实行量化考评，严格兑现奖惩。组织部门要把农村社区建设工作纳入领导班子和领导干部年度工作考核的重要内容，作为干部考核使用的重要参考依据。同时，把农村社区建设情况纳入"三级联创"活动的考评体系，与评选表彰紧密结合起来。宣传部门要采取多种形式，广泛宣传农村社区的重要意义，宣传先进典型和经验，为社区建设创造良好的舆论氛围。

2008 年 9 月 10 日

关于加大统筹城乡发展力度进一步夯实农业农村发展基础的实施意见

为了贯彻落实中央、省、市农村工作会议精神，促进农业稳定发展，农民持续增收，现结合我县实际，就 2010 年全县农业和农村工作提出如下意见。

2010 年全县农业和农村工作的总体要求和目标任务是：全面贯彻落实党的十七届三中、四中全会和中央、省、市农村工作会议精神，坚持以科学发展观为指导，按照"稳粮保供给、增收惠民生、改革促统筹、强基增后劲"的基本思路，围绕农民增收这个中心目标，以推进城镇化为依托，以建设社会主义新农村为载体，以发展现代农业为方向，以促进农业产业化为手段，加快科技兴农步伐，全面深化农村改革，努力开创我县农业农村工作新局面，第一产业增加值增长4%，农民人均纯收入增长12%。

一、加大统筹城乡发展力度，推动城乡经济社会均衡发展

1.准确把握统筹城乡发展重点。坚持把统筹城乡的立足点放在加强“三农”上，着力打破城乡“二元结构”。坚持工业反哺农业、城市支持农村和多予少取放活的方针，推动资源要素向农村配置，将政府的公共资源更多地投向农村，积极引导社会的资金、技术、人才、管理等要素更多的流向农村，加快发展现代农业、建设新农村、培育新型农民，促进农村劳动力有序转移就业。尽快在统筹城乡规划、产业布局、基础设施建设、公共服务、劳动就业、社会管理一体化等方面取得突破，推进城乡经济社会发展融合。

2.进一步加大对农业农村投入力度。按照中央和省、市要求，各级财政支出、预算内固定资产投资和信贷投放，要按照总量持续增加、比例稳步提高的要求，增加对“三农”的投入。耕地占用税税率提高后，新增收入全部用于农业。严格按照有关规定计提和使用用于农业土地开发的土地出让收入，严格执行新增建设用地土地有偿使用费专项用于基本农田建设和保护、土地整理、耕地开发的规定。加大支农资金整合力度，最大限度地提高财政资金使用效益。不折不扣落实农业补贴政策，扩大良种补贴范围和补贴政策受益范围，进一步增加农机具购置补贴资金，扩大农机具补贴种类和范围，落实和完善农资综合补贴动态调整机制。认真执行国家继续提高粮食最低收购价政策。

3.切实加强农业农村重大项目建设。紧紧抓住国家继续实施积极财政政策和适度宽松货币政策机遇，准确把握国家、省、市农业产业规划和产业政策，认真谋划一批农业农村项目，积极争取上级更多的项目资金支持。认真实施好上级财政支持现代农业专项和农业、林业、水利、农业综合开发、气象建设等项目，抓紧实施农产品预测体系建设，基层农业服务体系建设，积极申报粮食生产示范片项目，继续实施测土配方施肥和有机质提升项目，农民工阳光培训项目，生猪标准化养殖场建设项目，农机化创新示范工程和农机规模化行业推进项目，现代农业展示项目。严格项目申报、建设、实施管理等程序，落实监管责任，保证建设质量，提高投资效益。加大农业招商引资力度，大力引进县外资金参与我县农业农村重大项目建设。

4.加快推进城镇化进程。认真落实省委、省政府《关于统筹城乡发展加快城乡一体化建设的意见》，中心镇人口规模按照5万人以上规划，基础设施按小城市的配套标准建设；中心村（农村社区）按中心镇的标准建设，人口规模按3000到1万人规划，全力推进城镇建设的大提速。坚持统筹规划，因地制宜，节约用地，综合开发，配套建设的原则，充分运用市场机制，加快发展城镇经济，加快城镇基础设施建设，大力提高城镇规划、建设、管理和经营的总体水平，同时坚持从现实条件出发，整合建设中心村，推进农民居住社区化。强化城镇基础设施和公共事业建设，完善服务功能，提高管理水平，扩大人口承载能力，推进人口向城镇集中、产业向园区集中、居住向社区集中、土地向规模经营集中。

二、加快发展现代农业，促进农业稳定发展、农民持续增收

5.稳定发展粮食等主要农产品生产。毫不松懈抓好粮食生产，坚决落实最严格的耕地保护制度，永久保护基本农田。大力推进良种良法，优化粮食品种结构，大力开展高产创建活动，组织实施好农业综合开发中低产田改造，抓好小麦、玉米、花生、马铃薯等高产创建示范片，确保全县粮食安全。积极做好项目争取工作，落实国家实施良种补贴的政策，扩大粮食种植面积。加强标准化畜禽养殖场、养殖小区建设，全县新建标准化养殖场（区）32个，力争有10个达到市级标准。

6. 大力发展生态高效农业。把加快优质农产品基地和品牌建设作为农业转方式、调结构的重要措施和工作抓手，扎实实施优质农产品生产基地三年建设规划，积极发展特色林果、优质瓜菜、畜禽环保养殖、渔业健康养殖和种苗花卉产业，因地制宜搞好林下种养业，加快建设一批现代农业示范园区，推进农产品生产优质化、规模化、特色化、标准化、品牌化。力争年内新增各类优质农产品生产基地6万亩，筛选一批有潜力的特色农产品品牌进行重点培育；积极组织开展好无公害农产品、绿色食品、有机食品认证，新认证农业“三品”5个以上，新建有机农业示范园区1处，发展有机农业基地2000亩。

7. 努力提高农业产业化经营水平。坚持用“工业”的理念抓农业，通过工业化推动农业产业化。围绕我县特色产业，大力开展招商引资，积极引进一批农业开发和农产品加工企业，延伸农业产业链，提高农业效益，帮助农民增收。加强果蔬罐头、金银花、蔬菜、畜禽养殖及加工等优势出口农产品及加工品基地建设，深入推进出口农产品质量安全示范区建设，促进农产品质量提升和出口稳定增长。积极鼓励农业龙头企业“走出去”进行农业投资开发，引导和支持外向型农业企业发展种植、养殖和农产品加工业，建立营销网络，带动相关生产资料、技术和产品出口。拓宽农业利用外资渠道，积极吸引外商投资农业开发和基础建设。

8. 着力强化科技服务体系支撑。紧紧抓住我县被列入首批全国农技推广示范县的机遇，整合现有资源，加快基层农技推广服务体系建设。围绕我县主导产业，大力推广新品种、新肥料、节水灌溉、配方施肥、设施栽培、动物疫病防控和病虫害综合防治等先进实用技术。在主推品种和主推技术上加速新科技成果转化，使主导品种和主推技术入户率和到位率达到95%以上。加强农业科技示范基地建设，建设示范基地10个；加强农技人员知识更新培训，集中培训农技人员100名；建立全县农业信息网站，加快全县农业信息服务网络和人员队伍建设，全面推进农业信息化建设。加快发展农业机械化，扩大农机具购置补贴种类，大力推广新型适用新机具和保护性耕作、旱作农业等新技术，提高农业机械装备水平，完成机收45万亩，小麦免耕播种保护性耕作实施面积8万亩，小麦联合收割机安装秸秆切碎装置150台，小麦秸秆还田率达到75%，全县农机总动力达到65万千瓦，农机总价值达到4.9亿元。建立气象为农服务体系和农村气象灾害防御体系，启动农村防雷示范工程，充分发挥气象服务“三农”重要作用。创新农业服务机制建设，积极发展农业专业合作社，提高农民的组织化水平。

9. 积极帮扶农村劳动力转移就业。加快发展劳动密集型产业和服务业，积极创造就业岗位，组织引导农村劳动力就近就地转移就业。大力实施农民培训工程，提高农民转移就业本领，落实农村劳动力技能培训补贴政策。加强就业指导和服务，加快人力资源市场和乡镇、村劳动保障平台规范化建设。改善农民进城务工经商环境，维护农民工合法权益。以创业促就业，大力开展“创业服务年”活动，认真落实支持全民创业的各项政策，鼓励返乡农民工自主创业。

三、加强农村基础设施建设，提高农村经济发展水平

10. 大力促进农村可持续发展。继续大力推进造林绿化工程建设，重点抓好通道、城镇、村庄、工业园区和荒山绿化，采取集体所有、企业参与、大户承包、股份合作等多种形式建设生态林场，确保在全市率先完成1处3万亩和2处5000亩以上生态林场主题建设任务。全县上下形成全民植绿、护绿、爱绿的浓厚氛围，全力打造独具平邑特色的绿化格局，各项林木管护措施科学到位，森林资源保护完好，2011年底前力争建成全国绿化模范县。加强森林防火工作，建立森林防火长效机制。大力实施农村清洁工程，狠抓垃圾源头分类分拣，逐步实现农村垃圾处理“减量化、资源化、无害化”。积极推广绿色植保工程和保护性耕作、测土配方施肥等技术，加强化肥、农药使用监管，鼓励发展沼气等循环农业，严格控制农业面源污染。实施“以奖促治、以奖代补”政策，促进农村环境综合整治，建立治理长效机制。

11. 进一步加强和完善农业农村基础设施建设。大力推进农田水利基本建设，全面完成昌里、吴家庄、大夫宁、安靖、杨庄等五座中型水库和19座小型水库的除险加固工程。加快河道整治工程，适时启动大中型水闸除险加固，推进大中型灌区续建配套和节水改造，新增改善扩大灌溉面积4.7万亩，治理水土流失面积39平方千米。积极利用好国家大幅度增加中央和省级财政用于小型农田水利建设补助专项资金规模，积极创建小型农田水利建设试点县，争取将抗旱、节水机械设备纳入补贴范围。支持山丘区建设雨水集蓄等小微型水利设施。鼓励农民自愿投工投劳建设直接受益的小型水利设施，支持发展农民用水合作社。继续实施农业综合开发项目，大力改造中低产田，加强高标准农田建设，全年力争改造中低产田1万亩。加强农村气象灾害预警信息发布系统建设，提高气象为农服务水平。

12. 扎实推进社会主义新农村建设。按照中央新农村建设20字方针要求，全力抓好40个村点的新农村建设工作。加快发展富民产业，力争90%以上建设点形成“一村一品”。继续实施城乡环境综合整治工程，大力推进庭院绿化、道路绿化、村旁绿化和垃圾无害化处理，确保建设点农民实现“走平坦路、喝干净水、上卫生厕、住整洁房、用洁净能源、居优美村”的目标。创新工作机制，加快推进农村社区建设，完善村庄服务功能，提升农民生活质量。坚持县级领导和县直单位挂点帮扶制度，加大涉农资金整合力度，动员社会力量支持和参与，形成推进新农村建设的强大合力。

四、保障和改善农村民生，让广大农民共享改革发展成果

13. 加快发展农村社会事业。着力巩固和提高义务教育水平，进一步落实和完善义务教育经费保障机制，认真落实教师培训制度和绩效工资制度。继续对义务教育中小学生实行“两免一补”，对普通高中和考入大学的家庭经济困难学生予以资助。认真实施中小学校舍安全工程，进一步改善办学条件。抓好农村中小学教学仪器更新工程、“两热一暖一改”试点工程、校舍安全工程，新建农村校舍4万平方米。巩固和完善新型农村合作医疗制度，农民参合率确保达到98%，筹资标准由每人每年100元提高到120元，新农合基本药物目录基层部分药品报销比例提高10%，住院封顶线提高到5万元。根据省、市“卫生强基工程”和“万名工程师支援农村卫生工程”的要求，做好县人民医院、县中医医院和县妇幼保健院对仲村、卞桥、资邱、县二院、地方、郑城、武台、流

峪、平邑镇等9处乡镇医疗机构对口帮扶工作。力争列入省项目库的下桥中心卫生院、魏庄乡卫生院、平邑镇卫生院病房楼项目开工建设，搞好51处村级卫生室的改造建设任务，进一步提升村级卫生服务能力。按照省、市医改工作要求，积极稳妥地搞好我县医药卫生体制改革，搞好我县“全省农村居民健康档案试点”工作，确保建档率达到50%，力争在实施基本用药制度方面有大的突破。落实乡镇卫生院人员绩效工资，对乡村医生承担的公共卫生服务等给予合理补助，为乡镇卫生院定向培养全科医生。切实抓好甲型H1N1流感等传染病的防控工作。加强农村基层体育设施建设，开展农民体育健身工程建设试点。加强农村社区计划生育服务阵地和队伍建设，认真执行计划生育家庭各项奖励政策，推进惠农政策与计划生育利益导向政策衔接，加强和创新流动人口计划生育服务管理。继续推进村级文化大院、“农家书屋”、广播电视“村村通”等文化惠民工程，完善县、乡、村三级公共文化服务网络，完成村级文化大院138个，农家书屋138个。实现文化信息资源共享工程由进村到入户的转变。实施农民体育健身工程。深入开展文明农户、文明村镇创建活动，形成文明户、文明一条街、文明小康村、文明中心村、文明乡镇梯次推进的创建格局。

14. 健全和完善农村社会保障体系。建立广覆盖、多层次、与经济发展水平相适应的农村社会保障体系，促进农民由依靠土地保障转向依靠社会保障转变。认真组织实施好新农保试点工作，继续加大新农保政策的宣传力度，积极鼓励广大农村居民参保，努力扩大参保覆盖面，要确保符合规定条件的老年居民按时足额领敢养老金。农村低保标准提高到1200元。农村五保集中供养率稳定在70%以上，并努力提高供养标准，力争达到集中供养标准每人每年提高到2400元，分散供养提高到1500元。进一步完善落实被征地农民社保制度。坚持先保后征原则，确保被征地农民的根本利益。

15. 积极开拓农村消费市场。加快推进“万村千乡市场工程”，2010年全县新建和改造标准农家店50个、农村商品配送中心1个，确保农家店覆盖全县100%的乡镇和行政村。结合小城镇建设，实施乡镇商贸中心工程，支持引导大型商贸流通企业在乡镇新建商业服务设施。进一步加大对供销合作社农村现代流通服务体系建设的扶持力度，加速农资、农副产品、日用消费品和再生资源四大网络建设。建立化肥淡季储备制度，平抑市场物价。加大家电、汽车、摩托车、建材等下乡产品销售力度，提高财政补贴兑付率，完善流通网络，保障产品供应，全面实行家电下乡销售网点代办申领并垫付补贴资金办法，最大限度地方便农民群众领取补贴资金。

五、全面深化农村改革，增强“三农”发展活力

16. 稳定和完善农村基本经营制度。毫不动摇地坚持以家庭承包经营为基础、统分结合的双层经营体制，依法落实和保障农民土地承包经营的各项权利。按照依法自愿有偿的原则，探索建立土地承包经营权有序顺畅流转的激励机制，增强土地承包经营权流转管理和服务能力。积极培育土地承包经营权流转市场，推进土地适度规模经营。加强土地承包政策落实情况的监督检查，建立健全土地承包纠纷调处机制。加强和改进征地补偿工作，探索被征地农民补偿新模式，积极推进失地农民养老保险试点，切实保障被征地农民的长远生计。

17. 大力推进农村金融改革。坚持扩大试点、加快周转与强化监管、防范风险并重，深

入推进贫困村民发展互助资金试点工作，积极争取国家、省级、市级试点，扩大试点范围。扩大农村有效担保物范围，创新担保方式，推广应收账款、仓单、林权、渔权等权利抵（质）押方式，探索用土地经营权、房屋所有权、大棚财产权、农产品收益权等抵押贷款的办法，推行龙头企业、农户、农民专业合作社、财政、担保公司等多方参与的信贷联保模式。扩大农业保险品种和覆盖范围，探索对特色农业、农房等保险进行保费补贴的办法，发展农村小额保险，健全农业再保险体系，建立财政支持的巨灾风险分散机制。支持金融机构与村镇联合开展信用工程建设。加强和改进农村金融监管，优化农村金融生态环境，提高资金使用效果。

18. 推进集体林权制度改革。不断创新集体林业经营的体制机制，依法明晰产权、放活经营、规范流转、增加资源、提高效益，激发广大农民群众造林、兴林、营林的积极性，有效合理开发利用林地资源，促进现代林业发展。加快建设集体林权流转制度、森林资源资产评估制度、林权抵押贷款办法、政策性森林保险等配套政策，健全林业社会化服务体系。加快推进用材林、经济林、生态公益林、宜林荒山荒滩荒坡改革，2010 年底前完成明晰产权、明确经营主体、确权发证等工作，到 2012 年，全面完成各项配套改革，形成政策配套、服务健全、管理规范的集体林业良性发展机制，实现森林资源总量有效增长、农民持续增收、生态明显改善、林区和谐安全的目标。

六、加强和改善党的领导，努力开创我县“三农”工作新局面

19. 坚持把“三农”工作摆在重中之重的位置。要根据统筹城乡发展的新形势，把解决好“三农”问题摆上重要议事日程，经常研究，具体部署，在制定发展规划、安排资金投入、研究重大政策、配备领导力量时，都要体现重中之重的指导思想。党委和政府主要领导要亲自抓“三农”工作，党委要有一名专职领导分管“三农”工作，进一步加强党委农村工作综合部门建设。各级领导干部要转变工作作风，深入农村调查研究，努力把握“三农”工作规律，帮助基层解决实际问题，不断提高领导“三农”工作的水平。

20. 加强农村基层组织建设。巩固农村基层深入学习实践科学发展观活动成果，扎实开展农村党的建设“三级联创”活动。加强党的基层组织党务公开联系点工作，全面推行党的基层党务公开。建立探索完善农村基层党组织设置形式，推广在农民专业合作社、专业协会、产业链、外出务工经商人员相对集中点建立党组织的做法。打破地域界限，探索村党组织书记跨村任职，积极推进“村村联建”、“村企联建”、“城乡联建”党组织，构建城乡统筹的基层党建新格局。抓紧做好在优秀青年农民、农民工中发展党员工作。

21. 推进农村反腐倡廉建设。加强农村干部反腐倡廉教育，完善农村惩治和预防腐败体系，进一步健全农村集体资金、资产、资源的管理制度。抓好村级财务管理，切实减少非正常性财政开支。着力抓好涉农资金管理有关制度机制的建立完善，进一步规范涉农资金项目审批、资金分配、资金拨付工作，进一步完善和落实惠农补贴资金“一卡通”制度。坚持不懈地抓好强农惠农政策贯彻执行情况的监督检查，配合全省开展好对失地农民基本保障、农民建房收费、城乡低保资金发放等三个民生突出问题的专项整治，坚决纠正损害农民利益的突出问题，加大查处涉农违纪违法案件的力度，切实维护农民利益。

22. 健全农村民主管理制度。发展农村基

层民主，进一步完善农村基层治理机制，依法保障农民知情权、参与权、表达权、监督权。建立健全既保证党的领导又保障村民自治权力的村级民主自治机制，推行本村重大事项由村党支部提议、支委会和村委会联席会议商议、全村党员大会审议、村民代表会议或村民会议决议，以及决议公开、实施结果公开的“四议两公开”工作法等做法。健全和规范村务公开制度，积极创新村务公开形式。扎实开展村务公开和民主管理“难点村”治理工作，切实增强村民自治组织的凝聚力、战斗力。

23. 维护农村安全稳定。深入开展法制宣传教育活动，增强农民群众法制观念和意识。加强和改进农村信访工作，积极引导农民群众依法表达合理诉求，提高农村基层干部运用法律手段管理基层事务、处理矛盾纠纷的能力。健全农村应急反应机制，提高危机处置能力。继续深入推进农村警务建设和群防群治，依法打击各种违法犯罪和黄赌毒等社会丑恶现象，不断增强农民群众的安全感，确保农村和谐稳定。

2010 年 5 月 30 日

关于深入学习宣传胡锦涛总书记在庆祝中国共产党成立 90 周年大会上的重要讲话的实施意见

根据中央和省、市委的部署要求，经研究确定，利用两个月的时间，在全县深入学习宣传胡锦涛总书记在庆祝中国共产党成立 90 周年大会上的重要讲话精神，现制定如下实施意见。

一、指导思想

全面贯彻党的十七大和十七届三中、四中、五中全会精神，高举中国特色社会主义伟大旗帜，以马克思主义、毛泽东思想、邓小平理论和“三个代表”重要思想为指导，认真贯彻落实科学发展观，全面准确、系统深入地学习宣传胡锦涛总书记重要讲话精神，提高贯彻落实继续解放思想、坚持改革开放、推动科学发展、促进社会和谐总体要求的自觉性和坚定性，提高贯彻执行党的基本理论、基本路线、基本纲领、基本经验的自觉性和坚定性，切实把全县广大干部群众的思想和行动统一到讲话精神上来，统一到中央和省、市、县委的决策部署上来，为推动平邑科学发展、跨越发展而努力奋斗。

二、主要内容

整个学习宣传分六个专题进行。

（一）成就与经验。要把学习宣传胡锦涛总书记重要讲话精神与学习中共党史和中共平邑地方史紧密结合起来，重点学习宣传我们党 90 年来的辉煌历史，集中体现为完成和推进了“三件大事”：完成了新民主主义革命，实现了民族独立、人民解放；完成了社会主义革命，确立了社会主义制度；进行了改革开放新的伟大革命，开创、坚持、发展了中国特色社会主义。学习宣传 90 年来取得的“三大成就”，即开辟了中国特色社会主义道路，形成了中国特色社会主义理论体系，确立了中国特色社会主义制度。通过学习宣传，深刻认识是历史和人民选择了中国共产党，选择了马克思主义，选择了社会主义道理，选择了改革开放；中国共产党不愧为伟大、光荣、正确的马克思主义政党，不愧为领导中国人民不断开创事业发展新局面的核心力量，从而更加坚信共产党的领导，坚定走中国特色社会主义道路的信心和决心。

（二）党的建设。主要是学习胡锦涛总书记关于世情、国情、党情深刻变化的新判断，加深对执政考验、改革开放考验、市场经济考验、外部环境考验的长期性和复杂性的认识，加深对精神懈怠、能力不足、脱离群众、消极腐败“四大危险”的认识；学习宣传胡锦涛总书记关于新的历史条件下提高党的建设科学化水平“五个必须”的重要论述，即必须大力推进马克思主义中国化时代化大众化，提高全党思想政治水平；必须坚持五湖四海、任人唯贤，把各方面优秀人才集聚到党和国家事业中来；必须坚持以人为本、执政为民理念，始终保持党同人民群众的血肉联系；必须深入开展党风廉政建设和反腐败斗争，始终保持马克思主义政党的先进性和纯洁性；必须坚持用制度管权管事管人，不断推进党的建设制度化、规范化、程序化。通过学习宣传，进一步增强责任感、紧迫感，积极探索党建工作的新思路、新举措，不断提高党建工作的科学化水平。

（三）民主政治建设。主要是认真学习胡锦涛总书记关于大力推进社会主义民主政治建设，坚定不移走中国特色社会主义政治发展道路的重要论述，学习宣传人民民主是我们党始终高扬的光辉旗帜，人民当家做主是社会主义民主政治的核心，没有民主就没有社会主义，就没有社会主义现代化；学习宣传我国社会主义民主政治具有强大生命力，中国特色社会主义政治发展道路是保证人民当家做主的正确道路。通过学习宣传，使广大干部群众深刻认识，坚持中国特色社会主义政治发展道路的关键是坚持党的领导、人民当家做主、依法治国的有机统一，从而在全县大力弘扬社会主义法治精神，推进社会主义民主政治的制度化、规范化、程序化。

（四）经济建设。胡锦涛总书记在讲话中指出，改革开放30多年来，我们坚持以经济建设为中心，推动社会生产力以前所未有的速度发展起来，这是我国综合国力、人民生活水平、国际地位大幅提高的根本原因。以经济建设为中心是兴国之要，是党和国家兴旺发达、长治久安的根本要求。今后，我们必须继续牢牢坚持发展是硬道理的战略思想，牢牢扭住经济建设这个中心，决不能有丝毫动摇。学习宣传这一重要论述，要紧密结合县委经济发展战略部署，联系思想和工作实际，充分认识新时期最鲜明的特点是改革开放，坚持发展是硬道理的本质要求就是坚持科学发展，就是以科学发展为主题，以加快转变经济发展方式为主线，不断解放思想，开拓创新，扎实工作，推动全县经济社会跨越发展。

（五）文化建设。重点是按照胡锦涛总书记关于继续大力推进社会主义文化大发展大繁荣，坚定不移发展社会主义先进文化，把社会主义核心价值体系建设融入国民教育、精神文明建设和党的建设全过程的新要求，结合学习李长春同志来临沂调研时的重要讲话精神，深刻认识当今文化越来越成为综合国力竞争力的新形势，深刻认识加快文化改革发展的重要性、紧迫性，深刻认识弘扬沂蒙精神、九间棚精神与弘扬以改革创新为核心的时代精神相结合的重大现实意义，坚持以弘扬沂蒙精神、九间棚精神为主线，加强社会主义核心价值体系建设，特别是加强未成年人思想道德建设，继续深化文化体制改革，健全公共文化服务体系，大力发展振兴文化产业，加快推进文化名县建设。

（六）社会建设。胡锦涛总书记在讲话中强调，我们必须从维护最广大人民根本利益和实现国家长治久安的战略高度，抓好社会建设，推动社会建设与经济建设、政治建设、文化建设协调发展。学习宣传这一重要论述，要同学习胡锦涛同志在省部级主要领导干部社会管理创新专题研讨班上的重要讲话结合起来，深刻认识发展是硬道理、稳定是硬任务，正确处理改革发展稳定的关系，实现改革发展稳定的统一；深刻认识推进社会建设，要以保障和改善民生为重点，着力解决好人民最关心、最直接、最现实的利益问题。通过学习，进一步强化社会管理意识，不断加强和创新社会管理，健全完善党委领导、政府负责，社会协同、公众参与的社会管理格局，深入推进平安平邑建设，防范化解社会各类矛盾，努力创造人民安居乐业、社会和谐稳定的良好环境。

三、活动安排

胡锦涛总书记的重要讲话高屋建瓴、思想深刻、内容丰富，具有鲜明的思想性、针对性和指导性，是新形势下指导我们党继往开来的纲领性文献。各级各部门各单位要认真组织好集中学习宣传活动，务求取得实实在在的效果。

（一）组织集体学习和培训。要采取灵活多样的形式，组织党员干部认真研读原文，撰写读书笔记学习体会和理论文章，县委将举办学习活动征文比赛，进行评比表彰。把讲话作为党委理论中心组学习的重要内容，制定专题学习计划，把集中学习与专题调研结合起来，发挥示范带动作用，努力学深学透。组织部、党校要把学习讲话作为干部培训教育重要内容，列入各类班次培训课程，在整个专题学习期间，举办覆盖不同层面的科级干部、青年干部、妇女干部、农村基层干部培训班次。学校要把学习讲话作为青少年思想道德教育的一项重要内容，在广大青少年中进行一次广泛的爱党爱国主义教育和革命历史教育。

（二）举办报告会和研讨会。由党校负责邀请知名专家学者就学习胡锦涛总书记重要讲话作专题辅导报告。组织部、宣传部、党校、党史办等单位要举办学习贯彻胡锦涛总书记重要讲话专题理论研讨会，结合弘扬沂蒙精神、九间棚精神，加强社会主义核心价值体系建设，深化理论创新研究，探索新形势下贯彻党的路线方针政策的新思路、新举措，深入研究我县在新的历史条件下，加强基层党的建设、经济社会文化等各项事业建设的新方法、新途径，着力形成一批理论研究成果，为县委、县政府正确决策提供强有力的理论依据。

（三）组织理论宣讲活动。组织广大理论和党建工作者，成立宣讲团，深入机关、企业、学校和村庄、社区，进行理论宣讲。同时结合我县工作实际，对县委、县政府提出的任务目标、战略部署、重点工作，搞好政策解读，解疑释惑，凝心聚力。积极引导基层干部群众正确理解胡锦涛总书记重要讲话中的新思想、新观点、新论断，正确认识我县发展的形势、政策、思路、方向，把全县广大党员干部群众的思想认识统一到县委、县政府的决策部署上来。

（四）开展党的优良传统教育。结合学习胡锦涛总书记的重要讲话，组织爱国主义教育基地参观学习活动，对广大党员干部特别是青少年进行光荣革命传统、党的优良作风和理想信念教育。同时，组织好红色影视进机关、进校园、进农村、进社区和“红色文艺”广场艺术节、文艺巡演等活动，唱响共产党好、社会主义好、伟大祖国好的主旋律。

四、组织领导

各级各部门要把学习宣传胡锦涛总书记“七一”重要讲话作为当前和今后一个时期的

重大政治任务，摆上重要议事日程，切实加强领导和具体指导。根据《中共平邑县委关于认真学习贯彻胡锦涛总书记在庆祝中国共产党成立 90 周年大会上的重要讲话的通知》（平发〔2011〕45 号）要求和《实施意见》部署安排，结合本地本部门的实际，研究制定具体的实施意见和工作方案，认真抓好学习贯彻落实。报纸、广播、电视、网络等媒体要按照《通知》要求，精心策划，组织深度解读，及时推出系列评论，充分宣传报道各级各部门各单位学习贯彻讲话精神、推进各项工作的新思路、新举措、新经验，在全县营造科学发展、和谐发展、率先发展的浓厚氛围。

各级各部门各单位要把学习宣传胡锦涛总书记重要讲话的情况和好做法、好经验及时报县委办公室。学习期间，县委将组织检查组进行不定期督导检查。

2011 年 7 月 26 日

关于进一步做好减轻农民负担工作的意见

为切实维护好农民合法权益，促进农业农村经济发展和社会和谐稳定，根据中央和省、市、县有关减负工作精神，现就进一步做好减轻农民负担工作提出如下意见：

一、进一步提高认识，切实增强做好减轻农民负担工作的责任感和紧迫感

近年来，县委、县政府始终高度重视减轻农民负担工作，全面落实各项强农惠农政策，加大农民负担监督检查力度，减负工作开展顺利，农村干群关系进一步改善。总体来看，全县农村经济持续发展，农民收入不断提高，农村社会趋于稳定，农民群众较为满意。但是，随着新农村建设的推进和深化改革，当前，减负工作也出现了一些新的情况和问题：有的地方强农惠农政策落实不到位，扣发、迟发、抵扣惠农补贴；部分地方农村土地承包政策法规落实不到位，随意调整、收回农户 30 年承包地，超 5% 多留机动地，强行流转土地、截留流转收益，随意改变土地农业用途，侵害农民合法权益；有的地方还存在乱收费、乱罚款、乱摊派、乱收押金等问题，且手段和方式不断翻新，更具隐蔽性；有的强行开展以收费和盈利为目的的服务项目，向村集体和农户收管理费、保险费等；村级负担有加重的趋势，农村公费订阅报刊超规定限额，存在以培训费、学习费等方式强行摊派报刊问题；许多地方存在以“自愿”的形式向农村中小学生摊派报刊和教辅材料等；部分涉农行政事业性收费、农村基础设施建设等方面，农民不合理负担问题仍然存在；有的地方“一事一议”筹资筹劳不规范或强行以资代劳；个别地方对新形势下抓减负工作的重要性认识不足、重视不够、思想麻痹，甚至认为农民没有负担了，工作有所放松，农民负担反弹的压力增大。因此，各级各有关部门要进一步提高对减负工作的重要性、艰巨性、长期性的认识，切实增强责任感和紧迫感，牢固树立常抓不懈的思想，做到思想不松懈、措施不减弱、工作不松动，进一步加大工作力度，延伸监管领域，创新工作手段，加强制度建设，确保农民负担继续保持较低水平、不反弹。

二、明确减轻农民负担工作的总体要求

做好减轻农民负担工作，要全面贯彻落实科学发展观，以维护农民合法权益为中心，以规范涉农收费为重点，以强化监督检查为手段，

将农民负担监管工作融入到统筹城乡发展、加强农村社会管理、落实强农惠农富农政策中，将农民负担监管领域向农村基础设施建设、农村公共服务、农业社会化服务等方面延伸，创新监管思路、拓展监管范围、强化工作措施、加强制度建设，严格禁止各种不合理收费和集资摊派，坚决纠正违反政策规定加重农民负担的行为，确保农民负担继续控制在较低水平，促进农村社会和谐稳定。

三、以“五项”制度为总抓手，全面落实减轻农民负担的各项政策

（一）全面落实减轻农民负担监管“五项”制度。要认真落实涉农收费文件“审核制”、涉农价格和收费“公示制”、农村公费订阅报刊“限额制”、农民负担“监督卡制”、涉及农民负担案（事）件“责任追究制”等五项制度。重点完善“审核制”，县减负办、物价局要定期对涉及农民负担的收费文件进行清理，梳理和规范对农民的收费项目、范围、标准等；完善“公示制”，创新公示形式，适时更新内容，同时加强检查监督，狠抓责任落实；完善“责任追究制”，对加重农民负担的违规违纪行为严格责任追究，及时处理到位。

（二）严格涉农收费管理。1、坚决制止面向农民的各种乱收费、乱摊派、乱罚款。“一事一议”筹资筹劳是当前农民的合法负担，除此之外，严禁开展让村集体和农民出钱、出物、出工的各种达标升级活动和检查、验收、评比等活动。坚决防止将收费对象由农民向村集体和农民专业合作社转移、将收费向罚款转移等变相增加农民负担的现象发生。2、全面落实农民建房和村庄规划治理方面的收费政策。按照上级文件规定，农民依法利用集体土地新建、翻建自用住房，国土资源部门只收取土地证书工本费；建设部门只收取《房屋所有权登记证书》工本费；财政部门对在可耕地上新建自用住房的农户，收取耕地占用税，除此之外均不得收取任何费用。对农民建房，建设部门要无偿向农民提供经济安全适用、节地节能节材的住宅设计图样，免费为建房户搞好规划和测绘。在村庄规划编制工作中，不得向村集体收取任何费用，对镇（街道、开发区）村规划所需资金，从城市维护建设税新增部分和各级财政预算中列支。3、严格规范村级组织收费。严禁村级组织擅自设立项目向农民收费，严禁用押金、违约金、罚款等不合法方式约束村民、管理村务。严禁向建房农户收取宅基费、择位费、押金、配套设施费等。严禁有关部门或单位委托村级组织向农民收取税费，违反规定的要坚决纠正。各镇（街道、开发区）及有关部门需要村级组织协助开展工作的，要提供必要的工作经费，严禁将部门或单位经费缺口转嫁给村级组织，不准向村级组织摊派、集资或强制要求村级配套，防止发生新的村级债务。

（三）认真落实农村土地政策，依法保护农民土地用益物权。稳定和完善农村土地承包经营制度，是党的农村政策的基石。要严格执行《中华人民共和国农村土地承包法》和《山东省实施〈中华人民共和国农村土地承包法〉办法》，依法管理农村土地承包。稳定农村土地承包关系，赋予农民更加充分而有保障的土地承包经营权，现有土地承包关系保持稳定并长久不变，落实承包地块、面积、合同、证书“四到户”。坚决纠正村级“两田制”和机动地超5%的问题，严禁随意调整农民二轮承包地，农村土地承包经营权流转，不得改变土地集体所有性质，不得改变土地用途，不得损害农民土地承包权益。坚持依法自愿有偿原则，尊重农民的土地流转主体地位，任何组织和个人不得强迫流转，也不得妨碍自主流转。县、镇（街

道、开发区）农村土地流转服务中心要切实发挥作用，及时发布土地流转信息，指导规范土地流转行为。县、镇（街道、开发区）土地仲裁调解机构要及时依法仲裁调处土地流转和承包出现的问题，坚决实行最严格的土地管理制度。在征地工作中，要按照被征地农民原有生活水平不降低的原则，严格征地程序、补偿标准，落实对被征地农民的社会保障制度。同时，要加强土地补偿费和安置补助费的分配、使用管理，做到专款专用，不得挪作他用，保障农民的合法权益。

（四）进一步加强农村集体资金、资产、资源管理，提升农村集体经济“四监管”工作。目前，全县正在开展农村集体经济组织的资金、资产、资源的清产核资工作，各镇（街道、开发区）务必按照要求，扎实托清全县农村“三资”的存量，明晰产权和归属，建立台账，完善管理制度，建立农村集体资产交易中心和拍卖中心，切实加强“三资”管理，确保农村“三资”保本增值。在此基础上，要加强规范、完善农村集体经济“四监管”工作，切实提升“四监管”工作水平，以从制度上、工作措施上来保证农民的合法权益，遏制侵害农民利益的行为，消化农村不稳定因素，维护农村的发展和稳定。

（五）加强村级“一事一议”筹资筹劳的指导和管理。加强对农村“一事一议”筹资筹劳组织实施的指导和管理，积极引导农民按民主程序议事，按民主决策事项出资出劳。“一事一议”的适用范围主要包括：村级农田水利基本建设、村内街道和生产道路修建养护、植树造林、人畜用水设施建设维护、村民认为需要兴办的其他集体生产生活公益事业项目。议事过程要坚持民主程序，所议事项必须由村“两委”研究提出方案，经村民大会或村民代表大会三分之二以上成员通过，报镇（街道、开发区）人民政府同意，县减负办审查备案后方可实施。对以自愿名义强行要求村民出资或强行以资代劳、平调或挪用筹集资金等违规违纪行为，要及时予以纠正。

（六）继续实施农民负担专项治理部门责任制。继续落实谁主管、谁负责的专项治理部门责任制。县直有关部门要各司其职，协调配合，共同做好这项工作。农民建房乱收费问题，由国土资源、住建部门和各镇（街道、开发区）政府负责；农村教育乱收费问题，由教体、物价等部门负责；计划生育违规收费和服务性乱收费问题，由计划生育部门负责；农村合作医疗和药品价格方面的问题，由卫生、物价部门负责；农机管理中的乱收费问题，由农机、物价等部门负责；报刊征订治理工作，由宣传部门负责；农村土地征收、征用中出现的问题，由国土资源和农业部门负责；农村土地承包政策落实中出现的问题，由农业部门和各镇（街道、开发区）政府负责；强农惠农政策落实中出现的问题，由财政、农业、农机、畜牧等部门和各镇（街道、开发区）政府负责；村级补助资金的使用管理，由财政、农业、审计等部门负责；对农民专业合作社乱收费、乱摊派、乱罚款等问题，由工商、物价、农业等部门负责；农村道路修建管护中出现的乱收费问题，由交通运输部门负责；村村通自来水、有线电视中的乱收费问题，分别由水利、广播电视部门和各镇（街道、开发区）政府负责；对农民的结婚登记和殡葬乱收费的治理、农村最低生活保障和农村五保户供养政策的落实，由民政部门负责；对劳务市场的整顿、清理拖欠农民工工资、治理对进城务工人员的乱收费等项工作，由人力资源和社会保障部门负责；农村社会治安综合治理中的乱收费问题，由综治办负责。

四、严格规定要求，狠抓惠农政策落实

（一）全面落实各项强农惠农政策。全面落实对种粮农民直接补贴，农资综合补贴，小麦、玉米、棉花良种补贴，畜牧良种补贴，农业机械购置补贴，汽车、摩托车下乡补贴等各项补贴政策。进一步提高新型农村合作医疗筹资水平、政府补助标准和保障水平。提高农村最低生活保障标准并做到应保尽保。

（二）全面落实免除学生学杂费、免费提供教科书和对家庭经济困难学生补助生活费政策。全面免除农村义务教育阶段学生学杂费，免费向学生提供国家课程和地方课程教科书，对家庭经济困难寄宿生提高生活费补助标准。免费提供教科书政策实施后，学校只能按规定收取作业本费，不得再向学生收取其他任何费用。

五、加强组织领导，确保减轻农民负担工作成效

各级各部门要进一步提高对减轻农民负担工作的认识，把减负工作列入重要议事日程，切实做到常抓不懈。进一步明确党政一把手“亲自抓，负总责”的领导责任制和谁主管、谁负责的专项治理部门负责制，一级抓一级，一级对一级负责，抓好减负目标责任制的落实。党政主要领导要关心支持农民负担监督管理部门的工作，强化职能，充实人员，保障经费，确保工作正常开展。继续实行涉农信访案件查处联席会议制度，认真做好涉农信访案件的查处工作，定期通报督办涉农信访案件，对重点案件组成联合工作组进行查处。要深入开展涉农信访问题和不稳定因素的排查活动，加大对涉农信访通报和考核力度，健全涉农信访接待、处理、督办、通报、考核、责任追究等制度，确保涉农信访案件及时办结，把矛盾解决在基层、解决在萌芽状态。农业部门作为农民负担监督管理的主管部门要积极履行职责，指导和协调各镇（街道、开发区）、县直有关部门做好减负工作，加强情况调度，及时发现问题，为县委、县政府当好参谋。县直涉农收费部门要顾全大局，自觉履行职责，真正做到把好关口，令行禁止。组织、人力资源和社会保障部门要把减负工作作为考核和任用各级领导干部的重要依据和内容。纪检监察、财政、审计、物价等有关部门要对各项减负政策落实和专项治理工作情况加强监督检查。要继续实行减轻农民负担工作“一票否决”制，县、镇（街道、开发区）、村逐级签订责任书，逐级落实减负责任。确保各项减负惠农政策落到实处，切实保护好农民的合法权益，保持农村社会和谐稳定，促进新农村建设又好又快发展。

2012年7月25日

关于深入学习宣传贯彻党的十八大精神的决议

为深入学习宣传贯彻党的十八大精神，把全县广大党员干部的思想统一到十八大精神上来，把力量凝聚到十八大确定的目标任务上来，根据中央和省市委部署要求，结合我县实际，作出如下决议。

一、深刻领会党的十八大精神，进一步兴起学习宣传贯彻党的十八大精神热潮

党的十八大是在我国进入全面建成小康社会决定性阶段召开的一次十分重要的大会，是一次高举旗帜、继往开来、团结奋进的大会。党的十八大报告勾画了在新的历史条件下全面建成小康社会、加快推进社会主义现代化、夺取中国特色社会主义新胜利的宏伟蓝图，是我们党团结带领全国各族人民沿着中国特色社会主义道路继续前进、为全面建成小康社会而奋斗的政治宣言和行动纲领。大会通过的党章修正案，体现了我们党的重大实践成果、理论成果、制度成果，必将在推进党的事业和党的建设中更好的发挥根本性规范和指导作用。党的十八届一中全会选举产生的以习近平同志为总书记的新一届中央领导集体，体现了全党意志、反映了全国各族人民心愿，为沿着中国特色社会主义道路开拓奋进提供了坚强政治和组织保证。

全县各级党组织和广大党员干部要把深入学习宣传贯彻党的十八大精神，作为当前和今后一个时期的首要政治任务，加强组织领导，精心安排部署，不断把学习宣传贯彻党的十八大精神引向深入。一要坚持领导带头，学深学透。各级领导干部要带头学习、带头宣传、带头贯彻，力求先学一步、多学一点、学深一些。各级党委（党组）理论学习中心组要把学习十八大精神作为中心内容，制定系统学习计划，列出专题进行研讨，发挥示范带动作用。要通过举办各种形式的培训班、学习班，集中一段时间分期分批把全县各级领导干部轮训一遍，不断提高领导水平和执政能力。二要坚持形式多样，形成合力。各级各有关部门要在县委统一领导下，密切配合、通力协作，形成推动学习宣传贯彻十八大精神的强大合力。组织部门要把学习宣传贯彻十八大精神与干部教育培训工作、加强领导班子建设和基层党组织建设结合起来，认真做好组织协调和督促检查工作。宣传部门要把学习宣传贯彻十八大精神作为头等大事，精心筹划、周密安排，迅速形成规模、形成声势。教育部门要切实抓好十八大精神进学校、进课堂、进学生头脑的工作，作为学校思想政治教育和课堂教学的重要内容。党校和党性教育基地要把十八大精神的解读作为干部培训、轮训的必修课程，及时纳入主体班次教学内容。工会、共青团、妇联等人民团体要充分发挥自身优势，开展各具特色的学习教育活动。企业、农村、机关、学校、社区的基层党组织，要采取生动活泼、群众喜闻乐见的形式，组织好广大基层党员和干部群众的学习。三要学以致用，推动工作。紧密联系本部门本单位工作和干部群众思想实际，谋划新思路，提出新举措，推动新发展，真正把党的十八大精神落到实处。开展形式多样的理论研究和工作研究，围绕我县实际和干部群众关心的热点难点问题，列出一批重点课题，推出有深度、有分量、有针对性和可操作性的研究成果，努力把十八大提出的新思想、新观点、新论断，转化为推动工作的新思路、新方法、新举措。

二、深入学习贯彻党的十八大精神，推动经济社会又好又快发展

坚持以赶超跨越、争先进位为目标，深化改革，扩大开放，在扩大经济总量的同时，注重提高经济质量，全面提升平邑经济实力、发展活力和竞争力。

（一）增强县域经济实力。以“项目化”管理为抓手，加快新型工业化、城镇化和农业现代化进程，努力促进“三化”协调发展，切实壮大县域经济实力。把突破工业作为经济工作的主攻方向，坚定不移地实施“工业强县”战略，狠抓产业集群、项目建设和园区发展，探索具有平邑特色的新型工业化道路。培育新型材料、生物医药、机械制造三大百亿产业集群，做优做强罐头、石膏、石材、手套、金银花“五大特色产业”，努力抢占发展制高点，争得市场竞争主动权。加快重点项目建设，健全完善项目推进领导机制、考核机制、激励机

制，确保项目尽快落地、投产、达效。加快经济开发区、平邑街道项目聚集区、国际石材城、国际罐头城、棉纺手套城“两区三城”建设，不断提高园区承载能力和产业发展水平。重点加强经济开发区温水园区建设，进一步完善基础配套，形成“九纵九横”道路网络，合理布局服务设施，加快各类生产要素的集聚，提升项目承载能力，建成平邑“工业腾飞”的主阵地。认真落实各项强农惠农政策，增加农业基础设施投入，大力发展安全、优质、高效、品牌农业，建设高标准优质农产品基地，提升农业现代化水平。以建设临沂西部物流之都为目标，搞好规划布局，加大扶持力度，推进服务业发展提速、质量提高、结构提升。鼓励各镇围绕财政收入抓发展，培植骨干企业，强化产业支撑，加快镇域经济发展，打造县域经济发展的重要增长极。

（二）统筹城乡协调发展。抓住我县处于城镇化加速期的有利时机，大力实施城乡一体化战略，不断改善城乡面貌。全面加强城乡规划、建设和管理，积极打造生态宜居的中心城区、繁荣生机小城镇和美丽富裕新农村。全面提升县城建设水平，以中心城区建设为主导战略，按照“东进、西固、南沿、北扩”的发展方向，实施城东片区建设、老城区改造、道路建设、管道提升和浚河生态治理等城建“五大工程”，不断完善城市功能，提升城市品位。改善小城镇面貌，加大财政扶持力度，扶持小城镇驻地升级改造，争取尽快把地方镇建成县域次中心，把仲村、郑城、白彦等中心镇建成功能完善、环境优美的小城市。深入开展“美丽乡村”建设，完善村庄功能布局与建设规划，加大农村基础设施建设投入力度，深化农村住房建设与危房改造，提高农村生态建设水平，建设具有平邑特色的社会主义新农村。

（三）坚持科技创新驱动。坚持把推进科技创新摆在发展全局的核心位置，依靠创新驱动，加快经济文化强县建设步伐。要强化企业主体地位，着力构建以企业为主体、市场为导向、产学研相结合的技术创新体系，加大自主研发力度，推动创新平台建设，提高原始创新、集成创新和引进消化吸收再创新能力。要促进科技与产业对接，通过核心技术突破，助推新型工业化、信息化、城镇化、农业现代化同步发展。要优化科技创新环境，进一步营造有利于科技创新的体制机制和政策环境，加大对科技创新的政策激励和扶持力度，推动科技成果尽快向现实生产力转变。要大力实施人才强县战略，进一步重视高层次创新型科技人才和创业人才的培养、引进和使用，努力为高层次创业人才提供引得进、留得住、干得好的环境和条件，把各方面的力量凝聚到创新发展上来。

三、大力弘扬沂蒙精神，提高公民素质和社会文明程度

传承与弘扬沂蒙精神，把平邑建成社会风尚良好、人文气息浓郁、文化事业兴盛、文化产业发达的文化强县，提高公民素质和文明程度。

（一）践行社会主义核心价值观。深入开展社会主义核心价值体系学习教育，积极培育和践行社会主义核心价值观，进一步巩固全县人民团结奋斗的思想基础。要大力弘扬沂蒙精神，使沂蒙精神不断发扬光大。广泛开展理想信念教育，深入开展爱国主义、集体主义、社会主义教育，坚持正确导向，提高引导能力，壮大主流思想舆论。

（二）全面提高公民道德素质。加强社会公德、职业道德、家庭美德、个人品德教育，弘扬传统美德，弘扬时代新风。深入开展道德领域突出问题专项教育和治理，加快推进诚信

平邑建设。加强和改进思想政治工作，注重人文关怀和心理疏导，培育自尊自信、理性平和、积极向上的社会心态，建设社区文化、村镇文化、企业文化、校园文化。深入开展群众性精神文明创建活动，扎实推进“乡村文明行动”，广泛开展志愿服务，深入开展学习雷锋精神、“讲文明、树新风”等活动，推动学习宣传道德模范常态化。

（三）不断丰富群众文化生活。抓好基层综合文化站、文化大院和文化中心建设，推动公共文化服务向基层倾斜、向农村延伸、向公众开放。积极构建公共文化服务体系，加快建设县图书馆、蒙山影视城等文化工程。加强和改进网络内容建设，推动网络科学、健康、有序发展。加强文化市场监管，深入开展“扫黄打非”，抵制低俗现象。普及科学知识，弘扬科学精神，提高全民科学素养。

四、切实保障和改善民生，推进和谐社会建设

坚持把更多的财力向民生倾斜、向农村倾斜、向低收入群体倾斜，努力让发展的成果惠及千家万户，促进社会和谐稳定。

（一）大力发展社会事业。坚持教育优先发展战略，开展“教育基础设施建设突破年”活动，实施“平邑教育提升三年行动计划”，合理配置教育资源，促进教育均衡发展，全面提高教育教学质量。大力发展卫生事业，推进公立医院改革，引进社会资本投资医疗机构建设，形成多元办医格局，满足群众不同层次的医疗卫生服务需求。综合治理出生人口性别比，有效遏制违法生育，稳定低生育水平。广泛开展群众性体育活动，逐步完善养老服务体系，切实保障妇女儿童合法权益，建立健全残疾人社会保障服务体系，大力发展老龄服务事业和产业。

（二）健全社会保障体系。实施就业优先战略和更加积极的就业政策，千方百计扩大就业，实现多渠道、多形式和高质量的就业。不断提高城乡居民养老保险、医疗保险参保率，实现城乡居民应保尽保。完善城乡居民最低生活保障、农村五保、城乡医疗救助等社会救助制度，保障弱势群体生活。加强敬老院建设与管理，最大限度提高供养水平；积极开展百家企业捐助慈善事业、认领敬老院、企院对接等活动，在全社会形成尊老敬老的良好风尚。加快经济适用房、廉租房等保障性住房建设，切实解决好中低收入群众的住房问题。

（三）全力维护社会和谐稳定。深入推进“平安平邑”“平安乡村”建设，完善城乡一体的社会治安动态防控体系，深化社会治安重点区域和突出治安问题排查整治，依法打击违法犯罪。完善“一综多专、行业调解、三调联动、多调对接”的大调解体系，从源头上预防和减少社会矛盾，把问题化解在基层和萌芽状态。深入抓好安全生产监管，坚决防止重特大事故发生。健全完善社会稳定应急处置机制，有效应对自然灾害、事故灾害、社会安全事件，提高危机管理和抗风险能力。

五、扎实抓好生态文明建设，切实增强可持续能力

坚持把生态文明建设放在突出地位，以开展“美丽乡村”建设为抓手，实现人与自然和谐相处可持续发展，展现平邑生态美丽新形象。

（一）加强生态环境保护建设。坚持环保优先方针，不断提升生态建设和保护水平，打造天更蓝、水更清、地更绿的人居环境。加强“森林平邑”建设，大力开展荒山绿化、生态林场建设，全力推动全社会办林业，放手发展非公有制林业，提高森林覆盖率。加快重点河流和饮用水源地治理，健全对饮用水源地补偿机制，

确保城乡居民饮水安全。加强土地和矿产资源的规划、管理、保护与合理利用，坚决打击乱占乱建、滥采滥挖行为，不断提升基本农田保护和矿山生态恢复治理水平。

（二）提高资源节约集约利用水平。以节约集约利用资源为基本要求，推动资源利用方式根本转变，提高利用效率和效益。加强水资源管理，发展节水型经济，建设节水型社会。加强节能降耗预警调控工作，建立电力调控月通报季考核制度，确保完成节能目标。突出环保理念，大力发展循环经济，抓好循环经济示范园区、企业建设，促进生产、流通、消费过程的减量化、再利用、资源化。抓住我县被列入全市“四大矿业循环经济区”的机遇，充分发挥黄金、石膏、石材、石灰石等矿产资源丰富的优势，加快矿产资源整合，提高矿产资源利用率。

（三）深化城乡环境综合整治。以推进乡村“五化”达标和农村社区“三上”工程建设为重点，扎实开展农村环境集中整治，提高城乡生活污水和生活垃圾集中处理率及无害化处理水平。大力加强生态文明乡村建设，倡导生态农业，促进绿色发展，打造生态文明、清洁优美、和谐宜居的美丽家园。

六、加强党的建设，为全面建成小康社会提供强有力的组织保障

牢牢把握党的执政能力建设、先进性和纯洁性建设这条主线，认真落实党要管党、从严治党的方针，全面加强党的思想建设、组织建设、作风建设和反腐倡廉建设，为全面建成小康社会提供强有力的组织保障。

（一）建设高素质的领导班子和干部队伍。坚持民主集中制原则，积极发展党内民主，健全党内民主制度体系，形成领导班子团结协作、高效运转、能及时发现解决问题与矛盾的工作机制。深化干部人事制度改革，扩大干部工作民主，完善竞争性选拔干部方式，规范干部选拔任用提名制度。进一步深化干部人事制度改革，把工作一线作为培养、锻炼和选拔干部的主阵地，树立注重基层、注重一线的用人导向。重视选拔基层干部、优秀年轻干部、少数民族干部、女干部和党外干部。加强和改进干部教育培训，不断提高干部队伍素质。协同各有关职能部门，做好各类人才平台载体建设，为引才、留才、用才提供良好环境。

（二）创新加强基层党建工作。深入开展创先争优活动，推动各基层党组织选好学习标杆、寻找工作差距、定准发展目标、争创一流业绩。以选派“第一书记”到村任职为抓手，深入开展基层组织建设年活动，夯实党在农村基层的执政基础。探索建立区域化党建新模式，做好“两新”组织党建工作，推动城乡基层党建工作全面协调发展。加大典型宣传力度，努力打造一批全县、全市乃至全省的党的建设、经济发展品牌村、亮点村、示范村。

（三）大力弘扬为民务实优良作风。要始终保持干事创业的激情、攻坚克难的锐气、狠抓落实的韧劲，以实干创造业绩，以实干赢得民心，以实干凝聚力量，带动全县上下形成干事创业、谋求发展的强大合力。各级领导干部要经常性地深入基层调查研究，真正倾听群众呼声、真实反映群众愿望、真情关心群众疾苦。要持之以恒抓好作风建设，严格要求自己，以良好的党风带政风民风，真正赢得群众信任和拥护。

（四）深入推进反腐倡廉建设。要全面推进惩治和预防腐败体系建设，严格落实党风廉政建设责任制，形成党风廉政建设和反腐败工作的强大合力。加强党员干部廉洁从政教育，把反腐倡廉教育贯穿于干部培养、选拔、管理、

使用全过程，筑牢党员干部拒腐防变的思想道德防线。严格执行领导干部述职述廉、报告个人有关事项等制度，规范领导干部从政行为。加强对党员干部特别是领导干部的监督，严肃查处党员干部违纪违法案件，始终保持惩治腐败的高压态势，切实维护党的清正廉洁，以反腐倡廉的实际成效取信于民。

全县各级党组织和广大党员干部要紧密团结在以习近平同志为总书记的党中央周围，高举中国特色社会主义伟大旗帜，深入学习宣传贯彻党的十八大精神，解放思想、创新思路，开拓进取、扎实工作，为建设富美和谐、生态宜居新平邑，早日全面建成小康社会而努力奋斗。

2013 年 1 月 15 日

关于加强意识形态工作的实施意见

为深入学习贯彻党的十八大、十八届三中全会和习近平总书记系列重要讲话精神，根据中央和省市委部署要求，现结合我县实际，就做好当前和今后一个时期的意识形态工作，制定本实施意见。

一、总体要求

1. 深刻认识意识形态工作的极端重要性。做好意识形态工作事关巩固党的执政基础，事关国家长治久安。历史和现实反复证明，经济工作搞不好要出大问题，意识形态工作搞不好也要出大问题。党的十八大以来，中央和省市委高度重视意识形态工作，要求各级党委站在意识形态工作第一线，切实负起政治责任，决不能让领导权旁落。各级各部门各单位要深刻认识做好意识形态工作对于团结引导广大党员干部群众坚持中国道路、弘扬中国精神、凝聚中国力量，实现“两个一百年”奋斗目标和中华民族伟大复兴中国梦，对于推进我县经济社会科学跨越发展，都具有重大而深远的意义，切实把思想和行动统一到中央和省市县委的要求上来。

2. 深刻认识意识形态工作面临的新形势。当前，意识形态领域出现一些新情况新问题，主要表现在：世界范围内各种思想文化交流交融交锋更加频繁，西方国家加紧对我进行思想文化渗透，意识形态领域面临的斗争长期而复杂；随着我国经济社会转轨转型，各种社会矛盾和问题相互叠加，思想意识问题与现实问题相互交织，思想理论领域噪音杂音时有出现，有效引领社会思潮、强化社会主义核心价值观的任务越来越重；现代传播技术迅猛发展，互联网在现代传媒中的广泛应用，深刻改变着媒体格局和舆论生态，意识形态领域管理难度越来越大。我县意识形态领域总体上积极健康，意识形态工作成效显著。但还存在一些问题和不足，主要是：个别地方、部门和单位的领导干部重视程度不高，思想警惕放松，阵地意识和斗争意识淡化，存有做意识形态工作不理直气壮，不敢抓、不愿抓、不会抓的现象；对有些社会热点问题缺乏有针对性、有说服力的回应，理论大众化吸引力、感染力不够强；工作机制不够健全，管理手段相对滞后，基层队伍较为薄弱等。各级各部门各单位要深化对意识形态领域斗争长期性、复杂性、尖锐性的认识，不断增强政治意识、大局意识、责任意识和忧患意识，积极主动地做好意识形态领域工作，为富美和谐生态宜居新平邑建设提供良好的思想舆论环境。

3. 准确把握意识形态工作的指导思想。以邓小平理论、“三个代表”重要思想、科学发展观为指导，深入学习贯彻党的十八届三中全会和习近平总书记系列重要讲话精神，着眼于巩固马克思主义在意识形态领域的指导地位、巩固全县人民团结奋斗的共同思想基础，紧紧围绕坚持和发展中国特色社会主义、实现中华民族伟大复兴中国梦这个主题，坚持党性与人民性相统一，坚持团结稳定鼓劲，牢牢掌握新形势下意识形态工作的领导权、管理权、话语权，不断增强意识形态工作的吸引力、凝聚力、影响力，为加快建设经济文化强县、全面建成小康社会提供精神动力、舆论支持和思想保证。

4. 始终坚持意识形态工作的指导原则。做好新形势下的意识形态工作，必须坚持和把握以下原则：

——坚持围绕中心、服务大局。正确处理中心工作与意识形态工作的关系，坚持两手抓、两手都要硬。紧紧抓住经济建设中心不动摇，围绕改革发展稳定大局，找准工作切入点和着力点，做到因势而谋、应势而动、顺势而为。

——坚持主动引导、重在建设。牢牢把握正确导向，弘扬主旋律，传播正能量。遵循意识形态工作规律，以立为本、“常”“长”结合，加强意识形态阵地、人才队伍、体制机制等建设，巩固壮大主流意识形态。

——坚持敢抓敢管、依法管理。对政治原则问题和大是大非问题，立场坚定、态度坚决，旗帜鲜明地抓、理正气壮地管，增强主动性、掌握主动权、打好主动仗。完善政策法规，综合运用经济、行政、技术等多种手段，实现意识形态管理的法制化、规范化、科学化。

——坚持与时俱进、改革创新。主动适应形势发展要求，解放思想、实事求是，打破传统思维定式，提高思想的敏锐度、开放性。促进方法手段创新，探索有利于破解工作难题的新举措、新办法。坚持把工作重心放在基层，扎实做好抓基层、打基础工作，促进基层工作创新。

——坚持党委领导、部门负责。树立大宣传工作理念，在党委统一领导下，动员各条战线各个部门和人民团体支持参与意识形态工作。宣传思想工作部门必须守土有责、守土负责、守土尽责，勇于担当，承担起政治使命。

二、主要任务

5. 深入开展中国特色社会主义和中国梦宣传教育。坚持和发展中国特色社会主义，实现中华民族伟大复兴中国梦，是全党全国各族人民的共同理想，是当代中国发展进步的鲜明主题。要加强科学理论武装，坚持不懈地用中国特色社会主义理论体系武装党员干部、教育人民群众，不断培植精神家园。

加强理想信念教育。着眼于强化理想信念这个根本，深入学习习近平总书记系列重要讲话精神，开展中国特色社会主义和中国梦主题教育，引导人们深刻理解中国特色社会主义的重大意义、丰富内涵和实践要求，准确把握中国梦的深刻内涵、目标要求和实现路径，切实做到真学真懂、真信真用。在党员干部特别是领导干部中，要以系统掌握马克思主义基本理论为重点，进一步加强党委（党组）中心组学习，全面深化学习型党组织创建活动。充分发挥党校等干部培训机构作用，健全理论学习制度，采取理论学习考核、干部德廉考试等形式，强化党的理论创新成果学习，不断提高党员干部的思想政治水平。在知识分子中，通过加强教育培训，引导他们打牢唯物史观根基，把握正确研究方向，理性看待各种社会思潮，自觉地团结在党的周围，在意识形态工作中发挥积极作用。在青年学生中，通过思想政治理论课、社会实践活动等多种形式，推进中国特色社会主义和中国梦进教材、进课堂、进头脑，引导他们树立正确的世界观、人生观、价值观，强化思想认同。

强化理论研究。整合社科理论界优势资源，充分发挥理论人才库、党校和党建作用，加强中国特色社会主义和中国梦理论研究阐释。紧密联系平邑实际，深入开展重大理论和实践问题研究，形成对全局工作有重要参考价值的研究成果。加强对重大舆情的追踪、研判，及时回应社会关切，做好热点问题的理论引导。

搞好理论普及。着眼于增强广大干部群众对中国特色社会主义和中国梦的信心信念，大力推进马克思主义中国化时代化大众化。在县域新闻媒体开辟理论宣传特色栏目（节目），打造一批有影响的理论宣传品牌。充分运用网络广播电视、移动多媒体等新兴传播阵地，加快构建以重点新闻网站为主体，各部门单位网站和主要商业网站为补充的网络理论传播体系，有效引导社会思潮。坚持面向基层、贴近群众，组织配发通俗理论读物（音像制品），开展理论下基层、专家百姓面对面、政策宣讲进万家、基层骨干培训系列活动，强化理论大众化示范点功能，推动理论服务群众常态化、制度化。精心打造道德讲堂、社科普及周等宣传普及品牌，加强对“五老”宣讲团、百姓宣讲团的组织协调，引导广大群众积极参与、自我教育。

6. 积极培育践行社会主义核心价值观。社会主义核心价值体系是兴国之魂，决定着中国特色社会主义发展方向。要广泛开展社会主义核心价值体系宣传教育，大力倡导富强、民主、文明、和谐，倡导自由、平等、公正、法治，倡导爱国、敬业、诚信、友善，大力宣传《平邑县公民基本道德行为准则》，推动社会主义核心价值理念内化于心、外化于行。

大力弘扬沂蒙精神、九间棚精神，唱响正气歌，提振精气神。沂蒙精神、九间棚精神是我们党的宝贵精神财富，是社会主义核心价值体系的集中体现。以弘扬沂蒙精神、九间棚精神为主线，把社会主义核心价值观融入到国民教育、精神文明建设和党的建设全过程，贯穿到经济文化强县建设各领域，体现到精神文化产品创作生产传播各方面。加快爱国主义教育基地和党性教育基地建设，深入开展理想信念、形势政策、国情县情、群众路线教育，进一步坚定广大干部群众建设中国特色社会主义的信心和决心。深入开展沂蒙精神、九间棚精神的学习宣传研究，充分挖掘沂蒙精神、九间棚精神的丰富内涵和时代价值，培树一批弘扬新时期沂蒙精神、九间棚精神的先进典型，把弘扬沂蒙精神、九间棚精神具体化、形象化，使沂蒙精神、九间棚精神不断发扬光大，成为推动经济社会发展的强大精神动力。

深入实施公民道德建设“四德”工程，制定《平邑县培育和践行社会主义核心价值观实施意见》，以爱、诚、孝、仁为重点，把社会公德、职业道德、家庭美德、个人品德建设落到实处。健全完善学校、家庭、社会紧密协作的教育网络，加强未成年人思想道德建设。深入开展“学雷锋做平邑好人”活动，采取多种形式，鼓励支持群众团体、社会组织及各界热心人士，广泛参与公益事业，推动学雷锋活动常态化、志愿服务制度化。开展道德模范评选活动，设立道德模范帮扶基金，抓好公益广告宣传，开展道德领域突出问题专项教育治理行动，积极推进政务诚信、商务诚信、社会诚信和司法公信建设，培育知荣辱、讲正气、作奉献、促和谐的良好风尚。

统筹城乡精神文明建设，积极开展“讲文明、树新风”和“做一个文明平邑人”主题实践活动，深化文明城市、文明行业、文明单位、文明社区创建活动。扎实推进乡村文明行动，抓好示范点建设，广泛开展文明村镇、文明集市、文明户等评选活动，不断提升城乡文明水平。

7. 不断巩固壮大主流思想舆论。积极向上的主流思想舆论是确保意识形态工作健康发展的根本保证。要坚持团结稳定鼓劲、正面宣传为主，弘扬主旋律，传播正能量，激发全社会团结奋进的强大力量。要坚持党性和人民性的统一，把体现党的主张和反映人民心声统一起来。要坚持党管媒体原则不动摇，坚持正确的政治方向和舆论导向不放松。

做大做强正面宣传。县内主流新闻媒体站要抓好主题宣传，积极有效地宣传建设经济文化强县的目标任务和发展前景，宣传实施培育“8+3”现代产业集群发展战略、实现科学跨越发展的生动实践，宣传转方式、调结构、创新驱动战略的新进展，宣传改善民生的新举措，宣传经济社会发展的新成就，反映社会发展主流，凝聚改革发展共识。

加强社会热点问题引导。把握舆论引导的时、度、效，针对教育、就业、医疗、住房、生态环境、食品安全等方面存在的问题，进行政策解读、解疑释惑，主动发声、积极疏导，促进形成良好的心理预期。坚持及时准确、公开透明、有序开放、有效管理、正确引导，完善快速反应机制，落实重特大突发事件新闻应急制度，加强和改进突发事件引导，占领舆论制高点和道义制高点。

强化新闻发布工作。完善党委、政府和公共企事业单位新闻发布制度，推动新闻发布工作规范化、制度化、专业化。围绕党委、政府重大决策部署、人民群众关心的热点难点问题，全面准确、及时主动地发布权威信息，增强党委、政府工作的透明度、公信力，消除不实或歪曲报道的影响，掌握舆论引导主动权。建设管理好平邑官方政务微博群，畅通权威信息发布渠道。

加大舆论监督力度。围绕党委、政府中心任务、重点工作和群众反映强烈的实际问题，开展科学监督、准确监督、依法监督、建设性监督。各类媒体都要强化社会责任，自觉遵守宣传纪律，杜绝有偿新闻、虚假报道。

勇于开展舆论斗争。对那些恶意攻击党的领导、攻击社会主义制度、歪曲党史国史等言论，要敢抓敢管、敢于亮剑，一切报刊图书、讲台讲座、会议会场、电影电视、广播电台、舞台剧场等都不能为之提供空间，一切数字报刊、移动电视、手机媒体、手机短信、微信、博客、播客、微博客、论坛等新兴媒体都不能为之提供方便。在大是大非和政治原则问题上，支持什么、反对什么，必须旗帜鲜明、态度坚决。

加强和改进对外宣传，发挥《平邑新闻》等主要新闻媒体导向作用，围绕县委、县政府中心工作，继续组织开展阶段性、战役性宣传报道，营造舆论氛围。完善《平邑宣传》编排，继续多发体现各镇（街道、开发区）和部门亮点的稿件，为全县内部宣传提供良好的平台。

8. 进一步强化基层思想政治工作。思想政治工作是我党的优良传统和政治优势，是把意识形态工作做到基层、落到实处的重要途径。各级要把加强基层思想政治工作放在突出位置，抓重点、破难点、求创新，不断扩大覆盖面，增强针对性有效性。

坚持分类施法，有针对性地做好广大工人、农民、知识分子、离退休人员、城镇流动人员、“两新”组织人员的思想政治工作，把矛盾和问题解决在基层、化解在萌芽状态，培育自尊自信、理性平和、积极向上的社会心态。坚持立德树人，切实加强学校特别是中学思想政治工作。广泛开展理想信念、爱国主义、形势政策、思想道德、心理健康和创新创业等教育。改进学校思想政治理论课教学，开展社会实践、志愿服务和校园文化活动，增强学生综合素质。以职业理想、职业道德为重点，加强教师队伍建设，做好青年教师党员发展工作。

创新方式方法，充分运用报刊、广播、电视、网络等各类媒体，采取面对面、互动式、分众化等方式，不断增强吸引力和感染力。坚持把解决思想问题与解决实际问题结合起来，克服单纯空洞说教和以办实事形式代替思想政治工作的现象。注重人文关怀，引导人们正确处理社会关系、表达利益诉求，维护群众的合法权益。

基层党组织要发挥政治核心作用，加强自身建设，完善“三会一课”和党员联系群众、恳谈会等制度，动员基层群团组织的力量，把思想政治工作做深做细做实。要优化资源配置，改善工作条件，切实做到有机构、有场所、有制度、有人员、有资金，进一步夯实基层基础，为加强和改进基层思想政治工作提供有力保障。

9. 大力推动文化改革发展。满足广大群众的精神文化需求，不断提高文化软实力，是意识形态工作的重要内容。要紧紧围绕建设文化强县的总体目标，牢牢把握社会主义先进文化发展方向，坚持以人为本，把握好意识形态属性与文化产业属性的关系，正确处理社会效益与经济效益的关系，始终把社会效益放在首位。

加快公共文化服务体系建设。以县、镇、村三级公共文化服务体系建设为重点，按照全覆盖、保基本、促完善、可持续的要求，建立公共文化服务建设协调机制，推进城乡文化一体化发展，深入实施文化惠民工程，办好一批文化惠民实事好事。广泛开展广场文化艺术节、“三下乡”、民间文艺汇演及庄户剧团、“乡村大舞台”演出等群众文化活动，丰富基层群众精神文化生活。

加快文化产业发展，着眼于提高质量和效益，转变发展方式，优化产业布局，壮大传统文化产业，加快发展新兴文化业态，制定进一步加快文化产业发展的政策措施，积极培育文化企业、文化产业项目为载体，通过注入资金、资助项目开发、划转相关资产等方式，支持发展核心竞争力强的骨干文化企业，扶持有发展前景的小微文化企业，鼓励和引导民间资本投资文化产业，提升规模化集约化专业化水平。

加强文物保护，推进文博事业发展。加强对田野不可移动文物的管理，进一步规范完善各级重点文物保护单位的“四有”工作。加强文化遗产整理研究，力促制作印刷《蒙阳遗珍》系列丛书。做好基础建设勘探、开发等文物保护工作，编制南武城故城修复工程，保护修复左宝贵衣冠冢，打造文物保护的典范和爱国主义教育基地。

10. 切实加强意识形态阵地管理。意识形态阵地是思想舆论斗争的前沿和依托。要按照谁主管谁负责和属地管理的原则，进一步落实意识形态工作责任制。始终坚持党管媒体原则不动摇，坚持发挥《平邑新闻》、广播电视和重点新闻网站的主阵地作用，加强对新闻类、社会生活类等报刊的管理。深入开展“扫黄打非”，强化市场监管，抑制低俗现象，加强对境外出版物特别是政治类出版物的清理整治，堵住政治类、宗教类等非法出版物的印刷源头和流通渠道。

加强对社会组织的管理，民政等主管单位要明确职责，完善登记审批程序，加强协调配合，强化业务指导，抓好对各类社科类学会、协会、研究会的管理。制定完善管理办法，切实加强对民办社科研究机构、民间文化工作室、民营文化机构的管理。

加强对哲学社会科学报告会、讲座、培训等活动的管理，进一步健全审批报备制度，完善评价和反馈机制。对于各级各类课堂、讲座以及校报、校刊、校内广播电视和校园网等，要高度重视、加强管理，不给错误思想观点提供传播渠道。

11. 突出抓好网上舆论工作。互联网已经成为意识形态斗争的主战场，直接关系到社会稳定和党的执政基础。要创新互联网等新兴媒体建设和管理理念，实现从被动管理向依法治理转变，从着眼末端向着眼全网转变。

加强网络内容建设，提高网络文化产品和服务供给能力，强化优秀沂蒙传统文化和当代文艺精品的网络传播，鼓励网站、网络作家、网民创作健康向上、富有特色的优秀网络文化作品。精心组织网上正面宣传活动，壮大网上主流舆论。建设一支强大的网络评论员队伍，加强对网络评论的引导。抓好网络道德教育，倡导文明上网、绿色上网。

推动传统媒体与新媒体融合，加快推进报网、台网融合发展，实行重要新闻信息网络媒体首发制。大力发展移动客户端、网络广播等新业态，实现优势互补、资源整合。各级党政部门要建好用好政务网站，办好政务微博、微信等平台。

加强网络信息管控，强化信息源头管理和属地管理，依法依规实施信息网络实名登记制度，加强域名、IP 地址、网站准入、接入服务等基础管理。加大网上有害信息查处力度，严厉打击清理互联网和手机淫秽色情、网络谣言及低俗信息，切断有害信息传播利益链，优化净化网络舆论环境。

健全完善互联网管理体制，强化互联网信息管理部门综合职能和牵头作用，加大互联网信息内容建设、行业发展、打击互联网违法犯罪等环节的协同监管力度，推动互联网管理科学化、规范化、制度化。建立“谁发布谁把关、谁出事谁担责”的问责机制，对违法违规的网站严肃处理。

三、保障措施

12. 加强组织领导。各级党委（党组）要切实负起政治责任和领导责任，把宣传思想工作纳入重要议事日程，纳入领导班子和领导干部年度考核评价之中。党委（党组）主要负责同志和分管负责同志要勇于站在第一线，带头抓意识形态工作，主动研究重大问题，亲自安排重点任务，有效督促工作落实。各级党委（党组）要把意识形态问题列入党委（党组）中心组学习重要内容，经常听取意识形态领域情况汇报。工会、共青团、妇联等群团组织，要充分发挥自身优势，支持做好意识形态工作。进一步健全党委统一领导、党政齐抓共管、宣传部门组织协调、有关部门分工负责、社会力量积极参与的领导体制和工作格局。

13. 强化人才队伍。做好意识形态工作，人才是基础，队伍是关键。加快高层次人才的培育和集聚，县重点人才引进计划、重点人才引进优惠政策向宣传思想文化领域倾斜。完善人才培养开发、评价发现、选拔任用、流动配置、激励保障机制。充实完善平邑县理论教育人才库，加强教育培训，培养一支政治强、业务精、作风正，关键时刻靠得住、用得上的意识形态工作队伍。

14. 健全工作机制。建立联席会议制度，定期召开由县委宣传部牵头、有关部门参加的专题会议，加强组织协调，研究交流情况，提出工作对策。建立大舆情工作格局，加强意识形态主管部门、实际工作部门、新闻媒体及各镇（街道、开发区）之间的沟通协调，提高舆情处置的科学性时效性。各级各部门各单位要及时向党委和宣传部门报告意识形态领域出现的重大问题，公安、国家安全等部门要定期向县委宣传部门通报涉及意识形态领域的最新情况，跟踪掌握动态趋势，及时解决出现的问题。加强对社会思想舆情的分析研判，健全导向机制，在制定政策和措施、开展工作中，同步考虑意识形态和社会舆论风险，做好工作预案，注重价值导向、舆情民意、社会效果。建立问责制度，切实落实各级党委的政治责任、领导责任、把关责任，确保本地本部门本单位不出大的问题。对出现问题处置不当的，要进行责任追究。对持有错误观点的党员干部要批评教育，对公开宣扬传播错误思潮造成严重影响的党员干部要严肃处理。

15. 完善政策措施。完善干部管理政策，选好配强各镇（街道、开发区）党（工）委宣传委员，特别要抓好重要阵地、关键岗位的人员配备和使用管理。完善财政投入政策，保证财政对公共文化建设投入的增长幅度高于同级财政经常性收入增长幅度，提高文化支出占财政支出比例。主要公共文化产品和服务项目、公益性文化活动纳入公共财政经常性预算。完善重点工程（项目）扶持政策，建立完善县文化事业发展专项资金、县文化产业发展专项资金，加大对理论研究创新、农村文化、乡村文明行动、四德工程建设等重点工作的扶持力度。通过统筹财政经费、科学使用党费等方式，向基层党组织免费提供一定数量的党报党刊、形势政策宣传品等学习资料。

16. 夯实基层基础。坚持工作重心下移，加大政策扶持力度，把更多的资源用到农村、社区。充实县级宣传文化部门单位工作力量，配齐配强各镇街党委宣传委员、宣传干事和镇综合文化站、新闻中心专职人员，抓好基层宣传文化干部培训。加大政府投入、用好社会资金，加强基层文化设施、文化阵地建设和各类文化服务平台、服务网络建设。尊重群众首创精神，总结基层实践经验，推动基层意识形态工作创新。

2013 年 12 月 20 日

索 引

主题索引

说明：

1. 本索引为综合性主题索引。
2. 索引款目按汉语拼音字母（同音字按声调）顺序排列。
3. 款目后的阿拉伯数字表示内容所在的页码。
4. 同一主题的内容在文中多处出现的，在其款目后用不同的页码标明。

A

艾滋病 /877
爱国卫生管理 /884
安全生产监督管理 /507
案件查办 /582
案件管理指挥中心 /742

B

白彦镇 /1031
柏林镇 /993
办理 /577
保护 /231
保健保偿 /887
保太镇 /988
保障体系 /431
编纂 /843
卞桥镇 /997
标准化管理 /489
标准化生产 /244
殡仪馆、福寿园建设 /713
病害 虫害 鼠害 /111
不良资产处置 /434/444

C

财税 /399
财务管理 /251
财政 /401
参政议政 /665/679
餐饮住宿业 /380
残疾人事业 /966
测报 /807
拆迁安置 /182
产量与产值 /349
产品和产能 /304
产权交易 /181
产权制度和民营水利 /291
产业发展 /347
产业服务项目 /342
产业规模 /343/345
产业集群 /319/348
产业结构 /198
产业品种 /316
常务委员会会议 /655
撤销与合并 /645

城建环保 /159
城市管理 /177
城乡建设 /163
城乡建设规划 /161
城镇居民生活 /927
程序 /576
出口 /385
出入境管理 /735
初中教育 /776
除险加固 /268
储运 /373
传染病 /869
创建活动 /563
从业人员管理 /897
村庄建设 /171
村庄建设规划 /163

D

打击犯罪 /556
打击刑事犯罪 /728
大事记 /11
大型商场和购物中心 /357
大型水库 /257
代表产生 /591
代表大会 /515/673
代表构成 /593
代表活动 /609
代表选举 /515
淡水养殖 /245
档案 /841
档案服务 /841
党风廉政建设 /579
党管武装 /769
党史工作 /574
党外干部工作 /568
党外知识分子工作 /569
党校教育 /572
党员发展 /549
党员干部教育 /550
道教 /963
地层 /53
地方病 /872
地方国家行政机关 /615
地方国家权力机关 /589
地方史志 /842
地方镇 /1001
地理位置 /45
地貌 /54
地貌类型 /54
地貌特征 /54
地名管理 /714
地税 /414
地税收入 /416
地温 /76
地震 /111
地震 /809
地震防御 /810
地质 /53
电化和远程教育 /551
电视 /836
电网 /323
电信公司业务 /157
电业 /323
电影发行放映 /818
调查 /470
督导 /791
队伍 /782
对台事务 /569
对外和中国港台地区经济技术协作 /389

对外加工 /388
对外经贸 /385

E

儿童保健　疾病防治 /886

F

发行 /845
法规建设 /809
法警工作 /752
法律援助 /759
法院 /743
反渎职侵权 /740
反贪污贿赂 /739
方言 /945
方言读音举例 /949
方言惯用词语 /951
防汛　抗旱 /287
防汛 /287
房产评估 /180
房地产 /180
纺织 /319
纺织手套 /345
纺织手套重点企业 /346
纺织重点企业 /319
丰阳镇 /1041
风灾　雹灾 /109
佛教 /964
扶贫开发 /214
服务 /807
服务经济建设 /568
服务业 /380
福利 /968
妇联 /675
妇联代表大会 /675
妇女保健　疾病查治 /885
妇幼保健 /885

G

改革改制 /368
概述 /3
干部队伍建设 /541
高新技术产业 /801
高中教育 /776
个体劳动者协会 /484
个体私营经济 /477
工会 /671
工会组织建设 /671
工商行政管理 /472
工商业联合会 /677
工商业联合会代表大会 /678
工商业联合会历史沿革 /678
工商业联合会组织机构 /678
工商银行 /431
工商银行存款 /431
工商银行贷款 /433
工商银行债券 /434
工业 /299
工业投入 /304
工业总况 /301
工资待遇 /785
工资福利 /689
工作机构 /523/606
公安　司法 /723
公安 /725
公共卫生管理 /879
公路 /137

公诉 /736
公园和广场 /176
公证办理 /756
共青团 /673
共青团组织机构 /673
共青团组织建设 /674
供电 /328
供销 /361
构造 /53
购销 /370
骨干企业 /305
馆藏与整理 /841
管理 /249/404
管理机构 /793/923
灌溉 /271
灌溉和饮水 /271
罐头 /343
罐头重点企业 /344
光彩事业 /679
广播 /834
广播电视 /832
广播电视教育 /779
广告管理 /480
规模和效益 /303
国防后备力量建设 /763
国际结算 /434
国家审计 /491
国税 /410
国土资源管理 /497
国有场圃 /235
国有集体企业改革改制 /301
国有商业改革 /353

H

函授教育　自学考试 /779
旱灾 /106
行业商会 /679
河道治理 /280
宏观调控 /421
洪涝 /107
花卉 /232
化工 /320
化工重点企业 /320
环境保护 /188
环境管理 /189
环境监测 /191
环境监察 /191
环境卫生 /179
换届 /610
黄金产业 /349
黄金产业重点企业 /349
会议与决策 /524
婚前医学检查 /887
婚姻登记 /720
活动 /967
货币 /427

J

机构　队伍 /857
机构 /611
机构管理 /896
机关党建 /569
机井、大口井 /266
机具 /247
机械 /315

机械变动 /117
机械重点企业 /315
基层司法行政 /758
基层武装部 /763
基层政权选举和村（居）务管理 /703
基层组织 /524/678/967
基层组织建设 /545
基础教育 /775
基础设施建设 /393/789
基础业务 /150
基督教 /964
疾病防治与管理 /869
集市与庙会 /358
集体林权制度改革 /234
集体资产 /252
计划编制与执行 /465
计划免疫管理 /878
计划与发展 /464
计量管理 /488
纪检　监察 /579
技工教育 /778
技术开发与推广 /250
技术培训 /250
技术推广 /246
加工 /372
家庭承包责任制 /198
价格管理 /485
监测管理 /282
监测预报 /810
监督 /607
监督检查 /487
监管 /430
监所检察 /740
检察 /736
检察技术 /741
减轻农民负担 /199
见义勇为 /558
建材 /317
建设银行 /436
建设银行存款 /436
建设银行贷款 /437
建设银行债券　不良资产处置 /439
建置区划 /393
建筑队伍 /185
建筑业 /185
降水 /65
交通 /137
交通　邮政　通信 /135
交通管理 /731
教师 /782
教研 /788
教育 /773
教育和安置 /967
街道、镇概况 /969
节庆活动 /919
节水灌溉 /275
解放思想大讨论 /559
金融 /419
金融服务 /429
金融体制改革 /428
金银花 /339
金银花产业链 /342
金银花重点企业 /343
进口 /387
禁忌　陋习 /944
经费 /788
经济服务 /679
经济合同管理 /476
经济结构 /457
经济侦察 /728

经济指标 /396
经济综合管理 /455
经济作物 /205
精神病 /876
精神文明建设 /563
景区景点 /907
警报设备与管理 /770
竞技体育 /847
纠风工作 /583
拘留所管理 /735
居民服务业 /380
居民生活 /927
决策辑要 /525
军事 /761
军事训练 /766

K

开放型经济 /383
勘察设计 /186
勘界 /46
看守所管理 /735
抗旱 /288
科技 /795
科技管理 /800
科技示范单位 /801
科技项目产业与管理 /797
科普基础设施 /676
科普宣传 /676/811
科学技术协会 /676
控告申诉检察 /741
库区移民 /294
矿产资源 /99
矿产资源管理 /502
困难职工扶持 /672

L

莱商银行 /450
莱商银行存款 /450
莱商银行贷款 /450
劳动管理 /690
劳动和社保 /689
老干部工作 /553
老年活动 /965
老年人事业 /965
礼仪习俗 /943
理论教育 /558
理论研究 /572
历史沿革 /45
利用外国和港澳台资金 /388
联通公司业务 /155
良种繁育 /240
良种引进 /246
粮食作物 /201
粮油 /368
粮援项目 /292
林业 /225
临涧镇 /1037
临商银行 /450
临商银行存款 /450
临商银行贷款 /451
领导机构 /516/604
流峪镇 /1023
旅行社 /919
旅游 /905
旅游服务 /919
旅游管理 /923
旅游规划 /923
旅游市场 /918

旅游资源 /907
律师及其事务所 /757

M

门类与效益 /315
民兵组织 /763
民间组织 /714
民事行政检察 /741
民事经济审判 /745
民俗 /933
民营水保 /287
民政 /702
民主监督 /664
木业 /318

N

内部管理 /643
内部审计 /496
农产品收购 /365
农村扶贫资金互助社 /220
农村合作基金会 /253
农村经济体制改革 /198
农村经营管理 /251
农村居民生活 /928
农村信用合作社 /446
农村信用合作社存款 /446
农村信用合作社贷款 /447
农家店 /365
农业 /195
农业发展银行 /444
农业发展银行存款 /444
农业发展银行贷款 /445
农业机械 /247
农业经济结构 /197
农业开发 /214
农业气象 /808
农业银行 /441
农业银行存款 /442
农业银行贷款 /443
农业银行债券 /443
农业专业合作社 /253
农资 /364

P

培训　进修 /785
培训和学历教育 /572
平邑街道 /971
平邑经济开发区 /393
平邑县报社 /840
评先创优 /671
评先创优 /675
普查 /471
普法教育 /754

Q

其他外援项目 /293
企业 /373
企业登记 /475
企业改革 /361
气候　物候 /59
气候特征 /59
气温 /60
气象 /807
气压　风 /68
区划 /46
区划调整 /47

区域结构 /197
权益保障 /966
全民国防教育 /767
全体委员会议 /650
群众体育 /847

R

人保财保公司 /451
人才工作 /552
人畜饮水 /280
人大代表 /591
人口 /113
人口变动 /116
人口分布与密度 /115
人口规模 /115
人口数量 /115
人民代表大会 /595
人民法庭 /753
人民防空 /770
人民监督员履职 /742
人民团体 /669
人民银行 /421
人民银行存款 /421
人民银行贷款 /423
人民银行债券 /426
人事 劳动 社保 民政 /681
人事管理 /685
人事任免 /607
人事与编制 /683
人事与编制机构改革 /683
人寿保险公司 /453
人员编制 /684

S

商标管理 /479
商贸 /351
商业 /353
社会保障 /692
社会服务业 /381
社会救助 /710
社会力量办学 /791
社会审计 /497
社会生活 /925
社会宣传 /560
社会治安防范 /555
社会治安综合治理 /556
申告工作 /750
申遗 /829
审计监督 /490
审判方式改革 /751
生产 /230/322
生产规模 /321
生产经营 /320
生产习俗 /933
生活习俗 /934
生态保护 /190
生态农业 /222
生物医药 /321
生物医药重点企业 /322
生物资源 /100
声调 /949
声韵母及其搭配 /946
师资队伍 /573
施工技术 /186
施政方式 /622
施政辑要 /623

石材 /347
石材重点企业 /347
石膏 /348
石膏重点企业 /348
石油 /378
食品 /316
食品监管 /504
食品重点企业 /317
食药监管 /504
市场监管 /473
收费管理 /486
收支 /403
兽药经营管理 /244
霜冻 /111
水产品种类 /245
水电 /336
水管单位改革 /291
水利 /255
水利改革 /291
水泥 /317
水土保持 /282
水政执法 /290
水资源 /97
水资源费征收 /290
水资源管理 /289
税收 /411
税种税率 /411/414
司法行政 /754
司法监督 /749
司法鉴定 /751
司法警察 /742
丝绸 /511
思想道德建设 /565
思想建设 /570
饲料生产 /241
俗语　谚语　歇后语 /959
素质教育 /788
岁时习俗 /941

T

台站建设 /808
塘坝 /265
特产名吃 /921
特快专递 /154
特色产业 /337/394
特殊教育 /777
特殊天气 /84
特种设备安全监察 /490
体育 /847
体育产业 /848
体育设施 /848
体制 /451
体制改革 /401
天主教 /964
铁路 /148
通信 /155
铜石镇 /1007
统计管理 /470
统战宣传 /568
统战与对台事务 /568
图书 /845
图书馆藏和阅览 /818
图书机构 /845
土地使用 /501
土地资源 /96
土地资源管理 /498
土壤　植被 /86
土壤 /86
团结联谊 /666

W

外汇管理和国库 /426
外贸公司 /390
外贸经营 /344/346
外商投资企业登记 /481
外事　侨务 /642
网馆建设 /843
网络信息管理中心 /743
维权 /672/675/968
维修 /250
委员产生 /649
委员界别 /649
位置　沿革 /45
温水镇 /1016
文化　体育 /813
文化 /815
文化机构 /815
文化市场 /832
文明风尚 /566
文史资料 /666
文体活动 /673
文艺创作 /819
文艺活动 /818
武台镇 /982
物候 /86
物价管理 /485

X

西医治疗 /889
希望工程 /674
险种 /453
县城建设 /164
县城建设规划 /161
县人大常委会工作 /607
县人大常委会机构 /604
县委 /516
县武装部 /763
县域经济 /457
县政府机构 /617
县政府机构设置 /620
县政府施政 /622
县政协主要工作 /664
现代化建设 /808
乡镇民营工业发展 /308
乡镇企业　民营工业 /306
乡镇企业改制 /307
乡镇人民代表大会 /610
乡镇政府 /645
乡镇政府工作机构 /645
乡镇政协 /663
项目立项 /292
项目实施 /292/797
消防管理 /734
消费者权益保护 /482
小流域治理 /282
小型水库 /260
小学教育 /775
协会、学会工作 /677
新闻宣传 /562
信访 /575
星级饭店 /920
刑事审判 /743
行政 /786
行政机构 /857
行政监察 /584
行政审判 /747
行政审批 /643

行政审批事项办理 /645
行政许可窗口建设 /644
畜牧业 /236
畜禽种类 /237
蓄水工程 /257
宣传　文体 /968
宣传 /558
宣传教育 /509
宣传教育 /770
宣传推介 /918
宣传与服务 /575
学前教育 /775
学校体育 /847
学校选介 /792
学制　课程 /786

Y

烟草 /374
岩浆岩 /53
盐务　丝绸 /511
盐务 /511
养殖水面 /245
药品 /377
药政管理 /903
业务 /452
伊斯兰教 /961
医疗　卫生 /855
医疗 /888
医疗机构 /860
医疗经费管理 /901
医疗纠纷处理 /898
医疗设备 /894
医疗制度改革 /899
医药监管 /505
医药学会　红十字会 /866
医政　药政 /896
移动公司业务 /157
移民扶持 /294
移民水利设施建设 /294
议案办理 /609
疫病防治 /242
银行业监管 /429
应急　救援 /811
用水总量控制 /289
优抚政策　烈士褒扬退伍安置 /708
优抚政策 /965
优惠政策 /390
邮路 /150
邮政 /149
邮政储蓄 /448
邮政储蓄存款 /448
邮政储蓄贷款 /449
有线电视 /839
预防保健机构 /858
园林建设 /174
园林绿化 /174
云　日照 /81

Z

造纸 /322
造纸重点企业 /322
招标投标 /186
招商成果 /392
招商服务 /392
招商活动 /390
招商引资 /390
招商政策 /396
招生　考试 /787

侦查监督 /737
镇驻地建设 /171
镇驻地建设规划 /163
征兵 /767
征集与编纂 /574
蒸发　湿度 /72
郑城镇 /1026
政法 /555
政府法治　外事　侨务 /641
政府法治 /641
政区建置 /43
政协地方组织 /647
政协会议 /650
政协平邑县委员会机构 /661
政协委员 /649
政治教育 /764
政治协商 /664
执法管理 /178
执法监督 /503
执法检查 /506/508
执行工作 /748
职工代表大会 /671
职务犯罪预防 /742
职业教育　成人教育 /777
职业教育 /777
植被 /92
制度 /576
质量管理 /488
质量技术监督 /488
质量监督 /188
治安管理 /725
中共地方组织 /513
中国银行 /439
中国银行存款 /439
中国银行贷款 /440
中型水库 /257
中医治疗 /888
种植技术 /207
种植加工 /339
种植业 /201
仲村镇 /977
重大事项审议决定 /607
重点工程 /192
重点项目 /216
重点项目建设与稽查 /469
重点医疗机构 /894
重要会议 /525
重要活动 /571
主要经济指标 /459
住房制度改革 /182
专科病 /875
专卖 /374
专项整治 /510
专业合作经营 /198
专业市场和商业街 /357
装修装饰 /188
咨询与服务 /487
资产质量 /448
资源 /225
资源开发 /914
自然变动 /116
自然环境 /51
自然灾害 /106
自然资源 /96
宗教信仰 /961
组成人员 /617
组织工作 /541
组织机构 /507/763
组织建设 /569
作业经营 /250

编 后 记

根据国务院《地方志工作条例》《山东省地方史志工作条例》以及省、市史志办公室的要求，平邑县人民政府于2014年启动《平邑县志（1989—2013）》（以下简称《平邑县志》）编修工作，同时启动《平邑年鉴》编纂工作。至2018年，《平邑县志》定稿，交付出版社印刷出版。这是在县委正确领导和县政府主持下，县史志办公室编修的第二部社会主义新方志。其编修过程大致分为三个阶段。

一、县志筹备、启动阶段（2013年11月至2014年12月）

2013年11月，县政府办公室副主任巩祥军同志调任史志办主任后，在向县政府进行专题汇报后，县政府决定启动《平邑县志（1989—2014）》编修工作。按照县政府安排，县史志办借鉴其他兄弟县区的编修经验，根据平邑县实际，开始起草县志编修工作方案，拟定县志篇目及分工，编印培训教材，确定志书断限为1989年1月1日至2014年12月31日。2014年12月，县委办公室、县政府办公室联合印发《续修〈平邑县志（1989—2014）〉实施方案》（以下简称《实施方案》），根据实施方案要求，各供稿单位成立县志编修工作领导小组，确定2～3名业务熟悉、文字水平高、责任心强的同志负责县志资料的收集、整理和编写工作。同月26日，经县委、县政府研究同意，召开全县续修县志动员大会和业务培训会，县人大副主任邱春力主持会议，同时邀请了临沂市史志办公室的于芹、王卫东和肖功江等位同志和我县参与过一轮县志编修的李常松同志，对全县100多个承编单位近200名参编人员进行业务培训。《平邑县志》编修全面铺开。

二、县志资料收集、初稿撰写和修改阶段（2014年12月至2018年8月）

针对供稿单位修志人员业务不熟的问题，2015年初，县史志办先后组织人员到银行、法院等多个行业系统进行业务培训和指导。2015年5月，县史志办根据省史志办规定的二轮志书下限不得超过2013年的要求，将平邑县志下限提前至2013年。

由于修志经验不足，加之县志资料收集时间跨度大等多种因素制约，致使县志初稿编写工作进展较为缓慢。截至2016年底，全县仅有50多个单位已经完成初稿撰写工作，20多个单位完成第一轮县志稿修改工作。

2017年2月，县史志办结合人员岗位分工将全体人员分成3个小组，分组负责所辖单位的资料督促和志稿修改等工作。具体分工：一组：巩祥军、李强、田苗苗，负责大事记、建置、自然环境、人口、政法、军事、民俗等；二组：王庆全、张洪建，负责党政、社会团体、人事劳动、特色产业、财税、金融、商贸、附录等；三组：闫志强、席加铭，负责农业、水利、工业、城建环保、交通邮电、教科文卫体、人物、诗文辑等。2017年6月王庆全调出，7月韩苏蔚调入。

为确保在2017年底完成县志初稿总纂工作，2017年7月，由县政府分管县领导组织召开县志编修工作调度会，对全县20余个未完成供稿的单位进行再动员、再部署，明确各供稿单位的完成时限。对仍没有按期报送县志初稿或者资料明显不足的个别单位，县史志办会同县政府督查科上门督办。至2017年12月，完成《平邑县志》初稿总纂合成工作。

针对县志初稿存在资料罗列、内容归属不当、部分资料不全、编章节之间篇幅轻重不一、总结报告体较多等问题，采取集体"会诊"的方式，逐编研讨需把握的重点、难点，并及时与承编单位撰稿人联系，做好资料核实、补充、修改。同时根据省、市专家建议，对《平邑县志》篇目进行调整合并，重点突出以"事业为主"的理念，尽量消除部门痕迹，处理好资料交叉重复的问题，原篇目中的机构设置和概述，根据专家意见，改为无题序处理，由韩苏蔚完成志稿概述的撰写工作。至2018年8月，形成《平邑县志》评审稿。

三、县志评审、修改完善和出版阶段（2018年8—12月）

2018年8月28—29日，平邑县志评审会议在沂州国际饭店成功召开，省史志办主任刘爱军、副主任李刚、市县志处二级调研员李天程，专家王笃银、朱佩峰、李德辉、郭能勇、王光辉，副市长（挂职）、市政府党组成员陈强，市史志办主任刘志强，副主任唐少清、于芹，副调研员王卫东，专家肖功江，临沂市3区8县的史志办主任和专家，出席评审会。各位专家从不同角度指出志稿存在的问题，提出许多很好的意见和建议。

评审会后，县史志办根据各位专家意见，对《平邑县志》如何修改进行认真梳理，按小动大不动的原则对县志篇目进行调整，严格按照志书体例格式和志书质量管理规定对志稿进行调整补充完善，补充县志文字近10万字。至2018年11月，完成《平邑县志》（评审稿）的第三次修改，经市史志办专家审结后，送方志出版社审阅、出版。

《平邑县志》的编纂出版，得到了县委、县政府的大力支持和亲切关怀。县委书记、县长、分管县长经常过问修志工作，帮助解决工作中的实际困难和问题。省、市史志办领导、专家为志书的编纂倾注了大量心血，给予了悉心指导。各镇（街道、开发区）、各部门及徐爱国、彭殿龙、毛曙光、管国东、房宝之、张洪建等摄影爱好者为志书资料的收集提供了热情帮助。全体编修人员团结一致，认真负责，任劳任怨，呕心沥血，为志稿编纂工作付出了艰辛的劳动。志书由方志出版社，山东黄氏印务有限公司承印。借此，谨向为《平邑县志》编纂出版付出心血的各位领导、专家和各界人士表示衷心的谢忱。《平邑县志》全体编辑人员发扬爱岗敬业、淡泊名利、锲而不舍、开拓进取的修志人精神，执着守望、辛苦耕耘，圆满完成修志任务。

编修《平邑县志》是一项浩繁的文化建设工程，涉及面广，工作量大。尽管我们躬耕不怠，反复修改，但受水平所限，初衷仍难以如愿，故疏漏舛错之处在所难免，恳请领导、专家和读者指正。

编　者

2018年12月